浙江大学古史求是丛书

梁太济文集

史事探研卷

上

上海古籍出版社

图书在版编目(CIP)数据

梁太济文集/梁太济著.—上海:上海古籍出版社,2018.8
(浙江大学古史求是丛书)
ISBN 978-7-5325-8731-5

Ⅰ.①梁… Ⅱ.①梁… Ⅲ.①梁太济—文集②中国历史—古代史—文集 Ⅳ.①K220.7-53

中国版本图书馆CIP数据核字(2018)第032789号

浙江大学古史求是丛书
梁太济文集
(全六册)
上海古籍出版社出版发行
(上海瑞金二路272号 邮政编码200020)
(1)网址:www.guji.com.cn
(2)E-mail:guji1@guji.com.cn
(3)易文网网址:www.ewen.co
上海展强印刷有限公司印刷
开本850×1156 1/32 印张53.125 插页12 字数1238
2018年8月第1版 2018年8月第1次印刷
印数:1—1,100
ISBN 978-7-5325-8731-5
K·2439 定价:198.00元
如有质量问题,请与承印公司联系

#《浙江大学古史求是丛书》前言

浙江大学中国古代史学科渊源于原国立浙江大学史地系。1928 年 8 月,浙江大学文理学院创设本科史学与政治学门。1936 年 8 月,正式创设史地系,将历史学与地理学合为一科,形成了独特的学术风格和优势。一批蜚声海内外的著名学者如张其昀、张荫麟、钱穆、向达、陈乐素、刘节、贺昌群、方豪、谭其骧等先生先后在此执教。

1951 年夏,浙江大学与浙江省文教厅合办浙江师范专科学校,以原浙江大学史地系部分教师为骨干建立历史专科。1952 年院系调整时,浙江师范专科学校历史专科并入新成立的浙江师范学院,改称历史学系。1958 年,新建立的杭州大学与浙江师范学院合并,设杭州大学历史学系。

1998 年 9 月由原浙江大学、杭州大学、浙江农业大学、浙江医科大学合并成立新的浙江大学后,成立了新的浙江大学历史学系。原四校从事中国古代史研究的学者,也于 2000 年 3 月组建浙江大学中国古代史研究所。

本学科 1978 年开始招收研究生,1981 年获批中国古代史硕士学位授权点,1986 年获批中国古代史博士学位授权点。本所以“出人才,出成果”为宗旨,曾是国家“211 计划”重点学科建设单位、浙江省重点学科。2016年,中国史学科入选浙江大学“一流骨干基础学科”,2017年,又列入国家“一流学科”建设计划,为本学科的发展奠定了坚实的基础。

2000年前后,浙江大学人文学院与上海古籍出版社合作,出版了《浙江大学人文学术丛书》,收入中国古代史研究所5位老师的著作:梁太济《唐宋历史文献研究丛稿》、何忠礼《中国古代史史料学》、卢向前《唐代西州土地关系述论》、包伟民《宋代地方财政史研究》、陈志坚《唐代州郡制度研究》。这些著作问世后,得到了国内外学术界的赞扬与好评。为了继承传统,促进学科发展,在学校、人文学部与人文学院的支持下,借历史学进入国家“双一流”建设之东风,本所经慎重考虑,决定出版《浙江大学古史求是丛书》。

《丛书》将收入浙江大学中国古代史学科离退休和在职老师的高水平科研论著,以新的科研成果为主,也适当收入部分有影响论著的修订、增订本。收入本《丛书》的论著,不论是学术专著,还是专题论文集,均要求言之有物,持之有据,并尊重前人成果,符合学术规范,并由编辑小组约请国内外专家匿名审查。

为了编好《丛书》,我们成立了编辑小组,编辑小组由以下老师组成(以姓氏笔划为序):冯培红、孙竞昊、孙英刚、刘进宝、陆敏珍、吴艳红、杨雨蕾、鲍永军。刘进宝任组长,马娟为学术秘书。

由于缺乏经验,我们的编辑工作肯定会有这样那样的不足,希望识者诸君提出宝贵的意见和建议。

刘进宝

2018年1月6日

目　录

作者说明

收在本文集中的文字，最早的一篇，属草于1959年9月，最晚的几篇，撰写于2017年4月。时间跨度将近六十年。

其中，史事探研卷、文献考辨卷所收，绝大多数写于20世纪，除了属草最早的那篇《武则天和她的时代》，大多都曾公开发表。《武》文系为庆祝国庆十周年而作，只曾在内蒙古大学向国庆献礼的学术讨论会上印发。之所以将我在学术路途上刚开始学步的丑态再次呈现于世人面前，是因为我后来为学举步维艰的种种偏颇，在这篇文字中都已露有端倪。

这两卷论文，内容很杂，无中心论题。唯一的中心，是一论史事，一论文献。有几篇编入哪卷两可，则只据其主要侧重于哪个方面，粗粗酌定。

收于杂评琐札卷的文字，与前两卷有异，全是读书札记。除个别例外，都写于退休以后。

本人无甚癖好，所嗜唯书，身外的种种压力既不复存在，兴之所至地阅读泛览遂为日常生活中的实际。只是限于视力、精力，体系严谨的大部头再也啃不动了，终日游心之处，无非是笔记一类的小书、闲书，发觉的问题，大都是些尺长寸短的杂事、琐事，并就此与往哲时贤常相争执。形诸文字，就是这些杂评琐札，大多不出唐、宋史的范围，累计竟近二百题。一股脑儿堆上似乎有点不近情理，今姑依议题所由引发之书或议题所针对之人或事，略予归类。而各类议题的多少，仍然显得十分悬殊。

有几篇是分别与包伟民、樊文礼、陈志坚先生合写的，业已逐一注明。这些篇，没有他们协力，是碍难独力完成的。但绝非是凭空将他人劳动成果窃据已有的剽窃者。主旨的敲定，材料的收集，我并未置身事外，有些且由我执笔，或由我定稿，所以就冒昧地也收进了集子。

书后附载了纪念回忆师友的五篇文字。这五位先生，有业师，有前辈，也有同窗，都曾对我这一辈子的学术和人生有过重大影响，甚至决定性的影响。在这五篇文字中，虽然不充分，但还是大致表达了他们的影响都表现在哪些方面。

将写过的文字结集，主观上的愿望无非是想给社会留下点痕迹，“也不枉来世间走这一遭”。经历社会风雨的冲刷，究竟能否留下或能留下点什么痕迹呢？大浪淘沙，淘尽沙子以后，剩下的也许只是一片虚无，一片空白。给社会留的这点痕迹，只不过是有劳后人清扫的一堆垃圾。

本文集的出版，承浙江大学人文学院中国古代史研究所所长刘进宝先生大力促成。编辑和校订，则全仗陈志坚先生之力。谨致由衷的感谢！

评布目潮沨氏关于唐初皇室婚姻关系的研究

整理业师汪篯先生的遗稿《唐太宗树立新门阀的意图》既竟，有机会拜读布目潮沨氏的大作《隋唐史研究——唐朝政权的形成》。[①] 该书下篇第四章《唐朝初期的唐室婚姻集团——以公主的夫婿作为中心》，同汪篯先生上述遗稿的部分内容，在研究对象上是相同的。汪篯先生的遗稿大致起草于全国解放前夕，除了1956—1957学年在北京大学历史系开设《唐代党争史》课程时作为其中的一节作过讲授以外，从未公开发表。布目潮沨氏的《隋唐史研究》，据作者说明："本书的上篇和下篇，是将我从昭和四十年以来发表的关于唐朝政权形成的七篇论文加以若干补正而成的。只有下篇的第四章，除第二节外，是这次新写下的。"[②]现在，在发表汪篯先生遗稿的同时，对布目潮沨氏关于唐初皇室婚姻关系的研究稍加评述，也许不完全是多余的。

（上）

《隋唐史研究》的第四章"是想探求唐室通过其公主的婚姻问

① 东洋史研究丛刊之二十，昭和四十三年（1968）十月京都大学文学部东洋史研究会刊行。
② 《隋唐史研究·后记》，见该书497页。以下引用该书文字，只在引文后注明页码。

题在当时的社会上会有怎样的反应”(314页),其主要企图是想沿着高祖十九女和太宗二十一女的夫婿的踪迹,将探求的问题深化。在考察这些主婿的经历和家世的踪迹时,作者查阅了大量文献史籍,表现出相当功力,态度也较谨严。不过也不是毫无纰漏。

作者说:“高祖十九女中,包括再降嫁的,知道姓名的驸马是二十三名,但其中尚长沙公主的冯少师、尚琅邪公主的长孙孝政、尚桂阳公主的赵慈景、尚房陵公主的贺兰僧伽、尚庐陵公主的乔师望、尚馆陶公主的崔宣庆、尚安定公主的郑敬玄七名,其经历、家世不明,成为考察对象的驸马是十六名。

“太宗二十一女,汝南公主、金山公主、晋阳公主、常山公主四公主早薨,未有驸马。除此四公主外的十七女中,包括再降嫁的,知道姓名的驸马是二十三名。而此二十三名中,尚遂安公主的王大礼、尚晋安公主的杨仁辂、尚安康公主的独孤谋、尚新兴公主的长孙曦四名,其经历、家世不明,成为主要考察对象的是十九名驸马。”(357页)

在作者断定“其经历、家世不明”的七名加四名共计十一名驸马中,其经历和家世是否真的都完全“不明”呢?

关于赵慈景,对其经历,作者征引的史实仅限于《新唐书·诸公主传》,另有《通鉴》两条补充,至于家世,则认为“祖父和父之事不明”(324—325页)。其实,赵慈景的家世在史籍上是很“明”的。《元和姓纂》卷七“上声三十小”天水西县赵氏:

> 超宗,后魏岐州刺史。生仲懿,尚书左丞。仲懿生煚,金城公,(左)[右]仆射。冀州刺史。……超宗弟令胜,后魏河北太守。孙怀讷,[隋]广州刺史、总管,怀化公。生慈景、慈皓。慈景,驸马,兵部侍郎,华州刺史。生节,尚衣奉御。慈皓,巴州刺史。生持满,左卫郎将。

超宗、仲懿、令胜，煚，见《魏书》卷五二《赵逸传》、《隋书》卷四六《赵煚传》。煚在西魏北周时已任要职。慈景之父怀讷，亦于史传有征，隋仁寿初因贪虐伏法。《册府元龟》卷八六八《总录部·好客门》：

赵景慈，天水陇西人也。父讷，隋番州总管。[1]

《隋书》卷八〇《列女传·谯国夫人传》：

时番州总管赵讷贪虐，诸俚獠多有亡叛，[谯国]夫人遣长史张融上封事，论安抚之宜，并言讷罪状，不可以招怀远人。上遣推讷，得其赃贿，竟致于法。

番州即广州，仁寿初改，[2]谯国夫人亦死于仁寿初，当是仁寿初事。至于或称怀讷，或称讷，双名省作单名，隋唐史籍中更是习见不鲜。慈景之子节，以昵于太子承乾伏诛。《通鉴》卷一九六唐太宗贞观十七年三月“初太子承乾喜声色”条：

洋州刺史、开化公赵节，慈景之子也，母曰长广公主……为太子所亲昵，预其反谋。

《元龟》卷五八《帝王部·守法门》：

---

① 同书卷三〇〇《外戚部·选尚门》作：“赵景慈，番州总管纳之子也。”纳当是讷之误。又两处景慈皆误乙。

② 《隋书》卷三一《地理志》南海郡条：“旧置广州，梁、陈并置都督府，平陈，置总管府，仁寿元年置番州，大业初府废。”

> 赵节，长广长公主之子也，以昵于太子承乾伏诛。帝幸主所，主以首击地，泣谢子罪。帝亦拜主，垂泪曰：有功者，仇仇必赏；有罪者，亲戚咸诛。前王执此以守其法，弟世民亦庶几无私，有惭于姊。

慈景侄持满，是长孙诠的外甥，许敬宗诬其与长孙无忌同反，显庆四年五月被杀。[①] 慈景本人的经历，《元龟》中凡五见，[②]本不只《新唐书·诸公主传》一处，而《元龟》依据之《实录》，为《新传》《通鉴》之所从出，且较之綦详。慈景家世之不明者，仅其祖父一世耳。

尚安康公主的驸马姓名，作者在列举了《唐会要》卷六《公主门》作独孤谋；《新唐书》卷八三《诸公主传》，殿本作独孤谋，百衲本作独孤谌；《宝刻丛编》卷九引《京兆金石录》著录其碑目作独孤湛之后，认为"谌、谋、湛不知该当何从，姑从《唐会要》和殿本之谋"（351页）。其实，除作者列举的以外，在《元龟》卷三〇〇《外戚部·选尚门》和《古今姓氏书辩证》卷三五"入声一屋"独孤氏条中，亦皆作独孤谌，而"谌""湛"古通写。故谋实乃谌之误，独孤谋应正作独孤谌。

关于独孤谌的经历和家世，作者没有征引一条资料，只是推测说："可能是北周八柱国独孤信一族，但其系谱、官职等不详。"（351页）其实，独孤谌的系谱、官职，在史籍上也是"详"的。《古今姓氏书辩证》卷三五"入声一屋"独孤氏：

---

① 《旧唐书》卷一八三《外戚传·长孙敞附赵持满传》、卷一八五《良吏传·王方翼传》，《大唐新语》卷一二《酷忍》，《新唐书》卷三《高宗纪》，《通鉴》卷二〇〇唐高宗显庆四年五月，《张燕公集》卷一五《王方翼神道碑》。

② 分见该书卷八六八《总录部·好客门》（卷三〇〇《外戚部·选尚门》略同）、卷七五六《总录部·孝门》、卷四四七《将帅部·轻敌门》、卷四二五《将帅部·死事门》。

信，河南洛阳人，周大宗伯、卫公。独孤信本名如影，唐赠太尉、赵景公。生罗、善、穆、藏、顺、陀、宗、整，长女周明帝皇后，第(二)[四]女唐元贞皇后，生高祖，第(四)[七]女隋文(章)献皇后，生炀帝。罗，隋封蜀公。生开明、开远、开彻、武[都]。……藏，隋金州刺史、武平公。生机。机生修法、修本、修德。……本兄子谌，驸马、淄州刺史。顺，武成公。生安成，殿中少监。

《通鉴》卷一八七唐高祖武德二年春正月壬寅条：

隋马军总管独孤武都为王世充所亲任，其从弟司隶大夫机，与虞部郎杨恭慎、前勃海郡主簿孙师孝、步兵总管刘孝元、李俭、崔孝仁，谋召唐兵……事泄，世充皆杀之。

可见独孤谌确是独孤信的玄孙，官至淄州刺史。其祖名机，隋末官司隶大夫，在洛阳谋召唐兵，为王世充所杀。

关于长孙孝政、长孙曦，作者也只是凭姓氏推测说："长孙孝政是否文德长孙皇后一族，还不清楚"（323页）；"长孙曦虽可推定出自长孙无忌一族，但详情不能弄清"（352页）。其实，尚主之长孙氏四人（孝政、冲、曦、诠），族属虽有远近亲疏之不同，但全都出自太宗长孙皇后一家，这在史籍的记载上也是清楚的。《元和姓纂》卷七"上声三十六养"长孙氏：

稚，西魏尚书令、太师。生子裕、绍远、澄、(㩦)[儁]、巫。子裕，西魏右武(侯)[卫]将军、平原公。生兕，后周绛州刺史、平原公。生炽、晟、敞、义庄。……晟，隋右骁卫将军，唐赠司空、齐献公。晟女为太宗文德皇后。晟生无乃、无傲、无宪、

> 无忌、无逸。……无忌,吏部尚书、侍中、中书令、右仆射、司徒、太尉,赵国公,在相位三十四年。生冲、涣、濬、温、净、淑、泽。冲,秘书[监]、驸马。……绍远,西魏大司空、上党公。生(监)[览],周大司徒、薛公,隋宜州刺史。生宽、龛、操、清。……操,金部郎中、归州长史。生宪、谊、鉴、诠。……诠,驸马、尚辇奉御。稚三子澄,周秦州刺史、义文公。生嵘、纬、轨、始、恺。……轨元孙(端)[揣],(梁)[洋]州司(农)[法]。生缜、全绪。缜,长安令。全绪,右金吾将军、宋州刺史。[始]生雅正,驸马。① 恺生顺德,泽州刺史、骠骑将军,邳襄公。元孙有邻,和州太守(?)。顺德侄晔,驸马、黄州刺史。②

这里即使存在孝政、雅正,晔、曦文字之讹误和雅正世系之错乱,却并不影响其出自长孙皇后一家的结论。

其他,如贺兰僧伽,永徽五年建《万年宫铭》碑阴题名中有他的姓名、官职、爵位,③似乎不能说其经历完全“不明”;至于说他“可能是北周八柱国贺兰祥一族”(330页),大概很可能是“西魏十二大将军……”的笔误吧。又如冯少师,虽然在《姓纂》中其直系父祖已不可校,但张说《冯昭泰神道碑》所载其近系自世基至绍烈却与《姓纂》相符,而昭泰高祖冯谦曾“以寇恂之才,翊戴周武”;④乔师望同州人,虽然《新唐书·宰相世系表》乔氏表中无师望名,但却曾

---

① 岑仲勉《元和姓纂四校记》卷七“生雅正驸马”条:“今《会要》六,诸公主无降长孙雅正者,惟高祖女高密公主降长孙孝政,而轨、恺之间尚有始,岂林书本作‘始生雅正’,而传抄夺去欤,否则全绪之子不克上娶高祖之女也。”

② 同上“顺德侄晔驸马黄州刺史”条:“今《会要》六只有太宗女新兴公主降长孙曦,《新书》八三同。考《元龟》三〇〇‘长孙曅尚太宗女新兴公主’,曅当晔之讹,作曦者贻误。”

③ 见《金石萃编》卷五〇。题名作:“兼左卫将军驸马都尉上柱国检校右卫将军通化县开国男臣贺兰僧伽。”

④ 见《张燕公集》卷二〇。

载明同州乔氏是乔勤"从孝武入关"才定居同州的。这些,对于考察冯少师、乔师望所从出的家族同西魏北周以来统治集团的关系,不也是值得注意的重要参考吗?

除了作者断定"其经历、家世不明"的十一名驸马以外,对其他驸马的经历和家世的考察,同样也存在一些纰漏。试举二例:

关于尚高密公主的段纶,《通鉴》卷一八四隋恭帝义宁元年九月"庚申,李渊率诸军济河"条有如下记载:

> 左亲卫段纶,文振之子也,娶渊女,亦聚徒于蓝田,得万余人。及渊济河……[纶]遣使迎渊。

作者对段纶在聚徒归投李渊时已娶渊女表示怀疑,认为"高密公主嫁至纶处系再婚,归投李渊时是否已娶是个疑问"(324页)。其实,作者的怀疑不仅毫无史实依据,在情理上也是说不通的。为什么再婚非得在投归李渊之后才可能呢?段纶的祖父段威在北周历任洮、河、甘、渭四州刺史,其父文振隋时官至兵部尚书,在李渊称帝前,两家同属西魏北周以来的统治集团,地位也颇相当,有什么不可以通婚的呢?作者征引的《通鉴》"娶渊女"条《考异》:

> 《唐太宗实录》云:隐太子以琅邪长公主妻之。刘子玄《唐高祖实录》及《新唐书》皆云:高密大长公主适段纶。盖改封。

也只能说明高密公主有两个封号,初封琅邪,后才改封高密,而不能说明高密封号一定是在再嫁时改封的。难道初嫁和更嫁在前,建国以后再分别封授琅邪、高密的封号,就绝对没有可能吗?而且,如果考虑到唐高祖在任太原留守时曾"命皇太子于河东潜结英俊,秦王于晋阳密招豪友”[1]的事实,那么对《考异》所引《唐太宗实录》说的“隐太子以琅邪长公主妻之”,不是更有理由把它看作是建成“潜结英俊”行动的一种吗?《元龟》七六六《总录部·攀附门》:

段纶仕隋为左亲卫,隐太子见而悦之,妻以琅邪长公主。舍高祖之旧第,数闻鼓吹之音,视之无所睹。纶谓主曰:闻图谶李氏当王。今于第内有此祯祥,必而家应箓之征也。及义兵西迈,纶于蓝田聚结兵马,得万余人,迎接大军,拜金紫光禄大夫。领亲信左右从平京城,封龙冈郡公。

《元龟》摘录的这段记载,其依据当是《考异》所引之《唐太宗实录》,亦即《通鉴》上述记载之所从出。既有这样一段记载在,作者的怀疑又怎能站得住脚呢?

关于尚临川公主的周道务,作者在考察其家世时,似乎仅仅满足于《新唐书》卷七四下《宰相世系表》永安周氏表的记载,却未能指出《新表》的讹误。道务之直系祖先本为高祖灵起、曾祖炅、祖法尚、父绍范,而《新表》却夺炅一世,作“炅字法明”,强合炅、法明父子为一人,虽以炅为灵起子,而不以为法僧、法尚父。[2] 而在考察道务的经历时,其所征引的《新唐书·诸公主传》中虽曾提到:

道务,殿中大监、谯郡公范之子。初,道务孺褓时,以功臣子养宫中,范卒还第,毁瘠如成人,复内之,年十四乃得出。

也未能旁引史实,对道务之父究系怎样的功臣作进一步探索,而这

① 《大唐创业起居注》卷一。
② 参考《元和姓纂四校记》卷五“生法僧法尚法明”条校记。

样的史实却是存在的。按，道务之父，《旧书》《新传》《通鉴》作范，《新表》《姓纂》作绍范，《文馆词林》卷四五三褚亮《左屯卫大将军周孝范碑铭》作孝范，虽异名之故不得其详，然碑之孝范即道务之父绍范或范，征诸行迹，实无怀疑余地。碑云：

> 隋大业三年，起家齐王典签。其年授交趾郡司仓书佐。……于是炎精已季，亡征将兆，公卷舒其德，沉浮体命。……及皇朝革运，品物咸亨，越自远方，归于京城。主上昔在维城，任隆分陕，扑燎原于钟岱，止横流于溟勃，远求时彦，用清中夏，公亦推诚霸主，委质兴王。……武德五年，授秦王府右库真车骑将军。……九年六月，改授太子右内率，仍检校北门诸仗。……其年授千牛将军，封宜春县公，食邑一千户。……贞观元年，授右屯卫将军，于玄武门领兵宿卫。……五年，转授左卫将军，袭爵谯郡公，加邑二千户。……六年，以本官检校殿中监事。……七年，舆驾幸于九成……乃与左仆射玄龄同掌枢禁。……加授左屯卫大将军，封爵如故。……七年，薨于京师。

据碑文可知：一、早在唐朝建国初年，周孝范即越自远方，归附于唐。[①] 二、早在唐太宗为秦王时，周孝范业已推诚委质，且是秦王府的武职幕僚。三、武德九年六月玄武门事变后，周孝范一直是于宫城北门玄武门领兵宿卫的主要将领。正因为周孝范是这样的功臣，他与唐皇室，特别与唐太宗的关系是如此的紧密，所以道务孺

① 《通鉴》卷一八九唐高祖武德五年："前真定令周法明，法尚之弟也，隋末，结客袭据黄梅，遣族子孝节攻蕲春，兄子绍则攻安陆，子绍德攻沔阳，皆拔之。［五月］庚午，以四郡来降。"颇疑孝范亦在其中。碑文所谓"越自远方，归于京城"，似即指随法明降唐而言。

褓时得以养于宫中;年十四出宫后,又得以尚太宗女临川公主;此后,其女又得以嫁作太宗之孙、纪王慎之子义阳王琮的妃子。①

(下)

在《隋唐史研究》下篇第四章第一节《问题的提起》中,关于唐室的婚姻政策,作者曾征引《新唐书》卷九五《高俭传》的记载:

> 王妃主婿皆取当世勋贵名臣家,未尝尚山东旧族。

可是在第四节《结语》中,作为对高祖、太宗诸公主的夫婿及其家世考察的结果,作者却罗列了降嫁李渊集团干部子弟,降嫁北周隋朝大官子孙,降嫁武德贞观功臣子弟,环绕唐室之李杨窦长孙婚姻集团,降嫁山东门阀,降嫁突厥,和公主驸马之连坐于叛逆事件七点结论,并特别强调降嫁山东门阀和降嫁突厥的意义,认为它正面体现了唐朝创业期的政策,同北周以来唐室李氏的传统婚姻范围是不同的。虽然没有直接反驳《新唐书·高俭传》的说法,但从他的强调中,可以看出他对《新唐书·高俭传》的保留。

关于降嫁突厥,作者说道:"高祖九江公主降嫁执失思力,又衡阳公主降嫁阿史那社尔,太宗普安公主降嫁阿史那大奈之子仁表。三公主之降嫁于突厥,可以看出唐初对突厥政策占了非同寻常的分量。"(366页)

唐初对于正确处理同突厥的关系确是非常重视的。但问题是:既然这里讨论的是唐初的婚姻关系和婚姻政策,那么将公主降

---

① 《张燕公集》卷一四《赠陈州刺史义阳王神道碑》:"以某年月日陪葬于昭陵柏城,妃汝南周氏祔焉,礼也。妃考曰驸都尉、梁郡襄公,妣曰临川大长公主。"

嫁给突厥酋长及其子弟，究竟是在“王妃主婿皆取当世勋贵名臣家”这个基本婚姻政策范围内进行的，还是由于“对突厥政策占了非同寻常的分量”，已经越出了这个基本婚姻政策的范围？

史仁表是西突厥特勤阿史那大奈的儿子。大奈于大业七年入朝后仕隋。唐高祖举兵，大奈又率众以从，屡立战功，官至右武卫大将军。执失思力是突厥酋长，于贞观四年初东突厥灭亡前夕入朝，仕唐历左领军将军、右领军大将军、左骁卫大将军。阿史那社尔是东突厥处罗可汗次子，贞观二年乘西突厥内乱，引兵半据其国，自称都布可汗。九年，与薛延陀战败，率众归唐，唐授左骁卫大将军。岁余，遂尚衡阳公主。可见，尚主的三名突厥都有如下两个基本特点：一、出身贵族，但本族政权已经覆亡；二、为有唐功臣之子或本人即身为唐廷大将。

从唐朝皇室所自出的关中军事贵族集团而言，由于其基本构成中混有大量胡族成分，虽然他们对于南方和西方的少数族经常流露出歧视心理，而对于北方胡族却是从来就另眼相看的。① 所以自贞观四年突厥颉利可汗破亡后，“诸部落首领来降者，皆拜将军、中郎将，布列朝廷，五品以上百余人，殆与朝士相半”，②且“并带刀宿卫”，③如阿史那社尔，就曾“典屯兵于苑内”。④ 而他们对于氏族和婚姻的观念，也就兼具关中郡姓“尚冠冕”和代北虏姓“尚贵戚”⑤的特点。因此，这些本族政权覆亡后在唐廷荣任大将的突厥

---

① 《隋书》卷六四《麦铁杖传》：“后因朝集，考功郎中窦威嘲之曰：麦是何姓？铁杖应口对曰：麦豆不殊，那忽相轻！威赧然无以应之。”按，麦铁杖是始兴人。同书卷七九《萧岿传附子萧琮传》：“[杨]素时为尚书令，见琮嫁从父妹于钳耳氏，因谓琮曰：公帝王之族，望高戚美，何乃适妹钳耳氏乎？琮曰：前已嫁妹于侯莫陈氏，此复何疑？素曰：钳耳，羌也，侯莫陈，虏也，何得相比？素意以虏优羌劣。琮曰：以羌异虏，未之前闻。素惭而止。”

② 《贞观政要》卷九《安边》。

③ 同上卷一《政体》。

④ 《旧唐书》卷一〇九《阿史那社尔传》。

⑤ 《新唐书》卷一九九《儒学传・柳冲传》。

贵族,在关中军事贵族的心目中被看作“勋贵”,唐太宗为树立新门阀而制定的婚姻政策,把他们包括在“当世勋贵名臣”之内,是丝毫都不奇怪的。

关于降嫁山东门阀,作者用作立论依据的,只是一个崔恭礼。他说:“高祖真定公主降嫁博陵安平第二房崔氏之崔恭礼。博陵安平崔氏不用说是山东汉人门阀。出身此第二房崔氏之崔民干在唐朝创业时被起用作黄门侍郎,在淮安王神通之下任山东安抚副使,担当了处理对山东门阀政策的职务……把公主降嫁给和民干同族的恭礼,同起用民干是同样动机;谋求通过此崔氏怀柔山东门阀,从公主的降嫁中也能够知道。”(365 页)

为便于讨论,先将与恭礼、民干有关的世系列表如下:①

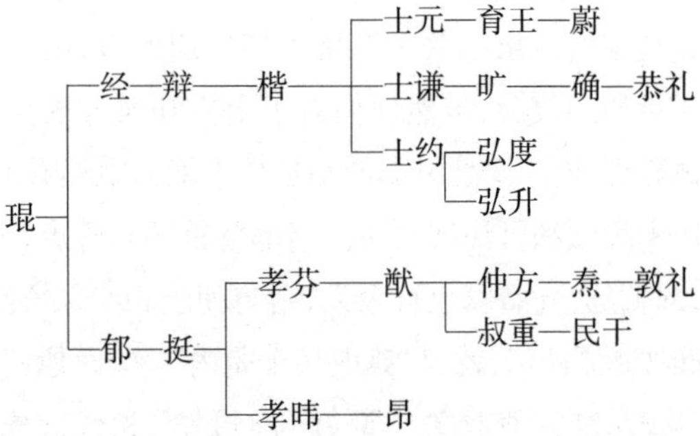

其实,在东西魏和北齐北周分裂时期,博陵崔氏第二房的家族也是分裂的。自从崔楷、崔士元父子北魏末年在殷州死于同葛荣起义军对抗的战争以后,士元子育王仕北齐至起部郎,育王子蔚为本州大中正。② 而士谦、士约兄弟却由于随贺拔胜出镇荆州,后遂

---

① 据《新唐书》卷七二下《宰相世系表》博陵崔氏第二房表。

② 《魏书》卷五六、《北史》卷三二《崔辩传》。育王,《新表》作育生:蔚,《新表》作名蔚字文豹,《北史》作名文豹字蔚。

仕于西魏北周，士谦官至荆州总管，士约至大将军。西魏时皆赐姓宇文氏。北周末年，士约已有一女嫁为尉迟迥子妻，隋初，文帝又纳弘度妹为秦孝王妃，后复以其弟弘智女为河南王妃，因此其家在隋代已被称作"勋旧""戚属"。[①] 可见崔恭礼的家世虽出自山东门阀博陵崔氏，但从他的曾祖士谦以来，已同关中军事贵族结合，并且成了其中的一分子。他的尚主，同北周以来唐室李氏的传统婚姻范围到底有什么不同？

崔民干直系父祖的经历与恭礼相似，[②]不过他在唐初之被起用，却又另有机缘。《元龟》卷七六六《总录部·攀附门》：

> 崔干略，隋末为礼泉县令。高祖义兵入关，以县来降，授丞相府主簿。及受禅，迁黄门侍郎。

疑此崔干略即崔民干，避唐太宗讳删民字；复衍略字。史载大业十三年九月李渊围攻河东筹划过河前后，有冯翊太守萧造举郡"归义"，华阴县令李孝常据永丰仓"送款"，复有"京兆万年、礼泉等诸县，皆遣使至"。[③] 是崔民干之遣使归附早在李渊渡河入关之前，对唐室之肇建乃有功之人，所以李唐开国伊始，遂得超迁黄门侍郎。这怎么会是仅仅为了执行对门阀的政策，"作为门阀的代表人

---

① 《周书》卷三五《崔谦传》，《隋书》卷七四《崔弘度传》。士谦，《周书》作名谦字士逊，点校本校勘记谓："疑谦本名士谦，后改名谦，字士逊。"士豹，西魏赐姓的同时，赐名说。

② 崔民干的直系也是从其曾祖孝芬兄弟以来即已分属彼此对抗的周齐双方。崔昂在北齐历职贵显，官至祠部尚书，"深为文宣所知赏"。而崔猷则自其父"为神武所害"之后，"遂间行入关"，投奔了宇文泰，历西魏北周和隋，皆任显职。西魏时，曾"与卢辩等创修六官"，后赐姓宇文氏，其第二女且被恭帝养为己女，封富平公主。见《周书》卷三五、《北史》卷三二《崔挺传》。

③ 《大唐创业起居注》卷二。

物”被起用的呢?①

西魏时,宇文泰为了将入关六镇胡人、关陇地区胡汉土著和西迁有功汉将融合成稳固的统治集团,曾经改易西迁诸姓之山东郡望为关内郡望,别撰谱录,纪其所承。恭帝元年,又赐诸汉将有功者以胡姓。② 崔士谦、士约兄弟和崔猷皆赐姓宇文氏,即指其事。《旧唐书》卷八一《崔敦礼传》载“崔敦礼,雍州咸阳人”,也保留了其家族当年改易郡望的痕迹。估计别撰谱录,纪其所承,同样也都照办了的。到了隋文帝专权的周末,于大象二年十二月癸亥下诏回改胡姓复为汉姓,③这是由宇文氏复姓崔氏的依据,④至于雍州咸阳崔氏之与博陵安平崔氏重又合谱,如《新唐书·宰相世系表》所反映的那样,⑤似乎就没有诏令明文了。史载贞观六年诏修氏族志时,高士廉等人曾“普责天下谱谍,仍凭据史传考其真伪”,⑥重又合记很可能就在这时。在纂修中,高士廉等人“退新门,进旧望,右膏粱,左寒畯”,违背唐太宗“欲崇重今朝冠冕”本意,书成,崔民干仍居第一。⑦ 这时的崔民干,已经既不是崔猷以来的崔氏支眷,也

① 《隋唐史研究》下篇第一章第三节《唐朝创业期三省六部之人的构成》中说:“崔民干归投唐朝前的情况不明。武德元年六月一日之被起用为黄门侍郎,估计大概是作为门阀的代表人物并为了执行对门阀的政策。”(186页)关于武德元年十月庚辰崔民干副淮安王神通出使山东事,据记载,此次受命出使在李密解甲归唐抵达长安的第二天,其任务是向“赵魏之人”“海岱之境”,即原李密起义军控制区“宣风布教”“柔服招携”(《唐大诏令集》卷一一五、《元龟》卷一六一)对崔民干来说,虽有借助他出身山东望族的身份以“招抚诸郡县”的用意(《通鉴》卷一八六唐高祖武德元年十月庚辰条胡注),却很难说就是什么“摆在处理山东门阀政策的第一线”。出使以后,淮安王神通拒绝民干建议,于聊城攻宇文化及受挫,寻为窦建德所俘,见《旧唐书》卷六〇《宗室传·淮安王神通传》(《元龟》卷四三七同),作者说“其成果不明”,似亦失考。

② 《隋书》卷三三《经籍志》史部谱系篇序;《周书》卷二《文帝纪》魏恭帝元年。参考陈寅恪《唐代代政治史述论稿》第11—17页。

③ 《周书》卷八《静帝纪》。

④ 《古今姓氏书辩证》卷五“上平声十五灰”崔氏条:“赐姓:西魏后周赐汲郡公崔宣猷、武城公崔士谦并姓宇文氏,安平公崔訦亦然。宣猷曾孙敦,士谦孙确,訦玄孙河,并复本姓。”

⑤ 按《新表》源出《姓纂》,《姓纂》主要依据私家谱录。今辑本《姓纂》,崔氏世系大部已逸。

⑥ 《旧唐书》卷六五《高士廉传》。

⑦ 《新唐书》卷九五《高俭传》。

不是崔琨以来的崔氏二房，而是崔懿以来博陵崔氏这个郡望的统一代表。[①] 这样，崔民干本人的身份就具有了两重性，在唐太宗压抑山东士族时，他也就成了攻击的主要对象。我们怎能只依据崔恭礼与崔民干同族，就从民干作为博陵崔氏这个郡望的统一代表上，贸然断定崔恭礼只具有山东旧族的身份，而忽略了从他直系祖先以来同关中军事贵族的密切关系呢？

既然在新修氏族志中把崔民干从第一等降至第三等，就是体现了唐太宗“不须论数世以前，止取今日官爵高下作等级”[②]的精神，那么崔恭礼以关中军事贵族的“勋旧”“戚属”的身份尚主，岂不同样也反映了唐初皇室“王妃主婿皆取当世勋贵名臣家”的政策？而这两者正是唐太宗为贯彻树立新门阀的意图而采取的最主要措施，同时也是西魏北周以来关中军事贵族歧视压抑山东士族传统的发扬。如果说高祖真定公主降嫁崔恭礼体现了什么“唐朝创业期的政策”，那么它同其他公主的降嫁一样，体现的恰恰是在氏族婚姻问题上唐初对于北周以来政策的继承性和一致性，而不是什么通过公主的降嫁以“怀柔山东门阀”的新政策。唐朝创业期的新政策是有的，它主要表现在那些为适应经过农民大起义以后出现的阶级对抗新形势而作的调整上。唐初压抑山东士族的政策同士族门阀制度的衰落趋势在客观上不无相合之点，但唐太宗树立新门阀的意图却是与历史潮流相违背的，反映了他思想和活动的消极保守的一面。

我的评述到此为止。文中正面提出的主要论点和基本材料，

---

① 后来显庆四年十月十五日下诏禁婚的七姓十家中，范阳卢氏三家，清河崔氏二家，而博陵崔氏仅一家。可见在《贞观氏族志》中，崔民干只可能是前燕崔懿以来博陵崔氏这个郡望的统一代表。而这个代表之所以落到崔民干的身上，则是因为在所有博陵崔氏中，只有他在朝廷中官位最高。

② 《旧唐书》卷六五《高士廉传》。

都是汪篯先生当年反复阐明引述过的,我只是在枝节方面作了一些补充,而且很可能有引申不当或理解欠妥的地方。汪篯先生生前来不及见到布目潮沨氏大作的发表,针对该书所作的评述,则完全是我个人的意见,错误之处更是在所难免。于此,我热切期待着布目潮沨氏和史界同人的批评指教。

(原载《内蒙古大学学报(哲学社会科学版)》1979 年第一、二合期)

武则天和她的时代[①]

一

武则天，名曌，并州文水人（山西文水县）。武德七年（624）出生于一个新官僚地主的家庭。

父亲武士彟原是贩木材的商人，在隋代因供应官府土木建筑材料而突然致富，在经济地位上是暴发户。[②] 伯父武士棱一直到参加李渊起兵时，还是一个不大的地主。[③] 这个家庭在隋代是没有政

---

① 解放后发表的研讨武则天的论文，如罗元贞《武则天批判》（《历史教学》双周刊，《光明日报》1951 年 9 月 22 日）、陈寅恪《记唐代之李武韦杨婚姻集团》（《历史研究》1954 年第 1 期）、胡如雷《论武周的社会基础》（《历史研究》1955 年第 1 期）、李国彦《唐史"武周革命"试探》（《人文杂志》1955 年第 1 期），笔者均曾参看。他们的许多论点对笔者都有一定的启发。

② 《新编分门古今类事》卷一五"士彟丛林"条引《太原事迹》："唐武士彟，太原文水县人。微时与邑人许文宝以卖材木为事。尝聚材木数万茎，一旦化为丛林，森茂，因致大富。士彟与文宝会林下，自言枯木成林，必当大贵。及高祖起，武以铠曹从入关。故乡人云：'彟以鬻材之故，果逢建厦之秋。'及士彟贵达，文宝依之，位终刺史。"《旧唐书》卷五八《武士彟传》称士彟"家富于财"，《新唐书》卷二〇六《外戚·武士彟传》称士彟"殖赀"，当均指武士彟因鬻材致富而言。在《太原事迹》的带有传说性的所谓"尝聚材木数万茎，一旦化为丛林，森茂，因致大富"的记载中，还可以看到，武士彟的致富是突然的，带有暴发户的性质。至于武士彟暴发的原因，大概和隋王朝的大兴土木有关。隋王朝在短短的三十多年的统治时间内，曾经兴造了不少土木工程，特别是隋炀帝大业初年，东都洛阳的营建，规模更巨大。这些工程需要大批木材，而这些木材，又大都来自今山西一带。武士彟乡人说"彟以鬻材之故，果逢建厦之秋"，武士彟是"逢建厦之秋"而致大富的。

③ 《旧唐书》卷五八《武士彟传》："士彟长兄士棱，性恭顺，勤于稼穑。从起义，官至司农少卿，封宣城县公。常居苑中，委以农圃之事。"

治地位的。武士彟在大业末只是府兵的下级小军官“鹰扬府队正”。唐高祖留守太原,引为行军司铠。由于他曾经跟随唐高祖攻下长安,也被看作是唐朝的开国功臣。武德年间(618—626)官至工部尚书,利州、荆州都督,封应国公。[①] 因此,在政治地位上,他也是唐初的一个暴发户。

武则天的母亲杨氏是隋皇室观德王杨雄弟杨达的女儿。武士彟和杨氏缔姻在武德年间,即在隋王朝已经覆灭以后,是在唐高祖的授命下举行的。杨氏嫁给武士彟时年已四十多岁。[②] 和隋皇室通婚并不表示武家有较高的门第。

武则天出身于这个原来是商人和地主,后来因王朝更替而跻身于官僚地主行列的家庭。这个家庭既不是山东旧族,也不是关陇贵族集团嫡系,门第是很不高的。后来褚遂良反对立武则天为皇后的理由之一,就是武氏不是天下“贵姓”。[③] 骆宾王《代李敬业以武后临朝移诸郡县檄》的开首第一句也是“伪临朝武氏者,人非温润,地实寒微”。[④] 武则天的这个出身对她以后的政治活动颇有影响。

武则天的政治活动是从永徽末年争夺皇后位置开始的。紧接着,她又经历了巩固皇后地位,争夺实际政治领导权,夺取皇位,改唐为周等一系列的政治斗争。在这一系列复杂的、尖锐的统治阶级内部斗争中,武则天积累了丰富的政治经验,显示了杰出的政治才能。武则天是历次政治斗争中的胜利者,从显庆四年(659)开始实际掌握政权到神龙元年(705)主动传位给中宗,她在中国历史上几乎整整统治了近五十年。如果说唐朝的历史可以以天宝十四载

① 《旧唐书》卷六《则天皇后纪》、卷五八《武士彟传》。
② 《全唐文》卷二三九武三思《大唐无上孝明高皇后碑铭并序》。
③ 《新唐书》卷一〇五《褚遂良传》。
④ 见《骆宾王文集》卷一〇、《旧唐书》卷六七《李勣附孙敬业传》。

(755)的安史之乱分为前后两期,那么,武则天近五十年的政治活动,在唐朝前期一百三十八年的历史中,实占有相当重要的地位。

在武则天统治的近五十年间,政治情况一般是良好的。在这期间,除了唐疆域内的边疆少数民族有零星的反抗外,在史籍中找不到比较大规模的人民武装反抗的记载。当然,这些少数民族的反抗斗争,主要也是由政府和边疆地方官吏的残暴统治引起的,如垂拱三年(687)七月,岭南俚户的反抗,就是由于交趾都护刘延佑强迫原来只输半课的岭南俚户全输,并杀死了他们的首领所激起;[①]长安三年(703)始安僚欧阳倩所领导的反抗,也是由于"吏人侵逼"才"举兵"。[②] 可是在号称我国封建社会治世的贞观年间,居住在今四川和岭南一带的僚民由于官吏侵渔而被迫反抗的记载,实也史不绝书。因此,少数民族零星反抗事实的存在,并不妨碍我们得出武则天统治时期的政治情况一般是良好的结论。

说武则天统治时期,没有规模比较大的人民武装反抗记载,并不是说这时已经没有阶级斗争了。农民反抗地主压迫和剥削的斗争是无时无刻不在进行,在武则天统治时期也是普遍存在的。逃亡是农民进行斗争的最普遍最经常的形式,而逃亡现象在武则天统治时期就十分严重,晚年甚至达到"天下户口,亡逃过半"的程度。[③] 就是农民的武装反抗斗争,这时也不是绝对没有。陈子昂在

---

① 《通鉴》卷二〇四则天后垂拱三年,"秋,七月……岭南俚户,旧输半课,交趾都护刘延佑使之全输,俚户不从,延佑诛其魁首。其党李思慎等作乱,攻破安南府城,杀延佑。桂州司马曹玄静将兵讨思慎等,斩之"。

② 《旧唐书》卷一八五下《良吏·裴怀古传》:"时始安贼欧阳倩拥徒数万,剽掠州县。授怀古桂州都督,仍充招慰讨击使。才及岭,飞书招诱,示以祸福。贼徒迎降,自陈为吏人侵逼,乃举兵耳。怀古知其诚恳,乃轻骑以赴之。……因造其营以慰谕之。群贼喜悦,归其所掠财货,纳于公府。诸洞酋长素持两端者,尽来款附,岭外悉定。"

③ 《旧唐书》卷八八《韦思谦附子嗣立传》载嗣立所上疏中语。此疏《通鉴》系于圣历二年(699)。

《上蜀川安危事三条》[1]中就曾指出:“游手惰业亡命之徒,结为光火大贼,依凭林险,巢穴其中,若以甲兵捕之,则鸟散山谷,如州县怠慢,则劫杀公行……攻城劫县,徒众日多。”武则天自己在文明元年(684)四月十三日的敕文中也承认:“绥、宋二州,屡奏乱常之党;荆、并两府,频言构逆之徒。发露虽复数州,包藏犹虑未绝。”[2]但是在这一时期,没有比较大规模的人民武装反抗,终究是个事实。这个事实表明,在武则天统治时期,人民起码还能活得下去,全国人民的生活状况,还没有下降到必须利用阶级斗争的最高形式——大规模武装反抗的程度。如果再看看当时社会经济继续发展的大量事实,那么就只能认为武则天统治时期的政治情况一般是良好的。

在民族斗争方面,武则天并没有表现出特殊的领导和组织才能。武则天所面临的民族斗争形势是:唐朝初年领土的扩大,要求新的统治者必须继续巩固在这些地区的统治;而这时周邻民族的情况,由于内部社会的发展,以及其他种种因素的影响,已经有了很大的变化。西方的吐蕃正处在极盛时期,只是在武则天晚年,才由于内部矛盾的发展,军事力量有所削弱;北方的突厥在骨咄禄和默啜领导下的复国运动正进行到高潮,军事力量也十分强大;东北的契丹和奚,更是这时期的新兴势力。面对着这些新的复杂的情况,武则天在民族斗争方面的领导组织工作,往往并不都是成功的。如万岁通天元年(696),由于营州都督赵文翙“刚愎,契丹饥不加赈给,视酋长如奴仆”,而激起了契丹酋长、羁縻州松漠都督李尽忠、归诚州刺史孙万荣的举兵叛唐。而当契丹和唐脱离了原有的

---

① 见《陈伯玉文集》卷八。
② 《唐大诏令集》卷一一〇《诫励风俗敕》。

隶属关系，并进一步向内地侵扰的时候，又不能进行有力的抵抗，结果使契丹得以“入冀州”“屠幽州”“残瀛洲属县”，造成了人民生命财产的重大损失；而营州的失陷，更使唐对东北各族的政治影响大大削弱，妨碍了经济文化交流的正常进行。[①] 同样，圣历二年(698)突厥默啜对定、赵二州“所过杀掠”的侵扰活动，武则天组织的抵御也十分软弱无力。[②]

尽管如此，在民族斗争方面，武则天对我国历史还是有贡献的，这主要表现在收复并保卫住安西四镇上。在与吐蕃的斗争中，开始虽然打过不少败仗，吐谷浑故地（今青海一带）于龙朔二年(662)被吐蕃占领，唐在西域的军事重镇——安西都护府所在地也于咸亨元年(670)被吐蕃攻陷，唐为此罢安西四镇（龟兹、于阗、焉耆、疏勒），撤退了在四镇的驻军，四镇也曾一度全部落入吐蕃之手。可是接着唐在与吐蕃争夺对西域领导权的斗争中，基本上是成功的，唐在河西、陇右的经营，也是成功的。这时，唐不仅在河西、陇右地区配置了重兵，积蓄了大量军需（主要是粮食），阻止住了吐蕃的进一步侵扰，并使河西、陇右地区成了供应对吐蕃战争需要的巩固的基地；而且于长寿元年(692)命武威军总管王孝杰、右武卫大将军阿史那忠节领兵收复了龟兹、于阗、疏勒、碎叶四镇，重新在龟兹建立了安西都护府，确立了唐在西域的统治。至于唐在西域的统治，对于新疆地区各少数民族的发展起了怎样良好的作用，以及安西四镇的确保，对于中西文化交流和唐的繁荣发生怎样有益的影响，可以由整个唐代的历史发展进程来说明，非这里三言两语所能尽。

---

① 参见《通鉴》卷二〇五则天后万岁通天元年，《旧唐书》卷一九九下《契丹传》，《新唐书》卷二一九《契丹传》。

② 《通鉴》卷二〇六则天后圣历元年。

由于正统史家的一些片面的夸大的记载,武则天统治时期真实的政治情况,往往被大量的表面现象所掩盖。除了完全在正统思想支配下的对武则天私人生活的攻击外,武则天大量杀人的事实,也是长期以来笼罩在她身上的阴影。武则天确曾任用过一批酷吏,如周兴、来俊臣之流,施行过残酷的恐怖手段,如告密、罗织之类,并且也杀了不少人,如《通鉴》卷二〇五则天后长寿元年七月所总括记述的:"太后自垂拱以来,任用酷吏,先诛唐宗室贵戚数百人,次及大臣数百家,其刺史郎将以下,不可胜数。"杀人不是件好事。但是必须认识到:第一,这是武则天夺取并巩固她的统治权所必要的,也是我国历史上统治集团内部斗争中的习见现象。如果武则天不大批杀戮李唐皇室子孙,那么不仅李唐皇室会起兵反对她,如越王贞和琅邪王冲所已经做了的那样,而且李唐皇室还会被不知多少官僚和政治野心家所拥戴和利用,充当他们进行敌对活动的号召工具和资本。而被武则天杀掉的大小官僚,也大都是企图危及她最高统治权的人物。第二,武则天的诛杀主要局限在上层统治集团的范围内,并没有在广大的人民中间引起巨大的波动,更没有破坏社会生产的正常进行。当然,统治集团内部的斗争也不是完全孤立的,它必然要波及被统治的人民,并使一部分被统治的人民成了统治集团内部斗争的牺牲品。如"垂拱四年,博州刺史琅邪王冲起兵。以[丘]神勣为清平道大总管。寻而冲为百姓孟青棒、吴希智所杀。神勣至州,官吏素服来迎,神勣挥刃尽杀之,破千馀家"。[①] 又如"越王贞称兵汝南事败,缘坐者六七百人,籍没者五千口"。[②] 被丘神勣所破的千馀家,因越王贞称兵而缘坐的六七百人、籍没的五千口,绝大部分应当都是无辜的牺牲品。不过武则天

① 《旧唐书》卷一八六上《酷吏·丘神勣传》。
② 《旧唐书》卷八九《狄仁杰传》。

统治时期的统治集团内部斗争，特别是徐敬业和越王贞、琅邪王冲的武装反抗被压平以后继续激烈进行的统治集团内部斗争，并没有在广大人民中间引起巨大的震动，社会生产的正常进行并没有因此而受到破坏，却也仍然是个事实。以上这些说明是在这样的前提下才作的，即武则天的近五十年的统治在我国封建社会历史的发展上，是起了进步作用的。否则，这些说明不仅没有必要，而且也毫无意义。

那么，武则天的统治在我国封建社会历史发展上究竟起过进步作用没有？她的统治是否仅仅只是在我国历史上屡次出现过的统治集团内部争权夺利斗争结果的简单重复？她仅仅只是由于个人杰出的才能还是曾经依靠了别的什么样的社会力量才使她在历次政治斗争中成了胜利者，并统治全国几乎达整整五十年之久的呢？

二

由于农业生产工具的改进，劳动熟练程度的提高，以及手工业生产的发展和商品经济的活跃，自北魏中叶以后，中国封建社会内部的阶级结构开始有了某种程度的改变。自东汉以来居于主导地位的、以牢固地占有大量土地、控制强大的宗族组织、掌握大批依附性极强的农民为特点的门阀地主的经济势力，从这时开始衰落。在商品经济侵蚀下，门阀地主开始出卖转让土地，对土地不能再牢固地占有了，而原来在门阀地主控制下的宗族成员，也开始从宗族的血缘束缚下摆脱出来。太和九年开始实行的均田制和三长制固然是国家企图巩固国有土地直接控制劳动人手的措施，但在促使门阀地主经济衰落这一点上，也起了很大的作用。因为在推行均田制和三长制的条件下,大批宗族成员和依附农民脱离了门阀地主的控制,变成了封建国家的均田农民。这一点在隋代表现得特别明显。《通典》卷七《食货典·历代盛衰户口》:

> 大业二年,户八百九十万七千五百三十六,口四千六百一万九千九百五十六,此隋之极盛也。(后周静帝末授隋禅,有户三百五十九万九千六百四。至开皇九年平陈,得户五十万。及是才二十六七年,直增四百八十万七千九百三十二)。[1]

显然,如果只是由于人口的自然增殖,短短的二十六七年间,民户绝对不会增长一倍以上。可以断定,在隋代显著增长的民户中,有很大一部分都是从私家地主(主要是门阀地主)那里通过输籍法等手段夺取过来的。

土地的转移,宗族组织血缘联系作用的松弛,以及大批依附农民转为封建国家的均田农民,必然使门阀地主经济日益瓦解衰落。而实际上,从北魏中叶至唐初这段时间,也的确是门阀地主经济瓦解衰落的过程。北周以来的官无清浊,从北齐开始并在隋代成了制度的地方属吏由中央任免以及隋代九品官人法的废止和科举制度的创立,都是门阀地主势力日益衰落在政治上层建筑上的反映。

与门阀地主经济的瓦解衰落同时,庶族地主的经济势力日益发展起来,而且影响日益扩大。这些庶族地主的构成是十分复杂

---

① 《通典》记北周、北齐户口,有误。北周"大象中有户三百五十九万,口九百万九千六百四"。大象元年即公元 579 年,这时灭北齐已近二年,所统计户口数当包括灭北齐时所得。大业二年户口数下自注所载周静帝末授隋禅时户数与此相当。《通鉴》卷一八〇文帝仁寿四年亦记隋高祖"受禅之初,民户不满四百万",益可说明大象中的统计是包括灭齐后所得的户口数的。但《通典》在记述北齐为北周所灭时,"有户三百三万二千五百二十八,口二千万六千八百八十"。户不及大象中统计数,而口数却超过大象年间统计的一倍以上。不可解,当有脱误。

的。他们之中有原来为门阀地主所排斥，因而不能享有经济上和政治上特权的所谓寒门素族，但更多的却是在农业、手工业和商业的发展中分化出来的少数富有者。商业资本和高利贷资本的结合是兼并土地的急先锋。商人和高利贷者向地主地位的转变最快也最容易。均田农民在农业生产力提高而封建国家租赋徭役剥削相对减轻的条件下，其经济的不稳定性也必然使他们发生分化，并且使少数富有者上升为地主。庶族地主经济的最主要的特点不在于占有土地的多少，而在于不能牢固地世代占有土地。商品经济对地主生活的不断侵蚀，促使了土地的经常转移，随着土地转移的频繁，地主的数量增加了，而农民对地主的人身依附却逐渐削弱了。

门阀地主经济的完结和庶族地主经济的发展，是中国封建社会内部的重大变化。这个变化从北魏中叶开始。大大小小的历次农民起义和其他形式的斗争，都推动了这一历史进程。而隋末农民战争由于它动员的农民群众之多、规模之大以及对统治阶级打击的集中和沉重，在推动这一历史进程的前进上，起了特别巨大的作用。

隋末农民战争不仅严重地打击了整个封建统治阶级，推翻了隋王朝的统治，而且特别使门阀地主势力（主要是山东士族的势力）受到了致命的打击，决定了门阀地主经济最后衰落的命运。唐初的统治者从隋末农民战争摧毁了号称强盛富庶的隋王朝的事实中，认识到农民力量的巨大。为了巩固他们的统治，相对减轻了对农民的剥削，实行了一些相对让步的政策。在封建剥削和压迫相对减轻的条件下，广大劳动人民通过自己辛勤的劳动，使唐初的社会经济有了空前的繁荣。随着社会经济的繁荣，庶族地主大量涌现出来，庶族地主的力量也有了很大的发展。

唐初商品经济有显著发展，商品交换活动十分活跃。《旧唐书》卷九四《崔融传》：

> 天下诸津，舟航所聚，旁通巴汉，前指闽越，七泽十薮，三江五湖，控引河洛，兼包淮海，弘舸巨舰，千轴万艘，交贸往还，昧旦永日。（按：此是崔融于长安三年所上谏不可税关市疏中语。疏中还提到："一朝失利，则万商废业，万商废业，则人不聊生。"）

在商品交换活动这样活跃的情况下，社会上必然会出现数量不少的富有的手工业者和商人。如河北定州的何名远。《朝野佥载》卷三："定州何名远，大富，主官中三驿。每于驿边起店停商，专以袭胡为业，赀财巨万，家有绫机五百张。"又如江淮间的田氏、彭氏。《旧唐书》卷八四《郝处俊传》："侍中平恩公许圉师，即处俊之舅，早同州里，俱宦达于时。又其乡人田氏、彭氏，以殖货见称。有彭志筠，显庆中上表请以家绢布二万段助军，诏受其绢万匹，特授奉义郎，仍布告天下。故江淮间语曰：'贵如许、郝，富若田、彭。'"又如关中雍州的倪氏。《旧唐书》卷九三《薛讷传》："有富商倪氏于御史台理其私债。中丞来俊臣受其货财，断出义仓米数千石以给之。"在当时封建经济体系还十分完整的时候，这些富商大贾的商业高利贷资本，最大的可能都投向了土地，在买卖的形式下进行巧取豪夺的兼并活动。而唐代均田令中对于土地买卖限制的放宽和允许以工商为业者占有一定数量土地的规定，更是给富商大贾的土地兼并大开了方便之门。

唐朝均田令中对于土地买卖的限制，比之北魏的均田令，已经有了很大的放松。在北魏的均田令中，允许买卖的土地只限于桑田的多馀部分。《魏书》卷一一〇《食货志》：

诸桑田皆为世业,身终不还,恒从见口,有盈者无受无还,不足者受种如法,盈者得卖其盈,不足者得买所不足,不得卖其分,亦不得买过所足。

其他露田,官吏公田以及桑田的法定应受部分,都是严格禁止买卖的。可是唐代的情况就完全不同了。《通典》卷二《食货典·田制下》:

诸庶人有身死家贫无以供葬者,听卖永业田,即流移者亦如之。乐迁就宽乡者并听卖口分。(原注:卖充住宅、邸店、碾硙者,虽非乐迁,亦听私卖)……诸田不得贴赁及质,违者财没不追,地还本主,若从远役外任无人守业者,听贴赁及质。其官人永业田及赐田,欲卖及贴赁者,皆不在禁限。

《唐律疏议》卷一二"卖口分田"条疏议:

"即应合卖者",谓永业田家贫卖供葬,及(田)[口]分田卖充宅及碾硙、邸店之类。狭乡乐迁就宽者,准令,并许卖之。其赐田欲卖者,亦不在禁限。其五品以上若勋官永业地,亦并听卖。

唐代庶民的永业田在身死家贫无以供葬及民户流移的情况下允许买卖,官僚的永业田和赐田的买卖则毫无限制。无论官僚或庶民的口分田,在由狭乡迁往宽乡及卖充住宅、邸店、碾硙的情况下,也允许买卖。至于贴赁及质,庶人的永业田和口分田只在远役外任无人守业时允许,而官僚的赐田和永业田则毫无限制。①

唐代法令中关于买卖永业田和口分田限制的放松,反映了当时在商品经济发展的刺激下土地买卖现象日益增多的社会现实情况,而唐朝在法令上对土地买卖限制的放宽,又势必促使均田农民的分化和土地兼并的加速进行。

唐朝法令中是允许以工商为业者占有一定数量的土地的。《通典》卷二《食货典·田制下》:

> 诸以工商为业者,永业口分田各减半给之。在狭乡者并不给。

虽然以工商为业者的永业口分田比均田农民少一半,而且在狭乡还不授给,但是这一点并不重要,重要的是这时国家承认了工商户占有土地的合法性。商业高利贷者除了可以在"诸买地者不得过本制,虽居狭乡,亦听依宽制"的规定下,合法地占有一定数量的土地以外,还可以非法地扩大其占有范围。

商业高利贷者兼并土地的主要对象当然是均田农民。但是深受商品经济侵蚀的官僚地主和门阀地主的一部分土地也很容易转移到他们手中。特别是官僚地主,他们原先不仅可以根据均田令合法地占有大量国有土地,而且还可以依仗政治上的权势,巧取豪

---

① 文中在说明唐代均田令中对土地买卖限制的放宽时,只与北魏的均田令做了比较。当然,均田令内容的这个变化,不是从唐代才开始的,而是一个历史的发展过程。《隋书》卷二四《食货志》载北齐河清三年令:"土不宜桑者,给麻田,如桑田法。"麻田如桑田法,表明北齐法令中允许有条件买卖的土地已比北魏扩大了一些。《通典》卷二《食货典》引宋孝王《关东风俗传》:"露田虽复不听卖买,卖买亦无重责。贫户因王课不济,率多货卖田业,至春困急,轻致藏走。亦有懒惰之人,虽存田地,不肯肆力,在外浮游。三正卖其口田,以供租课。"表明买卖露田的现象在北齐已相当流行。此外,土地的贴卖在北齐亦相当普遍。唐代的均田令是在继承北齐以来均田令内容的变化和承认当时社会实际情况变化的基础上制订出来的。

夺地兼并大量土地，而他们所占有的这些土地的买卖和贴赁在政府法令中是几乎不受任何限制的。[①] 这样，当官僚地主家庭没落时，他们的土地也就很快地转移到其他地主和商业高利贷者的手中，而官僚地主家庭，则是最容易受商品经济和城市生活的侵蚀而没落的。《旧唐书》卷九九《张嘉贞传》：

> 嘉贞虽久历清要，然不立田园。及在定州，所亲有劝植田业者，嘉贞曰："吾忝历官荣，曾任国相，未死之际，岂忧饥馁？若负谴责，虽富田庄，亦无用也。比见朝士广占良田，及身没后，皆为无赖子弟作酒色之资，甚无谓也。"闻者皆叹伏。

张嘉贞所说的"广占良田，及身没后，皆为无赖子弟作酒色之资"，确实是当时官僚地主的一般状况。

---

① 唐代均田令中关于官僚按等级占有大量土地的规定，也是北魏均田令中所没有的。北魏均田令中虽然规定："诸宰民之官，各随地给公田，刺史十五顷，太守十顷，治中、别驾各八顷，县令、郡丞六顷。更代相付。卖者坐如律。"(《魏书》卷一一〇《食货志》)但这里的公田近乎唐代的职分田和公廨田，与官僚按等级占有的永业田性质绝不相似。

唐代均田令规定，无论爵、职事官、勋官和散官，都可以按等级占有大量永业田。《通典》卷二《食货典·田制下》："其永业田，亲王百顷，职事官正一品六十顷，郡王及职事官从一品各五十顷……男若职事官从五品各五顷，上柱国三十顷……云骑尉、武骑尉各六十亩。其散官五品以上同职事给。兼有官爵及勋俱应给者，唯从多，不并给。"

尽管均田令规定"所给五品以上永业田皆不得狭乡受，任于宽乡隔越射无主荒地充"。甚至很少有授足者，但在政府法令中关于土地买卖的限制放松的条件下，以及"诸买地者，不得过本制，虽居狭乡，亦听依宽制"。"[所给五品以上永业田]即买荫赐田充者，虽狭乡亦听"的规定，都为这些官僚的兼并土地披上了合法的外衣，虽然他们在兼并土地时，并不以法定的数额为满足。

关于官僚占田的规定，也不是从唐代才开始的，而是有一个历史的发展过程。《隋书》卷二四《食货志》载河清三年令："京城四面，诸坊之外三十里内为公田。受公田者，三县代迁户执事官一品已下，逮于羽林武贲，各有差。其外畿郡，华人官第一品已下，羽林武贲已上，各有差。"《通典》卷二《食货典》引《关东风俗传》："其赐田者，谓公田及诸横赐之田。魏令，职分公田，不问贵贱，一人一顷，以供刍秣。自宣武出猎以来，始以永赐，得听卖买。迁邺之始，滥职众多，所得公田，悉从货易。"表明公田至北齐甚至在北魏末即已实际上成为永业田。至隋，官僚按等级占有永业田就已见诸政府的法令了。《隋书》卷二四《食货志》："自诸王以下至于都督，皆给永业田各有差，多者至一百顷，少者至四十亩。"

正因为这样，才出现了像邹风炽那样“邸店园宅，遍满海内”的大商人兼大地主。《太平广记》卷四九五“邹风炽”条引《西京记》：

西京怀德坊南门之东，有富商邹风炽。……其家巨富，金宝不可胜计。常与朝贵游。邸店园宅，遍满海内，四方物尽为所收。虽古之猗白，不是过也。（按：邹风炽是高宗时人）[①]

由富有的手工业者、商人、高利贷者转化为地主的数量很不少，是武则天统治时期大量涌现的庶族地主的重要组成部分之一。

均田农民是封建国家的依附农民，但又不完全是依附农民。从均田农民的土地受之于国家，受国家户籍制度束缚，并以租调徭役形式向国家提供地租这一方面看来，他们是封建国家的依附农民。但是从他们对部分土地（在北魏是桑田，在唐是永业田）具有近乎占有权的性质这一方面看来，他们又不完全是依附农民，而是有点近乎小自耕农的地位。均田农民的这种性质以及个体小生产者的特点，决定了他们经济的不稳定性，从而也决定了从他们中间分化出少数富有者上升为地主的可能性。但是，当封建国家的盘剥十分苛重的时候，这种可能性实际上是不存在的，均田农民最主要的出路，只能是在破产以后，重新投向门阀地主，作他们的部曲宾客。这种可能性只有在封建国家盘剥比较长期地相对减轻的条件下，才能呈现。唐朝初年的情况正是这样，而这时也确实从均田农民中分化出了一批新的地主分子。

唐初的统治者在隋朝的覆亡中接受了教训，为巩固他们的统治，实行了一些对农民相对让步的政策。这主要表现在徭役形式

① 因为下文还曾提到：“又尝谒见高宗，请市终南山中树。估绢一匹。自云：山树虽尽，臣绢未竭。事虽不行，终为天下所诵。”

剥削的减轻上。《唐会要》卷八三《租税上》:

[武德]七年三月二十九日,始定均田赋税。……凡丁,岁役二旬。若不役,则收其庸,每日三尺。有事而加役者,旬有五日,免其调。三旬则租调俱免。通正役不过五十日。

输庸代役和加役免租调的规定是有进步意义的。虽然从北周以来,农民的徭役负担已有日益减轻的趋势,到隋文帝开皇十年时,更制定了"人年五十,免役收庸"的规定,[①]但是唐朝初年的这个规定,仍然是一个巨大的进步。徭役,特别是毫无限制的徭役征发,是农民长期以来的苛重负担,反对徭役是隋末农民战争及此前历次起义的主要斗争目标。唐代规定的服役期限比隋代减轻三分之一,又规定可以用输纳绢庸来代替服役,而且即使征发徭役,也规定了一个限度,超过限度可以减免租调,这不能不说是均田农民所受剥削的减轻。而唐初的统治者,在比较长的时期内,一般还能遵守自己的规定,并且不在农忙季节征发农民服役。这样,就使在全国大一统的安定局面下的均田农民,比较广泛地发生了分化。

在当时具体条件下,具有上升为富有者和地主的比较有利条件的,是作为均田农民的一部分的府兵和大批脱离了国家户籍制度控制的原均田农民。

唐初社会上存在着大批不受国家户籍制度控制的原均田农民。马周在贞观十一年所上疏中曾经提到:"今百姓承丧乱之后,比于隋时,才十分之一。"[②]当时政府所控制的民户是相当少的。《旧唐书·地理志》所载各州旧领县、户、口数,当是贞观年间的数

① 《隋书》卷二《高祖纪下》。
② 《旧唐书》卷七四《马周传》。

字。以《旧唐书·地理志》所载各州旧领户数和《隋书·地理志》所载隋代各郡户数比较，大致都只及隋代的10%—20%，甚至有不足10%的。[①] 经过隋炀帝无休止的征发和隋末的大规模战争，人民死亡的数量很大，但是否会大到这样的程度，以致只剩下十分之二，甚至不到十分之一呢？显然是不可能的。唐初户数之所以如此之少，最大的可能是有大批的均田农民脱离了政府户籍制度的控制。唐初的统治者因慑于农民战争的威力，不敢对这批脱籍的民户进行检括，而各地的门阀地主，由于在农民战争中受到沉重打击，势力更加衰落，不可能也不敢再荫附这些脱离国家户籍的大量均田农民。这些均田农民既然脱离了政府户籍制度的束缚，当然也不再有租赋徭役的负担。这样在他们中间分化出一些富有者和地主是比较容易的。

唐初的府兵是均田农民。他们被点入军府以后，虽然免除了租调徭役，但负担仍然很重，不仅要番上宿卫，远出征行，而且宿卫和征行所需的物资皆得自备。《新唐书》卷五〇《兵志》："五十人为队，队有正，十人为火，火有长。火备六驮马。凡火，具乌布幕，铁马盂、布槽、锸、镢、凿、碓、筐、斧、钳、锯皆一，甲床二，镰二。队，具火钻一，胸马绳一，首羁、足绊皆三。人，具弓一，矢三十，胡禄、横刀、砺石、大觿、毡帽、毡装、行縢皆一，麦饭九斗，米二斗。皆自备，并其介胄戎具藏于库，有所征行，则视其入而出给之。"正因为府兵的负担是很重的，所以唐代法令严格禁止人们从有军府州向无军府州转移。[②] 这是一方面。

---

① 现以唐代河北道各州与隋代相应各郡户数列表加以比较，见文末附录。由于隋末唐初州县划分废置的变动较大，唐代各州并不等于隋代相应的各郡，因此表中的比较数字并不完全准确。又表中没有列入东北边防各州的比较数字。

② 《唐六典》卷三"户部郎中员外郎"条注："畿内诸州不得乐住畿外；京兆、河南府不得住馀州；其京城县不得住馀县；有军府州不得住无军府州。"

另一方面,府兵也具有一些比一般均田农民有利得多的条件。唐朝的府兵原是均田农民中的上层。《唐律疏议》卷一六擅兴律"拣点卫士"条疏议:"拣点之法,财均者取强,力均者取富,财力又均,先取多丁。"他们在作战中积有战功,又可以被授予勋级,通过勋级的授予,他们可以占有一定数量的土地。《通典》卷二《食货典·田制下》:"其永业田……上柱国三十顷,柱国二十五顷,上护军二十顷,护军十五顷,上轻车都尉十顷,轻车都尉七顷,上骑都尉六顷,骑都尉四顷,骁骑尉、飞骑尉各八十亩,云骑尉、武骑尉各六十亩。"

唐代初年,特别是唐太宗统治的时候,对于用勋和勋田来刺激府兵的作战情绪是比较注意的。《唐会要》卷八一《勋》:

> 至贞观十九年四月九日,太宗欲重征辽之赏,因下制:授以勋级,本据有功,若不优异,无由劝奖。今讨高丽,其从驾爰及水陆诸军,战阵有功者,并特听从高品上累加。六军大悦。

并不是从这时才开始受勋,这时只是改变原来的"资高而勋卑者,皆从卑叙"的规定,"特听从高品上累加"。①《旧唐书》卷八四《刘仁轨传》载麟德元年所上表中曾经提到"臣闻往在海西,见百姓人人投募,争欲征行,乃有不用官物,请自办衣粮,投名义征"的情形。为什么能这样呢? 一方面是由于"贞观永徽年中,东西征役,身死王事者,并蒙敕使吊祭,追赠官职,亦有回亡者官爵与其子弟"。另一方面就是由于"往前渡辽海者,即得一转勋官"。刘仁轨说的是当时兵募的情况,府兵当然更是如此。这些都可以说明,唐初统治

① 所引上文即曾提到:"旧制,勋官上柱国已下,至武骑尉为十二等,有战功者,各随高下以授。岑文本谓资高而勋卑者,皆从卑叙。"又《新唐书》卷四六《百官志》司勋郎中条:"凡酬功之等,见任、前资、常选,曰上资;文武散官、卫官、勋官五品以上,曰次资;五品以上子孙、上柱国柱国子、勋官六品以下,曰下资;白丁、卫士,曰无资。"

者除了用“敕使吊祭，追赠官职”等荣誉作为精神上的鼓励外，也很注意用授勋和勋的迁转的物质鼓励来刺激战士的作战情绪。当时，府兵获得勋级是比较容易的。《旧唐书》卷四二《职官志》称："战士受勋者，动盈万计。"显庆四年(659)李义府等改氏族志为姓氏录，凡得五品者，尽入书限，被缙绅士大夫诋为“勋格”，意为如勋之易得。[①] 拿勋来比作新的阀阅门第之易得，勋本身也就可想而知。唐初勋田虽然很少有授足的，但却是曾经授了的，这一点就是在天宝年间的户籍簿上也可以得到证明。[②] 这样，作为均田农民的一部分的府兵，他们中有一些人上升为富有者和地主就更加容易些。

关中是当时府兵集中地区。《新唐书》卷五〇《兵志》："凡天下十道，置府兵者六百三十四，皆有名号，而关内二百六十有一，皆以隶诸卫。"天授二年(691)武则天准备“徙关内雍、同、秦等七州户数十万，以实洛阳”。[③] 徐坚曾上疏谏止，其理由之一就是“受使之人，苟徼劳效，务选高户，抑此陪郭，然高户之位，田业已成，安土重迁，人之恒性。使者强送，僶俛进途，一人怨嗟，或伤和气，数千馀户，深宜察之”。[④] 这些“田业已成，安土重迁”的“高户”，当然不会是集中在关中的官僚地主，只可能是前此时间内发展起来的，但经济力量和政治力量都还不十分强大的新的地主和富裕农民。与这

① 《旧唐书》卷八三《李义府传》，《十七史商榷》卷八七“勋格”条。

② 如敦煌郡敦煌县龙勒乡都乡里天宝六年籍所载，程什柱户下有勋田九亩，程仁贞户下有勋田十四亩。程什柱和程仁贞都是老男翊卫。程什柱弟大信名下注明是上柱国子，附注中说："取故父行宽上柱国荫。"程什柱本人名下附注“曾智，祖安，父□”，程仁贞名下附注也是“曾智，祖安，父宽”。可能两家原是兄弟，都是以上柱国子而充当翊卫的，而勋田可能是高宗武后时所授，后来被两家所瓜分。初授时是否只二十三亩也颇可考虑。这是后来情形。贞观年间，情况可能更不同些。都乡里天宝六载籍见《食货》半月刊四卷五期，1936 年 8 月 1 日出版。

③ 《唐会要》卷八四《移户》。“关内”原作“关外”，据《通鉴》改。

④ 《全唐文》卷二七二徐坚《请停募关西户口疏》。

个现象同时存在的是“丁壮受田，罕能充足”，是大批“无田业”的“百姓”。[①] 这就是在农民内部分化和官僚地主土地兼并下的简单图景。

唐朝初期社会经济的发展，商业高利贷者的数量增多了，不仅农民的土地被他们兼并，官僚地主等的部分土地也往往转入他们手中。同时，随着经济的发展，唐初均田农民内部的分化也比较突出。这样，经过唐初三十多年的发展，地主面扩大了，地主阶级中士人的数量也有了显著的增多。《新唐书》卷四五《选举志》：

> 初，武德中，天下兵革新定，士不求禄，官不充员。有司移符州县，课人赴调，远方或赐衣续食，犹辞不行，至则授用，无所黜退。不数年，求者寖多，亦颇加简汰。

可见当时官员不充的严重情形。这是由于隋末农民起义给了统治阶级以严重的打击和深刻的教训，使得他们不敢再出来骑在人民头上，但是也说明了当时地主阶级中士人的数量还是不多的。魏玄同在垂拱中所上的疏中，也曾指出：“皇运之初，庶事草创，岂唯日不暇给，亦乃人物稀少。”[②]这种情形还可以从唐初各地所贡明经进士人数和应制举的人数中看到。《唐摭言》卷一五《杂记》：

> 高祖武德四年四月十一日，敕诸州学士及白丁，有明经及秀才、俊士、进士明于理体，为乡曲所称者……每年十月随物入贡。至五年十月，诸州共贡明经一百四十三人，秀才六人，

---

① 《全唐文》卷二一八崔融《代皇太子请家令寺地给贫人表》。《唐大诏令集》卷九九《置鸿宜鼎稷等州制》。

② 《通典》卷一七《选举典·杂议论中》。

俊士三十九人,进士三十人。

武德五年是唐科举第一科开科之年。各州所贡仍然不过二百多人。一直到贞观十九年,应举人数仍无显著增加。这一年曾经开过一科制科,但"州郡所举先后至者",仍然不过"数百人"。[①] 各州应举人数之显著增加是在唐高宗统治的时候。《旧唐书》卷四《高宗纪》:

显庆四年春二月,乙亥,上亲策试举人,凡九百人。

到武则天称帝的初年,达到"千馀人",[②]晚年更至"千五百馀人"。[③]

应举人数的增长表明了当时地主阶级士子的增加,而地主阶级士子的增加反映了当时地主面扩大的事实。这批在唐初大量涌现出来的庶族地主,他们迫切要求参加政权,希望通过政治权利的获得来巩固和扩大他们的经济势力。武则天的历史功绩就在于:她顺应了历史发展的这个趋势和封建社会内部阶级结构变化的这种新情况,满足了庶族地主的普遍愿望,把封建国家政权向整个地主阶级广泛开放。

三

科举制度的建立和州县属吏之由中央任免,是隋代加强中央集权的重大措施,反映了门阀地主和庶族地主势力此消彼长的情

① 《册府元龟》卷二五九《储宫部·监国》。
② 《旧唐书》卷九一《张柬之传》。
③ 《张燕公集》卷二三《四门助教尹先生墓志》:"自延载之后,条限宾荐,长安之初,大开贡举,考功是岁千五百馀人。"

况。但是隋代的最高统治权仍然掌握在关陇贵族集团手中,地方属吏的成分也无显著变化,而科举制度还正在创立阶段,尚未成为地主阶级成员入仕的主要途径。这一方面果然反映了上层建筑的改变落后于经济基础的情况,另一方面也表明了庶族地主的势力还不够强大。

庶族地主的势力虽然还不够强大,但却在不断地发展着。随着王朝的更替,在唐初出现了一批新的官僚地主,正在发展着的,但又没有正常入仕通途的庶族地主,这时也涌上了统治集团的上层。曾经被唐太宗称为佐成“贞观之治”第一功臣的魏征,他的出身实际上是“田舍翁”,[①]在永徽显庆之际政治上起着举足轻重作用的李勣,也是“家富,多僮仆,积粟常数千钟”的庶族地主。[②] 和魏征一样,他们的族望都是伪托的。[③] 此外,工部尚书,武则天的父亲武士彟原是贩木材的商人,而鸿胪卿刘世龙,从他解决唐初“国用不足”的办法中,也可以断定不是商人即是兼营商业的地主。[④] 类似的情况还可以在唐初新兴官僚中找到很多很多。

唐太宗统治时期实际执行的政策,是能适应当时统治阶级内部这一发展变化的新情况的。唐太宗十分注意吸收各个地区的地主阶级和地主阶级内部不同阶层的代表人物参加他的核心统治集团。马周之所以从山东一“布衣”迅速被提拔为宰相,就是这个原

---

① 《通鉴》卷一九四:贞观六年三月,“上尝罢朝,怒曰:会须杀此田舍翁。后问为谁,上曰:魏征每廷辱我”。

② 《新唐书》卷九三《李勣传》。

③ 魏征的族望是伪托的,见陈寅恪《论隋末唐初所谓“山东豪杰”》,《岭南学报》十二卷第2期。李勣,两《唐书》本传只言及其父名盖,无先世仕宦记载,而《新唐书》卷七五下《宰相世系表》却列之于南朝士族高平北祖上房徐氏。然既是南朝侨姓士族,为何却世居于南北边境且多属北朝的曹州离狐?其曾祖名懋,他为何又字懋功?在在显露出伪托的痕迹。

④ 《旧唐书》卷五七《裴寂刘文静传附刘世龙传》:“从平京城,累转鸿胪卿,仍改名义节。时草创之始,倾竭府藏以赐勋人,而国用不足。义节进计曰:今义师数万,并在京师,樵薪贵而布帛贱,若采街衢及苑中树为樵以易布帛,岁收数十万匹,立可致也。又藏内缯绢,匹匹轴之使申。截取剩物,以供杂费,动盈十馀万段矣。高祖并从之,大收其利。”

因。唐太宗对旧门阀势力(在当时主要是山东士族)也采取了压抑和打击的政策。但是唐太宗的思想也有保守的不彻底的一面。他在承认庶族地主涌上统治集团上层的事实和对山东士族采取压抑打击政策的同时,又企图固定当时的情况,建立新的门阀秩序。《贞观氏族志》就是在这种思想指导下修订的。

武则天在实际掌握政权以后,不仅对旧门阀势力继续采取压抑和打击政策,而且突破了由《氏族志》所固定的新贵族对政权的垄断局面。显庆四年(659),在李义府、许敬宗的建议下,武则天命孔志约等十二人把《氏族志》改成了《姓氏录》。从表面上看来,《姓氏录》和《氏族志》没有两样,目的都是为了甄别士庶,固定新的等级秩序,可是实际意义却完全不同。《旧唐书》卷八二《李义府传》:

> 乃奏改此书(按:指《氏族志》),专委礼部郎中孔志约、著作郎杨仁卿、太子洗马史玄道、太常丞吕才重修。志约等遂立格云:"皇朝得五品官者,皆升士流。"于是兵卒以军功致五品者,尽入书限,更名为《姓氏录》。由是缙绅士大夫多耻被甄叙,皆号此书为"勋格"。义府仍奏收天下《氏族志》本焚之。

可见孔志约等为甄别士庶所拟订的标准实际上却混淆了士庶的界线,承认了庶族地主应有的社会地位。因为在这以前,"以军功致五品"乃是庶族地主参加政权的最主要途径。《姓氏录》的改订在打击旧门阀势力上,和《氏族志》是完全一致的,不过他同时又否定了为《氏族志》所固定的新官僚贵族的地位。因此,《姓氏录》的改订在打击旧门阀新贵族、扶植庶族地主政治力量的成长上,有一定的积极意义。而修订《姓氏录》这一行动本身,又表明,当时庶族地主代表人物的门第观念还是很深的。

武则天继承了唐太宗禁止山东旧族"卖婚"的政策,[①]并于显庆四年十月十五日发布了禁止陇西李宝等七姓十一家自为婚姻及嫁女受陪门财的诏令。[②] 只在门第相当的门阀地主内部通婚,原是门阀地主从血统关系上巩固自己的经济特权和政治特权的传统措施。后来,许多门阀地主的经济力量衰落了,政治上的权势也消失了,他所剩有的只是长期历史发展中形成的,并为传统观念和社会习惯势力所承认的架空的"门望"了。这个失去了基础的架空的"门望",对门阀地主的破落户还是有用的。刚刚从门阀社会中发展起来的庶族地主,也有很深的门第观念,他们对这些旧族的祖先和门望充满了钦羡之情,迫切希望与他们通婚来提高自己的社会地位,而正在衰落中的门阀地主除了以索取大量财物来更加高自标置其"门望"外,还企图通过与这些"新官之辈"和"丰财之家"的婚媾来保持或者挽救他们的衰落命运,庶族地主和门阀地主的相互利用,这就是在南北朝后期到唐初这段时间内作为特殊的社会现象出现的"卖婚"问题的实质。显然,唐太宗禁止山东旧族卖婚,武则天禁止七姓十一家自为婚姻,都含有用政治力量贬低与他们的政治地位和经济实力已不相称的"门望"的意义。可是这个政策却并没有取得多大成功。《新唐书》卷九五《高俭传》:"其后天下衰宗落谱昭穆所不耻者,皆称禁婚家,益自贵,凡男女皆潜相聘娶,天子不能禁,世以为敝云。"这不是由于别的,而仅仅只是由于门第观念在整个唐代社会上还有着深远影响的缘故。

武则天争夺皇后位置时,她所依靠的主要是上层官僚中的一

① 唐太宗禁止山东旧族卖婚的诏令发布于贞观十六年六月,诏令节文见《唐会要》卷八三《嫁娶》。

② 《唐会要》卷八三《嫁娶》。

部分势力，即以李勣为代表的、为永徽年间的实际掌权者长孙无忌所极力排挤的那一部分势力。可是当武则天在巩固她的皇后位置，发展和配置自己的政治势力的时候，她所依靠的就不再只是上层官僚的某一部分势力，而是和当时社会上广泛而普遍地发展着的庶族地主势力紧密地结合起来了。《旧唐书》卷一九〇中《文苑·元万顷传》：

> 拜著作郎。时天后讽高宗广召文词之士入禁中修撰，万顷与左史范履冰、苗神客，右史周思茂、胡楚宾咸预其选，前后撰《列女传》、《臣轨》、《百僚新诫》、《乐书》等凡千馀卷。朝廷疑议及百司表疏，皆密令万顷等参决，以分宰相之权，时人谓之"北门学士"。

北门学士还有左史弘文馆直学士刘祎之。[①] 虽然著作郎、左史、右史（即起居郎、起居舍人，龙朔二年改）等都是清望官，元万顷还是北魏宗室的后裔，而且也都不是科举出身的。但是值得注意的是他们都是"文词之士"，他们的家世都没有显赫的官爵，也没有强大的宗族，他们或者自身即是庶族地主，或者与庶族地主保持着密切的联系。[②] 武则天把这些人引作亲信，"以分宰相之权"，突破了上层官僚的包围。她依靠北门学士，就是依靠庶族地主势力的一个具体表现。

科举制度在唐朝初年虽然有发展，如开科已经比较经常，录取的人数也有增加，但是科举出身还没有成为地主阶级成员参加政

① 《旧唐书》卷八七《刘祎之传》。
② 参见《旧唐书》卷八七《刘祎之传》，卷一九〇中《文苑·元万顷传》及元传所附范履冰、苗神客、周思茂，胡楚宾诸传。《新唐书·宰相世系表》卷七一上刘氏、卷七四上范氏等表。

权的主要途径。唐朝的科举，虽然一开始就规定有生徒和乡贡二种办法，[①]生徒由中央国子监的国子学、太学、四门学等六学和弘文馆、崇文馆二馆以及州县学举送，“举选不由馆、学者，谓之乡贡，皆怀牒自列于州县”，[②]可是在唐初由学校举送者实占科举出身中的绝大多数，乡贡只占极不重要的地位。《新唐书》卷四四《选举志上》所说的“举人旧重两监（两京国子监），后世禄者以京兆、同、华为荣而不入学”，就是指的这种情况。而唐初的学校，却带有极浓厚的贵族色彩。国子学和太学只吸收官僚子弟入学，而弘文馆和崇文馆更是专为皇亲国戚子弟及高级官僚之子而设，只四门学才容纳部分“庶人之俊异者”。因此，唐初由科举出身的，大部分仍然是官僚贵族子弟。

在唐初成为入仕通途的，主要不是科举，而是资荫，而且科举出身者的条件远不如资荫有利。按照《新唐书》卷四五《选举志下》的记载，九品以上官都可以荫子，五品以上官可以荫孙，三品以上官甚至可以荫曾孙。以资荫出身者，最高的一开始就可以授正七品上阶官，最低的也可以授从九品下阶官，与明经丁第、进士乙科出身者相当。而进士在唐代实际上是只有乙科，明经也是只有丁第的。[③] 同时，具体分析唐初大官僚的出身状况，也可以同样证明，资荫是入仕的一条通途。因此，带有一定世袭性的官僚贵族把持政权的局面，在唐初仍然相当严重。《旧唐书》卷八七《魏玄同传》：

> 今贵戚子弟，例早求官，髫龀之年，已腰银艾，或童丱之岁，已袭朱紫。弘文崇贤之生，千牛辇脚之类，课试既浅，艺能

---

① 《新唐书》卷四四《选举志》：“唐制取士之科，多因隋旧。然其大要有三，由学馆者曰生徒，由州县者曰乡贡，皆升于有司而进退之。……其天子自诏者曰制举，所以待非常之才焉。”

② 同上注。

③ 《通典》卷一五《选举典·历代制下》。

亦薄,而门阀有素,资望自高。

这是魏玄同在垂拱年间所上疏中的话。表明即使在武则天临朝称制的初期,仕途仍然被贵戚和门阀有素的子弟所把持的情况。对于这种情况,不是没有人想进行改革,如显庆二年(657)刘祥道为黄门侍郎、知选事,就曾经上疏陈六事,建议划除吏部取士伤多且滥等弊政。所谓滥,主要就是指杂色入流的人太多:“经学时务等比杂色,三分不居其一”,而杂色人中就包括有“品子”等。刘祥道的建议在朝廷中进行过讨论,但是由于“执政惮改作,又以勋戚子进取无他门,遂格”。①

真正彻底改变这种带有一定世袭性的官僚贵族把持政权局面的,是武则天。在武则天统治时期,特别是在武则天临朝称制以后,曾经采取了很多措施,甚至是相当激烈的措施,大力扶持了庶族地主政治力量的成长,满足了经过唐初三十多年的发展,在社会上普遍而大量地存在着的庶族地主参加政权的要求,而武则天的统治,也因为有了广大的庶族地主的支持,而得到日益巩固。

《通典》卷一五《选举典·历代制下》:

大唐贡士之法,多循隋制。……其常贡之科,有秀才,有明经,有进士……初,秀才科等最高……贞观中,有举而不第者,坐其州长,由是废绝。自是士族所趋向唯明经、进士二科而已。其初止试策。

① 参见《新唐书》卷一〇六《刘祥道传》、《通典》卷一七《选举典·杂议论中》。

明经、进士是唐代科举制最重要的二科。两者在开始时好像都只试策,没有什么不同,实际上策文的内容是不同的,录取时的着重点也不相同。明经射策,着重点在经义,进士试时务策,着重点在文章。武则天实际掌握政权时期,在刘思立的建议下,对明经、进士两科的考试内容,有所改变。调露二年(680),两科并加帖经;永隆二年(682),进士科又加试杂文二篇。[①] 自此以后,终唐一代,进士、明经的考试内容再没有重大变动。从这一方面说来,唐代科举制度是到武则天统治时期,才最后完备的。

进士科加试的杂文,在开元以前,主要还是箴铭论表之类,不像以后那样,专试诗赋。可是在加试杂文以后,进士科的考试对文章是更加注重了,进士录取与否,已经几乎完全取决于杂文。《通典》卷一五《选举典·历代制下》:

> 礼部员外郎沈既济曰:"……太后颇涉文史,好雕虫之艺。永隆中始以文章选士。及永淳之后,太后君临天下二十馀年,当时公卿百辟无不以文章达,因循日久,寖以成风。"

就是进士科唯重文章的证明。当进士科在止试策时,着重点已在文章,可是重文章之成为进士科的唯一特点,其关键却在永隆二年的加试杂文。同时,经过永隆二年的改变以后,进士科和明经科的轩轾也日见显著。开元以后进士科之特见荣重,实亦开始于此时。由于进士科在唐代后来的历史中,实际上已成为地主士大夫参加政权并迅速掌握清紧要职的几乎是唯一的出身途径,因此武则天统治时期进士科考试内容的这种改变,对于以后庶族地主参加政

① 《通典》卷一五《选举典·历代制下》。

权常制的确立,是很有意义的。

但是武则天统治时期科举制度的发展,主要还不是表现在进士科考试内容的这个改变上,而是表现在乡贡在科举中所占地位的日益重要上。虽然一时未能找到武则天统治时期乡贡在科举中比重日益增大的直接记载,《唐摭言》甚至还说:“开元已前,进士不由两监者,深以为耻。”①但是在一些具体事例中,仍然可以看到乡贡重要性正在日益增长,《唐摭言》的这一记载不一定可靠。

国子监学的废替是武则天统治时期的突出现象。《旧唐书》卷一八九上《儒学传·序》:

> 高宗嗣位,政教渐衰,薄于儒术,尤重文吏。……及则天称制,以权道临下,不吝官爵,取悦当时。其国子祭酒,多授诸王及驸马都尉……至于博士助教,唯有学官之名,多非儒雅之实。是时复将亲祠明堂及南郊,又拜洛、封嵩岳,将取弘文国子生充斋郎行事,皆令出身放选,前后不可胜数。因是生徒不复以经学为意,唯苟希侥幸,二十年间,学校顿时隳废矣。

“取弘文国子生充斋郎行事,皆令出身放选”,只是表明他们不经科举,即已入仕了。国子学的废替,是否即是这个原因,颇可怀疑。但“二十年间,学校顿时隳废”却是事实。其废替,甚至早在武则天临朝称制以前。《陈伯玉文集》卷九《谏政理书》:

> 陛下方欲兴崇大化,而不知国家太学之废,积岁月矣;堂宇芜秽,殆无人踪,《诗》《书》《礼》《乐》,罕闻习者。陛下明诏

① 《唐摭言》卷一“两监”条。

尚未及之,愚臣所以有私恨也。

陈子昂此书上于光宅元年(684),[1]即武则天临朝称制的第一年,而这时“国家太学之废”,即已“积岁月矣”,而且达到“堂宇芜秽,殆无人踪”的程度,这又怎么能把原因简单地完全归结为武则天的祠明堂、南郊,拜洛封嵩和生徒的“苟希侥幸”呢?

与国子监学废替现象同时存在的,是百姓私学的发展。开元二十一年的敕文中曾经提到:“诸百姓立私学,其欲寄州县学授业者,亦听。”[2]这种百姓的私学当然不是在开元年间突然出现的,必然有他比较长远的历史,且是后代书院的前声。私学的发达是封建文化在地主阶级内部逐步普及的标志。它和门阀的家学不同,家学是门阀地主垄断封建文化,垄断封建统治经验,并以此来保持他们政治特权的重要手段。国子监学的废替和百姓私学的发达,必然使乡贡在科举中的地位日益重要。

《唐会要》卷七六《缘举杂录》:

长寿二年十月,左拾遗刘承庆上疏曰:“伏见比年以来,天下诸州所贡物,至元日皆陈在御前,唯贡人独于朝堂拜列。但孝廉秀异,既充岁贡,宜列王庭。岂得金帛羽毛,升于玉阶之下,贤良文学,弃彼金门之外。恐所谓贵财而轻义,重物而轻人。伏请贡人至元日引见,列在方物之前,以备充庭之礼。”制曰:“可。”

姑不论这个问题本身的性质如何,但这个问题之所以被提出,却是

① 《登科记考》据《册府元龟》系此书于光宅元年。
② 《唐摭言》卷一“两监”条原注所引。

对于乡贡注重的表示，由此也可以看到武则天统治时期乡贡地位日益重要的情形。《唐摭言》卷一“乡贡”条：“景云以前，乡贡遂二三千人。”乡贡人数的增加，也是乡贡地位日益重要的标志。

乡贡在科举中地位的日益重要，对于庶族地主政治力量的成长，是很有意义的。带有浓厚贵族色彩的国子监学排斥庶族地主仕进的作用是愈来愈小了。庶族地主只要有一定的文化水平，就可以“怀牒自列于州县”，请求“州县解送”。正因为科举中的乡贡能够适当满足庶族地主参加政权的要求，所以后来在天宝十二载虽曾一度罢乡贡，但又不得不立即在十四载予以恢复。① 从武则天以后，乡贡在唐代科举中一直占着主导的地位。

进士科录取的人数，在武则天统治时期，也有显著增加。据《文献通考》卷二九《选举考二》“唐登科记总目”所载，武德贞观年间，进士及第人数，最少只有三人（贞观二十年），最多曾经达到二十四人（贞观十八年），一般都在十至十五人上下。武则天实际掌握政权以后，初期无大变化。咸亨元年才突增至五十四人，二年、三年不贡举，四年又突增至七十九人。以后各年，比之贞观永徽年间，人数都有显著增加，但各年极不固定。进士及第人数的增加，反映了庶族地主成长的情况，同时也反映了科举制度在武则天统治时期发展的情况。

武则天为了巩固她的统治地位，特别是为了打破带有一定世袭性的官僚贵族垄断政治的局面，采取了全力扶植庶族地主政治力量的成长和从庶族地主中大量选拔人才的措施。经常的开科取士，虽然可以在庶族地主中选拔一部分人才，但是仍然远远不能满足她的这种需要。因此，武则天在发展进士科举的同时，在大开制

① 《新唐书》卷四四《选举志上》：“十二载，乃敕天下罢乡贡，举人不由国子及郡县学者，勿举送。……十四载，复乡贡。”

科和破格用人方面,也尽了最大的努力。

唐太宗统治时期虽曾多次下诏州郡举人,如贞观十一年(637)四月丙寅,"诏河北淮南举孝悌淳笃兼闲时务,儒术该通可为师范,文辞秀美才堪著述,明识政体可委字人,并志行修立为乡间所推者,给传诣洛阳宫"。十五年六月戊申,"诏天下诸州举学综古今及孝悌淳笃文章秀异者,并以来年二月总集泰山"。十七年五月乙丑,"手诏举孝廉茂才异能之士"。[①] 可是这和后来的制科并不完全相同。唐代制科及第的明确记载,最早见于显庆三年(658)。《唐会要》卷七六《制科举》:

显庆三年二月,志烈秋霜科,韩思彦及第。

武则天实际掌握政权以后,大开制科,通过制科,选拔了大批人才。显庆四年一年即开了洞晓章程科,材称栋梁、志标忠梗科,政均卓鲁、字俗之化通高科,安心畎亩、力田之业夙彰科,道德资身、乡间共挹科,养志丘园、嘉遁之风载远科,材堪应幕科,学综古今科等八科,[②]而且由高宗亲自策试举人。这一年应举人数达到九百多人。[③] 从此以后,除了少数几年例外,差不多每年都设有制科。[④] 其中如垂拱四年,应制举者甚至达到上万人之多。《大唐新语》卷八《文章》:

则天初革命,大搜遗逸,四方之士应制者向万人。则天御洛阳城南门,亲自临试。张说对策为天下第一。则天以近古

① 《旧唐书》卷三《太宗纪》。
② 赵彦卫《云麓漫钞》卷六。
③ 《旧唐书》卷四《高宗纪》。
④ 《登科记考》卷二至四。

以来未有甲科,乃屈为第二等。[①]

永昌元年(689),也有千馀人。《旧唐书》卷九一《张柬之传》:

进士擢第,累补青城丞。永昌元年,以贤良征试,同时策者千馀人,柬之独为当时第一。

武则天大开制科的目的是"大搜遗逸",而从"四方之士"应制者如此之踊跃,也可以看出,武则天的这一措施是符合庶族地主的政治要求的。同时,武则天在制科考试中,还特别注意到要搜罗尽致。《太平广记》卷二二一"张柬之"条录《定命录》:

张柬之任青城县丞,已六十三矣。……后应制策被落。则天怪中第人少,令于所落人中更拣。有司奏一人策好,缘书写不中程律,故退。则天览之,以为奇才。召入,问策中事,特异之。即收上第,拜王屋县尉。

在这个带有传说性的故事里,说明了武则天确是想通过制科尽力罗致庶族地主中的大批人才的。不仅如此,而且在及第以后,即授以清紧要职。故《唐语林》卷八说:

唐制,常举人之外,又有制科,搜扬拔擢,名目甚众,则天

① 据《唐才子传》卷一《张说传》:"垂拱四年,举学综古今科,中第三等,考策日封进,授太子校书。"故知在垂拱四年。又各书所载张说此年所应制科名,颇不一致。有的说是贤良方正,如《新唐书》本传,有的说是词标文苑,如刘禹锡《韦处厚集纪》,有的说是学综古今,如《唐才子传》。徐松在列举上述科目后认为:"实止一科也。"见《登科记考》卷三。

> 广收才彦,起家或拜中书舍人、员外郎,次拾遗、补阙。[①]

在破格用人方面,武则天不仅不顾当时官僚机构已经十分庞大的事实,而且完全无视朝廷在官僚的出身和迁转方面原有的规定和程序,举动是比较激烈的。早在显庆二年(657),刘祥道即曾指出当时官僚机构庞大的情况:文武一品以下,九品以上,已近一万四千人,可供三十年之用。每年只要五百人入流来代替老死者就足够了,可是当时每年入流者却达一千四百多人,因此刘祥道认为是"实非搜扬之法"。[②] 可是武则天仍然不仅大力发展了进士词科,而且于垂拱元年(685)五月,"诏内外文武九品已上及百姓,咸令自举"。垂拱二年(686),又置匦四枚,列于庙堂,其中有一个就叫做"延恩匦",献赋颂,求仕进者投之。[③] 在大兴告密罗织的时候,甚至连"农夫樵人",皆不次除官。《通鉴》卷二〇三则天后垂拱二年:

> 乃盛开告密之门,有告密者,臣下不得问,皆给驿马,供五品食,使诣行在。虽农夫樵人,皆得召见,廪于客馆,所言或称旨,则不次除官,无实者不问。

这些都说明武则天在破格用人,不次除官方面是做了很多工作的。武则天破格用人的最大的一次举动,是在长寿元年(692)。这一年,武则天设置了大批"试"官(意即非正式的官)来安插被她不次迁除的新的官员。天授元年(690),即武则天改唐为周的第一年,

---

① 中书舍人、员外郎、拾遗、补阙,都是清望官。见《旧唐书》卷四二《职官志》。
② 《通典》卷一七《选举典·杂议论中》。
③ 《通鉴》卷二〇三则天后垂拱二年。

她曾命史务滋等十人为存抚使,存抚诸道。存抚使的主要任务之一,就是举人。这在当时政治上是一件大事,为朝廷上下所瞩目。《南部新书》丙:"天授中,中丞李嗣真等为十道存抚使,合朝有诗送之,名曰《存抚集》,凡十卷。"十道存抚使所举之人,长寿元年(692)全部被武则天不分贤愚地加以录用,授以试官。武则天的这一举动,甚至引起了"车载""斗量"之谣。《通鉴》卷二〇五则天后长寿元年:

> 春一月丁卯,太后引见存抚使所举人,无问贤愚,悉加擢用,高者试凤阁舍人、给事中,次试员外郎、侍御史、补阙、拾遗、校书郎。试官自此始。时人为之语曰:"补阙连车载,拾遗平斗量;欋推侍御史,盌脱校书郎。"有举人沈全交续之曰:"糊心存抚使,眯目圣神皇。"为御史纪先知所擒,劾其诽谤朝政,请杖之朝堂,然后付法,太后笑曰:"但使卿辈不滥,何恤人言!宜释其罪。"先知大惭。

武则天是有意识地这样做的,而且她自信自己并未"眯目",所以沈全交的话她可以全不在意。

武则天发展科举制度,广开词科,破格用人等措施,使大量庶族地主涌进了封建官僚机构。在这些人中,有些确实掌握了封建统治经验,具有一定的政治才能,但也有不少人只知贪污勒索、结党营私。武则天对这些人一方面可以不分贤愚地破格录用,可以把官爵送给任何一个人,可是另一方面也进行严密地督责,对不称职的人很快都予以废诛。因此,武则天统治时期官僚机构的庞大、官僚成分的复杂,不仅没有引起官僚政治的严重混乱,而且还为此后"开元盛世"培养储备了一批颇有政治才干的人才。这不能不说

武则天在知人用人方面具有杰出的政治才能。《新唐书》卷七六《后妃传·则天皇后传》:

> 太后不惜爵位,以笼四方豪杰自为助,虽妄男子,言有所合,辄不次官之,至不称职,寻亦废诛不少纵,务取实材真贤。

不止史书上这样记载,就是武则天以后的唐人,在言论中也曾这样称道。如陆贽,《陆宣公文集》卷一《请许台省长官荐举属吏状》:

> 往者则天太后践祚临朝,欲收人心,尤务拔擢,弘委任之意,开汲引之门,进用不疑,求访无倦,非但人得荐士,亦许自举其才。所荐必行,所举辄试,其于选士之道,岂不伤于容易哉!然而课责既严,进退皆速,不肖者旋黜,才能者骤升,是以当代谓知人之明,累朝赖多士之用。此乃近于求才贵广,考课贵精之效也。

如李绛,《李相国论事集》卷六"上言须惜官"条:

> 天后朝命官猥多,当时有"车载""斗量"之语。及开元中,致朝廷赫赫有名望事绩者,多是天后所进之人。

武则天就是用这些政治措施,依靠了庶族地主的力量,来巩固她的政权、她的统治的。由于庶族地主经济在此后的中国封建社会中一直居于主导地位,而武则天的大部分政治措施实际上也都为后来的统治者所接受,成了制度,并有了新的发展,因此,武则天的这些政治措施绝不是一时的权宜之计,它的影响是深远的。

四

武则天的时代是中国封建社会由以门阀地主经济占主导地位向以庶族地主经济占主导地位过渡的时代，是门阀地主的经济实力已经衰落，而庶族地主经过从北魏中叶以来的长期发展，特别是唐初三十年间的大发展，已经在社会上大量而广泛地存在的时代。也就是说武则天的时代是中国封建社会内部的阶级结构发生某些重大变化的时代。

武则天采取各种政治措施，扶植了庶族地主政治力量的成长，并使庶族地主成了巩固封建统治的主要支柱。武则天的这些政治措施，都带有改变政治上层建筑的某些方面以适应封建社会内部经济基础的这种变化，并推动社会继续向前发展的性质。武则天主持并且领导了政治上层建筑的这种改变，使这种改变进行得十分迅速而顺利，同时又没有给政治带来严重的混乱。这是武则天具有杰出的政治才能的表现，也是武则天对我国历史发展的主要贡献。武则天是我国封建社会历史上杰出的政治家。

不过武则天毕竟是封建统治阶级的代表人物，和历史上的所有的封建统治者一样，她的统治同样是以广大劳动人民的被压迫和被剥削为基础的。

在武则天统治时期，虽然继续执行了一些唐初制定的对农民相对让步的政策，对农业生产也比较注意，可是阶级斗争的形势却向前发展了。这不仅是由于官僚机构的庞大，开支的增加，从而加重了对人民的剥削，而更主要的是由于大批庶族地主在涌进官僚机构以后，又利用政治上的权势，广泛展开了土地兼并和掠夺活动。只是在武则天统治时期，还远未达到爆发大规模武装起义的尖锐程度。

在武则天统治时期，农民进行阶级斗争的条件也开始发生了一些变化。在庶族地主经济占有主导地位的情况下，土地转换的频繁使农民对地主的人身依附关系有了一定程度的削弱，这是农民进行斗争的新的有利条件。可是随着庶族地主经济的发展，专制主义中央集权政治进一步加强了，这又使农民进行斗争的条件更加不利了。

在肯定武则天是我国历史上杰出的政治家时，这些也是必须附带论及的。

1959 年 12 月

附：

唐河北道各州与隋各郡户数比较表

唐各州户数			与唐相应之隋各郡户数			唐与隋州郡户数的百分比
州名	旧领县数	户数	郡名	领县数	户数	
怀州	9	30 090	河内	10	133 606	22.52
卫州	5	11 903	汲郡	8	111 721	10.65
相州	9	11 490	魏郡	11	120 227	9.56
魏州	13	30 440	武阳	14	213 035	14.24
博州	6	7 682	武阳郡之聊城县等			
贝州	9	17 719	清河	14	306 544	5.78
洺州	7	22 933	武安	8	118 595	19.33%
邢州	9	21 985	襄国	7	105 873	20.77
赵州	9	21 427	赵郡	11	148 156	14.46%
镇州	6	26 113	恒山	8	177 571	14.76

续 表

唐各州户数			与唐相应之隋各郡户数			唐与隋州郡户数的百分比
州名	旧领县数	户数	郡名	领县数	户数	
冀州	6	16 023	信都	12	168 718	9.49
深州	5	20 156	河间郡之魏阳县等			
沧州	10	20 052	渤海	10	122 909	16.31
德州	8	10 135	平原	9	135 822	7.45
定州	11	25 637	博陵	10	102 817	24.93
易州	5	12 820	上谷	6	38 700	33.13
瀛州	10	35 605	河间	13	173 883	20.47
幽州	10	21 698	涿郡	9	84 059	25.81
檀州	2	1 737	渔阳	1	3 925	44.25
合计		401 798			2 266 161	17.73

开天之际的文化学术群体

——李华《三贤论》试笺

盛唐李华所作的《三贤论》，其所论之“三贤”，元德秀、刘迅、萧颖士，实际上是开元天宝之际文化学术领域的领军人物。文中又言及此三贤“各有所与游者”和“慕于”或“重于”“厚于”此三贤者共42人，则实际上是当日围绕此三人所结成的三个文化学术群体。本文拟采用对《三贤论》相关内容试加笺释的形式，就此略加论述。①

一、“三贤”学术概略

（一）综述

《三贤论》曰：

① 李华的文集，宋时业已亡佚。后人据《唐文粹》《文苑英华》所载，辑有《李遐叔文集》，旧钞本不分卷，四库馆臣始析为四卷。（参见万曼《唐集叙录》，中华书局，1980年，第72页）其《三贤论》，今较易获见者，有商务印书馆《四部丛刊初编》影印明嘉靖本《唐文粹》，载卷三八；中华书局影印宋残本配明本《文苑英华》，载卷七四四（此卷底本系明本）；台湾商务印书馆影印文渊阁《四库全书》本《李遐叔文集》，载卷二；中华书局影印嘉庆十九年内府刊本《全唐文》，载卷三一七。此外，五代王定保《唐摭言》卷七《知己》“李华撰《三贤论》”条几乎录载了此文的全文，雅雨堂藏书本、学津讨原本、啸园丛书本，皆有割裂文意的删节，而《四库全书》本则已几乎悉为补出。笔者初步判断，《全唐文》本文字以《唐文粹》为主，但已据《文苑英华》作过通校，只《文集》未见取校痕迹。本文引录《三贤论》，即以《全唐文》为据，而以诸本参校。

余兄事元鲁山，而友刘、萧二功曹。此三贤者，可谓之达矣。

《新唐书·卓行·元德秀传》："李华兄事德秀，而友萧颖士、刘迅。……华于是作《三贤论》。"《李遐叔文集》卷二《三贤论》题注："元鲁山、萧颖士、刘迅。"明"三贤"为元德秀、刘迅、萧颖士。《唐摭言》卷七《知己》"李华撰《三贤论》"下注文："刘眘虚、萧颖士、元德秀。"以"刘"为"刘眘虚"，误。

元德秀，《旧唐书·文苑传》有传，见卷一九〇下；《新唐书》改入增立的《卓行传》，见卷一九四。字紫芝，河南人。开元二十一年登进士第。天宝十三年卒，年五十九。终官鲁山令。"士大夫高其行，不名，谓之元鲁山。"

刘迅，两《唐书》皆附见其父《刘子玄传》，见《旧唐书》卷一〇二、《新唐书》卷一三二。其字诸书所载不一，有作捷卿，亦有作挺卿、柄卿者。徐州彭城人。未见有科第记录。上元中卒。终官京兆府功曹参军。

萧颖士，《旧唐书·文苑传》《新唐书·文艺传》有传，分见卷一九〇下、卷二〇二。《旧唐书》卷一〇二《韦述传》又有其附传。字茂挺，郡望兰陵，生于颍、汝。开元二十三年擢进士第。乾元三年卒。终官扬州府功曹参军。

故《论》分别称之曰："元鲁山""刘、萧二功曹"。三人的文化学术活动，当开始于进士及第前后。元德秀，安史之乱前已卒，刘迅、萧颖士之卒，虽在乱后，但围绕此三人的文化学术群体的活动，当主要在开元天宝之际。《旧唐书》卷一二五《柳浑传》："浑母兄识，笃意文章，有重名于开元、天宝间，与萧颖士、元德秀、刘迅相亚。"可证。

《三贤论》曰：

> 或曰：愿闻三子之略。遐叔曰：元之志行，当以道纪天下；刘之志行，当以六经谐人心；萧之志行，当以中古易今世。元齐愚智；刘感一物不得其正；[①]萧呼吸折节而获重禄，不易一刻之安。元之道，刘之深，萧之志，及于夫子之门，则达者其流也。然各有病：元病酒，刘病赏物，萧病贬恶太亟，奖能太重。

“志行”，谓志向和操行。《孝经正义》玄宗御制序下宋·邢昺疏：“《钩命决》云：‘孔子曰：吾志在《春秋》，行在《孝经》。’斯则修《春秋》，撰《孝经》，孔子之志行也。”[②]

“中古”：《易·系辞下》：“《易》之兴也，其于中古乎？”孔颖达疏引《正义》曰：“‘其于中古乎’者，谓《易》之爻卦之辞起于中古，若《易》之爻卦之象，则在上古伏犧之时。”又曰：“《周易》起于文王及周公也。此之所论，谓周公也。”（《十三经注疏》，第89页）《汉书·艺文志》六艺·易：“《易》道深矣，人更三圣，世历三古。”颜师古注：三圣，韦昭曰：“伏羲、文王、孔子。”三古，孟康曰：“伏羲为上古，文王为中古，孔子为下古。”《论》所谓“中古”之义，似即出此。唐人文中往往言及“中古”，如李华《元鲁山墓碣铭》“中古以降，公无比焉”（《唐文粹》卷六九）。独孤及《赵郡李公（华）中集序》：“振中古之风以宏文德。”（《毘陵集》卷一三。此语，《唐文粹》卷九二，

---

① “感”：《文粹》《摭言》库本作“戚”。按，《左传》僖五年：“无丧而戚。”杨伯峻注：“戚，慽或字，音戚，忧也。”又《左传》昭十一年：“楚子在申，召蔡灵侯。灵侯将往，蔡大夫曰：‘王贪而无信，唯蔡于感……’”杜预注：“蔡，近楚之大国，故楚常恨其不服顺。”杨伯峻注：“感为憾之省，故杜以恨字解之。说见焦循《补疏》。此句犹云‘唯恨于蔡’。”（杜注见《十三经注疏》，第2060页；杨注见其《春秋左传注》，中华书局，1990年，第一册第304页，第四册第1323页）则当以作“感”字为正，盖亦“憾”字之省也。

② 《十三经注疏》，中华书局缩印阮刻本，1980年，第2539页。

《文苑英华》卷七〇二作:“用三代文章律度当世。”)尚衡《文道元龟》“文道之兴也,其当中古乎?其无所始乎?”(《唐文粹》卷四五)其义同此,或扩而泛指三代。“以中古易今世”,表明萧颖士也与其他古文运动先驱者一样,打着复古的旗号。

“刘之深”:令狐峘《颜真卿墓志铭》:“惟深也,故能通天下之志,惟几也,故能成天下之务。君子极深而研几,不出户而制动,行诸己而驭化,其惟圣德乎?”(《全唐文》卷三九四)

“及于夫子之门,则达者其流也”:《论语·雍也》:“季康子问:‘仲由可使从政也与?’子曰:‘由也果,于从政乎何有?’曰:‘赐也,可使从政也与?’曰:‘赐也达,于从政乎何有?’曰:‘求也,可使从政也与?’曰:‘求也艺,于从政乎何有?’”何晏注:“果谓果敢决断。”“达谓通达物理。”“艺谓多才艺。”邢昺疏:“何有,言不难也。”(《十三经注疏》,第2478页)孔子对其三位弟子子路、子贡、冉有的评价,分别是“果”、“达”、“艺”。意谓三人皆有所长,其于从政,何难之有?则“三贤”若“及于夫子之门”,也将有如子路、子贡、冉有一流的弟子。“达”本是孔子对子贡的评语,后人遂以“达者”泛指以子贡为代表的孔门弟子。刘知幾《史通·鉴识篇》:“夫以丘明躬为鲁史,受经仲尼,语世则并生,论才则同耻。彼二家(按,指谷梁、公羊)者,师孔氏之弟子,预达者之门人,才识本殊,年代又隔。安得持彼传说,比兹亲受者乎?”

“元病酒”:《旧·传》:“好事者载酒肴过之,不择贤不肖,与之对酌,陶陶然遗身物外。”《新·传》:“嗜酒,陶然弹琴以自娱。人以酒肴从之,不问贤鄙为酣饮。”

“刘病赏物”:似指其颇具“情以物迁”的诗人气质。刘勰《文心雕龙·物色篇》:“岁有其物,物有其容,情以物迁,辞以情发。”锺嵘《诗品·序》:“气之动物,物之感人,故摇荡性情,形诸舞咏。”在儒家“德成而上，艺成而下”（《礼记·乐记》）的传统观念下，是受轻视的。《史通·杂说篇下》：“著述之功，其力大矣，岂与夫诗赋小技校其优劣哉？”尚衡《文道元龟》分文章为三等：“君子之文为上等，其德全；志士之文为中等，其义全；词士之文为下等，其思全。思也可以纪物；义也可以动众；德也可以经化。”（《唐文粹》卷四五）柳宗元《报崔黯秀才论为文书》：“凡人好辞工书者，皆病癖也。”（《柳宗元集》卷三四）

本段可视为对三人学术的总括或综述。文中以“志行”二字领起，今姑谓之学术，当然与今日所谓学术的含义不甚相同。三人的学术虽皆源于儒家的经学，但侧重方面各有不同。于元强调的是以之“纪天下”“齐愚智”的礼乐之用；于刘强调的是对经旨即六经思想内容的钻研阐发；于萧强调的则是基于《春秋》大义的对古今政治社会的比较。并以“道”“深”“志”三字，对三人学术的基本特征作了揭示。其下文即在此总括或综述的基础上进一步展开了较广泛、深入乃至较具体的论述。与本段一样，论述也是在三人之间不断交替而错综地进行的。为便于论证，以下拟按人予以归拢，再逐一加以笺释。

（二）元德秀

《三贤论》曰：

> 元奉亲孝，居丧哀，抚孤仁，徇朋友之急，莅职明于赏罚，终身贫，而乐天知命焉。

此所言元德秀之突出操行，几乎逐项都有其所据事实。如：

“奉亲孝，居丧哀”：李华《元鲁山墓碣铭》：幼孤，慈亲羸老，

“及应府贡如京师,不忍离亲,躬负安舆,往复千里。以才行第一,进士登科。丁艰,声动于心,既过苴枲,刺血画佛像写经,以不赀之身,申罔极之报,食无盐酪,居无爪翦者三年”(《唐文粹》卷六九)。

“抚孤仁”:《新·传》:“德秀不及亲在而娶,不肯婚。人以为不可绝嗣,答曰:‘兄有子,先人得祀,吾何娶为?’初,兄子襁褓丧亲,无资得乳媪,德秀自乳之,数日湩流,能食乃止。既长,将为娶,家苦贫,乃求为鲁山令。”(李肇《国史补》卷上“鲁山乳兄子”条略同)

“莅职明于赏罚”:具体记载未见。《旧·传》倒记载了另一“诚信化人”的特殊事例:为鲁山令,“部人为盗,吏捕之系狱。会县界有猛兽为暴,盗自陈曰:‘愿格杀猛兽以自赎。’德秀许之。胥吏曰:‘盗诡计苟免。擅放官囚,无乃累乎?’德秀曰:‘吾不欲负约。累则吾坐,必请不及诸君。’即破械出之。翌日,格猛兽而还。诚信化人,大率此类”(《新·传》、《墓碣》略同)。

“终身贫,而乐天知命”:李华《元鲁山墓碣铭》:“自幼居贫,累服齐斩,故不及亲在而娶。……历官俸禄,悉以经营葬祭,衣食孤遗。代下之日,柴车而返。南游陆浑,考一亩之宅,发八笥之直,唯匹帛焉。居无扃钥墙藩之禁,达生齐物,从其所好。时属歉岁,涉旬无烟,弹琴读书,不改其乐。”死之日,“堂内有篇简巾褐枕履琴杖箪瓢而已,堂下有接宾之位,孤甥受学之室。过是而往,无以送终”(《唐文粹》卷六九)。传系饿死。丁用晦《芝田录》:“元德秀退居安陆县南,独处一室,去家数十里。值大雨水涨,七日不通,馁死室中。中书舍人卢载为之诔曰:‘谁为府君,犬必啖肉;谁为府僚,马必食粟;忍使元公,馁死空腹。’”(涵芬楼本陶宗仪《说郛》卷七四)陆浑属都畿道河南府,安陆属淮南道安州,非同地异名。

《三贤论》曰:

以为“王者作乐崇德，殷荐上帝，以配祖考”，天人之极致也，而词章不称，是无乐也。于是作《破阵乐词》，（是乐也）协商周之颂。推是而论，则见元之道矣。①

《旧唐书·音乐志一》：“贞观元年，宴群臣，始奏《秦王破阵》之曲。太宗谓侍臣曰：‘朕昔在藩，屡有征讨，世间遂有此乐，岂意今日登于雅乐。然其发扬蹈厉，虽异文容，功业由之，致有今日，所以被于乐章，示不忘于本也。’尚书右仆射封德彝进曰：‘陛下以圣武戡难，立极安人，功成化定，陈乐象德，实弘济之盛烈，为将来之壮观。文容习仪，岂得为比。’太宗曰：‘朕虽以武功定天下，终当以文德绥海内。文武之道，各随其时，公谓文容不如蹈厉，斯为过矣。’德彝顿首曰：‘臣不敏，不足以知之。’其后令魏征、虞世南、褚亮、李百药改制歌辞，更名《七德》之舞，增舞者至百二十人，被甲执戟，以象战阵之法焉。”是《破陈乐》原有词章也，且系名家所撰。仪凤二年，韦万石等奏中提到：“立部伎内《破阵乐》五十二遍，修入雅乐，只有两遍，名曰《七德》。”乐舞既大加压缩，其辞章肯定也作过更改。《新唐书·礼乐志十一》：“武后毁唐太庙，《七德》《九功》之舞皆亡，唯其名存。”本段云云，当系指玄宗重新恢复的破阵乐而言，其详已不可考。魏征等人及元德秀所作乐词，今亦一概不存。

又郑处诲《明皇杂录》卷下：“唐玄宗在东洛大酺于五凤楼下，命三百里内县令、刺史率其声乐来赴阙者，或请令较其胜负而赏罚焉。时河内郡守令乐工数百人于车上，皆衣以锦绣，伏箱之牛蒙以虎皮及为犀象形状，观者骇目。时元鲁山遣乐工数十人，联袂歌《于芳》，《于芳》，鲁山文也。玄宗闻而异之，试征其词，乃叹曰：‘贤

① 《文粹》无“是无乐也”，而有“是乐也”。诸本，包括《摭言》皆反之。《全文》硬将两者捏合。味文意，“是乐也”不当有，今删。

人之言也。'其后上谓宰臣曰:'河内之人其在涂炭乎?'促命征还而授以散秩。"①此事,《新唐书》据之补入《元德秀传》,《资治通鉴》也据之修入卷二一四唐玄宗开元二十三年正月乙亥条。其《考异》曰:于芳,"《明皇杂录》作'于芳',《新·传》作'于芳于',未详其义。今从《杂录》。"今按,权德舆《醉后戏赠苏九修(苏常好读元鲁山文,比或劝入关者,故戏及之)》:"白首书窗成巨儒,不知簪组遍屠沽。劝君莫问长安路,且读鲁山于芳于(于芳于,德秀所为歌也)。"(《权载之文集》卷三)作"于芳于"。

李华《元鲁山墓碣铭》曰:"所著文章,根玄极则《道演》,寄情性则《(玄干)[于芳于]》,思善人则《礼(水)[咏]》,多能而深则《广吴公子观乐》,旷达而妙则《现题》,穷于性命则《蹇士赋》,可谓与古同辙,自为名家者也。"(《唐文粹》卷六九,据《全唐文》卷三二〇校改)这些文章,今已无一存者。值得注意的是其中的《广吴公子观乐》。吴公子,指春秋时吴国公子季札。其聘鲁并观乐之事见《左传·襄二十九年》:

> 吴公子札来聘……请观于周乐。使工为之歌《周南》、《召南》,曰:"美哉!始基之矣,犹未也,然勤而不怨矣。"为之歌《邶》、《墉》、《卫》,曰:"美哉,渊乎!忧而不困者也。吾闻卫康叔、武公之德如是,是其《卫风》乎!"为之歌《王》,曰:"美哉!思而不惧,其周之东乎!"为之歌《郑》,曰:"美哉!其细已甚,民弗堪也。是其先亡乎!"为之歌《齐》,曰:"美哉,泱泱乎!大风也哉!表东海者,其大公乎!国未可量也。"为之歌《豳》,曰:"美哉,荡乎!乐而不淫,其周公之东乎!"为之歌《秦》,曰:

① 《开元天宝遗事十种》,上海古籍出版社,1985年,第23页。

"此之谓夏声。夫能夏则大,大之至也,其周之旧乎!"为之歌《魏》,曰:"美哉,沨沨乎!大而婉,险而易行,以德辅此,则明主也。"为之歌《唐》,曰:"思深哉!其有陶唐氏之遗民乎!不然,何其忧之远也?非令德之后,谁能若是?"为之歌《陈》,曰:"国无主,其能久乎?"自《郐》以下无讥焉。为之歌《小雅》,曰:"美哉!思而不贰,怨而不言,其周德之衰乎!犹有先王之遗民焉。"为之歌《大雅》,曰:"广哉,熙熙乎!曲而有直体,其文王之德乎!"为之歌《颂》,曰:"至矣哉!直而不倨,曲而不屈,迩而不逼,远而不携,迁而不淫,复而不厌,哀而不愁,乐而不荒,用而不匮,广而不宣,施而不费,取而不贪,处而不底,行而不流。五声和,八风平。节有度,守有序,盛德之所同也。"(据杨伯峻《春秋左传注》所校引录,见第三册第1161—1165页)

记事的内容异常丰富,涉及乐与政教关系的各个方面,给后人留下了研究发挥的广阔天地。元德秀就此推衍立论(所谓"广"),且被誉为"多能而深",则其《广吴公子观乐》当也是一篇从多个视角、征引种种论据对之作出深刻剖析,从而阐发其政化理念的乐论文章。

《论》以"道"总括元德秀之学,观《墓碣》所列元德秀诸文,其《道演》似即专论"道"之演化者。今舍其自撰之文不据,而却于其"作《破阵乐词》"以"协商周之颂"下,着重点明:"推是而论,可见元之道矣。"这究竟因为什么?对其"道"又应作怎样的理解?《道演》所论之"道","根玄极",王勃《平台秘略赞》十首之二《贞修》,也提到"道契玄极"(《文苑英华》卷七八四)。都有点玄妙深微,形而上气味甚重。《墓碣》提到:"《大易》之易简,黄老之清静,惟公备焉。"又提到:"达生齐物,从其所好。"其形而上的《道演》,很可能还混杂有道家之说的成分。而被《论》认作元德秀学术核心的“纪天下”“齐愚智”的“道”,实际上乃是根于儒学传统的一种政治理念,也即是所谓“治道非礼乐不成”(西汉河间献王语,见《汉书·礼乐志》)的那个“道”。《汉书·礼乐志》:“孔子曰:‘安上治民,莫善于礼;移风易俗,莫善于乐。’礼节民心,乐和民声,政以行之,刑以防之,礼乐政刑四达而不誖,则王道备矣。”四者之中,礼乐教化,乃“所恃以为治”者,而刑法,则不过是“所以助治也”。就教化而言,乐的作用尤大。《汉书·礼乐志》:“王者未作乐之时,因先王之乐以教化百姓,说乐其俗,然后改作,以章功德。《易》曰:‘先王以作乐崇德,殷荐之上帝,以配祖考。’(颜师古注:“此豫卦象辞也。”)昔黄帝作《咸池》,颛顼作《六茎》,帝喾作《五英》,尧作《大章》,舜作《招》,禹作《夏》,汤作《濩》,武王作《武》,周公作《勺》。……自《夏》以往,其流不可闻已。《殷颂》犹有存者。《周诗》既备,而其器用张陈,《周官》具焉。”《论》既以元所作之《破阵乐词》比类汤所作之《濩》,武王所作之《武》,周公所作之《勺》,即所谓“协商周之颂”,也就理所当然地得出“推是而论,则见元之道矣”的结论了。此是“颂”,《于芀于》则是“风”,偏于“美刺”中的“刺”。再加《广吴公子观乐》,遂构成了元德秀学术的主要方面。

《三贤论》曰:

> 元据师保之席,瞻其形容,不俟其言,而见其仁。

此“仁”,相当于《论语·微子》“微子去之,箕子为之奴,比干谏而死,孔子曰:‘殷有三仁焉。’”之“仁”,谓有仁德之人也。李华《元鲁山墓碣铭》:“神体和,气貌融,视色知教,不言而信。……涵泳道德,拔清尘而栖颢气,中古以降,公无比焉。知我或希,晦而不

耀故也。是宜为国老,更论道佐世。而羔雁不至,殁于空山,可胜恸耶!”(《唐文粹》卷六九)

(三) 刘迅

《三贤论》曰:

> 刘名儒史官之家,兄弟以学著称。乃述《诗》《书》《礼》《乐》《春秋》为《五说》,条贯源流,备古今之变。推是而论,则见刘之深矣。

《旧唐书·刘子玄传》:“本名知幾。……著《史通子》二十卷,备论史策之体。……子贶、餗、汇、秩、迅、迥,皆知名于时。贶,博通经史,明天文、律历、音乐、医算之术,终于起居郎、修国史。撰《六经外传》三十七卷、《续说苑》十卷、《太乐令壁记》三卷、《真人肘后方》三卷、《天官旧事》一卷。餗,右补阙、集贤殿学士、修国史。著《史例》三卷、《传记》三卷、《乐府古题解》一卷。汇,给事中、尚书右丞、左散骑常侍、荆南长沙节度,有《集》三卷。秩,给事中、尚书右丞、国子祭酒。撰《政典》三十五卷、《止戈记》七卷、《至德新议》十二卷、《指要》三卷。”梁肃《给事中刘公(迥)墓志》:“初,公(按,指其父子玄)儒为天下表,有才子六人。曰贶曰餗,继文公典司国史,时议比子长、孟坚;曰秩曰迅,以述作之盛,德行之美,追踪孔门;曰汇与公,用刚直明毅,焯于当时。故言卿族者,举盛业以明其家。”(《文苑英华》卷九四四)确是“名儒史官之家,兄弟以学著称”。

《国史补》卷上“刘迅著《六说》”条:“刘迅著《六说》,以探圣人之旨。唯《说易》不成,行于代者五篇而已。识者伏其精峻。”《旧·传》:

"迅,右补阙,撰《六说》五卷。"《新·传》:"迅续《诗》《书》《春秋》《礼》《乐》五说,书成,语人曰:'天下滔滔,知我者希。'终不以示人。"《新唐书·艺文志》甲部经录·经解类:"刘迅《六说》五卷。"而《新唐书·卓行·元德秀传》节录《三贤论》则作:"《礼》《易》《书》《春秋》《诗》为《古五说》。"王定保《唐摭言》诸本,其书名亦作《古五说》,所举五部经书,亦误以实未完成的《易》取代了《乐》。综观诸说,以《国史补》所载为最确。则刘迅学术的代表性著作,其书名为《六说》,写成并行于世者,五篇而已,故亦有称作《五说》者。《易》说未完成,若以《五说》称其书而又将《易》说包括在内,误甚。

《六说》今已不存。从以上引录的片断评语,如"以探圣人之旨""条贯源流,备古今之变""深""识者伏其精峻"等来看,可知它是针对五部经书的内容,结合当时的制度、社会、政治、文化及其演变情况,进行严肃研究的著作。研究有相当深度,论断精辟,耸人听闻,令人叹服。所以梁肃说刘迅与其兄刘秩,都"以述作之盛,德行之美,追踪孔门"。

《三贤论》曰:

> 刘被卿佐之服,居宾友之地,言理乱根源,人伦隐明,参乎元精,而后见其妙。

"元精":《后汉书·郎顗传》言及顗上书荐黄琼、李固,其《书》中提到:"元精所生,王之佐臣,天之生固,必为圣汉。"李贤注:元精,"元为天;精,谓之精气。"陈子昂《昭夷子赵氏碑》引昭夷子赵元亮"叹才位不兼,大运有数,尝哀时命"而作的《颂》,提到:"天运宏远兮,物各有时;匪时不生兮,匪运不成。昔者元精回濡,阳九滔灾,大人感生,尧禹恢能。阴阳既和,玄帝传家,五百数终,桀骜暴邪。”(《陈子昂集》卷五)即谓体现“天道宏远”的“元精”的回荡,及其与“运”与“数”的结合,促成了政治社会的不断演化。刘迅的“参乎元精”对“理乱根源,人伦隐明”而作的剖析,其“天道观”可能与之相近,而且可能没有那么浓烈的命定论色彩。

这里,《论》在阐明刘迅学术的现实意义时,给刘迅的定位与对元德秀的定位有明显差异。刘迅只是“卿佐”“宾友”,而元德秀则是“师保”,即帝王之师。定位的角度也有所不同。对元德秀,主要是将他作为仁德之人,对其内在道德的丰厚所体现的行为和形容的仁。而对于刘迅,则强调由于他对五经内容的透彻钻研,能从形而上的天人感应的高度,对治乱根源和人际关系的方方面面,作出深刻的合乎实际的独到剖析。因此,对他学术的基本特征,就以“妙”这个字来做了概括。

《新·传》:“陈郡殷寅名知人,见迅叹曰:‘今黄叔度也。’”《后汉书·黄宪传》:“黄宪,字叔度,汝南慎阳人也。……颍川荀淑至慎阳,遇宪于逆旅,时年十四,淑竦然异之,揖与语,移日不能去。谓宪曰:‘子,吾之师表也。’……同郡戴良,才高倨傲,而见宪未尝不正容,及归,罔然若有失也。……曰:‘良不见叔度,不自以为不及,既睹其人,则瞻之在前,忽焉在后,固难得而测矣。’同郡陈蕃、周举常相谓曰:‘时月之间不见黄生,则鄙吝之萌复存乎心。’……郭林宗少游汝南,先过袁阆,不宿而退;进往从宪,累日方还。或以问林宗,林宗曰:‘奉高(阆之字也)之器,譬诸氿滥,虽清而易挹。叔度汪汪若千顷陂,澄之不清,淆之不浊,不可量也。’”《三贤论》下文还引有房琯、刘晏、殷寅对刘迅的评述。唐人心目中的刘迅,确实与上引东汉人心目中的黄宪十分相近,这未必是唐人按照黄宪的模子以塑造刘迅,而是刘迅的人格力量和学术造诣,也“汪汪若千顷陂”般深远清澈。

（四）萧颖士

《三贤论》曰：

> 萧以史书为繁，尤罪子长不编年陈事，而为列传，后代因之，非典训也。将正其失，自《春秋》三家之后，非训齐生人不录，次序缵修，以迄于今。志未就而殁。推是而论，则见萧之志矣。①

萧颖士《赠韦司业书》："古者右史记事，左史记言，记事者《春秋经》，记言者《尚书》是也。周德既衰，史官失守。孔圣断唐虞以下，删帝王之书，因鲁史记而作《春秋》，托微词以示褒贬。全身远害之道博，惩恶劝善之功大。韩宣子见之，曰：'周礼尽在鲁矣！吾乃今知周公之德，与周之所以王也。'有汉之兴，旧章顿革，马迁唱其始，班固扬其风，纪传平分，表志区别，其文复而杂，其体漫而疏。事同举措，言殊卷秩，首末不足以振纲维，支条适足以助繁乱。于是圣明之笔削褒贬之文废矣。后进因循，学犹不及，竟增泛博，弥敦简要，其迷故久，非可一二言也。仆不揆，顾尝有志焉。思欲依鲁史编年，著《历代通典》，起于汉元十月，终于义宁二年，约而删之，勒成百卷。应正数者，举年以系代，分土宇者，附月以表年。于《左氏》取其文，《谷梁》师其简，《公羊》得其核，综三传之能事，标一字以举凡，扶孔左而中兴，黜迁固为放命……自汉元卒于大业，期运骤迁，史籍填委，编年之作，亦往往而闻。其间体裁，非无优劣，终未能摧汉臣僭伪之锋，接鲁论之绪。附庸班范，曾何足云，雄

---

① "志未就"，《文粹》《摭言》三种刻本皆无"未"字，疑当从之。

铓独断，抑非诸君子之事也。……”（《文苑英华》卷六七八）

刘太真《送萧夫子赴东府序》：“退然贫居，述作万卷，去其浮辞，存乎正言。昔《左氏》失于烦，《谷梁》失于短，《公羊》失于俗，而夫子为其折衷。”（宋计有功《唐诗纪事》卷二七《贾邕》）

《新·传》：“尝谓：‘仲尼作《春秋》，为百王不易法，而司马迁作本纪、书、表、世家、列传，叙事依违，失褒贬体，不足以训。’乃起汉元年讫隋义宁编年，依《春秋》义类为传百篇。在魏书高贵崩，曰：‘司马昭弑帝于南阙。’在梁书陈受禅，曰：‘陈霸先反。’又自以梁枝孙，而宣帝逆取顺守，故武帝得血食三纪。昔曲沃篡晋，而文公为五伯，仲尼弗贬也。乃黜陈闰隋，以唐土德承梁火德。皆自断，诸儒不与论也。有太原王绪者，僧辩裔孙，撰《永宁公辅梁书》，黜陈不帝。颖士佐之，亦著《梁萧史谱》及作《梁不禅陈论》以发绪义例，使光明云。”

最能代表萧颖士学术的是他的史学。虽然有些在《论》中未经提及或未予强调，萧颖士的史学实具有如下三个值得注意的特点：

一是排摈纪传体。对于此前在史学著作中存在的编年、纪传二种体裁，刘知幾《史通》尚认为各有长短，互有得失，“二体角力争先，欲废其一，固亦难矣”（《二体》篇）。萧颖士则认为，司马迁、班固创立的纪传体，“非典训也”；而他则要“摧汉臣僭伪之锋”，要“扶孔左而中兴，黜迁固为放命”。[①]

① 皇甫湜《编年纪传论》：“古史编年，至汉（史）司马迁，始更其制，而为纪传，相承至今，无以移之。历代论者，以迁为率私意，荡古法，纪传烦漫，不如编年。湜以为合圣人之经者，以心不以迹，得良史之体者，在适不在同。编年纪传，系于时之所宜，才之所长者耳，何常之有？夫是非与圣人同辩，善恶得天下之中，不虚美，不隐恶，则为纪为传，为编年，是皆良史矣。若论不足以析皇极，辞不足以杜无穷，虽为纪传编年，斯皆罪人。……今之作者，苟能遵纪传之体制，同《春秋》之是非，文敌迁、固，直如南、董，亦无上矣。倘舍源而事流，弃意而征迹，虽服仲尼之服，手绝麟之笔，等古人之章句，署王正之月日，谓之好古则可矣，顾其书何如哉？”（《皇甫持正文集》卷二）似即针对萧颖士之说而发。

二是强调《春秋》义类。他立志著《历代通典》，不只是“依鲁史编年”，最主要的，是还要在“托微词以示褒贬”，发扬史学“惩恶劝善”的功能上，“接鲁论之绪”。也就是以续《春秋》经自命。

三是浓重的“有梁支孙”情结。为了避开纠缠不清的孰为“正统”的无谓争论，唐初修梁、陈、北齐、北周、隋五史，是五个朝代自为纪传，单独成史，即实际上承认了各自的正统地位。萧颖士作《历代通典》，既然编年陈事，也就避不开统系的传承问题。他“黜陈闰隋，以唐土德承梁火德”，竟然以僻处一隅，虽仍与陈对抗，但却完全在西魏周隋卵翼下的后梁径直与唐相接，正是这一情结的体现。他的其他一些论著，也表现了同样的情结。

《论》云“推是而论，则见萧之志矣”，当是从他把缵修《历代通典》视作生命价值的寄托而终身坚持说的。萧颖士在《赠韦司业书》中也曾一再提及：“丈夫生遇升平时，自为文儒士，纵不能公卿坐取，助人主视听，致俗邕熙，遗名竹帛，尚应优游道术，以名教为己任，著一家之言，垂沮劝之益。此其道也。”对于史学，“仆不意少有此癖，心存目想，行已十年，时命不贷，所怀莫就，而朋从之间，或谬见称说”。“又弱志著书，放心前史，乍窥律令，无殊桎梏。”“仆从来缀文，略不苦思，惟专心旧史，企望有成。”从中也可想见他一心扑在史书缵修上而苦苦坚持的部分情况。《赠韦司业书》约作于开元二十八年，其从事缵修，“行已十年”。下距其卒年乾元三年尚约二十年，他仍在继续不断地坚持缵修，矢志不渝。

《三贤论》曰：

> 萧若百炼之钢，不可屈折。当废兴去就之际，一生一死之间，而后见其大节。视听过速，欲人人如我，志与时多背，恒见诟于人。取其中节之举，是可以为人师矣。

《旧唐书·韦述附萧颖士传》:“褊躁无威仪,与时不偶,前后五授官,旋即驳落。”李华《扬州功曹萧颖士文集序》:“十九进士擢第,历金坛尉、扬州参军、秘书正字、河南参军。辞官避地江左,永王修书请君,君遁逃不与相见。淮南节度使表君为扬州功曹参军,相国、诸道租庸使第五琦请君为介。君以先世寄殡嵩条,因之迁祔,终事,至汝南而殁。……君为金坛尉也,会官不成;为扬州参军也,丁家艰去官;为正字也,亲故请君著书,未终篇,御史中丞以君为慢官离局,奏谪罢职;为河南参军也,寮属多嫉君才名,上司以吏道责君,君拂衣渡江。遇天下多故。其高节深识,皎皎如此。”(《文苑英华》卷七〇一)李华《寄赵七侍御》:“茂挺独先觉,拔身渡京虹。”自注:“萧天宝末知乱,弃官往江东。”(《唐文粹》卷一五下)《新·传》:“更调河南府参军事。……安禄山宠恣,颖士阴语柳并曰:‘胡人负宠而骄,乱不久矣。东京其先陷乎!’即托疾游太室山。已而禄山反,颖士往见河南采访使郭纳,言御守计,纳忽不用,叹曰:‘肉食者以儿戏御剧贼,难矣哉!’闻封常清陈兵东京,往观之,不宿而还。因藏家书于箕、颍间,身走山南,节度使源洧辟掌书记。贼别校攻南阳,洧惧,欲退保江陵,颖士说曰:‘官兵守潼关,财用急,必待江、淮转饷乃足,饷道由汉、沔,则襄阳乃今天下喉襟,一日不守,则大事去矣。且列郡数十,人百万,训兵攘寇,社稷之功也。贼方专崤、陕,公何遽轻土地,欲取笑天下乎?’洧乃按甲不出。”凡此,皆可见萧颖士“废兴去就之际,一生一死之间”的部分大节。

关于萧颖士欠缺之点,《旧·传》说:“终以诞傲褊忿,困踬而卒。”《旧·附传》说:“褊躁无威仪。”《新·传》说:“君子恨其褊。”张鷟《朝野佥载》卷六说:“其赋性躁忿浮戾,举无其比。”《明皇杂录》卷上说:“恃才傲物,曼无与比。”与《论》实略同,只是《论》特以微婉之辞出之而已。

“中节”:《礼记·中庸》:“喜怒哀乐之未发,谓之中,发而皆中节,谓之和。中也者,天下之大本也,和也者,天下之达道也。”孔颖达疏:“‘发而皆中节谓之和’者,不能寂静,而有喜怒哀乐之情,虽复动发,皆中节限,犹如盐梅相得,性行和谐,故云谓之和。”(《十三经注疏》,第1625页)

《三贤论》曰:

> 学广而不偏精,其贯穿甚于精者。又文方复雅商之至,当以律度百代为任,而古之能者往往不至焉。超蹈孤厉,不可谓不知言也。①

萧颖士《赠韦司业书》:“仆有识以来,寡于嗜好,经术之外,略不婴心。幼年方小学时,受《论语》、《尚书》,虽未能究解精微,而依说与今不异。由是心开意适,日诵千有馀言。榎楚之威,不曾及体。有时疲顿,即聊自止息,不过临池水视游鱼耳。顷来志苦,转不耐烦,观围棋,读八分书,亦愦闷。除经史、《老》、《庄》之玩,所未忘者,有碧天秋霁,风琴夜弹,良朋合坐,茶茗间进,评古贤,论释典已。”(《文苑英华》卷六七八)其学确极广博,虽以经术史学为主,于老庄释典亦无不涉猎,且又极富于文学艺术之修养也。李华《扬州功曹萧颖士文集序》将元德秀、萧颖士都称作“开元天宝间词人”,只是元以“德行著于时”,萧以“文学著于时”。而对于萧之文学,又有如下概述:“君以为六(州)[经]之(俊)[後],有屈原、宋玉,文甚雄壮,而不能经。厥后有贾谊,文词最正,近于理体;枚乘、司马相如,亦瑰丽才士,然而不近风雅。扬雄用意颇深,班彪识理,张衡宏

① 《摭言》三种刻本,“偏精”作“徧精”,“雅商”作“雅尚”,“当以”作“尝以”。

旷,曹植丰赡,王粲超逸,嵇康标举,此外皆金相玉质,所尚或殊,不能备举。左思诗赋,有《雅》、《颂》遗风,干宝著论,近王化根源,此后夐绝无闻焉。近日陈拾遗子昂文体最正。以此而言,见君之述作矣。君以文章制度为己任,时人咸以此许之。"(《文苑英华》卷七〇一)

《孟子·公孙丑上》:"'何谓知言?'曰:'诐辞知其所蔽,淫辞知其所陷,邪辞知其所离,遁辞知其所穷。'"(《十三经注疏》,第2686页)

二、围绕元德秀的群体

《三贤论》曰:

> 或曰:三子者各有所与游乎?遐叔曰:若太尉房公,可谓名公矣。每见鲁山,则终日叹息,谓予曰:"见紫芝眉宇,使人名利之心尽矣。"若司业苏公,可谓贤人矣。每谓当时名士曰:"使仆不幸生于衰俗,所不耻者,识元紫芝。"

"太尉房公":房琯也。《旧唐书》卷一一一、《新唐书》卷一三九有传。卒于广德元年八月四日,"太尉"乃是他卒后的赠官。河南人。"少好学,风度沉整。……与吕向偕隐陆浑山,十年不谐际人事。开元中,作《封禅书》,说宰相张说,说奇之,奏为校书郎。"历卢氏、慈溪等县令,"所至上德化,兴长利,以治最显"(《新·传》)。累迁宪部侍郎。玄宗幸蜀,琯独驰蜀路,至普安郡上谒。即日拜文部尚书、同中书门下平章事。寻奉使灵武,册立肃宗。《旧·传》卷末史臣曰:"禄山寇陷两京,儒生士子被胁从、怀苟且者多矣,去逆效顺,毁家为国者少焉。如……房琯,文学致身,全节义以避寇。阽危之时,颠沛之际,有足称者。”《新·传》传末“赞曰”:“唐名儒多言琯德器,有王佐材,而史载行事,亦少贬矣。一举丧师,讫不复振。原琯以忠谊自奋,片言悟主,而取宰相,必有以过人者,用违所长,遂无成功。”且载:“琯有远器,好谈老子、浮屠法,喜宾客,高谈有馀,而不切事。”

“司业苏公”:苏源明也。《新唐书·文艺传》有传,见卷二〇二。京兆人。《传》载源明为东平太守,在任议废济阳,“既而卒废济阳,以县皆隶东平。召源明为国子司业”。是其为国子司业在“卒废济阳”之后,而济阳郡之废,乃天宝十三载六月一日事。(《旧唐书·玄宗纪》《地理志》)时元德秀业已身死。苏源明“少孤,寓居徐、兖。工文辞,有名天宝间。及进士第,更试集贤院。累迁太子谕德。出为东平太守”。天宝末,入为国子司业。“安禄山陷京师,源明以病不受伪署。肃宗复两京,擢考功郎中、知制诰。”后以秘书少监卒。皆见《新·传》。《新·传》又载:“源明雅善杜甫、郑虔,其最称者,元结、梁肃。”杜甫《八哀诗》之六《故秘书少监武功苏公源明》,卢注曰:“哀其忠孝文章,始终遇蹇,为可惜也。”诗中言及其学术文章者,有:“读书东岳中,十载考坟典。”“学蔚醇儒姿,文包旧史善。”“前后百卷文,枕藉皆禁脔。篆刻扬雄流,溟涨本末浅”之句。(仇兆鳌《杜诗详注》卷一六)

两人的称颂,皆着眼于元德秀超人的德行。

《三贤论》曰:

> 广平程休士美,端重寡言;河间邢宇绍宗,深明操持不苟;宇弟宙次宗,和而不流;南阳张茂之季丰,守道而能断;赵郡李萼伯高,含大雅之素;萼族子丹叔南,诚庄而文;丹族子惟岳谟

道，沈邃廉静；梁国乔潭德源，昂昂有古风；弘农杨拯士扶，敏而安道；清河房垂翼明，志而好古；河东柳识方明，遐旷而才。是皆慕于元者也。

《新·传》："是时程休、邢宇、宇弟宙、张茂之、李萼、萼族子丹叔、惟岳、乔潭、杨拯、房垂、柳识皆号门弟子。……休字士美，广平人。宇字绍宗，宙字次宗，河间人。茂之字季丰，南阳人。萼字伯高，丹叔字南诚，惟岳字谟道，赵人。潭字源，梁人。垂字翼明，清河人。拯字齐物，隋观王雄后，举进士，终右骁卫骑曹参军。萼擢制科，迁南华令。大水，它县饥，人至相属，萼为具餰鬻，及去，糗粮送之，吏为立碑。安禄山乱，萼客清河，为乞师平原太守颜真卿，一郡获全。历庐州刺史。拯与萼名最著，潭、识以文传后。"除杨拯、李萼外，明显地全据《三贤论》修入，且人数亦全同。值得注意的是，李萼族子名丹，字叔南，《传》中两处皆作丹叔，显误。

1. 广平程休士美，端重寡言

郎官石柱题名，司封员外郎第七行、左司员外郎第四行、司封郎中第六行，皆有程休题名。[①]《全唐文》卷四三五收程休《对泽宫置福判》一篇，其小传云："休字士美，广平人。肃宗朝官左司、司封员外郎。"所据不外《论》和题名，且微有不确。盖已升至郎中，而为员外郎未必迟在肃宗朝也。《文苑英华》卷三八九《中书制诰·南省·礼部郎中》下收有贾至《授程休文礼部郎中制》："敕：司封郎中程休文。郎中应列宿之位，御史为准绳之举，纪必以德，任难其人。况于四海多虞，两京未复，台省枢要，非贤不居，或以节推，或以才择。可守礼部郎中。"傅璇琮、张忱石、许逸民《唐五代人物传

---

① 岑仲勉《郎官石柱题名新著录》，见《金石论丛》，上海古籍出版社，1981年，第353、340、350页。下引郎官题名皆以此《新著录》为据，仅注书页。

记资料综合索引》以为此程休文即程休,[①]而清劳格、赵钺《唐尚书省郎官石柱题名考》不知为何竟将此明明书作"礼部郎中"的制诰读成了"文部郎中"(按,文部是天宝末吏部的一度改名),并误收在吏部郎中考的补遗中。[②] 从制词"四海多虞,两京未复"判断,其任礼部郎中约至德元年九月至二年九月间事。宋赵明诚《金石录》卷八《目录》:"唐张同敬碑,程休撰,戴千龄书。大历十一年三月。"

2. 河间邢宇绍宗,深明操持不苟[③]

郎官石柱题名,户部员外郎第九行、司封员外郎第八行,皆有邢宇题名。(《金石论丛》,第368、353页)贾至《授邢宇司封员外郎制》:"敕:前户部员外郎邢宇,雅志冲澹,敏识精达,养闲移疾,亦有岁年。南宫地清,列宿虚位,擢才进善,以佐邦理。可守司封员外郎。"(《文苑英华》卷三九一)崔祐甫《广丧朋友议》:"永泰中……又间岁,祐甫佐江南西道连帅魏尚书,时属幕中之参佐有加官者,聚合(药)[乐]饵,卜日为宴。宴前,行人至,知团练副使、考功邢郎中宇捐馆于荆南。邢与魏乡国接近,且邢郎中则诸魏之出,于尚书为内外昆弟。适受朝命为尚书倅。"(《文苑英华》卷七六七)"魏尚书",指魏少游。《旧唐书·代宗纪》:大历二年四月己亥,以"刑部侍郎魏少游为洪州刺史、兼御史大夫、江西观察团练等使",六年十二月己未卒。据常衮《加江西魏少游刑部尚书制》(《文苑英华》卷四〇八),任满前其检校官业已升为刑部尚书,故崔文以"尚书"称之。据此,则邢宇和魏少游系"内外昆弟"的亲戚关系。

---

① 傅璇琮、张忱石、许逸民《唐五代人物传记资料综合索引》,中华书局,1982年,第287页注5。

② 清劳格、赵钺撰,徐敏霞、王桂珍点校《唐尚书省郎官石柱题名考》,中华书局,1992年,第178—179页。

③ 关于邢宇的字和考语,《文粹》《英华》原作"绍宗,深明操持",《摭言》原作"深明,操持不苟",《全文》硬将两者予以捏合,未必可取。

约卒于大历二年或三年（“永泰中……又间岁”），卒前刚被任为江西团练副使（“尚书倅”），考功郎中或系其所带检校官。《唐尚书省郎官石柱题名考》据崔《议》已将邢宇列入考功郎中补遗。《全唐文》卷四三六收邢宇文两篇：《握槊赋》《对拜命布武判》，其小传：“宇字绍宗，河间人。肃宗朝官户部员外郎。”所据不外《论》与题名。

3. 宇弟宙次宗，和而不流

《全唐文》卷四五三收其文一篇《对教击编钟判》，其小传仅云：“宙字次宗，河间人。”此判当辑自《文苑英华》卷五〇七，作者原作“邢寅”，《全文》今改“邢宙”，未详何据？周绍良、赵超《唐代墓志汇编》天宝148录载邢宙撰《唐故南充郡司马高府君墓志铭并序》一通，作于天宝八载，其结衔为“右武卫骑曹参军”。[1] 独孤及《张镐遗爱碑颂》：“于是有洪州之拜。粤宝应元年冬十月，公朝服受命，至自临川。……慎选乃僚，必国之良。有若博陵崔贲、昌黎韩洄、赵郡李惟岳、北海王士华、河间邢宙、河东裴孝智、陇西李道昌，皆卿才也，以嘉言硕画，参公军事。”（《毘陵集》卷八）则宝应、广德间，又曾充任江西观察使张镐的幕僚。

4. 南阳张茂之季丰，守道而能断[2]

李华《杨骑曹集序》：“举进士，时刑部侍郎乐安孙公逖，以文章之冠为考功员外郎，精试群材，君（以）［与］南阳张茂之、京兆杜鸿渐、琅邪颜真卿、兰陵萧颖士、河东柳芳、天水赵骅、顿丘李琚、赵郡李崿、李倾、南阳张阶、常山阎防、范阳张南容、高平郗昂等，连年高第，华亦与焉。”（《文苑英华》卷七〇一）孙逖两为主司，宋王谠《唐语林》卷八：神龙元年已来累为主司者，“孙逖再，

---

① 周绍良、赵超《唐代墓志汇编》，上海古籍出版社，1992年，第1635页。
② 《文粹》《英华》《集》皆无“能”字。《全文》据《摭言》补入，未必定妥。

开元二十二、二十三年”。清徐松《登科记考》卷八系张茂之进士及第于开元二十二年，注云：“据李华《萧颖士文集序》，当在此年。”①“《萧颖士文集序》”当系“《杨骑曹集序》”之误。安史乱前，业已辞世。

5. 赵郡李崿伯高，含大雅之素②

宋彭叔夏《文苑英华辨证》卷一〇《杂录四》：“李华《杨骑曹集序》‘赵郡李崿、李倾、南阳张阶，连年高第’，而《唐登科记》有李伉、李颀、张锴，无李倾、张阶。”《登科记考》卷八系李崿进士及第于开元二十三年，并加按语：“柳芳、李崿、张阶、张南容不知的年，附此俟考。”另又加注：“《文苑英华》引《登科记》作李伉。”显然误读了《辨证》原意。《辨证》只说《唐登科记》中“无李倾、张阶”，未及李崿，明李崿亦见《唐登科记》，且无异字。与“李倾”形、声相近者有“李伉”“李颀”，与“张阶”相近者有“张锴”，绝不是说李伉、李颀、张锴分别与《集序》之李崿、李倾、张阶相对应。

既然李崿与颜真卿即使不是“同年”，亦是“连年”登第的进士，那么《论》中“慕于元者也”的李崿与《新·传》中“客清河为乞师平原太守颜真卿一郡获全”之李崿，实非一人，而被宋祁硬加牵合者也。其事，《新唐书·颜真卿传》据《旧·传》删润，曾予详载，而其原始依据，皆是殷亮的《颜鲁公行状》（《全唐文》卷五一四）。《旧·传》《行状》皆云李崿来乞师时，“才年二十馀”。乞师是天宝十四载（755）安禄山叛乱初事，距离李崿、颜真卿及第之开元二十二、二十三年（734、735）已二十馀年，则彼李崿及第之日，此李崿尚

① 清徐松撰，赵守俨点校《登科记考》，中华书局，1984年，第267页。

② 郎官石柱题名，无李崿，而有李蕚，见主客郎中第八行（《金石论丛》，第388页）。在其他文献中，明明同是一人，也往往此处作“崿”，而彼处却作“蕚”。《题名考》不再强予区分，将搜集到的言及李崿、李蕚的资料，皆汇集于李蕚名下（见第965页）。今姑从且仿之。凡有所征引，一仍原文之旧；若行文，则概作“崿”。

未出生或刚刚出生也。更何况此人原名不叫李粤,而叫李华。[①] 至于《新・传》增入的"擢制科,为南华令"之为《论》中李粤之早年事迹,或庶几乎。

《新唐书・宗室世系表》中名李粤者一见,系天宝间宰相李林甫子(70上/1997)。《新唐书・宰相世系表》中名李粤者凡四见,皆出赵郡李氏东祖房:一为襄城主簿福庆子(72上/2496),二为袭爵元氏县男、怀州司马贞悌子,"扬州别驾"(72上/2523),三为绍先子(72上/2561),四为萧山丞令思子(72上/2568)。其中与《论》中言及的李粤、李丹、李惟岳三人关系完全符合的,是父子皆未署官衔的绍先之子粤。

在其他文献中,李粤之名也曾屡屡出现。梁肃《贺苏常二孙使君邻郡诗序》:"二孙邻郡诗者,前道州刺史李萼贺晋陵、吴郡伯仲二守之作也。……属而和之者凡三十有七章,溢于道路,盖云盛矣。初,伯氏用雅度硕画,掌柱下史,出拥麾幢,四领江郡;仲氏以茂学达才,由尚书郎贰京兆,守上饶。兴元、贞元间,偕以治行闻,天子器之,于是仲有吴苑之寄,伯受晋陵之命。……"(《文苑英华》卷七一六)此二孙,伯指常州刺史孙会,仲指苏州刺史孙成。成,逖之子;会,遹之子。逖与遹乃亲兄弟,成与会实从伯仲也(《旧唐书・文苑中・孙逖传》、《新唐书・宰相世系表》武邑孙氏表)。孙逖任考功员外所取进士中有李粤,亦即李粤本是孙逖的门生,可以毫无疑义地断定,此作《苏常二孙使君邻郡诗》之"前道州刺史"李粤,即是《论》中"慕于元者也"的那个李粤。此人贞元元年不仅尚仍健在,而且还有能得到"属而和之者凡三十七章",即颇有轰动效

① 《行状》即以"李华"称之,且加注说明:"后因献封事,睿宗有敕改名。""睿宗"或是"肃宗"之误。《资治通鉴》卷二一七载此事,于"清河客李粤"下,《考异》曰:"《颜氏行状》作'李华',今从《旧・传》。"亦说明今本《行状》作"李华"无误。

应的诗作问世。

此外,《颜真卿行状》提及的颜在湖州刺史任上,"以杭州富阳丞李粤为本州防御副使……委垦草辟田之务于粤",综论颜"采其谋猷,分以休戚者,今吉州刺史李公粤";令狐峘《颜真卿墓志铭》提到的为颜"刊石建碑,旌于不朽"的"故吏庐州刺史李粤"(《全唐文》卷三九四);见于颜真卿《文忠集》的协助其《韵海镜源》完稿,参与其与幕宾联句诗创作,并经常与僧皎然唱和的"前殿中侍御史李粤":当是同一人,但不知究系哪一个李粤?

至于《旧唐书·吐蕃传》中广德元年冬曾任郭子仪元帅府行军判官的"监察御史李粤";柳宗元《岳州圣安寺无姓和尚碑·碑阴记》所载"闻一言,服为弟子"的岳州刺史"赵郡李粤"(《柳宗元集》卷六);宋施宿《嘉泰会稽志》卷九所记唐永泰中与县尉丘丹同登菊山并予以命名的萧山"县令李萼":虽然年代皆与《论》中李粤亦相近,但亦不知究系哪一个李粤。

6. 粤族子丹叔南,诚庄而文[①]

御史台精舍题名,监察御史并□□□,碑左侧,有李丹题名。[②] 郎官石柱题名,户部郎中第十一行,亦有李丹题名(《金石论丛》第364页)。即此李丹。

《新唐书·宗室世系表》蔡王房见济北郡王瑊后,右金吾卫大将军方叔子,"莆田令丹"(70上/1974),《新唐书·宰相世系表》陇西李氏姑臧大房见水部郎中、眉州刺史岑子,"丹,豪州刺史"(72上/2458)。两者郡望、年代皆不合。《新唐书·宰相世系表》赵郡李氏东祖房见太子少保详子,"丹,浙西观察使"(72上/2580)。

---

① 《新·传》误以"丹叔"为名,"南诚"为字。
② (清)劳格、赵钺撰,张忱石点校《唐御史台精舍题名考》,中华书局,1997年,第13、117页。

吴廷燮《唐方镇年表》表中未列,其《考证》认为或在曹确、裴璩间,[1]即已迟至僖宗乾符,实误。盖在《宰相世系表》中,此浙西观察使李丹与《三贤论》作者李华(字遐叔者,72上/2559),乃从兄弟行,年代实甚相近也。当即此人。

《全唐文》卷四〇四李丹小传:"丹字叔南,天宝朝官侍御史,出为虔州刺史。"收文两篇,其中《为崔中丞进白鼠表》实乃李舟之文,见《文苑英华》卷六一二。李舟终官虔州刺史,颇疑小传虔州刺史亦误载。舟有弟亦名丹,即上引《新·表》为豪州刺史者。明王鏊《姑苏志》卷三八《宦迹》:"李丹,太子太保详之子也。为苏州刺史、浙西观察使。著《苏州圣贤冢墓记》一卷。"

约天宝末年,李丹以户部郎中出为衢州刺史。安史之乱中,李丹衢州刺史任满卸任,一度"佐浙东之幕"。此浙东幕不一定是浙东节度使或观察使幕,很可能与第五琦所领使职有关。约乾元二年春夏,李丹又"持宪为郡",带御史中丞宪衔,为苏州刺史兼浙西观察使。赴任不久,"姑苏之役,奸幸构难",死于苏州任上。[2]

独孤及《为吏部李侍郎祭李中丞文》:"某年月日某官某乙谨以清酌少牢之奠,敬祭于故苏州刺史兼御史中丞赠吏部侍郎李公之灵。"即祭李丹者。《祭文》云:"天以纯粹,钟美于公,孝友慈惠,公廉贞直,事君以忠,临节有勇,可以师表乡党、仪刑搢绅。宜荷百禄,乃朋三寿,孰司物化,曾莫辅德,诸公不死,公独返真,官不过八命,年未逾六十。……昔公出入台阁,勤劳王事,驰驱使车,周旋天下,克己奉职,一何正也。姑苏之役,奸幸构难,公秉义勇,诛其渠

---

① 吴廷燮《唐方镇年表》,中华书局,1980年,第1403页。

② 李华《衢州刺史厅壁记》《衢州龙兴寺故律师体公碑》《(台)[衢]州乾元国清寺碑》《润州鹤林寺故径山大师碑铭》《送观往吴中序》,分见《文苑英华》卷八〇〇、八六〇、八五九、八六二、七二〇。关于李丹行实,笔者拟另文详考,引据或极繁冗,此不赘。

魁。每寇围逼,勾吴震骇,公率羸师,克翦大敌。奇谋生于死地,贞节见于孤城,夫岂恶生?誓无夺志,临危致命,一何壮也。”(《昆陵集》卷一九)透露了李丹的为人品格和生平事迹的不少信息。

7. 丹族子惟岳谟道,沈邃廉静

《新唐书·宰相世系表》赵郡李氏东祖房,见武后朝宰相李峤之孙、华阳郡太守懿之子,“惟岳,监察御史”(72上/2547)。前邢宙条引独孤及《张镐遗爱碑颂》,宝应、广德年间,惟岳曾为江西节帅张镐幕僚。又李华《平原公遗德颂》,“监察御史赵郡李惟岳谟道”是张镐“故吏”(《文苑英华》卷七七五)。

8. 梁国乔潭德源,昂昂有古风①

《唐摭言》卷四《师友》:“乔潭,天宝十三年及第。”《全唐文》卷四五一小传据之,亦作“天宝十三年进士”。皆误。乔潭《霜钟赋·序》:“潭忝预少宗伯达奚公特达之遇,擢秀才甲科。”(《文苑英华》卷八〇)达奚公谓达奚珣。《唐语林》卷八:神龙元年已来累为主司者,“达奚珣四,天宝二年、三年、四年、五年”。其及第即在此四年之内,绝不会迟至天宝十三年。潭另有《会昌主簿厅壁记》(《文苑英华》卷八〇五),系为主簿达奚挚而作,挚,珣之子也。文作于“乙酉岁(抄)[杪]”,即天宝四年末。文中已言及“潭忝以词赋见知春官”,是业已进士及第,则其及第之年又可提前一年,不外天宝二、三、四这三年。

李华《元鲁山墓碣铭》:“……无以送终。名高之士陆浑尉梁园乔潭赙以清白之俸,遂其丧葬。”(《唐文粹》卷六九)《唐摭言》卷四《师友》:乔潭,“任陆浑尉。时元鲁山客死是邑,潭减俸礼葬之,复

① “梁国”,李华《元鲁山墓碣铭》作“梁园”,《新·传》径作“梁人”。按,汉梁国,后魏改梁郡,即唐之宋州,治今商丘南。梁园,或作园苑,亦名兔园,汉梁孝王游赏之所,在唐之汴州开封东南。唐无名梁之州或县。“德源”,《新·传》《全唐文》卷四五一乔潭小传,皆谓“潭,字源”,皆误脱“德”字。

恤其孤。”岑参《送魏升卿擢第归东都因怀魏校书、陆浑乔潭》①，诗约作于天宝十二载，有“乔生作尉别来久，因君为问平安否”语，明乔潭是岑参关系非同一般的晚辈。《全唐文》卷四五一收乔潭赋七首、文四篇。

乔潭《饶阳县令厅壁记》谓县令裴某：“识经之，文纬之，教才设而耆幼归心，刑不施而权豪敛迹，惠行为膏雨，令行为清风，君子谓裴公于是乎君子。”（《全唐文》卷八〇四）实际上寄托了他自己的政教理想。

9. 弘农杨拯士扶，敏而安道②

杨拯与张茂之、李萼等开元二十二或二十三年同在孙逖下及第，已见前张茂之条。李华《杨骑曹集序》：“君幼孤，事继母以孝闻。读书务尽其义，为文务申其志。义尽则君子之道弘矣，志申则君子之言信矣。举进士……既而丁艰，礼足哀馀，名教称之。……求道于弘正禅师，百千人中独受心要。与清河张茂之、房安禹、巨鹿魏幼卿为禅慧之交；河南元德秀、陆据、崔器、范阳卢治为道义之交。大官荐贤，使臣请介，莫不推君为首。以方外为意，不之受也。识者谠议，以论道许之。质纯气和，动必由道，谈笑中雅，名理入玄。所著文章，多入玄中雅之才者也。”（《文苑英华》卷七〇一）可见其学术旨趣之所在。《集序》又曰：“君及张、房既没，而狂胡起

① 陈铁民、侯忠义《岑参集校注》，上海古籍出版社，1981年，第126页。

② “弘农杨拯士扶”，《英华》作“弘农杨椽（一作极）士虏（一作扶）”，文末注：“‘一作’，皆《唐文粹》。”是明人用以校勘的《文粹》，“拯”作“极”也。唯今《四部丛刊》影印校宋明嘉靖刊本却作“拯”，不作“极”，与之异。李华另有《杨骑曹集序》：“弘农杨君，讳极，字齐物，隋观德王之后。举进士……外调，补太子正字，历右骁卫骑曹参军。”（《英华》卷七〇一）《新·传》：“拯字齐物，隋观德王后。举进士，终右骁卫骑曹参军。”所据当即李华此《集序》，是认《论》之杨拯与《集序》之杨极为一人也。然《集序》与《论》俱出李华手笔，若是一人，为何一字士扶，一字齐物耶？周绍良、赵超《唐代墓志汇编续集》天宝076录载杨拯撰《房府君（承先）墓志铭》一通，结衔“前右骁卫骑曹参军”，作于天宝十载辛卯，与李华《集序》显是同一人，然其名作“拯”，不作“极”。或者《论》与《集序》两者确是一人，其名为拯，极乃误字，其字先为士扶，后改为齐物耶？

逆,残虐天下。”是安史乱前业已谢世。

10. 清河房垂翼明,志而好古

《新唐书·宰相世系表》河南房氏表,见肱之子垂,父子皆未署官衔(71下/2401－03)。《唐代墓志汇编》长庆011王师正《大唐洛阳县尉王师正故夫人河南房氏墓志铭》:房氏,长庆二年五月二日卒。“高祖玄静,为尚书膳部郎中、泾州刺史。曾祖肱,京兆府同官令。祖垂,河南府告成令。……先考挺,京兆少尹、左庶子、常州刺史,爵清河男。”

11. 河东柳识方明,遐旷而才

《旧唐书·柳浑传》:“襄州人,其先自河东徙焉。……浑母兄识,笃意文章,有重名于开元天宝间,与萧颖士、元德秀、刘迅相亚。其练理创端,往往诣极,当时作者,咸伏其简拔,而趣尚辨博。”《新唐书·柳浑附识传》略同:“字方明,知名士也。工文章,与萧颖士、元德秀、刘迅相上下,而识练理创端,往往诣极,虽趣尚非博,然当时作者,伏其简拔。”《唐诗纪事》卷二〇《柳识》“识字方明”条,几全抄《新·传》,仅易“知名士也”为“最为李华所知”。

据岑仲勉《元和姓纂四校记》卷七柳氏“识,屯田郎中,征不起”条之所征引,其历官概况如下:大历二年,左拾遗。大历四年,秘书郎。大历十三年,水部员外郎。建中三年,屯田员外郎。① 而据吕温《裴氏海昏集序》(《吕和叔文集》卷三),柳识终官“屯田郎中、集贤殿学士”,与《姓纂》同。为避安史之乱,一度远至浔阳之西的建昌。据《集序》,乱起,裴倩携族南迁,定居于建昌后,在他周围曾团聚了一大批“开元之遗老”“为物情所注慕”,其中即有柳识、柳浑兄弟。《全唐文》卷三七七收柳识文八篇,其中《新修四皓庙记》一篇

---

① 岑仲勉《元和姓纂四校记》,商务印书馆,1948年,中册第726页。

误收。此文原载《文苑英华》卷八一五，题下未署作者，次于柳识《茅山白鹤庙记》之后，文末原有“光化二年十月　日记”语为《全文》删削，显非柳识所作。

柳识自称“予学史者也”（《草堂记》），又称“忝曾游道，敢述玄风”（《茅山紫阳观元静先生碑》）。从他遗存的作品来看，确有相当厚重的历史感，也在一定程度上显示了善于作抽象的玄学思考倾向，而他学术的主导方面，则仍建立在儒家经学，尤其是礼乐之学的基础上。如《草堂记》，特别强调“仁德恤刑”，说草堂主人萧定，“持宪如此，仁乎至哉！向使生全爱养之心不备乎阴阳运用之才，则视人残伤，空叹息而已，焉能密网之中，多所济活。昔人有生全之功高，明待封者，欲人行之，所以彰其善意也；知止足者，委顺志之，所以晦其善也。其意不同，同归于德；其德虽异，观各有宜。《诗》曰：‘恺悌君子，人之父母。’此之谓也”（《文苑英华》卷八二七）。完全是依据传统的儒家礼乐政刑说加以发挥的。又如《琴会记》所说：“见明珠者始贱鱼目，知雅乐者方鄙郑声。自朴散为器，真意在琴。与众乐同法于虚，独能致静；同韵五音，独能多感；同名为乐，独偶圣贤。是宜称德，切近于道。”（《文苑英华》卷八三二）同样是儒家崇雅黜郑乐论的具体化。

在这一围绕元德秀的群体中，《新·传》谓“拯与甹名最著，潭、识以文传后”。如上所考，李丹之名亦甚著也。这一群体的最大特点，是有如元德秀本人那样，在体现“道”的节操和德行方面，都有过人之处。《论》加给每人的考语，如程休“端重寡言”，邢宇“深明操持”或“操持不苟”，邢宙“和而不流”，张茂之“守道而断”，李甹“含大雅之素”，李惟岳“沈邃廉静”，乔潭“昂昂有古风”，杨拯“敏而安道”，房垂“志而好古”，凡九人，都是从内在的道德修养或外在的行为仪范着眼的，只有李丹“诚庄而文”，柳识“遐旷而才”，兼及其才和学。显然,这一群体并非以著述胜。但不是没有著述,对当日的重大学术问题,也不是没有自己的观点。如柳识在《琴会记》中之所阐述,不正是这一群体对乐及其社会作用的一贯重视和丰厚修养的表现吗?

对于当日社会上流行的其他文化学术流派,这一群体多采兼容态度,并不盲目排斥,反而适当吸取,用作拓展思路和加深修养的辅佐。房琯之“好谈老子浮屠法”,元德秀之“达生齐物”,兼备“大易之易简,黄老之清静”,柳识之“忝曾游道,敢述玄风”,杨拯之“求道于弘正禅师”“独受心要”,他和张茂之在与元德秀等结为“道义之交”的同时,还与房安禹、魏幼卿结为“禅慧之交”,就反映了这方面的情况。

本文将这些“慕于元者”视作围绕元德秀的文化学术群体,并不是说它是什么有形的组织,或有固定的人员组成。其实,作为这一群体的成员,也可能有以他为主的另一群体,或同时又是另一群体的成员。苏源明“雅善杜甫、郑虔,其最称者元结、梁肃”,元德秀实不在其“雅善”和“最称者”之列。杨拯“与清河张茂之、房安禹、巨鹿魏幼卿为禅慧之交,河南元德秀、陆据、崔器、范阳卢治为道义之交”,其中房、魏、陆、崔、卢皆非元德秀群体中人。张镐为江西帅,其幕僚和属官中也有一临时文化群体,元德秀群体中人参与其中者只有邢宙、李惟岳二人。为避安史之乱而远徙建昌的文人,以裴倩为核心有一群体,七人中只有柳识是原元德秀群体中人。卢虚舟是刘迅群体中人。可见,围绕元德秀的群体,其外延可以是相当广大的。当然,这类外延的群体,有些是元德秀死后才出现的。

元德秀、杨拯、张茂之,安史之乱前夕业已逝世;房垂、乔潭,不详;程休、邢宇、邢宙、李崿、李丹、李惟岳、柳识皆生活至安史之乱之后,而以李崿、柳识为最晚。李崿约贞元元年尚有诗作问世,即使假定他二十岁进士及第，这时也已年过七十，可能是群体中年寿最高者。柳识建中三年撰《朗然律师碑》署衔屯田员外郎，而他的终官则是屯田郎中、集贤殿学士，可能在建中三年之后又生活了若干年。即使是建中三年(782)，离元德秀五十九岁身死之年天宝十三载(754)亦已近三十年，在这一群体中或是年龄最轻、年辈最晚的一人。但就是这样一个小字号的人物，《旧·传》却说他“有重名于开元天宝间，与萧颖士、元德秀、刘迅相亚”。在群体内，在文化学术上的地位，与元德秀当是平等的。至于杨拯，则“既没而狂胡起逆”，其卒年当与元德秀前后，“享年五十八”，与元德秀“春秋五十九”，也不相上下，更可以说是同年龄段的人。程休等十一人，《论》谓“是皆慕于元者也”，《新·传》易为“皆号门弟子”，未详何据？核之事实，恐不尽然。盖此文化学术群体之形成，实乃基于共同的或相近的趋向或爱好，而绝非完全基于同门师生或同年科第之因素也。

三、围绕刘迅的群体

《三贤论》曰：

刘在京下，尝寝疾。房公时临扶风，闻之，通夕不寐，顾谓宾从曰：“挺卿若不起，无复有神道。”尚书刘公每有胜理，必诣与谈，(数)[终]日忘返，退而叹曰：“闻刘公清言，见皇王之理矣。”(陈郡)殷(寅)直清有识尚，恨言理少对，未与刘面，常想见其人。①

① “(数)[终]”，据《文粹》《集》校改。“(陈郡)殷(寅)直清”，据《文粹》《英华》《集》删。味行文体例，此处不当出其郡望与名，乃《全文》妄加。

梁肃《给事中刘公(迥)墓志铭》:“始公[兄]祭酒秩、功曹迅,并与故相国房公琯厚善。”(《文苑英华》卷九四四)另,约天宝十三、四年,房琯曾任扶风太守。又至德二载二月,肃宗幸凤翔(府名,即扶风之升格改名),房琯时为相,随行。五月罢相,仍在凤翔,直至十一月随肃宗还京师。“临扶风”云云,当指后一次。

“尚书刘公”,指刘晏。两《唐书》有传,见《旧唐书》卷一二三、《新唐书》卷一四九。曹州南华人。早年即“名震一时”,后为唐中叶理财名臣。《新·传》:“玄宗封泰山,晏始八岁,献颂行在,帝奇其幼,命宰相张说试之,说曰:‘国瑞也。’即授太子正字。公卿邀请旁午,号神童,名震一时。”《旧·传》卷末史臣曰:“如刘晏通拥滞,任才能,富其国而不劳于民,俭于家而利于众。或问曰:郑子产吏不能欺,宓子贱吏不忍欺,西门豹吏不敢欺。三子者,古之贤人也,吏皆怀其欺而不能、不忍、不敢也。晏之吏,远近自不欺者,何也?答曰:盖任其才而得其人也。……晏治天下,无甚贵甚贱之物,泛言治国者,其可及乎!举真卿才,忠也;减王缙罪,正也,忠正之道,复出于人。”另,刘晏之本官升至尚书,在代宗宝应二年。《旧唐书·代宗纪》:宝应二年正月甲午,“国子祭酒、兼御史大夫、京兆尹刘晏为吏部尚书、同中书门下平章事,度支诸使如故”。与拜相同日,而《论》则仅以其本官称之。

《新·传》:“尝寝疾。房琯闻,忧不寐,曰:‘捷卿有不讳,天理欺矣!’陈郡殷寅名知人,见迅叹曰:‘今黄叔度也!’刘晏每闻其论,曰:‘皇王之道尽矣!’”明显地系据《论》修入,而“殷直清”云云径改作“……‘今黄叔度也!’”未详另有何据?

《三贤论》曰:

河东裴腾士举,精朗迈直;弟霸士会,峻清不杂;陇西李广敬仲坚,明冲而粹;范阳卢虚舟幼直,质方而清;颍川陈谠言士然,淡而不厌;吴兴沈兴宗季长,专静不渝;颍川陈兼不器,行古之道;渤海高适达夫,落落有奇节。是皆重于刘者也。

1. 河东裴腾士举,精朗迈直①

《旧唐书·裴漼附从祖弟宽传》:"兄弟八人,皆明经及第,入台省、典郡者五人。"又载:"宽性友爱,弟兄多宦达,子侄亦有名称,于东京立第同居,八院相对,甥侄皆有休憩所,击鼓而食,当世荣之。"宽,天宝十四载卒,终官礼部侍郎。裴腾、裴霸,即裴宽"有名称"子侄中的两人。据《新唐书·宰相世系表》南来吴裴氏表,裴腾、裴霸即裴宽兄弟八人中长兄岐州刺史裴卓之子。"腾,户部郎中。"(72上/2204－5)《唐尚书省郎官石柱题名考》即据《新·表》将裴腾增入户部郎中的"补遗"。独孤及《赵郡李公(华)中集序》:"素所著者,多散落人间。自志学至校书郎以前八卷,并《舜山公主志文》……《祭王端员外、沈起居兴宗、裴员外腾文》……《王常山碑》,并因乱失之,名存而篇亡。"(《唐文粹》卷九二)是安史之乱前裴腾业已亡故,终官员外郎,未至郎中。李颀《送裴腾》:"养德为众许,森然此丈夫。放情白云外,爽气连虬须。衡镜合知子,公心谁谓无。还令不得意,单马遂长驱。……"(《全唐诗》卷一三二)是曾受到不公正对待,长期赋闲,此诗则送其赴正在"汾上"任县尹的兄弟处闲住也。而李颀则是死于天宝十三、四载以前的诗人。

2. 弟霸士会,峻清不杂

郎官石柱题名,金部员外郎第六行,吏部员外郎第十行,皆有裴霸题名。(《金石论丛》第377、348页)《新唐书·宰相世系表》南

① "精朗迈直",《文粹》《集》《摭言》皆作"朗迈真直"。

来吴裴氏表，岐州刺史卓子，“霸，吏部员外郎”。(71上/2205)当是其终官。上引李颀《送裴腾》诗有：“令弟为县尹，高城汾水隅。相将簿领间，倚望恒峰孤。”则曾任汾水上流某县县令。高适有《酬裴员外以诗代书》之作，此裴员外，刘开扬以疑似语气定之为裴霸，而孙钦善则肯定：“裴员外，即裴霸。”①诗作于彭州刺史任上，约乾元二年。以下节录其与裴霸燕赵定交及别后裴之行踪等有关追忆：“少时方浩荡，遇物犹尘埃。脱略身外事，交游天下才。单车入燕赵，独立心悠哉。宁知戎马间，忽展平生怀。且欣清论高，岂顾夕阳颓。题诗碣石馆，纵酒燕王台。……与君从此辞，每恐流年催。如何俱老大，始复忘形骸。兄弟真二陆，声名连八裴。……所思在畿甸，曾是鲁宓侪。自从拜郎官，列宿焕天街。那能访遐僻，还复寄琼瑰。金玉本高价，埙篪终易谐。朗咏临清秋，凉风下庭槐。何意寇盗间，独称名义偕。辛酸陈侯诔，叹息季鹰杯。白日屡分手，青春不再来。卧看中散论，愁忆太常斋。酬赠徒为尔，长歌还自哈。”可见裴霸是经历了安史之乱的，“独称名义偕”，风节是高的。写过辛酸的祭陈兼的诔文，并且一度如晋朝的张翰那般引退了。

3. 陇西李广敬仲坚，明冲而粹②

《新唐书·宗室世系表》恒山愍王房：太子詹事玭之子，“尚书左丞廙”；廙子，“邕管经略使兼御史中丞位”(70下/2082)。柳宗元《李位墓志铭》：“大宗曰玭，太子詹事，赠秘书监。生廙，尚书左丞。”(《柳宗元集》卷一〇)尚书左丞当是李廙的终官。郎官石柱题名，吏部员外郎第九行，有李廙的题名。另，吏部郎中第十一行

---

① 刘开扬《高适诗编年笺注》，中华书局，1981年，第310页；孙钦善《高适集校注》，上海古籍出版社，1984年，第258页。

② 此以“广敬”为名，“仲坚”为字，考语则“明冲而粹”也。皆误。《英华》作“李广敬仲，坚明冲粹”，《文粹》《集》作“李广敬仲，坚明而粹”，《摭言》作“李廙敬叔，坚明冲粹”。其名当以《摭言》“廙”为正，其字暂两存，考语“而”字衍，当去。

有"李□"题名。岑仲勉曰:"赵、王二本李□,劳氏作廙,但其字模糊。考吏外李廙在[郑]审后六人,此在审后四人,劳所订当不至误。"①《唐尚书省郎官石柱题名考》卷三吏部郎中李廙下,汇集李廙资料堪称完备,可知:李廙至德二载自给事中贬道州刺史,后历歙州、处州刺史,约宝应二年,复入朝为给事中。"久以病免,澹然自居"。在终官尚书左丞前有出任太子左庶子、河南尹的记录,而其任尚书左丞的时间,则未见有明确的记载。

元结《[道州]刺史厅记》:"问之耆老,前后刺史,能恤养贫弱,专守法令,有徐公履道、李公廙而已。"(《元次山集》卷九)常衮《授李廙太子左庶子制》:"银青光禄大夫、前行给事中、上柱国、陇西县开国公李廙,德崇业广,多识前言,究坟典之至精,考礼乐之所极,时有著述,赡而不流。其在家邦,率由忠俭,历位要重,秉兹谅直。……"(《文苑英华》卷四〇四)《国史补》卷上"李廙有清德"条:"李廙为尚书左丞,有清德。其妹,刘晏妻也。晏方秉权,尝造廙宅,延至廙室,见其门帘甚弊。乃令潜度广狭,以粗竹织成,不加缘饰,将以赠廙。三携至门,不敢发言而去。"或可见李廙为人为学为政的部分风貌。

4. 范阳卢虚舟幼直,质方而清②

《新唐书·宰相世系表》范阳"四房卢氏"第二房敏之第五代孙,"虚舟,秘书少监"(73上/2925)。秘书少监当是其终官。郎官石柱题名,吏部员外郎第十行、左司员外郎第五行,皆有卢虚舟题名(《金石论丛》,348、341页)

贾至《授卢虚舟殿中侍御史等制》:"大理司直卢虚舟,闲邪存

---

① 《金石论丛》第347、344页。又岑仲勉《郎官石柱题名新考订(外三种)》,上海古籍出版社,1984年,第19页。

② "幼直",《文粹》《集》《摭言》皆作"幼真"。

诚，遁世颐养，持操有清廉之誉，在公推干蛊之才。大理评事权皋，临难思义，守死善道，见危必履其臣节，在困能变于人谋。……”（《文苑英华》卷三九五）说的是卢虚舟、权皋两人在安史之乱中的表现。至于卢虚舟在安史乱起后如何“闲邪存诚，遁世颐养”，则从吕温《裴氏海昏集序》中可以窥见一些消息。此文开首说：“《海昏集》者，有唐文行之臣故度支郎中专判度支事赠尚书左仆射正平节公裴氏讳某字某，考地毓德，会友辅仁，气志如神，英华发外之所由作也。”此裴某，名倩，字容卿，乃裴行俭曾孙、裴光庭之孙，见《新唐书·宰相世系表》中眷裴氏表（71上/2213）。接着即提到：“初，公违河洛之难，以其族行，攀大别，浮彭蠡，望洞庭，回翔于匡湓，流盼于海昏。海昏有欧山之奇，修江之清，阳溪之邃，阳泉之灵，竹洞花坞，仙坛僧舍，鸡犬钟梵，相闻于青岚白云中，数百里不绝。时也，俗以远未扰，地以偏而宁，开元之遗老尽在，犹歌咏乎升平。公悠然乐之，遂与我外王父故屯田郎中、集贤殿学士河东柳公讳某，[外]叔祖故相国宜城伯讳浑，洎故太常卿兰陵萧公定，故秘书少监范阳卢公虚舟，故左庶子陇西李公勋，为尘外之交，极心期之赏，唯故给事中汝南袁公高、故将作监河南元公亘，以后进预焉。江左搢绅诸生，望之如神仙，邈不可及。每赋一泉，题一石，毫墨未干，传咏已遍，其为物情所注慕如此。”（《文苑英华》卷七一三）《旧唐书·地理志》：江南西道洪州建昌县，“汉海昏县，属豫章郡。后汉分立建昌”。《元和郡县图志》卷二八建昌县，“东三里，故海昏城，即汉昌邑王贺所封”。在今鄱阳湖西永修县境。文中提及的吕温的外王父，即柳识。裴倩避乱南迁、定居建昌后，团聚在他周围的“开元遗老”之众，在当地影响之大，都很值得注意。

李白有《和卢侍御通塘曲》《庐山谣寄卢侍御虚舟》诗（《李太白全集》卷八、卷一四），詹瑛《李白诗文系年》系于上元元年，且谓

"当是晚年放流归后由江夏来庐山时所作"。[1] 其《和卢侍御通塘曲》开首云:"君夸通塘好。通塘胜耶溪。通塘在何处。远在寻阳西。"明卢虚舟在建昌一带与李白有酬唱往来。而据诗题,上元元年卢虚舟早已接到了殿中侍御史的任命。

5. 颍川陈说言士然,淡而不厌[2]

林宝《元和姓纂》卷三上平声真韵,陈·诸郡陈氏:"礼部员外郎陈说言,京兆人。"王昌龄有《秋山寄陈说言》诗(《全唐诗》卷一四〇)。《全唐文》卷四〇六收陈说言《对祭地判》一篇,其小传云:"说言(一作倪言)字士龙,玄宗时擢书判拔萃科。"岑仲勉《读全唐文札记》在列举《全唐文》小传、《姓纂》《三贤论》后断言:"则作'倪'者非,'颍川'举其望也。又古写'然'作'□',与龙之草写相近,作士龙亦当讹。"[3]

6. 吴兴沈兴宗季长,专静不渝

独孤及《赵郡李公(华)中集序》:"自志学至校书郎以前八卷,并《舜山公主志文》……《祭王端员外、沈起居兴宗、裴员外腾文》……《王常山碑》,并因乱失之,名存而篇亡。"(《唐文粹》卷九二)可见沈兴宗安史之乱前业已身故,终官起居郎。清王昶《金石萃编》卷八三著录《大唐开元寺故禅师贞和尚宝塔铭》,署"缑氏县尉沈兴宗纂"。此宝塔造于开元二十六年七月十五日,可知沈兴宗此时正在缑氏县尉任。王昌龄有《缑氏尉沈兴宗置酒南溪留赠》诗,言及:"海雁时独飞,永然沧州意。古时青冥客,灭迹沦一尉。吾子踌躇心,岂其纷埃事。缑峰信所克,济北余乃遂。"(《全唐诗》卷一四〇)为之表达了不甘心县尉"纷埃事"生涯和遁世隐居的心

---

① 詹瑛《李白诗文系年》,人民文学出版社,1984 年,第 143 页。
② "说言",《英华》误作"倪言"。
③ 岑仲勉《读全唐文札记》,见《唐人行第录(外三种)》,中华书局上海编辑所,1962 年,第 305—306 页。

愿。《全唐文》卷三六五收沈兴宗文两篇,一即上引贞和尚塔铭,另一为《对赐则出就判》。

7. 颍川陈兼不器,行古之道①

《元和姓纂》卷三上平声真韵,陈·临淮:"右补阙陈兼,生当、苌、京、归。"柳宗元《陈京行状》:"父某,皇右补阙、翰林学士,赠秘书少监。"(《柳宗元集》卷八)徐锴《陈氏书堂记》:"浔阳庐山之阳,有陈氏书楼。其先盖陈宜都王叔明之后,曰兼,为秘书少监,生京,给事中……"(《全唐文》卷八八八)三个官名中,右补阙是陈兼的终官,秘书少监是陈兼死后的赠官。至于翰林学士,李肇《翰林志》云:"开元二十六年,刘光谨、张垍乃为学士,始别建学士院于翰林院之南。又有韩纮、阎伯舆、孟匡朝、陈兼、李白、蒋镇在旧翰林院,虽有其名,不职其事,至德宗已后,翰林始兼学士之名。"则此所谓"翰林学士",非后来习称之翰林学士也。

陈兼《陈留郡文宣王庙堂碑》,②文末有"遂命客卿前封丘县丞泗上陈兼志之"之语(《文苑英华》卷八四六)。此庙新宫成于天宝十一载冬十月丙午。明此前陈兼曾任封丘县丞。高适《宋中过陈二》,孙钦善断定"作于天宝七载"。若所断可从,则是时业已退隐矣。诗曰:"常忝鲍叔义,所奇王佐才。如何守苦节,独此无良媒。离别十年外,飘遥千里来。安知罢官后,惟见柴门开。穷巷隐东郭,高堂咏《南陔》。篱根长花草,井口生莓苔。伊昔望霄汉,于今倦蒿莱。男儿命未达,且尽手中杯。"(《高适集校注》,第161页)梁肃《独孤及行状》:"三十馀,以文章游梁宋间。通人颍川陈兼、长乐贾至、渤海高适见公,皆色授心服,约子孙之契。"(《文苑英华》卷九

① 其名,《英华》作"廉",《摭言》三种刻本作"谦",皆误。当以此从《文粹》《集》《摭言》库本作"兼"为正。考语,《文粹》作"行古人道",《摭言》作"行古人之道",皆有"人"字,似不当删。
② 此碑文存在著作权问题,见《文苑英华辨证》卷六《名氏三》。

七二)当即退隐期间事。贾至《送李兵曹往江外序》:“想子行迈,路经夷门,见颍川陈兼、河南于頔,为问道心无恙,星鬓如何,宿昔屡空,复为安邑也。”(《文苑英华》卷七二〇)亦是其隐退期间事。独孤及有《送陈兼应辟兼寄高适贾至》诗,又有《送陈赞府兼应辟赴京序》文(《毘陵集》卷二、卷一六),两者同时作。文中有“十二载冬十月果以公才征”语,乃天宝十二载也。“赞府”,县丞俗称,是犹以前官封丘丞称之也。文又云:“当贞女不字,十年反常,及大翼奋飞,知一日几万。”虽不必定是“十年”,退隐的日子一定甚长。而此次应辟赴京,不久当即官右补阙,入翰林院矣。杜甫《赠陈二补阙》,仇注引旧黄鹤注:“此当是天宝十三载,长安作。”诗曰:“世儒多汩没,夫子独声名。献纳开东观,君王问长卿。皂雕寒始急,天马老能行。自到青冥里,休看白发生。……”(《杜诗详注》卷三)诗以“夫子”称之,且又言“老能行”“白发生”,明兼业已垂垂老矣。

8. 渤海高适达夫,落落有奇节

高适,两《唐书》有传,《旧唐书》载卷一一一,《新唐书》载卷一四三。郡望渤海,里籍洛阳。盛唐著名诗人。卒于永泰元年正月。《旧·传》:“适喜言王霸大略,务功名,尚节义。逢时多难,以安危为己任,然言过其术,为大臣所轻。……而有唐已来,诗人之达者,唯适而已。”卷末史臣曰:“适以诗人为戎帅,险难之际,名节不亏,君子哉!”贾至《授高适谏议大夫制》谓适“立节贞峻,直躬高朗,感激效经济之略,纷纶赡风雅之才。长策远图,可云大体;谠言毅色,实谓忠良”(《文苑英华》卷三八一)。

对于这一围绕刘迅群体的各个成员,《论》所加的考语也是多从其品行性格等方面着眼,与元德秀群体相似;而在旁人的口中或笔下,则可以见到不少专门针对其为学的评议。少时已有神童之称的刘晏,与刘迅探讨的是“胜理”,是关于“皇王之理”的高深理论。“有大名于天下”的殷寅,与刘迅并未谋面,却经常想望要与刘迅共同探讨属于“理”的问题,当是有见于刘迅确是难得一见的善于作理论思考的学者型人物。常衮对李廙的考语:“究坟典之至精,考礼乐之所极”,若是对经典仅曾泛泛涉猎者,绝对无力承受。高适、独孤及都说陈兼有“王佐才”,也是以他身为“世儒”,拥有“王佐”之学为其底蕴的。这一群体为学的基本特征是,以儒家经典为主攻方向,钻研深入,见解深刻。高适虽说不上“深”,他之“喜言王霸大略”则与房琯相近,故也与房琯一般,易于与刘迅互相引为同道。

刘迅是具有诗人气质的人,且被认定是他的“病癖”。而在围绕他的这一群体中,与他一样具有类似艺术鉴赏力和感受力的,也大有人在。与诗人广泛交往,构成了这个群体的另一个显著特色。李颀《送裴腾》“放情白云外”,高适《酬裴员外以诗代书》“兄弟俱二陆,声华连八裴”,高适是著名诗人,裴腾、裴霸兄弟也是诗人、文人。卢虚舟与李白有酬唱往来,李白《和卢侍御通塘曲》今存。王昌龄有《秋山寄陈说言》《缑氏尉沈兴宗置酒南溪留赠》诗,是分别寄赠陈说言、沈兴宗的。高适《宋中过陈二》、杜甫《赠陈二补阙》、独孤及《送陈兼应辟寄高适贾至》,赠诗的对象皆是陈兼。未见曾与诗人沾边的,八人中仅一李廙耳。或参与或交往的诗人,如李白、杜甫、王昌龄、高适、李颀,都是当代最最拔尖的顶级诗人。

四、围绕萧颖士的群体

《三贤论》曰:

> 工部侍郎韦述修国史,推萧同事。礼部侍郎(杨)[阳]浚

掌贡举，问萧求人，海内以为德选。[①]

韦述，两《唐书》有传，《旧唐书》载卷一〇二，《新唐书》载卷一三二。雍州万年人。景龙二年登进士第。开元十八年，以起居舍人、集贤院直学士，兼知史馆事。二十七年，转国子司业，停知史事。俄而复兼史职，充集贤学士。天宝九载，迁工部侍郎。居史职二十年。勒成《国史》一百一十三卷，并《史例》一卷。禄山之乱，两京陷贼，述抱《国史》藏于南山。《新唐书·文艺·萧颖士传》："史官韦述荐颖士自代，召诣史馆待制，颖士乘传诣京师。而[李]林甫方威福自擅，颖士遂不屈，愈见疾，俄免官。"《旧·韦传》未明言迁工侍后是否仍兼知史官事，《论》只云"推萧同事"，《新·萧传》云"荐颖士自代"，与之微有不同。萧颖士《白鹇赋·序》："天宝辛卯（按，十载），予飘泊江介，流宕逾时。秋八月，自山阴前次东阳。方议夫南登西泛，极闻见之义……会有命自天，召赴京阙。"（《文苑英华》卷一三五）又《庭莎赋·序》："天宝十载，予以史臣推择，待诏阙下，僻直多忤，连岁不偶。未选叙，求参河南府军事。"（《文苑英华》卷一四八）"十载"下，《英华》校注云："《集》作'十有二载。'"似可从。盖天宝十载召赴京阙，连岁未选叙，即为史官未成，至十二载，遂求参河南府军事也。

《唐摭言》卷一四《主司称意》："天宝十二载，礼部侍郎阳浚，四榜共放一百五十人，后除左丞。"《唐语林》卷八：神龙元年已来累为主司者，"阳(涣)[浚]再，天宝十二载、十五载。"严耕望谓："盖'再'为'四'之讹，又夺'十三载、十四载'六字。"[②]此四榜中，若天宝十二载之刘舟、长孙铸、房(白)[由]、刘太冲、姚发、郑愕、殷少

① 据《文粹》校改。参考岑仲勉《登科记考订补》，中华版《登科记考》附，第6页。
② 严耕望《唐仆尚丞郎表·礼侍辑考》，中华书局，1986年，第858页。

野、邬载,天宝十三载之尹征、刘太真,皆是萧颖士的及门弟子,十五载之皇甫冉,是受萧颖士"推引"的"后进"。① 显是阳浚"向萧求人"的结果。

《三贤论》曰:

> 汝南邵轸纬卿,词举标干;天水赵骅云卿,才美行纯;陈郡殷寅直清,达于名理;河南源衍季融,粹微而周;会稽孔至惟微,述而好古;河南陆据德邻,恢恢善于事理;河东柳芳仲敷,该练故事;长乐贾至幼邻,名重当时;京兆韦收仲成,远虑而深;南阳张有略维之,履道体仁;有略族弟邈季遐,温其如玉;中山刘颖士端,疏明简畅;颍川韩拯佐元,行备而文;乐安孙益盈孺,温良忠厚;京兆韦建士经,中明外纯;颍川陈晋正卿,深于诗书;天水尹征之诚,明贯百家之言。是皆厚于萧者也。

《新·传》:"颖士乐闻人善,以推引后进为己任,如李阳、李幼卿、皇甫冉、陆渭等数十人,由奖目,皆为名士。天下推知人,称萧功曹。尝兄事元德秀,而友殷寅、颜真卿、柳芳、陆据、李华、邵轸、赵骅,时人语曰'殷、颜、柳、陆,李、萧、邵、赵',以能全其交也。所与游者,孔至、贾至、源行恭、张有略、族弟季遐、刘颖、韩拯、陈晋、孙益、韦建、韦收。"所举受"奖目"者、"友"人以及"所与游者",有些已经轶出《论》所举十七名"厚于萧者"之外。所附《柳并传》又举出"受业于颖士"者四人:柳并、刘太真、尹征、阎士和。所举诸人中,源行恭无考,以之替代《论》源衍的缘由亦未详。又李阳,《唐诗纪事》卷二七《李幼卿》作"李阳冰"。《纪事》此条当录自《新·

① 见《唐诗纪事》卷二七《李幼卿》及《贾邕》以下;《新·传》。其中姚发,徐松《登科记考》及孟二冬《补正》皆漏录。

传》,或当据以校补。若李阳,亦无考也。

1. 汝南邵轸纬卿,词举标干①

李华《寄赵七侍御》:"昔日萧邵游,四人才成童。(华与赵七侍御骅、故萧十功曹颖士、故邵十六轸,未冠游太学,皆苦贫共弊。同年三人登科,相次典校。邵后三人及第也)属词慕孔门,入仕希上公。纬卿陷非罪,折我昆吾锋。(邵字纬卿,以冤横贬,卒南中)"(《唐文粹》卷一五下)似安史乱前,邵轸业已冤死。《唐摭言》卷一《两监》引此诗"昔日"句并注,"故邵十六轸"作"故邵十六司仓轸",明邵轸之终官为某州之司仓参军。"同年三人登科""邵后三人及第"则分别误作"五人登科""邵后二年擢第",且为《登科记考》所引据,将邵系于李、赵、萧及第"后二年"之开元二十五年,实则未必定在此年也。《全唐文》卷三三三辑载邵轸文《云韶乐赋》一篇,其小传仅云:"轸,汝南人。"

2. 天水赵骅云卿,才美行纯

《旧唐书·忠义·赵晔传》,其名作"晔",实即此人。"字云卿,邓州穰人,其先自天水徙焉。"《论》谓"天水赵骅",举郡望也。《新唐书》附见于其子《赵宗儒传》,载卷一五一。谓其"少嗜学,履尚清鲠。开元中,擢进士第。"与萧颖士、李华同年。《旧唐书·文苑·孙逖传》:"[开元]二十一年,入为考功员外郎、集贤修撰。逖选贡士二年,多得俊才。初年则杜鸿渐至宰辅,颜真卿为尚书。后年拔李华、萧颖士、赵骅登上第,逖谓人曰:'此三人便堪掌纶诰。'"天宝四载,复与殷寅、李岑同登博学宏词科。② 李华《寄赵七侍御。自余干溪行,经弋阳,至上饶,山川幽丽,思与云卿同游,邈不可得,

---

① "词举标干",《英华》作"有词举干",《文粹》《集》皆作"词学标干"。《摭言》作"有词学标干"。"举"或系"学"之误。

② 参考陈尚君《登科记考正补》,《唐代文学研究》第四辑,广西师范大学出版社,1993年,第232页;孟二冬《登科记考补正》,北京燕山出版社,2003年,第355页。

因叙畴年之素，寄怀于篇》约永泰元年春夏离李岘幕自赣赴浙途中所作。上文邵轸条征引此诗，其内容已有涉及赵骅者，兹接续引录如下："茂挺独先觉，拔身渡京虹。斯人谢明代，百代坠鹓鸿。（萧天宝末知乱，弃官往江东。殡葬先人，逝于汝南）世故坠横流，与君哀路穷。（逆胡陷两京，华与赵受辱贼中）相顾无死节，蒙恩逐殊封。（华贬杭州司功，赵贬泉州晋江尉）天波洗其瑕，朱衣备朝容。（华承恩累迁尚书郎，赵拜补阙、御史）一别凡十年，岂期复相从。馀生得携手，遗此两孱翁。"（《唐文粹》卷一五下）《旧·传》："晔性孝悌，敦重交友，虽经艰危，不改其操。少时与殷寅、颜真卿、柳芳、陆据、萧颖士、李华、邵轸，同志友善，故天宝中语曰：'殷、颜、柳、陆，萧、李、邵、赵'，以其重行义，敦交道也。而晔早擅高名，在宦途五十年，累经贬谪，蹇踬备至。入仕三十年，方沾省官，身在郎署，子常徒步。官既散曹，俸禄单寡，衣食不充，以至亡殁，服名检者为之叹息。建中四年冬，泾原兵叛，晔窜于山谷。寻以疾终，追赠华州刺史。"在"萧、李、邵、赵"四人中，是享年最长者。

3. 陈郡殷寅直清，达于名理

《旧唐书·韦述附殷践猷传》《新唐书·儒学·马怀素附殷践猷传》，皆有其子殷寅事迹附见。陈郡长平人。颜真卿《殷践猷墓碣铭》：三子：摄、寅、克齐。"寅聪达有精识，能继先父之业，有大名于天下。举宏词，太子校书，永宁尉。棰杀谩吏，贬移澄城丞。久疾"，乾元元年前"数年"，"殁"（《文忠集》卷一〇）。而上文于其"先父之业"，则有如下叙述："博览群言，尤精《史记》《汉书》，百家氏族之说，至于阴阳、数术、医方、刑法之流，无不该洞焉。与贺知章、陆象先、我伯父元孙、韦述友善，贺呼君为[五]总龟，以龟千年五聚，问无不知也。君性方正，志业深淳，识理清远，人皆望而服之。"又，《新唐书·儒学·柳冲传》附载之柳芳《论氏族》曾言及：

"唐兴,言谱者以路敬淳为宗,柳冲、韦述次之。李守素亦明姓氏,时谓肉谱者。后有李公淹、萧颖士、殷寅、孔至,为世所称。"岑参有《崔仓曹席上送殷寅充右相判官赴淮南》诗,约作于天宝十一、二载,"右相"指杨国忠。则一度曾充杨国忠所兼某使职的判官。①

4. 河南源衍季融,粹微而周②

《唐代墓志汇编续集》开元177《源衍墓志》:"君讳衍,河南人也。左丞府君讳光裕之中子。开元中,辟孝廉,调补郑城尉。以家艰免。后授家令寺主簿。素清羸,前年有加,淡气若不胜衣矣,常以寒食散自强。至廿八年夏四月,疾动,终于河南私第。时年卌四。有二女,无子。……惟君杳冥深中,虚白通理,外万物而不遗世业,营四海而罕有事心,出处弛张,莫见其际。居常说让,后于五尺之童;临危隐死,重于千乘之国。非役役者,真蹈道欤!后来有柳芳、王端、殷晋、颜真卿、阎伯玙,皆稀世鸿宝,一相遇便为莫逆之交。夫君辩不如柳,庄不如王,介不如陈郡,勇退不如颜氏,危言不如伯玙。然此五君子动静周旋,辄以君为表缀,何哉?岂不以处衡轴之中,无适莫之谓。则知叔度之服天下也不以言,巨源之游山阳也盖以量。斯人也,宜其奏议云台,理翮风路。薄游多病,绝嗣不

---

① "右相"之"右",或误作"石"。关于此人,岑仲勉《读全唐诗札记》谓即崔圆,李嘉言《岑诗系年》谓指元载。陈铁民、侯忠义疑指刘晏,且系此诗于广德元年。(《岑参集校注》第271页此诗诗题校注)戴伟华亦据岑说,以殷寅为上元二年至大历三年间淮南节度使崔圆判官(戴伟华《唐方镇文职僚佐考(修订本)》,广西师范大学出版社,2007年,第256页)。皆误。颜真卿《殷践猷墓碣》明确记载,殷寅在其母乾元元年(758)命终之前"数年",即已身殁,怎么可能在广德元年(763)前后还去"充右相判官赴淮南"?实则此"右相"乃指杨国忠,而诗则作于天宝十一、二载。天宝十一载十一月乙卯,李林甫死,同月庚申,杨国忠代之,被任命为:"守右相,兼吏部尚书、集贤殿学士、监修国史、崇玄馆大学士、太清太微宫使,仍判度支,及蜀郡大都督府长史、剑南节度支度营田副大使、本道兼山南西道采访处置使,两京出纳、勾当租庸铸钱等使,并如故。"(《唐大诏令集》卷四五《杨国忠右相制》)宰相属官中虽无称作"判官"的属吏,但其所兼任的各种使职,却大多置有"判官"。而且天宝十一、二载,岑参又正在长安,故能在京兆府崔仓曹的席上为之赋诗饯行。参考陶敏《全唐诗人名汇考》,第332页,辽海出版社,2006年。

② "季融",《摭言》三种刻本皆作"秀融"。"粹微而周",《英华》《集》"周"作"同",《摭言》三种刻本皆作"粹而俊澄"。《摭言》库本作"粹而复微"。

寿,天何谬欤?”下署“前乡贡进士陆据撰”。且自称“据不佞,亦从竹林之会。”《志》中殷晋当即殷寅,不知系文献之误,抑系志石或录文有误?

5. 会稽孔至惟微,述而好古

孔至,越州山阴人,《新唐书·儒学·孔若思传》有其附传,载卷一九九。曰:“若思子至,字惟微。历著作郎。明姓氏学,与韦述、萧颖士、柳冲齐名。……时述及颖士、冲皆撰《类例》,而至书称工。”封演《封氏闻见记》卷一〇《讨论》:“著作郎孔至,二十传儒学。撰《百家类例》,品第海内族姓,以燕公张说为近代新门,不入百家之数。驸马张垍,燕公之子也,盛承宠眷。见至所撰,谓弟埱曰:‘多事汉。天下族姓何关尔事,而妄为升降!’埱素与至善,以兄言告之。时工部侍郎韦述,谙练士族,举朝共推。每商榷姻亲,咸就谘访。至书初成,以呈韦公,韦公以为可行也。及闻垍言,至惧,将追改之。以情告韦,韦曰:‘孔至休矣,大丈夫奋笔,将为千载楷则,奈何以一言而自动摇。有死而已,胡可改也。’遂不复改。”上引《新·传》删节处,即以《封氏闻见记》此则记事修入者。《新唐书·艺文志》乙部史录谱牒类著录“孔至《姓氏杂录》一卷”,未必即本处言及之《百家类例》。

6. 河南陆据德邻,恢恢善于事理

陆据,两《唐书》有传,《旧唐书·文苑·陆据传》:“陆据者,周上庸公腾六代孙。少孤。文章俊逸,言论纵横。年三十馀,始游京师,举进士。公卿览其文,称重之,辟为从事。累官至司勋员外郎。天宝十三载卒。”《新唐书·文艺·萧颖士附陆据传》谓:“河南人,字德邻。”且谓:“神宇警迈,善物理。”据王端《陆据墓志》,天宝十三载据卒时年五十四,当生于武后长安元年(701)。《志》载:“公幼植奇志,慷慨有经济大略,薄游京国,多士翕然。以比叔向,而义冠当时，荐似相如，而名动天下。廿七，进士擢第。”其擢第当在开元十五年(727)。及第后，“凡六徙官而十交辟”，长期充任各使府判官。且谓其“锡类扬名昭其孝，匪躬将命竭其忠，养孤恤穷称其仁，博施济众许其义，喜愠不形知其量，临事能断表其明。加之以温良，行之以干蛊，奉之以礼乐，饰之以文词。翱翔盛时，感激知己。”又载：“公又深崇释典，尝受法于大照禅师，迹虽混于缙绅，心每存乎妙域。”①郎官石柱题名，司勋员外郎第九行，有陆据题名(《金石论丛》第357页)。《旧唐书·文苑·萧颖士传》：“聪警绝伦。尝与李华、陆据同游洛南龙门，三人同读路侧古碑，颖士一阅，即能诵之，华再阅，据三阅，方能记之。议者以三人才格高下亦如此。”陆据对王端、柳芳、殷寅、颜真卿、阎伯玙学术性格的品评，除已见上源衍条引外，又见权德舆《王端神道碑》：“尝与故太师颜鲁公，暨柳郎中芳、陆员外据、殷永宁寅为莫逆之交。陆尝言：‘王之庄、柳之辩、殷之介，皆希代鸿宝。’知言者以为实录。”(《权载之文集》卷一七)《全唐文》卷三三〇辑其《对蜡飨不祀判》一篇，上引《源衍墓志》可补辑。《金石录》卷六《目录》：“《唐张嘉贞碑阴》上，陆据撰，蔡有邻八分书。”卷七《目录》：“《唐颜惟贞碑》，陆据撰，蔡有邻八分书。天宝六载十月。”②“《唐资州刺史裴仲将碑》，陆据撰，徐浩八分书并篆。……天宝十三载。”

7. 河东柳芳仲敷，该练故事③

《旧唐书·柳登传》：“河东人。父芳，肃宗朝史官，与同职韦述受诏添修吴兢所撰《国史》，杀青未竟而述亡。芳绪述凡例，勒成《国史》一百三十卷。上自高祖，下止乾元，而叙天宝后事，绝无伦

① 《全唐文补编(千唐志斋新藏专辑)》，第235、236页，三秦出版社，2006年。
② 颜真卿《文忠集》拾遗卷二《晋侍中……颜公大宗碑》亦言及：“惟真，字叔坚。有德行词学，尤善草隶，屡登甲科。太子文学、薛王友，累赠太子少保。事具陆据《神道碑》。”
③ “该练”，《摭言》作“该博”。

类,取舍非工,不为史氏所称。然芳勤于记注,含毫罔倦。属安史乱离,国史散落,编缀所闻,率多阙漏。上元中,坐事徙黔中,遇内官高力士亦贬巫州,遇诸途。芳以所疑禁中事,咨于力士。力士说开元、天宝中时政事,芳随口志之。又以《国史》已成,经于奏御,不可复改,乃别撰《唐历》四十卷,以力士所传,载于年历之下。芳自永宁尉、直史馆,转拾遗、补阙、员外郎,皆居史任,位终右司郎中、集贤学士。"《新唐书·柳芳传》略同,惟补"字仲敷""开元末擢进士第""后历左金吾卫骑曹参军、史馆修撰"三数事。

《新·传》谓柳芳"开元末擢进士第",不知是否确有实据?前引李华《杨骑曹集序》明确提到,柳芳与杨拯、张茂之等十四人,是在孙逖为主司时"连年高等"的,而孙逖两知贡举在开元二十二、二十三年。《登科记考》考出了文中提及的多数人的及第之年究竟是二十二年还是二十三年,而将不能确知的四人姑附于二十三年,且说明:"按柳芳、李粤、张阶、张南容不知的年,附此俟考。"《登科记考》的错误是,不该又据《新·传》将柳芳再附于开元二十九年(亦非确实二十九年,只是按该书通例,将凡言"初""末"者附于元年、末年),以致遭到岑仲勉的讥评:"顾一附不容再附。……进士不再举。芳及第之年既未确知,则宜留廿九年之条,删去廿三年之重见也。"(中华版《登科记考》附,第5页)今按二十三年下"附此俟考"者,乃等待考定其究系二十三或二十二年也。如张阶,今据《李琚墓志》,已可考定其为二十二年。"一附不容再附",既然"俟考"范围,一者较为确定,一者较难确定,则当删二十九年,留二十三年,并注《新·传》之说于其下为是。孟二冬《登科记考补正》竟从岑说,将柳芳移附二十九年,似欠慎重。

《新唐书·艺文志》乙部史录正史类"《唐书》一百卷"下著录:"又一百三十卷。[吴]兢、韦述、柳芳、令狐峘、于休烈等撰。"当即新旧《传》所说的“国史”。编年类著录:“柳芳《唐历》四十卷。”与《传》同。又职官类著录:“柳芳《大唐宰相表》三卷。”谱牒类著录:“柳芳《永泰新谱》二十卷(一作《皇室新谱》)。”则为两传所未言及。关于后者,《旧唐书·代宗纪》:大历元年十月“己丑,宗正卿吴王祗奏上《皇室永泰新论》二十卷,太常博士柳芳撰”。“论”显是“谱”之误。则撰成于大历元年也。《全唐文》卷三七二辑其文三篇,其中《食货论》辑自《文苑英华》卷七四七,《姓系论》辑自《新唐书·儒学·柳冲传》,皆重要之经世文献。《唐代墓志汇编》天宝105《源光乘志》,天宝六载厝,署“前右武卫胄曹参军柳芳撰”,可供补辑。

另,专记玄宗朝遗事的《次柳氏旧闻》,与柳芳也有密切关系。该书卷首李德裕自序:“大和八年秋八月乙酉,上于紫宸殿听政,宰臣[王]涯已下奉职奏事。上顾谓宰臣曰:‘故内臣力士终始事迹,试为我言之。’臣涯即奏云:‘上元中,史臣柳芳得罪窜黔中,时力士亦徙巫州,因相与周旋。力士以芳尝司史,为芳言先时禁中事,皆芳所不能知。而芳亦有质疑者。芳默识之,及还,编次其事,号曰“问高力士”。’上曰:‘令访史氏,取其书。’臣涯等既奉诏,乃召芳孙度支员外郎璟询事。璟曰:‘某祖芳,前从力士问覶缕,未竟。复著《唐历》,采摭义类尤相近者以传之。其馀或秘不敢宣,或奇怪,非编录所宜及者,不以传。’今按求其书,亡失不获。臣德裕亡父先臣,与芳子吏部郎中冕,贞元初俱为尚书郎。后谪官,亦俱东出。道相与语,遂及高力士之说,且曰:‘彼皆目睹,非出传闻,信而有征,可为实录。’先臣每为臣言之。臣伏念所忆授,凡十有七事。……谨录如左,以备史官之阙云。”(《开元天宝遗事十种》,第1页)此文及两《唐书·柳芳传》皆未揭示柳芳因何“流黔中”。据《安禄山事迹》卷下:“初,汾阳收东都后差人送伪朝士陈希烈等三百五十馀人赴京”，后三司谳刑，分“罪当大辟”“并赐自尽”“流于徼外”等数种处分，而柳芳与许房等人同在“流于徼外，勿齿”之列。此事，《资治通鉴》卷二二〇系于肃宗至德二载（757）十二月壬申，未出柳芳等名。而高力士之流巫州，《资治通鉴》卷二二一系于肃宗上元元年（760）七月丙辰。

《太平广记》卷二二二“柳芳”录《定命录》：“柳芳尝应进士举，累岁不及第。诣朝士宴，坐客八九人皆朱绂，亦有畿赤官。芳最居坐末，又衣服粗故，客咸轻焉。有善相者，众情属之。独谓芳曰：‘柳子合无兄弟姐妹，无庄田资产，孑然一身，羁旅辛苦甚多。后二年当及第，后禄位不歇。一座之客，寿命官禄，皆不如君。’诸客都不之信。后二年，果及第。”透露了及第前柳芳贫穷潦倒落魄情状。又《尚书故实》不分卷：“有李幼奇者，开元中，以艺干柳芳。尝对芳念百韵诗，芳已暗记，便题之于壁，不差一字。谓幼奇曰：‘此吾之诗也。’幼奇大惊异之，有不平色。久之，徐曰：‘聊相戏，此君所念诗也。’因请幼奇更诵所著文章，皆一遍便能写录。”表明柳芳亦与萧颖士、李华、陆据、刘晏等人相似，以博闻强记著闻。

8. 长乐贾至幼邻，名重当时①

贾至，新旧《唐书》有传，《旧唐书》卷一九〇中《文苑·贾曾传》附，《新唐书》卷一一九《贾曾传》附。河南洛阳人。《论》谓长乐，举郡望也。《元和姓纂》卷七，贾有长乐、宛句、洛阳、河东等望，其长乐下载：“言忠，吏部考功员外。生曾、闵、剡。曾，中书舍人、

① “幼邻”，《文粹》《集》作“幼几”。其字究系“幼几”，还是“幼邻”？与贾至时代相近之人，如独孤及《赵郡李公（华）中集序》，李舟《独孤常州集序》等，皆作“幼几”。《直斋书录解题》卷一六、《郡斋读书志》卷四上著录其集，皆称“贾至幼几”撰，且前者书名即作“《贾幼几集》”。《旧·传》未载其字，《新·传》作“幼邻”，其后《唐诗纪事》卷二二，及《全唐诗》卷二三五、《全唐文》卷三六六小传，皆从之作“幼邻”，而《唐才子传》卷三未从。颇疑当以“幼几”为正。《论》似原亦正作“幼几”，作“幼邻”之误始自《唐摭言》，《新传》以后影响始大也。

礼部侍郎。生深、至。深，职方郎中，徐、庐、夔、岳四州刺史。至，中书舍人，礼、兵二侍郎，京兆尹，右常侍。"明贾至系出长乐贾氏。

《新·传》："擢明经第，解褐单父尉。"《郡斋读书志》卷四上："天宝十载，明经擢第。"按，贾至《宓子贱碑颂》："天宝初，至始以校书郎尉于单父。"（《唐文粹》卷二一）既然天宝初业已入仕，则其获得出身之明经及第绝不会迟至天宝十载；既然以校书郎出为单父尉，则其解褐当在始任校书郎之时。两书皆有误。

《旧·传》："天宝末为中书舍人。禄山之乱，从上皇幸蜀。……宝应二年，为尚书左丞。"《新·传》："从玄宗幸蜀，拜起居舍人，知制诰。……历中书舍人。……坐小法，贬岳州司马。宝应初，召复故官，迁尚书左丞。"按，贾至之掌制诰，当始于天宝十五载玄宗幸蜀，先充知制诰，奉使肃宗行在后，遂正拜中书舍人。约乾元元年春末，出为汝州刺史。[①] 代宗即位后，约宝应元年六月，"召复故官"，即复为中书舍人，直至二年六月前后，迁尚书左丞。贾至今所存文，《全唐文》辑为三卷，载卷三六六至三六八，多数为制诰，即作于天宝十五载至乾元元年，和宝应元年至二年这两段掌诰期间。

贾至在舍人院，有《早朝大明宫呈两省僚友》诗，王维、岑参、杜甫都有奉和之作（清赵殿成《王右丞集笺注》卷一〇、《岑参集校注》卷三、《杜诗详注》卷五）。贾至遭贬谪出为汝州刺史、岳州司马，杜甫有《送贾阁老出汝州》送行诗，《寄岳州贾司马六丈、巴州严八使君两阁老五十韵》长篇存问寄情诗（《杜诗详注》卷六、卷八）。贾至与杜甫以及房琯、严武间有着非同寻常的关系。此前，杜甫往鄜州省家，有《留别贾、严二阁老两院（补阙）[遗补]》诗，广德二

① 参考傅璇琮《唐代诗人丛考》中之《贾至考》，中华书局，1980年，第182页。

年,贾至知东都举,乘唐诚赴举之便,杜甫在《别唐十五诫因寄礼部贾侍郎》中,对贾至有“雄笔映千古”的高度评价,勉励唐诫“善师事”之。(《杜诗详注》卷五、卷一四)贾至在岳州与从流放夜郎途中赦回的李白相遇,留下了不少彼此唱和的诗篇。贾至有《初至巴陵与李十二白、裴九同泛洞庭湖》三首、《洞庭送李十二赴零陵》(《全唐诗》卷二三五);李白有《巴陵赠贾舍人》、《留别贾舍人》二首、《陪族叔刑部侍郎晔及中书贾舍人至游洞庭》五首、《与贾至舍人于龙兴寺剪落梧桐枝望灉湖》(《李太白全集》卷一一、一五、二〇、二一)。交谊也不寻常。另,贾至与独孤及以及高适、陆据、陈兼的密切关系,除已见前陈兼条引外,尚见贾至《闲居秋怀寄阳翟陆赞府、封丘高少府》(《文苑英华》卷二五三),独孤及《贾员外处见中书贾舍人巴陵诗集览之怀旧代书寄赠》(《昆陵集》卷一)苏鹗《杜阳杂编》卷上“元载专政”条:“载宠姬薛瑶英攻诗书,善歌舞……唯贾至、杨公南与载友善,故往往得见歌舞。至因赠诗曰……公南亦作长歌褒美。”则贾至与元载、杨炎又有特殊关系。佚名《大唐传载》谓“贾至常侍平生毁佛”,并由此获致“汤沸,忽染于足,涌然而上,未几烘烂而卒”的报应。又可见贾至一生反对佛教迷信立场的坚决。

《唐语林》卷二《文学》:“李华,字遐叔,以文学自名,与萧颖士、贾幼几为友。”独孤及《赵郡李公(华)中集序》:“天宝中,公与兰陵萧茂挺、长乐贾幼几勃焉复起,振中古之风,以弘文德。”(《昆陵集》卷一三)独孤及《祭贾尚书文》:“追念夙昔,尝陪讨论,综核微言,揭厉孔门,匪究枝叶,必探本根。高论拔俗,精义入神,誓将以儒,训齐斯民。文章陵夷,郑声夺伦,兄于其中,振三代风,复雕为朴,正始是崇。学者归仁,如川朝宗,六义炳焉,自兄中兴,大名全才,仪刑百工。”(《昆陵集》卷二〇)李舟《独孤常州集序》:“先大夫尝因讲文,谓小子曰:'吾友兰陵萧茂挺、赵郡李遐叔、长乐贾幼几,洎所知河南独孤至之,皆宪章六艺,能探古人述作之旨。贾为玄宗巡蜀分命之诏,历历如西汉时文,若使三贤继司王言,或载史笔,则典谟训诰誓命之书,可仿佛于将来矣。"(《文苑英华》卷七〇二)

《新·传》:"大历七年,以右散骑常侍卒,年五十五,赠礼部尚书,谥曰文。"

9. 京兆韦收仲成,远虑而深

《新唐书·宰相世系表》韦氏平齐公房:考功郎中洽子,"收,殿中侍御史"(74 上/3050)。《旧唐书·严震传》:"东川节度判官韦收荐震才用于节度使严武,遂授合州长史。"

10. 南阳张有略维之,履道体仁①

李华《德先生诔》:"或问曰:德先生者奚氏?余曰:南阳张姓,有略其名,维之其字也。或曰:与古谁伦?可篚七十子乎?余曰:七十子或贤或恒人,方于贤,原思、宓不齐比也②。或曰:大哉!余曰:七十子,亲圣人之道者也,维之,追圣人之道者;七十子得圣人疆畛之际,维之[得]圣人衣冠之润。向使获亲圣人,则鳞差耕、雍也。或曰:何咎而瞽?余曰:圣贤皆时。春秋之乱,冉耕恶疾,左丘明、卜商皆瞽。圣如夫子,失司寇,饥于陈蔡;忠如苌弘,谋尊王室而戮死。君子道消,故仁贤穷。维之邻道,昌黎韩拯亦以德闻,与维之同病不幸。二子不以病,为佥不丧中明者也。或曰:夫如是,得无诔之?余诔之曰:神胡病后之人而夺先生?噫嘻!哀夫人

① "有略",《摭言》作"友略"。

② "原思",《英华》卷八四三、《全文》卷三二一皆作"原宪"。原宪,字子思,与宓不齐,以及下文提到的冉耕、冉雍、卜商,皆孔门弟子。《史记·仲尼弟子列传》:"孔子卒,原宪遂亡在草泽中(司马贞《索引》引《家语》:"隐居卫。")。子贡相卫,而结驷连骑,排藜藿入穷阎,过谢原宪。宪摄敝衣冠见子贡,子贡耻之,曰:'夫子岂病乎?'原宪曰:'吾闻之,无财者谓之贫,学道而不能行者谓之病。若宪,贫也,非病也。'子贡惭,不怿而去。"

德甫,余将畴兄。"(《唐文粹》卷七一)李华《著作郎赠秘书少监权君(皋)墓表》:"自开元天宝以来,高名下位,华方疾,不能备举,然所忆者,曰河南元君德秀,元终十年而南阳张君有略,张殁二年而君夭。元之志如其道德,张之行如其经术,君之才如其声望。人伦其瘁!"(《唐文粹》卷六九)据此,张有略当卒于广德二年。独孤及《送薛处士业游庐山序》:"赵补阙骅、王侍御定、张评事有略,各以文为贶,记行迈之所以然。"(《毘陵集》卷一四)明张有略或曾正任大理寺评事,或曾充使府幕僚,带有大理评事试衔。

11. 有略族弟邈季遐,温其如玉

陈简甫《宣州开元以来良吏记》:"有若司功掾张邈者,清而廉,谨而信,非自公无以举,非禄稍无以入。私谒杜于居官,馈赠绝于故吏,肃肃然有寒松贞玉之操焉。由是累辟使车,令奉丹墀,青冥之阶,其在兹也。"(《文苑英华》卷八三〇)《记》作于大历四年,年代颇符,疑即此人。《金石录》卷七《目录》:"《唐立后汉世祖祠堂记》,张邈撰,梁游楚八分书。天宝二年四月。"

12. 中山刘颖士端,疏明简畅

《新唐书·宰相世系表》曹州南华刘氏:大理卿蒙孙,兵部、吏部郎中埴子,"颖,著作郎。"(74上/3050)此刘颖之祖刘蒙任大理卿乃宣宗大中间事,年代显然不符。[1]《元和姓纂》卷五弘农刘氏:"宽次子千秋后生顺之、元之。顺之,司门员外,生颖。元之生珉、玘。"《元和姓纂四校记》:"《全文》三一七李华《三贤论》有中山刘颖士端,时代与此相当。若下文诸郡刘氏之刑部员外刘颖,虽姓名相同,惟时代未悉。或谓《姓纂》著望弘农,而华文称中山,恐非同人,则《姓纂》陈说言为京兆人,华之《三贤论》顾称

---

① 参考郁贤皓、胡可先《唐九卿考》,中国社会科学出版社,2003年,第384页。

曰颍川…… 只郡望之异，不能遽断其必非同人也。”（第 475 页）可供参考。

独孤及《代书寄上裴六冀刘二颖》：“昔余马首东，君在海北汭。尽屏簿领书，相与议岩穴。……此辞月未周，虏马嘶绛阙。……闻君弃孤城，犹自握汉节。……脱舄挂岭云，冏然若鸟逝。……关梁限天险，欢乐竟两绝。大盗近削平，三川今底宁。……骞骞两黄鹄，何处游青冥。畴昔切玉刃，应如新发硎。及时当树勋，高悬景钟铭。莫抱白云意，径往丹丘庭。功成傥长揖，然后谋沧溟。”（《毗陵集》卷一）“颍”，《集》卷目作“颖”。或者与《论》中刘颖为同一人。参下韩拯条。

13. 颍川韩拯佐元，行备而文①

李华《德先生诔》：“维之邻道，昌黎韩拯亦以德闻，与维之同病不幸。”（《唐文粹》卷七〇。“韩拯”《文苑英华》卷八四三作“韩极”），即与张有略同病瞽者。独孤及《唐故扬州庆云寺律师一公塔铭》：“公智刃先觉，法施无方。每禅诵之隙，辄赋诗歌事，思入无间，兴含飞动。潘、阮之遗韵，江、谢之阙文，公能缀之。盖将吻合词林，与儒墨同其波流，然后循循善诱，指以学路。由是与天台道士潘清、广陵曹评、赵郡李华、颍川韩极、中山刘颖、襄阳朱放、赵郡李纾、顿丘李汤、南阳张继、安定皇甫冉、范阳张南史、清河房从心，相与为尘外之友，讲德味道，朗咏终日。”（《毗陵集》卷九）《全唐文》卷四〇五辑其判文两篇。

14. 乐安孙益盈孺，温良忠厚

《全唐文》卷四〇三辑其《对西陆朝觌判》一篇。其小传云：“益，天宝时擢书判[拔]萃科。”可据《论》补其字“盈孺”。

---

① “韩拯”，《英华》《集》作“韩极”；“佐元”，《文粹》同，唯《英华》作“佐玄”。“玄”字，宋、清皆讳。疑宋时已改“佐元”，明人或仍或更，故有此异。则其名或当以“极”为正。

15. 京兆韦建士经,中明外纯

《元和姓纂》卷二《韦·京兆诸房韦氏·东眷龙门公房》:"伯阳,仓部郎中,生建、迢、造。建,太子詹事,致仕。"《新唐书·宰相世系表》韦氏龙门公房表:仓部郎中、北都副留守伯阳子,"建,字正封,秘书监"(74上/3108)。宋宋敏求《长安志》卷九唐京城·朱雀街东第五街街东从北第七坊"靖恭坊",内有"秘书监致仕韦建宅"。宋王溥《唐会要》卷六七《致仕官》:贞元五年三月,以萧昕、鲍防、"前太子詹事韦建为秘书监,并致仕,仍给半禄及赐帛。……致仕官给半禄料,自昕等始也"。各书所书历官之异,岑仲勉谓:"各有所略,故若不同";《新·表》表字之异,岑仲勉谓:其"所据未详",且谓:"古制七十悬车。建应生开元初,非两人也。"(《元和姓纂四校记》,第185页)

《唐诗纪事》卷二四《韦建》:"建与萧颖士最善。"《全唐诗》辑韦建诗二首,载卷二五七,其小传云:"韦建,开元、天宝间人,为河南令。与萧颖士、刘长卿游。"《全唐文》卷三七五辑韦建判、碑各一,其小传云:"建字士经,天宝中为河南令。"刘长卿《客舍赠别韦九建赴任河南、韦十七造赴任郑县便觐省》:"与子颇畴昔,常时仰英髦。弟兄尽公器,诗赋凌风骚。顷者游上国,独能光选曹。香名冠二陆,精鉴逢山涛。且副倚门望,莫辞趋府劳。……"[①]高适《留别郑三韦九兼洛下诸公》诗,刘开扬谓:"此天宝八载高适受职封丘县尉后在洛阳别友赴任之作。"(《高适诗集编年笺注》,第206页)时韦建当正在河南令任上。

16. 颍川陈晋正卿,深于诗书

《文苑英华》卷一一《望云物赋》,作者署名陈正卿。《全唐文》

---

① 储仲君《刘长卿诗编年笺注》,中华书局,1996年,第37页。

辑载于卷三七七,其小传云:“正卿,名晋,以字行。颍川人。”《全唐文》所辑仅此一篇,则其所谓的“以字行”,其依据不过《英华》之署名也。《新唐书·艺文志》甲部经录书类著录:“陈正卿《续尚书》。纂汉至唐十二代诏策、章疏、歌颂、符檄、论议成书,开元末上之。卷亡。”萧颖士《为陈正卿进〈续尚书〉表》:臣“林莽介贱,幼而强学……臣实愚浅,窃不自揆,敢缘圣朝稽古之道,陛下文思之德,耕牧解暇,辄复(若)[著]书,讨寻载籍,于兹一纪。今谨上《续尚书》一部,凡若干篇卷。始有汉二典,次我唐二典,以续夫前书尧虞之典也。其馀文、景、明、章之后,魏、晋、宋、齐已还,南讫有陈,北起元魏,历周、隋洎夫高氏,以至圣朝,总一十二代。诏策章疏,颂歌符檄,忠臣之正议,武士之权谋,类而刊之,次以年代,以续夫夏、商、秦、鲁之篇也。……陛下必谓臣所著小有可观,赐以召见阙庭,一垂试问。臣采摭之外,亦以学文,纵不能光扬盛美,犹庶乎细水短材之益,则圣人之含容大矣,微臣之诚愿毕矣。”(《唐文粹》卷二五)文中曾引及“二十一年正月制”。《新·志》当即据此《表》修入者。可见,陈晋在奏上此书之时,尚是不沾一命的未入仕者。

李华《云母泉诗·序》:“颍川陈公,天宝中,与华同为谏官。公性与道合,忽于权利。方挂冠投簪,顾华以名山之契。乾元初,公贬清江丞,移武陵丞。华贬杭州司功,恩复左补阙。上元中,俱奉诏征。公自清江至武陵。道路多虞,制书不至。华溯江而西,次于岳阳。江山延望,日夕相顾属,思与高贤共饮云母之泉,躬耕墨山之下。敢违朝命,以徇私欲。”(《唐文粹》卷九六)与李华同贬,当皆因安史乱中曾一度受污于贼也。《安禄山事迹》卷下载“流于徼外”人名单中,有“陈□”,其名阙书。或者即此陈公,亦即陈晋耶?

17. 天水尹征之诚,明贯百家之言

萧颖士《江有归舟三章·序》:“吾尝谓门弟子有尹征之学,刘太真之文,首其选焉。今兹春连茹甲乙,淑问休阐,为时之冠。浃旬有诏,俾征典校秘书,且驰传陇首,领元戎书记之事。四牡騑騑,薄言旋归。声动日下,浃于寰外。而太真元昆,前已甲科。未始间岁,翩其连举。”(《全唐诗》卷一五四)刘太真“元昆”刘太冲是天宝十二载登科的,见《唐诗纪事》卷二七,《登科记考》遂以之为据,系“未始间岁,翩其连举”的刘太真以及尹征于天宝十三载。尹征进士及第后曾官秘书省正字、充陇右节度使幕掌书记。又《新唐书·文艺·萧颖士附柳并传》:“初,并与刘太真、尹征、阎士和受业于颖士,而并好黄、老。颖士常曰:‘太真,吾入室者也,斯文不坠,寄是子云。征博闻强识,士和钩深致远,吾弗逮已。并不受命而尚黄、老,予亦何诛?”

《三贤论》曰:

> 尚书颜公,重名节,敦故旧,与茂挺少相知。颜与陆据、柳芳最善,茂挺与赵骅、邵轸洎华最善,天下谓之颜萧之交。殷寅、源衍睦于二交之间。

“尚书颜公”,颜真卿也。安史乱起,累为工部、刑部、吏部尚书。《旧唐书》卷一二八、《新唐书》卷一五三有传。京兆长安人,郡望琅琊。参照前引《旧唐书·赵晔传》《新唐书·文艺·萧颖士传》“殷、颜、柳、陆,李、萧、邵、赵”之语,可见萧、颜二交虽然大致属于同一群体,但又自为核心,或者可以说是同一群体中的两个支派。属于颜真卿这一支派的,除殷寅、柳芳、陆据外,尚有源衍、王端、阎伯玙等。大概由于稍后颜真卿地位显赫,《论》未将他直接列入围绕萧颖士的群体。此外,李华本人,当然也是这一群体中人。

《新·传》载,约天宝二年,萧颖士留客濮阳期间,尹征、王恒、卢异、卢士式、贾邕、赵匡、阎士和、柳并等皆执弟子礼,从之受业。又载他推引的后进,有李阳、李幼卿、皇甫冉、陆渭等数十人。《唐诗纪事》卷二七《贾邕》:约天宝十二载,“萧夫子赴东府,门人送者十二人,刘太真为之序云:‘……赋诗仰饯者,自相里造、贾邕已下凡十二人,皆及门之选也。’”并录载了贾邕、刘舟、长孙铸、房(白)[由]、刘太冲、姚发、郑愕、殷少野、邬载共十人之诗(内邬载“不预此会”)。这些后进者和弟子,理所当然地应是围绕萧颖士群体中人,但是除了尹征之外,《论》并未将他们列举在内。这一群体的组成,《论》说是“厚于萧者”,《新·传》则说是萧所“友”与“所与游者”,基本上都是同辈或年辈不相上下之人。

其中,作为这一群体核心的李华、赵骅、邵轸,是萧颖士少年时代的同学,前二人还是进士及第的同年,颜真卿、柳芳则是连年及第的同门进士。这一群体得以组成或凝聚,这类关系似乎不应忽视,但是其基本因素,似乎又不在于此,而是在于文化学术旨趣的相同或相近。儒家经典中的《尚书》和《春秋》,历来被奉为史学“记言”“记事”的不朽典范。萧颖士本人正在编纂的《历代通典》是以续《春秋》自命的,深于《诗》《书》的陈晋则先于他完成了续《尚书》的撰著,而奏进这部续《尚书》的表文却又由萧颖士来代笔,不可能是偶然的巧合。作为史学的一个分支,谱学在当日还是一门具有相当深度和难度的显学。萧颖士本人是精于谱学的,同样精于谱学的柳芳、殷寅、孔至成为他群体中的一员,也非偶然。

《论》对这一群体中人所加的考语,如殷寅“达于名理”,孔至“述而好古”,陆据“恢恢善于事理”,柳芳“该练故事”,韩拯“行备而文”,陈晋“深于《诗》《书》”,尹征“明贯百家之言”,即约近半数,是从其学术方向或学术品格着眼的,与对前两个群体成员多从操守或性格着眼者,有所不同。表明这一群体在系统而专门的学问方面,修养和成就更为突出。而宗旨则基本相同,都是为着弘扬儒家的纲常伦理道德,而且也是身体力行者。在为学方面,如独孤及在《祭文》中就贾至而言的,“匪究枝叶,必探本根,高论拔俗,精义入神”,开创了一股清新的风气。稍后啖助“摭诎三家”“凭私臆决”建立了《春秋》新学,协助其建立者有赵匡、陆质。陆质是啖助的亲传弟子,而赵匡之《春秋》学即承之于萧颖士。

萧颖士以“文学著于时”。在后世,他在文学上的名声也远远高于他的学术。其群体中人,邵轸“属词慕孔门”,陆据“文章俊逸”,贾至“雄笔映千古”,韦建“诗赋凌风骚”,陈晋“采摭之外,亦以学文”,在文上的成就也颇可观。只是这一群体中人对于文的观点,与当日偏于辞章的诗赋家的观点却颇相左。李舟《独孤常州集序》的如下概括,或可视为是这一群体观点的集中:

> 且夫日月星辰,天之文也;丘陵川渎,地之文也;羽毛彪炳,鸟兽之文也;华叶彩错,草木之文也。天无文,四时不行矣;地无文,九州不别矣。鸟兽草木之无文,则混然而无名,而人不能用之矣。人无文,则礼无以辨其数,乐无以成其章,有国者无以行其刑政,立言者无以存其劝诫。文之时用大矣哉!在人贤者得其大者,礼乐刑政劝诫是也。不肖者得其细者,或附会小说以立异端,或(言远)[雕斫成言]以裨对句,或志近物而玩童心,或顺庸声以谐俚耳。其甚者,则矫诬盛德,污蔑风教,为蛊为蚤,为妖为孽。噫!文之弊有至是者,可无痛乎?(《文苑英华》卷七〇二)

作为古文运动的先驱者,类似的看法、做法,几乎成了一时的潮流。但完全无视文学审美功能的偏颇态度,实际上也为后来的古文大家,如韩愈、柳宗元等所摈弃。

五、馀　　义

开元天宝之际的文化学术群体,当然绝不限于《三贤论》中论及的这三个。《国史补》卷下"叙时文所尚"条论盛、中唐列朝风尚:"大抵天宝之风尚党,大历之风尚浮,贞元之风尚荡,元和之风尚怪也。"此所谓"党",当然不是现代意义的政党,而与古人贬称"朋党"之"党"相近,即诸群体也。此虽仅就"时文"立论,其实天宝"尚党"之风几乎遍及社会生活的各个方面。举凡政坛、科场、诗苑,乃至竞伎队内,僧道行中,几乎无处不有形形色色的"尚党"之影。《封氏闻见记》卷三《贡举》:"玄宗时,士人殷盛,每岁进士到省者常不减千馀人。在馆诸生,更相造诣,互结朋党,以相渔夺,号之为'棚',推声望者为棚头。"《国史补》卷下"礼部置贡院"条:"天宝中,则有刘长卿、袁成用分为朋头,是时常重东(府)西两[监]。"形成风尚的年代也可推至天宝稍前。《明皇杂录》卷上:开元中,"时刘晏以神童为秘书省正字……玄宗向晏曰:'卿为正字,正得几字?'晏曰:'天下字皆正,唯朋字未正得。'"可证。这类在开天之际风起云涌般呈现的诸群体,当然各具风貌,《三贤论》为什么偏偏揭出如上这样三个群体来加以论述?究竟有哪些主客观因素在制约着《三贤论》的写作?

《三贤论》曰:

> 无世无贤人,其或世教不至,沦于风波,虽贤不能自辩,况察者未之究乎?……将剖其善恶,在迁政化,端风俗,则贤不

肖异贯,而后贤者自明,而察者不惑也。

又曰:

不幸元罢鲁山终于陆浑,刘避地逝于安康,萧归葬先人殁于汝南。今复求斯人,有之无之?是必有之,而察之未克也。三贤不登尊位,不享下寿,居易委顺,贤人之达也;不蒙其教,生人之病也。予知三贤也深,故言之不怍云。

按,汝州鲁山系上县。"诸州上县,令一人,从六品上。"又,京兆、河南、太原府,"功曹参军事二人,正七品下"。扬州系大都督府。大都督府,"功曹参军事一人,正七品下"。(皆据《唐六典》卷三〇)"三贤"终官之品秩既然如此,确"不登尊位"也。

《旧唐书·文苑·元德秀传》:"天宝十三载卒,时年五十九。"李华《元鲁山墓碣铭》:"维唐天宝十二载九月二十七日,鲁山令河南元公终于陆浑草堂,春秋五十九。"(《唐文粹》卷六九)①《新唐书·刘子玄附子迅传》:"上元中,避地安康,卒。"《新唐书·文艺·萧颖士传》:"后客死汝南逆旅,年五十二。"李华《祭亡友故扬州功曹萧公文》"乾元三年二月十日孤子李华云云"(《唐文粹》卷三三下),其卒当在此前不久。乾元三年(760)闰四月改元上元,上元共只二年,则刘迅与萧颖士卒于同年或上下年也。《三贤论》之作既在"三贤"谢世之后,最早不得早于上元元年(760)。又,《论》中以太尉称房琯,以尚书称刘晏,而刘晏本官升至尚书,乃宝应二年

① 《唐代墓志汇编续集》天宝093《唐故鲁山县令河南元府君(德秀)墓志铭并序》:"春秋六十,薨于陆浑南郭草堂之所。……天宝甲午载十月甲申日,葬于草堂南原之野。"其卒年,当以天宝十三载为正。若享年,《论》明说"不享下寿",即未到六十岁(《庄子·盗跖篇》"下寿六十"),则春秋五十九或六十,或纯系具体计算之法有异所致。

(763)正月甲午,此年七月改元广德,太尉乃广德元年(763)八月四日房琯死后的赠官,则《三贤论》之作,最早又不得早于广德元年(763)之八月也。

这时,安史之乱刚刚平定。叛乱期间的苦难,人们记忆犹新,叛乱暴露出的众多政治社会问题,久久引发着人们的深入思考。"世教不至,沦于风波""迁政化,端风俗""不蒙其教,生人之病也"云云,正是这类思考的一种表现或结果。李华《杨骑曹集序》:"开元天宝之间,海内和平,君子得从容于学,以是词人才硕者众。然将相屡非其人,化流于苟进成俗,故体道者寡矣。"(《文苑英华》卷七〇一)叛乱的发生,国家社会的几近崩溃,与"苟进成俗,故体道者寡",即教化陵替、士风败坏有着紧密的关系。李华特别将"高名下位"的体道、蹈道者元德秀、刘迅、萧颖士,以及聚集在他们周围的追圣人之道的同好,提出加以表彰,当是痛定思痛,为国家社会所作的一项补救措施。

大约与《三贤论》的写作约略同时的宝应二年六月,朝廷上正在进行着一场有关科举制度的大讨论。(《册府元龟》卷六四〇《贡举部 · 条制二》)发起者为礼部侍郎杨绾,他在《条奏贡举之弊疏》中说:自从高宗朝刘思立进士加杂文、明经填帖以后,"从此积弊,浸转成俗。幼能就学,皆诵当代之诗;长而博文,不越诸家之集。递相党与,用致虚声,《六经》则未尝开卷,《三史》则皆同挂壁。况复征以孔门之道,责其君子之儒者哉。祖习既深,奔竞为务。……欲其返淳朴,怀礼让,守忠信,识廉隅,何可得也!"(《旧唐书 · 杨绾传》)尚书左丞贾至《议杨绾条奏贡举疏》也指出:"今试学者以帖字为精通,而不穷旨义,岂能知迁怒、贰过之道乎?考文者以声病为是非,而务择浮艳,岂能知移风易俗化天下之事乎?是以上失其源,而下袭其流,乘流波荡,不知所止,先王之道,莫能行也。夫先王之道消，则小人之道长；小人之道长，则乱臣贼子由是生焉。臣弑其君，子弑其父，非一朝一夕之故，其所由来者渐矣。渐者何？谓(志)[忠]信之陵颓，耻尚之失所，末学之驰骋，儒道之不举，四者皆由取士之失也。……四人之业，士最关于风化。近代趋仕，靡然向风，致使禄山一呼而四海震荡，思明再乱而十年不复。向使礼让之道弘，仁义之风著，则忠臣孝子，比屋可封，逆节不得而萌也，人心不得而摇也。”(《唐文粹》卷二八)实际上乃是在探索安史之乱的社会文化根源，总结安史之乱的经验教训。《三贤论》的写作，则从外围参与了这一探索和总结。

另，《国史补》卷上“李华含元赋”条：“以失节贼庭，故其文殷勤于四皓、元鲁山，极笔于权著作，心所愧也。”《新唐书·文艺·李华传》：“华触祸衔悔，及为元德秀权皋铭、《四皓赞》，称道深婉，读者怜其志。”所谓“失节贼庭”“触祸衔悔”，其事实经过，据独孤及《赵郡李公(华)中集序》，大致如下：“禄山之难……时继太夫人在邺。初，潼关败书闻，或劝公走蜀诣行在所。公曰：‘奈方寸何？不若间行问安否，然后辇母安舆而逃。’谋未果，为盗所获。二京既复，坐谪杭州司功参军。太夫人弃敬养，公自伤悼。以事君故，践危乱而不能安亲，既受污，非其疾而贻亲之忧，及随牒愿终养，而遭天不吊，由是衔罔极之痛者三。故虽除丧，抱终身之戚焉。谓志已亏，息陈力之愿焉。因屏居江南，省躬遗名，誓心自绝。无何，诏复授左补阙，又加尚书司封员外郎。玺书连征，公卿已下，倾首延伫，至止之日，将以司言处公。公曰：‘焉有隳节夺志者，可以荷君之宠乎？’遂移疾请告。”(《毘陵集》卷一三)《新传》据之修入，仅“伪署凤阁舍人”“上元中以……召之”两处略有增补。《国史补》《新·传》提及的作品，为《四皓赞》《元鲁山墓碣铭》《权君墓表》(分见《唐文粹》卷二四、六九)。其中，后两文，被独孤及列入“表贤达圣德"类。

大约与写作《三贤论》几乎同时，李华在《卧疾舟中，相里、范二侍御先行，赠别序》中，一则曰："华与二贤早相得，偕修君子之儒，而独无成；偕励人臣之道，而独失节；偕遇文明之运，而独衰病。"再则曰："不幸孤负所知，亏顿受污，流落江湖，于今六年。"三则曰："儒不成矣，与匹夫同；败名节矣，与墨劓同；既衰病矣，与废疾同。虽牵率危惫，匍匐颠沛，君父含弘，宰政不遗，适为朝廷之秽、相府之羞也，又安得恃为故人哉?"(《文苑英华》卷七三四)这大概就是所谓的"移疾请告"或"称疾不拜"。从中我们可以看到，他对失节这一污点是正视的，其悔悟是真诚的。因此，在当日文化学术领域探索安史之乱爆发的根源，总结其经验教训的潮流中，他也就从对个人不幸遭遇的反思，以"表贤达圣德"的角度，参与了这一探索和总结，并为此写下了不少的作品，其中即包括这篇《三贤论》，为我们留下了一份当日文化学术群体的可贵资料。

(与陈志坚合撰。原载《文史》2009年第二辑，中华书局)

关于“永贞革新”的提法

《历史研究》上刊登的几篇文章，沿用习惯的说法，把唐顺宗在位期间王叔文、王伾、刘禹锡、柳宗元等革新派的政治改革称作“永贞革新”，我认为是值得商榷的。

首先，“二王刘柳”的政治革新都是在“贞元”年号下进行的。公元八〇五年正月唐德宗李适病死，顺宗李诵即位，仍沿用德宗年号，为贞元二十一年。是年八月初四，顺宗被迫禅位与宪宗李纯，次日，改元为“永贞”。“二王刘柳”的政治革新措施，都是在改元“永贞”前进行的。例如，贬京兆尹李实为通州长史，罢宫市和例外进奉，罢盐铁使月进钱，在二月；追故相忠州刺史陆贽、前谏议大夫道州刺史阳城赴京师，以杜佑充度支及诸道盐铁转运使，以浙西观察使李锜为镇海节度使，解除其盐铁转运使职务，在三月；以范希朝为右神策统军，充左右神策、京西诸城镇行营兵马节度使，韩泰为其行军司马，在五月。革新派执政期间任屯田员外郎的刘禹锡，在《再游玄都观》一诗的序中也说：“余贞元二十一年为屯田员外郎……”显系有意点明他们从事政治革新是“贞元二十一年”的事。

其次，“永贞”这个年号的出现，意味着顽固守旧势力的重新上台。随之而来的，是对革新派的残酷迫害，是对革新措施的反攻倒算。就在改元“永贞”的第二天，革新派首领王伾即被贬为开州司马,王叔文被贬为渝州司户。柳宗元、刘禹锡、韩泰、韩晔、韦执谊等随之被贬谪,革新措施也相继被废除。顽固守旧势力的这些活动都是在“永贞”这个年号下进行的。

一年内出现两个或两个以上年号,在历史上不是偶见的现象。《资治通鉴》等编年史一般都用末后一个年号系年,这样并不是很合适的,自然更不宜用它来称呼改元以前的历史事件了。

中国历史上的改革很多是以人命名的,如商鞅变法、王安石变法等,那么唐顺宗在位期间这次革新运动为什么不能也依此称作“二王刘柳的政治革新”呢?

(原载《历史研究》1976 年第 3 期,署名杨汰。《二十世纪唐研究》63 页引述此文,误作“李汰”)

中晚唐的称坊望风习

一

题中“中晚唐”系沿用唐诗选家初唐、盛唐、中唐、晚唐的习惯分期。近来,类似的时段断限在史学论著中亦已不再罕见。“坊望”则借用严耕望创称的“里望”一词。① 之所以改“里”为“坊”,乃是鉴于:一、《隋书·地理志》上:“开皇三年,置雍州……里一百六,市二。”确称“里”。二、《唐六典》卷七《工部尚书·侍郎》:“至[开皇]三年三月,移入新都焉,名曰大兴城……皇城之南,东西十坊,南北九坊,皇城之东西各十二坊,两市居四坊之地,凡一百一十坊。”又称“坊”。三、宋敏求《长安志》卷七《唐京城》:“郭中南北十四街,东西十一街,其间列置诸坊。”其下原注:“隋炀帝改坊为里。每里置里司一人,官从九品下。至义宁初废。”又似仅隋炀帝曾一度改“坊”为“里”者。此外,两《唐书》多以“里”称,其他文献又多称“坊”。专记唐代两京的专书,如唐·韦述《两京新记》、宋·宋敏求《长安志》、元·佚名《河南志》、清·徐松《唐两京城坊考》,亦都称“坊”。为求划一,本文凡征引典籍,悉仍其旧;若行文,则概称曰

① 严耕望《唐仆尚丞郎表》,中华书局,1986年,第889页。

“坊”。故于严氏创称之“里望”,亦僭改为“坊望”焉。

关于中晚唐的称坊望风习,一些文献对之曾作过概述。以下,先就此略加考察。

李肇《国史补》卷中“张仲方驳谥”条:

> 近俗以权臣所居坊呼之,李安邑最著,如爵邑焉。

李安邑,李吉甫也。《新唐书·李吉甫传》:“吉甫居安邑里,时号‘安邑李丞相’。”安邑是长安朱雀门街东第四街街东从北第五坊。

钱易《南部新书》己卷亦有类似概述,而所举实例且甚多:

> 近俗以权臣所居坊呼之。安邑,李吉甫也;靖安,李宗闵也;驿坊,韦澳也;乐和,李景让也;靖恭、修行,二杨也。

靖安坊是长安朱雀门街东第二街街东从北第五坊。赵璘《因话录》卷二:“靖安李少师,虽居贵位,不以威重隔物。”

靖恭坊是长安朱雀门街东第五街街东从北第七坊。《长安志》卷九靖恭坊“(工)[刑]部尚书杨汝士宅”下原注:“与其弟虞卿、汉公、鲁士同居,号靖恭杨家,为冠盖盛游。”叶廷珪《海录碎事》卷七上:“杨汝士父子并为公卿,居靖恭里,号靖恭杨家。”佚名《玉泉子》:“杨希古,靖恭诸杨也。”按,希古为鲁士之子。

修行坊是长安朱雀门街东第四街街东从北第八坊。孙光宪《北梦琐言》卷一二“杨收不学仙”条:杨直“生四子,发、假、收、严,皆登进士第。收即大拜,发以下皆至丞郎。发以春为义,其房子以柷、以乘为名;假以夏为义,其房子以煚为名;收以秋为义,其房子以钜、锛、镳、鉴为名；严以冬为义，其房子以注、涉、洞为名。尽有文学，登高第，号修(竹)[行]杨家，与靖恭诸杨，比于华盛。"王定保《唐摭言》卷一〇《韦庄奏请追赠不及第人近代者》："咸通中，丞相修行杨公为奥主，[李群玉]进诗三百篇，授麟台雠校。"此"丞相修行杨公"，即谓杨收。

驿坊：长安正式坊名无作"驿坊"者，"驿坊"当是都亭驿所在坊通化坊的俗称。《太平广记》卷一五三"裴度"录《续定命录》：裴度拜御史中丞之"明年，夏六月，东平帅李师道包藏不轨，畏朝廷忠臣，有贼杀宰辅意。密遣人由京师靖安东门禁街，候相国武元衡，仍暗中传声大呼，云往驿坊取中丞裴某头。"《旧唐书·裴度传》："是日，度出通化里，盗三以剑击度。"《资治通鉴》卷二三九："[贼]又入通化坊击裴度，伤其首。"可见此时裴度所居在通化坊，而通化坊又俗称驿坊也。唐都亭驿所在坊众说不同，亦有谓两坊皆曾设都亭驿者，经辛德勇考定，都亭驿实设于朱雀门街之西从北第二坊，坊名通化。①

以上安邑、靖安、通化、靖恭、修行，皆长安坊名。而指称李景让的坊望乐和则不在长安，乃在洛阳。《河南志》卷一《京城·东都》："定鼎门街东第二街凡六坊，从南第一曰乐和坊。"《新唐书·李景让传》："元和后，大臣有德望者，以居里显。景让宅东都乐和里，世称清德者，号'乐和李公'云。"《唐摭言》卷三《慈恩寺题名游赏赋咏杂记》："开成五年，乐和李公榜，于时上在谅闇，故新人游赏，率常(稚)[雅]饮。"此"乐和李公"，即谓李景让。

《资治通鉴》中亦有数处载有称坊望事例，胡三省对之曾加注，有所诠释或概述。如卷二四四唐文宗大和六年十二月丁未条：

① 辛德勇《唐长安都亭驿考辨——兼述今本〈长安志〉通化坊阙文》，《古代交通与地理文献研究》，中华书局，1996年，第113页。

“[杜悰]乃诣[李]德裕。德裕迎揖曰：公何为访此寂寥？悰曰：靖安相公令悰达意……”其下胡三省注：

李宗闵盖居靖安坊,因以称之。如后刘崇望居光德坊,呼为光德刘公之类。

又如卷二六〇唐昭宗乾宁二年五月条:“初,崔胤除河中节度使,河东进奏官薛志勤扬言曰：崔公虽重德,以之代王珂,不若光德刘公于我公厚也。光德刘公者,太常卿刘崇望也。”其下胡三省注：

光德,里名,在长安城中。唐末,大臣有时望者,时人率以其所居里称之。光德坊,朱雀街西第三街北来第六坊,京兆府在焉。

二

这种称坊望风习,《国史补》、《南部新书》皆说是“近俗”。《国史补》约成书于唐文宗大和年间(827—835)。[①]《南部新书》,据卷首钱明逸《序》,成书于宋真宗大中祥符年间(1008—1016)。两者相距约180年。由于《南部新书》所载绝大多数皆唐时故事,间及五代,其所书“近俗”,实系沿袭唐人,或许即《国史补》的用语,非著书当时之“近俗”。从两书所举实例判断,李吉甫是宪宗朝宰相,而靖恭、修行二杨家已是晚唐的风云人物,则《南部新书》之“近俗”,实已囊括整个中晚唐。虽然《通鉴》胡注认为称坊望仅只是“唐末”

① 此从岑仲勉说。岑仲勉《跋〈唐摭言〉》“李肇著《国史补》之朝代”条,原载《历史语言研究所集刊》第九本,1947年,后收入《岑仲勉史学论文集》,中华书局,1990年,第684—686页。

的习俗,而《新唐书·李景让传》则是将它的起点置于“元和后”的,这也许是对《国史补》所书“近俗”的合理诠释。只是从一些迹象来看,这一风习似乎贞元年间(785—805)业已出现了。

《太平广记》卷一八八“韦渠牟”录《嘉话录》:

> 又渠牟因对德宗,德宗问之曰:我拟用郑絪作宰相,如何?渠牟曰:若用此人,必败陛下公事。他日又问,对亦如此。帝曰:我用郑絪定也,卿勿更言。絪即昭国司徒公也。再入相位,以清俭文学,号为贤相,于今传之。

文中郑絪实郑馀庆之误,当属韦绚错记。郑絪入相在宪宗已即位之永贞元年十二月,而郑馀庆才是贞元十四年被德宗用作宰相的。罢相后,絪未再相,而馀庆又确曾于永贞元年八月再度拜相。两人皆居昭国坊,皆被称为“昭国郑家”,然曾官检校司徒者,亦唯馀庆。① 也许刘禹锡称“昭国司徒公”,所指原不误,却被韦绚错挂到郑絪头上了。

同书卷一八六“郑馀庆”录《嘉话录》:

> 宣平郑相之铨衡也,选人相贺得入其铨。

“宣平郑相”指谁?如标题所示,《广记》编者是认为所指即郑馀庆的。今人多从之。方积六、吴秀梅《唐五代五十二种笔记小说人名索引》则将源出《嘉话录》的这则记事之载于《广记》和唐兰辑本者,系于郑馀庆名下,而将载于王谠《唐语林》者,系于郑朗名下,未

---

① 参见卞孝萱《刘禹锡丛考》,巴蜀书社,1988 年,第 176 页。

免自相矛盾,但却表明,他们对是否确指郑馀庆是有所怀疑的。郑馀庆的第宅在昭国坊,被称为"昭国郑家",是否另有第宅在宣平坊,别无佐证。此"宣平郑相"之被认定所指系郑馀庆者,当是有见于《旧唐书》本传谓其贞元"十三年六月迁工部侍郎,知吏部选事",有与"铨衡"相合之点也。而被认定所指系郑朗者,当是有见于郑朗之第宅在宣平坊也。《长安志》卷八宣平坊有"太子少师郑朗宅",裴庭裕《东观奏记》卷下复有"宰臣郑朗自中书归宣平私第"记载。但郑朗一生并未执掌过吏部选事。郑朗系郑珣瑜之子,父子相承,其父前此亦居宣平坊乃情理中事。郑珣瑜不仅曾与郑馀庆先后相德宗,而且两为吏部侍郎,亦与郑馀庆一样,曾掌"铨衡"。则此"宣平郑相",非郑珣瑜莫属也。

以上两则载有称坊望风习的记事,所记皆德宗贞元年间事,皆原见《嘉话录》。而《嘉话录》的内容,皆是作者韦绚长庆元年在夔州向刺史刘禹锡问学之所得,成书虽在大中年间,书中涉及的德宗朝政事,当是永贞元年刘禹锡贬离京师前的亲见亲闻,只是其间难免会有后出用语的羼杂。因此只能大致判断,贞元年间称坊望风习可能业已出现。

至于被冠以坊望而称的对象,《国史补》和《南部新书》都说是"权臣",《通鉴》胡注说是"大臣有时望者",《新唐书·李景让传》说是"大臣有德望者"。"大臣"未必都是"权臣","大臣"或"权臣"也未必个个都有"德望"或"时望",有"德望"或"时望"者也未必都是"大臣"或"权臣"。只是从所加的这些限定词中,倒是可以体味到,得以称坊望的人是有所选择的。

宰相当然既是"大臣"又是"权臣"。从遗留至今的称坊望实例来看,开始它也确实多用于对曾居相位者的称呼。随着时间的推移,得以称坊望的对象,也在日益扩大。《资治通鉴》卷二四五唐

文宗大和八年八月辛卯条《考异》引李德裕《文武两朝献替记》:

先是,上恶郑注极甚,尝谓枢密使曰:卿知有善和端公,无叹京兆尹懦弱,不能毙于枯木。

端公,侍御史俗称。《通鉴》上文大和七年九月丙寅记事提到:"[王]守澄言[郑]注于上而释之,寻奏为侍御史,充右神策判官。"《旧唐书·郑注传》载"注起第善和里"。此所谓"善和端公",乃文宗以坊望、官号暗指郑注。则大和之世,坊望业已扩大至用以称侍御史一类官员。

与此大约同时或稍后,对侍郎,乃至郎中、员外郎、左右补阙等亦称坊望的现象就不再罕见了。试以见于《全唐诗》诗题者为例,即有:卷六六八高蟾《下第后上永崇高侍郎》,卷六九八韦庄《饶州余干县琵琶洲有故韩宾客、宣城裴尚书、修行李侍郎旧居,遗址犹存,客有过之感旧,因以和吟》,卷七二二李洞《贺昭国从叔员外转本曹郎中》、《上昭国水部从叔郎中》。此外,如"永崇高中丞、安邑刘补阙",则见于黄滔《黄御史公集》卷七《与王雄书》。诸司侍郎是正四品下"清望官";郎官、拾补、侍御的官品更低,却也仍然是"清官"要职。

值得注意的是,到了晚唐,甚至出现了对采缬铺主人乃至普通居士亦称坊望的记载。孙棨《北里志》"王团儿"条提到:福娘(字宜之),为豪家主之,"宣阳采缬铺张言为街使郎官置宴",福娘在内祇奉,而"张即宜之所主也"。宣阳,坊名,长安朱雀门街东第三街街东从北第六坊,其北即福娘等妓女聚居的平康坊,两坊之东则与东市紧邻。此张言,当是其住宅在宣阳坊,其采缬铺或在东市,而此乃以坊望称之。又,高彦休《唐阙史》卷下《王居士神丹》:"有长乐王居士者,耄年鹤发,精彩不衰……”当是一名无甚官位的居士,而书中同样以坊望称之。

韦述《两京新记》卷三残卷:普宁坊东南隅东明观:“观内有道士冯黄庭碑,又有道士巴西李荣碑,永乐李正己为其(父)[文]也。”岑仲勉谓:“此载两碑,金石书均未著录……永乐者,居城东永乐坊之谓,此李正己非藩镇中有传之李正己也。”①若果如所说,则亦是称坊望之一实例。《两京新记》约成书于开元八至十二年间(720—724),下距元和约有80年之遥,此可注意者一。二、此“永乐李正己”,在有关唐代的文献中,几乎不见另有任何踪影,既不是什么“权臣”“大臣”,也很难说有什么“德望”“时望”。是否在离宪宗元和80多年以前,对一个既非“权臣”“大臣”,又未必有甚“德望”“时望”的人,已经以坊望称之了呢?颇疑“永乐”当有别解,岑说未必的确,或可再酌。

三

唐代对人的称谓,除姓名、表字、别号以外,尚有官名(包括其别称、俗称)、封爵、谥号、籍贯、郡望、行第,等等,称坊望只是众多称谓中较后出的一种。称坊望的形式亦甚多。最常见的形式,是往往在坊名前后缀以官名、姓氏、封邑、行第,以及未必定是爵位的尊称“公”,如“靖安李少师”“安邑刘补阙”“丞相修行杨公”“光德刘公”“永宁王二十”。大都不揭示其名,但亦时有例外,如“永宁李相蔚”。因此,就对某一个人而言,坊望往往是与其他不止一个称谓重叠而称的,而就涉及多人的某条记事而言,则又往往出现对此

---

① 岑仲勉《〈两京新记〉卷三残卷复原》,原载《历史语言研究所集刊》第九本,后收入《岑仲勉史学论文集》,第736页。

人用坊望,对彼人不用坊望,诸种称谓交错混杂而用的现象。也有在同一记载中对同一人更迭使用坊望及其他称谓的。试看与称坊望较早且“最著”的李吉甫有关的如下3则事例:

《国史补》卷下“近代宰相评”条:

宪宗朝,则有杜邠公之器量,郑少保之清俭,郑(武阳)[阳武]之精粹,李安邑之智计,裴中书之秉持,李仆射之强贞,韦河南之坚正,裴晋公之宏达,亦各行其志也。

受到品评的8位宰相为杜黄裳、郑馀庆、郑絪、李吉甫、裴垍、李绛、韦贯之、裴度。其中,郑馀庆、裴垍、李绛、韦贯之4人以官名称,杜黄裳、郑絪、裴度3人以封邑称,称坊望者,唯李吉甫1人。而在以官名或封邑称之的宰相中,他处亦有称其坊望者。如郑馀庆,《太平广记》卷一八八“韦渠牟”录《嘉话录》:“即昭国司徒公也。”郑絪,段成式《酉阳杂俎》续集卷五《寺塔记上》:“昭国东门郑相。”《长安志》卷七《靖恭坊·大兴善寺》下引此,径作“昭国郑相”。裴垍,《唐语林》卷六:“罢光德为太子宾客。”《因话录》卷五:“裴(先)[光]德(泊)[垍]在中书。”

《唐语林》卷六:

永宁王二十、光福王八二相,皆出于先安邑李丞相之门。安邑薨于位,一王素服受慰,一王则不然,中有变色,是谁过欤?又曰:李安邑之为淮海也,树置裴光德,及去,则除授不同。李再入相,对宪宗曰:臣路逢中人送节与吴少阳,不胜愤愤。圣颜赧然,翌日,罢李丞相蕃为太子詹事,盖与节是蕃之谋也。又论征元济时馈运使皆不得其人,数日,罢光德为太子宾客,主馈运者,裴之所除也。

“永宁王二十”,王涯也;“光福王八”,王播也。皆坊望、姓氏、行第叠称。“安邑李丞相”,李吉甫也,则坊望、姓氏、官位叠称,下文又两以坊望“安邑”指代吉甫。“裴光德”,裴垍也,下文再次以坊望“光德”为其姓名的代词。唯李蕃仅在姓与名之间加一官位之称。

范摅《云溪友议》卷下《因嫌进》:

> 安邑李相公吉甫,初自省郎为信州刺史。时吴武陵郎中,贵溪人也,将欲赴举,以哀情告于州牧,而遗五布三帛矣。吴以轻鲜,以书让焉,其词唐突,不存桑梓之分,乃非其礼,正郎微诮焉。赞皇母氏谏曰:小儿方求成人,何得与举子相忤?遂与米二百斛。赵郡果为宰辅,竟其憾焉。

除姓名外,“安邑”是坊望,“相公”“正郎”皆官位,“赵郡”为郡望,“赞皇”则是后来其子李德裕的封邑。仅就对李吉甫本人而言,文中即更迭或混同使用了这么些称谓。①

称坊望的极端形式,是仅以坊名二字或坊名加官名指代被称之人,不出其姓氏,更不出其他称谓。上文已见引及的,如“卿知有善和端公”,“安邑薨于位”,“罢光德为太子宾客”,即是这样的极端形式。还有许多。如《云溪友议》卷中《弘农忿》柳棠诗:“莫言名位未相俦,风月何曾阻献酬?前辈不须轻后辈,靖安今日在(衡)[衢]州。”“靖安”指代李宗闵。张固《幽闲鼓吹》:“邠公再三与约,乃驰

① 《全唐文》卷四八二林蕴《上安邑李相公安边书》,当辑自《唐文粹》卷八〇,题原有。今人王延武认题中“安邑”为县名,断言“安邑”乃“高邑”之误,李相公系李绛,理由是李绛曾封高邑县男。显误。盖不明唐时尚有称坊望风习也。其说载陈国灿、刘健明主编《〈全唐文〉职官丛考》,武汉大学出版社,1997年,第275页。

诣安邑门。门人报杜尹来,朱崖迎揖曰:安得访此寂寞?对曰:靖安相公有意旨,令某传达。""靖安相公"亦指代李宗闵,"安邑"指代李德裕。《太平广记》卷二三七"杨收"录《卢氏杂说》:崔彦昭"谓亲情曰:修行今召我食,明日尔但与侧近祗候。""修行"指代杨收。康骈《剧谈录》卷上《龙待诏相笏》:"一旦,[丁]重在新昌私第。""新昌"指代路岩。《黄御史公集》卷七《代陈蠲谢崔侍郎书》:"伏蒙于新除永乐侍郎处特赐荐论。"此"永乐侍郎",尚未见有人考定其究指何人。其他诸条,若非上下文有所明示或暗示,也定将与本条一样,简直不明其所称为谁。此等称坊望的极端形式,也就特别费人参详。

载有称坊望资料的文献,以笔记小说最为集中,其次则多见于士人的应酬诗文。缪荃孙曾经指出:"唐人小说,称封国曰某公,夫人曰国号,太尉曰掌武,张曰清河,王曰太原,开卷皆是,不知谁何。《广记》均改为某人,其中不无讹舛。"①没有提及坊望。实际上,《太平广记》在编纂过程中,对坊望也是作了类似的加工处理的。如《唐摭言》卷三《慈恩寺题名游赏赋咏杂记》:"开成五年,乐和李公榜。""乾符四年,永宁刘公第二子覃及第。"卷四《与恩地旧交》:"刘虚白与太平裴公早同砚席。"《太平广记》卷一七八、四一一、一八二所录,"乐和李公""永宁刘公""太平裴公",皆已径作"李景让""刘邺""裴(垣)[坦]"。这样的处理,有利也有弊。利的方面是可以省去人们不少翻检之劳,弊的方面是篡改了文献的本来面目,称坊望风习难觅踪迹了。更何况有些改动,如缪氏所指出的,还"不无讹舛"呢!缪氏为之写下校补记的那条逸文,首句原作"外王父中书令晋国公",本指白敏中,经处理,竟错成了王铎。又如前

① 皇甫枚《三水小牍》,逸文第三则缪荃孙校补记,排印本,中华书局上海编辑所,1960年,第41页。

所指出的,《广记》卷一八六所录《嘉话录》,其"宣平郑相"本指郑珣瑜,也错误地归至在"郑馀庆"题下。因此,对于《太平广记》在编纂过程中加工处理的这类成果,不应忽视,也不宜盲从。

四

称坊望风习,与其说与称爵邑相似,毋宁说与称郡望更相近。《旧五代史·李专美传》:

> 专美之远祖本出姑臧大房,与清河小房崔氏、北祖第二房卢氏、昭国郑氏为四望族。皆不以才行相尚,不以轩冕为贵,虽布衣徒步,视公卿蔑如也。

姑臧大房李氏的郡望是陇西;清河小房崔氏,清河为郡望;北祖第二房卢氏的郡望是范阳。此崔、卢、李三姓,皆以郡望或郡姓下房分称。而昭国则既非郡望名,亦非郡姓下房分名,乃是长安城内的坊名。犹如郡望之以郡名冠于姓氏之上,此以坊名冠之于姓氏上,不正是坊望吗?

《因话录》卷二:

> 司徒郑(真)[贞]公……与其宗叔太子太傅絪,俱住昭国。太傅第在南,出自南祖;司徒第在北,出自北祖。时人谓之南郑相、北郑相。

郑氏之郡望为荥阳。《新唐书·宰相世系表》五上郑氏表:"郑氏定著二房,一曰北祖,二曰南祖。"由于其定著之二房中,无论北祖还是南祖，都有人迁住长安昭国坊，且官位清显，遂以坊望昭国取代其郡望荥阳，以致如《旧五代史·李专美传》之所载，崔、卢、李、郑四望族，三以郡望称，一以坊望称。表明坊望本是仿郡望而称，傍郡望而行的。

唐初以来的大一统局面以及长期的和平环境，又经历了安史的大动乱，那些高门望族的生存环境和生活条件都有了较大的变化。如上引荥阳郑氏的城居即是其表现之一。《国史补》卷上"王家号钑镂"条：

> 四姓，唯郑氏不离荥阳，有冈头卢，泽底李，土门崔家，为鼎甲。太原王氏，四姓得之为美，故呼为钑镂王家，喻银质而金饰也。

既然"唯郑氏不离荥阳"之郑氏也都城居了，则其他"鼎甲"之家的迁徙之剧、变动之烈，更可想见。如文中提到的"土门崔家"，即是博陵崔氏中外徙的一支。《元和郡县图志》卷一七《河北道·恒州·获鹿县》：

> 鹿泉，出井陉口南山下。皇唐贵族有土门崔家，为天下甲族，今土门诸崔是也。源出博陵安平。

清河崔氏也有类似经历。刘崇远《金华子杂编》卷下：

> 清河崔氏亦小房最专清美之称。崔程即清河小房，世居楚州宝应县，号八宝崔家。宝应本安宜县，崔氏曾取八宝以献，敕改名焉。

据《旧唐书·地理志三·淮南道·楚州·宝应县》:“武德四年,置仓州,领安宜一县。七年,州废,县属楚州。肃宗上元三年建巳月,于此县得定国宝十三枚,因改元宝应,仍改安宜为宝应。”崔程,约宣、懿间人。文中虽说“世居楚州宝应县”,其迁居宝应,当是改元宝应,亦即县名改为宝应前不久的事。

既然迁徙至他处的高门望族,如冈头卢、泽底李、土门崔家、八宝崔家等所彰示,由于原有郡望已经不能确切予以表识,而另行改用更醒目的称呼了,那么其迁居两京的房分或家族,改用坊望予以称呼,不也是极自然之事吗?沈括《梦溪笔谈》卷二四《杂志》“士人以氏族相高”条:“一等之内,又如冈头卢、泽底李、土门崔、靖恭杨之类,自为鼎族。”不正是以称坊望的“靖恭杨”与“冈头卢”等并列了吗?

《唐代墓志汇编》广明005蔡德章《张师儒墓志》:

> 其先清河人也。曾祖景仁,祖昊,父南素,并不仕。……公之先域在于冯翊,近载缘诸子从职多在诸方,南北驱驰,离乡日久,遂逐便移家于上都崇仁之里。

清河张氏亦是望族,此时张师儒家却早已式微。但为了其诸子在京师,尤其是在外地从职的便利,其家却也从外地乡间迁入了长安的崇仁坊,则其他门第犹存、声望不减之家,也就可想而知。值得注意的是,城居以后的高门望族,绝大多数已不再保持宗族聚居形式,虽属同一祖先或同一房分的后人,分居不同的坊反倒变得十分常见。《宋史·杨覃传》:

> 唐有京兆尹凭居履道坊,仆射於陵居新昌坊,刑部尚书汝

士居靖恭坊，时称三杨，皆为盛门，而靖恭尤著。

又《南部新书》卷乙：

杨氏于靖恭一房犹盛，汝士、虞卿、汉公、鲁士是也。……修行即四季也，发、假、收、(岩)[严]。履道即凭、凌、凝也。新昌即於陵也。

此处分三坊望或四坊望指称的"杨氏盛门"，不仅同属弘农杨氏，而且同属弘农杨氏中的越公房，见《新唐书·宰相世系表一下》杨氏越公房表。惟其中《南部新书》较《宋史·杨覃传》多出的那一房，修行房，《旧唐书·杨收传》谓其"自言隋越公素之后"，或出伪托。履道坊在洛阳。杨凭、杨凝兄弟虽被冠以履道坊望，但在长安永宁坊又另有其第宅。

荥阳郑氏之迁入长安者，出于北祖房的郑馀庆与出于南祖房的郑絪同住昭国坊，已见上述。可是，与郑馀庆不仅同出北祖房，而且还是同祖父堂兄弟的郑珣瑜，两人关系显然远较郑絪为近，但却并未同住一坊。如前所述，郑珣瑜与其子郑朗的第宅另在宣平坊。另，卢光济《王涣墓志》第25、26行"故相国太平郑公与君有中外之密"，此"相国太平郑公"，岑仲勉考定"即郑延昌，当是住在太平坊，故称太平郑相"。[①] 郑延昌亦出郑氏北祖房，是郑珣瑜、郑馀庆的从孙。这样，荥阳郑氏北祖房后人之迁居长安者，至少分居于昭国、宣平、太平三坊。

为了在称谓上予以区别，当然有多种办法，而更简便、在中晚

① 岑仲勉《从王涣墓志解决了晚唐史一两个问题》，原载《历史研究》1957年第9期，后收入《金石论丛》，上海古籍出版社，1981年，第443、451页。

唐更为流行的风习，却是如以上弘农杨氏越公房四家、荥阳郑氏北祖房三家那样，以所居之坊分别称之。

《因话录》卷二"靖安李少师，虽居贵位，不以威重隔物"条下自注：

> 元和(己未)[已来]，宰相有两李少师，故以所居别之。永宁少师固言，性狷急，为士大夫所非。靖安少师，事具国史。

李固言出自赵郡李氏南祖房，李宗闵出自宗室小郑王房，名义上属陇西李氏。出自不同郡望的李固言、李宗闵，竟也被人以坊望予以区别。

称坊望风习，便这样仿照社会上仍然流行的称郡望风习，并依傍称郡望风习，而流行了。

五

中晚唐应进士科试或科目选试士人举子的请谒行卷求知己活动，对称坊望风习的形成和扩展，起着推动或助长作用。

洪迈《容斋随笔》四笔卷五《韩文公荐士》：

> 唐世科举之柄，专付之主司，仍不糊名。又有交朋之厚者为之助，谓之通榜。故其取人也，畏于公议，多公而审。亦有胁于权势，或挠于亲故，或累于子弟，皆常情所不能免者，若贤者临之则不然。未引试之前，其去取高下，固已定于胸中矣。

除了主司私下与“举人不合相见”外,旁人的举荐、通榜,几乎都是公开的。对此,主司也并不回避或遮掩。《唐摭言》卷三《谢恩》:发榜之日,状元已下及第进士到主司第宅谢恩。“三日后,又曲谢。其日,主司方一一言及荐导之处,俾其各谢挈维之力;苟特达而取,亦要言之。”起关键作用的“举主”,往往与被称作“恩门”的主司并提。有柳棠其人,及第后不孚众望,《云溪友议》卷中《弘农忿》即议论:“若柳棠者,诚累恩门举主!”这就滋长了一种风气,赴京应试的士人举子,无论是为了首先求得京兆府的等第,还是为了在省试中得以及第登科,都广泛进行着请谒行卷求知己活动,希望得到名人的“吹嘘翦拂”,借以获取“挈维之力”。

《柳宗元集》卷三四《复杜温夫书》:世之求知音者,“或为十数文,即务往京师,急日月,犯风雨,走谒门户,以冀苟得”。李翱《李文公集》卷一《感知己赋·序》:“梁君之誉塞天下,属词求进之士,奉文章造梁君门下者,盖无虚日。”《白居易集》卷四四《与陈给事书》:“给事门屏间,请谒者如林,献书者如云……率不过有望于吹嘘翦拂耳。”足见请谒行卷求知己活动的广泛普遍。正如《北梦琐言》卷一“希慕求进”条下葆光子即作者孙光宪所说:“士无华腴寒素,虽瑰意琦行,奥学雄文,苟不资发扬,无以昭播。是则希颜慕蔺,驰骋利名者,不能免也。”

为了适应这一需要,晚唐出现了指导举子如何进取,包括如何请谒的专书《初举子》。《北梦琐言》卷四“陆扆相六月及第(卢光启附)”条:

> 卢相光启,先人伏刑。尔后弟兄修饰赴举,因谓亲知曰:此乃开荒也。然其立性周谨,进取多途,著《初举子》一卷,即进取诸事,皆此类也。……唐末举人,不问士行文艺,但勤于

请谒，号曰精切，皆楷法于范阳公尔。

《容斋随笔》续笔卷一三《贻子录》对此书有所摘录，未及请谒方面内容。《唐摭言》卷一五《旧话》，即使不是直接录自《初举子》，当也录自与《初举子》相近之书，或相近的经验之谈：

一曰：闻多见少，迹静心勤（省闲游、事知己也）。卷头有眼（投谒必其地也），肚里没嗔（得失算命，群居用和）。二曰：貌谨气和，见面少，闻名多（古人有言，见多成丑之谓也。凡后进游历前达之门，或虑进趋揖让偶有蹶失，则虽有烜赫之文，终负生疏之诮。故文艺既至，第要投谒庆吊及时，不必孜孜求见也。如其深知已下岁寒之契师友，则不然也）。三曰：上等举人，应同人举（推公共也）；中等举人，应丞郎举（计通塞也）；下等举人，应宰相举。

为了适应这一需要，中晚唐出现了一批起中介作用的“为举选人奔走取科第”的人物或朋甲。如《唐摭言》卷七《升沉后进》：

大和中，苏景胤、张元夫为翰林主人，杨汝士与弟虞卿及汉公，尤为文林表式，故后进相谓曰：欲入举场，先问苏张；苏张犹可，三杨杀我。

又如《北梦琐言》卷一一“希慕求进”条：

唐自大中后，进士尤盛。封定（乡）[卿]、丁茂珪场中头角，举子与其交者，必先登第，而二公各二十举方成名，何进退之相悬也。先是，李都、崔雍、孙瑝、郑嵎四君子，蒙其盼睐者，因是进升，故曰：欲得命通，问瑝嵎都雍。

《金华子杂编》卷上：

崔起居雍，甲族之子，少高令闻，举进士擢第之后，蔼然清名喧于时，与郑颢同为流品所重。举子公车得游历其门馆者，则登第必然矣。时人相语为崔郑世界，虽古之龙门，莫之加也。

请谒行卷求知己，要“卷头有眼”，即首先要找准对象。其次，即使“不必孜孜求见”，也得要“投谒庆吊及时”，都是必须亲自登门的。这就要熟悉其门户所在，首要的是住在哪一坊。每年集中长安的举子不下千人，每名举子请谒的对象绝不会只限于一人。冠有坊名的一张张名单流转其间，其数量也就相当可观。称坊望风习，趁此涌现，趁此泛涨，不是极自然的吗？

当然，对于请谒行卷求知己活动如何助长称坊望风习的形成扩展，不可或缺的某些中间环节尚有待阐明，赖以阐明的有关资料亦尚有待于深入发掘，但从以下这则记事中，还是可以捕捉到其中的部分信息的。《唐摭言》卷七《升沉后进》：

太平王崇、窦贤二家，率以科目为资，足以升沉后进。故科目举人相谓曰：未见王窦，徒劳漫走。

文中称坊望提及的王崇、窦贤二人，绝少再见于其他文献，不会是“权臣”，也不会是“大臣有德望者”。仅仅由于他二人，作为中介人物,有“足以升沉后进”的超强能耐而享有“时望”,遂亦被冠以坊望而称之。这恰恰表明,士人举子的请谒活动与称坊望之间,确实存有密切的关系。

晚唐士人举子及第前后的应酬诗文,留有众多称坊望实例,其中多数直接间接与请谒有关。这也从另一个侧面,反映了请谒活动与称坊望风习的密切关系。

六

称坊望风习,为唐代两京城坊研究者遗留下众多可贵的资料。如何对待这些资料,似也有略加考察的必要。

韦述《两京新记》残本《普宁坊·东明观》“永乐李正己”是否称坊望虽不敢妄断,但宋敏求《长安志》卷七至十《唐京城》已在使用称坊望资料,却是事实。如卷七《靖善坊·大兴善寺》注文引《酉阳杂俎》,提到元和中“招国郑相”。“招国”又作“昭国”,郑相指郑絪。下文卷八《昭国坊》列“太子太傅致仕郑絪宅”,未加注说明依据,其依据可能即是上一卷业经征引的《酉阳杂俎》。又如卷九《靖恭坊》列“太子太傅崔彦昭宅”,则业已注明其所据为《秦中记》如下称坊望记载:“靖恭崔公尚书为乐卿,自靖恭宅露冕从板舆入太常,观者乐之。”同卷《升道坊》列“太子太保郑畋宅”,注文谓“见《剧谈录》”。《剧谈录》中唯卷下《刘相国宅》《凤翔府举兵讨贼》两条言及郑畋,而言及郑畋宅者,则仅前一条的“是时升道郑相国在内庭”云云,可见亦是以所称之坊望为依据的。至于卷八《修行坊》、卷九《靖恭坊》中的“修行杨家”“靖恭杨家”等称坊望诸例,已见前引。

徐松的《唐两京城坊考》,内容充实,资料丰富,其所著录的坊内建筑,包括住宅,超过宋氏原《志》,不啻倍蓰。只是在利用称坊望资料以考定第宅方面,成绩并不十分显著。依笔者初步查检,书中使用称坊望资料仅有9处,其中4处是以之为依据作的增补,另有5处则仅只用作参证或辅佐证据。与存世称坊望资料比照,未免仅是其中的一小部分。如靖恭坊卢携宅,引据的是黄滔《黄御史公集》卷七《代郑郎中上靖恭卢相书》。而黄《集》同卷另有《代郑郎中上兴道郑相书》,其中兴道乃升道之误;又有《与王雄书》,提到"永崇高中丞""安邑刘补阙";《代陈蠲谢崔侍郎书》,提到"新除永乐侍郎",皆称坊望也,却一概未曾引用。当是以其或须致力于校正,或须多方参证以确定其姓名也。

此外,《唐两京城坊考》卷三于《新昌坊》增列"处士丁重宅",注云:"《剧谈录》:丁重善于相人,新昌私第车马造门者甚众。"这实际上也是一处利用称坊望资料为据的事例,只是由于误读了原文,把本属相国路岩的私第错挂到处士丁重名下了。《剧谈录》卷上《龙待诏相笏(丁重相于驸马附)》原文如下:

> 愚之所识处士丁重,善于相人吉凶,屡有奇验。于都尉方判盐铁,频有宰弼之耗,时路相国秉钧持权,与之不叶。一旦,重在新昌私第,值于公适至。路曰:某与之宾朋,处士垂箔细看,此人终作宰相否?备陈饮馔,留连数刻。既去,问之曰:所见何如?重曰:入相必矣,兼在旬月之内。……其后浃旬,于果登台铉。路相国每见朝士,大为称赏,由兹声动京邑,车马造门者甚众。

路指路岩,于指于琮。关键是:究竟是路岩在丁重的新昌私第,还是丁重在路岩的新昌私第"值于公适至"的?从上下文看,显然是丁重在路岩的新昌私第。坊望“新昌”，指代路岩也。徐松由于不明称坊望有此等极端形式，以致犯下此等低级错误。附带提及，徐松对称坊望风习似乎一直不甚留意。他在《登科记考》卷二一开成二年进士柳棠名下，几乎引录了《云溪友议》卷中《弘农忿》全文，文末“若柳棠者，诚累恩门举主。升平裴公曰：人不易知乎？”此“升平裴公”，称坊望也，指裴休。徐松不明所以，竟把“升平”臆改作了感叹语“善乎”！

《唐两京城坊考》刻印后两年，程鸿诏有《唐两京城坊考校补记》之作。其中据称坊望资料校补正文或注文者，西京凡10处，东都1处，共11处。亦可见徐松对此等资料的不甚经心。然《校补记》亦略有可议处。如新昌坊“儋州流人路岩宅”，《城坊考》原只照录宋氏《志》旧文，无注。《校补记》正确地将前揭《剧谈录》之文经改写补注于其下，但并未指出于同坊列丁重宅之误。又如永乐坊，《校补记》谓当“又补相国李石宅，并注：据《广记》四百七。”按，《太平广记》卷四〇七“三枝槐”条，原文作：“唐相国李石，河中永乐有宅。”乃误以河中府永乐县为西京永乐坊了。

近年，杨鸿年先后出版了两部研究隋唐两京的专著：《隋唐两京坊里谱》（上海古籍出版社，1999年）、《隋唐两京考》（武汉大学出版社，2005年）。两书对称坊望风习都给予了特别的关注。后一书第4部“坊”第11节《其他与坊有关的问题》，曾专门论到“唐世还有称人以坊的做法”，见第304—305页。前一书更是屡屡提到这一“做法”。然亦略有微疵。如《进（一作晋）昌坊·唐氏宅》，是据《全唐文》卷二三四梁朱宾《梁府君（寺）并夫人唐氏墓志铭》“夫人晋昌唐氏”补入的，理由是：“按唐世称人，常以坊名冠于官称姓氏之上，此晋昌若无他解，则晋昌坊当有唐氏宅。”（第325页）按，碑志中于夫人“某氏”前冠以坊名，再无第二例可寻。而此处“晋昌”，也的确不能作坊名解。《广韵》卷二下平声十一:"唐:……亦姓,唐尧之后,子孙氏焉,出晋昌、北海、鲁国三望。"晋昌乃是唐氏的首望。这就和绝大多数碑志此等所在皆称郡望完全一致了。又如补入兰陵坊的"崔丞相宅",其依据和理由是:"《十七史商榷》卷九一《崔彦昭事与阙史不合》载:'《唐阙史》卷下云,丞相兰陵崔公俭德,时所推服。'按唐时常将某人所居坊名冠于其职衔上,故兰陵坊当有崔丞相宅。"(第464页)《唐阙史》今存易觅,有无必要从《十七史商榷》转引,暂置不论。《十七史商榷》此条内容,全出"误猜",岑仲勉早有辩驳,亦可暂置不论。仅就所引"丞相兰陵崔公"而言,崔实乃萧之讹,兰陵则萧氏之郡望也。[①] 作者不察,却仍作"崔丞相",并补入了兰陵坊,遂再次误以郡望为坊望。

总之,称坊望风习,以及有关称坊望的资料,只有正视它,认真地予以对待,准确地予以运用,才能对之有恰如其分的理解,并获得相应的成果。本文发掘尚浅,无甚灼见,如有不当,敬请指教。

(原载北京大学中国古代史研究中心编《邓广铭教授百年诞辰纪念论文集》,中华书局,2008年)

---

① 岑仲勉《唐史馀沈》,中华书局上海编辑所,1960年,第204页。

崔致远及其笔下的唐和新罗关系

崔致远的一生行踪经历,是唐和新罗友好交往的体现和见证。崔致远遗留下的众多诗文,又每每涉及唐和新罗友好交往的丰富内容。鉴于中国史籍有关唐末与新罗关系的记载奇缺,《旧唐书》卷一九九上《新罗传》、《新唐书》卷二二〇《新罗传》和《唐会要》卷九五《新罗》条记事皆截止于唐武宗会昌元年(841),《册府元龟·外臣部》也未收录会昌元年以后的资料,《新唐书·新罗传》且明言"会昌后朝贡不复至",那么崔致远一生所经历及其笔下所涉及的唐和新罗关系,也就特别值得人们珍视。本文拟将这些方面的有关材料予以初步梳理,是否有当,尚祈不吝批评指正。

一、《〈桂苑笔耕集〉序》的特定含义

《〈桂苑笔耕集〉序》有云:

臣自年十二离家西泛。当乘桴之际,亡父诫之曰:"十年不第进士,则勿谓吾儿,吾亦不谓有儿。往矣勤哉,无隳乃力!"臣佩服严训,不敢弭忘,悬刺无遑,冀谐养志,实得人百

之，已千之。观光六年，金名榜尾。①

文中“十年不第进士”云云及所谓“金名榜尾”，实际上不是一般训诫之语和谦语，而有它特定的含义，反映了当日新罗学生赴唐留学的有关协议和唐代科举制度中关于周边民族赴试的特殊规定。

《东史纲目》卷五上真圣女主三年（唐昭宗龙纪元年，889）“遣崔承祐入学于唐”条载：

> 新罗自事唐以后，常遣王子宿卫，又遣学生入太学习业，十年限满还国，又遣他学生，入学者多至百余人。买书银货，则本国支给，而书粮唐自鸿胪寺供给。学生去来相踵。②

可见在新罗和唐关于派遣学生赴唐留学的协议中，除了关于留学生的待遇及其供给办法以外，尚有留学期限为十年的规定。如果十年之内不能举进士及第，即意味着所学未能有成，所以当崔致远离家之际，其父有如此告诫。《东史纲目》的这条记载，自注谓据“《崔致远集》补”。《崔致远集》已佚，今见于《东文选》卷四七崔致远的两篇文章，《遣宿卫学生首领等入朝状》《奏请宿卫学生还蕃状》，都有相关的内容，而且较《东史纲目》之概括叙述为详。如“限于十冬”，乃始于贞观年间的规定；所谓“书粮”，实指逐月读书粮，即按月支给的生活津贴，此外，冬春换季，还要由唐及时“恩赐时服”。至于派遣留唐学生的规模，据唐方资料，开成二年（837）的十

---

① 《桂苑笔耕集》卷首，《四部丛刊》初编缩本，第1页上栏，商务印书馆，1936年。
② 《东史纲目》，第499页，汉城：景仁文化社，1987年。

年积累数为216人,开成五年的年满合归国数为105人,[1]超过《东史纲目》所载的数字。

对于周边诸族士子参加进士科考试者,唐曾特设宾贡科以待之。上引《东史纲目》接载:

> 所谓宾贡科者,每自别试,附名榜尾。

诸族士子即使在唐留学多年,与土生土长的内地士子终究有所区别,难以一律对待。唐之所以特设宾贡科,使诸族士子"每自别试",分开录取,显是对周边诸族士子的一项优惠规定。虽亦同属该榜及第进士之列,其姓名却要附于"榜尾"。崔致远自谓"金名榜尾",盖即自谓宾贡进士及第也。

新罗士子宾贡科进士及第的概况,崔瀣《送奉使李中父还朝序》曾言及:

> 长庆初,有金云卿者,始以新罗宾贡,题名杜师礼榜。由此以至天祐终,凡登宾贡科者五十有八人,五代梁、唐,又三十有二人。盖除渤海十数人,余尽东士。

此语上揭《东史纲目》曾予节录,且于其下接载:

> 其表表知名者,有崔利贞、金叔贞、朴季业、金允夫、金立之、朴亮之、李同、崔霙、金茂先、杨颖、崔涣、崔匡裕、崔致远、

① 分见《唐会要》卷三六《附学读书》,第779页;卷九五《新罗》,第2031页,上海古籍出版社,1991年。

> 崔慎之、金绍渤、朴仁范、金渥、崔承祐、金文蔚等，皆达于成材。而仁范以诗鸣，渥以礼称，致远、慎之、承祐，其尤著者也。又有元杰、王巨仁、金垂训等，并以文章著名，而史佚不传云。

接载之语，自注谓亦据"《崔致远集》补"，当是据崔致远有关诸文综述者。自长庆初至五代梁、唐之际的一百多年间，新罗士子登宾贡科者竟达近八十人之数，在诸族中名列第一，是相当可观的。

中土文献所见"宾贡"一词，除归顺纳贡义外，原仅泛指州郡以宾礼对待向朝廷输送的人才。张鷟《游仙窟》自述他"前被宾贡，已入甲科，后属搜扬，又蒙高第。奉敕授关内道小县尉"。[①] 皇甫曾《送裴秀才贡举》："宾贡年犹少，篇章艺已成。"[②]可知直至唐玄宗末年，宾贡犹与乡贡同义。观以下诸例：崔致远，"宾贡及第"。[③] "大食国人李彦升……[大中]二年以进士第，名显然，常所宾贡者不得拟"。[④] 张乔《送宾贡金夷吾奉使归本国》、杜荀鹤《送宾贡登第后归海东》、徐夤《渤海宾贡高元固先辈闽中相访……》、裴说《赠宾贡》。[⑤] "金可记，新罗人也，宾贡进士。"[⑥]"宾贡李珣，字德润，本蜀中土生波斯也。"[⑦]宾贡已被用于特指参加科举之周边诸族人，时间则在长庆以后，显是宾贡科业已确立的反映。可是对于在进士考试中作为一项制度曾特别设置宾贡科一事，中土文

---

① 见汪辟疆《唐人小说》，第22页，古典文学出版社，1957年。张鷟，唐高宗上元二年(675)进士及第。
② 《全唐诗》卷二一〇，第2188页，中华书局，1979年。皇甫曾，天宝十二载(753)进士及第。
③ 《新唐书》卷六〇《艺文志》，第1617页上栏。
④ 陈黯《华心》，《文苑英华》卷三六四，第1868页上栏，中华书局，1982年。
⑤ 分见《全唐诗》卷六三八，第7503页；卷六九一，第7933页；卷七〇九，第8162页；卷七二〇，第8261页。
⑥ 《太平广记》卷五三《金可记》，第329页，人民文学出版社，1959年。
⑦ 何光远《鉴诫录》卷四《斥乱常》。

献却一直缺乏明确记载。朱熹在回答弟子关于高丽风俗的提问时，曾言及：高丽"遣子弟入辟雍，及第而归者甚多。尝见先人同年小录，中有'宾贡'者，即其所贡之士也"。其下且特别注明："'宾贡'二字，更须订证。"[1]可见早在南宋中叶，即使博学如朱熹，对于"宾贡"的确切含义，业已不甚了了。以致徐松研究唐代科举制度的力作《登科记考》，亦未能将宾贡科明白予以揭示。金毓黻肯定唐宾贡之制的存在，认为《新唐书·选举志》不载，可据同书《艺文志》及徐夤赠高元固诗补入，并引《宋史·高丽传》"贡士三等，王城曰土贡，郡邑曰乡贡，他国人曰宾贡"语，谓"宾贡二字之义，可于此得之"。[2] 然亦仅此而已。直至20世纪50年代，严耕望才对唐代的宾贡科作出详尽的研究，[3]才使这一关系有唐一代内外交往典制的真相得以大白。而他之所以能够获得这一研究成果的基本依据，即是幸尚存世的崔致远诸文及据崔文概括的《东史纲目》。

宾贡登科之新罗人，《登科记考》仅考见崔致远、崔慎之、金夷吾、金可记四人。[4]《东史纲目》所载诸人，其登科年代太半可考，亦深有裨《登科记考》的补订。

《高丽史》卷七四《选举志》载："成宗五年（宋太宗雍熙三年，986），遣崔罕、王琳如宋入学。十一年（宋太宗淳化三年，992），罕、琳登宾贡科，授秘书郎。"又载："肃宗四年（宋哲宗元符二年，

---

① 《朱子语类》卷一三三《夷狄》，第3191页，中华书局，1986年。

② 《渤海国志长编》卷一九"丛考"，第518页；《社会科学战线》杂志社，1982年。

③ 见《新罗留唐学生与僧徒》，载《中韩文化论集（一）》，台北：中华文化出版事业委员会，1955年。后经增订收入《唐史研究丛稿》。有关论述见《丛稿》第432—441页，香港：新亚研究所，1969年。

④ 分见《登科记考》卷二三，第868页；卷二七，第1067页，1075页，中华书局，1984年。按：其中崔慎之登科之年有误。

1099)二月,宋诏许举子宾贡。”[①]崔瀣《送奉使李中父还朝序》谓:“逮我高丽,亦尝宾贡于宋,淳化孙何榜有王彬、崔罕,咸平孙仅榜有金成绩,景祐张唐卿榜有康抚民,政和中又亲试权适、金端等四人,特赐上舍及第。”则特设宾贡科之制,亦为北宋所沿用。

二、与座主、同年间的情谊

唐代科举制度下,座主与门生及同年与同年之间,具有一种特殊的亲密关系。[②] 就崔致远而言,他与座主或同年的关系,则在一般意义的亲密关系之外,又增添了一重唐和新罗之间民族情谊体现的意义。

崔致远的座主裴瓒,咸通十五年(874)放榜后不久,即于同年七月被唐廷任为湖南观察使。[③] 崔致远宾贡科进士及第后,一度“浪迹东都,笔作饭囊”,尔后即调授宣州溧水县尉。崔致远《与恩门裴秀才求事启》中提到,他曾于“乾符三年(876)冬到湖南起居座主侍郎”,即曾去探望裴瓒,当是赴溧水县尉任时特地绕道湖南的。他认为:“既忝门生,岂论宾贡。鸳鸾之与蝼蚁,感恩皆同,多士之与远人,报德何异。”对座主满怀深情。

裴瓒“湖湘察俗,瀍洛尹都”,“主铨东洛”,他湖南观察使任满,当又被任为东都尹,权吏部侍郎,主持东选。由于道路不通,行至襄州被阻,“行李极困”,未能就任。其再从弟湖南观察巡官裴璙,

---

① 《高丽史》中册,第616页,汉城:亚细亚文化社,1990年。按:淳化三年榜,据《宋史》卷五《太宗纪》所载,有“高丽宾贡进士四十人”。又,王琳,《宋史》卷四八七《高丽传》作王彬。此人《宋史》卷三〇四有传,《淳熙三山志》卷二六亦有有关于此人的简单记述,其名皆作彬,下引崔瀣文亦作彬,当以《宋史》为正。

② 参考陈寅恪《唐代政治史述论稿》第80—83页,生活·读书·新知三联书店,1956年。

③ 《旧唐书》卷一九下《僖宗纪》,第691页,中华书局,1975年。

或者由于留用,或者为新使所辟,未与堂兄同行。此后湖南政局动荡,裴璙"继遭剽劫,生计荡尽",流亡至淮南,驻留多时,又欲径往襄阳,迎接裴瓒,"行至滁州,前去未得",孤孀三十余口,命悬鼎沸之中。时崔致远已任淮南都统巡官,他出于对座主的感恩报德之情,不惜"捋虎须""探龙领",恳求高骈"于庐寿管内场院或堰埭中补署散职",以使裴璙"月有俸入,便获安家"。

裴瓒在襄阳山中"久阻急征之诏"。及至"关中之寇孽灾消",即黄巢退出关中,唐军收复长安以后,他才接受了任吏部侍郎,寻迁为礼部尚书的任命,准备"远赴天庭,将遵水道",前去莅任。路经淮南楚州,崔致远亲自前去"伫迎"。座主门生相会,最令崔致远特别感动和不能自安的是:"俯怜素志,每煦温颜,听及阶及席之言,伫铭骨铭肌之恳。早来又蒙降三清之仙驾,顾一亩之穷居。"不仅对他慰勉有加,还亲临他的穷居访问。彼此赠诗唱和,感伤时局,情深谊切。今存崔致远《奉和座主尚书避难过维扬宠示绝句》三首,其最后二句:"唯恨吟归沧海去,泣珠何计报恩深。"对于裴瓒的即将离去,无限依恋。这时中和四年(884)五月一日已过,崔致远当然尚未预感到,他自己离唐回国的时刻也在逼近了。①

离唐前夕,崔致远又"聊凭雁足"呈了一首《与礼部裴尚书瓒状》(今见《东文选》卷四七),除一般道别、眷恋等言语外,成为全文主旨的,是崔致远不完全以门生身份,而是以"奉使言归"的新罗国士身份,向裴瓒表达"举国怀恩"的感激之情。因为在此前"靖恭崔

---

① 以上关于裴瓒行踪及崔致远与裴瓒关系的叙述,主要依据《桂苑笔耕集》卷七代高骈《致吏部裴瓒尚书别纸》二首(第32、33页)、卷一八《与恩门裴秀才求事启》(第102—103页);卷一九《上座主尚书别纸》、《贺除礼部尚书别纸》、《济源别纸》、《迎滁州行李别纸》二首、《五月一日别纸》、《谢降顾状》(第106—108页)梳理。裴瓒吏部侍郎任命经过,参考严耕望《唐仆尚丞郎表》卷一〇辑考三下"吏侍",第619—621页,中华书局,1986年。

侍郎主贡之年”，宾贡及第的两名进士中，渤海乌昭度曾名列新罗李同之上，使新罗士子蒙受了“冠屦倒置”的羞惭，是裴瓒对崔致远的录取，才使他们“得雪前耻”。

裴瓒知贡举的咸通十五年(874)榜共放进士三十人，也就是崔致远的同年有二十九人。此榜《登科记考》考见六人，除崔致远外，另五人是归仁泽、刘崇望、夏侯泽、顾云、蒋曙(第867—868页)。此外，据《桂苑笔耕集》卷一九《答裴拙庶子书》，裴拙之弟某亦是他的同年。

《旧唐书》卷一九下《僖宗纪》载：乾符二年五月，“国子司业裴拙为洋州刺史”(694页)。未详为国子司业始于何时。崔致远《答书》约作于中和三年(883)，书中提到“前年”裴拙避地淮南，崔致远曾“强自微攀旧恩”，表明他在国学附读后期，裴拙已是司业，两人间结有师生之谊。《答书》在对裴拙“先降刘笺”表示感激的同时，提到：“兼蒙贤弟起居未移囊顾，远赐荣缄，不遗异域之人，特辱同年之字。”留下了一段令人罕知的同年情谊记录。

崔致远与顾云之间的同年情谊甚为新罗友人所称道，所流传的有关记载亦东国远较中土丰富。崔致远离淮南回国，顾云赋诗为之饯行，其诗中土久已失传，见于东国典籍者似也已非全帙。《三国史记》卷四六《崔致远传》摘载了如下数句：

> 我闻海上三金鳌，金鳌头戴山高高。山之上兮，珠宫贝阙黄金殿；山之下兮，千里万里之洪涛。旁边一点鸡林碧，鳌山孕秀生奇特。十二乘船渡海来，文化感动中华国。十八横行战词苑，一箭射破金门策。①

---

① 《三国史记》，李丙焘校译本，第431页，汉城：乙酉文化社，1993年。

李仁老《破闲集》卷中摘载了如下数句：

因风离海上，伴月到人间。徘徊不可住，漠漠又东还。①

当崔致远被辟为淮南馆驿巡官（后改为都统巡官）之前，顾云早就已经是高骈的幕僚。《嘉定镇江志》卷一五《参佐·判官》载："顾云，乾符间高骈节度镇海兼江南行营招讨使，云以试秘书省校书郎为行营都招讨判官。"②可见顾云是跟随高骈从浙西徙往淮南的，而判官又是地位甚高的幕僚。崔致远得以被高骈辟用并进而受高骈信用，除了他本人在投献的"杂篇章五轴，兼陈情七言长句、诗一百篇"③中表露的才华以外，大概也很得力于同年顾云的举荐。此后，由于两人同在淮南幕府，诗酒唱和的篇什肯定不少，然而今日存世的却只有一首，仅见于东国文献《东文选》卷一二崔致远《暮春即事和顾云支使》。④ 至于互相揣摩仿习，更是在情理之中。崔致远读到顾云献给高骈的长启一首，短歌十篇，认为"学派则鲸喷海涛，词锋则剑倚云汉，备为赞颂，永可流传"，跟着献上了"七言纪德绝句诗三十首"，⑤即是显例。

正如顾云在送行诗中给予崔致远极高评价一样，崔致远在有

---

① 《破闲集》，《韩国诗话选》本，第31页，汉城：太学社，1991年。《东史纲目》卷五上"宪康王十一年记事"录此四句，文字颇多异同，如"因风"作"引风"，"不可住"作"不可从"，"漠漠"作"漫漫"，未详孰正。又，以上两段诗句，陈尚君《全唐诗续拾》曾予辑录。且断两者为"同一首诗中之断片"，见《全唐诗补编》第1129页，中华书局，1992年。然前者李奎报《白云小说》所引题作《赠儒仙歌》（见《韩国诗话选》本第3页），后者李仁老《破闲集》所引题作《孤云篇》，似难作如此判断。而均非完帙，或可推定。

② 《嘉定镇江志》，《宋元方志丛刊》本，第2479页上栏，中华书局，1990年。

③ 《桂苑笔耕集》卷一七《初投献太尉启》，第92页下栏。

④ 此诗陈尚君《全唐诗续拾》卷三六已据《社会科学战线》1984年第4期何鸣雁《新罗诗人崔致远》一文所引辑入，见《全唐诗补编》第1243页。何文未言引诗出处。"支使"原误作"友使"。

⑤ 《桂苑笔耕集》卷一七《献诗启》，第93页下栏。

关文字中对顾云也是极为推崇的。约中和二年七月，崔致远代高骈起草《请转官从事状》，申请改官的共三人，薛砺转观察判官，郑俶转节度掌书记，顾云转观察支使。《状》中谓顾云"东�孕美，南桂抽芳，曳谢朓之长裾，从卫青之军幕。五羖皮之为重，岂谓虚谭；百鸷鸟之不如，方知实事，良资妙画，共展壮图。"比对其他二人的评价高出许多，其间未必不含有个人的钦慕因素。约中和三年(883)，高骈令顾云撰写《延和阁记》碑词，亲自书写刻石，随后将碑本一轴赐予崔致远。崔致远在《谢示延和阁记碑状》中，一则说："支使侍御，丘门颜回，融帐卢植，能挥真笔，妙写尊襟。叙三年望幸之笔踪，推为宾客殊荣，别是儒家盛事。"①推许也是真诚的。

以上是经过梳理以后尚能窥见的崔致远与座主和同年之间的情谊。如前所述，这种个人之间的情谊，实际上也是唐和新罗之间民族情谊的体现。尤其值得称道的，尚有崔致远任宣州溧水县尉期间的一件佚事，竟在唐和新罗民间广为流传，成了两族人民的共同精神财富。张敦颐《六朝事迹类编》卷下"坟陵门·双女墓"条载：

> 《双女坟记》曰：有鸡林人崔致远者，唐乾符中，补溧水尉。尝憩于招贤馆，前冈有冢，号曰双女墓，询其事迹，莫有知者，因为诗以吊之。是夜，感二女至，称谢曰："儿本宣城郡开化县马阳乡张氏二女，少亲笔砚，长负才情，不意为父母匹于盐商小竖，以此愤恚而终，天宝六年同葬于此。"宴语至晓而别。在溧水县南一百一十里。②

---

① 以上所引两《状》，分见《桂苑笔耕集》卷六，第29页上栏；卷一八，第101页上、下栏。

② 《六朝事迹类编》，《丛书集成》影印本《古今逸史》本，第244—245页，商务印书馆，1936年。

佚事故事性颇强，是传奇小说的极好题材，也是长篇叙事诗的极好题材。实际上，张敦颐的记述已经是一篇微型传奇了。东国《新罗殊异传》中亦有《双女冢》，讲述的是与《六朝事迹类编》所载完全相同的故事，而成为其特点的则是作为全文中心的四百三十一言的长篇叙事诗，对此一轶事做了尽情吟咏，风格明显受白居易《长恨歌》《琵琶行》影响。此诗有谓高丽初期的朴仁亮所作，亦有径谓崔致远作者。①

三、在两国使节、文书往来中的作用

作为唐和新罗之间官方联系的使节、文书往还，与崔致远也有密切关系。他居留唐土期间，接待过新罗使节，处理过新罗使节的入朝事宜，并以“淮南入新罗兼送国信等使”的身份返归故土。回国以后，他不仅代新罗王起草过不少致唐朝廷的文书，还曾不止一次以使者的身份准备来唐，甚至已经踏上了唐的国土。

崔致远代新罗王起草的文书，或当以《东文选》卷四七所载《新罗王与唐江西高大夫湘状》为最早。《状》曰：“靖恭崔侍郎放宾贡两人，以渤海乌昭度为首。韩非同老聃之传，早已难甘；何偃在刘瑀之前，其实堪恨。纵谓簸扬糠秕，岂能餔啜糟醨，既致四邻之讥，永贻一国之耻。伏遇大夫手提蜀秤，心照秦台，作蟾桂之主人，顾鸡林之士子。特令朴仁范、金渥两人双飞凤里，对跃龙门，许列青衿，同趋绛帐，不容丑虏，有玷仙科。”当是高湘知贡举所放乾符四年(877)春榜，有新罗士子两人同榜及第，因而致《状》深表谢意。《状》中提到：“早欲远凭书札，感谢眷知，窃审烟尘骤兴，道路多阻，

---

① 《新罗殊异传》未及见。此据金东勋《晚唐著名朝鲜诗人崔致远》所述写入，见《中央民族学院学报》1985年第1期，第79—80、82页。

未申素恳,已至后时。”既是“后时”的感谢,或系崔致远初回国时所草。《状》又提到:“唯望早离避地之游,速展济川之业,永安区宇,再活烝黎。”则此时高湘当正避乱闲居。盖高湘知贡举放榜后,不久即出为江西观察使,带御史大夫宪衔,乾符五年(878)三月,“王仙芝余党王重隐陷洪州,江西观察使高湘奔湖口”,①至此尚未重出,故仍称之为“江西高大夫”。

此《状》和前引《与礼部裴尚书瓒状》都反映了新罗和渤海在宾贡科的激烈竞争。这场竞争,一直持续到唐朝末年。《高丽史》卷九二《崔彦撝传》:“新罗末,年十八,游学入唐。礼部侍郎薛廷珪下及第。时渤海宰相乌昭度子光赞同年及第,昭度朝唐,见其子名在彦撝下,表请曰:‘臣昔年入朝,登第名在李同之上,今臣子光赞宜升彦撝之上。’以彦撝才学优赡,不许。”崔彦撝系崔慎之改名,是天祐三年(906)及第的。② 至于乌昭度和李同的及第时间,据上引两《状》,则不仅在朴仁范、金渥两人及第的乾符四年(877)以前,亦在崔致远及第的咸通十五年(874)以前,而据《三国史记》卷一一《新罗本纪》,“李同等三人随进奉使金胤入唐习业”的时间是景文王九年七月,即唐咸通十年(869),则乌昭度、李同两人及第只可能在咸通十一年至十四年这四年间。而这四年崔姓知贡举者,只有咸通十三年(872)的崔殷梦、十四年的崔瑾。③ “靖恭”,称坊望也,表明其宅第在靖恭坊。崔瑾系崔郾子,郾兄弟六人,四世缌麻同爨,“居光德里”,是见诸史籍明确记载的。④ 则居靖恭坊者,其崔殷梦欤?也就是乌昭度、李同是咸

① 《资治通鉴》卷二五三,点校本,第8202页,中华书局,1982年。

② 《登记科考》卷二三误系于光启元年(885)。参考严耕望上揭文,《唐史研究丛稿》第438页;桂栖鹏《崔彦撝登科年份辨证》,《韩国研究》第二辑,第117页,杭州大学出版社,1995年。

③ 胡可先《登科记考匡补》,《文献》1988年第1期,第88—92页。

④ 《新唐书》卷一六三《崔邠传》,中华书局,1975年,第5019页。

通十三年及第的。其及第之年既在咸通十三年(872),[1]下延至天祐三年(906),新罗和渤海之间在宾贡科中的激烈竞争,前后持续了三十余年。

《东史纲目》卷五上宪康王八年(唐中和二年,882)"朝唐使金直谅谒帝于蜀"条载:"直谅奉使至唐,时黄巢乱,道梗,遂于楚州下岸,逦迤至扬州。闻帝奔蜀,从高骈请差都头张俭押送至西川,谒帝。"注云据"《崔致远集》补"(第495—496页)。[2] 中和二年,崔致远已任高骈幕僚,金直谅之得以至蜀谒见唐帝,肯定有赖于崔致远的调护斡旋。此点《桂苑笔耕集》中虽未留下任何痕迹,但从另一件类似事件中或可推知其大概。

《桂苑笔耕集》卷一〇《新罗探候使朴仁范员外别纸》,约作于中和三年(883)夏。当是朴仁范乾符四年(877)进士及第后业已回国任职,这时由于朝唐使金直谅消息全无,又遣他入唐探候的。朴仁范行至淮南,探得消息,便欲回国。《别纸》劝他不要这样:"倘员外止到淮壖,却归海徼,纵得上陈有理,其如外议难防。"激励他"勿移素志,勉赴远行",并保证他一路安全:"峡中寇戎,忽聚忽散,此亦专令防援,必应免致惊忧。"此文虽是替高骈代笔,却也倾注了他对同胞的一片苦心。

中和四年(884),又有"新罗国入淮南使金仁圭"使唐,崔致远的堂弟崔栖远亦以"入淮南使录事"的名义同来。崔致远向高骈申述"辞乡岁久,泛海程遥,住伤乌鸟之情,去怀犬马之恋,惟

---

① 严耕望推断李同登第年代,认为不能早于乾符末,不得迟于僖宗末,当在乾符六年(879)崔澹、广明元年(880)崔厚所放这两年春榜中,见《唐史研究丛稿》第436页,盖误。或疑入唐三年即及第太速,则其后"崔承祐以唐昭宗龙纪二年(890)入唐,至景福二年(893),侍郎杨涉下及第",见《三国史记》卷四六《薛聪传》,即与李同相同。

② 言及此事的崔致远文,今见《三国史记》卷四六《崔致远传》引录。《唐文拾遗》卷四三注云辑自《东国通鉴》,《韩国文苑》卷四注云辑自《崔孤云集》,疑《通鉴》《文苑》实皆录自《三国史记》本传。

愿暂谋东返,迎待西来”的感情和愿望,获得高骈的同情和理解,并给了他“淮南入新罗兼送国信使”的职名,欢送他返国。[①] 回国以后,即被新罗王留为侍读、翰林学士。[②]

《三国史记》卷四六《崔致远传》载:“唐昭宗景福二年(893),纳旌节使兵部侍郎金处诲没于海,即差槥城郡太守金峻为告奏使。时致远为富城郡太守,祗召为贺正使。以比岁饥荒,因之盗贼交午,道梗,不果行。”(第429页)

《东文选》卷四七崔致远《遣宿卫学生首领等入朝状》谓:“学生八人,崔慎之等;大首领八人,祈绰等;小首领二人,苏思……令随贺正使守仓部侍郎级餐金颖船次赴阙习业,兼充宿卫。”又,《奏请宿卫学生还蕃状》,谓学生四人,金茂先、杨颖、崔涣、崔匡裕,今已限满十年,伏乞令“随贺正使级餐金颖船次还蕃”。两《状》显为同时所作。《东史纲目》卷五上系前《状》于宪康王十一年(唐光启元年,885)。按,此《状》中有“准去龙纪三年(891)随贺登极使判官检校祠部郎中崔元入朝学生崔霙等事例”之语,系于光启元年显误。而后《状》又有“故臣亡父先臣赠太傅晸遣陪臣试殿中监金仅充庆贺副使入朝之日,差发前件学生金茂先赴阙习业,兼充宿卫”之语。据《东史纲目》卷五上,金仅充庆贺使入唐在宪康王晸十一年(唐光启元年,885)冬,乃贺破黄巢也。十年限满,已是乾宁二年(895)。则此两《状》当是真圣女主八年

---

① 本段据《桂苑笔耕集》卷二〇《谢许归觐启》《谢赐弟栖远钱状》《上太尉别纸》五首、《祭巉山文》。其中崔栖远职名,《谢状》本作“入淮海使录事”,兹据《祭文》金仁圭使名划一。崔致远使名亦据《祭文》,崔致远回国后所撰《圣住持朗慧和尚白日葆光塔碑》自署结衔作“淮南入本国送国信诏书等使”,与此微异。见《韩国金石全文》上册第212页,汉城:亚细亚文化社,1984年。《唐文拾遗》卷四四录此碑,结衔已删。

② 《东史纲目》卷五上,宪康王十一年(唐光启元年,885)三月记事。

(唐乾宁元年)崔致远为阿餐以后所草。[①]

孝恭王元年(唐乾宁四年,897)六月,真圣女主传位于孝恭王,遣使人入唐告奏,女主《让位表》和孝恭王《谢嗣位表》,皆崔致远所撰。七月,唐册赠景文王为太师、宪康王为太傅,孝恭王有《谢恩表》。时渤海、新罗使臣争席次上下,唐裁定:"国名先后,比不因强弱而称;朝制等威,今岂以盛衰而改?"宜仍旧贯,渤海居新罗之下。孝恭王因又有《谢不许此国居上表》。两表亦崔致远所撰。《谢恩表》提到:乾符末,"寇逼咸秦,驾巡庯蜀",其亡父先臣宪康王晸曾"爰投楚袂,冀请终缨",故东面都统、淮南节度使高骈即予"上陈蕃款,外振军威",而故青州节度使安师儒则"谓彼越庖,阻兹叩楫"。且强调:"以此远俗之忠诚莫展,先臣之遗恨斯多!"[②]按,平卢节度使治青州,故又称青州节度使。安师儒自乾符元年(874)至中和二年(882)任平卢节度使,中和二年九月为大将王敬武所逐。[③]《表》所言当即前揭高骈差人送金直谅赴蜀事,它竟引发了平卢、淮南之间的争吵。"谓彼越庖"指责的提出,显是基于如下的事实,即唐代自永泰元年(765)以后,平卢节度使例带"押新罗渤海两蕃使",负责处理与新罗、渤海的联系,接待两国使节。平卢巡属登州"城南街东有新罗馆、渤海馆",[④]就是两国使节的接待处。中和二年,新罗使节竟由淮南接

---

① 《高丽史》卷九二《崔彦撝传》:"初名慎之。……新罗末,年十八,游学入唐。……惠宗元年(944)卒,年七十七。"当生于景文王八年(868)。宪康王十一年(885),恰十八岁,这是《纲目》将前《状》系于此年的依据。然与《状》内容不合。假定此《状》作于真圣女主九年(895),崔慎之入唐已二十八岁,或者《高丽史》本传"十八"前误脱"二"字耶?然此《状》已言及"亡父先臣赠太傅晸",又似孝恭王元年(897)七月以后所草。参考今西龙《关于崔致远遣宿卫学生首领等入朝状及奏请宿卫学生还蕃状的制作年代》(日文),载《新罗史研究》,第389—394页,东京:近泽书店,1933年。

② 此诸表,今见《东文选》卷四三、卷三三。参考《东史纲目》卷五下,孝恭王元年六月、七月记事。"谓彼越庖,阻兹叩楫",《东史纲目》作"谓彼越俎,阻兹叨权"。

③ 参考《唐方镇年表》第341页,中华书局,1980年。

④ 圆仁《入唐求法巡礼行记》卷二,第86页,上海古籍出版社,1986年。

待,并由淮南送往行在,在平卢看来,当然是越俎代庖的侵权夺职行为。但是,这些割据统治者大概根本没有意识到,他们的类似争吵,是多么严重地损害了唐和新罗的正常关系。

上引《三国史记·崔致远传》接载:"其后致远亦尝奉使如唐,但不知其岁月耳。故其文集有上太师侍中状,云:'……今某儒门末学,海外凡材,谬奉表章,来朝乐土,凡有诚恳,礼合披陈。伏见元和十二年(817)本国王子金张廉风飘至明州下岸,浙东某官发送入京;中和二年(882)入朝使金直谅为叛臣作乱,道路不通,遂于楚州下岸,逦迤至扬州。得知圣驾幸蜀,高太尉差都头张俭押送至西川。以前事例分明。伏乞太师侍中俯降台恩,特赐水陆券牒,令所在供给舟船熟食及长行驴马草料,并差军将监送至驾前。'此所谓太师侍中,姓名亦不可知也。"则他确曾作为新罗使节再次踏上唐土。崔致远曾撰《凤岩寺智证大师寂照塔碑》,①结衔作:"入唐贺正兼延奉皇花等使、朝请大夫、前守兵部侍郎、充瑞书院学士、赐紫金鱼袋。"碑文言及"赠太师景文王"如何如何,"赠太傅宪康王"如何如何,而景文、宪康两王被唐册赠为太师、太傅是孝恭王元年(唐乾宁四年,897)七月事,碑文当撰于乾宁四年七月以后。则崔致远"奉使如唐",其使名或者即是"入唐贺正兼延奉皇花等使"。崔致远又曾撰《唐大荐福寺故寺主翻经大德法藏和尚传》,②据传末跋语,乃作于天复四年(904)春者,结衔作:"海东新罗国侍讲兼翰林学士承务郎前守兵部侍郎权知瑞书监事赐紫金鱼袋。"其中散官"承务郎",从八品下,远较《寂照塔碑》结衔"朝请大夫"从五品上为低,且未列入"入唐贺正"等使名。则崔致远"奉使如唐"的时间,当在撰写《法

① 见《韩国金石全文》上册,第246—256页。《唐文拾遗》卷四四录此碑,结衔已删。
② 见《华严金师子章校释》附录,第173页,中华书局,1983年。

藏传》以后、唐亡以前,即天复四年(904)春至天祐四年(907)春这三年间,而散官朝请大夫或者即命使之时所擢升。又,唐末新罗来唐使节下岸之地,不外平卢、淮南、两浙三处。三地之中,唯两浙钱镠,自天复元年(901)五月迄唐亡,一直带"检校太师、守侍中、兼中书令"衔,①与《状》所称"太师侍中"合,则此《状》所致对象,很可能即是钱镠。

四、余　论

唐和新罗的历史是差不多同时进入各自的末期的。内部政治腐败,反抗激烈,地方割据更为严重,两国的情况也颇相类似。但是,即使在各自的最高统治家族即将被人取代的前夕,两国之间的关系仍然是十分密切的。新罗频频向唐派出使节,见于本文征引的使名,即有朝唐使(入朝使)、探候使、入淮南使、纳旌节使、贺正使、庆贺使、告奏使,唐也向新罗派遣过入新罗使,也未停止册封、册赠、送诏书、送国信等活动。伴随着两国使节和国书往还的,是唐仍在执行对外开放的既定政策,继续坚持吸收外国学生入唐留学的附读制度和优待外国士子参加科举考试的宾贡制度,新罗入唐留学生和宾贡及第进士的人数仍然保持庞大规模。

作为朝贡者,新罗、渤海使臣在唐曾发生席次上下之争。作为宾贡科的参试者,新罗、渤海之间又曾发生及第有无和及第高下之争。作为新罗使节的接待者,唐平卢节度使和淮南节度使之间也曾发生维护或抢夺接待权之争。两国关系中的这些风波和

---

① 《十国春秋》卷七七《吴越武肃王世家》,光化四年五月、天复二年五月、天复四年四月、天祐三年正月、九月记事。其中天复四年四月记事"守"下误脱"侍中"二字。第1068、1070、1073、1075、1076页,中华书局,1983年。

曲折，丰富了处于晚期的唐和新罗两国交往史的色彩和内容。

崔致远在唐的经历，在与师长、同窗、座主、同年、同僚交往中结下的情谊，体现了唐和新罗关系中平等友好本质的一面。回国后的经历，又使他与唐和新罗关系结有不解之缘。崔致远以他卓绝的文化素养和表述能力，为唐和新罗关系的诸多方面作了可贵的记录，又以他的崇高声望，使他的这些可贵记录大部分得到保存，成了中韩两国人民异常珍视的共同文化遗产。附读制度形成于贞观，宾贡制度确立于长庆，不仅有关的具体规定，如期限十年，买书银货、书粮由两国分别供给，各自别试，附名榜尾等，而且甚至关于制度本身，如宾贡科，都是只有仰赖崔致远的记录，才得以基本重现原貌。在唐代颇具特征的座主、门生、同年关系，崔致远留下的他与座主裴瓒、同年顾云关系的记录，在宾贡进士中也属于独一无二。至于对为当时的唐和新罗关系增添色彩的一些偶然和突发事件的记录，崔致远也远远超过同时代其他人，无论是唐人还是新罗人。

（原载《中国江南社会与中韩文化交流》，杭州出版社，1997 年）

崔致远再次踏上唐土的时间和地点

《三国史记》卷四六《崔致远传》载：崔致远在唐光启元年(885)自唐归国，其后“亦尝奉使如唐，但不知其岁月耳，故其文集有上太师侍中状，云……此所谓太师侍中，姓名亦不可知也”。[①] 人们根据这条记载，得知崔致远在回归新罗后，曾再次踏上唐土。但是，崔致远再次踏上唐土的时间在哪一年？地点又在何处？这是史籍留给后人一个难以解开的谜。本文拟以崔致远的有关作品为线索，对上述两个问题试加探讨，是否恰当，尚祈不吝指正。

一

关于崔致远再次踏上唐土的时间，《三国史记·崔致远传》提到：“唐昭宗景福二年，纳旌节使、兵部侍郎金处诲没于海，即差橘城郡太守金峻为告奏使。时致远为富城郡太守，祗召为贺正使。以比岁饥荒，因之盗贼交午，道梗，不果行。”可见，崔致远再次踏上唐土的时间，应该晚于唐景福二年，即公元893年。

① 《三国史记》，李炳焘校译本，汉城：乙酉文化社，1993年。

崔致远在景福二年拟奉使入唐的使名是“贺正使”。考崔致远的现存作品中，结衔为“贺正”使的仅有一篇，这就是《大唐新罗国故曦阳山凤岩寺教谥智证大师寂照之塔碑铭并序》（即《凤岩寺智证大师寂照塔碑》，以下简称《智证碑》）。该碑现存于庆尚北道闻庆郡加恩面院北里凤岩寺，立碑年代为新罗景明王八年（即后梁龙德四年，公元924年）。碑文作者的署名及其结衔为：“入朝贺正兼延奉皇花等使、朝请大夫、前守兵部侍郎、充瑞书院学士、赐紫金鱼袋臣崔致远奉教撰。”①

韩国学术界普遍认为，崔致远撰写《智证碑》的年代为真圣女主七年，即公元893年。按崔致远在本碑文中，屡屡提到“赠太师景文大王”和“赠太傅献康大王”的字句。如正文第22行：“赠太师景文大王心融鼎教，面渴轮工，遥深尔思，觊俾我即”云云；正文第27行：“赠太傅献康大王恕而允之，其年九月，教南川郡统僧训弼择别墅、划生场”云云。新罗景文王和宪康王（即崔文中之“献康大王”）在位时间虽然分别在861年至875年和875年至886年，但他们分别被唐册赠为“太师”、“太傅”的时间则在新罗孝恭王元年，即唐乾宁四年，公元897年。崔致远有代孝恭王《谢恩表》，云：“臣某言，臣叔坦权守蕃务日，具表陈请追赠。去乾宁四年七月五日，先入朝庆贺判官、检校尚书祠部郎中、赐紫金鱼袋臣崔元还国，伏奉制旨：亡祖故鸡林州大都督、检校太尉臣凝太师；亡父故持节充宁海军事、检校太保臣晸太傅，仍各赐官告一通者。宠降天家，光融日宅，举瀛区而

① 此碑，见《韩国金石全文》上册246—256页，汉城：亚细亚文化社，1984年。《唐文拾遗》卷四四录此碑，结衔已删。

增感,告泉隧而倘闻。……”①“臣叔坦”,即真圣女主;“太尉臣凝”即景文王;“太保臣晸”即宪康王。崔致远无论如何不可能在893年就预料到景文王和宪康王将在四年之后被唐册赠为太师和太傅,从而在该年的作品中就提到“赠太师景文大王”如何如何,“赠太傅献康大王”如何如何。因此,《智证碑》碑文的撰写,绝不会早于897年7月。

那么,崔致远撰写《智证碑》的时间究竟在什么时候呢?本碑碑阴有一段题识文字,大致记述了碑文撰写的经过,为了说明问题,兹先全文引录于下:

> 太傅王驰医问疾,降驶营斋,不暇无偏无颇,能谐有始有终。持教菩萨戒弟子建功乡令金言立,慰勉诸孤。赐谥智证禅师,塔号寂照,仍许勒石,俾录状闻。门人性蠲、敏休、杨孚、继徽等咸得凤尾者,敛陈迹以献。至乙巳岁,有国民媒儒道、嫁帝乡而名挂轮中、职居柱下者曰崔致远,奉汉后龙缄,赍淮王鹄币,虽惭凤举,颇类鹤归。上命陪臣清信者陶竹阳授门人状,赐手教曰:“缕褐东师,始悲西化。绣衣西使,深喜东还。不朽之为,有缘处至,无吝外孙之作,将酬大师之德。”臣也虽东箭非材,而南冠多幸。方思运斧,遽值号弓。况复国重佛,家藏僧史,法碣相望,禅碑最多。遍览色丝,试搜锦则,见无去无来之说,竞把斗量;不生不灭之谭,动论车载。曾无鲁史新意,或用周公旧章。是知石不能言,益验道之大远。唯懊师化

① 崔致远《谢恩表》,见《东文选》卷三三,马山:民族文化刊行会,1994年。《东史纲目》五下对此亦有明确记载:孝恭王元年,“秋七月,唐册赠景文王、宪康王,王遣使入朝。先是,真圣具表陈请追赠前王,至是,庆贺使判官崔元还,诏赠景文王为太师,宪康王为太傅,各赐官告一通。王遣使谢恩,崔致远制表”。《东史纲目》,汉城:景仁文化社,1987年。

去早,臣归来迟,叆叇字谁告前因,逍遥义不闻真诀。每忧伤手,莫悟伸拳,叹时则露往霜来,遽涸愁鬓;谈道则天高地厚,仅腐顽毫。将谐汗漫之游,始述崆峒之美。有门人英爽来趣受辛,金口是资,石心弥固,忍逾刮骨,求甚刻身。影伴八冬,言资三复。抑六异六是之属辞无愧、贾勇有余者,实乃大师内荡六魔,外除六蔽,行包六度,坐证六通故也。事譬采花,文虽消藁,遂同榛枯勿翦,有惭糠粃在有。迹追兰殿之游,谁不仰月池佳对?偈效柏梁之作,庶几胜日域高谭。

其中一些疑难或带关键性的词句,下面先略加解释:

"乙巳岁":即新罗宪康王十一年,唐光启元年,公元885年。

"鹤归":晋陶潜《搜神后记》卷一载:"丁令威,本辽东人,学道于灵虚山,后化鹤归辽。"此处殆指崔致远自唐留学归国一事。

"号弓":《史记》卷二八《封禅书》载:"黄帝采首山铜,铸鼎于荆山下。鼎既成,有龙垂胡髯下迎黄帝。黄帝上骑,群臣后宫从上者七十余人,龙乃上去。余小臣不得上,乃悉持龙髯,龙髯拔,堕,堕黄帝之弓。百姓仰望黄帝既上天,乃抱其弓与胡髯号。"后世因以"号弓"指帝王崩殂。崔致远归国初,相继有两位新罗国王去世,即886年的宪康王和887年的定康王。从宪康王对智证禅师的关护以及崔致远归国后立即令之为智证禅师撰写碑文的情况看,此"号弓",当指886年宪康王去世事。

"将谐汗漫之游":汗漫,漫无边际或漫游至远之意。据《三国史记·崔致远传》载:"致远自西事大唐,东归故国,皆遭乱世,屯邅蹇连,动辄得咎。自伤不偶,无复仕进意,逍遥自放,山林之下,江海之滨,营台榭,植松竹,枕藉书史,啸咏风月。"所谓"汗漫之游",当即指此。又据《东史纲目》五下戊午孝恭王二年(唐光化元年,

898年)十一月载:“阿餐崔致远有罪免。”则崔致远的“汗漫之游”,当在这次免官之后。

“始述崆峒之美”:“崆峒”本山名,后亦衍生为形容山势高峻之词,如庾信《庾子山集》卷一二《秦州天水郡麦积崖佛龛铭》中即有“水声幽咽,山势崆峒”用例。“始述崆峒之美”,即开始叙述智证禅师崇高的美行,亦即动手为智证撰写碑文。

这样,我们对崔致远撰写《智证碑》的经过便可做出如下的概括:885年崔致远归国后,立即就受宪康王之命为智证禅师撰写碑文。但正当他“方思运斧”,准备动笔之时,却遇到“号弓”之悲,即宪康王逝世,撰写工作中顿。而崔致远又深感撰写的难度,“每忧伤手,莫悟伸拳”。于是“露往霜来”,过去多年,直到大约898年他被免官后,“将谐汗漫之游”,这才“始述崆峒之美”。然而从“始述崆峒之美”到最后定稿,又经过了漫长的时间,“影伴八冬,言资三复”,即经过了八个年头,反复修改三遍,才最后写定。因此,我们认为,《智证碑》碑文的开始撰写,最早当不会早于898年,即新罗孝恭王二年,唐光化元年。① 而其最后定稿时间,最早当不致早于906年,即新罗孝恭王十年,唐天祐三年。

此外,关于这段题识的作者,也有必要作一些说明。

碑阴在最后落款处有“芬皇寺释慧江书并刻字,岁八十三”的字样,可见本碑碑文及题识的书写镌刻都是由慧江完成的。但是,正像碑文的作者不是慧江一样,碑阴上引那段题识的撰作亦不是出自慧江之手,而是同碑文一样,出自崔致远的手笔。首先,题识在叙述碑文撰写经过时,两次出现了“臣”如何如何的字句,即“臣也虽东箭非材,而南冠多幸”;“师化去早,臣归来迟”。此“臣”者,

① 按崔致远免官在898年11月,已是岁末,以他当时的心态,当不可能马上投入到碑文的撰写工作,故“始述崆峒之美”,实际上可能要晚于898年。

只能是崔致远自称。其次,题识在行文中,多用自谦语,如"虽惭凤举,颇类鹤归";"臣也虽东箭非材,而南冠多幸";"事譬采花,文虽消藁,遂同榛枯勿剪,有惭糠粃在有",等等。崔致远作为新罗最杰出的文学家,受到人们的普遍推崇和敬仰,恐怕在当时乃至后世都绝不会有人敢如此轻视和贬低他,因此,这些文字也只能是出自崔致远本人之手。其性质有类于碑文的跋语。

崔致远在"汗漫之游"期间,还撰写了一篇《唐大荐福寺故寺主翻经大德法藏和尚传》(以下简称《法藏传》)。崔致远在这篇传记之末有一段跋语,云:"于时天复四年春,枝干俱首,于尸罗国迦耶山海印寺华岩院,避寇养疴,两偷其便。"①唐天复四年即天祐元年,新罗孝恭王八年,公元904年。"尸罗国"即新罗国。《三国史记·崔致远传》谓崔致远"最后带家隐加耶山海印寺",即此。而崔致远在本篇传记中所署作者姓名前的结衔是:"海东新罗国侍讲兼翰林学士、承务郎、前守兵部侍郎、权知瑞书监事、赐紫金鱼袋。"其中"承务郎"和"紫金鱼袋"都是崔致远在唐朝任官时所得,《三国史记·崔致远传》载:崔致远在乾符元年宾贡进士及第后,"调授宣州溧水县尉,考绩为承务郎、侍御史内供奉,赐紫金鱼袋"。而"侍讲兼翰林学士"、"守兵部侍郎"、"权知瑞书监事",则是崔致远自唐归国之初即被授予的官职。《三国史记·崔致远传》(《东史纲目》五上乙巳宪康王十一年三月条同)接载:"光启元年,使将诏书来聘,留为侍读兼翰林学士、守兵部侍郎、知瑞书监。""侍读""侍讲"当有一误。可见崔致远在归国二十年之后,仍然沿用其在唐朝做官时和归国初期的官职。

但是,这种情况在《智证碑》中便发生了变化。我们将《智证

---

① 崔致远《法藏传》,见《华岩经师子章校释》附录,中华书局,1983年。

碑》和《法藏传》中崔致远的结衔作一比较,尽管二者在“前守兵部侍郎”、“权知瑞书监事”(《智证碑》作“充瑞书院学士”,当同)、“赐紫金鱼袋”上基本相同,但在《法藏传》中,散官为“承务郎”,《智证碑》中则为“朝请大夫”。此外,《智证碑》中少了“侍讲兼翰林学士”,却多出了“入朝贺正兼延奉皇花等使”一职。按“承务郎”,从八品下;“朝请大夫”,从五品上。后者较前者高出许多。因此,可以断定,它是在天复四年以后所加。否则,天复四年已是闲居的崔致远,不会在《法藏传》中不署上从五品的朝请大夫而署上从八品的承务郎的。所谓“入朝贺正”,即入唐朝贺正。唐在派遣使臣出使时,往往为其加官晋爵,以抬高使节的身份地位。深受唐思想文化影响的新罗,无疑也会依照唐制而为使臣升迁散官。因此,崔致远的“朝请大夫”,当即在此次充使“入朝贺正”时,新罗王为抬高其身份地位而加上的。

确定了崔致远“朝请大夫”的散官是904年以后“入朝贺正”时所迁,那么他再次踏上唐土的时间也就明了了,即应该在904年至唐朝灭亡的907年之间。又据《东史纲目》,904年之后,新罗与唐的往来见于记载的只有一次,即906年(新罗孝恭王十年,唐天祐三年)三月,“唐以举人金文蔚充册使而还”。或许崔致远的“奉使如唐”,即是为答谢唐“册”的一次回访。

二

关于崔致远再次踏上唐土的地点,《三国史记·崔致远传》引录的崔致远《上太师侍中状》中提到。

> ……今某儒门末学,海外凡材,谬奉表章,来朝乐土,凡有

> 诚恳,礼合披陈。伏见元和十二年(817)本国王子金张廉风飘至明州下岸,浙东某官发送入京;中和二年(882)入朝使金直谅为叛臣作乱,道路不通,遂于楚州下岸,逦迤至扬州,得知圣驾幸蜀,高太尉差都头张俭监押送至西川。以前事例分明。伏乞太师侍中俯降台恩,特赐水陆券牒,令所在供给舟船熟食及长行驴马草料,并差军将监送至驾前。

这篇状文是崔致远再次踏上唐土后,为请求某"太师侍中"的帮助所作。因此,弄清楚此"太师侍中"为何许人也,是解决问题的关键。

唐承前制,以太师、太傅、太保为"三师","天子所师法"。侍中为门下省长官,"佐天子而统大政"。[①] 但从安史之乱后,唐朝廷为了笼络地方藩帅或酬赏勋劳,动辄为之加上"三师"、"三公"(太尉、司徒、司空)或三省长官(中书令、门下侍中、尚书左右仆射)、同平章事等头衔,以示尊宠,其中加中书令、侍中、同中书门下平章事者称之为"使相"。崔致远在《上太师侍中状》中,请求该太师侍中"俯降台恩,特赐水陆券牒,令所在供给舟船熟食及长行驴马草料,并差军将监送至驾前",可见该"太师侍中"是一位尚须"长行"才能抵达"驾前"的离朝廷甚远地区的实际统治者,亦即崔致远在唐土下岸落足之处当地一位具有三师和"使相"[②]官衔的藩镇节度使。

唐代作为中国封建社会中对外开放最为活跃的时期,沿海地区的交州、广州、泉州、明州、扬州、登州等都是重要的进出口岸。但是,作为新罗使节来唐下岸之地,则主要在平卢(即淄青)、淮南

---

① 《旧唐书》卷四三《职官志》,中华书局,1975年点校本。

② 《东史纲目》五上真圣女主七年云:"后致远亦尝奉使如唐,以州县供给不继,上唐宰相太师侍中状曰"云云。在"太师侍中"前添"宰相"二字,则误。

和浙东三地。

平卢节度使本来设置在东北地区,节度使治所营州(今辽宁朝阳)。安史之乱发生后,宝应元年(762)南迁至今山东一带,与早先设置在这里的青密节度使合并,称平卢淄青节度使,亦单称平卢或淄青。唐末,它领有青、淄、齐、登、莱五州,节度使治所青州(今山东青州)。

平卢节度使自开元二十八年(740)起加押两蕃及渤海黑水四府经略使。所谓"两蕃",系指奚和契丹。"渤海黑水",即渤海靺鞨和黑水靺鞨。南迁后,由于与奚、契丹相隔太远和与新罗、渤海海路交通的便近,故自永泰元年(765)起,改为押新罗、渤海两蕃使,作为处理唐与新罗、渤海的往来,接待两国使节的专门机构。淄青管内的登州(治今山东蓬莱),"当中国往新罗、渤海(过)[道?]大路",[1]是唐与新罗、渤海交往的重要通道,登州城内的新罗馆、渤海馆,即是两国使节往来唐朝的接待处。平卢节度使的这一职权,从以下一个事件中看得尤为清楚:乾符末年,黄巢"逼咸秦,驾巡庸蜀",新罗宪康王曾"爰投楚袂,冀请终缨",淮南节度使高骈即予"上陈蕃款,外振军威",而淄青节度使安师儒则将淮南接待并护送新罗使节看作是越俎代庖的侵权行为,"谓彼越庖,阻兹叩楫"。[2] 因此,在正常情况下,崔致远理应在淄青管内下岸落足才是。

淮南节度使领有扬、楚、庐、寿等八州,位于今安徽和江苏北部一带地区。其中扬州(今属江苏)和楚州(今江苏淮安)都是唐代重要的海港,来唐的新罗和日本等国的船只往往由于自然或政治方面的原因而改在楚州或扬州靠岸。如前引崔致远《上太师侍中状》

① 《元和郡县图志》卷一一《登州》,中华书局,1983年点校本。
② 《东文选》卷三三崔致远《谢恩表》。

中所云:“中和二年,入朝使金直谅为叛臣作乱,道路不通,遂于楚州下岸。”淮南在唐末除作为交通要道和中转站接待出入唐朝的新罗使节外,也曾作为唐的地方政权而直接同新罗发展关系。如中和四年(884),就有“新罗国入淮南使金仁圭”使淮南,崔致远的堂弟崔栖远亦以“入淮南使录事”的名义同来,崔致远本人即在此后以“淮南入新罗兼送国信等使”的职名归国。① 这一切都说明了淮南与新罗之间的密切关系。此外,崔致远在广明元年至中和四年(880—884)间,曾在淮南节度使高骈手下供职多年,淮南是他在唐朝除长安以外最为熟悉的地方。因此,当他在二十年之后再次踏上唐土时,选定淮南作为其下岸落足之地,也不是没有可能。

浙东节度使领有越、衢、温、明、台等七州。其中温、明、台三州位于今浙江东部沿海地区,文献中,这三州均有新罗船只出入的记录,特别是明州(今浙江宁波),成为唐朝后期唐与新罗往来最重要的口岸之一,②前引崔致远《上太师侍中状》中亦曾提到:“元和十二年,本国王子金张廉风飘至明州下岸,浙东某官发送入京。”所谓“风飘至明州下岸”,即金张廉本拟在淄青管内下岸,遇风飘至明州。此亦为自然方面原因所致。但到唐末,朝鲜半岛与两浙地区直接的官方通航往来也已存在,如《东史纲目》五下载:庚申新罗孝恭王四年(唐光化三年,900年),“甄萱僭称后百济王……遣使如吴越,吴越王钱镠报聘。”按900年钱镠尚未封吴越王,但它同样可以说明当时两浙地区与朝鲜半岛官方通航往来业已存在的事实。那么,数年之后,当崔致远再次踏上唐土时,选定浙东作为其下岸落足之地,也是完全有可能的。

---

① 见《桂苑笔耕集》卷二〇《谢许归觐启》《谢赐弟栖远钱状》《上太尉别纸》五首、《祭巉山神文》,《四部丛刊初编》缩印本,商务印书馆,1936年。

② 参见林士民《唐吴越时期浙东与朝鲜半岛通商贸易和文化交流之研究》,《海交史研究》1993年第1期。

既然淄青、淮南、浙东都可以成为崔致远的下岸落足之地，那么他进一步考虑的，无疑是安全和能否“至驾前”的问题。

淄青镇从唐末以来就处于动荡之中，特别是它与朱全忠展开了长期的兼并和反兼并斗争。乾宁四年(897)，朱全忠在兼并兖郓后，曾引兵东进，向淄青发起进攻，淄青节度使王师范“下之”，[①]亦服于全忠。但是，淄青对朱全忠仅仅是一种“羁服”，王师范仍然“保淄青一道”。[②] 到天复三年(903)正月，朱全忠围昭宗于凤翔，昭宗诏征藩镇兵入援。“师范见之，泣下沾衿，曰：‘吾属为帝室藩屏，岂得坐视天子困辱如此，各拥强兵，但自卫乎！’”遂与淮南节度使杨行密联盟，“分遣诸将诈为贡献及商贩，包束兵仗，载以小车”，进入朱全忠的地盘，“期以同日俱发，讨全忠”。[③] 战争持续了近九个月，以王师范的失败投降告终。淄青管内及其周边兖、齐、密、登、莱、青州及青州属县博昌、临淄都曾发生激烈的争夺战。对于淄青镇的战乱情况，崔致远在新罗当有所风闻，因此不会将淄青看作是一条安全的通道。崔致远在《上太师侍中状》中，特别援引了元和十二年和中和二年新罗使节不曾在淄青，而分别在明州和楚州下岸的先例，说明他此次入唐的下岸之地亦不在淄青管内。

淮南自崔致远归国后，也发生了一系列的变更。首先是高骈于光启三年(887)被部将秦彦所杀，杨行密、孙儒展开了对淮南帅位的争夺。景福元年(892)，杨行密击败并擒杀孙儒夺得淮南帅位后，又同朱全忠展开了长期的对抗。朱全忠曾多次向淮南发起进攻，杨行密也屡屡出兵进行反击，如天复二年(902)三月，杨行密接

① 《新唐书》卷一八七《王师范传》，中华书局，1975 年点校本。
② 《资治通鉴》卷二六一乾宁四年二月，中华书局，1956 年点校本。
③ 《资治通鉴》卷二六三天复三年正月。

受唐东面行营都统的职衔，发兵讨朱全忠；天复三年（903）四月，平卢王师范为朱全忠所攻，向淮南求援，杨行密即以步骑七千救之，又遣兵数万攻朱全忠宿州；天复四年（904），朱全忠逼迫唐昭宗东迁后，昭宗遣使告难于西川、河东及淮南，令纠率藩镇以图匡复；天祐二年（905），朱全忠在平定荆、襄二镇后，又乘胜向淮南发起进攻，等等。对于淮南的这种局面，崔致远在新罗当亦有所风闻，他也不可能请求杨行密将自己护送至已经完全被朱全忠所控制的唐朝廷。

与淄青和淮南相比，唐末两浙地区的局势要稳定一些。钱镠从景福二年（892）担任浙西（即镇海）节度使后，乾宁四年（897）又攻取了浙东，这样，两浙事实上已经合为一道。之后，淮南杨行密曾向两浙发起几次进攻，均被钱镠击败。到天复二年（902），杨行密和钱镠相互交换战俘，双方开始和好。天复四年（904），淮南部将田頵、安仁义叛，杨行密向钱镠乞师，钱镠即出军声援，双方关系进一步融洽。特别需要指出的是两浙与淄青和淮南不同，钱镠同朱全忠一直保持着较为友好的关系。而唐朝廷从天复三年（903）起，实际上已完全被朱全忠所控制。因此，崔致远要"至驾前"，恐怕也需要一位与朱全忠有着友好关系的地方藩帅的护送，而钱镠无疑又是担当这一角色最为合适的人选。

当然，对于确定崔致远再次踏上唐土地点的考察，最具关键的还在于天复四年至天祐四年即公元904年至907年期间，淄青、淮南、两浙三镇节帅中，谁同时带有"太师侍中"的官衔。

淄青镇从天复四年至天祐四年的历任节帅为王师范、王重师、韩建三人。

王师范，龙纪元年（889）袭其父王敬武位为平卢留后，大顺元年(890)正授平卢节度、押新罗渤海两蕃等使、检校兵部尚书、御史大夫。之后累加官至检校太傅、同平章事、上柱国,封琅邪郡公。天祐二年(905)徙任河阳节度使。[①] 三师三公系统,他只是检校太傅;使相系统,他只是同平章事。

王重师,天祐二年任平卢留后、检校司徒。此前文德至乾宁年间(888—897),朱全忠曾奏授检校右仆射,寻授检校司空。天祐中徙雍州节度使,加同平章事。[②] 三师三公系统,他也只有检校司徒和检校司空;而检校右仆射尚非使相之衔。

韩建,天祐三年六月接王重师任平卢节度使。此前光启二年(886)任华州节度使后,曾累加检校太尉、平章事;乾宁三年(896)兼中书令;光化元年(898)守太傅、中书令,封许国公。朱全忠代唐,征为司徒、平章事,充诸道盐铁转运使。[③] 三师三公系统,他有过检校太尉、太傅等衔,使相系统,则为中书令。

由上可见,天复四年至天祐四年在任的淄青三位节帅中,都不曾带有"太师侍中"的官衔。显然,崔致远的《上太师侍中状》,并非上给淄青节帅,即:崔致远再次踏上唐土的下岸之地不在淄青。

淮南镇从天复四年至天祐四年的历任节帅为杨行密和杨渥父子二人。

杨行密从景福元年(892)夺得淮南帅位后,乾宁二年(895),加检校太傅、同中书门下平章事,封弘农郡王;天复二年(902),又授东面行营都统、检校太师、守中书令,封吴王。[④] 三师三公系统,他有过太师衔;使相系统,他也曾兼侍中。但是,杨行密的"兼侍

① 见《旧唐书》卷二〇上《昭宗纪》、卷二〇下《哀帝纪》。
② 《旧五代史》卷一九《王重师传》,中华书局,1976年点校本。
③ 《旧五代史》卷一五《韩建传》。
④ 《新唐书》卷一八八《杨行密传》。

中"是在光化三年,当时他的三师三公系统官衔为"检校太尉";而"检校太师"则是在两年以后的天复二年,此时他的使相系统的官衔是"守中书令"。史籍中未曾见到他同时带有"太师侍中"官衔的记载。因此,崔致远的《上太师侍中状》,不可能是上给杨行密。

杨渥是天祐二年(905)袭父位而任淮南节帅的。当时唐朝廷已在朱全忠的手中,故淮南将佐共请滞留淮南多年的"宣谕使李俨承制授杨渥淮南节度使、东南诸道行营都统、兼侍中、弘农郡王"。[①] 之后直至天祐四年,不再见到杨渥加官的记载,事实上朱全忠控制的唐朝廷,也不可能为与自己为敌的淮南节帅加官晋爵。因此,此"太师侍中",也绝不会是杨渥。

既然崔致远的《上太师侍中状》不是上给杨行密、杨渥父子,那么他再次踏上唐土的下岸落足之地亦不会是在淮南。

两浙自天复四年至天祐四年的节帅只有钱镠一人。

钱镠从景福二年(892)担任浙西节度使时起,就检校太傅,封彭城郡王;同年十一月,检校太傅,兼侍中;乾宁三年(896)八月,检校太尉,兼中书令;乾宁五年(898)七月,检校太师;天复元年(901)五月,守侍中,进彭城王;天复二年(902)五月,封越王。之后直至天祐四年,钱镠的官衔除封爵外再无变动。如天复二年五月,唐朝廷在制诏中即云"检校太师、守尚书侍中、兼中书令、上柱国、越王钱镠"如何如何。天祐三年(906)九月册文亦云"检校太师、守侍中、兼中书令、上柱国钱"如何如何。甚至直至朱全忠建立后梁后的开平二年(908),钱镠在《镇东军墙隍神庙记》中的结衔仍作"启圣匡运同德功臣(按此为梁开平元年五月朱全忠所封),淮南

① 《资治通鉴》卷二六五天祐二年十一月庚辰条。

(按此亦为朱全忠所加)镇海镇东等军节度使、检校太师、守侍中、兼中书令、吴越王”。[1] 因此可以断定,崔致远《上太师侍中状》所上对象,当属钱鏐无疑,即: 崔致远再次踏上唐土的地点应该在两浙。

那么,崔致远在两浙下岸之后,是否得到钱鏐的帮助,被“监送至驾前”呢? 从崔致远的作品及其他文献资料都不曾有所记载的情况看,似乎没有。事实上,当时朱全忠正在忙于代唐,两浙与朝廷间的交通严重受阻,极不安全,钱鏐没有必要也没有把握能将崔致远护送至朝廷。而崔致远在两浙进一步了解到中土的实际形势后,似乎已没有必要也不会坚持再继续前进。

(本文作者为樊文礼、梁太济)

① 以上均见《十国春秋》卷七七《吴越武肃王世家》,中华书局,1983 年点校本。《世家》所载天复四年四月进封吴王敕文作“检校太师、守兼中书令”,有漏脱,据《全唐文》卷八五四李怿《徙封越王钱鏐为吴王敕》,当作“检校太师、守尚书侍中、兼中书令”。天复二年五月制、天祐三年九月册及《庙记》亦分别见《全唐文》卷八五四李怿《封彭城郡王钱鏐为越王制》;卷八四二封舜卿《进越王钱鏐为吴王竹册文》;卷一三〇钱鏐《镇东军墙隍神庙记》。惟《全唐文》所载李怿两通制敕中的“守尚书侍中”疑亦有误,“尚书”或当正作“门下”。

朱全忠势力发展的四个阶段

朱全忠原名朱温，是黄巢的部将，齐政权的同州防御使。中和二年(882)九月叛齐降唐后，唐赐名全忠。次年三月被唐任命为宣武节度使，且于七月赴镇。此后，朱全忠即以汴州为基地发展势力，直至天祐四年(907)四月，终于取代唐朝，建立了五代的第一个王朝——梁朝。代唐前夕，又改名为晃。纵观此二十五年间，朱全忠势力发展的过程，可大致分为如下四个阶段：

第一阶段：中和三年(883)七月至文德元年(888)九月

这个阶段的主要特点，是击溃了构成他在汴州立足、扩展最大障碍——秦宗权武装集团的势力。

朱全忠赴镇所带的兵力，薛居正《旧五代史》卷一《梁太祖纪》说是"率部下一旅之众，仗节东下……入于梁苑"。司马光《资治通鉴》卷二五五说是"帅所部数百人赴镇"。按，《周礼·夏官司马》："凡制军：……五百人为旅，旅帅皆下大夫。"则薛《史》"一旅之众"与《通鉴》"数百人"实是一个意思。与别的节度使赴镇一样，这数百人是朱全忠的元从亲军。其中可以考见的，如胡真、朱珍、庞师古、丁会、氏叔琮、邓季筠、徐怀玉、郭言、刘康乂、张存敬等，后来都成了宣武军的核心和骨干。

这时，从关中退出的黄巢起义军正与蔡州秦宗权合兵围攻陈州。朱全忠参加了解陈州之围和堵截黄巢东撤的几次重大战役，又有不少黄巢部将，如李唐宾、李谠、霍存、葛从周、张归霸、张归厚、李重胤、张慎思、黄文靖等，因战败而投降朱全忠，并成了宣武军的重要将领。

史载朱全忠赴镇之初，“汴、宋连年阻饥，公私俱困，帑廪皆虚。外为大敌所攻，内则骄军难制，交锋接战，日甚一日，人皆危之，惟帝锐气益振”（《薛·梁纪》[①]）。其“锐气”之所以能够“益振”，最主要的就是有这“一旅之众”的元从人以及稍后投靠的一批原黄巢部将可以依仗。

“外为大敌所攻”的“大敌”，除黄巢外，主要指对他在汴州立足构成最大威胁的秦宗权。至于“内则骄军难制”，则文献并未留下唐末宣武军有何叛上、逐帅显著事例的记载，或者此语只是就当时普遍存在的藩镇骄兵习气而言。《旧五代史》卷一九《李思安传》载：“唐中和三年，太祖镇汴，尝大阅戎旅。”此所谓的“大阅戎旅”实是对原宣武军的一次集中整顿，整军的主持者当是朱珍。欧阳修《新五代史》卷二一《朱珍传》：“珍为将，善治军选士。太祖初镇宣武，珍为太祖创立军制，选将练兵，甚有法。”反映了此次整军的部分情况。

宣武镇贞元（785—805）、元和（806—820）间有“军众十万”，[②]经

---

① 引文下出处注使用简称：《旧唐书》简作《旧》，《新唐书》简作《新》，《旧五代史》简作《薛》（其《梁书·太祖纪》又简作《梁纪》，《唐书·武皇纪》又简作《唐纪》），《新五代史》简作《欧》，《资治通鉴》简作《鉴》。

② 韩愈《昌黎先生集》别集卷三《送汴州监军俱文珍序》：“今天下之镇，陈留为大，屯兵十万，连地四州。”四州谓汴、宋、颍、亳，《旧唐书》卷一五六《韩弘传》：“……自是讫弘入朝，二十余年，军众十万，无敢怙乱者。”

历唐末的严重社会震荡,兵力显著削弱了,到朱全忠赴镇之初,连同他所带的“部下一旅之众”,仅有“兵不过数十旅”(《薛·郭言传》),即只有数万人。以这样微薄的兵力,应付“外为大敌所攻”的局面,就未免时时显得“甚窘”而“不能支”。① 朱全忠“每恨其寡”,立即采取扩军措施。重大的扩军行动有两次,一次是命郭言“董数千人越河洛,趋陕虢招召丁壮,以实部伍。言夏往冬旋,得锐士万余”(《薛·郭言传》)。另一次是光启三年(887)“二月乙巳,承制以朱珍为淄州刺史,俾募兵于东道。……珍既至淄、棣,旬日之内,应募者万余人,又潜袭青州,获马千匹,铠甲称是,乃鼓行而归,四月辛亥,达于夷门”(《薛·梁纪》)。②

以蔡州为据点的秦宗权武装集团的破坏力是骇人的:“贼首皆剽锐惨毒,所至屠残人物,燔烧郡邑。西至关内,东极青齐,南出江淮,北至卫滑,鱼烂鸟散,人烟断绝,荆榛蔽野。……关东郡邑多被攻陷,唯赵犨兄弟守陈州,朱温保汴州,城门之外,为贼疆场。”(《旧·秦宗权传》)当朱珍募兵东道返抵汴州时,汴州正处于秦宗权部将的重重包围之中:“张晊屯于北郊,秦贤屯于版桥,各有众数万,树栅相连二十余里。”(《薛·梁纪》)“周列三十六寨”(《旧·僖宗纪》);另有“卢塘领万余人于圃田北万胜戍夹汴水为营,跨河为梁,以扼运路”(《薛·梁纪》)。由于增加了新募集的有生力量,又得到郓兖朱瑄、朱瑾兄弟的援助,朱全忠在持续主动出击中屡破蔡兵,边孝村一战,彻底粉碎了秦宗权的包围。“蔡人之守东都、河

---

① 《资治通鉴》卷二五五中和四年二月记事:黄巢退入河南,“兵尚强,周岌、时溥、朱全忠不能支,共求救于河东节度使李克用”。《旧唐书》卷一八二《朱瑄传》:“秦宗权之盛也,屡侵郑、汴,朱全忠为贼所攻,甚窘,求救于瑄。”

② 《资治通鉴》卷二五七将郭言事连书于朱珍事下,盖缘其事原无确切时间。今按,郭言“夏往冬旋”,朱珍春去夏还,两事本不同时。据《旧五代史》卷一六《葛从周传》:“太祖遣郭言募兵于陕州,有黄花子贼据于温谷,从周击破之。又破秦贤之众于荥阳。寻佐朱珍收兵于淄青间。”则“郭言募兵于陕州”显在“朱珍收兵于淄青间”前,当是光启二年(886)事。

阳、许、汝、怀、郑、陕、虢者，闻宗权败，皆弃去”（《鉴》257）。这是光启三年（887）五月的事。到第二年，即文德元年（888）五月，朱全忠就反过来对秦宗权实行包围，大发兵进薄蔡州，“树二十八寨以环之”，九月，朱全忠“知宗权残孽不足为患，遂移兵以伐徐”（皆见《薛·梁纪》），十二月，“蔡州牙将申丛执秦宗权”乞降（《旧·昭宗纪》）。从而彻底扫除了他在汴州立足并进而扩展势力的这一最大障碍。

宣武镇除会府汴州外，尚有巡属宋、亳两州。朱全忠到任不久，很快即控制了全境。又乘滑州军乱袭取了义成镇，地盘有所扩大。陈州赵犨在受黄巢、秦宗权长期围攻时，东都张全义在与河阳李罕之争夺中，朱全忠都曾给予巨大援助，从而获得他们的尽心依附。而发生于这个阶段之初的上源驿事件，[①]则种下了此后与河东李克用长期对抗的根源。东与郓兖朱瑄、朱瑾兄弟，东南与徐州时溥构隙，也开始于这个阶段。

第二阶段　文德元年（888）九月至乾宁四年（897）十二月

这个阶段的主要特点，是向东发展势力，与时溥，朱瑄、朱瑾苦斗，终于吞并了感化、天平、泰宁三镇。

朱全忠被秦宗权围攻，曾两次向朱瑄求救，都得到朱瑄兄弟大力援助，可是汴州所受包围刚被粉碎，朱全忠就把兼并的触角伸向

① 中和四年五月甲戌，李克用追剿黄巢，还至汴州，朱全忠馆之于上源驿，置酒款待，礼貌甚恭，克用乘酒使气，语侵全忠。全忠不平，于当晚发兵围驿而攻之，克用侥幸逃脱，从者皆死。此事有谓两霸争强火拼者。《资治通鉴考异》卷二五则谓：“全忠是时兵力尚微，天下所与为敌者，非特患克用一人，而借使杀之，不能并其军夺其地也。盖克用恃功，语或轻慢，全忠出于一时之忿耳。”

了他们。宋祁《新唐书》卷一八八《朱宣(按,即朱瑄)传》:“全忠厚德宣,兄事之,情好笃密。而内忌其雄,且所据皆劲兵地,欲造怨乃图之。即声言宣纳汴亡命,移书诋让。宣以新有恩于全忠,故答檄恚望。全忠由是显结其隙,使朱珍先攻瑾,取曹州。”同书《僖宗纪》系“取曹州”于光启三年(887)八月壬子。从此开始与朱瑄、朱瑾兄弟长达十年,“凡十举师,四败绩”(《新·朱宣传》)的争战。

这时,淮南正处于秦彦、毕师铎、杨行密、孙儒等人的混战之中。光启三年(887)闰十一月唐朝廷任命朱全忠“兼淮南节度使、东南面招讨使”(《鉴》257),给了他向淮南发展势力的合法依据。可是在宣武和淮南之间却隔着一个藩镇,即徐州感化军。感化节度使时溥“自以先起,功名显朝廷,位都统,顾不得[领淮南]而全忠得之,颇怅恨”(《新·时溥传》)。朱全忠以书假道于时溥,溥不许,派往淮南的军队在半途又遭时溥袭击,于是开始了与时溥的多年争战。

在争战中双方都投入了巨大兵力。光启三年(887)八月临濮刘桥之战汴州军被“杀数万人”(《薛·葛从周传》)。文德元年(888)十一月吴康镇之战“时溥自将步骑七万(《鉴》257)”,龙纪元年(889)正月彭城吕梁之战“时溥领军二万”(《薛·梁纪》),大顺二年(891)十二月金乡之战,朱瑾“领军三万”,被“杀二万余众”(《薛·梁纪》)。景福元年(892)二月,“朱瑾领兵二万入援彭门”(《薛·霍存传》),在石佛山下遭朱友裕、霍存合击,大败而归。乾宁元年(894)二月鱼山大战,“瑄、瑾大败,杀万余人”(《薛·梁纪》)。乾宁二年(895)十一月,朱瑄遣其将贺瑰等将兵“万余人以袭曹州”,庶解兖州之围,被朱全忠追而败之,“杀戮将尽”(《薛·梁纪》)。对朱全忠而言,确是经过多年苦战,才于景福二年(893)四月戊子拔彭城,“时溥举族登燕子楼自焚死”(《鉴》259)。于乾宁四年(897)正月陷郓州,执朱瑄,二月戊申降兖州,朱瑾奔淮南,从而完成了对感化、天平、泰宁三镇的吞并。至此,河南“郓、齐、曹、棣、兖、沂、密、徐、宿、陈、许、郑、滑、濮皆入于全忠”,即除宣武外,天平、泰宁、感化、忠武、宣义五镇皆已置于朱全忠的直接控制之下。“惟王师范保淄青一道”,虽未受朱全忠直接控制,然“亦服于全忠”。(皆见《鉴》261)

兼并战争给三镇带来巨大破坏。朱全忠攻时溥,“汴军四集,徐泗三郡,民无耕稼,频岁水灾,人丧十六七”(《旧·时溥传》)。攻郓州“三四年间,每春秋入其境剽掠,人不得耕织,民为俘者十五六”(《旧·朱瑄传》)。不过,朱全忠在藩镇“互相吞噬”中的表现,与蔡州奉国军节度使秦宗权“所至屠残人物,燔烧郡邑……既乏食,啖人为储,军士四出,则盐尸而从”(《旧·秦宗权传》),河阳节度使李罕之“部下以俘剽为资,啖人作食”,致使怀、孟、晋、绛“数州之民屠啖殆尽,荆棘蔽野,烟火断绝,凡十余年”(《薛·李罕之传》),仍有巨大差别。

朱全忠支撑战争的粮食等军需物资,掠夺固然是重要来源,但却不是唯一来源。朱全忠到汴州不久,即与邻境陈州赵犨兄弟、河南府张全义确立了极亲善的关系。陈州解围之后,“陈、许流亡之民,襁负归业,犨设法招抚之,人皆感之”,社会秩序和生产事业很快趋于正常,赵犨出于感恩,也出于“为子孙之计”,“数年之间,悉力委输,凡所征调,无不率先”(《薛·赵犨传》)。其弟赵昶继为节度使,仍然是“太祖每有征伐,昶训练兵甲,馈挽供亿,无有不至”(《薛·赵昶传》)。张全义“治军有法,善积聚,勤于播植,军储不乏”(《薛·李罕之传》)。光启三年(887)初据洛阳,即已在所属十八县“招怀流散,劝之树艺”(《鉴》257)。次年文德元年(888),他在河阳得到朱全忠援助,击退河东和李罕之进攻后,又长期任河南尹,河南府周围农田垦辟、生产恢复的情况,就相当可观了。“全义德全忠出己,由是尽心附之,全忠每出战,全义主给其粮仗无乏”(《鉴》257),如他妻子储氏在朱全忠晚年所表白的:“宗奭(全义改名),种田叟耳! 三十余年,洛城四面开荒斸棘,招聚军赋,资陛下创业。”(《薛·张全义传》)当时,朱全忠只是以先后所兼的东北面都招讨使、东南面都招讨使、蔡州四面行营都统等身份向各镇征调,按当时形势,各镇是否接受征调,仍得视他们与朱全忠的关系如何而定,是没有多少约束力和强制力的。

除了亲善邻镇委输以外,朱全忠辖区内的后勤供应能力也相当强。《旧五代史》卷一二《宗室·密王友伦传》:“年十九,为宣武军校,景福初,充元从骑军都将……太祖征兖郓,友伦勒所部兵收聚粮谷,以济军须。”“粮谷”需“勒所部兵收聚”,一方面反映了“收聚”的强暴性,另一方面也反映了其境内尚有可供“收聚”之处,也就是说,其境内的农业生产尚在进行。光启三年(887)朱全忠遣朱珍募兵东道,“虑蔡人暴其麦苗,期以夏首回归”(《薛·梁纪》),反映了他对于保护境内农业生产,历来相当重视。景福元年(892)正月,朱全忠“遣丁会于兖州界徙其民数千户于许州”(《薛·梁纪》),这当然是为了打击敌方朱瑾的实力,但从己方而言,无疑也具有增补农业劳动力的用意。许州是友镇忠武军的巡属,南宋人洪迈特予“拈出”的《旧五代史·食货志》小序,谓朱全忠“以夷门一镇,外严烽候,内辟污莱,厉以耕桑,薄其租赋,士虽苦战,民则乐输,二纪之间,俄成霸业”,[①]当具有相当的历史真实性。如光启中河阳牙将赵克裕率所部归朱全忠后,朱全忠“东征徐兖,克裕屡受指顾,无不如意,数年之内,继领亳、郑二州刺史。时关东藩镇方为

① 见《容斋随笔》三笔卷十《朱梁轻赋》。辑本《旧五代史》即据此辑入,谓“绎其文义,当系食货志序”。

蔡寇所毒,黎元流散,不能相保,克裕妙有农战之备,复善于绥怀,民赖而获安者众"。[1] 大顺元年(890)朱全忠兼宣义节度使,表谢瞳为节度副使,充两使留后。"瞳在滑十三年,部内增户约五万,益兵数千人。"(《薛·谢瞳传》)皆其显例。

朱全忠在藩镇"互相吞噬"中之所以节节获胜,其势力之所以不断得到扩展,应当说与他一贯重视境内的农业生产有密切关系。随着直接统治区域的扩大,他的重农措施也就在更大的范围内得到推行,这于河南地区惨遭破坏的社会经济的恢复和发展,显然是有利的。

朱全忠乘吞并兖、郓的余威,试图再向淮南发展势力,出动了总数约十万以上的兵力。这时,杨行密已牢牢控制了淮南的局势,又新得随朱瑾南投的一支有生力量,军势大振。乾宁四年(897)十一月的清口之战,汴军几乎全军覆没,还者不满千人。中原短命王朝与吴、南唐对峙格局,自此基本确定。

在这个阶段,朱全忠与河东李克用有过多次小的交锋,互有胜负。

第三阶段 光化元年(898)正月至天复元年(901)五月

这个阶段的主要特点,是同李克用争霸,占领邢、洺、磁,控扼李克用东出河北通道;夺取河中,阻塞李克用西入关内咽喉。逼使成德、易定诸镇服从,并给占据幽、沧的刘仁恭、刘守文父子以毁灭性打击。

---

① 《旧五代史》卷一五《赵克裕传》。赵克裕先后任亳、郑二州刺史,当是光启三年至大顺二年间事,亳州是宣武军巡属,郑州是义成(宣义)军巡属,实际上都是朱全忠的直接统辖区。

邢、洺、磁三州伸入太行山东，从大顺元年正月以后，一直为李克用所占领，是李克用向河北扩展势力，左右河北局势的前进基地。李克用救援郓兖的军队即从这里出发。

河北诸镇，包括介于邢、洺和汴、滑之间的魏博镇，起初都是偏向李克用的。[①] 乾宁三年闰正月的莘县事件，[②]才促使魏博节度使罗弘信"自是与河东绝，专志于汴"(《鉴》260)。光化元年(898)五月，邢、洺、磁三州先后被汴将葛从周攻占，朱全忠和李克用在河北的地位就开始向相反方向转换了。李克用既被堵截于山西，占据幽州的刘仁恭于是成了朱全忠控制河北过程中的主要对手。

刘仁恭本是在李克用一手扶植下才跻身幽州卢龙军节度使的，待到羽毛稍丰，他便摆脱了李克用控制。[③] 且于光化元年(898)三月袭取了沧、景、德三州，兵势益盛，"遂有吞噬河朔之志"(《薛·刘守光传》)。

朱全忠多次给刘仁恭以重创，光化二年(899)三月，相州内黄之战，幽州兵大败，精甲"五万之众无生还者"；魏州城下之战，复大败，仁恭烧营而遁，"自魏至长河数百里，僵尸蔽地"(皆见《薛·刘守光传》)。光化三年六月，乾宁军老鸦堤之战，"斩首三万"(《薛·葛从周传》)。刘仁恭复"卑辞厚礼乞师于晋"，但由于东出

---

① 魏博节度使罗弘信于文德元年(888)三月夺权之初，虽曾遣使朱全忠"请修好"，但次年龙纪元年六月，朱全忠向他"假道"援救邢州(时邢州孟方立、孟迁受李克用进攻，危甚)，却遭拒绝。大顺元年(890)五月唐廷诏张濬督诸军伐河东，且以朱全忠为南面招讨使，朱全忠"遣使者请粮马及假道于魏"，复遭拒绝。朱全忠发兵击之，五战五捷，罗弘信惧，二年正月，"遣使厚币请和"。《资治通鉴》卷二五八谓"魏博自是服于汴"。可是，当朱全忠攻讨郓兖时，罗弘信却又同意河东假道，允许李克用援救郓兖的军队从他境内通过。

② 朱全忠曾警告罗弘信："克用志吞河朔，师还之日，贵道可忧。"河东将李存信救郓兖，将万骑军于魏州莘县，戢众不严，侵暴魏人，罗弘信遂发兵三万夜袭李存信。

③ 刘仁恭原为幽州将，将兵戍蔚州。景福二年曾率兵还攻幽州，兵败逃亡河东。乾宁元年(894)，李克用攻陷幽州，表仁恭为节度使，且"留腹心燕留德等十余人分典军政"(《薛·刘守光传》)。韩建劫唐昭宗于华州，李克用声言"迎驾"，征兵于仁恭，仁恭辞以契丹入寇。克用屡促之，复移书责之，"仁恭抵书于地，慢骂，囚其使者，欲杀河东戍将，戍将遁逃获免"(《鉴》261)。克用大怒，乾宁四年自将击仁恭，大为燕军所败。

河北的通道已被朱全忠控扼,李克用只能一而再地“遣兵逼邢、洺以应之”(皆见《薛·刘守光传》)。

光化三年(900)九月,朱全忠以成德节度使“王镕与李克用交通,移兵伐之”,逼使王镕以其子及大将子弟为质求和。王镕请朱全忠乘胜兼服幽沧、易定,使河北诸镇合而为一,以制河东。朱全忠即遣张存敬向刘仁恭继续发起进攻,连下二十城。幽州道泞不能进,张存敬“乃引兵西攻易定”,易定兵大败,节度使王郜弃城奔晋阳,军中推王处直为留后。王处直“请从此改图”,不再“附河东”,朱全忠许之。刘仁恭遣子守光将兵救易定,再次被重创,“杀六万余人”。《资治通鉴》卷六二六于此下接载:“由是河北诸镇皆服于全忠。”

此时河北共五个藩镇。幽州卢龙军节度使刘仁恭、沧州义昌军节度使刘守文父子受到重创,元气大伤,是明确见诸记载的,但是否即“服于全忠”,则史无明文。表示服于朱全忠者,乃魏博节度使罗弘信、镇州成德节度使王镕、定州义武节度使王处直,但对此三镇,亦如胡三省注所指明的那样,只是“羁服于全忠,全忠不能并有其地也”,与河南被兼并诸镇的情况是根本不同的。

河南被朱全忠兼并的藩镇,如果包括都畿、河阳,共有八个,其中朱全忠兼领的,只有宣武、宣义、天平三镇,其余各镇的节帅则由朱全忠表荐其部将担任。实际上与朱全忠亲自兼领并无多大区别。如宣义(即义成)镇,在朱全忠兼领前虽以胡真为节度使,“然兵赋出入,皆制于全忠,一如巡属”(《鉴》258)。又如景福元年(892)二月,“朱全忠奏贬河阳节度使赵克裕,以佑国节度使张全义兼河阳节度使”事,胡注也曾指出:“二镇时皆属朱全忠,或贬或兼,唯其所奏。”(《鉴》259)可见朱全忠在河南兼并的结果,实际上已经是局部地区小统一的实现。后梁建国后,开平四年(910)九月诏曰:“魏博管内刺史,比来州务并委督邮,遂使曹官擅其威权,州牧同于闲冗。俾循通制,宜塞异端。并依河南诸州例,刺史得以专达。”(《薛·梁纪、职官志》)此所谓“刺史得以专达”的“河南诸州例”,疑即起于河南诸镇初被兼并时,而“专达”所达之处,乃朱全忠,而非唐朝廷也。因为朱全忠对于被兼并的河南诸镇既然都是“一如巡属”的关系,那么各州刺史绕过名义上的节度、观察使直达于该地区的实际统治者,本是极自然的事。则在河南诸镇,对于唐中叶以来适应藩镇割据的一套政治体制的改革,虽然不是有意识地,实际上却已悄悄开始。

所有这些,在“羁服于”朱全忠的河北诸镇(河南之淄青平卢军亦当包括在内),当然还根本谈不上。不过,河北诸镇的向背,无论对于朱全忠还是对于李克用,都不是无关紧要的。河北诸镇的“改图”,在朱全忠,是他势力扩展的划阶段标志;而在李克用,则不得不“大发军民治晋阳城堑”(《鉴》262),准备在内线迎击朱全忠的进攻了。但河北诸镇对于朱全忠终究仅仅只是“羁服”,而“羁服”与否的关键,又仅仅取决于外部条件,即争霸双方朱、李两家实力的消长。兵临城下,成德判官周式曾向朱全忠游说,谓:“镇州密迩太原,困于侵暴,四邻各自保,莫相救恤,王公与之连和,乃为百姓也。今明公果能为人除害,则天下谁不听命,岂惟镇州?”附汴之初,另一位成德判官张泽又曾向节帅王镕进言,谓:“河东,劲敌也。今虽有朱氏之援,譬如火发于家,安能俟远水乎?彼幽沧、易定犹附河东,不若说朱公乘胜兼服之,使河北诸镇合而为一,则可以制河东矣。”(皆见《鉴》262)凡此,都充分暴露了河北诸镇谁强附谁的心态,而他们所处的地理位置,更使得他们若改附河东,只是反掌间事。因此,河北诸镇的“羁服”,对于朱全忠也不是没有隐忧的。

在这一阶段的最后一年,即天复元年(901)二月,朱全忠出兵攻占了河中府及其巡属晋、绛等州。河中镇是河东西入关中的咽喉地带,其历任节帅王重荣、王重盈、王珂一直与河东李克用保持着亲善关系,从而使李克用得以在光启元年(885)、乾宁二年(895)两度顺利入关左右朝廷。今"长蛇之腰"既被斩断,①《旧五代史》卷二六《唐武皇纪》遂谓:李克用"自是不复能援京师,霸业由是中否"。

此年五月癸卯,朝廷"以全忠为宣武、宣义、天平、护国四镇节度使"。其下胡注曰:"使全忠以邻道自广,则当兼领佑国、河阳、陕虢,不应越此三镇而领河中。全忠所以领河中者,上以制朝廷,下以制李克用也。"(《鉴》262)。朱全忠的势力发展,由此进入第四阶段。

第四阶段　天复元年(901)五月至天祐四年(907)四月

这个阶段的主要特点,是与李茂贞争夺对唐皇帝的控制。

李克用西入关中的咽喉既被阻塞,朱全忠西向扩展势力的争斗对象只剩下李茂贞了。"时朱全忠、李茂贞各有挟天子以令诸侯之意"(《鉴》262)。天复元年(901)十一月,李茂贞伙同宦官韩全诲等,将唐昭宗劫迁至凤翔,朱全忠则发兵包围了凤翔,"攻城者诟城上人云'劫天子贼',乘城者诟城下人云'夺天子贼'"(《鉴》263)。经过几次较量,唐昭宗终于落入朱全忠掌握,且于天祐元年(904)四月,被劫迁至洛阳,八月遂被弑死。新立的昭宣帝只有等

① 《资治通鉴》卷二六二载:天复元年正月,"朱全忠既服河北,欲先取河中以制河东。己亥,召诸将谓曰:'王珂驽材,恃太原自骄汰,吾今断长蛇之腰,诸君为我以一绳缚之。'"胡注:"言河东、河中两镇连衡以通长安,今若取河中,是断李克用之腰也。"

待废黜的命运了。

在争夺控制唐昭宗的过程中，朱全忠兼并了韩建的同、华二镇，李茂贞的关中州镇，也“皆入全忠”(《鉴》263)，且于天复元年(901)四月、二年三月两度兵临晋阳城下，重创晋军，致使李“克用不敢与全忠争者累年”(《鉴》263)。荡平了原仅羁服的平卢节度使王师范在后方发动的反叛，并有其地；击溃了“东与杨行密交通，西与王建结婚”(《鉴》265)的赵匡凝、赵匡明兄弟的半割据势力，把山南东和荆南置于其直接控制下。这样，朱全忠的势力扩展也就达到了他的顶峰。再次试图向淮南发展势力，又再次为杨行密所阻。

但是，以天祐三年(906)闰十二月昭义节度使丁会举军降于河东一事为标志，朱全忠已经开始从他的势力的顶峰下滑了。这一事件的意义，不仅在于潞州所处的“天下之脊”的地位，河东之兵自潞州南下太行直抵滑孟之郊，即可进据洛阳，深入河南。更重要的，在于它所体现的朱全忠核心集团心理上的裂痕。丁会见李克用，曾说：“臣非不能守潞，但以汴王篡弱唐祚，猜嫌旧将，臣虽蒙保荐之恩，而不忍相从，今所谓吐盗父之食以见王也。”(《薛·丁会传》)丁会是“黄巢渡淮”时辄“从梁祖为部曲”的元从，也是首批被表为节度使的宿将，如今却不是因为力不能守，仅仅因为朱全忠的“篡弱唐祚，猜嫌旧将”而弃汴投晋了。这种心理上的裂痕是无形的，实际影响却颇为深远。

正当朱全忠从他势力的顶峰开始下滑的时候，他又匆匆取代唐室，登基作了后梁的开国皇帝。《资治通鉴》卷二六四谓“全忠既破李茂贞，并吞关中，威震天下，遂有篡夺之志”。也就是，一旦将唐昭宗劫持在手，他的野心就由“挟天子令诸侯”上升为“篡夺”了。不过直至天祐三年(906)八月引兵进攻沧州时，他尚有“以河北诸镇皆服，惟幽沧未下，故大举伐之，欲以坚诸镇之心”(《鉴》265)的考虑，即尚有待其势力更发展，内部更巩固以后再行“篡夺”的考虑。接着由于丁会以潞州降晋，朱全忠不得不从沧州前线烧营而还，“威望大沮”，才加快了“篡夺”步伐。这样做，在朱全忠是“恐中外因此离心，欲速受禅以镇之”，魏博节度使罗绍威出于自身安全，也劝他“不如早灭唐以绝人望”（皆见《鉴》266）。而实际的后果则只能是，“离心”既未“镇”住，“人望”也未断“绝”，朱全忠从他势力顶峰下滑的趋势再也未曾挽回。

本来，经过唐末农民战争的强力冲击，全国的政治形势，在公开大分裂的表象中，实已开辟出了一条通过藩镇之间的互相吞噬，先实现局部地区的小统一，再进而实现全国范围大统一的现实途径，并且在朱全忠身上获得了相当显著的体现。如今，这条现实途径的体现者业已开始转移至别人身上。不过尽管如此，作为客观历史使命的不自觉执行者，朱全忠在代唐前夕，仍然为这条现实途径的继续扩展，廓清了一些场地。

唐末的宦官集团和朝官集团，同是附着于名存实亡的唐王朝身上的两股腐朽势力，是寄生于生生不息的社会机体上的两个恶性肿瘤。天复三年（903）正月，主要假手于崔胤对宦官集团“翦灭其党，靡有孑遗”（《鉴》263 臣光曰）的血腥屠杀，以及以天祐二年（905）六月“白马驿事件”为代表的对所谓的“衣冠浮薄之徒”（《鉴》265）即朝官的大肆贬逐镇压，其主观目的当然是为“篡夺”排除障碍，但客观上却也为封建统治机构的改造和净化作了一次费力的清扫。

天祐三年（906）正月应魏博节度使罗绍威之请对魏博牙军所施的阖营诛戮，其意义甚至还要大些。因为河朔藩镇的这些牙军，原是节度使为争取和维护其割据地位而建立的，年代浸久，他们“父子相袭，亲党胶固”，成了藩镇内部的特殊社会集团，藩镇割据统治的主要社会基础。由于切身利害的驱使,他们既是藩镇割据地位的拼死维护者,又是藩镇动乱的不断制造者。而“变易主帅,有同儿戏”(皆见《旧·罗弘信传》)的行为,又使他们与节帅经常处于紧张的对抗之中,竟使罗绍威不得不出此引狼入室的下策,而历史发展的客观趋势遂也得以假朱全忠之手对藩镇割据的社会基础作了一次有效的铲除。所以魏博牙兵既灭,魏博镇的割据历史不久便终结了。虽然幽州、成德两镇牙军的铲除尚需积以时日,而且是在朱全忠的敌手——晋王李存勖那里完成的,但结束河朔三镇割据历史的肇始者,仍得首推朱全忠。

(原载《春史卞麟锡教授还历纪念唐史论丛》)

北宋前期的中枢机构及其渊源

一

中枢,谓发号施令的总枢纽。关于北宋前期,即元丰改制以前中枢机构的状况,《文献通考》卷四七《职官考·官制总序》在与唐代前期的中枢机构——三省的对应叙述中有过这样的概括:

> 宰相不专用三省长官。中书、门下并列于外,又别置中书于禁中,是谓政事堂,与枢密院对掌大政。天下财赋,内庭诸[司],中外管库,悉隶三司。中书省但掌册文,覆奏考帐,门下省主乘舆八宝,朝会位版,流外较考,诸司附奏挟名而已。台、省、寺、监官无定员、无专职,悉皆出入分莅庶务。故三省、六曹、二十四司,互以他官典领,虽有正官,非别敕不治本司事。事之所寄,十亡二三。

可见,在北宋前期,只有置于禁中的中书和枢密院才称得上是中枢机构;此外,三司也可以说是准中枢机构。至于唐代以来作为三省之一的中书省和门下省,虽仍"并列于外",却已无甚职权,尚书省六部二十四司,也同中书省、门下省一样,都是"事之所寄,十亡二三”。

置于禁中的中书“为宰相治事之所”,又称政事堂。它位于朝堂之西,虽“榜曰中书”,即挂着“中书”字样的匾额,但“印文行敕”,则仍曰“中书门下”。[①] 故中书实是中书门下的简称。中书的长官就是宰相。“宋沿唐旧制,其命相必曰同中书门下平章事”。[②] 无定员,有二人则分日知印。副贰称参知政事。名义上,宰相“掌邦国之政令,弼庶务,和万邦,佐天子,执大政”,[③]好像也是事无不统的,但实际上,前代宰相所拥有的那种事无不统的事权,在宋代已经被枢密院和三司分割了。

“枢密院与中书对持文武二柄,号为‘二府’”。院在中书之北。其长官无定名,“有使则置副使,有知院则置同知。如置知院,则当为副使者皆改同知;若置使,则同知复改为副使”。直至熙宁元年(1068),才出现知院与使、副并置的现象。枢密院“掌军国机务、兵防、边备、戎马之政令,出纳密命,以佐邦治”。[④]

三司及其长官三司使“掌邦国财用之大计”,“应四方贡赋之入,朝廷不预,一归三司。通管盐铁、度支、户部,号曰‘计省’,位亚执政,目为‘计相’。其恩数、廪禄,与参、枢同”。[⑤] 置使一人,另有副使。太平兴国八年(983)分置三使,至咸平六年(1003)复置使一员总领,三部则各置副使一人。

关于北宋前期中枢机构的设置,论者多从皇权专制主义分割宰相事权的角度予以论述,这无疑是正确的。但是,如果我们再对这些机构的渊源所自稍加考察,那么我们还将发现,北宋前期

---

① 《宋会要辑稿》职官一之一七录《神宗正史职官志》。
② 章如愚《山堂先生群书考索》后集卷五《官制门·宰相》。
③ 《宋会要辑稿》职官一之一六录《两朝国史志》。
④ 马端临《文献通考》卷五八《职官考》;《宋史》卷一六二《职官志》。
⑤ 《朱史》卷一六二《职官志》。

中枢机构之所以如此设置，实在是前此长期历史发展的必然结果，而北宋建立之初的改革措施，却在相当程度上恢复了宰相的事权。

二

由枢密使侵夺宰相事权的事实，可以追溯到唐代安史之乱以后的宦官专权。唐代宦官专权与汉、明宦官专权最大的不同之点，一是唐代的宦官掌握了禁军，二是唐代设置了一套由宦官指挥的北衙内诸司使系统，如宋真宗时宰相王旦所说的，“唐设内诸司使，悉拟尚书省”。① 左右神策军护军中尉是禁军统帅，而两枢密使就是内诸司使之首，相当于南衙的宰相。四者被称为“四贵”，其中中尉掌握了军权，而枢密使则盗窃了政柄。

叶梦得《石林燕语》卷四引后蜀冯鉴所作《续事始》曰：“代宗永泰中，以中人董秀管枢密，因置内枢密使。”王明清《挥麈录》后录卷一“宰相枢密分合因革”条在言及枢密使的源起时，亦云：“唐代宗永泰中，始置内枢密使二员，以宦者为之。”然而据《册府元龟》卷六六五《内臣部·总序》所言：“永泰二年(766)，始以中人掌枢密用事(代宗用董秀专掌枢密)。……宪宗元和中，始置枢密使二人(刘光琦、梁守谦皆为之)。”则正式称枢密使似是元和中事。掌枢密或枢密使“初不置司局，但以屋三楹贮文书。其职惟掌承受表奏于内进呈，若人主有所处分，则宣付中书门下施行而已”。② 初设的掌枢密或枢密使虽无司局，实际上却处于地居近密，又口含天宪的地位。正是这种地位，才给了它以干预政事的方便。

---

① 《续资治通鉴长编》(以下简称《长编》)卷八六大中祥符九年三月辛酉记事。
② 王明清《挥麈录》后录卷一“宰相枢密分合因革”条。

唐代后期枢密使干预政事的情况怎样呢?

据《资治通鉴》对唐武宗时一次任命宰相的记载:会昌三年五月“壬寅,以翰林学士承旨崔铉为中书侍郎、同平章事。铉,元略之子也。上夜召学士韦琮,以铉名授之,令草制。宰相、枢密皆不之知。时枢密使刘行深、杨钦义皆愿慤不敢预事,老宦者尤之曰:此由刘、杨懦怯,堕坏旧风故也”。[①] 则在“旧风”下,枢密使当是照例要干预宰相等大臣的任命的。

《资治通鉴》卷二六二所载天复元年(901)正月丙午敕也提到枢密使的“挠权乱政”,谓“近年宰臣延英奏事,枢密使侍侧,争论纷然;既出,又称上旨未允,复有改易。挠权乱政。自今并依大中旧制,俟宰相奏事毕,方得升殿承受公事”。胡三省注:“大中故事,凡宰相对延英,两中尉先降,枢密使候旨殿西,宰相奏事已毕,枢密使案前受事。”则此所谓“挠权乱政”,从所描述的情况来看,实际上无非是枢密使与宰相共同参与了朝廷大政的讨论,并且枢密使还拥有了最后决定权。宣宗大中年间稍抑宦官之权,曾将其限制在原来规定的职责范围之内;此时杀中尉王仲先、刘季述,枢密王彦范、薛齐偓,昭宗复辟,遂又重申了这一限制。不过枢密使这样地“挠权乱政”,当是很长一段时间内的习见事实。

不仅如此,唐代末年,枢密使还窃取了“于堂状后帖黄,指挥公事”[②]的权力。对此,左军容使宦者严遵美“尝叹曰:‘北司供奉官以胯衫给事,今执笏,过矣。枢密使无听事,唯三楹舍藏书而已,今堂状帖黄决事,此杨复恭夺宰相权之失也。’”[③]正因为枢密使大量侵夺了宰相的事权,所以当时有“宰相枢密,共参国政”[④]的说法。

---

① 见卷二四七。
② 《山堂先生群书考索》后集卷五《官制门·枢密院》引宋白《续通典》。
③ 《新唐书》卷二〇七《宦者·马存亮附严遵美传》。
④ 《资治通鉴》卷二五〇咸通二年二月白敏中出掌凤翔节条记事。

朱全忠在夺取唐室政权的过程中,基本消灭了宦官的势力。宦官集团左右政局的现象虽然结束了,但由枢密使侵夺宰相事权的进程却并未就此中止。枢密使这一职任也未取消,只是从宦官那里转移到了士人手中。清人赵翼说:"昭宗末年,朱温大诛唐宦官,始以心腹蒋玄晖为唐枢密使,此枢密移于朝士之始。"①后梁建国,改枢密使为崇政院使。后唐庄宗即位,又恢复枢密使之名,并兼以宦者充任。明宗天成以后,枢密使任用士人,偶有武官,遂为定制,直至宋代。

后梁期间,曾先后以敬翔、李振为崇政院使。"敬翔、李振,始辅霸图,终成帝业",②都是朱全忠倚以夺取政权的心腹亲信。此后充任枢密使的,如后唐庄宗时的郭崇韬,明宗时的安重诲,末帝时的韩昭胤、房暠、刘延朗,后晋高祖时的桑维翰,后汉高祖时的杨邠,后周太祖时的王峻,几乎无一例外,全都是辅佐皇帝夺得政权的心腹亲信。

关于五代时期枢密使权势的演进状况,欧阳修在《新五代史》中有一段概括的论述,如下:

> 予读《梁宣底》,见敬翔、李振为崇政院使,凡承上之旨,宣之宰相而奉行之,宰相有非其见时而事当上决者,与其被旨而有所复请者,则具记事而入,因崇政使闻,得旨则复宣而出之。梁之崇政使,乃唐枢密之职,盖出纳之任也。唐常以宦者为之,至梁戒其祸,始更用士人。其备顾问、参谋议于中则有之,未始专行事于外也。至[郭]崇韬、[安]重诲为之,始复唐枢密之名,然权侔于宰相矣。后世因之,遂分为二,文事任宰相,武

① 《廿二史札记》卷二二《五代枢密使之权最重》。
② 《旧五代史》卷一八《张文蔚等传论》。

事任枢密。枢密之任既重，而宰相自此失其职也。①

似乎后梁在“始更用士人”的同时，还把崇政使的职任恢复到了唐代原先规定的“出纳之任”上，而“枢密之任重，宰相失其职”的情况，则是进入后唐以后才开始出现的。但是，“备顾问、参谋议于中”这一事实本身却又表明，宰相的参与决策之权业已转至崇政院使身上，剩下的不过是照章办事的“行事”之权罢了。所以司马光在《资治通鉴》中就作了这样的记述：

梁太祖以来，军国大政，天子多与崇政、枢密使议，宰相受成命，行制敕，讲典故，治文事而已。②

尽管枢密使侵夺宰相参与决策之权由来已久，后梁统治期间亦无所改变，但是从后唐以后，枢密使的权势确曾一度极端膨胀起来，出现了如欧阳修所说的“专行事于外”的现象。

枢密使“专行事于外”现象的出现，固然有时仅仅只是由于枢密使个人的专横。如后唐明宗时安重诲的“恃功矜宠，威福自出”，③就是如此。不过，既然后唐以后枢密使“专行事于外”已成通例，则似乎不能仅仅从个人的作风或品格来解释，一定还有更深刻的制度上演变的原因。清人王鸣盛在论述唐五代宰相制度的演变时曾说：“唐时侍中、中书令不轻授，而同三品、同平章事即为宰

① 见卷二四《郭崇韬安重诲传论》。关于《梁宣底》，沈括《梦溪笔谈》卷一《故事》云：“晚唐枢密使自禁中受旨，出付中书，即谓之宣。中书承受，录之于籍，谓之宣底。今史馆中尚有《梁宣底》二卷，如今之圣语簿也。”又，关于“记事”，徐无党注云：“记事，若今学士院咨报。今士大夫间以文字相往来谓之简帖，俚俗犹谓之记事也。”

② 见卷二八二天福四年四月废枢密院条记事。

③ 《新五代史》卷二四《安重诲传》。

相，若五代，则又必以兼枢密者方为有相权，如豆卢革辈，但有相名耳。”①这里说的“兼枢密者方为有相权”的“兼枢密者”，确切些说，应当是枢密使徙宰相后仍兼枢密者。这一现象是从后唐庄宗时的郭崇韬开始的。史载后唐庄宗建国，郭崇韬任枢密使，一度权行中书事，后拜侍中，已为真宰相，但仍兼枢密使。这种现象，唐代宦官任枢密使时当然不可能出现，在后梁改用士人后也未曾出现过。

后唐庄宗建国后在任命郭崇韬为枢密使的同时被任命为宰相的，是豆卢革和卢程。一般说来，五代任用枢密使不受出身或门第的限制，他们在皇帝即位前就是心腹亲信，是富于谋略和才干的。而在物色宰相人选时却不是这样。尤其在后唐，它还深受唐代过时的观念和作法的束缚。豆卢革是被人“以名家子举之”，卢程也是以“唐朝右族”，才被任为宰相的。史载卢程“褊浅无他才，惟矜恃门地”，当他还是河东节镇的幕僚时，“庄宗尝于帐中召程草奏，程曰：‘叨忝成名，不闲笔砚。’”后改支使。“旧例支使监诸廪出纳，程诉于[张]承业曰：‘此事非仆所长，请择能者。’承业叱之曰：‘公称文士，即合飞文染翰，以济霸国，尝命草辞，自陈短拙，及留职务，又以为辞，公所能者何也？’程垂泣谢之。”②但就是这样的废物，却竟然首被举为宰相人选，他们身踞相位到底能有什么作为，也就可想而知。在这种情况下，由皇帝的心腹亲信而又富于谋略才干的枢密使来兼任宰相，也就势有必然。但由于受旧观念的束缚，宰相又不能全由郭崇韬一流人物来充任，于是出现了如同王鸣盛概括的，“必以兼枢密者方为有相权”，否则“但有相名耳”的状况。郭崇韬死后，虽说“宰相罕有兼枢密使者”，③如明宗时枢密使安重诲

① 《十七史商榷》卷九五“郭崇韬安重诲皆枢密兼节度”条。
② 皆见《旧五代史》卷六七《豆卢革传》、《卢程传》。
③ 《资治通鉴》卷二八一天福三年十月罢桑维翰、李崧枢密使条记事。

在未兼任宰相的情况下亦“专行事于外”，但为时甚暂。后晋以后，“必以兼枢密者方为有相权”又成了枢密使“专行事于外”的通常形式。

天福四年(939)四月，后晋高祖石敬瑭曾一度“废枢密院，以印付中书，院事皆委宰相分判”，“然勋臣近习不知大体，习于故事，每欲复之”。[1] 至开运元年(944)六月，遂又恢复设置。宰臣冯道等在奏请复置的表文中说：“枢密使创自前朝，置诸近侍，其来已久，所便尤多。”[2]枢密使罢而复置一事表明，要取消枢密院这一机构和枢密使这一职任，已经是不可能的了。

值得注意的是，这种宰相兼枢密使的现象，自从后周太祖广顺三年(953)王峻贬死以后，周世宗之世已经未再出现。与此同时，物色宰相人选上的出身、门第观念也已完全淡化。很可能当时在中书和枢密院这两个机构之间已经有了大致分工。虽然显德六年(959)六月周世宗去世前夕，又以枢密使魏仁浦为中书侍郎同平章事，枢密使如故，同时又命宰相范质、王溥皆参知枢密院事，但这属于后事安排，也许另有深意。宋太祖赵匡胤改周为宋，立即罢范质、王溥参知枢密院事，独枢密使魏仁浦既升的宰相身份不便复罢，故仍兼任。不过不管兼任与否，都未必有多少实权。赵匡胤的心腹亲信赵普自枢密直学士而枢密副使，自枢密副使而枢密使，又自枢密使而门下侍郎同平章事，很快取代了上述三相的地位。而赵普在升任宰相以后也未再兼枢密使。从而最终确立了“枢密院与中书对持文武二柄”的格局。

以上简单追述了宋代枢密院的渊源及其演变。从这一简单追述中可以看到，宋代“枢密院与中书对持文武二柄”格局的确立，实

---

① 《资治通鉴》卷二八二。
② 《旧五代史》卷八一《晋少帝纪》天福七年七月癸卯记事。

际上是限制枢密使完全侵夺宰相事权的结果,并在很大程度上恢复了宰相的事权。宰相事无不统事权中的军政之权被枢密使分割一事诚然不容忽视,如宋人屡屡提到的,每朝奏事,“中书、枢密先后上,所言两不相知,以故多成疑贰。然祖宗亦赖此以闻异同之论,用分宰相之权”。[①] 但是同一事实的另一方面,即在相当程度上恢复了宰相事权的方面,也是应予重视的。

三

三司通管盐铁、度支、户部。其中的度支和户部,原是尚书省六部中户部属下的两个司,其正副长官为郎中、员外郎。户部“掌分理户口、井田之事”,度支“掌判天下租赋多少之数,物产丰约之宜,水陆道途之利,每岁计其所出而度其所用,转运征敛送纳,皆准程而节其迟速”。[②] 唐玄宗统治时期,特别是安史之乱以后,随着社会状况和军事制度的演变,养兵之费占了财政支出中的绝大部分。由于财政支出浩大,不得不开辟新的财源,盐、茶、坑冶、酒、算,逐渐成了新的岁课项目,并在财政收入中占有愈来愈大的比例。于是,在原有的机构之外,新设了盐铁、转运使。转运使始于玄宗开元二十一年(733)的裴耀卿,盐铁使始于肃宗乾元元年(758)的第五琦,到了宝应元年(762)刘晏为使,以盐利作为雇人漕运的经费,盐铁、转运二使遂常由一人兼领,事实上成为一使。而原有的机构,如度支,也因为其事务日益繁难,吏员日益众多,其地位也提高了。“故事,度支案郎中判入,员外判出,侍郎总统押案而已,官衔

① 徐自明《宋宰辅编年录》卷一乾德二年正月庚寅“李崇矩枢密使”条引《南窗纪谈》。《挥麈录》后录卷一“宰相枢密分合因革”条同。

② 《旧唐书》卷四三《职官志》。

不言专判度支。开元以后,时事多故,遂有他官来判者,或尚书、侍郎专判,乃曰度支使,或曰判度支(使),或曰知度支事,或曰勾当度支使,虽名称不同,其事一也。”[①]来判的“他官”,犹如专判的尚书、侍郎,其品阶都远在原长官郎中、员外郎之上。户部的情况与度支类似。这样,在唐代后期,遂出现了户部、度支、盐铁三司之名。《旧唐书》卷四九《食货志》载元和七年(812)王播奏:“商人于户部、度支、盐铁三司飞钱,谓之便换。”钱大昕即认为:“三司之名,始见于此。”[②]后来,甚至“以宰臣各判一司”[③]亦成了经常的现象。

三司各自设使,互不隶属,亦无专使总统。只是有时出于“用兵无常,随时调敛”的需要,曾权宜设置租庸使以总领货财,“兵罢则止”。[④] 但是,唐代后期一度设专使总领钱谷这一权宜措施,到后梁却已作为定制确立起来。只是这一专使的名称,后梁建立之初不作“租庸使”,而是称作“建昌宫使”;其后朱友珪杀朱全忠自立,废之而置“国计使”,友珪寻为末帝朱友贞所杀,国计使才又改作“租庸使”,[⑤]且为后唐庄宗所承袭。后梁虽以新置的租庸使“领天下钱谷”,但盐铁、度支、户部三司似未曾立即废罢。[⑥] 直到后唐庄

① 《唐会要》卷五九《别官判度支》。“判度支使”,据《资治通鉴》卷二一九至德元载十月“第五琦见上于彭原”条记事胡三省注引朱白《续通典》,“使”,字衍。

② 《廿二史考异》卷五八《旧唐书二》。

③ 《旧五代史》卷一四九《职官志》。

④ 《新五代史》卷二六《张延朗传》:“唐制,户部、度支以本司郎中、侍郎判其事,而有盐铁转运使。其后用兵,以国计为重,遂以宰相领其职。乾符以后,天下丧乱,国用愈空,始置租庸使,用兵无常,随时调敛,兵罢则止。梁兴,始置租庸使领天下钱谷,废盐铁、度支、户部之官。庄宗灭梁,因而不改。”

⑤ 《五代会要》卷二四《建昌宫使》;《旧五代史》卷一四《赵犨附次子岩传》。

⑥ 《旧五代史》卷一八《薛贻矩传》:“受禅之岁夏五月,拜中书侍郎平章事,兼判户部。明年夏,进拜门下侍郎,监修国史,判度支。又迁弘文馆大学士,充盐铁转运使。”此为后梁建国之初三司未废之证。又,《旧五代史》卷一〇《梁末帝纪》:贞明六年(920)四月“乙巳,以右仆射兼门下侍郎、同平章事、监修国史、判度支、开国公敬翔为弘文馆大学士、延资库使、诸道盐铁转运等使,馀如故。以中书侍郎兼刑部尚书、平章事、集贤殿大学士、判户部事郑珏为监修国史、判度支。以中书侍郎、平章事萧顷为集贤殿大学士、判户部事”。则三司直至后梁末年犹存。同书同卷又载:龙纪元年(921)二月壬申,“盐铁转运使敬翔奏请于雍州、河阳、徐州三处重置场院税茶,从之”。则三司亦未完全赋闲。

宗同光二年(924)正月,才"敕盐铁、度支、户部三司,凡关钱物,并委租庸使管辖"。[1]

以专使总领天下钱谷的进程并未为政局的变动所中断,只是这一专使的名称最终却落实为"三司使"。史载后唐明宗夺得皇位后,在诛戮庄宗朝租庸使孔谦的同时,曾于天成元年(926)四月"诏废租庸院,依旧为盐铁、户部、度支三司"。但却又"委宰臣一人专判"三司事。[2] 此后,到了长兴元年(930)八月,"以前许州节度使张延朗为检校太傅、行兵部尚书、充三司使",[3]司马光即谓"三司使之名自此始",[4]从而确立了"三司使"这一职任。其任命的经过如下:初,"中书用唐故事",授延朗诸道盐铁转运等使兼判户部度支事。奏入,宣旨曰:"会计之司,国朝重事,将总成其事额,俾专委于近臣,贵便一时,何循往例,兼移内职,可示新规。张延朗可充三司使,班在宣徽使下。"[5]尽管总领钱谷或总判三司的事实早已存在,但"三司使"这一职任的确立,却也是破除"故事""往例"的结果。后晋初年,它还曾一度出现小的反覆:"晋高祖即位……分户部、度支、盐铁为三使。岁馀,三司益烦弊,乃复合为一。"[6]于此亦可见,"三司使"职任的确立,实在是势有必然。

无论在三司使职任确立以前,还是在三司使职任确立以后,以宰相兼判三司,在五代期间迄未断绝。宰相豆卢革、任圜、王建立、刘昫、张延朗、李崧、赵莹、李穀、景范,都曾兼判三司事。这反映了

① 《旧五代史》卷一四九《职官志》。
② 同上。
③ 《旧五代史》卷四一《唐明宗纪》。
④ 《资治通鉴》卷二七七。
⑤ 《新五代史》卷二六《张延朗传》;《旧五代史》卷四一《唐明宗纪》。
⑥ 《新五代史》卷四八《刘审交传》。

钱谷之司的重要,同时也反映了钱谷之司地位的提高。宋朝建立以后,三司作为"计省",三司使作为"位亚执政"的"计相"地位得到确认,宰相兼判三司的现象遂告绝迹。

三司在五代虽多由宰相兼判,但实际上却处于枢密使的控制之下。史载后唐庄宗欲"别建一楼以清暑",宦官说:"郭崇韬常不伸眉,为孔谦论用度不足,恐陛下虽欲营缮,终不可得。"庄宗说:"吾自用内府钱,无关经费。"[①]"经费",据胡三省注,"谓国之经常调度,其费仰于租庸使者"。这时的租庸使是孔谦,郭崇韬任侍中、枢密使,并未兼判租庸院,却控制着租庸使所掌的经费。又载明宗末年的情况:"先是,宫中须索稍逾常度,[安]重诲辄执奏,由此非分之求殆绝。至是,[孟]汉琼直以中宫之命取府库物,不复关由枢密院及三司,亦无文书,所取不可胜纪。"[②]宫中取府库物,在关由三司的同时,还须关由枢密院,亦可见三司是由枢密院控制的。不仅如此,枢密使实际上还控制了三司的人事。如历史上的首任三司使张延朗,据记载,就是他"自许州入,再掌国计,白于枢密使,请置三司名",[③]而后获得的。又如孟鹄与范延光"俱魏人,厚相结托","会范延光再迁枢密,乃征鹄为三司使",[④]亦是显例。

到了宋代,随着宰相事权在一定程度上的恢复,三司也更多地同中书、而不是同枢密院发生关系了。即使是纯属钱谷范围之事的变动,也往往须由中书选官与三司定夺,中书再参详可否闻奏,[⑤]或者须由三司"申中书取旨"。[⑥] 而三司使、副的任免,似也必

---

① 《资治通鉴》卷二七三同光三年六月帝苦溽暑条记事。
② 《资治通鉴》卷二七七长兴二年五月己卯以孟汉琼知内侍省事条记事。
③ 《旧五代史》卷一四九《职官志》。
④ 《旧五代史》卷六九《孟鹄传》。
⑤ 《长编》卷八八大中祥符九年十月丁酉记事。
⑥ 《长编》卷二六三熙宁八年闰四月丙申、二六八同年九月甲申记事。

须征得宰相的同意。如御史中丞包拯即曾“自至中书诟责宰相，指陈前三司使张方平过失，怒宰相不早罢之”。[①] 又如宋英宗对三司使蔡襄抱有成见，曾“谓中书曰：三司掌天下钱谷，事务繁多，而襄十日之中在假者四五，何不别用人？韩琦等共奏：三司事无阙失，罢之无名……及谅祚攻劫泾原，上遂督中书以边事将兴，军须未备，三司当早选人。……遂命襄出守”。[②]

在宋人的言论中，曾屡屡将三司同唐代的尚书省相比附。如大中祥符九年(1016)宋真宗与辅臣言及尚书省制度时，宰相王旦曾说：“今之三司，即尚书省。”[③]嘉祐二年(1057)知谏院陈旭也说：“今三司乃前代尚书省卿寺之职。”[④]这无非是说，宋的三司也像唐的尚书省一样，是宰相直接领导下的执行机构、具体办事机关。所以张方平任三司使，在奏陈对夏用兵以来禁军请给猛增，以及南郊赏给、马料、岁币、官俸“日更增广”，“有司调度，交见匮乏”情况的同时，曾强调指出：“权诸利害，至于根本，则关配动静，臂指伸缩，乃系二府，非有司所预。”[⑤]“二府”谓中书、枢密院，“有司”指三司。后来他任翰林学士承旨，又再次强调：“计财之任，虽三司之职。日生烦务，常程计度，簿书期会，则在有司。至于议有系于军国之体，事有关于安危之机，其根本在于中书、枢密院，非有司可得而预也。”[⑥]正因为三司具有准中枢机构的这种特性，所以在元丰改制以后，由于恢复了尚书省六部建制，三司也就取消了。

---

① 《欧阳修全集》奏议集卷一五《论包拯除三司使上书》，嘉祐四年三月。
② 《长编》卷二〇四治平二年二月辛丑记事。
③ 《长编》卷八六此年三月辛酉记事。
④ 《长编》卷一八六此年十一月丙申记事。
⑤ 《长编》卷一六一庆历七年岁末记事。
⑥ 《长编》卷二〇九治平四年闰三月丙午记事。

四

由“枢密院与中书对持文武二柄”，宋太祖、太宗两朝是实行得比较严格的。如雍熙三年(986)伐辽之役，“初议兴兵，上独与枢密院计议，一日至六召，中书不预闻”。[1] 失败后，知制诰田锡曾尖锐指出：“岂有议边陲，发师旅，而宰相不与闻？若宰相不才，何不罢免？”[2]后来处理与西夏的关系，宰相吕端也认为：“边鄙常事，端不必与知，若军国大计，端备位宰相，不可不知也。”[3]所以在宋真宗以后，不使宰相与闻军事的情况开始有所改变。宋、辽澶渊之盟前夕，真宗“每得边奏，必先送中书”，且谓宰相毕士安、寇准曰：“军旅之事，虽属枢密院，然中书总文武大政，号令所从出……卿等当详阅边奏，共参利害，勿以事干枢密院而有所隐也。”[4]

元昊称帝，宋夏关系日趋紧张，知谏院富弼向宋仁宗指出：“边事系国安危，不当专委枢密院，而宰相不与”，要求“令宰相兼枢密使”。[5] 知谏院张方平则认为：“分军民为二体，别文武为两途，为政多门，自古所患”，要求“特废枢密院，或重于改为，则请并本院职事于中书”。[6] 于是在庆历二年(1042)七月至五年十月这段时间，实行了宰、枢互兼办法，宰相吕夷简、章得象兼枢密使，枢密使晏殊等同平章事。西事宁息以后，虽复罢宰臣兼枢密使，但同时“又诏枢密院，凡军国机要，依旧同商议施行”。而枢密院亦“请自今进退管

① 《长编》卷二七雍熙三年六月戊戌记事。
② 《长编》卷三〇端拱二年正月乙未记事。
③ 《宋史》卷二八一《吕端传》。
④ 《长编》卷五七景德元年九月丁酉记事。
⑤ 《长编》卷一二六康定元年二月丁酉记事。
⑥ 《长编》卷一三七庆历二年七月壬寅朔记事。

军臣僚、极边长吏、路分兵马钤辖以上,并与宰臣同议"。[①] 此后直至元丰改制前后,虽然"枢密院与中书对持文武二柄"的格局未变,但两者的关系似一直处于"密院事稍大者,三省无不可照管,至三省事,则密院无由预闻"[②]的状态。

元丰改官制,议者欲废枢密院归兵部,宋神宗曰:"祖宗不以兵柄归有司,故专命官统之,互相维制。"[③]没有依从。但改制以后,武选划归吏部,枢密院的人事权已被削去;又"枢密院事皆过门下",[④]与三省也不再是完全平行的关系。南宋前期,宰相经常兼枢密使,"至开禧而宰臣兼使为永制矣"。[⑤]

笔者附记:本文言及枢密使源起和宋代三司与二府关系部分,分别于唐长孺《唐代的内诸司使》(载《魏晋南北朝隋唐史资料》第五期,1983 年 12 月)、迟景德《宋元丰改制前之宰相机关与三司》(载台湾《宋史研究集》第七辑,1974 年 9 月)多所参考,特此说明,并谨致谢意!

---

① 《长编》卷一五七庆历五年十月庚辰、十一月癸未记事。
② 《长编》卷五〇一元符元年八月壬寅记事载曾布语。
③ 《文献通考》卷五八《职官考》。
④ 《宋宰辅编年录》卷一二政和三年十二月己亥改检校太尉为检校少师条引蔡绦《国史后补》。
⑤ 《文献通考》卷五八《职官考》。

赵鼎张浚分歧及其与道学的关系

李心传在《道命录》的序言中说："绍兴道学之兴废，系乎赵忠简之用舍。"赵忠简即赵鼎，用舍主要指是否在相位。赵鼎曾两次为相。第一次自绍兴四年九月至六年十二月，凡两年四个月，其相业几乎是与张浚并肩完成的（张浚绍兴四年十一月至五年二月任知枢密院事，此后与赵鼎并相）。第二次自绍兴七年九月至八年十月，凡一年有余，其间八个月与秦桧并相，后被秦桧排挤。而在两次为相的间隔期间，则是张浚独相时期。因此，赵鼎的用舍，除了最后阶段以外，皆与张浚有密切关系。由于两人都被旧史目为"贤相"、"名相"，又由于张浚是理学大师张栻的父亲，两人的分歧，尤其是两人对道学的不同态度，旧籍或者避而不言，或者语焉不详。今不揣浅陋，试予爬梳，藉充邓师恭三先生九十华诞的纪念。

一、分 歧 要 点

赵鼎是在面对金和伪齐的大规模联合进攻，逆着南宋内部"举朝震恐，或劝上它幸，议散百司"①的退避故辙，登上相位的。亲征手诏

① 《建炎以来系年要录》（以下简称《要录》），影印文渊阁《四库全书》本，卷八〇绍兴四年九月乙丑记事。

揭露伪齐的叛逆本质,表示了与之对抗的决心,从而极大地伸张了正气。"自[刘]豫僭立,前此至以'大齐'名之,及是始正其逆罪。"[①]随着反击战争的胜利,朝廷内外出现了与前此迥异的新气象。

赵鼎为相,首引张浚复"知枢密院事",接着两人并相。后来监察御史张戒在入对时曾回顾:"顷者国威稍振,外却金人,内平湖寇,乃赵鼎、张浚协和之时。"高宗且予补充:"时鼎与浚协和如兄弟。"[②]但是,分歧终究产生并且发展了。

朱熹《张浚行状》[③]除了如何对付伪齐发动的三路进攻问题外,对赵鼎、张浚之间的分歧只隐约提到如下两点:

> 公谓楚汉交兵之际,汉驻兵殽渑间,则楚不敢越境而西。盖大军在前,虽有它歧捷径,敌人畏我之议其后,不敢逾越而深入也。故太原未陷,则粘罕之兵不复济河,亦以此耳。论者多以前后空阙,虏出它道为忧,曾不议其粮食所自来,师徒所自归。不然,必环数千里之地,尽以兵守之,然后为可安乎?既以此告于上,又以此言于同列,惟上深以公言为然。
>
> 公力陈建康之行为不可缓,朝论同者极鲜,惟上断然不疑。

郦琼之叛后,张浚势须下台,高宗以"万寿观使兼侍读"的名义召赵鼎"疾速赴行在"。赵鼎意识到他即将重登相位,就连上两道《经筵论事》奏疏,[④]坚持并重申他在政事得失和边事机筹方面的一贯主

---

① 《中兴小历》辑本,《史学丛书》本,卷一七绍兴四年十月己卯记事。书名原辑者避清帝名讳误改作《中兴小纪》,今改正,并后缀"辑本"二字以称之。

② 《要录》卷一一九绍兴八年五月戊子记事。

③ 载《朱文公文集》卷九五,《四部丛刊初编》本。

④ 载《忠正德文集》卷三,影印文渊阁《四库全书》本。

张,实际上也就挑明了他与既是他的继承者又是他的新前任张浚的主要分歧。其语如下:

臣素不知兵,然两经捍寇,粗识事宜,谓先固本根,乃议攻战。屯大将于江滨,分精锐于淮上,首尾足以相应,声援足以相及。贼虽强梁,欲谋深入,前迫大军之势,后有尾袭之虞。而我之漕运既省,民亦少安。设或长驱,头举而身随矣,跨河越岱,无不可者。故于临机应变之间,反复忧虑,以持重为先。或欲置之危地,必取成功,非不可胜之策也。若今之边事,规模宏远,事势恢张,固已尽善,但与臣所见偶不同耳,亦非怯懦者所能知也。

臣昧于治体,然昨在揆路,妄意区别,谓朝廷之上,屡立党与。吕夷简、范仲淹之党,可合也,学术政事所同,而其人多忠厚老成之士。王安石、吕惠卿之党,可合也,学术政事所同,而其人多才能少俊之流。至若元祐之人与夫绍圣、崇、观之党,则不可合也,学术政事不同,而品流趋向之异也。故于进退赏罚之际,申严劝沮,使人知所向。或欲混善恶于一途,则善类必沮伤,纳君子小人于同域,则小人必胜,理之自然,害政之大者也。若今之政事,议论好恶,黜陟取舍,固已尽善,但与臣所见偶不同耳,亦非浅陋者所能及也。

则前引朱熹《行状》所举,实只属边事机筹方面的分歧,[1]而据赵鼎自述,则除了边事机筹方面的分歧以外,还有政事得失方面的分歧,而且可能是更重要更关键的分歧。

---

① “车驾驻跸所在”亦属边事机筹方面,赵鼎在《经筵论事》第二疏中亦有所申述,此不具引。

李心传在《道命录》卷三《胡文定公乞封爵邵张二程先生列于从祀》的按语中对“赵张二相相引相失”的本末亦有所概括，如下：

> [绍兴]四年秋，伪齐入寇，赵忠简相，张忠献自责籍中，以赵公荐，除知枢密院，拒贼兵却之。五年春，张公相，夏四月，张公出行边，五月，建储制下，自是二公始有违言。赵尊伊川之学，士大夫翕然乡之，然赵公实不识伊川，故有伪称河南门人者，亦蒙进用。张公之门多才吏，赵公亦不乐之。赵公每言于上前，谓元祐之人与绍圣、崇、观之党决不可合。而张公本黄英州（黄潜善）所荐，习闻绍述之论，数以孝弟之说，陈于上前。二公所操浸异。赵公改修神、哲两朝实录，明著王氏及章、蔡诸人之罪，张公又不然之。

则在所谓“政事得失”之中，政事和学术又是互相纠葛而不可分的。就赵鼎和张浚两人而言，分歧之中，都有一个对道学的态度问题。

二、政事学术纠葛

赵鼎一再强调：“臣待罪宰相，为陛下分别君子小人而用舍之，乃其职也。”“用人才所以立国。臣任宰相，岂敢久居，至于立国规模，则不敢不为久远计。”①在他看来，用人是政事的关键。他在复相前夕仿姚崇十事要君而“先事言之”的唯一条件，仍是：“盖进退人才，乃其职分。今之清议所与，如刘大中、胡寅、吕本中、常同、林季仲之徒，陛下能用之乎？妒贤党恶，如赵霈、胡世将、周秘、陈公

---

① 《要录》卷八四绍兴五年正月辛亥、卷八五同年二月癸卯记事。

辅,陛下能去之乎?”[①]而是否趋尚道学,则是他“分别君子小人”“进退人才”的基本准则。学术和政事,仍然如北宋末年一样,处于不可分的互相纠葛之中。

赵鼎本人是道学的虔诚崇奉者。他“深喜”“素重”“素尊”伊川程颐之学,“喜用伊川门下士”,几乎是时人的一致认识。但赵鼎“不及见颐”。他“生四岁而孤,母樊教之,通经史百家之书”。[②]《要录》曾提到:“赵鼎之未第也,尝从[尹]机父天民讲学。”“赵鼎为诸生,尝从[李]授之学。”尹天民、李授之的学术渊源不详。《要录》又提到:“鼎,[邵]伯温门人也。”[③]《宋元学案》卷四四立有“赵[鼎]张[浚]诸儒学案”,其表虽谓鼎系“子文(邵伯温)门人,百源(邵雍)、伊川(程颐)再传”,其序录则在指出鼎尝从邵伯温游的同时,又指出其“所得浅”。赵鼎自述他与邵伯温的关系,也只说:“臣宦学关陕二十年,接其议论,熟其为人,尝叹其不可企及也。”[④]看来,赵鼎对道学的了解,特别对道学思想的掌握方面,实在是不怎么样的。朱熹即批评他:“好伊洛之学,又不大段理会得,故皆为人以是欺之。”[⑤]赵鼎之所以如此崇奉道学,主要当是当日主导的政治倾向和社会风尚使然。

南宋初人追究北宋覆亡的原因,曾理所当然地把罪责加在北宋最后二十五年的专权者蔡京、王黼等人身上,而蔡京、王黼等人腐朽而残暴的统治,则是打着“绍述”和“新学”的旗号进行的,因此作为熙宁新法和王氏新学对立面的元祐政事和学术,一时成了十

---

① 《要录》卷一一四绍兴七年九月壬申记事。
② 《宋史》卷三六〇《赵鼎传》,中华书局点校本。
③ 《要录》卷九八绍兴六年二月己酉、卷一二〇绍兴八年六月己未、卷九二绍兴五年八月己酉记事。
④ 《忠正德文集》卷三《乞追赠邵伯温状》。
⑤ 《朱子语类》卷一三一“中兴至今日人物上”,中华书局点校本。

分时髦的倾向和风尚。虽然元祐年间旧党的学术并不限于道学，而道学之中也并不限于伊川一家，如“关学之盛”，即“不下洛学”。[①] 只是由于北、南宋之际，“颐之门人，如谏议杨时、右史刘安节、舍人许景衡、殿院马伸、待制吴给等稍稍进用，于是传者浸广”。[②] 学术附政事以行，伊川学因此而声名大增，几乎成了“元祐学术”的同义语，与关学的寥寥形成鲜明对比。

与此同时，伊川学又成了迎合政坛需要而猎取功名利禄的“浮伪之徒”的工具。吕祉说：“近世小人，见靖康以来，其学稍传，其徒杨时辈骤跻要近，名动一时，意欲慕之，遂变巾易服，更相汲引，以列于朝，则曰：‘此伊川之学也。’其恶直丑正，欲肆挤排，则为之说曰：‘此王氏之学，非吾徒也。’”[③]吕祉这时早已转入张浚派系，其语或许有所偏颇。但绍兴元年八月戊子程颐赠直龙图阁制中却也提到：“浮伪之徒，自知其学问文采，不足表见于世，乃窃其名以自售。外示恬默，中实奔竞，外示朴鲁，中实奸猾，外示严正，中实回僻，遂使天下之士，闻其风而疾之。”[④]则窃程颐或道学之名以自售，在南宋初年绝不是个别的现象。正是由于类似现象的严重存在，以致被“南渡昌明洛学之功……几侔于龟山”[⑤]的胡安国视作是“河洛之学几绝”的征兆。他说：“壬子年（绍兴二年），臣尝至行阙，有教授仲并者，言‘伊川之学，近日盛行，士大夫将转而为伊川矣’。臣语之曰：‘伊川之学不绝如线，可谓孤立，而以为盛行何也？岂以

① 《宋元学案》卷三一《吕范诸儒学案序录》，中华书局点校本。
② 《道命录》卷三《胡文定公乞封爵邵张二程先生列于从祀》，《知不足斋丛书》本。此文作于绍兴七年，《历代名臣奏议》卷二七四误系“钦宗时”。
③ 《道命录》卷三《吕安老论君子小人之中庸》。
④ 载《道命录》卷三。
⑤ 《宋元学案》卷三四《武夷学案序录》。

其说满门,人人传写,耳纳口出,而以为盛乎?'"[1]

赵鼎的人望,以及他对道学的尊崇态度,在士大夫群中很有些号召力和团聚力。早在任相前夕他一度被任为知枢密院事充川陕宣抚处置使时,即"除命既出,诸名士争愿从之"。[2] 任相以后,在他"以政事之先后及人才所当召用者,密条而置座右,一一奏禀,以次行之"的过程中,则出现了"朝士翕然向之","经生、学士多召用焉","一时学者皆聚于朝"的盛况。[3] 南宋初年的道学名家,如胡安国、胡寅父子,尹焞,朱震等人,都受他的牢笼,杨时死日,尤其特享尊荣。后来朱熹在指出"然亦杂"的同时,也不得不肯定他"孜孜汲引善类""收拾得些人才"。[4] 所谓"杂",即是指一些"伪称伊川门人以求进者,亦蒙擢用"。[5]

尽管伊川学符合当日政坛主导倾向的需要,又有主政者的竭力扶持,但是新学和新法的影响力仍然不容忽视。绍兴四年八月戊寅,高宗说:"至今犹有说安石是者,近日有人要行安石法度。"[6]胡安国且提到:"绍兴五年,省试举人经都堂陈乞不用元祐人朱震等考试。盖从于新学者,耳目见闻,既已习熟,安于其说,不肯遽变。而传河洛之学者,又多失其本真,妄自尊大,无以屈服士人之心。故众论汹汹,深加诋诮。"[7]今按,《宋会要辑稿》选举二〇之四所载绍兴五年六月二十五日发布的此年省试官员名单,其中确

---

① 《道命录》卷三《胡文定公乞封爵邵张二程先生列于从祀》,《知不足斋丛书》本。此文作于绍兴七年,《历代名臣奏议》卷二七四误系"钦宗时"。

② 《中兴小历》辑本卷一六绍兴四年八月庚辰记事。

③ 《中兴小历》辑本卷一八绍兴五年二月癸卯记事;《建炎以来朝野杂记》甲集卷六《道学兴废》,《适园丛书》本;《要录》卷八八绍兴五年四月"是月杨时卒"条记事。

④ 《朱子语类》卷一三一"中兴至今日人物上",中华书局点校本。

⑤ 《要录》卷八八绍兴五年四月"是月杨时卒"条记事。

⑥ 《要录》卷七九是日记事。

⑦ 《道命录》卷三《胡文定公乞封爵邵张二程先生列于从祀》,《知不足斋丛书》本。此文作于绍兴七年,《历代名臣奏议》卷二七四误系"钦宗时"。

无朱震其人,则省试举人的集体请愿业已为朝廷所接受。又,同书选举四之二五载绍兴五年六月二十二日诏:“应省试举人程文,许通用古今诸儒之说,并出自己意,文理优长,并为合格。行下省试院照应,及出榜晓谕。”当也出于安抚举人的同一目的。朱胜非说:“赵鼎作相,殿试策不问程文善否,但用程颐书多者为上科。是岁状元汪洋。”李心传曾辩其不然:“黄中策乃不用颐书,与胜非所云不合。”黄中是原被殿试详定官胡寅等列为首选之人,只因他是“有官人”,才按故事改擢汪洋(寻改名应辰)为第一的。[1] 则是科省试、殿试确实没有只以伊川学为程文善否的标准,但其间实际上却是颇多曲折的。正是由于有新学和新法影响广泛存在这一社会背景,张浚独相以后才对道学采取了与赵鼎有别的态度。

张浚虽与赵鼎并相,由于高宗为他们规定了“以边事付浚,而政事及进退人才专付于鼎”[2]的分工,张浚对赵鼎在朝政方面推行的尊崇元祐政事学术(主要是道学)举措,未见有何异议。他对道学的真实态度是独相以后才开始暴露的。

绍兴六年十二月二十六日,即赵鼎罢相后的第十八天,左司谏陈公辅上奏,论伊川之学营私植党,惑乱天下,乞“察群臣中有为此学,相师成风,鼓扇士类者,皆屏绝之”,并明诏天下以圣人之道,著在方册,学者但能参考众说,研穷至理,则道术自明,性理自得。张浚批旨:“士大夫之学,宜以孔孟为师,庶几言行相称,可济时用。览臣寮所奏,深用怃然,可布告中外;使知朕意。”李心传认为:“自崇宁后,伊川之学为世大禁者二十有五年,靖康初乃罢之,至是仅十年而复禁。”[3]陈公辅此奏,无论是出于张浚的授意,还是出于陈

---

① 《要录》卷九三绍兴五年九月乙亥记事及自注。
② 《要录》卷八五绍兴五年二月丙戌记事。
③ 《道命录》卷三《陈公辅论伊川之学惑乱天下乞屏绝》并按语。

公辅本人的揣度迎合,从张浚的批旨来看,是反映了张浚此时的思想的。朱熹说:"陈公辅排程氏,乃因赵公。"[①]是针对赵鼎的。也即是出于排除赵鼎势力,稳定相位的需要。《宋元学案》卷四四"赵张诸儒学案序录"说:"魏公以曾用陈公辅得谤,或遂疑其阻塞伊洛之学,与丰公有异同,未必然也。"似可再议。

此次禁伊川学,开始时声势甚猛。陈公辅之奏录黄下礼部,权员外郎黄次山欲镂版遍牒所属,权侍郎董弅曰少俟之,乃以己见求对,黄次山即申御史台谓弅沮格诏令,董弅遂被劾罢。[②] 此时早已附张浚的吏部侍郎吕祉在建康闻禁伊川学,亦上奏肯定圣人之道"岂待程颐而后传"的根本观点,要求"将前日圣旨指挥连臣寮所论",即将禁令,"出榜于诸路州学学舍",但同时也提出了一个新的经过修正了的观点,即认为程颐之所得者,君子之中庸,"时中",而当时"号为伊川之学者",乃是"小人之中庸而无忌惮者也"。伊川学"非学之谬,乃学者之罪"。从而将程颐和程学从受打击的"学者"中区别出来。此奏"奉圣旨:依"。[③] 表明张浚集团内部为了明确打击对象,在具体策略上开始有所调整。

不过对这次禁伊川学的实际作用和影响似不应估计过高。一是张浚独相的时间仅九月余,到绍兴七年九月十三日他罢相,十七日赵鼎复相,一切又都反过来了。二是即使在张浚独相期间,现实政治利害的考虑同样高过学术,他的态度先后也不是没有变化。其迹象有:

张浚曾拟旨除黄次山给事中,为高宗所否。高宗曰:"非告讦董弅者耶?此风不可长!"据说"浚意甚沮","由是善类稍

---

① 《朱子语类》卷一三一《中兴至今日人物上》,中华书局点校本。
② 《道命录》卷三《周秘劾董令升沮格诏令》并按语。
③ 《道命录》卷三《吕安老论君子小人之中庸》。

安”。[1] 当是行动有所收敛。

乘胡安国以奉诏修成的《春秋传》奏进之机，张浚曾同意宣召胡安国赴行在。由于召命是张浚赴淮西视师期间发出的，张浚已以“事不己出形于言”，而胡安国反驳陈公辅的奏章恰又送至，事遂作罢。[2]

此前经再三宣召、敦遣始离涪州赴行在的和静先生尹焞，行至江州，闻禁伊川学，上奏曰：“学程氏者，焞也。”拒绝继续前进。这使张浚颇为难堪，所谓“张公耻之”。于是“显荐先生避伪之节，且言其所学所养有大过人者，乞令江州守臣疾速以礼敦遣”。[3]

张浚同意并支持禁伊川学，根本目的是为了清除赵鼎的势力和影响，如果因此而树敌过多，甚至在朝野深有影响的一些头面人物都拒绝与他合作，不受他的牢笼，代价就未免太大了。他同意宣召胡安国，显荐尹焞，当有这方面的因素。

赵鼎《丁巳笔录》载复相之初他与高宗的一次对话：“余又进曰：‘臣去国半年余，今者再见清光，窃观圣意，稍异于前日。’上曰：‘不得不然。寻常造膝之言，每以孝悌之说相摇撼，其实绍述之谋也，又同事者和之一词，朝夕浸淫，罔觉也。如程颐之学，每贬斥之，以为不可用。’……余又曰：‘臣观为此谋者，不过持中论以眩惑圣听，以谓不可太分别，当兼收并用，庶几得人之路广大无遗。臣窃以为不然。……’”[4]从高宗赵鼎君臣对张浚的议论可知，在元祐学术政事同绍圣、崇、观学术政事的对峙中，张浚乃是“持中论”者。

① 《要录》卷一一〇绍兴七年四月乙未记事，《忠正德文集》卷八《丁巳笔录》。

② 《要录》卷一〇九绍兴七年三月丙子、卷一一一同年五月甲戌、六月壬寅记事，《道命录》卷三《胡文定公乞封爵邵张二程先生列于从祀》按语。

③ 《要录》卷一一一绍兴七年五月庚寅记事，《道命录》卷三《尹和静以师程学之久辞经筵》并按语。

④ 载《忠正德文集》卷八。

《要录》载有高宗与张浚的一次对话："上又曰：'蜀中多士，几与三吴不殊。近日上殿，如李良臣、蒲贽，极不易得。'因论士人各随所习，如蜀中之士，多学苏轼父子，江西之士，多学黄庭坚。浚等曰：'大抵耳目所接，师友渊源，必有所自。'"①

就对士人所操不同学术的态度而言，以上两例又表明，张浚实较赵鼎和某些道学家通达。张浚的思想以及他对道学的态度，除了前述社会背景以外，也可从他本人"耳目所接，师友渊源"方面获得说明。

这次伊川学之禁，有如昙花一现，很快过去了。在紧接着的秦桧专权时期，它再次遭禁，"程学为世大禁者凡十有二年"，②直至桧死。李心传所说关系道学兴废命运的赵鼎的用舍，其"废"和"舍"，主要当指赵鼎第二次罢相以后秦桧专权期间道学所遭的长时期禁锢，而张浚独相期间的伊川学之禁，不过是其中一首小小的插曲。因已轶出本题范围，兹不复赘。值得一提的，是张浚的变化："自秦桧死，学禁稍开。而张忠献公为桧所忌，谪居连、永间者十有余年，精思力行，始知此学为可用。"③也就是说，张浚对道学之有所认识和信奉，乃远在他与赵鼎的这段政事学术纠葛以后。

三、睽异始末

道学在赵鼎张浚两人分歧中的地位及其政治社会背景，有如上述。作为蛇足，以下对赵鼎张浚相失过程中的若干关键问题，再略加剖析。

---

① 见卷一一一绍兴七年六月乙卯记事。
② 《道命录》卷四《叶伯益论程学不当一切摈弃》按语。
③ 《道命录》卷五《晦庵先生辞免进职状》按语。

（一）“始有隙”之“隙”：绍兴五年五月二十六日己亥，养于宫中的宗室子瑗（即后来的孝宗）除保庆军节度使，封建国公，出就外傅，以范冲兼资善堂翊善，朱震兼资善堂赞读。即是使瑗享受皇子的待遇。《要录》卷八九记此事，谓：“初，上面谕鼎以二人除命，鼎以冲亲嫌为恳，上不从，鼎退，不复批旨，孟庾、沈与求奏其事，遂亲笔付出。……时张浚在潭州，闻建国公当就傅，亦荐冲、震可备训导。朝论以二人为极天下之选。或谓浚繇此与鼎始有隙。”末句“浚繇此与鼎始有隙”的“此”，按上下文意，当指翊善、赞读的人选。然自注引《赵鼎事实》：“是时建资善及命官与出阁之日，适张浚在外，故俭人得以间之，始见疾矣。”及心传按语：“《浚行状》载上语，已云‘不久当令就学’，又《时政记》亦云：‘上尝语臣鼎、浚，曰：“此子天资特异”云云。’则浚无容全不知，但封拜之日，浚适在军中，亦犹韩琦、富弼相失云尔。”皆就瑗享受皇子待遇事立言。引以比附的“韩琦富弼相失”，今见于《续资治通鉴长编》卷二〇一治平元年五月戊申记事者，亦指在有关最高统治权授受大事上相失。则当日“或谓浚繇此与鼎始有隙”的“隙”，亦是环绕确立瑗的皇子地位问题发生的。

（二）“往来其间”的“宾客”及其行止：《要录》卷一〇六绍兴六年十月癸亥记事：“初，赵鼎得政，首引浚共事，其后二人稍有异议，宾客往来其间，遂不协。”关于“往来其间”的“宾客”，具体提到的有任申先、吕祉。同书卷一〇〇绍兴六年四月乙卯记事：“时军需甚急，故有鬻爵及配卖度牒、钱引数事，朝士皆以为不可，于是言者论之。申先，赵鼎客也，至是独助张浚，乃携台谏章示秘书郎张戒曰：‘此论何如？’戒言不知。申先曰：‘子以台谏之言不敢议耶？’给事中吕祉谓人曰：‘申先奸邪，第知附右相，不悟人之嗤己。’然或者以为，祉之附浚，又甚于申先者也。”

《宋史》卷三六〇《赵鼎传》:“浚在江上,尝遣其属吕祉入奏事,所言夸大,鼎每抑之。上谓鼎曰:‘他日张浚与卿不和,必吕祉也。’”赵鼎在坚乞罢相前夕,也曾向高宗言及:“臣始初与张浚如兄弟,近因吕祉辈离间,遂尔睽异。”①后来,赵鼎在受秦桧迫害绝食而死之前,曾作《辩诬笔录》,②其中辩“盗用都督府钱十七万贯”条提到:

> 此事初出于吕祉,祉得于一要人,达之言者。前来章中已有此事。要人之意,欲重人之罪,恐其复来尔。如亲奉[张邦昌]玉音之语及资善堂汲引亲党之谤,皆出于此。使某十年迁谪,百口流落,率由是也。

云赵鼎“盗用都督府钱十七万贯”,始见绍兴十年闰六月丁丑御史中丞王次翁弹章,“要人”似指秦桧。《辩诬》云云,当是吕祉绍兴七年八月在郦琼叛变事件中被害之前,曾从秦桧处获得此等材料,为了“助张浚”而广为散布,如今又被秦桧鹰犬用作往死里整赵鼎的重磅炸弹。由此亦可见吕祉当日在两人之间所起作用之恶劣。

(三)有无“见逼”?关于张浚在赵鼎第一次罢相中的作用,有以下几种不同说法:

《朱子语类》:“虏骑遂退。魏公既还,绝不言前功,欲以安赵公,与共国事也。而二公门下士互相排抵,魏公之人至有作为诗赋以嘲赵公者。赵公之迹不安,且有论之者,遂去。”③

《赵鼎事实》:“张浚既因群小离间,遂有见逼之意。会中书舍

---

① 《要录》卷一〇六绍兴六年十月癸亥记事。
② 载《忠正德文集》卷九。
③ 《朱子语类》卷一三一“中兴至今日人物上”,中华书局点校本。

人陈与义不乐于鼎，遂倾心附之，乃以资善引范冲之说告之，浚以为奇货。”①

《秀水闲居录》：“赵鼎张浚争权，浚自谓有却敌之功，兴复之策，当独任国事，讽侍从台谏及其党与攻鼎出之，于是浚专任国政。”②

《要录》卷一〇七绍兴六年十二月甲午朔记事：“张浚以[秦]桧在靖康中建议立赵氏，不畏死，有力量，可与共天下事，一时仁贤荐桧尤力，遂推引之。”是日，“诏行宫留守秦桧令赴行在所奏事”。秦桧是前宰相，张浚以“可与共天下事”而荐召之，非仍以宰执处之不可。《要录》将此事与陈公辅奏劾赵鼎事载于同一日，难道是偶然的吗？又，同卷此月戊戌记事载：张浚自江上还平江，“因独对，乞乘胜取河南地，擒刘豫父子。又言刘光世骄惰不战，不可为大将，请罢之。上问：‘尝与赵鼎议否？’浚曰：‘未也。’浚见鼎，具道其故。鼎曰：‘不可。……’”如此大事竟然撇开首辅单独向高宗提出，难道是“欲以安赵公”的举措吗？说赵鼎之罢，张浚全属被动，显然是有所讳避之言。《宋史》卷三六一《张浚传·论》对张浚的评价是很高的，“时论以浚之忠大类汉诸葛亮”，但也指出：“然……亮能容法孝直，浚不能容李纲、赵鼎，而又诋之，兹所以为不及欤！”似也有见于张浚对赵鼎的“逼”。

（四）环绕实录的龃龉：绍兴重修神宗、哲宗实录，其中神宗实录是绍兴六年正月癸未全部完成由赵鼎领衔奏进的。张浚取代赵鼎独相，例兼监修国史，本当接续完成哲宗实录的重修，而他却把重点放在对已经重修完工的神宗实录的修改上。《要录》卷一一一载绍兴七年五月己丑张浚奏论史事，曰：“绍圣以旧史不公，故再

① 据《要录》卷一〇六绍兴六年十一月辛未记事自注所录转引。
② 据《宋宰辅编年录》卷一五绍兴六年十二月乙巳赵鼎罢左相条所录转引，中华书局校补本。

修,而蔡卞不公又甚,每持一己褒贬之语,以骋其爱憎。今若不极天下之公,则后人将又不信。”意谓重修之神宗实录没有做到“极天下之公”。所以其下李心传接云:“自赵鼎去位,有言神宗实录改旧史非是者,故浚奏及之。”

《宋元学案》卷二〇“元城学案”载《知州胡先生理》传曰:“未几,丰公去国,张魏公以为元祐未必全是,熙宁未必全非,遂擢何抡仲(抡)、李似表(弥正)为史官,欲有改定。”后来言官论劾何抡,殿中侍御史张戒提到:“张浚入蜀,抡为之鹰犬。去岁浚独相,自以黄潜善乃王黼之党,每持邪说,以司马光为非,以王安石为是,至再修神宗实录,抡攘臂其间,略无所忌,浚败,乃焚毁签贴。”[①]则张浚修改“重修神宗实录”的主导思想,与赵鼎恰相对立。

《中兴小历》辑本卷二一绍兴七年六月甲午记事自注引《赵鼎事实》载:“后赵鼎再相,一日见上,论及史事。上曰:‘止是修讹错者,非有所改也。’鼎曰:‘但所降御笔如此,外间不得不疑。’上曰:‘此乃宰相拟定者,俟一并降出,卿自可见。’鼎又曰:‘近见起居注载著作郎张嵲所得圣语,亦复如此。’上愕然,曰:‘安得有此?嵲小人也,乃敢尔耶!’上骇甚,谓鼎曰:‘嵲所记不得存留。’鼎曰:‘前此已修入时政记,付之史馆矣。’上曰:‘为之奈何?’曰:‘俟他日修日历,当谕史官除去之。’上曰:‘甚善。’”《要录》卷一一二绍兴七年七月戊寅记事自注亦录引此条,并加按语云:“按,今日历已无此圣语,故知鼎遗事可信也。”则在其间,张浚之小动作又复不少。

(五)“鼎不负德远,德远负鼎”真相:张浚罢相、落职以后,高宗又拟再将他远窜,以散官安置岭表。经赵鼎再三救解,高宗收回了成命。《中兴小历》辑本卷二三绍兴七年十月丙申记事自注所引

---

① 《要录》卷一二一绍兴八年八月壬午记事。

《赵鼎事实》,谓事后鼎曾召勾龙如渊、冯康国等“张浚之客”,让他们“速以书报上意”时,曾一再表白:“鼎不负德远,德远负鼎!”表明张浚的一些举措尽管十分绝情,赵鼎还是准备维持两人之间交谊的始终的。喻樗《语录》谓樗曾向赵鼎提出过“何以处张相”的问题,并说:“自来宰相之出,门人鲜有不遭逐。相公决无此事。但恐言事观望,在相公包容之耳。”鼎以为然。① 《要录》卷一一五绍兴七年十月庚子记事载:“赵鼎奏:‘自张浚罢黜,蜀中士大夫皆不自安。今留行在所几十余人,往往一时遴选,臣恐台谏以浚里党,或有论列,望陛下垂察。’”得到高宗首肯。表明赵鼎不仅接受了喻樗的意见,而且已经付诸行动。可是,据后来高宗对孙道夫所言:“卿自小官,已为朕知,第赵鼎与张浚相失后,凡蜀士仕于朝者,皆为鼎沮抑,不然,卿二十年前登从班矣。”②以及朱熹所说:“张公既退,赵公复相,凡张公所为,一切更改。张公已迁都建康,却将车驾复归临安;张公所用蜀中人才,一皆退之。”③则赵鼎实际上完全没有或没有完全实践诺言。至于说两人最后成“为深仇”,如果不是过甚其词,那也主要是秦桧挑拨的结果。

---

① 据《要录》卷一一四绍兴七年九月丙子记事自注所录转引。
② 《要录》卷一七九绍兴二十八年二月丙午记事。
③ 《朱子语类》卷一三一“中兴至今日人物上”,中华书局点校本。

张栻笔下的"舜臣抚干表兄"非李心传之父辨

张栻《南轩文集》卷四有一首题曰《送舜臣抚干表兄赴部》的诗,全诗如下:

> 畴昔相看意便倾,重逢更觉眼增明。半生漫仕壮心在,五月长江去棹轻。龟椟久藏千乘宝,鹏风方快九霄程。公朝兼用人门选,外氏传家旧有声。

来可泓认为此诗所送行的"舜臣"即李心传之父李舜臣,且据诗题"抚干",说此前"李舜臣在虞允文宣威幕府任宣抚司干办公事",据诗句"五月长江去棹轻"和诗题"赴部",说李舜臣淳熙三年"五月动身去行在审察",据诗题"表兄",说"舜臣与张栻为表兄弟,是姑表抑是姨表关系,则尚待查考"。[①] 对此,笔者疑窦甚多。今不揣浅陋,谨将鄙见申述于下,以求教于可泓和史界同仁。

---

① 来可泓《〈宋史·李舜臣传〉考补》,载《宋史研究论文集(1987年年会编刊)》,第542页;《李心传事迹著作编年》,第18、21页。

一、疑窦种种

李舜臣，字子思，号隆山。遵照送行诗或唱和诗的通例，《南轩文集》中对亲友皆以字或号称，绝无直呼其名的第二例。此“舜臣”若即李心传之父李舜臣，岂非成了特例。一可疑。

张栻生于 1133 年。[①]《李心传事迹著作编年》于“李心传师友”下列有张栻，其生卒年亦作“1133—1180”（第 8 页）。而李舜臣的生年，据同书所作的推断，在“约 1137”年（第 3 页，又第 4 页）。既然这样，那么生于 1133 年的张栻为什么竟称生于“约 1137”年的李舜臣为“表兄”呢？二可疑。

“抚干”是宣抚司干办公事的简称。关于抚干的资序或品位，李心传《建炎以来朝野杂记》甲集卷一一《宣抚司属官》载：“绍兴四年，始著令：参谋视提点刑狱，参议视转运判官，机、干在诸州通判之上。至今不改。”著令的经过，详见《宋会要辑稿》职官四一之二九，是绍兴四年三月二十四日的事。《朝野杂记》甲集自序署嘉泰二年冬十月。既然“著令”“至今不改”，则在李舜臣当时，当是完全按此“著令”执行的。至于府、州教授，庆历四年，诏“委运司及长(史)[吏]于幕职、州县[官]内荐，或本处举人[举]有德者充。熙宁六年，诏诸路学官委中书门下选差”。[②] 熙宁六年以后虽然改由朝廷选差，其资序或品位与诸州通判仍然相隔甚遥，与高于通判的抚干更是不可同日而语。知县的资序或品位当然也不可能在通判之上。《宋史·李舜臣传》载：“教授成都府。时虞允文抚师关上，

---

① 朱熹《朱文公文集》卷八九《张栻神道碑》：“淳熙七年二月甲申……卒于江陵之府舍”，“卒时年四十有八”。当生于绍兴三年，1133 年。

② 《宋史·职官志七》“府州军监”条。

辟置幕府。用举者改宣教郎,知饶州德兴县。"今若将其中"辟置幕府"一节据诗题坐实为"在幕府任宣抚司干办公事",对李舜臣而言岂非是一而再再而三的大起又大落? 而这样的大起大落,与当日的职官制度及其实际运行情况相符吗? 三可疑。

而最大的疑窦还在于,如果将诗题"舜臣抚干表兄"确认为即是李心传之父李舜臣,那么与李舜臣、张栻二人这几年的行踪皆不能合。在李舜臣自蜀中赴德兴县任或如诗题"赴部"途中,绝无与张栻在长江边上某地聚首的可能。

二、李舜臣知德兴县的时间

《李心传事迹著作编年》于淳熙三年下书:"是岁,父舜臣'用举者改宣教郎,知饶州德兴县。"(第20页)于淳熙四年、五年下皆书:"父李舜臣仍在饶州德兴县任内。"(第23页)《〈宋史·李舜臣传〉考补》也说:"舜臣宰德兴县应以淳熙三、四、五年为是。"(第544页)《宋史》本传未载李舜臣何时知德兴县,此谓淳熙三年,当是作者新所推定者。然亦不确。

其实,李舜臣知德兴县的时间是不劳推断的。李心传在《建炎以来系年要录》的自注中曾明白无误地言及其父知德兴县的确切时间,惜探究李氏生平诸贤多未注意及之。《要录》卷一五五"绍兴十六年五月甲申,德兴士民请知县陈鼎再任,御史中丞何若仰承秦桧鼻息,奏鼎朋附廖刚,其任德兴,不遵法令,用刑惨酷,鼎坐免去"条自注:

> 淳熙五年,先臣知德兴县,邑人为诗以美先臣,其首事云:"银峰县政百馀年,陈郑才猷旧所传。"陈盖指鼎也。是时去鼎

之罢已二十馀年，而邑人之言如此，则[何]若之所云非矣。

可知李舜臣是淳熙五年始知德兴县的。又，《永乐大典》卷三一五一真韵陈字“陈鼎”条引“宋林光朝《艾轩集》”亦云：

鼎为邑有惠政，至今人思之。淳熙五年，蜀人李舜臣宰德兴，邑人为诗美之，其首章云：“银峰县政百馀年，陈郑才猷旧所传。”盖指鼎也。

今四库本《艾轩集》非全集，此文未收。且林光朝卒于淳熙五年五月六日，[①]此文亦未必即林光朝所撰，疑《大典》所署出处有误。但无论如何，这一传记总是某一宋元文献（如某地志乘）的遗文。而李舜臣淳熙五年知德兴县，得此佐证则更加肯定矣。

既然李舜臣知德兴县在淳熙五年，那么他在赴任（或“赴部”）途中经过长江边上某地，与张栻“重逢”，张栻为之饯别赠诗，“五月长江去棹轻”，就只可能是淳熙五年或此前四年的五月，而不可能是淳熙三年、淳熙六年或其前后某年的五月。而淳熙五年或四年的五月，张栻又在何处呢？

三、张栻赴湖北帅任的经过

张栻此时前后的经历，见于朱熹《张栻神道碑》者如下：

淳熙改元，公家居累年矣，上复念公，诏除旧职知静江府、

① 见周必大《平园续稿》卷二三《林光朝神道碑》。

经略安抚广南西路。……五年,除秘阁修撰、荆湖北路转运副使,改知江陵府、安抚本路。

此"本路"指荆湖北路,其经略安抚使司治江陵府,经略安抚使例兼知江陵府。既然张栻淳熙五年始由广西帅徙湖北漕复改湖北帅,那么此前身在广西的张栻又怎能在长江边上某地为李舜臣送别赠诗呢?不仅《编年》说的淳熙三年五月张栻以诗送之一事可以排除,就是淳熙四年五月的假设也应当排除。江陵滨临长江,湖北转运置司所在的鄂州也在长江边上,那么张栻有无可能在此两地与李舜臣"重逢"并为之送别赠诗呢?这只要对张栻赴任的经过再略加考察,即可判断其究竟如何了。

《南轩文集》卷一一《南楼记》:"楼之成以淳熙五年三月五日,提点刑狱事廖侯季能实同予来观,又十五日,而予为之记。"楼在静江府广西转运判官所治便厅之前,系转运判官詹仪之(字体仁)所建。可知直至淳熙五年春末,张栻尚在广西,且未知有徙湖北事。

同书卷三《张子真、杨政光、吴德夫追路湘源,赋此以别》:"驱车出严关,触热归路长。一雨群物苏,吾行亦清凉。漓水自南去,湘流正洋洋。眷言二三友,跋马勤送将。……向来幕府游,三秀丽斋房,居然出别语,分袂楚粤乡。……为谢桂父老,无泽留一方,惟馀石间字,时与洗苔苍。"可知其离广西帅任也,有幕府"三秀"张子真(名仕佺)、杨政光(名未详)、吴德夫(名猎)送至广西、湖南界首,已是热天。

同书卷二四《答朱元晦》之八:"共父一病,遽至薨逝,闻问恸哭,伤痛奈何!……某义当往哭,适此拘挛,今且专价去,俟到武昌,更再遣往。"共父,刘珙之字,死于淳熙五年七月初三日。① 这时,张栻正在赴湖北漕(治鄂州,又名武昌)任途中,尚未接获改任江陵诏命。

同书卷九《袁州学记》:"淳熙五年秋八月,某来宜春。至之明日,州学教授李中与州之士合辞来言:宜春之学……于是书以为记。今守名枃,实某之弟也。是月庚戌记。"八月庚戌为十九日。当是在赴任途中,曾枉道袁州,探望正在袁州知州任上的胞弟张枃。据同书卷八《江陵到任谢表》:"便私有请,已愧乘轺,改命弥优,又叨分阃。"其所赴新任之由湖北漕改为湖北帅,当与允其枉道同时。

《江陵到任谢表》没有言及到任日期。而据同书卷一《后杞菊赋》:"张子为江陵之数月,时方中春,草木敷荣,经行郡圃,意有所欣。"卷三《登江陵郡城观雪》:"凭城领奇观,壮思起病滞。四年领边州,气候苦多螫……及兹洗瘴眸,天公岂无意。为邦抱百忧,但愿得丰岁……春前尚馀腊,三白或可冀。"则到任已是淳熙五年岁杪。

从以上对张栻赴湖北帅任经过的粗略考察中可知,淳熙五年的五月,他正在广西帅幕"三秀"陪同下"驱车出严关",即度越桂湘界首,也是绝无可能在长江边上的武昌或江陵为李舜臣送行赠诗的。张栻淳熙七年二月甲申即已卒于江陵府舍,在他知江陵府的任上,与诗句"五月长江去棹轻"相符之事,只可能发生在淳熙六年的五月。而如上所述,在上一年,即淳熙五年,李舜臣业已赴知德兴县之任矣。可知在此期间,张栻与李舜臣绝无在长江岸边某地谋面的可能。张栻笔下的"舜臣抚干表兄"绝非李心传之父李舜

① 朱熹《朱文公文集》卷九七《刘珙行状》。

臣,亦可释然矣。那么此“舜臣”又是谁呢?

四、“舜臣”是谁?

张栻《送舜臣抚干表兄赴部》诗的最后有“外氏传家旧有声”语。“外氏”即外祖父母家。说舜臣与张栻“是姑表抑是姨表关系,则尚待查考”,当是对此语视而不见所致。《南轩文集》中提及“外氏”,又是表兄弟的,尚有卷三《外弟信臣总干西归,驻舟沙岸,得半月之款,于其行,口占道别》一首,卷五《送外弟宇文挺臣二首》。

张栻父名浚。朱熹《朱文公文集》卷九五《张浚行状》谓浚“终身不置妾”,“初娶杨国夫人乐氏……再娶蜀国夫人宇文氏”。《南轩文集》卷四一《宇文师献墓表》亦提到:“某之先妣夫人,实为君从兄女(疑女兄误乙——引者),故某于亲党间讲闻君行义为详。”参照上引《送外弟宇文挺臣二首》诗题,可知其“外氏”即成都宇文氏。至于张栻本人,朱熹《张栻神道碑》又谓:“其配曰宇文氏,朝散大夫师(中)[申]之女。”与其外家复有亲上加亲的关系。

关于此宇文氏,明人周复俊《全蜀艺文志》卷五四所录宋人费著《氏族谱》,有其世系,如下:

> 宇文氏,望河南,自得氏以来,有谱。其以史学传,自唐谏议大夫藉。藉子从礼,为渠州司马,因家于蜀,后徙成都。子孙又分六院,曰成都,曰双流,曰广都,曰绵竹,曰严道,曰阆中。……广都院自绪而下,凡三世登第,曰邦彦。邦彦初名褎,登元丰第,仕至郡相,卒。子闳中、粹中、虚中迭登第。粹中第在第三,后为尚书右丞。虚中后为佥书枢密院事,终国信使,谥贞愍,天下闻其谥哀而敬之。时中,赐进士第,后以直龙

图阁知潼川。闳中及其子师尹;师皋;从子师申;师猷;孙绍直;绍良;从孙绍寅;绍奕,尝为吏部郎,典三郡,卒;绍节,典二州,今被命;绍直,自郡守参议大藩,今奉祠;绍猷;绍彭;绍庄,今方典州。子孙又多传,视双流亦不胜书也。

可知成都宇文氏广都院,其宇文邦彦之曾孙辈,亦即张栻之外表兄弟辈,皆以“绍”字排行,作“绍×”,见于《谱》者,即有绍直、绍良、绍寅、绍奕、绍节、绍猷、绍彭、绍庄,凡八人。《谱》未载而见于张栻《宇文师献墓表》者尚有绍训,见于楼钥《攻媿集》卷一〇九《宇文师悦墓志》者尚有绍谔,见于晁公溯《嵩山集》卷五三《宇文师申墓志铭》者尚有绍恭、绍芳。

值得注意的是,这些以“绍”字排行的张栻外表兄弟,其表字却又都有一个“臣”字,作“×臣”。如:

宇文绍彭:《嘉定镇江志》卷一五《宋润州太守》:“宇文绍彭:中大夫、右文殿修撰,嘉定五年三月二十五日到,六年八月十九日改知汉州。”魏了翁《鹤山先生大全文集》卷四一《汉州房公楼记》:“成都宇文侯镇广汉之明年……侯名某,字信臣,尝为司农卿兼权地官侍郎,今以右文殿修撰自京口移镇云。”两书所记同为一人。可知宇文绍彭表字信臣,而张栻《外弟信臣总干西归……》诗题中之信臣,即是宇文绍彭。

宇文绍节:《宋史·宇文绍节传》:“宇文绍节,字挺臣,成都广都人。”则张栻《送外弟宇文挺臣二首》之挺臣,乃宇文绍节之表字。

宇文绍奕:名见《氏族谱》而《南轩文集》未曾提及的宇文绍奕,是《〈石林燕语〉考异》的作者。据史绳祖《学斋占毕》卷三《因古碑辨后汉建武中元四字年号及永熹年号以正史传误》条:“淳熙二年春,邛州蒲江县上乘院僧治基增筑大殿,辟地九仞,得古龕焉。……临邛太守宇文绍奕，字衮臣，好古博雅士也，闻之，亟命辇致郡斋龛之壁。"其表字之下一字亦作"臣"。陆游诗文言及此人，皆以字称，然却有时作"衮臣"，如《老学庵笔记》卷六"予游邛州天庆观"条，《剑南诗稿》卷四三"宇文衮臣吏部，予在蜀日与之游至厚……"诗题；有时作"卷臣"，如《渭南文集》卷二八《跋〈原隶〉》。清人潘钟瑞与吴剑森都认为，卷即衮，古字通，而宇文绍奕博古好奇，"或自书其字，有时作'衮'，有时作'卷'，故放翁亦两歧载之耳"。①

以上是可以考见的张栻外家表兄弟辈皆以"绍"字排行而其表字皆缀以"臣"字的概况。张栻笔下之"舜臣抚干表兄"既然亦是张栻"外氏"家中人，当亦循此通例者，惟未能确考其名究系绍某耳。

总括以上数节，可得简单之结语：此舜臣非彼舜臣也。

此舜臣，舜臣是字，其名绍×，姓宇文氏，张栻表兄。

彼舜臣，舜臣是名，字子思，姓李氏，乃李心传之父。

两者虽皆蜀人，实风马牛。而张栻与李舜臣的姑表或姨表关系，亦属子虚乌有。

（原载《唐宋历史文献研究丛丛稿》，上海古籍出版社，2004年11月）

① 参考胡心耘辑《宇文绍奕事实》，见《石林燕语》附录，第230页。

《李心传事迹著作编年》订补

《李心传事迹著作编年》,来可泓著,巴蜀书社 1990 年 6 月出版。本文所述,仅限于对李心传本人生平事迹和著作的订补。至于其父李舜臣,其弟李道传、李性传,虽然在《编年》中所占分量不轻,本文概不涉及。所言是否有当,尚祈作者和读者不吝批评指正。

一、"侍先君子官行都"之两年

李心传自言"心传年十四五时,侍先君子官行都,颇得窃观玉牒所藏金匮石室之副,退而过庭,则获剽闻名卿才大夫之议论",从而萌发撰写渡江以来信史的愿望和行动。[①] 时间是淳熙七年、八年。

据《宋史·李舜臣传》所载,心传"先君子"此两年在行都所任为"干办诸司审计司,迁宗正寺主簿"。而能够使李心传"颇得窃观玉牒所藏金匮石室之副"者,当在其父迁任宗正寺主簿以后这段时间。因为南宋之宗正寺与玉牒所实乃同一官府,宗正寺设置的宗

① 见《建炎以来朝野杂记序》,载该书卷首。

正卿、少卿、丞、主簿等官，“凡此专为寺也，而修纂皆预焉”，都负有修纂玉牒的职责。“大抵均之为寺，而宗正独以玉牒重”，[①]宗正寺也因之在九寺中拥有特殊的地位。淳熙二年十一月六日，经宗正少卿陈叔达陈乞，玉牒修书，除“以《实录》《帝纪》为则”以外，史馆所藏《会要》《圣政》《政要》《宝训》《训典》，也都“合许参照”，[②]录有副本，“玉牒所藏金匮石室之副”当即由之而来。“窃观”者，盖本不得观，通过其父任宗正寺主簿，参与纂修玉牒的特殊机遇，才偷偷获观之谓也。[③] 后来构成《建炎以来系年要录》全书主体框架的《高宗日历》一千卷，新近于淳熙三年三月三日完成进呈，李心传于“窃观”之馀，很可能还转录有副本，实在是他著述生涯准备阶段的一个关键。

“窃观”时间的多少，决定于李舜臣宗正寺主簿任期的长短。据楼钥《攻媿集》卷六〇《李氏思终亭记》：

> 淳熙八年，岁在辛丑，钥预考南庙试，蜀人李君子思以审计司联事。……竣事，钥叨丞外府，君代主宗正簿。钥寻丞司宗，方以同僚为幸，而君忽焉亡矣。

文中提到的“南庙试”，北宋多指省试（礼部试）的别头试。吴曾《能改斋漫录》卷一四《赋圆丘象天》：

> 内翰郑毅夫久负魁望，而滕甫元发名亦不在其下。暨试

① 《咸淳临安志》卷六“行在所录·玉牒所宗正寺”条刘季裴《题名记》。
② 《宋会要》职官二〇之四二。
③ 《宋会要》选举五之二四至二五嘉泰元年十二月二十四日臣僚言亦曾提到：“国朝正史与凡实录、会要等书，崇护惟谨，人间私藏，具有法禁，惟公卿子弟，或因父兄，得以窃窥，而有力之家，冒禁传写。”

礼闱,郑为南宫第四场魁,滕为南庙别头魁。[1]

可证。司马光《送同年郎景微归会稽荣觐序》说的:“余又与景微以荫籍同官,偕举进士,送名于天府,覆试于南庙,以至登第,未尝异处。”[2]陈恬《毕仲游墓志铭》记载的:“与兄仲衍俱试南庙,中高等,遂俱登进士第。”[3]以及郑居中《赵世恬墓志铭》记载的:其孙“子鋐赴试京东转运司,以魁荐,复试南庙,擢第一”。[4] 也都是在省试别头试的意义上使用“试于南庙”“试南庙”一词的。其得名的缘由,当是省试别头试曾长期在武成王庙举行,而武成王庙则恰在开封府之城南也。[5] 庆历二年正月十二日,以翰林学士聂冠卿等权知贡举,同月“十八日,以直集贤院、知谏院张方平,集贤校理欧阳修考试知举官亲戚举人”。[6] 即主持别头试。今欧阳修《居士集》卷四八载有这次别试的试题《武成王庙问进士策二首》。[7] 嘉祐六年正月八日,以翰林学士王珪等权知贡举,同月“十四日,以秘阁校理陈襄、集贤校理苏颂考试知举官亲戚举人”。[8] 今苏颂《苏魏公文集》卷七二载有这次别试的试题《南庙策问》三首。且可佐证“南庙”即武成王庙也。

---

① 《文献通考·经籍考四三》“《延漏录》一卷”下录陈振孙解题,亦言及:“录中又记皇祐中与滕元发同试南庙,滕首冠而已被黜。”实系皇祐五年。其中“南庙”二字,辑本《直斋书录解题》误脱,点校本亦未校补。

② 《司马文正公传家集》卷七。

③ 《永乐大典》卷二〇二〇五质韵毕字。

④ 赵琦美《赵氏铁网珊瑚》卷四《米南宫书》。

⑤ 清周城《宋东京考》卷一五《庙》:“武成王庙:在雷家桥西南。”卷二〇《桥梁》:“雷家桥:在府治南蔡河上龙津桥西。”

⑥ 《宋会要》选举一九之一一。

⑦ 欧阳修《归田录》卷二:“嘉祐二年,余与端明韩子华、翰长王禹玉、侍读范景仁、龙图梅公仪同知礼部贡举。……禹玉,余为校理时,武成王庙所解进士也,至此新入翰林,与余同院,又同知贡举。故禹玉赠余云:‘十五年前出门下,最荣今日预东堂。’余答云:‘昔时叨入武成宫,曾看挥毫气吐虹……’”禹玉,王珪之字。嘉祐二年的“十五年前”,即庆历二年。

⑧ 《宋会要》选举一九之一三。

在北宋,“南庙试”有时也指开封府发解试。江休复《江邻几杂志》:

> 章相性简静。差试举人,出《人为天地心赋》。举子白云:“先朝尝开封府发解出此题,郭稹为解元,学士岂不闻乎?”曰:“不知不知。”匆遽别出一题目《教由寒暑》。既非已预先杼轴,举人上请:“题出《乐记》,此教乃乐教也,当用乐否?”应曰:“诺。”又一举人云:“上在谅阴而用乐事,恐或非便。”纷纭不定,为无名子嘲曰:“武成庙里沽良玉(原注:开封府举人就武成王庙试《良玉不琢赋》),夫子门墙弄簸箕(原注:国学试《良弓之子必学为箕赋》),惟有太常章得象,往来寒暑不曾知。”

阮阅《诗话总龟》前集卷三八《讥诮门中》所录《古今诗话》有类似记述,于无名子讥嘲诗未逐句加注,而于全诗之下加作者按语:“时南庙试《良玉不琢》、国学试《良弓之子必学为箕》赋。”则“南庙”亦指武成王庙。《宋会要》选举一九之七载:天圣元年闰九月十二日,命高弁、吴济、胥偃考试开封府举人,王硕、张观考试国子监举人,“直史馆章得象太常寺考试亲戚举人”。可见在南庙(武成王庙)举行的是开封府发解试,而章得象主持的发解别头试则是在太常寺举行的。孔平仲《谈苑》卷二“林希于章衡榜下及第”条提到:“[林]希尝为南庙解元”,“[李]寔南省解元也”,即分别指两人是开封府发解和国子监发解的解元。又,岳珂《宝晋斋法书赞》卷一一《宋名人真迹》“沈叡达书简帖”七帖之七:“知尽室遂至都下,冒暑涉秋,佳否?十郎调何处官?十一、千郎必各已试归,闻在南庙必遂高辍,行听喜报也。……向冷,千万多爱。”很明显,所指亦是开封府发解试。

既然北宋时省试别头试和开封府发解试皆可称为“南庙试”，那么楼钥在《思终亭记》中说的他于淳熙八年“预考”且得以与李舜臣“联事”的“南庙试”又何所指呢?《宋会要》选举二二之四载有淳熙八年正月七日任命的此年省试官名单，凡知贡举 1 人，同知贡举 2 人，参详 8 人，点检试卷 20 人，其中既无楼钥，也无李舜臣。《会要》所载，李舜臣预考者，乃淳熙七年秋之国子发解试，干办行在诸司审计司李舜臣是点检试卷官之一。楼钥预考者，淳熙四年秋之国子发解试，淳熙九年春之铨试、公试、类试，与《记》不合。《会要》在录载历科知贡举等官的同时，如乾道八年、淳熙十一年，尚仍录载有牒试、别试的主管官，乃至考试官、点检试卷官，而淳熙(三)[二]、五、八年却付阙如。颇疑楼钥“预考”者，乃《会要》失载的淳熙八年省试之别头试，而楼钥则沿北宋习惯仍称之为“南庙试”者。

发解试例在省试前一年秋举行。绍兴二十四年正月二十日规定：国子监及诸路州军并转运司发解试，“并以八月五日锁院，十五日引试”。[①] 而省试则在次年之春。《宋会要》选举二〇之五载，绍兴八年四月二十七日所差省试官中，参详官程克俊、点检试卷官黄丰，因“并曾充绍兴七年国子监发解试官，不合更考省试”，于第二日辄被撤换。按照这一事例，李舜臣既已被差充淳熙七年的国子发解试官，也就不可能再被差充淳熙八年的省试及其别头试官；而淳熙七年的国子发解试及其别试，试官名单俱在，亦无楼钥侧身其间的馀地。楼钥与李舜臣“联事”，似乎只能在同是淳熙八年这一科不同阶段的考试，即发解试和省试别头试的“预考”者这一点上来理解。

---

① 《宋会要》选举一六之九，《建炎以来系年要录》卷一六六。

《编年》将楼钥《思终亭记》之“南庙试”肊改为“南岳庙试”，又混同于国子发解试，且将《会要》所载淳熙七年八月五日之事移置于淳熙八年，以《会要》强从楼钥《记》文，以致淳熙八年下遂有如下多条互相背戾的记述：

> 闰三月戊子，赐礼部进士黄由以下三百七十有九人及第、出身。
>
> 八月五日，父舜臣领南岳庙试，为点检试卷官。
>
> 八月五日，国子发解……干办行在诸司审计司李舜臣……点检试卷。
>
> 考试竣事，父李舜臣迁宗正寺主簿。
>
> 是年冬，父李舜臣卒于行都任所。（29页）

若此说可从，则李心传得以在玉牒所“窃观”的时间至多不超过四个月。

而依笔者以上所作的考辨，如果假定李舜臣“忽焉亡矣”在淳熙八年年底，而淳熙七年八月国子发解试“竣事”李舜臣即已迁宗正寺主簿，那么李心传在玉牒所“窃观”的时间将有约一年零四个月。如果以淳熙八年三月十二日放榜为这一科“竣事”的标志，李舜臣才得以迁宗正寺主簿，那么李心传在玉牒所“窃观”的时间也将约有九个月。两者之中，又似以后者较为接近事实。

二、关于“绝意不复应举”

李心传参加科举考试的情况，文献留下了一些不尽相同甚至互相冲突的记载。

黄震《戊辰修史传·宝章阁待制李心传传》曰：

庆元乙卯岁，以明经荐于乡，既下第，独绝不复应举，闭户著书。

《宋史·李心传传》从之，作：

庆元元年荐于乡，既下第，绝意不复应举，闭户著书。

约嘉定三年冬，许奕在缴进《建炎以来系年要录》奏状中说：

兼心传志行高洁，久弃场屋，该免举不复就，非近来上书进策侥觊赏典之比，实无一毫希望意。[①]

嘉定五年，楼钥在《李氏思终亭记》中亦说：

独未识长子心传。闻其尝名荐书，一不上第，年未四十，弃举业而著书。

明崔子璲辑、崔晓增辑《宋丞相崔清献公全录》卷二《言行录中》：

公身藩翰而心王室，务荐贤以报国，在蜀擢拔尤多。……隆州进士李心传，累举不第，以文行闻于国。诸经皆有论著，尤精史学。尝著高宗《系年录》，号详洽，国史院取其书备检

---

① 载《丛书集成》本《建炎以来朝野杂记》卷首。

讨。又纂集隆兴、乾道、淳熙典章,及著《泰定录》等书。以白衣召入史馆,亦公特荐。①

《编年》认为崔与之"累举不第"之言可信,并对楼钥《记》文作出如下解释:

"第一,楼钥有'一不上第'的话,可以理解为一次也没中式。第二,楼钥有'年未四十'之句,可以理解为李心传至少在三十六岁以后停止参加科举考试。如果李心传三十岁参加进士试一举不第即绝意不复应举,行文一定是'年仅三十'或'年甫三十',不可能写成'年未四十'。如果三十六岁后绝意不复应试,则至少又下过二次试场,三试不第,可以说是累试不第了,与崔与之所说相符。"(50页)因而在庆元五年,李心传三十三岁,嘉泰二年,李心传三十六岁之下,分别写上"可能赴进士试,不第。"(62页)"可能仍赴进士试,不第。"(68页)

关于"一不上第"之"一",王引之《经传释词》卷三(80页)、孙经世《经传释词补》(280页)、杨树达《词诠》卷七(366页)、裴学海《古书虚字集释》卷三(213页),均有用作副词,作"'皆'也"解一义,除去重复,所引字例凡44条,其句式无一与"一不上第"云云相符者,则此语之"一"不能作"皆"解,"一不"不能作"一次也没"解明甚。然《经传释词补》已揭出"犹'一旦'也"一义,《词诠》亦云:"副词,犹云'一旦'。事未然而假设其然时用之。"所举字例,如"蔡许之君一失其位,不得列于诸侯(《左传》成三年)""一闻人之过,终身不忘(《庄子·徐无鬼》)""岁一不登,民有饥色(《汉书·文帝

① 崔清献公,崔与之,自嘉定十三年至十六年知成都府,先兼成都府路安抚使,寻兼四川安抚制置使。其《言行录》,宋末李肖龙撰。本条末注云据"家集",然《全录》卷四以下所辑崔与之遗文,无此荐札,当已久佚。

纪》)”,句式与“一不上第”云云全同,已然之事,亦可借假设语气出之也。楼钥语之主干,“一不上第,弃举业而著书”,实与《戊辰修史传》《宋史》本传同,而无歧异。

庆元二年(1196),李心传、李道传兄弟同举进士,道传登第,心传下第。黄榦《李道传墓志铭》载:“君既擢第,慨然有从学武夷之志,属以家难,不果行。”[①]父舜臣既已前此于淳熙八年身死,此“家难”当指心传兄弟之母又身亡也。李道传拟从学朱熹“不果行”,庆元五年当仍在守制期间,则李心传出而应举难道就可以成行吗?说李心传此年“可能赴进士试,不第”(62页),岂非完全凿空。及至嘉泰二年,李心传年三十六,可以应举而未去应举,此假设与《编年》就“年未四十”设定的年龄界限,似已无多大冲突。

许奕奏状提到李心传“该免举不复就”。何谓“免举”?隆兴元年是省试之年,正月九日,右正言周操建请于所差试官,“欲望量加添增”,其理由之一,是“今岁缘免举赴省人数至多,与常岁不同”。乾道元年二月七日礼部言,有“准诏书,应文学出官、进士理年免举,并依前郊赦例,先次施行”语。[②]《宋史·选举志》载淳祐元年臣僚言,亦提及“既复诸路漕试,合国子试,两项科举及免举人,不下千人”(3642页)。则“免举”或当与“免解”同义。[③]《宋会要》选举一六之二六载有绍熙二年进士理年免解条件,如下:十一月“二(月)[十]七日南郊赦:应诸路进士,淳熙二年省试下,实理十八年,国学进士,淳熙八年省试下,实理十二年,并与免将来文解;应

---

① 《勉斋先生黄文肃公文集》卷三五。

② 见《宋会要》选举二〇之一五至一六,四之三七。

③ 如《宋会要》选举一六之一一载绍兴三十二年六月二十九日张震言:“太学免解,已非旧典,今当免者千二百馀人。……而此外或以驻跸,或以藩邸,或以节镇,皆得曲为之辞,转相攀引,则是当免解者几二万人,窃虑来春取人数倍常举。”乃是与上引隆兴元年条针对同一现象而言,一作“免举”,一作“免解”,其义全同。

诸路进士,实请四解,并国学进士两举人,并依旧制与免将来文解。”嘉定二年明堂赦当与此相似,其“十八年”“十二年”“四解”“两举”等条件亦不致改变,而李心传的情况却与之皆不能符。或者许奕所言乃是与“进士理年免举”有别的另一类免举条贯。

《编年》又从“常理”出发对李心传不可能一次未中辄绝意不复应举作了如下判断:“李心传出身于世胄之家,书香门第,追求举业为首要任务,李心传也不可能超越这个世俗束缚。所以按常理推断,不可能一试不售,即急流勇退。”(50页)但是,如本节开首所引诸说,却偏偏都是在能够超越世俗束缚的意义上对他“志行高洁”的表彰。而崔与之说的“累举不第”,无论用世俗的眼光,还是超越世俗的眼光,都是与荐札的基调不合拍的。颇疑原文或不如此,流传中曾误遭改削。此言绝无版本依据,纯属猜测,不知能聊备一说否?

三、嘉定年间二三事

庆元二年举进士下第以后“闭户著书”期间,除《建炎以来朝野杂记》甲集完成于嘉泰二年(1202)十月见诸自序明确记载,《建炎以来系年要录》写定于嘉定元年(1208),笔者曾加梳理[①]以外,其他可以确考的事迹不多。本节谨就嘉定年间,即《要录》奏进以后至宝庆二年(1226)奉诏赴阙期间《编年》著录的李心传事迹提出若干商榷意见。

1. 嘉定四至六年确在嘉定府

李心传在《朝野杂记》乙集卷二〇中言及他这时在嘉定府的两

① 见《〈要录〉〈杂记〉的歧异记述及其成因》一文附考《〈系年要录〉写定和奏进的过程》。

处记事,《编年》皆已揭出。一处见“辛未利店之变”条:

> 嘉定四年秋,余在云凌,见司理参军青阳诲,井研人。言夷人以黄纸作牒遗嘉州,其语殊倨,末有“故兹诏示”之语,安边司俾寨官却之。既又见提刑司属官何逢年,资阳人。言近本司令寨官谕以先归所掠汉人,而蛮书答云:“所掠(此)[止]是妇女三十馀人,近悉有娠,须产毕乃可送。”其侮慢如此。

《编年》于嘉定四年(1211)下载:“是年秋在嘉州云凌同乡青阳(海)[诲]处。”(107页)但为何在“云凌”前冠以“嘉州”,以及何谓“云凌”,未作解释。

范成大《吴船录》卷上:淳熙四年五月二十九日戊辰离成都,六月十七日“乙酉,泊嘉州。渡江游凌云,在城对面,山不甚高,绵延有九山头,故又名九顶。旧名青衣山,青衣,蚕丛氏之神也。……跻石磴,登凌云寺,寺有天宁阁,即大像所在”。可见凌云乃嘉州之山名,又是寺名。时人多用以指称嘉州。如吴泳《鹤林集》卷三八《达斋铭序》曾言及:“嘉定壬午,某尝客于亨泉书院,癸未岁,子先亦于亨泉乎馆,达斋之铭乃某去凌云后一年所作也。”张方,号亨泉子,嘉定壬午、癸未即十五、十六年,任提点成都府路刑狱,提点司置嘉定府。① 吴泳为其家书院馆客,“去凌云”,即离嘉定府而去也。

据上,“云凌”当是“凌云”之误倒。“在凌云”,即谓在嘉定府也。青阳诲是时为嘉定司理参军,虽与李心传同是井研人,文中只言从之了解到马湖夷都蛮的一些情况,未必即栖身其人之处也,何

① 据《宋史翼》卷二二《张方传》、《宋会要》职官七五之三三。《方舆胜览》卷五二:嘉定府:“本路提刑置司。”

况下文接着又有从提刑司属官资阳人何逢年处了解情况的记载呢。《编年》所加按语,前句谓“成都路提刑李壆”,下句却接云:“是时李壆为嘉州府路提点刑狱。”(107—108页)“成都路”与“嘉州府路”是一路抑是两路?嘉州因是宁宗藩邸,宁宗即位后于庆元元年十月乙丑已升为嘉定府,①不应仍称嘉州,亦不应称嘉州府。嘉定府只是成都府路提刑置司所在,当时并无另有称作嘉定府路提点刑狱的监司机构存在。

另一处见“癸酉虚恨之变”条:

> 嘉定癸酉仲冬十七日,虚恨蛮犯嘉定府峨眉县中镇寨。寨在羊山江南,去府二百五十里,硬寨在江之北。先是……壬申夏,李季允壆来司臬事,屡招来之,蛮人终不至。是月十九日,宪使杨伯昌子谟、郡守任处厚传父方会饮,坐中,有土丁二人驰报:蛮人六七款寨,愿受犒,且纳蛮刀为信,寨已给降旗矣。余时在府中,闻其事,谓府倅及宪属曰:“此诈也。”

《编年》将此事录于嘉定五年下,且谓:“是岁,李心传在嘉州府路提(典)[点]刑狱公事李壆府中。”又谓:“李心传有‘余时在府中’之语,且能与府倅及宪属商议军事,判断其为诈降,其幕僚地位显然可见,似可判定是时在李壆提刑司内任幕职。”(111页)

谨按:提点刑狱司不称“府”,此称“府”者,所指为嘉定府,所以文中“府倅”“宪属”分举,明“府”与“宪”不是同一机构。

“虚恨之变”发生于嘉定六年十一月十七日,《编年》不应将之录载于嘉定五年下。之所以录载于嘉定五年,大概是见到文中有

---

① 见《宋史·宁宗纪》。

“壬申夏”字样。其实,文中自“先是”至“蛮人终不至”,即包括“壬申夏”在内的一段文字,皆是追述记事,而“是月十九日”以下,则是上接“嘉定癸酉仲冬十七日”而言,“是月十九日”,嘉定六年十一月之十九日也。下文“宪使杨伯昌子谟、郡守任处厚传父方会饮”,明此时提刑乃杨子谟,李𡌴前此业已离任矣。李心传之在嘉定府停留,并不决定于李𡌴是否任提刑也。

李心传何时离嘉定府,未见明确记载。他在嘉定府停留期间,无论李𡌴任提刑,还是杨子谟任提刑,他都不仅同提刑司,而且同嘉定府的各级官员,有着广泛的接触交往,询问情况,发表见解。他的身份究竟是什么?《编年》一再提到“可能”或“似可判定”在“提刑司内任幕职”,但宋代似无白身人被奏辟任提刑司等监司幕官的先例。

2. 嘉定十年前后曾否讲学成都?

《编年》于嘉定八年下载:“在此前后,李心传讲学成都府。”按语谓:“据《嘉庆井研县志》卷之十《艺文志·崇正书院记》云:‘与魏了翁、虞刚简讲学成都,蜀人师之。’又据同书《四李祠记》也云:‘与魏了翁、虞刚简讲学成都。’足证李心传曾讲学于成都府。但时间未曾言明。嘉定十年,李道传出知果州,买舟西归,李心传迓以诗,并邀魏了翁、刘光祖等同赋。只有在一起,始能相互应和。据此似可判定李心传在成都府讲学时间为嘉定十年前后。”(117页)

谨按:嘉定十年前后李心传是否确在成都,除上引推断外,《编年》没有举出任何佐证资料。至于说“只有在一起,始能相互应和”,更是不成其理由。异地唱和的事实,见诸记载者不胜枚举。何况李心传、刘光祖、魏了翁三人,此时实际上又并未“在一起”。

魏了翁《鹤山先生大全文集》卷九在《李微之心传闻其弟贯之道传西归,以诗迓之。刘右史光祖和韵,属予同赋》诗题下,载诗六首。从诗题和诗不能见出三人同在一地迹象。《宋会要》职官七五之一三载嘉定九年九月四日李道传被劾,当是此后寻即差知果州,蜀中闻讯,已近年底,三人之诗即此时前后所作。而据真德秀《刘光祖墓志铭》:"遂因其请,除宝谟阁直学士、知潼川府。因其民俗,治以无事。[嘉定]八年四月,上以闵雨求言,公奏……从之。在潼二年,六告老,进显谟阁直学士,提举玉隆万寿宫。……[子]翊之守果州,迁眉州,皆奉公以行。"[1]刘光祖知潼川府,吴廷燮谓在嘉定六年,经李昌宪更订,当在六年末七年初。[2] 在任两年后宫祠,则和诗当作于其子翊之之果州任所,而翊之与道传又有前后任互相交接的特殊关系。另据《宋史·魏了翁传》:"嘉定四年,擢潼川路提点刑狱公事。八年,兼提举常平等事。迁转运判官。……遂宁缺守,了翁行郡事。……十年,迁直秘阁、知泸州,主管潼川路安抚司公事。"潼川府路转运司置司遂宁府。则嘉定九、十年之际,魏了翁正在遂宁府潼川路转运判官兼摄府事任上。李心传在何处很难确指,若谓或已赶至果州预作料理,准备迎接其弟到任,恐怕不完全是凿空的瞎猜。

另,《编年》按语引县志所载《崇正书院记》《四李祠记》皆云"与魏了翁、虞刚简讲学成都",而接着提出讨论的却竟成了刘光祖、魏了翁,未免不伦。谨按:两《记》似皆约魏了翁《虞刚简墓志铭》所论而言者。其《墓志》所论如下:

> 壮岁,于赵文定之子希先昱尽得程、张、吕、谢、杨、尹诸子《语》《孟》读之,犁然会心。为钤属、为华阳,又得与成都范公文叔仲黼、季才荪、少才子长、少约子该、豫章李思永修己、延

① 载《西山先生真文忠公文集》卷四三。
② 见《南宋制抚年表》卷上,第497页;《宋代安抚使考》,第484页。

平张子真士佺、汉嘉薛仲章绂、同郡程叔达遇孙、李微之心传、贯之道传、唐安宋正仲德之、汉嘉邓元卿谏从,相与切磋于义理之会。最后了翁试吏佐四川莫府,倾盖如故交。始犹以记问词章相尚也,既皆幡然改之,曰事有大于此者矣。公自上华阳印,筑室成都之合江,以成雝公卜居未遂之志,季才范公为榜曰沧江书院。公已尽屏幼志,非益友不亲。①

则两《记》所谓李心传"与魏了翁、虞刚简讲学成都",似指众人同在虞刚简之沧江书院切磋琢磨也。"为钤属、为华阳",指任成都府路都钤辖司干办公事,知华阳县,联系上下文,约庆元年间事。"了翁试吏佐四川莫府",据《宋史·魏了翁传》:"庆元五年,登进士第。……授佥书剑南西川节度判官厅公事,尽心职业。嘉泰二年,召为国子正。"亦在庆元、嘉泰间。"上华阳印"即知华阳县卸任后建立的沧江书院,曾在很长时间内成为与虞刚简来往众人的讲学据点。《墓志》载嘉定十一年春以前,虞刚简"居闲""凡七年",在此期间,李心传常为沧江先生的书院馆客,不是没有可能的,但绝不会只局限于这几年。

3.《辨南迁录》所辨何书?

《编年》于嘉定九年下载:"是岁以前,李心传成《辨南迁录》一卷。"按语云:"据《文献通考》卷二百十六《经籍考》四十三著录《南迁录》二卷,'皇朝张舜民芸叟撰,舜民元丰中从军攻灵州,师还,谪授柳州监酒,即日之官,记途中所历及其诗文。'李心传辨者可能为是书。"(127 页)

谨按:《编年》上文引《朝野杂记》注文和《四库》存目提要,皆

① 载《鹤山先生大全文集》卷七六。原文误字,已迳直校正,未标校改符号。

已言明《南迁录》所记乃金贞祐年间南迁汴都事,因“事悉差误”,故须“辨”。如果是张舜民被谪南迁记途中所历及其诗文,何必“辨”?且是北宋元丰年间事,此时又何必汲汲予“辨”?金南迁汴都相当于宋嘉定七年,记其南迁之《南迁录》当出现于嘉定七至九年间,而《辨》,则未必定在“是岁以前”。

4.《游仲鸿传》及其撰年

魏了翁《鹤山先生大全文集》卷五六《游忠公仲鸿鉴虚集序》:“予惟忠公之大节,天子有诏,礼官有议,刘文节公父子述之,吾友李微之传之,垂日星而睹河汉,尚奚以予言为也。”可见李心传尚有《游仲鸿传》[①]之作,《编年》未之及,此可补其缺。

游仲鸿卒于嘉定八年,[②]魏了翁此《序》作于嘉定十五年,则李心传《游仲鸿传》之作,当是嘉定八至十五年间之事。

四、绍定、端平间回蜀途中曲折

《编年》于绍定六年(1233)下载:“二月,李心传修《四朝帝记》,甫成其三,为言者所劾,罢史职,除直宝章阁、添差通判成都府,离临安归蜀。”(180页)“李心传回四川后,于九月七日,跋《苏端明书天庆观乳泉赋》。”(181页)“李心传回四川后,访亲问友,为诸家所藏禊帖题识。”(181页)于端平元年(1234)下又载:“正月,李心传迁著作佐郎(正八品)、兼四川制置司参议官,许辟官置局,修《十三朝会要》。”(182页)

绍定六年“二月”和端平元年“正月”事,所注出处《宋史》本传

---

① 魏了翁《序》所谓“述之”“传之”,也可能分指游仲鸿行状和墓志铭的撰写。兹姑字面称之曰《游仲鸿传》。李心传已佚之《文集》中当收有此文。

② 见《宋史·游仲鸿传》。

原无月份,仅见于《南宋馆阁续录》而未之注。“回四川后”二事则皆回四川途中而远未回至四川之事。李心传此次罢史职回四川,途中之事见于记载者不少,《编年》亦多予引录,然编排无序,领语不着边际。且中经朝廷“端平更化”,其经过曲折又复不少,亦未为揭出。今不揣浅陋,试重加梳理如下:

《南宋馆阁续录》卷八《官联》:秘书郎:“李心传,[绍定]五年五月除,六年二月除直宝章阁,特添差通判成都府。”(301 页)即罢史职回蜀。

《兰亭续考》卷二李心传跋语之三:“绍定之季岁,予罢史职,归岩居。春三月,过御溪,沈虞卿侍郎之孙提举君以家藏禊帖(似)[示]余,求识其后。秋九月,过梁溪,尤伯晦、仲晦方里居,邀予与[蒋]良贵共饭。日加己巳,速客,席间设大几,锦褾玉轴堆积其上。余雅闻遂初图书之富也,亟起观之,则多元老巨儒所尝鉴赏者。良贵拔其尤者谓予各题数语。觞每行,趣辄更一二轴。迟明饮散,予遽解舟。今不忆所题若干卷,亦不忆有无禊帖在其间也。”

谨按:此跋作于淳祐元年(1241)小寒节前五日,所述系回忆语。《编年》绍定六年下两次录载其中“岩居”前和“共饭”前语(180、181 页),又于淳祐元年下录载其全文(214 页)。文中“春三月”,绍定六年之春三月,刚离临安也。“御溪”未详。“沈虞卿”名揆,秀州嘉兴人,文中以“提举”称其孙,当是曾任提举而此时家居者,则御溪当在嘉兴附近。“尤伯晦”名焴,尤袤孙,仲晦(微?)当是其弟行。尤袤是南宋大藏书家,今尚有其藏书目《遂初堂书目》行世。无锡人。“梁溪”即在无锡。“蒋良贵”名重珍,亦无锡人。据此,则直至绍定六年九月,李心传尚滞留于无锡一带。九月七日跋赵京兆所藏《苏端明书天庆观乳泉赋》,当亦在无锡附近。此赵京兆当是赵姓曾知临安府者,疑或即赵时侃,金坛人。《编年》两处皆领以“回四川后”,误也。另,《编年》180页所录刘宰《送李秀岩归蜀》诗,当亦作于此时前后。盖刘宰亦金坛人,且长年隐居,只能在其家乡与李心传叙别饯行也。

绍定六年十月“乙未,史弥远薨”(《宋史·理宗纪》),理宗亲政,政局突变,开始了被称作“端平更化”的短暂变革。

《南宋馆阁续录》卷八《官联》:著作佐郎:“李心传,[端平]元年正月除。”(318页)

吴泳《鹤林集》卷二七《答蒋良贵书》之三:“微之之谕敬悉,当达盛意。宝章添倅之命又复封起,渠划地担阁也。”

谨按:据下书即答书之四所云“某初春交讯之后,坐此袢暑,不能嗣遣一纸访问死生”,可知答书之三写于“初春”,即正月。则此年正月李心传之除著作佐郎,即意味着“宝章添倅之命又复封起”,亦即意味着召李心传还朝也。此《书》,《编年》未载,今补。

刘宰《漫塘文集》卷六《回李秘书》书:“某自闻召命之颁,日倾耳以听回船东下,且以日计曰‘可矣’。忽奉手教,乃知当此春晏,犹舣舟江岸为溯峡计。……秘书辞归之章再上,而报可未闻,深惟圣意,岂但欲以史事相付而已。愿戒舟师亟捩柁乘流,以慰中外之望。”

谨按:此《书》《编年》录载于183—184页,且已正确断定其写于端平元年春。若说得更准确些,则写于春三月(“春晏”)。《书》中仍称李心传为“秘书”,盖著作佐郎之命李心传尚未接受也。所谓“召命”,当即除著作佐郎之命,乃召其回朝,“以史事相付”,且又不限于仅“以史事相付”也。此当属“更化”的举措之一。而李心传仍然坚辞,“辞归之章再上”。刘宰写此回书时,“报可未闻”,即朝廷尚未允其辞归。至于《宋史》本传所载的“兼四川制置司参议官,诏无入议幕,许辟官置局,踵修十三朝会要”,当是朝廷业已允其归蜀，并在允其归蜀的同时对他的特许。

吴泳《鹤林集》卷三一《答李微之书》，《编年》录载于端平元年末(187—188 页)，推断作于"是岁"，实作于是年五月间。《书》中提到："和仲之出，毅夫之罢，左史计必报去。詹叔将漕金陵，为况极相安。"和仲即陈埙，毅夫即吴潜。据《宋史·理宗纪》，吴潜落秘阁修撰放罢在端平元年四月二十九日丁酉。詹叔，或作瞻叔，即高定子。"将漕金陵，为况极相安"，谓初上任之况"极相安"也。而据《景定建康志》卷二六江东转运司题名记，江东运判高定子，"端平元年四月到任"。"左史"，起居郎别称，指李性传。以上诸事既然都作为最新动态向李心传通报，则此《书》肯定作于事发不久的五月间。

吴泳《答书》又云："近见尤伯(诲)[晦]说鹢驭久留池阳，方此西溯芦花荻竹之浦，不致落寞否。蒲萄张肥，却可到江陵度夏也。""池阳"，宋池州又称池阳郡，治今贵池县。"芦花荻竹之浦"，指江州，白居易江州浔阳江头送客写下的《琵琶引》，即有"枫叶荻花秋索索""黄芦苦竹绕宅生"之句。① 则此时前后李心传的行踪，刘宰说他"春晏犹舣舟江岸"，即三月尚舣于池州之江岸。待到吴泳回此书的五月间，正在由池州驶向江州途中，并估计可至江陵度夏。足见端平元年五月以前，李心传一度曾"久留池阳"，至五月，才又急切赶路的。他之所以"久留池阳"，固然是为了等待"辞归之章再上"的结果，但也未尝没有静观时局变化的用心。到了此时，坚辞诏命已获俞允，特许在蜀中辟官置局以修会要的诏命亦已行出，所以吴泳在《答书》中又说："朝廷见行下馆中，令尽以宁考《会要》三百沓发付，以待鸿笔，纂修次(等)[第]，悉如大著之请也。"

---

① 《白居易集》卷一二。

五、举家自蜀中迁至霅滨的时间

《编年》于嘉熙二年(1238)下载:“李心传约于是岁前后,因避元兵,举家迁至湖州霅溪。”其按语补充说:“嘉熙二年,蒙古‘大将塔海并秃雪帅师入蜀,号八十万。’(《宋史·孟珙传》)四川残破,李心传约于此时举家南迁,居于湖州。”(201 页)

谨按:塔海帅师大举入蜀,《宋传》原系于嘉熙三年而非二年,实三年之秋。[①] 而“四川残破”,亦非自此时始,而是始于端平三年。此年十月十七日,李心传即曾在成都向朝廷书报过四川残破的情况,《历代名臣奏议》卷三三九吴昌裔端平三年十二月一日转对《论本朝仁政及边事疏》贴黄曾加引用,如下:

> 今闻虏骑径破阆中,分为两队,一沿江至顺庆,一绝流指潼川。曹友闻以转战败于芭蕉谷,刘孝全以食尽溃于鸡翁隘,赵彦呐以羸卒退保剑门,今又至江油,杨恢以无兵御阆寇,今已趋东关,辛秬以按部行,项容孙以新除去。潼、遂、顺庆,皆无守臣。惊移之舟,邀截于虏,掩面赴江死者以数十万计。此得于著作郎李心传十月十七日成都书报如此。吁!蜀亡矣!

《直斋书录解题》卷八“《续成都古今集记》二十二卷”解题附宋人号随斋者语,亦提到:

> 理宗端平三年丙申岁。是年,自九月二十九日夜,沔利都

① 《宋史·孟珙传》原叙于嘉熙三年正月庚寅下,四年进封子爵前。参照《陇右金石录》卷五杨奂《汪义武公(世显)神道碑》,乃“己亥秋”,即嘉熙三年秋事。

统兼关外四(川)[州]安抚、知沔州曹友闻战死之后,十二月,北兵入普州、顺庆、潼川府,破成都,略眉州,五十四州俱陷破,独夔州一路及泸、果、合数州仅存。

《宋史·牟子才传》载:“诏李心传即成都修四朝会要,辟兼检阅文字。制置司遣至文州视王宣军饷,邓艾缒兵处也。道遇宣曰:‘敌且压境,宣已退矣,君毋庸往。’子才不可,遂至州视军庾而还。甫出境,文州陷。辟知成都府温江县事,未上,连丁内外艰。时成都已破,遂尽室东下。”据《宋史·理宗记》:端平三年十月丙午,“大元太子阔端兵离成都,大元兵破文州”。十一月,“复成都府”。则成都之破、文州之陷,皆在端平三年十月。牟子才“尽室东下”,当是此后不久,很可能是嘉熙元年的事。

估计李心传举家离蜀的时间,当与牟子才不相上下。黄震《戊辰修史传·宝章阁待制李心传传》:“踵修十三朝会要。端平三年书成,会有狄难,召赴阙。”“狄难”既亦端平三年事,“召赴阙”当在成都破后不久;既赴阙,必当举家而行,其动身或在嘉熙元年春夏之际。《南宋馆阁续录》卷七《官联》:秘书少监:“李心传,[嘉熙]二年三月以著作郎兼权工部郎官奏事,除。是月,兼史馆修撰,专一修撰四朝国史、实录。”既已上朝奏事,是时当已返抵临安。

《编年》于嘉熙二年下录岳珂《玉楮诗稿》卷三《寄李微之秘监三首》,其第二首“去冬雪里拜笺题,曾说新除到殿西”,当是嘉熙二年十月李心传除秘书少监后,曾书告岳珂,而岳珂此诗则作于三年也。然三诗似非同时所作,亦非全作于除秘书少监后。其第一首原注:“微之以史馆牒来索予所撰《东陲笔略》,以秋暑未暇编写。”诗中复有“更待凉台亲简编”语,明系嘉熙二年初秋所作。此诗首联云:“引领蓬莱唐谪仙,溢江一别又经年。”既然嘉熙元年七月岳珂曾在九江与李心传会面,必是李心传举家离蜀东下,是时业已行至九江无疑。

(原载《唐宋历史文献研究丛稿》,上海古籍出版社,2004 年)

宋代的闹荒与抗租

一 闹荒斗争

1935 年 12 月，毛泽东在《论反对日本帝国主义的策略》中分析革命形势的发展时，曾经提到："在国民党统治区……在外祸、内难、再加天灾的压迫之下，农民广泛地发动了游击战争、民变、闹荒等等形态的斗争。"①其中闹荒形态的斗争，从历史上追溯起来，最早即见于宋代文献的记载。

《皇朝编年纲目备要》卷五和《通考》卷一六六《刑考·刑制》都记录了淳化五年(994)春声势相当壮阔的一场闹荒斗争的概况：

> (时)[是年春，京〈西〉、江、浙大]饥，民多相率持[杵]棒投券富家，取其粟，坐强盗弃市者甚众。蔡州民张(渚)[绪]等(三)[二]百一十八人皆当(抵)死，知州张(荣)[策]、推官江嗣宗共议，取其为首者杖脊，余悉(从杖)[论杖罪]。②

---

① 《毛泽东选集》第一卷第 146 页。

② 圆括号内为《备要》语，方括号内为《通考》语。尖括号内字为笔者所补。若据《备要》，"饥"当从下读。又，此事《通考》系于"三年"下，当以《备要》为正。

淳化五年春的这场闹荒斗争,在历史上肯定不是第一次,但见诸文献记载者似是最早的一次。在整个宋代,类似这样的闹荒斗争已经十分普遍,几乎一遇饥荒,濒临死亡威胁的农民群众就到处掀起这类自发斗争。以下是依据笔者掌握的极不完全的资料制成的闹荒斗争情况简表:

闹荒斗争的主要对象,是那些在荒年饥岁或青黄不接期间闭廪哄抬粮价的富户,多数以"借禾""丐粮"等为借口,强发富家仓窖中贮积的粮食,也有在粮食作物即将成熟时,从地里"强刈人田禾"的。直接针对官府的情况不是没有,如嘉定八年(1215),江东九郡大旱,即有徽州休宁县"民户金十八等数百人突入丞令厅求粜官米,令丞开仓给之"。约端平间,福建"岁饥,帅遣吏粜沙县,还至水东,饥民截米覆舟。[建宁]守檄岩仲抚谕,众千余人皆退。"[①]都是以官府为闹荒对象的。但纵观上表所列两宋闹荒的基本情况,官府显然不是闹荒的主要对象。

两宋农民群众的闹荒斗争有三大特点:

一是自发性。虽然官府为了镇压和平息此类斗争的需要,不时有惩处"首谋四人""酋首二三人"之类的记载,但实际情况却是:"往往乌合之人,莫知主名。"[②]即使在统治者的眼中,也认定参与此类斗争的"乌合之人",无非是"因艰食强取糇粮以图活命尔"(宋太宗语),"迫于饥""直丐升斗以纾死"尔(知襄州马寻、婺州乡居地主汪灌语)。是濒临死亡线上的农民群众出于求生存本能的自发斗争。

---

① 刘克庄《后村先生大全集》卷一五七《方之泰(字仲岩)墓志》。《墓志》言及是时郡守为曾宏正。按,《粤西金石略》卷一二录有曾宏正淳祐三年癸卯(1243)九月望日游临桂水月洞"水调歌头"词,结衔广西转运判官。兹姑定任知建宁府在端平(1234—1236)间。

② 汪应辰《文定集》卷一六《与信州程尚书》。此"程尚书"当即程瑀。绍兴十三年九月十五日戊辰,程瑀以兵部尚书知信州,见《要录》卷一五〇。

年　代	地区	简 要 情 节	资料出处
淳化五年(994)春	京西、江、浙	饥民相率持杵棒投券富家,取其粟	《编年备要》五、《通考·刑考五》
咸平元年(998)三月	京兆府	谷贵,民多持杖发窖藏	《编年备要》六
景德元年(1004)八月	寿州	饥民劫窖藏粟者凡七十余人	《长编》五七、《宋会要·刑法》6/9
约大中祥符七年(1014)	虔州	岁大饥,有持杖劫取民谷者,凡千余人	《宋史·陈从易传》、《救荒活民书》三、《苏魏公谭训》五
天禧元年(1017)	天雄军	蝗旱,民饥,无赖辈剽劫积聚	《长编》九〇
天禧四年(1020)	淮南、江、浙	谷贵民饥,乏食之人有持仗盗粮者	《长编》九五
天圣三年(1025)三月	陕西	灾伤,持杖劫人仓廪	《长编》一〇三
约明道元、二年(1032、1033)	光州	岁大饥,群盗饥民发民仓廪	《欧阳文忠公全集》卷三二《王尧臣墓志》、《救荒活民书》三
宝元二年(1039)九月	两川	饥馑,百姓艰食,盗贼劫廪谷	《长编》一二四
皇祐三年(1051)	信州	有劫米而伤主者	《长编》一七一
至和元年(1054)	襄州	岁饥,群入富家掠困粟	《长编》一七五、《救荒活民书·拾遗》
约嘉祐二年(1057)秋	寿州、颍州	大饥,民无食者相与发富人之仓而攘其粟。寿州被捕者二百名,颍州及数千人	《西台集》卷一六《毕从古行状》
熙宁七年(1074)春	河北	旱,财帛粟米之在廪庾,众暴群至,负之而去	《西塘集》卷一《流民》

续表

年代	地区	简要情节	资料出处
约崇宁元年(1102)	永州	岁饥,盗有强劫人禾而伤其主者	《丹阳集》卷一三《侍其铉墓志》
绍兴元年(1131)	南剑州将乐县	因阙食,啸聚作过	《宋会要·兵》13/7－8
同年	德安府、舒、蕲、光、黄、复州、汉阳军	缘贼驱虏,或因阙食,啸聚作过	《宋会要·兵》13/8
同年	江东路	缘阙食,因而啸聚	《宋会要·兵》13/8
绍兴十四年(1144)	信州及毗邻郡县	水灾,富者闭廪待价,饥民乌合恐之,遂平粜,或啸呼发所藏而去	《文定集》卷一六《与信州程尚书书》
约绍兴十八年(1148)	严州	小饥,民有率众发人廪谷者	《宋会要·兵》13/26 乾道四年五月十五日记事(注)
绍兴二十四年(1154)	衢州	百姓俞八与佃主徐三不足,因集保户持杖动夺谷米不计数目,并擒捉徐三	《宋会要·兵》13/20、26
同年	温州	岁不登,艰食,奸人讙起,托借粮为辞,警劫乡疃	《浪语集》卷三四《刘愈行状》
乾道四年(1168)	诸道	荒歉之所,饥民乘势劫取富民廪谷	《宋会要·兵》13/26
同年	江西、福建与饶、信州	荒歉,开廪劫夺者纷然,几于啸聚	《宋会要·食货》62/44、《救荒活民书》二

续 表

年代	地区	简要情节	资料出处
同年	吉州	不雨，谷价翔涌。恶少辈聚十百，持棘矜机毒矢，胁富室发其廪，剽谷而去	《澹庵集》卷二七《胡杰墓志》
约乾道间	婺州	岁恶，饥民群剽	《东莱吕太史文集》卷一一《汪灌墓志》
淳熙十四年(1187)	建宁府瓯宁	奸猾乘谷贵导饥民群趋富家发其廪	《平园续稿》卷二四《赵善俊神道碑》
绍熙元年(1190)	赣州	岁俭，州县捕治丐谷者数百人，诬以聚众	《平园续稿》卷二五《高夔神道碑》
开禧三年(1207)	建宁府	旱禾旱伤，饥民阙食，结集群党，以借禾为名，劫夺财物	《宋会要·瑞异》2/27
嘉定元年(1208)	淮南	饥，赈济官以啸聚申上司累累	《慈湖遗书》卷一八钱时《杨简行状》
嘉定八年(1215)	汉阳军等郡	大旱，饿死不可胜数。数百人为群，上人家丐米	《勉斋黄文肃公文集》卷一〇《答潘谦之》
同年	徽州休宁	民户金十八等数百人突入丞令厅求籴官米	《西山真文忠公文集》卷六《奏乞分州措置荒政等事》
同年	南康军建昌县	百姓方念八等百十人入靖安县强发富室仓米。百姓王七八等劫掠民户吴彦聪等家谷	同上
嘉定九年(1216)	台州黄岩、婺州东阳	艰食之民啸集作过，取粮于富室，强刈人田禾	《宋会要·食货》58/32
嘉定十年(1217)	台州天台	饥氓结集，恶少以借粮为名，恐吓强取财者相继	《宋会要·兵》13/47

续　表

年　　代	地　区	简　要　情　节	资料出处
约嘉定十一年(1218)五、六月	建宁府	细民之艰食者,百十为群,聚于大家,以借禾为名,不可则径发其廪,又不可则杀其人而散其储	《勉斋黄文肃公文集》卷一六《建宁社仓利病》
端平元年(1234)	建宁府建阳、邵武军	群盗啸聚,变起于上户闭籴	《宋史·食货志·振恤》
约端平间	建宁府	岁饥,福建帅司遣吏往沙县籴米,还至水东,饥民千余截米覆舟	《后村先生大全集》卷一五七《方之泰(字岩仲)墓志》
约淳祐七年(1247)	泉州惠安	岁旱,东斗门饥民数百保聚	《后村先生大全集》卷一五五《陈绂墓志》
景定二年(1261)	浙西	水灾,饥民有聚众借粮者,有持械发窖者	《后村先生大全集》卷八七《进故事·辛酉八月二十日》
咸淳七年(1271)	抚州金溪	饥民群扰富室	《黄氏日钞》"七八四月初十日……榜"
咸淳末(十年,1274)	安吉州	岁饥,民相聚为盗,所在蜂起	《宋史·赵良淳传》

说明:表中"简要情节"栏系摘取有关文献原有语句而成,其中称闹荒行动为"劫""掠""攘""剽",称闹荒斗争的发动者和参加者为"无赖""恶少""奸人""奸猾""众暴""群盗"等,都带有诬蔑性,概未更改,在此一并说明。

(注):记事谓此日臣僚言,曾提到:"顷绍兴间,严陵小饥,民有率众发人廪谷者,守臣苏简知不可长,枭其首谋四人,故虽年饥而郡境帖然。"按,苏简曾两知严州,一在绍兴十二年三月至十四年三月,另一在绍兴十七年九月至十九年十月,见淳熙《严州图经》一"牧守题名"。其间,绍兴十八年夏有"浙东西、淮南、江东旱"记录,见《宋史·高宗纪》,故姑系此年。

二是群众性。"乌合之人"一词业已表明这类闹荒斗争不是个人施行的,而是群体的行为,尽管这一群体只是临时的"乌合"。所谓"相率""相与""啸聚""啸集""群入""群聚"等,都是"乌合"的群体行动的反映。至于群体的大小,则有"七十余人""百十为群""数百人为群""千余人""数千"等不同情况。

三是威慑性。对于闹荒的对象而言,闹荒斗争带有一定威慑性,否则富室大家是绝对不会甘心让其粮食被散发掉的。"乌合"的群体行动本身,即是一种威慑力量。闹荒者手持的杵棒,也能起一定的威慑作用。至于威慑程度的大小,却往往不是由闹荒者,而是由闹荒的对象决定的。事实上,不少闹荒斗争之所以兴起,就是由富室大家的"闭廪""闭粜"行为激发的。在饥荒年代,"富者方挟所有以幸灾,贫者将无所恃而抵禁",①从而加速了闹荒一类反抗斗争的爆发。福建建宁府一带,"大家寡恩而啬施"。"其或旱及逾月,[米价]增至百金,大家必闭仓以俟高价,小民亦群起杀人以取其禾。"②但饥民并不是一开始即采取"杀人而取其禾"这类极端手段的。汪应辰《与信州程尚书书》提到几起处于初发状态的闹荒斗争的情况:

> 伏见邻郡属县有程氏数家者,皆以财为长雄,乃者漂荡之余,止留仓库一所,饥民叩门而求之,不得,于是啸呼发所藏而去。……又闻上饶县石人乡有李氏者,闭粜以待贾,民持钱造门而不答,则恐之曰:'必不得,将自发廪。'李始惧而受之。某乡有某氏者,欲增价以粜,民与之商榷,移时不决,有数人远来

① 《文定集》卷一六《与信州程尚书》。
② 黄榦《勉斋黄文肃公文集》卷一六《建宁社仓利病》。

者,不复计所直而从之,其不从者患其不与己同也,须其出而夺之。①

可见,闹荒斗争初起,"饥民叩门而求之""持钱造门""与之商榷",态度是相当和缓的。只是由于"以财为长雄"的有产者,态度顽固,饥民在"不得""不答""不决"之后,才"恐之",才"啸呼发所藏而去"的。约嘉定十一年(1218)青黄不接的五六月间,建宁府闹荒斗争之所以激化到"杀其人而散其储"的程度,其过程有如下述:

细民之艰食者,百十为群,聚于大家,以借禾为名,不可,则径发其廪,又不可,则杀其人而散其储。②

所谓"不可""又不可",意即一而再地受到"大家"的强力阻拦、抵抗。是"大家"的对抗态度才迫使饥民采取极端手段的。如果其间有充当富家鹰犬的地方官府的介入,"临之以白刃,必将激而为乱矣",③这类出于求生存本能的自发斗争还将被迫转为武装起义。

闹荒斗争的威慑性,给了统治者对闹荒群众以"强盗"惩处的借口,而闹荒斗争的群众性和普遍性,则促使统治者不得不考虑实际情况和根本利益,对闹荒群众又不可能一概都以"强盗"惩处。闹荒斗争之首次为历史文献所记录,即与统治者策略的如上变化紧相关联。本章开首所引京西、江、浙闹荒斗争记事,《编年备要》

① 见《文定集》卷一六。

② 黄榦《勉斋黄文肃公文集》卷一六《建宁社仓利病》。据《文集》所附年谱,黄榦嘉定十一年九月始辞官还至建宁法云寓舍,十四年三月死于建宁。此《利病》书中言及"去冬少歉,漕使赵公行部"云云,对赵之施为颇有微言。据叶适《水心文集》二三《赵彦倓墓志》:"移漕福建……嘉定十一年十月九日,疾,卒于建安。"颇疑黄榦此书系嘉定十一年冬赵彦倓死后所作,故姑系此年。

③ 薛季宣《浪语集》卷三四《刘愈行状》。

是作为“目”附载于此年正月“宽饥民罪”这条“纲”之下的。“目”之一具载“宽饥民罪”诏令的内容:“应因饥持杖劫人家藏粟,止诛为首者,余悉以减死论。”①“目”之二记述诏令发布的背景,于本章开首所引之下,接载:“以其事上闻。上感悟,下诏褒之。令本州大发廪振饥民。遣使分诣诸道巡抚,上亲临遣,谓之曰:‘彼皆平民,因饥取糇粮以图活命尔。若其情非巨蠹,悉为末减,不可从强盗之科。其凶狠难制,为患闾里者,可便宜从事。’于是获全活者甚众。”

宋承唐律,其贼盗律的“强盗窃盗”条对“强盗”的涵义界定如下:“谓以威若力而取其财,先强后盗、先盗后强等。”其量刑规定,则“不得财徒二年,一尺徒三年,二匹加一等,十匹及伤人者绞,杀人者斩。其持仗者,虽不得财,流三千里,五匹绞,伤人者斩。”疏议且补充规定:“持仗者虽不得财,伤人者斩,罪无首从。”②统治者确可非常方便地将闹荒群众比附这一律条加以惩处。

值得注意的是,从唐中叶以后,关于强盗律的量刑规定,有日益增重的趋势。元和十年(815)八月九日敕:“应擒获强盗,不论有赃无赃,并集众决杀。”显德五年(958)七月七日敕:“今后应持杖行劫,不问有赃无赃,并处死。其同行劫贼,内有不持杖者,亦与同罪。其余称强盗者,准律文处分。”建隆三年(962)十二月五日敕对计赃及量刑办法作了新的规定,降低计赃数值,加重了处罚。以上三敕皆已补入《刑统》,与律有同等效力。特别是其中对“持杖行劫”者及同行者处罚的加重,颇疑与闹荒一类自发斗争的兴起和发展直接相关。

闹荒斗争的根源在于当日的社会制度本身。唐中叶以来封建社会内部的巨大变化,使社会两极分化愈益悬殊,广大农民群众经

---

① 《宋史》卷五《太宗纪》系于此月己巳,略同。
② 《宋刑统》卷一九。

常处于饥饿线上,一遇天灾人祸,即濒临死亡的威胁,不得不为生存而奋争。而对于剥削者和压迫者而言,为了有可能持续进行剥削压迫,维持被剥削者的一定数量以及他们奴隶般的生存条件也是必要的。面对闹荒斗争的兴起和发展,一味严厉惩处镇压,未必有效,也未必有利。于是,在饥荒年代,原先被目为"强盗"的闹荒饥民"不从强盗之科",就作为对律条的新补充,"遂著为例"或"遂以著令"了。

此事,欧阳修《王尧臣墓志铭》谓发自王尧臣:"知光州。岁大饥,群盗发民仓廪,吏法当死。公曰:'此饥民求食尔,荒政之所恤也。'乃请以减死论。其后遂以著令,至今用之。"①时在明道元、二年(1032、1033)。《长编》谓发自马寻:"其在襄州,会岁饥,或群入富家掠囷粟,狱吏鞫以强盗。寻曰:'此迫于饥尔,其情与强盗异。'奏,得减死论。遂著为例。"②时在至和元年(1054)。两者最初当皆源自私家记述,故皆归功于己。其实,自淳化五年以后,对于闹荒斗争,朝廷往往遇事临时发布类似的诏令,地方官府、官员也往往遇事临时申奏请乞,明道元、二年前后和至和元年前后并无显著不同,如果援例,援引的当是淳化五年诏之例。至于"著令",则似非事实。事实或许有如《长编》卷一〇三天圣三年三月戊寅的如下记述:"诏陕西灾伤州军,持仗劫人仓廪,非伤主者,减死,刺配邻州牢城;非首谋者,又减一等。仍令长吏密以诏书从事。自是,诸路灾

① 见《欧阳文忠公全集》卷三二。据刘敞《公是集》卷五一《王尧臣行状》:"天圣八年,召试翰林,改著作郎,直集贤院。公考以事左官于蔡,公亦请知光州以便亲。"又据《宋史》卷一〇《仁宗纪》:明道元年,三月"戊戌,以江、淮旱,遣使"。"是岁,京东、淮南、江东饥。"二年,"是岁,畿内、京东西、河北、河东、陕西蝗,淮南、江东、两川饥"。光州属淮南。《墓志》所载当是明道元、二年事。

② 见卷一七五皇祐五年闰七月甲戌记事。《宋史》卷三〇〇《陈太素附马寻传》同。《救荒活命书·拾遗》谓马寻皇祐四年(1052)知襄州。据《宋史》卷一二《仁宗纪》:至和元年三月"乙酉,诏京西民饥,宜令所在劝富人纳粟以振之"。襄州属京西南路。此当是至和元年马寻知襄州任上事。《长编》载于此日,其自注言明系"附见"。

伤,即降下有司敕,而民饥盗取谷食,多蒙矜减,赖以全活者甚众。”也就是,“诸路灾伤,即降下有司敕”之成为通例,实始于天圣三年(1025),而非至和元年(1054)。且此类诏敕乃是“令长吏密以诏书从事”,即只是让地方官员内部掌握,秘密而不公开的,当然也说不上“著令”。①

约嘉祐二、三年(1057、1058),寿州通判摄州事毕从古,及其邻境颍上县令雷祥、颍州知州李顾对待闹荒饥民的态度,可为以上说法作一注脚。据毕仲游代陈知默所撰《毕从古行状》载:

> 复起为寿州通判,摄其州事。秋大饥,民无食者相与发富人之仓而攘其粟,捕得者二百名。公乃戒属县先上其渠帅一辈五六人。公谓曰:‘岁虽饥,虽贫,不俟县官之命而群取人之粟,其如法何?而不得生矣!’即以重械系之,示以必死。官吏更相谏公,曰:‘情轻系重,殆不可,且又人众,不可动,将有变。’公不听。会颍上亦大饥,民亦发富人之仓而攘其粟,得数人,其县令雷祥议曰:‘岁饥取粟,姑以免死,殆可悯。’使笞二十而生之。民出,相谓曰:‘岁饥无食,县官使我食人之粟。’遂复相与发富人之仓,三日三夜凡数千,旁诸县亦各千人,殆不可禁。其后,太守李顾反用法日诛数人以止其盗,盗终不止,而被诛者数十人。至春,道路无敢行者。于是,都官员外郎万宁诣阙上书,且言颍上守令无状,皆谪去。而寿阳之盗闻其渠帅且死,无复敢为盗,系狱者止其初二百人,或配决纵舍,终无一人死者。朝廷念颍上故善地,犹致盗如是,寿阳,颍东郡也,

① 不过,据南宋中叶陈傅良《缴奏刑部大理寺邬大为断案状》所说:“今来邬大为之狱,只是布袋并担,即不曾施威力,若用嘉祐旧敕,即非持堪以害人之物为盗明矣。”(见《止斋文集》卷二一)似乎在嘉祐七年四月修成的《嘉祐编敕》(其内容包括自庆历四年至嘉祐三年所颁的诏敕)中,对与强盗律直接相关的何谓“堪以害人之物”作过新的明确界定。

近山扼淮,素多盗贼,号难治,闻其亦以饥有盗,颇忧之,即以玺书戒饬,使无滋长,书到而狱已空矣。于是寿阳诸官吏始以公用意为然。①

饥民闹荒仍被视作"强盗"。毕从古、雷祥、李顾所持的态度各各不同,可见当日对此并无划一的条令可循。毕从古、雷祥以及进谏的寿州官吏对闹荒饥民都倾向于从宽发落,这也是当日统治者营垒的基本趋向,但在具体作法上却又彼此有别。毕从古、李顾采取的措施虽有差异,但都服从一条最高准则:控制局势发展,维护统治秩序稳定,绝不能使闹荒斗争"滋长"到统治者无力控制的地步。

从淳化五年以来对闹荒饥民不按强盗律惩处的惯例,宋仁宗至和元年(1054)即已有人提出反对意见。《长编》卷一七七载此年九月己巳,"迩英阁讲《周礼》'大荒大札则薄征缓刑'。杨安国曰:'所谓缓刑者,乃过误之民耳,当岁歉则赦之,闵其穷也。今众持兵仗劫粮廪,一切宽之,恐不足以禁奸。'"杨安国的意见被仁宗坚决否定:"不然!天下皆吾赤子也,一遇饥馑,州县不能存恤,饿莩所迫,遂至为盗,又捕而杀之,不亦甚乎?"此后,有如天圣三年三月戊寅的诏敕仍在持续颁降。直到宋英宗治平元年(1064)十月,它又遭到知谏院司马光的有力反对:

臣窃闻降敕下京东、京西灾伤州军,如人户委是家贫,偷盗斛斗因而盗财者,与减等断放,未知虚的,若果如此,深为不便。……顷年尝见州县官吏有不知治体务为小仁者,或遇凶年,有劫盗斛斗者,小加宽纵,则盗贼公行,更相劫夺,乡村大

① 见《西台集》卷一六。

> 扰,不免广有收捕,重加刑辟,或死或流,然后稍定。今若朝廷明降敕文,预言偷盗斛斗因而盗财者,与减等断放,是劝民为盗也。百姓乏食,官中当轻徭薄赋,开仓赈贷,以救其死,不当使之自相劫夺也。今岁府界、京东、京西水灾极多,严刑峻法以除盗贼,犹恐春冬之交饥民啸聚,不可禁御,又况降敕以劝之。臣恐国家始于宽仁,而终于酷暴,意在活人,而杀人更多也。……仗望陛下速令收还此敕,严责京东、京西转运司及州县,应灾伤之处,多方擘画斛斗,救济饥民,若有一人敢劫夺人斛斗者,立加擒捕,依法施行。①

司马光此札,《宋史·刑法志》谓“事报闻”,未详从违如何。只是由于后来司马光的声望,他这一主张的影响力却是相当巨大而深远的。

南宋荒岁“宽饥民罪”的诏敕不经见,而主张对闹荒饥民采取严厉措施的言论倒颇哓哓,多是司马光论点的重复。如孝宗乾道四年(1168)五月十五日,臣僚言:“今岁诸道间有荒歉之所,饥民乘势劫取富民廪谷,有司往往纵释不问,深虑滋长不已。顷绍兴间严陵小饥,民有率众发人廪谷者,守臣苏简知不可长,枭其首谋四人,故虽年饥,而郡境帖然。使甲戌衢州之变,守臣亦能出此,岂余七余八敢聚众生变哉?臣以谓不幸而遇歉岁,赈救不可不极其至,而禁乱亦不得不极其严,凡有劫取升斗以上者,皆以多寡为罪轻重。庶几销患未形,民得安堵,比之养祸成变,始以兵讨定,万不侔矣。”②乃至南宋救荒专著《救荒活民书》的作者董煟,其观点也与司马光相似:

---

① 见《温国文正司马公文集》卷三一《除盗札子》。
② 《宋会要》兵一三之二六。

凶年饥岁,民之不肯就死亡者,必起而为盗,以延旦夕之命。倘不禁戢,则啸聚猖獗,其患有不可胜言者。臣闻乾道间饶郡大饥,诸处啸聚,开廪劫夺者纷然,时通守柴瑾封剑付诸县曰:"敢为渠魁者斩之!"群盗望风遁匿。淳熙十五年德兴饥荒,民有剽掠道路者,县令曾棐廉得二人,锁项号令于地头,日给米一升,俟来年麦熟日放,盗贼由此衰止。绍(兴)[熙]四年乐平饥,村民携钱市米,山路遇亡命缚而取之,邑宰杨简曰:"此曹断刺则复为盗,配去则复逃归。"断一足筋传都示众,一境肃然。虽一时之政,然深合周公荒政除盗贼之意。

又说:

荒政除盗,亦当原情。顷有尹京者,以死囚代为盗者沉之于江,此最为得策。盖凶荒之年,强有力者好倡乱,须当有以耸动之,使远迩自肃之为上。不然,则群聚而起,杀伤多矣。[①]

这些主张的基本点,是要在闹荒斗争的开始阶段即采取严厉手段镇压,借以控制局势,"销患未形"。从而与宋初以前的一概以强盗论处,淳化以后的例"宽饥民罪",构成了带有阶段性的特点。反映了随着两极分化的加剧,贫困队伍的扩大,闹荒斗争的声势正在日益壮大,转化为武装起义的情况正在日益增多的社会现实。

南宋对闹荒饥民的镇压手段趋于严厉。淳熙八年(1181),江西大饥,辛弃疾受差知隆兴府兼江西安抚使。"始至,榜通衢曰:'闭粜者配,强粜者斩!'"[②]嘉定八年(1215),湖北旱,知汉阳军黄

① 分见卷二《治盗》、卷末《拾遗》。
② 《宋史》卷四〇一《辛弃疾传》。

榦在《答潘谦之(名柄)》书中提到:“数郡大旱,监司无一人问及,饿死不可胜数,更不堪着眼。数百人为群,上人家丐米。丐者,夺之异名也。又只得捕而戮之。是何世界如此!”①从黄榦的语气看,“捕而戮之”,不是他个人执意如此,而是碍于国法不得不如此的。与辛弃疾的情况尚微有差异。

辛弃疾在江西的赈济榜文深得朱熹的称赞。《朱子语类》卷一一一《论民》记录黄榦与朱熹的问答:“直卿言:‘辛幼安帅湖南,赈济榜文只用八字,曰“劫禾者斩,闭粜者配!”’先生曰:‘这便见得他有才。此八字,若做两榜,便乱道。’”朱熹称赞的是禁闹荒与禁闭粜双管齐下,缺一不得。知抚州黄震咸淳七年(1271)《四月初十日入抚州界再发晓谕贫富升降榜》:“乃闻闭粜自若,米价日增,不知税户何以为心?甚至闻金溪管下尝有饥民群扰富室,此固小民之罪,独非富室闭粜之罪乎?本职闻‘闭粜者籍,抢掠者斩!’此辛稼轩之所禁戒,而朱晦庵之所称述,两下平断,千载不易。万一事有不获已,当职安得尚从姑息而已乎?”②且主要针对富室税户的闭粜行径而言。确实,进入南宋以后,官府的赈济、赈粜经常强调,熙宁以来类似以工代赈的救济措施继续推行,禁止富户闭粜、强制富户平粜的“劝粜”,手段有时相当强硬,民间的社会救济设施“社仓”,各地时见创办。凡此,应该说,不仅是与严厉镇压相并的另一手,同时也是闹荒斗争的副产品。

尽管朝廷的政策重点业已改变,但正视社会实情的地方官员和乡贤,对待闹荒饥民的态度,却也并不只是一味掩捕诛杀。如温州乡贤刘愈:

---

① 《勉斋黄文肃公文集》卷一〇。

② 《慈溪黄氏日钞分类》卷七八。参考邓广铭《辛稼轩年谱》,第73页,古典文学出版社,1957年。邓先生指出:“《语类》所记谓系稼轩帅湖南时事,但榜文既甚相类,疑其本非两事。”至于黄震所引榜文,“则以展转相传而更不免于歧互矣”。

甲戌岁比不登，诸乡艰食，奸人讙起，托借粮为辞，警动乡疃，稠树村党最悍，水陆为不通。郡遣邑尉图之，尉止中道不敢进，欲起乡兵讨捕。君曰："人心方摇，当镇以静，临之以白刃，必将激而为乱矣！"单马至渡潭酒坊，呼酋首二三人，命坐，谕以祸福，皆幡然感动，即日罢归。它党亦闻风而定。①

如婺州乡贤汪灌：

乡有大事，如经界，如隅官，令长皆倚君以办。岁恶，饥民群剽，为政者请君画，且调兵。君曰："此直丐升斗以纾死，片纸可致，闻兵出则穷而搏矣。"乃遣巡检与君俱。君止巡检于家，独以数十辈持符逮之，至暮皆集。已而吏觊赏将悉论以死，君伏太守庭曰："是曹束手随檄，未尝扞格，今弃信而就功，后复无凶年乎？且灌实召之。"守感悟，亟解散其狱，黥者财二人。②

如湖南提刑郑丙：

浏阳县岁歉，豪右移粟售他境，乡民纷竞，尉以啸聚，张大其事，漕请调兵追捕，归罪团长陈淮，下之狱。公亟约常平司出米数千石，弹压赈济，杖淮释之。③

如建宁府知府赵善俊：

① 《浪语集》卷三四《刘愈（字进之）行状》。
② 吕祖谦《东莱吕太史文集》卷一一《汪灌墓志铭》。
③ 周必大《平园续稿》卷二五《郑丙神道碑》。

> [淳熙]十四年,再守瓯宁,奸猾乘谷贵导饥民群趋富家发其廪,监司议调兵掩捕。君曰:“是趣乱也!”揭榜许自新,而谕有力者平其价,人以安堵。①

如赣州知州高夔:

> 岁俭,州县捕治丐谷者数百人,诬以聚众。君皆释之。薄征缓刑,就廪饥民以新城壁。②

至于诬闹荒饥民为强盗的主要借口,即所谓持杖聚众,其中也是颇有讲究的。绍熙五年(1194)春,权中书舍人陈傅良曾缴奏过一道“刑部大理寺邬大为断案状”。邬大为系吉州百姓,勘定的罪名是“说合已断人李一,讨合游六等,各持杖行劫朱三家谷物,赃满”。断为“合决重杖处死”。其实,邬大为等所持之“杖”并非兵杖,而只是木担。陈傅良认为:“上件断案,止以邬大为所带劫谷木担堪以害人,定为持杖强盗,赃满五贯,合决重杖处死。设若不以木担为杖,即计赃须满十贯,方得死罪。死生之分,在于木担称杖不称杖。”③类似这样以所带木担为兵杖,诬称闹荒饥民为持杖强盗的事例,肯定所在多有,但是像陈傅良这样执意予以区分的人,却近乎凤毛麟角了。

二 抗租斗争

抗租斗争似也始见宋代文献记载,其中又以见于南宋文献者

---

① 《平园续稿》卷二四《赵善俊神道碑》。
② 《平园续稿》卷二五《高夔神道碑》。
③ 《止斋文集》卷二一。

远较北宋为多。抗租斗争有多种形式。

吕祖谦《薛季宣墓志铭》：出守湖州。“土俗小民悍强，甚者数十人为朋，私为约，无得输主户租，前为政者或纵臾之。公叹曰：‘郡国幸无事，而鼠辈颉颃已尔，缓急之际将何若？’取其首恶黥窜远方，民始知有奴主之分。”[①]这是一则态度最积极的抗租事例，既是有组织的联合行动，又从根本上否定了封建地租的存在。

鲁应龙《闲窗括异志》：“嘉兴府德化乡第一都钮七者，农田为业，常恃顽抵赖主家租米。嘉泰辛酉岁，种早禾八十亩，悉以成就收割，囤谷于柴稈之侧，遮隐无踪，依然入官诉伤。而柴与谷半夜一火焚尽。”这则抗租事例，其态度已不像上一例那样积极。他只是利用隆兴元年(1163)颁行的“灾伤之田，既放苗税，所有私租，亦合依例放免”的诏令，[②]诳诉灾伤，借以达到抗租不缴的目的。当时地方官府一般“诉旱至八月三十日断限”，九月方至地头检踏按视，若所诉系早禾，则刈获已经多时，“非惟田中无稼之可观，至于根查亦不复可得而见矣，于是将旱损旱田一切不复检踏蠲放”。[③] 钮七的目的不是没有可能达到的。从钮七所种系早禾，而遭旱伤者绝不可能只局限于钮七所种八十亩来看，这例借口旱伤的抗租斗争，或许是当地佃农有预谋的联合行动。[④]

牟子才《论朝廷纪纲六事疏》：“降斗，小哄也，锄耰棘矜之扰，已遍于畿甸冯翊之邦。”[⑤]黄震《申提刑司乞免一路巡尉理索状》：

---

① 载《东莱吕太史文集》卷一〇。据《嘉泰吴兴志》卷一四《郡守题名》，薛季宣知湖州，乾道八年(1172)八月到任，九年二月改知常州。

② 《宋会要》食货六三之二一。

③ 朱熹《朱文公文集》卷一七《奏球荒画一事件状》，淳熙七年。

④ 对此例的分析，参考草野靖《宋代的顽佃抗租和佃户的法律身份》，载《史学杂志》第78编11号，1969年。中译文见《日本学者研究中国史论著选译》第八卷。

⑤ 《历代名臣奏议》六二，且谓牟子才为著作郎上此疏。据《南宋馆阁续录》卷八，牟子才淳祐十二年正月除著作郎。此《疏》当上于此年春。

"府第庄干多取赢余,上谩主家,下虐租户,刻核太甚,民怨入骨,往往结集拒捕。顷岁德清县降斗之事,尝烦官兵,今非昔比,尤当预戒。"[①]两人所述当指同一事件,发生的时间在淳祐十二年(1252)稍前,地点为湖州德清县。与《宋史》卷四五〇《忠义·李芾传》的如下记述:"差知德清县。属浙西饥,芾置保伍振民,活数万计。迁主管酒库所。德清有妖人扇民为乱,民蜂起附之,至数万人。遣芾讨之。盗闻其来,众立散归。"所指很可能也是同一事件。[②] 则爆发的时间又当在淳祐七年稍后,即淳祐八年至十一年之间。事变的导火线始于要求"降斗",继而发展为"数万人"参加的"锄耰棘矜之扰",即武装起义,以致"尝烦官军"。所谓"降斗",一般认为系针对大斗收租而作的抗争。但"斗"也可理解作"斛斗",那么"降斗"也可能是直接要求降低地租额的行动。不管属于哪种,总之是由于对租户"刻核太甚"才引起的,也是抗租斗争的一种形式。尽管此次斗争后来波澜甚为壮阔,但从初起阶段的"降斗"要求来看,它并未从根本上完全否定地租的存在。

但是,最早出现且最为普遍的抗租斗争形式,则是拖欠不交。熙宁八年(1075)八月戊午,神宗君臣议论两浙兴修水利事,吕惠卿在言及"须量人力以渐为之"时,曾提到:"苏州,臣等皆有田在彼。一贯钱典得一亩,岁收米四、五、六斗,然常有拖欠。如两岁一收,上田得米三斗,斗五十钱,不过百五十钱。而令一亩田率二百钱,有千亩即出钱二百千,如何拚得此钱?"[③]即吕惠卿等人在苏州所置的田产,其地租即"常有拖欠",平均每两年只能收得相当于一年的

---

① 《慈溪黄氏日钞分类》卷七〇。题注:"庚申七月,孙宪任内。"即景定元年七月孙子秀提点刑狱任内所申。时黄震任吴县尉。

② 何竹淇《两宋农民战争史料汇编》下编第 602 页所录此条下按语,谓"忖在淳祐末"。据《宋史》四三《理宗纪》,淳祐七年有大面积旱灾,"浙西饥"或即指此。

③ 《长编》卷二六七。

地租额。吕惠卿的话也许有所夸大,但佃户以消极拖欠的办法拒纳地租或拒绝纳足额定地租当是相当习见的现象。此种形式虽然不如前几种激进,但由于最为普遍,对社会生活的影响也最为深刻。

以上各种形式的抗租斗争,大抵都发生在租种形式的租佃关系中。在分种形式的租佃关系下,生产全过程都有主人(或其管家)"指麾于其间",尤其收、种受到监视,收获物当面按比例分成,类似上述诸形式的抗租斗争是很难发生的。只有在租种形式的租佃关系下,由于对生产过程的严格监督和干预不再成为必要,地租已有定额,拒纳地租或拒绝纳足地租的各种抗租斗争才有可能发生。元代租种约式中即有要求租种者作出"不敢冒称水旱,以熟作荒,故行坐欠"保证的话。[①] 当然,在分种形式的租佃下,也不是绝对没有抗租斗争。如《作邑自箴》卷六《劝谕民庶榜》对佃户的劝谕:"佃户勤强,便足衣食,全藉主家照顾,不得偷瞒地利……"所谓"偷瞒地利",在分种形式的租佃关系下就不是没有可能。

在封建社会的生产条件下,无论是分种形式还是租种形式的租佃关系,地租的征敛本来都是通过超经济强制的手段攫取的,如果佃户抗拒或拖欠不交,那么这种强制手段就显得更加残酷野蛮。《夷坚志》补卷一六所载《鬼小娘》的故事,谓福州刘四九秀才妻郑氏死后,魂附婢身,照常"区理家事,而检校庄租簿书尤力"。魂所附之婢,"其父盖田仆也,尝来视女,女不复待以父礼,呼骂之曰:'汝去年负谷若干斛,何为不偿!'令他仆执而挞之。"对欠租佃农"执而挞之"以逼租,大概是最通常的手段。楼钥《攻媿集》卷九一《杨王休行状》所载绍熙三年(1192)杨王休为成都府路提点刑狱时

① 《新编事文类要启札青钱》外集卷一一《当何田地约式》。见黄时鉴《元代法律资料辑存》第240页。

遇到的“巨室责租，至使耕夫自戕”的事例，其残暴更是令人发指，当也绝不会仅限于一时一地。嘉定十年（1217），黄榦知安庆府，曾发布《禁约顽民诬赖榜文》，谓当地“多有顽民自缢自刎以诬赖人者”，提到“至于佃户地客少欠租课，主家不可不需索，人家奴仆或有少过，主家不可不惩戒，亦辄行诬赖，此风岂可长哉？”①是果真“诬赖”，还是逼租致死而被诬为“诬赖”，立场不同，大概很难有共同的语言。

租种形式租佃关系下的佃农对地主的人身依附较分种形式下的佃农为轻，地主向佃农逼租的任务却远较分种形式的租佃关系为重。值得注意的是，租种形式下向佃农逼租的职能，业已部分转移到了封建官府手中。据黄震说：“在法，十月初一日已后，正月三十日已前，皆知县受理田主词诉，取索佃户欠租之日。”②向佃户逼租成了基层政权的职责并订为法令，显然是抗租斗争的普遍在政治法律上层建筑中的反映。

黄震所说的“法”，追溯起来当是《刑统》中关于“婚田入务”规定的衍申。《宋刑统》虽然照录了唐律的全部条文，却也随着社会状况的变化对唐律作了不少补充，尤以对户婚律的补充为多，“婚田入务”即是其中之一。“婚田入务”所录之令和敕条如下：

> 准《杂令》，（谓）[诸]诉田宅、婚姻、债负，起十月一日，至三月三十日检校，以外不合。若先有文案交相侵夺者，不在此例。

所引《杂令》系唐《杂令》。其下所载《宋刑统》编者窦仪等人的“参

① 《勉斋黄文肃公文集》卷三七。
② 《慈溪黄氏日钞分类》卷七〇《再申提刑司乞将理索归本县状》，景定三年六月。

详”意见,对唐令又作了如下补充:

> 臣等参详,所有论诉田宅、婚姻、债负之类(债负谓法许征理者),取十月一日以后,许官司受理,至正月三十日住接词状,三月三十日以前断遣须毕,如未毕,具停滞刑狱事由闻奏。如是交相侵夺及诸般词讼,但不干田农人户者,所在官司随时受理断遣,不拘上件月日之限。①

但此唐令原文今已不能得见,今所见最早称引此令文者为后周世宗显德四年(957)七月甲辰诏。诏令全文如下:

> 准令,诸论田宅婚姻,起十一月一日至三月三十日止者。州县争论,旧有厘革,每至农月,贵塞讼端。近闻官吏因循,由此成弊,凡有诉竞,故作逗遛,至时而不与尽辞,入务而即便停罢,强猾者因兹得计,孤弱者无以自伸。起今后,应有人论诉,陈辞状至二月三十日权停。[自三月三十日已前,如已有陈词,至权停日公事未了绝者,仰本处州县亦与尽理勘逐,须见定夺了绝。其本处官吏,如敢违慢,并当重责。其三月一日后至十月三十日前,如有婚田词讼者,州县不得与理。]若是交相侵夺,情理妨害,不可停滞者,不拘此限。②

两相比较,显德四年诏只说“论田宅婚姻”,其下无“债负”;又,务开的期限,显德四年诏“起十一月一日”,亦与《宋刑统》“起十月一

① 皆见《宋刑统》卷一三。
② 《旧五代史》卷一一七《周世宗纪》,方括号内文字据《册府元龟》卷六一《帝王部·立制度》补。

日"不同。则两者所引虽皆为唐令,但已有以上两点差异。显德四年诏的主旨是对务开的截止期限作了新的规定：二月三十日停止受理,三月三十日前全部结案。《宋刑统》窦仪等人的参详意见又对后周的规定作了更改："正月三十日住接词状,三月三十日以前断遣须毕。"到了南宋,通常皆以二月一日,即以"住接词状"的次日辄为入务。"入务""务开"之"务"皆指农务。"入务"即进入农忙季节,州县停止受理与"田农人户"相干的婚田词讼。农务结束后的农闲季节,州县开始受理婚田词讼,则谓之"务开"。①

在务开期间受理的诸项诉讼中,"婚田入务"门并无"受理田主词诉,取索佃户欠租"的明文规定。如果予以比附,则与"婚姻"无涉,"田宅"多属产权纠纷,关系亦浅,大概只能附于"债负"之列。而关于"债负",则又有"法许征理"和"官不为理"的区别：

《唐律疏议》卷二六《杂律》"负债违契不偿"条疏议："负债者,谓非出举之物,依令合理者,或欠负公私财物,乃违约乖期不偿者。"

《唐六典》卷六《比部郎中员外郎》："凡质举之利,收子不得逾五分。出息债过其倍,若回利为本,官不理。"

《宋刑统》卷二六"受寄财物辄私用"下引唐杂令"又条：诸公私以财物出举者,任依私契,官不为理。……若违法积利,契外掣夺,及非出息之债者,官为理。""又条：诸以粟麦出

---

① 见《宋会要》刑法三之四六绍兴二年三月十七日记事。苏轼诗《七月五日二首》之一"避谤诗寻医,畏病酒入务",南宋施元之注业已指出"寻医""入务"皆法令用语："法令所载,'寻医'为去官,'入务'乃住理,诗中所用盖出此。"见《苏轼诗集》卷一四,第690页。张相《诗词曲语辞汇释》六"休务"条谓入务之义与休务"相同",即"办公休止",见第748页,而未从敕令上寻求确解。《辞源》修订本沿之。其实,"休务"之务指公务(即"办公")虽不误,若"入务",其务实指农务也。"入务住理",谓进入农务季节,停止受理婚田词诉也。

举,还为粟麦,任依私契,官不为理。”

《庆元条法事类》卷三二“财用门·理欠”录关市令:“诸负债违契不偿,官为理索,欠者逃亡,保人代偿,各不得留禁。即欠在五年外,或违法取利,及高抬卖价,若元借谷米而令准折价钱者,各不得受理。”

其中,“官不为理”诸项,“欠租”与之皆不相符,但亦无关于“取索佃户欠租”的明文规定。如果比附,田主和官府大概只是比附律疏“欠负官私财物,乃违约乖期不偿”之文提出词讼和受理词讼的。

官府为私家田主理索私租的事实,北宋中叶已经见诸记载。如晁补之《鸡肋集》卷六五《高元常墓志铭》记墓主为嘉兴丞事:“先是,佃户靳输主租,讼由此多。君揭而书之,曰:‘田人田,啬其入,杖,且夺田。’民竞往偿,讼由是衰。”高元常死于元符二年(1099)三月,此约神宗元丰间事。元祐六年(1091)正月,御史中丞苏辙在《论冬温无冰札子》中提到:“知祥符张亚之为官户理索积年租课,至勘决不当偿债之人,估卖欠人田产,及欠人见被枷锢,而田主殴击至死,身死之后,监督其家不为少止。本台按发其罪,而朝廷除亚之真州,欲令以去官免罪。此有罪而不诛者五也。”[①]张亚之被御史台按发之“罪”,当不在为官户理索租课上,而在于所理索者既是“积年”租课,而又采取了“勘决不当偿债之人”等一系列非法手段。到了南宋,由官府取索佃户欠租,业已成了田主催逼地租的正式渠道,以致叶适为温州设计的赡军公田方案中,也写入了“或有抵顽佃户,欠谷数多……止合依田主论佃客欠租谷体例,备牒本县追理”的文字。[②] 而私家地主“田有逋租,未尝讼于官”,也被作

① 《长编》卷四五四、《栾城集》卷四六。
② 《水心别集》卷一六《后总》。

为美德,载入他的墓志铭中。[①] 黄震说:“在法,十月初一日已后,正月三十日已前,皆知县受理田主词诉,取索佃户欠租之日。”如果确有如此明确的立法,未详始于何时,但很可能即是从“婚田入务”衍生的“体例”。

尽管在地租的催逼者一方有基层政权力量的直接介入,但是随着社会两极分化的加剧和直接生产者贫困化的加深,抗租斗争仍在以各种方式继续发展。绍兴报恩光孝寺有赐田十顷,本皆山阴膏腴,“而自图籍漫漶,农习为欺,虽丰富,租不实输,况凶年乎?官督所负,责之必偿,其嚚自若。”绍熙(1190—1194)中,该寺对经营管理方式作了改革,将定额租改为分成租,“属耕者,与约中分田租”,筑四庄,“以受农功之入”,“刈获登场,分割适均”。据说此后“彼欺此讼,而交相为瘉”的现象改观了。[②] 但在更多的地域,则是将社会两大基本阶级的日常对抗推向了白热化的边缘。黄震在开庆元年(1259)十一月至景定三年(1262)九月任吴县尉期间,对这方面的情况曾有充分的揭露。

黄震上任伊始,即遇到其前任留下的“因监索人户私租,遂至瘐死二人性命”的事件。此前吴县曾差尉司弓手沈信“监留李奉使佃户詹百二、凌七五”,黄震到任前“皆已冻饿身死”。与詹、凌同监的尚有一名严七七,李奉使先已以“欠租”为由将严所典田七亩“作卖契折还”,继又仍以“监租”为由将严寄留于尉司弓手赵青家。黄震在申县将严七七疏决开放,将弓手沈信断罪勒逐的同时,还从尉司老卒处了解到:“从来监租在尉司者,即无生还。”四日以后,县司竟又“押下陆五二监还章运使宅私租”,其人亦已“尪羸冻饿,行亦

① 楼钥《攻媿集》卷一〇三《周楫(字伯济)墓志铭》。
② 袁燮《絜斋集》卷一〇《绍兴报恩光孝四庄记》。

就死”。[①] 此后直至次年即景定元年(1260)六七月间,“承准诸司及州县送下人户理索私租帖牒,日不下数四,一帖牒动追数十家甚至百五六十家”,虽已自二月入务,而理索帖牒仍在“迄下不已”。[②] 由于黄震依据朝廷法令多方力争,在他在任的二三年间,类似情况未再发生。但当景定三年春夏他被临时差往江阴军催和籴米三个月后归来,却又发现“有干人王份者,理索旧租凡十数,引差本司弓手,遍扰乡落”的事件。[③] 可见此类现象不是个别贤明官员所能扭转,而其存在的区域,也绝非局限于吴县一县,起码吴县所属的平江府、两浙西路,乃至两浙西路以外的不少地区,都存在类似情况。

据黄震说:“应人户理索,不直曰欠租,必曰占田,或诬以抢截墓木,买军需布衲被夺,与凡劫盗之类,视官府所留意,随时影借为名,脱送尉司,给令追捕,迨其入手,方理私租。”至于官户府第庄干理索欠租,更是经常直接引差尉司弓手追捕。黄震认为:“祖宗立法,催官租止责耆保,今妄一人户诉催私租,反差巡尉,倒置甚矣。”“尉司所以捕盗,租户自系良民,今动以捕盗者捕其民,民亦如之何不胥而为盗。”租户中的强者“往往结集拒捕”,“所捕不过至贫至弱之民”,多被折磨致死。[④]

南宋末年的基层政权机构,如尉司等,既然这样毫无遮掩地公开成了富室强干的鹰犬,也就把自己放到了公众的直接对立面。黄震说:

---

① 《慈溪黄氏日钞分类》卷七〇《申县乞放寄收人状》、《申县解回续收人状》。
② 同书卷七〇《申提刑司乞免一路巡尉理索状》。
③ 同书卷七〇《再申提刑司乞将理索归本县状》。
④ 同书卷七〇《申府乞免躬亲扰民及理索状》、《申提刑司乞免一路巡尉理索状》。

始某到官,闻此境百姓所在持仗拒捕,及入佥厅,见所在申到杀伤公事,多因拒捕,甚切怪讶百姓之无知。既而逐一询究,乃知激而成其拒捕者,皆理索之强干,本非平江百姓之得已也。在法,十月初一日已后,正月三十日已前,皆知县受理田主词诉,取索佃户欠租之日。近年县道并不曾唤上两词对定监还,却听强干脱差尉司,用久例傍官行劫、人名猊獨之船,[①]盛载军器,率五七十人为群以追之。每一户被追,则一保被劫,生生之计,悉为一空。既捕到解县,则断讫再押下尉司,托名监租,强干遂阴嘱承监弓手饥饿杀之,以立威乡落。[②] 以故乡落之被追者,但见百人往,不见一人还,其所以群起而拒捕者,[③]非拒捕也,为必死之性命争也。追愈急则拒愈甚,拒愈甚则追愈暴,不独田主、租户交相敌仇,而官司、人户亦交相敌仇。善良怵而为奸邪,田里化而为盗贼,风俗大坏,关系非小。[④]

又说:

……以故村民尽死拒捕,非佃伤官兵,则官兵伤佃,否则

---

① 关于猊獨之船,黄震在《通新宪翁丹山书》中有如下说明:"浙右水国,人无徒行者,有异盗曰猊獨,率三二十辈为一舟,罗军器以载走卒,公然剽掠,久已成俗,无事不然,无人不然。"见《日钞》卷八四。

② 黄震在《申府乞免躬亲扰民及理索状》、《申提刑司乞免一路巡尉理索状》(皆《日钞》卷七〇)、《修吴县尉衙记事》(《日钞》卷八六)中也说过类似的话:"盖有一等凶毒之干,复将已断佃户仍押下元捕尉司,托名监租,而情愿不取其余租,囚锁至死,借以立威,以惧来者。"(以上引文据《申提刑司乞免一路巡尉理索状》)"不知……名藩大阃刑人于市,或枭首以徇,犯者尚且接踵,安有阴谋瘐死其人而人不再犯者。以故死者之肉未寒,而犯者之项相属。村民骨肉类不忍其亲以尸检,即付之浮屠家荼毘一聚烟,而冤魂终万古莫雪矣,岂不哀哉!"(以上引文据《修吴县尉衙记事》)

③ 此语,在《通新宪翁丹山书》中书作:"举族连村尽死以拒捕。"

④ 《慈溪黄氏日钞分类》卷七〇《再申提刑司乞将理索归本县状》。

佃自缢自溺。而西阒人命事,因索租者十八九。[①]

“不独田主、租户交相敌仇,而官司、人户亦交相敌仇”,“非佃伤官兵,即官兵伤佃,否则佃自缢自溺”等现象表明,南宋末年地主和农民环绕地租的斗争,由于基层政权机构的直接介入,业已经常处于激烈的公开对抗之中。

(原以《阶级对抗的若干新现象新形式》为题,作为第十二章,载于《两宋阶级关系的若干问题》。保定:河北大学出版社,1998年9月)

① 《慈溪黄氏日钞分类》卷八四《附通新漕季厚斋书》。

金朝败亡历程的可贵记录

——《话腴》"端平甲午"条所录金诗三首浅释

一、从乾隆的一道上谕说起

中国第一历史档案馆编、上海古籍出版社1997年出版的《修纂四库全书档案》,所收多数是"军机处上谕档",其中有一份乾隆四十七年二月初七日军机大臣交四库馆总纂片,如下:

> 现在进呈神宗以后书,内陆楫所著《古今说海》一部,一百三卷内"端平甲午七月八日"一则,有亡金人手抄诗,内载李国栋、梁仲经、史舜元系属何人?所云"哀王旦"者又系何人?其爵里事实俱逐一查明。又称"于《感怀》篇著其无父子之道,于《哀辽东》《哀王旦》著其败亡之迹,以见天道之好还",俱何所指?再,所云《瞭车志》《话腴》,究系何人所著,何以不著姓名?殊未明晰。其通部体例,所引各书,均注撰人名氏。再查《北征录》系何人所撰?并将提要取阅。以便覆奏。(1464页)

显然是遵上谕要四库馆总纂查明的。四库总纂的查阅结果和军机大臣的复奏折,《档案》一书未收,大概未经保存,不知其内容究竟如何?

《古今说海》是陆楫辑编之书,并非他个人的著作。编定刻印的时间是明世宗嘉靖三十三年甲辰,不应被列为明神宗万历以后书。《四库全书总目》提要谓此书"辑录前代至明小说,分四部七家:一曰'说选',载小录、偏记二家;二曰'说渊',载别传家;三曰'说略',载杂记家;四曰'说纂',载逸事、散录、杂纂三家。所采凡一百三十五种,每种各自为帙,而略有删节。"军机大臣转达乾隆皇帝的质问内容,自"端平甲午"云云至"天道之好还",实皆见《话腴》,而《话腴》一卷即在《古今说海》的说略部杂记家,影印文渊阁《四库全书》本载于卷一〇三,而巴蜀书社1988年排印本(其底本为道光元年邵松岩据明嘉靖本的重刻本)则载于卷一〇六。《话腴》又名《藏一话腴》,南宋末陈郁撰,[①]藏一是陈郁的号。今《话腴》传本有二,一即《古今说海》等的一卷本,另一为四卷本。四卷本作为单行之书,四库全书亦已收入,与《古今说海》同在子部杂家类,唯一入杂说之属,一入杂纂之属略异。一卷本和四卷本皆是残本,而一卷本删节的内容且远较四卷本为甚,其事条只及四卷本的七分之一。在《四库全书》中与《古今说海》前后紧相连属的《说郛》,是据顺治四年刊本录入的,其中亦收有《话腴》删节本,其事条较《古今说海》又少三条。

《睽车志》,宋郭象撰,《古今说海》中录于《话腴》前一卷,当是由《话腴》连类而举以问及其作者的,于其内容则无所质闻。《北征录》,明金幼孜撰,记扈从永乐征阿鲁台时所历山川古迹及行营之所见闻。《古今说海》录于说选部小说家,载卷一。于其内容,此次

① 李裕民《四库提要订误》引据元至大二年周端礼所作陈郁之子《陈随隐先生行状》,考定陈郁宋末任"随龙忠翊郎、缉熙殿应制、东宫讲堂说书兼两宫撰述备顾问",咸淳二年归故里,德祐元年卒。见第157页。

未有质问,至乾隆五十年三月二十二日专门调阅此书后,则曾责令军机大臣将其中所载程站与康熙三十五年亲征朔漠驻跸之处逐一核对,具是否相符进呈。

值得特别注意的,是乾隆就《古今说海》所收《话腴》中"端平甲午"条提出的质问。由于这一质问点出了其中有谓金人"无父子之道"和"败亡之迹"的内容以及"天道之好还"的议论,十分敏感而又触犯时忌,总纂和军机大臣如何复奏虽不得而知,但馆臣接着采取的措施及其成果却是显而易见的。在影印文渊阁《四库全书》中,《古今说海》中这一将近七百字的长条已经全部删去,不再留有片言只语。四卷本《藏一话腴》原也有此一条,也已全部删去。只是在《说郛》中,不知馆臣是无意还是有意,仍然保留着这一条。

说《话腴》"一卷本仅十七条,其中端平甲午得金人诗条为四卷本所无",[①]是不完全确切的。在《四库全书》中,不仅四卷本无此条,《古今说海》的一卷本同样亦无此条,此条仅见《说郛》。而在《说郛》中,此书只是该卷所收七种书中的一种,即未足一卷,[②]且共只十四条。在《四库全书》以外,一卷本虽有此条,而见于《适园丛书》的四卷本同样也有此条,仅《豫章丛书》中的四卷本无有此条,当系其所出乃库本系统之抄本所致。[③] 则无论一卷本还是四卷本,皆存在有无此"端平甲午"条的差异,而差异的根源则在于是否曾遭四库馆臣的抽毁。

此条所录三首金人诗,元好问《中州集》未收,郭元釪原编、康

---

① 昌彼得《说郛考》,第111页。

② 收入《四库全书》的《说郛》,"弓"已改为"卷"。此卷所录,除《话腴》外,尚有《摭言》《谐史》《可谈》《谈薮》《谈渊》《谈撰》六种。

③ 据胡思敬跋,《豫章丛书》本系据丁氏八千卷楼抄本付刊,而据张钧衡跋,《适园丛书》本的底本是"经常熟王振声以汲古阁藏本勘定,讹字较少"的本子。此两底本,《中国古籍善本书目·子部》皆曾著录,前者今藏南京图书馆,系清抄本,后者今藏四川省图书馆,系明抄本。见第551、552页。

熙五十年敕编的《御定全金诗增补中州集》也未收,尤其令人不解的,是南开大学出版社1995年出版、薛端兆、郭明志编纂的《全金诗》竟也未收,而其书末所附引用书目却是列有《适园丛书》本《话腴》四卷的。

鉴于经乾隆质问而被馆臣抽毁的这条记载及其所录金诗三首,言及金朝败亡前夕不少情况,具有较高的史料价值,却又似乎尚未引起人们的足够重视,今不揣浅陋,谨略加浅释如下。迻录原文,参据《古今说海》巴蜀书社排印本和《适园丛书》四卷本,其仅见巴蜀书社本者用圆括号括起,仅见《适园丛书》本者用方括号括起,而《适园丛书》本似更接近原文也。

二、金诗三首是怎样传入南宋的

《话腴》:

> (端平)甲午[岁端平元年]七月八日,我师克复彭城,麾下洪福得亡金人手抄诗[册。王贵叔之客,即彭城旧归朝人涟水教官孟格承之也,见之,曰:"某乡友赵祯仲祥之笔泽。"承之因言诗家名字爵里。]余于其中得一二篇,乃知河朔幽燕浑厚之气,至此散矣。因录于后。……余于《感怀》篇著其无父子之道,亡国之本也。于《哀辽东》、《哀王旦》篇著其败亡之迹,以见天道之好还也。[因名集曰《文俘》,而归之云。]

端平元年甲午,公元1234年。彭城,徐州倚郭县。此年正月,宋蒙联军攻下蔡州,金亡。六月,南宋出兵拟收复三京(东京开封、南京归德、西京洛阳)。全子才率领的淮西军六月十二日自庐州出发,七月五日进入东京开封。赵葵率领的五万淮东军,则于七月二十日“由泗、宿至汴”。[①] 此“汴”指开封汴梁,七月二十日是抵达开封汴梁的时间。其行军日程路线,当如孟珙所说,“由淮、泗溯汴,非旬馀不达”。[②] 此“汴”指汴河。[③] 从路线看,徐州乃是途经之地,以日程计,至徐州当恰在七月八日前后。则《话腴》所谓此年七月八日克复彭城者,即赵葵统率的淮东制置司之军也。

徐州一带,截止金亡以前,南迁河南的金国小朝廷一直尚在那里任命军事行政长官。[④] 天兴元年(1232)六月以后,徐、宿、邳三州才被辗转依附于蒙古、金或南宋的国用安所实际控制。国用安以邳州为据点,驻守徐州的则是他的同盟者、部将王德金,而两人之间又时有摩擦。大约与蒙古、宋联合攻蔡州同时,徐州一带也遭到蒙古军的攻击。《金史·国用安传》载:“甲午(1234)正月,闻大兵(按:指蒙古军)围沛,用安往救之,败,走徐州。会移兵攻徐,用安投水死。”此役,蒙古军的将领是张荣。据《元史·张荣传》:“甲午,攻沛。沛拒守稍严,其将唆蛾夜来捣营,荣觉之,唆蛾返走,率壮士追杀之,乘胜急攻,城破。就攻徐州。守将国用安引兵突出,荣逆击之,亦破其城,用安赴水死。”时国用安已“改从宋衣冠”,[⑤]而他往救之沛县,其守将中却有名“唆蛾”者,或系女真人。这年七月八日,徐州一带虽被赵葵军克复,至次年正月,却又复失陷。而据魏

---

① 周密《齐东野语》卷五《端平入洛》。
② 《宋史》卷四一二《孟珙传》。
③ 时汴河早已堙塞,其实际经行路线,当有如稍后之余玠,“帅舟师溯淮入河抵汴”。见《宋史·理宗纪二》嘉熙四年九月乙丑条。
④ 《金史》卷一一七《徒单益都传》:“正大九年(1232)正月,行省事于徐州。”卷一一九《完颜仲德传》:“[天兴]二年(1233)正月,车驾至归德,以仲德行尚书省于徐州。”
⑤ 《金史》卷一一七《国用安传》。又《宋史·理宗纪二》:端平三年七月丁巳诏:“权徐州国安用力战而殁,已赠顺昌军节度使,仍官其子国兴承节郎。”

了翁所说,“近日邳徐宿亳之陷,皆北人从中突起倒戈献城”所致。① 可见徐、宿、邳一带,这时虽经常易主,而其实际的驻防者或占据者,仍有不少时而降附南宋、时而降附蒙古的女真人。张荣攻破徐州之后,蒙古未必即在当地驻军,其地当仍由业已投降蒙古的金兵或国用安旧部屯防。正因为这样,南宋淮东制置司军七月八日克复彭城之际,才有可能在当地获得这一“亡金人手抄诗册”。

三、所谓“无父子之道”的真相

《话腴》:

> 李国栋夏卿《感怀》云:“东金西木两睽违,由此生男不足依。但愿相忘不相顾,莫言谁是复谁非。几家能用三牲养,千古空传五采衣。一把残骸着无处,不归沟壑欲谁归。”自注云:“《珞琭子》曰:‘东金西木定生五逆之男。’仆命庚申日甲申时,正为此尔。”

李国栋夏卿未详。《畿辅通志》卷六一《选举·进士》:金,“李国栋:南乐人,明昌年第,御史”。元好问《赵雄飞墓碑》载墓主泰和初任南乐簿摄县务时的轶事:“躬教诸子学,不听外出。每患经史不备,妨于指授。或言文士李夏卿家文籍甚富,假借用之,宜无不从。公曰:‘夏卿藏书,我宁不知?然渠家阖县首户,予虽曾同场屋,今部民矣,与之交通可乎?’”②不知即此人否?南乐,大名府路

① 魏了翁《鹤山先生大全文集》卷二〇《乙未(1235)秋七月特班奏事》,卷一九《被召除礼部尚书内引奏事第四札》(约端平二年五月)。
② 元好问《遗山先生文集》卷二〇。

属县。刘祁《归潜志》卷五曾言及大名府一“字夏卿”的李山：“李陈州山，字夏卿，一字安仁，大名人。少擢第，历清要。南渡，同知开封府，迁陈州防御使。为小人所陷，罢。闲居南京，以事赴井死。为人重厚。读书，喜作诗，号松风老人。”年代亦合，亦不知即此人之改名或又名否？而此李山与正隆元年三月曾以按廉之职游灵岩寺并赋诗的李山，①则是两人。

《珞琭子》为算命之书。《四库全书总目》卷一〇九《徐氏珞琭子赋注》提要：“《珞琭子》书为言禄命者所自出，其法专以人生年月日时八字推衍吉凶祸福。”稍详细点说，即是“以人之生年月日时，配以十干十二支，由始生之节序，推而知运之所值，五行生克，旺相死绝，而知吉凶祸福焉”。② 书系“达观之士不显其声名者”所作，成于北宋以前，宣和、建炎间有王廷光、李仝、释昙莹、徐子平四家之注。

《话腴》作者谓：“余于《感怀》篇著其无父子之道，亡国之本也。”认为此诗就父子骨肉两相暌违现象所发的感慨，触及了金朝灭亡的症结。此诗似是针对金皇室而言。因为金朝后期，确实存在“疏忌宗室”“疏忌骨肉”等有背“宗子维城”之道的现象。如《金史》卷一二《章宗纪·赞》即曾言及：

> 婢宠擅朝，冢嗣未立，疏忌宗室，而传授非人。

卷九三《卫绍王诸子传·赞》亦言：

> 章宗晚年，继嗣不立，遂属意卫绍王。卫绍历年不永，诸

---

① 参见薛瑞兆、郭明志《全金诗》第一册，第516页。
② 元朱思本《贞一斋杂著》卷一《星命者说》。据余嘉锡《四库提要辨证》第二册，第763页转引。

子凡禁锢二十馀年。镐厉王(永中)诸子禁锢四十馀年,长女鳏男,皆不得婚嫁。

同卷《荆王守纯传·赞》又言:

正大间,国势日蹙,本支殆尽,哀宗尚且疏忌骨肉,非明惠之贤,荆王几不能免,岂"宗子维城"之道哉。

不过也未必只是针对金皇室,而是泛指女真族众而言。作为女真族社会、政治和军事基本组织的猛安谋克,太宗天会末和海陵贞元间虽曾大量迁入内地,但留在东北者仍然不少。直至世宗之世,情况依然是:"辽东路多世袭猛安谋克居焉,其人皆女真功臣子。"[①]直至金末,东北的女真人户依然相当可观。《元史·耶律留哥传》:"太祖起兵朔方,金人疑辽遗民有他志,下令辽民一户,以二女真户夹居防之,留哥不自安。"契丹遗民耶律留哥不久就举起了抗金的旗帜。

当时被金宣宗"委以辽东"重任的女真万奴,其姓氏有"完颜"和"蒲鲜"两种不同记载。《元史·木华黎传附孙塔思传》作"完颜万奴",其史源《东平王世家》且有"金内族也"语。[②] 内族即宗室。[③]《归潜志》卷五也有"宗室万奴叛据上京"语。即使"完颜"出于后来本人依托或朝廷钦赐,[④]那么其本姓"蒲鲜"实际上也是女真贵姓。姚燧《布色长德神道碑》:"金有天下,诸部各以居地为姓,章庙病其书以华言为文不同,敕有司定著而一之,凡百姓。金源郡三

① 刘祁《归潜志》卷八。
② 据钱大昕《十驾斋养新录》卷九《万奴》条转引。
③ 《金史》卷五九《宗室表·序》:"大定以前称宗室,明昌以后避睿宗讳称内族,其实一而已。"
④ 参考王慎荣《蒲鲜万奴姓氏考述》,《社会科学辑刊》1982年第6期。

(二?)十有六,广平郡三十,皆白书;陇西郡二十有八,彭城郡十有六,皆黑书。其等而别者甚严。布色氏于金源次居五,其素为华望之家,不言而喻。"[①]"布色"是乾隆时对"仆散"的改译。《金史·百官志一》吏部下亦载,封金源郡二十七姓,广平郡三十姓,陇西郡二十六姓为白号之姓,只彭城郡十六姓为黑号之姓,与此有异。完颜,金源首姓,仆散于金源确次居五,而蒲鲜则于广平次居十二。女真尚白,蒲鲜虽不及完颜首望,但亦是贵姓。

契丹耶律留哥是崇庆元年(1212)或稍前起兵反金的,贞祐二年(1214),蒲鲜万奴即被金宣宗任为辽东路宣抚使,委以腹心之寄。[②] 而他却"肆乱""叛逆"了,并进而"僭号"了,[③]建立了女真人的又一个政权,国号大真,又称东真。"真"即女真之省。面对蒲鲜万奴建立的女真人的这一新政权,留居东北的"猛安谋克人亦多从之者",仅贞祐三年九月汤池之役,纥石烈桓端从万奴麾下召回的,即有唵吉、斡都、麻浑、宾哥出、台荅爱、颜哥、不灰、活拙、按出、孛德、烈邻等十一猛安。[④] 可见从之者人数之多。兴定二年(1218)十二月,万奴遣军二万,与蒙古元帅哈真及扎剌所帅军二万共讨契丹,其领兵将领名曰完颜子渊,即与金皇室同姓。[⑤] 正因为大真(东真)与南迁河南的金俨然成了东西并立的女真人的两个国家,女真族众,尤其是女真贵族,父子兄弟骨肉分属两处,彼此暌违,难以相养相顾的现象就相当普遍了。诗人发出"但愿相忘不相顾,莫言谁

---

① 姚燧《牧庵集》卷一七。
② 参见《金史》卷一〇一《抹撚尽忠传》,卷一〇三《奥屯襄传》。
③ 《金史》卷一〇一《抹撚尽忠传》,卷一四《宣宗纪上》贞祐三年十月壬子记事,卷一五《宣宗纪中》兴定元年四月壬申记事。
④ 《金史》卷一〇三《纥石烈桓端传》。三年或是四年之误,见韩儒林主编《元朝史》上册,第125页。
⑤ 郑麟趾《高丽史》卷二二《高宗安孝王世家》。完颜子渊,《元史》卷一四九《耶律留哥传》作"胡土",当是其女真名。或以为此人系万奴之子。

是复谁非，几家能用三牲养，千古空传五采衣”的感慨，并被敌国，即南宋的士人认作是“亡国之本”的征兆，也就不完全是空穴来风了。

四、辽阳初次陷没的惨象

《话腴》：

> 梁[询谊]仲经[甫，绛州人，]《哀辽东》一首云：“守臣肉食头如雪，夜半群胡登雉堞。十万人家靡孑遗，马蹄殷染衣冠血。珠玉盈车宫殿焚，娟娟少女嫔膻荤。路逢人语辛酸事，骨痛心摧不忍闻。我今来作辽阳客，入境临风吊冤魂。辽水无声辽地空，萧萧暮雨天垂泣。青绫惯睡直承明，偏裂缦胡不称情。见说豺狼当路立，自怜乌鹊绕枝惊。安边计策无何有，忧国形骸太瘦生。何日凯还思旧职，不才犹可荐咸英。”

处于社会发展较低阶段的新兴民族所进行的征服战争的残酷性，其屠戮、焚烧、劫掠妇女财物的种种惨象，跃然纸上。

作者梁询谊仲经甫，刘祁《归潜志》卷五：“梁翰林询谊，字仲经父，绛州人。”名、字皆同。元好问《中州集》卷五录其《海棠》诗一首，小传曰：“持胜，字经甫，绛州人。本名洵义，避宣宗讳改。”《金史·忠义传二》亦曰：“梁持胜，字经甫，本名询谊，避宣宗嫌名改焉。”唯《中州集》本名作“洵义”用字略异。《中州集》小传载其经历如下：

> 经甫泰和六年进士，制策优等，宏词亦中选。为人仪观雄

> 伟,以文武志胆见称。贞祐初,由太学博士为咸平治中。宗室承裕辟为僚佐。承裕死,太平谋不轨,以兵胁经甫使作文移,经甫大骂不从,即日遇害,时年三十六。

《金史·忠义传二》稍详:

> 累官太常博士,迁咸平路宣抚司经历官。兴定初,宣抚使蒲鲜万奴有异志,欲弃咸平徙曷懒路,持胜力止之,万奴怒,杖之八十。持胜走上京,告行省太平。是时太平已与万奴通谋……既而,太平受万奴命,焚毁上京宗庙,执元帅承充,夺其军。持胜与提控咸平治中裴满赛不、万户韩公恕约,杀太平,复推承充行省事,共伐万奴。事泄,俱被害。

另据《金史·列女·阿鲁真传》:"兴定元年,承充为上京元帅,上京行省太平执承充应蒲鲜万奴。……承充已被执,乘间谓其二子……二子乃冒险自拔南走,是年四月至南京。"梁询谊既在此际死节,当也是兴定元年(1217)事。死时年三十六,当生于大定二十二年(1182)。而此诗则当作于贞祐年间(1213—1216)。

成吉思汗是在1206年即可汗位后的第六年,亦即1211年(金大安三年)发动对金的大规模进攻的。此后直至梁询谊死节的兴定元年(1217),金东京辽阳府曾两度失陷。第一次在1212年(元太祖七年,金卫绍王崇庆元年),是被蒙古军将领哲别(遮别)攻陷的。《元史·太祖纪》:七年"冬十二月甲申,遮别攻东京,不拔,即引去,夜驰还,袭克之"。《圣武亲征录》:"又遣哲别率兵取东京。哲别知其中坚,以众压城,即引退五百里。金人谓我军已还,不复设备。哲别戒军中一骑牵一马,一昼夜驰还,急攻,大掠之以归。"

第二次在1215年(元太祖十年,金宣宗贞祐三年),被耶律留哥与蒙古的联军攻陷。耶律留哥起兵抗金后,威震辽东,寻投附蒙古。金先派胡沙率军六十万往攻,大败。复遣蒲鲜万奴领军四十馀万攻之,又"大溃","万奴收散卒奔东京","乙亥(1215),留哥破东京"。①

诗中描写之事发生在"我今来作辽阳客"之前,而"为咸平治中,宗室承裕辟为僚佐"当即他"来作辽阳客"之所指。据《金史·承裕传》:"至宁元年,迁元帅右监军,兼咸平府路兵马都总管。与契丹留哥战,败绩。改同判大睦亲府事、辽东宣抚使。贞祐初,改临海军节度使,卒。"承裕本名胡沙,其与留哥战大败即至宁元年事。且此年五月,始改崇庆二年为至宁元年,至同年九月,又改为贞祐元年,至宁元年这一年号只使用于此年五至九月间。梁询谊为咸平治中、承佑僚佐,可能同时,也可能略有先后,《中州集》谓在"贞祐初",可理解为贞祐元年。依《资治通鉴》书后元纪年法,此年三个年号下事自可皆以贞祐元年统之。然而若据此传确切而言,实乃此年五至九月间也。既然此时,即至宁元年(1213)五至九月间,梁询谊已在"入境临风吊冤魂",则所谓"夜半群胡登雉堞"云云,描述的显然是1212年冬末金东京辽阳府第一次失陷时的惨象。

关于辽阳的第一次失陷,金方甚至没有留下最简陋的记载。而在蒙古一方的记载中,虽然有年有月有日,而其内容则偏重于炫耀进攻者战术的高超,于城破之际的景况则仅用"大掠之以归"一笔带过。因此,梁询谊的这首《哀辽东》,作为对金朝败亡历程中第一桩重大事件的重墨描绘,其价值应该得到恰当的重视。

---

① 《元史》卷一四九《耶律留哥传》。

五、"仁勇将"王旦其人其事

《话腴》:

史舜元《哀王旦》一首云:"八月风高胡马壮,胡儿弯弓向南望。铁门不守犯孤城,失我堂堂仁勇将。将军之起本儒臣,纬武经文才过人。墨磨盾鼻扫千字,箭射戟牙惊六军。忆昔同时初上疏,明日东华听宣谕。我从金毂东巡逻,公总干戈练征戍。三月和兵好始修,胡兵一夜袭通州。练衣出郊虽频战,毡帐沿河未肯休。将军尽出兵如水,烧胡之车破胡垒。倒戈弃甲十万人,乱辙靡旗三百里。金甲煌煌金印光,诏书命我守昆阳。然知人有百夫勇,可奈仓无一日粮。叛臣暗作开门策,一虎翻为群犬获。胸中气愤爆雷声,颔下须张猬毛磔。将军虽死尚如生,万里遥传忠义名。昔闻陕右段忠烈,今见常山颜杲卿。栋折榱崩人短气,平生况切同年义。试歌慷慨一篇词,定洒英雄千古泪。"王旦者,昆阳守王子明也。

此诗所咏"仁勇将"王旦事,与《金史·忠义传一》所载王晦事迹若合符节:

王晦,字子明,泽州高平人。……中明昌二年进士。……迁户部郎中。贞祐初,中都戒严,或举晦有将帅才,俾募人自将,得死士万余统之。率所统卫送通州粟入中都有功,迁霍王傅。以部兵守顺州。通州围急,晦攻牛栏山以解通州之围。……九月,顺州受兵,晦有别部在沧、景,遣人突围召之,众皆踊跃思奋，而主者不肯发。王臻，晦之故部曲也，免胄出见，且拜曰："事急矣，自苦何为？苟能相从，可不失富贵。"晦曰："朝廷何负汝耶？"臻曰："臻虽负国，不忍负公。"因泣下。晦叱曰……将射之，臻掩泣而去。无何，将士缒城出降，晦被执，不肯降，遂就死。

此王晦，字子明。诗所咏之王旦，《话腴》作者据旧归朝人孟格之说，注曰："王旦者，昆阳守王子明也。"业已点明王旦即王子明，亦即王晦。如果"子明"亦是王旦之字，其所注不当如此行文。《金史·章宗纪三》：泰和元年(1201)七月"己巳，初禁庙讳同音字"。金熙宗名亶，与旦同音，"旦"当在回避之列。盖王晦本名旦，明昌二年(1191)进士及第及早年仕宦，皆以旦名，泰和元年(1201)七月以后才改名晦，并改字子明的。而此处仍旧名称之为王旦，当与仍旧名称上一首诗的作者为梁询谊出于同样的原因。

王晦(亦即王旦)坚守的明明是顺州，诗中为什么却写作"守昆阳"呢？在金代，既无别名昆阳郡的州，亦无名为昆阳的县。汉代昆阳约在金叶县一带，金末也并未发生什么重大战事。诗人以"守昆阳"替代"守顺州"，显是将顺州与中都的关系比附为西汉末年刘秀初起时昆阳与南阳的关系。元好问《赵思文神道碑》曾谓："燕都受围，唯顺州坚守。"①本来或可起与当年昆阳相似的作用，然而却被那些身为"叛臣"的"群犬"出卖了。诗人慷慨悲歌，在高度颂扬这位仁勇虎将的同时，对"叛臣"和"群犬"作了愤怒的谴责。

只是有什么必要非得隐去"顺州"，并将它牵强地替换成"昆阳"呢？这也许与古人渴不饮"盗泉"水，"恶其名也"的心态有些

---

① 元好问《遗山先生文集》卷一八。

相似。后来,王恽于至元七年十月廿二日路过顺州,与人"话金节侯刚忠王公子明死节事",曾赋诗以吊,并在诗序中特地点出:"州旧治唐归顺州,见大历五年试太子洗马郑宣力所撰开元寺碑。"①似非偶然。作者激于同年之义,赋诗表彰王旦誓死坚拒"归顺"的气节,隐去"顺"字,盖亦"恶其名也",且未尝没有愿与死者同仇敌忾的意思。②

诗所咏系贞祐二年事是极为明显的。《金史·宣宗纪上》系王晦之死于贞祐二年十月丁酉,不正是诗所谓八月胡马踏破铁门"犯孤城",以致"失我堂堂仁勇将"吗?诗"三月和兵好始修",则指贞祐二年三月金遣使蒙古请和与蒙古允和也。王晦(王旦)解通州之围的战绩,诗远较史为详,而王晦部曲叛降的经过曲折,则史又远较诗具体。就王晦的抗蒙事迹而言,此诗实是绝佳的补充和参照

---

① 王恽《秋涧先生大全文集》卷二五。关于顺州的历史沿革,《辽史·地理志四》云:"顺州,归化军……秦上谷、汉范阳、北齐归德郡境。隋开皇中,粟末靺鞨与高丽战不胜,厥稽部长突地稽率八部胜兵数千人,自扶馀城西北举落内附,置顺州以处之。唐武德初改燕州,会昌中改归顺州,唐末仍为顺州。……统县一:怀柔县。唐贞观六年置,治五柳城。改顺义县。开元四年置松漠府弹汗州。天宝元年改归化郡,乾元元年复今名。"《金史·地理志上》则只言及:"辽置归化军"。统县二:"温阳。旧名怀柔,明昌六年更。""密云。辽檀州武威军。"似乎唐代顺州、燕州、归顺州乃同一州之地不同时期的改名。其实,此三者皆唐羁縻州名,所处民族有别,地望亦不相同。燕州,"所领户出粟(皆)[末]靺鞨别种"。《通典》卷一七八《州郡典》:"隋文帝时,粟末靺鞨有厥稽部渠长,率数千人,举部落内附,处之柳城、燕郡之北。炀帝为置辽西郡。……大唐为燕州,或为归德郡。"未言曾"置顺州以处之"。隋辽西郡"寄治于营州",武德元年改为燕州,"六年,自营州南迁,寄治于幽州城内。……开元二十五年,移治所于幽州北桃谷山。"(《旧唐书·地理志二》)顺州,系突厥州,"贞观四年平突厥,以其部落置。……六年,顺州侨治营州南之五柳戍……[后]侨治幽州城中。"县一:"宾义。郡所理,在幽州城内。"(《新唐书·地理志七下》、《旧唐书·地理志二》)而归顺州,则"本弹汗州"也,"贞观二十二年以内属契丹别帅析纥便部置"。系契丹州。开元四年,更名归顺州。天宝元年,改为归化郡,乾元元年,复为归顺州。县一:"怀柔。州所理也"。(《新唐书·地理志七下》、《旧唐书·地理志二》、《唐会要》卷七三《营州都督府》)辽、金顺州既然皆于怀柔(温阳)置治,则确如王恽所说:"州旧治唐归顺州。"

② 无独有偶。稍后郝经作《金源十节士歌》十首,其第一首即《王子明》,中云:"时危始作通州守,贼臣遽献居庸口,千群铁骑绕燕都,玉辇仓皇下殿走。孤城弹丸当畿甸,饮血登陴日酣战,进明逗留南八回,拊髀张拳面迎箭。日晕忽破城无址,失守何颜见天子,朝服南向再拜毕,意色不动握节死。"(《陵川集》卷一一)也将他曾经声援解围的通州视作即是他坚守酣战死节的所在,似乎也在有意避去这个"顺"字。

资料。

作者史舜元,名肃,其传记资料见元好问《中州集》卷五和《大金国志》卷二八(《大金国志》实亦录自《中州集》)。《中州集》载史肃诗三十首,未载此诗。薛瑞兆、郭明志《全金诗》卷九九史肃名下所载诗亦三十首,于《中州集》外无所增补,此诗同样未载。这就尤其值得另眼相觑了。

《话腴》作者陈郁谓他逸录金亡人诗三首,“于《哀辽东》《哀王旦》篇著其败亡之迹,以见天道之好还也”。盖辽阳之首次被蒙古攻陷,标志着金朝失东北的开始,而由于顺州失陷前金业已于同年迁都河南,王旦的死节无疑是金朝全失河北的象征。此后金朝局促于河南弹丸之地苟延残喘虽然达二十年之久,等待它的只是死亡却早已是明摆着的事实。《哀辽东》《哀王旦》两诗吟咏的,确实是金朝败亡历程中的两次关键事件,说以这两诗“著其败亡之迹”,不为过也。作为曾经长期饱受女真统治者欺压的南宋朝臣民,见到蒙古统治者如今正以当年女真统治者对待宋人的手段来对待金人,说一句“以见天道之好还”,也是完全可以理解的。乾隆皇帝由于他所处的特殊地位,对这些言语感到刺耳,而慑于他专制淫威的四库全书总纂和馆臣竟将《话腴》中的这一长条干脆抽毁。如果从此果真绝迹于世,对于今人认识和了解金末社会及其败亡历程,岂不亦是不大不小的损失。

[原载《文史》2002年第3辑(总第60辑)]

浙江大学古史求是丛书

梁太济文集

史事探研卷

下

上海古籍出版社

关于金末元初的汉人地主武装问题

1210年,蒙古开始攻金。次年,先锋入居庸关,抵中都城下,长城以北金所属州县,无不残破。1213年秋,又分兵三路大举南下,凡破金河北、山东、河东九十余郡。次年春,三路兵还,屯大口围迫中都。金纳女、币求和,蒙古退兵。五月,金迁都开封,中都遂于1215年五月为蒙古攻占。此后,蒙古主力西征,金苟延残喘近二十年,直至1234年正月终于灭亡。

"有金南渡,河北群雄如牛毛"。① "拥兵者万焉,建侯者万焉,甲者戈者骑者徒者各万焉,鸠民者保家者聚而为盗贼者又各万焉,积粟帛金具子女以为己有者,断阡陌占屋宅跨连州郡以为己业者,又各万焉"。② 蒙古攻金战争期间河北各地汉人地主武装的兴起,以及随之而来的汉人"世侯"的割据统治,先后历时半个世纪,是一个值得注意的重大历史现象。本文拟从兴起条件、政治动向、作用、职能、内外矛盾和削夺经过等方面,对这一时期的汉人地主武装问题,作些粗浅的探讨。

---

① 魏初《重修北岳露台记》,《青崖集》卷三。
② 郝经《万卷楼记》,《郝文忠公文集》卷二五。

一

战争的破坏是异常严重的。蒙古铁骑所指，"两河山东数千里，人民杀戮几尽，金帛子女、牛马羊畜皆席卷而去，房庐焚毁，城郭丘墟"。[①] 金军对百姓的残害，也与战斗力的丧失成正比。率之应敌，"在途则前后乱行，顿次则排门择屋，恐逼小民，恣其求索"；[②]溃败奔逃，更是一路争相攘夺，"剽掠成俗"。[③] 腐朽的金朝官军"临战辄北"，于是遂"但为清野计"，[④]事无缓急，惟期速办，甚至即将成熟的禾稼，也都要强行犁翻焚毁。"百姓耕稼失所"，"人无所得食"[⑤]的严重状况愈益严重，"以致平民愈不聊生"。[⑥]

南迁以后，金户口日耗，军费日急，赋敛益横。"加赋数倍，预借数年"，"括粟、阑籴，一切掊克之政，靡不为之"。[⑦] 民不堪命，阶级矛盾更加激化起来。陷于"不为人所鱼肉，必转死沟壑"绝境的"元元之民"，[⑧]在在揭竿奋起。"群盗纵横"，"土寇蜂起"，"盗贼充斥"的记载，不绝于书，遍及东起山东，西至陕西的广阔地域。山东

① 《两朝纲目备要》卷一四宁宗嘉定七年七月乙亥"金人告迁于南京"条。
② 《金史》卷一〇九《陈规传》。
③ 元好问《朮虎筠寿神道碑》，《遗山先生文集》卷二七。
④ 《金史》卷一〇九《许古传》。
⑤ 《金史》卷一二二《从坦传》；《元史》卷一五一《王善传》。
⑥ 《金史》卷一〇八《侯挚传》。
⑦ 《金史》卷四六《食货志》。括粟始于中都受围。时粮运道绝，下令括粟，"户存两月，余悉令输官"（《金史》卷一〇七《张行信传》）。后各地竞相仿效。如河东，兵革之余，疲民稍复，"贫无依者俱已乏食，富户宿藏亦为盗发"。在这"绝无而仅有焉"的情况下，"潞州帅府遣官于辽、沁诸郡搜括余粟，悬重赏诱人告讦，州县惮帅府，鞭箠械系，所在骚然"（《金史》卷一〇八《胥鼎传》）。阑籴：兵后河北大饥，"观、沧等州，斗米银十余两，殍殣相属"（《金史》卷一〇八《侯挚传》），绛、解二州，"村落之民皆尝被兵，重以连岁不登，人多艰食"（《金史》卷一二二《从坦传》）。而金廷却"以一家之民自限南北"（《金史》卷一〇九《陈规传》），于沿河上下"邀阻粟麦，不令过河"（《金史》卷一〇八《胥鼎传》）。后虽"许贩粟北渡，然每石官籴其八"（《金史》卷一〇八《侯挚传》）。
⑧ 王恽《李让墓碣铭》，《秋涧先生大全文集》卷六〇。

的红袄军,不过是其中最著者。

金宣宗南迁途中,乣军溃去,兵势益弱。遂尽徙诸路军户百万余口于河南,①并尽以河朔战兵三十万分隶河南行枢密院及帅府。② 山东西之间,“吏士守者或降或死且尽,不能成军”,③而金廷“止欲以重兵屯驻南京以自固,州郡残破,不复恤也”。④ 州县机构日趋瓦解。“自兵兴以来,州县残毁,存者复为土寇所扰”,⑤“州县吏多乘乱贪暴不法,民往往杀令丞及属吏”。⑥ 所谓“河朔盗起,郡县守宰委印绶去”,⑦“山东被兵,郡县望风而遁”,⑧河北诸路,“州县官往往逃奔河南”,“多求河南差占以避难”,⑨表明了普遍瓦解的严重程度。于是,“河北、河东、山东郡县尽废”。⑩

蒙古攻占中都,成吉思汗北归,授札八儿黄河以北、铁门以南天下都达鲁花赤,与诸将守中都。⑪ 1217 年八月,封木华黎太师、国王、都行省,承制行事,授以经略汉地全权。木华黎乃建行省于燕云,以图中原。⑫ 在此以前,蒙古对汉地只是每年发动一次军事进攻,“秋来春去”,1218 年九月攻下太原后,始“招民耕稼,为久驻之基”。⑬ 因此,金方认为:“河朔受兵有年矣,向皆秋来春去,今已盛暑不回,且不嗜戕杀,恣民耕稼,此殆不可测也。”⑭虽然蒙古对汉地

① 《金史》卷一〇九《陈规传》、《许古传》。
② 《金史》卷四四《兵志》。
③ 虞集《汪氏世家勋德录序》,《道园学古录》卷六。
④ 《金史》卷一〇六《术虎高琪传》。
⑤ 《金史》卷一〇九《陈规传》。
⑥ 《元史》卷一五三《王守道传》。
⑦ 张起岩《耿福先世墓碑》,《畿辅通志》卷一六九。
⑧ 《金史》卷一二一《和速嘉安礼传》。
⑨ 《金史》卷一〇九《许古传》,卷一四《宣宗纪上》贞祐三年三月己卯纪事。
⑩ 刘因《段直墓碑铭》,《静修先生文集》卷一六。
⑪ 《元史》卷一二〇《札八儿火者传》。铁门,指居庸关。“金人恃居庸之塞,冶铁锢关门,布铁蒺藜百余里,守以精锐”,故名。
⑫ 《元史》卷一一九《木华黎传》。
⑬ 《金史》卷一一一《古里甲石伦传》。
⑭ 郭文振语,见《金史》卷一〇八《胥鼎传》。

的态度有了带根本性的改变,但在此后相当长的一段时间内,除了在某些战略要地屯驻军队和派遣达鲁花赤外,它在河朔各地的统治机构,仍然未能有效而健全地建立起来。

蒙古军长驱直入,如风行电扫,靡不破灭;各地百姓又所在奋起,保砦阻险,攻掠郡县。在这种情况下,"衣冠世族,强者戮,弱者俘",①他们的身家财产无例外地受到严重威胁。原先,北方汉人地主豪绅的统治意志和剥削收益是由金朝专制主义中央集权的封建国家集中维护的,现在,既然"河朔为墟,荡然无统",②"纲倾维崩",③历来维护其阶级利益的金朝州县机构已形瓦解,他们也就不得不纷纷起来另行寻求"自全之计"或"自图富贵"。④ 北方汉人地主豪绅,大抵多为"里中大族,家资巨万"。⑤ 张柔能"聚宗族数千家",⑥程琢曾"以私财募集壮士二万",⑦可证。他们在当地有一定威望,"乡之人倚之以为重",⑧并用各种形式对乡里百姓进行控制。史载当时"河朔诸郡结清乐社四十余,社近千人,岁时像伦而祠之",⑨这四十余清乐社就是受史家左右的民间组织,所以史天倪得以"选其壮勇万人为义兵"。⑩ 王兴秀"撼三十余村之民"⑪迎降蒙古,其影响之大也可想见。此外,灾难深重的北方人民,强者是奋起斗争了,弱者却也往往投附有力者以求庇护。这样,"会诸族、集

① 黄溍《傅进墓志铭》,《金华黄先生文集》卷三八。
② 刘因《郭弘敬墓铭》,《静修先生文集》卷一七。
③ 魏初《重修北岳露台记》,《青崖集》卷三。
④ 黄溍《傅进墓志铭》,《金华黄先生文集》卷三八;姚燧《王兴秀神道碑》,《牧庵集》卷二一。
⑤ 段绍先《史进道神道碑》,《畿辅通志》卷一六六。
⑥ 王磐《张柔神道碑》,《畿辅通志》卷一六八。
⑦ 《金史》卷一〇〇《完颜伯嘉传》。
⑧ 魏初《重修北岳露台记》,《青崖集》卷三。
⑨ 《元史》卷一四七《史天倪传》。史伦为史秉直之父,史天倪之祖。
⑩ 《元史》卷一四七《史天倪传》。
⑪ 姚燧《王兴秀神道碑》,《牧庵集》卷二一。

乡人豪壮”，“据害以御侮，立保障以生聚”，“各以力相雄长”[①]的汉人地主武装，就应运而起于齐鲁燕赵之间了。

二

在这些应运而起的汉人地主武装中，除了一部分纯属“避兵”以外，大都是为了同“寇盗并兴”相对抗而纠集的。面对蒙古“兵入中原，金徙都汴，河朔盗起，郡县守宰委印绶去，民莫能相保”[②]的局势，真定府藁城王善告里人曰：“今兹丧乱，我辈不有以协同保聚，则为人所鱼肉矣！”众款服，推之为冠，累功主本县簿。[③] 宁晋县人聚而谋曰：“时事如此，吾侪欲保全家室，宜有所统属。”乃相与推王义为长，摄行县事，寻号都统。[④] 深州束鹿父老子弟，亦推耿福“摄县政保庇一方”。[⑤] 隰州城破，惟州倅独存，逃匿他境，“群不逞之徒，乘乱剽掠”。州人曹元，“以资雄乡里者累十数代”，遂“具牛酒集壮士得千人”，“安集境内，还倅于州，群党破散，遗民赖之以安”。[⑥] 景州蓨县贾德扬言要乘乱“掇取富贵”：时“群盗蜂起河朔，在冀部滋甚，澒汹嚣混”，贾德“慨叹垄首曰：‘大丈夫生世，不能除暴剃乱，建勋名于时，掇取富贵，戴履两间，宁无愧怍！’群侠小壮其言，恃其勇，往往依附为用”。为州将所知，自白衣署故城县丞。[⑦] 此外，如涿州定兴张柔“聚宗族数千家，辟西山东流埚，选壮

① 《元史》卷一五一《邸顺传》；虞集《曹文贞公文集序》，《道园学古录》卷三一；魏初《卢德元行状》，《青崖集》卷五。

② 张起岩《耿福先世墓碑》，《畿辅通志》卷一六九。

③ 李冶《王善神道碑》，《常山贞石志》卷一五。上文为：“乙亥，岁荐饥，人相食，盗蜂起。公谂里人曰……”

④ 《元史》卷一五一《王义传》。上文为：“金人迁汴，河朔盗起，县人聚而谋曰……”

⑤ 张起岩《耿福先世墓碑》，《畿辅通志》卷一六九。

⑥ 元好问《曹元阡表》，《遗山先生文集》卷二九。倅，副也。州倅，指州同知。

⑦ 王恽《贾德行状》，《秋涧先生大全文集》卷四七。

团结队伍,以自卫护”,[①]沃州高邑高添禄“纠集义旅,抚安遗黎,内守外攘,以鸠完复之功”,[②]宁晋李让“团结乡豪,游猎陆泽荆蔺间,以保庇井邑为事”,[③]大名府元城梁千“率众列栅守乡土”,[④]南乐杨铁枪“聚众保乡里”,[⑤]济南府历城张荣“率乡民据济南黉堂岭”,[⑥]泽州晋城段直“率乡党族属为约束,相聚以自守”,[⑦]凤翔府岐山王钧“倡集乡兵万人,自将壁拙山,后移壁三棱堡”,[⑧]都无一不是为了同“寇盗”对抗才纠集的。

王善任藁城主簿,“抚字填压,近者以恬,远者以肃”;[⑨]贾德为故城县丞,“设方略,穷根株,破机牙,擒捕招谕,不数月,寇难荡平”。[⑩] 汉人地主武装“保庇井邑”,“除暴剃乱”,用的就是抚字招谕、擒捕镇压这两手。王钧“侦得贼巢窟,纵奇击之,擒张嵩北山,斩安和扶风,遣辩士说降梁七兄弟乾州,枭杨政马超山,磔线张汧阳,并将其众”,[⑪]即为一例。红袄军首领彭义斌渡河西进,大名“城

① 王磐《张柔神道碑》,《畿辅通志》卷一六八。上文为:“金贞祐间,河朔扰攘,土寇蜂起……”

② 王若虚《高显墓碣》,《滹南遗老集》卷四二。上文为:“当再罹兵火之后,寇盗并兴,道路榛芜,城邑颓废,而能……”

③ 王恽《李让墓碣铭》,《秋涧先生大全文集》卷六〇。上文为:“贞祐初,河朔失守,所在寇盗充斥,日相吞噬。公慨然辍耕垄上……”

④ 袁桷《梁祯神道碑》,《清容居士集》卷二六。上文为:“当金亡时,傍邑盗起侵掠……”按此处“金亡”指金南迁。

⑤ 《元史》卷一五二《王珍传》。上文为:“金末丧乱,所在盗起……”

⑥ 《元史》卷一五〇《张荣传》。上文为:“金季,山东群盗蜂起……”有莱阳人姜椿,“以财雄乡里”,时亦“避杨安儿乱,来水寨依张侯(荣)以居”(赵孟頫《姜彧墓志铭》,《松雪斋文集》卷八)。

⑦ 刘因《段直墓碑铭》,《静修先生文集》卷一六。上文为:“甲戌之秋,南北分裂,河北河东山东郡县尽废,兵凶相仍,寇贼充斥,公乃奋然兴起……”

⑧ 姚燧《王钧神道碑》,《牧庵集》卷二一。上文为:“幸大军去,而群盗复起,岐雍之郊,百千为曹,以剽发财粟为业。……于时行省开府长安,累调军诛之不能平。长安路绝,而生齿益耗矣……”

⑨ 李冶《王善神道碑》,《常山贞石志》卷一五。填,通镇。

⑩ 王恽《贾德行状》,《秋涧先生大全文集》卷四七。

⑪ 姚燧《王钧神道碑》,《牧庵集》卷二一。本文论述汉人地主武装的兴起及其活动,限于河北、河东、山东地区,有关辽东、陕西、河南的情况,概不涉及。此处两次引用《王钧碑》,因为内容比较典型,是唯一的例外。

中大震”,梁千“搜其首乱者诛之”。[①] 藁城“剧贼傅二,暴甚蹻跖,血蹂旁郡”,王善“亲扑讨,歼焉”。[②] 易州涞水“义军都统”何渊“尝为山西贼所袭”,其子何伯祥“与十二人俱,冒险捷出,以复父仇,杀掠数百里,破灵邱、奉圣、安水诸堡塞”。[③] 汉人地主武装在运用擒捕镇压这一手时,其阶级报复的残狠,实骇人听闻。济南府“有盗栅历城南山中”,郡邑不能制,章邱刘鼎“独从一二人直登其栅,喻以祸福,贼惧”,从之降。[④] 易州“群盗并起”,赵柔“单骑遍入诸栅,说降其众”。[⑤] 段直以众降蒙古,任泽州长官。蒙古“以泽冲隘,别置守兵,久之,山民不胜其横,往往自弃为群盗”。直上言:“愿罢守兵,请身任诸隘,保其无虞”,从之,“群盗遂息”。[⑥] 汉人地主武装运用抚字招谕一手的伎俩,也颇为狡诈阴险。

“河北诸路,以都城既失,军户尽迁,将谓国家举而弃之”。[⑦] 这种心理在河朔地主豪绅中具有相当普遍性。他们纠集地主武装同奋起斗争的人民对抗,由于阶级地位相同,态度几乎是一致的。可是,对于还在北方各地你争我夺的新兴的蒙古和没落的金室,态度就不同了。地主阶级已经不是铁板一块,而是处于激烈的分化之中,表现出各种各样的政治动向。

立即率众投附,依仗蒙古统治者作为新的主子,借以维护其利益并提高其地位的地主豪绅,颇不乏人。1217 年八月,“蠡被围,太

---

① 袁桷《梁祯神道碑》,《清容居士集》卷二六。
② 李治《王善神道碑》,《常山贞石志》卷一五。
③ 郝经《何伯祥神道碑》,《郝文忠公文集》卷三五。
④ 程钜夫《刘鼎神道碑》,《雪楼集》卷一九。《碑》又云:“金季丧乱,民多失业……乃推财发廪,赈乏食饥,远近疏戚皆赖焉。已而寇盗四起,骨肉不相保,有壮士五十人来从公,愿为守卫,问之,乃尝所周恤者。故终丧乱之世,家无一日之忧者,五十人之力也。”此五十人当即刘鼎所纠集的武装力量的核心。
⑤ 《元史》卷一五二《赵柔传》。
⑥ 刘因《段直墓碑铭》,《静修先生文集》卷一六。
⑦ 《金史》卷一〇九《许古传》。

守铁哥婴城自固,民懔懔崩角,莫知所属,欲鸟兽散”。博野史忠,“世服井亩,以孝悌相传”,约众合谋曰:“金驾而南,委河朔去,州又自顾不暇,事势至此,吾辈将安所托?正有畏天顺时得全性命为计之上,不然,何为束手俟死!”遂率孟庄、铁千、两河、夏村等老稚百余人持牛酒诣木华黎行帐投附。① 同县王兴秀,父祖“皆农蠡之博野宋村”,闻兵将至,曰:“丈夫生三十年而劳苦耒耜,屈压极矣。今已委身饵敌,暴骨草野,且吾君已弃民,民尚谁死哉?吾有自图富贵耳!”于是“撼三十余村之民”“将壮士数百辈”,出蠡疆迎两大帅刘伯林、肖也先降。② 早在1213年冬,出于同样动机,即有大兴府永兴史秉直“率里中老稚数千人诣涿州军门降”,③并在投降之际组织“义军”随从征讨,后来成了河北地区最显赫的地主武装势力。至于那些为避兵或避“盗”而纠集的武装,一与蒙古军接触即率众降附的,更属比比皆是。

与此相反,“河北所在义军官兵,坚守堡寨,力战破敌”,④或者“介于强敌之间,率创罢之民而为城守计,百诱而不变,百战而不沮,人事既穷,与城俱陷”⑤的人,亦颇众多。

不过,更普遍的情况却是如完颜伯嘉所说:“自兵兴以来,河北桀黠,往往聚众自保,未有定属。”⑥古里甲石伦也曾提到:“始敌入河东时,郡县民皆携老幼徙居山险,后虽太原失守,而众卒不从,其意谓敌不久留,且望官军复至也。”⑦特别是那些实力不强影响较小

① 王恽《史忠行状》,《秋涧先生大全文集》卷四七。
② 姚燧《王兴秀神道碑》,《牧庵集》卷二一。
③ 《元史》卷一四七《史天倪传》。《传》又载:史天倪“大安末举进士不第,乃叹曰:‘大丈夫立身,独以文乎哉?使吾遇荒鸡夜鸣,拥百万之众,功名可唾手取也!’”
④ 《金史》卷一一三《完颜赛不传》。
⑤ 元好问《赵天锡先茔碑》,《遗山先生文集》卷三〇。
⑥ 兴定三年(1219)奏疏语,见《金史》卷一〇〇本传。
⑦ 兴定三年(1219)二月奏疏语,见《金史》卷一一一本传。

的武装集团,更是“人怀顾望”,“昧夫依于”,[①]像李让那样“盖有所需以明归附之志”[②]的人,实在是很多的。[③] 或者由于“军力不足备敌,而人无所逃死”,表面归附蒙古,实际仍在观望,所谓“民人堡聚,多为胁从”而“诖误”者,[④]当也不在少数。

地主武装彼此间“一偾一兴,迭为雄长”,“皆事屠并争地杀人”;[⑤]各支地主武装内部,则如保州清苑李义之所经历:“从杨甲立栅保南,甲为李丙所害,乃慨然以义动众,共杀丙以复所事仇,其众遂推为长。”[⑥]从而给混乱的社会增添了无穷的混乱,同时在混乱中也出现了在一定场合能号令各个武装集团的头面人物。如易州涞水赵柔,“金末避兵西山,栅险以保乡井。时刘伯元、蔡友资、李纯等亦各聚众数千,闻柔信义,共推为长。柔明号令,严约束,重赏罚,为众所服”。[⑦] 这些头面人物的向背,往往带来巨大影响。尤其是像严实那样“据上流之便,握劲锋之选,威望之著,隐若敌国”的人物,虽然也在观望,甚至朝秦暮楚,投机反复,其影响却也更为巨大。因为在“豪杰乘乱而起,四方之人无所归命”的情况下,“人心所以为楚为汉者”,是都要“倚之以为重”的。[⑧]

---

① 李冶《董俊神道碑》,《畿辅通志》卷一七一;王恽《朱楫世系碑铭》,《秋涧先生大全文集》卷五二。

② 王恽《李让墓碣铭》,《秋涧先生大全文集》卷六〇。

③ 如王恽《朱楫世系碑铭》所记朱楫兄弟的态度,也是这样:“贞祐初,金弃燕南渡,所在豪强乘乱而起,一偾一兴,迭为雄长,人昧夫依于,楫与弟存乃集乡义年少团大望山以自保。”见《秋涧先生大全文集》卷五二。

④ 元好问《周鼎墓表》,《遗山先生文集》卷二二。

⑤ 郝经《贾辅神道碑》,《郝文忠公文集》卷三五。

⑥ 刘因《李仁祐先茔碑》,《静修先生文集》卷一六。张柔的经历十分相似,不具录,见《元史》卷一四七《张柔传》。

⑦ 《元史》卷一五二《赵柔传》。关于赵柔的籍贯,《元史》本传谓“涞水人”,苏天爵《赵密神道碑》则谓:“维赵氏奉圣州矾山人,天兵入中原,侯之祖考(赵柔)以易州总押都统帅民十万来归,遂拜镇国上将军,易州军民太守,始家易之涞水。”见《滋溪文稿》卷一五。

⑧ 元好问《严实神道碑》,《遗山先生文集》卷二六。

三

金廷和蒙古对汉人地主武装的态度和政策,加速了北方地主阶级政治上向背迥异的分化。

"在金叔世,宣宗蹙国播汴,河朔豪杰所在争起,倡纠义兵,完保其乡,金怵以官,冀赖其力复所失地"。[①] 对河朔汉人地主武装"牢笼用之","羁縻使之",[②]企图利用并依靠这个力量来"安反侧","备外兵","复失地",[③]这在金廷可以说是一贯的态度。只是利用依靠的程度和办法,前后略有不同。

金廷公开招集地主武装始于1215年。是年,同知太原府事古里甲石伦"奏请招集义军,设置长校,各立等差"。[④] 各等长校计有总领提控、都统、副统、万户、千户、谋克等。同年,知平阳府事兼河东南路兵马都总管胥鼎,也在所将"义军"中置"总领义军使副及弹压"。其目的是为了将所招集的汉人地主武装牢牢控制在金廷官方手中,为我所用,并对其"朋聚党植无所不至"的破坏行为"预为防闲,使有畏忌"。[⑤] 此后,加强控制的愿望虽未怎样见效,而总领提控、都统等,倒是成了拥有武装的汉人地主头目相当普遍的称号(当然,其中有些是授予的,大部则是自称的)。

就一部分汉人地主而言,他们乘乱争起,团结为兵的主要目的之一,是为了向金廷求官封,邀重赏,掇取富贵。安肃州苗道润贞

---

① 姚燧《荣祐神道碑》,《牧庵集》卷二二。
② 《金史》卷一〇七《高汝砺传》、卷一一八《苗道润传》。
③ 《金史》卷一〇五《张翰传》、卷一〇二《完颜弼传》;姚燧《荣祐神道碑》,《牧庵集》卷二二。
④ 《金史》卷一一一《古里甲石伦传》、卷一〇二《蒙古纲传》。
⑤ 《金史》卷一〇八《胥鼎传》。

祐初为河北“义军”队长，“比战有功，略定城邑，遣人诣南京求官封”。[①] 被任为宣武将军、同知顺天军节度使事。类似的情况不胜枚举。其中，象太原“义军”头目李天禄那样，谎报其所筹集的军数粮数，“视朝廷以已有兵粮，冀或见用，以取重职”[②]的人，显然不在少数。

开始，金廷对于是否立即承认汉人地主武装在当地的势力，授以本处职任，颇为犹豫。当苗道润遣人诣南京求官封时，朝廷即曾提出这样的问题：“今即以其众使为将，肯终为我尽力乎？”[③]也曾出现过这样的情况：“自兵乱之后，郡县官豪，多能纠集义徒，摧击土寇，朝廷虽授以本处职任，未几遣人代之矣。旧者人所素服，新者未必皆才，缓急之间，启衅败事。”[④]有人甚至建议，“罢义军总领使副，以畀州县”。[⑤] 直至1218年春夏，朝廷仍然认为：“诸头目各制一方，利害至重，更审处之。”[⑥]宰相高汝砺更是坚决反对“分地而与之州县”。[⑦] 太原失守，河北州县不能自立，金廷才于1219年三、四月下诏：河东、河北“州县官止令土著推其所爱者充，朝廷已授者，别议任使”。[⑧] 1220年二月，又进而封建河朔“九公”，[⑨]“总帅本路兵马，署置官吏，征敛赋税，赏罚号令，得以便宜行之”。“除已画定

---

① 《金史》卷一一八《苗道润传》。
② 《金史》卷一一一《古里甲石伦传》。视，同示。
③ 《金史》卷一一八《苗道润传》。
④ 《金史》卷一〇七《张行信传》。
⑤ 《金史》卷一五《宣宗纪中》兴定元年四月庚申纪事。
⑥ 《金史》卷一五《宣宗纪中》兴定二年六月甲辰纪事。
⑦ 《金史》卷一〇七《高汝砺传》。
⑧ 《金史》卷一五《宣宗纪中》兴定三年四月甲申纪事。参照三月甲午纪事。
⑨ “九公”为：沧海公王福，河间公移剌众家奴，恒山公武仙，高阳公张甫，易水公靖安民，晋阳公郭文振，平阳公胡天作，上党公完颜开，东莒公燕宁。“初置公府，（张）开与恒山公武仙最强”（《金史》卷一一八《张开传》。张开，赐姓完颜氏）“同时九府，则富兵强，恒山最盛”（《金史》卷一一八《武仙传》）。

所管州县外,如能收复邻近州县者,亦听管属”。[①] 此后,遂一味以官赏来取得堡砦头目的效用了。

蒙古方面对“河朔豪杰”,即汉人地主武装,也是招集争取,“欲借之以成包举之势”[②]。所谓“我国家初入中原,命太师国王招集豪杰,勘定未下城邑”,[③]透露了其中的消息。

“河朔豪杰”举众降附,蒙古对之有一定条件和要求。一是要“纳质”。史秉直诣涿州军门降,木华黎以其长子天倪为万户,而质次子天安军中;[④]张柔被俘,蒙古复其“旧职”,“质二亲于燕”;[⑤]武仙附蒙古,“弟质于军中”;[⑥]严实亦曾“遣子忠贞入质”。[⑦] 二是要“助军”。如史天倪先是“以万户统诸降卒从木华黎略地三关已南,至于东海”,继又选“清乐社”壮勇万人为“义兵”,号“清乐军”,以从兄天祥为先锋,从征辽东。[⑧] 其他降者大都相似。三是要“献户口”。史籍中类似“严实以三十万户归朝廷”,[⑨]“诸将献户口各增数要利”[⑩]的记载,触目皆是。四是要“纳贡赋”。李全降,时“全山东经理未定,而岁贡于大元者不缺,故外恭顺于宋以就钱粮,往往贸货输大元”。[⑪] 此外,“入觐”,“设驿”,似亦不可或缺,至于接受达鲁花赤监临,更是不容有丝毫迟疑。

只要这些条件和要求得到满足,汉人地主武装头目于降附之际,却能从蒙古统治者那里取得相当于唐之藩镇、汉之邦国的种种

---

① 《金史》卷一一八《苗道润传》。
② 元好问《严实神道碑》,《遗山先生文集》卷二六。
③ 苏天爵《郑澧神道碑》,《滋溪文稿》卷二〇。
④ 《元史》卷一四七《史枢传》传。
⑤ 王磐《张柔神道碑》,《畿辅通志》卷一六八。
⑥ 《元史》卷一一九《孛鲁传》。
⑦ 《元史》卷一五二《张晋亨传》。
⑧ 《元史》卷一四七《史天倪传》。
⑨ 《元史》卷一五三《王玉汝传》。
⑩ 《元史》卷一四八《董俊传》。
⑪ 《宋史》卷四七七《李全传下》。

特权。“太祖徇地，北人能以州县下者，即以为守令，僚属听自置，罪得专杀”。[①] “国家自开创以来，凡纳土及始命之臣，咸令世守”。[②] “国初方事进取，所降下者，因以与之，自一社一民，各有所主，不相统属”。[③] 所指主要就是汉人地主武装。王义“率众以宁晋归”，“授宁晋令，兼赵州以南招抚使”；[④]易州赵柔“以其众降”，“以柔为涿易二州长官”；[⑤]段直“起泽，应得泽”，“为州长官廿余年”；[⑥]济南张荣“举其兵与地纳款”，授“山东行尚书省、兼兵马都元帅、知济南府事”；[⑦]李全据益都降，“悉以全境付之”。[⑧] 这对于“自图富贵”的汉人地主豪绅来说，诱惑力实在是很强烈的。

四

蒙古攻金战争，其胜负主要取决于双方军力、经济力和政治组织力的强弱，而北方地主阶级，特别是汉人地主武装的向背，却也起了相当巨大的作用。蒙古之所以能够比较稳定地占领河北、河东、山东地区，并进而渡河灭亡金朝，就是在争取日益众多的汉人地主武装依附的情况下，逐步肃清附金武装势力的结果。

中都路　河北东·西路

蒙古攻占中都初期，河北各地附金汉人地主武装一度颇形活

---

① 姚燧《高泽坟道碑》，《牧庵集》卷二五。
② 《元史》卷一二六《廉希宪传》。
③ 宋子贞《耶律楚材神道碑》，《元文类》卷五七。
④ 《元史》卷一五一《王义传》。
⑤ 《元史》卷一五二《赵柔传》。
⑥ 刘因《段直墓碑铭》，《静修先生文集》卷一六。
⑦ 《元史》卷一五〇《张荣传》。
⑧ 元好问《毕叔贤神道碑》，《遗山先生文集》卷三〇。

跃。中都路安肃苗道润“前后抚定五十余城”。[①] 河北东路景州张开“复河间府、沧、献等州并属县十有三”，又“复清州等十有一城”，[②]王福、移剌众家奴、张甫、张进也所在攻占州县。河北西路威州武仙则控制了中山、真定府，沃、冀、威、镇宁、平定州，抱犊寨，栾城、南宫县等地。迫使木华黎从经略辽东前线抽调史天倪回师南征。

这些地主武装头目虽同受金封，彼此间却不断倾轧。苗道润先是与移剌铁哥、李琛不相能，继而与贾瑀互相攻击，1218 年六月为贾瑀所杀。是时，张柔、靖安民“实分掌道润部众”。[③] 八月，蒙古军出紫荆口，张柔兵败被执，遂以众降。柔招集部曲，下雄、易、安、保诸州，破贾瑀，尽有其众。自东流埚徙治满城，与武仙反复争战，控制了“深、冀以北，真定以东三十余城”。[④] “缘山反侧”鹿儿、和和、美女、檐车、堵墙、百峰、东西五峰，苑家、西水、军市川、姑姑埚、红花谷、闪堂、水谷、白虹、白家、野狸、狼山诸砦，[⑤]也都相继降附。由此，张柔“威名震河朔”。[⑥]

1216 年秋，观州粮尽，张开徙军辉州，又徙潞州。1221 年，移剌众家奴“所部州县皆不可守”，[⑦]移屯信安，与张甫、张进合兵。“燕南雄霸数州，乃三关旧地，塘泺深阻，鞑兵不能入，金将张甫、张进据信安守之”，[⑧]成为河北附金地主武装长期据守的唯一据点，直至

---

① 《金史》卷一一八《苗道润传》。苗道润，史逸其贯籍。《畿辅通志》卷一六八《古迹·陵墓》载苗道润墓在安肃县西南四十里，当是安肃人。安肃县金属安肃州。

② 《金史》卷一四《宣宗纪上》贞祐四年二月纪事，四月癸巳纪事；卷一一八《张开传》。

③ 《金史》卷一一八《张甫传》。

④ 《元史》卷一四七《张柔传》。

⑤ 元好问《张柔勋德第二碑》，《遗山先生文集》卷二六；王鹗《张柔墓志》，《元朝名臣事略》卷六《万户张忠武王》引；郝经《何伯祥神道碑》，《郝文忠公文集》卷三五。

⑥ 王鹗《张柔墓志》，《元朝名臣事略》卷六《万户张忠武王》引。

⑦ 《金史》卷一一八《移剌众家奴传》。

⑧ 《两朝纲目备要》卷一五宁宗嘉定八年“是秋鞑靼破潼关”条。

1230年才为阿朮鲁攻降。信安北距燕山仅一百八十里,但因只是困守孤城,于大局却影响不大。[①]

蒙古凭借汉人地主武装同附金势力反复争夺的,是以真定为中心的滹沱河上游两岸地区。史天倪、张柔步步进逼,木华黎统率的蒙古军又濒临真定城下,武仙窘蹙,于1220年八月出降。蒙古以史天倪为河北西路兵马都元帅行府事,仙副之。“仙与史天倪俱治真定且六年,积不相能”,[②]彼此不断侵占对方地盘,扩展自身实力。武仙虽已降附蒙古,却仍“遣其将卢秀、李伯祥率兵谋袭赵州,并取沥城”,[③]对藁城,也“犹怀曩怨,数肆侵袭”,[④]并“往来钞掠平阳、太原间,行路梗塞”。[⑤] 张柔副手贾辅也继续将兵略地,进逼真定,[⑥]史天倪则借口“武仙之党据西山腰水、铁壁二寨以叛”,“直捣其巢穴,尽掩杀之”。[⑦] “积不相能”的背后,各有投附蒙古和依附金朝的两派地主势力支撑,不单纯是个人间的争权夺利。

1225年二月,武仙杀史天倪,以真定反为金。一时“河朔诸郡,十九俱叛”,“南北裂分,危疑翻覆,势不容喘”,[⑧]引起巨大震动和反响。但是,在河北地主阶级中,附金势力终究已是风前残烛,像董俊那样“乃心太庙,夷险一节”,[⑨]死心塌地投附蒙古的人,逐渐占据优势。于是,“史氏之人与属县旁近豪杰纳天倪之弟天泽为主帅

---

① 1227年张柔自满城移军顺天,“以遏信安行剽之党”(元好问《顺天府营建记》,《遗山先生文集》卷三三),孛鲁命“千户按札统大军驻河北备金”(《元史》卷一一九《孛鲁传》),都只能说明信安地位之要,不能说明其影响之大。

② 《金史》卷一一八《武仙传》。

③ 《元史》卷一五一《王义传》。

④ 李冶《王善神道碑》,《常山贞石志》卷一五。

⑤ 《元史》卷一五一《杜丰传》。

⑥ 郝经《贾辅神道碑》,《郝文忠公文集》卷三五。

⑦ 《元史》卷一四七《史天倪传》。

⑧ 李冶《董俊神道碑》、《赵振玉神道碑》,《畿辅通志》卷一七一、卷一七四。

⑨ 李冶《董俊神道碑》,《畿辅通志》卷一七一。

攻仙”,[①]国王孛鲁即以史天泽绍兄职为都元帅,并命肖乃台率蒙古精甲三千火速赴援。经过激烈较量,武仙南奔河南,附金势力基本解决,蒙古对河北的控制占领稳定下来。

河东南·北路

1218年秋,“木华黎自西京入河东,克太原、平阳及忻、代、泽、潞、汾、霍等州”,[②]以攸哈剌拔都为河东北路都元帅,镇太原,前锋拓拔按察儿统蒙古军镇平阳,拒金兵,李守忠权河东南路帅府事。附金汉人地主武装,河东北路以郭文振(辽州),南路以胡天作(平阳)、张开(潞州)为主要头目。双方展开了对战略要地太原、平阳、河中、泽潞及大小堡寨的激烈争夺。

太原失陷后,1219年二月,镇西军节度使行元帅府事古里甲石伦“遣提控石盏吾里忻引官兵义兵共图收复”,[③]六月,“辽州总领提控唐括狗儿帅师复太原府”,[④]十月,郭文振、张开“合坚、台兵复取太原”,[⑤]都未成功。太原人赵益,自蒙古兵入境,即“鸠合土豪,保聚山砦”,郭文振署为寿阳令,驻兵榆次重原寨。1222年五月,益率众袭太原,“夜登其城,斩馘甚众,所获马仗不可计,护老幼二万余口以出”,[⑥]也只是一次规模稍大的骚扰。

与此相反,蒙古对河东北路大小堡寨的争夺,却在节节进展。1218年汾州平遥梁瑛率众投降,木华黎使攻城堡之未下者,瑛“屡

---

① 《元史》卷一五三《王守道传》。
② 《元史》卷一《太祖纪》。
③ 《金史》卷一一一《古里甲石伦传》。
④ 《金史》卷一五《宣宗纪中》兴定三年六月戊子条。
⑤ 《金史》卷一一八《郭文振传》。卷一五《宣宗纪中》兴定三年十月丁卯作“谋复太原”,取太原未为事实。代州繁畤县,贞祐三年九月升为坚州;五台县,贞祐四年三月升为台州。
⑥ 《金史》卷一二二《赵益传》。此赵益疑即《元史》卷一九三《攸哈剌拔都传》之“赵权府”。

出奇计,招诱降附凡百余所"。[①] 九月陷太原前后,先攻簸箕掌寨,又下韩村砦。[②] 1220 年二月,金梁知府立西风寨,夺居民耕牛,哈剌拔都追杀梁知府,驱耕牛还。[③] 1222 年七月,木华黎道出盂州,围四蹄寨,寨主刘某率山民降,迁其百姓于州,[④]复拔晋阳义和寨。[⑤] 八月,蒙古军陷榆次重原寨,赵益自杀。[⑥] 金摄太原府事赵得裕寄治榆次利和砦,辟寿阳聂珪为委差官,是年,蒙古军克利和砦,聂珪率众出降,命"同都元帅王璋招捕平定等州诸砦栅,三数年中,莫不弭耳听约束"。[⑦] "时太原诸邑皆平,唯石家昂及盂州陵井寨、忻州清泉寨为唇齿,皆未下"。[⑧] 1224 年十月,哈剌拔都将兵至陵井,其众溃,酋长走石家昂,1225 年二月,清泉寨酋长王壳降,石家昂亦降。

河东南路汾水流域一带,以对平阳府和河中府两地的争战最为激烈。

胡天作,管州人,"初以乡兵守御本州",为州刺史。平阳失守,金改授同知平阳府事,后封平阳公。1219 年春,胡天作"复取平阳",以青龙堡为据点,"守平阳凡四年,屡有功"。[⑨] 绛州曲沃靳和,"家饶于财",1219 年率"义兵"三千投附蒙古。木华黎南征,留和守曲沃。葛伯、鳌背、弹平、青龙诸寨屡出剽掠,和"选强壮,置乡兵,习攻斗,寇至则战,寇退则耕,民得脱矢石,免流殍"。[⑩] 投附蒙古与依附金朝的两大地主势力,一度处于胶着状态。1222 年七月,

---

① 魏初《梁瑛神道碑》,《山右石刻丛编》卷三一。
② 《金史》卷一五《宣宗纪中》兴定元年九月乙未,二年十一月丙申纪事。
③ 《元史》卷一九三《攸哈剌拔都传》。
④ 张匡衍《东平王行录》,《元朝名臣事略》卷一《太师鲁国忠武王》引。
⑤ 《元史》卷一一九《木华黎传》。
⑥ 《金史》卷一二二《赵益传》。
⑦ 李冶《聂珪神道碑》,《山右石刻丛编》卷二八。
⑧ 《元史》卷一九三《攸哈剌拔都传》。
⑨ 《金史》卷一一八《胡天作传》。
⑩ 段成己《靳和神道碑(至元十七年立)》、董文用《靳和神道碑(大德二年立)》,《山右石刻丛编》卷二六、卷二八。

木华黎再次自云中南下，经盂州、晋阳，克三清岩，入霍邑山堡，直抵青龙堡壁下。金遣古里甲石伦会张开、郭文振兵救之，次弹平寨东三十里，敌梗道不得进。堡中"兵民皆溃"，众执胡天作出降，寻被杀。附金地主武装势力受到一次沉重打击。

青龙堡既下，木华黎"过晋至绛，下金荣州，汾东诸堡邑往往从风归附"。[①] 遂进攻河中府。河东侯小叔，由河津水手从军，累见拔擢，时守河中。城陷，退保乐李山寨。木华黎调葭州留守石天应南屯河中，任为权河东南北路陕右关西行台，平阳李守忠、太原攸哈剌拔都、隰州田雄并受节制，其地位与河北史天倪不相上下。[②]

乐李山寨位于中条山，为侯小叔中心据点。《元史》称侯小叔作"中条山贼侯七"，称其兵作"昆弟兵"，[③]是河中一带"父子兄弟，自相救援，各顾其家，心一力齐"[④]的地主武装头目。1223年正月，侯小叔自中条率山寨兵十余万夜袭河中，由间道直抵城下。守兵多新附，其心未一，争缒城去。石天应仓卒应战，死于双市门。金复取河中。既而蒙古军骑十万围河中，城破，小叔死之。可见争夺战之激烈。

胡天作被杀，其余部犹在，1222年十二月，金以史咏权行平阳公府事，继胡天作，寻封平阳公。侯小叔死，"中条诸寨无所统领"，[⑤]金以籍阿外权元帅右都监，代领侯小叔军。"河中自石天应死，复为金守"，[⑥]而平阳一带的附金武装势力，虽仍有所活动，终因受打击沉重，已经难再立足。1223年五月，金遂徙史咏兵于解州、河中府。

---

① 《东平王世家》，《元朝名臣事略》卷一《太师鲁国忠武王》引。

② 石天应本兴中土豪，1215年木华黎略地辽东，兴中府吏民推石天应为帅，举城降。后率黑军屡从征讨，经大小二百余战。

③ 见卷一一九《木华黎传》，卷一二二《按札儿传》。

④ 《金史》卷一〇二《必兰阿鲁带传》。

⑤ 《金史》卷一二二《侯小叔传》。

⑥ 《元史》卷一一九《塔思传》。

蒙古军至泽州，晋城段直“以众归之”，[①]为泽州长官；至潞州，州人任志“首迎降”，授以虎符，“收辑山寨”。[②] 金则徙张开于潞州，封上党公，“以泽、潞、沁隶焉”。[③]

张开壁马武寨，遣别将李松守潞州，禹显将兵三百守襄垣。1222 年三月，严实随蒙古军略地上党，张开“选懦不能军”，乘夜溃围而遁。父老请公府掾阎珍主潞州事，遂以城降。马武军频出攻之，“乃命迁州人真定”。[④] 七月，张开复取高平县及泽州。1223 年，蒙古集河朔步骑数万攻襄垣，至于数四，不能拔。王佐自玉女寨率兵往救，中流矢卒。杜丰遂破玉女、割渠等寨。既而禹显又与蒙古军战玉女，“大获”。[⑤]

张开“与郭文振不相得”。[⑥] 1223 年，辽州不能守，文振徙孟州，又徒卫州，“不可以为军”。[⑦] 文振处开西北，当兵之冲，“文振穷窘，开势愈孤”。[⑧]

武仙以真定反为金之举，在河东各地激起持久反响，附金势力一时又形活跃。1227 年二月，金纥石烈牙吾塔复取平阳，擒蒙古河东南路兵马都元帅兼知平阳府事李守忠，并尽锐攻陷青龙堡。五月，太原也一度为武仙所据：“奸人夜献太原东门于武仙，仙引兵入”，[⑨]攸哈剌拔都殁于阵。

河东附金势力的活跃为时甚暂。不仅太原、平阳很快复入蒙古之手，上党盆地不久也完全陷落。1227 年，杜丰“以本部取沁州，

---

① 刘因《段直墓碑铭》，《静修先生文集》卷一六。
② 《元史》卷一九三《任志传》。
③ 《金史》卷一一八《张开传》。
④ 元好问《阎珍墓表》，《遗山先生文集》卷二九。
⑤ 《金史》卷一二三《禹显传》。
⑥ 《金史》卷一〇二《必兰阿鲁带传》。
⑦ 《金史》卷一一八《郭文振传》。
⑧ 《金史》卷一一八《张开传》。
⑨ 《元史》卷一九三《攸哈剌拔都传》。

由是铜鞮、武乡、襄垣、绵上、沁源诸县皆下”。① 潞州亦不守,“开居南京,部曲离散,名号旧公,与匹夫无异”。② 1231 年,蒙古命杜丰“抚定平阳、太原、真定及辽、沁未降山寨,皆平之”。③ 河中府也于是年为蒙古最后攻拔。蒙古遂比较稳定地控制了河东全境。

山东东·西路

山东各地是反金起义的红袄军纵横驰骋的区域。蒙古游骑北归以后,在金军的血腥镇压下,红袄军首领大部牺牲,李全等率众向南转移,于 1218 年初归附南宋,授京东路兵马副都总管。④ 李全得宋资助,遂北返山东联络余部,攻金州县,招谕豪杰。1218 年至 1220 年间,“取海州,复取密、潍,王琳以宁海州归,遂收登、莱二州,青州守张林以滨、棣、淄州降,又取济、沂等州。自是恩、博、景、德至邢、洺十余州,相继请降”。⑤ 其中,以张林、严实二人的降附,最具关键。

1217 年冬,蒙古再克益都,仍不守而去,益都府卒张林与其党复立府事。金以田琢为山东东路转运使、权知益都府事,琢“征求过当,颇失众心”,⑥林复率其党逐之,遂据益都,“山东诸郡皆附之”。⑦ 1219 年六月,李全“薄兵青州城下,陈说国家盛德”,⑧张林出降。至此,李全先后共克复“二府九州四十县,降头目千人,战马

① 《元史》卷一五一《杜丰传》。
② 《金史》卷一一八《张开传》。
③ 《元史》卷一五一《杜丰传》。
④ 《宋会要辑稿》兵一七之三五。
⑤ 《宋史》卷四〇三《贾涉传》。
⑥ 《金史》卷一〇二《田琢传》。
⑦ 《宋史纪事本末》卷八七《李全之乱》。元好问《毕叙贤神道碑》:“张林反,山东土崩。”见《遗山先生文集》卷三〇。
⑧ 《宋史》卷四七六《李全传上》。

千五百匹，忠勇军十五万人”。[①] 红袄军“乘胜而西”，严实据青崖崮以众降，凭借红袄军声势，“分兵四出，所至无不下，于是太行之东，皆受实节制”，[②]1220年春，举魏、博、恩、德、怀、卫、开、相九州归宋。[③] 七月，附金地主武装困守的沧州据点也被拔除，王福被迫“纳款于张林”。[④]

“宋人以虚名致李全，遂有山东实地”；[⑤]“暨其（李全）归宋也，青齐之地，几半为宋有”。[⑥] 李全成了左右山东局势，同金和蒙古并列的强大势力。[⑦] 与此同时，李全的阶级地位也在发生变化。他所招谕的豪杰，多数是山东各地地主武装，他本人也在逐渐成为地主武装的总头目。在这种情况下，蒙古要完成对山东的占领，主要就是同李全争夺在附宋外衣下的地主武装势力。

李全在山东经理未定，内部矛盾重重，一度归附的汉人地主武装，不久都纷纷倒向蒙古一边。约1220年九月，严实挈所部彰德、大名、磁、洺、恩、博、滑、濬等州户三十万诣木华黎军门降，[⑧]授山东西路行尚书省事，寻从木华黎以兵围东平。同年十二月，红袄军首领石珪在内部火拼后自涟水只身投奔木华黎，[⑨]授济、兖、单三州兵马都总管、山东路行元帅。初，金莒州燕宁守天胜寨，与益都田琢、

① 《齐东野语》卷九《李全》。
② 《元史》卷一四八《严实传》。
③ 《宋史》卷四七六《李全传上》。州名原缺一州。
④ 《金史》卷一一八《王福传》。
⑤ 《金史》卷一一八《苗道润传》。
⑥ 《大金国志》卷二五。
⑦ 南宋方面在分析北方形势，商议有关对策时，魏了翁曾将李全控制下的山东同金和蒙古并列，指出：“和金则鞑疑，交鞑则金疑，交金鞑则山东疑”，利害深浅，“所关甚不小也”。见《鹤山先生大全集》卷一六《直前奏事札子·贴黄》。
⑧ 严实之降，《元史》本传、元好问《神道碑》作七月，《元史·太祖纪》、《木华黎传》作是年秋，且系于武仙以真定降之后。按武仙降在八月，此当是九月事。据《金史·宣宗纪》，是年八月，金“山东招抚高居实遣人招严实于青崖砦，获其款”，严实正在背宋与金勾搭。
⑨ 《元史》卷一《太祖纪》系于一二二一年六月，今据《两朝纲目备要》卷一六。

东平蒙古纲相依为辅车之势，自张林逐琢，继而宁死，蒙古纲势孤，于1221年五月弃东平内徙，石珪与严实遂分据之。[①] 张林与李全产生摩擦，李全引兵攻之，十一月，张林弃益都降蒙古。

1225年，与李全决裂，率领红袄军坚持反抗斗争的彭义斌战败身死，蒙古加紧了经略山东的步伐。1226年，以济南黉堂岭为据点，“略章邱、邹平、济阳、长山、辛市、蒲台、新城及淄州之地而有之，兵至则清野入山”[②]的张荣，举其兵与地纳款于蒙古。这时，李全“北剽山东，南假宋以疑大元，且仰食”，[③]完全蜕化成了地主武装的无赖头目。是年九月，李全执张林送楚州，蒙古带孙遂率兵围益都，孛鲁复引兵入齐益之。全婴城自守，粮尽路绝，亦于1227年四月降于蒙古。李全既降，“郡县闻风款附，山东悉平”，[④]蒙古完成了对山东全境的占领。

五

关于汉人地主武装统治区域内的状况，旧籍中充斥着“独为乐土”之类的描述。这些显然都是碑志谀墓之词，但也从侧面反映了在当时北方社会陷于普遍的混乱中时，汉人地主武装控制的区域，封建秩序却比较稳定，农业生产能够继续进行。

蒙古统治者把河朔大地弄成一片荒凉，这样做是适合于他们的生产、畜牧的，因为大片无人居住的地带是畜牧的主要条件；他们还所在大肆劫掠，这样做也是适应于他们的社会发展阶段的，因为任何处于这个阶段的民族，进行掠夺在他们看来是比进行创造的劳动更容易甚至更荣誉的事情。但是，要能够劫掠，就要有可供

① 《元史》卷一九三《石珪传》。
② 《元史》卷一五〇《张荣传》。
③ 《宋史》卷四七六《李全传上》。
④ 《元史》卷一一九《孛鲁传》。

劫掠的东西,因此就要有生产。而要用游牧的畜牧业取代高度发展的封建定居农业,实际上却很难做到。汉人地主武装"跨州连郡,分民专土"[①]的统治,也是一种政治统治,它也是以执行某种社会职能为基础的。这就是:维护封建社会秩序的相对稳定,使定居农业在既有封建关系的发展阶段上持续下去。

汉人地主武装大多"且耕且战"。[②] 1216年金廷诏择"义军"为三等,必兰阿鲁带要求对其所属"无轻变易",其理由之一就是:"义军率皆农民,已散居田亩趋时力作,征集旬日,农事废而岁计失矣。"[③]地主武装头目对于耕稼树艺,一般也都比较重视。如王义、李让在宁晋"崇田务,抑游堕","招集散亡,劝率种艺";[④]赵天锡在冠氏"立城市,完保聚,合散亡,业单贫,备御盗贼,劝课耕稼";[⑤]刘伯林在威宁"务农积谷,与民休息";[⑥]赵振玉在沃州"招散亡,立庐舍,劝课耕稼,流通贸易";[⑦]贾辅在祁州教民"耕战","兵食足余而战有功";[⑧]张柔在满城"定列教条,劝民修治耒耜,树艺桑麻";[⑨]严实在东平"辟田野,完保聚","以劝耕稼,以丰委积",[⑩]都是。对于自身控制区内的田务,百般备御防护,而对于敌方的农稼,则竭尽蹂践之能事,并以此作为"屠并争地杀人"的重要辅佐手段。1216年,西由怀孟,东抵曹单,"农民往往自为义军",[⑪]以护芟麦。

---

① 郝经《贾辅神道碑》,《郝文忠公文集》卷三五。
② 《金史》卷一〇八《侯挚传》,卷一一八《苗道润传》;段成己、董文用《靳和神道碑》,《山右石刻丛编》卷二六、卷二八。
③ 《金史》卷一〇二《必兰阿鲁带传》。
④ 王恽《李让墓碣铭》,《秋涧先生大全文集》卷六〇;《元史》卷一五一《王义传》。"崇",原墨钉,据文以意补,或当为"奖"。
⑤ 元好问《赵天锡神道碑》,《遗山先生文集》卷二九。
⑥ 《元史》卷一四九《刘伯林传》。
⑦ 元好问《赵琳新茔碑》,《遗山先生文集》卷三〇。
⑧ 郝经《贾辅神道碑》,《郝文忠公文集》卷三五。
⑨ 王磐《张柔神道碑》,《畿辅通志》卷一六八。
⑩ 元好问《严实祠堂碑》、《严实神道碑》,《遗山先生文集》卷二六。
⑪ 《金史》卷一〇七《高汝砺传》。

1219年，郭文振“招降太原东山二百余村，迁老幼于山寨，得壮士七千，分驻营栅，防护秋获”。[①] 1225年，武仙攻藁城，董俊拒守弥岁，“秋获在即，仙悉力芟蹂，公（董俊）目之为打田夫，仙惭沮去”。[②] 对于农业主要生产资料之一的耕牛，更是往往拼死争夺，金梁知府与蒙古攸哈剌拔都因驱掠耕牛而厮杀丧身的事，已见前引。

1215年王善纠集里人协同保聚，曾“课人种禾三顷”，[③]1218年九月侯挚建言乞募选邳、海之间贫民失业者为兵“且战且耕”，其具体办法是：“自十月给粮使充戍役，至二月罢之，人授地三十亩，贷之种粒，而验所收获，量数取之，逮秋复隶兵伍。”[④]这是地主武装内部一般兵士的情况。1232年王善从征河南，郑州降人愿从善北渡者以万计，善“授之土田以安集之”。[⑤] 金亡，河南民北徙至济南，张荣“下令民间分屋与地居之，俾得树畜，且课其殿最”。[⑥] 1236年“画境”之后，东平行台严实“贷逋赋以宽流亡，假闲田以业单贫”。[⑦] 这是地主武装控制区内一般农民的情况。从这些情况来看，当时的农业生产是在传统的封建关系中进行的。

这样，农业生产和农业生产中的封建关系是持续下来了。由于它是在“兵乱杀戮之余”，[⑧]在汉人地主豪绅“聚其乡邻，保其险阻，示以纪律，使不相犯，以相守望，卒之事定而后复业”[⑨]的情况下持续下来的，因此在封建关系内部，各个阶层和个人的升浮沉降，

---

① 《金史》卷一一八《郭文振传》。
② 李冶《董俊神道碑》，《畿辅通志》卷一七一。
③ 李冶《王善神道碑》：“公课人种禾三顷。西成，将铚艾，群寇环夺。御备有方，竟微遗秉之失。”见《常山贞石志》卷一五。
④ 《金史》卷一〇八《侯挚传》。卷一五《宣宗纪中》：兴定三年七月“丁酉，籍邳海等州义军及胁从归国而充军者，人给地三十亩，有力者五十亩，仍蠲差税，日支粮二升，号决胜军”。
⑤ 《元史》卷一五一《王善传》。
⑥ 《元史》卷一五〇《张荣传》。
⑦ 元好问《严实祠堂碑》，《遗山先生文集》卷二六。
⑧ 郝经《贾辅神道碑》，《郝文忠公文集》卷一七。
⑨ 刘因《郭弘敬墓铭》，《静修先生文集》卷一七。

却也表现得相当剧烈。

“由鼠而虎”。[①] 那些纠集地主武装的所谓“有豪杰之资者”，原先大抵是一般地主豪绅，在地方虽有一定势力和影响，在地主阶级内部却并无特殊地位，很少是地主阶级的当权派。金元之际的政治动乱，使他们得以“以布衣崛起”，[②]“后皆真拥雄城而为大官，其子孙或沿袭取将相，凡其宗族、故旧与同事者，亦皆布列在位，享富贵之乐”。[③] 从此跻身最高统治者行列，政治地位上升了。

不仅如此，他们还乘机“取货财，兼土田”，[④]“积粟帛金具子女以为己有”，“断阡陌占屋宅跨连州郡以为己业”，[⑤]经济地位也上升了。首先是竭力扩大土地的占有。如赵柔，于“国初兵荒之余”，“度田数千亩分赐诸子，以给衣食”，到他孙子赵密，仍“守先业不坠，种木千章，岁计益饶”。[⑥] 董俊，本藁城“一农夫耳”，[⑦]亦“因时变迁，粗立门户”，[⑧]到他儿子董文炳继任藁城令时，已经外县有别业，正定市廛间有邸店，且不止一处。[⑨] 张柔有门下将校百余人，“方资之以为用”，而柔“事多阔略”，“不暇存抚”，其夫人毛氏于是百般“劳来燠休之”。“劳来燠休”的主要手段，是“各与膏腴田宅”。[⑩] 其次是大量奴役俘虏为驱奴。史秉直“家所隶役皆俘虏之人”；[⑪]张柔营建顺天府，其中柔所居南宅，“工材皆不资于官，役夫

---

① 元好问《信亨祚碑》，《遗山先生文集》卷三〇。
② 郝经《贾辅神道碑》，《郝文忠公文集》卷三五。
③ 刘因《郭弘敬墓铭》，《静修先生文集》卷一七。
④ 《元史》卷一四六《耶律楚材传》。
⑤ 郝经《万卷楼记》，《郝文忠公文集》卷二五。
⑥ 苏天爵《赵密墓碑铭》，《滋溪文稿》卷一五。
⑦ 《元史》卷一四八《董俊传》。
⑧ 李冶《董俊神道碑》，《畿辅通志》卷一七一。
⑨ 王磐《董文炳神道碑》，《畿辅通志》卷一七一。
⑩ 郝经《毛氏墓铭》，《郝文忠公文集》卷三五。
⑪ 刘祁《史秉直神道碑》，《畿辅通志》卷一六六。

则以南征生口为之,至别第悉然”;[①]贾德致仕闲居,犹“日课家僮辈躬亲农事”。[②] 可见役使的普遍。王善“僮奴口五百,悉纵遣为齐民”,[③]张柔“释家中驱口数千,出为良民”,[④]史秉直“出二百余口,皆放遣之”,[⑤]史天祥“纵其奴千余口俾为民”。[⑥]

至于汉人地主武装控制区内那些“所赖以存者”,过去大抵是普通百姓,与所谓“有豪杰之资者”并无特殊关系。现在则要“为之臣民而服其役,出租赋而禄之”,[⑦]身份大为下降,成了地主武装头目的依附者。张柔移军顺天后,近而四郊,周洎千里,“树艺之事,人有定数,岁有成课,属吏实任其责”,[⑧]强力控制的淫威可以想见。更有甚者:“东平将校占民为部曲户,谓之‘脚寨’,擅其赋役,几四百所。”[⑨]虽然1235至1240年间,严实听从宋子贞的建议,将这些称作“脚寨”的部曲户“罢归州县”,但是地主武装将校“占民为部曲户”的现象,却绝不只限于东平行台所统五十余城。早在1216年四月,陈规即已指出:“河北濒河州县,率距一舍为一寨,籍居民为兵,数寨设总领官一人,并以宣差从宜为名,其人大抵皆闲官,义军之长、偏裨之属,尤多无赖辈,征逐宴饮,取给于下,日以为常。”[⑩]“征逐宴饮,取给于下,日以为常”与“擅其赋役”,在实质上很难说有多大差别。可见自蒙古攻金以来,汉人地主武装的头目,即那些“义军之长,偏裨之属”,“占民为部曲户”是极为普遍的。当

---

① 元好问《顺天府营建记》,《遗山先生文集》卷三三。
② 王恽《贾德行状》,《秋涧先生大全文集》卷四七。“亲农”原白钉,据文以意补。
③ 李治《王善神道碑》,《常山贞石志》卷一五。
④ 王磐《张柔神道碑》,《畿辅通志》卷一六八。
⑤ 刘祁《史秉直神道碑》,《畿辅通志》卷一六六。
⑥ 《元史》卷一四七《史天祥传》。
⑦ 刘因《郭弘敬墓铭》,《静修先生文集》卷一七。
⑧ 元好问《顺天府营建记》,《遗山先生文集》卷三三。
⑨ 《元史》卷一五九《宋子贞传》。
⑩ 《金史》卷一〇九《陈规传》。

整个北方人民都处于“髡钳黥灼于臧获之间者皆是也”①的境地时，汉人地主武装控制区内的人民又怎能逃脱其身份地位大为下降的命运呢？

六

1229年，窝阔台即汗位，立汉军三万户，“选三大帅分统汉地兵”。② 后增立为七万户。③ “时兵民未分”，④获得万户、千户封号的汉人地主武装头目，在各自统治区域内依然拥有“其官制民赋，生杀予夺，咸专一方”⑤的专制权力。不仅“僚属听自置，罪得专杀”，⑥而且“皆世其官，父死子继，兄终弟及，或父兄存，将传子弟者，亦惟命”。⑦ “雄藩有世臣”，⑧投附蒙古的汉人地主武装头目于是都转化成了所谓“世侯”。这种情况，有人把它比作分封制度下的诸侯：“金之亡，诸侯分制各郡”，⑨“事定，论功行赏，分土传世，一

---

① 刘因《孙善墓铭》，《静修先生文集》卷一七。

② 王恽《史天泽家传》，《秋涧先生大全文集》卷四八。关于汉军三万户，《元朝名臣事略》卷七《丞相史忠武王》引王恽《史天泽家传》作史天泽、刘黑马、肖札剌（《秋涧集》四部丛刊本所载《家传》无此句）。《元史》卷一四九《耶律秃花传》：“统万户札剌儿、刘黑马、史天泽伐金。”与《事略》引《家传》同。姚燧《邸泽神道碑》（《元文类》卷六三）作刘伯林（黑马之父）、粘合重山、史天泽。《元史》卷一四九《刘黑马传》重山作重喜。参阅钱大昕《十驾斋养新录》卷九《太宗三万户名不同》条，《蒙兀儿史记》卷五三《邸郝王梁孟五万户传·论》。

③ 《元史》卷一四九《刘黑马传》：“会增立七万户，仍以黑马为首，重喜、史天泽、严实等次之。”钱大昕谓：“此七万户之名，史家止举其四，余无考。”屠寄谓：“史天泽本以真定兼领河间、济南、东平、大名，后乃析济南张荣、东平严实、大名郝和尚将其本路军，各开万户府。刘嶷（即黑马）本兼领西京、太原、平阳、京兆、延安五路，后乃许平阳李守贤独开一万户。梁瑛代嶷为五路都万户。”

④ 王恽《史天泽家传》、《秋涧先生大全文集》卷四八。

⑤ 冯崧《无极县厅事题名记》，《常山贞石志》卷一六。

⑥ 姚燧《高泽坟道碑》，《牧庵集》卷二五。刘因《郭弘敬墓铭》：“时官制未立，诸侯得自辟署。”见《静修先生文集》一七。

⑦ 姚燧《潭澄神道碑》，《牧庵集》卷二四。

⑧ 王恽《题郝氏世德碑后》，《秋涧先生大全文集》卷一三。

⑨ 程钜夫《刘鼎神道碑》，《雪楼集》卷一九。

如古封建法”。[①] 也有人把它比作唐之藩镇:“汉地诸道,各使侯伯专制本道,如唐藩镇,又使诸侯分食汉地诸道,侯伯各有所属,则又如汉之邦国焉”。[②] 当时最显赫的世侯,人们突出提到的有史天泽、严实、张柔:“窃念壬辰北渡后,诸侯各有分邑,开府忠武史公之于真定,鲁国忠武严公之于东平,蔡国武康张公之于保定,地方二三千里,胜兵合数万,如异时齐晋燕赵吴楚之国。”[③]此外,济南张荣、益都李璮、中山邸顺、大名王珍、大同刘黑马、太原梁瑛等人,也都很著名。

蒙古统治者以亲信为达鲁花赤,派驻河朔各地。如1215年授扎八儿黄河以北铁门以南天下都达鲁花赤;约1219年稍后迁赵瑨为易州达鲁花赤,1233年又迁中山真定二路达鲁花赤;1229年授赛典赤赡思丁丰净云内三州都达鲁花赤,改太原平阳二路达鲁花赤;1235年以速哥为山西大达鲁花赤,“西山之境,八达以北”,皆由其主之;1232年授曷思麦里怀孟州达鲁花赤,1240年进怀孟河南二十八处都达鲁花赤。[④] “塔思火儿赤从太宗定中原有功,为东平路达鲁花赤,位在严实上”。[⑤] 在达鲁花赤监临下,各地汉人世侯都要服从其所体现蒙古统治者的意志。[⑥]

窝阔台又在汉地“各城池内立探马赤镇守了”。[⑦] 1236年,“命五部将分镇中原,阔阔不花镇益都济南、按察儿镇平阳太原、孛鲁镇真定、肖乃台镇大名、怯烈台镇东平”。[⑧] 五部探马赤镇戍的益

---

① 刘因《段直神道碑》,《静修先生文集》卷一六。
② 郝经《河东罪言》,《郝文忠公文集》卷三二。文中“侯伯”指汉人世侯,“诸侯”指蒙古诸王。
③ 魏初《王汝明神道碑》,《青崖集》卷五。
④ 《元史》卷一二〇、卷一五〇、卷一二五、卷一二四、卷一二〇诸人本传。
⑤ 《元史》卷一三一《忙古台传》。
⑥ 王磐《史天泽神道碑》:“国朝之制,州府司县各置监临官,谓之达鲁花赤,州府官往往不能相下,公独一切莫与之较,由是唯真定一路,事不乖戾,而民以宁”(《元文类》卷五八)。
⑦ 《元朝秘史》卷一二第二八二节总译。
⑧ 《元史》卷一二三《阔阔不花传》。五部为:弘吉剌,兀鲁兀台,忙古台,札剌儿,亦乞烈思。

都、济南、平阳、太原、真定、大名、东平等地,都是著名汉人世侯盘踞的地面。五部将分镇中原,除了加强对广大人民的镇压以外,显然含有密切监视汉人地主武装动向的深刻用意。

经过1233、1236年两次括户,①在“大料汉民,分城邑以封功臣”②的同时,施行“画境之制”,“析天下为十道,沿金旧制,画界保之”,③对汉人世侯的地盘作了一些调整。如严实所统,原“有全魏,有十分齐之三、鲁之九”,画境之制行,“于魏则别大名,又别为彰德,齐与鲁则复以德、兖、济、单归于我”。④ 这样,在汉人世侯与蒙古统治者之间,就不免出现矛盾争执。东平奏差官王玉汝竭力维护严实的地盘,“济州长官欲以州直隶朝廷,大名长官欲以冠氏等十七城改隶大名,玉汝皆辨正之”。⑤ 时张柔“属城”亦“多为邻道所分割,阅数岁,有诏特还之”。⑥ 大概也是经过一番争执才收回的。

“分城邑以封功臣”的结果,汉人世侯境内遍布蒙古勋贵的“投下”(封地),⑦从而在汉人世侯与蒙古统治者之间引起更大的纠纷。1238年,蒙古“以东平地分封诸勋贵,裂而为十,各私其人,与

① 《元史》卷二《太宗纪》:五年癸巳八月,“括中州户,得户七十三万余”。八年丙申六月,“复括中州户口,得续户一百一十余万”。同书卷五八《地理志》:太宗“七年乙未,下诏籍民,自燕京顺天等三十六路,户八十七万三千七百八十一”。《纪》《志》户数不同,是因为《纪》所载两次括户共一百八十三万余户为总户数,而《志》所载则是分赐诸王功臣以后直属汗廷的“大数目户”数。

② 《元史》卷一二一《畏答儿传》。

③ 王磐《张柔神道碑》,《畿辅通志》卷一六八。

④ 元好问《严实神道碑》,《遗山先生文集》卷二六。《元史》卷一四八《严实传》删削碑文,改作:“先是实之所统凡五十余城,至是惟德、兖、济、单隶东平。”实属不当。

⑤ 《元史》卷一五三《王玉汝传》。济州长官当指石天禄。1234年,石天禄与严实同时入觐,严实授东平路行军万户、管民总管,石天禄授征行千户、济兖单三州管民总管,隶属于严实。自金弃东平,石珪与严实分据其地,天禄袭父职,始终保持相对独立地位。乙未括户,“诏天禄括户东平,军民赋税,并依天禄已括籍册,严实不得科收”(《元史》卷一五二《石天禄传》)。石天禄“欲以州直隶朝廷”虽未得逞,他的相对独立地位也未因表面隶属严实而受到损害。

⑥ 王磐《张柔神道碑》,《畿辅通志》卷一六八。

⑦ 参阅《元史》卷九五《食货志·岁赐》。

有司无相关”。东平奏差官王玉汝又为严实力争，诣帝前陈诉曰：“严实以三十万户归朝廷，崎岖兵间，三弃其家室，卒无异志，岂与他降者同。今裂其土地，析其人民，非所以旌有功也。”由是得不分。[①]

在裂土分封问题上反对最力的，实际上是进入蒙古汗廷的汉人地主阶级政治代表耶律楚材。1236年七月，“忽都虎以民籍至，帝议裂州县赐亲王功臣。楚材曰：‘裂土分民，易生嫌隙，不如多以金帛与之。’帝曰：‘已许，奈何？’楚材曰：‘若朝廷置吏，收其贡赋，岁终颁之，使毋擅科征，可也。’帝然其计。”[②]“遂命各位止设达鲁花赤，朝廷置官吏收其租颁之，非奉诏不得征兵赋”。[③] 并制定了“五户出丝一斤，以给诸王功臣汤沐之资”的岁赐办法，即所谓“五户丝”。斗争的实质，是坚持将蒙古早期封建社会的“裂土分民”制度强行全盘搬至内地，还是继承最能集中维护地主阶级统治意志和剥削收益的专制主义中央集权制度，与汉人世侯从一己私利出发进行的反对，并不完全相同。

汉人世侯所处的特权地位，是汉地特定社会条件与蒙古早期封建制度相结合的产物，它的存在本身也是同专制主义中央集权的政治制度相对立的。随着蒙古统治者在“遵用汉法”道路上步步前进，汉人世侯“分民专土”的特权逐步受到限制，直至最后全部取消。

早在1230年，根据耶律楚材的建议，蒙古“始置十路征收课税使”，[④]开始对汉人世侯军民钱谷无所不统的专制权力进行一些限

① 《元史》卷一五三《王玉汝传》。卷一五二《齐荣显传》：“授东平路总管府参议兼领博州防御使。时十投下议各分所属，不隶东平，荣显力辩于朝，遂止。”则同时力争者尚有齐荣显。

② 《元史》卷一四六《耶律楚材传》。

③ 《元史》卷二《太宗纪》。

④ 同上。

制。“先是，诸路长吏兼领军民钱谷，往往恃其富强，肆为不法”。耶律楚材“奏长吏专理民事，万户府总军政，课税所掌钱谷，各不相统摄。遂为定制”。① 稍后又制定了初步的赋税制度。但是，“遂为定制”实际上并未成为“定制”。军民分治的办法没有坚持下来，汉人世侯依然“尽专兵民之权”。② 如严实，既是东平路的行军万户，又是东平路的管民长官。③ 史氏在真定，也同样兵民之柄，“并居一门”。④ 自1239年奥都剌合蛮扑买课税⑤以后，课税所掌钱谷的制度也遭破坏。

汉人世侯“擅生杀祸福聚敛封植之权”，“爵人命官，生杀予夺，皆自己出”⑥的情况，不仅依然如故，而且更形严重，内部也更为混乱。他们“相传以世”，“奴视部下”，“都邑长吏，皆其皂隶僮使”，“非法赋敛，民穷无告”。⑦ “诸镇侯伯，往往为嚣吏朋民牙角啮噬，使长贰侵官，父子夺位，而兄弟相吞逼，封剥黎庶，行赂倾轧，至于破家赤族而不已，故其民因以逃散困弊”。⑧ 以致到元世祖忽必烈即位前后，汉人地主阶级内部都发出了“斯民何辜，使汝世肆于上乎？”⑨的呼吁，并认识到了汉人世侯的存在对于蒙汉封建主阶级联合统治的严重危险：“藩方侯伯，牙错棋置，各土其地，各分其民，擅赋专杀，父死子没，今一再传，年皆未及四十，书传方略，时务情伪，

---

① 宋子贞《耶律楚材神道碑》，《元文类》卷五七。

② 虞集《张弘范庙堂碑》，《道园学古录》卷一四。

③ 《元史》卷一四八《严忠济传》载严实死后，忠济于1241年“入见太宗，命佩虎符，袭东平路行军万户、管民长官。开府布政，一法其父”。

④ 《元史》卷一四七《史辑传》。

⑤ 《元史》卷二《太宗纪》，卷一四六《耶律楚材传》。

⑥ 胡祗遹《论并州县》，《紫山大全集》卷二三；《元史》卷一四八《严忠济传》。又《元史》卷一四七《史辑传》：中统元年授真定路总管，“真定表山带河，连属三十余城，生杀进退，咸倚专决”。

⑦ 《元史》卷一二六《廉希宪传》，卷一五九《宋子贞传》。

⑧ 郝经《贾辅神道碑》，《郝文忠公文集》卷三五。

⑨ 郝经《贾辅神道碑》，《郝文忠公文集》卷三五。

莫不明练，而各握重兵，多者五七万，少者亦不下二三万，比年以来，鏖战长征，山川险易，靡不周知，以经观之，其宁甘于束臂坐老岁月志富贵而已哉?"[①]取缔汉人世侯的条件成熟了。蒙哥年间，"朝廷裁抑诸侯"，已经"法制浸密"，[②]忽必烈即位以后，就大刀阔斧采取了一个接一个措施。

从汉人地主武装"据害以御侮，立保障以生聚"到"诸侯分制各郡"期间，汉人世侯往往"竞收纳贤俊，以系民望，以为雄夸"，[③]汉人士大夫大多亦"各趋所依以自存"。[④] 忽必烈以诸王开幕府，这些汉人士大夫又都纷纷自诸镇聚集到他的周围。通过汉人士大夫的中介，早在即位以前，忽必烈即已明确，要以"遵用汉法"作为统治汉地的根本方针，在政治上就是要继承汉唐以来专制主义中央集权的制度。因此，1260 年三月，忽必烈即位伊始，郝经于四月间立即提出"建监司以治诸侯"的建议，认为:"诸镇诸侯，各握兵民，不可猝罢，当置监司以收其权，制其所为，则兵民息肩而政可立矣。"[⑤]五月，朝廷即设十路宣抚司"以削夺郡县官吏世袭专擅之弊"。[⑥]

忽必烈登极，张柔朝贺上都，"时廷议削汉诸侯权，诸万户惧，请柔阻其议。柔上言曰:'今治郡者皆年少，未尝习于政事，若获罪，不加以刑则废法，重绳之则没其先世之劳，请选老成人监之便。'遂立十道宣抚司，诸万户皆怨柔"。[⑦] "诸侯惟严忠济为强横

① 郝经《上宋主请区处书》，《郝文忠公文集》卷三七。
② 《元史》卷一六〇《李昶传》。
③ 魏初《王汝明神道碑》，《青崖集》卷五。
④ 虞集《曹文贞公文集序》，《道园学古录》卷三一。
⑤ 郝经《便宜新政》，庚申四月十七日，《郝文忠公文集》卷三二。
⑥ 《元史》卷四《世祖纪》；王磐《史天泽神道碑》，《元文类》卷五八。
⑦ 《蒙兀儿史记》卷五一《张柔传》。《新元史》卷一三九《张柔传》系于中统二年正月，似误。出处未详。

难制”，姚枢为东平路宣抚使，“至治，郡置劝农、检察二人以监之”。[①] 1261 年五月十四日，朝廷集前省官及诸路在都管民等官于阙下，宣诏罢东平路管民总管兼行军万户严忠济，“仍敕戒诸路官寮无是效焉”。严忠济“未见显咎，遽为黜罢，或者不知而异焉”。[②] 设立宣抚司和黜罢严忠济，对汉人世侯是沉重打击。

随着十道宣抚使的派遣，要求削夺世侯权势的呼声愈益高涨。张文谦以中书左丞行大名彰德等路宣抚使，汲县王恽上书文谦，指出：“谓今大统也，尚建侯而不宁”，“河朔数路，怀卫两州，世官有晚唐擅据之强，风俗近天宝涂炭之苦，秽彰邻邑，政出多门”。[③] 张德辉为平阳太原路宣抚使，使还，条急务四事，“易世官”是急务之一。[④] 姚枢具奏八事，又具四事，其中亦有“立铨选以转百官”，“强干弱枝”等内容。[⑤] 1262 年二月，李璮以涟海三城献宋，尽杀蒙古戍军，举兵反。朝廷“惩李璮之乱，欲潜销方镇之横”，[⑥]遂乘机以强硬态度，彻底取消了汉人世侯的全部特权。

“居大藩者，子弟不得亲政”：[⑦]1262 年，“制父兄弟子并仕同途者，罢其弟子”。[⑧] 制下，张弘范“例罢”，[⑨]严忠嗣“罢官家居”。[⑩]行军万户王文干，弟文礼为千户，“文干自陈愿解己官而留文礼，诏从之”。[⑪] 阿术奉诏伐宋，召董文用为其属，“文用辞曰：‘新制：诸

---

① 姚燧《姚枢神道碑》，《元文类》卷六〇。《元朝名臣事略》卷八《左丞姚文献公》引无“治”字，则“郡”字亦可属上读。
② 王恽《中堂事记》，《秋涧先生大全文集》卷八一。
③ 《上张左丞启》，《秋涧先生大全文集》卷六八。
④ 《元史》卷一六三《张德辉传》。
⑤ 姚燧《姚枢神道碑》，《元文类》卷六〇。
⑥ 《元史》卷一五六《董文炳传》。
⑦ 《元史》卷一四八《严忠嗣传》。
⑧ 《元史》卷一五二《王珍传》。
⑨ 《元史》卷一五六《张弘范传》。
⑩ 《元史》卷一四八《严忠嗣传》。
⑪ 《元史》卷一五二《王珍传》。

侯总兵者,其子弟勿复任兵事。今吾兄文炳以经略使总重兵镇山东,我不当行。'"[①]

"一门不可兼掌兵民之柄":[②]"其有相而兼将万夫者,诏俾自择为之,欲将弃相,欲相弃将"。[③] 时言者或谓李璮之变,由诸侯权太重,史天泽"遂奏:'兵民之权,不可并于一门,行之,请自臣家始。'于是史氏子侄,即日解兵符者十七人"。[④] 史天泽解兵权迁他官,史权改授真定等路总管兼府尹,史辑解绶归。[⑤] 朝廷以董文炳"代史氏两万户,为邓州光化行军万户、河南等路统军副使"。[⑥] 张弘略亦解兵职,宿卫京师。[⑦] 刘元振自成都军民经略使降为成都副万户。[⑧]

"罢世侯,置牧守":[⑨]1264 年十二月,"始罢诸侯世守,立迁转法"。[⑩] "盖列圣之制,职兵民者死,其子孙皆世之。变自世祖,夺职民者符节,易其故所,死,其子孙荫而不世"。[⑪] 时朝廷"出省臣三"迁转河东山西、河南、山东官吏:[⑫]参议中书省事贾居贞、中书左丞姚枢行省河东山西,"罢侯置守";[⑬]参议中书省事阿力海涯佥河南行省事,"始罢世侯而易置其地";[⑭]中书左丞相耶律铸、右三部尚书宋子贞行省山东,"迁调所部官"。[⑮] 在此以前,世侯"僚属听自

---

① 《元史》卷一四八《董文用传》。
② 《元史》卷一四七《史权传》。
③ 姚燧《张兴祖神道碑》,《元文类》卷六三。
④ 《元史》卷一五五《史天泽传》。
⑤ 《元史》卷一四九《郭侃传》,卷一四七《史权传》、《史辑传》。
⑥ 《元史》卷一五六《董文炳传》。
⑦ 《元史》卷一四七《张弘略传》。
⑧ 《元史》卷一四九《刘元振传》。
⑨ 《元史》卷一五八《姚枢传》。
⑩ 《元史》卷五《世祖纪》。
⑪ 姚燧《张兴祖神道碑》,《元文类》卷六三。
⑫ 姚燧《姚枢神道碑》,《元文类》卷六〇。
⑬ 《元史》卷一五三《贾居贞传》。
⑭ 姚燧《阿力海涯神道碑》,《元文类》卷五九。阿力海涯,《元史》卷一二八本传译作阿里海牙。
⑮ 《元史》卷一四六《耶律铸传》,卷一五九《宋子贞传》。

置”，自迁调之制行，“遂使天下大官小职，咸知名器自朝廷出”，①同时也减并了一些路府州县官员。②

“至元之罢侯守，民盖有视其故侯如路人，甚至追咎怒骂如仇雠者。”③可见罢侯置守一举，完全符合汉人地主阶级的意愿。值得注意的是，限制以至全部取消汉人世侯特权的种种措施，不仅主要出自汉人建封士大夫的建议，而且还获得了著名汉人世侯如史天泽、张柔等人的大力支持。这一事实表明：随着蒙汉封建主阶级的进一步结合，在特定条件下由汉人世侯的政治统治所执行的各种职能，专制主义中央集权的统一政权已经能够更好地执行。汉人世侯的取缔，有如它的兴起一样，都是历史的必然。

（原载《内蒙古大学学报》一九七八年第一期，后被选编入《元史论集》，人民出版社，1984年。皆署名到何之）

---

① 冯崧《无极县厅事题名记》，《常山贞石志》卷一六。
② 《元史》卷一六〇《李昶传》。
③ 张起岩《张宏行状》，《元文类》卷五〇。

读《袁氏世范》并论宋代封建关系的若干特点

《袁氏世范》三卷，南宋袁采撰。袁采，字君载，西安（浙江衢州市）人。“德足而行成，学博而文富。”[①]“登第，四宰剧邑，以廉明刚直称，涖民绳吏，皆有科条，著为三志。终监登闻鼓院。”[②]所“宰剧邑”，可考者有乐清、政和、婺源三县。任乐清知县的时间为淳熙五年至十年（1178—1183）。[③] 著作除《世范》外，可考者尚有《乐清县志》、《政和杂志》、《县令小录》、《欹歔子》等，[④]前三者或即《府志》所说的“三志”，今皆不传。《世范》是他任乐清知县时于淳熙五年写就并准备版行的，但实际锓木已是绍熙元年（1190）。

袁采自称“好论世俗事”。[⑤] 他写作《世范》的目的，就是为了要用以“厚人伦而美习俗”。[⑥] 全书分《睦亲》、《处己》、《治家》三门。对于此书，为之作序的刘镇誉为“其言则精确而详尽，其意则敦厚而委曲”。[⑦]《四库提要》也认为：“其书于立身处世之道，反复

① 刘镇《〈袁氏世范〉序》，淳熙五年，见《世范》卷首。
② 《（嘉靖）衢州府志》卷一〇《人物纪》。
③ 《（永乐）乐清县志》卷七《宦迹·县官》。
④ 陈振孙《直斋书录解题》卷八《地理类》、卷一〇《杂家类》，《宋史》卷二〇五《艺文志·子类·杂家类》，王圻《续文献通考》卷一七七《经籍考·史·传记》、卷一七九《经籍考·子·杂家》。
⑤ 《世范》卷末跋语。
⑥ 刘镇《〈袁氏世范〉序》引，见《世范》卷首。
⑦ 刘镇《〈袁氏世范〉序》引，见《世范》卷首。

详尽,所以砥砺末俗者,极为笃挚",[①]并将其由"杂家"升入"儒家"。可见是一部地地道道进行封建道德说教的书。

"人们自觉地或不自觉地,归根到底总是从他们阶级地位所依据的实际关系中——从他们进行生产和交换的经济关系中,吸取自己的道德观念。"[②]袁采与宋代那些"老师宿儒"的理学家,由于阶级地位相同,其道德观念也是一致的,他们所作的道德说教,都"为地是要贯彻他们这些剥削者的利益"。[③] 但是,与宋代理学家"以其言集为语录,传示学者",类皆"议论精微",极端抽象空玄相比,由于《世范》是"语诸世俗,使田夫野老、幽闺妇女皆晓然于心目间"的,[④]它所接触到的宋代社会各个方面的情况,即作者的"阶级地位所依据的实际关系",就显得具体而广阔得多了。

笔者无意于对《世范》所作道德说教的内容及其阶级实质的分析,也无意于对袁采命定论的世界观及其思想特征的解剖。使笔者感兴趣的,是《世范》所反映的宋代社会生活中有别于前代的一些新的情况,并准备对之稍作引申,借以揭示宋代经济和社会关系的若干特点。

(一) 土地占有形式方面的特点

《世范》卷三《富家置产当存仁心》:"贫富无定势,田宅无定主,有钱则买,无钱则卖。"同卷《兼并用术非悠久计》引当时谚语:"富儿更替做。"这些说道反映了宋代封建土地所有制形式的如下

---

① 《四库全书总目》卷九二《子部·儒家类》。
② 恩格斯《反杜林论》,《马克思恩格斯全集》第二〇卷,第102页。
③ 列宁《共青团的任务》,《列宁选集》第四卷,第351页。
④ 《世范》卷末袁采跋语。

特点：土地买卖的盛行和土地所有权转换的加速。这个特点是唐代中叶均田制最终瓦解以后才出现的。

《世范》卷三《田产宜早印契割产》条说宋代“官中条令，惟交易(按指田产交易)一事最为详备”，是符合事实的。宋代根本法典《宋刑统》中的《典卖指当论竞物业》和《婚田入务》两门，就是关于典卖物业，主要是典卖土地的规定。与《刑统》并行的《新编敕》及后敕《太平兴国编敕》、《淳化编敕》等十余种今日虽皆不见，但在《宋会要辑稿》、《庆元条法事类》等书中，仍然保留了大量有关土地买卖的条令。宋因唐法，《宋刑统》在全盘沿袭《唐律疏议》的同时，也曾随着社会条件的变化，对唐律所未备的，以令、敕作了补充。关于土地问题，唐律只有占盗侵夺公私田五条律文，没有涉及土地的典卖。上述《典卖指当论竞物业》门就是《刑统》新增的。其中载唐“杂令”一条，宋建隆三年十二月五日敕节文一条。编纂者窦仪等在“参详”中指出：“自唐元和六年后来条理典卖物业敕文不一，今酌详旧条，逐件书一如下。”①可见土地买卖现象在唐朝前期并不经常，它的盛行是唐朝中叶以后的事。

在中国封建时代，自给自足的自然经济始终占主要地位，在自然经济占主要地位的前提下，商品经济也有一定的发展，其发展的程度各个时期并不完全相同。唐中叶以后，特别是宋代，商业发展到相当高的水平。宋代商业的发展，有它正常的一面，反映了社会分工的扩大和各地区间经济联系的趋向紧密，但也有它病态的一面，表现为奢侈品贩运贸易的空前兴盛和城市消费水平远远超过其商品生产水平的虚假繁荣。主要是唐中叶以来商业和城市繁荣的病态的一面，使地主经济同货币和高利贷的联系加强了。为了

① 《宋刑统》卷一三。

满足大肆挥霍的穷奢极侈的生活需要，不仅集中在地主手中的大量地租——谷物进入了市场，而且土地也日益作为买卖的对象而盛行起来。“随着高利贷和货币的发展，封建土地所有权的强制性让渡也发展起来了”；[①]“由于土地作为单纯商品在这里取得的可以变动的性质，财产的变动也就增加了”。[②] 宋代“富儿更替做”，“田宅无定主”的现象，就是在这样的条件下出现的。

《世范》中曾反复提到“富家之子易于倾覆破荡”的直接原因，不外是“服食器用及吉凶百费，规模广大”，“耽酒好色，博奕游荡，亲近小人，豢养驰逐”，[③]大抵都与货币和高利贷直接或间接有关。并且说：“子之鬻产，必同其母，而伪书契字者有之；重息以假贷，而兼并之人不惮于论讼，贷茶盐以转货，而官司责其必偿，为母者终不能制。”[④]特别指出了高利贷的作用。

马克思科学地分析了高利贷资本在资本主义生产方式以前的时期存在的具有特征的两种形式，其中之一就是：“对那些大肆挥霍的显贵，主要是对地主放的高利贷”，“富裕地主因高利贷而遭到破产”。[⑤]《世范》为高利贷的这个具有特征的形式提供了一个生动的例证：“兼并之家见有产之家子弟昏愚不肖，及有缓急，多是将钱强以借与。或始借之时，设酒食以媚悦其意。或既借之后，历数年不索取，待其息多，又设酒食招诱，使之结转，并息为本，别更生息。又诱勒其将田产折还。”[⑥]

随着土地买卖的盛行和土地所有权转换的加速，不仅在地主

---

① 马克思《剩余价值理论》第三册，《马克思恩格斯全集》第二六卷第三分册，第 597 页。
② 马克思《资本论》第三卷，《马克思恩格斯全集》第二五卷，第 910 页。
③ 见卷二《用度宜量入为出》，《门户当寒生不肖子》。参阅卷一《子弟须使有业》，《子弟常宜关防》，卷二《兴废有定理》等条。
④ 见卷一《妇人不必预外事》。书中“兼并之人”似专指商业高利贷者，下同。
⑤ 《资本论》第三卷，《马克思恩格斯全集》第二五卷，第 672 页。
⑥ 见卷三《兼并用术非悠久计》。

阶级内部各阶层之间，出现了升沉浮降、成败兴衰无有定势的现象，[①]而且在整个社会上，也出现了地产不断向地主阶级集中的趋向。因为即使撇开凭借政治权势强夺强占等情况不论，就是在用经济力量实行的土地兼并中，作为一个社会阶层首当其冲受到损害的，也始终总是那些自耕农和半自耕农。在这方面，《世范》也提供了一个凭借经济力量巧取豪夺的生动例证："盖人之卖产，或以缺食，或以负债，或以疾病死亡、婚嫁争讼，已有百千之费，则鬻百千之产。若买产之家即还其直，虽转手无留，且可以了其出产欲用之一事。而为富不仁之人，知其欲用之急，则阳拒而阴钩之，以重扼其价。既成契，则姑还其直之什一二，约以数日而尽偿。至数日而问焉，则辞以未办。又屡问之，或以数缗授之，或以米谷及他物高估而补偿之。出产之家必大窘乏，所得零微，随即耗散，向之所拟以办某事者，不复办矣，而往还取索夫力之费，又居其中。"[②]此外，在田产交易中，还有"不印契，不离业，不割税"[③]等情况，对于自耕农半自耕农而言，其苛刻更是近于敲骨吸髓了。

土地可以买卖是存在土地私有制的标志。宋代土地买卖的盛行，表明了地主土地私有制的发展。但是，这种土地所有权还不是完全的、自由的土地所有权，还没有取得纯粹经济的形式，因为它不仅没有从统治和从属的关系下解放出来，而且也没有摆脱一切政治的和社会的装饰物和混合物，即一切传统的附属物。[④] 因此，它仍然是封建的土地所有权。宋代土地所有权上的统治和从属的关系主要表现为佃户对地主的人身依附，而使得土地所有权不能

---

① 《世范》卷二《世事更变皆天理》："大抵天序十年一换甲，则世事一变。今不须广论久远，只以乡曲十年前、二十年前比论目前，其成败兴衰，何尝有定势？"

② 见卷三《富家置产当存仁心》。文中之"产"，指田宅，主要当是田产。

③ 见卷三《田产宜早印契割产》。

④ 参阅《资本论》第三卷，《马克思恩格斯全集》第二五卷，第696至697页。

毫无阻碍和毫无限制地通过买卖让渡的传统的附属物,在《世范》中也可以得到一些线索。《世范》卷三《邻近田产宜增价买》:“凡邻近利害欲得之产,宜稍增其价,不可恃其有亲、有邻,及以典至买,及无人敢买,而扼损其价万一。”这里提到的,除了“无人敢买”当系出于买主的政治经济权势以外,其他“亲”“邻”及“典主”所处的优先收买土地的特权地位,都是受到法律保障的。《宋刑统》卷一三《典卖指当论竞物业》门:“应典卖倚当物业,先问房亲,房亲不要,次问四邻,四邻不要,他人并得交易。房亲着价不尽,亦任就得价高处交易。如业主、牙人等欺罔邻亲,契帖内虚抬价钱,及邻亲妄有遮吝者,并据所欺钱数与情状轻重,酌量科断。”雍熙四年(987)二月,权判大理寺、殿中侍御史李范上言,认为《刑统》所载敕文,“止为业主初典卖与人之时立此条约,其有先已典与人为主,后业主就卖者,即未见敕条”,建议“今后应有已经正典物业,其业主欲卖者,先须问见典之人”。从之。[①] 这种“亲”“邻”“典主”所拥有的优先收买田产的特权,当是传统附属物中的“共同体的外观”,[②]它为土地兼并者提供了用“扼损其价”的办法收买亲邻田产的方便。

如果将宋代的这些情况同我国魏晋南北朝时期土地买卖不经常,土地绝大部分长期为门阀士族地主牢固掌握,土地所有权相对僵化的情况相比,它所具有的某些新特点是显然的。而同西欧的封建社会相比,则更是大异其趣。在那里,由于长子继承制的存在,地产是不可分割的,是一种已经硬化了的私有财产。[③] 我国历史上虽有嫡庶之辨,[④]但不存在长子继承制,“应分田宅及财物者,

① 《宋会要》食货六一之五六。
② 马克思恩格斯《德意志意识形态》,《马克思恩格斯全集》第三卷,第 70 页。
③ 参阅马克思《黑格尔法哲学批判》,《马克思恩格斯全集》第一卷,第 368 至 369 页。
④ 南北朝后期,“江左不讳庶孽”(《颜氏家训》卷一《后娶》),嫡庶之辨也不是那么严格的。

兄弟均分”,[1]地产从来是可以分割的。唐中叶以来,特别是宋代,由于地产同货币和高利贷联系的加强,它不仅不是硬化了的,而是显出了相当灵活和经常运动的外貌。在这种情况下,虽然封建的生产关系仍然在原有基础上不断地再生产着,地主阶级同农民阶级的矛盾仍然是社会的主要矛盾,但是在地主阶级和农民阶级这两大对抗阶级内部,它的具体构成却不是固定不变的,两大对抗阶级成员个人之间地位的相互转化也不是不可能的了。于是在社会生活的各个方面呈现出了一种近乎“竞争”的现象。《世范》的作者不了解出现这种现象的社会根源,把它看作是造物者所设的“役使天下之人朝夕奔趋”的“不测之机”,并喋喋不休地进行命定论的说教:“富贵自有定分。造物者既设为一定之分,又设为不测之机,役使天下之人朝夕奔趋,老死而不觉。不如是,则人生天地间全然无事,而造化之术穷矣。然奔趋而得者不过一二,奔趋而不得者盖千万人。世人终以一二者之故,至于劳心费力,老死无成者多矣。”[2]

剥开命定论的外壳,《世范》作者所观察到的社会现象的结果还是正确的。这就是,尽管人们劳心费力,朝夕奔趋相倾,而整个社会却总是摆脱不掉“奔趋而得者不过一二,奔趋而不得者盖千万人”的境地。也就是,整个社会总是不断处于严重的两极分化之中。以严州为例,南宋孝宗初年该州丁籍,“第一等至第四等户止有一万七百一十八丁。其第五等有产税户共管七万一千四百七十九丁,虽名为有产,大率所纳不过尺寸分厘升合秒勺,虽有若无,不能自给。其无产税户,共管四万一百九十[六]丁,并无寸土尺椽,饥寒转徙,朝不谋夕。本州统管一十二万二千三百九十三丁,而第

① 《唐律疏议》卷一二《卑幼私辄用财》条疏议引《户令》。
② 见卷二《贫富定分任自然》。

五等有产税户、无产税户共管一十一万一千六百七十五丁，是十分之中，九分以上尪瘠困迫，无所从出”。[①] 社会两极分化的严重程度，可以说超过以往历史上任何时代。如当时人所说：“昔之所谓富贵者，不过聚象犀珠玉之好，穷声色耳目之奉，其尤鄙者，则多积鸩中之金而已。至于吞噬千家之膏腴，连亘数路之阡陌，岁入号百万斛，则自开辟以来，未之有也。”[②]假定一亩的地租为一斛，那么岁入百万斛，其占地面积当在万顷以上。唐代卢从愿“广置田园，有地数百顷”，被唐玄宗目为“多田翁”。[③] 如果将其与宋代官户地主动辄占地万顷相比，简直是小巫见大巫了。

（二）租佃剥削关系方面的特点

《世范》卷三《存恤佃客》：“国家以农为重，盖以衣食之源在此。然人家耕种出于佃人之力，可不以佃人为重？”可见在宋代农业生产关系中，租佃剥削关系已经绝对居于主导地位。同卷《婢仆当令饱暖》条虽曾提到：“士大夫有云：‘蓄婢不厌多，教之纺织则足以衣其身；蓄仆不厌多，教之耕种则足以饱其腹。’大抵小民有力足以办衣食，而力无所施则不能以自活，故求就役于人。为富家者能推恻隐之心蓄养婢仆，乃以其力还养其身，其德至大矣。”表明从事农业和家庭工业生产的，还有婢仆。但是既然婢仆业经与土地结合，而经营地主在宋代却又绝无仅有，婢仆与地主的关系也仍然是一种租佃关系，尽管是人身隶属关系十分强烈的租佃关系。这类婢仆，宋代文献中一般称作“佃仆”。由于地主阶级腐朽性和寄生

---

① 吕祖谦《东莱吕太史文集》卷三《为张严州作乞免丁钱奏状》。
② 刘克庄《后村先生大全集》卷五一《备对札子·三》端平元年九月。
③ 郑处海《明皇杂录》下。

性的增长,用于家内服役的婢仆是大量的,由佃仆进行的生产在整个农业生产中并不占有太大的比重。

《世范·存恤佃客》条又说:“遇其有生育婚嫁营造死亡,当厚周之;耕耘之际有所假贷,少收其息;水旱之年,察其所亏,早为除减。不可有非理之需,不可有非时之役,不可令子弟及干人私有所扰,不可因其仇者告语增其岁入之租,不可强其称贷使厚供息,不可见其自有田园辄起贪图之意。”由于《世范》是一部说教性质的书,它在这里所说“当”做的,在当时实际社会生活中并不是普遍存在的现象,而它所说“不可”做的,在当时的实际社会生活中倒是司空见惯的寻常行为。不过在这一段说道中,《世范》还是接触到了当时主佃关系的若干重要内容。

宋代主要的地租形式是产品地租,但仍然存在一些劳动地租的残余,《世范》中说到的“非时之役”的“役”,就是一种变相的劳动地租。役的具体内容虽然不很清楚,但从元初提到的亡宋弊政——“江南富户,只靠田土,因买田土,方有地客,所谓地客,即系良民,主家科派,其害甚于官司差发”①来看,其科派之频繁,为害之烈,都是惊人的。《世范》也曾提到一项具体的役:“池塘陂湖河埭,有众享其溉田之利者,田多之家当相与率倡,令田主出食,佃人出力,遇冬时修筑,令多蓄水。”②虽然作者并不认为这是“非时之役”,但无疑也是一种变相的劳动地租。

就产品地租而言,中国很早以来就有分成租和定额租两种办法,即汉代董仲舒说的“或耕豪民之田,见税什五”,③和唐代陆贽说的“私家收租,殆有亩至一石者”。④ 到了宋代,也是分成租和定额

① 《元典章》卷五七《刑部·诸禁·禁主户典卖佃户老小》。
② 见卷三《修治陂塘其利博》。
③ 《汉书》卷二四上《食货志上》。
④ 《陆宣公翰苑集》卷二二《均节赋税恤百姓第六条论兼并之家私敛重于公税》。

租同时并存,而且由于社会情况的错综复杂和各种记载的零散互出,一时似乎很难分辨究竟哪种办法居于主导地位。

《世范》说"水旱之年,察其所亏,早为除减"。所谓"除减",当即指地租而言。这种主张,并不只是《世范》作者个人的意见,在此稍前的隆兴元年(1163)九月二十五日,地主阶级利益的集中维护者宋朝政府,即已发布过如下一道诏令:"灾伤之田,既放苗税,所有私租,亦合依例放免,若田主依前催理,许租户越诉。"①中国历史上封建政府在水旱之年于蠲免官税的同时令地主放免私租,可以说这是最早的一次。此后,特别是到了元代,类似的诏令就屡见不鲜了。有如嘉定十六年(1223)九月六日南宋臣僚建议"或因雨水浸没,风潮漂荡,斟酌轻重,与议蠲减分数"时说的,他们之所以提出蠲减私租,"庶几佃家蒙被实惠",是为了使佃家"得以了还主家之租,不至拖延,实为公私莫大之利"。② 可见所有这类措施和诏令,同样是地主阶级的阶级政策,是维持佃户奴隶般的生存条件的一种手段。但是,如果联系地租形式的演变加以考察,那么这类诏令之在南宋首次出现,却不失为一个重要的标志,是产品地租中的定额租已经在当时社会上占据主导地位的反映。因为在分成租下,地租率是固定的,地租额则随农作物的丰歉而变化不一,只有在定额租占主导地位的情况下,由于地租额是固定的,偶遇水旱灾年,怎样通过蠲减或除放私租的办法来维持佃农奴隶般的生存条件,才会作为一个严重的社会问题摆到封建统治者的面前。

封建的生产关系,除了无所不包的劳动条件即土地为地主占有外,"按照假定,直接生产者还占有自己的生产资料,……独立地经营他的农业和与农业结合在一起的农村家庭工业。""它和奴隶

① 《宋会要》食货六三之二一。
② 《宋会要》食货五八之三三。

经济或种植园经济的区别在于,奴隶要用别人的生产条件来劳动,并且不是独立的。”[①]在封建租佃关系下,佃农在土地以外占有生产资料的多少和他的独立经济的强弱,虽然不能最终决定能否摆脱他对地主的统治和从属的关系,即人身依附,但却能在相当范围内决定这种人身依附关系的形式和程度。可是自从唐代中叶以降封建租佃关系有了长足发展以来,佃户的独立经济和他所占有的土地以外的生产资料,却一直是十分微弱的。“贷其种食,赁其田庐”,[②]“犁牛稼器,无所不赁于人”[③]的状况,始终普遍存在。《世范》所说“遇其有生育婚嫁营造死亡,当厚周之,耕耘之际有所假贷,少收其息”云云,也是这种状况的反映。这就不仅为地主加强对佃户生产过程的干涉和监督以及对佃户人身的控制提供了条件,而且也为地主利用高利贷等手段残酷盘剥佃农打开了方便之门。

宋代高利贷的猖獗及其利率之高,是骇人听闻的。即如《世范》所说:“今若以中制论之,质库月息自二分至四分,贷钱月息自三分至五分,贷谷以一熟论,自三分至五分,取之亦不为虐,还者亦可无词。而典质之家,至有月息什而取一者,江西有借钱约一年偿还,而作合子立约者,谓借一贯文约还两贯文,衢之开化借一秤禾而取两秤,浙西上户借一石米而收一石八斗,皆不仁之甚”。[④] 贷钱月息三分至五分,年利率就是36%—60%,说“亦不为虐”实际已经够“虐”,更不用说那些“不仁之甚”者了。贷借方式是中世纪的,如《世范》说的“强其称贷,使厚供息”,即为其一。索还方式也是中世纪的,所谓“佃客多是贫民,方在耕时,主家有催旧债不已,及秋收

① 马克思《资本论》第三卷,《马克思恩格斯全集》第二五卷,第890至891页。
② 《陆宣公翰苑集》卷二二《均节赋税恤百姓第六条论兼并之家私敛重于公税》。
③ 陈舜俞《都官集》卷二《太平有为策·厚非一》。
④ 见卷三《假贷取息贵得中》。

时，以其租课充折债负，乃复索租，愈见困穷”；[①]所谓“豪民放债，乘民之急，或取息数倍，积日累月，或托名典本，算至十年，夺其屋使不得居，夺其田使不得食，流离困饿”，[②]等等，都可以窥见其万一。

产品地租可以大到这样的程度，以致“严重威胁劳动条件的再生产，生产资料本身的再生产，使生产的扩大或多或少成为不可能，并且迫使直接生产者只能得到最低限度的维持生存的生活资料”。[③] 宋代的情况正是这样。用各种借口和办法增加佃户的“岁入之租”，把佃户发展农业生产力的成果攫归己有，和正租以外“佃麦”“佃鸡”等种种“非理之需”以及“子弟及干人私有所扰”的掠夺，再加上高利贷的敲骨吸髓的盘剥，不仅佃户的剩余劳动被地主榨取得一干二净，而且还侵吞了佃户的大量必要劳动，以致佃户只能得到最低限度的维持生存的生活资料，甚至连这样最低限度的生活资料也难以获得。

产品地租，尤其是产品地租的定额租形式，本来“根本不需要把农民家庭的全部剩余劳动吮吸殆尽……生产者已经有了较大的活动余地……也会使各个直接生产者的经济情况出现更大的差别。至少，这样的可能性已经存在”。[④] 确实，这样的可能性，佃农独立经济的发展和佃农之间经济情况出现差别的可能性，在宋代也是存在的。《世范》说的佃客“自有田园”，就是这种可能性的现实表现。在此稍前的胡宏说的，客户“习学末作，不力耕桑之业”，以及“丁口蕃多，衣食有余，稍能买田宅三五亩，出立户名，便欲脱离主户而去”，[⑤]更是这种可能性的现实表现。《夷坚志》记载的郑

① 《宋会要》职官四八之三一。
② 卫泾《后乐集》卷一九《潭州劝农文》。
③ 马克思《资本论》第三卷，《马克思恩格斯全集》第二五卷，第 897 页。
④ 马克思《资本论》第三卷，《马克思恩格斯全集》第二五卷，第 896 页。
⑤ 《胡宏集·与刘信叔书五首》之五，第 119 页。

四客的故事："郑四客，台州仙居人，为林通判家佃户。后稍有储羡，或出入贩贸纱帛海物。淳熙二年，偕其仆陈二负担至摘星岭……郑因此小赡……不复为商"①云云，则是体现了这种可能性的具体而微者。可惜的是，这种代表了封建社会前进方向的可能性，并没有在更加广阔的范围内转化成为现实性。而其原因则不是别的，就是上述地主阶级剥削的残酷性。正是在地主阶级的残酷剥削下，不仅绝大多数佃农的剩余劳动被吮吸殆尽，而且还侵吞了大量必要劳动，使得这样的可能性成批地被活活扼杀了，从而造成了中国封建社会长期停滞的状态。

（三）社会阶级对抗方面的特点

《世范》卷三《宅舍关防贵周密》："人之居家，须令墙垣高厚，藩篱周密，窗壁门关坚牢，随损随修。如有水窦之类，亦须常设格子，务令新固，不可轻忽。"同卷《防盗宜巡逻》："屋之周围，须令有路可以往来，夜间遣人十数遍巡之。……若屋之内，则子弟及奴婢更迭巡警。"同卷《山居须置庄佃》："居止或在山谷村野僻静之地，须于周围要害去处置立庄屋，招诱丁多之人居之，或有火烛窃盗，可以即相救应。"同卷《防盗宜多端》："劫盗有中夜炬火露刃排门而入人家者，此尤不可不防。须于诸处往来路口委人为耳目，或有异常，则可以先知，仍预置便门，遇有警急，老幼妇女且从便门走避。又须子弟及仆者平时常备器械为御敌之计。"这些说道，反映了宋代社会阶级对抗的尖锐和深刻。

《世范》又说："劫盗虽小人之雄，亦自有识见，如富家平时不刻

① 《夷坚志》支志景五《郑四客》。

剥，又能乐施，又能种种方便，当兵火扰攘之际，犹得保全，至不忍焚掠污辱者多。盗所快意于劫杀之家，多是积恶之人。”[①]并举例说：“有士大夫，平时多以官势残虐邻里，一日为仇人刃其家，火其屋宅。邻居更相戒曰：‘若救火，火熄之后非惟无功，彼更讼我，以为盗取他家财物，则狱讼未知了期，若不救火，不过杖一百而已。’邻里甘受杖而坐视其大厦为煨烬，生生之具无遗，此其平时暴虐之效也。”[②]《世范》此处所说，有一定正确性，即“平时多以官势残虐邻里”，“积恶”甚多的富室和士大夫，往往成为人民反抗斗争中的首要打击对象。但是他把“积恶”和“残虐”看作是引起人民反抗的唯一原因，认为“如富家平时不刻剥”就能消除斗争，免遭“劫杀”，则掩盖了宋代封建生产方式内部阶级对抗的深刻社会根源，并美化了地主阶级，因为“积恶”“残虐”“刻剥”等，正是地主阶级本性的表现。此外，《世范》作者专从地主阶级立场出发的立论，也限制了他的视野，使他不能反映出宋代阶级斗争的新的历史特点。

“为了正确地判断封建的生产，必须把它当作以对抗为基础的生产方式来考察”。[③] 在宋代，由于租佃剥削关系的发展和社会两极分化的加剧，农民阶级同地主阶级的对抗也更为尖锐，更为深刻。农民起义的频繁和持续不断，超过历史上以往任何时代。在武装起义这一阶级斗争的最高形式之外，兴起了借禾、抢米、吃大户、降斗、抗租等农民直接反抗地主的多种形式的斗争，极大地丰富了阶级斗争的内容。而写在农民起义斗争旗帜上的“等贵贱，均贫富”的口号，则集中表达了在封建社会发展的新的历史阶段中广大农民群众的愿望和要求。

---

① 见卷三《刻剥招盗之由》。“……污辱者多”，“多”字疑衍。此数句《宝颜堂秘笈》本作：“至不忍焚毁其屋。凡盗所快意于焚掠污辱者，多是积恶之人。”

② 见卷三《睦邻里以防不虞》。

③ 马克思《哲学的贫困》，《马克思恩格斯全集》第四卷，第154页。

农民群众，尤其是佃农，在地主阶级的残酷剥削下，生活极端贫困，一遇水旱灾荒，更是面临死亡的威胁，而“富于田畴，多积米谷”的地主大家，却往往趁火打劫，“每遇凶年，即闭廪腾价”。[①]“由是，细民之艰食者，百十为群，聚于大家，以借禾为名，不可则径发其廪，又不可则杀其人而散其储”，[②]开展借禾、抢米、吃大户斗争。北宋淳化五年(994)春，“京[西]、江浙大饥，民多相率持杵棒投券富家，取其粟”。[③] 南宋绍兴年间，“严陵小饥，民有率众发人廪谷者”。[④] 乾道四年(1168)，“诸道间有荒歉之所，饥民乘势劫取富民廪谷”。[⑤] 嘉定九年(1216)，江浙旱，“台之黄岩，婺之东阳二邑，啸聚作过，率是取粮于富室，强刈人田禾”。[⑥] 次年，“天台饥氓结集，恶少以借粮为名，恐吓强取财者相继，交斗互敌，杀伤甚多。若衢、婺、饶、信，亦浸渐有此”。[⑦]

佃户受地主地租剥削，地租率一般不低于50%，有的甚至高达70%—80%。此外，地主还经常用增租夺田和大斗收租等办法，增加对农民的掠夺。面对沉重的地租剥削，广大佃农开展了各种形式的抗租斗争。北宋末年，“佃户靳输主租”，“庄奴不入租，报我田久荒”[⑧]的记载已经开始出现，到了南宋，类似的记载更是层出不穷。例如在淮南，由于屡遭战乱，闲旷连阡亘陌，为地主富家霸占，并用分成办法招民耕佃，而为佃客者则“贪多务得，正使所收不偿所种，亦当取其十分之四，往往倒持太阿，以陵其主人”。[⑨] 在江西，

---

① 《夷坚志》补卷三《闾丘十五》。

② 黄榦《勉斋黄文肃公文集》卷一六《建宁社仓利病》。

③ 《通考》卷一六六《刑考·刑制》，原误系“三年”下，兹据《皇朝编年纲目备要》五校正。

④ 《宋会要》兵一三之二六。

⑤ 同上。董煟《救荒活民书》卷二《治盗》：“乾道间饶郡大饥，诸处啸聚，开廪劫夺者纷然。”

⑥ 《宋会要》食货五八之三二。

⑦ 《宋会要》兵一三之四七。

⑧ 晁补之《鸡肋集》卷六五《高元常墓志铭》，卷五《视田五首赠八弟无斁》之三。

⑨ 王之道《相山集》卷二四《论增税利害代许敦诗上无为守赵若虚书》。

佃种临江新淦、隆兴奉新、抚州崇仁三县之间没官绝户田的佃户，“租课甚重，罄所入不足以输官”，“佃者因为奸计，不复输纳……春夏则群来耕获，秋冬则弃去逃藏。当逃藏时，固无可追寻，及群至时，则倚众拒捍”。① 在湖州，“土俗小民悍强，甚者，数十人为朋，私为约，无得输主户租”。② 在福建莆田，南宋末年甚至出现了长期坚持抗租斗争，“廿载不纳主租”的所谓“顽佃”。③

这些丰富多彩的群众自发斗争，在以往历史上很少见诸记载，可以认为是宋代社会的新现象。而且，这些形式的斗争本身，还往往发展成为农民群众的武装起义，从而由反对个别地主的剥削压迫转化成了反对地主阶级的革命。绍兴二十四年(1154)，衢州百姓俞八等不堪佃主徐三压榨，“集保户持仗劫夺谷米不计数目，并擒捉徐三等”，随后又“鸣鼓结集徒伴至一千余人，前至严州界”杀地主，劫财物，“抗拒官军”。④ 庆元五年(1199)，“吴兴有纠合凶人，尽戕主家而火其庐，延及一市者”。⑤ 端平元年(1234)，“建阳、邵武群盗啸聚，变起于上户闭籴”。⑥ 约淳祐末年，德清县佃农反对大斗收租的“降斗”斗争，“民蜂起附之，至数万人”，以致“尝烦官兵”。⑦ 咸淳四年(1268)，由于“富家征取太苛，而民不能堪”，建昌军佃客罗动天“怨其主谌氏，相挺劫其家，乘势入县焚毁”，⑧举行起义。

在农民武装起义斗争中，早在唐朝末年，王仙芝即已自称“天

---

① 《陆九渊集》卷八《与苏宰书》之二。
② 吕祖谦《东莱吕太史文集》卷一〇《薛季宣墓志铭》。
③ 黄仲元《四如先生文藁》卷四《寿藏自志》。
④ 《宋会要》兵一三之二〇。
⑤ 袁燮《挈斋集》卷一八《汪义和墓志铭》。
⑥ 《宋史》卷一七八《食货志·振恤》。
⑦ 黄震《慈溪黄氏日钞分类》卷七〇《申提刑司乞免一路巡尉理索状》;《宋史》卷四五〇《李芾传》。
⑧ 王柏《鲁斋王文宪公文集》卷二〇《王梦得墓志铭》。

补均平太将军”。[①] 这个带有“均平”字样的称号,概括了千百万农民群众的要求,虽然还比较朦胧,但作为新鲜事物在历史上首次出现,却产生了深远的影响,[②]同时也引起了地主阶级的无比恐惧。当时有个封建文人在黄巢大齐政权都堂南门张贴的反动诗:“自从大驾去奔西,贵落深坑贱出泥,邑号尽封元谅母,郡君变作士和妻,扶犁黑手反持笏,食肉朱唇却吃齑,唯有一般平不得,南山依旧与天齐。”[③]就曾集中发泄了对于“均平”主张的仇恨。到了宋代,“均平”要求在起义斗争中具有了日益鲜明具体的性质。北宋初年的王小波李顺起义,直接以“均贫富”为号召,比之唐末的情况,显然明确多了。在南宋初年钟相杨幺领导的起义中,这个战斗号召更是发展成了“等贵贱,均贫富”的战斗纲领。

在“等贵贱,均贫富”这一战斗口号的指引下,起义农民在实际斗争中不仅“谓劫财为均平”,[④]而且越出了一般意义上的“劫富济贫”之外,进一步发展为对地主土地的直接剥夺。在唐末农民战争中,农民军“广侵田宅”[⑤]的行动已经见诸记载,到了南宋初年,爆发过农民起义的湖南、福建、广东、江西等地的许多州军,也都一度发生了起义农民“占据乡村民田耕种,或虽不占据,而令田主计亩纳租及钱粮之类”[⑥]的巨大变革。

封建土地所有制是封建制度的基础,地租的占有是土地所有权借以实现的经济形式,封建主对直接生产者的人身控制是保证

---

① 《资治通鉴》卷二五三广明元年七月《考异》引《续宝运录》。“均平”,卷二五二乾符元年末《考异》引同书作“平均”。

② 话本《新编五代史平话》说黄巢投奔王仙芝,王仙芝即日署巢为“冲天太保均平大将军”(古典文学出版社排印本,第16页)。此事史籍未载,但也反映了“均平”要求对人们的印象之深和影响之广,以致在宋代说话人中还在广为流传。

③ 何光远《鉴戒录》卷一《金统事》。

④ 《三朝北盟会编》卷一三七建炎四年二月十七日庚寅“鼎州武陵百姓钟相反”条。

⑤ 《旧唐书》卷一七八《郑畋传》。

⑥ 《宋会要》刑法三之四七。

地租占有的主要手段。宋代农民群众从反对个别地主直至反对地主阶级及其国家的各种形式的斗争,不仅在形式上是丰富多彩的,而且在内容上也触及了封建生产关系的各个方面。剥夺地主土地的行动是对地主土地所有权的直接否定,而"均平"口号的提出和明确化则标志着封建时代最革命的思想的产生和趋向成熟。所有这些都表明,随着封建社会的发展到新的历史阶段,农民阶级斗争的水平也超过了以往任何历史时期。

《世范》的作者为地主富家出谋划策,要他们"令墙垣高厚",于"要害去处置立庄屋",平时"更迭巡警","常备器械为御敌之计",妄图阻遏群众斗争的兴起。这当然是徒劳的。"几千年来,那些封建皇帝的城池宫殿还不坚固么?群众一起来,一个个都倒了"。[1]

(原载于《内蒙古大学学报(哲学社会科学版)》1978 年第 2 期。呼和浩特:内蒙古大学学报编辑部,1978 年 6 月)

---

① 毛泽东《关心群众生活,注意工作方法》,《毛泽东选集》第一卷,第 134 页。

宋代家业钱的估算内容及其演变

家业钱,又称"家业贯陌"、"家力"、"家活"、"物力",①是宋代划分户等的主要依据之一。实行免役法后役钱的征收,以及演化为赋税的和预买绸绢的敷配,主要也依据家业钱。②

按照家产多少划定户等,并不是从宋朝开始的。《唐六典》三《户部郎中·员外郎》录唐户令,即曾规定:"凡天下之户,量其资产,定为九等。"唐玄宗开元二十二年(734)五月十三日敕:"定户之时,百姓非商户,郭外居宅及每丁一牛,不得将入货财数。"③新疆吐鲁番阿斯塔那509号墓出土《唐开元二十一年西州蒲昌县注定户等案卷》,保留了四家下上等户的资产状况,登记于籍的资产计有宅、菜园、车、牛、牸牛、青小麦、床粟等。④ 于此略可窥见唐前期据以划定户等的资产内容大概。

唐德宗建中元年(780)废租庸调制,行两税法:"约丁产,定等

---

① 分别见《长编》卷二六九熙宁八年七月辛亥记事;《宋会要》食货六九之二五;郑獬《郧溪集》一二《论安州差役状》;韩琦《安阳集》附《韩琦家传》四。

② 参考王曾瑜《宋朝划分乡村五等户的财产标准》,载《宋史研究论文集》,上海古籍出版社,1982年1月。

③ 《唐会要》卷八三《租税上》。

④ 新疆维吾尔自治区博物馆、西北大学历史系考古专业《1973年吐鲁番阿斯塔那古墓群发掘简报》,《文物》1975年第7期第14页;《吐鲁番出土文书》第九册第97—100页,文物出版社,1990年4月。

第,均率作年支两税。”[①]两税法依丁壮和资产的多少划定户等,再依户等纳钱,依田亩纳米粟,其据以划定户等的资产又包括哪些内容呢?陆贽《陆宣公翰苑集》卷二二《均节赋税恤百姓》第一条《论两税之弊须有厘革》云:

> [两税]唯以资产为宗,不以丁身为本。资产少者,则其税少,资产多者,则其税多。曾不悟资产之中,事情不一。有藏于襟怀囊箧,物虽贵而人莫能窥,有积于场圃囤仓,直虽轻而众以为富;有流通蕃息之货,数虽寡而计日收赢,有庐舍器用之资,价虽高而终岁无利。如此之比,其流实繁。一概计估算缗,宜其失平长伪。

这里,陆贽没有把田产包括在资产之内。在同一篇文章的第三条《论长吏以增户加税辟田为课绩》中,他又说:

> 每至定户之际,但据杂产校量,田既自有恒租,不宜更入两税。

可见所谓资产,唐代后期实际上存在广狭两义。广义的资产包括田产和杂产两者,狭义的资产则仅指杂产而言。宋代的“家业”、“物力”与此类似,也有兼指田产和杂产或仅指杂产两种情况。而在杂产之中,陆贽指出的资产的多寡不易测定,以及增殖性资产和消费性资产的价值不易衡量等,在宋代关于家业钱的估算中也曾经长期存在,并且直接影响着家业钱估算内容的演变。下面,准备

① 《唐会要》卷八三《租税上》建中元年正月五日赦文。

对宋代家业钱的估算内容及其演变的情况作些粗浅的考察。

（一）乡村户家业钱的估算

1. 田产

由田产估算的家业钱，称“田产物力”，又称“亩头上物力”或“实业物力”。①

南宋依物力起敷和买，“其[田]产物力以田亩山园多寡纽为价直”。② “纽为价直”的办法，不是简单地只计顷亩的多少，而是要将田地区分为不同的类别，每类之中又各有等则。“以田亩论之，有水田，有平田，有高田，以园地论之，有平桑，有山桑，有陆地，有茶地，有竹脚，有柴样，难以一例便计顷亩均敷。”③所以当时人说：“夫用亩头上物力均科者，非谓每亩敷及若干尺寸也，盖用亩头上物力数目(细)[纽]计均科。以田产有肥瘠，自来分为数等。且如第一等膏腴田虽与第五、第六等步亩一同，而好怯有异，所以从来不用步亩均敷，而却用亩[头]上物力均敷。谓如会稽县雷门东管第一乡，第一等田每亩计物力钱二贯七百文，第二等二贯五百[文]，第三等二贯文，第四等一贯五百文，第五等一贯一百文，第六等九百文。田亩有好怯，故物力有高下，不可一概科也。”④此处提到会稽县雷门东管第一乡将田分为六等纽计家业钱，田的等则是相当细的。各地情况颇相类似。如余杭县止戈一乡，“第一等田每

---

① 分别见《宋会要》食货七〇之八六，之九二，及《两浙金石志》卷一一《宋丽水县奏免浮财物力札付碑》。
② 《宋会要》食货七〇之八六。
③ 韩元吉《南涧甲乙稿》卷九《论田亩敷和买状》。
④ 《宋会要》食货七〇之九二。

亩物力二贯三百有奇",[1]其田产等则当与会稽雷门东管一乡相近。丽水县的田产等则,"以一亩而论,极高者为钱五贯九百文,极下者为钱五百或四百文",[2]其细分的情况当远较会稽为甚。

"田产有肥瘠,自来分为数等"。纽计家业钱时这样,科征赋税时也是这样的。所谓"土地之赋,则腴瘠之入不同",[3]即指此而言。值得注意的是,在北宋前期,科征赋税的田地等则,一般只分两等、三等,很少超过四等的。福建福州"以官私田产均为中下两等定税",[4]苏州常熟于国初"均定税数,只作中下两等",[5]歙州六县迄至南宋淳熙年间,其田园只分上、中、下三等,[6]润州各县则"视田土之肥瘠,分为四等,曰上,曰中,曰下,曰不及等"。[7] 景德三年(1006),夏竦在《进策》中认为当时"地征之法,未尽均一",建议:"辨肥瘠之地,定轻重之法,分科列目,第为九等。上田十顷,当赋若许,下田百亩,当税几何。分诏能臣,颁行天下。"[8]当时还只是停留在议论上。嘉祐五年(1060),孙琳在河中府行千步方田,其"均税之法"是"以地肥瘠为差"[9]的,但究竟差为几等,则史无明文。熙宁五年(1072)八月颁布的"方田均税条约",始明确规定:"据其方庄帐籍,验地土色号,别其陂原、平泽、赤淤、黑垆之类凡几色。方量毕,计其肥瘠,定其色号,分为五等。以地之等,均定税数。"[10]

① 《宋会要》食货七〇之八三。
② 《两浙金石志》卷一一《宋丽水县奏免浮财物力札付碑》。
③ 赵抃《赵清献公文集》卷九《乞抽回河北陕西等路均税官》。
④ 《淳熙三山志》卷一〇《版籍类·垦田》。
⑤ 《重修琴川志》卷六《叙赋·税》。
⑥ 《淳熙新安志》卷二《叙贡赋·税则》。
⑦ 《至顺镇江志》卷六《赋税·夏税》。
⑧ 夏竦《文庄集》卷一三《进策·均赋敛》。有论者认为这是夏竦从"均平赋税"出发,建议分民户为九等。显然误解了原意。见孙毓棠《关于北宋赋役制度的几个问题》,《历史研究》1964 年第 2 期;后收入《孙毓棠学术论文集》,中华书局,1995 年。
⑨ 刘攽《彭城集》卷三五《刘敞行状》。
⑩ 《长编》卷二三七。

次年,以“土色分五等,疑未尽”,又诏下“郡县物其土宜,多为等以期均当,勿拘以五”。① 在京东兖州,这时即“物色土宜为十等以均地税”。② 崇宁方田除据土色分为十等外,又将“第十等之地再分上中下三等”。③ 绍兴经界则与北宋方田相近,如福建福州,绍兴十九年(1149)行经界法,“田以名色定等,乡以旧额敷税,列邑之地,各有高下肥硗,一乡之中,土色亦异,于是或厘九等,或七等,或六等,或三等,杂地则或五等,或三等”。④ 可见,田产物力估算中田地等则细分化的现象,是从熙宁年间推行方田均税法时开始出现的。

不同等则田产的亩头上物力是怎样估算的呢?一般说来,最初当是依据田地实直钱数即田价估定的。熙宁七年一度实行的手实法曾经规定:“凡田产皆先定中价示民,乃以民所占如价计钱。”⑤元丰元年(1078),“淮南东路提举司乞本路[州]县并用乡村民户物产实直钱数敷出役钱。从之”。⑥ 此处“物产”当包括田产,田产的实直钱数,就是田价。四川乡村户家业钱,“旧例……以典买田产升降”,绍兴二十年杨师锡知资州代还,疏论“今田价比昔倍贵,或卖田及半,则所推价贯已尽,户下遂无等第差役科配,比之创买人户,极为不均”。遂诏“川蜀诸县乡村民户家业,并用本名所管税色物料依见今州县衮折则例并纽税钱”。⑦ 则川蜀各地的“旧例”,也是直接以田价估算家业钱的。

这里说四川取代田价用以纽计家业钱的,是田地所管各色税

---

① 《通考》卷四《田赋考》。
② 刘挚《忠肃集》卷一三《龚鼎臣墓志铭》。
③ 《宋会要》食货四之一二。
④ 《淳熙三山志》卷一〇《版籍田·垦田》。
⑤ 《长编》卷二五四熙宁七年七月月末记事。
⑥ 《长编》卷二八七元丰元年正月癸酉记事。又《永乐大典》卷七五〇七《仓·常平仓》录《中书备对》亦谓淮南东路的免役钱“以乡村人户物业纽成贯百均出”。
⑦ 《要录》卷一六一绍兴二十年九月辛巳记事。

赋折合的税钱。别的地区怎样不明。见于记载的南宋后期比较普遍的现象则是：不同等则的田地，其每亩应估算的家业钱已同其所管税物一起固定化，如果因地权转移而推割税物，物力也要随着税物的推割而推割了。秦九韶《数书九章》一〇《赋役类·户税移割》中曾经提到，某甲“将田四百七亩出与乙，五百一十六亩出与丙”，其田“本等每亩苗三升五合，税一尺一寸五分，物力一贯二百；本等地绸一尺三寸四分，物力九百”。《数书九章》自序署淳祐七年(1247)九月，当成书于此时前后。而早在此时以前约七十年的淳熙七年(1180)，南宋朝廷即已发布过人户典卖田产，其物力与税赋一并推割的随敕申明：

> [淳熙七年]五月二十九日，吏部尚书王希吕言：人户既典卖产业之后，止割税赋，如物力之类，必至三年方许推排，则产去之户，虚挂物力，横被追纠。又远方县邑有一二十年未尝推排者。窃谓应人户典卖产业，令于推割税赋之际，即与物力一并推割。如系典业，即候他日收赎之日，却令归并。从之。[①]

则家业钱之固定在亩头之上，或许还在此以前。

此外，熙宁方田均税法规定：“荒地以见佃为主，勿究冒佃之因。若瘠卤不毛，听占佃，众得樵采，不为家业之数。众户殖利山林、陂塘、道路、沟河、坟墓、荒地，皆不许税。”[②]这些“不为家业之数”或“不许税”的坟墓、荒地之类，后来不仅大多起税，而且也纽计家业钱了。崇宁方田，不入等地须依条收取“柴蒿钱”。[③] 绍兴经

① 《宋会要》食货七〇之七三。
② 《长编》卷二三七熙宁五年八月月末记事。
③ 《宋会要》食货四之一二。

界,婺州起税的园地,除平桑、山桑、陆地、茶地以外,还有竹脚、柴梓。[①] 宝祐间严州建德县均税,“田山桑牧之地为等不一,计物力七十七万四百四十八贯有奇”,只有“石岩云雾地之不均税者在外”。[②] 淳祐末婺州以物力敷赈粜之数,“物力中坟墓、山梓、竹脚、池塘无米可收,故贫乏之家为物力之累”。[③] 可见,与估算物力的田产等则细分化和物力在亩头上固定化同时,估算田产物力的范围也无限地扩大了。

2. 杂产

南宋文献一般都以“浮财物力”同“田产物力”并称。由于田产以外的资产不是“浮财”一词所能概括,而北宋估算家业钱的资产,除了田产以外,也不限于“浮财”。所以这里借用陆贽的话,将田产以外估算家业钱的资产称作“杂产”。

杂产中究竟哪些估算家业钱,哪些不估算家业钱,有宋一代前后并不相同。熙宁九年(1076),张方平在一道奏疏中提到免役法初行时据以划定户等、征收役钱的物力内容,说:

> 向闻役法初行,其间刻薄吏点阅民田庐舍、牛具畜产、桑枣杂木,以定户等,乃至寒瘁小家,农器、舂磨、鉏釜、犬豕,莫不估价,使之输钱。[④]

郑侠也说过相似的话:

---

① 《南涧甲乙稿》卷九《论田亩敷和买状》。
② 《景定严州续志》卷二《税赋》。
③ 王柏《鲁斋王文宪公文集》卷一五《述民志》。
④ 《乐全集》卷二六《论率钱募役事》。《长编》系于熙宁九年秋末。

今闻贪暴之吏,校民之产,有类其椽之多少而量其长短,计其牛羊犬马、鸡豚狗彘、铁铲茶坊、兽罝鱼笱、食器眠具,莫不估价,出钱以助役。①

可见在免役法推行之初,为了科征役钱,曾特别注重户等的划定,据以划定户等的有田产和杂产,其杂产则包括如下一些内容:屋舍、家畜、桑功以及其他日用器物。

屋舍大概自宋初以来即估算家业钱的。估算时既然曾经发生"类其椽之多少而量其长短"的现象,那么很可能是分等的。

关于家畜,景祐初,吕公绰知郑州,"尝问民疾苦。父老曰:官籍民产,第赋役重轻,至不敢多蓄牛,田畴久芜秽。公绰为奏之,自是牛不入籍"。② 皇祐四年(1052)冬,宋祁"在成德,请弛河东、陕西马禁,听蕃落民间自相卖买,民养马者勿升户等"。③ 据此,则牛马等耕畜、役畜自宋初以来也是要估算家业钱的,只是从北宋中叶开始,才在各地逐步被排除出估算的范围之外。

至于桑功,据至和二年(1055)七月丁巳诏,"河东户役,惟课桑以定物力之差,故农人不敢植桑,而蚕益薄"。直至此诏颁布,才规定"自今毋得以桑数定户等"。④ 河北情况颇相类似:"河北旧以桑麻为产籍之高下,民惧不敢艺植,故益贫。"英宗即位之初,彭思永"奏更其法,自是丝绩之利,岁岁增益"。⑤ 桑功估算家业钱及其逐步被排除出估算范围的情况,与家畜相近。到了熙宁六年(1073),不许"课桑以定物力之差",或不许"以桑麻为产籍之高下",已成

① 《西塘集》卷六《上王荆公书》。
② 《宋史》卷三一一《吕夷简附子公绰传》。
③ 《长编》卷一七四皇祐五年正月壬戌记事。
④ 《长编》卷一八〇。
⑤ 程颢《明道文集》卷三《彭思永行状》。

"旧有"的"条禁",则此前当早已通行全国。史载此年"中书以劝课栽桑之法奏御",宋神宗说:"农桑衣食之本,宜以劝民,然民不敢自力者,正为州县约此以为赀,升其户等耳。旧有条禁,可申明之。"①

日用器物是否估算家业钱,哪些估算家业钱,从来没有也不可能有划一的规定,全看乡吏之刻薄与否了。当然,刻薄吏的刻薄行为,也绝不是新法推行以后才出现的。郑獬说:"其合差役之家,类多贫苦,每至差作衙前,则州县差人依条估计家活直二百贯已上定差,应是在家之物,以至鸡犬箕帚匕箸已来一钱之直,苟可以充二百贯,即定差作衙前。"②吴充亦说:"当今乡役之中,衙前为重,上等民户被差之日,官吏临门籍记,凡杯杆匙筋,皆计赀产,定为分数。"③所说都是实行免役法以前的情况。值得注意的是,日用器物之中,积谷似乎是一直都要估算家业钱的。嘉祐七年(1062),司马光上疏论财利,即曾提到:"民有能自耕种积谷多者,不籍以为家赀之数,如此,则谷重而农劝矣。"④治平间,郑獬亦说:"以条贯满二百贯者差役,则为生计者,尽不敢满二百贯,虽岁丰谷多,亦不敢收蓄,随而破散,惟恐其生计之充,以避差役。"⑤

熙宁以前,杂产估算家业钱的内容虽已有所变化,但真正引人注目的巨大变化,却是从熙宁年间推行免役法和方田均税法以后,特别是吕惠卿提出手实法以后才见到的。

---

① 《长编》卷二四五熙宁六年六月己丑记事。又,熙宁五年八月颁行方田均税法,明令规定"若丝绵绸绢之类,不以桑柘有无,止以田亩为定",见《长编》卷二三七。文中"丝绵绸绢之类"指夏税。既然夏税"不以桑柘有无,止以田亩为定",那么桑柘当也不再估算家业钱。

② 《郧溪集》卷一二《论安州差役状》。

③ 《宋会要》食货六五之二。

④ 司马光《温国文正司马公文集》卷二三《论财利疏》。稍前,司马光在《劝农札子》(见同书卷二〇)中也曾提到:"又令民能力田积谷者,不以为家赀之数,如是则谷重而农劝,虽有饥馑,常无流亡盗贼之患矣。"

⑤ 《郧溪集》卷一二《论安州差役状》。

熙宁七年(1074)七月,参知政事吕惠卿认为"免役出钱或未均,出于簿法之不善",建议停止施行嘉祐敕"造簿委令佐责户长三大户录人户丁口税产物力为五等"的规定,改为"使人户自占家业,如有隐落,即用隐寄产业赏告之法",即实行所谓"手实法"。手实法的具体规定如下:

> 凡造五等簿,预以式示民,令民依式为状纳县,簿记第其价高下为五等,乃定书所当输钱,示民两月。非用器田谷而辄隐落者许告,有实三分以一充赏。其法,田宅分有无蕃息各立等,居钱五当蕃息之钱一。通一县民物产钱数,以元额役钱均定。凡田产皆先定中价示民,乃以民所占如价计钱。①

这里,涉及家业钱的估算内容而值得重视的,有如下两点:一、既然说"非用器田谷而辄隐落者许告",那么就用器田谷而言,已不存在供报与否的问题,也就是说,用器田谷已经排除在估算家业钱的范围之外。二、估算家业的具体办法,"田宅分有无蕃息各立等,居钱五当蕃息之钱一"——当是指田地以收获量高低、屋舍以自住还是出租分等,而储藏的钱币同放债取息或经商营利的钱币的折算比例则为五比一。这一具体办法的提出,实际上也就同时提出了一条以"有无蕃息"来衡量是否估算家业钱或估算多少家业钱的准则。"用器田谷"不估家业钱,不过是这一准则的具体运用。

邓绾反对手实法,认为"本法所谓田土所出,或服食器用,船车碾硙等物,牛羊驴骡之类,凡所以养生之具,民日用而家有之。今欲尽数供(折)析出钱,则本用供家,不专于租赁营利,欲指为供家

---

① 《长编》卷二五四熙宁七年七月月末记事。

之物,则有时余羡,不免贸易与人。则家家有告讦之忧,人人有隐落之罪,无所措手足矣”。[①] 于此又可见,在手实法的有关规定中,不仅属于“田土所出”的“田谷”和属于“服食器用”的“用器”,而且“船车碾碨等物,牛羊驴骡之类”的估算与否和怎样估算,都是用“有无蕃息”这一准则衡量的。至于说这一准则简直无法掌握,那无非是出于反对者进行攻击的政治需要,事实当然不会如此。手实法没有能够推行下去,但是它所确立的这一准则,却在此后家业钱的估算中,仍然继续发生作用。

宣和七年(1125)五月九日“德音”提到:“京东、河北路州县人户家业钱,缘后来本户典卖,并前来见住屋宇不理作家业之数,理合减损。”[②]显然,在此以前不久,曾经发布过“见住屋宇不理作家业之数”的规定。这一规定不正是手实法关于“田宅分有无蕃息各立等”规定的进一步发展吗?

绍兴二十二年(1152)五月八日,“前知池州陈汤求言:乞今后州县不得将牛、船、水车,应干农具,增为家力,其卖买交易,许免收税,如官司辄敢巧作名目暗排家力及抑纳税钱者,许人户越诉,专委提举常平司纠察,官吏重寘以法。从之”。[③] 这一随敕申明不也正是手实法以“有无蕃息”准则衡量“船车碾碨等物,牛羊驴骡之类”应否估算规定的重申吗?

这样,由于“有无蕃息”这一准则的逐步得到确立,杂产中估算家业钱的部分才逐渐集中到“浮财”上,这样估算的家业钱也就被称作“浮财物力”。“所谓浮财物力者,不问田产之有无,凡行商、坐贾、负贩、营生之家,视其财利之丰约,以为物力之多寡”。[④] 坊郭户

① 《长编》卷二六九熙宁八年十月辛亥记事。
② 《宋会要》食货六一之六三。
③ 《宋会要》食货一一之一九。
④ 《两浙金石志》卷一一《宋丽水县奏免浮财物力札付碑》。

如此,乡村户也是这样的。此后,随着时间的推移,浮财中估算家业钱的部分,又集中到质库、房廊、停塌、店铺、租牛、赁船六大类上。《宋会要·食货·免役》:

> [乾道]五年二月十五日,右从事郎李大正言:"绍兴府诸县,自旧以来,将小民百工技艺、师巫渔猎、短趁杂作琐细估纽家业,以应科敷官物,差募充役。官户全无,上户绝少,下户小民被此科敛,官司不恤,监系拘留,至鬻妻卖子不足以偿纳者。乞截自四等以下至五等民户,除存留质库、房廊、停塌、店铺、租牛、赁船等六色外,其余琐细名目,一切除去。其应科敷输纳为民害者,尽行除去。诏诸路转运司将州县有似此琐细害民,因推排升降日,悉与蠲除,毋致违戾。"(食货六五之九七至九八)

从事"百工技艺、师巫渔猎、短趁杂作"者,既然"官户全无,上户绝少",而要拥有"质库、房廊、停塌、店铺、租牛、赁船等六色"浮财,又非一般下户力之所能及,那么上述针对"截自四等以下至五等民户"而作的规定,实际上也就具有了普遍的意义。

如上所述,田产以外资产中估算家业钱的部分,从一般杂产逐步集中到"浮财"上,又从一般浮财进一步集中到"质库、房廊、停塌、店铺、租牛、赁船"等六色上,其演变的进程是清楚的。当然,演变的过程可能会有反复,法令的规定也很难就能完全执行,情况又是复杂的。

毋得"课桑以定物力之差"是吕惠卿建议实行手实法以前多次重申过的条禁,而鄂州新城县令曹登在执行手实法时,却仍然"用民桑柘量丈尺计所养蚕多少纽为贯,迫令出役钱”。[1] 州县官吏以种种手段拒不执行朝廷规定,威福自擅,这在封建官僚政治下本是司空见惯的事。因此,在实行手实法的短暂时间内曾经出现如苏辙所说“尺椽寸土,检括无遗,鸡豚狗彘,抄札殆遍”[2]的情况,即使确是事实,也是不奇怪的,不能因此否认手实法以“有无蓄息”作为是否估算或如何估算家业钱这一标准的存在。同样,在杂产估算家业钱的内容集中在浮财上,又进一步集中在质库等六色上将近三十年以后,绍兴府科敷和买中仍然发生这样的现象:“乃若深山穷谷之民,一器用之资,一豚彘之蓄,则必籍其直以为物力,至于农氓耕具水车,皆所不免,幸其赀直之有十数千,则纤悉括责,必欲敷及一缣而后已。”[3]也就可以理解的了。

“田土所出”,(即“田谷”)不估算家业钱,手实法中曾有明确规定,手实法罢行以后情况怎样,不甚了了。约绍兴十年(1140)前后,罗汝楫曾奏请“禁浙东以积谷收物力钱者”,[4]可见直至这时,浙东仍然存在“以积谷收物力钱”的事实。这有两种可能:一是经历两宋之际的战乱以后,情况有所反复,二是自手实法罢行以来,迄未再遭明令禁止。而从仅在浙东残存有“以积谷收物力钱”的事实来看,属于局部反复的可能较大。但不管怎样,经过罗汝楫奏请以后,它已再次遭到禁止,这在法令上当是明确的。至于淳熙十一年(1184)间尚有人说及江南东西推排物力中的如下情况:“凡田间小民粗有米粟耕耨之器,纤微细琐,务在无遗,指为等第。”[5]那就只能是出于封建政治的腐朽和胥吏保正副的刻薄了。

---

① 《长编》卷二七一熙宁八年十二月壬寅记事。
② 《栾城集》卷三八《乞诛窜吕惠卿状》。
③ 《宋会要》食货七〇之八九。
④ 罗愿《淳熙新安志》卷七《先达·先君尚书》。
⑤ 《宋会要》食货卷六六之二三。

（二）坊郭户家业钱的估算

坊郭户家业钱的估算包括哪些方面呢？

元丰三年（1080）行物力户养马法，规定"坊郭户家产及三千缗，乡村及五千缗，养一匹，各及一倍，增一匹，至三匹止"。[①] 对此，当时开封县即曾提出这样的问题："养马户未审止以屋业为物力，或通计营运财物？"可见坊郭户估算家业钱的资财，实不出屋业和营运财物两大类。对于开封县的问题，朝廷答复如下："以屋契钱数并屋租为物力，隐匿契者以盐税为定。"[②]也就是说，在户马法的有关规定中，坊郭户是只依屋业估算家业钱的。

但是在此以前于熙宁四年（1071）实行的免役法中，坊郭户所出的助役钱，在成都府路、梓州路等地，却是按"有无营运"即"营运财物"征收的。《长编》卷三七六元祐元年（1086）四月：

> [是月，吕陶]又言：伏见成都府、梓州路自来只于人户田产税钱上依等第差役，熙宁初施行役法，别定坊郭十等人户出营运钱以助免役之费。盖朝廷之意，本为人户专有营运而无产税，或有产税而兼有营运，故推排坊郭有营运之家，仍于田产税钱之外，别令承认营运钱数，以助税户，诚为均法。然……州县承望风旨，不问虚实及有无营运，但有居止屋宅在城市者，估其所直，一概定坊郭等第。……其止有屋宅而别无营运，或有营运而物力不多，并宜蠲免，以宽民力。

① 《长编》卷三〇二元丰三年二月壬戌记事。
② 《长编》卷三二九元丰五年八月丙辰记事。

可是在建康府城南厢，那里的役钱却又自来只据房地钱科纳，淳熙间实行按房地钱和营运钱科敷和买绵绢，被认为是于民重困的措施。真德秀《西山真文忠公文集》卷六《奏乞为江宁县城南厢居民代输和买状》：

> 窃见建康府南门之外有草市，谓之城南厢，环以村落，谓之第一都、第二都、第三都，皆隶本府江宁县。绍兴中行经界，府城坊郭与诸门外不过户纳两料役钱，谓如房地日收赁钱一[十]文，则每年纳钱四百省……此外他无一毫税赋。淳熙五年知江宁县事章驹偶因推排，平白将一厢三都分立和买两色，增科绵绢于民。房地僦赁，则起所谓家业钱，店肆卖买，则起所谓营运钱。有如房地钱日收一十文足，纽家业钱一贯六百二十三文七分，每及一贯文即催和买绢五寸五分、绵五分五厘，共折钱一百三十八文七分二厘。其店肆卖买，比之房地尤无定准，皆是泛行约度纽营运钱，每及一贯文，即催和买绢八寸、绵八分，共折钱一百二十四文。……大抵主家以房地起家业钱，而赁户又以店肆起营运钱，一处生业，两项输送，安得而不重困哉?①

可见坊郭户家业钱的估算，有只计屋业的，有只计营运财物的，也有通计房地钱和营运钱的，虽无划一规定，却不出屋业和营运两类范围。这种情况，不是熙、丰年间推行免役、户马诸法时方

① 此处“推排”指推排物力，“家业钱”“营运钱”都是物力的估算内容之一。“家业钱”显系狭义，与本文用作物力同义语之“家业钱”有别。张守说：“兼并之家，物业不一，或有邸店房廊，或有营运钞物。”(《毘陵集》卷三《论措置民兵利害札子》)韩元吉说：“兼又坊郭营运、房廊上亦有物力，每至若干即起和买之数。”(《南涧甲乙稿》卷九《论田亩敷和买状》)。表明就坊郭户而言，其“家业”或“物力”确可兼指房业和营运财物。

始出现,而是从"将天下州县城郭人户分为十等差科"以来即已存在的。

坊郭户分为十等始于何时,也同乡村户何时方划作五等一样,史无明文,论者尚无一致认识。从各种迹象判断,似是庆历初年的事。欧阳修在一道奏札中曾说到当时河东各地城郭定户的情况:

> 往时因为臣寮起请,将天下州县城郭人户分为十等差科。当定户之时,系其官吏能否,有只将堪任差配人户定为十等者,有将城邑之民不分贫穷孤老尽充十等者,有只将主户为十等者,有并客户亦定十等者。……河东诸州,并州最大,辽州最小。并州客户不入等第,辽州尽入等第。臣昨至辽州,人户累有词状,遂牒本州,据州状称:检估得第七等一户高荣,家业共直十四贯文省,其人卖松明为活;第五等一户韩嗣,家业二十七贯文;第八等一户韩祕,家业九贯文;第四等一户,开饼店为活,日掠房钱六文。其余岚、宪等州,岢岚、宁化等军,并系僻小凋残之处,其十等人户内有卖水卖柴及孤老妇人不能自存者,并一例科配。①

河东各地依据家业钱划定坊郭户户等,其中辽州将"卖松明"、"开饼店"以及"日掠房钱"等都估算家业,家业钱的估算当是通计"屋业"和"营运财物"的。这同辽州客户"尽入等第"亦有直接联系。因为坊郭客户虽然赁房居住,但多少有些营运财物,如果营运财物也估算家业钱,势必要将他们列入十等户之内。其余岢岚、保德军、岚、忻等州,"亦有浮客充等第者",由于这些州军都是边境屯兵

① 《欧阳文忠公全集》卷一一六《乞免浮客及下等人户差科札子》。庆历四年四至七月间欧阳修出使河东,这道奏札即作于此时。

之地，浮客“经营物力过于主户”，他们之被列入十等户内，显然是估算“经营物力”为家业钱的结果。“并州客户不入等第”，那里的家业钱当是只估算屋业的。这样，在“将天下州县城郭人户分为十等”之初，由于对作为划定户等依据的家业钱究竟包括哪些内容没有划一的规定，以致坊郭客户是否列入等第，各地也不相一致了。

屋业又是怎样估算为家业钱的呢？元丰五年(1082)八月丙辰诏谓“以屋契钱数并屋租为物力”。“屋契”指买卖屋业的契约，其中载有房产的价钱。“屋租”亦称“房钱”，[①]指租赁的房产收取的租钱。在稍后颁布的户马法有关规定中，住宅和租赁的房产其实都是以“屋契钱”数估算家业钱的，只是估算的具体办法有所区别罢了：“用住宅计者，元契三千缗，房钱计者，二千缗，各养一马。其住宅、房钱相兼者，以分数纽折。”[②]文中“房钱”当是收掠房钱屋业的省称。这一规定与手实法关于“田宅分有无蕃息各立等”的规定，其立法精神是相通的。

对于租赁的房产，在北宋，如前引欧阳修所说河东路的情况，也有直接以日收房钱的多少估算家业钱的。到了南宋，以日收房地钱的多少来直接估算家业钱，如前引真德秀所说建康府城南厢的情况，当相当普遍。由于房产的质量高低不一，所处地段又紧要闲慢有别，每间房屋日收房钱的多少，也就往往高下悬殊。如“开德府等处每一亩可盖屋八间，次后更可盖覆屋，每间赁钱有一百至二百文足，多是上等有力之家；其后街小巷闲慢房屋，多是下户些少物业，每间只赁得三文或五文”。[③]

---

① “屋租”不及“房钱”习见。《长编》卷二九八，载元丰二年五月癸巳都提举市易司言：“前市易务监官刘佐负市易钱十八万缗，乞籍本家日入屋租偿官。”其中“日入屋租”显与散见其他文献的“日掠房钱”同义，明“屋租”即“房钱”。

② 《长编》卷三二九元丰五年九月壬辰记事。

③ 《宋会要》食货四之一一。

元丰五年(1082)八月丙辰诏又谓:“隐匿契者,以盐税为定。”“盐税”怎能代替屋契钱成为估定物力的依据呢?原来盐税本是随屋税送纳的,如韩琦所说:“河北诸州当榷盐之初,以官盐散坊郭主客户,令纳见钱。及盐法通行,其盐钱遂为半额而不除。主户则尚能随屋税纳官,客户则逃移莫知其处,但名挂簿书而已。”①此处“盐钱”或称“盐税钱”,亦即“盐税”。它不仅“随屋税纳官”,而且还据屋税均敷。如河北东路“州县城郭屋税,依条以冲要闲慢亦分十等均出盐税钱”。② 这样,在屋契钱数无可凭据的情况下,就改用“盐税”来估定物力的多少了。

关于营运财物的估算,建康府城南厢是“店肆卖买则起所谓营运钱”的。营运钱与乡村户的浮财物力颇相近似。就乡村户而言,“如店库生放,营运之大也”,推排时,“有店库则合排以店库营运钱,有生放则合排以生放营运钱”。③ 邓绾在反对手实法的奏疏中认为,行商坐贾的营运财物是简直无法计算的:“夫行商坐贾,通货殖财,四民之一也。其有无交易,不过服食器用、粟米财畜、丝麻布帛之类,或春有之而夏已折阅之,或秋居之而冬已散亡之,则公家簿书如何拘辖?隐落之罪,安得而不犯?”④建康府城南厢的估算情况就是:“其店肆卖买,比之房地尤无定准,皆是泛行约度纽营运钱。”⑤尽管营运财物估算家业钱存在一定困难,不过也不是根本无法估算。嘉定初秤提会子,福建漳州一度规定家业满若干之家须

① 《安阳集》附《韩琦家传》四。
② 《宋会要》食货四之一一。
③ 《宋会要》食货七〇之一〇〇。
④ 《长编》卷二六九熙宁八年十月辛亥记事。文中“四民之一也”原作“四民之一心也”,“心”字据《宋会要》食货六五之一五删。
⑤ 真德秀《西山真文忠公文集》卷六《奏乞为江宁县城南厢民代输和买状》。

强制储藏会子若干,[1]如陈淳之所建议,对巨商贾户和质库户的家业,即是据"铺前积货"和收典财物的多少估定的:"今莫若出一定格,富室上户自产钱七千而上,巨商贾户自铺前积货七百缗以上,质库户若不在产户之家者,以簿历有典百缗以上,僧户以产钱二十千以上,并使收塌若干数,以备官司不时之点兑。"[2]

(原载《宋辽金史论丛》第2辑。北京:中华书局,1991年12月)

---

① 《西山真文忠公文集》卷二《癸酉五月二十二日直前奏事》之二:"所谓家产满千钱藏券五十者,闽中之新令也。"

② 《北溪先生全集·文》卷二四《上赵寺丞论秤提会子》。

两宋的户等划分

宋人张方平在《论率钱募役事》中说:“本朝经国之制,县乡版籍,分户五等。”[①]按照资产(主要是田产)的多少将乡村户划分为五等的五等户制,在张方平看来,乃是有宋一朝的根本制度。张方平说这话大约在熙宁九年(1076)秋。[②] 既然五等户制在熙宁九年秋已经作为“经国之制”存在,它的颁行肯定是在此以前很久的事。那么它究竟是早在什么时候颁行的呢?是否北宋建国伊始即已颁行了?五等户制主要是为宋封建政府科派差役服务的。张方平《论率钱募役事》一文批判的募役法,是王安石新法中的基本大法之一,它不仅对宋初以来的差役制度作了重大改革,而且对其他许多方面,包括五等户制在内,都产生了深远的影响;而从元祐以后,募役法却又罢行不常。因此,从张方平于熙宁九年秋说了这句著名的话以后,五等户制的命运怎样?它是否仍然作为“经国之制”继续存在?或者也在随着役法的变化而不断变化?似也是值得探讨的问题。

---

① 载《乐全集》卷二六。

② 见《长编》卷二七七。按,文中有“募役之行且六年”的话,募役新法始颁于熙宁四年十月壬子,至九年秋确已“且六年”。

近年以来,关于两宋的户等划分,不少同志发表了很好的意见。① 但对于以上各点,则或者尚未涉及,或者似可进一步商榷。故不揣浅陋,谨将个人一些不成熟的意见写出来,以就教于治宋史的前辈和同人。

(一)宋初的户等划分和五等户制的颁行时间

唐代实行九等户制,按贫富将人户分为上上、上中、上下、中上、中中、中下、下上、下中、下下九等,并规定每隔三年,重定一次。唐玄宗后期,三年定户的制度已不能坚持,到了安史之乱以后,尤其是唐末五代,由于藩镇割据,政治混乱,"州县并不定户","征税并无等第",②就成了普遍的现象。

宋朝建国初期,主要精力集中于结束分裂割据局面,重新完成国家的统一。虽然面对"州县催科,都无帐历","户供官役,素无等第"③的状况,它也只能使赋役征发首先服从统一战争的需要,而对于征发的办法以及作为征发依据的户籍、户等制度,则只能暂时因陋就简,一仍旧贯,不作重大的整顿。直至太平兴国四年(979)灭北汉,基本上完成了内地的统一,次年遂有京西转运使程能定户为九等的建议。

在程能建议以前,北宋朝廷于建隆二年(961)春曾下诏"申明周显德三年之令,课民种植,每县定民籍为五等,第一[等]种杂木

① 如孙毓棠《关于北宋赋役制度的几个问题》,载《历史研究》1964 年第 2 期,王曾瑜《宋代阶级结构概述》,载《社会科学战线》1979 年第 4 期;《从北朝的九等户到宋朝的五等户》,载《中国史研究》1980 年第 2 期;《宋朝划分乡村五等户的财产标准》,载《宋史研究论文集》,上海古籍出版社 1982 年 1 月出版。

② 《唐大诏令集》卷一〇《元和十四年册尊号赦》。《唐会要》卷八五《定户等第》。

③ 《宋会要》食货一一之一〇。《通考》卷一二《职役考》。

百，每等减二十为差，桑枣半之”。[1] 开宝五年（972）正月又发布《沿河州县课民种榆柳及所宜之木诏》，要求“自今沿黄、汴、清、御等河州县，除准旧制种艺桑枣外，委长吏课民别种榆柳及土地所宜之木，仍按户籍上下定为五等，第一等岁种五十本，第二等以下递减十本”。[2] 这两道诏令，论者多用作北宋政府“一开始便放弃了九等户的旧制，而另行建立了五等户制”的立论依据。由于建隆二年诏是“申明周显德三年之令”的，后晋天福中开盐禁，许通商，也曾“令州郡配征人户食盐钱，上户千文，下户二百，分为五等”，[3]论者又有将设定五等户制的时间上推至五代，认为“至晚在后晋时，五等户制已经取代了唐朝的九等户制”。然细玩诸段史料文意，天福中将人户“分为五等”，明系为配征食盐钱而设；宋初课种桑枣榆柳及杂木，一则说“定民籍为五等”，再则说“仍按户籍上下定为五等”，显然亦是为课民种植而采取的临时措施，似都难以作为当时五等户已为户等定制存在的依据。[4] 因为据程能说，在太平兴国五年前，“诸道州府民事徭役者”是“未尝分等”的，[5]而户等制的主要作用，却正在于为官府的差役征发提供依据。不过，既然在配征盐钱、课民种树等强制性的社会生活中已经出现了将人户分为五等的情况，那么在其他需要将人户分为等第的场合，沿袭其办法“定民籍为五等”，在某些地区也就不是不可能的了，只是统一的五等户定制在当时并不存在而已。

---

① 《长编》卷二。

② 《长编》卷一三。

③ 《旧五代史》卷八一《晋书·少帝纪》天福七年十一月辛丑记事。

④ 作为旁证，此处再举两道类似的诏令以供参考。至道元年（995）十二月诏：“宜令诸路州府各据本县所管人户，分为等第，依元定桑枣株数，依时栽种。”（《宋会要》食货六三之一六三）。仍在为课种而将所管人户临时“分为等第”。熙宁六年（1073）六月癸巳，“司农寺言：‘详定府界提点吴审礼乞令诸县劝课，随户等种桑椹，听自来年种，次年移种，候见栽法，遍下诸路。’从之。”（《长编》卷二四五）因为户等划分业已十分明确，所以就“随户等”劝课种桑了。

⑤ 《长编》卷二一。《通考》卷一二《职役考》则书作：“诸州户供官役，素无等第。”

例如,在“仍按户籍上下定为五等”以课种榆柳等杂木四年以后,即开宝九年(976)正月丙申,朝廷曾“遣太常丞魏咸熙于开封府诸县定三等人户税额”。① 文中“三等人户”,《长编》、《会要》皆同,明非误字。这难道还不足以表明,开封府诸县在此以前和在此以后一段相当长的时期内,却是以三等户制来定人户税额的吗? 而三等户制无非是在因陋就简条件下对于九等户制的简化。开封府界诸县不仅是北宋京城的畿县,而且也恰恰是“沿黄、汴、清、御等河州县”中的重要州县。

程能的建议见《长编》卷二一太平兴国五年(980)二月丙午记事和《文献通考·职役考一》。《通考》系于兴国三年是错误的,应从《长编》作五年。但两者在内容上却可互相补充,其要点有三:一是将人户“品定为九等”,“上四等户令充役,下五等户并与免”;二是先在京西路施行,“俟稍便宜,即颁于天下”;三是“望下诸路转运司差官”品定。从“诏令转运使躬亲详定,勿复差官”的结果来看,定户为九等的建议朝廷是接受了的,但对在全国普遍品定户等一事,态度却不甚积极。不过这个建议既然已经作为随敕申明颁发全国,那么它也就具有了法定的效力;此后九等户制曾在某些地区一度实行,当也是意料中事。这在史籍中绝不是没有什么记录可寻,而是残存了一些有关记载的。

例如《开庆四明续志》卷七《排役》:“差役法肇于唐武德,本朝因之。以九等定役,上四等则充,下五等则免。祖宗优恤下户之意,概可见矣。”文中“以九等定役”以下关键数语,完全是对程能建议内容的撮述。于此亦可见,载有程能建议的随敕申明,是从未明令罢行或冲改的,否则,迟至开庆年间,梅应发当不致将其视作一

① 《长编》卷一七;《宋会要》食货七〇之四。

代之制,复加撮引。①

又如《嘉靖惠安县志》卷六《田赋》,始则云:"宋因陈洪进纳土,诏均闽中赋额,以土田高下定出产钱,其夏秋二税及折变粮料,俱以产钱为母,而第人户九等以权之。"实行的是九等户制。继复云:"其田地产钱,自一文至一百九十九文为第五等,二百文至四百(四)[九]十九文为第四等,五百文至一贯一百九十九文为第三等,自一贯二百文至三贯八百八十八文为第二等,三贯八百八十九文以上为第一等。"则实行的又似五等户制。前后记载的差异,实际上反映了如下不容否认的事实:即当陈洪进纳土时,泉州执行的是载有程能建议的随敕申明,故第人户为九等;至于按五个等第定出逐等的产钱数,那显然是五等户制颁行以后的事。

再如,程能建议中有"上四等户令充役,下五等户并与免"的话,此后,"下五等户"或"五等以下人户"遂成习惯用语,即使在五等户制成为定制以后很久,仍在公私文献中长期流行。② 这无疑也是程能建议的九等户制曾在某些地区一度施行的旁证。因为在唐代实行九等户制时,是并无"下五等户"或"五等以下人户"这类习惯称呼的。程能的建议系为差役而设,既然差役"下五等户并与免",那么不仅下五等户间的户等划分实无必要,而且下五等户间家业物力的差距亦自有限,下五等完全可以合为一等而为第五等。

---

① 关于《开庆四明续志》中的这段文字,论者有谓"玩其文意,实指唐制而非宋制"的,但笔者实在"玩"不出它非指宋制的"文意"所在。

② 试举数例:

元丰八年(1085)四月乙酉,枢密院言:"府界、三路保甲……第五等以下田不及二十亩者,听自陈,提举司审验,与放免。"(《长编》卷三五四)

政和二年(1112)七月二十八日,诏"于役钱数上纽算合均籴之数,均与逐户。……内坊郭第六等以下,乡村第五等以下免均。"(《宋会要》食货四一之二三)

绍兴十八年(1148)十月乙卯,敕令所删定官盛师文乞将诸路见有丁钱,"其第五等以下人户依绍兴德音减免其半"。(《要录》卷一五八)

淳熙七年(1180),"朱熹知南康,讲荒政,下五等户租五斗以下悉蠲之。"(《宋史》卷三八九《尤袤传》)

因此，程能建议的九等户制，如果实行了，在实行过程中也会自发地减为五等户制的。

总之，北宋建国初期，一切服从统一战争的需要，对于户籍、户等、差役等，既未进行整顿，也无整齐划一的制度。户等划分的情况，各地大都自行其是，既有因陋就简地沿袭唐末五代三等户制的事实，估计也有套用课民种树的办法定民籍为五等的现象，而在程能建议以后，某些地区又曾一度实行了九等户制。这一估计，应当说是比较符合历史实际的。①

北宋前期对赋税、差役、户籍制度进行大规模的全面整理，实开始于淳化、至道之际。淳化四年(993)，由于"户口税赋帐籍皆不整举"而造成的"赋税则重轻不等，差役则劳逸不均"的现象，作为一个社会问题，已经十分突出，非常严重，朝廷才被迫不得不广泛征求全国州县的意见，要求各地的"知州、通判、幕职、州县官各具规画何以得均平赋税、招葺流亡、惠恤孤贫、止绝奸倖，及乡县积弊、民间未合便行条贯事，令知州、通判共为一状，县令、簿、尉共为一状，限一月内附驿以闻"。② 并于至道元年(995)六月己卯，"诏重造州县二税版籍，颁其式于天下"。先是，"自唐末四方兵起，版籍亡失，故户口税赋莫得周知。至是始命复造焉"。③ 在诏令重造版籍稍前，还于淳化五年三月戊辰制定了"自今每岁以人丁物力定差，第一等户充里正，第二等户充户长，不得冒名应役"④的科派差役条贯。

在这次对于赋税、差役、户籍制度进行大规模的整理中，是否

① 葛金芳、顾蓉《北宋五等版簿考辨》已论及淳化五年以前不存在全国统一的五等户制，文载《武汉师范学院学报》1983年第3期。

② 《宋会要》食货六九之七八。

③ 《长编》卷三八。《宋会要》食货六九之七八。

④ 《长编》卷三五。

也同时颁布了全国统一的户等划分规定,因文献无征,不得而知。淳化五年差役条贯"第一等户充里正,第二等户充户长"中的"第一等户"、"第二等户",究竟是指九等户制下的第一、第二等户,还是五等户制下的第一、第二等户,也是不明确的。据《长编》此条记事下李焘自注:"《食货志》云:'里正户长迄今循其制。'盖指天圣末年也,当考。"既然"第一等户充里正,第二等户充户长"的规定直至天圣末年仍在"循其制",而天圣末年五等户制作为定制已经没有疑问,那么认为"淳化五年规定的差充里正、户长的一、二等户,乃是五等户的一、二等,而非九等户的一、二等",理由是比较充分的。但也不见得一定如此,因此此后一些反映户等情况的文献表明,五等户制在全国还远未成为定制。

如前所述,开封府界诸县宋初是沿袭唐末五代的三等户制的。这种情况,淳化五年以后似未见有何改变。如景德三年(1006)正月,"诏开封府诸县将中等已上及门内形势户输税文钞点磨,不得以孤贫民户纳过税物剩数移易销折府县所欠都大税数"。[①] 这道诏书与建隆四年(963)"令逐县每年造形势门内户夏税数文帐申本州……其中等已下见系州县差役,及虽是旧日文武职官,见今子孙孤贫不济者,不得一例依形势门内户供通"[②]的诏书,由于两者内容和形式均相近,其中"中等"一词的含义当亦相同。既然后者有开宝九年"遣太常丞魏咸熙于开封府诸县定三等人户税额"一事作佐证,可以完全确定其中等乃三等户制下的中等户,那么前者当也是指三等户制下的中等户而言的。

又如咸平六年(1003)度支使梁鼎在筹措陕西军饷马料时曾经提到,对于那些向沿边州军支拨并辇运夏秋二税的州军,"其逐处

① 《宋会要》食货七〇之六。
② 《宋会要》食货七〇之二。

本州军所备年支粮草,则止令五等以下人户供输”。[1] 此处“五等以下人户”似尚只能理解为五等以下的各等人户,则当地通行的当是九等户制。此后大中祥符七年(1014)二月,曾有臣僚针对“陕西州军不依敕催置收籴斛斗”的状况,建议“差中使重定户等”,朝廷没有同意。[2] 这里既说“重定”,那当本有户等,但究系九等抑系五等,仍不明确。不过有一点倒是清楚的,即无论是唐代三年重定户等的办法,或后来“闰年造五等版簿”的规定,当时在陕西都是不存在的。

史籍中明确提到按五等户制科派差役的最早记载,是乾兴元年(1022)十二月(时仁宗已即位未改元)的上封者言:“以臣愚见,且以三千户之邑,五等分算,中等以上可任差遣者,约千户。”[3]据此,则五等户制的颁行时间,其下限当不迟于乾兴元年。那么它究竟是在什么时候颁布的呢?虽然史籍并未为我们作出明确的交代,但根据有关记载作些推测性的论断,还是可能的。

《长编》载有明道二年(1033)十月庚子的一道诏书:“天下闰年造五等版簿,自今先录户产、丁推及所更色役,榜示之,不实者听民自言。”[4]这道诏书,不是诏令“天下闰年造五等版簿”,而是诏令天下在“闰年造五等版簿”时,一定要“先录户产、丁推及所更色役”,然后“榜示之”,如有不实,“听民自言”。很显然,这不过是对“天下闰年造五等版簿”敕令的补充规定,而“天下闰年造五等版簿”敕令的颁布则在此以前。

次年,景祐元年(1034)正月十三日,中书门下言:编敕节文:

---

① 《长编》卷五四咸平六年正月壬寅记事。
② 《宋会要》食货三九之八。
③ 《宋会要》食货一之二〇。
④ 见卷一一三。

“诸州县造五等丁产簿并丁口帐，勒村耆大户就门抄上人丁。虑灾伤州县骚扰人民。”诏：“京东、京西、河北、河东、淮南、陕府西、江南东、荆湖北路应系灾伤州军县分，并权住攒造丁产文簿，候丰稔依旧施行。”[①]五等丁产簿即五等版簿。据此则闰年造五等版簿的依据仍是“编敕节文”。那么，此编敕节文又何所指呢？

按照惯例，臣僚上言或朝廷诏令引述的编敕，一般都是最近编定并颁行的。上录中书门下言中引述的编敕节文，毫无疑问，当指《天圣编敕》的节文。《天圣编敕》是天圣五年（1027）命宰臣吕夷简、枢密副使夏竦提举管勾，“以大中祥符七年（1014）止天圣五年续降宣敕删定”的，七年六月修成，十年三月十六日诏“付崇文院镂版施行”。[②] 既然天下闰年造五等版簿的依据是《天圣编敕》，而《天圣编敕》所收各道宣敕的起讫时间又不出大中祥符七年至天圣五年这十四年间，那么“天下闰年造五等版簿”敕令的颁布时间当也不出这十四年了。如前所述，乾兴元年上封者言中已经提到按五等户制科派差役，则它的颁布时间的下限显然又可上推五年，只在大中祥符七年至乾兴元年这九年间了。

自大中祥符七年至乾兴元年这段时间内，天禧三年、四年（1019—1020）的冬春，朝廷对于诸路的“等第税科”，又曾作过一次较大规模的整顿。它先是专委各路提点刑狱朝臣管勾，接着为了突出此事，又将各路“提点刑狱”改为“劝农使副兼提点刑狱公事”，以“劝农使副”列衔在前。并且规定其任务为：“所至取州县民版籍，视其等第税科有不如式者，惩之。劝恤耕垦，招集逃亡，检括陷税，凡隶农田事，并令管勾。”[③]编入《天圣编敕》的关于“天下闰年

---

① 《宋会要》食货一一之一三。
② 《宋会要》刑法一之四至五。
③ 《宋会要》职官四二之二。

造五等版簿”各项规定的敕令,曾于此时一并颁行,是极有可能的。[①]

这次对于“等第税科”的整顿,虎头蛇尾,不了了之。疑于此时颁行的“闰年造五等版簿”的敕令内容,除了乾兴元年上封者言中一度提及以外,实际上并未得到执行。直至明道二年宋仁宗亲政,趁着《天圣编敕》的镂版施行,才再次予以贯彻,并为此发布了前已引录的那项补充规定。景祐元年是闰年。从朝廷因灾伤而特地下诏权住造簿一事可见,“闰年造五等版簿”的规定,此年实首次执行;而从权住造簿的地域之广又可知,此年之攒造五等版簿,乃是全国范围的普遍攒造。灾伤州县虽然权住攒造,未遭灾伤的州县当已攒造完毕。“闰年造五等版簿”从此成为定制了。

景祐元年,朝廷于正月十三日发布了一道灾伤州军权住攒造五等丁产簿的诏令,于九月庚子又发布了一道“免天下第九等户支移折变”[②]的诏令。两者之间实亦互有联系。这是因为,在景祐元年执行“闰年造五等版簿”的敕令以前,载有程能将人户“品定为九等”建议的随敕申明一直具有法定的效力。尽管这一建议并未普遍执行,各地的户等划分大都各行其是,朝廷却是只承认九等户制的。因此,虽然景祐元年已经攒造了五等版簿,将户等改定为五等,但由于因灾伤而权住攒造的地区过于广大,所以朝廷在九月发布诏令时,仍然按九等户制“免天下第九等户支移折变”。[③]

---

① 《宋会要》食货一二之二至三:“天禧三年十二月,命都官员外郎苗稹与知河南府薛田同均定本府坊郭居民[户]等。”亦可作此时曾颁行“天下闰年造五等版簿”敕令的旁证。天禧四年亦闰年也。

② 《长编》卷一一五。

③ 论者或认为:“仁宗时,实行五等户制已是明确无疑,而记载很多,这条通行‘天下’的规定,‘九’字应为‘五’之笔误。”按,此条《宋史》卷一七四《食货志·赋税》作:“支移、折变,贫弱者尤以为患。景祐初,尝诏户在第九等免之。”与《长编》所记虽句式全异而“九”字则同,显然不是照抄《长编》致误的。如果说是两书原始来源的“笔误”,那只能是诏令原文了,而诏令却是立即付之执行的,出现此等“笔误”亦难索解。

据《宋史》卷一〇《仁宗纪》明道二年年末记事,“是岁,畿内、京东西、河北、河东、陕西蝗,淮南、江东、两川饥,遣使安抚,除民租”。可是景祐元年初诏令权住攒造五等丁产簿的地区,却没有将畿内和两川的灾伤州县包括在内。这大概不是偶然的疏忽。四川出现明确的户等记载是比较早的,大中祥符三年(1010)已见当地有“第一、第二等户充耆长、里正”,“弓手系第三等户”等记录。[①] 或许此时五等户划分在四川已成定制,权住攒造与否已经不像首次攒造地区的紧迫了。开封府界原是通行三等户制的,因其近在辇毂之下,或许天禧三、四年间“天下闰年造五等版簿”敕令颁布的当时,它就已经立即执行了。此说虽无直接依据,但在有关畿内户等的材料中却有明显的迹象可寻:

开宝九年(976)正月丙申,“遣太常丞魏咸熙于开封府诸县定三等人户税额”。[②]

景德三年(1006)正月,“诏开封府诸县将中等已上及门内形势户输税文钞点磨,不得以孤贫民户纳过税物剩数移易销折府县所欠都大税数”。[③]

大中祥符七年(1014)正月癸巳,“三司请于畿县和市刍藁,诏中等已下户免之”。[④]

大中祥符九年八月丁亥,近臣王旦等曰:“近者特降诏旨蠲京畿榷酤之民折输刍藁,中等已下残欠夏税又与倚阁,生民受赐多矣。”[⑤]

天禧元年(1017)十二月丙子诏:“开封府及诸路灾伤户秋税,

---

① 《长编》卷七三大中祥符三年四月戊寅记事。
② 《长编》卷一七。
③ 《宋会要》食货七〇之六。
④ 《长编》卷八二。
⑤ 《长编》卷八七。

中等已上输送本处,已下并倚阁之。"①

天禧三年九月,"三司请于开封府等县敷配修河榆柳杂梢五十万,以中等以上户秋税科折。从之"。②

天圣元年(1023)二月甲辰,"蠲畿内民所逋体量草。畿内体量买草凡千万束,输未及半,而雨久不止。上曰:霖雨逾旬,草价腾踊,四等以下户悉蠲之"。③

天圣二年五月诏:"开封府自今税赋令诸县据折变到合纳逐色斛斗,分定仓场,并许第三等以下人户依常平例,就便将易得斛斗抵折送纳,如或下户送纳贱色斛斗了足外尚有少数,亦许令近(止)[上]力及人户等就便折纳。"④

以上仅是初步收集的有关宋初开封府界户等划分的记载,可能极不完全。可是从这极不完全的记载中亦可看到,自从开宝九年"定三等人户税额"以后直至天禧三年九月以前,关于府界的户等划分,一直只有"中等已上","中等已下"的笼统叙述;天圣以后,则"四等已下户"、"第三等以下人户"等明确的户等才见诸记载。而且在天圣二年诏令中,"第三等以下人户"是等同于"下户"的,这也只有在五等户制下才会这样。于此亦可表明,天禧、天圣之间畿内户等记录的笼统、明确之异,正是其间曾有"天下闰年造五等版簿"敕令颁布和执行的反映。

总之,五等户制是随着"天下闰年造五等版薄"敕令的颁布和执行才成为"经国之制"的。估计"天下闰年造五等版薄"的敕令约颁布于天禧三至四年(1019—1020)的冬春,而它的首次普遍执行

① 《长编》卷九〇。
② 《宋会要》方域一四之八。
③ 《长编》卷一〇〇。
④ 《宋会要》食货七〇之七。

则在景祐元年(1034)。①

(二) 户等的细分化和出等户

作为王安石新法重要内容之一的募役法的颁行,对于五等户定制发生了重大的影响。

募役法的基本原则是:"应昔于乡户差役者,悉计产赋钱,募民代役,以所赋钱禄之。"②由于差役本来是"各以乡户等第差充"③的,所以当募役法还在开封府界和两浙路试行的时候,也就确立了"输钱计等高下"的具体办法。又由于原先在五等户制下,往往存在"民田有多至百顷者,少至三顷者,皆为第一等……而役则同焉"④的情况,颁行募役法以后,为了使役钱负担"均平齐一",无论是开封府界还是两浙路,都出现了将户等细分的现象。

熙宁四年(1071)七月,曾布在反驳保守派的攻击时,曾说:"今量其物力,使等第输钱,逐等之中,又别为三等或五等,其为均平齐一,无以过此。"⑤

稍前,曾布曾与邓绾共同制定了"畿内乡户计产业若家赀之贫

---

① 曾我部静雄未及乾兴元年上封者言,认为五等户制肇始于景祐元年,并认为坊郭十等,乡村五等之法,经实行募役法直至其后宋的灭亡,户等制始终维持原样,绝少变化。见其所著《宋代财政史》第二编之三《宋代户の等级》,生活社,1931年。梅原郁亦认为:依据当时实情,则乡村五等之户等制的确立,估计当在已近北宋中叶的仁宗中期,亦即明道二年十月,诏令全国闰年造五等版簿是也。见《宋代の户等制をめぐつて》,载《东方学报(京都)》第四十一册,1970年3月。东一夫则分别依据建隆二年诏、太平兴国五年程能上言和乾兴元年上封者言,将宋初的户等划分区别为"国初的五等级时代"、"九等级分等时代"和"第二次五等级分等时代",并将实施募役法以后一段时期称作"户等数动摇时代"。见《王安石新法の研究》第一编第三章《宋代の户等问题と乡村社会の解体》,风间书房,1970年。

② 《长编》卷二二七熙宁四年十月壬子"是日颁募役法"条自注引《神宗正史食货志》。

③ 《通考》卷一二《职役考》。

④ 《长编》卷二二四熙宁四年六月庚申记事。

⑤ 《长编》卷二二五熙宁四年七月戊子记事。

富,上户分甲乙五等,中户上中下三等,下户二等,坊郭十等,岁分夏秋,随等输钱”[①]的办法,得到朝廷同意,在开封府界各县试行。

南宋陈傅良在《转对论役法札子》中亦曾提到:“熙宁四年八月十一日行免役,以乡户第一等人户分为甲乙丙丁戊五等,第二、第三等人户分为上中下三等,第四、第五等人户分为上下二等。”[②]据此,则在曾布、邓绾制定的办法中,其“上户”实指第一等户而言,而“中户”则兼指第二和第三等户。可见畿内试行募役法,曾将户等由五等细分为十五等。不过它仍然保留了五等户的定制,只是在逐等之中再加细分为二等、三等或五等。

至于两浙路,据晁补之《陈辅墓志铭》载:“朝廷初以七十五等定家业,均役钱,使者属君立浙西法。而翰林沈公括方察访二浙,遽言于朝,挽与俱,遂推其法浙东。”[③]论者为了证实北宋始终实行五等户制之说,认为“以七十五等定家业”句中“‘七十’二字衍”,似属臆断。《永乐大典》卷七五〇七《仓·常平仓》录《中书备对》:两浙路免役,“以家产贯(石)百分七十五则出钱。近准朝旨,于乡村以田土物力贯百、税钱、苗米、顷亩均定”。此处“以家产贯百分七十五则”,同晁补之说的“以七十五等定家业”显然是一个意思。如果说是衍讹,则两者之记事性质和材料来源绝不相类,似无如此巧合。那么两浙路在施行募役法的初期,是确曾将户等由五等细分为七十五等的,其细分的程度已远较开封府界为甚。至于在将户等细分为七十五则以后是否也像开封府界那样对五等户定制未予触动,则史阙有间,不得其详。

沈括察访两浙,系受命于熙宁六年(1073)六月,约熙宁七年四

---

① 《长编》卷二二七熙宁四年十月壬子“是日颁募役法”条自注引《神宗正史食货志》。
② 《止斋文集》卷二一。
③ 《鸡肋集》卷六七。

月还朝。[①] 陈辅所立的“浙西法”内容怎样？是严格执行“以七十五等定家业、均役钱”的既有条令，还是对之有所修订变通？文中没有明确交代。然据《宋会要·食货·免役》载：

> [熙宁]七年正月十三日，诏两浙察访、转运、提点刑狱、提举司同相度：第五等户所出役钱至少，今若减放，以宽剩钱补充，如支用得足，即尽蠲之。其以家业、税钱均出而不分等处，即比附应放贯百已下放免以闻。[②]

则两浙路各地熙宁七年初已有直接“以家业、税钱均出而不分等处”，对“以七十五等定家业、均役钱”的条令作出修订变通了。又据《长编》卷二九五元丰元年(1078)十二月己酉记事：

> 两浙提举司言：浙西民户富有物力，自浙以东多以田产营生，往年造簿，山县常以税钱，余处即以物力推排，不必齐以一法。今欲通以田土、物力、税钱、苗米之类，各以次推排，随便敷纳役钱，所(费)[贵]民力所出，轻重均一。从之。[③]

《中书备对》成书于元丰三年。前录引文中“近准朝旨”的“朝旨”，当即指这道元丰元年十二月己酉的随敕申明而言。据此，则两浙路自元丰元年以后，虽仍行推排，而役钱的征收，在乡村已不再顾及户等，只是“以田土物力贯百、税钱、苗米、顷亩均定”了。其实这也势有必然。因为既然为了役钱负担的“均平齐一”业已将户等细

① 参考张家驹《沈括》一书附录《沈括事迹年表》，上海人民出版社，1978 年。
② 见《宋会要》食货六五之一三。
③ “所贵”据《宋会要》食货一一之一四、六九之二〇校改。

分到了七十五等的程度,那它离完全撇开户等,只按资产多少征收不是仅有一步之差了吗?

以上是就最先试行募役法的开封府界和两浙路所作的粗略考察。随着熙宁四年十月壬子(初一)募役法在全国各地的普遍施行,其他各路的情况又怎样呢?

曾于熙宁七年十月十九日一度颁行的手实法,是参知政事吕惠卿有鉴于"免役出钱或未均,出于簿法之不善"的弊病而建议实行的,它的最后一道手续是,"通一县民物产钱数,以元额役钱均定"。① 役钱只据"物产钱数""均定",与户等高下已无关系。邓绾上言反对手实法,说道:"创立簿法之意,欲别有所用,则臣固不能知,若欲以均平役钱,则臣请言其大略。昨者朝廷免役率钱之法,初且用丁产户籍,故诸路患其未均,相继奏陈,各请重造,多已改造矣。其均钱之法,田顷可用者视田顷,税数可用者视税数,已约家业贯伯者视家业贯伯,或随所下种石,或附所收租课,法虽不同,大约已定,而民乐输矣。安用立异造伪,剔抉搜索,互相纠告,不安其生耶?"②也只说"均钱之法"直接依据田顷、税数、家业贯百,以及所下种石或所收租课,而未及户等在其间尚有何等作用。但据《宋会要·食货·免役》绍圣三年五月五日条所载蔡京语:"先帝谓天下土俗不同,不可概以一法,故重轻美恶各随其宜。恐其率之不均也,故或以家业物力,或以田亩,或以税钱,随等敷出。恐其久而不平也,故三年五年一造产业簿,以定高下之实。可谓均平矣。"(食货六五之六九至七〇)又似"随等敷出"的原则仍在各地全面贯彻。

《永乐大典》卷七五〇七《仓·常平仓》所录《中书备对》载有

① 《长编》卷二五四熙宁七年七月月末记事。
② 《长编》卷二六九熙宁八年十月辛亥记事。

各路敷出役钱的具体依据。其中,“以人户家业贯百田土折亩敷出”,“以物业纽成贯百均出”,“以税钱均出”,“以产钱均出”,“逐色地上估价兼物力高下每贯差除出钱”等直接依据资产多少的路分,计有京东东路、京东西路、淮南东路、江南东路、江南西路、广南东路、广南西路、福建路、河东路、夔州路、利州路,以及梓州路和成都府路的大部州军,在全国占了绝大多数。“品量家业分等敷出”,“以田土家业纽成贯百等第均出”,“以人户逐等物力均出”,“用丁产簿等第均出”等纽成等第出钱的路分,计有京西南路、淮南西路、荆湖南路、荆湖北路、河北东路、河北西路,以及梓州路的梓、遂州、广安军渠江县,和成都府路的绵州巴西等七县;两浙路初期和开封府界亦属此类,然府界《中书备对》阙载。① 永兴军等路和秦凤等路则介于两类之间:“以乡村人户已经方田处田色顷亩均出,第三等以上别敷物力钱,未经方田处随逐处事体均定,候将来方田了日依已方田县分。”纽为等第敷出役钱的形式似有两种可能:一是户等相同,则所出之役钱亦同。② 在这种形式下,往往出现户等细分化的现象,③并从而最终导致役钱征收中户等的泯灭。另一种可能则是:虽将人户的资产纽为等第敷出役钱,而户等的作用却仅仅在于:州县户众而役少,则敷钱止于第三等,或户少而役多,则均及第四、第五等,而役钱则是按资产均敷的。④ 或者如“第一等户更出物

① 京西北路原亦阙,或许同于京西南路,则亦当属于此类。

② 如毕仲游《役钱议》所说:“今有一邑,上者输缗钱十万,中者输七万,下者输五万,既以等级输缗钱蠲其徭役,则斥广田产、兼并下贫,惟恐力之不逮。自中户斥广田产、兼并下贫数十家至升而在上,不过加缗钱三二万尔,而富家大姓,其等既已在上,则虽增半邑之田,犹不加缗钱也。”即属此种形式。见《西台集》卷五。

③ 熙宁七年八月癸巳,“河北东路提举司请除放第五等中等以下役钱”(《长编》卷二五五),表明河北东路各等户内是复分若干等第的。

④ 如杨绘所说:“假如民田有多至百顷者,少至三顷者,皆为第一等。百顷之与三顷,已三十倍矣,而役则同焉。今若均出钱以雇役,则百顷者其出钱必三十倍于三顷者矣!况永无影射之讼乎?此其利也。”可见虽纽为等第,而役钱却是按田产均敷的。见《长编》卷二二四熙宁四年六月庚申记事。

力钱”,“第三等以上别敷物力钱”之例,于某等户之上增出钱数。这类形式,实际上不过是对役钱的直接按资产征收追加一些象征性的户等限制。

此后,直至募役法罢而复行的绍圣元年(1094),才又有人提出建议:“逐县各具物力上于常平官,总一路为五等,每等以五为差,列为二十五等递减,如上一等每一贯物力出十钱,则上二等出九钱,如此,则末等不病其多而难出。”①从而不仅为役钱的纽为等第均出增加了一种新的形式,而且为户等细分化的趋势注入了一些新的内容。史载此议“诏送户部”,实行与否则不得而知。次年,又有人建议:“第五等户若分上下,令贫乏单弱者不出钱,其上五等皆量出,则天下无不役之民。”②此议虽未脱出纽为等第出钱第二种可能形式的范畴,可是却也同样体现了户等细分化的趋势。

这样,由于募役法的普遍推行,对于五等户制遂带来了巨大的冲击。此后,五等户制作为“经国之制”虽然仍旧存在,但它在社会生活中的作用却显著降低了,而且“版籍愈更不明”,③出现了严重的形式化倾向。有如宋人王觌所说:

> 盖助役免役法推行之初,天下州郡皆先会一年雇役及宽剩钱之数,然后赋之于民也;赋于民者不可无法,而且欲其均,又必会其民家业之多寡为缗钱而率之。其法大概曰:一州雇役及宽剩岁用钱若干,一州之民家业钱若干,即家业钱每贯岁出免役钱若干,而岁计足矣。法虽如此,而民财卒不可以得其

① 《宋会要》食货六五之六四。
② 《宋会要》食货六六之六七。
③ 《长编》卷四二四元祐四年三月己亥记事。

实，则必至于骚动而民情之所甚不悦者，如手实之法是也。故州县之吏莫不以为：虽尽得家业之数，其赋于民者足乎岁计而已耳，徒致民情之不悦也；虽少得家业之数，其赋于民者亦足乎岁计而止焉，乃可持虚名以悦民情。天下之所谓家业钱者，或十得其一二，或十得其三四，宽于此者固不可胜计，密于此者未之有也。不惟如此而已。州县又有先集等第人户，使各承认逐户合纳免役钱数，既足岁计矣，然后令供通家业，而告之曰：家业钱每贯当纳免役钱若干，今某人岁纳免役钱若干，即当家业钱若干贯矣。彼人户乃具状供析家业，以取合所纳免役钱之数。则家业十得其一二者，又加少也。既用家业钱以定免役钱之多少，则所谓等第者无所用之，而等第之民又不可废，故郡县之吏皆于家业帐内率意妄说曰：自家业若干贯以上为第一等户，若干贯以下为第二等户。至五等十等皆然也。其等第既公私皆以为虚名矣，然小民之情终恶为近上等第，则州县之吏亦何惜更以虚名而悦民。故天下州县之等第，除上等户物力显著，难以退减之外，其自中等而入下等者，可胜数哉？①

在实行募役法期间，既然各地大多用家业钱以定役钱之多少，那么每个州县都会呈现一些物力显著、输纳役钱最多的人户，被称

① 《长编》卷三九〇元祐元年十月壬寅记事。这是直接用家业钱以定役钱多少路分的情况。若在纽为等第敷出役钱的路分，则户等之不实，实表现为向相反方向的运动。如王岩叟所说河北西路定州安喜县的情况：“安喜户一万三千有余，而第四等之家乃逾五千，每家之产仅能值二十四缗而上，即以敷纳役钱……当役法未行时，第四等才一千六百余户，由役钱额大，上户不能敷足，乃自第五等升三千四百余户入第四，复自第四等升七百余户入第三。”就是这样。见《长编》卷三六四元祐元年正月戊戌记事。

为"极户"或"无比户"。① "元祐更化"恢复差役法,对这些"家业钱数与本等人户大段相远"的"高强户"怎么办?若止应第一等色役,岂非"显属侥幸,有亏其余人户?"②于是在推行募役法过程中出现的户等细分化的趋势,在"元祐更化"以后却以特殊的形式得到继续发展。这就是"出等户"的划出。

先是,元祐元年(1086)八月九日,苏轼针对此等情况,曾经建议:"应高强户随逐处第一等家业钱数如及一倍外,即计其家业每及一倍,即展所应役一年,除元役年限外展及五年为止。"举例来说,就是:"假如本处以家业及二千贯为第一等,其高强户及四千贯以上,计其家业又及四千贯,即展役一年,通计家业及二万四千贯,即展五年,以上更不展。"③是否别人也曾提出过类似的建议,不得而知。只是朝廷于此年九月十八日发布的诏令,却规定:"出等户更不差役,只令减半出免役钱。"④虽然诏令的内容与苏轼的建议并不完全一致,但出等户终究另行划出了。

那么出等户的条件是什么呢?元祐元年十二月己酉诏:"旧出免役钱三百缗以上人户,并依单丁等户例输纳,与免色役。"⑤侍御史王岩叟针对此诏曾上疏谏诤,其中有云:"臣伏睹新降役法内一

---

① 如邓绾、曾布曾言:"今输钱之法,极户十年输缗钱二百五十,其次八九十而已。"见《长编》卷二二七熙宁四年十月壬子"是日颁募役法"条自注录《神宗正史食货志》。又如刘谊说:"两浙之民富溢其等者为无比户,[庸钱]多者七八百千,其次五百千。"见《长编》卷三二四元丰五年三月乙酉记事。他如杨绘所言:两浙提举常平张靓等科一路役钱至七十万,"至有一户出三百千"者(《长编》卷二二三熙宁四年五月乙未记事)。宋神宗所言:"浙西役钱,上等有一户出六百贯者。"(《长编》卷二三七熙宁五年八月辛丑记事)刘挚所言:天下"富县大乡,上户所纳役钱,岁有至数百缗者,又有至千缗者。"(《长编》卷三六四元祐元年正月戊戌记事,《忠肃集》卷五《论役法疏》)以及李常所言:"上等极力之人,昔输钱有岁百贯至三百贯者。"(《长编》卷四二四元祐四年三月己亥记事)当也都指"极户"或"无比户"而言。

② 《宋会要》食货六五之五五。

③ 《宋会要》食货六五之五五。

④ 《长编》卷三九〇元祐元年十月癸丑"殿中侍御史吕陶言"条自注。

⑤ 《长编》卷三九三。

项：诸出等高强户旧纳免役钱三百贯以上者，依单丁等户法输助役钱。"[①]则所谓"出等户"者，即旧纳免役钱三百贯以上之人户也。至于"依单丁等户例输纳"，则与减半输纳同义。

王安石曾说：浙西"出六百贯[役钱]之家，是有四百贯税钱"，[②]则旧纳免役钱三百贯者，若在浙西，当是有税钱二百贯的人户。常熟夏税钱只作中下两等，中田一亩四文四分，下田一亩三文三分。[③] 今姑以一亩平均四文计算，则有税钱二百贯人户，当占有田地近五百顷。王岩叟也说：出等户"元纳役钱今虽减半，其少者犹须纳一百五十缗有余，以北方言之，秋成之时，粜谷五六百石乃可以充"。因此，出等户的数量是不多的，"有数州之广无一户者，有一路不过三数家者，总天下言之，其能有几？"[④]在号称繁庶的浙西，一户六百贯役钱者，亦不过"数十户"。[⑤]

到了元祐三年（1088），出等户的标准有了显著降低。此年五月己酉，"诏府界、诸路，旧纳免役钱百贯以上户，依单丁等户法输纳助役钱"。[⑥] 也就是旧纳免役钱百贯以上的人户，从此减半纳钱，更不差役，成为出等户了。出等户的数量当亦随着显著增多。哲宗亲政，罢行差役，恢复募役法，但对于元祐年间划分出等户的做法和标准却予承袭。绍圣元年（1094）九月十五日，"户部看详役法所言：'应诸路旧立出等高强无比极力户合出免役钱一百贯以上者，每及一百贯减三分。'从之"。[⑦] 出等户作为凌驾于五等户之上的又一户等，于是确立了下来。

---

① 《长编》卷三九三。
② 《长编》卷二三七熙宁五年八月辛丑记事。
③ 《重修琴川志》卷六《叙赋》。
④ 《长编》卷三九三元祐元年十二月己酉记事。
⑤ 《长编》卷二三七熙宁五年八月辛丑记事。
⑥ 《长编》卷四一〇。
⑦ 《宋会要》食货六五之六七。

绍兴五年(1135)十一月庚午朔,“诏诸路州县出卖户帖”。出卖的户帖按户等立定价钱:“应坊郭乡村出等户,皆三十千;乡村五等、坊郭九等户,皆一千。凡六等。”①可见在南宋,乡村出等户不仅仍然是凌驾于乡村五等户以上的又一户等,而且由于包括了出等户,乡村人户的户等共有六等了。

值得注意的是,出等户这一具有特定含义、并有明确标准的专名,在南宋的一般公私文翰中,却往往用作泛指特殊富实人户的一般词语。如薛季宣论科折不均,曾经提到:“给散人户凭由,不言科折之数,由是出等上户多缘计弊而免其数,并于贫下,实出强倍之征。”②黄震在抚州赈荒,亦曾一再语及:“[乐安]邑内风俗,当职虽未能周知,如出等税家彰彰在人耳目者,已略得其概。”“寄居[抚州]前縠城县尉饶立,积米累巨万而性吝啬,其馀中户尚从劝粜,惟此第一出等户独不从劝粜,凡其回报,皆是相欺。”③

(三)南宋五等户定制的形式化

原先主要为科派差役而设的五等户制,由于纳钱(实际上是纳税)代役的募役法的颁行,遂受两税法以来赋税征收基本原则的制约,出现了户等细分化的趋势,并进而导致了户等界限的泯灭。可是五等户制虽然主要是为科派差役而设的,但它一旦确立以后,却又渗透进了社会生活的各个领域。④ 因此,即使它的主要作用已经

① 《要录》卷九五。
② 《浪语集》卷一六《知湖州朝辞札子》。
③ 《慈溪黄氏日钞分类》卷七八《四月十九日劝乐安县税户发粜榜》、卷七五《乞照应本州已监劝饶县尉贷社仓申省状》。
④ 关于这方面的情况,王曾瑜《从北朝的九等户到宋朝的五等户》已有详尽论述,文载《中国史研究》1980年第2期。

消失,“而等第之民又不可废”,五等户制作为“经国之制”名义上仍须维持其存在,只是它的存在已经不可避免地严重形式化了。而且,从熙宁年间开始的这项纳钱代役的改革实际上并未推行彻底,后来它不过将役钱的征收作为一项新的税赋固定下来,州县役投名,而原先的乡役则在都保制或甲头制的形式下恢复科派,只是它的科派已经再也不复顾及户等,从而使业已形式化的五等户定制愈益形式化。

进入南宋以后,不少人都曾论及轮充保正副、大小保长已经成了民间不堪忍受的差役负担。如绍兴五年(1135)十二月丙午,徽猷阁待制、新知静江府胡舜陟即曾说道:

> 伏睹熙宁间,王安石当国,变祖宗画一之制,创立新法,而保甲居其一。……及章惇、蔡京祖述安石弊法而侈大之,复行之于东南,虽不授[之]弓弩、教之战阵,然于一乡之中,以二百五十家为保,差五[十]小保长、十大保长、一保副、一保正,号为一都。凡州县之徭役,公家之科敷,县官之使令,监司之迎送,一州一县之庶事,皆责办于都保之中。故民当正副,必破其家;大小保长日被追呼,不离公门,废其耕农之业。今民遭差役者,如驱之就死地。[1]

而保正副等的科差办法则是:

> 诸县选差保正副,在法以物力高下,人丁多寡,歇役久近,参酌定差,务要均当。[2]

---

① 《要录》卷九六。
② 《宋会要》食货六五之八〇。

关于“以物力高下”选差，据约成书于绍兴末年的《州县提纲》说，乃是“素有则例”的：“如某都里正（按指保正）元例差及税一贯文止，不可辄差未逮一贯文者，如某保户长元例差及税三百文止，不可辄差未逮三百文者。或及元则例之家比向来顿减，止三家二家长充，而未及则例之家有税力优厚可以任役者，又在随宜更变。”[①]可见，都分不同，差役则例虽亦有别，但差役与否的界限，却是直接依据税钱的多少，而不是依据人户的等第。可是在宋人的言论中，有人却又提到：“见充保正长人将替，县令前一月按产业簿依甲乙次第选差。”[②]则保正长的选差，又似按照人户等第的高下。不过，从“按产业簿依甲乙次第选差”的具体做法来看，实际上却是：一都之内，“且如甲有物力一千贯，乙有物力七百贯，则甲替而差乙；丙[有物力××贯，丁]有物力一百贯，则丙替而差丁。无可选者，又于得替人轮差。则是丁以一百贯而比甲一千贯，役次均矣”。[③] 与五等户制实无关系。这种差役办法，就是所谓鼠尾流水之法。

为了纠正物力悬殊而“役次均”的弊病，人们提出了许多方案：或者建议“通轮一乡差募保正长”，[④]或者建议“批朱歇役满六年者，便与白脚比并物力再差”，[⑤]或者建议“诸县保正长并将上户斟酌定差，下户止轮充大保长”，[⑥]或者建议“籍定民户物力高强，比他户大段辽绝者，并应役两次比其他役户一次”，[⑦]或者建议“每都以田产物力十分为率，及三分者充大保长，及七分者充正副一次，及

---

① 卷二《差役循例》。
② 《宋会要》食货六五之七九。
③ 《宋会要》食货六五之九二。缺文据上下文意补。
④ 《要录》卷八八绍兴五年四月己未记事。
⑤ 《要录》卷一七三绍兴二十六年六月辛未记事。
⑥ 《要录》卷一七五绍兴二十六年十二月丙午记事。
⑦ 《要录》卷一七八绍兴二十七年十二月丙申记事。

十分者役次倍之”。[①] 这些建议，除了以上下户分充保正副和大保长一条以外，其余都与五等户制绝少干涉。

为了纠正科差保正副“杂取人丁多寡而不专用物力高下”所出现的“母子不相保而必至于出嫁，兄弟不相容而必至于析生”[②]等弊病，有人曾建议“专用物力”选差保正长。而实际颁行的，却仅仅规定：“许今后差物力高单丁，每都不得过一人。”[③]显然，这与五等户制亦绝不相关。

据南宋时人说，当时环绕差役的争议，“多起于税高而歇役近者，则以轮差之法而纠税少歇役久之家，税少而歇役久者，则以歇役六年再差之法而纠税高歇近之家”。[④] 可见“歇役六年再差之法”影响的深远。此法又称“批朱歇役法”或“朱脚白脚之法”，[⑤]是绍兴二十六年六月初一御史中丞汤鹏举建议实行的。提出建议的背景如下：

> 昨议役法者欲以批朱白脚轮差，遂致下等人户被害。谓如一保内，上等家业钱一万缗，中等五千缗，各已充役，谓之批朱；下等家业钱百缗，末等五十缗已下，未曾充役，谓之白脚。然下户无力可充，遂有差役不行之患。[⑥]

过了两年，绍兴二十八年六月初一，依据大理少卿金安节的意见，降诏罢行。金安节的意见是：

---

① 《宋会要》食货六五之九三。
② 《要录》卷六八绍兴三年九月戊辰记事。按，原文称“募役之法”，实指当时的役法，即主要指保正长之役。
③ 《要录》卷八八绍兴五年四月己未记事。
④ 《州县提纲》卷二《酌中差役》。
⑤ 《宋会要》食货六六之二六；楼钥《攻媿集》卷二六《论役法》。
⑥ 《要录》卷一七三。涉及建议内容的文字，已见前引。

盖民间物力,其相远者或不啻千万,而相迩者或止于一二。议者乃独取其相去百倍者而言之,是举其相远而遗其相迩也,焉得为通论乎?臣今取其相近者言之。且如十家物力,甲户万缗,自乙而降,以百缗为率差而下之,至第十家犹为九千余缗也。若歇役六年便与未差之家比并物力再差,则是役常周环于八户以上,而九千余缗者永不及也,其不均孰甚焉。①

绍兴三十一年二月二十七日,洪适上言,要求"将歇役指挥依旧施行",理由如下:

近因宣州一乡上户极少,下户极多,守臣奏请,本欲不候歇役六年即再差上户。有司看详误将歇役六年指挥便行冲改,遂致上户却称朝廷改法,是以鼠尾流水差役,必欲差遍白脚,始肯再充。当差之际,纷纭争讼,下户畏避,多致流徙。盖上户税钱有与下户相去百十倍者,必俟差遍下户,则富家经隔数十年方再执役。②

到了淳熙十四年十一月二十三日,又有臣僚建议:

将物力税钱高下相去半倍,许歇役十年理为白脚;一倍,歇役八年理为白脚;二倍,歇役六年理为白脚;三倍,歇役四年

① 《要录》卷一七九。
② 《盘洲文集》卷四一《论人户差役札子》,《宋会要》食货六五之九三。

理为白脚。至[三]倍止。①

可见在环绕差役的争议中，主张改革差役弊病的议论与建议，多援用批朱歇役之法并予丰富完善。而争议双方的主要论点和朝廷采取的相应措施，都是直接着眼于人户税钱、物力的高下，而不再凭借人户等第划分这类中介的。汤鹏举和洪适的奏陈中虽然提及人户等第，亦纯属举例性质，并未将等第用作差役与否的依据或界限。而且汤鹏举举例所及的户等乃作“上等”、“中等”、“下等”、“末等”，与五等户定制似亦有别。②

约宁宗朝，楼钥论役法，谓“前后臣僚论列，有为朱脚白脚之法者，有为鼠尾轮差之法者，朝廷行之，正求以便民。然而申明愈多，法令愈繁，有司不知所守，而舞文之吏因得并缘为奸，而民益病矣”。遂进而提供了一个“明而易行，简而易守”的差役方案：“凡物力及百缗者役一月，及千缗者役十月，其间多寡有差，大率皆以月计。……凡乡之富者或数倍于此，则以此法等而上之，以三百缗、五百缗供一月之役；乡之贫者或不及于此，则以此法等而下之，以三十缗、五十缗供一月之役。”③这个方案，同样是定差只据人户物力多少，根本不顾户等高下的。

以上是在南宋一代成为差役主要项目的保正长之役的情况。此外，在其他各地虽仅一度取代大保长催科，而在广南、福建等地

① 《宋会要》食货六六之二七。据同书食货六六之三〇，嘉定五年正月二十二日臣僚言：“窃见淳熙十六年两浙漕臣耿秉建议：‘充役人物力比未役白脚人如增及一倍，歇役十年理为白脚再充，如增及二倍，歇役八年，增及三倍，歇役六年。’户部看详：‘合从建议施行。’今著令甲，永为成式。”疑两者当指一事，则建议者乃耿秉，然建议时间与计倍方法皆不同，不知何故。

② 关于批朱歇役之法，参考周藤吉之《南宋の役法と宽乡・窄乡・宽都・窄都・との关系》，载《唐宋社会经济史研究》，东京大学出版会，1965 年。柳田节子《宋元乡村户等制补论》又进而指出：南宋时期，如鼠尾、流水、批朱、白脚之法，其与户等的关系，也全都模糊化了，载《中嶋敏先生古稀纪念论集》下卷，开明堂，1881 年。

③ 《攻媿集》卷二六《论役法》。

则曾长期管催税租的甲头,实际上也是一项重要差役。甲头系承袭熙丰成法而设。据元丰赋役令:"诸乡村主户,每十户至三十户轮保丁一人充甲头(并须同一大保),催租税常平等钱。"[1]在南宋,甲头更是"不以高下贫富,一等轮差",以致发生"不问物力丁口,虽至穷下之家,但有二丁,则以一丁催科"[2]的情况。可见,五等户制在轮差甲头中也是不起作用的。

既然南宋的主要差役——保正长和甲头的轮差已经不再顾及户等,那么原先主要为科派差役而设的五等户制作为"经国之制"的存在,也就只能徒具形式了。显然,轮差保正长和甲头之不再顾及户等,乃是五等户定制形式化的主要表现之一。此外,在社会生活的各个领域,每当需要按人户的等第予以区别对待的时候,不再依据现成的五等户定制,而是临时将人户区分为不同等第的现象,也在不时发生。

绍兴五年(1135)广东改用甲头催税,以形势户催形势户,平户催平户,其具体办法是:"将形势户、平户随税高下各分作三等编排,籍定姓名,每三十户为一甲,依此攒造成簿,然后按籍周而复始轮差。"[3]

绍兴七年,川陕赡军钱阙,都转运使李迨"遣官属分行三路,召三等井户量增贴纳钱,上等每百斤增千钱,中等七百钱,下等三百钱"。[4]

赵必愿,嘉定七年(1214)举进士,知崇安县,"立催科法,列户名为三等,以三期为约,足者旌之,未足者宽以趣之,逾期不纳者里

① 《止斋文集》卷二一《转对论役法札子》。
② 《宋会要》食货六五之七八、七七。
③ 《宋会要》食货六五之八二。
④ 《要录》卷一一一绍兴七年六月壬子记事。

胥程督之”。①

约嘉定末，萧必简提举京西南路常平茶盐公事兼本路提刑、运副。先是，“州县以丁夫运粮，素无定籍，临事调发，奸吏司其柄，贫富异役，怨嗟载道”。萧必简“即为酌定，列为三等，每制司大举入敌境，随军应办，未尝乏事”。②

以上四例，分别属于轮差甲头，增派杂税，催科税租，调发夫役四个方面，都是将人户分作三等，而且除第二例以外，都是临时划分的。第二例说的是“井户”，原先井户似与一般民户拥有统一的户籍、户等的，此处既说“召三等井户”，则井户之分作三等已是既成事实。在五等户制下，虽然也有将第一、第二等户（或仅只第一等户）称作上户，第三等户（或第二、第三等户）称作中户，第四、第五等户称作下户，从而将五等户简作上、中、下三等的，但以上四例都不属这种情况。因此，当时虽有五等户定制存在，但却往往不予沿用，而在另作新的划分。

淳熙十二年（1185）三月二十五日，朝廷同意权发遣信州郑汝谐的奏陈，“将诸县民户税钱仍旧分作三等，上等专差保正副，中等充夏税户长，下等充秋苗户长。……上三等户并官户之税官中自催，不许入户长甲帐。……户长所催者止是下二等户之税”。③ 前曾述及以上、下户分充保正副和大保长的建议，建议所说的上、下户是否即指五等户制下的上户和下户，史文有阙，颇难明确。观信州此例，则分充保正副、夏税户长和秋苗户长者，乃是在五等户定制以外另行依据税钱划分上、中、下的三等户。而且奏陈中既说“仍旧分作三等”，则郑汝谐的措置，显系沿袭早已如此的成例。于

① 《宋史》卷四一三《赵必愿传》。
② 曹彦约《昌谷集》卷一八《萧必简墓志铭》。
③ 《宋会要》食货七〇之七四。

此又可见,用作轮差保正副、大保长依据的三等户,乃是具有丰富内容和现实作用的户等划分,而作为官中自催和户长所催对象的五等户定制,除了表明它仍然存在以外,则很难说还有何等实际内容和作用。

绍兴六年十一月戊寅,朝廷根据王缙的建议,规定:"自今以后,应和籴粮斛之类,有不免均之人户者,逐县各具承受之数,以编户计之,少则均及上户,逐等分上、中、下三等各若干,多则用物力或苗税通计,每若干贯石当若干,零数与免。"[①]从此例虽可看到五等户定制的存在及其作用,但它的作用却仅仅在于:以某一户等作为均敷和籴与否的界限。当和籴局限于上户时,还要将"逐等分上、中、下三等",这无非是役钱征收中户等细分化趋势的扩大;而当和籴数多,不再局限于上户时,"则用物力或苗税通计每若干贯石当[和籴]若干",这实际上又无非是户等界限的泯灭。在两浙的和买中,五等户定制的作用与此颇相类似,原是"以第一等止第四等科和买,而第五等不科",[②]仅有第四、第五等之间的界限是明确的。后来,"朝廷因臣僚申请,如均敷和买之类,皆彻下等",[③]则上述界限实际上也在泯灭。

绍熙(1190—1194)间,广东潮州敷纳盐钱,曾将人户分为"七等"。据《永乐大典》卷五三四三《潮·潮州府》录《三阳图志》记载:"盐之旧赋轻甚,城市乡邑居民量行均买,未有抑配之扰。淳熙间,李提举变二广盐筴,本州盐课始增,乃从主客丁口科(级)[取]。绍熙间,赵提举复请减盐额,随产高下,作七等均敷。园地屋基产仅一文,敷钱与田产五十文者等,白丁免而小产下户益困。庆元四

① 《要录》卷一〇六。
② 王十朋《梅溪先生文集》后集卷二五《定夺余姚县和买》。
③ 王洋《东牟集》卷九《正诡名法札子》。

年,太守林公嘌于是樽节赢余,以代第七等之赋。"惠州与潮州相似。据刘克庄《后村先生大全集》卷七九《乞免循、(查)[梅]、惠州卖盐申省状》,直至嘉熙四年(1240),惠州钞盐仍在"随税七等均卖,无一户一口得免"。则在潮州、惠州,五等户定制此时似已不复存在。

约绍兴末,叶衡知临安府於潜县,"户版积弊,富民多隐漏,贫弱困于陪输。衡定为九等,自五以下除其籍,而均其额于上之四等,贫者顿苏"。[①] 这也是科征税赋之例,但却将人户"定为九等",而且是近在辇毂之下。文中"贫弱困于陪输"的"陪输",当指"加耗"、"斛面"一类附加税和"和买"、"和籴"一类杂科敛,而非正税两税本身,否则小小知县当不敢擅辄"自五以下除其籍,而均其额于上之四等"。至于将人户"分为九等"虽然可以看作是叶衡的创置,但却不是没有法令依据(载有程能建议的随敕申明迄未明令罢行或冲改),而且很可能是有成例可循的。当地虽有五等版簿,显然早已不可凭信,徒具形式了。

大致成书于淳祐七年(1247)的秦九韶《数书九章》一〇《赋役类·均定劝分》载有如下一道应用算题:

> 问:欲劝粜赈济,据甲民物力亩步排定,共计一百六十二户,作九等,上等三户,第二等五户,第三等七户,第四等八户,第五等十三户,第六等二十一户,第七等二十六户,第八等二十四户,第九等四十五户。今先劝谕第一等上户愿粜五千石,第九等户愿粜二百石。欲知各等抛差石数,并总认米数各几何?

---

① 《宋史》卷三八四《叶衡传》。

答案是：每等一户以六百石为差，总认米二十三万七千六百石。在这则劝粜赈济之例中，甲民亦“作九等”。据董煟说，赈粜作为一项科配，在南宋是“惟以等第科抑，使出米赈粜”[①]的。如淳熙间臣僚上言即曾提到：“去岁州县劝谕赈粜，乃有不问有无，只以五等高下科定数目，俾之出备赈粜。”[②]其实，早在北宋庆历八年富弼在京东青州筹措赈济河北灾伤流移人民时，即曾令青、淄、登、潍、莱五州乡村人户分等第量出口食，且曾逐家均定所出斛(米)[斗]数目如后：

> 第一等二石　第二等一石五斗　第三等一石　第四等七斗　第五等四斗　客户三斗　已上并米豆中半送纳。[③]

可见科抑劝粜，大多依据既有等第，一般都依据五等户定制，很少临时划定的。上引《均定劝分》算题“据甲民物力亩步……作九等”，当是现实生活中已经存在九等户划分的反映。因为《数书九章》中的各则算题，本是“设为问答，以拟于用”，[④]作为问题设定的，显然不仅是社会上曾经出现的现象，而且也是现实中相当普遍的事实。《数书九章》一〇赋役类还有一道《均科绵税》算题，谓“县科绵，有五等户共一万一千三十三户，共科绵八万八千三百三十七两六钱”云云。则在当时，现实生活中通行的户等划分，已经既有五等，又有九等，业已徒具形式的五等户制，它作为“经国之制”的地位也动摇了。

---

① 《救荒活民书》卷一。
② 《救荒活民书》卷二《劝分》。
③ 《救荒活民书》卷三《富弼青州赈济行道》。
④ 秦九韶《数书九章·序》。

约嘉定中，福建漳州秤提会子，先是“遣兵马司根刷在城户眼，富室质库、上户俾藏二百，中户一百，下户五十”。继又“以兵马司所籍三等户之失实，又为之分九则，俾巷长平议，投柜于鼓门以凭撞点”。[1] 这是为秤提会子而将人户分为三等九则之例。文中提到“在城户眼”、“巷长”，所指当是坊郭户。作为定制，约自庆历初以来，“天下州县城郭人户分为十等”。[2] 漳州为秤提会子而将在城户眼分为三等九则，显然有悖于祖宗的上述定制。坊郭十等户定制，在漳州早已不再存在，起码是早已不起作用了。据下文：“下至乡村根括，农功正时，骚然挠动，竟废种莳，奔波营备，其力不赡者曰：吾有死而已。”则三等九则之划分，又似并不完全局限于“在城户眼”。又据在此稍前的赵善括说：“今有疏为九则十二户之说，请天下通行之，郡上于朝，朝下于部使者，使者移督所属之令，咸俾效其所言，列于图册。”又说：“至如行九则十二户之制者，此胶柱调瑟，按图索骏尔，又安能久而无弊哉。”[3]此所谓“九则十二户之制”，虽不明其究竟，要当与户等划分有关。则类似三等九则之户等划分，又似不完全局限于漳州。

总之，现实生活中撇开五等户另行划定户等的大量事实表明，南宋一代五等户定制的存在确实已经严重地形式化了。

（原载《宋史研究论文集（一九八四年年会编刊）》。杭州：浙江人民出版社，1987 年 11 月）

① 陈淳《北溪先生全集》卷二四《上赵寺丞论秤提会子》。
② 欧阳修《欧阳文忠公全集》卷一一六《乞免浮客及下等人户差科札子》。
③ 《应斋杂著》卷一《上提举差役札子》。

宋代五等下户的经济地位和所占比例

论者多认为,宋代的客户(指乡村客户,下同)是"对佃农的专称"。据宋末元初的方回说:"予往在秀之魏塘王文政家,望吴侬之野,茅屋炊烟,无穷无极,皆佃户也。"①如果客户确是"对佃农的专称",那么秀州客户所占的比例,当是很高的。可是在分别载有全国各州主客户数的《元丰九域志》中,两浙路秀州项下却记载说:"主一十三万九千一百三十七,客无。"②在"茅屋炊烟,无穷无极,皆佃户也"的秀州,户口统计材料中竟然没有客户,这似乎很难用"官方统计之绝不可信"来解释。

其实,宋代的主客户制和五等户制不过是对人户的等级划分,它不是揭示而是掩盖了当时真实的阶级关系和阶级对抗。在宋代得到长足发展的租佃剥削关系中,就佃种者一方来说,客户固然主要是佃农,但佃农却并不全是客户。本章拟从考察第五等下户的实际经济地位及其在总户数中所占的比例入手,借以说明五等下户和客户同是宋代佃农的主要构成成分。

---

① 《续古今考》卷一七《附论班固计井田百亩岁入支出》。
② 见卷五。

一、占田数额

皇祐二年(1050),丁度说:"蜀民岁增,旷土尽辟,下户才有田三五十亩,或五七亩,而赡一家十数口,一不熟,即转死沟壑。"①"三五十亩"和"五七亩"这两个数字值得注意。在当时人的心目中,这大概是第四等户和第五等户的平均占田额。

雍熙元年(984)正月,"澶州言:民诉水旱,二十亩以下求蠲税者所需孔多,请勿受其诉。上(太宗)曰:若此,贫民田少者,恩常不及矣"。② 元丰八年(1085)四月乙酉,枢密院言:府界、三路保甲,"第五等以下田不及二十亩者,听自陈,提举司审验,与放免"。③ 嘉定十七年(1277)秋,真德秀言:潭州"今春艰食,诸处细民窘迫至甚,惟长沙县诸乡有社仓二十八所,凡二十亩以下之户皆预贷谷,赖此得充粮种,比之他县贫民,粗有所恃"。④ 这些都表明,在下户中,占田二十亩是一条重要的界限。大致占田二十亩以上者属第四等户,占田二十亩以下者属第五等户。

河北西路定州安喜县,元祐初"户一万三千有余,而第四等之家乃逾五千,每家之产仅能值二十四缗而上,即以敷纳役钱"。也就是说,家业钱二十四缗,在安喜县是第四等户的下限和第五等户的上限。但这是熙丰年间为敷纳役钱而提高户等以后的情况。"当役法未行时,第四等才一千六百余户,由役钱额大,上户不能敷

① 《长编》卷一六八皇祐二年六月月末记事。
② 《长编》卷二五雍熙元年正月辛未记事。
③ 《长编》卷三五四。参照《长编》卷三六一元丰八年十一月丙午、卷三六二元丰八年十二月丙寅记事所录王岩叟言,以及吕陶《净德集》卷二《奏乞宽保甲等第并灾伤免冬教事状》。
④ 《西山真文忠公文集》卷一〇《申尚书省乞拨和籴米及回籴马谷状》。

足,乃自第五等升三千四百余户入第四,复自第四等升七百余户入第三”。[①] 则在实行募役法以前,用作第四、第五等户界限的家业钱数,肯定比二十四缗稍高。以家业钱划分户等,除田产外,还要估算杂产的多少;北宋中叶以前的地价,每亩大致在一缗上下。据此估算,占地二十亩或稍高于二十亩,确是第四、第五等户的界限。

两浙路绍兴府余姚县,绍兴末“物力及三十八贯五百文者为第四等,三十八贯四百九十九文者为第五等”。[②] 乾道九年(1173),会稽县和买绢,“物力钱一十九贯有奇,便科一匹,则是有田一亩,即出和买七尺”。[③] 绸绢一匹长四丈,即四十尺;有田一亩,折合物力钱约当三又三分之一贯。据此,物力及三十八贯四百九十九文者,除去若干浮财物力,占地十二亩不到。

福建各地大多先“以土田高下定出产钱”,然后根据产钱多少划定户等。如泉州惠安县,田分九等,上三等每亩产钱自十六文至十四文,中三等自十三文至十一文,下三等自九文至三文。“其田地产钱自一文至一百九十九文为第五等。”[④]若平均以中中之田每亩产钱十二文估算,则第五等户占田的上限当在十七亩以下。然如张守所说:“土地不同,或相殊绝,如山阪斥卤与夫鱼鳖之地,有捐以与人人莫肯售者,贫民下户坐纳税租者盖不少也,比之良田,百不当一。”[⑤]既然贫民下户占有的土地中不少是“山阪斥卤与夫鱼鳖之地”,那么平均以中中之田估算,似嫌过高。如改以下上之田每亩产钱九文估算,则第五等户占田的上限可达二十二亩。

---

① 《长编》卷三六四元祐元年正月戊戌记事。
② 王十朋《梅溪先生文集》后集卷二五《定夺余姚县和买》。此处虽特指余姚县而言,然据《宋会要》食货七〇之七六,淳熙十六年四月十五日条王希吕奏对所言,实际上绍兴府各县全都这样。
③ 《宋会要》食货三八之二四。
④ 《嘉靖惠安县志》卷六《田赋》。
⑤ 《毗陵集》卷三《论措置民兵利害札子》。

可是,在五等下户中,占田数额能够达到或接近这一上限的,却实在为数甚微。如熙宁初曾巩所说:"一户得粟十石,得钱五千,下户常产之资,平日未有及此者也。"①能够达到五七亩这一平均数的,为数也并不太多。淳熙七年(1180),"朱熹知南康,讲荒政,下五等户租五斗以下悉蠲之"。② 若按"亩税一斗者,天下之通法"③予以折算,"租五斗以下"占田当不到五亩。不少下户只有田一二亩。淳熙九年,提举浙东常平朱熹奏义役利害,即曾提到处州曾"令下户只有田一二亩者亦皆出田,或令出钱买田入官",④以充义田。更多的下户占田在一亩以下。川蜀"下等税户,或绸绢不及尺,或丝绵不及两,或米豆不及升",⑤占田都不到一亩。荆湖北路"一钱粒粟,即名税户",⑥浙西严州的第五等有产税户,"虽名为有产,大率所纳不过尺寸分厘升合秒勺",⑦他们所占有的田产,更是"虽有若无"了。

二、租 佃 土 地

吕陶说:"今农人之弊,盖贫者无田以耕与其有田而寡少者,皆不足以自养,而仰给于人。"⑧五等下户就是这样的农人之"贫者"。王觌也说:"下户多衣食于上户。"⑨他们"仰给于人","衣食于上户"的主要形式,就是租佃他人的土地,忍受残酷的地租剥削。

---

① 《曾巩集》卷九《救灾议》。
② 《宋史》卷三八九《尤袤传》。
③ 沈括《梦溪笔谈》卷九《人事》。
④ 《朱文公文集》卷一八《奏义役利害状》。
⑤ 《长编》卷三七七元祐元年五月壬戌记事。
⑥ 薛季宣《浪语集》卷二〇《论民力》。
⑦ 吕祖谦《东莱吕太史文集》卷三《为张严州作乞免丁钱奏状》。
⑧ 《历代名臣奏议》卷一〇六《仁民》。
⑨ 《长编》卷三六八元祐元年闰二月丙申记事。

淳熙七年(1180),南康军旱,为了筹措赈荒,知军朱熹于是年七月十六日发出《取会管下都分富家及阙食之家》的通知和状式,要求各个都分按式上报"蓄积米谷上户及阙食之家"的情况。他把人户分为"富家""中产"和"下户"三类。"富家"又分"有米可粜者"和"无余米可粜者"两类,分别指"除逐家口食支用、供赡地客[佃客]外"是否尚有余米出粜的富户,约略相当于五等户制中的第一等户和第二等户。"下户"在此饥馑年岁虽然都属"合要籴米者",但细分起来,却有"作田""不作田"和"作他人田"几种不同情况,须要分别上报。其上报的具体内容如下:

> 下户合要籴米者几家:
>
> 作田几家:各开户名,大人几口,小人几口;别经营甚业次。
>
> 不作田几家:各开户名,大人几口,小人几口;经营甚业次。
>
> 作他人田几家:各开户名,系作某人家田,大人几口,小人几口。兼经营甚业次。①

可见,"作他人田"者,在下户中绝不是个别的现象,而是整个下户的重要组成部分。在第五等户中当更为普遍了。

开禧元年(1205),有臣僚上言要求强化保伍之法,建议团籍造册,"以五家结为一小甲,三十小甲结为一大甲,每甲须当开具,甲内某人系上户……某人系下户……某人系客户……某人系官户……一一籍之于册"。各类户计都有须当开具的具体项目,其中

① 《朱文公文集》别集卷九。

“下户”是:“作何营运,或租种是何人田亩,人丁若干”,而“客户”则是:“元系何处人氏,移来本乡几年,租种是何人田地,人丁若干。”①则下户同客户的区别,仅仅一者“侨寓”,一者另有“营运”,而在“租种是何人田亩”或“租种是何人田地”这一点上,两者却几乎是完全一致的。

上引资料说下户别有“经营”或“营运”,吕南公也提到,税额“百钱十钱之家”的“主户”,“所占之地非能给其衣食,而所养常倚于营求”。② “经营”“营运”“营求”等均何所指呢?

据乾道五年(1169)李大正言:“绍兴府诸县自旧以来,将小民百工技艺、师巫渔猎、短趁杂作,琐细估纽家业,以应科敷官物,差募充役。”并说此类情况,“官户全无,上户绝少”,只是“下户小民被此科敛”。下文又点明,此所谓“小民”“下户小民”,乃指“自四等以下至五等民户”③而言。可见五等下户之“经营”“营运”或“营求”,实不外从事“百工技艺、师巫渔猎、短趁杂作”诸项。而在此诸项之中,则以“短趁杂作”最为普遍。如王柏所说:“今之农与古之农异。秋成之时,百逋丛身,解偿之余,储积无几,往往负贩佣工,以谋朝夕之赢者,比比皆是也。”④

真德秀说:“下等农民之家,赁耕牛,买谷种,一切出于举债。”小私有经济十分薄弱。“夏田才种则指为借贷之本以度冬,秋田甫插则倚为举债之资以度夏。”⑤终年不能摆脱高利贷资本的罗网。

总之,五等下户中租佃上户土地者是十分普遍的,有的还要充当上户的“佣工”,还有的则要不时向上户“举债”。五等下户这种

① 《宋会要》食货六六之二九。
② 《灌园集》卷一四《与张户曹论处置保甲书》。
③ 《宋会要》食货六五之九七至九八。
④ 《鲁斋王文宪公文集》卷七《社仓利害书》。
⑤ 《西山真文忠公文集》卷六《奏乞蠲阁夏税秋苗》、《奏乞倚阁第四第五等人户夏税》。

备受奴役剥削的经济地位,使得它与上户经常处于尖锐的阶级对抗之中。所谓“上户从来与下户势分相隔,不屑与之为伍”,[①]正是这种对抗的反映。

三、主 客 界 限

吕南公说:税额“百钱十钱之家,名为主户,而其实则不及客户”。[②] 真德秀也说:“五等下户,才有寸土”,“名虽有田,实不足以自给”,“其为可怜,更甚于无田之家”。[③] 将五等下户同客户这样类比,不是没有理由的。以上两节列举的事实足以表明,五等下户的实际经济地位,与客户的确十分相近。尤其是五等下户中的“无田产而有税钱”的税户,同客户更是难以区分了。

尽管如此,客户同属于主户的五等下户之间的界限还是存在的,起码官府在登录统计户口时是有它的统一标准的。乾道七年(1171)蔡洸所说:“有所谓税户,有所谓客户,税户者有常产之人也,客户则无产而侨寓者也。”[④]实际上就是这样的界限或标准。[⑤]

税户即主户。既然主户是“有常产之人”,五等下户属于主户,当有“常产”,并在这一点上与“无产”的客户区别开来。[⑥] 问题在于这里所说的“有常产”“无产”的“产”该如何理解?显然,它既非泛指“财产”,也非特指“田产”,而是专指“税产”而言;而“税产”的

① 黄震《慈溪黄氏日钞分类》卷八〇《行移团结亭丁》。黄震的话系直接针对亭户而言,在广大农户中当更是这样。

② 《灌园集》卷一四《与张户曹论处置保甲书》。

③ 《西山真文忠公文集》卷一〇《申尚书省乞拨和籴米及回籴马谷状》。

④ 《宋会要》食货一二之一九。

⑤ 参考梁方仲《中国历代户口、田地、田赋统计》甲表33《北宋主客户口数及客户户口数的比重》的附记对近年学者关于主客户划分标准意见的概括和评述。上海人民出版社,1980年,第128—129页。

⑥ 客户除“无产”外尚有“侨寓”特点,本章暂不涉及。

"税",又是既非泛指杂税,也非特指商税,而是专指正税二税的。史籍中的如下记载可为佐证:"隆兴二年四月二十六日,知常州宜兴县姜诏言:本县无税产人户每丁纳丁身盐钱二百文足,第四、第五等人户有墓地者谓之墓户,经界之时均纽正税外,又令带纳丁盐绢,作折帛钱输纳。"①文中"无税产人户"即客户,仅有墓地的第四、第五等人户"均纽正税",则视墓地为税产也。

田产无疑是税产,但税产的范围显然要比田产为广。熙宁八年(1075)"二月八日,以南雄州民有无田产而有税钱者,例出役钱,诏蠲之"。② 税钱即夏税钱。南雄州之所以出现"无田产而有税钱"的现象,就是因为在田产以外另有须缴纳二税的税产。咸淳末黄震论义役之弊,曾经提到:"向也上户充大役,小户充小役,家有一二十亩之田,轮充一次,尚可支当。今中户以下尽入义役,则小役之为大小保长者,降而差及一两亩田,及无田而有屋基、有坟山,挂名县道,略有税产者,皆须充大小保长。一次轮充,其家遂索,而贫苦益众。此三弊也。"③据此,则田产以外的税产,主要系指屋基、坟山而言。

坟山墓地本是不收二税的。熙宁方田均税法即曾规定:"墓地免均","众户殖利山林、陂塘、道路、沟河、坟墓、荒地,皆不许税"。④ 可是到绍兴年间实施经界法时,如前所述,这些"不许税"的墓地却大都"均纽正税"了。如"歙县贫民有以坟地税当输正绵

① 《宋会要》食货一二之一五。
② 《宋会要》食货七〇之一七〇。
③ 《慈溪黄氏日钞分类》卷七九《义役差役榜》。
④ 《宋会要》食货四之七;《长编》卷二三七熙宁五年八月月末记事。又《长编》卷一一〇天圣九年十一月己卯,"诏河南府民墓田七亩以下除其税"。"墓田"不是坟茔所在,同坟山墓地有别。墓田的收入虽专供看管、祭扫坟茔之用,但由于它仍是田产,所以超过一定限额者仍须征收二税。

四分、折绵四分者，揽户以为就整，则为绵二两，取其钱八百”，[①]就是经界以后出现的现象。歙县属徽州，徽州五县田园均分上、中、下三等，其中下田园夏税每亩输正绵一钱、折绵一钱五分。上述仅有坟地再无其他税产的歙县贫民，他家所占有的坟地实亦不到半亩。

如果说墓地是进入南宋以后才成为税产的话，那么乡村的住屋屋基则是自宋初以来即征收二税的。据方回说：“后世之田，至宋所在科敷不同，有夏税绢，有绵，有秋苗米，有折帛钱，有义仓米，有绢米，有免役钱，有盐钱。住屋或二税地科敷如田，否则有房廊白地钱。”[②]房廊白地钱系在坊郭征收，若在乡村，则住屋从宋初以来就是只计屋基，“科敷如田”的。如江南东路转运司驻地的建康府，“承平时，负郭之家连甍接栋，比屋相望，建炎兵乱，焚荡为茨棘瓦砾之场，官军分占为营屯，而故家输二税如故”。[③] 又如潮州，绍熙间，当地盐钱改为“随产高下，作七等均敷”。此后，“园地屋基，产仅一文，敷钱与田产五十文者等。白丁免而小产下户益困”。[④] 文中“产”指“产钱”，亦即夏税钱。可见住屋屋基，在宋代从来是田产以外征收二税的重要税产。

这样，对于贫苦农民说来，虽然他自身毫无田产，完全靠租佃别人的土地为生，但由于他在故乡保留有一所仅蔽风雨的住房，或者还保留着一块先人的坟地，他在户籍中就要被作为主户（税户）登录下来。因此，五等下户中的这类佃农，同作为客户主体的佃农比较起来，在租佃别人土地这一点上可以说是共同的。但是

---

① 《淳熙新安志》卷一〇《叙杂说·记闻》。
② 《续古今考》卷一七《附论秦力役三十倍于古……》。
③ 孙觌《鸿庆居士集》卷三八《赵士䵚墓志铭》。
④ 《永乐大典》卷五三四三《潮·潮州府》录《三阳图志》。

如果将其放在租佃剥削关系中从佃种者一方进行全面考察，那么两者之间的差异也是显而易见的。五等下户仅仅是租佃他人的土地，而客户则除了租佃他人的土地以外，还要住他人之屋，甚至还要葬他人之山。这些差异，对于租佃形式、地租形式以及人身依附的状况，都带来了深刻的影响。

四、所 占 比 例

宋神宗说："天下中下之民多而上户少。"①刘挚也说："州县上户常少，中下之户常多。"②究竟上户少到怎样程度，下户多达何种比例？张方平、孔文仲、刘安世等人认为，大约第三等以上的上户占10%，第四等以下的下户占90%。③ 孙谔和乾兴元年上封者言则认为，第一至第三等户占1/3，第四、第五等户占2/3。④ 其中哪种估计比较可信呢？

据范仲淹《答手诏条陈十事》："今河南府主客户七万五千九百余户，仍置一十九县（主户五万七百，客户二万五千二百），巩县七百户，偃师一千一百户，逐县三等而堪役者不过百家，而所要役人不下二百数。"⑤则河南府十九县，主户五万七百，平均每县二千六百六十九户。"巩县七百户，偃师一千一百户"，系举其最少者。

---

① 《长编》卷二三七熙宁五年八月辛丑"上谓安石曰浙西役钱"条原注引《徽宗实录》，又见同书卷三一三元丰四年六月己巳记事。

② 《忠肃集》卷五《论役法疏》。

③ 《乐全集》卷二一《论天下州县新添置弓手事宜》："逐县五等户版簿，中等已上户不及五分之一，第四、第五等户常及十分之九"；卷二六《论率钱募役事》："万户之邑，大约三等以上户不满千……四等以下户不啻九千"；《舍人集》卷一《制科策》："上户居其一，下户居其十"；《尽言集》卷一一《论役法之弊》："损九分之贫民，以益一分之上户。"

④ 《宋会要》食货六三之一六九：乾兴元年十二月，上封者言："且以三千户之邑，五等分算，中等已上可任差遣者约千户"；同书食货六五之六九：绍圣三年五月五日，左正言孙谔言："假一县有万户焉，为三分而率之，则民占四等、五等者常居其二。"

⑤ 《长编》卷一四三庆历三年九月丁卯记事。

“逐县三等而堪役者不过百家”,“堪役者”只是上三等的一部分,享有免役权利的官户、女户以及寺观、未成丁等户,皆未包括在内,而且户数不会太少。若按逐县主户平均数计算,“堪役者”约占3.75%,则上下户的比例当接近第一种估计。

据郏亶《吴门水利书》:“苏州五县之民,自五等已上至一等不下十五万户,可约古制而户借七日,则岁约百万夫矣;又自三等已上至一等不下五千户,可量其财而取之,则足以供万夫之食与其费矣。”①苏州五县主户十五万,三等已上至一等不下五千,则上户占3.3%,下户占96.7%,亦与第二种估计相距甚远,而与第一种估计比较接近。

那么在下户之中,第五等户又占怎样的比例呢?

元祐元年(1086),上官均说:“今天下之民,十室之中,赀用匮乏者十之六七。”②此处“赀用匮乏者”可兼指第四、第五等户,亦可特指第五等户,而以后者的可能性为大。如果这样,则第五等户约占60%—70%。

熙宁六年(1073),陈枢言:“两浙第五等户约百万,出役钱裁五六万缗,钱寡而所敷甚众。”③据《文献通考·户口考二》引《中书备对》:两浙路“户:主一百四十四万六千四百六,客三十八万三千六百九十”。在两浙路约一百四十五万主户中,第五等户约百万,约占69%。

乾道三年(1167)闰七月,天目山洪水暴发,冲损临安县高六等五乡居民二百八十五户。据官府派人调查所得及其建议,二百八十五户中,“除五户无税可放,二百八十家各有合纳税赋。……内

---

① 范成大《吴郡志》卷一九《水利》。
② 《长编》卷三七八元祐元年五月乙酉记事。
③ 《长编》卷二四八熙宁六年十二月戊寅记事。

周向等二十四家冲损屋宇家计,溺死人口,欲放今年夏秋两料并来年夏料;钱于兴等一百四十一家冲损屋宇,什物不存,欲放今年夏秋税两料;盛庆全等七十家冲损一半屋宇什物,欲放今年夏料。以上三项,并系第五等以下人户。及钟友端等四十五家,各系上户。内钟友端等四户被水至重,欲放今年夏料;施瑆等四十一户被水次重,欲放半料。”①“无税可放”者,当是客户。则在临安县高六等五乡二百八十五户受灾人户中,客户五户,五等下户二百三十五户,上户四十五户。五等下户约占主户总数的84%。

乾道六年,吕祖谦代张栻作《乞免丁钱奏状》,指出:“通计[严州]六县,第一等至第四等户止有一万七百一十八丁,(具)[其]第五等有产税户共管七万一千四百七十九丁,虽名为有产,大率所纳不过尺寸分厘升合秒勺,虽有若无,不能自给。”②如果将第一至第四等户同第五等有产税户相加,则第五等有产税户约占总数的87%。

在此以前,袁州知州辛炳丁宣和三年(1121)也曾指出:“今取会到本州倚郭一县人户,数内一万四千五百一户各系纳夏税绢一尺。”③“纳夏税绢一尺”,占田当不到一亩。袁州四县,“崇宁户一十三万二千二百九十九”,④如果按元丰初该州客户占总户数40%的比例减去客户,当有主户七万九千三百八十户,平均每县二万户弱。在不到两万人户中,占地不到一亩的竟达一万四千五百零一户,几占75%,同严州的比例已经相当接近,其“虽有若无,不能自给”的情况,当也与严州第五等有产税户不相上下。

---

① 《宋会要》瑞异三之八。

② 《东莱吕太史文集》卷三。下文尚有:“其无产税户共管四万一百九十[六]丁,并无寸土尺椽,饥寒转徙,朝不谋夕。”南宋严州的第五等无产税户,似即客户,故暂不予以计入。

③ 《宋会要》食货七〇之二六。

④ 《宋史》卷八八《地理志四》。

综上所述,五等下户在主户中的比例,一般为60%—70%,局部地区也有高达80%以上的,今姑以67%估算,并假定客户占总户数的33%,则五等下户在主客户总数中的比例,当占45%左右。在这占总户数45%的五等下户中,多数是“名是有产”,“实不足以自给”,主要靠租佃他人土地为生的佃农。

根据以上分析,既然多数五等下户的实际社会经济地位,在租佃关系中是处于被剥削的佃种者一方的,而它在全国总户数中所占的比例又与客户不相上下,甚至超过了客户,那么把宋代剥削阶级和被剥削阶级的关系概括为主客关系或田主和客户的关系,显然是值得重新考虑的。

同样,既然五等下户和客户同为被剥削阶级的主体,而两者之间小私有经济的有无多少又微有差异,那么仅仅从客户出发来论述当时的租佃形式、地租形式以及人身依附的强弱等等,其是否完全符合历史实际,或在多大程度上符合历史实际,显然也是值得重新考虑的。

(原载《杭州大学学报(哲学社会科学版)》1985年第3期。杭州:杭州大学学报编辑部,1985年9月)

宋代乡村客户的侨寓特点和主要构成

宋代客户问题研究的奠基者、日本学者加藤繁认为:“在宋代,显然根据不动产的有无来区别主户客户,主户中的大部分是土著人户,但土著人户而失去了产业,也会被编入客户,客户主要是外来的人户,但得到田宅后,也可以加进主户之列。”他并未完全否定客户的侨寓特点:“统计上的客户,主要是没有土地住宅的外来者。”并且在肯定“客户的大多数是佃户”的同时,又曾指出:“客户也并不都是佃户。”[①]此后,日本学者周藤吉之,中国学者陈乐素、华山等人,在对于客户问题研究的深入拓展上,都有重大贡献。[②] 宋代客户作为宋代经济和社会史上的严肃课题,也引起了不少学者的浓厚兴趣。正如加藤繁最先得出的结论绝非没有疏漏一般,后继学者的一些观点,如说,到宋初,“‘客户’便由客籍户转变为对佃户的专称,不再含有乡里、籍贯的意义”。[③] 或者在把客户分为文献上的客户和户籍上的客户的前提下,认为“区别主户客户的根本基

---

① 《宋代的户口》,1930 年;《宋代的主客户统计》,1933 年。引文见《中国经济史考证》中译本第二卷第 276,268,277 页。

② 周藤吉之的有关成果见《中国土地制度史研究》,东京大学出版会,1954 年。陈乐素《主客户对称与北宋户部的户口统计》,1947 年;《宋代的客户与士大夫》,1979 年。后收于《求是集》第二集,广东人民出版社,1984 年。华山《关于宋代的客户问题》,1960 年;《再论宋代客户的身份问题》,1961 年。后收于《宋史论集》,齐鲁书社,1982 年。

③ 前揭华山《宋史论集》第 31 页。

准是居住地如何”,而客户则是归业或新来人户中开发荒田得以负担正税者在送纳荒税期间的有产纳税户,并进而认为客户就是侨寓的有产户,与主户同样拥有田产,负担两税。① 也很值得商榷。本章即拟从侨寓特点和主要构成方面对宋代客户问题发表一些粗浅的商榷意见。

(一)侨寓特点

在关于什么是主户(税户)和什么是客户的宋代众多文献中,以南宋孝宗乾道九年(1173)十月一日司农少卿、总领淮东军马钱粮蔡洸的如下概括最能揭示出两者的基本特征:“有所谓税户,有所谓客户,税户者有常产之人也,客户则无产而侨寓者也。”②也就是,宋代客户具有两个规定性,一是“无产”,二是“侨寓”。在唐代,“人逃役者多浮寄于闾里,县收其名,谓之客户”。③ 客户只有一个规定性:侨寓。宋代增加了一个规定性:无产。“无产而侨寓”,这才是宋代客户的完整定义。

从宋代客户的实际情况来看,它所仍然具有的侨寓特点是万万不容否定的:

张方平《刍荛论·食货论·屯田》:“今天下浮户,依强家为佃客者,取分末之利,输大半之率,由无以自业也。”④

吕大钧《民议》:“今访闻主户之田少者,往往尽卖其田,以

① 草野靖《宋代户口统计上に所谓客户について》,《史渊》79 辑,1959 年;《宋代の主户·客户·佃户》,《东洋学报》46 卷 1、2 两期,1963 年。引文见《东洋学报》46 卷 1 期 97 页。

② 《宋会要》食货一二之一九。

③ 《文苑英华》卷七四七柳芳《食货论》。

④ 《乐全集》卷一四。

依有力之家;有力之家既利其田,又轻其力,而臣仆之。若此,则主户益耗,客户日益多。客虽多,而转徙不定,终不为官府之用。”①

《长编》载:“雄州言:北界民户以差配骚扰,并有惊移。……既而缘边安抚司言:逃移人多客户……上批:两输户逃移四方,雄州深以为不便者,不过控元佃之地全为北人拘占。今逃者既多客户,则浮寓之民纵使散之他所,亦无深害。可止令出榜安慰还业。”②

陈蔡《赵偁行状》:“客户旧无贷法,盖防迁徙,若令主户随等为保,则虽贷无害。”③

洪适《荆门军奏便民五事状》:“今荆门两县之民,其客户往来不常外,主户才及三千,坊郭不满五百家。”④

类似的记载还可举出许多。引文中“浮户”“浮寓之民”“转徙不定”“往来无常”等用语,不正是客户侨寓特点的写照吗?直至南宋宁宗开禧元年(1205),臣僚要求强化保伍之法,建议重新团籍造册,“以五家结为一小甲,三十小甲结为一大甲,每甲须当开具甲内某人系上户……某人系下户……某人系客户……某人系客户……一一籍之于册”时,其中关于“客户”须当开具的具体内容依然是:“元系何处人氏,移来本乡几年,租种是何人田地,人丁若干。”⑤既然如此,怎能说宋代客户“不再含有乡里、籍贯的意义”了呢?

---

① 《宋文鉴》一〇六。
② 卷二九七元丰二年三月甲午记事。
③ 《长编》三九二元祐元年十一月壬午“赵偁言”条自注引。
④ 《盘洲文集》四九。
⑤ 《宋会要》食货六六之二九。

当然,宋代的客户不只具有侨寓的特点,它的另一特点——无产,毋宁说具有更为重要的意义。片面强调侨寓特点,把它说成是区分"主户客户的根本基准",同样是不能令人信服的。

由于宋代客户是侨寓和无产两个特点的统一,那么唐代存在的那种"自贴买得田地有农桑"①的浮逃客户,以及寄住户、寄庄户就只能属于主户(税户),而不再是客户了。所以在蔡洸"税户者有常产之人也"的概括中,它也就只有一个特征。此外,土著而有常产者之为主户(税户)当也不致会有疑问,但土著而无产者又怎样呢?这就牵涉到对蔡洸概括的区别税户、客户的"有常产""无产"的"产"如何理解的问题。其实,这里所说的"产",指的当时须输纳正税二税的税产,而税产的具体内容,在乡村,除了主要指田产以外,是还包括住处的屋基,到南宋甚至还包括坟山墓地在内的。② 这样,就一名土著来说,只要他尚有属于自身的仅蔽风雨的简陋住处,因而尚未抛下祖坟,逃离故土。即使田产早已丝毫无有,全仗租种别人的田地为生,他在户籍上也仍将被作为主户(税户)登录下来。如果连祖坟都不要了,连栖身之所都无有了,而仍滞留原籍不肯离去的,在现实生活中实属绝无仅有。而此等绝无仅有的个别现象即使被作为客户登录,又怎能改变"无产而侨寓"这一宋代客户特征的普遍性于万一呢?

《宋代的客户与士大夫》一文提到:"客户对田主有人身依附关系。他们的户口附于主户的户籍内或'侨寓'、浮居。"③似乎意为客户既是侨寓,就没有自己的户籍,即使登上户籍,也只能附于主户的户籍内。提供的唯一依据是《作邑自藏》卷六《劝谕民庶榜·

① 《唐会要》卷八五《籍帐》。
② 参见《五等下户的经济地位和所占比例》。
③ 前揭《求是集》第二集第186页。

状式》的如下规定:“如系客户,即(去)[云]系某人客户。”日本草野靖则以胡宏所说“客户……或丁口蕃多,衣食有馀,稍能买田宅三五亩,出立户名,便欲脱离主户而去”,①作为佃户没有独立户籍的例证。② 草野的观点已遭丹乔二批驳,③但在何谓“出立户名”上似仍犹未达一间。

其实,《作邑自箴》状式的规定只能说明客户对主人有人身依附,实难证明客户的户口附于主户的户籍内。此状式正文如下:“某乡、某村、耆长某人耆分、第几等人户、姓某、见住处至县衙几里(如系客户,即(去)[云]系某人客户)……”则夹注所言“如系客户”云云当是对状式规定必须开具的诸项内容中“第几等人户”一项的替代写法,它与前引关于团籍规定中客户一项必须填报“租种是何人田地”一样,都同客户是否有自己独立的户籍无关。至于胡宏所说“稍能买田宅三五亩,出立户名”云云,则出立的绝非一般编户户籍之名,而是特指税户的户名。《庆元条法事类》卷四七《赋役门·税租簿》录赋役令:“诸县置税租割受簿,遇有割受,即时当官注之。(逐户之下结计见管数目,县官垂脚押字。若创新立户者,须声说某年月日于某乡里某人户下置到田产立户)”所说“置到田产立户”,就是指在“税租割受簿”中创立一个新的户头。绍兴十五年(1145)二月十日王铁受命取代李椿年措置两浙经界时所拟经界具体办法中,亦曾规定:“若后来各乡有创新立户之家,并召上三等两户作保,仍即时编入保甲簿,庶得永远杜绝诡名挟户之弊。”④所

① 《胡宏集·与刘信叔书之五》,第119页。
② 前揭《东洋学报》第46卷第1期第87页。胡宏所说“客户”草野认为不是户籍上的客户而只是事实上的佃户。
③ 见其论文《户に关する一考察——主户客户制研究の前提——》,《东洋史研究》第27卷第1期,1968年。
④ 《宋会要》食货六之四二。

说“创新立户”,指的也是新立税户户名,而“召上三等两户作保”的办法后来则似未曾施行。

曾布《肉刑议》在论证现行五等刑制死刑之次即处以流刑为不当,而应在死刑与流刑等生刑间增设肉刑的理由时,曾谈到古今流徙处境的绝大差异:古者流之远方,“其距于死无几也”;而“近世之民,离乡轻家,东西南北,转徙而之四方,固不以为患,而居作一年,即听附籍,乃欲以惩创罪邻于死之人,盖已疏矣”。[①] 据此,既然受到流刑处罚的“罪邻于死之人”在流放地“居作一年,即听附籍”,那么那些离乡轻家,转徙而之四方的“浮户”,当更是这样的了。“附籍”即落籍,亦即在当地登上户籍,《宋史》卷三〇六《柴成务传》谓柴知河中府,“得脱户八百家以附籍”,可证。这一规定,若与两税法颁行以前唐代宗宝应二年(763)九月敕的规定:“客户若住经一年已上,自贴买得田地有农桑者,无问于庄荫家住及自造屋舍,勒一切编附为百姓。”[②]试加比较,一年的期限未变,而落籍的财产条件则已为“居作”所取代。应当说,客户被登入州县编户户籍,在法理上是不存在什么障碍的。

包拯《论历代并本朝户口》谓仁宗“御宇已来,与民休息,至天圣七年,凡计编户一千一十六万二千六百八十九,至庆历二年,增至一千三十万七千六百四十八户,八年,又增至一千九十六万四千四百三十四”。[③] 此三年的户数,《长编》作:天圣七年“主户六百万九千八百九十六……客户四百五十五万二千七百九十三”,合计为一千五十六万二千六百八十九;庆历二年“主户六百六十七万一千三百九十二……客户三百七十六万四千六百二十六”,合计为一千

① 《长编》卷二一四熙宁三年八月戊寅记事。
② 《唐会要》卷八五《籍帐》。《册府元龟》卷四八六《邦计部·户籍》作宝应元年九月敕。
③ 《包拯集编年校补》卷二。

四十三万六千一十八；庆历八年“主户六百八十九万三千八百二十七……客户三百八十二万九千八百六十八”，合计为一千七十二万三千六百九十五。[①] 可知包拯所说天下“编户”数与《长编》所载主户客户合计数十分相近，表明客户是正式登入编户户籍的。《庆元条法事类》卷四八《赋役门·税租帐》录赋役式所载“诸州申夏秋税管额帐”规定须分县申报的两大项为“主客户丁”数和“税租”数。关于“主客户丁”大项的申报内容，其下夹注有如下说明：“新收、开阁、逃移、见管项内，各开坊郭、乡村主户、丁各若干，客户、丁各若干，及各开丁、中、小、老、疾病人数。内自来不载者，即将保甲簿照会具数。具新收、开阁，仍说事因。”益证作为申报原始依据的各类户籍册中，客户是有独立户籍的。

《景定建康志》卷四〇《田赋志·序》载：“明道二年，江淮安抚使范仲淹奏：‘当司看详江宁府上元等五县主客户递年送纳丁口盐钱，即不曾请盐食用……所有客户名下盐钱，盖是浮浪之人，起移不定，每到春初，被乡司、里正、户长抄札浮户，配纳盐钱，逐旋走移，其客户盐钱不多，望朝廷特与除放。’”表明每年春初，乡司、里正、户长例须对浮户进行抄札登录。乾道七年(1171)，江浙大旱，饥民流移，渡江北趋淮甸者甚多，薛季宣受命前去措置，他复合肥三十六圩，又于黄州立二十二庄予以安顿，“其馀土人招为客户”者，所籍计三千五百户。据薛季宣在《与虞丞相书》之六所作的说明：“流移数不止此，上户往往不欲以己招客闻于有司，兼复舒、蕲之间往来不定，以故村保所供止此尔。”[②]则流民突发年头的客户，须由村保登籍申供。凡此，皆可略略窥知客户作为“往来不常”的“流寓之民”附籍过程之大概。

---

① 分见卷一〇八、一三八、一六五。
② 《浪语集》卷一七。

与客户对称的人户，如陈乐素正确指出的，唐建中元年(780)施行两税法时，比较原始的文献，如《唐会要》《册府元龟》所载，本作土户。《旧唐书》以当代用语“主户”改之，是“很大的错误”，《新唐书》《资治通鉴》的作者“习惯于所处的社会而未觉察”，予以沿用，亦属欠妥。[①] 只有到了专以客户一词指称无产而侨寓人户，而有产者——税役负担者之为土著抑或侨寓业已无关紧要的时候，这些有产者——税役负担者，就无产而侨寓人户的居停主人而言遂被称为主户，就税役负担者而言遂被称为税户，两者经常混用，然在北宋的法令中似以称主户为主。直至北宋末年的徽宗政和三年(1113)，才又有改主户为税户之诏。《宋会要》兵二之四〇载此年“九月九日，枢密院言：保甲令，‘诸主户两丁以上选一丁’；又条，‘客户并令附保’。诏：应称主户处，并改为税户”。此诏似无特殊意义。据同书刑法一之二七载，同一年稍前的九月四日，刑部已有过如下奏陈：“奉御笔，改定条法内称‘主’者。其应缘条法内更有似此合改称呼者，仰刑部检勘，逐一条具，参酌拟定，申尚书省。”其下所列参酌拟定更改称呼的，计有“典卖田宅交易文契邀约‘钱主’改为‘典买人’，‘业主’改为‘典卖人’”，“‘主婚人’改为‘掌婚人’”，“海外蕃舶‘主’改为‘首领’”等共二十二项。再稍前的同年闰四月六日，又曾内出手诏，“改‘公主’为‘帝姬’，‘郡主’为‘宗姬’，‘县主’为‘族姬’”。据后来南宋高宗建炎元年(1127)六月六日臣僚上言，此举乃是“避忌‘主’字，因有改易”者，并说：“‘主’字不当避忌。往者凡是‘主’字一切除去，是以民间有无主之说，又言姬者饥也，亦用度不足之谶。”[②]尽管“主户”改为“税户”是当时基于避忌，“凡‘主’字一切除去”的伴生物，并无特

① 详见前揭《求是集》第二集第68—74页。
② 皆见同书帝系八之一至二。

殊意义,但由于终究发布过这样一道诏令,并依据诏令对既有条法内凡称“主户”者统统作了更改,此后称“税户”就更加广泛了。

二、主 要 构 成

宋代客户的构成成分中,最主要的是佃农:

石介《录微者言》:“乃乡墅有不占田之民,借人之牛,受人之土,佣而耕者,谓之客户。”①

元丰元年(1078)六月癸卯,京东体量安抚黄廉言:“澶州及京东、河北淤官地皆上腴,乞募客户,依其土俗私出牛力、官出种子分收。”②

郑侠《流民》:“小民无田宅,皆客于人,其负贩耕耘,无非出息以取本于富且大者,而后富者日以富,而以其田宅之客为力。今贫者小者既已流迁,田无人耕,宅无人居,财帛粟米之在廪庾,众暴群至负之而去,谁与守者?此所以不得不随而流迁者也。”③

苏轼《乞将损弱米贷与上户令赈济佃客状》:“况客户乃主户之本,若客户阙食流散,主户亦须荒废田土矣。”④

淳熙十四年(1187),淮西安抚司言:“安丰军寿春、安丰、六安、霍丘四县居民常昇等状:……昇(平)[等]经官识认田土在户,送纳官课。自乾道以来,承准朝廷指挥,立以年限,昇等假贷种粮,置牛犋开垦营运。未几,因累岁旱伤,客户星散,是致荒废。”⑤

陆游《[庆元五年]九月七日,子坦、子聿俱出敛租谷,鸡初鸣而

① 《徂徕石先生文集》卷八。
② 《长编》卷二九〇。
③ 《西塘集》卷一。
④ 《苏轼文集》卷三六。
⑤ 《宋会要》食货六一之三八。

行,甲夜始归,劳以此诗》:“贷粮助耕耘,客主更相依。”[①]

以上所言,有新淤官地上拟行召募的客户,有请佃官田土的佃主名下的客户,更多的是私家地主户下的客户,而从所言及的情况判断,他们显然都是分种形式租佃剥削关系中的佃农。[②] 甚至远在辽邦治下古北口外的平田上,不知“何年被流徙”的“汉人”,他们“衣服渐变存语言”,也在那里过着“力耕分获世为客”[③]的生活。

值得注意的是,这些佃农特征异常显著的客户,在石介笔下却被称作“佣而耕者”,亦即雇农。这无异又表明,宋代的客户佃农,实际上又兼有雇农的特征或外貌。其所以这样,则是由客户佃农小私有经济的异常贫乏,以及对地主人身依附的异常强烈等情况决定的。

一般说来,佃农之所以成为佃农,最基本的条件是“佃人之田”。他们正是通过“佃人之田”,然后才同地主发生剥削被剥削的关系,在封建时代还有人身依附关系作为补充。可是宋代客户佃农的情况却并不完全这样。他们往往是先有人身的投靠,同地主结成人身的隶属关系,然后才佃种地主的田地。文献中说的“募召浮客分耕”[④]“富民召客为佃户”[⑤]“招集流民以为佃客”[⑥]“依人庄宅为浮客”[⑦]等,从“富民”“税户”方面说是“召”“募召”“招集”,从“客户”方面说是“依”“投”,都表明确是先有人身的投靠。《夷坚志》三志壬卷一《冯氏阴祸》载:“抚民冯四,家贫不能活,逃于宜黄,携妻及六子往投大姓,得田耕作,遂力农治园。经二十年,幼者亦

① 《剑南诗稿》卷四〇。
② 关于分种形式租佃的基本特征,参见《租佃的基本形式——分种和租种》章。
③ 苏辙《栾城集》卷一六《出山》。
④ 苏洵《嘉祐集》卷五《衡论·田制》。
⑤ 《长编》卷三九七元祐二年三月“是月”记事载王岩叟言。
⑥ 《宋会要》食货六九之六七。
⑦ 《李觏集》卷一六《富国策第二》。

娶妇,生涯仅给。”文中虽未见“客户”字样,说的却正是浮客的投靠。而文献中另外说的“佃人之田,居人之地”①“借人之牛,受人之土”(已见上引),“赖衣食贷借,仰以为生”②以及“假借种粮屋宇,使之安存”③等,则又表明,客户作为直接生产者与生产资料的结合,除了最主要的生产资料——土地需要仰仗主人提供以外,其他必要的生产资料,如牛具、农器、种子等以及必要的生活资料,如屋舍、口粮等,也全都需要仰仗主人提供。

在这里,简陋住处的有无简直成了客户佃农区别于其他一般佃农的最显著标志。因为,凡客户总是“居人之地”的,否则就算是有税产,即使完全靠“佃人之田”为生,也不再是客户了。庆历八年(1048),河北灾伤,流民逐熟至京东者甚多,时京东青、淄、登、潍、莱五州丰稔,知青州兼京东东路安抚使富弼遂令此五州坊郭乡村人户那趱房屋、均出斛斗予以安顿接济,其所定乡村人户逐等合那趱房屋间数如下:“第一等七间,第二等五间,第三等三间,第四等五等两间。”逐家合出斛斗数目如下:“第一等二石,第二等一石五斗,第三等一石,第四等七斗,第五等四斗,客户三斗。”④其中均出斛斗者包括客户而那趱房屋者未及客户,就是因为乡村客户本来即不拥有属于本人之屋的缘故。苏轼在《与朱鄂州书》中建议鄂州知州朱寿昌禁绝当地溺婴之风,“立赏召人告官,赏钱以犯人及邻保家财充,若客户则及其地主。妇人怀孕,经涉岁月,邻保地主无不知者,若后杀之,其势足相举觉,容而不告,使出赏固宜”。⑤ 后来

① 《李觏集》卷二八《寄上孙安抚书》。
② 《韩琦家传》卷九。
③ 《宋会要》食货六九之六七。
④ 董煟《救荒活民书》卷三《富弼青州赈济行道》。
⑤ 《苏轼文集》卷四九。

南宋高宗绍兴年间,郑兴裔、胡铨也都提出过类似的建议。[①] 可见居停主人对于客户有着一种特殊的人身隶属关系。刘克庄《饶州州院推勘朱超等为趯死程七五事》判词提到:“李八者,见住[程]本中之屋,为本中之仆。”“仆”又作“地客”,下文“[程]本中因护地客,家业尽为[程]以宁吞并”,“地客”即指李八而言。[②] 范应铃《陈五诉邓楫白夺南原田不还钱》判词:“陈世荣绍兴年间将住屋出卖与邓念二名志明。志明生四子,其地系第四子邓谋受分,邓谋于淳熙十一年复将卖于长位邓演,明载有火客陈五居住。陈五乃陈世荣之孙。邓演诸子又各分析,离为三四,多系陈五赎回,但内邓楫一分未曾退赎,见得陈五犹是邓楫地客。”下文又说:“陈五与邓楫自有主仆之分。”[③]两则判词都表明,是否住他人之房竟是确定客户同主人之间有无主仆名分的主要依据。而宋代人力、女使等佣雇同主人之间的主仆名分本是极其严格的。这样,文献中往往把客户佃农视同佣耕者也就不能说毫无缘由了,如:

尹洙《杂拟九篇·原刑》:“夫南亩之民,储一岁之备者,十鲜一二,其次榷钱富室,出倍称之息;其次质产入租,交为人佣;下乃转徙他郡,壮者隶兵,弱者丐食,不幸为盗贼,穷矣。”[④]

《夷坚志》乙志卷二〇《徐三为冥卒》:“湖州乌程县浔溪村民徐三……后七年,至秀州魏塘为方氏佣耕,又七年,以负租谷不能偿,泛舟遁归其乡,过太湖,全家溺死。”

所述“为人佣”“为方氏佣耕”者,既然有“质产入租”“负租谷不能偿”等事实伴随,难道不分明就是租佃剥削关系下的佃农吗?

---

① 见《郑忠肃奏议遗集》卷上《请禁民不举子状》;《胡澹庵先生文集》卷九《与潭州魏参政书》。
② 《后村先生大全集》卷一九二。
③ 《名公书判清明集》卷四。
④ 《河南先生文集》卷二。

前述宋代客户佃农往往先有人身投靠,然后才"佃人之田",这只是就一般情况而言。而在特殊情况下,"佃人之田"甚至也不一定就是结成主客关系的必具条件。《长编》卷三三九载:元丰六年九月癸丑,"知琼州刘威言:'朱崖军土脉肥沃,欲乞委本军除旧系黎人地不许请射外,馀许招诱客户,请系官旷土,住家耕作,仍立赏格激劝。'从之"。朱熹《申监司为赈粜场利害事件》:"今照管属近来不住有外州县饥民流移入界,本军已行下诸县存恤,及委自当职官劝谕上户收充佃客,借与空闲屋宇,许令请佃系官田土,给予种粮,趁春开耕。"[①]两例表明,在客户招收者同客户结成主客关系之前,招收者户下本无田地可供客户佃种,供客户佃耕的系官田土是主客关系结成以后才向官府请佃或请射的。开禧二年(1206)五月二十二日,臣寮言:"所有已拣去官兵营田阙额之数,却令总领所告示逐处总首多有佃客而无田与耕者,或出榜招募流移之民及当处民户无产业者及有产业而尚有馀力者,听其从便入状权行承佃。"[②]所说"多有佃客而无田与耕"现象的存在,不正是直接的人身依附优先于土地租佃关系的反映吗?洪适在《荆门军奏便民五事状》中说:当地的"没官田产,即是酒户抵当或公吏等人犯罪没纳者。田既籍没,则所种之客,随其地主又复他去"。[③] 则客户之被束缚于地主人身亦远较被束缚于土地为甚。而兵火之后富家巨室对佃客的争相攘夺,也正是在这样的社会背景上发生的。如王之道《乞止取佃客札子》所说:"伏见淮南诸郡,比经兵火,所存凋瘵,百无二三。其间尝为人佃客,而徙乡易主,以就口食,幸免沟壑者,今既平定,富家巨室不复问其如何,投牒州县,争相攘夺。兵火之

① 《朱文公文集》别集卷一〇。淳熙八年二月一日,时知南康军。
② 《宋会要》食货六三之一五六。
③ 《盘洲文集》卷四九。

后，契券不明，州县既无所凭，故一时金多位高者咸得肆其所欲，而贫弱下户莫适赴诉，勉从驱使，深可痛悯。”①只是其中提及的“契券”，是否如论者所言即是租佃契约，似尚可再议。

客户之中，除了最主要的成分佃农以外，雇工似也有相当数量。陈淳《上庄大卿论鬻盐》中所说，“其馀客户则全无立锥，惟借佣雇，朝夕奔波，不能营三餐之饱，有镇日只一饭，或达暮不粒食者。”②指的就是客户中以零工为生的雇工，但是否即是雇农，似难肯定。至于吕南公《与张户曹论处置保甲书》说的，“客户之智，非能营求也，能输气力为主户耕凿而已，则其一日不任事，其腹必空。”③倒确是雇农，而且是雇农中的零工了。据绍兴元年（1131）九月十二日臣僚言：“田家夏耘秋收，人各自力，不给，则多方召募，鲜有应者。”④当时田家在夏耘秋收等农忙季节确有召募零工的迫切需要。“箫鼓赛蚕人尽醉，陂塘移稻客相呼。乡中谓佣耕者为客。”⑤“篱坏从儿补，禾荒付客锄。”⑥“上客已随新雁到，晚禾犹等薄霜收。剡及诸暨人以八月来水乡助获，谓之上客，以其来自山中也。”⑦的诗句和陆游自注又表明，这类插秧、锄地、收禾等季节性零工在当时也确实不少。只是这些季节性零工文献中虽然亦往往冠以“客”字，在户籍上是否都作为客户登录则是一个疑问。

与宋代客户佃农由于兼有雇农特征易于被混称为佣耕者相似，宋代雇农中季节性零工也颇具分种形式租佃下佃农的部分特色。据元丰六年（1083）河东路岢岚军流移至岚、石州民户的申诉：

---

① 《相山集》卷二二。
② 《北溪先生全集》文卷二四。
③ 《灌园集》卷一四。
④ 《宋会要》食货六五之七七。
⑤ 《剑南诗稿》卷六六《初夏闲居》之四。
⑥ 《水心文集》卷七《林敬之挽词》。
⑦ 《剑南诗稿》卷二五《秋日郊居》之六。

“昨以(与)[雨]多粜贵,暂来就贱,分锄一夏,麦已见穗,粟已立苗,愿及分田乃归。”①夏锄的季节性零工也与常年租佃的客户佃农一样,是同田主就收获物彼此分成的。而且依据绍兴三年(1133)二月七月拟订的营田条例,如果农忙时守御人亦并就田作,则“至秋成所得物斛,于内依仿锄田客户则例,亦合分给斛斗”。② 此等分成办法竟然被称作“锄田客户则例”,足见流行的普遍。

总之,宋代客户的最主要的成分虽是佃农,但却是佃农中的特殊部分,绝非佃农的全体。佃农中另外约近一半的人户则被划入主户的下五等户了。因此,不能因为宋代客户的主要构成是佃农,就反过来说宋代的佃农就是客户;至于说宋代的客户是佃农的专称或通称,也显然是不恰当的。

(原载《纪念李埏教授从事学术活动五十周年史学论文集》。昆明:云南大学出版社,1992年9月)

① 黄庭坚《山谷全书》别集卷八《黄廉行状》。
② 《宋会要》食货六三之九〇。

宋客户诸称辨析

宋代客户是"无产而侨寓者"。[①] 无论乡村客户,还是坊郭客户,都是如此。"侨寓"毋庸诠释,"无产"之"产"则指须缴纳正税二税的税产。在乡村,税产虽然主要指田产,但住房的屋基,至南宋还有坟山墓地,也都包括在税产的范围之内。在坊郭,则除了田产、地产是税产以外,屋产是更重要的税产。这样,客户的构成就是相当复杂的了。与此相应,文献中也就出现了与客户有关的种种称谓。由于唐中叶以来租佃关系迅猛发展过程中客户佃农曾是佃农队伍主要构成的历史原因,宋代一般文献以客户泛指佃农的现象亦时有所见。[②] 这就更增加了情况的复杂性。此外,还有一些冠有"客"字实与客户无直接关系的称谓,也容易引起混乱。陈乐素先生曾依据隶属程度的不同,将客户分为地客、佃客、浮客三类予以剖析,[③]日本学者周藤吉之亦有关于宋代佃户诸阶层的专门研究。[④] 笔者于受益之馀,亦愿追随诸位先行者之后,对此再略加

---

① 《宋会要》食货一二之九。

② 为此,日本的中川学曾创设客户的"制度概念"和"实体概念"予以区分,见《唐・宋の客户に关する诸研究》,1964 年,《东洋学报》46 卷 2 号。

③ 见先生与王正平教授合作的《宋代客户与士大夫》,载《杭州大学学报》1979 年 1、2 期合刊,后收入《求是集》第二集,广东人民出版社,1984 年。

④ 见《宋代の佃户・佃仆・佣人制》,载《中国土地制度史研究》,东京大学出版会,1954 年。

陈述。

一、“佃客”和“地客”

佃客同客户经常混用。《苏轼文集》卷三六《乞将损弱米贷与上户令赈济佃客状》,题中“佃客”,正文概作“客户”,贴黄又作“佃户”。

地客同客户,乃至同佃客亦有混用情况。如《宋会要·食货·逃移》淳熙十一年(1184)六月二十七日条载夔州路转运司奏:“如今后人户陈诉偷般地客,即仰照应上项专法施行。如今来措置已前逃移客户,移徙他乡三年以下者,并令同骨肉一并追归旧主……移及三年以上,各是安生,不愿归还,即听从便。如今后被般移之家,仍不拘三年限,官司并与追还,其或违戾强般佃客之人,从略人条法比类断罪。”(食货六九之六六至六七)“地客”“客户”“佃客”三语即在完全相同的意义上混用。

佃客是客户,地客也是客户,但不能反过来说客户就是佃客,或者客户就是地客。因为客户的内涵较之佃客或地客显然更为广泛。而据淳熙七年(1180)七月十六日知南康军朱熹《取会管下都分富家及阙食之家》公移的如下规定:

> 一、富家有米可粜者几家。除逐家口食支用,供赡[佃客]、地客外,有米几石可粜。乡例余数,即依乡例。开(客)[各]户姓名、米数。并佃客、地客姓名。
>
> 一、富家无余米可粜者计几家,而仅能自给其地客、佃客不阙,仍各开户姓。并佃客、地客姓名。
>
> 一、中产仅能自足而未能尽赡其佃客、地客者计几家。开

户名,取见佃客、地客姓名,所阙之数。[①]

其中佃客、地客始终并列,则两者显然又有区别,是不宜混同的。

佃客的地域范围远较地客为广。佃客不仅在泛指全国的记载中经常出现,而且在特指某路某州记载中出现的范围也几乎遍及全国。而地客呢?在泛指全国的记载中则仅一见,其见于特指某路某州记载者也只限于局部地区。[②]

佃客与佃户互称的记载几乎俯拾即是,这反映了佃客是宋代佃农主要组成部分的事实。[③] 而地客与佃户互称的记载简直绝无仅有。《宋会要·刑法·断狱》绍兴四年(1134)三月十四日记事提到,宣州"檀偕及地客(院)[阮]授、(院)[阮]捷殴缚叶全三等五人致死"(刑法四之八〇),《要录》卷七二载同一事,"地客"改作"耕夫",而《宋史·刑法志三》又改作"佃人",似乎"地客"与"耕夫""佃人"可以互称。但后人,尤其是《宋史》作者对今仅见于《会要》的这一原始记录的润饰是否准确无误,却似存有疑问。嘉定中,知安庆府黄榦《禁约顽民诬赖榜文》:"至于佃户、地客少欠租课,主家不可不需索……亦辄行诬赖,此风岂可长哉!"[④]既有"少欠租课"的地客,表明地客确有从事耕作并送纳"租课"的,但仍然佃户、地客并称,其间必有缘故。而且如《宋会要·食货·逃移》开禧元年(1205)六月二十五日条夔州路运判范荪所言:"本路施、黔等州界分荒远,绵亘山谷,地旷人稀,其占田多者须人耕垦,富豪之家争地客,诱说客户,或带领徒众举室般徙。"(食货六九之六八)从事耕作

① 载《朱文公文集》别集卷九。
② 据目前笔者手头的资料,夔州路三则、荆湖北路二则、淮南西路安庆府一则、江南西路抚州二则,泛指全路一则、江南东路南康军三则、宣州一则、饶州一则。
③ 宋代佃农的另一主要组成部分,在户籍中被登录为主户的第五等户。
④ 载《勉斋黄文肃公文集》卷三七。

的地客甚至大量存在。既然这样,那么佃客和地客的区别,究竟应当从两者作为直接生产者与生产资料结合的具体形式——租佃剥削关系的差异中寻找,还是应当从租佃关系以外去寻找?还是两者兼而有之?倒是值得深长思之的。容俟再考。

就同主人的关系而言,佃客同主人之间存在"主佃名分",而地客同主人之间存在"主仆之分"。《清明集》卷九阙名《盗葬》判词,谓"佃客"谢五乙兄弟盗葬主家吴太师孙新妇段氏之地,"及招本宅讼诉,亦不复顾主佃名分,辄敢计谋百出,必欲争占以为己物"。又谓:"谢五乙兄弟,见耕段氏之田,一主一佃,名分晓然。"地客则与"仆"互称。同书卷八范应铃《无证据》判词说"李三本是饶操地客",又说:"李三,饶操之仆也,二十年间往来饶操家不知其几,必严主仆之分。"主佃名分与主仆之分显然有别。至于吕祖谦所说:湖州"土俗小民悍强,甚者数十人为朋,私为约,无得输主户租,前为政者或纵臾之",知湖州薛季宣"取其首恶黥窜远方,民始知有奴主之分"。[①] 将主佃间的关系说成"有奴主之分"显属夸饰之笔,与判词所具有的法令准确性是难以同日而语的。

朱熹《朱文公文集》卷一四《戊申延和奏札一》批评"近年以来,或以妻杀夫,或以族子杀族父,或以地客杀地主,而有司议刑,卒从流宥之法"的现象,建议今后"凡有狱讼,必先论其尊卑上下长幼亲疏之分,而后听其曲直之辞"。其中"地客杀地主"之"地主"似非泛指一般耕地的所有者。若"地"指耕地,则田产、地产一同,佃客、地客也不应有别,奏札也不用单只揭出"地客"而不及"佃客"了。此处地客、地主之"地"当指住屋地基及住屋四旁园地而言,或者干脆即是住屋的代称。《清明集》卷四范应铃《陈五诉邓楫白夺

① 《东莱吕太史文集》卷一〇《薛季宣墓志铭》。

南原田不还钱》判词："陈世荣绍兴年间将住屋出卖与邓念二，名志明。志明生四子，其地系第四子邓谋受分。邓谋于淳熙十一年复将卖与长位邓演，明载有火客陈五居住。陈五乃陈世荣之孙。邓演诸子又各分析，离为三四，多系陈五赎回，但内邓楫一分未曾退赎，见得陈五犹是邓楫地客。"下文又说："陈五与邓楫自有主仆之分。"其中"住屋"和"地"就是在上述意义上互称的。也正是在这样的意义上，陈五才被判定"犹是邓楫地客"，"与邓楫自有主仆之分"。①

《宋会要·食货·逃移》载开禧元年（1205）六月二十五日夔州路转运判官范荪的奏乞凡五条："诸凡为客户者，许役其身，而毋得及其家属妇女皆充役作；凡典卖田宅，听其从条离业，不许就租以充客户，虽非就租，亦无得以业人充役使；凡［贷］借钱物者，止凭文约交还，不许抑勒以为地客；凡为客户身故，而其妻愿改嫁者，听其自便；凡客户之女，听其自行聘嫁。"（食货六九之六八）其中仅一条是专门针对地客而言的。此条与《庆元条法事类》卷八〇《杂门·出举债负》所录"杂敕"的如下规定："诸以债负质当人口（虚立人力，女使雇契同）杖一百，人放逐便……"情节相符，当亦属于质当、典雇人口一类，而地客之与人力、女使，其地位也就约略相当，同属于"仆"了。因为是"仆"，在宋代的具体情况下，他们的人身在约定的期限内，虽然不能说已经完全、也已在极大程度上被主人所占

① 此案例另有若干疑问。卖给邓家的住屋（又作地）后经分析，离为三四，既然其中仅邓楫一分未退赎，其馀均已为陈五赎回，则陈五非无税产者。何况陈五又曾以本人南原祖业田与邓楫新买之唱歌堆晚田四亩互易，益见非无税产者。如果说住屋之地由于新近赎回或未全业赎回因此未及立户，那么南原之田既系祖业，当是原即立有税户名籍的。有两种可能。一种可能是如其主邓楫之唱歌堆晚田"作新妇吴二姑收买，往往欲为寄税之计"那样，立的是诡名户；另一种可能则是，陈五是税户，同时又是邓楫地客，从唱歌堆晚田"其主邓楫托陈五作新妇吴二姑收买"来看，其实际地位或者有如干人。而干人与主人之间也是存在主仆名分的，见《清明集》卷四范应铃《缪渐三户诉祖产业》。

有,在受主人役使的同时,由主人供给衣食,供给栖身之地,乃是当然的事。因此,地客之住他人之屋,与佃客之通过租赁形式而住他人之屋,也就很不相同。

《庆元条法事类》卷八〇《杂门·诸色犯奸》录“杂敕”:“诸人力奸主,品官之家,绞……民庶之家,加凡人三等。……”“诸旧人力奸主者,品官之家,加凡奸二等,民庶之家,加一等。即佃客奸主,各加二等。”既然地客与人力地位相当,在这里,若就佃客、地客而言,如果犯的都是奸主之罪,而主又是民庶之家的话,那么地客比之佃客,其处罚就要加重一等。从这两条杂敕的规定,或许略可窥见主仆名分和主佃名分在法律地位上的具体差异。

二、近于“佃客”诸称

田客 孙觌《鸿庆居士集》卷二三《周氏十公记》:“田客牛羊犯人禾稼,田主蹋门诟骂,公戒勿校,甚者偿之。”《夷坚志》丁志卷二《张敦梦医》:张敦,庐陵人,“尝侨寓潮州……郡之税官折简来云:‘客船过务败税,抵言是君家物,果否?’敦念初无此,亟往证其妄。见舟人已系梁间,遥呼曰:‘某乃刘提举姻家蔡秀才田客,知君与提举厚,又与监税游,故托以为词尔。’敦为营解纵去”。两例虽是田客牧放牛羊、驾舟营商记事,但田客实与佃客同义,乃佃客之异称。如《宋史·王珪附季父罕传》载皇祐四年(1052)依智高攻广州,广东转运使王罕自潮州回救,行至惠州,“择父老可语者问以策。曰:‘吾属皆有田客,欲给以兵,使相保聚。’罕曰:‘有田客者如是,得矣,无者奈何?’”传中“田客”,《皇朝编年纲目备要》卷一四皇祐四年“秋七月智高遁”条即皆作“佃客”。

庄客 司马光《涑水记闻》卷一一记上述王罕事,作:“乃召耆老问之,对曰:'某家客户十余人,今皆亡为贼矣,请各集以卫其家。'罕曰:'贼者多于庄客,何以御之?'"明客户、佃客、田客、庄客可以互称。《宋会要·食货·营田杂录》载乾道元年(1165)七月五日权发遣滁州杨由义言,该州原管营田七十顷,"系召募百姓耕种,逐年将收到子利,依营田元降指挥,除种子外,官中与佃客作四六(分)[均]分,官得四分,客得六分。本州近缘两遭北军侵犯,牛畜农具不存,营田庄客衣食不继,星散逃移,致所管营田多成荒废。"(食货六三之一三八)也是佃客与庄客互称。又载绍兴六年(1136)正月二十八日都督行府言:"今改为屯田,依民间自来体例,召庄客承佃。"(食货六三之一〇〇)又载乾道元年(1165)八月三日,因朝廷措置两淮营田官庄,张俊后人张子颜、张宗元以及杨存中曾先后将真州、盱眙军、楚州大片已产田地"并牛具、船、屋、庄客等献纳"(食货六三之一三八)。都表明,官私庄客是承佃耕地从事农业生产的,而且对主人有强烈的人身依附,以致可以用作"献纳"的对象。苏轼《东坡志林》卷一《梦南轩》:"元祐八年八月十一日将朝,尚早,假寐,梦归縠行宅,遍历蔬圃中,已而坐于南轩,见庄客数人方运土塞小池,土中得两芦菔根,客喜食之。"同书卷三《先夫人不许发藏》曾言及"昔吾先君夫人僦宅于眉(为)[之]纱縠行",则是时梦归眉州也。此乃庄客从事坊郭内住宅蔬圃之园艺劳动者。《要录》卷一六三绍兴二十二年(1152)十一月丁巳"徐宗说权尚书户部侍郎"条谓宗说"附秦桧以至从官,常为桧营田产,时人因目宗说为庄客"。[1] 此虽比喻之言,然当日存在"营田产"之庄客当是事实,则此等庄客又有类于干人了。

庄户 陆游《剑南诗稿》卷四四《初晴》诗"客户饷羹提赤鲤",

---

① 田汝成《西湖游览志馀》卷四"桧有十客"条谓"龚金以治产为庄客"。

其下自注:“庄户以鸡、鱼之属来饷,谓之送羹。”客户、庄户互称。《宋会要·食货·营田杂录》载隆兴二年(1164)三月十四日淮东总领兼措置江淮等路营田王弗追述绍兴五、六年(1135、1136)间营田司措置江淮营田的情况:“经营二年,初年官收四分,庄户六分,次年官与庄户各收五分,省记绍兴六年官中所收约七十四万石,庄户所分一同。继被旨结局,分隶诸军、漕司权领,遂致人情观望,田政日削,牛死不补,客去不追,耕熟之田,认者辄与,迤逦不振,日就废坏。”(食货六三之一三四至一三五)也是客、庄户互称。《资治通鉴》卷二九〇载楚国马希崇既袭位,使彭师暠送马希萼于衡山,广顺元年(951)九月丙戌,衡山指挥使廖偃与季父匡凝“帅庄户及乡人悉为兵,与师暠共立希萼为衡山王”。胡三省注:“佃豪家之田而纳其租,谓之庄户。”则与客、客户互称之庄户显是佃客的别称。然据《夷坚志补》卷一五《李五七事神》所载“池州建德县白面渡庄户李五七”的情况来看,其家“生计温裕”,事神后“不复治生业,财力渐削”,且载及“一家良贱”如何如何,“群婢妾言”如何如何,似非一般佃客之家景象。或者南宋后期业已同元代以后一样,庄户已在泛指一般农家的意义上使用耶?吴澄《吴文正集》卷七四《郑松碣铭》:“德祐间,大军逼境,制置使左次于抚,崇陴浚隍,募人凿鸿鹤山,复盱水故道,灌注城下,君应其募。制置司赏以官,且捐没官田租八十万,俾练庄户为兵。既革命,犹有图兴复者,檄君为助,君以民兵应之。”文中庄户似也以解作一般农家为宜。与庄户相类,又有庄客、庄家互称者,见《宋会要·食货·营田杂录》嘉定七年八月二十六日记事。另有庄佃称谓,如《袁氏世范》卷三《山居须置庄佃》,《清明集》卷三胡颖《学舍之士不应耕佃正将职田》判词:“李癸发衣儒衣冠,名在学籍,而乃耕佃正将职田,则是以学校之士子,而作正将之庄佃也,何无廉耻如此耶!”庄农称谓,如《夷坚志》补卷四《李大夫庄牛》:“李彦威大夫买田上饶,春务正急,庄农来告所得牛喜觗触而不肯耕,请鬻之,别市堪使者。”皆与意如佃客之庄户同义。

房客 韩元吉《南涧甲乙稿》卷一八《建宁府劝农文》:“今造茶夫云集,逮其将散,富家大室亦宜招集房客,假之种粮,以多种荒废之壤。高者种粟,低者种豆,有水源者艺稻,无水源者布麦。但使五谷四时有收,则可足食而无凶年之患,以少变此邦之俗。”此房客与佃客显然十分相近。另有屋佃。《清明集》卷九署莆阳《掌主与看库人互争》判词:“邻人丘大二等供称:……使丘大二、王三一如黎润祖所论是范雅屋佃,即非实供,则余太一名非住其屋,不佃其田,今亦在邻保之列,亦同此供,若例以诬证目之,不可也。”据此,则屋佃亦近佃客。

屋客 《清明集》卷六叶岩峰《占赁房》花判:“陈成之有八九间祖屋,黄清道已一十年僦居,既托风雨之帡幪,合分主宾之等级。奈顽夫负义……不念身为屋客,有租赁之亲书,及称业属妻家,欲赎回于典物,方且执别产以影射邻界,甚至讼主人而侵占地基,可谓势若倒行。”则屋客之与房客,进而与佃客又是有所区别的。单只租赁屋产的屋客,与主人只存有“主宾之等级”,而既租赁住屋,又佃种耕地的佃客,与主人则存在“主佃名分”,法律地位要低下得多。

田宅之客 郑侠《西塘集》卷一《流民》:“小民无田宅,皆客于人,其负贩耕耘,无非出息以取本于富且大者,而后富者日以富,而以其田宅之客为力。”从事耕耘的田宅之客当与佃客同义。

坟客、墓客 《欧阳文忠公全集》卷九一《乞洪州第六状(嘉祐五年)》:“先父远葬乡里,在吉州之吉水。……只期服阕,便乞一江西差遣,庶几近便营缉,至于种植松柏,置田招客,盖造屋宇,刻立碑碣之类，事虽仓卒，冀于一二年间，勉力可就。”苏象先《苏魏公谭训》卷三《家训》：“祖父尝云：吾仕宦于外，不能守父母遗体，坟客乃代我守先茔者，汝辈当待之如骨肉也。家素贫，止有数亩之田，遂尽给看坟者，再三戒之，使尔辈世世享用而不可货易也。”《范文正公全集》附《义庄规矩·续定规矩（庆元二年）》第一条：“文正公曾祖徐国公、祖唐国公、父周国公坟茔并在天平山坐落，间有族人辄敢于上牧羊，及偷砍林木柴薪，近虽行下义庄专一责令墓客看守外，今后如有违犯之人，诸房觉察，申文正位，罚全房月米一年，义庄辄令墓客充他役者，罚掌庄子弟本名月米一季。”林希逸《竹溪鬳斋十一稿续集》卷一一《莆田方氏灵隐本庵记（咸淳五年）》：“遂于坟侧为室三间，中则祠堂饮胙之厅，西居庵僧，东住坟客，买田十二斛以食之，田存则庵存，庵存则松楸百世无恙矣。”坟客、墓客当是佃客中的特殊部分。

分田客 《宋会要·食货·农田杂录》载天圣五年（1027）十一月诏：“江、淮、两浙、荆湖、福建、广南州军：旧条，私下分田客非时不得起移，如主人发遣，给与凭由，方许别住。多被主人（折）［抑］勒，不放起移。自今后，客户起移，更不取主人凭由，须每田收田毕日，商量去住，各取稳便。即不得非时衷私起移。如是主人非理拦占，许经县论详。”（食货一之二四）按，《汉书·食货志上》已有“豪民侵陵，分田劫假”的话，唐颜师古注：“分田，谓贫者无田，而取富人田耕种，共分其所收也。”则分田客乃是从地租形式着眼对佃客的称谓。

浮客 浮客与“蓬转萍流，不常厥居，若浮泛于水上然”之“浮户”有别。宋代客户中固然不乏“起移不定”的“浮浪之人”，但如下引数例，浮客实是佃客的别称。《欧阳文忠公全集》卷五九《原弊》：“今大率一户之田及百顷者，养客数十家，其间用主牛而出己力者，用己牛而事主田以分利者，不过十余户，其余皆出产租而侨居者，曰浮客,而有畬田。……及其成也,出种与税而后分之。”苏洵《嘉祐集》卷五《衡论·田制》:“富民之家,地大业广,阡陌连接,募召浮客,分耕其中。”《李觏集》卷二八《寄上孙安抚书》:“今之浮客,佃人之田,居人之地者,盖多于主户矣。”这些浮客若要起移,当亦须遵从上引天圣五年(1027)诏的规定,待“每田收田毕日,商量去住,各取稳便”。他们之被称为浮客,倒是突出了佃客的侨寓特点。

佣客 乾道七年(1171)江浙大旱,饥民流移淮甸者甚众,薛季宣曾受命前去措置。关于措置结果,《浪语集》卷二三《答沈县尉(涣)书》曾这样言及:“过合肥,修筑三十六圩之旧,齐安置官庄二十二区。……二郡仰赈粜者,通不满七百家。大姓以佣客徕招,馀三千五百户。……所立只此,言之可笑。”其中“大姓以佣客徕招”,卷二一《与王枢使公明书》作“客于大姓”,卷二三《与张左司(栻)书》,作“土人招为客户”,明佣客即客、客户。而在卷一七《奉使淮西与虞丞相书》中,且又言及:“某问县官、总首,皆言安丰之境,主户常苦无客,今岁流移至者,争欲得之,借贷种粮与夫室庐牛具之属,其费动百千计,例不取息。饥民未及播种,樵苏、烧炭、割漆、采茶之利,已皆糊口自足。”则此佣客与佃客实无差别,明是佃农而非雇农,樵苏等乃其春耕前之副业也。但是,佃客之被称作佣客一事又表明,宋代佃客确又带有佣雇(亦即有如人力、女使的“仆”)的特征或色彩。如岳飞,《朱子语类》卷一三二说:“岳太尉飞本是韩魏公家佃客。”《三朝北盟会编》卷二〇七引《岳侯传》说:“少为韩魏公家庄客。”卷二〇八引《林泉野记》说:“为韩魏王家佃户。”[1]而《要录》卷八建炎元年八月乙亥记事则说:“尝为人庸耕。”就是这一特征或色彩的反映。又如,石介《徂徕石先生文集》卷八《录微者言》说的乡

① 参考上揭《宋代客户与士大夫》文,《求是集》第二集,第188页。

墅不占田之民,"借人之牛,受人之土,佣而耕者,谓之客户";尹洙《河南先生文集》卷二《原刑》说的"质产入租,交为人佣";叶适《水心别集》卷二《民事上》说的今田地"无者,半租以佣之";乃至《夷坚志》乙志卷二〇讲述的自湖州乌程县"至秀州魏塘为方氏佣耕",七年后"以负租谷不能偿,泛舟遁归其乡"的徐三;《水浒传》第二回描写的"田园广野,负佣庄客有千人"的史家庄,无一不是反映了宋代客户佃农的这一特征或色彩。这一特征或色彩的存在,是由宋代客户佃农小私有经济的极端贫乏,以及对地主人身依附的异常强烈所决定的。

隶农 薛季宣在淮南的措置,陈傅良《止斋文集》卷五一《薛季宣行状》书作:"寿春归正及自占若为隶农于大姓者,亡虑振业三千八百余家。"薛季宣自己说的客、客户、佣客,在陈傅良笔下成了隶农。同书卷四八《胡彦功墓志铭》又曾言及墓主"身与隶农同淡苦"。此外,葛仲胜《丹阳集》卷一一《汝州劝农文》、《祈晴文》五首之二、《谢晴文》四首之四也曾三见"隶农"称谓。曾经名噪一时的林勋《本政书》,曾将农户分为良农、次农、隶农三等,谓"今宜立之法,使一夫占田五十亩以上者为良农,不足五十亩者为次农,其无田而为闲民、与非工商在官而为游惰末作者,皆为驱之使为隶农。良农一夫以五十亩为正田,以其馀为羡田。正田毋敢废业,必躬耕之。其有羡田之家,则无得买田,唯得卖田。至于次农,则无得卖田,而与隶农皆得买羡田,以足一夫之数,而升为良农。凡次农、隶农之未能买田者,皆使之分耕良农之羡田各如其夫之数,而岁入其租于良农如其俗之故,非自能买田及业主自收其田,皆毋得迁业。"[1]这些隶农是否都是佃客别称虽不易一一考知,但多数乃是为

① 罗大经《鹤林玉露》乙编一《本政书》。

了文字润饰的需要而对俗称佃客的改写,则似可以断言。即使如《本政书》空想方案中的隶农,在升为良农以前,其经济地位不是也与佃客一般吗?这一改写,突出了佃客所具有的强烈人身隶属方面。

三、近于"地客"诸称

旁下客户 《宋会要·食货·逃移》淳熙十一年(1184)六月二十七日条载夔州路转运司奏:"检准皇佑四年敕:'夔州路诸州官庄客户逃移者,并却勒归旧处,他处不得居停。'又敕:'施、黔州诸县主户壮丁、寨将子弟等旁下客户逃移入外界,委县司画时差人计会所属州县追回,令著旧业,同助祗应,把托边界。'本司今措置,乞遵照本路及施、黔州见行专法,行下夔、施、黔、忠、万、归、峡、澧等州详此,如今后人户陈诉偷般地客,即仰照应上项专法施行。"①则旁下客户当即是地客。又是旁户,或即旁下客户的简称。据《太宗皇帝实录》卷七八载,至道二年(996)八月"丙寅,诏制置剑南、峡路诸州旁户"的"旁户",不仅是"巴蜀民以财力相君,每富人家役属至数千户"的被役属者,而且这些"旁户素役属豪家民,皆相承数世",是世袭的被役属者,其人身隶属关系在地客中最为强烈。

火客 前引范应铃《陈五诉邓楫白夺南原田不还钱》判词既云"火客陈五",又云"陈五犹是邓楫地客",火客、地客互称,当亦同义。《宋会要·食货·农田杂录》载绍兴二十七年(1157)十二月三日,权发遣两浙路转运副使赵子潚言:"被旨措置镇江府沙田。乞选委官检踏打量,取见的实顷亩数目措置,各随田地肥瘠高下,轻

---

① 食货六九之六六至六七。按,同书食货六九之六八至六九开禧元年六月二十五日记事,"刑部看详"亦曾引此皇祐四年敕、又敕,文字删削更甚。"寨将子弟"下无"等"字,当以此所引有"等"字者为正。

立租课,就令见租火客耕种,专委知县(桩)拘收桩管,如形势之家尚敢占吝不即交割,即具名闻奏,取旨施行。”(食货六三之二〇五至二〇六)其中“就令见租火客耕种”,《要录》卷一七八作“就令见佃人耕种”,《宋史·食货志·农田》作“令见佃者就耕”。此火客是原沙田包占者的佃农。《朱文公文集》卷九九《约束粜米及劫掠榜》:“州县火客佃户,耕作主家田土,用力为多,全仰主家借贷应副。今来旱损,其田主自当优恤,赒给存养,无令失所。访闻多有坐视火客佃户狼狈失业,恬不介意,切恐因而失所。却致无人布种,荒废田亩。(此项除已牒诸州府请遍行下诸县劝谕应有田之家,请以田客平日耕布勤劳为念,常加优恤,应副存养,毋令失业云云。)”此亦知南康军榜文,其中“火客佃户”当与前引《取会管下都分富家及阙食之家》中的“地客佃客”相当,本文又与其下自注“田客”互称,是“耕作主家田土”的直接生产者。火客佃户可简作火佃。史浩《鄮峰真隐漫录》卷九《临陛辞日进内修八事札子》第一事:“取山水寨总首,出作州官,各有所辖火佃仆隶,皆是用命防托之人……彼火佃仆隶,不须国家钱粮供赡……”吕午《左史谏草》所载《戊戌三月二十五日奏……》:“譬如千金之家,必有千金之产,火佃出力以得其半,而可赡其妻孥,主人端坐以收其半,而可足其用度。”黄震《慈溪黄氏日钞分类》卷七八《[咸淳七年]六月二十日委乐安施知县亨祖发粜周宅康宅米》榜文:“本州饥民已荷上寓富室次第发粜……独乐安县康十六官人、周九十官人两宅米最多,而独不粜,为其邻甲、火佃者多饿死。”是其用例。又可倒简作佃火,见朱熹《朱文公文集》卷九九《劝谕救荒》榜文、《宋会要·食货·义仓》嘉定七年(1214)三月九日记事。火客之“火”乃“夥”“伙”之异写。正如宋代两种主要租佃形式之一的分种可以又称合种、火种相似,火客当是对分种形式租佃关系中部分佃农的称谓。

僮客 《李觏集》卷三一《先夫人墓志》:"既而生觏,十四年而先君没。是时,家破贫甚,屏居山中,去城百里,水田裁二三亩,其馀高陆,故常不食者。夫人刚正有计算,募僮客烧薙耕耨,与同其利。昼阅农事,夜治女功,斥卖所作,以佐财用,蚕月盖未尝寝。勤苦竭尽,以免冻馁,而觏也得出游求师友,不为家事罔其心,用卒业为成人。"李觏,江南西路建昌军南城人,此僮客或即地客。然在未见地客记载的两浙东路,却也有此僮客称谓。叶适《水心文集》卷七《自罗浮行田宿华严寺》:"我病不暇耕,行复观我田,呼扶偃蹇后,倩护龙钟先。僮客四面集,畦畽相勾连,敢云岁晏休,翻犁趁晴暄。民政今古殊,忧乐岂异源。……为农悔不早,时发棹歌旋。"又卷一二《丁少詹文集序》:"丁少詹死,子幼,家无相,人忧其且不立。既而自温岭、雁荡来者,累累言其庭宇甚除,疆畎甚修,宾祭敬恭,僮客趋和,盖如少詹在时,余极叹异。"从前两例看,僮客是从事农业生产的。他们垦耕高陆之地或山田,有主人来"阅""观",亦即"行田",僮客由四面而集干着翻犁等农活,生产所得则田主、僮客"与同其利"。由于僮客一词在文献中出现颇早,《汉书·司马相如传》即有"临邛多富人,卓王孙僮客八百人,程郑亦数百人"的记载,①《三国志·蜀书·麋竺传》亦有"祖世货殖,僮客万人,赀产巨亿"的话,且与下文"奴客"互称,则在宋时,僮客或系文人对人身依附较强佃客的书面称谓。

奴客 始见《汉书·胡建传》,《三国志·麋竺传》中与"僮客"互称的"奴客",在宋代文献中亦曾经见。毕仲游《西台集》卷一六《毕从古行状》载:庆历二年(1042),毕从古通判兖州,"数决狱,当死而更生者已十数,或以贫代富,或以奴客代其主,或以自诬服罪,

① 《史记·司马相如传》"僮客"作"家僮"。

而后得其贼。”叶适《水心文集》卷一三《叶梓墓志铭》谓墓主令其家“衣食之外不得无业，儒者、力田，各择所任授之。奴客趋事，尺寸程约，率劳以身，不为过严。上下相劝行，不敢惰废”。其实际经济地位，或当与《新唐书·食货志二》关于文宗年间的如下记载相当：“时豪民侵噬产业不移户，州县不敢徭役，而征税皆出下贫，至于依富室为奴客，役罚峻于州县。”则奴客亦属宋代客户之一。

佃仆 见于宋代文献的佃仆、田仆、耕仆、庄仆、家仆、僮仆、僮隶、僮奴、庄奴、耕奴等众多称谓，①其实际景况当亦与上述僮客、奴客相似，或系文人书面称谓，或系民间习惯称谓。其中多数都从事农业生产，即使如家仆，《夷坚志》乙志卷一七《宣州孟郎中》关于汪氏家仆王十五的故事也是从他“正耘于田，忽僵仆”说起的。似不宜呆板地泥于字面，把他们一概视作奴隶劳动者。尤其如其中的佃仆、田仆，周藤吉之早已指出：“佃仆在洪迈《夷坚志》中屡屡见到，可是在此书中虽有佃户，而地客却不见。此佃仆当是近于地客者。”②周藤吉之的这一判断是很有见地的，兹不再赘。

四、“锄田客户”及其他

客作儿 吴曾《能改斋漫录》卷二《事始·俗骂客作》：“江西

---

① 耕仆见《夷坚志》支志景卷一〇《商德正羊》，庄仆见同书三志辛卷四《鼎州寺藏心木》、补卷五《王大夫庄仆》，家仆见同书乙志卷一七《宣州孟郎中》、丁志卷一七《淳安民》，僮仆见《长编》卷五四咸平六年四月癸酉记事、汪藻《浮溪集》卷一九《为德兴汪氏种德堂作记》、曹彦约《昌谷集》卷一九《曹园墓志铭》、刘宰《漫塘文集》卷三三《孙大成行述》，僮隶见《漫塘文集》卷三二《袁清卿妻邵氏圹志》，僮奴见王禹偁《小畜集》卷二九《王琏墓志铭》、罗愿《鄂州小集》卷五《鄂州到任五事札子》，庄奴见晁补之《鸡肋集》卷五《视田五首赠八弟无斁》之三、耕奴见胡寅《斐然集》卷四《和唐坚伯留题庄舍》二首之一。佃仆、田仆出处甚多，不具注。

② 见前揭《中国土地制度史研究》第726页注30。说《夷坚志》中未见地客不确，后来周藤本人在1967年所撰《宋代佃户の劳役》中即已引用过支志癸卷一〇《项彦吹笛》言及地客的资料，见《宋代史研究》第439—440页，东洋文库，1969年。显然，这一个别用例仍然难以推翻原先所作的判断。

俚俗骂人,有曰客作儿。……凡言客作儿者,佣夫也。"《说郛》卷二四赵叔向《肯綮录》:"今人指佣工之人为客作。三国时已有此语,焦光饥则出为人家客作,饱食而已。"焦光事见《三国志·魏书·管宁附胡昭传》裴松之注引《魏略》。从客作的这一语源而言,指的似是临时佣工或日佣。黄震《慈溪黄氏日钞分类》卷八〇《还外扛雇募钱》:"立法之初,每盐一袋,用官钱三十五文足雇募百姓扛袋盐下船,名曰外扛。今三四十年不支,反将旧日用钱和雇之家籍为定额,白令扛盐。场脚一番追呼,外扛反用一番赔钱、赔酒。天下岂有赔钱自为官司客作之人哉?彼岂不吃烟火之人乎?"从宋代这一称作"外扛"的客作情况来看,本来指的也是计件付酬的临时佣工。宋代客户中即有不少这类临时佣工或零工。吕南公《灌园集》卷一四《与张户曹论处置保甲书》:"而客户之忧,又其最重。何者?客户之智,非能营求也,能输气力为主户耕凿而已。则其一日不任事,其腹必空。"陈淳《北溪先生全集·文》卷二四《上庄大卿论鬻盐》:"其余客户则全无立锥,惟借佣雇,朝夕奔波,不能营三餐之饱,有镇日只一饭,或达暮不粒食者。"是其显例。但宋代从事此等临时佣工或零工者,却并不全是客户。如《长编》卷一五〇庆历四年(1044)六月戊午记事载富弼条上河北守御十二策中,曾提到:"又有负担之夫,微乎微者也,日求升合之粟,以活妻儿,尚日那一二钱令厥子入学,谓之学课。"《夷坚志》丙志卷一一《钱为鼠鸣》:"吾乡里昔有小民,朴钝无它技,唯与人佣力受直。族祖家日以三十钱雇之舂谷,凡岁余,得钱十四千。"又支志景卷一《员一郎马》:"荆门军长林县民蹇大,居郭北七八十里间,有一女,纳同里邹亚刘为赘婿。邹愚陋不解事,薄有赀业,且常为人佣,跋涉远道,在家之日少。蹇据其屋,耕其田,又将致诸死地而掩取其产。"都没有根据说是客户,尤其是末一例,则显然不是客户。

锄田客户 约熙宁三年(1070)末,知永兴军司马光《谏西征疏》:"臣自入境以来,见流移之民,道路相望。询访闾里,皆云今夏大旱,禾苗枯瘁,河渭以北,绝无所收。……民间累年困于科调,素无蓄积,不能相赡。以此须至分房减口,就食西京、襄、邓、商、虢等州,或佣赁客作,或烧炭采薪,或乞丐剽窃,以度朝夕。"①《旧唐书·李峤传》载其谏白司马坂大像,已有"亦有佣力客作以济糇粮,亦有卖舍贴田以供王役"的话。直至宋代,"佣赁客作"仍然是流移之民的重要生活出路。董煟《救荒活民书》卷三《富弼青州赈济行道·支散流民斛斗画一指挥》:"指挥差委官抄札给历子时,子细点检逐处流民,如内有虽是流民,见今已与人家作客锄田养种,及有钱本机织贩舂诸般买卖图运过日,不致失所人,更不得一例抄札姓名,给与历子,请领米豆。"所说"与人家作客锄田养种",当与司马光说的"佣赁客作"同义。《宋会要·食货·逃移》载:元丰"六年六月二十日,提点河东路刑狱黄廉言:'岚、石等流移至岢岚军民户,准诏发遣还乡。访闻流民昨为久雨,全损秋田,故暂来就贱,锄一夏苗麦,乞限一月毕田事。……'从之。"(食货六九之四一至四二)《长编》卷三三五"就贱锄"作"就种",馀同。据黄庭坚《山谷别集》卷八《黄廉行状》,乃黄廉按行至岚、石州,道遇岢岚军流民者,可正《会要》《长编》之误。《行状》所载流民之言,亦可补《会要》《长编》之未备,如下:"昨以(与)[雨]多粜贵,暂来就贱,分锄一夏,麦已见穗,粟已立苗,愿及分田乃归。"则此等流民"佣赁客作"者,多属季节性佣工。值得注意的是,此等季节性佣工,几乎与分种制下常年租佃的客户佃农一样,是与田主就收获物彼此分成的,故称"分锄"。《宋会要·食货·营田杂录》载绍兴三年(1133)二月七

① 《温国文正司马公文集》卷四三。

日拟定的营田条例规定：如果农忙时，守御人亦并就田作，则“至秋成所得物斛，于内依仿锄田客户则例，亦合分给斛斗”（食货六三之九〇）。既然存在所谓“锄田客户则例”，那么这种办法的流行范围当是相当广泛的。但就“佣赁客作”的流移之民而言，他们虽然也被称作客户，大概只是从临时侨寓着眼称呼的，其实在原籍不管是主户还是客户，分锄一夏期间在流移地都未必会作为客户附籍。

上客 陆游《剑南诗稿》卷二五《秋日郊居》之六：“鱼咸满缶酒新茑，处处吴歌起垄头。上客已随新雁到，晚禾犹待薄霜收。”自注：“剡及诸暨人以八月来水乡助获，谓之上客，以其来自山中也。”山阴“乡中谓佣耕者为客”。[1] 剡县、诸暨山区与山阴、会稽水乡对举，山区为上，水乡为下，故称来自剡县、诸暨山区从事收获的季节性佣工为上客。这些季节性佣工非因灾荒流移而来，而是利用地区之间农活和节令的差异，以我闲时赴彼忙时为佣，而且有如雁那样的候鸟，几乎年年如此。上客虽是山阴、会稽一带的地方性称谓，但有如上客一类的季节性佣工却并不只局限于山阴、会稽一地。《朝野杂记》甲集卷八《陈子长筑绍熙堰》：“两淮土沃而多旷，土人且耕且种，不待耘籽而其收十倍。浙民每于秋熟，以小舟载其家之淮上为淮民获，田主仅收十五，他皆为浙人得之，以舟载所得而归。”显然是一支比上客规模更大的季节性佣工队伍，而佣工所得似亦遵循上述“锄田客户则例”与田主分成的。刘克庄《后村先生大全集》卷一五五《赵阜墓志铭》载，约嘉熙末，墓主为漳州录事参军，“郡以旱禁(世)[泄]米邻郡。民受庸(南)[而]归者，各负谷一笼，吏欲拘没。君曰：‘彼越境而南，终岁勤动所得，忍扼吭而夺

① 《剑南诗稿》卷六六《初夏闲居》之四“陂塘移稻客相呼”下自注。

之乎?'白郡还之民。"虽有"终岁勤动"字样,估计亦是此等季节性佣工。显然,这些"客",在临时侨寓地不可能作为客户附籍,是否客户须视其在原籍的景况如何。

取鱼客人 黄榦《勉斋黄文肃公文集》卷二九《与漕司论放鱼利事》:"湖北诸州湖池,有系民户祖业者,有系官地民户请佃多年者;有产业之家,或自为主,或立年限租税与人而租税之人为主者。每岁冬月采鱼,湖主不能自采,皆是荆襄、淮西、江东、湖南诸处客人,驾船载网前来湖主家,结立文约,采取鱼利而与湖主均分之。采鱼之人,多是亡命不逞之徒。每遇采鱼,或其徒中自相攘夺,或主客之间互相争竞,大则贼杀,小则斗伤。今乃欲听从民户采取,则诸州取鱼客人皆不肯复与湖主均分,湖旁强横之民又群起而争之,湖主亦不得而问也。湖主岁收湖鱼之利多或数千缗,少亦数百缗,又岂肯坐视而不问乎?其势必至于争斗。诸州之客并湖旁之民既与湖主为斗,客之与民,徒党之中,又自相为斗,则贼杀斗伤纷然而起矣。设或结为徒党,更相抗拒,意外之变,岂能无之?今以十金投之地而听人之争取,犹有不平而争斗者,况湖鱼之利动数千缗,又岂可不辨主客而听人之攘夺乎?"此文对于了解宋代的封建所有制及租佃剥削关系,是一份难得的珍贵资料,现仅就与本文主旨有关者略加辨析。客人乃商客,详下。此取鱼客人约略与上述锄田客户或上客相当,取鱼犹如收获农作物,结立文约、均分鱼利则犹如锄田客户则例也。因此,如文中一再提到的,这也是一种主客关系。只是此取鱼客人仅是为首之人,是取鱼劳动的经营者和组织者,而直接从事取鱼生产劳动的,则是所谓"亡命不逞之徒",当是由取鱼客人募召者。这些人中,取鱼客人未必即是客户,"亡命不逞之徒"多数当是无产而侨寓者,然亦未必均已附籍。取鱼客人与湖主的关系是临时的、季节性的,而"亡命不逞之徒"与取鱼客人的关系倒可能是常年的、甚至长期的。

五、杂“客”种种

小客 《宋会要·食货·户口杂录》载开宝四年(971)七月诏:“所抄丁口,宜令逐州判官互相往彼与逐县令佐子细通检,不计主户、牛客、小客,尽底通抄。”(食货六九之七八)论者往往将此诏与前“浮客”条曾加引用的欧阳修《原弊》那段文字比对,断定小客即“用主牛而出己力者”,牛客即“用己牛而事主田以分利者”,然尚缺直接佐证。宋代文献中见到的还有另一类小客、牛客。《长编》卷九六天禧四年(1020)岁末记事载臣僚奏:“两川远地,所产虽富,般运实多,收买折科,岂无亏损,织造染练,宁不费工,押纲衙前虽有酬奖,户下小客最受辛勤。”①是谁家户下的小客?是织造染练户下的小客,还是纲运夫役户下的小客,还是押纲衙前户下的小客?文中的交代是欠清楚的,难以断定究系何等样人。《夷坚志》补卷五《湖州姜客》:“湖州小客货姜于永嘉富人王生,酬直未定,强秤之,客语侵生,生怒殴其背,仆户限死。”此小客乃是作小本买卖的行商,则很明确。《苏轼文集》卷五六《与郑靖老》四首之一:“近买地起屋五间一龟头……小客王介石者,有士君子之趣,起屋一行,介石躬其劳辱,甚于家隶,然无丝发之求也。”此语曾被《汉语大词典》引作小客“谦称己之客人”一义的唯一例证,似属望文生义。同书卷一《酒子赋》小引在对“酒子”略加解释以后,接言:“而潮人王介石、泉人许珏,乃以是饷予,宁其醅之漓,以蕲予一醉,此意岂可忘哉!”时苏轼贬居昌化军,则王介石乃潮州人侨寓昌化军者。清人

① 《宋会要》食货六四之一九系于乾兴元年(1022)十二月,文同。

王文诰《苏文忠公诗编注集成总案》卷四二元符元年十二月“许珏、王介石以其酒之膏液饷公,作《酒子赋》”条案语云:“许珏乃泉商也。其子康民于建炎中建大江桥,自海舶载泉匠以往,工甚巨,折彦实为记,见《儋州志》。”则王介石当亦是潮商。唯其是商客,所以才说他“有士君子之趣”。

牛客 周必大《周文忠公全集》卷一九一《书稿·范至能参政(淳熙元年)》:“半月前,赣得广东关报,谓有牛客合茶寇殆二千,破贺州一县,犯连山、清远界,督傍郡戒严。”此牛客当指贩牛商客。

茶客 林逋《林和靖集》卷二《无为军》:“酒家楼阁摇风旆,茶客舟船簇雨墙。”《长编》卷四三二,元祐四年(1089)八月壬戌,“诏罢元祐三年令茶客带买官茶指挥”。《宋会要·兵·屯戍》乾道七年(1171)十一月二十一日权发遣隆兴府龚茂良言:“江州、兴国军接连淮甸、江东、湖北,每岁常有茶客百十为群前来。今岁大旱,茶芽不发,皆积压在园户等处人家住泊。”(兵五之二九)此等茶客显是贩茶商客。类此,如前引姜客以所贩货物称,或如下举青州客以商客经行所自称者甚伙,此不备举。

客人 宋代文献中称客人者类指商客。见于《长编》者亦皆如此,唯卷一〇〇所载天圣元年(1023)七月戊寅诏:“天下职田,无令公人及主户租佃,召客人者听,所收租仍不得加耗,若水旱其蠲租如例。”诏中客人似与客户同义。然此诏载于《宋会要·职官·职田》者却如下:“诸处职田,多不依条召浮居客户,却令公人及税户租佃,所纳斛斗又更加量,以至水旱灾伤,不许申诉。宜令今后不得更然。所收课子亦须平量,灾伤依税放免。”(职官五八之五)则客人实作浮居客户。不知系删润之误,抑传抄刊刻之误?点校本亦有失校正。此等客人亦有称贾客者,例见徐铉《稽神录》卷二《青州客》。《宋会要·食货·逃移》载:绍兴“三年正月五日,知岳州范寅敷言:'本州农民自来兼作商旅,(太平)[大半]在外,欲出榜招召,务令疾速归业。如贪恋作商,不肯回归,其田权许人请射,候回日理今限给还。……'于是户部言:'商人田产,身虽在外,家有承管,见今输送二税,难许人请射。如因作客抛弃田产,即依所乞施行。'从之"(食货六九之五〇)。既然自有田产的农户兼作商旅者不少,那么商贾虽然称作客人,其实并非全是客户。究竟是否确系客户,还得看他在居停所在是否附籍,有无税产,方能确定。

山客 李石《续博物志》卷七:"毛女在华山,山客、猎师世世见之。"陆游《剑南诗稿》卷六七《纵游深山随所遇记之》之三:"道逢山客束荆薪,口眼睢盱略似人,试问村名瞠不语,骍然长啸上嶙峋。"此等山客显与义指隐士的山客有别,当属"山谷僻远处独居无常产者"一类。《宋会要·兵·乡兵》载绍圣四年(1097)五月二日知福州温益言:"京东奸民多匿深山穷谷之间,时出为盗。请应重法地分,山谷僻远处独居无常产者,并遣居近里乡村,团结成保。"(兵二之三九)可见"山谷僻远处独居无常产者"为数是颇为不少的。《永乐大典》卷八九六录(龙)[庞]谦孺《白苹集》绝句三首,其三云:"大别寺前春草深,凤栖山下汉江清,空(材)[村]野陇谁为主,赖有流移旅客耕。"此流移旅客或亦与山客相近。

木客 木客一词甚古,且有多义,此仅就宋代文献言及者略加辨析。《集注分类东坡诗》卷二《虔州八境图》八首之八:"回峰乱嶂郁参差,云外高人世得知。谁向空山弄明月,山中木客解吟诗。"赵次公注:"《寰宇记》所载上洛山多木客,乃鬼类也,形似人,语亦似人。而徐铉《小说》载:'鄱阳山中有木客,自言秦时造阿房宫采木者也,食木实,遂得不死,时就民间饮酒。'""徐铉《小说》",吴曾《能改斋漫录》卷八《沿袭·还山弄明月》作"徐鼎臣《搜神记》",引文略同。徐铉字鼎臣,《小说》《搜神记》或系《稽神录》之误或别名,然此条今《稽神录》辑本及补遗皆未载。又胡仔《苕溪渔隐丛话》前集卷五八"鬼诗"条引《漫叟诗话》云:"东坡作《虔州八境诗》,云'山中木客解吟诗'。《十道四蕃志》记虔州上洛山有木客鬼,与人交甚信,未尝言能作诗也。"则木客乃神鬼一类,在苏轼笔下且显得很高雅。《夷坚志》丁志卷一九《江南木客》所记,亦属神鬼一类,但却不那么高雅了:"大江以南地多山,而俗禨鬼,其神怪甚佹异,多依岩石树木为丛祠,村村有之,二浙江东曰五通,江西闽中曰木下三郎,又曰木客,一足者曰独脚五通,名虽不同,其实则一。……变幻妖惑,大抵与北方狐魅相似。"并具体记述了木客变幻妖惑的十余事例。另,陆游《剑南诗稿》卷六七《纵游深山随所遇记之》之二:"山径欹危细栈通,孤村小店夕阳红。竹郎有庙临江际,木客无家住箐中。"诗中竹郎虽是神,而木客却是鸟了。此属一类。另一类,《集注分类东坡诗》卷四《次韵定慧钦长老见寄》八首之二:"松花酿仙酒,木客馈山飧。我醉君且去,陶云吾亦云。"赵次公注:"木客,广南有之,多居木中,野人之类也。"此被称作"野人之类"的木客,或当与上述山客相近。叶适《水心文集》卷二八《祭刘酌甫文》:"呜呼!羽翮劲矣而不飞,股胫良矣而不驰,阨于樵渔,齑瘠盐肥。厥田一夫,墝埆半之,税役有由,令怒不移。邑庭百弓,莽焉空基,命为木客,随彼匠师。出没涛澨,吐吞渴饥,竟以此死,莫知我悲。"味文意,此木客乃指被差充采伐木料的徭役,而于放排时死于非命者。此例与木客的语源最为相符,然刘酌甫却是税户而非客户。

(原载《陈乐素教授(九十)诞辰纪念文集》。广州:广东人民出版社,1992 年 6 月)

两宋的土地买卖

上篇　民田买卖的盛行

一

民间的土地买卖，不是从宋代开始的。早在战国时期，商鞅在秦国变法，就已经“除井田，民得买卖”。[1] 但是到了宋代，民间土地买卖的盛行，却超过了以往任何时代。地主通过购买占有土地，也不是从宋代开始的，但地主占有土地主要通过购买，却到宋代才成为通例。对于田产，“其有者，厚价以买之，无者，半租以佣之”，[2]确实是宋代的显著特征。

“富儿更替做”；“田宅无定主”；[3]“庄田置后频移主”；[4]“千年田换八百主”。[5] 类似的说法在宋人口中反复出现，绝非偶然。存在决定意识。正是由于土地所有权转换的加速，以及随之而来的人们社会经济地位的变动不居，在当时已经成了经常的现象，所以

① 汉人董仲舒语，见《汉书》卷二四上《食货志》。
② 叶适《水心别集》卷二《民事上》。
③ 袁采《袁氏世范》卷三《兼并用术非悠久计》、《富家置产当存仁心》。
④ 刘克庄《后村先生大全集》卷一《故宅》。
⑤ 辛弃疾词，见《稼轩词编年笺注》卷三《最高楼(吾衰矣)》。

人们才形之于笔墨，见之于吟咏。

宋代土地所有权的转换和人们社会经济地位的升降，主要通过土地买卖实现。民间土地买卖的盛行，超过以往任何时代。“国家承平日久，田野滋辟，下民售易不常，奸弊百出”，[①]这是人们在北宋末年对北宋一代盛行土地买卖情况的概括。经过两宋之际的战火和政治风云，土地所有权的转换更为频繁，土地的买卖也愈加盛行。以扬州为例，南宋孝宗初年，那里的情况是：“人户交易田土，投买契书，及争讼界至，无日无之。”[②]有人说，宋代“官中条令，惟交易（按指田产交易）一事最为详备”，[③]当不是夸大之词。它是社会经济基础中土地买卖盛行的现实在法律上层建筑上的反映。

陈淳说：“不能井天下之田以授民，民自买田为生，官司又取他牙税，及秋夏取税，名色甚多。”[④]叶适说：“自汉至唐，犹有授田之制……今授田之制亡矣，民自以私相贸易，而官反为之司券契而取其直。”[⑤]都指出宋代“民自买田为生”，“民自以私相贸易”的现象同前代井田制、均田制下的情况是大异其趣的。

在土地买卖盛行的条件下，“富家大姓，幸其邻里之破产卖田，则啖以厚利而兼并之，然后可以食其租而役其人”，从而成为“田连阡陌，役属佃户”，以匹夫而雄于一乡的乡户地主。[⑥] 乡户地主通过科举或其他途径，还可以跻身于官户形势户行列。与此同时，故家子弟不肖破荡，鬻卖田产的记载，又几乎不绝于书。地主阶级各阶层和社会各阶级成员的地位，已经不再那么僵化而固定不移的了。

① 许景衡《横塘集》卷一九《方文林墓志铭》。按墓主佚名，字从礼，死于政和六年。
② 《宋会要辑稿·食货·营田杂录》食货六三之一四七。
③ 《袁氏世范》卷三《田产宜早印契割产》。
④ 《北溪字义》卷下。
⑤ 《水心别集》卷二《民事上》。
⑥ 《续资治通鉴长编》卷二九七元祐二年三月条。

促使这些社会现象出现的主要原因，是商品货币关系的发展。只有当商品货币关系的发展水平达到一定的高度，土地买卖才能盛行，人们对田宅才能“有钱则买，无钱则卖”，①并使金钱在人们“立业成家”中起着决定的作用，所谓“济世良法，唯借青蚨，立业成家，无非此物，得之者如虎添翼，失之者如鼠逢猫”。②

二

在唐代前期实行均田制度的情况下，有关土地买卖的禁令比之北魏虽然有所放松，但也只是：“永业田家贫卖供葬；及口分田卖充宅及碾硙、邸店之类，狭乡乐迁就宽者：准令，并许卖之。其赐田欲卖者，亦不在禁限。其五品以上若勋官永业地，并亦听卖。”③限制仍然相当严格。可是宋代土地买卖的盛行，又是从唐代发展而来的。经济的现实冲破法令的限制，首先在法令关于典贴和买卖的不同规定上找到了自己的突破口。

史载北齐“露田虽复不听买卖，买卖亦无重责”。④ 唐代前期政治比较清明，令行禁止，有关土地买卖的法令，当比北齐执行得有效一些。但是，作为历史趋势主流的土地私有制的发展，仍然不是政府一纸法令所能阻遏的。如天宝十一载诏中提到的情况：“爰及口分、永业违法买卖，或改籍书，或云典帖，致令百姓无处安置。”⑤通过涂改籍书的办法，或采取典帖的形式，口分田、永业田的违法买卖取得了合法的外衣。这是因为，土地的典帖，早在北齐就

---

① 《袁氏世范》卷三《富室置产当存仁心》。
② 《江苏金石志》卷一〇《信士朱隆并弟德泗舍庄田记（宣和四年壬寅）》。
③ 《唐律疏议》卷一二《卖口分田》条疏议。
④ 《通典》卷二《食货典·田制》引宋孝王《关东风俗传》。
⑤ 《册府元龟》卷四九五《邦计部·田制》。

是："帖卖者，帖荒地七年，熟田五年，钱还地还，依令听许。"[①]它所取得的合法地位是较早的。这样，土地典帖作为突破禁令的土地买卖的特殊形式，迅速盛行起来。

宋代田制不立，既无永业口分之别，亦无官人及勋受永业田的规定，一般民田的买卖，除了亲邻享有优先购买的特权以外，不再有其他限制。一些特殊行业的田产，其买卖虽然有所限制，如"在法，亭户产业不许典卖，虑其无根著而轻转徙也"。但在土地买卖盛行的经济大潮的冲击下，到了南宋末年，其实际情况已是："不特上岸水田无馀，而草荡、麦地坐落停场者，亦归豪右。"[②]

此外，在陕西、四川一些汉族和少数民族杂居的地区，"自来"是限制"汉户不得典买夷人田土"的。[③] 王安石变法期间，这条禁令也废除了。熙宁五年九月戊申，"诏陕西缘边蕃部地土许典卖租赁"。[④] 次年五月辛未，又诏："自今汉户典买夷人田土者，听之。"[⑤]这类禁令的废除，同样反映了宋代土地买卖盛行的概况。而土地买卖的盛行，则是土地私有制，尤其是地主土地私有制向前发展的重要标志。由于土地私有制的发展在当时仍然是历史趋势的主流，所以为限制土地买卖而制定的一条条禁令，都被无情的现实冲破了。

在"汉户不得典买夷人田土"的禁令废除以前，汉人"私典买藩人田土者"早已不乏其人。当事双方彼此"皆出情愿，即无竞争"，

---

① 《通典》卷二《食货典·田制》引宋孝王《关东风俗传》。

② 黄震《慈溪黄氏日钞分类》卷七《赴两浙盐事司禀议状》。此外，宋代还有少量赐田，主要集中在南宋初年。与前代相反，宋代的赐田一部分曾明文禁止出卖。情况比较复杂，这里暂不涉及。

③ 《续资治通鉴长编》卷二四五熙宁六年五月辛未条。

④ 《续资治通鉴长编》卷二三八。

⑤ 《续资治通鉴长编》卷二四五。

只是“不敢经官印契”。[①] 而且典买是交互进行的,既有汉人收买蕃人田土的情况,也有汉人向蕃人出卖田土的情况。如原州一地,汉民“损直鬻田于熟羌以避役”,一度曾数达三千顷,即是一例。[②]

典帖本是从属于高利贷的抵押行为。在宋代,它已经分化为倚当和典当两类。[③] 典当又称典卖,在北宋初年,情况就是“见典之人,已编于籍,至于差税,与主不殊”。[④] 典卖的期限很长,一般在二十年以上。对于典进的土地,典主(又称钱主)且可加以转典。这同土地所有权的完全让渡,已经十分接近,完全可以说是土地买卖的特殊形式。

而且,在宋代,由于土地的典帖已经失去了作为土地买卖伪装的作用,以典就卖,绝产卖断的情况,也就开始盛行。宋太宗雍熙四年,由于《刑统》中有关典卖物业须先问亲邻的规定“止为业主初典卖与人之时”所设,同当时相当普遍的“其有先典与人为主,后业主就卖者”的情况不相符合,特别作了如下补充:“应有已经正典物业,其业主欲卖者,先须问见典之人承当,即据除上所值钱数,别写绝产卖断文契一道,连粘元典并业主分文契批印收税,批见典人充为永业,更不须问亲邻。”[⑤]这种绝产卖断文契,在南宋又称“断骨契”“断卖骨契”,[⑥]而以典就卖的行为则又称作“倒租”。[⑦]

---

① 《续资治通鉴长编》卷二四七熙宁六年九月戊戌条。

② 《宋史》卷三三五《种世衡传》附子《种古传》。

③ 《名公书判清明集·户婚门·违法交易类》蔡抗《正典既子母通知不得谓之违法》:“又卢氏初词称倚当,再词称典当。若倚当,不必批支书,既批支书,则不得为倚当。此一项卢氏已自虚妄。”是倚当更具临时抵押性质,不必办移割手续,而典当则否。

④ 《宋会要辑稿·食货·民产杂录》食货六一之五六。

⑤ 《宋会要辑稿·食货·民产杂录》食货六一之五六。

⑥ 洪迈《夷坚志》乙志五《张九罔人田》;《名公书判清明集·户婚门·取赎类》胡颖《妄执亲邻》。

⑦ 《名公书判清明集·户婚门·争业类》范应铃《曾沂诉陈增取典田未尽价钱》、《罗柄女使来安诉主母夺去所拨田产》。参考周藤吉之《南宋の田骨·屋骨·园骨について——特に改典就卖との关系——》,载《东方学》第二十一辑。

除了以典就卖以外，宋代土地买卖的特殊形式，尚有以高利贷作为中间环节的平债吞并。宋代的高利贷，"夏秋成熟，折还斛斗丝帛，即谓之'举放'，若只令纳本利见钱，即谓之'课钱'"。[①] 也有贷、纳皆以实物的。其利息率，贷钱有高达月息10%，年息100%，贷粮有高达年息100%—200%的。[②] 所谓"豪富之家将生利斛斗倚质桑土"，所谓"豪民放债，乘民之急，或取息数倍，积日累月，或托名典本，算至十年，夺其屋使不得居，夺其田使不得食"，[③]都表明，因平债而吞并田产，作为正常的土地买卖的补充，在宋代也是相当流行的。值得注意的是，这种以"生利斛斗倚质桑土"的行为，在法令上是不允许的。

"完全的自由的土地所有权，不仅意味着毫无阻碍和毫无限制地占有土地的可能性，而且也意味着把它出让的可能性"。[④] 出让土地的可能性是比仅仅毫无阻碍和毫无限制地占有土地的可能性更高的标志。宋代的土地所有权虽然还不是完全的自由的土地所有权，但是，土地买卖盛行的事实表明，土地的私有性质确实已经有了增强。

三

宋代的官户、形势户，是地主阶级中享有特权的阶层。他们权力的基础，即对无所不包的劳动条件——土地的占有，在宋代，主要也是通过土地买卖实现的。

宋太祖杯酒释兵权的故事几乎是人所共知的。当宋太祖示意石守信、王审琦等功臣宿将"何不释去兵权"的同时，曾经向他们指示了

① 文彦博《文潞公文集》卷二〇《言青苗钱》。
② 《袁氏世范》卷三《假贷取息贵得中》。
③ 《宋会要辑稿》食货一之二四；卫泾《后乐集》卷一九《潭州劝农文》。
④ 恩格斯《家庭、私有制和国家的起源》，《马克思恩格斯选集》第四卷，第163页。

一条人生“富贵”的通途:“多积金银,厚自娱乐”,“择便好田宅市之,为子孙立永久之业”。[①] 如果仅仅从专制权力的大小着眼立论,那么宋代的太祖,比之唐代的高祖、太宗并不稍逊,他也尽可以通过颁布按品级授予巨额土地的法令和大量赐田的办法,来换取功臣宿将对于君主集权专制统治的支持。但是,已经改变了的社会经济条件,终究不是帝王的一纸命令能够逆转的,宋太祖也就不能不顺应社会前进的必然趋势,用鼓励“多积金银”“择便好田宅市之”的手段,来培植巩固自己统治的社会基础了。既然开国元勋尚且如此,那些通过正途跻身于官户、形势户之列的人们的情况,就更是这样了。

青州临淄县有麻希梦者,后梁龙德二年明经擢第,累居宰字之任,宋太宗端拱元年,年九十五,以工部员外郎致仕。其孙麻士安曾任大理评事,麻士瑶任定陶县尉,曾孙麻温舒任右正言、直史馆,麻温其任太常丞、直集贤院。“有美田数百顷,积资巨万”;“居乡里,常兼并不法,每持州县吏之长短”。[②] 在宋初是相当典型的官户形势之家。原其发家之由,在于麻希梦早年事刘铢为府掾时,“专以掊克聚敛为己任,兼并恣横”,才“用致巨富”。[③] 情况颇近于凭恃政治权势的强占强夺。不过,当宋真宗天禧四年麻家因触犯刑律受到诛罚时,朝廷为处理善后而下达的诏令中,却只是提到“其田庄本因平债吞并典质者,许元主收赎”,[④]而未及其他。这就可见,所谓“兼并恣横”“兼并不法”的实际内容,无非是通过高利贷这个中间环节的土地买卖。

南宋末年南康卫军前都吏樊铨,在形势户中也是相当典型的。他身为衙前将吏,曾经营私舞弊,将南康军积贮的修城现钱三万贯

---

① 司马光《涑水记闻》卷一。
② 《太宗皇帝实录》卷四四端拱元年五月乙未条。
③ 《续资治通鉴长编》卷九五天禧四年四月丙申条。
④ 《续资治通鉴长编》卷九五天禧四年四月丙申条。

据为己有，又窃取朝廷发下的进武校尉官告，假称进士，冒注吉州安福院税监赴任摄职。自此，他就"居乡自称税院，轿马出入，前呵后殿，恣为威风。置买膏腴，跨连邻境，庄田园圃，士大夫有所不如。生放课钱，令部曲擒捉欠债之人，绷吊拷讯，过于官法"。[①] 这个事例表明，即使像樊铨这样成为"一乡之巨蠹"的形势户，他拥有的"跨连邻境"的膏腴庄田，同样是通过买卖的形式吞并的。

于此，也就不无理由设想，南宋末年那些"夺人之田以为己物，阡陌绳联，弥望千里，囷仓星列，奚啻万斯"，[②]或者"吞噬千家之膏腴，连亘数路之阡陌，岁入号百万斛"，[③]或者"夺民田有至数千万亩，或绵亘数百里"[④]的"权贵"或"乘富贵之资力者"，他们吞噬民田的不义之财的来源也许各式各样，但他们用以吞噬的方式，主要当也是通过土地的买卖的。

当然，无论何种形式的"吞噬""兼并"，对于失去土地的小农来说，其所遭受的痛苦是一样的。但是，直接凭借政治权势的"吞噬""兼并"，与通过土地买卖形式的"吞噬""兼并"，却不能说彼此间毫无区别。因为它们终究是不同历史阶段的现象，是社会前进的标志。

下篇　官田的民田化和官田的出卖

一

宋代的土地占有形式，除民田外，政府手中还掌握着相当数量

① 《后村先生大全集》卷一九三《饶州州院申勘南康卫军前都吏樊铨冒受爵命事》。
② 孙梦观《雪窗先生文集》卷二《故事·述董仲舒限田论》条。
③ 《后村先生大全集》卷五一《备对札子（端平元年九月）》。
④ 王迈《臞轩集》卷一《馆职策（端平二年乙未）》。

的官田。这些官田，主要是从唐末五代继承下来的内地屯田，和在边境荒闲之地新置的屯田、营田。此外，还有业经请佃的天荒，以及折纳、抵当、户绝、逃田等对官田的经常补充。

唐代前期，"缘边多隙地，番兵镇戍，课其播殖，以助军需，谓之屯田"。屯田本来只在边境开置。安史之乱以后，"中原兵兴，民户减耗，野多闲田"，遂向内地推广，"治财赋者如沿边例开置，名曰营田"。内地的营田最初也由兵士耕种，但"行之岁久，不以兵，乃招致农民强户，谓之营田户"。内地营田不断扩展，"复有主务败阙、犯法之家没纳田宅，亦系于此"。营田户"不隶州县"，户部别置司总领，"自此诸道皆有营田务"。[①]

周太祖广顺三年，后周政府下诏悉罢户部营田务，以其民隶州县，"应有客户元佃系省庄田、桑土、屋宇，便赐逐户充为永业"。当时营田官庄仅万计，佃户三万余。废罢营田务的诏令下达以后，"百姓既得为己业，比户欣然，于是葺屋植树，敢致功力"。[②] 除了营田官庄管理上的种种弊病以外，官田不断扩大本身同土地私有权日益增强的历史趋势也是不合拍的。后周的上述改革，显然极大地解放了生产力。但从缴纳的仍是"租课"而非"赋税"来看，当时很可能仍然保留着"营田"或"屯田"的名称，并从而构成了宋代内地屯田的重要组成部分。在南方各地，南唐、吴越、闽、后蜀等国也都存在名为屯田、营田的官田。如南唐，且曾经经历过与后周相似的"罢诸道屯田务归本州县"的改革。如后蜀，北宋统一后权知梓州郭廷也曾将原先"直隶州将"的庄屯户、专脚户"悉除之"。[③]

经过广顺三年的改革，后周境内的官田绝大部分都已转化成

① 《资治通鉴》卷二四八唐宣宗大中三年八月己丑条胡三省注引宋白《续通典》。
② 《旧五代史》卷一一二《周太祖纪》广顺三年正月己丑条。
③ 《续资治通鉴长编》卷二建隆二年"秋七月唐主丧归金陵"条；卷七乾德四年四月记事。

了私田。但在南方各地，如原南唐、吴越、闽、后蜀等国名为屯田、营田的官田，当北宋统一全国以后，却基本上都承继了下来，数量是相当可观的。如北宋真宗、仁宗之际，仅福州十二县就有这类官庄一百零四座，熟田一千三百七十五顷，佃户二万二千三百人。[①] 尽管福州的官庄已于宋仁宗天圣四年出卖与现佃户为业，但在其他各地，直至南宋，仍然拥有不少这样的官田。

值得注意的是，内地屯田这类官田之向民田转化，主要不是通过政府的出卖，而是通过如下的形式体现出来：佃户能将佃耕的官田当作民田一样出卖，而政府也逐渐承认这种土地买卖行为的合法。当然，内地屯田这类官田实际上的民田化，较之上述现象的出现，还要早些。

例如，被宋朝政府最早出卖的福州屯田，就是正处于实际上民田化过程的典型。当时，福建八州皆有官庄，其余"七州各纳租课；惟福州只依私产纳税"，[②]在向民田靠拢。不仅如此，"福州屯田，耕田岁久，虽有屯田之名，父子相承，以为己业"，[③]民田化的程度已经很深。租课较重，二税较轻，北宋政府仅仅从"福州只依私产纳税，复免差徭，显是倖民"[④]出发，坚持非把这些屯田出卖不可，就其性质而言，无非是在"依例别定租课，增起升斗"已经势难办到的情况下，作为承认其为民田的代价，而对屯田佃户追加的一重掠夺。它遭到人们基于民田化事实的反对，是必然的。

不仅福州这样，而且"天下屯田省庄，皆子孙相承，租佃岁久"，[⑤]几乎都是这样。如：河北、河东、陕西三路，"百姓佃官田者

---

① 《宋会要辑稿·食货·农田杂录》食货六三之一七五。
② 《宋会要辑稿·食货·农田杂录》食货六三之一六七。
③ 《宋会要辑稿·食货·农田杂录》食货六三之一七六。
④ 《宋会要辑稿·食货·农田杂录》食货六三之一六七。
⑤ 《宋会要辑稿·食货·常平仓》食货五三之八。

甚众,往往父祖相传,修营庐舍,种植园林,已成永业”;[①]“江淮两浙,承伪制皆有屯田,克复后多赋与民输租,第存其名”;[②]潼川府路资州,“属县有营田,自隋唐以来,大户请佃为业,虽名营田,与民间二税田产一同”。[③] 可见内地屯田营田这类官田实际上的民田化,北宋时期在全国已经是相当普遍的现象。

到了北宋末年,尤其是南宋,随着这类官田民田化程度的更为加深,出现了由佃户进行的称作“立价交佃”、“酬价交佃”,又称“资陪”的这类官田的买卖,而且相当盛行。

江西各地的屯田,也是“自唐末五代以还”就存在的。[④] 两宋政府对这些屯田曾屡次下令出卖,也屡次遭到人们以民田化的事实作为立论依据的反对。

宋徽宗政和年间,北宋政府因为财政支出艰窘,命官出卖官田。河北、河东、陕西的屯田,边防利害所系,存之不鬻。三路以外的屯田,自来悉以民耕,与一般官田无异,且无系边防,亦应鬻卖。[⑤] 对此,知吉州徐常上奏说:“诸路惟江西乃有屯田非边地。其所立租则比税苗特重,所以祖宗时许民间用为永业。如有移变,虽名立价交佃,其实便如典卖己物。其中得以为业者,于中悉为居室坟墓,既不可例以夺卖。又其交佃岁久,甲乙相传,皆随价得佃。今若令见业者买之,则是一业而输两直,亦为不可。”[⑥]

宋孝宗乾道、淳熙年间,南宋政府又几次下令出卖内地屯田。对此,陆九渊在《与苏宰书》中提出不同意见,认为江西自宣仁太后

① 《续资治通鉴长编》卷三九七元祐二年三月条。
② 《嘉定镇江志》卷四《田赋·屯田》引《三朝史志》。按,《三朝史志》当即太祖、太宗、真宗三朝国史的《食货志》。文中“克复”原讹作“免役”,据《文献通考》卷七《田赋考·屯田》改。
③ 《宋会要辑稿·食货·官田杂录》食货六一之三三。
④ 杨万里《诚斋集》卷七四《吉水县除屯田租记》。
⑤ 《宋会要辑稿·食货·农田杂录》食货六三之一九三。
⑥ 《文献通考》卷七《田赋考·官田》。

高氏垂帘之日,“以在官之田区分为庄以赡贫民,籍其名数,计其顷亩,定其租课,使为永业”以来,“岁月寖久,民又相与贸易,谓之资陪,厥价与税田相若。著令亦许其承佃,明有资陪之文,使之立契字,输牙税,盖无异于税田”。又说:“历时既久,展转贸易,佃此田者,不复有当时给田之人,目今无非资陪入户。”既然“入户有资陪之价,著令有资陪之文,立契有牙税之输”,目今“无故而使之再出买田之价,岂不困哉!岂不冤哉!”①

可见江西的屯田这类官田的民田化,为时已经很久。“佃此田者,不复有当时给田之人”,民间“展转贸易”,“甲乙相传”,“皆随价得佃”的情况表明,佃户对这类官田的所有权已经相当牢固。政府不时将这类官田出卖,它的实质,已经不是土地所有权的转让,而是对于土地所有权的承认,只不过在承认的同时,乘机追加一重敲诈勒索罢了。所以这类官田的出卖,往往并不都能得逞。

不仅在江西,四川也有类似的情况。② 甚至在与内地屯田有别的另一种类型的官田——湖田和圩田上,也都出现了“交佃”“交兑”等同样的现象。③

在官田逐步民田化基础上由佃户进行的官田的买卖,是官田不断向民田转化的主要形式。由于它所体现的土地私有权日益增强的历史趋势是如此的强烈,以致对于荆湖北路那些由于请佃人包占过多,未能遍耕的旷土,都有人出面建议说,应该援用上述成

---

① 《陆九渊集》卷八。

② 《建炎以来朝野杂记》甲集卷一六《财赋·省庄田》:“省庄田者,今蜀中有之,号官田……然其实皆民间世业。每贸易,官仍收其算钱。但世相沿袭,谓之官田,不知所始也。”

③ 《宋史》卷一七三《食货志·农田·水利田》:隆兴二年九月,刑部侍郎吴芾言:“昨守绍兴,尝请开鉴湖废田二百七十顷……今尚有低田二万余亩,本亦湖也,百姓交佃,亩值才两三缗。欲官给其半,尽废其田,去其租。”《宋会要辑稿·食货·农田杂录》:乾道五年九月十四日,户部侍郎杨倓言:“江南东路有常平转运司圩田,见今人户出纳租税佃种,遇有退佃,往往私仿民田,擅立价例,用钱交兑。”(食货 六三之二一五、二一六)

例,令其“酬价交佃”,把包占未耕的旷土转让与划请者。[①]

二

南宋学者叶适曾说:“今田不在官久矣,往事无复论。然遂以为皆不当在官,必以民自买为正,虽官有者亦效民卖之,此又偏也。”[②]撇开出卖官田的是非不论,田产“虽官有者亦效民卖之”,确实是宋代土地买卖中比较特殊的现象。

所谓“天下系官田产,在常平司有出卖法,如折纳、抵当、户绝之类,在转运司有请佃法,天荒、逃田、省庄之类是也。自馀闲田,名类非一,往往荒废不耕”。[③] 说的是北宋徽宗中叶以前的情况。到了北宋灭亡前夕,尤其是南宋,无论是原来允许出卖,还是只许请佃、不许出卖,以及名类非一的各色田产,几乎统统都在经常出卖之列。

综观两宋官田的出卖,比较集中而规模又较大的有如下几次:

一、大中祥符八年至天圣五年——先是将户绝田打量地步,估计钱数,令见佃户依估纳钱,买充永业。接着,因假欠官物估纳抵当产业入官的乡村庄田屋舍水碾,亦并召人承买。此外,福州系省官庄的出卖,也在这时。

二、治平四年十一月至熙宁二年——出卖京东等路没纳庄田,并出卖诸路广惠仓田土为河北、河东、京西、陕西四路常平籴本。[④]

---

① 罗愿《鄂州小集》卷五《鄂州到任五事札子》:“在法有酬价交佃之文。其或因事到官者,有司觉所占猥多,斟量价数,减与来者。”本节部分内容,参考周藤吉之《宋代官田の佃权买卖——资陪又は酬价交佃について——》,载其论文集《中国土地制度史研究》。

② 《习学记言序目》卷三六《隋书一》。

③ 《宋会要辑稿·食货·农田杂录》食货六三之一九一。

④ 广惠仓置于嘉祐二年。初,天下没入户绝田皆官自鬻之,时枢密使韩琦请留勿鬻,募人耕,收其租别为仓贮之,以给州县郭内之老幼贫疾不能自存者。

三、政和元年至靖康二年——除应副河防，沿边召募弓箭手或屯田之类外，凡市易抵当、折纳、籍没，常平户绝、天荒、省庄，废官职田，江涨沙田，弃堤退滩、濒江河湖海自生芦苇荻场，圩垾湖田之类，并出卖之。[①] 后又拘收籍没蔡京、王黼等庄田变卖，收充籴本。[②]

四、建炎元年至绍兴五年——因抵请市易官钱营运、买扑坊场河渡、赴场监请盐折欠官物没纳田产，及逃户、绝户田产，以及该说不尽诸色官产，并措置出卖。

五、绍兴二十七年至乾道二年——凡拘没到僧道置产及寺院绝产，并召人承买。所有常平没官户绝田产，已佃未佃，已添租未添租，并行拘收出卖。诸路营田官庄，亦根括出卖。

六、乾道九年——命折知常往浙西、叶翥往浙东、张孝贲往江东、周嗣武往江西措置出卖营田并没官田产。其没官田产，除两淮、京西、湖北外，江浙闽广湖南八路并行出卖。

七、淳熙六年——并营田、沙田出卖之。

此后，淳熙十四年、庆元元年、嘉定九年，都曾下过根括出卖没官田产的命令。[③]

已经出卖的官田数，见于记载的，绍兴末年至乾道初年，拟出卖者为钱七百万缗，截至乾道二年，已卖五百四十万贯，未卖一百六十万贯，未卖者不及全数的四分之一。[④] 江浙一带向来的没官

---

① 此举自政和元年六月实行，至二年四月停罢。但在宣和元年，又下令将浙西州县远年逃田、天荒田、草葑茭荡，及湖泊退滩沙涂等地，并打量地步，立四至坐落，置簿拘藉，准备出卖。

② 此举建炎元年经翁彦国建议，虽已改为"租与客户，岁收课利"，但实际上出卖并未停止。

③ 以上据《宋会要辑稿·食货·农田杂录》、《官田杂录》和《建炎以来朝野杂记》乙集卷一六《绍兴至淳熙东南鬻官产本末》概述。

④ 《建炎以来朝野杂记》乙集卷一六《绍兴至淳熙东南鬻官产本末》，《宋会要辑稿·食货·官田杂录》：乾道二年十一月，诸路没官户绝田产，已卖到钱五百四十余万贯；三年闰七月，未卖没官田产计钱一百四十余万贯（食货五之三五、六一之三〇）。

田,据说这时已经“举以出卖,皆为民产矣”。[①] 乾道九年拟出卖的没官田产,以田计者六百四十二万亩有奇,以地计者二万一千亩有奇,以屋计者八千四百间有奇,共估钱五百十六万余缗。截至淳熙元年六月,已拆封者仅一百六十二万余缗,未鬻者尚三百五十三万余缗。[②] 淳熙以后截止绍熙四年以前,诸路州县合卖田产屋宇,估定价钱五百四十余万贯,只卖到价钱一百余万贯。[③] 据说自绍熙四年再置局出卖以后,逃绝官田,所存已经无几,逮至嘉泰年间,有帐籍可考的,为钱不过一百八十万贯而已。[④]

出卖以前,各类在官田产,大多都为官户形势户所实际占有。依照宋代法令,天下坊郭乡村系官田宅,官户本来是许买不许佃赁的。[⑤] 但是,食禄的品官之家,以及州县形势、乡村有力人户,仍然用种种办法侵耕管占。如浙西共有营田官庄一百五十九万余亩,其中未承佃的六十七万余亩“皆系肥饶,多是州县公吏与形势之家通同管占,不行输纳租课”。[⑥] 或者诡名冒佃,同时“计嘱人吏,小立租额”,[⑦]甚至“数十年不输颗粒”,“每年租课多是催头及保正长代纳”。[⑧] 以致南宋最高统治者都不得不发出这样的感叹:“在官之田不卖,徒为有力者计嘱州县请佃占据。”[⑨]

实际占有状况既然这样,各类官田也就只能以对官户形势之家最为有利的条件出卖。南宋初年,主持出卖官田的官员一度曾天真地认为,采取实封投状的办法把官田出卖与出价最高之人,对

---

① 《宋会要辑稿·食货·赐田杂录》食货六一之五四。
② 《建炎以来朝野杂记》乙集卷一六《绍兴至淳熙东南鬻官产始末》。
③ 《宋会要辑稿·食货·官田杂录》食货六一之四四。
④ 《宋会要辑稿·食货·官田杂录》食货六一之四六。
⑤ 《宋会要辑稿·食货·官田杂录》食货六一之一,一之三〇。
⑥ 《宋会要辑稿·食货·官田杂录》食货六一之二九。
⑦ 《宋会要辑稿·食货·官田杂录》食货六一之一一。
⑧ 《宋会要辑稿·食货·官田杂录》食货六一之三〇、之二。
⑨ 《宋会要辑稿·食货·官田杂录》食货六一之三六。

于官户形势之家将是一种限制，理由是：官田本来“多在形势户下，取之无伤，纵使巧为占吝，亦须高价承买”。[①] 事实当然远非如此。官田出卖伊始，现占佃的形势官户及豪右之家就“坐占不肯承买，致阻障他人亦不敢投状”，[②]出现了“佃人作弊障固，出卖不行”[③]的局面。作为对策，官府遂强制这些“见佃人限半月添租三分，依旧承佃，如出限不愿添租，即勒令离业”；[④]同时优待愿意承买的现佃人，“估定实价，与减二分”。[⑤] 可是待到估价标卖，富家大姓又计嘱官吏牙侩，“以上色之产，轻立价贯，揭榜之后，率先投状，至于拆封，往往必得”。[⑥] 或者“州县作弊，欲使人低价买得，榜内更不写出田段价直，却令买田人先低价投状，临时于纸缝内用纸搀入所买田土，外人无从得知”。[⑦] 这样，最后导致“官司出卖，类皆为强豪挟恃势力，以贱价买之”[⑧]的结果，就是势所必然的了。

原先请佃官田的，并不只限于品官之家和州县形势、乡村有力人户，其中也有第四、第五等户的贫民。[⑨] 官府出卖在官田产一举，助长了豪右掠夺贫民的“兼并之风”，所谓“富民资给健讼之人，乘时划买见佃人田业”，[⑩]当不是个别的现象。此外，本来不在作为官田出卖之列的“潴水之地并城壕岸、城脚、地脚、街道河岸，及江河山野陂泽湖塘池泊之利与众共者”的公有地，在官田出卖过程中，

① 《宋会要辑稿·食货·官田杂录》食货六一之八。
② 《宋会要辑稿·职官·提举常平仓农田水利差使》职官四三之三四。
③ 《宋会要辑稿·食货·官田杂录》食货六一之一一。
④ 《宋会要辑稿·食货·官田杂录》食货六一之一三。
⑤ 《宋会要辑稿·职官·提举常平仓农田水利差使》职官四三之三四。
⑥ 《文献通考》卷七《田赋考·官田·官田杂录》食货六一之三四。
⑦ 《宋会要辑稿·食货·提举常平仓农田水利差使》职官四三之三四。
⑧ 《宋会要辑稿·食货·官田杂录》食货六一之四四。
⑨ 《宋会要辑稿·食货·官田杂录》食货六一之四四。
⑩ 《宋会要辑稿·食货·官田杂录》食货六一之四二。又《农田杂录》：“第四、第五等贫乏民户元佃田地，施工日久，官赋无亏，亦为豪强之家乘此卖田指挥，计较逼迫划买，诚为可怜。”见食货六三之二二四。

也被“贪求厚利,不顾法令”的豪强之家,“并缘计会州县公吏承买”,“其间更有将溪河湖泖滩涂承买在户,筑垒围裹成田成地,以遏众户水势”的。[①]

据宋朝政府宣布:“民间元佃户绝田产,既行承买,即是民田”,[②]“其买到田舍,永为己业,更无更易”。[③] 可见两宋政府不断官自卖田的过程,同时也是官田不断向民田转化的过程。虽然两宋时期出卖的官田数量并不很大(这是因为由政府掌握并能用以出卖的官田数量本来就不很多),但是由于它从一个侧面体现了土地私有制,尤其是地主土地私有制向前发展的历史趋势,仍然是值得重视的。

① 《宋会要辑稿·食货·农田杂录》食货六三之二二四。
② 《宋会要辑稿·食货·官田杂录》食货六一之三五。
③ 《宋会要辑稿·食货·官田杂录》食货六一之一二。“永”,原讹作“未”,据上下文以意改。

两宋土地买卖盛行的社会影响

一、私有性质深化

“完全的自由的土地所有权，不仅意味着毫无阻碍和毫无限制地占有土地的可能性，而且也意味着把它出让的可能性。”①出让土地的可能性是比仅仅毫无阻碍和毫无限制地占有土地的可能性更高的标志。宋代的土地所有权虽然还不是完全的自由的土地所有权，但是，土地买卖盛行的事实表明，封建的土地私有制正在日益深化，土地的私有性质有了显著增强。

宋代土地买卖盛行的现实，同人们对于土地作为主要私有财产的如下观念有着紧密的联系：“必以民自买为正，虽官有者亦效民卖之。”②因此，通过买卖而获得的土地，业主所拥有的所有权是相当牢固的。《长编》卷二一三熙宁三年七月癸丑记事载宋神宗、王安石君臣的对话：“安石曰：‘臣见程颢云，须限民田，令如古井田。’上曰：‘如此，即致乱之道。’安石因言王莽名田为王田事，上曰：‘但设法以利害驱民使知所趋避则可，若夺人已有之田为限制则不可。’安石曰：‘今朝廷治农事未有法，又非古备建农官大防圩

① 恩格斯《家庭、私有制和国家的起源》，《马克思恩格斯选集》第四卷，第163页。
② 叶适《习学记言序目》卷三六《隋书·志》。

埠之类,播种收获补助不足,待兼并有力之人而后全具者甚众,如何可遽夺其田以赋贫民?此其势固不可行,纵可行亦未为利!’”表明北宋变法派的首脑人物宋神宗和王安石,都几乎一致地认为,“若夺人已有之田为限制”,或“遽夺其田以赋贫民”,都是行不通的,是“其势固不可行,纵可行亦未为利”的。他们的认识反映了当时封建土地私有制正在日益深化的历史趋势。

土地买卖的契据是土地私有权的凭证。这个凭证不仅得到法律的承认,而且也得到法律的保护。“凡人论诉田业,只凭契照为之定夺。”①甚至在新收复的原金人统治地区,“其间有在蕃界日用钱买到”的田土,只要契据条簿见在,业主对土地所拥有的私有权,同样受到宋方的尊重。如隆兴二年(1164)八月十九日,“泗州言:‘本州自绍兴十一年陷蕃方,自三十一年冬收复,经隔二十余年。近有淮南人户因收复泗州之后,执契据前来理认绍兴十一年以前田土,本州依近降指挥给付外,其间有在蕃界日用钱买到及租佃,施工日久,见执契据条簿,未审合与不合一例追改?’户部言:‘已降指挥虽许归业人户识认元业田产,其本州人户旧在蕃界日用钱承买及承佃,施工已久,若便依指挥给还识认人,切虑已安业人户却致失所。欲下泗州,如有归业之人执到契照识认田业,于系官空闲田比对田色高下依契拨还。’从之。”②

作为摆脱财政危机的对策,北宋末年和南宋末年都曾实行“公田法”。北宋末年的公田法是检括官田,其办法是:“县取民间田契根磨,如田今属甲,则从甲而索乙契,乙契既在,又索丙契,展转推求,至无契可证,则量地所在,增立官租。一说谓按民契券,而以乐

① 《清明集》卷九《伪作坟墓取赎(拟笔)》。
② 《宋会要》卷食货六一之六六。

尺打量,其赢则拘入官,而创立租课。”[①]南宋末年的公田法是回买公田,其办法是:将浙西六郡“官民户逾限之田,抽三分之一买充公田”。并规定:“亩起租满石者偿二百贯,九斗者偿一百八十贯……六斗者偿一百二十贯。”[②]这两项措施全是暴政,其实质都是对于民田的粗暴掠夺,但是从在掠夺过程中,还要以有无田契或田契所载亩角多少为凭据,以及披上购买的外衣来看,却也同样反映了当时封建土地制度私有性质的日益深化。

二、两极分化悬殊

封建土地私有制的发展,首先就是地主土地私有制的发展。随着土地买卖的盛行,出现了田产不断向地主阶级集中的趋向。“富家大姓,幸其邻里之破产卖田,则啖以厚利而兼并之,然后可以食其租而役其人。”[③]这在宋代,已经是十分寻常的社会现象。在土地兼并中,作为一个社会阶层首当其冲受到损害的,主要是自耕农和半自耕农。这是因为,“盖人之卖产,或以阙食,或以负债,或以疾病死亡、婚嫁争讼,已有百千之费,则鬻百千之产”。[④]而经常阙食负债,无力经受疾病死亡、婚嫁争讼等意外袭击的人户,正是那些小私有经济不能完全自给,或只能勉强自给的自耕农和半自耕农。

韦骧认为当日社会问题的症结,“要其敝之所归,在乎富人之吞并”,并相当详尽地描述过小农如何被吞并的悲惨过程,如下:

① 《通考》卷七《田赋考·官田》。
② 《宋史》卷一七三《食货志·农田》。
③ 《长编》卷三九七元祐二年三月月末记事。
④ 《世范》卷三《富家置产当存仁心》。

> 夫一农夫挟数口,其能耕者不过百亩,春耕、夏耘、秋获、冬藏,四时勤劳,亡日休息,而所收不满廪庾,所畜不实囷窌。其间父母之供,妻子之养,死丧疾病之费,婚姻祷祀之用,皆给于此。用之不足,必称贷而益之。春取一斗,秋倍偿之,经岁不能偿,则又倍之。不幸连年水旱,无所纳贡,则一斗之粟俄而为一石矣,一石之粟俄而为数十石矣。自一至百,自百至千,计其生业不足酬其息利,则俄而其田见夺矣。以至举族嗸嗸,老稚转死,其少壮幸生者,则就食为佣夫矣。彼富人者,殊无不忍人之心,既取其粟,夺其田,不顾其家之孤苦,而又役其人。①

由于土地买卖的盛行,以土地为标志的财产通过买卖在不断进行再分配,整个社会经常处于严重的两极分化之中。“盖一巨室势家,必兼百千万小户之资。”②江南西路抚州乐安县,其云盖乡的田产相当于该县全部田产的三分之一,而其中却“半归于永丰湖西罗宅之寄庄”;临川县,“南塘饶宅位众米多”,该县六十三都,七十六都,七十七都,七十八都,全是饶宅居止或寄产去处,“到处人烟,皆是饶宅佃户”。③ 宋代两极分化的悬殊程度,正如宋人所说,“则自开辟以来,未之有也”。④

三、末富本守增多

通过经营商业而积累的商业资本,最后往往投向土地,商人往

---

① 《钱塘韦先生文集》卷一八《杂著·议井田》。
② 王柏《鲁斋王文宪公文集》卷五《送曹西溆序》。
③ 黄震《慈溪黄氏日钞分类》卷七八《四月十九日劝乐安县税户发粜榜》《四月二十五日委临川周知县滂出郊发廪榜》。
④ 刘克庄《后村先生大全集》卷五一《备对札子》之三,端平元年九月。

往转化而为地主，所谓“以末致富，用本守之”，几乎是中国封建社会中商业资本的传统出路。宋代也不例外。李新说：“商于海者，不宝珠玉则宝犀瑁，商于陆者，不宝盐铁则宝茶茗，持筹权衡斗筲间，累千金之得以求田问舍，大妇炟簪珥，小妇曳琴瑟，兹商贾者所愿也。”①可见在宋代，无论商于海者还是商于陆者，商贾的最终意愿，他们思维的习惯路子，总是离不开“累千金之得以求田问舍”的古老轨道。“私家变金银为田产，乃是长久万全之策”，②仍然是全社会的共同趋向。

值得注意的是，从各种记载所显示的迹象来看，在宋代地主阶级的构成中，这类“以末致富，用本守之”的成分显著有所增加。如：“平江城北民周氏，本以货麸面为生业，因置买沮洳陂泽，围裹成良田，遂致富赡。其子纳赀售爵，得将仕郎。”③鄂州“本以接小商布货为业”的张翁，曾救活一名“平生为寇劫”的死囚，十年后意外得到五千匹布的酬报。据死囚说，他获救后，“既出门，即指天自誓云：‘今日以往，不复杀人，但得一主好钱，持报张翁，更不作贼。’才上太行，便遇一人独行，劫之，正得千余缗，遂作贾客贩卖。今于晋绛间有田宅。专以此布来偿翁媪恩”。④ 此死囚劫得千余缗后，从此洗心革面，先“作贾客贩卖”，贩卖的或即布货；经商致富，“今于晋绛间有田宅”，又兼作乡居地主矣。原籍泽州，父祖为官户定居开封，本人“生而丧其父”，北宋亡，“总角崎岖兵间，又丧其母……久益困，寄食渊戚”的张勰，“忽感愤，不持一钱，掉臂出门，周旋四方，俯拾印取，数航海，历交阯、勃泥诸国，其货日凑。则曰：‘吾向也不难自屈，惧填沟壑，陨先人宗祀耳，今可止矣。’于是买田婺州

① 《跨鳌集》卷二〇《上壬提刑书》。
② 《苏轼文集》卷二六《论给田募役状》。
③ 《夷坚志》三志己卷七《周麸面》。
④ 《夷坚志》乙卷七《布张家》。

郭外,教其子以学”。[①] 以上三例,“致富”以前的经历虽然千差万别,所从事的“末”业也各各不同,但最后的归宿却都是将财富投之于购置田产。

由于在宋代,人们还远未从轻贱“末”业的传统思想束缚中摆脱出来,如胡寅在《致黎生书》中对黎生所作的劝导:“夫罔市利,所入虽厚,然放利而行,敛怨不少,既坐此致富,则可以已矣。世业有可嗣者,有当改者,吾友被服儒行,而使昆弟习为驵侩,不仁孰甚焉。今富名既著,虽欲深藏若虚,不可掩矣。曷若使子弟力田敦本,取财于天地,不为侈靡夸耀,恭俭节用,仰事俯育必无不足之理也。”[②]它既促使商业资本大量转化为土地财富,又促使在转化完成之后,出于“以洗易其业”或其“子孙耻之”等缘由,[③]原先“以末致富”的事实往往被遮掩或毁抹掉了。并非是除了以上三个相当特殊的事例以外,再无别的事例。

此外,在地主阶级成员中,从事经商活动的个人也明显增加了。如:鄜州洛川县龙门乡中赵里的赵和,其家本是父祖“皆隐德不仕,世以服田力穑为业,冠乡户之甲”的乡户地主,而他本人则“年未壮室,慨然有四方之志,一日,谓昆仲曰:‘勤劳稼穑,非我志也。’由是悉付其产于宗族,奋袂大河之东,寓迹汾水之上,乐其人物蕃庶,井邑骈密,贸易经营,得遂其志,因而家焉。自秦抵晋,谨身节用,不十数年,复豫豪籍之右”。即以“贸易经营”为中介,易地又成了豪富地主。他死于绍圣三年(1096),死后,长男“历江淮京洛为富商大贾”,次男“克承父志,清慎守成”,分别成为豪富的商人

① 吕祖谦《东莱吕太史文集》卷一一《张䰐墓志铭》。

② 《斐然集》卷一七。文中提到“罔市利”,“驵侩”,上文又提到“龙断”,则黎家从事的当是属于货物交易经纪人一类的市牙行业。

③ 王洋《东牟集》卷一四《诸葛仲文墓志》,《说郛》卷三三罗绣《宜春传信录》。

和地主。[1] 广安军隐士陈某(字淳老),其父卒时,他正"游学巴蜀间",由于"祖母王、母徐齿迫暮,不堪鳌生",遂"投笔而归问田舍事"。曾"自言:'孔方兄不至痴我,当神我;阡陌君宜知我,不愚我;五经笥岂忘我,自存我。'"是一个集商贾、地主、士子于一身的人物。此后,他"料理深藏,权时盈虚,其术在计然、鸱夷之间,产加十倍"。即通过经商而增殖了田产。[2]《跨鳌集》的作者李新,其家三世十顷田、五亩宅,非富商大户,亦非贫民游手,当是一家地道的乡户地主。他"伯兄之子君俞索命字,以革先字之",并作《小一姪字革先序》阐明其义,其中有云:"子今婿成都良家子,而阜通山泽利,不过数年,遂为富家翁。是昔之十顷田,五亩宅,革而为百,革而为千,以至于亿万,予所不能知也。革而为有,是予所谓富商大户;革而为无,是予所谓贫民游手,此又予所不能知也。他日子有儿,儿长无使之趋利。吾闻之,智而多财损其智,愚而多财益其愚。吾今谋举进士第,与我同志,则庶几所谓革先之字为不妄也。子勉之哉!勉之哉!"[3]则其侄通过与商人之家联姻而亦成了兼营商业的地主,而李新则仍然期望他革而改之,与自己一同走通过科举而上升为官户的道路。

土地买卖盛行是商品货币关系发展到一定高度才出现的现象。商品货币关系的发展意味着从事商业活动社会成员的增加,而对土地买卖种种限制的逐一取消,又意味着对田宅"有钱则买,无钱则卖"有了现实的广泛可能性。金钱对人们"立业成家"的决定作用突出了,所谓"济世良法,唯借青蚨,立业成家,无非此物,得

① 《山右石刻丛编》卷一七裴公辅《赵和墓志铭》。
② 李新《跨鳌集》卷二九《陈隐士碣铭》。
③ 见《跨鳌集》卷一八。

之者如虎添翼,失之者如鼠逢猫”。① 在地主阶级的具体构成中,“以末致富,用本守之”成分的增加,以及兼营商业者成分的增加,实在是势有必然。

四、贫富不常加剧

土地买卖的盛行,无非是土地所有权的迅速转换,即所谓“庄田置后频移主”,“千年田换八百主”。② 随之而来的就是人们社会经济地位的变动不居,即贫富无常。如:

刘宰说:“吾里多公卿大夫,有一传而为农,厥后浸微,无以自别于乡里者。”③

刘克庄说:“江浙巨室,有朝为陶朱,暮为黔娄者。”④

王柏说:“若夫归并一事,即过割税赋也……婺郡二十年不过割矣。贫富之不常,年异而岁不同,乌有许久不进不退之理?”⑤

方岳说:“乃翁之以赀甲其乡,孰愈裴晋公之以勋高天下也。夫以勋高天下,不能永绿野之存,则夫挟赀以聘士云者,又乌能必书院之不亡也哉。盛衰之难常,而富贵之易及,固如此。”⑥

黄震说:“然世之利而忘义者,往往为子孙计。不知或父祖富而子孙贫,或父祖贫而子孙富,分量各殊,虽父不能以予其子。”⑦

以上诸人在不同场合针对不同事物而发的议论,都接触到一

---

① 《江苏金石志》卷一〇《信士朱隆并弟德泗舍庄田记》。

② 刘克庄《故宅》,见《后村先生大全集》卷一;辛弃疾《最高楼(吾衰矣)》,见邓广铭《稼轩词编年笺注(增订本)》卷三,第331页。据邓先生所加笺注,“千年田,八百主”,初见《景德传灯录》卷一一韶州灵树如敏禅师答僧问。如敏禅师系五代南汉人。

③ 《漫塘文集》卷三二《雷翁墓碣》。按刘宰,镇江府金坛人。

④ 《后村先生大全集》卷九三《林寒斋烝尝田记》。

⑤ 《鲁斋王文宪公文集》卷一七《答季伯韶》。

⑥ 《秋崖小稿》卷四三《跋许兄桐岭书院本末》。

⑦ 《慈溪黄氏日钞分类》卷九一《书曹氏作鸣鹤钱氏还珠颂后》。

个共同的社会问题——人们的贫富不常。而刘宰且曾专就贵贱贫富之不可常借“云”作了这样的发挥：

> 吾尝览观乎四方矣。或乘而夺，或带而褫，或奴而侯，或相也而起胥靡，则贵贱之不可常也。或高坟而犁，或华屋而墟，或洒削而鼎食，或犊鼻而僮奴，则贫富之不可常也。夫贵之与贱，贫之与富，迳庭也，而不可常若是，况吾处于其间。以为贵且富乎？则吾犹人也；以为贫且贱乎？则亦既有以自适矣。使天而未欲终穷我乎？则自下而高，积小而大，贵也富也，如云之肤寸而合，固易易也。不然，合而离，成而亏，云之浮而风薄之，讵可常乎？①

本书首章所引《世范》卷三的话：“贫富无定势，田宅无定主，有钱则买，无钱则卖。”实在是最简明、最扼要地道出了宋代社会的这一特点。正是由于社会生活中人们经常处于贫富不常的状态，人们的传统价值观念也开始改变了。汪应辰说：“吾乡风俗，大抵以贫富为疏戚。”②刘宰说：“里俗轻重，视家有无，无论其世者。”③在这种以贫富有无为轻重疏戚观念支配下，“凡人情莫不欲富。至于农人、商贾、百工之家，莫不昼夜营度，以求其利。然农人兼并，商贾欺谩，大率刻剥贫民，罔昧神理。譬如百虫聚居，强者食啖，曾不暂息。”④士大夫绝不例外，同样是“汲汲然营财利，广田宅，积宝货”。⑤ 甚至在宗族内部，也是：“长者可傲，卑者可陵，愚者可诈，懦

① 《漫堂文集》卷二〇《云庄记》。
② 《文定集》卷一二《书陶靖节及二苏先生和劝农诗示郑元制》。按，汪应辰，信州玉山人。
③ 《漫塘文集》卷三二《雷翁墓碣》。
④ 蔡襄《蔡忠惠公文集》卷二九《福州五戒文》。
⑤ 张九成《横浦心传录》卷下。

者可胁也;能者可役属,不能者可躏藉也;贷赀不之周而倍称之息可得也,转徙不之矜而世守之业可并也。"①于是社会呈现出一种近乎"竞争"的外貌。虽然传统的生产关系仍在不断地再生产着,但是社会生活的各个方面,包括处于社会两极的地主和农民的内部构成,以及对抗阶级成员的个人地位,都日益呈现出一种"变动不居"的色彩。

(原作为《土地买卖的盛行及其社会影响》的第三节,载于《两宋阶级关系的若干问题》。保定:河北大学出版社,1998年9月)

① 刘宰《漫塘文集》卷二一《希墟张氏义庄记》。

两宋租佃的基本形式

一、问题的提出

宋代是封建租佃关系长足发展的时期。关于租佃关系中的佃种者一方，论者一般都认为，乡村客户是“对佃农的专称”。如果乡村客户确是“对佃农的专称”，那么从横的方面来说，经济发展地区，亦即租佃关系发达的地区，其客户所占的比例，应当比经济待开发地区高；而从纵的方面来说，随着租佃关系的向前发展和佃农队伍的扩大，客户在总户数中的比例，其总的趋向，也应当是逐步提高的。可是宋代有关客户的资料不仅不能说明这两点，却反而表现了完全不同的趋向。

例如，根据《元丰九域志》所载元丰初年全国二十三路各府州军监主客户数加以统计，主户 10 883 686，客户 5 686 188，主客户共 16 569 874，客户所占的比例，全国平均为 34.3%，其中低于平均比例 5%的路分有：

路　分	主户数	客户数	总户数	客户占总户数的百分比
江南东路	926 225	201 086	1 127 311	17.8%

续 表

路　分	主户数	客户数	总户数	客户占总户数的百分比
河东路	465 408	110 790	576 198	19.2%
两浙路	1 418 682	360 271	1 778 953	20.3%
广南西路	195 144	63 238	258 382	24.5%
永兴军路	626 412	219 633	846 045	26%
河北西路	417 858	146 904	564 762	26%
成都府路	620 523	243 880	864 403	28.2%
河北东路	473 818	194 079	667 897	29.1%

高于平均比例 10%的路分有：①

路　分	主户数	客户数	总户数	客户占总户数的百分比
夔州路	75 453	178 908	254 361	70.3%
荆湖北路	280 000	377 533	657 533	57.4%
京西南路	147 871	166 709	314 580	53%
梓州路	248 481	229 690	478 171	48%
荆湖南路	475 677	395 537	871 214	45.4%
京西北路	331 904	270 156	602 060	44.9%
福建路	580 136	463 703	1 043 839	44.4%
利州路	189 133	147 115	336 248	43.8%

① 参考加藤繁《宋代的主客户统计》,《中国经济史考证》中译本第二卷,第 284—293 页,商务印书馆;1963 年,梁方仲《中国历代户口、田地、田赋统计》甲表 36,第 141—148 页,上海人民出版社,1980 年。利州路客户比例高于全国平均比例不到 10%,为便于说明,亦予列入。

在客户比例低于全国平均比例 5%的八个路中,除河东路可能自耕农人数较多,广南西路阶级分化尚欠剧烈①以外,其他六路都是经济发达地区;而客户比例高于全国平均比例 10%的八个路中,几乎无一例外,都是经济比较落后的待开发地区。

又如,《续资治通鉴长编》载有仁宗初年至哲宗末年各闰年的全国主客户数,如果择取其中较有代表性的数字予以统计,则客户所占比例的变化情况如下:②

年　份	主户数	客户数	总户数	客户占总户数的百分比
天圣元年(1023)	6 144 983	3 753 138	9 898 121	37.9%
景祐元年(1034)	6 067 583	4 228 982	10 296 565	41.1%
宝元二年(1039)	6 470 995	3 708 994	10 179 989	36.4%
嘉祐六年(1061)	7 209 581	3 881 531	11 091 112	35%
元丰元年(1078)	10 995 133	5 497 498	16 492 631	33.3%
元祐元年(1086)	11 903 668	6 053 424	17 957 092	33.7%
元符二年(1099)	13 276 441	6 439 114	19 715 555	32.7%

南宋主客户数字比较缺乏,全国范围的主客户统计仅一见于《建炎以来系年要录》卷一八三所载绍兴二十九年(1159)的数字:"两浙等十六路上户部,主户七百六十四万,口一千二百八十万,客户三百四十四万,口三百九十五万,皆有奇。""两浙等十六路"约当南宋全境。据此,主客户合计 1 108 万,客户占总户数的 31.05%。

① 若据《通考》卷一一《户口考》引毕仲衍《中书备对》,客户比例则为 32.5%。两者的不同主要当是对一些特殊户口的归类标准有异所致。

② 参考陈乐素《主客户对称与北宋户部的户口统计》,载《浙江学报》第 1 卷第 2 期,1947 年 10 月;收入《求是集》第二集,广东人民出版社,1984 年。梁方仲前揭书,甲表 33,第 126—128 页。

而据《元丰九域志》所载元丰初年此十六路户数，主客户合计1 121万，客户共402万，占总户数的35.86%。

可见无论在北宋，还是从北宋到南宋，客户在总户数中所占的比例，其总的趋向是随着时间的推移而逐步降低的。

如果乡村客户确是“对佃农的专称”，那么对以上这两方面的现象就无法作出恰当的解释。论者往往简单地将它归结为“官方统计之绝不可信”，并断言：“宋代客户在全部户口中的比例数决不是仅仅百分之三十或者四十，而是至少在半数以上，而其比例数也决不是日益降低，而是日益增大。”①

其实，在宋代，客户固然主要是佃农，但佃农却并不全是客户。作为在宋代得到长足发展的封建租佃关系中佃种者一方的佃农，官府在登录、统计户籍时是将其分别计入客户和主户中的第五等下户的。而宋代的租佃形式也不是单一的，封建租佃关系的发展，并不一定表现为以客户佃农作为佃种者一方的那种租佃形式的发展。关于前者，《五等下户的经济地位和所占比例》一文已经作过一些论述，本文拟再就后者略加讨论。②

二、租佃的两种基本形式

北宋思想家张载主张实行井田制。关于他的井田方案，他有

① 华山《关于宋代的客户问题》，载《历史研究》1960年第1、2期合刊；收于《宋史论集》，齐鲁书社，1982年。引文见《论集》第34、35页。

② 山东大学等十院校历史系合编的《中国古代史》曾提及“北宋的租佃制有两种形式：即‘合种’和‘承佃’”（福建人民出版社，1980年，中册第360页）。李春圃《宋代封建租佃制的几种形式》一文曾就“官私地主对其占有的大量土地，依据当时农业生产力的发展状况和历史传统，采取‘合种’和‘出租’的经营方式”问题作过论述（《宋史研究论文集》，第139页，上海古籍出版社，1982年）。日本草野靖的专著《中国的地主经济——分种制》（汲古书院，1985年）的第七章《分种制之历史的展开》，亦以主要篇幅论述了宋代的租佃形式。本章乃是笔者于受益之馀，拾取诸位先行者的剩义稍加敷衍而成。

过这样的说明：

> 井田亦无他术，但先以天下之地棋布画定，使人受一方，则自是均。前日大有田产之家，虽以田授民，然不得如分种、如租种矣，所得虽差少，然使之为田官以掌其民。使人既喻此意，人亦自从，虽少不愿，然悦者众而不悦者寡矣，又安能每每恤人情如此。①

于此可见，"大有田产之家"的"田产"，一般不是采用"分种"形式的租佃，就是采用"租种"形式的租佃经营的。

《宋会要·食货·民产杂录》有一则天圣四年(1026)七月关于处理户绝之家财产的规定，即所谓"户绝条贯"，其中提到，户绝之家在既无在室女、出嫁女和出嫁亲姑姊妹侄，又无同居达三年以上的入舍婿、义男、随母男的情况下，财产全部没官，"庄田依令文均与近亲，如无近亲，即均与从来佃莳或分种之人承税为主"(食货六一之五八)。此处"佃莳"乃佃种之意，属于何种租佃形式虽不甚明确，但参照建炎四年(1130)七月的规定，谓两浙路州县被贼驱虏未归之人的田业，先由"佃户租种，每亩认还业户租米……如过三年田户不归，即依户绝法"。② 此所谓"依户绝法"，即指依上引"户绝条贯"的规定，给予租种的佃户承税为主。则"户绝条贯"中与"分种"并列的"佃莳"，所指当即是"租种"。"户绝条贯"没有地区限制，是普遍适用的，则"分种"和"租种"在全国范围内当也都是租佃的两种基本形式。

民田如此，官田亦相似。据元丰元年(1078)五月九日壬午经

---

① 《张载集·经学理窟·周礼》。
② 《宋会要》食货六九之四八。

制熙河路边防财用司言,谓"准朝旨,以土田分等,近城第一等为官庄,第二等合种,第三等出租,第四等募人耕,五年起税"。[①]"合种"与"分种"同义。从组织耕作着眼谓之合种,从分配收获物着眼谓之分种,所表达的实是同一种租佃形式。可见,即使在熙河路这一新设置的边境地区,"分种"和"租种"同样是租佃的两种基本形式。

而在职田这一特殊的官田中,不仅可以看到分种和租种同样是两种基本的租佃形式,而且还可以明显地看到从分种向租种演变的过程,以及在租种形式下实物租课向货币折租演变的过程。

宋代只有外任官才授予职田。当咸平二年(999)七月开始恢复职田时,曾明确规定,职田"以官庄及远年逃田充",其"佃户以浮客充,所得课租均分如乡原例",[②]采用的是分种形式的租佃。熙宁三年(1070)十二月六日壬戌,开封府界提点司乞"差官视诸县官职田顷亩肥瘠立租课,不得临时制定",[③]得到朝廷同意,分种形式开始向租种形式演变。到建中靖国元年(1101)二月,知延安府范纯粹建议:"凡职田土地,只许依远年夏秋所种名色租额,令佃户承认送纳,不得半种分收,及差人监视收获。""半种分收"即分种。据此则似乎要只准租种,禁止分种了。可是此后不久制订的"政和令"却又规定:"诸职田,县召客户或第四等以下人户租佃,已租佃而升及第三等以上愿依旧租佃者听;或分收。每顷至十户止。"此处"租佃"指租种,"分收"即分种。令文虽仍然允许分种,分种显然已不再占有重要地位。所以才出现了宣和七年(1125)十一月十九日南郊制中提到的,"比缘臣僚陈请,职田租课并折纳见钱,以利佃户"[④]的现象。

① 《长编》卷二八九。
② 《长编》卷四五。
③ 《长编》卷二一八。
④ 《宋会要》职官五八之一五、一七、二二。

（三）分种及其主要流行区域

从职田来看，分种形式的租佃，职田占有者要“自备牛种”“召客户佃莳”，“遇收种”须“差人监视”；收成则“依乡例”分收，并往往事先差人诣地头“制扑合收子斗”。①

从绍兴初年的屯田、营田来看，凡是成片的土地，一般组织为官庄，并采用分种形式经营；而“不成片段闲田”，则“只立租课”，“召人耕种”，一般采用租种形式。在分种形式下，除提供土地以外，官府还要向庄客提供草屋、耕牛、种子、农器，并借支钱币；耕作所得，“除桩出次年种子外，不论多寡厚薄，官中与客户中停均分”。②

从民田来看，欧阳修《原弊》③一文提到从事分种的“客”有三类。一类是“用主牛而出己力者”，一类是“用己牛而事主田以分利者”，④这两类不是“侨居者”，当是土著，在户籍上不一定作为“客户”登记。另一类是“浮客”。浮客是“侨居者”，自无住房，住主人提供的房屋，须出“产租”；种的是“畬田”，也就是自行开垦耕种的生熟荒地。就一家占田百顷的地主而言，在其所养的“数十家”客中，前二者“不过十馀户”，其馀占多数的，都是“浮客”。而耕种所得，则“出种与税而后分之”，三类“客”无一例外。

一般说来，在分种形式的租佃下，都是由“富民召客为佃户”

---

① 《宋会要》职官五八之三、四、八、一五、一七。
② 《宋会要》食货二之一五、一六、一九。
③ 文载《欧阳文忠公全集》卷五九。
④ 这两类“客”，或即《宋会要》食货一二之一所载开宝四年（971）七月诏中分别称作“小客”和“牛客”者。

的,而挺身应募的客户,则“室庐之备,耕稼之资,刍粮之费,百无一有”,[1]完全仰仗主人为之提供。而主人对他们则“鞭笞驱役,视以奴仆”,生产的全过程都要听从主人“指麾于其间”。[2] 客户若要起移,“须每田收田毕日,商量去住……不得非时衷私起移”。[3]

宋代各经济待开发地区都有大量荒闲田地。对于这些荒闲田地,官府多采取减免租役等办法鼓励民户请佃开垦,以充己业。“但穷民下户乍来请佃荒田,如何便得牛具并种粮?”[4]真要请佃开垦却是异常困难的。这些荒闲田地遂主要为富室豪家所“包占”。他们拥有较雄厚的资财,得以购置耕牛、农具、种子、室庐,广行招募客户,从事垦辟耕种。由于土地新垦辟,产量不稳定,主人和客户之间只能按分成办法分享收获物。

例如,南宋时期的淮南地区,地处边境,闲田极多,官府招诱请佃,条件特别优厚:“不限顷亩”;“沿边州县与免租课十年,近里次边州县与放免五年”;“候承佃及三年,与充己业,许行典卖”;“官钱买牛具种粮应副佃人,三年之外,每年还纳价直二分入官”。[5] 朝廷曾经专为处理“两淮人户包占未耕荒田”颁发诏令,反映了当地包占情况的普遍。“经官识认田土在户”的安丰军常昇等人,就是这样的包占者。据他们自言,对这些识认在户的田土,已经“假贷种粮,置牛犋开垦”,但“营运未几,因累岁旱伤,客户星散,是致荒废”。[6] 可见识认田土在户、置备种粮牛犋的虽是常昇等人,但直接从事垦辟的却是客户。正因为田土包占者需要依靠客户进行垦辟

---

① 《长编》卷三九七元祐二年三月月末记事。
② 苏洵《嘉祐集》卷五《田制》。
③ 《宋会要》食货一之二四。
④ 《宋会要》食货一之三八。
⑤ 《宋会要》食货一之三八。
⑥ 《宋会要》食货六一之三八。

耕种,而当地环境又比较特殊,"主户常苦无客",因而对客户也就比较优待:"流移至者,争欲得之,借贷种粮与夫室庐牛具之属,其费动百千计,例不取息"。[①] 而佃客对主人进行抗争的条件也较他处优越:"往往倒持太阿以陵其主人","主人常姑息而听之"。这是因为,在"闲旷连阡亘陌"的淮南,地主包占的田土面积未免远远超过了他所能召募的客户的垦辟能力,从而在客观上为佃客提供了用广种薄收手段向地主进行"正使所收不偿所种,亦当取其十分之四"[②]的抗租斗争条件。于此亦可见,当地地主平日是以实物分成办法向佃客掠取地租的。凡此种种情况都表明,南宋时期淮南地区通行的租佃形式,正是分种。

其他经济待开发地区,如川峡诸路,其施、黔等州客户对地主的人身隶属虽特别强烈,但"地旷人稀,其占田多者,须人耕垦,富豪之家争地客,诱说客户,或带领徒众,举室般徙";[③]其四路乡村,客户对于大姓,亦皆"赖衣食贷借,仰以为生"。[④] 如广南东路,其香山岛上的"侨佃户"竟亦分为"主、客",[⑤]其朱崖军,则"除旧系黎人地不许请射外,馀许招诱客户,请系官旷土住家耕作"。[⑥] 如京西南路,其"唐州土旷民寡",治平元年(1064)"高赋知州,招集流民自便请射",[⑦]及其罢归,"增民万一千三百八十户,给田三万一千三百二十八顷,而山林榛莽之地皆为良田"。[⑧] 这些地区的基本情况与南宋的淮南地区十分近似,其所通行的租佃形式,当也以分种为主。

---

① 薛季宣《浪语集》卷一七《奉使淮西与虞丞相书》。
② 王之道《相山集》卷二四《论增税利害代许敦诗上无为守赵若虚书》。
③ 《宋会要》食货六九之六八。
④ 韩琦《安阳集》附《韩琦家传》九。
⑤ 《宋会要》方域一二之一八。
⑥ 《长编》卷三三九元丰六年九月癸丑记事。
⑦ 《宋会要》食货七〇之一五。
⑧ 范祖禹《范太史集》卷四三《高赋墓志铭》。

此外,即使在经济发达地区,如两浙路、江东路,其濒江临湖去处,宋时正在大力围垦成田。围垦者多是上等户及官户,如“宣州、太平州圩田,并近年所作,多是上等及官户借力假人名籍,请射修围”。[①] 围垦地多在荒僻之乡,所谓“凡围田去处,多在荒僻之乡,必立庄舍,佃户聚居”。[②] 从这些情况来看,围田区也是便于分种形式的租佃流行的地区。

总之,经济待开发地区,以及经济发达地区的待开发地带,可耕地成片,为少数人请射包占;当地居民稀少,须招募“浮客”,向之提供耕牛、农具、种粮、室庐等生产资料和生活资料,方能垦辟;产量不稳定,主客只能按分成办法分享生产物——是分种形式租佃的主要流行区域。

四、租种的若干基本特征

租种形式下的租佃,不是将客户召募进来耕种,而是将土地租赁出去耕种。租种者主要是第五等税户。“政和令”规定:“诸职田,县召客户或第四等以下人户租佃,已租佃而升及第三等以上愿依旧租佃者听;或分收。每顷至十户止。”[③]官田如此,民田当更是这样。

租种形式下的租佃,一般须由“租户自出耕具种粮”。[④] 如果租户短缺犁、牛、稼器、种粮,则可向第三者,而不一定向田主租赁。陈舜俞说:“奈之何生民之穷乎!千夫之乡,耕人之田者九百夫,犁、牛、稼器,无所不赁于人。匹夫匹妇男女耦耕,力不

① 《宋会要》食货六三之一九〇。
② 卫泾《后乐集》卷一三《论围田札子·贴黄》。
③ 《宋会要》职官五八之一七。
④ 《景定建康志》卷二三《城阙志·庐院》。

百亩,以乐岁之收五之,田者取其二,牛者取其一,稼器者取其一,而仅食其一。不幸中岁,则偿且不赡矣。"①范成大亦指出:"佃户贫下,至东作时,举质以备粮种。"②毛珝诗:"去岁一涝失冬收,逋债于今尚未酬。偶为灼龟逢吉兆,再供租约赁耕牛。"③陈舜俞北宋湖州乌程人,范成大南宋平江府吴县人,毛珝讽咏的对象是"吴门田家",他们的话都反映了当地盛行的租种形式租佃下的情况。

租种形式的租佃,地租形式一般为实物定额租。如建康府慈幼庄,其"本庄田地,立为上中下三等收租。田上等,每亩夏收小麦五斗四升军斗,秋纳米七斗二升军斗;地上等,夏纳小麦五斗四升军斗,秋纳豆五斗四升军斗。……已上各系租户自出耕具种粮,净纳租数,立为定额"。④ 郏亶《吴门水利书》在分析水田堤防遭到隳坏的种种原因时,曾指出"或因田主只收租课而不修堤岸,或因租户利于易田而故要淹没"亦是原因之一,并说:"吴人以一易再易之田,谓之白涂田,所收倍于常稔之田,而所纳租米,亦依旧数,故租户乐于间年淹没也。"⑤可见租米的定额是相对稳定的。偶遇灾年,租户无力按定额交纳租米,亦有临时分成的。如郑刚中所记:"建兴戊辰岁无秋,郑子硗田不数亩,在横溪之阳,旱穗犹可捋也。八月十一日,与租客分取之。是日大热,张小盖坐大田中,无林木可依,左右烘炙,去暍死无几。"⑥隆兴元年(1163)九月二十五日诏:"灾伤之田,既放

---

① 《都官集》卷二《太平有为策·厚生一》。
② 《水利图序》,载姚文灏《浙西水利书》卷一。
③ 《吾竹小稿·吴门田家十咏》。
④ 《景定建康志》卷二三《城阙志·庐院》。
⑤ 范成大《吴郡志》卷一九《水利上》。
⑥ 《北山文集》卷五《记旱》。"建兴戊辰",疑"建炎戊申"之误。又卷二《临刈旱苗》:"硗田能几何,旱穗止容摘。岂便得收敛,半属租种客。分争既不贤,烈日乃暴炙。"

苗税,所有私租,亦合依例放免。若田主依前催理,许租户越诉”。[1] 朝廷在灾荒之年放免赋税的同时,下诏令田主亦依例放免私租,这是见诸记载的最早一次。这类诏令的首次出现,并在此后不时见诸文献一事表明,当时南宋境内,特别是南宋统治的核心地区,定额租已经占主导地位。

租种形式的租佃,租户与田主之间订有“租契”。据《宋会要·食货·宋量》载,绍兴二十九年(1159)十一月二十四日朝廷曾颁降“指挥”,规定“诸州县应干租斗,止于百合,如过百合以上,并赴所属毁弃。佃户租契,并仰仍旧,不得擅自增加租课”(食货六九之一一)。其中即提到“租契”,表明租户交纳租课的数量是由“租契”载明的。元泰定元年(1324)重刊《新编事文类要启札青钱》外集卷一一“公私必用”载有“当何田地约式”,如下:[2]

厶里厶都姓厶

右厶今得厶人保委就厶处

厶人宅当何得田若干段,总计几亩零几步,坐落厶都土名厶处,东至,西至,南至,北至,前去耕作。候到冬收成了毕,备一色干净圆米若干石,送至厶处仓所交纳。即不敢冒称水旱,以熟作荒,故行坐欠。如有此色,且保人自用知当,甘伏代还不词。谨约。

年　　月　　日　　佃人姓　厶　号　约

保人姓　厶　号

---

① 《宋会要》食货六三之二一。

② 见黄时鉴《元代法律资料辑存》,第240页,浙江古籍出版社,1988年。

“当何”当即租种。论者认为此“约式”系沿宋而来。[①] 据此，则“租契”在内容中，除了载明租额以外，尚须载明租种田地的亩步、坐落四至，以及交纳租米的仓所，并且须有保人具保。[②]

租种形式的租佃，租户可以“退佃”。例如，限制租斗只许用百合斗一事失败以后，朝廷曾改而规定：“各随乡原元立文约租数及久来乡原所用斗器数目交量，更不增减。如租户不伏，许令退佃。”[③]也可以“搀佃”他人租种的田土。真德秀即曾提到：“正是乡曲强梗之徒，初欲搀佃他人田土，遂诣主家约多偿租稻，[主]家既如其言逐去旧客，而其人遽背元约，不肯承当，主家田土，未免芜废。”[④]

前已言及，在屯田、营田中，“不成片段闲田”是采用租种形式经营的。而依据以上对租种基本特征的描述，似又可推定，在民田中，那些因田产经常买卖和承继分析而不断细分化、大地产的占有只是插花式地不成片段地占有、而农产量又相对稳定的经济发达地区，乃是租种形式的租佃比较流行的区域。

五、结 束 语

最后，对于本章开头提出的问题，试作简单回答如下：

正是因为客户和第五等税户中的佃农分别成了分种和租种这

---

① 参考周藤吉之《〈新编事文类要启札青钱〉的编定年代及与其中契约证书的关系》，载《唐宋社会经济史研究》附录二，东京大学出版会，1965 年。

② 王之道《相山集》卷二二《乞止取佃客札子》中提到富家巨室“投牒州县，争相攘夺”兵火中“徙乡易主，以就口食”的佃客，亦执有“契券”。此“契券”与“租契”在内容上似无相似之处，当是分种形式租佃关系中的某类契券。

③ 《宋会要》食货六九之一三。

④ 《西山真文忠公文集》卷八《申户部定断池州人户争沙田事状》。“搀佃”，他处亦作“划佃”，义同。

两种租佃关系下的佃种者一方,所以盛行分种的经济待开发地区客户比例高,而盛行租种的经济发达地区客户比例反而低。甚至出现了像秀州那样,虽然租佃关系异常发达,却无一家客户的极端现象。还出现了像苏州那样,虽然客户所占的比例特低,只占8.7%,而下户所占比例却特高的突出现象。据前揭郑亶《吴门水利书》,谓"苏州五县之民,自五等已上至一等不下十五万户……自三等已上至一等不下五千户",上户只占主户的3.3%,而包括第四、第五等户的下户则占了主户总数的96.7%。

在分种和租种这两种形式的租佃中,租种显然比分种进步。随着历史的向前发展,分种的比例必然逐步缩小,而租种的比例则必然不断增大。从北宋至南宋所呈现的客户比例逐渐降低的趋向,是一种完全合乎历史实际的现象。只是由于全国范围的主客户统计材料截止于较早的绍兴二十九年(1159),这一趋向在整个宋代似乎体现得不那么显著。而散见于宋元方志中的资料,由于各地社会经济发展不平衡,客户的比例虽以下降者为主,但局部地区也有上升的。[①] 赣州的情况也许是比较能够说明问题的:[②]

年　　份	主户数	客户数	总户数	客户占总户数的百分比
太平兴国中(976—984)	67 810	17 338	85 148	20.4%
元丰中(1078—1085)	81 621	16 509	98 130	16.8%
绍兴中(1131—1162)	71 270	49 715	120 985	41.1%
淳熙中(1174—1189)	258 425	34 919	293 344	11.9%
宝庆中(1225—1227)	287 880	33 476	321 356	10.4%

① 参考前揭加藤繁文对五个州府的统计。
② 下表据《嘉靖赣州府志》卷四《食货·户口》制成。

除了绍兴年间由于受宋金战争影响，流移户口大量徙入，因而使城乡客户比例显著增高以外，在正常环境下，客户的比例则一直在逐步降低。南宋末年黄震说："衣食稍裕之家，以其田使邻之人佃之，所经(田)[由]不过一二颜情稔熟之奴隶，而邻之人已不胜其田主之苛取、奴隶之奸欺矣。又稍稍积而至于富贵之家，以其田使乡之人佃之，其苛取，其奸欺甚至虐不可支，有举室而逃，或捐性命以相向者矣。"①文中佃种"衣食稍裕之家"和"富贵之家"田土的"邻之人""乡之人"，所指当是自有简陋住处，因此尚未抛下祖坟、逃离故土的五等下户中的佃农，亦即租种形式租佃下的佃农。黄震的话反映出，南宋末年，租种形式租佃的比重显著增大了。宋代以后，虽然租佃关系仍在向前发展，但"客户"在官府眼中和文献中的地位都已不再显得那么突出，其原因亦在于此。

（原载《中日宋史研讨会中方论文选编》。保定：河北大学出版社，1991年5月）

① 《慈溪黄氏日钞分类》卷六八《读文集(叶水心文集·后总)》。

两宋的夫役征发

前代的劳役或徭役，宋代一般称作夫役。《唐六典》卷三《户部郎中·员外郎》："凡赋役之制有四：一曰租，二曰调，三曰役，四曰杂徭。""役"和"杂徭"都是劳役。其中"役"是正役，是朝廷征发的正规劳役。按规定："凡丁岁役二旬，无事则收其庸，每日三尺。"唐前期已多折收庸绢。杂徭则是地方政府的临时征发。唐德宗建中元年(780)行两税法，"其租庸杂徭悉省"，[1]正役和杂徭从此均已并入两税之中。可是在实行两税法以后，特别是在唐末五代期间，直接的劳役征发仍然十分严重。"自五代无政，凡国之役，皆调于民，民以劳敝"。[2] 这些直接的劳役征发，宋代统称之曰"夫役"，[3]与被称作"差役"的职役是不同的。本章拟对宋代夫役的征发及其演变的基本情况试加考察。

---

① 《唐会要》卷八三《租税上》。

② 《通考》卷一五六《兵考》。

③ 《唐律疏议》卷二八《捕亡》"丁夫杂匠亡"条疏议释"丁夫"为："丁谓正役，夫谓杂徭。"则"夫役"云者，系指"杂徭"而言。然《唐律疏议》卷一六《擅兴》"非法兴造"条疏议释"杂徭役"，又作"谓非时科唤丁夫"。宋代夫役，特别是河防夫役，已有"常例""年例"，并非全是"非时科唤丁夫"，则"夫役"云者，似又非"杂徭"一词所能概括。

一、差　调

马端临在《文献通考·兵考八》中说:“宋有天下,悉役厢军,凡役作工徒营缮,民无与焉,故天下民力全固。至今遵之。”话说得太夸张,有点绝对化,未免片面。不如他在《职役考一》中说的,“宋朝凡众役多以厢军给之,罕调丁男”,比较符合历史实际。厢军即“诸州之镇兵”,“罕教阅,类多给役”,[①]确实取代了征发民户从事的一些劳役。但“罕调丁男”不等于不调丁男。宋祁说:“今天下厢军,不择孱小尪弱,悉皆收配,才图供役,本不知兵,亦且月费廪粮,岁费库缣。数口之家,不能自庇,于是相挺逃匿,化为盗贼者,不可胜算。朝廷每有夫役,更籍农民以任其劳。”[②]特别是在厢军日趋腐败而又不断反抗逃亡的情况下,直接征发百姓服种种夫役,就是经常的了。

建隆二年(961)五月,“令诸州勿复调民给传置,悉代以军卒”。[③] 三年三月,“诏三司春冬送戍卒衣,并官给车乘,毋得调发民丁”。[④] 川峡一带,“朝廷尝遣使治道襄州,岁常五六辈,一使所调发民皆数百人。吏缘为奸,多私取民课。所发不充数,道益不修”。乾德五年(967)知襄州边光范“请以州卒代民,官给器用,役不淹久,民用无扰”。[⑤] “两川上供纲,所过丁男百十辈转送;罪人锢送阙下,在道病者,亦发民舆担。知河南府何承矩奏以为疲民横役,请罢其事”。太平兴国七年(982)二月乙亥,遂“诏西川、岭南、荆南、

① 《宋史》卷一八九《兵志·厢兵》。
② 《景文集》卷二六《上三冗三费疏》,宝元元年。
③ 《长编》卷二是月己卯记事。
④ 《长编》卷三是月戊寅记事。
⑤ 《长编》卷八是年年末记事。

陕西每岁上供钱帛,勿复调民负担,以传置卒代之”。[①] 景德四年(1007)五月丁酉,又“诏河北缘河州军纲运,自今以军士充役,勿差部民”。[②] 大中祥符三年(1010)八月,又诏“应缘江淮并沿河州军县镇阙食之处,自来差人牵拽纲运牌筏、担擎转递物,并以兵士代之,及破官钱雇人应副”。[③] 其他杂役,如修复陵寝,开宝四年(971)四月,“发厢军千人诣京兆修先代陵寝,令勿复调民。自今有当缮治者,以镇兵给其役”。[④] 如除道,景德四年五月,真宗章穆郭皇后即将安葬,自京城至陵寝所在永安的沿路州县皆“率民除道”。诏谓“属兹盛暑,且夺农功,宜速令放散,至时量以军士给役”。[⑤] 在京畿,大中祥符五年十月,“提点开封府界段惟几调中牟县夫二百人修淳泽监仓,群牧制置使以厩卒代之”。[⑥] 在边远州军,如平定军等处,也是“运粮采木,始劳百姓,后役军士”。[⑦] 可见在宋初,原先差调民户从事的“给传置”“春冬送戍卒衣”“治道”“除道”“缮治”陵寝,“担擎”上供钱帛等杂泛差役,都曾明令“毋得调发民丁”,多数以军卒、兵士、州卒、镇兵代之了。但是,像开通运河、防治黄河等重大水利工程,或修建城池、馈运粮草等重大功役的情况又怎样呢?

关于战争期间军需品的输送,元丰年间陈安石曾经说过:“自来军兴差夫运粮,骨肉相送,号泣于道路,传达朝廷,多蒙嗟恻,为

① 《长编》卷二三。
② 《长编》卷六五。
③ 《宋会要》职官四一之八四。不属上述诸诏通行范围的东川梓州,却仍然“命民丁传送”,直至大中祥符九年三月,才“置梓州递铺”“革之”,见《长编》卷八六。此后,未设递铺的其他东川州军,如“普、遂等州诸般纲运,州县差借人夫般担至梓州,方有递铺兵士转递”。这类“差借人夫般运上京并河东、陕西路州军纲运”和“邻近州军官物”的现象,不仅梓州路,川中四路州军实际上都还相当普遍。见《宋会要》食货四八之一六。
④ 《长编》卷一二是月壬辰记事。
⑤ 《长编》卷六五是月戊午记事。
⑥ 《长编》卷七九是月辛亥记事。
⑦ 《长编》卷八八大中祥符九年九月庚申记事。

之中罢。今师行般粮，厢军不足，不免差夫，必存故态。”[①]自来是百姓苛重的劳役，而且是厢军难以完全代替的。如在宋初的统一战争中，开宝三至四年(970—971)灭南汉，王明知转运事，“岭道险绝，不通舟车，但以丁夫负荷糗粮，数万众仰给无阙”。[②] 建隆三年(962)攻北汉，且曾诏潞州“集丁夫开太行路，俾通馈运”。[③] 开宝七至八年(974—975)伐南唐，也曾“发和州三县丁夫凿横江河，以通粮道”。[④] 在咸平三年(1000)镇压成都王均反抗的过程中，知蜀州杨怀忠甚至一再差调“丁夫”“乡丁”“民丁”直接参加攻城等重大战斗。[⑤] 而在同西夏的边境冲突中，差调丁夫的范围和数目更是惊人的。至道二年(996)“灵武用兵，诸州皆发丁夫饷军”，[⑥]凡二十五州军。后来元丰四年(1081)的灵州之役，宋五路攻夏，“王中正发麟州……兵六万人，民夫亦六万余人”。“高遵裕发庆州蕃汉步骑凡八万七千人，民夫九万五千人”。[⑦] 其他三路当亦相似。

城池的修建，宋初也完全是差调丁夫从事的。如建隆三年正月，“发开封、浚仪县民数千广皇城之东北隅”。[⑧] 开宝元年正月，“发近甸丁夫增修京城”。[⑨] 太平兴国五年(980)十二月，“命曹翰部署修雄、霸州、平戎、破虏、乾宁等军城池，开南河自雄州达莫州以通漕运，筑大堤捍水势，调役夫数万人，(拒)[于]敌境伐木以给

---

① 《长编》卷三一五元丰四年八月丁巳记事。
② 《长编》卷一二开宝四年五月丁酉记事。
③ 《宋会要》方域十之一。
④ 《长编》卷一六开宝八年九月“是月”条。
⑤ 《长编》卷四六咸平三年正月丙申、二月癸丑；卷四七，咸平三年八月月末记事。
⑥ 《长编》卷四一至道三年三月癸酉记事。
⑦ 《长编》卷三一六元丰四年九月丙午记事。另据《长编》卷三一九十一月乙酉记事，谓：“初，河东发民夫十一万，[王]中正减粮数，止用六万余人，余皆待命于保德军。既而朝旨令余夫运粮自麟州出踵中正军后，凡四万人，遣晋州将官訾虎将兵八千护送之。”则麟州所发随王中正一路的丁夫，先后实十一万人也。
⑧ 《宋会要》方域一之一一。
⑨ 《长编》卷九是月甲午记事。

用。……数旬功毕，召归颍州”。[①] 后来渐以厢兵充役。史载景德三年(1006)二月，“上闻贝州调民修城，虑其烦扰，诏亟罢之，第用州兵以渐给役”。[②] 同年七月，又“罢天雄军修城丁夫，以邻近州兵十指挥给役”。[③] 景祐四年(1037)五月，广南东路转运司言：“广州任中师奏：‘城壁摧塌，乞差人夫添修。’欲依中师所请。”诏：“广州更不差夫，只那合役兵士先从摧塌及紧要处修整。”[④]康定元年(1040)三月，又诏“陕府以西城池，令都转运司相度，除近边冲要之处即依前敕催督修筑，自余州郡止以役兵渐次兴葺，无得差率人夫，致妨农务。”但是厢兵同样无法完全代替丁夫的工役。如“天圣三年(1025)八月四日，河北转运使言：‘沿边州军，霖潦之后修浚城隍，功料甚大，役兵不足，欲伺农隙差乡村强壮共力营葺。’从之”。[⑤] 即是一例。

史载宋太祖曾说：“烦民奉己之事，朕必不为也，开导沟洫以济京邑，盖不获已耳。”[⑥]又说：“朕临御以来，忧恤百姓，所通抄人数目，寻常别无差徭，只是春初修河，盖是与民防患。”[⑦]“寻常别无差徭”并非事实，但从宋太祖的这些话中，倒是可以见到，“修河”“开导沟洫”是北宋丁夫最苛重的劳役。蔡襄说：“今百姓有幸有不幸。其居濒河，岁以丁役过重，此不幸也。”[⑧]王安石说：“举天下之役，其半在于河渠堤埽。”[⑨]说的也都是同一个意思。

大中祥符五年(1012)十月辛亥诏：“诸路自今除常例合调民夫

① 《长编》卷二一是月戊寅记事。
② 《长编》卷六二是月己亥记事。
③ 《长编》卷六三是月丁卯记事。
④ 《宋会要》方域九之二七。
⑤ 两处均见《宋会要》方域八之二。
⑥ 《长编》卷二建隆二年二月壬申记事。
⑦ 《宋会要》食货一二之一，开宝四年七月诏。
⑧ 《蔡忠惠公文集》卷一八《国论要目·安民》。
⑨ 《临川先生文集》卷六二《看详杂议》引议者语。

外，如别有工役须至差拨者，并取实役名数，调讫具事以闻，违者按其罪。”[①]可见宋初差调丁夫服劳役，是有所谓“常例”，即由习惯而成的制度的。有些夫役常例“合调”，有些则须临时取旨。在“常例合调民夫”的夫役中，防治黄河，开导运河，以及供治河之用的梢楗的采伐，肯定是最重要的一种。

以河防夫役而言，宋人晁说之讲的：“岁有常役则调春夫，非春时则调急夫，否则纳夫钱。”[②]应当说就是一种“常例”。夫钱容后再议。若春夫，因其年年如此，例须差调，又称“年例春夫”。元祐元年（1086）十一月丁丑诏即曾提到：“以府界、京东西路灾伤，权罢明年黄河年例春夫。”[③]差调春夫成为定制当始于乾德五年（967）。史载此年正月戊戌，朝廷“分遣使者发畿县及近郡丁夫数万治河堤”，并说“自是岁以为常，皆用正月首事，季春而毕”。[④] 到至和元年（1054），“京畿及京东、京西等路每岁初春差夫”已“罕有虚岁”，且已有所谓“差夫条约”。[⑤] 所指应皆是“春夫”。每名春夫服役的时间约一个月，所谓“春夫一月之限，减缩不得过三日”。[⑥] 急夫则是在黄河、汴水决口或“黄河夏秋水涨，堤岸危急，须借民夫救护”[⑦]时才追集的。被追集的急夫，等到差调春夫时，要以春夫“计日折免，更蠲五分”，[⑧]即急夫二日可抵春夫三日。追集急夫的事实

① 《长编》卷七九。
② 《嵩山文集》卷一《元符三年应诏封事》。
③ 《长编》卷三九一。
④ 《长编》卷八。
⑤ 《宋会要》食货七之一三至一四。
⑥ 《宋会要》方域一五之一九。至于“春夫”作为专名，最早则似出现于仁宗初年。《宋会要》方域一四之一三，天圣六年（1028）三月十六日，新授京西转运使杨峤言：“澶州每年捡河堤春料夫万数，并自濮、郓差往，备见劳扰。”同书食货六八之三八，天圣九年二月五日，河北西路提刑司言：“邢、怀州连年灾伤，若令应副十分春夫，必难胜任。”
⑦ 《长编》卷二五二熙宁七年四月癸未记事。
⑧ 《长编》卷二九〇元丰元年六月己酉记事。

宋初业已常见，而急夫一词作为专名出现则是较晚的事。①

宋初，差调春夫、急夫仅限于沿黄、汴、清、御河州县人户，并未形成全国范围的夫役制度。开宝五年(972)诏："每岁河堤常须修补。访闻科取梢(揵)[楗]，多伐园林，全亏劝课之方，颇失济人之理。自今沿黄、汴、清、御河州县人户，除准先敕种桑枣外，每户并须创柳及随处土地所宜之木。"②此诏勾画的实际上同时也是河防夫役的大致征发范围。在此以前，乾德五年(967)正月辛卯，"令开封、大名府、郓、澶、滑、孟、濮、齐、淄、沧、棣、滨、德、怀、博、卫、郑等州长吏，并兼本州河堤使"。开宝五年二月丙子，又"诏开封等十七州府各置河堤判官一员，以本州通判充"。③ 设置有河堤使和河堤判官的此十七州府，显是差调河防夫役的基本地区。开宝四年七月诏："朕临御以来，忧恤百姓，所通抄人数目，寻常别无差徭，只是春初修河，盖是与民防患。……应河南、大名府、宋、亳、宿、颍、青、[齐]、徐、兖、郓、曹、濮、单、蔡、陈、许、汝、(邓)[郑]、济、卫、淄、潍、滨、[棣]、沧、德、贝、冀、澶、滑、怀、孟、磁、相、邢、洺、镇、博、瀛、莫、深、扬、泰、楚、泗州、高邮军，所抄丁口，宜令逐州判官互相往彼与

① 《宋会要》方域一六之一："太祖建隆三年六月，宋州上言：'宁陵县河溢堤决。'诏发宋、亳丁夫四千五百人，分遣使臣护役，命西上阁门使郭守文总其事，又发丁夫三千三百人塞汴口以息水势，命判四方馆事梁迥董之。"似是宋代最早见于记载的差调急夫事实。然同一事实《长编》此年未载，却重复载于开宝三年和太平兴国三年。《长编》卷一一载：开宝三年六月，"汴水决宋州宁陵县。发宋、亳丁夫塞之，又塞汴口以杀水势。"《长编》卷一九又载：太平兴国三年六月"乙亥，宋州言汴河决宁陵县。诏发宋、亳丁夫四千五百人塞之，命西上阁门使郭守文护其役。又发畿内丁夫三千二百人塞汴口，以判四方馆事梁迥董之"。两书三处所载，虽分属建隆、开宝、太平兴国三个纪元，但都是三年六月的事，所系纪元显有讹误。颇疑当以太平兴国三年六月为正。则《宋会要》此则记事非急夫事实初见。急夫事实实初见于开宝五年六月，详下文。而急夫一词，最早则似见于熙宁五年五月癸未诏："京东夫及本路续发急夫，适妨农时，及京东夫以道远，并免户下支移折变一年"，载《长编》卷二三三。

② 《宋会要》方域一四之一。

③ 《长编》卷一三。

逐县令佐子细通检,不计主户、牛客、小客,尽底通抄。”[①]则差调河堤夫役的范围,当不致逸出此次抄检丁口的四十七军州,再加开封府共为四十八军州之外。此四十八军州,除开封府外,后来分属京东、京西北、河北东、西、淮南东诸路。[②]

史载开宝五年(972)五月,河决澶州濮阳县,六月,又决阳武县,“即诏发开封、河南十三县夫三万六千三百人及诸州兵一万五千人修阳武县堤,澶、濮、魏,博、相、贝、磁、洺、滑、卫等州兵夫数万人塞澶州河,并令[曹]翰督役”。[③] 在这则宋代追集急夫的最早记载中,急夫是与厢兵一起被追集的。这一做法此后几成通例。可是春夫的劳役,起初却只差调民夫,直至真宗末年以后,才见到“悉以军士给役”,“差军士兴葺之”等记载。如天禧元年十二月戊子诏:“京畿、诸州筑河堤,悉以军士给役,无得调发丁夫。”[④]天圣五年(1027)十二月,拟于滑州鱼池埽开减水河,“本州言:‘应役夫二万八千余,一月工毕;或以兵士渐次兴功,计役万二千人,七十日。’诏差军士兴葺之”。[⑤] 天圣六年三月辛亥诏:“岁调郓、曹、濮等州丁夫以治澶州河堤,颇妨农业,自今发邻州卒代之。”[⑥]当然,兵士只是代

---

① 《宋会要》食货一二之一。《长编》卷一二记此事则曰:开宝四年七月“己酉,令河南府及京东、河北四十七军州,各委本州判官互往别部同令佐点阅丁口,具列于籍,以备明年河堤之役。如敢隐落,许民以实告,坐官吏罪。先是,诏京畿十六县重括丁籍,独开封所上增倍旧额,它悉不如诏。上疑官吏失职,使豪猾蒙幸,贫弱重困,故申警之”。《长编》云此次点阅丁口共四十七军州,而《宋会要》所载仅四十五军州,当有讹漏。《通考》卷一一《户口考》所载,文字与《宋会要》几全同,仅滨、沧两州间多一棣州。又前述设置河堤使、河堤判官的十七州中,《宋会要》未载者计有开封府、齐、棣、郑州四个州府。据《长编》,开封府前已重括,不在四十七军州数内,其他三州此次不应漏抄。又《宋会要》《通考》所列军州中有邓州,而邓州却不属沿黄、汴、清、御河州军,疑系郑州之误。如此,则漏列之二州,一是棣州,另一当是齐州。

② 宋、青、齐、徐、兖、郓、曹、濮、单、济、淄、潍州属京东路;河南府、颍、蔡、陈、许、汝、郑、滑、孟州属京西北路;大名府、滨、棣、沧、德、贝、冀、澶、博、瀛、莫州属河北东路;卫、怀、磁、相、邢、洺、镇、深州属河北西路;亳、宿、扬、泰、楚、泗州、高邮军属淮南东路。

③ 《宋会要》方域一四之二。“兵夫”亦指兵士与丁夫也。

④ 《长编》卷九〇。

⑤ 《宋会要》方域一四之一二。

⑥ 《长编》卷一〇六。

替了部分春夫的劳役,差调春夫的"常役"并未因此取消。然据张方平所说:汴河"天圣已前,每岁开理,缘河人户,各蓄开河器备,名品甚多,未尝有堙壅也。天圣初,有张君平者,陈利见,始罢春夫。继以浅妄小人,苟规赏利,撙减役费,以为劳绩,致兹淤塞,有妨通漕"。[①] 则天圣初又确有"罢春夫"之事。但所罢乃开导汴河之春夫,且非因用兵士代役而罢也。

总之,北宋前期的各项劳役,包括已有"常例合调民夫"的重大劳役在内,都出现了以厢军取代部分丁夫从事的现象,这无疑是宋代夫役的重要特点之一。虽然北宋前期夫役的差调仍很苛重,夫役的无偿劳役性质并无改变,但是丁夫在服役期间的待遇,比之前代,却也多少有所改善。《长编》卷一载:

> 汴都仰给漕运,故河渠最为急务。先是,岁调丁夫开浚淤浅,糗粮皆民自备。[建隆元年正月]丁未,诏悉从官给,遂著为式。

《宋朝事实类苑》卷二一《漕河》条引《金坡遗事》亦载:

> 先是,春夫不给口食,古之制也。上(指太祖)恻其劳苦,特令一夫日给米二升,天下诸处役夫亦如之。迄今遂为永式。

可见北宋建国伊始,即对前代关于服役丁夫"不给口食""糗粮皆民自备"的办法作了改变,规定"一夫日给米二升",此后遂为有宋一代定制。春夫如此,"诸处役夫亦如之",这一新规定是全国范围通

① 《乐全集》卷二三《论京师军储事》,嘉祐二年。

用的。如大中祥符九年(1016)正月,"三门白波发运使言:'沿河山林约采得梢九十万,计役八千夫一月。'命发运使陈丽夫躬亲临视,仍官给粮食,毕日即散"。[①] 起初,对于已经征发而尚未入役的丁夫,仍然不给廪食。这个办法,到大中祥符元年(1008)也改变了。是年正月诏:"如闻浚蔡河召集丁夫,其未入役者不给廪食,暴露原野,朕甚悯焉。自今令主者饷之,宽其程约。"[②]前已述及西川上供钱帛以传置卒代民般担的诏令发布以后,梓州路一些州军仍在差借人夫般担纲运。其中"资、简等州差借人夫般担纲运至益州,自来官给米日二升",而"普、遂等州诸般纲运……差借人夫,山路遥远",却"不支口食"。天圣八年(1030)五月,"诏三司,今后[益、梓、利、夔]四路州军差借人夫般运上京并河东、陕西路州军纲运,即每日人支口食米二升,止转般邻近州军官物即不支"。[③] 虽然短途般运仍不支给口食米,但支给口食米的范围却较前扩大了。

二、和雇和差雇

宋代封建雇佣相当发达。募兵制取代了前代的征发制,无论禁军还是厢兵,大都招募。官手工业中的劳动者,除了部分刑徒以外,主要也是雇募或变相雇募的。熙宁四年(1071)改革职役制度,轮差乡户充役的差役改成了以役钱募人应役的募役。稍后,差调丁夫亲身服役的夫役也发生了类似的变化。

早在宋初以厢军代替部分丁夫服役的同时,有些夫役项目也开始改为雇佣了。如宋太祖永昌陵的营建,开宝九年(976)十月二

---

① 《宋会要》方域一四之七。
② 《宋会要》方域一六之二二。
③ 《宋会要》食货四八之一六。

十日诏曰:“大行皇帝山陵有期,准遗诏不劳扰百姓,宜令所司奉承先旨,应缘山陵支费,一取官物供给,工人役夫,并先用官佣雇。”①如江淮及沿河州县牌筏的牵拽、转递物的担擎,大中祥符三年(1010)八月手札云:“应缘江淮并沿河州军县镇阙食之处,自来差人牵拽纲运牌筏、担擎转递物,并以兵士代之,及破官钱雇人应副。”②如庆、鄜、泾州城池的修筑,康定元年(1040)四月己亥,“陕西安抚使韩琦等言:‘庆、鄜、泾三州调民修城,有妨农种,复少兵士以代夫役,请听富民自雇人夫修筑,三万功与太庙斋郎……十万功与奉职。’从之”。③

到了熙宁年间,夫役雇募的范围显著地扩大了。它首先是作为社会救济措施,并作为推行农田水利法的辅助措施,以“募饥民兴修农田水利”的形式出现的。宋代两极分化剧烈,一遇灾伤,立即涌现大量阙食饥民,成为严重的社会问题。对于这些饥民,传统的做法是采取一些象征性的救济措施,发放义仓粟米,或煮粥俵散。用类似近世以工代赈办法来代替传统的救荒措施,实在是王安石变法期间的新鲜事物。先是,熙宁五年(1072)九月壬子,曾“诏司农寺出常平粟十万石赐南京、宿、亳、泗州募饥民浚沟河”。④ 到了次年,这一办法就成了通行全国的定制。史载熙宁六年六月己卯诏有云:“自今灾伤年分,除于法应赈济外更当救恤者,并预计合兴农田水利工役人夫数及募夫工直,当赐常平钱谷募饥民兴修。”⑤七年三月壬寅又下诏重申:“灾伤路委监司各分地检计合兴农田水利及堤岸沟河道路栽种林木土功之类,可以募夫者,并

① 《宋会要》礼三七之四。
② 《宋会要》职官四一之八四。
③ 《长编》卷一二七。此举等于官府以鬻官的收入雇佣人夫。
④ 《长编》卷二三八。
⑤ 《长编》卷二四五。

具利害以闻。”①这样做,固然同王安石的生产观点和革新精神有关,如《长编》所记他同神宗的如下一席谈话:“王安石言:‘司农欲令定州煮粥散饥民,此非便。向已修条贯,令及未困,募之兴利。而诸路多且如旧,不肯推行。’上曰:‘河东煮粥,李承之云须至如此。人得米乃食生米。’安石曰:‘人食生米未知虚实,不知何故有米乃不能炊煮?假令有此,亦由官司失于措置。若聚人,每大口日给一升,小口给半升,即饥民须废业待给,如此则容有不暇炊煮者。今救济俵饭凡半年,若以作饭之米计口俵与,令各归营生,官所费无加,而饥民得实惠,不妨经营衣食,犹胜于聚而俵粥饭,不能救死,徒成疫疠也。’”②但根本的,恐怕是当日社会发展的客观需要使然。此后直至南宋,这项措施遂为宋代历朝统治者所继承,不是偶然的。

宋代最主要也是最苛重的夫役——河防夫役,本来是“止有差法,原无雇法”的。河防夫役之“变差夫旧制为雇夫新条”,实滥觞于熙宁十年(1077)七月曹村之役。苏辙在《论雇河夫不便札子》中说:

> 臣窃闻祖宗旧制,河上夫役,止有差法,原无雇法。始自曹村之役,夫功至重,远及京东、西、淮南等路,道路既远,不可使民间一一亲行,故许民纳钱以充雇直。事出非常,即非久法。今自元祐三年,朝廷始变差夫旧制为雇夫新条,因曹村非常之例为诸路永久之法,既已失之矣。……③

---

① 《长编》卷二五一。
② 《长编》卷二六四熙宁八年五月丙寅记事。
③ 《栾城集》卷四六。《长编》系于元祐五年六月月末。

熙宁十年七月乙丑，河大决于澶州曹村下埽。“北流继绝，河道南徙，又东汇于梁山、张泽泊，分为二流，一合南清河入于淮，一合北清河入于海，凡灌州县四十五，而濮、齐、郓、徐尤甚，坏官亭民舍数万，田三十万顷”。[①] 诏以明春修塞。这就是苏辙说的曹村之役。此役“材出于公，秋毫不以烦民”。“唯是丁夫，古必出于民者，乃赋诸九路，而以道里为之节适。凡郡去河颇远者，皆免其自行，而听其输钱以雇吏。则众虽费可不至于甚病，而役虽劳可不至于甚疲矣”。[②] 具体说来，就是熙宁十年十一月乙卯诏的如下规定：

> 河北、京东、西、淮南等路出夫赴河役者，去役所七百里外，愿纳免夫钱者，听从便，每夫止三百、五百。[③]

至次年，即元丰元年(1078)闰正月癸卯，“修闭曹村决口所言：‘昨计修闭之功，凡役兵二万人，而今止得万五千人有畸。’诏河北东路、开封府界差雇万人”。[④]

以上是可以考见的“曹村非常之制”的具体内容。元祐三年(1088)“变差夫旧制为雇夫新条”的内容又怎样呢？

《长编》卷四三八元祐五年二月辛丑“权罢修黄河”条记事曾提到“先是，河上所科夫役，许输钱免夫”；又提到“以七千免一丁，又免百姓往回奔走与执役之劳”。《宋史》卷九三《河渠志·黄河下》所载绍圣元年(1094)六月张商英奏，也提到：“元祐初，文彦博、吕大防……拔吴安持为都水使者，委以东流之事。京东、河北五百里内差夫，五百里外出钱雇夫。”这些，可能都是元祐三年“新条”的

---

① 《长编》卷二八三熙宁十年七月甲戌记事。
② 《宋文鉴》卷七六孙洙《澶州灵津庙碑文》。
③ 《长编》卷二八五。
④ 《长编》卷二八七。

部分内容。至于苏辙在以上引文之后接着说的:“而都水使者吴安持等,因缘朝旨,造成弊政,令五百里以上不满七百里,每夫日纳钱二百五十文省,七百里至一千里以上,每夫日纳钱三百文省,团头倍之,甲头、火长之类增三分之一,仍限一月,过限倍纳。”其中除了许民纳钱以充雇直的范围是“五百里以上”之外,其余大概都是“因缘朝旨”的“弊政”,不能认为即是“朝旨”,亦即元祐三年“新条”的内容。直到元祐七年(1092)八月,才见到比较明确的有关规定。此月庚申,工部言:“都水监奏今后一年起夫一年免夫等事,臣僚及诸路监司相度到,有称出钱免夫便,或称不便者。今欲乞去役所有八百里外,更不科差,五百里内,即起发正夫,八百里内如不愿充夫愿纳免夫钱者,听。……如此年合当夫役,须得正身前去,更不许纳钱免夫。”诏:“如遇逐路州县灾伤五分以上及分布不足,须合于八百里外科差,仰转运司保明以闻。仍自科元祐八年春夫为始。余并从之。”[①]次月,“都水监言:‘准敕五百里外方许免夫,自来府界黄河夫多不及五百里,缘人情皆愿纳钱免行,今相度,欲府界夫即不限地里远近,但愿纳钱者听。’从之”。[②] 又对上述规定作了部分修订。

不过,苏辙关于元祐三年的“雇夫新条”遂为“诸路永久之法”的说法,后来却并未完全成为事实。《宋史》卷一七五《食货志·和籴》载:“初,黄河岁调夫修筑埽岸,其不即役者输免夫钱,熙、丰间淮南科黄河夫,夫钱十千,富户有及六十夫者,刘谊盖尝论之。及元祐中吕大防等主回河之议,力役既大,因配夫出钱。大观中修滑州鱼池埽,始尽令输钱,帝谓事易集而民不烦,乃诏凡河堤合调春夫,尽输免夫之直,定为永法。”据此,则征收免夫钱之最后成为定

---

① 《长编》卷四七六。
② 《长编》卷四七七元祐七年九月壬辰记事。

制,乃是大观年间的事,而熙、丰之际的曹村之役和元祐初年的回河之役,则是其形成过程中的关键阶段。这一“永法”,系出自工部员外郎赵霆的建议。《宋史》卷九三《河渠志·黄河下》载:大观“二年五月,[赵]霆上免夫之议,大略谓:‘黄河调发人夫修筑埽岸,每岁春首骚动数路,常至败家破产。今春滑州鱼池埽合起夫役,尝令送免夫之直,用以买土增贴埽岸,比之调夫,反有赢余。乞诏有司,应堤埽合调春夫,并依此例,立为永法。’诏曰:‘河防夫工,岁役十万,滨河之民,困于调发。可上户出钱免夫,下户出力充役。其相度条画以闻。’”①但诏令的内容与《宋史·食货志》的概括,似稍有出入。总之,河防免夫钱的征收,是熙宁十年以后逐步成为定制的。

陕西、河东百姓为应副西北边事而辇运军需、进筑城寨等劳役,在各地的临时性征发中是最为严重的。在元丰四至五年(1081—1082)的宋夏战争期间,前已述及,单是灵州之役仅鳞州、庆州出发的两路军队即差调了二十万以上的民夫。如富弼所说,此次“西师之举,秦晋之民,肝脑涂地,毒亦甚矣,乡村保聚,哭声相闻”,②苦难是很深重的。朝廷先是于元丰四年十一月下诏,云:“其已经差夫之户,更不差发。”③继又于五年二月敕榜晓喻陕西百姓,谓:“昨经西讨,调发丁夫随军,极为不易,尔后边事更不差夫出界,令各安农业。”④是年四月陕西路转运司官范纯粹等在奏札中又曾

① 此议并诏,《宋会要》方域一五之二三,系于崇宁二年五月十一日。诏又见《宋大诏令集》卷一八一,题作《都水使者赵霆奏黄河堤岸科夫修筑事御笔》,题下未注年分,仅注“□月十一日”。此议前后各条记事,《宋会要》《宋史》年月皆有错乱。疑未能决,姑从《宋史》作大观二年。

② 《长编》卷三三六元丰六年闰六月丙申“富弼卒”条记事。

③ 《长编》卷三二〇是月己酉记事。

④ 《长编》卷三二三是月丁巳记事。

提到:"近准朝旨节文:'修筑般运,并用厢军及和雇百姓。'"①当然,在边境战事中以雇募方式辇运军需或进筑城寨,并不是元丰四、五年间宋夏战争中才出现的。如熙宁九年正月交趾屠邕州(今广西南宁)以后,广西转运使李平一于三月间"乞调广东丁夫修邕州城池",朝廷"以路远难差发"没有同意,令其"止于侧近州军优给钱米差雇"。② 而在讨击交趾的战事中,据荆湖南路转运司言:"计置运钱谷应副广西军兴,实无人可和雇,恐致阙误,见已牒潭、衡等州依敕差雇人般运。"从"诏具所差人夫每名地里脚钱以闻"③的结果来看,朝廷是同意了荆湖南路的做法的。但是由于元丰四、五年间宋夏战争的规模和影响都远较此次战事为大,所以只是宋夏战争中的成例才作为通行的定制确立下来。这就是元丰五年八月丙子的诏:"应缘修城开壕事,并许雇募。"④

这样,宋代几项最苛重的夫役,熙、丰以后都逐渐开始改为雇募了。这类雇募,文献上往往称为"和雇",意谓为受雇者所情愿,是不带强制性的。当然,情愿受雇的情况不是没有,特别是灾民为饥饿所驱迫,确是"情愿"投募的。但是在绝大多数情况下,受雇者事实上是没有不受雇的自由的。诚如元丰五年(1082)四月陕西转运司官范纯粹等人奏札所说:"近准朝旨节文:'修筑般运,并用厢军及和雇百姓'……窃度关中民力,自经去年调发随军之后,凋残惊畏,虽给雇直,必不愿受雇出塞,州县若无人应募,不免差雇以应期会,则是名为和雇,实为调发。"⑤元祐四年正月尚书左丞王存等疏请速罢孙村减水之役,也提到:"[今来]既须兴西岸堤防之工,又

---

① 《长编》卷三二五是月月末记事。
② 《长编》卷二七三是月癸亥记事。
③ 《长编》卷二七五熙宁九年五月甲子记事。
④ 《长编》卷三二九。
⑤ 《长编》卷三二五。

不免起孙村减水之役,两役并兴,劳动转甚。……若令用钱雇夫,所雇者众,应募数少,必致官差,虽以差雇为名,其实抑而强雇,强雇之弊,与差一般。"[①]类似的议论,如"州县名为和雇,其实于等第人户上配差";[②]"雇夫只是名为和雇,其实差科";[③]"河上人夫,亦自难得,名为和雇,实多抑配";[④]补治永裕陵沟井,"河南等州人夫,虽名和雇,颇为科配"。[⑤] 此外还有很多。元祐二年(1087)三月己卯诏提到"以和雇为名,差雇百姓",[⑥]"差雇"二字实最能体现这类雇募的基本特征。苏辙论蜀茶五害,谓自四川般茶至陕西,茶官"令州县和雇人夫",实际情况却只能是"和雇不行,即差税户,其为骚扰,不可胜言"。[⑦] 这类雇募所带给百姓的危害,同差调是几乎一样的。

尽管名为和雇实为差雇的劳动力征发并未摆脱其封建劳役的根本性质,但它同北宋前期差调间的区别却是显然的。雇募与差调的最大区别是:差调的丁夫每日只支给口粮二升,[⑧]而雇募的丁夫,除了支给口粮二升以外,还支给一定数量的"雇直"。雇直有以日计的,如日支钱五十:元丰五年(1082)五月丙申诏,"陕西都转运司运粮应副军兴,于诸州差雇车乘之人,所过州交替,人日支米二升,钱五十,至缘边止"。[⑨] 日支钱一百:元丰七年(1084)二月辛未诏,"鄜延、环庆路如有合兴工城寨,许和雇,人日支钱百,米二

① 《长编》卷四二一是月辛卯记事。
② 《长编》卷四三八元祐五年二月辛丑记事。
③ 《长编》卷四三九元祐五年三月辛未记事。
④ 《栾城集》卷四六《论雇河夫不便札子》。
⑤ 《长编》卷五〇八元符二年四月丁丑记事。
⑥ 《长编》卷三九六。
⑦ 《栾城集》卷三六。
⑧ 个别地区也有"日支米钱三十,柴菜钱十"的。见《长编》卷三二〇元丰四年十一月辛丑记事。
⑨ 《长编》卷三二六。

升”。[①] 日支钱二百：元祐五年(1090)三月，诏“赐元丰封桩钱三十万贯，雇夫治河，每夫钱二百文，不得裁减”。[②] 苏辙在提到“今河上雇夫日破二百”时，认为“昨来京城雇夫每人日支一百二十文省，则河上日支二百，已为过厚”。[③] 但据朱光庭说：“访闻和雇人夫二万人，每人支官钱二百。……除官钱外，民间尚贴百钱，方雇得一夫。”[④]则日支二百不仅未为“过厚”，而且离民间雇价尚有颇大距离。雇直也有以般运全程计的，如元丰“五年军兴，调夫与驴于民，夫一名官支雇钱一千，米一石，驴一头官支赁钱五百。而民间自太原至潞州至河外，一夫之费多至百千，驴之直多至十千”。[⑤] 此外，据元符元年(1098)二月陕西转运使张询说，熙河等路，“自来进筑，(人)[入]役兵夫等多有和雇钱米，有厢军递铺之类，(乞)[除]口食外，比修城兵夫雇钱减半支给”。[⑥] 此处“兵夫”似指兵士和民夫，而兵士系指禁军。则入役之人仅仅由于出处有别，其雇直即高下不等。既然宋代的雇募，名为和雇，实即差雇，亦即对劳动力的强制征发，那么此所谓雇直，也就不是什么劳动力价值的货币表现。它是统治者专断决定的，而且带有极大的随意性。

三、免 夫 钱

随着夫役中雇募形式的采取，特别是随着河防夫役之“变差夫旧制为雇夫新条”，产生了一项新的科敛项目——免夫钱。在河防

---

① 《长编》卷三四三。
② 《长编》卷四三九是月丁卯记事自注引《政目》。
③ 《栾城集》卷四六《论雇河夫不便札子》。
④ 《长编》卷四三八元祐五年二月辛丑记事。
⑤ 《长编》卷三四四元丰七年三月庚申“知太原府吕惠卿言”条自注引《吕惠卿家传》。
⑥ 《长编》卷四九四是月辛巳记事。

夫役中,征收免夫钱与雇募虽是同时出现的,但在其他夫役项目中却并不全是这样,而且所征收的免夫钱从一开始即并未全部用于雇募丁夫。如熙宁二年(1069)范纯仁《条列陕西利害》中的建议:

> 陕府、虢、解等州与绛州,每年差夫共约二万人至西京等处采黄河梢木,令人夫于山中寻逐采斫,多为本处居民于人夫未到之前收采已尽,却致人夫贵价于居民处买纳,及纳处邀难,所费至厚,每一夫计七八贯文,贫民有卖产以供夫者。今乞并破官钱收买,如官中少钱,即许合著夫人户情愿出钱免夫,每夫纳钱二贯文,与官中合破夫粮,相兼买梢。……如此,则河防无阙,大省民力。①

就是如此。又如《长编》卷二九六所载:

> [元丰二年正月丁亥],诏诸路修城,于中等以上户均出役夫,夫出百钱。其役广户狭处,以五年分五限,余以三年分三限送官,官为相度募人或量增役兵(兼)[修]筑。

所谓"官为相度募人或量增役兵修筑",如荆湖南路潭、全、邵州之例,实际上只是在"役兵不足"时,方"许募民夫"。② 既然免夫钱从一开始即未全部用于雇募丁夫,这就潜伏着使免夫钱向一项新的科敛演变的危险。

征收的免夫钱一般都远远超过应支付的实际雇直。苏辙《论

---

① 《范忠宣公奏议》卷上,《历代名臣奏议》卷三三〇。
② 《长编》卷二九六元丰二年正月辛卯记事。据同书卷三〇四元丰三年五月癸亥诏,"潭、全、邵州民出修城夫钱减二之一"。则前此潭、全、邵州修城是征收了夫钱的。

雇河夫不便札子》曾提到：

> 都水使者吴安持等因缘朝旨，造成弊政，令五百里以上不满七百里，每夫日纳钱二百五十文省，七百里至一千里以上，每夫日纳钱三百文省，团头倍之，甲头、火长之类增三分之一，仍限一月，过限倍纳。是岁京东一路差夫一万六千余人，为钱二十五万六千余贯，由此民间见钱几至一空，差人般运累岁不绝。推之他路，概可见矣。……今河上雇夫日破二百而已，虽欲稍增数目为移用陪备等费，亦不当过有裒敛，以伤民财也。……如臣愚见，若于每夫日支二百文外，量出三十以备杂费，则据上件京东所差夫数，止约合出一十一万贯省，比本监所定，五分之二耳。……臣欲乞圣慈特降指挥，应民间出雇夫钱，不论远近，一例只出二百三十文省。所贵易为出备，不至艰苦。①

春夫服役一个月。若按都水监的原有规定，不是团头、甲头、火长的一般民夫，五百至七百里者每夫日纳钱二百五十文省，一月须出免夫钱七贯五百文省，七百里至一千里者每夫日纳钱三百文省，一月须出免夫钱九贯文省，对于穷民下户无疑是十分沉重的负担。即使如苏辙所建议，“不论远近，一例只出二百三十文省”，官府所收仍然超过实际应付的雇直百分之十五，春夫一月仍须出免夫钱近七贯文省，对于贫民下户同样是十分沉重的负担。所以苏辙同时又说：“自来诸路计口率钱，百姓如遭兵火。”后来曾布亦说：“近岁调夫，多至于率钱，民力重困。”②范纯仁则说：输钱免夫一事，

① 《栾城集》卷四六。“过限倍纳”以上数语已见前引。
② 《长编拾补》卷一一绍圣元年十一月乙卯。

“富民不亲执役者以为便,穷民有力无钱者非所便也”。[①]

如果将输纳免夫钱同差夫加以比较,那么在如下情况下,输纳免夫钱使民户的负担显著加重了。一种情况是如范纯仁说的:“差夫必计其的确合用之数,纵使所差倍其所役,则力愈众民愈不劳矣。今若出钱以免夫,虽三分之夫工,亦可以取其十分免夫钱,其弊无由考察。”一般说来,北宋后期,府界、京东、西和河北诸路每年差调人夫已有定额。沟河夫定有年额较早,熙宁元年(1068)三月,都水监在要求畿内各县捡定合开沟河逐年开淘的申明中,即曾提到逐县的“合差夫数”。[②] 至于河防夫役,熙宁六年六月癸巳诏曾规定“河北路春夫不得过五万人,岁以为式”。[③] 次年七月又重申了这一规定。但是规定全部河防春夫的年额,却是元祐七年(1092)的事。是年八月,都水监“乞河防每年额定夫一十五万人,沟河夫在外”。工部相度:“除逐路沟河夫外,欲乞额外定诸河防夫共一十二万人。”诏:“科夫除逐路沟河夫外,其诸河防春夫每年以一十万人为额,河北路四万三千人,京东路三万人,京西路二万人,府界七千人。”河防春夫虽有定额,但正如工部在“相度”中乞“定诸河防夫共一十二万人”的同时说的,“或工少夫多,并于逐路量分数均减;如紧急工多,分布不足,须合额外增数,令内外丞别作一状,具着实利害保明以闻”,[④]仍须据每年实际功役多少增减差调的人数,同范纯仁说的“差夫必计其的确合用之数”是一致的。值得注意的是,河防春夫的年额是同“今后一年起夫,一年免夫”的办法同时规定的。据此,则规定春夫年额一举本身,未始不含有范纯仁说的“虽三分

① 《长编》卷四三八元祐五年二月辛丑记事。下文两处引范纯仁语,出处同此。
② 《宋会要》方域一六之三二。
③ 《长编》卷二四五。
④ 《长编》卷四七六元祐七年八月庚申记事。

之夫工,亦可以取其十分免夫钱”的隐蔽用心。

另一种情况则是如范纯仁接着说的:“从来差夫不及五百里外,今免夫钱无远不届,若遇掊克之吏,则为民之害,无甚于此。”“从来差夫不及五百里外”一说虽无直接资料佐证,但元祐五年(1090)夏苏辙《论雇河夫不便札子》,和元祐七年八月庚申诏,都曾提到五百里这一界限,看来是比较可信的。据此,则河防夫役原来不仅限于前述沿黄、汴、清、御河之四十八州军,而且也限于只在五百里范围以内服役。熙宁十年(1077)之首次征收免夫钱,本是河防夫役征发范围扩大的结果。扩大的情况,苏辙只说是“远及京东西淮南等路”,孙洙则明确地说“赋诸九路”。究竟是哪九路?前述沿黄、汴、清、御河之四十八州军只分属河北东、西、京东东、西、京西北、淮南东六路,加上开封府界一度曾设京畿路,①也只七路。另有两路当是此次新扩大的征发范围。元丰五年(1082)三月,刘谊说“昔臣过淮南,淮南之民科黄河夫,夫钱十五千”,当即指熙宁十年曹村之役而言。② 淮南路熙宁五年已分东西两路,此处“淮南”云云,疑或兼指东西路也。元丰七年十一月,“京西转运司言:‘每岁于京西河阳差刈芟梢草夫,纳免夫钱应副洛口买梢草。南路八州,随、唐、房州旧不差夫,金、均、郢、[邓]、襄州丁多夫少,欲敷纳免夫钱于河北州军兑还。’从之”。③ 京西南路八州不在四十八州军数内。此路差夫、敷纳免夫钱当是河防夫役范围扩大以后,很可能是熙宁十年曹村之役以后的事。如此,则孙洙所说“赋诸九路”,或许

---

① 皇祐五年曾以京东之曹州,京西之陈、许、郑、滑州,并开封府,合四十二县,置京畿路。至和二年罢。

② 《长编》卷三二四是月乙酉记事。熙宁十年十一月乙卯诏谓免夫钱“每夫止三百、五百”,淮南离役所远,需日纳五百文,役期一月,恰纳十五千。

③ 《长编》卷三五〇是月癸亥记事。后来,元祐七年二月丁丑,京西转运司言也曾提到“河阳南北岸年例修河桩木石,并是支本司见钱召人户中卖,候科降春夫依旧于南北路科出免夫钱拨还”,见《长编》卷四七〇。

系指开封府界和京东东西、京西南北、河北东西、淮南东西八路。这种在非常情况下扩大了的夫役征发范围，随着纳钱以充雇直，即征收免夫钱的逐渐制度化而固定下来，并日益扩大，以致达到“无远不届”的程度，是完全可能的。北宋末年征收燕山免夫钱的事实表明，范纯仁确是不幸而言中了。

但是，以出钱免夫来代替差调丁夫正身服役，不管怎样，总是一个历史的进步。由于对出钱免夫便否长期争议不决，如前所述，朝廷曾一度规定五百里内一律起发正夫。开封府界的黄河夫全都不及五百里，本当正身赴役，可是“人情”却“皆愿纳钱免行”。就反映了这一历史进步的趋势。

不过封建统治者往往要逆历史潮流而动。到了北宋末年，尽管征收的“河防免夫钱数目至多”，却并没有按照规定“于合兴役埽分雇募人夫，(未)[采]买梢草”，“并桩留以备危急支用”，即并没有用在河防上。[①] 而是或者被移用，或者被挥霍中饱了。史载“河北连岁霖雨，城池多隳坏”，元符二年(1099)六月壬午，“诏河北修城池楼橹，……仍赐支免夫钱及借诸司封桩钱应副河北诸路”。[②] 免夫钱之被移作修城之用，实际上是前此差调春夫修城或从事其他杂役的继续和发展。早在熙宁七年(1074)十一月丙午，即曾“诏差大名府、德、博州春夫总三万人修大名府城”，[③]元丰七年(1084)京东路都转运使吴居厚又以密州板桥镇素无垣墙，“乞调明年春夫，厚筑高垣，以包民居”。[④] 此外，河北各地“人使路上自来遇

① 《宋会要》方域一五之三二。
② 《长编》卷五一一。在此以前，《长编》卷三〇四曾载元丰三年五月丙寅，“诏市易务于封桩免夫钱内借支十二万缗偿景灵宫东所占民屋居价钱”，则移用免夫钱彼时已然。只是此“免夫钱”颇疑系“免行钱”之误。
③ 《长编》卷二五八。
④ 《长编》卷三四四是年三月壬戌记事。

雨雪泥水,暂差本处人户修叠,依朝旨折免向去春夫”,元祐八年(1093)正月且规定“并以二日折春夫一日,不及二日,次年准折”。[①] 只是免夫钱的移用显得更加不合理罢了。征收免夫钱既已制度化,而征收的免夫钱又没有按照规定用于河防上,于是出现了这样的现象:百姓已尝差充正夫,又须送纳免夫钱。如元符二年(1099)即曾向河北、京东西和淮南路转运司以及开封府界提点司发布过“应已差充正夫人户,其免夫钱更不催纳”的诏令。[②] 或者于输纳免夫钱之后,仍遭差拨科配。如宣和七年(1125)南郊制所说:“每至涨水危急,旋行科拨人夫,配买梢草,急于星火。”[③]百姓的夫役负担既然全不能免,免夫钱完全是新增的苛敛了。于是,在北宋灭亡前夕的宣和七年十二月二十二日,朝廷不得不下诏,“河防免夫钱并罢”。[④]

在北宋末年,与河防免夫钱有别,但却更露骨地体现了免夫钱的苛敛性质的,还有燕山免夫钱。辽亡,北宋一度从金人手中恢复了燕京,燕山免夫钱就是假借燕山之役的名义征收的。宣和六年(1124)六月,科免夫钱诏曰:“自燕云之复,两河、京东屡经调发,民力已疲,若不假诸路之力,其何以济?可措置调夫:京西八万,淮南四万,两浙六万五千,江南九万七千,福建三万五千,荆湖八万八千,广南八万三千,四川十七万八千。并纳免夫钱,每夫三十贯。”[⑤]真正是“无远不届”,遍及全国,从而“结怨四海”,促进了北宋政权的加速瓦解。

---

① 《长编》卷四八〇是月庚寅记事。
② 《长编》卷五〇八是年四月丙子记事。
③ 《宋会要》方域一五之三二。
④ 《宋会要》方域一五之三二。
⑤ 《皇朝编年纲目备要》卷二九。

四、非泛科役

南宋偏安一隅,北宋已成定制的河防夫役这时不再存在,其对丁夫的征发多为“非泛科役”。①

在南宋初年的激烈战争环境中,“国蹙民穷,征发如雨,人不堪命”。② 所有征发,包括对丁夫的征发,都是假借战争的名义进行的,“谁以出力自保,则调发其丁夫,诱以犒设赡军,则厚裒其钱谷”。③ 绍兴和议以后,宋金对峙的形势基本稳定下来,但应副边防所系的两淮、四川等地的非泛科役,仍然是全国最繁重的。

南宋的淮南已是户口凋疏之地,无力应副重大工役。但据绍兴二十六年(1156)三月权发遣光州曾惇所说,当时“淮南边郡虽无甚兴造,至如修葺官宇,补治城壁,其他种种杂作,犹时被驱役”。朝廷依据曾惇建议,曾一度下诏:“应沿边州县不得差科百姓工役,若尚敢循习,令监司帅臣按劾。”④但“时被驱役”的情况并未因此有所改变,“采斫竹木,般运铁炭,及以和雇为名差夫般担行李,致妨农作”之事,仍在继续。朝廷不得不于乾道九年(1173)三月改变一概“不得差科百姓工役”的诏令,改为“遇应办军期,般运粮草,增筑堤岸,方听差夫”。⑤ 于是,此后遂出现了“或运粮,或运草,或运竹木,以至起造亭馆,迎送宾客,无一日非差夫也”的局面,致使有人不免发出“两淮之民何其扰扰耶”的慨叹。⑥

---

① 非泛科役一词见《宋会要》兵一之三〇。
② 《要录》卷二一建炎三年三月月末记事。
③ 胡寅《斐然集》卷一六《上皇帝万言书》。
④ 《宋会要》食货一二之六。
⑤ 《宋会要》食货六五之一〇一。
⑥ 黄榦《勉斋黄文肃公文集》卷二三《安庆府拟奏便民五事》。

刘克庄《运粮行》:“极边官军守战场,次边丁壮皆运粮。县符旁午催调发,大车小车声轧轧。霜寒晷短路又滑,担夫肩穿牛蹄脱。”①这种向宋金边境地区运粮的劳役,以四川最为繁重。绍兴四年(1134)秋,两川调夫运米十五万斛至利州,“役夫饥饿疾病相仍,毙于道者三之一”。② 孝宗初,为应副军粮,“凡巴、蓬、剑、阆,上自三等,每户有出一夫者,出两三夫者。一夫之费,为钱一十八万,一夫所荷,私载之外不过六斗”。③

除了以战事或边防名义征发的非泛科役之外,州县官府非泛科役之多在南宋也是十分突出的。淳熙四年(1177)十二月,臣僚论害农五弊,其中提到:“丁夫工役之事,正宜先及游手,古者所谓夫家之征是也。今则不然。凡有科差,州县下之里胥,里胥之所能令者,农夫而已。修桥道,造馆舍,则驱农以为之工役,(远)[达]官经由,监司巡历,则驱农以为之丁夫。使之备裹粮以应州县之命,而坐困其力。此其害农者三也。”④知南康军朱熹在《约束科差夫役》榜文中也提到:“访闻管下诸县,以和雇为名,科差夫力,应副过往官员修造舡扛诸般役使,以至县官出入公干亦令保正长关唤夫力荷轿担擎,有妨农业,甚者至令陪贴钱物,为害尤甚。”⑤

试以应副过往官员为例。新昌是僻处山间的县,但就在这样的县,“促办役夫,以称过使客”,竟使“近乡之民,一月或至数四”。⑥ 刘克刚赴知惠州任,“行至海丰,见村民数十百辈,累累若就逮者,呼问之,则曰‘官点集吾曹为新使君担夫’。处和(克刚之

① 《后村先生大全集》卷八。
② 《要录》卷八〇绍兴四年九月月末,及一一〇,绍兴七年四月丙辰记事。
③ 《历代名臣奏议》卷二六一《漕运》,员兴宗奏。
④ 《宋会要》食货六三之二二二至二二三。
⑤ 《朱文公文集》卷九九。
⑥ 楼钥《攻媿集》卷一〇五《史浚墓志铭》。

字)曰:‘吾行李不能数箧,安用此为?’笞县吏,尽纵去”。[1]“累累若就逮者”,这既不是作者的有意夸张,也不是南宋末年才见的现象,而是南宋初年以来即已存在的事实。约绍兴十年(1140)或稍前,“时有制置大使[自筠州]经从,调民丁五百,峻急甚,下吏奉承,或絷贯之,闭诸空舍以待,至有三三五五饥冻而毙,则又驱负薪鬻菜之人以足之,怨嗟载路”。[2]

如前所引“以和雇为名差夫般担行李”“以和雇为名科差夫力应副过往官员”所显示的,名为和雇的差雇,实是南宋夫役征发的主要形式。应副过往官员的丁夫如此,其他般运军需、修治城池、开淘运河等工役,也基本上无不这样。绍兴七年,“知泗州刘纲乞调滁州千夫修城,有旨从之。言者以为非是。……上谓宰执曰:‘百姓诚不可劳,但边城利害至重,天下之事,亦权轻重而为之。朕爱民力,一毫不敢动,惟此役不得已也。’赵鼎曰:‘昨得旨,已令优给钱米矣。’”[3]调夫而又给钱米,显是差雇。在南宋文献中,除了确有“和雇”“差雇”“雇募”等字样的记载以外,那些仅有“差夫”“调夫”字样的记载多数亦可作如是观。真德秀《申枢密院乞住筑池州城壁》谓:“嘉定四年,本州承准枢密院抛下烧造滁州城砖,及本州修城,续又增加数目,行下诸县分认烧造。……县既无其力,而不免籍之民。方其造砖之时,率以队伍起夫。……烧造之数无几,劳役之日未休。”既云“籍之民”矣,“起夫”矣,“劳役”矣,则似为无偿之差发无疑。然观下文,又有“官司日给钱米,类皆虚破而实不及”[4]的话,则形式上仍为雇募。

---

① 《后村先生大全集》卷一五六《刘克刚墓志铭》。
② 《斐然集》卷二六《田有嘉墓志铭》。
③ 《要录》卷一一七是年十二月甲申记事。
④ 《西山真文忠公文集》卷六。

北宋中叶出现的雇募饥民从役的措施为南宋统治者所继承。绍兴十九年(1149),宋高宗在同宰执的谈话中曾经提到:“昨降指挥开撩运河,朝廷应副钱米,因以养济阙食民户。窃虑公吏减克,或于诸县调夫,反有骚扰。可告谕汤鹏举、(漕)[曹]泳躬亲检察,毋致违戾。”①但在南宋,这一措施所起的减轻民户夫役负担的作用,不仅同北宋一样是极其有限的,而且由于南方饥民中游民多于灾民的特点,它甚至根本不能起到这样的作用。观廖刚《消旱暵札子》所论:“若乃运河淤澱二十余年,今者遽欲浚治,自杭至秀凡百余里,工力以数十万计,乃欲取办于残零厢兵与道路之游手,限以半月,可不谓之使民疾乎?畚锸之事,若责游手,决不能办,其势必科于人户,名为和雇游手,因以救饥,其实皆南亩之民也。”②可见一斑。

由厢军取代部分民夫的工役,南宋也在继续。如《要录》卷七〇所载,绍兴三年十一月“丙辰,执政进呈修运河画一。上曰:‘有欲以五军不堪出战士卒充此役者,固不可;又有言调民而役之者,滋不可。惟发旁郡厢军、壮城、捍江之属为宜。’”但厢军取代民夫工役的范围却远较北宋为小。李迨曾说:“祖宗以来,宅都大梁,岁漕东南六百余万斛,而六路之民,莫知运动之方,且无飞挽之扰,盖所运者舟,所役者兵卒故也。今者驻跸浙右,大兵乘江,诸路漕运,地里不若中都之远,而公私苦之,何也?盖以所用舟船,大半取办于民间,往往凿船沉江,以避其役,至于抱认折欠,监锢填纳,为患非一。此众所共知也。”③

南宋末年,有些工役,如邵州修跃龙桥,“木市于诸乡,工僦于

① 《宋会要》方域一七之二三。
② 《高峰文集》卷二。
③ 《要录》卷九五绍兴五年十一月乙未记事。

他郡,夫取于佃官田之丁,役成而民不知”。[1] 专以“佃官田之丁”从事工役,这在北宋是未曾经见的。

值得特别注意的是,一些在北宋业已淘汰的过时征发方式,在南宋却往往又复现;也有一些在北宋新冒出的夫役征发方式,在南宋却采取了极端歪曲的形式。诗人吟咏的“即令枵腹役耕民”,[2]并不全是文学笔法。在宋太祖于建国之初作出的役夫糗粮“悉从官给”的规定实行了近一百七十年之后,绍兴五年(1135)衡州“大兴五县丁夫”修城,竟然仍在“令自备粮饷,更番充役”。[3] 这未免有些奇特,但却绝非只此一家。四川调夫运粮,原先也是“民夫裹粮自备”,直至绍兴三十一年(1161)九月,王之望“始令船运,日给米二升”。[4] 前引淳熙四年(1177)十二月臣僚言中的“工役”“丁夫”,也都是“使之备裹粮以应州县之命,而坐困其力”。这种复现过时的剥削和征发形式的现象,在历史的长河中是并不罕见的。

李心传曾说:“唐之庸钱,杨炎已均入二税,而后世差役复不免焉,是力役之征,既取其二也。本朝王安石令民输钱以免役,而绍兴以后,所谓耆户长保正雇钱,复不给焉,是取其三也。合丁钱而论之,力役之征,盖取其四也。设一有边事,则免夫之令,又不得免焉,是取其五也。”[5]所论就是力役在退出历史舞台过程中的多次反复。文中提到的“免夫之令”当指免夫钱的征收。一般说来,南宋多数地区都无固定的免夫钱负担,但免夫钱仍以极端歪曲了的形式在局部地区变相出现。免夫钱本是作为免去正身服役的代价纳钱以充雇直的,可是在南宋那些本无免夫钱负担的地区,纳钱代役

---

① 高斯得《耻堂存稿》卷四《跃龙桥记》。
② 《后村先生大全集》卷九《柬陈寺丞筑城》。
③ 《斐然集》卷一一《论衡州修城札子》。
④ 《要录》卷一九二是月庚寅记事。
⑤ 《朝野杂记》甲集卷一五《身丁钱》。

却成了某些州县官员敲榨勒索的现成借口。乾道元年(1165)南郊赦书曾经提到:"州县辄行差雇人夫应副过往,累降指挥约束,已是严切,尚虑州县依前循习旧弊,违戾差扰,及抑令出备雇钱。仰监司常切觉察按劾以闻,重置典宪。"①此"雇钱"就是借口雇人代役勒索的。前述真德秀《申枢密院乞住筑池州城壁》谓池州行下诸县起夫造砖,"本州又专差公吏下县监督,县胥从而与之表里为奸,文移迫促,动以军期为名。所用窑匠,不按已定之籍,而业不素者妄肆追呼;所役乡夫,不计当用之数,而役方休者例行关集。凡此皆所以为通融请免之地,每免一匠则为直若干,免一夫则为直若干,至于贫而无力之人,则朝夕供役,无有已时"。同样借免夫上下其手,敲榨勒索。

南宋的免夫钱只在四川地区征收。既然李心传说"一有边事,则免夫之令,又不得免焉",足见免夫钱的征收在四川也不是经常的。四川的免夫钱是在应副"边事"的名义下征收的,较东南诸路某些州县的做法虽稍正大,但同北宋的免夫钱仍无任何渊源关系,如果一定说有什么关系的话,那无非是北宋末年燕山免夫钱的变种。有关四川免夫钱的记载,最早见于绍兴十一年(1141)四月"国学免解进士"张竑的上书。张竑上书的内容,"大略欲教民兵于内郡,而令五等户(粮)[量]纳夫钱,漕司差官于丰穰之郡买粮,则不患不足"。② 此后开禧用兵和嘉定十年(1217)兵端再开,都见四川有科敛免夫钱的事实。度正《重庆府到任条奏便民五事》谓"往时兵端初开……惟料夫钱一事大为骚扰,其余无所诛剥"。③ 此处"兵端初开"指开禧二年(1206)对金用兵。是怎样地"骚扰"呢?度正

① 《宋会要》食货六五之九五。
② 《要录》卷一四〇是月乙亥记事。
③ 《性善堂稿》卷六。

在《上本路运使论夫钱札子》中有如下描述:“富者取诸其家,贫者未免取之于人。今所在富者少而贫者多,贫者非鬻桑麻、鬻田宅则不可办。方其鬻也,缓之则其价必平,急之则价必贱。十千之物,五千鬻之,则是官科五千者,百姓已受十千之害矣。”[①]嘉定兵端再开,四川总领王铅“科诸路夫钱数百万,蜀民怨咨,皆谓一年而取十年之赋”。[②] 时范仲武任嘉定府知府,“值关外用兵,总饷者袭开禧下策,敛四路免夫钱,期限峻急,一时妄庸欲夤缘趣办求之,民不堪命。季克(仲武之字)取办公帑,不赋于民”。[③]

五、承 担 者

为了差调丁夫服夫役,州县备有“丁籍”或“丁帐”,都水监备有春夫“夫帐”,“丁帐”和“夫帐”都须上报朝廷。

开宝四年(971)七月己酉,诏“令河南府及京东,河北四十七军州,各委本州判官互往别部同令佐点阅丁口,具列于籍,以备明年河堤之役”。在此以前,京畿十六县业已“重括丁籍”。[④] 这在宋初是规模最大的一次修造“丁籍”。修造“丁籍”的目的是“以备明年河堤之役”,可见“丁籍”就是据以差调丁夫的帐籍。在此以前,大概春夏秋冬四时均须申报丁帐,经过此次重括修造之后,明年三月,诏“罢两京缘河诸州每岁春秋丁帐,止令夏以六月,冬以十二月申”。[⑤] 又可见朝廷对于“丁籍”是何等的重视。

“丁籍”只是差调丁夫的依据,若有重大功役调夫,须另行“具

---

① 《性善堂稿》卷七。
② 《后村先生大全集》卷八三《玉牒初草·宁宗皇帝》嘉定十二年四月壬辰“盛章奏”条。
③ 曹彦约《昌谷集》卷一九《范仲武墓志铭》。
④ 《长编》卷一二。
⑤ 《长编》卷一三。

抄拟奏”,即须将差调的丁夫数修造“夫帐”申报朝廷。春夫定有年额以后,元祐年间一度取消了这一规定,政和元年(1111)又予恢复。《宋会要·方域·治河下》:“政和元年正月十二日,(诏)[都]水监状:‘契勘见行河道次第,将年额合得诸路河防春夫一十万人,相度均分黄河、诸河合用春夫,本监已将诸路春夫一十万人相度均科。检准敕,都水监状,春夫不具夫帐上朝廷,只从本监依数科拨路分,具功役窠名申尚书省。今均前项役使去讫。’诏:‘今后科夫并依旧具抄拟奏,所有元祐年指挥内更不具夫帐上朝廷一节,更不施行。’”

既然“丁籍”是差调丁夫的依据,那么夫役的差调是否仅仅依据丁口的多少呢?文献中确有“但以丁口均差”,“皆以丁差”的记载,如《长编》卷三三四载:元丰六年(1083)三月壬辰,“提举开封府界保甲刘琯言:‘诸县保甲,每起夫役,不计家产厚薄,但以丁口均差,故下户常艰于力役。伏望令有司立法,诸县调夫,不计丁之多少,而计户之上下。不惟国家力役之政大均,而臣所训保甲亦得安居就教。’诏开封府界诸路监司与提举司同相度”。同书卷四三八又载:元祐五年(1090)二月“甲辰,都水使者吴安持言:‘州县夫役,旧法以人丁户口科差,今元祐令,自第一等至第五等皆以丁差,不问贫富,有偏重偏轻之弊。请除以次降杀,使轻重得所外,其或用丁口,或用等第,听州县从便。’从之”。[①] 但这似乎只是某些地区或某一时期的特殊规定,在一般情况下却不是这样。试看以下诸例:

赵普《谏伐燕疏并札子》:“伏缘自此(邓州)直至莫州,往来四千余里,或是无丁有税,须至雇人般粮。”[②](雍熙三年,986)。

---

① “以人丁户口科差”,《宋会要》方域一五之一四同,颇疑“户口”系“户等”之误。
② 《三朝北盟会编》卷一“邵洵武乞守誓罢兵”条。

《宋史·河渠志四·三白渠》:“所役缘渠之民,计田出丁,凡调万三千人。疏渠造堰,各获其利,固不惮其劳也。”(至道元年,995)

广南西路转运司奏:“经略司不住发兵往钦州策应捕杀交贼,本司支粮米五千石。以奏禀不及,已牒横州募人负载,如无人可募,即乞从上三等户差夫,每夫日给钱。”①(熙宁八年,1075)

元丰二年(1079)正月丁亥,“诏诸路修城,于中等以上户均出夫,夫出百钱”。②

元符二年(1099)四月丙子,“权知郓州胡宗师言:‘差夫五等之法,出夫不均,乞以人户物业、田产,总计所(置)[直]贯百,或差人夫,或出夫钱,皆以贯百均出。’宣德郎孙义言:‘坊郭、乡村户,乞一概定等第科出夫钱。’……[诏]:‘其胡宗师、孙义所乞事理,仍令逐路转运、提举司、府界提点、提举司同共相度。’”③

李元弼曰:“差夫役,总计家业钱均定,遂无偏曲。”④(政和七年,1117)

《靖康遗录》记燕山免夫钱的征收:“于是下免夫之令,诸路州县随民税产科敛以足之。”⑤(宣和六年,1124)

四川总领所调利州路民夫运粮赴军前,“令诸州守贰以民间产力高下品差”。⑥(绍兴三十一年,1161)

既然“无丁有税”者也要差充般粮夫役,则夫役绝非“但以丁口均差”可知。胡宗师所谓“差夫五等之法”,当即是据前述吴安持建议实行者。而据李元弼所说,胡宗师的建议实际上也是实行了的。

---

① 《长编》卷二七一熙宁八年十二月甲寅记事。
② 《长编》卷二九六。
③ 《长编》卷五〇八。
④ 《作邑自箴》卷四《处事》。自序署政和丁酉秋七月。
⑤ 《三朝北盟会编》卷九六。
⑥ 《要录》卷一九二绍兴三十一年九月庚寅记事。

总之,从以上事实来看,“以人丁户等科差”“计田出丁”“总计家业钱均定”,应当说是夫役征发的主要办法,而财产多少则是夫役征发的主要依据。正因为这样,所以才出现了如下的现象:

河南、陕府、虢、解、绛、泽州人夫采斫梢木,天圣八年(1030)“所差三万五千人,内有三二家共著一丁,应役之人,计及十万”。①

熙宁四年(1071)春,韩绛调夫三十万筑啰兀二砦,辽州“上户配夫四百三十四,僦直计三千缗”。②

熙宁十年曹村之役,“淮南之民科黄河夫,夫钱十五千,上户有及六十夫者”。③

元丰三年(1080)八月,河阴县调发急夫,“有一户一日之内出百十七夫者”。④

元丰四年宋夏灵州之役,陕西调夫出界,“其近上等第人户有至独出数十夫之家,其贫下人户亦须数户共出一夫,雇直至及百贯”。⑤

既然这样,那么丁籍在夫役征发中究竟起什么作用呢?丁籍在夫役征发中的作用,似乎主要表现在向州县分派出夫名额上。熙宁中,曾巩知齐州,时“河北发民浚河,调及他路,齐当出夫二万。县初按籍二丁、三丁出一夫”。曾巩“括其隐漏,后有至九丁出一夫者”。⑥ 出夫二万,是依据齐州原来申报的丁籍科派的,这时平均二三丁即要出夫一名。后来检括出大量隐漏丁口,有些地方就从二三丁出一夫降至九丁出一夫了,这是在本州范围内的调整。前已

---

① 《宋会要》方域一四之一四。
② 《宋史》卷三〇三《范祥附子育传》。
③ 《长编》卷三二四元丰五年三月乙酉记事。
④ 《长编》卷三〇七是月丙辰记事。
⑤ 《长编》卷三二六元丰五年五月乙酉记事。
⑥ 《曾巩集》附录曾肇《曾巩行状》。

述及，熙宁以后春夫开始定有年额，这时，如果杜绝了丁口的隐漏现象，那么丁口愈多，每丁的平均夫役负担也就会愈低。史载熙宁七年(1074)二月，“吴充白上乞且减省骚扰河北事。……上曰：‘当是向来差夫多。’[王]安石曰：‘差夫事，候排定保甲乃可见事实，大抵七八丁乃著一夫，有何骚扰?’”①此外，开宝四年(971)检括丁籍是“不计主户、牛客、小客，尽底通抄”的，其目的，则是为了“差遣之时，所贵共分力役”。② 所以，夫役的直接征发，除了主要依据田产和户等高下以外，大概还得参酌丁口的多少。正因为这样，熙宁四年十月遂发生了京西转运司“于诸县乡村主客户均差夫二千四百八十二人开修古淳河”的现象。③

官户在职役上是享有免役特权的，在夫役上是否也享有免役特权呢？天禧四年(1020)二月诏：“诸州旌表门闾户与免户下色役，自余合差丁夫科配，即准例施行。”④旌表门闾户后来与官户待遇基本相同。据此，则后来官户当也只免色役，而不免丁夫科配的。至道中，宋夏发生战争，“调发陕西刍粟随军至灵武”。“长安多大豪及有荫户，尤不可号令。有见任知某州妻清河县君者不肯运粮，[京兆府通判杨]谭録而杖之，于时民莫敢不趋令。”⑤这虽是“有诏督运者皆得便宜从事，不牵常法”下采取的极端行动，但“不牵常法”似只表现在“録而杖之”上，而不是使其免夫役的特权受到侵犯。“有荫户”只是仗势“不肯运粮”，实际上也并不享有免夫役的特权。当然，这只是就一般的品官之家而言，其上层似又当别论。宣和六年(1124)六月科燕山免夫钱，所降“御笔”有云：“诸路

① 《长编》卷二五〇是月丙子记事。
② 《宋会要》食货一二之一。
③ 《宋会要》食货七〇之一二。
④ 《宋会要》礼六一之二。
⑤ 司马光《涑水记闻》卷二。

调夫以供边计,应宗室后妃戚里宰执之家及宫观寺院,虽特旨免科者,一例均输。"[①]可见在此以前,宗室后妃戚里宰执之家的夫役是"特旨免科"的,则一般品官之家显然不能享受此种待遇。

除了乡村户以外,坊郭户一般也是有夫役负担的。[②]

夫役虽然主要按田产家业多少、户等高下差调,但产多户高之家当然不会亲身去服劳役。苏辙说:"三代之民,以力事上,不专以钱。近世因其有无,各听其便,有力而无财者使效其力,有财而无力者皆得雇人。人各致其所有,是以不劳而具。"[③]有财者虽未必无力,官府却是允许其由他人代役的。由他人代役的形式,除了雇佣以外,还有佃客。而且正是由于官府有"皆得雇人"的规定,这才给了地主上户以抑勒佃客充役的借口。南宋黄榦说:"起夫一事,官司敷之税户,税户抑勒佃户。税户每三四十千起一夫,未免有鬻产之患,佃户以为投之死地,父子夫妻相顾号泣而后行。"[④]这种现象不是南宋才出现的。早在至和元年(1054)二月,朝廷在一道诏令中即曾提到:"乃者调民治黄河堤,如闻役死者众,其蠲田税一年;若雇佣并客户无税可蠲者,人给其家钱三千。"[⑤]此处"雇佣并客户"显然是受雇于地主上户或受地主上户抑勒而上堤服务的。绍兴三十一年(1161)的采石之战,"战士持剑戟用命于上,而民丁运动舟船于下"。"民丁"指"踏车人夫"。据户部言:这些"踏车人夫,并系于五等人户及保丁内差雇,其间上户往往募人,或以佃客"。[⑥] 可见地主上户"募人或以佃客"充役,无论在北宋还是

---

① 《皇朝编年纲目备要》卷二九。
② 见《长编》卷九八乾兴元年二月戊辰;卷二八三熙宁十年七月乙亥;卷二八四同年九月甲戌;卷三一七元丰四年十月乙丑记事。
③ 《栾城集》卷三五《自齐州回论时事书》。
④ 《勉斋黄文肃公文集》卷二九《与淮西乔运判辨起夫运粮事》。
⑤ 《宋会要》食货七〇之一六七。
⑥ 《宋会要》食货六五之九四。

南宋,都是相当流行的。而在实行"乡村主客户均差夫"的情况下,佃客除了被地主抑勒代役之外,还难逃被官府直接差调服役的命运。例如在熙宁九年(1076)宋同交趾的战事中,广西"差夫极众"。当时"桂州九县,籍定保丁止八千五百,附保及单丁、客户共九万一千二百有畸"。广南西路转运司于是请求"每差保丁两番,即于附保人内差夫一番,各量给钱米"。[①] 因此,在宋代的夫役制度下,真正身受劳役之苦的,只是贫困的下户农民和客户佃农。

在宋代,夫役作为旧的徭役制度的残余,给夫役承担者带来了巨大的痛苦。丁夫在赴役途中和役作现场,都要受到严密控制。各县起发的丁夫,由"县令佐"和"夫队头"层层部勒。开宝元年(968)十一月癸巳诏:"天下县令佐,自今检苗定税,部役差夫,钤辖征科,区分刑狱,凡关事务,贵在公平。"[②]"部役差夫"是县令佐的最重要事务之一。如政和六年(1116),唐州比阳县令高世吏即曾"被旨部夫万人修滑州永桥"。[③] 绍兴三十一年(1161)九月,四川总领所调利州路民夫运粮赴军前,"所起夫皆以县令部押"。[④] 据《作邑自箴》卷九《戒约夫队头》,夫队头要"严切指(纳)[约]夫众,不得吃酒赌钱及作非违,并喧闹争打";"夫众虽未到工役处,亦须于寨内止宿";"部辖人夫不得蓦越(谓如第二队不得过第一队),工役处出寨归寨,亦依次第"。在服役现场,另有将官带兵"巡拦""镇抚"。[⑤] 服役的夫众常受河防官吏、夫队头、作头等人的掊敛。开宝

---

① 《长编》卷二七三熙宁九年二月丁亥记事。
② 《长编》卷九。
③ 胡铨《胡澹庵先生文集》卷三一《高世吏行状》。
④ 《要录》卷一九二是月庚寅记事。
⑤ 《宋会要》方域一六之二;《长编》卷二二九熙宁五年正月癸卯;卷三三九元丰六年九月乙卯记事。

三年(970)正月辛酉诏曾禁止“河防官吏……掊敛丁夫缗钱”。[①] 元祐间刘安世在《奏乞罢修城壕》中也曾提到:“开壕人夫,(具)[其]数增倍,所散工直,颇有掊敛。虽号为加给得力之人,多是上下干系、作头、壕寨之类阴有侵刻。”并说:“既聚大众,而不以公平处之,积怨日深,或致生事。”[②]《作邑自箴·戒约夫队头》的第一条就是“不得敛掠夫众钱物”。其实,对服役丁夫“不以公平处之”的事实是数不胜数的。

对于被迫从事劳役的丁夫来说,最巨大的痛苦,还在于所从事的劳役本身。一次大的战争,丁夫往往成十万地死于非命。宋太宗末年同西夏的战争,陕西“百姓馈送粮草,死者十余万人”。他们“去虽援之以甲兵,回即害之者士卒”,[③]是死得十分冤枉的。元丰四年(1081)灵州之役,发民运粮,“延州诸县,丁夫发尽,已差及妇女”。[④] 河防夫役,同样对“所役人夫,莫非虐用”“疫死者众”;[⑤]或者“雨水瘴疫继作,死亡者甚众”。[⑥] 以致“忧夫役”的河北人户,“虽非凶年,亦有转徙之意”。[⑦] 南宋筑城,“天寒日短工役急,白棒诃责如风雨”。开壕,“壕深数丈周十里,役兵大半化为鬼,传闻又起旁县夫,凿教四面皆成水”。[⑧] 其他夫役,实际上也无不被夫役承担者看作是“投之死地”。

因此,从宋初以来,夫役承担者在征发前夕“相惊逃亡”,或者在服役现场“夜溃”的记载,就史不绝书了。

---

① 《长编》卷一一。
② 《尽言集》卷六《秦乞罢修城壕第二》。
③ 《长编》卷四一至道三年七月丙寅记事。
④ 《长编》卷三一九是年十一月己丑记事。
⑤ 《长编》卷二二三熙宁四年五月乙未记事;《宋会要》食货七〇之一六七。
⑥ 《长编》卷三三八元丰六年八月乙未记事。
⑦ 《长编》卷三九六元祐二年三月丙子记事。
⑧ 《后村先生大全集》卷八《筑城行》、《开壕行》。

建隆三年(962)春,尹勋“督丁夫浚五丈河,陈留丁夫夜溃,勋擅斩其队长十余人,追获亡者七十余人,皆刵其左耳”。①

乾德元年(963)闰十二月,“或言上将北征,大发民馈运,河南民相惊,逃亡者四万家”。②

强至《曾公望墓志铭》:仁宗时,“杭州江堤坏,水势极悍,一州恐,当立办堤役,诸从事莫可与者,太守以属公,即白下诸县调丁夫。至则富阳人欲亡役撼众,公钩得唱者捽致之罪,众惧且力,堤亟成”。③

熙宁四年(1071)三月丙戌“上批”:“闻太原府有乡村妇人数千,叫号入府门,纳农器,未知虚实?其调发荒堆夫速放散。”④

丁夫反抗夫役斗争的激烈,甚至可以达到“相与立栅于山泽不受调……逼之则执梃欲斗”,或者在服役现场“大讙,执锄梃欲起”的程度。《长编》卷三二七,元丰五年(1082)六月乙卯载:

> 先是,朝廷知陕西困于夫役,下诏谕民更不调夫。至是,李宪牒都转运司复调夫馈粮,以和雇为名,官日给钱二百,仍使人逼之。云受密诏,若军须不办,听擅斩都转运使以下。民间骚然。出钱百缗不能雇一夫,相与立栅于山泽不受调,吏往辄殴之。解州枷知县以督之,不能集;知州、通判自诣县督之,亦不能集。命巡检、尉逼之,则执梃欲斗。州县无如之何。

孙觌《鸿庆居士集》卷四一《孙时墓表》载:

---

① 《长编》卷三是年三月戊午记事。
② 《长编》卷四是月丙寅记事。
③ 《祠部集》卷三五。
④ 《长编》卷二二一。

再徙广济军定陶县主簿,权教授军学。于是河决恩、冀间,诏旁近县调发丁夫诣河所。定陶令率所部欲行,而众汹汹,相与怨诽,令惧辞疾,檄主簿代己。先生即日就道。既至,受事三日矣,而都水改筑永静。众怒大哗,持锄梃欲起。先生徐谕之曰:"汝等有父母妻子,无为首祸,自取夷灭。"众稍定。行次历亭,指取八人械系县狱。去抵永静,竣事言还,而先生亦疾矣。……是岁,宣和元年也。

朝廷之所以"变差夫旧制为雇夫新条",使雇募在夫役征发中的比例逐渐扩大,固然反映了夫役作为过时制度的残余势在必变的客观趋势,同时也是广大夫役承担者激烈反抗的直接产物。当然,在封建专制的官僚政治下,要使对劳动者人身的直接奴役完全退出历史舞台,是需要经历一段漫长的过程的。宋代夫役制度的演变,就是这一漫长过程中有所反复的一个阶段。

(原载《宋史研究集刊》。杭州:浙江古籍出版社,1986年4月)

宋代身丁钱物的除放过程

唐德宗建中元年(780)废租庸调制,实行两税法时,曾明确宣布:"其丁租庸调,并入两税";"今后除两税外,辄率一钱,以枉法论"。[①] 可是两税法实行不久,不仅两税税额迅有增加,两税以外的苛捐杂税也很快即复呈现,唐末五代更是层出不穷。这些苛捐杂税,宋朝统一后废除了一些,但却承袭了其中的绝大多数。这就是宋朝五赋中随亩征收的"杂变之赋"和按丁征收的"丁口之赋"。"丁口之赋"只在四川以外的南方诸路征收。与"杂变之赋"自随亩起纳以至并入两税的发展趋向不同,"丁口之赋"在有宋一代却一直处于逐步除放的过程之中。

一、大中祥符四年的集中除放

首次集中除放是大中祥符四年(1011)的事。《长编》卷七六此年载:"两浙、福建、荆湖、广南诸州循伪制输丁身钱,岁凡四十五万四百贯,民有子者或弃不养,或卖为僮仆,或度为释老。秋七月壬申朔,诏悉除之。"诏令全文见《宋大诏令集》卷一八六。陈傅良《止

---

① 《唐会要》卷八三《租税》;《旧唐书》卷一二《德宗纪》建中元年正月辛未郊祀赦。

斋文集》卷二六《乞蠲放身丁钱札子》亦曾据《真宗实录》全文引录，并据"福州法册"添入"如有元以钱折征物色亦与除放"十三字。

关于此诏除放身丁钱的路分，陈傅良奏札所引只列"两浙、福建、荆湖南北"，无广南东西路，《宝庆四明志》卷六《叙赋下》同；《诏令集》只列"两浙、福建、荆湖南北、广南东路"，无广南西路，《吴郡图经续记》卷下《事志》同。惟《宋会要·食货·商税》作"两浙、福建、荆湖南北、广南东西路"（食货一七之一五），与以上两者皆异，上引《长编》则未确言是否包括广南西路。今按，庆历末蔡襄在《乞减放漳、泉州、兴化军人户身丁米札子》中曾言及："祥符中特降御札，蠲除两浙、福建六路身丁钱四十五万贯。"①既云"六路"，而荆湖、广南自至道三年(997)始分天下为十五路时即已分为南北或东西两路，两浙无论在祥符此诏发布时还是蔡襄此札奏上时皆尚未析为东西两路，则除放身丁钱的路分，当以包括广南西路在内者为正。

此诏除放身丁钱的岁额，陈傅良奏札引《真宗实录》和上揭《宋会要》皆作"四十五万四百六贯"，则上引《长编》当是略去尾数"六贯"未计。

陈傅良奏札又曰："天圣间，侍御史章频言：'先帝除放伪命丁身，东南之区，圣德所被十六年矣，放过钱七百馀万贯，而军国之须，不闻申匮乏。'可谓至论。"明四十五万四百六贯身丁钱在岁入总额中确已削除。

钱塘僧文莹《湘山野录》（成书于熙宁中）卷上载："吴越旧式，民间尽算丁壮钱以增赋舆。贫匮之家，父母不能保守，或弃于襁褓，或卖为僮妾，至有提携寄于释老者。真宗一切蠲放，吴俗始

① 《蔡忠惠公文集》卷二二。

苏。”朱长文于元丰七年(1084)撰成的《吴郡图经续记》卷下《事志》亦载:“《图经》每岁有丁身钱,自大中祥符四年诏……除放……,由是苏民至今无计口算缗之事,蒙泽最厚。”则在两浙路,尤其在苏州,身丁钱确已除放是明白无疑的事实。

《淳熙三山志》卷一〇《版籍类·垦田》载:“咸平初,夏税及身丁钱总二万九千七百四十四贯有奇。大中祥符四年诏放身丁钱,独夏税七千六十九贯有奇。”福州宋初一度隶属两浙西南路,大中祥符四年早已是福建路八州军之一。据此,则祥符四年诏在福建路也是执行了的,而且如福州,其所除免的身丁钱数且相当可观,约当该州夏税的320%。

治平四年(1067)宋神宗初即位时,郑獬在《论免丁身钱状》中说:“臣任荆南府日,江陵、枝江县人户正税外有丁身盐麴钱,此钱自高氏以前增出无名横赋,真宗时虽曾除放,而二邑余数尚有存者。……兼闻湖南北及诸路亦有似此丁钱未经除减。”①即使“丁身盐麴钱”亦属大中祥符四年诏除放范围,则江陵、枝江“二邑余数尚有存者”以及荆湖南北路“似此丁钱未经除减”情况的存在,适足以说明该诏在荆湖南北路业已基本执行。

《长编》卷一一六景祐二年(1035)六月己卯命广西路提点刑狱魏瓘为本路运使记事下,曾连书他在广西的政绩:“刘铢时计口以税,虽船居皆不免,至是,雷、化、钦、廉、高州犹未除,瓘为除之。”卷一九〇又载:嘉祐四年(1059)十月癸酉,“祫于太庙,大赦……广南东、西路自祥符中降御札免身丁钱,至今尚有送纳未了处,亦仰转运司具未放因依以闻”。则虽执行迟缓或有拖延未了之处,经此次督促,或当已普遍执行。所以,曾任广南西路提举常平的刘谊于元

① 《郧溪集》卷一二。

丰五年(1082)这样说道:“由唐至于五代,暴政所兴,二广则户计一丁,出钱数百,输米一石,江东西许之酿酒则纳麴钱,与之食盐则输盐米……宋有天下,承平百年,二广之丁米不除,江南榷酒而收麴钱,民不得盐而入米,比五代为加赋矣。”①只说“丁米不除”,明“一丁出钱数百”的丁钱业已除放矣。

二、集中除放后诸路的身丁钱物

可是,大中祥符四年诏颁布以后,南方诸路征收身丁钱的现象仍然相当普遍。如江南、淮南,即有所谓“丁身盐米钱”。据《长编》卷七七载,大中祥符四年诏颁布不到一年,大中祥符五年五月丁亥又曾“令江、淮南丁身盐米钱自今并免折科”。对此,李焘在自注中即曾提出这样的疑问:“前已免丁身钱,今又免折科,不知何也？当考。”其实,祥符四年诏除放身丁钱的六路并未将江南和淮南包括在内,而江南、淮南的“丁身盐米钱”与除放的“身丁钱”也不是同一内容的征敛项目。

宋代江南路和淮南路原是吴、南唐的割据统治地区,那里原先也有类似身丁钱的丁口课调,但早在杨隆演统治时期就已蠲除。据大中祥符间许载所著《吴唐拾遗录》载:“吴顺义年中,差官兴版簿,定租税……皆足陌见钱……算计丁口课调,亦科钱。宋齐丘时为员外郎,上策乞虚抬时价而折䌷、绵、绢本色。……丁口课调,亦

① 《长编》卷三二四元丰五年三月乙酉记事。然三年前,尚在广西提举任上的刘谊却又曾说:广西“役钱之出,概用税钱,税钱既少,又敷之田米,田米不足,复算于身丁。广西之民,身之有丁也,既税以钱,又算以米,是一身已输二税,殆前世弊法,今既未能蠲除之,而又敷以役钱,甚可悯也”。见《长编》卷三〇一元丰二年十二月戊申记事。《通考》卷一一《户口考》于所录此言下加按语云:“广南丁钱,史所载大中祥符间尽蠲之,独丁米未除,今观谊之言,则尚有丁钱也。作法于贪,难革而易复,可畏哉。”是仅只“丁米不除”,还是丁钱、丁米皆“未能蠲除”？同是刘谊之言,三年间且先后不一矣。兹姑从元丰五年言。

请蠲除。朝议喧然沮之,谓亏损官钱万数不少。齐丘致书于徐知诰……知诰得书曰:'此劝农良策也。'即行之。自是不十年间,野无闲田,桑无隙地。自吴变唐,自唐归宋,民到于今受其赐。"①则宋初江南路和淮南路,严格意义的身丁钱已不复存在,所以祥符四年诏除身丁钱,并未将此两路包括在内。

此外,据咸平五年(1002)江南转运使陈靖言:"江南伪命日,于夏税正税外,有元征钱物……凡一十四件。"②十四件之中有名"户口盐钱"者,或即上引祥符五年令"并免折科"的"丁身盐米钱",亦即明道二年(1033)江淮安抚使范仲淹奏中所说:"江宁府上元等五县主客户递年送纳丁口盐钱,即不曾请盐食用"之"丁口盐钱"。关于此丁口盐钱的缘起及存在状况,范仲淹尚有如下说明:"始属江南伪命之时,有通、泰盐货俵散,计口纳钱入官。后来淮南通、泰归属朝廷之后,江南自此无盐给散,所以百姓至今虚纳钱,并更折纳绵绢。"并有如下起请:"江南东路主户所纳税赋内丁口盐钱,以本处见卖盐价上(细)[纽]定升合数目,逐春更与末盐吃用,随夏税送纳一色见钱,更不折纳衣赐䌷绢。"所有客户名下盐钱,"特予除放"。③ 此起请,《景定建康志》未载从违,若据《朝野杂记》甲集卷一五《身丁钱》,则已"奏可"。至于淮南的丁口盐钱,据元祐七年(1092)知扬州苏轼《论积欠六事并乞检会应诏所论四事一处行下状》说,当年元丰三年九月二十八日明堂赦书颁下时,"转运司申中书,称见欠丁口盐钱及盐博绢米及和预买䌷绢,并系人户已请官本,不合一例除放。中书批状云:勘会赦书内即无见欠丁口盐钱并盐博绢米及和预买䌷绢已请官本除放之文。因此州县却行催理"。

① 据洪迈《容斋随笔》续笔卷一六《宋齐丘》转引。
② 《诸臣奏议》卷一〇四陈靖《上真宗论江南二税外沿征钱物》。系年据《长编》卷五一。
③ 《景定建康志》卷四〇《田赋志》。

苏轼认为:“丁口盐钱绢既为有官本难议除放,即合据所支盐斤两实直价钱催纳,岂可将折色绢麦上增起钱数尽作官本?”要求将此折色增起钱数“除放”。[①] 则此等丁口盐钱,在淮南,直至元祐七年它还请有“官本”,尚未成为完全白配的征敛项目;在江东,虽然自南唐失江北以来即“不曾请盐”而“虚纳钱”,但名义上乃是盐钱,与大中祥符四年诏除放的身丁钱也不完全相同。如果范仲淹之议“奏可”属实,则不仅淮南路,就是江东路,其后来的演化进程或当与两浙的丁口盐钱相近。

至于身丁钱物在大中祥符四年诏曾经除放的两浙等六路仍复相当普遍而大量地存在,则有两种解释。一是如陈傅良说的:“祥符放丁,溥及六路,其间犹有至今输纳者,皆府县占吝,奉行不虔之故。”[②]如福建泉、漳、兴化三州军,仅仅因为身丁钱多年来已折米征收,“斯时七闽有不材使,以谓诏书所免者身丁钱耳,三郡身丁之输者斗斛也,非在免中”,[③]遂未得到除放,就是一例。荆湖南路郴、道、永州、桂阳监和衡州茶陵县的丁米,以及二广的丁米未能获得除放,当亦出于“奉行不虔”者的同一借口。另一种解释则如李心传所说:“闽、浙、湖、广丁钱,在国初岁为四十五万缗,大中祥符四年七月尝除之,后又复。”[④]也就是,除放之后又恢复了。只是对李心传此说不宜机械地理解为恢复了对原先那些身丁钱的征收,而应理解为恢复了像原先身丁钱那样的身丁负担。此说也是有实例可寻的。如两浙,乃至淮南、江东身丁盐钱之演变为新的身丁钱,即是。

大中祥符四年以前两浙路以人丁为对象的征敛,有称作“丁身

① 《苏轼文集》卷三四。
② 《止斋文集》卷二六《乞放身丁钱札子》。
③ 《蔡忠惠公文集》卷二四《上庞端公书》。
④ 《朝野杂记》甲集卷一五《身丁钱》。

盐钱"的,如淳祐《玉峰志》卷中《税赋》载:"考之古经,景德、祥符间,夏税:丁身盐钱二千六百余贯,绢……秋苗:米一十万有畸。"有称作"丁身钱""身丁钱""丁钱""身钱""丁税钱"[①]的。从"钱俶时民纳丁税钱,其出家童行未入僧籍亦输之",[②]"两浙自钱氏赋民丁钱,有死而不免者",[③]"吴越旧式,民间尽算丁壮钱以增赋舆",[④]"吴越钱氏,人成丁,岁赋钱三百六十,谓之身钱"[⑤]等记述来看,"丁身钱"显是完全白配的丁税,与官支给盐而输钱的"丁身盐钱"是尚有不同的。大中祥符四年诏除放的只是"丁身钱",而"丁身盐钱"则不在除放之列。

《长编》卷一一一明道元年(1032)三月载:"两浙转运司言:'大中祥符五年已放诸路丁身钱,而婺、秀二州尚输钱如故。'己亥,诏悉除之。"此事,前揭陈傅良《乞放身丁钱札子》亦曾据《仁宗实录》引述,用为"府县占吝,奉行不虔"的事例之一。后来,乾道六年(1170)吕祖谦在《为张严州作乞免丁钱奏状》中说:"且以两浙诸郡论之,平江府、秀、婺、衢等四州自蠲免丁钱"。[⑥] 此"丁钱"文中又作"丁盐钱绢""丁盐税钱",亦即"丁身盐钱"。则后来婺、秀两州丁身盐钱亦自蠲免了的。淳熙七年(1180)赵善括在《乞免临安府丁钱》中说:"两浙税丁之重,至有生子不举,长不裹头者。丁谓为相,苏、湖获免,胡则在朝,衢、婺遂蠲。"[⑦]则此四州之所以获得蠲免,且被视为丁谓、胡则两位乡贤对乡梓的特殊恩惠。[⑧] 宋濂《浦阳人物

① 《太宗皇帝实录》卷三一、《宋会要》食货七〇之四,太平兴国九年十一月丁卯郊赦。余见下引。
② 《宋会要》食货一七之一三。
③ 《宋史》卷三〇六《张去华传》。
④ 《湘山野录》卷上。
⑤ 陈师道《后山谈丛》卷四。
⑥ 《东莱吕太史文集》卷三。
⑦ 《应斋杂著》卷一。所述四州与吕祖谦有"湖""秀"之异。颇疑当以"秀"为正。
⑧ 丁谓,苏州长洲人;胡则,婺州永康人。

记》卷下《倪朴》载："迁浦阳之石陵，世为农。至朴曾祖展，始以赀雄于乡。初，衢、婺尝输丁身钱，相传仁宗时永康胡则为奏免，崇宁间，欲复算之。适部使者行郡，展持则像拜使者于马前，历诉其非便，使者上其事，复获免。"崇宁间复算当指丁身盐钱复为白配，则仁宗时胡则为奏免者其亦丁身盐钱耶？最大的可能似乎是：明道元年诏"悉除之"的"丁身钱"，即使确是由于"府县占吝"而遗留的白配身丁钱，但与此同时，那些尚非完全白配的身丁盐钱或者也一并"悉除之"了。

南宋时人追述两浙身丁钱的缘起，都只将它与宋初的丁身盐钱挂钩。如李心传说："两浙身丁钱者，始未行钞法以前，岁计丁口，官散蚕盐，每丁给盐一斗，输钱百六十六文，谓之丁盐钱。皇祐中，许民以绸绢依时直折纳，谓之丁绢。自钞法既行，盐尽通商，而民无所给，每丁仍增钱三百六十文，谓之身丁钱。"[①]李心传此言乃据绍兴三十一年（1161）正月十四日曾任两浙转运副使，被旨措置改正湖州丁绢不均等事吕广问和绍兴三十二年五月二十一日权发遣湖州陈之茂针对湖州之言综合者，[②]其中"输钱百六十六文""增钱三百六十文"也只是湖州一地才是此数。尽管如此，但用以说明两浙路身丁钱的缘起，仍是合适的。如吕祖谦《为张严州作乞免丁钱奏状》追述严州丁钱缘起，即与之大致相同。[③] 可见，在南宋成为重大社会问题的两浙身丁钱，系由宋初的丁身盐钱逐步演化而成，是大中祥符四年除放身丁钱以后重新滋生的以人丁为对象的税赋项目，其演化完成的标志则是崇宁初两浙盐之改行钞法。

此外，祥符四年以后福建路建州亦仍有"口钱"，后来亦称身丁

① 《朝野杂记》甲集卷一《身丁钱》。
② 见《宋会要》食货六六之五至七。
③ 《东莱吕太史文集》卷三。

钱,[①]但在仁宗庆历末年似尚未成为重大问题,以致蔡襄在《乞减放漳、泉州、兴化军人户身丁米札子》中尚在正面引之为例:“伏望陛下上成先帝之仁,下恤远民之苦,蠲放三州军丁米,只令依建州例岁纳口钱。”[②]

荆湖两路则尚存在另一种丁身钱米。即辰州、邵州、沅州、靖州等民族错居杂居地区民户作为接受宋廷直接统治的标志而输纳的丁身钱米。如:

嘉祐六年(1061)七月“戊戌,诏辰州省地民先逃入溪峒今复归者,蠲丁税三年”。[③]

熙宁九年(1076)二月壬寅,“诏荆湖北路转运司,北江下溪州已纳土,其每户合纳丁身粟米自熙宁十年为始”。[④]

元丰元年(1078)六月癸卯朔,“权知邵州侍其瓘言,扶竹水山傜梁义等愿附,招纳籍为省民,隶邵阳县,输丁身钱米”。[⑤]

元丰四年四月甲子,知沅州谢麟言:“准诏已置托口、小由、古诚、奉爱四寨……其城寨身丁税,乞特蠲放七年。”从之。[⑥]

淳熙三年(1176)六月,周必大《乞申严谋入溪洞人法》:“臣窃考靖之为州,起于崇宁,民居仅数百家,城外皆是蛮洞,朝廷意在羁縻,止令量纳丁米,每岁却令广西漕司应副三万缗支遣官吏军兵俸给”。[⑦]

此类身丁钱米,不是民户于两税之外追加的负担,不属本文研讨的范围。然在文献记载中,却往往易与本文研讨之身丁钱米

---

① 见《宋会要》食货六六之一一。
② 《蔡忠惠公文集》卷二二。
③ 《长编》卷一九四。
④ 《长编》卷二七三。
⑤ 《长编》卷二九〇。
⑥ 《长编》卷三一二。
⑦ 《周益国文忠公集》卷一三九《奏议六》。

相混。

三、诸路身丁钱物的逐步除放

大中祥符四年后诸路的身丁钱物,无论是由于"府县占吝,奉行不虔"而遗存的,还是后来重又滋生的,实际上又都经常处于逐步除放之中。

荆湖南路遗存的身丁钱物,约景祐四年(1037)前后,提点湖南刑狱齐廓曾"奏悉蠲除"桂阳监倚郭平阳县丁身钱"岁输银二万八千两"。[①] 皇祐三年(1051)七月二十八日丙子,郴、永州、桂阳监等处人户所纳丁身米,又诏"每丁特减三斗二升","凡岁减十万余石"。[②] 嘉祐四年(1059)十月癸酉,郴、道、永州、桂阳监和衡州茶陵县的身丁钱物,又诏"无业者与除放,有业者特与减半。自今进丁,更不添纳"。[③] 从而在向最后完全除放的路上迈进了一大步。《宋史》卷三二八《蒲宗孟传》载:"命察访荆湖两路。奏罢辰、沅役钱及湖南丁赋,远人赖之。"蒲宗孟受命察访荆湖在熙宁七年(1074)十月,[④]惟奏罢湖南丁赋事未见他书记载,且与此后事实不符,恐是饰说。到了经历巨大战乱、民丁大量逃移死亡的南宋初年,固定总额这一在承平时期可谓利民的措施,反倒使人户的负担成倍增长。以"口赋四斗"并"以承平丁账"固定的总额,"科于乱后","均敷见存",遂致"一丁至石余者"。绍兴三年(1132),湖南宣谕薛徽言"既蠲其敷数,遂奏:计口之赋,贫富一等,富者宽裕,贫者重困;均之田

① 《长编》卷一二〇景祐四年七月辛酉记事。
② 《宋会要》食货七〇之八,《长编》卷一七〇。
③ 《长编》卷一九〇。
④ 见《长编》卷二五七是月庚辰记事。《宋会要》职官四二之六三系于此年十二月。

亩,则又偏苦上户。谓宜履亩分口算之半,以就均一,宽贫下"。[①] 知道州赵坦则请"以二分敷于田亩,一分敷于民丁"。是年八月己酉,"乃命田亩三分之二"。可是此前"道州岁输米二千余斛,近岁为群盗所残,人丁益少,遂以田税取之",实际上已经全部摊入田亩。赵坦的继任者遂认为,一分敷于民户,"每丁当输二斗有奇,贫户丁多之人,犹为偏重"。于是绍兴五年三月戊戌,又"诏道州丁米,依旧于田亩上均敷"。[②]只是于田亩上均敷未免"偏苦上户",也未必定是久长之计,于是又有永与除放的绍兴十四年十月己亥诏。[③] 但由于此四州一县的身丁米自来"桩充年额上供之数",所以直至绍兴二十八年三月十四日"户部将湖南一路上供米据数开落",才算最后真正得到除放。[④]

两浙路丁盐钱绢负担最重的处州和湖州,其岁额先后在绍兴二十一年(1151)和三十一年得到固定。处州"自今添丁,止均纳见认之数,不得溢额";[⑤]湖州"身丁䌷绢,止依旧额催理,所有今来排出丁口,逐县各将元额均敷,不得辄增旧额"。[⑥] 乾道八年(1172)此两州与另两个负担最重的州府——绍兴府、严州一起,其丁盐钱绢的岁额又有了较大数量的削减。湖州丁绢自 65 296 疋减为 40 476 疋,严州丁绢自 39 399 疋减为 25 106 疋,绍兴府丁绢自 43 015 疋减为 33 012 疋,处州丁绢钱自 203 600 贯减为 168 920 贯。削减的幅度,湖州为 38%,严州为 36%,绍兴府为 23%,处州为

---

① 薛季宣《浪语集》卷三三《先大夫行状》。
② 《要录》卷六五绍兴三年五月丙辰、卷八七绍兴五年三月戊戌记事。
③ 《要录》卷一五二。
④ 《宋会要》食货六三之一二至一三、之一五,绍兴二十六年十月二十六日、二十八年三月十四日记事。
⑤ 《要录》卷一六二绍兴二十一年九月乙巳记事。
⑥ 《宋会要》食货六六之七。

17%。[①] 而临安府的身丁钱,据赵善括《乞免临安府丁钱》说:“已降圣旨,自淳熙四年为始,权免三年。去冬限满,圣意勤隐,不忍举催,再下展命之令。”[②]此札奏上于淳熙七年(1180),只及见“再下展命之令”,其实,此后仍然“每三年辄一下诏除之,岁满复然”。[③] 直至嘉泰四年(1204)十二月甲辰,尚见有“再蠲临安府民身丁钱三年”记载。[④] 赵善括曾说:“六年蠲免,一旦复行,诚亦难矣!”如今在持续蠲免三十年之后,[⑤]宣布永与蠲免更只是时间问题。值得庆幸的是,开禧元年(1205)十二月十九日御笔手诏永与除放的,已经不再局限于临安府,而是溥及于两浙全部州县。据当日都堂所立此诏石刻下参知政事张岩等附记:“乃岁在乙丑十二月十九日,因立春之朝,布宽大之泽,御笔手诏,取二浙之民身丁钱四十三万一千余缗、绢一十二万五千有奇,自开禧二年永与除放。”[⑥]则除放岁额的绝对数且在大中祥符四年六路所除数之上。此前一年,即嘉泰四年(1204)八月二十三日已诏,“绍兴府系攒宫所在,理宜优恤,本府人户所纳身丁钱绢绵盐,可自嘉泰五年永与除放。”[⑦]此后一年,即开禧二年正月一日(实仅十二日后),又诏:“两浙州军嘉泰元年至开禧元年终未起身丁钱绢䌷绵内实系人户拖欠之数,并与蠲免。”[⑧]另,据《景定严州续志》卷一《户口》载:“开禧元年十二月御笔尽免两浙身丁钱,从中殿之请也。盖恭圣仁烈皇太后为严人,故

① 据《宋会要》食货六六之一三至一四所载统计。其中严州减绢数“二万”系“一万”之误,今迳予改正。
② 《应斋杂著》卷一。
③ 《朝野杂记》甲集卷一五《身丁钱》。
④ 《宋史》卷三八《宁宗纪》。
⑤ 按,《宋史》卷三四《孝宗纪》淳熙元年十月辛巳已见“再蠲临安府民身丁钱三年”记事。
⑥ 《咸淳临安志》卷四《行在所录·朝省》。
⑦ 《宋会要》食货六六之一九。
⑧ 同上。此诏《宋史全文》卷二九、《宋史》卷三八皆作“蠲两浙路身丁䌷棉”,而开禧元年诏则皆作“诏永除两浙身丁钱绢”,易致误会,似乎一诏蠲除“身丁钱绢”,一诏蠲除“身丁䌷绵”者。

有是请。"恭圣仁烈皇太后即宁宗杨皇后,《宋史·后妃传》谓"或云会稽人",此云"严人",诚如"四库"提要所说,"可订史传之讹",而开禧元年永除身丁钱绢的范围溥及两浙,或者也确有杨后的作用耶?

福建路建宁府的身丁钱是乾道七年(1171)永与蠲放的,岁额为一万四千八百余贯文。[①] 该路最引人注目的漳、泉、兴化三州军的丁米,泉州、兴化军旧纳七斗五升,漳州旧纳八斗八升八合,至皇祐三年(1051)十一月辛亥减为主户每丁五斗,客户三斗,"为定制"。[②] 淳熙十三年(1186)似又有所减免。《宋会要》食货六六之一七载此年"十月七日,诏户部将漳、泉州、兴化军减免身丁钱米,照应已支降拨还钱数,各与理豁,仍札下福建路转运司并逐州照会"。约嘉定间,陈淳曾言及漳州客户"岁输身丁一百五十犹不能办"。[③] 时丁米已复折为钱,若此前丁米未尝减免,则客户每丁三斗的米折钱当不只一百五十文。[④]《宝庆会稽续志》卷五《人物》载,俞亨宗知漳州日,曾"代民输丁钱一万六千有奇",这大约是庆元间事。此后,到了端平元年(1234),漳、泉、兴化三州军的丁米钱遂亦获得一体蠲放。《宋史全文》卷三二载此年六月"壬申,知建宁府兼福建运判袁甫奏,乞蠲漳州岁纳丁米钱。泉州、兴化军一体蠲放。从之"。其经过则有如刘克庄《漳州代输丁钱记》所述:"端平元年,赵侯以夫建言:'丁钱宜罢久矣,顾岁额万千缗隶于漕,守不得专。而况民以全镪输,官以半楮发,此不欲罢也;年甲付吏手縻费等正钱,此吏不欲罢也。官吏规近获,民被长患,深可嗟闵。以夫尝会州家常赋外有废刹租利钱,所入不下丁口之数,旧以充橐装篚实

① 见《宋会要》食货六六之一一,六三之三一。后者作"宁府",显脱"建"字。
② 《长编》卷一七一。
③ 《北溪先生全集》文卷二四《上庄大卿论鬻监》。
④ 参考汪圣铎《南宋粮价细表》,载《中国社会经济史研究》1985年第3期。

者,今朝廷大明好恶,表廉黜贪,贿道永绝,请以此钱为民代输。'安抚使真公某、大漕袁公某闻而击节,上于朝曰:'漳州此举,可为分符守土者法。'诏可其奏。"①时知漳州赵以夫"以废刹岁人代民输丁钱岁万七(十)[千]缗",②福建转运判官袁甫"捐三郡岁解本司钱二万七千贯助之",③由于三郡征自丁米钱的年额上供有了填补来源,从而使每岁共约四万四千贯的丁米钱获得一体蠲放。

"二广之丁米不除"虽然亦属"府县占吝,奉行不虔"之列,但那里的情况却有它的特殊性。如绍兴十九年(1149)知封州代还之赵善瑛所说:"广东诸州田税不足岁用,自祖宗以来,不问有无田产,常计丁岁纳身米,以补常赋。"④正因为这样,征收丁米的范围遂有日渐扩大的趋势。天禧元年(1017)离大中祥符四年(1011)仅仅不过六年,即有人力图要在原无丁米的广州创征丁米,⑤而且后来也确已创征。据《大德南海志》卷六《税赋》录"旧志":广州"田米旧管五万六千一百九十七硕有奇","丁米旧管一十二万二千二百四十八硕有奇"。可知到南宋末年,丁米的数量甚至超过田米一倍以上。原先借口征"米"因而未能获得除放的身丁负担丁米,后来却又往往强索"见缗"。端平二年(1235)王迈说的:"广之征敛,最为民害,纳丁、赎罪,率索见缗。"⑥可证。宋制"二十成丁,六十入老",而"二广民户输纳丁钱去处,近来官司才年十二三,便行科纳,谓之挂丁钱"。⑦ 二广的情况充分体现了身丁负担的残酷和不合理,除放起来也就显得特别困难。直到南宋后期,才见到广西有除放记

① 《后村先生大全集》卷八八。
② 《后村先生大全集》卷一四二《赵以夫神道碑》。
③ 黄震《戊辰修史传・兵部尚书袁甫》。
④ 《要录》卷一五九绍兴十九年六月癸亥记事。
⑤ 《长编》卷八九天禧元年四月辛卯记事。
⑥ 《臞轩集》卷一《乙未馆职策》。
⑦ 《宋会要》食货六六之一一,乾道七年二月十四日。

载。《宋史》卷四一〇《范应铃传》:"起广西提点刑狱……既至,多所平反。丁钱蠹民,力奏免之。"刘克庄《颜颐仲神道碑》:"嘉熙改元,以直秘阁奉武夷祠除广西转运判官。首奏乞罢海外四州熙丰盐本钱……又乞罢二十五州身丁钱……二事皆报。三年,令赴行在。"①两者约略同时。② 经过范应铃、颜颐仲的奏请,广西二十五州的身丁钱是否确已免罢?淳祐十二年(1252),罗大经认为:"范西堂为广西宪,尝力请于朝,乞罢去,虽获从请,然诸郡多借此为岁计,往往名除而实未除也。"③同年,吴泳在《奏宽民五事状》中则说:"民户丁钱,诸路并已蠲免,独本路尚尔拘催。"④吴泳是广南东路漕臣,所说"本路"当不致将广南西路包括在内,则广西显然当属"并已蠲免"的路分。除个别州县外,⑤此后直至南宋灭亡,迄未见到广南东路有除放记载。

广东的丁米虽然大部未曾除免,但是其征敛却也并非绝对按人丁平均分摊。早在熙宁年间均定广东丁米时,转运使金君卿"搜括隐丁,人始无幸免;分上、中、下三等,富者多取之而不为虐,贫者寡取之而易给,人乃以为平"。⑥ 这一分开户等,富者多取,贫者寡

① 《后村先生大全集》卷一四三。

② 欧阳守道《巽斋文集》卷一五《吉州龙泉县丞厅记》谓龙泉县丞省于绍兴,复于绍定,"复丞之初,郡太守西堂范公应铃实请于朝"。《记》作于宝祐四年三月朔日,亦即丞厅建成之时,而丞厅则是丞"既复之后二十有七年"才建的。由宝祐四年(1256)上溯二十七年为绍定三年(1230)。据《宋史》本传,范应铃是在蕲州通判任上,由于当时"江右峒寇为乱,吉州八邑,七被残破",而被"差知吉州"的。同书《理宗纪一》载绍定三年二月戊戌诏:"汀、赣、吉、建昌蛮窃发,经扰郡县,复赋税一年。"则范应铃知吉州当在绍定三年前后。在任被劾镌官,"闲居六年",才被起为广西提点刑狱,复"力辞,逾年乃拜命",则赴任当在嘉熙元年(1237)。与颜颐仲任广西运判约略同时。

③ 《鹤林玉露》丙编卷五《广右丁钱》。丙编自序署"淳祐壬子",即十二年。

④ 《鹤林集》卷二二。

⑤ 如《永乐大典》卷五三四三所录元《三阳图志》载:潮州白丁的折米丁钱,"旧纳钱几一千足,折米价直初科三千五百足,民甚病之。嘉泰间,大师廖公德明敷奏朝廷,纳丁只用五百五十,折米只用二千八百,悉从所请,至今民以为便"。其倚郭海阳县"城内四厢居民旧有身丁钱,前此官吏只凭丁籍取办。……淳祐癸卯,郑侯良臣始编排在城白丁计七千七百单三户,尽为销豁。申闻于朝,得旨如章,人给公据,子孙永勿科"。

⑥ 《长编》卷二二一熙宁四年三月辛卯记事自注引彭汝砺《金君卿墓志》。

取的办法,后来一直遵行不替。连州例“以田亩等第纽夏布为准”以纽税,其“五等丁米”亦“视田布为多寡”:“应人户管布十疋以上至三疋五(疋)[尺]为一等、二等、三等人户,每一口折纳丁米四斗,计钱一贯二十文省;自三疋四尺五至一疋四尺为四等人户,每一口折纳丁米二斗四升,计钱六百二十五文省;一疋三尺至一尺为五等人户,每一口折纳丁米七升三合,计钱二百一十文省,无(客田)[田客]丁同”。[①] 于此略可窥见其分三等征收办法之大概。

由上所述,可知宋朝的“丁口之赋”,无论是唐末五代遗留的,还是后来新滋生的,其主导的演化趋向,确是逐步获得除放。虽然在总的演化过程中,在局部地区或短暂的时间内曾经出现过一些与这一主导趋向不完全合拍的现象,但仍然不能否定或改变这一主导趋向。

唐建中两税法取代租庸调制的划时代意义主要表现在:它确立了“惟以资产为宗,不以丁身为本”[②]的赋税原则。这一赋税原则是与中国封建社会后期已经变化了的社会经济条件相适应的。两税法实行以后,按丁征收的各项苛捐杂税在唐末五代的重新出现及其在宋代的逐步除放,以及在逐步除放过程中两浙身丁盐钱之完全丁税化又永与除放,荆湖北路纯州平江县之一度按丁定税,[③]都表明“以丁身为本”的过时赋役制度在最后退出历史舞台以前是有过曲折,并有所反复的。但同时也表明,宋代赋税制度演进的总过程始终受着“惟以资产为宗,不以丁身为本”这一赋税新原则的有力制约,以致在广南东路遗存丁米的征敛办法中也在一定程度上体现了这一原则。摊丁入亩,如后世史实所显示的,不仅与

① 《永乐大典》卷一一九〇七录《湟川志》。
② 陆贽语,见《陆宣公翰苑集》卷二二《均节赋税恤百姓》第一条。
③ 详具《宋代两税及其与唐代两税的异同》的第六节《丁口之赋》。

“惟以资产为宗,不以丁身为本”不相矛盾,而且同样也是它的体现。只是就宋代身丁钱物的实际演化过程而言,它是通过逐步除放,而不是通过摊丁入亩来使这一根本原则得到体现,却也是不容否认的事实。

（原载《国际宋史研讨会论文选集》。保定：河北大学出版社,1992 年 8 月）

宋代两税及其与唐代两税的异同

一、“宋朝五赋”

王应麟《玉海》卷一七九《食货·贡赋》“宋朝五赋”条录《国史·志》曰：

> 岁赋，其类有五。曰公田之赋，官庄、屯、营田赋民耕而收其租；曰民田之赋，百姓各得专之；曰城郭之赋，宅税、地税之类；曰杂变之赋，牛革、蚕盐、食盐之类，随其所出，变而输之；曰丁口之赋，计丁率米。

这是一则关于宋代赋税制度的概括记述。《宋史》卷一七四《食货志·赋税》小序与之略同，马端临《文献通考》卷四《田赋考·历代田赋之制》亦有类似记述，当皆源自《国史·志》。其中，五赋的名称，《宋史》《通考》全同；五赋的序列，《通考》同，《宋史》则先“丁口之赋”而后“杂变之赋”。对五赋的解释，除了逐个解释的句末《宋史》《通考》都多出“者是也”或“是也”以外，关于公田之赋，“官庄、屯、营田”《宋史》作“凡田之在官”，《通考》“屯”下“田”字不省；关于民田之赋、城郭之赋，两书全同；关于杂变之赋，“牛革、蚕盐、食盐之类”《通考》同,《宋史》无“食盐”二字;关于丁口之赋,《通考》亦作“计丁率米”,而《宋史》则改作“百姓岁输身丁钱米”。若从三书的异同作个粗略判断,似当以《通考》所录最接近《国史·志》原文,《玉海》只作过于内容无损的个别文字删削,《宋史》则作了涉及内容的部分修改。

周藤吉之认为《玉海》所载“宋朝五赋”记事当录自元丰五年(1082)成书之仁宗、英宗《两朝国史·食货志》,是正确的;但他又认为《两朝国史·食货志》的这一记事乃沿袭天圣八年(1030)成书之太祖、太宗、真宗《三朝国史·食货志》者,则似嫌证据不足。陈舜俞于仁宗末年奏进的《太平有为策·厚生四》(载《都官集》卷二)中提到“今天下之赋五,曰公田,曰民田,曰城邑,曰杂变,曰丁口”,只能表明天下之赋有五是当时人的共识,却并不足以证明这类认识的依据是《三朝国史·食货志》。① 又,《玉海》《通考》所录都把对丁口之赋的解释限定为“计丁率米”,明显地乃仅就大中祥符四年(1011)悉除六路身丁钱后的情况而言,《宋史》因为要移充概述有宋一代赋税制度的赋税门小序,遂改为“百姓岁输身丁钱米”。此属有意更改,并非其依据有《两朝国史》或《三朝国史》之异。

但是,在这则关于宋代赋税制度的概述中,并未指明“五赋”中哪一种赋才是两税,或者五种赋全是两税。在有关宋代赋税制度的其他原始文献中,对于何谓两税也未见有明确解说。目前一般都认为五赋中的“民田之赋”为宋代两税的正宗,笔者赞同这一意见,今拟略予补充者,只是:宋朝五赋中除了民田之赋以外,其余官田之赋、城郭之赋、杂变之赋、丁口之赋,与两税都或多或少有些关

---

① 周藤吉之的意见见《宋朝国史の食货志と(宋史)食货志との关系》,原载《东洋学报》43卷3期,1960年;后收入《宋代史研究》,东洋文库,1969年。

系,而且正是在这些或多或少的关系中,可以相当清晰地窥见宋代两税与唐代两税的异同,以及两税制演进的轨迹。

二、民田之赋

如果说"民田之赋"是宋代两税的正宗,那么仅此一端即可见出宋代两税与唐代两税的显著差异。

当唐德宗建中元年(780)杨炎首次推行两税法这一新的赋税制度的时候,实际上它还带有脱胎所自的租庸调制时代户税和地税的严重痕迹。其突出表现就是,它分夏秋两次既征收两税钱,又征收两税斛斗。两税斛斗乃"田亩之税","率以大历十四年垦田之数为准而均征之",而两税钱的征收,则除了依据田产以外,尚须依据其他资产,即杂产的多少。建中元年正月五日赦文说的"计百姓及客户,约丁产,定等第,均率作年支两税",同年二月十一日起请条说的"据旧征税数,及人户土客,定等第钱数多少",①都表明两税钱的征收,其直接依据虽是户等的高下,而户等则是依照每户丁壮和资产的多少划定的,而资产之中,则既包括田产,又包括其他杂产。陆贽在其奏议《均节赋税恤百姓》第三条中,作为"当今富人固本之要术",要求对两税法实行以来的定户办法作如下改变:"每至定户之际,但据杂产校量,田既自有恒租,不宜更入两税。"②可证当时"约丁产,定等第"之"产",确是包括田产和杂产两者的。③

到了宋代,两税脱胎于租庸调制时代户税和地税的这个痕迹消失了。《宋会要·食货·户口杂录》:"至道元年六月,诏复[造]

① 《唐会要》卷八三《租税上》。
② 《陆宣公翰苑集》卷二二。
③ 参考翦伯赞主编《中国史纲要》第二册对两税法内容的概述。人民出版社,1965 年。按,该书此章执笔者乃汪篯。

天下郡国户口版籍。自唐末四方兵起,版籍亡失,故户口税赋莫得周知,至是始命复造焉。"(食货六九之七八)《长编》卷三八:至道元年(995)"六月己卯,诏重造州县二税版籍,颁其式于天下。凡一县所管几户,夏秋二税苗亩、桑功,正税及缘科物,用大纸作长卷,排行实写为帐。"("二税版籍",《宋会要·食货·赋税杂录》同月记事作"两税版籍",见食货七〇之五,义同)可知,宋朝建立以后首次下令重造两税版簿时,从其所颁布的"式"中,是规定只登录户数、苗亩、桑功数,以及所税(包括正税和缘科,缘科亦称沿纳,即所谓杂变之赋)之物和数的。"户"是缴纳二税的单位,而苗亩、桑功则是据以征收二税的资产。所以就税产而言,宋代列为两税税产的资产范围比唐代颁行两税法当时已明显地缩小了。尽管宋代乡村户的屋基,以及后来坟山都包括在两税税产的范围之内,而屋基和坟山严格说来都不是田产,但就根本性质而言,宋代两税已经不再是一般资产税,而是地地道道的田产税即田赋了。[1]

前已言及,征收两税钱的直接依据是户等的高下,就两税钱的税额而言,户等制起着决定性的作用。到了宋代,尽管户等制依然存在,户等制在社会生活的各个方面依然发挥广泛的作用,户等制与两税也仍然存在密切的关系,"两税的减免,倚阁,代输,征收品目,支移,折变,以及征收方法,手续等,无不以户等制为依据"。[2] 但也毋庸讳言,由于宋代两税已经成了地地道道的田产税,在两税税额的决定上,一般只依田产的多少肥瘠为差,户等制在其

---

① 张博泉《金代经济史略》,第145—150页,辽宁人民出版社,1981年;张泽咸《唐五代赋役史草》第129—130页,中华书局,1986年。都明确提及这一变化。船越泰次《唐宋两税法の课税体系についこて——特にその推移の问题を中心として——》,载东北大学《东洋史论集》第一辑,1984年,则对其自唐至宋的演变痕迹作过考察。

② 柳田节子《论宋代乡村户等制》,载《中华文史论丛》1986年第2辑,第132页,上海古籍出版社。

中业已不再起任何作用,因此,户等制的机能,总的说来,也处于逐步削弱之中。

税产的实际内容和税额的决定因素无疑都是赋税制度的主要方面,但就是在这两个主要方面上,宋代两税比之唐代两税却有了如上显著的变化。

三、公 田 之 赋

宋《国史·食货志》将“公田之赋”亦与“民田之赋”等一起,列为宋代五赋之一,令人颇为费解。因为“公田之赋”是地租,而“民田之赋”则是田税,两者性质绝不相类。宋人曾说:“自己之田谓之税,请佃田土谓之租。”[①]对于租和税的区别,不能说没有清楚的概念。《国史·志》之所以将公田之赋与民田之赋一起列为宋朝五赋之一,不可能只是租与税的简单混淆,其间当另有说。

《玉海》和《通考》将作为五赋之一的“公田之赋”解释为“官庄、屯[田]、营田赋民耕而收其租[者是也]”,是十分贴切的,《宋史》把专指特殊形式公田的“官庄、屯田、营田”改为泛指一般公田的“凡田之在官”,就不一定那么妥当。因为在《玉海》和《通考》的解释中,“官庄、屯田、营田”和“赋民耕而收其租”这前后两者,是互相制约的。既然指明是“官庄、屯田、营田”,那么不是“官庄、屯田、营田”的在官之田,如职田、学田之类,即使“赋民耕而收其租”,当也不在此五赋之一之列。而在“官庄、屯田、营田”之中,如北宋制置河北沿边屯田使属下的屯田,京西襄、唐二州营田务、陕西镇戎军屯田务的营田和屯田,以及南宋江淮营田司属下的官庄,虽有屯

① 《要录》卷一三〇绍兴九年七月壬辰记事。

田、营田之实，由于不是“赋民耕而收其租”，似亦当排除在五赋之一之外。

这类“赋民耕而收其租”的“官庄、屯田、营田”在建中元年(780)颁行两税法的当时，可能还不怎么经见。宋白《续通典》谓：“史臣曰：营田之名，盖缘边多隙地，(蕃)[番]兵镇戍，课其播殖以助军须，谓之屯田。其后中原兵兴，民户减耗，野多闲田，而治财赋者如沿边例开置，名曰营田。行之岁久，不以兵，乃招致农民强户，谓之营田户。复有主务败阙、犯法之家没纳田宅，亦系于此。自此诸道皆有营田务。”①《资治通鉴》卷二九一后周太祖广顺三年(953)载：“前世屯田皆在边地，使戍兵佃之。唐末，中原宿兵，所在皆置营田以耕旷土，其后又募高赀户使输课佃之，户部别置司总领，不隶州县。或丁多无役，或容庇奸盗，州县不能诘。……帝素知其弊，会閤门使、知青州张凝上便宜请罢营田务，李穀亦以为言，[正月]乙丑，敕悉罢户部营田务，以其民隶州县，其田、庐、牛、农器，并赐见佃者为永业。”时分赐见佃者为永业的“系官庄田仅万计”，由于营田佃户改隶州县，“是岁户部增三万馀户”。可见唐中叶以后自沿边不断向内地扩展的屯田或营田官庄，经过广顺三年的改革，业已赐见佃者为永业，其经营方式与一般民田遂几无二致。只是依据当时的如下规定：“所征租税课利，官中只管户部营田旧征课额”，“不得有失元额租课”，以及同年九月敕的规定：“并勒见佃人为主，依例纳租。”②缴纳的依然是“租课”，而且很可能因此依然保留着“营田”或“屯田”的名称。

十国中的南唐也有过类似的经历。《长编》卷二载：建隆二年(961)七月，唐“罢诸道屯田务归本州县。先是，唐主用尚书员外郎

① 《资治通鉴》卷二四八唐宣宗大中三年八月己丑记事胡三省注引。
② 皆见《五代会要》卷一五《户部》。

李德明议，兴复旷土为屯田以广兵食，水部员外郎贾彬嗣成之。所使典掌者皆非其人，侵扰州县，豪夺民利，大为时患。及用兵淮南，罢其尤剧者，尚处处有之。至是，悉罢使职，委所属县令佐与常赋俱征，随所租入，十分赐一以为禄廪，民稍休息焉”。

在先属闽国、后属吴越的福州，宋初亦有此类“官庄屯田一百四所，成熟田园一千三百七十三顷八十四亩一角三十八步，佃者二万二千三百二十七人”。原先“不输夏税，惟征租米”，吴越纳土后则已与民田共同均定两税。据载，此项官庄田“太平兴国五年虽诏与私产均作中、下定税，是时尚给户帖，未许为永业”，并仍然保留着“屯田名目”。当时“福建八州皆有官庄，七州各纳租课，惟福州只依私产纳税，复免差徭”。因此自淳化五年(994)以后，即不断有人提出建议，或者认为应估直出卖，以追收一笔田价，或者认为应依建、剑等州例，科征租米。最后遂于天圣三年(1025)估价令原佃户纳钱承买，于天圣十年(1032)卖讫。①

因此，当元丰五年(1082)《两朝国史》成书的时候，福州的官庄屯田虽然早已不复存在，但是经过后周、南唐改革或宋初均定税租的官庄、屯田、营田，以及此后新增的情况近似的官庄、屯田、营田，则有宋一代全国各地实所在多有。概括说来，此等称作官庄、屯田、营田的公田或官田，大致有如下一些特点：

（一）此等公田或官田正在实际民田化，所谓“官庄、屯田、营田”，不过“第存其名”，而无其实。②

（二）此等公田或官田“悉以民耕”，③承佃耕作者乃直接隶属

① 以上皆据《淳熙三山志》卷一〇《版籍类·垦田》，卷一一《版籍类·官庄田》；《宋会要·食货·农田杂录》天禧四年四月、八月二十二日、天圣三年十一月、四年六月诸条，食货六三之一六七、之一七五至一七七。

② 《通考》卷七《田赋考·屯田》。参见前《土地买卖的盛行及其社会影响》章第二节。

③ 《通考》卷七《田赋考·官田》。

州县之民户，而非隶属某些特殊机构的特殊人户，其经营方式与一般民田并无二致。

（三）此等公田或官田，像福州的官庄屯田那样与民田共同纳税，或者像四川的省庄田那样“自二税外仍科租”[①]的，只是个别的例外，一般都“令人户出租佃莳”，“其所立租则比税苗特重”，“每亩所出子斗，比田税数倍”。[②] 如太平兴国五年(980)福州官庄屯田与民田共同均定的两税额为：“中田，亩产钱四文四分，米八升；下田，亩三文七分，米七升四勺；园，亩一十文。”大中祥符六年(1013)福建转运使王贽“请依漳、泉例课一色斛斗”所拟定的租额则为：“上田亩九斗，中田、上园亩六斗，下田、中园亩四斗五升。”税、租之差且不只“数倍”。不过输租者在租米以外不复有夏税钱负担。而且据天禧四年(1020)福建转运使方仲荀所言，“百姓私产并用赀买，既输税又充色役，[福州]佃官庄户乃是请射成熟田地耕作，复免随例差徭，深见亏官”，[③]则如若输租，似又可“免随例差徭”。而差徭负担轻重的伸缩性是很大的。因此，若就总的负担而言，出租课佃莳官庄、屯田、营田人户的负担未必就绝对重。陆九渊在《与苏宰》书中说，他家乡江西抚州金溪一带的“系省额屯田”，“其租课比之税田虽为加重，然佃之者皆是良农，老幼男女皆能力作，又谙晓耕种培灌之利便，终岁竭力其间，所收往往多于税田，故输官之馀，可以自给。人人自爱，其争先输公，不肯逋负，亦优于有税田者”。[④] 其间当亦有如福建之上述背景在。

又，租与税之性质虽迥异，但并不存在不可逾越的鸿沟，彼此相互转换在现实生活中亦时有发生。如福建的福州，据《淳熙三山

① 《朝野杂记》甲集卷一六《省庄田》。
② 分别引自《宋会要》食货六三之一九三，食货五三之八；《通考》卷七《田赋考·官田》。
③ 《淳熙三山志》卷一〇《版籍类·垦田》、卷一一《版籍类·官庄田》。
④ 《陆九渊集》卷八。

志》卷一〇《版籍类·垦田》载:“伪闽时,垦田一万四千一百四十三顷一十六亩有奇,白配钱二万三百八十四贯四百有奇,斛斗九万二千七百馀石。外,官庄田不输夏税,惟征租米八万一千三百四十八石有奇。皇朝太平兴国五年,有言两浙大户租赋反轻,贫下之家输纳则重(是时本州隶两浙),乃诏朝臣王永、高象先赴州相度。于是,官私田产概命弓量,以伪闽时沿征白配钱米滚为租额均定,总夏税钱二万三百八十四贯有奇,苗米十七万三千九百四十馀石。未几,复诏著作郎李妥再至,始蠲异时诸杂沿征物色,更以官私田产均为中下两等定税。”则王永、高象先之首次将福州官庄田之租转换为税,只是简单地将原官私田税租总额除以经过弓量的官民田总数便完成了。后来,朱熹在知漳州任上筹划推行经界法时,亦拟采取类似办法。如他在绍熙二年《条奏经界状》中即曾说道:“本州民间田,有产田,有官田,有职田,有学田,有常平租课田,名色不一,而其所纳税租,轻重亦各不同。……今来欲行经界,若更存留此等名字,则其有无高下,仍旧不均,而名色猥多,不三数年又须生弊。为今之计,莫若将见在田土打量步亩,一概均产。每田一亩,随九等高下定计产钱几文,而总合一州诸色租税钱米之数,却以产钱为母,别定等则,一例均敷。每产一文,纳米若干,钱若干,米只一仓受纳,钱亦一库交收。却以到官之数,照元分数分隶若干为省计,若干为职田,若干为学粮,若干为常平,逐旋拨入诸色仓库。”①只是由于不久经界作罢,此议未及施行。

(四)此等公田或官田的租课与民田的夏秋二税同时征收,且“系省额”,计入三司(或户部左曹)岁计的税赋总额。宋徽宗政和元年(1111)命官鬻卖官田,知吉州徐常上奏反对将江西屯田如一

① 《朱文公文集》卷一九。

般官田出卖,曾言及:“而况若卖而起税,税(起)[轻]于租,计一岁而州失租米八万七千馀石,其势便当损减上供,是一时得价,而久远失利。”①杨万里在《吉水县除屯田租记》中亦说:“盖自唐末五代以还,吉水之屯田,在一郡为加多,而其租为已重。乾道、淳熙间,郡白于朝,请官鬻之,而更为税亩。于是租之为斛者二千一百三十四有奇,屯田之重租则去矣,而上供之常数自若也。”②都表明吉州的屯田租课是与田税一起计入上供常数的。陆九渊在《与苏宰》书中则说,抚州金溪之系省额屯田,“其名数之著于州县簿籍者,目曰省庄。计其租入,则上自计省,下而郡县,皆总之曰苗屯米若干”。③ 虽另立专项,而计入上供常数则同。淳熙《新安志》卷四载休宁县租赋:“夏税:䌷八百三十七匹,绢八千二百六十二匹,布一千八百二十九匹,绵五万六千八百二十一两,小麦一千八百四十七石,钱五千六百一十二贯,军衫布九百九十二匹,租课钱十五贯。秋税:糙米三万八千四百二石,盐钱一千五百二十四贯,租课糙米一百九十三石,熟米一石。和买:䌷三千五百二十五匹,绢一万八百七十五匹。”(贯、石、匹、两下尾数皆略去未录)租课钱、租课糙米、熟米,也都分别计入夏税和秋税系列。

《庆元条法事类》卷四七《赋役门·税租簿》载有录自“赋役式”的以乡为单位的“夏秋税租簿”式一份,先列全乡“元管”“新收”“开阁减免(其中又分“旧开阁减免”“新开阁减免”)”三项,继列逐户“某人”项,每项之下都列有“正税”增收钱物“租课”三小项,“租课”之下,且注明其内容“依正税开。下文租课准此。仍开具见管官田有无人请佃都数”。“税”和“租”确实同为一簿。同书

① 《通考》卷七《田赋考·官田》。
② 《诚斋集》卷七四。记作于绍熙四年七月十一日。
③ 《陆九渊集》卷八。

卷四八《赋役门·税租帐》复载有录自“赋役式”的“诸州申夏秋税管额帐”“转运司申夏秋税管额计帐”“诸州申夏秋税纳毕帐”“转运司申夏秋税纳毕计帐”之式各一份。在这些以“夏秋税”为题的各类帐式中,其内容实亦包括“租”在内。如“诸州申夏秋税管额帐”须按县分列,每县皆有“主客户丁”“税租”两大类,每类再按“旧管”“新收”“开阁”“应管”等项填报,而“税租”一类诸项的内容,皆须先列田产若干,然后再按所征物色逐一分“税”“增收钱物”“租”三项开列。从这些“赋役式”中,不仅可以窥知各地州县将官庄、屯田、营田一类公田或官田租课列于岁计的概况,而且还可窥知它乃是遍及全国的统一制度。

不仅如此。据《长编》卷三〇〇、《宋会要·食货·赋税杂录》载:元丰二年(1079)九月八日癸酉,“权发遣户部判官李琮言:‘奉诏根究逃绝税役。有苏州常熟县天圣年簿管远年逃绝户倚阁税䌷绢[绵]苗米丁盐钱万一千一百馀贯石匹两,本县据税合管亩田九百一十九顷有奇,今止根究得一百九十五户,共当输苗米三百五十三石,䌷绢五十一匹,绵三十五两,其馀有苗米八千四百石,䌷绢一千二百匹,绵一千九十两,丁盐钱九百(文)[贯],外并无田产人户,亦无请佃主名。盖久失推究,奸猾因之失陷省税。’”其中“田产人户”指输纳“民田之赋”的民田所有者,“请佃主名”指输纳“公田之赋”的公田请佃者。既说“奸猾因之失陷省税”,则民田所有者、公田请佃者输纳之䌷绢绵苗米,不分彼此,皆“省税”也。而在税租簿上,或许不仅民田所有者,就是公田请佃者,亦列有税户户名。

这样,对于《两朝国史·食货志》为何把“公田之赋”亦列为宋朝五赋之一,或能获得一差强人意的答案。基本原因即在于此第四项特点,即宋朝各级官府本来就把此等公田和官田的租课收入并入二税统计的。而这个办法之所以能够行得通,则是由此等公田或官田的第一、二、三项特点决定的。宋朝各级官府在这样做的时候,并未将租与税混淆,相反,在需要分项开列时租和税是分别得很清的。只是在统计的某些环节,为了简便,才略去“租课”字不说,以“夏秋税”或“二税”来概指税和租。

可是,上揭李琮言中的“请佃主名”,并未言明乃官庄、屯田、营田等特殊形式官田的请佃者,“赋役式”中的租或租课,亦未限定是此类特殊形式官田的租或租课。“夏秋税租簿”中所注“租课”一项书填的内容之一,只说“仍开具见管官田有无人请佃都数”。据政和元年(1111)五月二十七日臣僚言:“天下系官田产,在常平司有出卖法,如折纳、抵当、户绝之类是也;在转运司有请佃法,天荒、逃田、省庄之类是也。自馀闲田,名类非一,往往荒废不耕。”①或者允许请佃的天荒、逃田、省庄等官田,其租课均包括在内耶?又,元祐二年(1087)三月王岩叟上奏反对苏轼买田募役议,在贴黄中曾提到:河北、河东、陕西“三路百姓佃官田者甚众,往往父祖相传,修营庐舍,种植园林,已成永业”。② 亦无所谓“官庄、屯田、营田”名目,而却具备前述有此名目官田的基本特点。或者请佃岁月稍久,前述诸项特点即逐渐具备耶?若此,则《宋史》对“公田之赋”释语的更改,亦未必不那么妥当了。

四、城 郭 之 赋

杨炎请作两税法的建议有云:“户无土客,以见居为簿,人无丁中,以贫富为差。不居处而行商者,在所州县税三十之一,度所取

① 《宋会要》食货六三之一九一。
② 《长编》卷三九七是月月末记事。

与居者均,使无侥幸。居人之税,秋夏两征之。"①可知唐代的两税是"居人之税",是除了"不居处而行商者"之外的所有"居人",不分乡村户或坊郭户,都须缴纳的一种税。唐代文献中有所谓"郭下两税户"之称,就是这一事实的反映。"宋朝五赋"以"城郭之赋"与"民田之赋"等并列,表明城郭税赋已从作为两税正宗的"民田之赋"中分离出去。但是否完全分离了呢?

《玉海》《通考》《宋史》三书对"城郭之赋"的解释都是:"宅税、地税之类[是也]。"当指坐落在京城及"诸州、县、寨、镇内"②的屋产和地产缴纳的税赋。它与居住在京城或诸州、县、寨、镇城郭内的人户,即所谓坊郭户缴纳的税赋不是同一概念。朱熹曾说,在未立产钱不得过乡之法以前,漳州"产钱往往过乡割上烟爨去处,故州城县郭所在之乡,其产无不甚重,与穷山僻壤至有相倍蓰者"。③ 可知在州城县郭所在之乡立户之人,其税产未必即在州城县郭所在之乡也。《庆元条法事类》卷四七《赋役门·违欠税租》录"赋役令":"诸坊郭(口)[户]税租,差手力催纳,如入末限有欠,即申所属官司。"当指后者而言。

宅税,又称屋税,且以后者在文献中更为常见,确已同"民田之赋"分离了。按照建中两税法,居人两税钱的多少依据户等的高下,而均定户等的依据则是丁壮和资产。陆贽说:"资产之中,事情不一。有藏于襟怀囊箧,物虽贵而人莫能窥;有积于场圃囤仓,直虽轻而众以为富;有流通蕃息之货,数虽寡而计日收赢;有庐舍器用之资,价虽高而终岁无利。如此之比,其流实繁。"④坊郭屋产(不

---

① 《唐会要》卷八三《租税上》。
② 《宋会要》食货四之一一。
③ 《朱文公文集》卷一九《条奏经界状·贴黄》。
④ 《陆宣公翰苑集》卷二二《均节赋税恤百姓》第一条。

管出赁还是自住)只是作为众多杂产中的一种,在排定户等进而在决定两税钱额中有其作用,此外别无所谓屋税。建中四年(783)六月一度实行的杂税"税屋间架",[①]虽然也有称作"屋税"的,[②]但与后来的屋税未必有直接渊源关系。后唐明宗天成二年(927)十月辛丑诏:"应汴州城内百姓,既经惊劫,须议优饶。宜放二年屋税……"[③]才是作为"城郭之赋"的屋税首次见诸文献记载。此后,蠲放城内屋税往往与蠲放城外夏税并举,表明屋税业已成了如同夏税那样的城郭正税。[④]

熙宁方田均税法:"屋税比附均定。"崇宁方田令:"诸州县寨镇内屋税,据紧慢十等均定,并作见钱。"政和二年(1112)十月二十七日改为每等之中,再"各分正次二等",[⑤]共为二十等。税额以"间"为单位。宋初,"潘美定湖南,计屋每间输绢丈三尺,谓之屋税",[⑥]可证。另据政和二年(1112)十月二十七日河北东路提举常平司言:"开德府等处,每一亩可(书)[盖]屋八间,次后更可盖覆屋,每间赁钱有一百至二百文足,多是上等有力之家;其后街小巷闲慢房屋,多是下户些小物业,每间只赁得三文或五文。"[⑦]坐落方位的冲要、闲慢,出赁时所得房钱的多少,当是据以均定屋产等级并进而均定屋税税额的主要依据。[⑧]

---

① 《旧唐书》卷四九《食货志》。
② 如陆贽《论叙迁幸之由状》所说"聚敛之法,毂下尤严,邸第侯王,咸输屋税,裨贩夫妇,毕算缗钱",即指"税屋间架"和"算除陌钱"而言。载《陆宣公翰苑集》卷一二,《资治通鉴》卷二二八系此状于建中四年十月丁巳下。
③ 《册府元龟》卷四九二《邦计部·蠲复四》。
④ 参考日野开三郎《唐代两税法下における对象资产赋税との系列》,原载《东洋学报》41期4号,1959年,后收入《东洋史学论集》第四卷,三一书房,1982年;上揭船越泰次文。
⑤ 《宋会要》食货四之七、之一一。
⑥ 《长编》卷四七咸平三年四月己未记事。
⑦ 《宋会要》食货四之一一。
⑧ 参考草野靖《宋の屋税地税について》,载《史学杂志》68卷4号,1959年;王曾瑜《宋代的坊郭户》,载《宋辽金史论丛》第一辑,1985年。

只是屋税虽是城郭正赋，亦须上供，但却不属两税之列。《庆元条法事类》卷四八《赋役门·税租账》录“赋役式·诸州申夏秋税管[额帐]式”中，与“主客户丁”“税租”两大项并列，实际是作为“税租”附录，规定须将“盐钱、屋税、麴货等及自来别立顷项开说钱物，并依税租开具”。可知屋税岁入乃是在夏秋税租以外“自来别立顷项”的钱物。

城郭屋产既有民房，亦有官屋，而屋税则仅向作为人户已业的民房征收，官屋中的官邸店，在京城的，宋初设有专门机构楼店务(后改名左右厢店宅务)予以管理。① 后来诸州也多设有楼店务。② 楼店务亦如私家屋主一般出赁屋产，收掠房钱。此房钱与屋税性质迥异。

正如城郭内的屋产有官、民之别一样，城郭内的地产亦有官地、税地之分。《开庆四明续志》卷七《楼店务地》：“《经》曰：‘普天之下，莫非王土。’又曰：‘有土此有财，有财此有用。’既居王土，必输王赋，此法也，亦理也，为有司者不过奉法循理而已。今天下州郡，王土有二。一曰税地，税地有和买役钱，有本色折变，有科敷差役。一曰楼店务地，并不输纳诸色官物，亦无差科敷役等事，止纳一项官地钱而已，比之税地，实为优轻，若又隐匿规避，则不复有人心矣。”该州“绍兴经界内该载楼店务地计二万九千九百三十丈二尺五寸”，分第一等地、第二等地、第三等地三等，每等之中又分上、中、下三则，共三等九则。“宝祐六年十二月，有告于郡者，以为本府楼店务地，自来有租赁官司地段全不纳官钱而私以转赁于人白收赁钱者；有止纳些少赁钱而影射者；有十馀丈地而岁纳官钱不能十数文者；有坐据要闹之地三数十丈而分文不纳者；有连甍接栋、

① 《宋会要》食货五五之二。
② 《咸淳毗陵志》卷六《官寺·场务》：“楼店务，国初始置于京师，又为店宅务，后行之诸郡。”

跨巷涉里号为府第之地而不敢过而问者。遂使贫者日偿赁钱而富者白享厚利。"于是又作了一次普查清理,并在《开庆四明续志》中留下了普查清理的记录。很显然,此楼店务地全是官地,它所征收的赁钱"官地钱"绝非"城郭之赋"的"地税",似亦可断言。地税当出自税地,但情况如何,该《志》却未曾言及。而此等税地在城郭中则是确实存在的。

《景定严州续志》卷二《税赋》载宝祐六年戊午(1528)建德县经界结果如下:"坊郭基地以丈计得三万三千八百六十四,田以亩计得十三万一千六百三十五,山若桑牧之地以亩计得五十四万五千二百九十七。"此等"坊郭基地""田""山若桑牧之地",如标题所示,都是"建德县民产",其下且明确注明:"官产之不均税者在外。"可知在严州倚郭建德县,存在远较庆元府城楼店务地为多的"坊郭基地",这些坊郭基地是"民产",是要"均税"的。

《景定建康志》卷四〇《田赋志·税赋》所载夏税管催数中,上元县"折帛钱六万九千八百三十五贯,除豁外,实催六万四千八百九十四贯(三百九十三贯系防江军寨占张府北庄地段税钱,一百三贯系游击军寨占民居税钱,二百一十贯系制府拘占冯汝贤诡名税钱,二千九百一十三贯少豁寨占等钱,一千三百二十贯系增科本县催过额外绵四千两,于后项内搭入拘催,于折帛钱内除豁)。"括号内文字原作双行夹注,今略去贯以下尾数未录,乃逐项开具正文中提及之"除豁"数者。其中值得注意的是除豁"防江军寨占张府北庄地段税钱""游击军寨占民居税钱"两项。据同书卷二三《城关志·营寨》,"防江军寨,在城北门外耆阇山下",其地段是否属城郭地产尚有疑问。若游击军寨,其五所军寨之所在分别为:"前军,在武定桥南;右军,在北门内;中军,在桃源洞;左军,在武定桥西北;后军,在桃源洞。"另有"游击军新寨,在马帅衙之东"。而马帅衙之所在,见同书卷二六《官守志》:“侍卫马军司,在城西门内天庆观右。”参考同书卷五“府城之图”,则游击军寨所占之民居乃全在城内者。如前所述,屋税不计入夏秋税租,须在夏秋税租之外另项开具。此处所载既是因除豁夏税进而除豁夏税折帛钱,则游击军寨所占之民居地段内,即使原先全已修盖了屋舍,其屋基之地原也仍须输纳两税的。

《宋会要·食货·蠲放》载:绍兴二十六年(1156)“十一月十九日,直秘阁、两浙路转运判官李邦献言:‘欲乞将潭州城内空闲地段及已耕成菜园麦地,并许土著流寓官户、百姓之家经官指占兴造舍屋,其地租、屋税并元业应干税赋和买,并特予蠲免数年。诏令刘(琦)[錡]措置施行”(食货六三之一三)。其中“地租、屋税”当是“兴造舍屋”者的负担,而“税赋、和买”当是“空闲地段及已耕成菜园麦地”业主的负担。据此,则潭州城内原已耕成的菜园麦地,本须输纳两税及其附加税的。

对南宋都城所在临安府的城内地产,也曾多次发布过类似的诏令。如绍兴二十六年(1156)三月十七日,“权知临安府韩仲通言:‘临安府民间地土占充官用者,其随地产税赋和买等乞行除放。’从之。”乾道八年(1172)九月二十一日,“诏:‘临安府城内外及属邑,应官司所占民间地基现充官用者,差官核实,悉与除豁租税。’从临安少尹莫濛请也”。淳熙五年(1178)十月二十六日,“诏户部长贰同临安府守臣核实攒官圆坛、养种花园、诸军营寨、宫观等处,及浙江昨因风潮冲打一带江岸,其所管税租并与除豁”。庆元五年(1199)九月二十九日,“工部侍郎兼知临安府朱晞颜言:‘窃见仁和县有仓基、粜场、营寨、宫观庵寺、城基、酒库、官廨之属凡四十七处,皆民间花利既无所收,税赋自无可纳……今以仁和县一岁合出豁之数计之,秋苗二百三十九石九斗一升五合,系送纳府仓;

夏税五百二十五匹三丈二尺一寸本色畸零斛(?)纳府库,本(色)[府]已自行抱认,行下本县揭榜尽行除放,外有夏税折帛六十二匹三尺八寸,即系合发上供之数,乞行除豁。'诏将合发上供夏税折帛六十馀匹令临安府抱认,馀依朱晞颜所奏事理施行”。[①] 亦可见临安府城内被占充官用的民间地土原先都是输纳夏秋两税的税产。

又,上引绍兴二十六年(1156)三月十七日针对临安府之随敕申明颁布不久,接着又颁布了一道通行全国的类似诏令。《宋会要·食货·蠲放》载:绍兴二十六年“七月十七日,诏令诸路总领所、转运司取会管下州军民间地土占充官司营寨及官中房廊,其随地产税和买并予除免,仍开具已除放数以闻”(《食货》六三之一二)。则类似临安府的情况在诸路州军实所在多有。

以上为了行文方便,征引的都是南宋的事例。其实北宋也一样。

如都城开封府:元丰六年(1083)闰六月己卯,“权开封府推官祖无颇言:'准诏,提举京城所(奏)度量京城里壁四面离城脚三十步内妨碍官私地步舍屋,令臣专管勾,案图标拨,内系百姓税地及舍屋,参验元契并估计时价以闻。今度量,除系官舍屋更不估计,其百姓税地并舍屋共一百三十户,计直二万二千六百馀缗。已牒将作监讫。'诏:……其百姓屋价钱令户部以拨券马钱给之”。[②] 城内同样存在“百姓税地”。

如外地府州军:天圣六年(1028)十二月癸未,“诏免应天府书院地基税钱”。[③] 应天府书院乃大中祥符二年(1009)府民曹诚“出家财即[戚]同文旧居建学舍百五十间,聚书千五百馀卷”,并“以学

---

① 分别见《宋会要》食货六三之一二,六一之六七,七〇之七一,之九七至九八。
② 《长编》卷三三六。“拨券马钱”,《宋会要》方域一之一七无“券”字。
③ 《宋会要》崇儒二之三;《长编》卷一〇六。

舍入官”而赐额者。[①] 嘉祐六年(1061)十一月二十七日,“宰臣文彦博言:‘知永兴军日,有安素处士高怿,臣素知怿名,询其所居,乃租赁官地,破屋数间。遂令破系官材葺屋舍。欲望给赐,永充居(士)[止]。’诏舍屋并地基特赐,永充居止,地基依例则纳税钱”。[②] 民产入官充书院,须除免原有的地基税钱;官舍屋赐民充永业,地基须“依例则纳税钱”。都表明城郭之内作为民产的地基,是须输纳税钱的税产。

以上征引的事例,时间从北宋贯至南宋,地域自都城遍及诸路州军,足以说明宋代城郭之内官地以外的地产,无论是屋舍地基、空闲地段(当即所谓“白地”),还是菜园地,都是“百姓税产”,输纳的是夏秋二税。从这一点说,它与乡村田产或桑牧之地是一致的。《宋会要·食货·赋税杂录》载:绍兴“九年五月十四日,宗正少卿、三京淮北宣谕方(廷)[庭]实言:‘人户苗税,在法系随地色高下纳租,即无专立菜园户法,欲乞改正,依税法随田高下纳苗税。’诏札与逐路转运司依祖宗旧制措置施行”(食货七〇之三八)。专业之菜园地当多在城郭之内。时金废伪齐,一度以河南之地归宋,方庭实此言,乃针对原伪齐境“凡民间蔬圃之田皆令三季输税”[③]等重敛之法而言者。但从中却可窥知,在宋的祖宗旧制中,只有“随田高下纳苗税”的划一税法,此外再无针对菜园地或蔬圃之田的专立之法。宋“户令”规定:“诸税租户逃亡,厢、耆邻人即时申县,次日具田宅四至、家业什物、林木苗稼申县,县录状,并具本户丁口及应输纳物数申州。”令文中“耆”是乡村基层单位,而“厢”则是城郭基层单位。又规定:“诸税租户逃亡,州县各置籍,开具乡村、坊郭户

---

① 《宋会要》崇儒二之二;《长编》卷七一大中祥符二年二月庚戌记事。
② 《宋会要·方域·第宅》方域四之二三至二四。
③ 《要录》卷一二八绍兴九年五月癸卯记事。

名、事因、年月、田产顷亩、应输官物数,候归请日销注。其田宅标立四至,林木什物亦各注注籍,勒厢耆邻人守管……”[①]又,“赋役令”规定:“诸坊郭(口)[户]税租,差手力催纳,如入末限有欠,即申所属官司。”“户婚敕”亦规定:“诸税租末限满,欠不及一分,县吏人、书手、户长笞四十,令佐罚三十直……一分……每一分各加二等,至三分,罪止。……”其下夹注:“厢镇催理者依县法。”[②]令文中“税租户”实即两税户的同义词,所谓“租”,当即上文那类“公田之赋”。又,坊郭户的税产虽未必全在城郭之内,但城郭之内的税产多属坊郭户所有则当在情理之中。而从作为两税承担者和输纳者而言,坊郭户和乡村户在以上令文规定中是并无什么差异的。正因为城郭地产输纳的是划一的两税,各级官府编制的各种税租簿籍中夏秋两税类目实已包括“城郭之赋”的地税在内,因而在宋代文献中绝少见到义为“城郭之赋”的“地税”一词,也就不奇怪了。[③]

这样,在城郭之赋中,宅税即屋税确实与作为两税正宗的“民田之赋”分离了,而地税则否。当然,区别还是有的,如坊郭地基,其统计一般以丈尺寸分为单位,与乡村田地以顷亩角步为单位者不同。特别在城郭税产中,由于在地产之外又加屋产,有时情况就显得相当复杂,例如,某屋舍是民产,须输纳屋税,其屋舍地基若亦属本人所有,则另须输纳地税;若属他人所有,则须向他人送纳赁钱,而地基所有者则须向官府输纳地税;若是属于官府的官地,则屋舍作为民产纳税,而地基则纳租(官地钱)。而这种在官白地或他人私白地上修盖屋舍的情况却不是个别的。如:大中祥符五年

---

① 皆见《庆元条法事类》卷四七《赋役门·阁免税租》引录。
② 皆见《庆元条法事类》卷四七《赋役门·违欠税租》引录。
③ 草野靖业已指出:如果农田夏秋二税与郭内地税本质不同而完全分开管理的话,那就令人怀疑,当郭内之地或作菜园或作白地或作屋基而变换利用时,它在帐籍上是怎样管理的。见草野靖上揭文第84页。

(1012)十二月,“诏店宅务,据赁官地已系浮造舍屋者,令且掠地课钱入官……”[①]绍兴七年(1137)二月十二日,“尚书省言:‘镇江府、太平州居民遗火,细民无不暴露艰食……搭盖官私白地,其见纳赁钱,不以贯百多寡,并放两月。’从之”。[②] 绍兴十四年(1144)三月壬子朔,高宗谓大臣曰:“闻临安府官地民间见佃者,近日颇为豪强所夺,至毁其屋宇,此事在民利害甚大,宜令禁止,仍旧给予小民。”[③]绍兴二十八年(1158)十月十七日,诏户部将所在常平没官户绝田产并行拘收出卖,“其城郭内外没官绝产白地,已有佃(卖)[赁]人盖造屋宇,止令仍旧纳白地租钱,如日前计嘱官吏作弊低估赁钱,即听官司从实量行增减。”[④]都言及此种情况。因此,屋税和房钱,地税和官地钱混淆不清和互相纠缠之事也就时有发生。

但是,正如屋税和房钱不容混淆一样,地税和官地钱也是不容混淆的。官地钱又称地基钱、地基正钱、省地钱、地钱、地课钱、白地官钱、白地赁钱、白地租钱、赁地钱等。[⑤] 它与地税,一是向官地租赁者征收的地租,一是向地产所有者征收的赋税,两者不仅性质有别,而且征收机构也不同。正税的征收是州县知通令佐的主要职责,而官地钱和房钱则由特设机构楼店务(后改名店宅务)专门执掌。而且收敛所得不属系省钱物,往往于县官经费之外拨充专供之用。左右厢店宅务“以其钱供禁中脂泽,日百千”。[⑥] 庆元府“楼店务钱约二千贯文,隶公使库”。[⑦] 广德军添差通判厅之公费,“旧皆出县胥”,咸淳五年(1269),黄震任添差通判,“亟尽蠲其钱,

① 《宋会要》食货五五之三。
② 《宋会要》食货五九之二九。
③ 《要录》卷一五一。
④ 《宋会要》食货六一之一八。
⑤ 参考上揭王曾瑜文。
⑥ 《宋会要》食货五五之二。
⑦ 《宝庆四明志》卷六《叙赋下·杂赋》。

而请郡太守闻于朝,乞从省罢[添差通判]如嘉泰间故事。[郡守]吴公曰:'然。第废置不敢轻,愿以郡城小户赁地钱取五十家,及张恩一乡役钱,代之。'余曰:'得无妨郡计乎?'公曰:'赁地钱于纲解无关,而役钱正我朝所用募衙前役者也,旧已分界正倅厅矣,添与正奚择?其勿辞。'"[①]可见广德军的赁地钱也是"于纲解无关"的。

五、杂变之赋

建中元年(780)初定两税时,曾经明确宣布:"其丁租庸调并入两税";"今后除两税外辄率一钱,以枉法论。"[②]诗人白居易在《秦中吟·重赋》诗中也曾咏及:"国家定两税,本意在忧人。厥初防其淫,明敕内外臣,税外加一物,皆以枉法论。奈何岁月久,贪吏得因循,浚我以求宠,敛索无冬春。"[③]但是正如《重赋》一诗所揭露的,两税法颁行以后,不仅两税税额迅有增加,两税之外的苛捐杂税也很快即复呈现,唐末五代更是层出不穷。这些苛捐杂税,北宋统一以后废除了一些,但却承袭了其中的绝大多数,这就是宋朝五赋中的"杂变之赋"和"丁口之赋"。

杂变之赋又称沿纳、沿征,亦称杂钱。《长编》云:"自唐以来,民计田输赋外,增取他物,复折为赋,所谓杂变之赋者也,亦谓之沿纳,而名品烦细,其类不一。"[④]关于杂变之赋"名品烦细"的情况,《玉海》等三书所录《国史·志》仅列举"牛革、蚕盐、[食盐]之类"。据韩琦说:"今天下田税已重,固非《周礼》什一之政,则又随亩更有农具、牛皮、盐钱、麴[钱]、鞋钱之类,凡十馀名件,谓之杂钱。每遇

① 黄震《慈溪黄氏日钞分类》卷八七《广德军添差通判厅记》。
② 《唐会要》卷八三《租税上》;《旧唐书》卷一二《德宗纪》建中元年正月辛未郊祀赦。
③ 《白居易集》卷二。
④ 见卷一一三明道二年十月壬戌记事。

夏秋起纳，官中更以䌷绢、斛斗低估价例，令民以此杂钱折纳。又每岁散官盐与民，谓之蚕盐，折纳绢帛。更有预买和买䌷绢。如此之类，不可悉举，皆《周礼》田税什一之外加敛之物。"①张方平说："自古田税，谷帛而已。今二税之外，诸色沿纳，其目曰陪钱、地钱、食盐钱、牛皮钱、蒿钱、鞋钱，如此杂科之类，大约出于五代之季急征横敛，因而著籍，遂以为常。"②至于江南原南唐统治区的沿征名目，陈靖说："且江南伪命日，于夏税正税外，有元征钱物，曰盐博䌷绢、加耗丝绵、户口盐钱、耗脚斗面、盐博斛斗、酝酒麴钱、率分、纸墨笔钱、析生望户钱、甲料丝、盐博绵、公用钱米、铺衬、芦篾、米面脚钱等，凡一十四件……因仍旧贯，以至于今。"③

由于杂变之赋"名品烦细"，征收过程中弊病甚多："官司岁附帐籍，并缘侵扰，民以为患。"明道二年(1033)十月壬戌，遂诏三司将"沿纳物以类并合"。"于是，三司请悉除诸名品，并为一物，夏秋岁入，第分粗、细二色。"④然据下文所引程琳语，此时并合为一者，既有"谷、麦、黍、豆合为一"，即将杂变之赋的沿纳之物以类并合，第分粗、细二色的内容，又有"牛皮、食盐、地钱合为一"，即将杂变之赋的各项税目并合，没其旧名的内容。后来熙宁五年(1072)重修定方田均税条，又规定："夏税并作三色：绢，小麦，杂钱；秋税并

① 《国朝诸臣奏议》卷一一二韩琦《上神宗论条例司画一申明青苗事》，又见《韩魏公集》所附《韩琦家传》卷九、《宋会要》食货四之二七。

② 《乐全集》卷二五《论免役钱札子》。

③ 《国朝诸臣奏议》卷一〇四陈靖《上真宗论江南二税外沿征钱物》。文末赵汝愚原注谓"大中祥符元年上"，《长编》卷五一系于咸平五年四月戊子。按，文中云"今国家奄有万国垂五十年"，又云"矧江南归命二十有七载"，前者或即赵注之所据。然前者乃约指，后者则确计，当以《长编》系年为正。又，关于此等沿征或沿纳名目，日野开三郎曾就牛皮钱、农器钱、桥道钱、麴钱、盐钱作过考释，见所著《五代の沿征に就いて》，载《史渊》第13辑，1936年。周藤吉之也对原南唐以来的沿征名目作过考释，见所著《南唐北宋の沿征》，原载《和田博士古稀纪念东洋史论丛》，1960年，后收入《宋代经济史研究》，东京大学出版会，1962年。

④ 《长编》卷一一三。

作两色：白米、杂钱。”[1]先前明道二年的并合是“并合田赋、沿纳诸名品为一物”[2]的，此时沿纳当亦与田赋一起有了进一步的并合。

在宋代，这些杂变之赋一开始即与夏秋二税同时起纳，而且是“随亩”起纳的。也就是说，杂变之赋的税产与夏秋二税基本一致。所以至道元年(995)六月己卯诏重造州县二税版籍所颁的“式”中即规定：“凡一县所管几户，夏秋二税苗亩、桑功，正税及缘科物，用大纸作长卷，排行实写为帐。”[3]在有些地区，这些杂变之赋且已纳入二税之中，成了二税的组成部分。观上揭熙宁五年重修定方田均税条的规定，杂钱是夏税三色之一，秋税二色之一，杂变之赋纳入二税之中的过程在全国范围内已经基本完成。

杂变之赋无论随亩与夏秋二税同时起纳，还是并入夏秋二税起纳，它在夏秋二税中所占的比例都是相当可观的。《嘉定镇江志》卷五《常赋》引《祥符图经》，谓润州“四县夏税：绢二千六百四十二匹，罗一千匹，丝二千七十九两，绸一千四百三十九匹，绵六万三千三百五十六两，钱一千六百一十贯，大小麦各七千一百二十二石，盐钱八千一百一贯，盐绢三千五百五十四匹，盐脚钱一十七贯七百”。“秋税：粳米五万二千二百七十三石，糯米五千九百九十二石，大豆五千八百五十三石，盐米二万四百九十六石，芦篋五万一千六百六十领，税布六千三十八匹，折科布一千一百一十三匹。”其中，“盐钱”“盐绢”“盐米”“芦篋”都是杂变之赋。今姑略去丝、绵、芦篋、布不计，复姑以绸、绢、罗一匹、米一石、麦豆二石与钱一贯大致相当计算，则杂变之赋与夏税的比例为11 655∶13 813，即约为夏税的85%，与秋税的比例为20 486∶61 192，即约为秋税

① 《宋会要》食货四之七。
② 《长编》卷一一四景祐元年五月乙丑记事。
③ 《长编》卷三八。

的30%。

约熙宁九年(1076),张方平在《论率钱募役事》中说:“且举应天府为例,畿内七县共主客六万七千有馀户,夏秋米麦十五万二千有零石,绢四万七百有零匹,此乃田亩桑功之自出,是谓正税;外有沿纳诸色名目杂钱十一万三千有零贯,已是因循敝法……”①若按上设比价(唯麦亦同米)估算,则南京应天府畿县杂变之赋与夏秋正税的比例为113 000 : 192 700,即约为夏税正税的60%。

又,淳熙《新安志》卷二《贡赋》载:徽州歙、休宁、祁门、绩溪、黟五县“纽为正税”的“杂钱凡三色,皆起于五代割据时。称盐钱者,官据口给食盐而敛其直;称麴钱者,给民麴使得酿酒,而归其麴之直于官;称脚钱者,每贯出钱五十,以备解发至广陵。及南唐之末,淮南产盐之郡为周世宗所下,无以给民,因以旧所得之数纽为正税,但输之。及国家削平僭乱,酒酤在官不复给麴,而转输之费出于公上,有司因循,失于申请,每税钱一贯者,辄存此三色为钱三贯九百五十。总名曰杂钱,别而言之,则曰盐钱、麴钱、脚钱,亦曰盐钱、脚钱、见钱,凡为钱五万缗有奇”。则在徽州,杂变之赋与夏税钱的比例3 950 : 1 000,即约为夏税钱的400%。此外,“又有军衫布三千一百五十匹,亦杨氏时岁于民间以盐博之,每匹给盐七斤半,其后亦以无盐直令输纳。今自税钱五贯以上科敷,每贯纳布三尺六寸有奇,随夏税输之”。亦为杂变之赋的一种,尚未计入。

可见,随着杂变之赋并入两税,两税额显著增加了。

当明道二年(1033)十月壬戌“诏三司沿纳物以类并合”时,次年即景祐元年(1034)五月乙丑接任三司使的程琳是并不完全赞成的。《长编》卷一一四此日记事载:“先是,三司并合田赋、沿纳诸名

① 《乐全集》卷二六。

品为一物,琳谓:‘借使牛皮、食盐、地钱合为一,谷、麦、黍、豆合为一,易于勾校,可也。然后世有兴利之臣,复用旧名增之,是重困民无已时也。’”范镇《东斋记事》卷三亦载:“夏秋沿纳之物,如盐、麴之类,名件烦碎。庆历中,有司建议并合归一名,以省帐钞。程文简为三司使,独以谓仍旧为便,若没其旧名,异日不知,或再取盐、麴,则致重复。此亦善虑事也。”诚如范镇所说,程琳是“善虑事”的,其议论确实颇有见地。因为将沿纳以类并合一举,实际上起着泯灭宋代承袭唐末五代各项苛捐杂税痕迹的作用,从而便利了新的苛捐杂税的重复产生。如河北盐钱,据苏辙《龙川略志》[元符二年(1099)成书]卷三《论榷河北盐利害》载:“周世宗常榷海盐,共得三十万缗,民多犯法,极苦之。艺祖征河东还,父老进状,乞随两税纳钱三十万缗而罢榷法,艺祖许焉,今两税外食盐钱是已。”仁宗朝三司使曾议再榷,未成,提刑薛向又密奏乞复行榷法,亦未成。“然元丰间竟听议者榷之,至元祐而罢,今又复榷矣。”类似这样因归并而“没其旧名”的杂税“复用旧名增之”的事,随时都有可能发生,到了南宋,且已不胜枚举。① 按照赋税演化的通例,这些两税外的新增杂税,有朝一日,又定将并为正税而固定下来。

六、丁口之赋

与杂变之赋自随亩起纳以至并入两税的发展趋向不同,唐末五代新增苛捐杂税中按身丁征收的部分,宋朝承袭以后虽然仍旧作为独立的税项予以保留,即所谓“丁口之赋”,但在有宋一代,却处于逐步除放的过程之中。

---

① 参阅王曾瑜《宋朝的两税》,载《文史》第14辑,中华书局,1982年。

宋初承袭的这些丁口之赋，只在四川以外的南方诸路征收。[①] 由于"伪制各出一时"，各地税额"颇亦不等"。"如福州每丁三百二十五，自太平兴国五年定纳钱一百；福州长溪有温、台等州投过一千七百余户二千余丁，每丁亦三百二十五，自景德二年定依温、台州见纳钱二百五十；苏州每丁纳米，自淳化五年定纳钱二百；睦州每丁六百九十五，处州每丁五百九十四，自咸平三年许将绢折纳。"[②]泉州、兴化军纳七斗五升，漳州纳八斗八升八合。[③] "二广则户计一丁，出钱数百，输米一石。"[④]《长编》卷七六载："两浙、福建、荆湖、广南诸州循伪制输丁身钱，岁凡四十五万四百贯，民有子者或弃不养，或卖为僮仆，或度为释老。[大中祥符四年]秋七月壬申朔，诏悉除之。"[⑤]这一大中祥符四年(1011)诏的颁行是对宋初所承袭的"丁口之赋"的一次集中除放。此时离宋朝建国已经超过半个世纪。

可是，大中祥符四年诏颁布以后，南方各地征收身丁钱物的现象，见诸文献者仍然相当普遍。如江南、淮南，即有所谓"丁身盐米钱"。据《长编》卷七七载，大中祥符四年诏颁布不到一年，大中祥符五年(1012)五月丁亥又曾"令江、淮南丁身盐米钱自今并免折科"。对此，李焘在自注中曾经提出这样的疑问："前已免丁身钱，今又免折科，不知何也？当考。"其实，大中祥符四年诏除放身丁钱的六路并未将江南和淮南包括在内，而江南、淮南的"身丁盐米钱"

---

① 《宋会要·食货·蠲放杂录》载庆历元年十一月赦书，曾言及："缘保安军因灾伤及河水冲凑，放容限倚阁夏秋税赋、并缘纳租课、丁身米，及见欠宝元年终以前赈贷、和余种子。"(食货七〇之一六三)保安军治今陕西志丹县，则北方亦并非绝对无"丁口之赋"。

② 陈傅良《止斋文集》卷二六《乞放身丁钱札子》。原每事下有双行夹注注明依据，今略去未录。

③ 《长编》卷一七一皇祐三年十一月辛亥记事。

④ 《长编》卷三二四元丰五年二月乙酉记事。

⑤ 诏令全文见《宋大诏令集》卷一八六。上揭陈傅良《乞放身丁钱札子》亦曾据《真宗实录》全文引录，并据"福州法册"添入"如有元以钱折征物色亦与除放"十三字。

与身丁钱也不是同一内容的征敛项目。江南和淮南在宋朝统一前是吴和南唐的统治区域,原先也有"丁口钱",但早在杨隆演统治时期已经由宋齐丘建议蠲放了。[①] 至于丁身盐米钱,《景定建康志》卷四〇《田赋志》载明道二年江淮安抚使范仲淹奏:"当司看详江宁府上元等五县主客户递年送纳丁口盐钱,即不曾请盐食用。据本府分析及体问得:始属江南伪命之时,有通、泰盐货俵散,计口纳钱入官,后来淮南通、泰归属朝廷之后,江南自此无盐给散,所以百姓至今虚纳钱,并更折纳绵绢,未曾起请……"至是,范仲淹遂"起请"如下:"江南东路主户所纳税赋内丁口盐钱,以本处见卖盐价上(细)[纽]定升合数目,逐春更与末盐吃用,随夏税送纳一色见钱,更不折纳衣赐紬绢",所有客户名下盐钱,"特予除放"。对此,《志》未载从违,若据《朝野杂记》甲集卷一五《身丁钱》,则已"奏可"。又,元祐七年(1092)五月十六日知扬州苏轼在《论积欠六事并乞检会应诏所论四事一处行下状》中也提到:"准元丰三年九月二十八日明堂赦书节文……是时转运司申中书,称见欠丁口盐钱及盐博绢米及和预买紬绢,并系人户已请官本,不合一例除放。中书批状云:勘会赦书内即无见欠丁口盐钱并盐博绢米及和预买紬绢已请官本除放之文。因此州县却行催理。"苏轼认为:"丁口盐钱绢既为有官本难议除放,即合据所支盐斤两实直价钱催纳,岂可将折色绢麦上增起钱数尽作官本?"要求将此折色增起钱数"除放"。[②] 两人说的"丁口盐钱"当与"丁身盐米钱"同义。在淮南,直至元祐七年它还请有"官本",尚未成为白配的征敛项目;在江东,虽然自唐失江北以来即"不曾请盐"而"虚纳钱",但在大中祥符四年时,名义上

① 见洪迈《容斋随笔》续笔卷一六《宋齐丘》和《嘉定镇江志》卷五《常赋》所引许载《吴唐拾遗录》、《资治通鉴》卷二七〇贞明四年七月戊戌记事。

② 《苏轼文集》卷三四。

仍是盐钱，与明令除放的身丁钱并不完全相同。如果范仲淹“奏可”属实，则不仅淮南路，就是江东路，其后来的演化进程，皆当与两浙的丁口盐钱相近。

至于身丁钱物在大中祥符四年诏曾经除放的两浙等六路仍复相当普遍而大量地存在，则有两种解释。一是如陈傅良说的：“祥符放丁，溥及六路，其间犹有至今输纳者，皆府县占吝，奉行不虔之故。”[①]如福建泉、漳、兴化三州军，仅仅因为多年来身丁钱已折米征收，“斯时七闽有不材使，以谓诏书所免者身丁钱耳，三郡身丁之输者斗斛也，非在免中”，[②]遂未得到除放，就是一例。荆湖南路郴、道、永州、桂阳监和衡州茶陵县的丁米，以及二广的丁米之未能获得除放，当亦出于“奉行不虔”者的同一借口。另一种解释则如李心传所说：“闽、浙、湖、广丁钱，在国初岁为四十五万缗，大中祥符四年七月尝除之，后又复。”[③]也就是，除放之后又恢复了。只是对李心传此说不宜机械地理解为恢复了对原先那些身丁钱的征收，而应理解为恢复了像原先身丁钱那样的身丁负担。此说也是有实例可寻的。如两浙，乃至淮南、江东身丁盐钱之演变为新的身丁钱，即是。

大中祥符四年(1011)以前，两浙路以人丁为对象的征敛，有的称作“丁身盐钱”，[④]有的称作“丁身钱”，[⑤]而完全白配的“丁身钱”与官支给盐而输钱的“丁身盐钱”是有区别的。大中祥符四年诏除放的只是丁身钱，而丁身盐钱则不在除放之列。南宋时人追述两

---

① 《止斋文集》卷二六《乞放身丁钱札子》。
② 蔡襄《蔡忠惠公文集》卷二四《上庞端公书》。
③ 《朝野杂记》甲集卷一五《身丁钱》。
④ 淳祐《玉峰志》卷中《税赋》。
⑤ 亦作“身丁钱”“丁税钱”“丁钱”。见《宋太宗实录》卷三一太平兴国九年十一月丁卯记事，《长编》卷四五咸平二年十月癸酉记事，《宋会要》食货一七之一三，七〇之四，《宋史》卷三〇六《张去华传》、卷四四一《刁衎传》。

浙身丁钱的缘起,都只将它与宋初的丁身盐钱挂钩。如李心传说:"两浙身丁钱者,始未行钞法以前,岁计丁口,官散蚕盐,每丁给盐一斗,输钱百六十六文,谓之丁盐钱。皇祐中许民以绸绢依时直折纳,谓之丁绢。自钞法既行,盐尽通商,而民无所给,每丁仍增钱三百六十文,谓之身丁钱。"①则崇宁初两浙盐之改行钞法,且被认为是身丁盐钱向新的身丁钱演化完成的标志。②

这些身丁钱物,无论是大中祥符四年诏颁行后由于"府县占吝,奉行不虔"而遗存的,还是大中祥符四年以后重又滋生的,实际上又都处于逐步除放之中。

荆湖南路遗存的身丁钱米,景祐四年(1037)前后,提点湖南刑狱齐廓曾"悉蠲除"桂阳监倚郭县平阳县丁身钱"岁输银二万八千两"。③ 皇祐三年(1051)七月二十八日丙午,郴、永、桂阳监等处人户所纳身丁米,又诏"每丁特减三斗二升","凡岁减十万余石"。④ 嘉祐四年(1059)十月癸酉又规定,郴、道、永州、桂阳监和衡州茶陵县的身丁钱物,"无业者与除放,有业者特与减半。自今进丁,更不添纳"。⑤ 可是,这一在承平时期可谓利民的固定总额措

---

① 《朝野杂记》甲集卷一五《身丁钱》,《系年要录》卷二九建炎三年十一月丁未记事略同。此言乃据绍兴三十一年正月十四日曾任两浙转运副使、被旨措置改正湖州丁绢不均等事吕广问,和绍兴三十二年五月二十一日权发遣湖州陈之茂针对湖州之言综合者,其中"输钱百六十六文""增钱三百六十文",也只是湖州一地才是此数。(吕、陈言见《宋会要》食货六六之五至七)尽管如此,以之说明两浙全路身丁钱的缘起,仍是适用的。如吕祖谦在《为张严州作乞免丁钱奏状》(载《东莱吕太史文集》卷三)中追述严州丁钱缘起,即与之大致相同。

② 岛居一康《宋代身丁税の诸系统》(载《东洋史研究》45 卷 3 号,1986)认为:两浙的身丁钱,大中祥符四年除放的是吴越以来的丁口盐钱,北宋末年以后的身丁钱则由蚕盐钱演化而成。此说似可商榷。吕广问、李心传追述两浙身丁钱缘起,虽然都有"未行钞法以前,岁计丁口,官散'蚕盐'"字样,但是否确系"蚕盐",则是存有疑问的。戴裔煊说:"计丁科钱,似与蚕盐之制不甚相符。"(《宋代钞盐制度研究》页 81 注 39,商务印书馆,1957 年)郭正忠说:"两浙的丁盐绢,大约主要是丁口盐钱的折变,此处,或许也包括蚕盐钱的折变。李心传在《要录》卷 29 叙及此事,将丁盐绢全部归结为蚕盐钱的折变,很可能是一大失误。"(《宋代盐业经济史》页 591 注 6,人民出版社,1990 年)

③ 《长编》卷一二〇景祐四年七月辛酉记事。

④ 《长编》卷一七〇,《宋会要·食货·赋税杂录》食货七〇之八。

⑤ 《长编》卷一九〇、《宋会要·食货·蠲放杂录》(食货七〇之一六七)。

施,到了经历巨大战乱,民丁大量逃移死亡的南宋初年,其不合理的程度反倒显得更加突出。以"口赋四斗"并"以承平丁帐"固定的总额,"科于乱后""均敷见存",遂致"一丁至石余者"。绍兴三年(1132),湖南宣谕薛徽言:"既蠲其敷数,遂奏:计口之赋,贫富一等,富者宽裕,贫者重困;均之田亩,则又偏苦上户。谓宜履亩分口算之半,以就均一,宽贫下。"[①]知道州赵坦则请"以二分敷于田亩,一分敷于民丁"。是年八月己酉,"乃命田亩三分之二"。可是当时"道州岁输米二千余斛,近岁为群盗所残,人丁益少,遂以田税取之",实际上已经全部摊入田亩。赵坦的继任者遂认为,一分敷于民户,"每丁当输二斗有奇,贫户丁多之人,犹为偏重"。于是绍兴五年(1135)三月戊戌,又"诏道州丁米,依旧于田亩上均敷"。[②] 只是于田亩上均敷未免"偏苦上户",也未必定是久长之计,于是又有永与除放的绍兴十四年(1144)十月二十二日诏。[③] 由于此四州一县的身丁米自来"桩充年额上供之数",所以直至绍兴二十八年(1158)三月十四日"户部将湖南一路上供米据数开落",才算最终真正得到除放。[④]

两浙路丁盐钱绢负担最重的处州和湖州,其岁额先后在绍兴二十一年(1151)和三十一年(1161)得到固定。[⑤] 乾道八年(1172),此两州与另两个负担最重的州府——绍兴府、严州一起,其丁盐钱绢的岁额又有了较大数量的削减。削减的幅度,湖州为38%,严州为36%,绍兴府为23%,处州为17%。[⑥] 而临安府的身丁钱,据赵善

---

① 薛季宣《浪语集》卷三三《先大夫行状》。
② 《系年要录》卷六五绍兴三年五月丙辰、卷八七绍兴五年三月戊戌记事。
③ 《系年要录》卷一五二、《宋会要 ·食货·蠲放》(食货六三之九)。
④ 《宋会要·食货·蠲放》,绍兴二十六年十月二十六日、二十八年三月十四日记事,食货六三之一二至一三、之一五。
⑤ 《系年要录》卷一六二绍兴二十一年九月乙巳;《宋会要·食货·身丁钱》,食货六六之五至七。
⑥ 据《宋会要·食货·身丁钱》乾道八年五月条统计,食货六六之一三至一四。

括《乞免临安府丁钱》说:“已降圣旨,自淳熙四年为始,权免三年。去冬限满,圣意勤隐,不忍举催,再下展年之令。”[①]此札当奏上于淳熙七年(1196),只及见“再下展年之令”,其实此后仍然“每三年辄一下诏除之,岁满复然”。[②] 直至嘉泰四年(1204)十二月甲辰,尚见有“再蠲临安府民身丁钱三年”[③]记载。赵善括说:“六年蠲免,一旦复行,诚亦难矣。”如今在持继蠲免近三十年之后,[④]宣布永与蠲免更只是时间问题。值得庆幸的是,开禧元年(1205)十二月十九日御笔手诏永与除放的,已经不再局限于临安府,而是“取二浙之民身丁钱四十三万一千余缗,绢一十二万五千有奇,自开禧二年永与除放”。[⑤] 除放地域溥及于两浙全部州县,除放的绝对数且在大中祥符四年六路除放数之上。

福建漳州、泉州、兴化军的丁米,至皇祐三年(1051)皆减为主户每丁五斗,客户三斗,为定制。[⑥] 此后,淳熙十三年(1186)似又有所减免。《宋会要·食货·身丁钱》载此年“十月七日,诏户部将漳、泉州、兴化军减免身丁钱米,照应已支降拨还钱数,各与理豁,仍札下福建转运司并逐州照会”(食货六六之一七)。约嘉定初,陈淳在《上庄太卿论鬻盐》中曾说漳州客户“岁输身丁一百五十犹不能办”。[⑦] 时丁米已复折为钱。若此前丁米未尝减免,则客户每丁三斗的米直当绝对不只一百五十文。[⑧] 此后,到端平元年(1234),漳、泉、兴化三州军的丁米钱遂亦获得蠲放。《宋史全文》卷三二载

① 《应斋杂著》卷一。
② 《朝野杂记》甲集卷一五《身丁钱》。
③ 《宋史》卷三八《宁宗纪》。
④ 按,《宋史》卷三四《孝宗纪》淳熙元年十月辛巳已见“再蠲临安府民身丁钱三年”记事。
⑤ 《咸淳临安志》卷四《行在所录·朝省》。《宋会要·食货·身丁钱》系于同月二十一日,见食货六六之一九。
⑥ 《长编》卷一七一此年十一月辛亥记事。
⑦ 《北溪先生全集·文》卷二四。
⑧ 参阅汪圣铎《南宋粮价细表》,载《中国社会经济史研究》1985年第3期。

此年六月“壬申，知建宁府兼福建运判袁甫奏，乞蠲漳州岁纳丁米钱。泉州、兴化军一体蠲放。从之”。时知漳州赵以夫“以废刹岁入代民输丁钱岁万七(十)[千]缗”，[①]福建转运判官袁甫“捐三郡岁解本司钱二万七千贯助之”，[②]由于三郡征自丁米钱的年额上供有了填补来源，从而使每岁共约四万四千贯的丁米钱获得一体蠲放。

两广在大中祥符四年诏颁行以后，大致“一丁出钱数百”的丁钱得到除放，而丁米则仍然照常输纳。那里由于情况特殊，“田税不足岁用”，遂“不问有无田产，常计丁岁纳身米，以补常赋”，[③]不仅“诸郡多借此为岁计”(见下引)，连广东转运司也“只借此以植立”。[④] 因此，身丁钱米不仅成了两广民户日益沉重的负担，而且除放起来也显得特别困难。直到南宋后期，才见到广西有除放记载。《宋史》卷四一〇《范应铃传》：“起广西提点刑狱。……既至，多所平反。丁钱蠹民，力奏免之。”刘克庄《颜颐仲神道碑》：“嘉熙改元，以直秘阁奉武夷祠除广西转运判官。首奏乞罢海外四州熙丰盐本钱……又乞罢二十五州身丁钱……二事皆报。三年，令赴行在。”[⑤]两者约略同时。经过嘉熙中范应铃、颜颐仲的奏请，广西二十五州身丁钱是否确已免罢？淳祐十二年(1252)，罗大经认为：“范西堂为广西宪，尝力请于朝，乞罢去，虽获从请，然诸郡多借此为岁计，往往名除而实未除也。”[⑥]同年，吴泳则说：“民户丁钱，诸路并已蠲免，独本路尚尔拘催。”[⑦]吴泳是广南东路漕臣，所说“本路”

---

① 刘克庄《后村先生大全集》卷一四二《赵以夫神道碑》。
② 黄震《戊辰修史传·兵部尚书袁甫》。
③ 《系年要录》卷一五九绍兴十九年六月癸亥记事。
④ 吴泳《鹤林集》卷二二《奏宽民五事状》。
⑤ 《后村先生大全集》卷一四三。
⑥ 《鹤林玉露》丙编卷五《广右丁钱》。丙编自序署“淳祐壬子”，即十二年。
⑦ 见上揭《奏宽民五事状》。

当不致将广南西路亦包括在内,则在他眼中,广西显属"并已蠲免"的路分。此后直至南宋灭亡,广东虽仍未见到除放记载,但那里的身丁米钱却也早已不再绝对按人丁平均分摊,而是遵循熙宁年间均定丁米以来实行的分开户等,富者多取,贫者寡取的办法。①

这样,宋朝的"丁口之赋",无论是唐末五代遗留的,还是后来新滋生的,其主导的演化趋向,确是逐步获得除放。当然,在演化过程中,也存在一些与这一主导趋向不甚合拍的现象。如两浙路常州的丁身盐钱,四县中有三县"于众户田产上均纳"。② 歙州原先与常州同属吴、南唐统治区,歙州的盐钱也缘起于"官据口给食盐而敛其直",自从"淮南产盐之郡为周世宗所下",其盐钱即已"纽为正税",③摊入田亩的时间可能早在入宋以前。此外,道州等四州一县的丁米,南宋初年也曾一度"以田税取之"。但是,正如道州等四州一县的丁米最后终于获得除放所表明的,将丁税摊入田亩的只是个别州县,并未构成宋代身丁钱物演化的主导趋向。此外,南宋初年荆湖北路在受到战争破坏的特殊条件下,一度出现过按丁定税的现象。此事后经核实,实只纯州平江县一县曾经这样,而其施行时间亦仅只自绍兴二十五年(1155)至三十年间的六个年头。④ 这一在局部地区瞬息存在的现象,显然不能否定或改变"丁口之赋"所处的逐步获得除放的主导趋向。⑤

---

① 《长编》卷二二一熙宁四年三月辛卯遣周之纯相度广东均纳丁米条自注引彭汝砺《金君卿墓志》,《永乐大典》卷一一九〇七引《湟川志》。

② 《宋会要·食货·身丁钱》食货六六之八隆兴二年四月二十六日条。

③ 淳熙《新安志》卷二《贡赋·杂钱》。

④ 《宋会要·食货·身丁钱、官田杂录》(食货六六之四、六一之二七)、《系年要录》卷一七九、一八五,绍兴二十八年正月二十八日己丑、三十年七月二十四日庚子记事。

⑤ 柳田节子在《宋代の丁税》(原载《东洋史研究》第20卷2号,1961年;后收入《宋元乡村制の研究》,创文社,1986年)中强调的两浙身丁钱的田税化和荆湖北路田税中以丁为基准课税形式的强烈遗存这两点,其实在该路都不是主导趋向。前揭岛居一康文对此已有评议。

七、小 结

总之,“宋朝五赋”中的“民田之赋”是宋代两税的正宗。若仅就此而言,则宋代两税与唐代建中两税法的差异主要表现在:两税脱胎于租庸调制时代户税和地税的痕迹业已消失。征收两税的税产集中于田产(包括园地、宅基,乃至墓地等)上。两税额只依田产的多少肥瘠为差,户等制在两税额的确定中不再发生作用。

唐代两税中并无“民田之赋”和“公田之赋”之分。宋代那些“赋民耕而收其租”的官庄、屯田、营田,以及后来那些属转运司主管而由民户请佃的天荒、逃田,由于在经营形式上与民田十分相似,其地租无论在征收办法,还是在用充年额上供上,与田税亦无二致,于是就成了两税岁入的重要组成部分。

唐代两税不分乡村、坊郭,是除了“行商”之外凡是“居人”都须缴纳的一种税。宋代则把征自京城及诸州、县、寨、镇的正税冠以“城郭之赋”专称。乡村无宅税,以屋产为税产的宅税(即屋税)是坊郭特有的税目。坊郭中以地产为税产的地税则仍包括在统一的“民田之赋”中。由于坊郭经济生活的特点,宅税比地税显得更为重要。

唐末五代于两税外创征的各项苛捐杂税多数为宋朝所承袭。“杂变之赋”和“丁口之赋”就是承袭以后的类别专称。两者随夏秋二税或夏税输纳,列入年额上供,都是两税岁入的构成部分之一。但前者随亩起纳,后者按丁征敛,在科征对象上是根本不同的。经过较长时间的演化,杂变之赋最后并入田税,而丁口之赋则逐步获得除放。

唐建中两税法取代租庸调制的划时代意义在于:它确立了

“惟以资产为宗,不以丁身为本”①的赋税原则,而这一原则是与中国封建社会后期已经变化了的社会经济条件相适应的。宋代两税与唐代两税相比,在具体内容上固然有了不少变化,但这些变化都是在这一新的赋税原则范围内进行的,是赋税制度在贯彻这一原则过程中的自我完善。丁口之赋与两税法确立的这一赋税原则却是对立的,它之所以反复重新呈现,无非是“以丁身为本”的过时赋役制度在最终退出历史舞台前常见的曲折。但丁口之赋在宋代终究逐步得到除放又表明,宋朝五赋演化的总过程仍然始终受着这一新赋税原则的制约。

(原载《中国史学》第1卷。东京:中国史学会,1991年10月)

① 陆贽语,见《陆宣公翰苑集》卷二二《均节赋税恤百姓》第一条。

浙江大学古史求是丛书

梁太济文集

文献考辨卷 上

上海古籍出版社

目　录

作者说明

收在本文集中的文字，最早的一篇，属草于1959年9月，最晚的几篇，撰写于2017年4月。时间跨度将近六十年。

其中，史事探研卷、文献考辨卷所收，绝大多数写于20世纪，除了属草最早的那篇《武则天和她的时代》，大多都曾公开发表。《武》文系为庆祝国庆十周年而作，只曾在内蒙古大学向国庆献礼的学术讨论会上印发。之所以将我在学术路途上刚开始学步的丑态再次呈现于世人面前，是因为我后来为学举步维艰的种种偏颇，在这篇文字中都已露有端倪。

这两卷论文，内容很杂，无中心论题。唯一的中心，是一论史事，一论文献。有几篇编入哪卷两可，则只据其主要侧重于哪个方面，粗粗酌定。

收于杂评琐札卷的文字，与前两卷有异，全是读书札记。除个别例外，都写于退休以后。

本人无甚癖好，所嗜唯书，身外的种种压力既不复存在，兴之所至地阅读泛览遂为日常生活中的实际。只是限于视力、精力，体系严谨的大部头再也啃不动了，终日游心之处，无非是笔记一类的小书、闲书，发觉的问题，大都是些尺长寸短的杂事、琐事，并就此与往哲时贤常相争执。形诸文字，就是这些杂评琐札，大多不出唐、宋史的范围，累计竟近二百题。一股脑儿堆上似乎有点不近情理，今姑依议题所由引发之书或议题所针对之人或事，略予归类。而各类议题的多少，仍然显得十分悬殊。

有几篇是分别与包伟民、樊文礼、陈志坚先生合写的，业已逐一注明。这些篇，没有他们协力，是碍难独力完成的。但绝非是凭空将他人劳动成果窃据己有的剽窃者。主旨的敲定，材料的收集，我并未置身事外，有些且由我执笔，或由我定稿，所以就冒昧地也收进了集子。

书后附载了纪念回忆师友的五篇文字。这五位先生，有业师，有前辈，也有同窗，都曾对我这一辈子的学术和人生有过重大影响，甚至决定性的影响。在这五篇文字中，虽然不充分，但还是大致表达了他们的影响都表现在哪些方面。

将写过的文字结集，主观上的愿望无非是想给社会留下点痕迹，“也不枉来世间走这一遭”。经历社会风雨的冲刷，究竟能否留下或能留下点什么痕迹呢？大浪淘沙，淘尽沙子以后，剩下的也许只是一片虚无，一片空白。给社会留的这点痕迹，只不过是有劳后人清扫的一堆垃圾。

本文集的出版，承浙江大学人文学院中国古代史研究所所长刘进宝先生大力促成。编辑和校订，则全仗陈志坚先生之力。谨致由衷的感谢！

从每卷结衔看《资治通鉴》各纪的撰进时间

《资治通鉴》每卷卷首都有作者司马光的署名，署名之上则列有其结衔，如卷一的结衔“朝散大夫、右谏议大夫、权御史中丞、充理检使、上护军、赐紫金鱼袋”，包括了此卷撰进时司马光所具有的散官、本官（寄禄官）、差遣、勋、赐等各种职官名称。此外若另有职、爵、封、实封，结衔也将其一一列出。结衔大致随每代史（即各纪，如周纪、秦纪、汉纪等）撰进当时司马光官衔的变化而变化，全书并不一致，而在今日，它却成了我们据以考定《通鉴》各纪撰进时间的最直接、最可靠的资料。《四库全书》本和常见的丁巳（1917）涵芬楼排印本只留署名而删去结衔，显属欠妥。幸好今日最常见的1956年以来先由古籍出版社、继由中华书局出版的点校本，保留了其底本清胡克家翻刻元刊胡注本中这些形似冗赘的文字，便利了我们的探讨。

清末学者陈汉章在《书全谢山〈分修通鉴诸子考〉后》[①]中即已颇注意每卷的结衔，这对他所研究的诸子分修问题虽未必有多大帮助，但在据以考定《通鉴》定本之年上却是先行者。[②] 1948年开明书店出版的张须《通鉴学》专著，也曾论及：“余考《通鉴》逐卷题

---

① 作于光绪十五年己丑（1889），载《缀学堂初稿》卷四。

② 参考陈垣《书全谢山〈通鉴分修诸子考〉后》，载《陈垣史源学杂文》，第47—51页。

衔,大都历数卷,或十数卷而辄易。以此知某卷为任某官时所辑……循逐卷之题衔而观之,则某时期中进程之淹速,与其功力之难易,皆可测知。夫温公辑此书,以何年进何卷,史传无征,而余得于逐卷书衔处比而知之,是亦研究之一快已。”①虽然他注意所及仅只部分官衔,而考释也尚嫌粗略,但创始之功却不可没。笔者于受益之馀,不揣浅陋草此短文,只是企图沿着他们的足迹再往前跨进一步。

周纪五卷(卷一—五)、秦纪三卷(卷六—八)

结衔:朝散大夫、右谏议大夫、权御史中丞、充理检使、上护军、赐紫金鱼袋。

据《资治通鉴长编纪事本末》卷五三《讲筵》、卷五七《宰相不押班》、卷五八《司马光弹劾》,治平四年(1067)四月十九日丙寅、二十三日庚午,曾两次降出“翰林学士、右谏议大夫、兼侍讲司马光权御史中丞”②除命,至二十六日癸酉,“司马光始受御史中丞诰”。同年九月二十八日癸卯,“右谏议大夫、权御史中丞司马光为翰林学士兼侍读学士”。则司马光任权御史中丞的时间为治平四年四月二十六日至九月二十八日,约五个月。理检使例以御史中丞充,如《宋会要辑稿》职官三之七〇乾道三年六月二十一日记事载给事中王曮等奏,即曾提及:“本朝天圣七年始制匦函,专命御史中丞为理检使,自元丰改官制以后,中丞衔内始不带理检使。”本官右谏议大夫前衔已见,其余散官、勋、赐当亦始于就任权御史中丞以前。

① 见第二章《通鉴编集始末》,第27—28页。
② 侍讲,原文误作侍读。按,司马光自嘉祐七年五月丁未至治平四年四月除御史中丞,先后以天章阁待制、龙图阁直学士、翰林学士兼侍讲,《长编》偶有误作侍读者,此即其一。

则今《通鉴》周纪、秦纪共八卷的撰进时间即在此任权御史中丞的五个月间。

《通鉴》的撰修是治平三年(1066)四月十八日辛丑英宗命司马光编历代君臣事迹正式开始的。此前,作为样本,司马光"曾以战国时八卷上进",英宗之命,即是"令接所进书八卷编集"的。[①] 但从结衔来看,今《通鉴》前八卷已非治平三年样本之旧,"盖奉敕后又重为修正者"。[②]

汉纪上·前汉部分三十卷(卷九—三八)

结衔:翰林学士、朝散大夫、右谏议大夫、知制诰、兼侍讲、同提举万寿观公事、兼判集贤院、上护军、河内郡开国侯、食邑一千三百户、赐紫金鱼袋。

徐度《却扫编》卷下:"翰林学士,祖宗时多有别领他官如开封府、三司使之类者,不复归院供视草之职,故衔内必带知制诰,则掌诏命者也。"司马光就任权御史中丞前已任翰林学士,权御史中丞卸任后仍任翰林学士,皆例带知制诰,此所书,究系任中丞以前的结衔,还是卸任后的结衔?上揭《长编本末》权御史中丞除命,其前衔为"翰林学士、右谏议大夫、兼侍讲",而复任翰林学士除命所书则是"为翰林学士兼侍读学士",今结衔所书既为"兼侍讲"而非"兼侍读学士",当是任权御史中丞前的官衔。

另,据《涑水司马氏源流集略》卷二"诰册恩命"所载司马光《自御史中丞改翰林学士敕》,其前衔为:"朝散大夫、右谏议大夫、

---

① 《长编》卷二〇八。又,陈振孙《直斋书录解题》卷四"《资治通鉴》"解题:"初,光尝约战国至秦二世,如左氏体为志八卷以进,英宗悦之……"其起讫年限实与今《通鉴》前八卷同。

② 参考前揭《通鉴学》,第28页。

权御史中丞、充理检使、上护军、河内郡开国侯、食邑一千三百户、赐紫金鱼袋。”其中爵(河内郡开国侯)、封(食邑一千三百户)两项为周、秦纪八卷结衔所未列,实亦任权御史中丞以前所原有。因为按照宋制,只有经“恩”才能增加封户,封户达1 000户以上才封开国侯。① 而在司马光任权御史中丞的五个月间,却并未举行过能使文武官加恩的郊祀、明堂一类大礼。

至于兼判集贤院。当时集贤院与昭文馆、史馆合称三馆,总为崇文院。《宋会要辑稿》职官一八之五〇:“初,昭文、集贤学士、史馆修撰,取最上一员判馆、院事,今亦以他官分判。”据《通鉴》书末所附《进书表》,治平三年英宗命司马光编集历代君臣事迹,“仍命自选辟官属,于崇文院置局,许借龙图、天章阁、三馆、秘阁书籍”。既然书局设在崇文院,又许借三馆等处书籍,则同时命为判三馆之一的集贤院,也是很可能的。

惟同提举万寿观公事始于何时未详。

而司马光之始任翰林学士,据《长编》卷二〇九,其除命颁于治平四年闰三月二十六日甲辰,经一辞、再辞、三辞,四月十三日方始就任。② 而到四月二十六日癸酉,他就接受权御史中丞的官诰了。

按照以上分析,则汉纪六十卷中的前汉部分三十卷,其奏进的时间实早于前面的周、秦纪八卷,是治平四年(1067)四月十四日至二十五日这十馀天内的事。司马光在《辞免翰林学士上殿札子》中曾言及,“近方欲具所修前汉纪三十卷先次进呈”,也透露了他在就任翰林学士前夕,前汉纪三十卷业已全部撰定,只待奏进的事实。

---

① 见《宋史·职官志》卷一七一、一七二。
② 此据《司马文正公传家集》卷三七《辞免翰林学士上殿札子》题注。

汉纪下·后汉部分三十卷(卷三九—六八)

结衔:翰林学士、兼侍读学士、朝散大夫、右谏议大夫、知制诰、判尚书都省、兼提举万寿观公事、上护军、河内郡开国侯、食邑一千三百户、赐紫金鱼袋。

上揭《涑水司马氏源流集略》卷二所载《自御史中丞改翰林学士敕》:"可特授依前右谏议大夫、充翰林学士、兼侍读学士、知制诰,散官、勋、封、赐如故。"末署"治平四年九月二十四日",与前揭《长编本末》所系九月二十八日癸卯,有四日之差。所列诸衔,除"判尚书都省"外,馀全同。"判尚书都省"非此时一并任命者,始于何时,容俟续考,但肯定当在此次任命以后。

魏纪十卷(卷六九—七八)

结衔:前二卷(卷六九、七〇)同上。后八卷(卷七一—七八)为:翰林学士、兼侍读学士、朝散大夫、右谏议大夫、知制诰、判尚书都省、兼提举万寿观公事、柱国、河内郡开国侯、食邑一千三百户,食实封二百户、赐紫金鱼袋。(其中卷七二勋仍作上护军,疑误)

与前相较,不同处在于勋由上护军改为柱国,另又增食实封200户。这是熙宁元年(1068)十一月郊祀加恩的结果。其《自翰林学士加柱国食实封二百户敕》今存,见《涑水司马氏源流集略》卷二。谓司马光"早以儒学,跻于近列,谏垣宪府,向多开陈,经席禁林,居有撰述,属兹郊庙之事,乃眷侍祠之勤。宇内庆流,岂后恩典,遂进勋等,仍衍食封"。下署"熙宁元年十一月十二日"。

司马光就任翰林学士兼侍读学士前夕,在《乞免翰林学士札子

（治平四年十月二日上）》中曾说："臣今日上殿，曾有敷奏，以圣旨令读《资治通鉴》，其书卷帙尚少，须日近接续编修，史籍烦多，恐难以应副禁林文字，乞免翰林学士一职。伏蒙圣恩宣谕，但令权免学士院文字。"①《资治通鉴长编纪事本末》卷五三《编修通鉴》亦载：治平四年十月，"诏翰林学士司马光权免著撰本院文字。又诏五日一直。修《资治通鉴》故也"。此时"接续编修"的当即后汉纪，尚处于刚着手未久的情况。观魏纪前两卷结衔与后汉部分全同，或者后汉纪与魏纪的撰定虽略有先后，但却基本同时，且又同时奏进，而其时间则在"遂进勋等，仍衍食封"的熙宁元年（1068）十一月前后耶？

晋纪四十卷（卷七九——一一八）

结衔：卷七九——一〇八、一一〇、一一五——一一八共三十五卷为：端明殿学士、兼翰林侍读学士、朝散大夫、右谏议大夫、充集贤殿修撰、权判西京留司御史台、上柱国、河内郡开国侯、食邑一千三百户、食实封四百户、赐紫金鱼袋。（其中，卷八九"翰林"、卷一〇四"充"、卷一〇七"朝散"，字皆误脱）

此结衔，仅散官、本官、爵、封、赐与前同，馀皆与前异。

《长编》卷二一五载：熙宁三年九月二十六日癸丑，"翰林学士、兼侍读学士、右谏议大夫、知制诰、史馆修撰司马光为端明殿学士、兼翰林侍读学士、集贤殿修撰、知永兴军"。又，庆历以后，凡自翰林学士出者，例皆换侍读学士，见宋敏求《春明退朝录》卷下、叶梦得《石林燕语》卷四。司马光此时即沿此故事，虽出知永兴军，亦仍带翰林侍读学士。

① 载《温国文正司马公文集》卷三八、《司马文正公传家集》卷四一。

《长编》卷二二〇熙宁四年二月辛酉“知永兴军司马光知许州”条记事：“光讫辞许州，固请留台。久之，乃从其请。”李焘自注：“留台得请，乃四月十九日癸酉，今并书于此。”

《苏轼文集》卷一六《司马温公行状》：“遂乞判西京留司御史台以归。自是绝口不论事。以祀明堂恩，加上柱国。至熙宁七年，上以天下旱蝗，诏求直言……”所谓“以祀明堂恩”，当指熙宁四年九月的明堂加恩。据《春明退朝录》卷上：“每大礼，两府加恩，功臣、阶、勋、食邑、实封内得三种；学士至待制、大两省，得阶、勋而下二种。”此次明堂大礼加恩，司马光如熙宁元年郊祀例，亦可得两种，则食实封之由 200 户增至 400 户，当与勋自柱国加至上柱国同时，即熙宁四年九月的事。

此后，熙宁七年十一月郊祀加恩，司马光的食邑由 1 300 户增至 1 800 户，食实封由 400 户增至 600 户。

依据以上考察，晋纪中此三十五卷当撰进于熙宁四年(1071)九月以后，熙宁七年十一月以前。

晋纪中的其余五卷，卷一〇九、一一一、一一三的结衔为“端明殿学士、兼翰林侍读学士、朝散大夫、右谏议大夫、充集贤殿修撰、提举西京嵩山崇福宫、上柱国、河内郡开国侯、食邑一千八百户、食实封六百户、赐紫金鱼袋”，与下宋纪至隋纪同。其中食邑“一千”，卷一〇九、一一一误作“二千”。卷一一二、一一四的结衔为“端明殿学士、兼翰林侍读学士、太中大夫、提举西京嵩山崇福宫、上柱国、河内郡开国公，食邑二千二百户、食实封九百户、赐紫金鱼袋”，与下唐纪同。陈汉章谓：“《通鉴》一百八十五卷前间有题‘太中大夫’者，与前后卷不符，当由是年重修之故。”[①]良是。然重修者实不

---

① 见前揭《书全谢山〈分修通鉴诸子考〉后》。

限于“太中大夫”与前后卷不符诸卷，若卷一〇九、一一一、一一三三卷，亦属业已与晋纪其他各卷一并奏进，而又调出重修者之列。

宋纪十六卷（卷一一九——一三四）、齐纪十卷
（卷一三五——一四四）、梁纪十二卷
（卷一四五——一六六）、陈纪十卷
（卷一六七——一七六）、隋纪八卷
（卷一七七——一八四），共六十六卷

结衔：端明殿学士、兼翰林侍读学士、朝散大夫、右谏议大夫、充集贤殿修撰、提举西京嵩山崇福宫、上柱国、河内郡开国侯、食邑一千八百户、食实封六百户、赐紫金鱼袋。（其中梁纪卷一五九、一六〇、隋纪卷一七八与唐纪同）

熙宁七年十一月郊祀，十二月“丁卯，文武百官并以南郊赦书加恩”。[①] 司马光之食邑由1 300户增至1 800户，食实封由400户增至600户，当在此时缘此事。

《长编》卷二六三载：熙宁八年闰四月六日丁酉，“端明殿学士、翰林侍读学士、权判西京留司御史台司马光提举崇福宫”。

高似孙《纬略》卷一二“《通鉴》”条载司马光与宋次道（敏求）书提道：“某自到洛以来，专以修《资治通鉴》为事，至今八年，仅了得晋、宋、齐、梁、陈、隋六代以来奏御。唐文字尤多，托范梦得将诸书依年月编次为草卷，每四（十年）［丈截］为一卷，自课三日删一卷，有事故妨废则追补。自前秋始删，到今已二百馀卷，至大历末年耳。”[②]司马光熙宁四年权判西京留司御史台至洛阳，既已过去八

① 《长编》卷二五八。
② “丈截”原误作“十年”，据《文献通考·经籍考二〇》所引校改。

年,则此书当作于元丰元年;三日删一卷,既然自“前秋”即熙宁九年秋以来已删200馀卷,约合600馀日,则作此书当在元丰元年之夏。又,既然从熙宁九年秋即已开始笔削唐纪,则隋以前诸纪当已奏御。

这样看来,宋、齐、梁、陈、隋五纪之撰定奏进,当不外熙宁八年(1075)夏至九年秋这一年半之间。其中三卷曾调出重加修订。

唐纪八十一卷(卷一八五—二六五)

结衔:端明殿学士、兼翰林侍读学士、太中大夫、提举西京嵩山崇福宫、上柱国、河内郡开国公、食邑二千二百户、食实封九百户、赐紫金鱼袋。

与前相较,朝散大夫、右谏议大夫已改为太中大夫。《长编》卷三〇八载:元丰三年九月十六日乙亥,“详定官制所上以阶易官寄禄新格……左、右谏议为太中大夫……从之”。同月二十四日癸未,右谏议大夫、参知政事章惇、蔡确并换太中大夫,表明已按新格实行。结衔中去散官朝散大夫、寄禄官右谏议大夫换为阶官太中大夫,就是这时施行以阶易官寄禄新格的结果。

另一是爵、封、实封的变化。元丰三年九月辛巳曾行明堂大礼,但史籍此年仅见“翰林学士以下侍从官、内外两制,并换新阶加恩”,①而无文武官因祀明堂普遍加恩记载。此前熙宁十年十一月行郊祀大礼,十二月八日甲申,“文武百官并以南郊赦书加恩”。② 结衔中食邑自1 800户增至2 200户,食实封自600户增至900户,同时由于食邑已增至2 000户以上,爵开国侯又相应改为开

① 《长编》卷三〇八元丰三年九月丙戌记事。
② 《长编》卷二八六。

国公,当皆是熙宁十年郊祀加恩的结果。[1] 此后元丰六年十一月郊祀,文武官也曾普遍加恩,但在唐纪结衔中已无反映。

可见,唐纪81卷的撰定奏进,当在元丰三年(1080)九月至元丰六年十一月这三年多间。

据上揭《纬略》所载与宋次道书,唐纪的笔削工作开始于熙宁九年秋,而且据司马光本人估计,按计划进度,从元丰元年夏以后,“更须三年,方可粗成编。又须细删,所存不过数十卷而已”。今姑且假设奏进在元丰六年,则唐纪的编撰,“粗成编”历时五载,“细删”仅费时一载有馀。

后梁纪六卷(卷二六六—二七一)、后唐纪八卷(卷二七二—二七九)、后晋纪六卷(卷二八〇—二八五)、后汉纪四卷(卷二八六—二八九)、后周纪五卷(卷二九〇—二九四),共二十九卷

结衔:端明殿学士、兼翰林侍读学士、太中大夫、提举西京嵩山崇福宫、上柱国、河内郡开国公、食邑二千六百户、食实封一千户。(其中后梁纪除卷二七一外,结衔之末仍有“赐紫金鱼袋”五字)

删“赐紫金鱼袋”意味着什么?不明。食邑自2 200户增为2 600户,食实封自900户增为1 000户,当是元丰六年十一月行郊祀大礼,十三日甲寅“文武官并以南郊赦书加恩”[2]的结果。1 000户是食实封的最高额。

---

① 宋制:“开国公侯伯子男皆随食邑,二千户已上封公。”又,食邑2 000户以上,实封500户以上,经恩“虽有加例,缘无定法”,随意性颇大。见《宋史·职官志》九、一〇。故此前每经恩皆食邑加500户、实封加200户,而此次却食邑加400户、实封加300户也。

② 《长编》卷三四一。

五代诸纪的完成标志着《资治通鉴》全书的完成。《通鉴》书末所附《进书表》所署结衔与后唐以下各纪全同，所署年月为"元丰七年十一月"。五代诸纪当即此时与《进书表》一并奏进的。十二月三日戊辰，由于修《资治通鉴》书成，司马光的帖职由端明殿学士升为资政殿学士。[①]

上文假设唐纪奏进于元丰六年，若此，则五代诸纪的粗成编和细删仅一年许时间，足见其紧迫。即使假设将唐纪的奏进推前一年，这对五代诸纪来说亦未必宽裕，而对唐纪来说却又必须将原计划紧缩并提前了。《文献通考·经籍考二〇》"《资治通鉴》"条引致堂胡氏（即胡寅）曰："小人欲中伤之，而光行义无可訾者，乃倡为浮言，谓书之所以久不成，缘书局之人利尚方笔墨绢帛及御府果饵金钱之赐耳。既而承受中贵人阴行检校，乃知初虽有此旨，而未尝请也。光于是严课程，省人事，促修成书。"由唐、五代诸纪结衔分析，《通鉴》的最后部分确是"促修成书"的。

综合以上考释，《资治通鉴》各纪的撰进时间，大致如下：

周纪、秦纪——治平四年五月至九月间。

前汉纪——治平四年四月。

后汉纪、魏纪——熙宁元年十一月前后。

晋纪——熙宁四年九月至七年十一月间。

宋、齐、梁、陈、隋纪——熙宁八年夏至九年秋间。

唐纪——元丰三年九月至六年十一月间。

后梁、后唐、后晋、后汉、后周纪——元丰七年十一月。

（原载《内蒙古大学学报》1997年第5期）

---

① 《长编》卷三五〇。

《壶关录》漫说

一

《资治通鉴》记隋唐之际史事，所依据杂史，除杜宝《大业杂记》外，其余已散佚。只是其中的韩昱《壶关录》是否真的完全亡佚了呢？

清人陈鸿墀《全唐文纪事》卷四《帝制》、卷三一《智略》，各有一则录自《壶关录》的大段文字，严可均《全上古三代秦汉三国六朝文》中的《全隋文》卷十九薛德音《为越王侗下书李密》下，也曾据《壶关录》补辑一二五言，另又从《壶关录》辑得《为越王侗别与李密书》全文。陈、严约略同时，皆嘉庆间人。则《壶关录》一书，清嘉庆年间当尚存在。

令人不解的是，《全唐文纪事》卷四所载录自《壶关录》的李密报李渊书凡486字，而《全唐文》卷一三二祖君彦名下所载《为李密与高祖书》却只49字，仅及前者的十分之一。后者乃据《通鉴》卷一八四节载之文辑录。陈鸿墀曾任《全唐文》总纂官，即使《纪事》纂成于他离开《全唐文》馆以后，他能见到的书，《全唐文》编校诸公不应未曾见到，那么为什么竟舍彼而取此呢？更令人不解的尚有，清末陆心源辑《唐文拾遗》《唐文续拾》，对《全唐文》的这一疏漏竟也一仍其旧，未作补正。

是陈、严所见《壶关录》系后人伪造，因而不足凭信吗？不是。是此书嘉庆以后业已亡佚了吗？也不是。从陈、严二书辑录的情况判断，他们依据的《壶关录》似即见于《说郛》的节录之本，其存佚程度与《大业杂记》是类似的。只是《说郛》在录载此书时，书名写作"《畣关录》"，而作者署"唐太行山人"，①遂使世人从一般书目中不能轻易检得，以致如《中国历史大辞典》的史学史分册，对《壶关录》即断言"已佚"，而《大业杂记》则否。

二

《新唐书·艺文志》史部杂史类和《宋史·艺文志》史部传记类著录的"韩昱《壶关录》"皆作"三卷"，涵芬楼本《说郛》亦于题下注明原"三卷"。《说郛》共节录 6 732 字，②估计约当原书一卷或一卷以上篇幅。

由于陶宗仪之纂集《说郛》颇有类于作读书摘记，摘录的都是他"有以契其意，入其用"的材料，③对于《壶关录》，他节录的重点似仅在于李密发布的文告和往来的文书，而于一般记事则多所删削。节录的文告、文书，计有：告天下书，2 964 字；报李渊书，508 字；李渊报李密书，391 字；招道士徐鸿客书，361 字；皇泰主赐李密诏，967 字；又别与李密书，774 字。六件相加，共 5 965 字，约占全部

① 此据宛委山堂本。涵芬楼据明钞排印本，书名同，作者则署"唐韩太行山人"。又，《康熙字典·补遗》引《字汇补》，谓"畣，同壶"。

② 此据涵芬楼本。宛委山堂本为 6 717 字。以下据涵芬楼本所列数字，宛委山堂本皆微有出入，不一一注明。引文则参酌两者择善而取，亦不再标校改符号。标有校改符号乃别有所据者。

③ 参考昌彼得《说郛考》，第 11—12 页。

节录文字的89%。

《通鉴考异》征引韩昱《壶关录》者凡七处，其中，如卷八大业十二年“十月李密之亡抵郝孝德”条所引129字，义宁元年二月“李密号魏公称元年”条所引53字，“密筑洛口城周四十里”条所引“周四十八里”语，五月“密以郑乾象为右司马”条所引“密杀其兄乾覆，乾覆之子会通后从盛师彦杀密”语，今节录本皆不见。又，此年五月丁丑李密与隋军战，大败奔洛口，“杨德方死”，《考异》云“《壶关录》作王德仁”，今节录本已无言及此战文字。武德元年“九月，王世充与李密战，牵貌类密者过阵前”事，据《考异》卷九，系“从《壶关录》”而书者，今节录本亦无此记载。其尚见于今节录本者，则仅有卷八，义宁元年七月“渊以书召李密”条所引“高祖屯寿阳，遣右卫将军张仁则赍书招李密”一条。足见原书的记事部分，确已被陶宗仪多所删削。

三

《考异》所引七条记事，《通鉴》“不取”者三条，存异者两条，“从之”者两条。“从之”与否，都表明司马光对《壶关录》一书是相当重视的。

就《通鉴》“从之”的两条而言，被李密用为右司马的郑乾象，是“隋、唐书皆作虔象，唯《壶关录》作乾象”的。至于武德元年九月，王、李大战中的插曲：“世充先索得一人貌类密者，缚而匿之。战方酣，使牵以过陈前，噪曰：‘已获李密矣！’士卒皆呼万岁。”（《通鉴》卷一八六）则当时尚有见于《隋末革命记》的另一传说：“世充先于众中觅得一人眉目状似李密者，阴畜之，而不令出。师至偃师城下，与李密未大相接，遽令数十骑驰将所畜人头来,云杀得李密。充佯不信,遣众共看,咸言是密头也。遂于城下勒兵,掷头与城中人,城中人亦言是密头也,遂以城降。"两相比较,虽然同是传说,《通鉴》却是舍《革命记》而从《壶关录》,并把它写入正文的。新《李密传》增入同样情节在《通鉴》之前,其依据显然也是《壶关录》。

已被《通鉴》采用而未予说明的肯定还有不少。例如,替李密起草告天下书这一著名文告的祖君彦,其事迹见于《隋书·文学传》者本极简略:"范阳祖君彦,齐尚书仆射孝征之子也。容貌短小,言辞讷涩,有才学。大业末,官至东平郡书佐。郡陷于翟让,因为李密所得。密甚礼之,署为记室,军书羽檄,皆成于其手。及密败,为王世充所杀。"《北史·祖莹附君彦传》于《隋·传》毫无增补。《通鉴》卷一八三义宁元年二月庚寅条"前宿城令祖君彦自昌平往归之"下追述祖君彦事迹,却远较《隋·传》为详:"君彦,珽之子也。博学强记,文辞赡敏,著名海内。吏部侍郎薛道衡尝荐之于高祖,高祖曰:'是歌杀斛律明月人儿邪,朕不须此辈。'炀帝即位,尤疾其名,依常调选东平书佐,检校宿城令。君彦自负其才,常郁郁思乱。密素闻其名,得之大喜,引为上客,军中书檄,一以委之。"显是据杂史补充的。其所据杂史虽不必即为《壶关录》,然今本《壶关录》所载却与《通鉴》十分相似,起码亦是若干依据中的重要一种:"令祖君彦作书布告天下。书曰……祖君彦,范阳人,齐仆射孝征第六子,博学强记,下笔成文,赡速之甚,名驰海内。吏部侍郎薛道衡尝荐之于隋文帝,帝曰:'岂非歌杀斛律明月人儿耶?'炀帝嗣位,尤忌知名,遂依常调为东郡书佐,[检]校宿城令,称为祖宿城。自负其才,常郁郁思乱。及李密用为元帅府(将)长史记室参军,恨被隋朝摈弃,所以纵笔直言。"新《李密传》所附《祖君彦传》,前半情节全同,当与《通鉴》同源。

四

节录本《壶关录》所载六件文告、文书，于史籍或其他文献亦可彼此参证补充而富有价值。

《告天下书》——此文又载旧《李密传》，《文苑英华》卷六四六、六八三，[①]《全唐文》卷一三二。然《壶关录》所载此文开首的话，则诸书皆已删去，如下："大魏永平元年四月二十七日，魏公府上国公、元帅府左长史邴元真、大将军左司马杨德方等布告天下人伦衣冠士庶等。"据此，并参照同书所载此文缘起，则拟题当作《告天下书》。《英华》卷六八三题作《移郡县书》，与内容亦符。唯《全唐文》从《文苑英华》卷六四六题作《檄洛州文》，则显属欠妥。

又，大业十三年二月庚子，李密自号魏公，即位，《隋书》、旧《传》、《通鉴》皆只云"称元年"，未言改年号。《通鉴考异》谓："《河洛记》云：'改大业十三年为永平元年'，今从《蒲山公传》及《隋》、《唐书》。"然据上引，此文开首第一言即已揭出"永平"年号，则改年号一事非仅见《河洛记》也。《通鉴》系"密使其幕府移檄郡县"事，亦即此文告之发布于义宁元年四月丁未，是月辛巳朔，丁未恰是二十七日，则此一日期《通鉴》亦已信从。新《李密传》载密曾"改元永平"，当即据《河洛记》《壶关录》等增补的。

又，《通鉴》义宁元年"九月李密使徐世勣袭取黎阳仓"条《考异》："《河洛记》今年四月祖君彦檄云：'又得回洛，复取黎阳，天下之仓，尽非隋有。'而九月魏徵启方劝取黎阳仓。盖君彦为檄，

① 今此书卷六八三影印南宋刻本，正文因重出已删，唯留篇题。

欲虚张声势，非事实也。”“复取黎阳”云云，诸书所载此文皆不脱。下文尚有“封民赡取平原之境，郝孝德据黎阳之仓”，言之凿凿，似非纯系“虚张声势”者。盖此文所言诸事，于史籍实大多可征。如“清河公房彦藻近秉戎律，略地东南，师之所临，风行电激，安陆、汝南，随机荡定，淮安、济阳，俄然送款”。当即《通鉴》正文“密遣房彦藻将兵东略地，取安陆、汝南、淮安、济阳”之所本。如“袁谦擒自蓝水，须陀获在荥阳，窦庆战没于淮南，郭询授首于河北”。其中张须陀事见《隋书》本传，又见《隋》《唐书》的《李密传》，《通鉴》系于大业十二年十月庚戌，只是皆云“战死”，略异。郭询当即郭绚，系被窦建德袭斩者，见《隋书》本传、旧《窦建德传》，《通鉴》因未能考定确切时间，系于大业十二年末。袁谦、窦庆事《通鉴》未载。《隋书·窦荣定附子庆传》：“大业之末，出为南郡太守，为盗贼所害。”他与袁谦职任所在之南郡、蓝水，乃朱粲曾予扫荡之区。《旧唐书·朱粲传》：“引军渡淮，屠竟陵、沔阳，后转掠山南，郡县不能守。”《通鉴》系于大业十一年十一月。或者此两人即被朱粲所擒杀，而时间则在此文发布前不久耶？

《报李渊书》《李渊报李密书》——此两文涉及李渊、李密通书连和史实。温大雅《大唐创业起居注》卷二谓“荥阳贼帅李密遣使送款致书，请与帝合从”，意李密为主动者。两《唐书·李密传》据之。唯《通鉴》作：“渊以书招李密，密自恃兵强，欲为盟主，使祖君彦复书。”从而对温大雅的夸饰之词作了重要更正。[①] 而《通鉴》如此更正的直接依据，即是《壶关录》和《蒲山公传》，今则唯《壶关录》尚存，如下：“唐高祖屯兵寿阳，众号五十万，遣仁则

① 参考《汪篯隋唐史论稿》，第212—213页。

赍书至密。密负其强,自为盟主。密作书报曰:……”所载报书,《通鉴》节载之语皆在其内,明系原文。此文可补《全唐文》之缺。今《全唐文》所拟篇题《为李密与高祖书》,“与”改“报”始妥。而李渊报书,则《壶关录》所载较《起居注》略有删节。

《招道士徐鸿客书》——此文《英华》卷六八八所载较《全唐文》卷一三一删节甚多,颇疑《全唐文》乃另据《壶关录》辑入者。然略有误脱,即“弼成韬钤者也”下,“仙师”前,脱佚“百战百胜之奇,七纵七擒之略,每求符簶,实劳梦想”数语是也。

《通鉴》卷一八四义宁元年“九月李密使徐世勣袭取黎阳仓”条载有此文缘起,如下:“泰山道士徐洪客献书于密,以为大众久聚,恐米尽人散,师老厌战,难可成功,劝密乘进取之机,因士马之锐,沿流东指,直向江都,执取独夫,号令天下。密壮其言,以书招之。洪客竟不出,莫知所之。”此事《隋书》《旧唐书》皆不载,唯《壶关录》所载者与之十分相似:“有道士徐鸿客上经天纬地策一篇于密,军旅挥霍,失其本文,题其封曰:大众久聚,恐米尽人散,师老厌战,难以成功,劝密乘进取之机,因士马之锐,沿流东指,直诣江都,执取独夫,号令天下。密虽未遑远略,心异其言,以书招之曰:‘齐州长史至,得所上奇策一篇……’书送,鸿客晦昧林野,莫知所之。”颇疑即《通鉴》之所据。然道士名徐鸿客,《英华》《全唐文》皆同,而《通鉴》却改“鸿”为“洪”,或者除《壶关录》外,又别有依据耶?新《李密传》亦载徐鸿客事,甚略,当与《通鉴》同源。

《皇泰主赐李密诏》《皇泰主别与李密书》——“诏”又见《隋书·越王侗传》,《隋·传》删掉的一段文字,严可均亦已辑出且予指明。唯此诏的执笔者,严可均置于薛德音名下,而《壶关录》则云:“卢楚之词也。”《隋书·卢楚传》载:“楚少有才学。”又载:

“越王侗称尊号，以楚为内史令、左备身将军、摄尚书左丞、右光禄大夫，封涿国公，与元文都等同心戮力以辅幼主。”是否因为此时卢楚位高职崇，即断其不会亲自执笔耶？然仅凭《隋书·薛道衡附德音传》“及越王侗称制东都，王世充之僭号也，军书羽檄，皆出其手”数语，似尚难推翻《壶关录》之明确记载。

李密向皇泰主称臣及通使往来事，《通鉴》于正史外补充的材料中，也有《壶关录》。如卷一八五武德元年七月，“皇泰主遣大理卿张权、鸿胪卿崔善福赐李密书曰：‘今日以前，咸共刷荡，使至以后，彼此通怀。七政之重，伫公匡弼，九伐之利，委公指挥。’权等既至，密北面拜受诏书”。即不仅所录书中之语，连使者大理卿张权其人，今也仅见于《壶关录》。崔善福未见，或系陶宗仪所删。

五

从《通鉴考异》征引和《说郛》节录的情况看，《壶关录》当是专记李密事迹的杂史。因为是专记李密事迹的，则其开头所载李密世系，似也应予重视：“本姓屠何，胡人。祖獯，仕后魏为东城令，为仇人陈浑切齿（浑仕丞相），惧执，改姓李氏，南奔归宋，宋孝文用之为直阁吏，后出为安固令。獯子道平，仕累朝议郎，随沈庆之出牧江扬。道平子遇仙，在任为司州巩县令，为魏所虏，北归魏为交城尉，累入仕，随于戎虏，转副车掾入京，后转征戎将军。遇仙子曜，为周太保，转官至魏国公、刑部尚书，未几卒。子弼，年三十二岁，转资袭父爵范阳侯。弼子宽，上柱国，蒲山公，知名当代。宽卒，而密起焉。”

史传所载李密先世，大致李弼以下是可信的，而李弼之父永以前，则属伪造。《周书·李弼传》谓："六世祖根，慕容垂黄门侍郎。祖贵丑，平州刺史。父永，太中大夫，赠凉州刺史。"而据《新唐书·宰相世系表》辽东李氏表，则根乃弼四世祖，"后燕中书令"；贵丑作"贵"，"后魏征东将军、汝南公"。不仅伪造之迹显然，而且官爵愈往后被抬得愈高。

《壶关录》所载，"曜""弼"的子父关系竟也被颠倒，其伪造之迹也是显然的，然与史传所载却属另一系统。"本姓屠何，胡人"，或即顺李弼西魏废帝元年曾"赐姓徒何氏"而来。先自北入南，复被掳归北，归北后先"随于戎虏"，后才入京获取高位的经历，在西魏北周以来关陇统治集团人物中似也有一定代表性。而沉于下僚的"东城令""直阁吏""交城尉""副车掾"等，与高踞群僚之上的"中书令""汝南公"等，却又难以同日而语。那么《壶关录》所载世系，虽然同属伪造，如果此种伪造直接间接出自李密本人，倒也反映了这位出身贵族的农民起义军领袖作风平实的一面。

(原载《周一良先生八十生日纪念论文集》，北京：中国社会科学出版社，1993 年 1 月)

雅雨堂所刻《唐摭言》的初印本和补校修板本

一、雅雨堂刻《唐摭言》另有补校修板本

黄丕烈《唐摭言》旧钞本嘉庆二年(1797)跋:"此钞本《唐摭言》,余于丙辰春得诸书肆中。取其卷末有宋人跋,或从刻本影钞,较卢雅雨本有异同。近顾涧苹以此参校,果多勘正处。"又嘉庆十七年(1812)跋:"壬申五月二十有二日,新收得雅雨堂刻本《摭言》,'臼头'已不误,当经补校修板故也。"[1]丙辰,嘉庆元年(1796);壬申,嘉庆十七年(1812)。表明雅雨堂所刻之《唐摭言》,初印本之后,另有补校修板本。

其补校修板且又不止一次。如卷三《慈恩寺题名游赏赋咏杂纪》,王起门生崔轩和周墀诗末句"欲赓仙曲意经营","经"字误,须改,然初修却又误为"征",再修才正作"怔"。又"曹汾尚书镇许下"条,"杨业穿时,用鲁连之旧箭",及句下原注:"分之名第故也。""业""分"初修校正为"叶""汾",再修又于"名第"下补"同"字。卷二《得失以道》"李翺《与弟正辞书》","由文而后义者习也","义"前补"仁"字,初修挖改,将"由文而后仁义者习也"10字、挤刻

① [清]黄丕烈《荛圃藏书题识》卷六,屠友祥校注本,上海远东出版社,1999年,第414页。

于原9字的空间,致使原板每行21字,而此行成了22字。再修此卷最后7叶书板皆经重刻替换,此行又恢复为21字。

《中国丛书综录》第一册著录《雅雨堂藏书》,只注清乾隆二十一年(1756)德州卢氏刊本,①没有言及其后有无修订。《中国古籍总目》丛书部著录《雅雨堂丛书(雅雨堂藏书)》,虽于“清乾隆二十一年德州卢氏雅雨堂刻”下注有“增修本”,却未分别注明哪几家所藏为“增修本”,哪几家为初印本。② 而就其中所收的《唐摭言》而言,初印本与后来的补校修板本的差别却是相当大的。

嘉庆十年乙丑(1805),张海鹏在《学津讨原》本跋中说:“第十卷载《应不捷声贾益振》蒋凝条云:‘臼头花钿满面,不及徐妃半妆。’后人罔知,改作‘白头’。于字义则易明,于用意则甚乖。雅雨堂椠本亦仍其失。”不知其时业已问世的补校修板本已经将“白头”校正为“臼头”。不仅如此,《学津讨原》本仍以雅雨堂初刻本为底本,只是“从邵浪仙处假得旧本是正”。此外,刻于光绪五年的《啸园丛书》本,与雅雨堂初刻本同源,只是“于朱养斋孝廉处丐得其原本,因为重付剞劂”。皆不知雅雨堂另有补校修板本,已经校正的初印本中的许多重大错误,两者皆照旧沿袭了下来。

咸丰元年(1851)刊行的《涉闻梓旧》所收蒋光煦《斠补隅录》中的《唐摭言校》,也不知是书已有补校修板本,仍以初印本为对象,因而不少业已校正的错误又在频频出校。光绪二十八年戊戌(1898),叶德辉在《唐摭言》蒋西圃藏钞本题识中批评蒋光煦,说《摭言》卷二《得失以道》条“未到于天人之际耳”本是其校勘依据朱彝尊本的文字,却错误地将它列作了校勘对象雅雨堂本的文字,

① 《中国丛书综录》第一册,上海古籍出版社,1982年,第132页。
② 《中国古籍总目》丛书部,中华书局,2009年,第283页。

且说雅雨堂本此句作“未到于古人之际耳”。[①] 其实,蒋校以初印本为对象,初印本确作“未到于天人之际耳”,是补校修板本才作“未到于古人之际耳”的。盖叶德辉虽知有初印本,而实未尝见,其所见仅补校修板本耳。[②]

《雅雨堂藏书》作为丛书并不罕见,《中国丛书综录》第一册所附“收藏情况表”,48 家主要图书馆中,仅有 4 家未入藏,2 家所藏不全。然而一般书目所载,丛书的信息以及其中《唐摭言》作为单行本的信息,皆极简要,当然不可能如同今日图书的版权页那样,注明第几版第几次印刷。笔者无非对一些古文献心有所好,既无经费,也无精力,对诸馆所藏细加查阅鉴别。仅就有限的见闻所及,主要是网络提供的便利,初步断定,雅雨堂所刻的《唐摭言》,美国哈佛燕京图书馆所藏《雅雨堂藏书》本为初印本,台湾新兴书局《笔记小说大观》第 20 编影印本为初次补校修板本,日本国立国会图书馆藏《雅雨堂藏书》本为再次补校修板本。

以下拟对初印本与补校修板本的异同,以及初刻底本、补校修板的依据和大致时间等,略加探索。

二、初刻本的底本

叶德辉《唐摭言》蒋西圃藏钞本题识谓:“雅雨本系从朱竹垞本出。”疑系信口之言,未必有确据。若确“从朱竹垞本出”,则蒋光煦

---

① 叶德辉《郎园读书志》卷三,戊辰(1928)上海澹园刊本,叶 30B。

② 杨成凯《清代版本散论》之四“版片衍变”曾指出:“改版更动最少的是仅仅改几个字,最多的是另行刊刻,而卢见曾雅雨堂刻《唐摭言》则介于二者之间。此书有原版和改版两种,原版错误很多,蒋光煦《斠补隅录》曾据朱彝尊藏本予以校正。叶德辉《郎园读书志》卷三《唐摭言》跋认为蒋校有误,指责‘得失以道’条‘未到于天人之际耳’,蒋校所列与原文不合。其实蒋校所据为雅雨堂原版本,叶氏所见则为改版本,二本并不相同。”载《文献》2004 年第 2 期。

“以曝书亭钞本校”，[①]不应有如此众多被认为讹误的异文得以校出。叶氏所见蒋西圃藏钞本，亦“从朱竹垞本出”，蒋校“凡所称引，大致与此本多同”，雅雨堂本若亦“从朱竹垞本出”，当不致如此例外。

考卢见曾之刊行《雅雨堂藏书》，主要仰仗于惠栋的协助。江藩《国朝汉学师承记》卷二《惠周惕附孙惠松崖》：“松崖先生，半农先生之次子也，名栋，字定宇，一字松崖。……先生晚年，卢运使见曾延至邗上，如《雅雨堂十种》、《山左诗钞》、《感旧集》，皆先生手定焉。”[②]李斗《扬州画舫录》卷一〇《虹桥录上》“卢见曾”条：“公两经转运，座中皆天下士。”“其时宾客”，惠栋是重要的一人：“公重其品，延之为校《乾凿度》、《高氏战国策》、《郑氏易》、《郑司农集》、《尚书大传》、《李氏易传》、《匡谬正俗》、《封氏见闻记》、《唐摭言》、《文昌杂录》、《北梦琐言》、《感旧集》，辑《山左诗钞》诸书。”[③]所列“为校”诸书中，除《感旧集》《山左诗钞》外，皆刻入了《雅雨堂藏书》。钱大昕《惠先生栋传》：“自幼笃志向学，家多藏书，日夜讲诵，自经史诸子，百家杂说，及释道二藏，靡不津逮。……雅爱典籍，得一善本，倾囊弗惜，或借读手钞，校勘精审，于古书之真伪，了然若辨黑白。”[④]

黄丕烈记嘉庆元年(1796)春于书肆中获得“卷末有宋人跋”的《唐摭言》旧钞本二十年后，“乙亥(嘉庆二十年，1815)中秋前二日，五柳主人新收洞庭山上人家书一单，中有惠松崖先生藏一旧钞本，向为毛子晋家藏者，又恐殊不同，因并收之”。[⑤]可见，在惠栋家藏的

① 《斠补隅录·唐摭言校》序题。
② ［清］江藩《国朝汉学师承记》，钟哲整理本，中华书局，1983年，第29页。
③ ［清］李斗《扬州画舫录》，周光培点校本，江苏广陵古籍刻印社，1984年，第218页。
④ ［清］钱大昕《潜研堂文集》卷三九，清光绪长沙龙氏宾塾刻本，叶1A、1B。
⑤ 《荛圃藏书题识》卷六，第414页。

书籍中，即有《唐摭言》，而且是明末汲古阁原藏的旧钞本。此本后归元和顾麟士（鹤逸）。苏州古旧书店的江澄波，在从业数十年中，即曾在顾氏过云楼获见一清初旧抄本，撰有《清王士祯校跋本〈摭言〉》提要，说此本“曾经王士祯、惠栋、黄丕烈、顾麟士递藏。前后钤有‘池北书库收藏’、‘惠栋之印’、‘定宇’、‘红豆山房校正善本’、‘平江黄氏图书’、‘士礼居藏’、‘顾鹤逸藏书记’等印记。尾有嘉定辛未重午日柯山郑昉刊书题识……由此可见抄自宋本。次王氏题跋……”[①]谢国桢江浙访书，1982年在苏州博物馆也曾见到馆中代为保存的这部顾鹤逸藏书：“这部书是王士祯池北书库旧藏钞本，有王渔洋跋，惠栋校。”并且说：“卢氏雅雨堂刻本或即据渔洋山人藏钞宋本编刻而成的。”[②]

黄永年引江《录》，说此书“或为赝物”，其基本论据为此书之王跋与舒本王跋异：未及借抄事；“什之五”作“什之一”，清初人“不得”称《稗海》曰“‘今’会稽商氏刻”。认为此“王跋则为牟利而伪撰”。[③] 今按：此王跋又见《居易录》卷一六，舒本之王跋又见《蚕尾文集》卷七，而两书皆王氏本人亲自编刊，黄氏致疑处，《居易录》与江澄波所录几全同，跋怎么会伪？书怎么会赝？《居易录》已抄入《四库全书》，《蚕尾文集》则入《存目》，其《提要》谓：“文中题跋凡三卷，颇足考证，然皆与《居易录》重出。”就重出之《摭言》跋文而言，其行文为何又不尽相同呢？这两跋，原系一先一后题于两部书之末，借抄自朱彝尊者先题，其跋收进了较早编的文集中，源出毛氏汲古阁的抄本后题，内容较前跋略同而又有所修订增益，如“什之一”即较“什之五”更接近商书实际，在录入其所著说部中时，遂

① 江澄波《古刻名抄经眼录》，江苏人民出版社，1997年，第154页。
② 谢国桢《江浙访书记》，三联书店，1985年，第107、108页。
③ 黄永年《跋康熙时舒木鲁明抄本〈唐摭言〉》，见《黄永年古籍序跋述论集》，中华书局，2007年，第32页。

舍弃了前跋而只取后跋。

雅雨堂初刻本的底本当即此本。既然底本是汲古阁原藏的珍贵名钞,复经校勘名家惠栋手校,其错讹之处为何竟如此众多?限于客观条件,当年未必有几个本子可供对勘,而惠栋晚年,诸事又太紧迫也。惠栋在卢见曾幕三年。清陈黄中《惠征君栋墓志铭》:"两淮卢使君馆之官舍,居三年,后以疾辞归。丁丑(乾隆二十二年,1757)除夕,病中以书抵余,拳拳论学术人才之升降。"①二十三年谢世。在这短短的三年时间内,既要完成《雅雨堂藏书》的刊行,又要参与《感旧集》《山左诗钞》的辑编,而《感旧集》《山左诗钞》又是新启动的大工程,实在够紧迫的。看来,在《唐摭言》发付刊刻前,惠栋只是提供了他珍藏的"世间罕见之本",并未怎样致力于对之的再校勘。

此本,1990年前后出版的《中国古籍善本书目》未加著录。苏州博物馆代为保存的过云楼佳椠名抄,1982年谢国桢获见时,已决定悉数归还顾家。1997年江澄波在《古刻名抄经眼录》的《前言》中说:"录中各书确知现在归处者皆为注明,便于学者征访。有因日久一时难以证实者,暂付缺如。"此书未加注,当是已不明其确实去向。然尚未在人间消失,则似可肯定。要是有朝一日得以获见,则雅雨堂初刻的底本是否确是此本,以及初刻中的众多错讹究系底本原有,抑系刊刻中的失误,都将迎刃而解。

三、初次补校修板的概况

初次补校修板的范围不大,仅局限于前五卷。幅度也不大,依

① [清]钱仪吉《碑传集》卷一三三,光绪十九年(1893)江苏书局校刊本,叶11A。

笔者初步比勘的不完全统计,凡目录1处、卷一2处、卷二9处、卷三14处、卷四4处、卷五13处。

目录1处:燕召,“召”改“名”。

卷一2处:01-11斯亦敕生徒之离散也,“敕”改“救”;01-12始置内都贡举,“内”改“两”。

卷二9处:02-3州司送名,岂分差第,“司”改“府”,“分”改“合”;02-5刘綦,“綦”改“纂”;02-13张祐,“祐”改“祜”,凡4处;02-19李翱与弟正辞书:2/7B末行由文而后义者习也,“义”前补“仁”;2/8A首行吾不能知其无也,“无”前补“有”。

卷三14处:03-13仙笋新从紫府来,“笋”改“箓”;03-13天下也张新羽翼,“下”改“上”;03-15鄙夫请非次改今,“今”改“令”;03-17先先纳罚钱,前“先”改“可”;03-20新人游赏率常稚饮,“稚”改“雅”;03-23在治只求金不耗,“治”改“冶”;03-25崔轩诗:欲赓仙曲意经营,“经”改“征”;03-26杨业穿时,“业”改“叶”;03-26分之名第故也,“分”改“汾”;03-37竹李萧条,“竹”改“行”;03-38薄攻五字许,“许”改“诗”;03-39撤筵中器物悉授其毋,“毋”改“母”;03-41四面看朝栉比,“朝”改“棚”;03-45遣赁油幕以张(去)之,注文“去”改正文“盖”。

卷四4处:04-1复取茭擲之,“茭”改“筊”;04-15毁不忍弃理而识之仁之义,“理”改“埋”;04-19互乡童子当愿按于宣尼,“按”改“接”;04-20椎心膺以问夭,“夭”改“天”。

卷五13处:05-1误呼叔孙婼(勅畧)为婼(勅昬),“昬”改“咎”;05-1蓋书字以田加首久而成各日配咎为昬,“首”前补“各”,“日”前删“各”;05-6李翱与陆傪书:5/3A4行首“若然”改“然若”;5/3A5行首“复时”改“时复”;5/3A6行首“书矣”改“矣书”;5/3A7行首“非也”改“也非”;5/3A8行首“不亦”改“亦不”;

5/3A9 行首"是不"改"不是";05－12 不信有其才,"有其"改"其有";05－13 第二场试歌篇,"试歌篇"改"诗歌□";05－13 部莫得之,"部"改"剖"。

绝大多数属异文校正,都在原板上一对一地剜改,无抽换书板重刻情况。02－19 条叶 7B 末行和叶 8A 首行,每行各补 1 字,此两行遂由原 21 字挤成 22 字,破坏了版面的整齐划一。05－13 条"试歌篇"改"诗歌",少 1 字,竟以"□"表示,易致误会是否系缺文。05－6 条叶 3A 4 至 9 行,每行首 2 字皆属乙正原误倒之字。情况都稍稍有些特殊。

特别值得注意或引人思考的,是为什么只补校修板 5 卷?难道是为了商业目的,未等全书更改完毕,辄草草刷印发售?似乎不像。《中国古籍善本书目》子部著录的《唐摭言》中,有一部今藏国家图书馆的"清影宋抄本"(国图善本书号为 18181),也只存自卷一至卷五 5 卷。如果此本之只存 5 卷,是清初以来即已如此,而非后来所残缺,那么雅雨堂刻《唐摭言》的初次补校修板,依据的或者即是此本。

试以初次补校修板所改之字与影抄宋本对照,目录同,卷一 2 处全同,卷二 9 处 7 同,卷三 14 处 10 同,卷四 4 处 3 同,卷五 13 处 6 同,1 残缺。即同者共 28 处,而与初印本之误相同者亦有 13 处。即使主要据残存五卷的影宋抄本校改,也曾参照过别的典籍也。02－19 是李翱《与弟正辞书》,05－1 是有关音韵的专门问题,参照别书校改不无可能。

四、再次补校修板的重大更改

首先是书名。由《唐摭言》改为《摭言》。包括书名页、每卷首叶首行及末叶末行或末叶A面末行，书名全改。书名页"乾隆丙子镌"未改。然笔者所见本卷二、七、八、九、十一、十四共6卷卷首首行，卷十、十五共2卷末叶末行，完全空缺。初刻仅书首有卢见曾序，今则于书末补刻有郑昉、朱彝尊、王士禛三跋。

其次，提行。初刻两条误合为一条的情况，多数已提行另段。如：卷二《争解元》"张又新"（5B－5）；卷三《慈恩寺题名游赏赋咏杂纪》"开成五年"（9A－8）；又"神龙已来"（20B－5）；卷四《师友》"李华称"（4A－10）；又"李义山"（9A－9）；卷七《知己》"李元宾曰"（5B－2）；又"李华撰《三贤论》"（5B－2）；卷九《好知己恶及第》"郑隐者"（2B－9）；卷一一《怨怒》"华与庾中丞书"（13A－6）；又"华告辞京尹贾大夫书"（14A－1）；卷一二《自负》"卢延让"（2B－1）；卷一三《惜名》"蜀路有"（5A－7）；卷一三《无名子谤议》"崔澹"（9A－7）。都是。另，卷一五杂记"进士旧例于都省考试，南院放膀……"，初刻"进士"紧接上条，从"南院"另段，今改为从"进士"另起一行（1B－7、9）。

第三，注文。卷一《两监》所载龙朔二年九月敕，"律生六年"以下都凡223字，初刻误作小字注文，今正为大字正文（6A－7）。

第四，错简。卷一一《怨怒（戆直附）》"任华戆直"下，载任华《上严大夫笺》《与庾中丞书》《与京尹杜中丞书》《告辞京尹贾大夫书》共四书，其中前三书，初刻皆有一处错简。即第一书"非求荣，非求利"（11A－9）下，当接第三书"非求名，非求媚"（12A－8）；第二书"公久在西掖，声华满路"（13A－7）下，当接第一书"昨迁拜中宪，台阁生风"（11A－9）；第三书"固不易耳。仆"（12A－8）下，当接第二书"一到京輦，尝以孤介自处"（13A－7）。今皆与移正。

第五，误脱。初刻误脱处，卷三《散序》"大科头两人（第一部）"下，补"小科头一人（第二部）"（2A－3）。卷七《知己》"李华撰《三贤论》”条所补更多,初刻全条1 343字,增补后达1 421字,其中增补达10字以上者即有4处。如:“刘之志行,当以六经谐人心;萧之志行,当以中古易今世。”初刻作“刘之志行,当以中古易今世”(6A-4),萧之志行成了刘之志行,脱误明显,该当正补。

对个别讹误衍脱字词的更改,这里就不一一列举了。

这些重大更改,多数不能在原版片上修补,须要刊刻新的书版予以替换,被替换掉的书版数量,也实在不少。计卷一8版(3、6-12)、卷二7版(5-11)、卷三27版(2、7-32)、卷四9版(2-10)、卷六6版(6、7、9-12)、卷七7版(4-10)、卷八2版(6、7)、卷九2版(2、3)、卷十2版(5、7)、卷十一7版(3、4、11-15)、卷十二3版(2、3、8)、卷十三3版(4、5、9)、卷十四1版(3)、卷十五3版(1、2、5),共87版。全书正文共176版,重刻替换的版片几占一半。

美国柏克莱加州大学东亚图书馆所藏《唐摭言》亦为重修本:“重修本与初印本文字出入甚多,其中部分版片已抽换,使用旧版片重印者如下:卷一之一、二、四、五叶;卷二之一至四叶;卷三之一、三至六叶;卷五之一至二、三至九叶;卷六之一至五、八叶;卷七之一、二叶;卷八之一至五、八至十二叶;卷九之一、四至十一叶;卷十之一至四、六、八至十六叶;卷十一之一、二、五至十叶;卷十二之一、六、七、九、十叶;卷十三之一至三、六至八叶;卷十四之一、二、四至六叶;卷十五之三、四、六至十叶。”①

与笔者就日本国会图书馆藏本所作的统计差别不大。唯笔者所见之本,其刷印年代似乎较晚,有些书版,特别是保留下的初刻版片,有所损坏。因之多处有少量文字漫漶不清,也有几处在原版上删剜后植入的文字复又脱落的现象。

---

① 陈先行、郭六晅主编《柏克莱加州大学东亚图书馆中文古籍善本书志》,上海古籍出版社,2005年,第193页。

五、补校修版本的问世之年

卷一之大段正文误为注文、卷三“小科头”和卷七《三贤论》中的误脱文字，卷十一任华四书的错简，以及众多该提行另段而未提行另段之处，《学津讨原》本、《啸园丛书》本皆一仍雅雨堂初刻本之旧，未加更改（其中卷十二《自负》“卢延让”，《学津讨原》本已提行）。唯独《四库全书》本与雅雨堂再次补校修板本几乎全同（此主要就摛藻堂荟要本而言，若文渊阁本，则卷一正为正文的注复返回为注文矣）。不仅如此，对个别讹误衍脱字词的更改，《四库全书》本多数亦同。那么，雅雨堂再次补校修板本与《四库全书》本，究竟是怎样的关系？

《四库全书》本《〈唐摭言〉提要》提道：“此本为松江宋宾王所录，末有跋语，称以汪士铉本校正，较《稗海》所载特为完备。近日扬州新刻，即从此本录出。”《四库简明目录》说得更干脆：“此乃扬州所刻宋宾王家足本也。”①

《四库全书总目》卷一四〇子部小说家类著录《唐摭言》十五卷，注明系“副都御史黄登贤家藏本”。吴慰祖校订之《四库采进书目》载“都察院副都御史黄交出书目”，计共二百九十九种，其中确有《唐摭言》，仅注作者系“唐王定保”，卷数阙，更未注版本，当即提要说的“松江宋宾王所录”本。四库馆采进之《摭言》共四种，其余三种分别由江苏、安徽和浙江呈送。江苏呈送者为“刊本”，或即《提要》说的“近日扬州新刻”本，亦即雅雨堂补校修板本。安徽呈送者卷数撰人并阙，亦例不注版本，书名作“《摭言》”，无“唐”字。

---

① 《钦定四库全书简明目录》卷一四，影印文渊阁《四库全书》本，叶 18A。

浙江呈送者为“曝书亭写本”,[①]《浙江省采集遗书总录》丁集对之且有如下说明:“右唐王定保撰。唐时以进士科为重,此书所载,于进士故事独详。卷尾有柯山郑昉一跋,云:‘嘉定辛未刻于宜春郡。’而国朝王士祯谓:‘《摭言》足本,从朱竹垞翰林借钞,视《稗海》所刻多什之五。’即今本也。”[②]表明馆臣据“松江宋宾王所录”本著录《唐摭言》,用以参校之本基本齐备,所说“近日扬州新刻,即从”宋宾王“此本录出”,绝非信口而言。

可见,雅雨堂再次补校修板本与《四库全书》本之所以多有相同,乃是由于两者补修或著录所依据的,是同一个本子的缘故。

《中国古籍善本书目》和《中国古籍总目》都著录天津图书馆藏有《唐摭言》的“清金氏文瑞楼抄本”,注明有“清宋宾王录清朱彝尊、王士祯跋,清李宏信校并跋”。[③] 与《四库全书》据以著录的宋宾王录校本,不知是否源自同一个本子?宋宾王录校本今或已不存。

王重民《中国善本书提要》著录的《唐摭言》“为武原张氏涉园故物”,非宋宾王录本,然尚“是雅雨未刻以前钞本”。书末有同治二年癸亥(1863)六月,蛰庵居士徐保厘的题识,也提到:《摭言》“原书足本,久为艺林稀觏之籍。国初,松陵宋宾玉以汪退谷太史家藏本校补,始还旧观。《四库》即以著录,而《雅雨堂丛书》中据以翻雕者,亦此也”。并录有晓堂跋语两则:“乾隆辛未重午日,晓堂校对一过。”“乾隆庚辰上巳前二日,又从雅雨堂新刊本校刊一过。”[④]辛未、庚辰为乾隆十六年(1751)、二十五年(1760),辛未尚无《雅雨堂藏书》,庚辰则已在其初印本刊行五年之后。然而从《原国

---

① 《四库采进书目》,吴慰祖校订,商务印书馆,1960年,第177、5、250、143、250页。
② [清]沈初《浙江省采集遗书总录》,杜泽逊、何灿点校本,上海古籍出版社,2010年,第201页。
③ 《中国古籍善本书目》子部,第642页;《中国古籍总目·子部》,第1850页。
④ 王重民《中国善本书提要》,上海古籍出版社,1983年,第159页。

立北平图书馆甲库善本丛书》影印的徐保厘题识本来看,晓堂据以校刊一过的"新刊本",乃初印本,而非补校修版本。这有两种可能,一是补校修版本尚未问世,一是虽已问世而晓堂未及获见。

《雅雨堂藏书》的刊行,是卢见曾再任两淮盐运使任内事。卢"在两淮任十年",①起乾隆十八年(1753),止乾隆二十七年(1762)。② 乾隆二十七年秋告老还家,三十三年被诬冤死狱中。他告老离开扬州后,刻书活动,包括对《摭言》的补校修板,当已完全停止。乾隆三十六年(1771)八月冤案昭雪,其长子卢谦自充军地放回,此时的家境,纪昀《卢谦墓志铭》有如下描述:"年近六旬,遭逢家难,颠连于穷荒万里之外。虽蒙恩宥,再效一官,而冷署清贫,殆不自赡。"③即使有志继承其先人的刻书事业,也无能为力了。卢见曾的尸骨乾隆四十一年才正式安葬,卢见曾的文集和诗集,告老居家期间曾亲自编定,抄家日"为有司所毁",④经其子"缀拾",仅辑得文七十篇,诗二百七十首,直至道光二十年(1740)才由其曾孙卢枢刊行。绝非当务之急的《摭言》的补校修板,其间怎能摆上日程?《四库全书》本《唐摭言》的首部写本,摛藻堂荟要本,乾隆四十一年七月已由馆臣"恭校上",而在此之前,雅雨堂补校修板本之业已存在,又绝无争议馀地。那么,将乾隆二十五年(1760)假设为补校修版本的问世之年,离实际或不致太远。

(2014-6-12 初稿,2017-8-18 修订)

---

① [清]卢文弨《故两淮都转盐运使雅雨卢公墓志铭》,闵尔昌《碑传集补》卷一七,燕京大学国学研究所,1931 年,叶 6A。

② [清]王定安等《重修两淮盐法志》卷一三一《职官门 · 职名表 · 都转盐运使》,光绪三十一年刻本,叶 17A。

③ [清]纪昀《直隶广平府同知前湖北武汉黄德道蕴斋卢公墓志铭》,《纪文达公遗集》卷一六,嘉庆十七年纪树馨刻本,叶 40B。

④ 《故两淮都转盐运使雅雨卢公墓志铭》,叶 6B。

《摭言》一卷本概况漫考

一、《稗海》本的渊源所自

诸家皆以明商濬《稗海》所收《摭言》为《摭言》一卷本的代表。王士禛《摭言足本跋》:"《摭言》足本十五卷,从朱竹垞翰林借钞。视《稗海》所刻多什之五。唐人说部流传至今者绝少,此书与《封氏闻见记》皆秘本可宝重。"①同人《居易录》卷一六:"唐王定保《摭言》足本凡十五卷,宋嘉定中柯山郑昉刻于宜春。竹垞有写本,予戊辰、辛未于京师两借观。今会稽商氏刻仅什之一耳。商刻《稗海》多得之浙东钮石溪家。"②《四库全书总目》卷一四〇子部小说家类:"定保书刻于商氏《稗海》者删削大半,殊失其真。此本为松江宋宾王所录,末有跋语,称以汪士鋐本校正,较《稗海》所载特为完备。"③

其实,《稗海》本《摭言》只不过转载了南宋曾慥《类说》卷三四的节录之本,并非商濬或钮石溪直接从原书录出。共 124 条,一条不差,不仅序列相同,节录内容、文字多少等亦同,惟《类说》每条所

① [清]王士禛《蚕尾文集》卷七,康熙五十年程哲七略书堂刻《带经堂全集》本,叶 6A。
② [清]王士禛《居易录》卷一六,影印文渊阁《四库全书》本,叶 3B。
③ 《四库全书总目》卷一四〇,缩影浙江书局刻本,中华书局,1965 年,第 1186 页中。

加之拟题,《稗海》皆予删去。

124 条中,节录自原书卷一者 6 条,卷二 3 条,卷三 21 条,卷四 5 条,卷五 4 条,卷六 2 条,卷七 7 条,卷八 6 条,卷九 6 条,卷十 26 条,卷十一 2 条,卷十二 13 条,卷十三 14 条,卷十五 9 条。第 101 条以前与原书卷次大体一致。102 条以下卷次之所以错乱,当是初次节录以后,又曾不止一次补录所致。

今日获见之《类说》,版本最早者,除 3 卷宋刻残本外,是明天启六年(1626)的刊本。商濬《稗海》初名《稗海大观》,刊行于万历三十年(1602),[①]较《类说》天启刊本早 25 年。其《摭言》虽从《类说》出,然所依据之《类说》母本未遭天启本刊行者臆改,保有原书的原貌比较多。如第 25 条蹙鞠会"同年四览","四览"原书作"肆览",系任意观览义,天启本误以为即大写之"四",遂予径改,而《稗海》与原书同。如第 98 条引赵嘏诗句:"早晚粗酧身事了,水边林下一闲人。"其中"水边林下",原书作"水边归去"。全诗载《全唐诗》卷五四九,题作《寄归》。诸书载此诗或引及此诗句,无作"水边林下"者。《稗海》作"水边归去",当是其母本实与原书同。又如第 19 条:"时樱桃初出,以糖酪入物,各盛一小盎,不啻数升。"其中"以糖酪入物,各盛一小盎",今得见之原书各种本子,无一作此语或与此语相近者。《稗海》作"和以糖酪,人享蛮画一小盎",与原书仅有一二字差异,也远较天启本接近《类说》原貌。

其次,商濬虽未见《摭言》十五卷足本,但在将源自《类说》的节本收入《稗海》时,仍然作过比较认真的他校。如第 47 条:"裴筠婚萧楚公女,便擢进士,罗隐诗曰……"《稗海》校补作"裴筠婚萧楚公女,问名未几,便擢进士第。罗隐以一绝刺之,诗曰……"其校补依

① 郑振铎《劫中得书记》续记四十四《稗海大观》,上海古籍出版社,2006 年,第 111 页。

据为《太平广记》卷二五六的《摭言》录文。第75条:"李白《戏赠杜甫》曰:'长乐坡前逢杜甫,头戴笠子日卓午。借问形容太瘦生,只为从来作诗苦。'"《稗海》"长乐坡前"校改作"饭颗山前";"形容"校改作"因何"。其依据,前者疑从《本事诗·高逸》,后者疑从《唐诗纪事》卷一八《李白》。第109条顾云求书:"并不言但云云与昭业等拟将一尺三寸汗脚踏他烧残龙尾道而已。"《稗海》"并不言但云云与"校正作"并不言云,但云","龙尾道""而已"间补"懿宗虽薄德,不任被前人罗织,执大政者亦大悠悠。云叹息"。见于《太平广记》卷二六五、《唐诗纪事》卷六七《顾云》者,"但云"作"但曰","懿宗"作"懿宗皇帝","叹息"作"吁叹"或"叹",似非校补的直接依据,或者其依据的《类说》母本原即无此脱误。

也有校错了的,如第9条:"卢肇,开成中就江西解末,迺肇谢曰……"原书:"就江西解试,为试官末送,肇有启谢曰。"明"迺"实"送"之误。《稗海》不明"末送"义,以为"送""肇"二字误乙,遂臆改作"肇送启谢曰"。《类说》文渊阁本"迺"书作异体字"乃",本无妨,然在此由于系"送"字之误,"迺""送"字形相近,若改"乃",即字形不类矣。

二、从《稗海》本直接衍生之本

从《稗海》衍生者,有明末陶珽重辑之宛委山堂《说郛》卷三五所载本,以及"清据《说郛》《说郛续》刊版重编印"之《五朝小说》本、[1]20世纪20年代石印之《五朝小说大观》中的《唐人百家小说》本。此诸本各条序列、文字与《稗海》全同,但删去了《类说》《稗

① 《中国丛书综录》第一册,上海古籍出版社,1982年,第762页。

海》102 侍妾名珍珠、103 吊白傅诗、104 腹笥、105 月诗、112 杨三喜、124 仆乃杜审言儿 6 条，共只 118 条。

三、亦从《稗海》本衍生却又近于重编之本

一卷本中与《稗海》本和重辑《说郛》本有直接渊源关系的，还有《唐人说荟》又名《唐代丛书》本，从《唐人说荟》又衍生出《说库》本。序列、文字同，于《说郛》《五朝小说》本所删 6 条外，复抽换了 5 条。值得注意的，是它此外还增补了大量的内容。其中插入原节录各条间的计 11 条，集中录载于卷末的共 26 条。抽换增补内容的分量，若据同治八年刊本以行为单位统计，全书 696 行，抽换增补者达 313 行，几及全书之小半。此本也就实际上近于重编之本。

其中插入原节录各条间的，替者 3 条，增者 11 条：4—5 间增 1 条熊执易；6—7 间增 1 条高锴第一榜；15—16 间增 1 条曲江亭子(其下误未另行，紧接 16 压倒元白，即将两条误成了一条)；23—24 间增 1 条彭伉湛贲；24—25 间替 1 条，替换 34 滕王阁序；57—58 间增替共 3 条：日试万言王璘、姚岩杰(替换 122 尺八空喉)、十姓胡中第六胡；83—84 间增替 2 条：十离诗(替换)、天荒解；93—94 间增 4 条：王起再主文、李元宾、王勮、李白白莲花序；115—116 间增 1 条大中二年。

其中集中录载于卷末的 26 条中，第 3 条替换 19 樱桃宴，第 14 条替换 123 红儿，馀皆新增。

按：《唐人说荟》乾隆五十七年(1792)首由挹秀轩版刻行世。当莲塘居士陈世熙辑刊此丛书时，收有《唐摭言》足本的《雅雨堂藏书》早已刊行，七阁《四库全书》亦均已抄就。但增补入《说荟》的

《摭言》事条,却并非直接录自原书,而是从类书转录的。其最主要的来源,乃是《太平广记》。如卷末第6条以"裴晋公"为"晋国公裴度",第8条以"奇章公"为"牛僧孺",皆《广记》卷一九九、卷一八〇所改。第9条"费冠卿元和二年及第"末句"冠卿竟不应征命",仅见于《广记》卷一八〇,而为原书所无。第11条"崔郾侍郎既拜命于东郡试举人"条条末记事"崔郾东都发榜,西都过堂。杜紫微诗曰:'东都发榜未花开,三十三人走马回。秦地少年多酿酒,即将春色入关来。'"在原书为另一条,分见卷六、卷三,《广记》卷一八一才合为一条。乃至如第12条"咸通十二年礼部侍郎高湜知举",本是孙光宪《北梦琐言》卷二中的文字,"出《摭言》",为《广记》卷一八三录入时误注。凡此,皆是其所补系从类书转录的有力证据。《说荟》本还对《类说》《稗海》本某些事条作过校改,其校改的依据亦是《广记》。

《说荟》本增补的事条中,有2条不见于今本《唐摭言》:卷末第4条:"唐进士杏花园初会,谓之探花宴。择少俊二人为探花使,遍游名园,若他人先折得花,二人皆受罚。"第5条:"安定郡王立春日作五辛盘。"前一条,宋陈景沂《全芳备祖》前集卷一〇、宋谢维新《古今合璧事类备要》别集卷二八,皆注出《摭言》;后一条,宋祝穆《古今事文类聚》前集卷六注出《摭言》,当即增补之所依据。然而其所注出处却是错的。前一条实乃唐李绰《秦中岁时记》的遗文,见《绀珠集》卷一〇、《类说》卷六所录。后一条祝穆《古今事文类聚》原所载全文:"安定郡王立春日作五辛盘,以黄柑酿酒,谓之洞庭春色。坡诗云:'辛盘得青韭,腊酒是黄柑。'(《摭言》)"引及"坡诗",即苏轼苏东坡诗,怎么会是《摭言》文字?苏轼《洞庭春色》诗前小引:"安定郡王以黄甘酿酒,谓之洞庭春色,色香味三绝,以饷其犹子德麟,德麟以饮予,为作此诗。"宋施元之注:"安定郡王,名世准,字君平。……时以保静军留后为安定郡王。元祐八年薨。”①

24—25 间替换原 34 滕王阁序的“王勃”条,与见于《类说》卷三四录《摭遗·滕王阁记》、祝穆《古今事文类聚》前集卷一一和陈元靓《岁时广记》卷三五录《摭言》,有相同处。《岁时广记》所署出处,李剑国、程毅中皆认为系《摭遗》之误。② 然开首数语:“文中子之孙,早负俊声。其父福畤官洪都,勃自汾省觐,舟次马当,阻风涛不得进。”诸书不见,据甚替换未详。行文与明末严衍《资治通鉴补》卷二〇〇龙朔元年九月壬子条“附录”、褚人获《隋唐演义》卷一五第七十一回多同,③其所据当是明末清初犹尚行世的某一误署出“《摭言》”的文本。褚人获《坚瓠集》续集卷二“表逸”:“书传中有载其事而轶其名者甚多,如……都督阎公之壻、会滕王阁欲作赋者,乃吴子章,见《摭言》。”④褚草此则笔记与书该回演义,所据当同,其书名即作《摭言》,可证。

四、《类说》本的姊妹本——《绀珠集》本

此外,与《类说》类似,另有旧题朱胜非编集之《绀珠集》,也曾对《摭言》作过节录,见卷四。两相比较,《类说》124 条,《绀珠集》80 条。《类说》中有 52 条为《绀珠集》所未录,《绀珠集》中也有 9 条为《类说》所未录。相重部分,其拟题或所节选的文字,多数彼此有异,但也有一些事条几乎相同。是宋人留下的值得注意的另

---

① 《苏轼诗集》卷三四,清王文诰辑注,孔凡礼点校本,中华书局,1982 年,第 1835 页。

② 李剑国《唐五代志怪传奇叙录》,南开大学出版社,1983 年,第 588 页。程毅中《古体小说钞》宋元卷,中华书局,1995 年,第 179 页。

③ [明]严衍《资治通鉴补》卷二〇〇,光绪二年盛氏思补楼校印本,叶 27A。[清]褚人获《隋唐演义》卷一五,清康熙中四雪草堂刊初印本,叶 8B。

④ 《坚瓠续集》卷二,清康熙间刻本,叶 25A。

一部一卷本。

彼此有异,如两者同录原书卷一《述进士下篇》,《类说》拟题“进士称谓”,《绀珠集》拟题“进士谱”。同录卷一〇《海叙不遇》“赵牧”条,《类说》62 仅录引语“赵牧效李长吉为短歌,可谓蹙金结绣而无痕迹”19 字;《绀珠集》54 除此引语外,又录其下《对酒》全诗 127 字,引语“为短歌”作“为歌诗”,“可谓”作“自谓”,无“而”字。同录卷一五《旧语》门,《类说》99 录“一曰”“二曰”全部正文 30 字,《绀珠集》72 仅录正文一句 4 字并句下注文 40 字。同录方干佚事,《类说》32 录卷四《师友》“方干师徐凝”条,拟题“草里论”,《绀珠集》31 录卷一〇《韦庄奏请追赠不及第人近代者》“方干桐庐人也”条,拟题“方三拜”,原书重见的“把得新诗草里论”,遂为两者所同录。凡此都表明,两者都直接录自原书,不存在彼此互相抄袭的问题。

提要谓《类说》所载,“每书虽经节录……未尝改窜一词”,虽不免有些夸大,但“改窜”不多不大,确是事实。与《类说》相较,《绀珠集》臆改臆添的文字就多得多了。如第 1 条:“薛保逊好行巨编,自号金刚杵。太和中,公卿之门贡士卷轴填委,率为阍人脂烛之费,两相告语,求保逊所投。”节录自原书卷一二《自负》,末二语原作:“因之平易者,曰:‘若薛保逊卷,即所得倍于常也。’”《类说》73“因之”作“因见”,仅有一字之差,或系缘于文献流传中的舛讹。又如第 24 条:“张倬者,柬之孙,数举进士不第,捧《登科》顶戴之曰:‘此即千佛经也。’”节录自原书卷一〇《海叙不遇》“张倬”条,“数举进士不第”,原作“尝举进士落第”,《类说》55 节作“落第”。《摭言》此条源自封演《封氏闻见记》卷三《贡举》,此语本作“时初落第”。足见“数举”云云确系《绀珠集》臆改。

也有将原记载任意分合的情况。如第 3 条:“唐太宗贞观中私幸端门,见新进士缀行而出,喜曰:'天下英雄入吾彀中矣。'时人语曰:'太宗皇帝真长策,赚得英雄尽白头。'"原书非同一条。前者见卷一《述进士上篇》,"时人"以下见《散序进士》,"时人语曰"原作"故有诗云"。第21条"赵倚楼"和第77条"风骚将",在原书却又同是一条,见卷七《知己》"杜紫微"。《类说》41也只录于拟题"赵倚楼"的一条之下,而《绀珠集》却录在了相隔56条的两处。

此外,《类说》第28条"韦蟾题诗",《绀珠集》也曾节录,拟题"虞姬婿",误载于卷四《云溪友议》中。《云溪友议》在卷内恰位于《摭言》紧前。又《类说》第42条"太白星精"与《绀珠集》第80条"金龟换酒",同记李太白、贺知章间佚事,前者载贺谓李"可不是太白星精耶",确节录自原书卷七《知己》。后者载贺称李"谪仙人",原书无,实节录自《本事诗·高逸》。《绀珠集》节录之《本事诗》载于卷九,而本条又误羼于卷四《摭言》中。

两者虽都直接录自原书,并未互相抄袭,但在基本录成之后,彼此之间似乎又曾有所参照,作过补录。如《类说》第107条"温宪淹屈"、《绀珠集》第26条"述温宪屈",皆录自原书卷一〇《海叙不遇》:"温宪先辈,庭筠之子,光启中及第,寻为山南从事。辞人李巨川草荐表,盛述宪先人之屈,略曰……"是述"宪先人"即温庭筠,而非温宪本人之屈。而两者皆错为"述温宪屈",而且在节录的正文中同用"李巨川表述其(绀作宪)淹屈"语,而"淹屈"一词亦不见于原书。又如《类说》第121条"嗜煎饼"、《绀珠集》第57条《一饼熟成一韵诗》,拟题虽异,录文却几同,皆有"一饼熟,成一韵诗"语。原书见卷一三《敏捷》:"段维晚富辞藻,敏赡第一。常私试八韵,好吃煎饼,凡一个煎饼成,一韵灿然。"按:"八韵",律赋也。"一韵灿然",谓完成赋一韵也。两者皆误"赋"为"诗"。如果彼此不曾参照,怎能有错得如此符同一致的巧合?

那么,究竟是谁参照了谁?《类说》编定于绍兴六年(1136),见曾慥自引,刊行于绍兴十年庚申(1140),见宝庆刻本叶时序,皆载天启本书首。而《绀珠集》的刊行,据绍兴七年丁巳(1137)王宗哲序,是"建阳詹公寺丞出镇临汀,仆幸登其门,一日出示兹集,俾之校勘讹舛,将命工镂板,以广其传"。此"建阳詹公寺丞"名尚。《永乐大典》卷七八九三录《临汀志》,其郡守题名载:"詹尚:绍兴六年八月二十一日,以左朝请大夫知。七年九月二十日,宫祠。"(2B)则《绀珠集》的刊行,即绍兴七年(1137)也。《类说》编定在前,曾慥本人于《绀珠集》无从参照。《绀珠集》整理镂板之日,《类说》尚未刊行,对之同样无从参照。上揭"温宪淹屈""嗜煎饼"二例,不仅对原书内容理解有误,而且于行文亦殊多臆改,与曾慥不轻率改窜原词的一贯作风,也迥然有异,而与《绀珠集》的文风倒颇能合拍。或者绍兴十年《类说》刊版时,书铺曾擅自参照《绀珠集》作过增补耶?更不排除后续刊行者操作的可能。

五、一卷本的文献学价值

由于十五卷足本基本完整存世,《摭言》一卷本用作制度史、文学史、社会习俗和思想史直接研究资料的价值极低,然而在其所从出的母本《摭言》的整理或研究中,则仍然具有不容忽视的、必须借以参考的文献学价值。

尤其是《类说》本和《绀珠集》本,由于是宋人当年直接录自原书的删节本,若与今足本对勘,可以发掘出一些有助于了解原书原貌的异文。

《摭言》卷一三《矛盾》"章孝标及第后,寄淮南李相曰"句下有注:"或云寄白乐天。"此注,可能是作者自注,更可能是南宋刻本所加。《太平广记》卷二五一“章孝标”条引录无此注,《类说》第93条节录,则径作“章孝标及第后寄白乐天曰”。表明南宋流传的《摭言》,绝不止一个文本。同卷《敏捷》:“山北沈侍郎主文年,特召温飞卿于帘前试之,为飞卿爱救人故也。”《类说》第87条作:“温飞卿喜为人代笔,沈侍郎主文,特召飞卿帘前试之。”行文后先有异。《绀珠集》第66条作:“温飞卿文思甚敏,喜为人假手,沈侍郎主文,移飞卿帘前试之。”《绀珠集》喜改字,其原文或与《类说》相近,而与今足本之母本则非同一文本。卷三《慈恩寺题名游赏赋咏杂纪》:杨汝士“诗后成,元、白览之失色”。《类说》第16条,“失色”作“叹服”,《绀珠集》第13条同。谢维新《事类备要》前集卷三九、卷四四、祝穆《事文类聚》前集卷二八、别集卷一〇重复引录此条,亦或作“叹服”,或作“失色”。当亦文本非一所致。

卷七《起自寒苦》:“王播,少孤贫,常客扬州惠昭寺木兰院,随僧斋餐。诸僧厌怠,播至,已饭矣。……”《太平广记》卷一九九“王播”条略同,仅“诸僧厌怠,播至,已饭矣”,作“后厌怠,乃斋罢而后击钟”,差别稍大。而《绀珠集》第20条则出入颇甚,“僧颇厌”下:“一日,播出,度其未回,而先饭讫,乃鸣钟鱼。……”不仅较《类说》第36条,也较原书多出许多。南宋高、孝间施元之注苏轼《石塔寺》诗引《摭言》,却又与《绀珠集》几乎全同。[1] 深可注意。卷十一《怨怒(戆直附)》“朱湾别湖州崔使君书”条,别无领语,而《绀珠集》所录则作:“唐朱湾,有逸才,别湖州崔使君书,时所传诵。其略云……”“有逸才”“时所传诵”,当是原书原有之语。而此句除“唐”字外,即原书之领语也。

卷二《争解元》“君有何嘉句”(5A),“嘉句”,学津同,摛藻、啸

① 《苏轼诗集》卷三五,第1897页。

园作“佳句”。“佳”“嘉”虽或可通用,然《类说》第8条、《绀珠集》第8条皆作“佳句”。可证原书实书作“佳”。卷三《慈恩寺题名游赏赋咏杂纪》“两头娘子谢夫人”(14B),“谢”,诸本同,《类说》第18条拟题、正文皆作“拜”,阮阅《诗话总龟》卷三录、祝穆《事文类聚》前集卷二七引亦皆作“拜”,明《类说》所据原书确作“拜”。卷一三《矛盾》:“方干姿态山野,且更兔缺,然性好陵侮人。”(4B)《类说》第94条作“方干瘦而兔缺,性好侮人”。首句,《稗海》作“方干瘦貌兔缺”,《太平广记》卷二五七“李主簿”条作“方干姿态山野,且又兔缺”。互相参照,“更”或系“瘦”形近致误,原书此句或当作“方干姿态山野,且又瘦而兔缺”。

卷三《宴名》:原书罗列“大相识”“次相识”“小相识”“闻喜”“樱桃”“月灯”“打球”“牡丹”“看佛牙”“关宴”,凡10项(4B)。《类说》第13条“宴名”,则谓“宴名有九”,并逐一列举,“六曰月灯”,下接“七曰牡丹”,其间无“打球”。《绀珠集》第11条拟题即作“宴名有九”,正文亦逐一予以列举,“六曰日月灯。月灯者,阁名也;又曰月灯者,打球”。其下接“七曰牡丹”。“日”字疑衍。都表明“月灯”“打球”系同一宴,可证今所传足本于两者间以空格隔开之误。卷一五《旧话》门标题“旧话”,书首总目作“旧语”,似未见有人曾作本校。《类说》第99条拟题和正文皆作“旧语”,《绀珠集》第72条仅录正文一句并句下注文,其引语亦作“旧语谓”,均可作据总目校正标题之误的有力佐证。

《稗海》本刊行于《类说》天启刻本前,保留《类说》节录的原貌较多,已详前述,它在《摭言》校勘整理中的参照作用,也可不必再多言。值得注意的是,在明末清初一段相当长的时间内,《稗海》本的影响实际上远较《类说》为大,人们征引《摭言》,无足本可据,多据此本。清初吴景旭《历代诗话》卷五八“崖蜜”条:“《摭言》云:唐新进士尤重樱桃宴。乾符中，刘潭及第，时樱桃初出，和以糖酪，人享蛮画一小盎，不啻数升。”[①]引文中“刘潭”系“刘覃”之误，《类说》不误，其误乃始于《稗海》的误改。类似这样遭商濬误校误改而为清初学者征引的一些事条，遂往往被后人认作《摭言》的异文。由此造成的混乱，在《摭言》的校勘整理中，亦可借《稗海》本予以追溯厘清。

卷三《慈恩寺题名游赏赋咏杂纪》“白乐天一举及第”条《性习相近远赋》赋头：“下自人，上达君，咸德以慎立，性由习分。”《类说》第29条“慎立”作“顺立”，仅有一字差异。《稗海》则将“达君咸”误校作“达由君成”，此句标点遂为：“下自人上，达由君成，德以顺立，性由习分。”原书各种版本中，仅《学津讨原》本作了同样校改，上海古籍出版社点校本又据《学津讨原》以改底本雅雨堂本。

卷七《好放孤寒》：“李太尉德裕颇为寒进开路，及谪官南去，或有诗曰：‘八百孤寒齐下泪，一时南望李崖州。’”“寒进”，《类说》第40条同，《稗海》臆改作“寒畯”。清初学者为晚唐诗作注引及《摭言》此条，亦作“寒畯”。如李商隐《李卫公》：“绛纱弟子音尘绝，鸾镜佳人旧会稀。今日致身歌舞地，木棉花暖鹧鸪飞。”冯浩注：“徐曰：《唐摭言》：‘李德裕颇为寒畯开路。’与首句合。”[②]徐指徐逢源湛园，亦清初人，与冯浩同时，稍前。汪遵《题李太尉平泉庄》：“平泉花木好高眠，嵩少纵横满目前。惆怅人间不平事，今朝身在海南边。”“海南边”下，殷元勋、宋邦绥注：“《摭言》：德裕颇为寒畯开路，及南迁，或有诗曰……”[③]殷、宋亦清初人。所引实皆《稗海》本。在《摭言》各种版本中，亦仅《学津讨原》本作“寒畯”，并为上海古

---

① 景旭《历代诗话》卷五八，影印文渊阁《四库全书》本，叶5A。

② 《玉溪生诗集笺注》卷二，标点排印本，上海古籍出版社，1979年，第315页。

③ 《才调集补注》卷三，乾隆五十八年宋思仁刻本，叶34B。

籍出版社点校本所据以改底本。

卷一二《轻佻》：李白《戏赠杜甫》曰："长乐坡前逢杜甫，头戴笠子日卓午。借问形容太瘦生，只为从来作诗苦。""长乐坡前"，《类说》第75条同，《稗海》校改作"饭颗山前"。《李太白全集》卷三〇"诗文拾遗"《戏赠杜甫》："饭颗山头逢杜甫。""饭颗山头"下王琦校注："《摭言》作'饭颗山前'，一作'长乐坡前'。"[①]从其校注所引来看，似乎《摭言》原本确有作"饭颗山前"者。其实，李白此诗，南宋蔡梦弼会笺的《杜工部草堂诗笺》外集已予辑录，亦有校注，于"饭颗山头逢杜甫"下只注："《唐摭言》作'长乐坡前逢杜甫'。"并未提到另有作"饭颗山前"者。[②] 是南宋之人所见《摭言》，与今本同也。《外集》注所引《摭言》，王琦未见原文，故只注"一作"。其所注"《摭言》作'饭颗山前'"的依据，说穿了，无非是《稗海》的一卷本。其实，王琦录此诗和商濬改此句的依据，同是《本事诗》。只是由于商濬只改了"长乐坡"3字，而留下"前"字未改，遂被认作异文而予校注。王注李《集》乾隆二十三、四年镂板，《摭言》雅雨堂足本的刊行虽在其前二三年，但王琦属草之日似尚来不及加以利用。在《摭言》各种版本中，《雅雨堂藏书》本、《四库全书》本、《啸园丛书》本皆作"长乐坡前"，只《学津讨原》本作"饭颗坡前"，上海古籍出版社点校本又据之对底本作了校改。

（2014年9月4日初稿，2017年8月4日修订）

---

① 《李太白全集》卷三〇，标点排印本，中华书局，1977年，第1403页。

② 《集注草堂杜工部诗外集》，《古逸丛书》本，叶4B。

《南部新书》溯源简论

《南部新书》一书的内容,作者亲历者绝无,亲闻者绝少。

作者钱易生活的年代,主要在北宋真宗朝,而《南部新书》所载,百分之九十五以上为唐、五代事,绝不可能亲历,所闻也只可能是隔代传闻。其所撰述,依据的是前人或时人的现成著作。

其子钱明逸《南部新书序》:“先君尚书,在章圣朝祥符中,以度支员外郎直集贤院,宰开封。民事多闲,潜心国史。”其直集贤院,始于大中祥符二年末或三年;宰开封,约大中祥符五年秋冬。馆职使他有了广泛阅读馆阁丰富藏书的方便,以馆职知赤县“民事多闲”又使他有了较丰裕的时间,得以从事撰述。宋初总结前代文献的几部大书,《太平广记》《太平御览》《文苑英华》《开宝大藏经》,已分别修成于太平兴国或雍熙年间,《册府元龟》亦修成于大中祥符六年八月。这些,都使他的撰述,方便之中增添了更多的方便。

钱易撰述所依据的前人或时人著作都有哪些呢?

一、源自国史的内容分量不轻

笔记与史,在内容上是否有不可逾越的鸿沟?作为笔记小说林薮的《太平广记》,其书首所附“引用书目”中,即列有《史记》《汉书》《后汉书》《三国志》《晋书》《宋书》《后魏书》《唐史》等正史，其他史书更多。《唐语林》书首“原序目”所列小说五十家，其中也有《唐会要》一家。表明这些史书中都含有与笔记小说相当的内容。唐修《晋书》，《世说新语》的不少内容被修进书中，《新唐书》《资治通鉴》也曾大量援用笔记小说资料。笔记《隋唐嘉话》《大唐新语》乃至《谭宾录》，其内容又都主要取材于唐之《实录》《国史》。正是有鉴于此，整理涉唐笔记小说的集大成著作《唐人轶事汇编》，在材料取舍上，遂拟定了这样一条凡例：“本书不录正史，搜采范围以唐宋人撰杂史、传记、故事、小说为主。与正史记载类同之资料，其成书在正史之前者则录入，以见正史来源；其成书在正史之后而显系采自正史者则不收。”

《南部新书》作为一部以选录前人的现成著述为主写成的笔记，其中源自国史系列的分量即相当不轻。此所谓国史，具体地说，是指《旧唐书》《旧五代史》《唐会要》《五代会要》和《太平御览》引录的《唐书》《五代史》及《册府元龟》中的唐五代部分。其源自《旧唐书》者大都集中于甲、乙、丙三卷，源自《唐会要》者以见于戊、壬者较多，而源自《旧五代史》者则多集中于癸卷。有些事条的内容，《旧唐书》《会要》往往雷同，很难准确区分究竟出于何书。不见于今本《旧唐书》《旧五代史》、唐五代《会要》，而仅见于《太平御览》《册府元龟》的事条，可能是其佚文，但也不一定全是佚文。因为在《旧唐书》《旧五代史》以外，《册府元龟》尚录有列朝《实录》乃至《唐年补录》等书，《太平御览》在《唐书》名下所录，是否全是刘昫《旧唐书》也还存有疑问。但是不管怎样，全属国史系统则无可怀疑。

甲45条：

建中末，姚况有功于国，为太子中舍人。旱蝗之岁，以俸薄不自给,而以馁终。哀哉!

此条今见《册府元龟·总录部·运命》,如下:“姚况为泾原判官,知州事。建中四年,德宗幸奉天,况发甲仗器械,车百馀辆,送至行在。及京师平,拜太子中舍人。况性简退,未尝言其功。旱蝗之岁,俸寡不自给,竟以馁终。”(895/19a)其中“送至行在”前,今亦见《旧唐书·张镒附冯河清传》(125/3549)。颇疑“及京师平”以下,亦是此传佚文。盖甲卷源自《旧唐书》者近40条,此条紧前6条,紧后5条,亦皆录自《旧唐书》,此条不应例外。《新唐书·冯河清附姚况传》当据旧传删润,作:“京师平,赠河清尚书左仆射,拜况太子中舍人。况性简退,未尝言功,属岁凶,奉稍不自给,以饥死。”(147/4755)亦可为旁证。又,甲66条:

牛僧孺三贬至循州。本传不言,漏略也。

“本传”指刘昫《唐书》的本传,今见于《旧唐书·牛僧孺传》者,似无散佚,当与之同,确仅载:“会昌二年,李德裕用事,罢僧孺兵权,征为太子少保。累加太子少师。大中初卒,赠太子太师,谥曰文贞。僧孺少与李宗闵同门生,尤为德裕所恶。会昌中,宗闵弃斥,不为生还。僧孺数为德裕掎摭,欲加之罪,但以僧孺贞方有素,人望式瞻,无以伺其隙。德裕南迁,所著《穷愁志》引里俗犊子之谶以斥僧孺,又目为太牢公,其相憎恨如此。”(172/4473)不只本传,本纪亦压根未载牛僧孺之贬。“牛僧孺三贬至循州”事,见李珏《牛僧孺神道碑》、杜牧《牛僧孺墓志铭》。此条隔前一条,即甲64条载驸马都尉郑潜曜孝行,源出独孤及《郑驸马孝行记》,文载《文苑英华》卷八三〇。而牛僧孺的《碑》《志》则分别载于《文苑英华》卷八八八和卷九三八。当是在阅读《文苑英华》时,于录载郑潜曜事先后,写下这一事条的。从中亦可见,在《南部新书》撰写过程中,对于《旧唐书》的重视和用力之勤。

《旧唐书·姚崇传》记载玄宗行幸东都前夕,因太庙屋坏引起的一场讨论:"玄宗将幸东都,而太庙屋坏。上召宋璟、苏颋问其故,璟等奏言:'陛下三年之制未毕,诚不可行幸。凡灾变之发,皆所以明教诫。陛下宜增崇大道,以答天意,且停幸东都。'上又召崇问曰:'朕临发京邑,太庙无故崩坏,恐神灵诫以东行不便耶?'崇对曰:'太庙殿本是苻坚时所造,隋文帝创立新都,移宇文朝故殿造此庙,国家又因隋氏旧制,岁月滋深,朽蠹而毁。山有朽坏,尚不免崩,既久来枯木,合将摧折,偶与行期相会,不是缘行乃崩。且四海为家,两京相接,陛下以关中不甚丰熟,转运又有劳费,所以为人行幸,岂是无事烦劳?东都百司已作供拟,不可失信于天下。以臣愚见,旧庙既朽烂,不堪修理,望移神主于太极殿安置,更改造新庙,以申诚敬。车驾依前径发。'上曰:'卿言正合朕意。'"(96/3025)丁11条:"长安太庙殿,即苻坚所造。"即源于此。类似这样节取长篇议论或大段记事中的片言只语以为事条或事条主体的现象,书中时有所见,而以源于国史系列者为较多。如:"长安令李济得罪因奴,万年令霍晏得罪因婢。"(甲44。源自《旧唐书·张镒传》)"巷议街谈,共呼坊门为宰相。"(丙24。源自《唐会要》卷四三《水灾》)"蕃中飞鸟使,中国之驿骑也。"(乙75。源自《唐会要》卷九七《吐蕃》)可见一斑。

经粗略统计,源自国史系列的事条共243条,约占全书共863条的28%强。确实分量不轻。《唐人轶事汇编》的编者由于忽视了《南部新书》渊源所自的这一特点,遂将不少显系采自《旧唐书》《旧五代史》的记述搜录进了书中,笔者发现的即近50条,从而违背了自家拟定的凡例。

源自国史系统事条一览：

甲卷：1、2、7、8、10、11、17、20、21、22、23、28、30、32、33、34、35、36、37、39、40、41、42、43、44、45、46、47、48、49、50、51、52、56、57、58、59、60、61、62、63、65、69、73、74、75、76、77、78、82、83、84、85

乙卷：1、2、5、6、7、10、13、14、15、16、17、21、22、23、26、27、28、38、42、44、46、47、50、51、56、58、59、60、62、63、68、69、70、71、72、75、77、78、81、82、84、85

丙卷：1、2、3、4、5、6、7、9、10、13、14、15、16、17、18、19、20、22、23、24、28、29、33、34、50、51、53、54、56、58、60、63、65、66、67、70、72、77、80、85

丁卷：1、2、6、11、15、16、29、36、37、43、44、45、46、47、48、51、57、58、59、61、75、76、80

戊卷：2、3、4、6、8、9、12、17、23、24、25、26、27、28

己卷：3、4、42、48、51、52、53、67、73

庚卷：2、21、22、23、30、33、39、50、61、62、83

辛卷：7、23、24、25、26、30、37、67、69、70、74

壬卷：5、7、9、10、11、13、14、18、19、27、28、33、34、36、40、41、42、43、46、47、53、65、66、73

癸卷：26、34、35、36、37、38、57、58、59、60、61、62、63、64、65、75、78、83、86

二、径录《广记》的笔记几占半数

《太平广记》为小说林薮。太平兴国二年三月奉敕撰集，次年八月书成奏进，奉敕送史馆。太平兴国六年正月奉旨雕印板，后以言者谓非后学所急,乃收板贮太清楼。而送史馆之本见在,在馆阁中阅读仍极方便。《南部新书》源于笔记小说部分,直接录自《广记》者几占半数。

如书中源自刘餗《国史纂异》(即《隋唐嘉话》)的3条,其丁68"元行冲在太常"条虽无确据,而另外2条却都留有可资佐证的痕迹。如戊71条:

> 明皇为潞州别驾,有军人韩凝礼,自谓知五兆,因以食箸试之。既而布卦,一箸无故自起,凡三偃三起。(按:"知五兆"之"知",粤雅作"知",文渊作"明",学津作"之",疑祖本漫漶)

原书、《广记》与之彼此有一些异文,而关键词,《广记》"知五兆"(135/972)较之原书"知兆"(下/46)显然与本书更为接近。

己49条:

> 贞观中,尚药奏求杜若,敕下度支。有省郎以谢朓诗云"芳洲采杜若",乃委坊州贡之。本州曹官判云:"坊州不出杜若,应由读谢朓诗误。郎官作如此判事,岂不畏二十八宿笑人耶?"太宗闻之,大笑。改授雍州司法。

《广记》卷四九三"度支郎"录《国史》(汪校:"明钞本、陈校本作出《国史纂异》。"),一字不差(4048)。然见于今本《隋唐嘉话》卷中者,却行文全异:"宋谢朓诗云:'芳洲多杜若。'贞观中,医局求杜若,度支郎乃下坊州令贡。州判司报云:'坊州不出杜若,应由谢朓诗误。'太宗闻之大笑。判司改雍州司法;度支郎免官。"(20)或者《广记》所据本与今本祖本非同一版本,却可证《南部新书》此条确系直接录自《广记》。

此外,再未发现有源自《嘉话》而为《广记》所未录的事条。这是更强有力的证据,表明书中源自《嘉话》的事条并非直接录自于原书。

源自张鷟《朝野佥载》者共12条,亦全见《广记》引录。4条今本未载,即据《广记》补辑。其中录于戊卷的4条(戊60、61、62、67),与同在此卷的其前后共13条(戊59-71),实际上都自《广记》转录。其原书除《佥载》外,尚有《三水小牍》《广德神异录》《北梦琐言》《广异记》《纪闻》《卢氏杂说》《杜阳杂编》《真陵十七史》《国史纂异》。除《北梦琐言》《卢氏杂说》《杜阳杂编》外,其余6种皆无从《广记》之外录入的事条。源自此三书的事条,虽然并非全从《广记》转录,而此卷此处却是直接从《广记》录入的,详下。

丁卷26-44条也是比较集中地直接录自《广记》的例证:

26条	《广记》卷一六九	出《乾䐓子》
27	一六八	《尚书故实》
28	一六八	《北梦琐言》
29	一六九	《谭宾录》
30	一六七	《乾䐓子》
31	一六九	《广人物志》
32	一六九	《朝野佥载》
33	一六五	《谭氏史》
34	一六九	《定命录》
35		(未详所自)
36	一八六	《唐会要》卷七四
37	一八七	《唐会要》卷五一
38	一八七	《国史补》

39(后半)	一六七	《谭宾录》
40		(未详所自)
41	一八七	《卢氏杂说》
42	一八七	《卢氏杂说》
43		(未详所自)
44	一八六	《唐会要》卷七四

这些前后紧相连的事条,除未详所自者外,共16条,源自11种书,本是相当分散的。由于曾被《广记》引录于邻近的数卷,《南部新书》才能这样方便地将之集中转录在一处。其中《乾𦠆子》《谭宾录》《广人物志》《朝野佥载》《谭氏史》《定命录》6种,皆未见另有从《广记》之外录入的事条。

源自《国史补》的丁38条:

> 长庆初,每大狱,有司断罪,又令给事中、[中]书舍人参酌出入,百司呼为参酌院。今审刑院,即其地也。

关键句,原书作"又令中书舍人一员参酌而出之"(下/50),《广记》作"又令给事中、中书舍人参酌出入之"(187/1398)。全书源自《国史补》者共14条,4条未见《广记》引录,可信录自原书,而本条却直接转录自《广记》。

源自《会要》的3条,丁36、丁37,原书一在卷七四,一在卷五一,《广记》却在相邻的卷一八六、卷一八七。丁44末句:"时人曰:'前有裴、马,后有卢、李。'裴即行俭,马即马戴,李即朝隐。"原书:"时人曰:'前有裴、马,后有卢、李。'谓裴行俭、马戴、李朝隐。"(1594)"谓"以下为注文。《广记》:"时人曰:'前有裴、马,后有卢、李。'裴即行俭,马谓戴,李谓朝隐。"(1390)也表明确自《广记》直接转录。

全书源自《北梦琐言》的共25条,6条未见《广记》引录,当直接录自原书。但如庚77条:

> 沈询有嬖妾,其妻害之,私以配内竖归秦,询不能禁。既而妾犹侍内,归秦耻之,乃挟刃伺隙杀询及其夫人于昭义使衙。是夕,询尝宴府中宾友,乃更歌著词令曰:"莫打南来雁,从他向北飞。打时双打取,莫遣两分离。"及归而夫妻并命。时咸通四年。

原本行文甚异:"唐沈询,侍郎亚之之子也。……询镇潞州,宠婢,夫人甚妒,因配与家人归秦。其婢旦夕只在左右,归秦惭恨,伺隙剸刃于询,果罹凶手。杀归秦以充祭,亦无及也。"(12/97)而《广记》所载却几乎全同。表明在据原本录入的同时,也曾从《广记》转录。上揭丁28条亦是其从《广记》转录的一事例。

《卢氏杂说》今仅存残本。源自此书者共16条,13条亦见《广记》引录,2条见《类说》卷四九节录,另1条曾为《云麓漫钞》卷三引据。源自《尚书故实》者共12条,未见《广记》引录的7条集中见于乙、丙两卷。两书都从原书录入,但上揭丁27、丁41、丁42、戊68诸条也绝不排除其有从《广记》直接转录的可能。

丁39条:

> 李翱在湘潭,收韦江夏之女于乐籍中;赵骅亦于贼中赎江西韦环之女。或厚给以归亲族,或盛饰以事良家。此哀孤之上也。

此条已经过改写。仅后半源出《谭宾录》的赵骅事直接转录自《广记》,前半李翱事源出范摅《云溪友议》卷上《舞娥异》(20),《广记》却未曾引录。《南部新书》中源自《谭宾录》的事条有十,皆见《广记》引录;源自《云溪友议》的事条有五,仅二条亦见《广记》引录。李翱事当是据原书先已录存,而在又从《广记》录入赵骅事后,感到两者内容相近,遂予合并改写的。另,丁13条似也值得一谈:

有李参军者,善相笏,知休咎必验,呼为李相笏。又有龙复本者,无目,凡有象简竹笏,以手捻之,必知官禄年寿。

李参军事源出《逸史》,龙复本事源出《剧谈录》,《广记》引录于卷二二四,不仅同卷,且前后紧挨。源于两书的两条记载,由于《广记》已经录为一前一后两条,位于一处,才被《南部新书》节录为一条的。

源自段成式《酉阳杂俎》者共26条,4条未见《广记》引录,可信此书系从原书录入,然亦不排除同时也有径从《广记》录入者。庚26、庚28、庚34、庚78,原书分别载《续集》卷八、《续集》卷二、前集卷一四、前集卷一七,《广记》皆引录于卷四七七,另有庚5,原书载《续集》卷三,《广记》引录于卷四七六,而在《南部新书》中,则同载于庚卷一卷之内,即透露出了径从《广记》录入的信息。

可见,《南部新书》中源自前人笔记小说的内容,有从原书录入的,也有径从《太平广记》转录的。即使从原书录入,也绝不排除同时亦有径从《广记》转录者。粗略估计,径从《广记》录入的部分,几近半数。

全从《广记》转录诸书一览:(共43种)

《朝野佥载》(丁32　戊60、61、62、67　己55　庚12、31、32、58、

69　辛55）
《大唐传载》（丙77　丁17、79　庚55　辛16、59、60、61、62、63　壬70）
《谭宾录》（丙7、64　丁4、29、39　戊81　庚2　辛24、56、58）
《乾膜子》（丁26、30　戊43　庚47、54）
《玉堂闲话》（丙76　丁74　己13　庚51　癸66）
《御史台记》（甲31　丙64　庚11　辛50）
《玉泉子》（丁72　辛57　癸15、16）
《定命录》（丁14、34　壬68　癸52）
《隋唐嘉话》（丁68　戊71　己49）
《纪闻》（戊66、89　庚3）
《宣室志》（己13、58　庚4）
《广异记》（戊65　己12　庚65）
《稽神录》（辛38　壬71　癸70）
《嘉话录》（庚66　辛52）
《戎幕闲谈》（己52　辛5）
《三水小牍》（甲25　戊59）
《剧谈录》（乙48　己18）
《投荒杂录》（庚79　辛14）
《录异记》（庚81　壬75）
《原化记》（己13　辛53）
《冥报记》（己28　庚10）
《本事诗》（戊38　壬54）
《杼情集》（庚76　辛4）
《两京新记》（丁12）
《谭氏史》（丁33）

《真陵十七史》(戊70)

《广人物志》(丁31)

《无双传》(甲68)

《南楚新闻》(丁78)

《妖乱志》(丁63)

《启颜录》(辛80)

《灵怪集》(丙12)

《续玄怪录》(己13)

《前定录》(庚83)

《续定命录》(乙55)

《感定录》(庚40)

《报应记》(庚45)

《广德神异录》(戊63)

《述异记》(己12)

《纂异记》(壬1)

《集异记》(壬76)

《祥异集验》(己17)

《法苑珠林》(己78)

《两京道里记》(己15)

录自原书,可能同时又径自《广记》转录诸书一览(有*号者系《广记》未加引录事条):

《酉阳杂俎》(乙8*、12　丙49　戊75*、83　己14、27、31、82　庚5、6、26、28、34、42、46、53、56、78　辛16*、32、48　壬51、52*、56、57)

《北梦琐言》(乙32*、74　丙80、84　丁28、55、62*、77、81　戊64　己63*、69　庚1、15、77*　辛6、31、49、65、66*、82　癸

23、71、80*、84)

《独异志》(甲 87* 乙 83*、86 丙 21*、79 己 39、50 庚 84* 辛 29 癸 39*、40*、41*、42*、43、44*、46*、47、48*、49、50、51*、52、55*)

《卢氏杂说》(丙 75 丁 21、41、42 戊 68 辛 51、81 壬 6、77 癸 12*、13*、25、27、29*、30、32)

《国史补》(乙 9*、73 丁 38 戊 15*、53、54、55、56、57、58 己 11 辛 47 癸 14*、53*)

《尚书故实》(甲 9 乙 43、45、59*、73* 丙 25*、26*、32*、33*、37*、38 丁 27)

《杜阳杂编》(乙 85* 丙 62 戊 69、82 庚 7*、67 壬 5)

《因话录》(甲 13、14、15、16*、18* 己 64* 壬 69)

《开天传信记》(甲 35、79、80* 壬 12*、25、29、31)

《大唐新语》(乙 87 戊 7 庚 68 壬 60*、61*)

《云溪友议》(乙 31 丙 85* 丁 39* 己 32* 壬 15)

《幽闲鼓吹》(戊 1、50*、52 己 20)

《松窗杂录》(甲 27*、38*、55*、72*)

《岭表录异》(戊 13*、14* 庚 59*)

《芝田录》(己 65*)

有一类笔记,如《封氏闻见记》《资暇集》《刊误》,大概过于偏重学术考辨;如《次柳氏旧闻》《东观奏记》《秦中岁时记》,大概被认为系史学著作;如《贾氏谈录》《中朝故事》《广卓异记》,当是其作者并非宋前人;如《物类相感志》,其撰成已在《太平广记》成书之后,《太平广记》皆未收录,而《南部新书》从中抄节的却颇为不少。《南部新书》并不排斥考辨,壬卷即载有作者新撰考据文字 3 条。史学著作中不乏类似小说的内容,何况又并非严格的史著。至于那些由五代或十国入宋之人的著作,更是受到特别的关注。如张洎《贾氏谈录》全书共31条,为《南部新书》节抄的竟有15条,足见其重视的程度。尤其值得注意是僧赞宁的《物类相感志》。

源于《物类相感志》的共12条,11条集中于辛卷。此书今获见者为明抄十八卷本,书名作《东坡先生物类相感志》,署"两府僧统法戒都监选练明义宗文大师赞宁编次"。《四库全书》入存目,其提要认为系"不通坊贾伪撰售欺"之作。馆臣并不否认赞宁作有《物类相感志》。在《笋谱》提要中只是说,赞宁"所著《物类相感志》岁久散佚,世所传者皆赝本"。而在方以智《物理小识》提要中又说,方书"大致本《博物志》《物类相感志》诸书而衍之"。又似赞宁书明代仍有存者。赞宁书"十卷""分天、地、人、物四门"(《郡斋读书志》后志卷二)。十八卷本不仅卷数不同,而且分天、地、人、鬼、鸟、兽、草、木、竹、石、虫、鱼、宝器金玉附十三门,绝非原本之旧,其中含有后人作伪的成分是可能的,但也不能说原书的内容已被删除净尽。赞宁书《绀珠集》卷一〇、《类说》卷二三皆有节录本,十八卷本所载,凡是在节录本中亦能找到相应记载的,可以肯定即是原书的内容。同样,《南部新书》中能在此书找见的相应事条,更不可能是伪作。

源于《物类相感志》的12条中,11条集中于辛卷,而且集中于前后紧相连接的辛39－46和辛77－79两处。辛43条:

> 懿宗赐公主出降幕,[广]三丈,长一百尺。轻亮,向空张之,纹如碧丝之贯赤珠。虽暴雨不濡湿,云以鲛人瑞香膏傅之,故尔。云得自鬼国。

见《东坡先生物类相感志》卷六"鬼部""琴瑟幕"条,全同(《存目》子116-750)。《绀珠集》《类说》节录本皆有此条,可证确源自《物类相感志》。其初始记载见《杜阳杂编》,本书直接从《杜阳杂编》录有多条,而此条却是从《物类相感志》录入的。见于《杜阳杂编》的原文,行文不甚相类,如下:

> 咸通九年,同昌公主出降……罄内库宝货以实其宅。……又有瑟瑟幕、纹布巾、火蚕绵、九玉钗。其幕色如瑟瑟,阔三丈,长一百尺,轻明虚薄,无以为比。向空张之,则疏朗之纹,如碧丝之贯真珠。虽大雨暴降,不能湿溺,云以鲛人瑞香膏傅之故也。……称得之鬼谷国。(下/53)

盖《物类相感志》的撰写,亦有类于《南部新书》,以纂辑前人现成资料为主。辛46、辛47、壬20的初始记载亦见《杜阳杂编》。壬20以"大历八年,吴明国进奉"领起。"大历八年",《物类相感志》作"唐代宗八年",而原书既无"大历"、亦无"唐代宗"字,《太平广记》所录则加有"贞元"字(480/3955)。按:原书紧前二条分别以"贞元三年""上西幸有二马"领起,"上"亦指德宗,确当作贞元八年,而《南部新书》却从赞宁书作大历八年。又如辛40条:

> 无名异,自南海来。或云烧炭灶下炭精,谓百木脂归下成坚物也。一云药木胶所成。然其功,补损立验。胡人多将鸡鸭打胫折,将此药摩酒沃之,逡巡能行为验。形如玉柳石而黑轻,为真。或有橄榄作,尝之黏齿者,伪也。验之真者,取新生鹿子,安此药一粒于腹脐中,其鹿立有肉角生,是真也。一云生东海者,树名多茄,是树之节胶采得,胡人炼作煎干。缘生异,故有多说。

见《东坡先生物类相感志》卷一四“石部”,仅个别文字略有差异。明方以智《物理小识》卷一二“神鬼方术”类“无名异剪灯御刀”条:“……赞宁云:‘无名异,出西海州,烧炭之下,百木之精也。一名药木胶。胡人折鸡胫,磨酒沃之,逡巡能行。形如玉柳石而黑轻。真者,安鹿子脐,即生肉角。一曰东海树名多茄,取节煎胶。’是则无名异,有石者、木者。”可见本条亦是赞宁书原文。又如辛39条:

> 胡桐泪,出楼兰国。其树为虫所蚀,沫下流出者。名为胡桐泪,言似眼泪也。以汁涂眼。今俗呼为胡桐律,讹也。

见《东坡先生物类相感志》卷一三“木部”。“以汁涂眼”疑有讹误,十八卷本作“可以汗金银也”。其下无“今俗呼为胡桐律,讹也”。按:初始记载见《汉书》颜师古注。《汉书·西域传·鄯善国》:“国出玉,多葭苇、柽柳、胡桐、白草。”句下颜注:“胡桐亦似桐,不类桑也。虫食其树而沫出下流者,俗名为胡桐泪,言似眼泪也。可以汗金银也,今工匠皆用之。流俗语讹,呼泪为律。”(96上/3876)阙载之语,如果不是十八卷本操办者对之作过删削,即是《南部新书》作者凭原有知识对之作了补充。

此外,辛41、辛44的初始记载见《酉阳杂俎》(1/9、16/160);辛42的初始记载见《大唐新语》(5/78),又见《旧唐书》本传(188/4924);辛78的初始记载见《国史补》(下/64),又见《太平御览》所录《唐书》(966/1B)。但仍有辛45、辛79,再加上揭辛40,共三条,未能在唐五代宋初文献中觅得相应记载。

源自《广记》未收笔记或准笔记诸书一览:

《贾氏谈录》(戊20、21　己19、21、22、56、57、74　庚20、25、36、

37 辛35、36、76)

《物类相感志》(辛39、40、41、42、43、44、45、46、77、78、79 壬20)

《景德传灯录》(己2、30、43、71 庚17、27、52 辛12、15)

《封氏闻见记》(庚71、72、73、74、75、82 辛3、28)

《东观奏记》(丁66、69、70、73、84 戊29、76)

《秦中岁时记》(乙30、40、49 丙31 丁60)

《柳氏序训》(丁23、53 壬38、58)

《金华子》(丁65 戊18、19 己40)

《次柳氏旧闻》(己38 辛10、11)

《岚斋集》(戊88 己5、34)

《刊误》(丙40、43、44)

《文武两朝献替记》(己25 庚64)

《辇下岁时记》(甲71 乙41)

《广卓异记》(丁15 己62)

《资暇集》(壬62)

《谐噱录》(丁19)

《中朝故事》(丁19)

《蜀梼杌》(己41)

《杨太真外传》(辛27)

《大宋僧史略》(戊5)

三、于白居易《集》情有独钟

《南部新书》中也有源自集部书的内容，似未引起人们的注意，也很少见有人曾加揭示。而这样的内容却是存在的，而且数量也不是太少。上文提到甲64条所载驸马都尉郑潜曜孝行,源出独孤及《郑驸马孝行记》,即是一例。此外,如己44条:"杨盈川,显庆五年待制弘文馆,时年方十一。上元三年制举,始补校书郎。尤最深于宣夜之学,故作《老人星赋》,尤佳。"即源自杨炯《浑天赋·序》。如壬16条:"肃皇赐高士玄真子张志和奴婢各一人,玄真子配为夫妻,名曰渔僮、樵青。人问其故,答曰:'渔僮使捧钓收纶,芦中鼓枻;樵青使苏兰薪桂,竹里煎茶。'志和字子同。"即源自颜真卿《浪迹先生玄真子张志和碑铭》。如庚18条:"奘法师至中印度,居那烂陀寺,馆于幼日王院觉贤房第四重阁,日供步罗果一百二十枚、大人米等。"即源自刘轲《大唐三藏大遍觉法师塔铭》。如丙45条:"玉真公主玉叶冠,时人莫计其价。"即源自李群玉《玉真观》诗。如己47条:"天宝末,韦斌谪守蕲春。时李泌以处士放逐于彼,中夜同宴,屡闻鹗音。韦流涕而叹,泌曰:'此鸟之声,人以为恶,以好音听之,则无足悲矣。请饮酒,不闻鹗音者,浮以大白。'坐客皆企其声,终夕不厌。"即源自李德裕《怀鹗赋·序》。这类文字,有些录自号称唐文渊薮的宋初诗文总集《文苑英华》,《英华》未载的,则从诗文别集或当时流传的单行文本节录,作者的涉猎面相当广。值得注意的,是对白居易的诗文作品情有独钟,从中节录或据以改写的事条竟有10条之多,集中于己卷和庚卷。己75条:

> 魏徵疾亟,文皇梦与徵别,既寤流涕。是夕,徵卒。故御制碑文云:"昔殷宗得良弼于梦中,朕今失贤臣于觉后。"

即录自《七德舞》"魏徵梦见天子泣"句下自注。己79条:

平时开远门外立堠，云西去安西九千九百里，以示戍人不为万里之行。

即录自《西凉伎》："平时安西万里疆，今日边防在凤翔。"句下自注。己77条：

永徽之理，有贞观之遗风，制《一戎衣大定》乐曲。至永隆元年，太常丞李嗣真善审音律，能知兴衰，云：近者乐府有《堂堂》之曲，再言之者，唐祚再兴之兆也。后《霓裳羽衣》之曲起于开元，盛于天宝之间。此时始废泗滨磬，用华原石代之。至天宝十三载，始诏(遗)[道]调法曲与胡部杂声，识者深异之。明年，果有禄山之乱。

则是连缀《法曲歌》各句下自注并补之以《华原磬》题注而成。《法曲歌》："法曲法曲歌《大定》，积德重熙有馀庆，永徽之人舞而咏。"句下自注："永徽之思，有贞观之遗风，故高宗制《一戎大定》乐曲也。"诗："法曲法曲舞《霓裳》，政和世理音洋洋，开元之人乐且康。"句下自注："《霓裳羽衣曲》起于开元，盛于天宝也。"诗："法曲法曲歌《堂堂》，《堂堂》之庆垂无疆。中宗肃宗复鸿业，唐祚中兴万万叶。"句下自注："永隆元年，太常丞李嗣真善审音律，能知兴衰，云：'近者乐府有《堂堂》之曲，再言之者，唐祚再兴之兆。'"诗："法曲法曲合夷歌，夷声邪乱华声和。以乱干和天宝末，明年胡尘犯宫阙。"句下自注："法曲虽似失雅音，盖诸夏之声也，故历朝行焉。玄宗虽雅好度曲，然未尝使蕃、汉杂奏。天宝十三载，始诏诸道调法曲与胡部新声合作，识者深异之。明年冬而安禄山反也。"(55)《华原磬》题下原注："天宝中，始废泗滨磬，用华原石代之。"(58)庚

14条：

> 杭州灵隐山多桂，寺僧云：“此月中种也。”至今中秋望夜，往往子坠，寺僧亦尝拾得。而岩顶崖根，复产奇花，气香而色紫，芳丽可爱，人无有知其名者。招贤寺僧取而植之，郡守白乐天尤爱赏，因名曰“紫阳花”。

则不只连缀改写，简直是以白诗及注为基本题材，结合当地传说进行的重新创作。白诗及注如下：《紫阳花》：“何年植向仙坛上，早晚移栽到梵家。虽在人间人不识，与君名作紫阳花。”题下自注：“招贤寺有山花一树，无人知名，色紫气香，芳丽可爱，颇类仙物，因以紫阳花名之。”又《留题天竺灵隐两寺》：“在郡六百日，入山十二回，宿因月桂落，醉为海榴开。”句下自注：“天竺尝有月中桂子落，灵隐多海石榴花也。”

总集中，除《文苑英华》外，比较看重高仲武《中兴间气集》。看重的不是《集》中的诗作，而是高仲武对诗人的品题。庚57：“刘晏任吏部，与张继书云：‘博访群材，揖对宾客，无如戴叔伦。’”辛2：“大历来，自丞相已下出使作牧，无钱起、郎士元诗祖送者，时论鄙之。”辛71：“孟云卿诗，祖述沈千运。”辛73：“章八元尝于邮亭偶题数言，盖激楚之词也。会严维至驿，问元曰：‘汝能从我学诗乎？’曰：‘能。’少顷遂发，元已辞家，维大异之。乃亲指喻，数年间，元擢第。”辛75：“苏涣本不平者，善放白弩，巴中号为弩跖，赍人患之。比壮年后，自知非，变节从学，乡赋擢第。累迁至侍御史，佐湖南幕，崔中丞遇害，涣遂踰岭扇动。”凡5条，皆源自《中兴间气集》。

源自集部诸书一览：

《颜真卿集》(丁10　壬16)

《刘轲文》(庚 18)

《白居易集》(己 61、75、77、79、80、81、83　庚 9、14、16)

李德裕《会昌一品集》(丙 82、83　己 47)

《玉溪生诗集》(己 66)

《文苑英华》(甲 64、86　丙 45、82、83　己 44、83)

《中兴间气集》(庚 57　辛 2、71、73、75)

《松陵集》(82)

以上是尽笔者之力所找见的《南部新书》一书渊源所自的大概。没有找见出处的事条尚有许多,这不外乎以下三个原因:一是渊源所自之书今已亡佚。二是并非出自前人或时人著作,而只是记录当日尚在流行的传闻,乃至出于作者本人的撰述。三是由于笔者的疏漏而未能找见。特别是第三点,可能仍存在多多,恳请行家和读者不吝批评指正。

(2002 年 11 月完稿。原为《南部新书溯源笺证》一书前言,载于该书书首)

《开颜集》涉唐文献辨析

一、缘　起

周文玘《开颜集》，四库馆亦已采进，然未收入《四库全书》，而是被归入了《存目》。馆臣为之写有《提要》："宋周文玘撰。文玘尝官试秘书省校书郎，其里籍未详。……其书皆古来诙谐事，各注出典。然其中如《世说》'济尼'一条，无可笑者；《列子》'攫金'一条，增'吏大笑之'四字，《后汉书》'袁隗妇'一条，增'隗大笑之'四字，皆非本文。亦一病也。"①着重指出书中所载，虽"各注出典"，但并不完全忠实于原文。

目录前有作者小序，阐述他作此书的旨趣："《笑林》所载，皆事非稽古，语多猥俗，博览之士鄙而不看，盖无取也。余于书史内钞出资谈笑事合成两卷，因名之曰《开颜集》，唯期自备披寻，非敢出诸箧笥云尔。"表明他作此书的态度，与"事非稽古，语多猥俗"者有别。

卷首作者姓名前所署结衔为"试秘书省校书郎"。《四库提要》说"文玘尝官试秘书省校书郎"，其依据即原于此。著作时代不

① 《四库全书总目》卷一四四子部小说家类存目二，缩影本，中华书局，1965 年，第 1233 页。

详。《宋史·艺文志》子类小说家类著录此书,其紧前五种为:“蒲仁裕《蜀广政杂记》十五卷。杨士逵《儆戒录》五卷。王仁裕《见闻录》三卷。又《唐末见闻录》八卷。韦绚《佐谈》十卷。”紧后五种为:“皮光业《皮氏见闻录》十三卷。《启颜录》六卷。《三馀外志》三卷。杨九龄《三感志》三卷。段成式《锦里新闻》三卷。”①宋陈振孙《直斋书录解题》小说家类著录此书,亦置于孙光宪《北梦琐言》、高若拙《后史补》、景焕《野人闲话》、不知作者《续野人闲话》之后,张齐贤《洛阳缙绅旧闻记》、太平兴国二年《太平广记》之前。② 既然都将其与五代末、北宋初之人之书并列,可信此书当也是五代末、北宋初人的著作。而从书中所载唐事,只引及实为唐国史的《唐史》及《唐实录》,而绝未引及今称《旧唐书》的刘昫《唐书》来看,似又可推知,其写作时间当在刘昫等《唐书》尚未修成,或虽已修成,而作者尚艰于读到之日。亦即后晋开运二年(945)前后,或更稍前的数年间。

此书《四库》采进本为“浙江范懋柱家天一阁藏本”,后当仍归天一阁旧藏。天一阁藏书世人难得一见。此外,《说郛》(涵芬楼本)卷六五曾录载此书,然仅节录了6则。20世纪50年代王利器辑撰《历代笑话集》,其所收《开颜集》,即是《说郛》中的残节本,直至80年代初出版经修订的新一版,此书仍未抽换,足见见到天一阁藏书的不易。今此天一阁藏明刻孤本《开颜集》足本,已被《四库全书存目丛书》和《续修四库全书》影印收入其中,阅读起来方便了,但并不因之就降低了此书可贵的版本价值。

此书目录每卷皆署“总三十五事”,然下卷实只34事,共69事。每事皆注明出处,除去重复,共引书37种(内《魏志》《吴志》已

---

① 《宋史》卷二〇六,点校本,中华书局,1977年,第5223页。
② 《直斋书录解题》卷一一,点校本,上海古籍出版社,1987年,第324页。

与《三国志》合作一种计,《梁书》《梁史》亦作一种合计,否则共40种)。其中如《史记》《汉书》《后汉书》《三国志》《晋书》《宋书》《南齐书》《梁书》《隋书》《北史》《南史》等,今皆习见,而《东观汉纪》《三国典略》《九州春秋》《晋略》《晋抄》《十六国春秋》《三十国春秋》《唐实录》《唐史》等,虽亦是"书史",今却已不存,或只有辑本流传。而且小序虽说"于书史内钞出",其实所抄录之书并不限于"书史",尚有《韩子》《列子》《晏子春秋》《语林》《谈薮》《世说》《累王记》[①]《妒记》《六朝探梦》《大唐新语》《国史补》《酉阳杂俎》等诸子和说部之书,其中有些今日连残节之本或辑佚之本亦皆无存。足见此书内容虽然单薄,而其所涉猎的古文献却是相当丰富的。此书的价值,主要即在古文献的校订方面。

诚如《四库提要》所指出的,作者并不完全忠实于原文,而实际情况却比《提要》所举诸例更其严重。如卷上"王将军"条录《世说》:"王将军尝至石崇宅,如厕,见漆箱盛枣,本以塞鼻,王云厕上下果,遂食尽。……"王将军当指王敦。此事今见《世说新语·纰漏门》,乃"王敦初尚主"时事,而非"至石崇宅"闹的笑话。又卷下"王浑"条录《世说》:"王浑妻钟夫人每呼浑为卿,浑曰:'不可尔。'妻曰:'怜卿爱卿,故曰卿卿。我不卿卿,谁当卿卿。'"此事今见《世说新语·惑溺门》,以"王安丰妇常'卿'安丰"领起。王安丰,王戎也,其夫人也不姓钟。王浑另有其人,其夫人倒确钟姓。两条都将事实严重地张冠李戴了。看来在不少场合,作者都是仅凭记忆,而不是严格依据文本征引的。也就是说,此书没有太高的学术价值。

不过话还得说回来,学术价值不高,也不等于说毫无学术价

① 《说郛》(涵芬楼本)卷六五作《乐王记》。

值。究竟是否真有价值,其价值又何在?以下即拟以书中的涉唐文献为例,对之细加考察。

二、辨　　析

《开颜集》中涉唐之事十六条,文献凡八种,兹试逐条予以辨析。辨析以文献首次出现先后为序,同一文献出现一次以上者,则归于一处辨析。

(一)《明皇杂录》(1 条)

卷上"刘神童"条录《明皇杂录》,今见《明皇杂录》卷上,上海古籍出版社版《开元天宝遗事十种》第 17 页。较重要的异文有:1. 刘晏《咏王大娘戴竿》第 3 句"谁谓绮罗翻有力","谓",今本作"得",《太平广记》卷一七五录《明皇杂录》同;《太平御览》卷五六九、《类说》卷一六录《明皇杂录》作"为";而《诗话总龟》前集卷二、《绀珠集》卷二录《明皇录录》、《全唐诗》卷一二〇录自《太平御览》之《明皇杂录》,皆作"谓",与本条同,义长。2. 条末"上与贵妃为之绝倒"。原本作"玄宗与贵妃及诸嫔御欢笑移时","为之绝倒"乃本条肊改肊添。

(二)《酉阳杂俎》(2 条)

1. 卷上"韦少卿"条录《酉阳杂俎》,今见《酉阳杂俎》卷八,中华书局版点校本第 76 页。条末"叔大笑不已",今本无,乃本条肊添。

2. 卷下"赵亮"条录《酉阳杂俎》,今见《酉阳杂俎》卷八,中华书局版点校本第 76 页。重要异文:1."赵亮",今本作"赵高"。

2. 末句“但袒而历门叫乞修理破碎功德钱”，今本作“袒衣而历门，叫呼乞修理功德钱”。似以有“但”“破碎”为胜。

（三）《大唐新语》（3条）

1. 卷上“冯光震”条录《大唐新语》，今见《大唐新语》卷九，中华书局版点校本第134页。除“陈居亮”今本作“陈居”，未详孰正；“鸱蹲”今本作“蹲鸱”，本条显误外，尚有如下一处重要异文：“院中学士向外说，萧嵩闻，抚掌大笑。”今本作：“院中学士向挺之、萧嵩抚掌大笑。”“向外说”系一般语词，“向挺之”乃专门人名，何者为正呢？如果以今本为正，则向挺之既为集贤院学士，当名望颇高，在史传与其他文献中不会不留下一些痕迹。然而遍检《新旧唐书人名索引》《唐五代人物传记资料综合索引》《唐五代五十二种笔记小说人名索引》，迄未再检到有名向挺之之人。宋·黄朝英《靖康缃素杂记》卷五“踆鸱”：“余案《大唐新语》载东宫卫佐冯光震入院校《文选》，解蹲鸱云：‘今之芋子，即是着毛萝卜也。’萧嵩闻之，抚掌大笑。”笑者只萧嵩一人。明·陈鸿谟《骈志》卷七“误用蹲鸱”条：“《大唐新语》：东宫卫佐冯光震入院校文选，兼复注释。解蹲鸱云：‘今之芋子，即是着毛萝卜。’院中学士向外说，萧嵩闻之，抚掌大笑。”都表明今本实误，可据本条予以校正。按：“蹲鸱”一词，《文选》中仅左思《蜀都赋》《吴都赋》各一次言及。

2. 卷下“欧阳询”条录《大唐新语》，今见《大唐新语》卷一三，中华书局版点校本第188页。无重要异文。

3. 卷下“刘仁相”条录《大唐新语》，今见《大唐新语》卷一一，中华书局版点校本第168页。“谁能向尾底避阴凉”，今本“尾”上有“狗”字，本条误脱。“兄弟以荣贱致隔了，为至戒矣。”今本作：“兄弟以荣贱致隔者，可为至戒。”在语气上有所改动。

(四)《唐史》(1条)

卷上“张奭”条录《唐史》:“天宝元年冬选,六十四人判入等第。时御史中丞张倚男奭,判入高第。有下第者尝为蓟令,以其事白于安禄山,禄山遂奏之。至来年正月二十日,于勤政楼下亲自重试,唯得二十人。内张奭不措一词,时人笑之,谓之‘掣白’。”此事,今本《旧唐书》载卷一一三《苗晋卿传》,中华点校本第3350页,如下:“[开元]二十九年,拜吏部侍郎。前后典选五年。……天宝二年春,御史中丞张倚男奭参选,晋卿与[宋]遥以倚初承恩,欲悦附之,考选人判等凡六十四人,分甲乙丙科,奭在其首。众知奭不读书,论议纷然。有苏孝愠者,尝为范阳蓟令,事安禄山,具其事告之。禄山恩宠特异,谒见不常,因而奏之。玄宗大集登科人,御花萼楼亲试,登第者十无一二。而奭手持试纸,竟日不下一字,时谓之‘曳白’。上怒……”行文甚不相类,表明本条所据之《唐史》,非《旧唐书》也。与本条行文相近者,今实见《唐会要》卷七四《选部·掌选善恶门》,上海古籍出版社版点校本第1594页。前蜀冯鉴《续事始》“曳白”条,文字虽经删节,与之也比较相近。《会要》基本上源自实录、国史,则本条所从出之《唐史》,或即唐之《国史》耶?

另,本条“掣白”,《旧唐书》《唐会要》《续事始》皆作“曳白”,《太平广记》卷一八六“张奭”条录《卢氏杂说》记同一事作“拽白”,俗语尚无定字也。后虽逐渐归于“曳白”,本条则尚保持较原始文献的早期用法。《太平广记》卷二六一“郑群玉”条录《乾𦠆子》记另一事,即亦见“掣白”一词。

(五)《国史补》(3条)

1. 卷上“赵儒宗”条录《国史补》,今见《唐国史补》卷中“球场草生对"条,上海古籍出版社版《唐五代笔记小说大观》第183页。除两处"儒宗"皆"宗儒"之误外,无重要异文。

2. 卷上"萧俛"条录《国史补》:"贞元中,给事中郑云逵与国医王彦伯邻居。尝有萧俛求医,误造云逵,云逵为诊之,曰:'热风颇甚!'又请药方,云逵曰:'药方即不如东家王供奉。'俛既觉失错,惊遽趋出。是时京师有乖仪者,曰'热风'。而已愧,大笑之。"今见《唐国史补》卷中"误造郑云逵"条,上海古籍出版社版《唐五代笔记小说大观》第176页,如下:"郑云逵与王彦伯邻居,尝有客来求医,误造云逵门。云逵知之,延入与诊候曰:'热风颇甚。'客又请药方。云逵曰:'某是给事中,若觅国医王彦伯,东邻是也。'客惊走而出。自是京城有乖宜者,皆曰'热风'。或云即刘俛也。"两者行文绝不相类。《绀珠集》卷三录《国史补》"热风"条:"郑云逵与王彦伯邻居。尝有客求医,误谒,逵亦为诊候,曰:'热风颇甚。'客求药,云逵曰:'药即不如东家王供奉。'客惊惭而去。自是京师有乖谒仪者,云'热风'。"《类说》卷二六录《国史补》"热风"条与之略同。《唐语林》卷六与之亦略同,唯两"药"作"药方","乖仪"作"乖宜"。三者皆节略之文,然其行文较之今本颇有相违(如"药[方]即不如东家王供奉",今本作:"某是给事中,若觅国医王彦伯,东邻是也。"),而与本条则颇相近。《天中记》卷二九《轻诋》"热风"条,文字与本条全同,仅缺条末"愧大笑之"4字,漏注出处。其上条出处为《国史补》,下条出处为《封氏见闻》。《封氏闻见记》中压根未及此事,则其所据同上,即《国史补》明甚。另,今本"或云即刘俛也","刘俛"显是"萧俛"之误。今本以疑似语气出之,本条则肯定其即是,而且列之于标题。凡此都表明,今本《唐国史补》此条业已经后人改写,本条所录才是其原本全文。

3. 卷下"李泌"条录《国史补》。今见《唐国史补》卷上"李泌任虚诞”条,上海古籍出版社版《唐五代笔记小说大观》第 172 页。无重要异文。

(六)《朝野佥载》(1 条)

卷下“梁武帝”条录《朝野佥载》:“梁武帝萧衍时,太白入南斗,衍跣足绕殿三匝,群下怪之。帝曰:‘太白入南斗,天子下殿走。朕欲以禳之耳。’俄而高欢入洛,后魏帝元循走长安,梁主羞之,叹曰:‘不意个虏子却应天文耶?’以此言之,江东非正统也。”此条,今本《朝野佥载》无。此事,《梁书》《南史》亦未载,而见于《资治通鉴》梁纪,中大通六年八月魏帝“遂入长安”记事下:“先是,荧惑入南斗,去而复还,留止六旬。上以谚云‘荧惑入南斗,天子下殿走’,乃跣而下殿以禳之,及闻魏主西奔,惭曰:‘虏亦应天象邪!’”①可证不虚。《朝野佥载》虽是唐人张鷟写的主要记唐事的笔记,但偶尔也曾记及唐前之事。即如这位梁武帝,今中华书局点校本《朝野佥载》就有卷二“梁有磕头师”条记其事(41 页),卷五“周证圣元年”条“浮休子曰”论其人(116 页),复有《太平广记》卷一二〇“出《朝野佥载》”的“梁武帝”条被辑入“补辑”(155 页)。又可证《朝野佥载》完全有可能载及如本条所录之事。则本条其即《朝野佥载》之佚文耶?惜诸家于张鷟此书一辑再辑之馀,仍遗此一条未辑。

(七)《唐实录》(4 条)

1. 卷下“苏长”条录《唐实录》:“苏长貌丑,隋炀帝目为驴。又高祖嘲云:‘名长意短,口正心邪。又从高祖猎射,大获禽兽。上谓

① 《资治通鉴》卷一五六,点校本,中华书局,1982 年,第 4853 页。

长曰:'今日畋游乐乎?'长曰:'陛下游猎,薄废万机,不满十旬,未足为乐。'上色变,而笑曰:'狂态发耶?'对曰:'为臣私计则狂,为国计则忠。'"本条共记三事,中用两"又"字隔开。第一事,未检到今又见何书记载,值得重视。今《旧唐书》卷七五《苏世长传》,中华书局点校本第1628页,言及第二、三事;《唐会要》卷二八《蒐狩》,上海古籍出版社版点校本第611页,载第三事;《大唐新语》卷二《极谏》,中华书局点校本第19页,言及第三事。文字皆不尽同。且其名,前二书皆已回改作"世长",唯《新语》仍作"长",与本条同,保留着《实录》的本色。苏长本名世长,死于贞观年间,生前未必已改名。盖唐太宗在位期间,其名不偏讳也。且正因为他死于贞观年间,其事迹当载于《太宗实录》,而《太宗实录》则是由长孙无忌领衔,修成于高宗永徽年间的,其名就非得讳改不可了。故本条引录的《唐实录》,当是《唐太宗实录》。

2. 卷下"钟会"条录《唐实录》:"钟会钟繇兄弟,盛饰同坐车上,行至城西门,逢一女子微笑曰:'此车中央殊高。'二钟都不觉。车后门生曰:'有女子戏公车,云此车中央殊高。'公曰:'云何中央高?'门生曰:'夫中央高者,两头低,此戏公二人为两头羝也。'后钟会更不囗同车行,畏逢此女子。"谨按:钟会非唐人,与钟繇的关系亦非兄弟,而是父子。《三国志·魏书·钟会传》:"钟会,字士季,颍川长社人。太傅繇小子也。"①人既不是唐人,事当然也不会是唐事,它若被载入《唐实录》,只有一种可能,即被唐人在奏议、文章或谈话中,作为掌故曾经引用。不过经初步检索,尚未发现有此痕迹。颇疑所注出处有误。类书所载此事,皆正作钟毓、钟会兄弟事,除阙注者外,多数注出《世说》或《世

① 《三国志》卷二八,点校本,中华书局,1973年,第784页。

语》,也有个别,如《广博物志》卷二三,注出《谈薮》。文字与本条皆不相类。而《谈薮》,乃《八代谈薮》之省。《宋史·艺文志》子类小说家类著录“阳松玠《八代谈薮》二卷”(5220页)。《直斋书录解题》卷七传记类著录“《谈薮》二卷”,其解题曰:“北齐秘书省正字北平阳玠松撰。事综南北,时更八代。隋开皇中所述也。”(196页)本书下文卷下“王擒”条曾引录此书,则本条也有出自《谈薮》的可能。

3. 卷下“杨弘武”条录《唐实录》:“高宗问杨弘武曰:‘卿在司戎,授官多非其才者也。’弘武曰:‘臣妻拒悍,此其所嘱,不敢违命。’上嘉其不隐,笑而遣之。或谓以此言讽上用皇后言也。”谨按:杨弘武,《旧唐书》有传,见卷七七,然未载此事。粗检《旧唐书》全书,亦未检见曾载此事。而《册府元龟》卷四一《帝王部·宽恕门》载:“乾封中,帝谓司戎少常伯杨武曰:‘卿在司戎,授官多非其才,何也?’武曰:‘臣妻刚悍,此其所嘱,不敢违阻。’帝嘉其不隐,笑而遣之。”(467页)宋初讳“弘”,此杨武即杨弘武。《册府元龟》所载唐事,其来源基本上不外《旧唐书》和唐历朝《实录》,可证本条确录自《唐高宗实录》。

4. 卷下“崔叔”条录《唐实录》:“杜太保在江南,进崔叔百篇。上曰:‘此恶诗,焉用进来。’时人呼为‘准敕恶诗’。”谨按:“杜太保”,谓杜佑。“杜太保”一类称谓,见于正史、实录是极其反常的,而在笔记小说中倒颇为习见。此事实首见于《国史补》。今本《唐国史补》卷中“崔叔清恶诗”条,上海古籍出版社版《唐五代笔记小说大观》第178页:“杜太保在淮南,进崔叔清诗百篇。德宗谓使者曰:‘此恶诗,焉用进。’时呼为‘准敕恶诗’。”本条不仅误注了出处,人名“崔叔”系“崔叔清”之省,地名“江南”系“淮南”之误,其他文字误脱尚不止一处。

(八)《翰林故事》(1条)

卷下“楞伽经”条录《翰林故事》。谨按:今仅见李肇《翰林志》,《知不足斋丛书》本《翰苑群书》卷上页9b,而不见于韦执宜《翰林院故事》。无重要异文。

三、申　　说

通过以上辨析,或可获得以下认识或结论:作者写作态度殊欠严谨,刊本校雠尤甚草率,书中史实或文字错讹,触目即是。即使光从古文献校订而言,此书亦无可观的学术价值。但仍然保有可供再辑的《朝野佥载》的佚文,可供抽换《国史补》中经后人改写之文的原文,以及可供辨明《大唐新语》中向挺之其人子虚乌有的强证,值得高度重视。即使那些《唐实录》中今已不见于其他文献的片言只语,看似无关紧要,也不是毫无价值的。乃至如“钟会”这条,总体而言是错的,但其中二钟与门生的对话,也比记及此事的所有其余记载来得传神。

书中所载唐前诸事,情况亦相类似。以下再举一例,借以结束本文。

卷下“刘伯伦”条录《语林》“刘灵,字伯伦”云云。其中“刘灵”不经见,习见者皆书作“刘伶”。是否作“刘灵”是作者信手而书犯下的又一错误呢?非也。南宋·彭叔夏《文苑英华辨证》卷二《人名》:“凡用事,有人名与他本异,不可轻改者。”其所举第一例即是:“如皇甫湜《醉赋》‘刘灵作《酒德颂》’,按《文选·酒德颂》五臣注:臧荣绪《晋书》:刘灵,字伯伦。颜延之《五君咏》:刘灵善闭关。《文中子》:刘灵,古之闭关人也。《语林》:天生刘灵,以酒为名。

并作灵。而唐太宗《晋书》本传作伶,故他书通用伶字。”①当是当时通行之本业已改“灵”为“伶”,故彭叔夏特地写了这样一条“辨证”。皇甫湜《醉赋》载《文苑英华》卷八三,中华书局影印本此卷系据明刻本影印,于此赋小序“昔刘灵作《酒德颂》”句“刘灵”下,亦加有如下一条小注:“《文选》杨延之《五君咏》,并《语林》《文中子》皆作‘灵’,《晋书》本[传]作‘伶’,故他书或通用。兹因古本,戒后人之轻改。”可见在《语林》原书和诸多古籍中,此人之名是书作“灵”的,后人从《晋书》轻改作“伶”,不足取,且要引以为戒。

鲁迅《古小说钩沉·裴子语林》和周楞伽《裴启语林》辑此条,鲁迅据初唐欧阳询所撰类书《艺文类聚》,校以金人王朋寿所撰类书《类林杂说》。周楞伽反之,大概是出于《类林》所录情节稍详的考虑,而于其中刘伶之名,则只加了如下一条校注:“刘伶:《艺文类聚》作刘灵,但一般都作刘伶,《晋书》《世说》均然。”②压根不提在《语林》原著中,此人之名本作“灵”,还是作“伶”。

周楞伽录文所据之《类林杂说》,“前言”在批评鲁迅的同时,对之曾作过评述:“鲁迅辑《裴子语林》,也有一些失误的地方,首先是他误引了《类林杂说》。此书是金王朋寿著,分门别类撰集汉魏以来人物轶事,其中颇多张冠李戴的错误,更非裴启《语林》原文,不知何故竟辑入《语林》书中。”(10 页)既然《类林杂说》是这样一部书,据之辑入的“刘伶”这一人名,凭什么,有什么可靠的旁证,表明它即是“裴启《语林》原文”?

而《开颜集》录载的这条《语林》,除缺末句“于是复饮,颓然而醉”8 字外,与周楞伽所录《类林杂说》几乎全同,仅有个别错字或异字。其中两次提及“刘灵”,字皆作“灵”。这才是确实无误的“裴

---

① 《文苑英华辨证》,见影印本《文苑英华》第六册,中华书局,1982 年,第 5264 页。
② 周楞伽辑注《裴启语林》,文化艺术出版社,1988 年,第 22 页。

启《语林》原文”。

即使在《艺文类聚》各个本子中,刘灵之名也并不都作“灵”,也有依《晋书》追改为“伶”了的。鲁迅辑此条,弃“伶”取“灵”,具见卓识。周楞伽辑注本优于鲁迅辑本之处有二:一是编辑得比较合理,人物已完全按时代归类;另一是加了注解,有助于准确把握辑文内容。而在对所辑诸异文的审订定夺上,似尚略逊一筹。

[原载《中国典籍与文化》2011 年第 3 期(总 78 期)]

“别纸”“委曲”及其他
——《桂苑笔耕集》部分文体浅说

《桂苑笔耕集》每卷卷首都加有标明文体及篇数的文字，兹汇总列表如下：①

卷一　表一十首

卷二　［表一十首］

卷三　［奏状十首］

卷四　奏状十首

卷五　奏状十首

卷六　堂状十首

卷七　别纸二十首

卷八　别纸(一)［二］十首

卷九　别纸二十(二)首

卷十　别纸二十首

卷十一 檄书四首、书六首

卷十二 委曲二十首

---

① 所据系《四部丛刊》初编影印无锡孙氏小天渌藏高丽本。其中卷二、卷三、卷十七原缺载，今仿诸卷例增补。各体首数偶有与实际不符，今径予改正。凡增改处皆加校改符号，圆括号表示原误或衍，方括号表示新增或改。

卷十三 举牒廿五首，内行墨敕牒词五首

卷十四 举牒二十五首

卷十五 斋词一十五首

卷十六 祭文、书、疏、记十首

卷十七 [启、状一十首，附诗三十首]

卷十八 书、状、启二十五首

卷十九 状、启、别纸、杂书共廿首

卷二十 启、状、别纸、祭文、诗共四十首

其中，表、状、檄书、书、举牒、斋词、祭文、疏、记、启等文体皆习见，唯别纸和委曲，不仅不见于昭明《文选》以来诗文总集，包括唐五代或主要是唐五代的诗文总集《文苑英华》《唐文粹》，东国主要总集《东文选》，甚至在唐五代宋初诸家别集中也未能见到。本文拟对之略作诠释，附带对奏状、堂状、书状略作说明。是否有当，尚祈不吝指教。

一、"别纸"

《桂苑笔耕集》中标作别纸的文字共九十四首（八十首替高骈代笔，十四首自作），其中有十七首为《东文选》选录。除了《贺除吏部侍郎》（卷十九）重复载于卷四五"启"、卷五八"书"类之外，其余十六首皆载于卷五七、五八的"书"类，而且标题也都加有"贺……启""贺……书""上……书""与……书""答……书"之类文字。可见在编者徐居正等人的心目中，别纸是被视作即是"书"，亦即尺牍、信函的。

别纸在宋人文集中偶尔也能见到。如《蔡襄集》卷三一即与

"启"三十三首、"笺"一首一起,收有"别纸"十首,①每首别纸的标题,无一例外,都作"与……书"。据校勘记,"宋本题无'与''书'二字",然在明人心目中,别纸也是被视作即是"书"的。欧阳修《表奏书启四六集》卷七《与李吉州宽启》之下,附有"别纸"一首。杨时《与吴国华别纸》一首,《寄俞仲宽别纸》三首,在他的文集《龟山集》中,也都与书牍一起,被混编于卷一七"书"这一文体之下。

别纸作为一种文体,在崔致远以外的唐五代宋人的总集或别集中虽然只能偶尔见到,可是在近代发现的敦煌遗书中,唐末五代别纸的数量却相当可观。如P.4092号文书,②其首页和第3页原文即署有《新集杂别纸》字样,且载明原有"月旦贺官玖拾贰首,知闻来往别纸八十八首"。今前者存十六首,后者全存。是约后唐天成(926—930)、长兴(930—933)间相州马姓判官起草的诸别纸的结集,作为书仪的范本流传至河西,被当地人于乙丑年(965)抄录的。③ 又如P.3931号文书,④原文标明"某贺端午别纸""某别纸""别纸"的文字共十二首。⑤ P.2945号文书⑥共八首,其中别纸即有五首。P.3449、P.3864号⑦文书中也有刺史辞诸官员"别纸""经过州县别纸""借馆驿别纸",凡三首。

从崔致远的别纸作品和敦煌发现的别纸文书的内容来看,别

① 点校本《蔡襄集》的底本为万历四十三年(1615)刻40卷本。雍正十二年(1734)逊敏斋刻36卷本载于卷二八,而标作"别纸"则与万历本同。

② 部分文字与S.5623号同。照片和录文参见唐耕耦、陆宏基《敦煌社会经济文献真迹释录》第五辑,第397—442页。

③ 参考赵和平《〈新集杂别纸〉的初步研究》,载周一良、赵和平《唐五代书仪研究》,第251—265页。

④ 唐耕藕、陆宏基拟题《书启公文——印度普化大师游五台山日记和回鹘上后梁表等》,载上揭书,第332—349页。

⑤ 另,302行录文"别纸"乃原文所无;又,183行"伏以某乙……"325行"右某乙……"皆未标"别纸",而赵和平谓是"别纸"的(见上揭书,第235、239、249页),皆未计在内。

⑥ 唐耕耦、陆宏基拟题《权知归义军节度兵马留后使某某书状稿》,载上揭书,第326—329页。

⑦ 唐耕耦、陆宏基拟题《书仪小册子》,载上揭书,第355—387页;赵和平认为是后唐时代刺史专用书仪,见上揭书,第222—230页。

纸确是书牍,《东文选》和《龟山集》将称作别纸的作品归入“书”类是正确的。但是既为书牍,为什么当时不径称曰“书”而却另称“别纸”呢?

陆心源《蔡忠惠尺牍跋》在说明此牍“前题‘九月十八日襄奉书’,后题‘襄再行留台同年屯田兄足下’”后,接云:“‘再行’者,宋人正启用四六,别纸则以散行,此是别纸,故曰‘再行’,《忠惠集》启、笺之后有别纸一门,是其证也。”[①]然崔致远的别纸全是骈体,欧阳修、杨时的别纸与书启,亦无一为散体,一为四六的明显差异,则陆氏所云未必即为确论。

赵和平谓:“别纸,是一种有别于正式公文,如表、状、牒、启等正式公文程式的公私信函的泛称。”[②]当是对所见敦煌别纸文书诸特征试加的概括或界定。但“有别”之“别”究竟表现在哪些方面,仍然未加说明。

孙光宪《北梦琐言》卷四载:

> 卢相光启,先人伏刑,尔后弟兄修饰赴举……策名后,扬历台省,受知于租庸张濬。清河出征并汾,卢每致书疏,凡一事别为一幅,朝士至今效之。盖八行重叠别纸,自公始也。

“清河”是张氏郡望。“清河出征并汾”,所指即张濬以河东行营都招讨制置宣慰使讨李克用事。此事始于大顺元年(890)五月,十月以大败,“师徒失亡殆尽”告终。[③] 崔致远的别纸作于中和元年

---

① 载《仪顾堂续跋》卷五。此牍未见他书著录。今得见者,有所谓《穷秋帖》,前题“九月廿六日襄奉书”,后题“襄再拜留台同年屯田兄足下”,作“再拜”,不作“再行”。且《蔡襄集》所载别纸十首,皆以“顿首”“再拜”“启”“上”等起、结,亦绝无用“再行”者。

② 《唐五代书仪研究》,第253页。

③ 见《资治通鉴》卷二五八。

至四年（881—884），早于卢光启七年至十年。而且大中元年（847），李商隐在《[为荥阳公]上李太尉状》中业已提到：“伏奉别纸荣示，伏承以所撰武宗一朝册书诰命并奏议等一十五轴，编次已成，爰命庸虚，俾之序引，捧缄汗下，揣已魂飞。”①显然，别纸不是卢光启创始的。卢光启创始，以致朝士纷起效之的，只是别纸中“一事别为一幅”的所谓“八行重叠别纸”。

李匡乂《资暇集》卷下《书题签》：

> 大僚题上纸签，起于丞相李赵公也。元和中，赵公权倾天下，四方缄翰日满阍者之袖。而潞帅郗士美时有珍献，赵公喜，而回章盈幅，曲叙殷勤，误卷入振武封内以遣之，而振武别纸则附于潞。时阿（跋）[跌]光进帅麟，览盈幅手字，知误，画时飞还赵公。赵公因命书吏，凡有尺题，各令签记以送。故于今成风也。

据《旧唐书·宪宗纪》所载，郗士美元和六年三月乙未至十二年八月庚申为昭义节度使，阿跌光进元和五年十一月庚戌至八年七月丁卯为振武节度使，六年五月壬子赐姓李。李赵公指李吉甫。李吉甫曾封赵国公，故称。据同上本纪，李吉甫于元和六年正月庚申二次拜相，九年十月丙午薨于位。则引文云云，当是元和六年（811）三月乙未至元和八年（813）七月丁卯两年多时间内事。此事虽与别纸事始无直接关系，但似可从中窥见别纸之所以称作“别纸”的由来。盖个人信件，附于公文封内投寄，相对于公文而言，乃

① 《樊南文集》补编卷五。钱振伦、钱振常笺注云：“题首当有‘为荥阳公’字。”从补。荥阳公，郑亚；李太尉，李德裕也。系年参据张采田《玉溪生年谱会笺》，第117、122、132页，傅璇琮《李德裕年谱》，第626—628页。

是公文外之别纸。李吉甫误"附于潞"封的是致振武帅李光进的"别纸",而"误卷入振武封内"的致昭义帅郗士美的盈幅文字,虽未见明言,当亦"别纸"也。值得注意的是,别纸这时业已在指代信件的特定含义上使用,而可以"曲叙殷勤"则似乎是别纸有别于正规的书的显著特征所在。①

如果单从文体的角度考察,那么《桂苑笔耕集》中别纸的如下特征是相当明显的:

首先是别纸作为书牍,与状几乎没有什么区别。如卷八《诸葛爽相公》别纸第二、卷九《太保相公郑畋》别纸,正文最后都以"谨状"收尾,表明别纸即状。又卷一九载崔致远本人致裴瓒的书牍共八首,几乎全以"谨状"收尾,而前七首皆题为别纸,如《上座主尚书别纸》《迎楚州行李别纸》,唯独最后一首的标题作《谢降顾状》。显然,标题之所以或作状,或作别纸,不是由于致书对象的地位有什么不同,也不是由于书牍的内容或形式有什么差别,似乎仅仅只是由于,最后一首是面呈的,而其余七首则是寄奉的。

作为高骈的幕僚,崔致远自《初投献太尉启》以后,写给高骈的书牍类文字不下四十四首,其中绝大多数都列入启、状,唯独卷二〇所载者有五首以《上太尉别纸》为题,显得格外触目。这五首是他在回国途中,与新罗使臣金仁圭"共别淮城,齐登海舰"以后所作,当然与他身在使府之日有所不同,已经无法面呈,只能寄奉了。

其次,寄送的书牍却又并非全都被列为别纸。如卷一一所收

① 至于别纸这一语词的本来意义,在北宋末年的如下一则记事中尚可获得部分消息。道山先生《道山清话》载:"予顷时于陕府舍于逆旅,因步行田间,有村学究教授二三小儿,闲与之语,言皆无伦次。忽见案间有小儿书卷,其背乃蔡襄写洛神赋,已截为两段,其一涂污,已不可识。问其何所自得。曰:'吾家败笼中物也。'问:'更有别纸可见否?'乃从壁间书夹中取二三十张,大半是襄书,间亦有李西台川笺所写诗数纸。因以随行白纸百馀幅易之,欣然见授。"载涵芬楼《说郛》卷八三。

《答江西王尚书》等六首,都是交涉或论辩重大事件的书牍往还,虽也寄送,仍被列为书类。称作别纸的书牍,当亦有如它的初始含义,多数是附封而寄的。卷二〇《上太尉别纸》之四提到:"若及春日载阳,必无终风且暴,便当直帆,得遂荣归。谨具别状咨申。"表明别纸是附随作为公文的申状寄送的。卷八《泗州于涛常侍》:"某公牒同封送上。""某"系高骈自称。所谓"公牒",指高骈所行的墨敕除官牒。中和元年(881)二月九日,诏"应诸州有功刺史及大将军等,如要劝奖者,从监察御史至常侍,便可墨敕授讫,分析闻奏者"。[①] 这时,高骈据诏升迁泗州防御使于涛的本官为散骑常侍兼御史中丞,即文中说的"宠换银珰,威兼铁柱"。则同封寄与于涛的"公牒"当是主体,此文只是附封的别纸。卷九《浙西周宝司空》:"其碑词同封呈上。"这是高骈与周宝关系破裂前事。高骈是从浙西徙淮南的,浙西节度使周宝作为高骈的继任者,为了讨好前任,准备为之树碑,并将"书碑样"寄骈过目。则此文同样是"同封"寄还"碑词"的别纸。同卷《都统王令公》:"欲取来月上旬,决谋进退,直冲宋野,先会梁园,谨遣专人,咨探行李,辄觊回信,聊纾远怀。"此专人的主要任务是侦察形势,不是递送此信,而且很可能另外具有公函,此别纸仅仅是"别纸"。

再次,这些别纸有如晋朝以降的短启、短疏,不仅篇幅短小,而且绝大多数已是"每事别纸"。卷八《幽州李可举大王》是高骈主动与幽州节度使李可举修聘而写的,文中提到:"今遣诸葛果卿假以邮巡修聘。既愧未成好币,又虑或失良材,无限远诚,各具别状。"此"别状"之"状",不管指公状还是私状,或者公状私状兼而有之,但既"各具",则一一另具也。可见是"每事别纸"的。同卷《诸葛爽

① 《桂苑笔耕集》卷一三《行墨敕授散骑常侍牒词》。

相公》两首当作于同时。中和三年(883)六月,黄巢与蔡州秦宗权合兵围陈州,十一月,又围徐州。陈守赵犨"遣人间道求救于邻道"。[1] 诸葛爽时为河阳节度使,遂出兵应援。别纸"第一"云:"伏承亲提师旅,远赴战征,跋履山川,蒙犯霜露。""第二"云:"伏承相公亲麾八阵,深运六韬,将静扫其群凶,已齐驱其锐旅。"说的都是初出兵的光景。"第一"的主题限于问候,"伏惟每加保重,早副祷祈,远诚所望",祝其早日获胜。"第二"的中心内容则是:出兵定获胜利,"诸道固当高枕,圣君便可回銮。而未测鲸奔,须防兽搏,凡居戎阃,合审军机。辄遣专人远侦贼势,幸垂示及,冀助讨除"。即向诸葛爽询问战局的可能趋势。同样是"每事别纸"的。

最后,这些别纸都是私书,而非公文。崔致远为之代笔的,是高骈的个人私书,非代笔的,则是崔致远本人的个人私书。由于致书者和致书对象的身份地位各各不同,别纸在行文措辞上也得视上下、尊卑、亲疏情况的差异而有所不同,但仍然应当说都是平行的文书,并在这一点上与下面即将提到的"委曲"区别开来。崔致远替高骈起草的八十首别纸,除了卷十的前三首属"月旦贺官"别纸以外,其余七十七首都是"知闻来往别纸"。

二、"委曲"

委曲也是书牍类的一种文体。《柳宗元集》卷三五《谢襄阳李夷简尚书委曲抚问启》"当州员外司马李幼清传示尚书委曲"下宋人注:"委曲,书也。"《资治通鉴》卷二五七光启三年四月记事"已有

---

① 《资治通鉴》卷二五五中和三年岁末记事。

委曲在张尚书所"(8349 页),《新唐书》卷二二四下《高骈传》记同一事作"既授书[张]神剑矣"(6398 页)。《桂苑笔耕集》卷一二所载二十首委曲,《昭义成璘》《卢江县令李清》《淮口镇李质》《光州李罕之》四首被《东文选》选录于卷五七"书"类之下,标题全都作"与……书"。皆可证。唐宋文献提及"委曲"的虽较"别纸"为多,但标明"委曲"的传世作品,以笔者的浅陋,似仅见《桂苑笔耕集》这二十首。

岳珂《宝真斋法书赞》卷五录"张长史[旭]《秋深帖》":

> 秋深,不知气力复如何也?岁弊何知可论。河南送物人近来得京中消息,承彼数年不熟,忧悬不复可论,不委诸大小如何为活计?几日有京中信,使知之,当数报委曲耳。

同卷又录"段文昌《秋气帖》":

> 总不得书,何为如此?秋气稍冷,不知当如何也?有华阳消息,可报委曲。十四日报。

两处皆提到委曲,并在后帖之下加跋和赞对委曲有如下说明:

> 按,唐世缙绅家,以上达下,其制相承名之曰委曲,盖今之批示也。迄于国初,犹多用之。史传所书,如高骈辈,类不止一见。此帖盖当时授其家隶者。(跋)……唐世士大夫委曲之达下者多矣,而此独存。(赞)……

其实,无论《秋深帖》还是《秋气帖》中提到的委曲,都是用作底细之义的一般语词，并非特指书牍文体之一的委曲。如《秋气帖》，既是“主人授其家隶者”，则其中所谓“可报委曲”，乃是要求“家隶”上报于“主人”也，与委曲“以上达下”之制不符。张旭另在《颠书帖》中提到“所将委曲及船取米”，[①]此委曲倒颇似特指书牍。又《秋气帖》结语“十四日报”，其语气与《桂苑笔耕集》所载二十首委曲的首句“报××”几同。则岳珂跋与赞所云，实认《秋气帖》为委曲作品，而非对帖中委曲一词的诠释。

《资治通鉴》记事言及委曲之处，胡三省先后作过两次注释。一见卷二五七光启三年四月“毕师铎自高邮起兵讨吕用之”条下，谓“当时机密文书谓之委曲”(8349页)，另一见卷二九〇广顺元年正月癸酉“巩廷美杨温据徐州”条下，谓“唐末主帅以手书谕示将佐，率谓之委曲”(9452页)。胡三省的注释也许有比较强的针对性，即针对正文情况而发，未必刻意在给委曲下定义。参照岳珂的跋和各有关记事，特别是《桂苑笔耕集》的二十首委曲作品，说委曲是“以上达下”，主要是“主帅以手书谕示将佐”的文书，应该说是抓住了委曲的基本特征的。当然也有若干例外情况，需要作些说明。

前揭柳宗元《谢襄阳李夷简尚书委曲抚问启》，约元和六年作于永州贬所。文章开头说：“某启：当州员外司马李幼清传示尚书委曲，特赐记忆，过蒙存问，捧读喜惧，浪然涕流，庆幸之深，出自望外。”李夷简是唐宗室小郑王房之后，时带检校礼部尚书任山南东道节度使，例兼襄州大都督府长史。襄州又称襄阳郡。李幼清见《新唐书·宰相世系表》李氏姑臧大房表(2444页)。按照唐室编造的世系，李夷简是李暠十二代孙；李幼清是李暠十一代孙，是夷

---

① 陆心源《唐文拾遗》卷一九。未注出处，或系辑自存世的临摹帖本。

简的父辈。永州亦非山南东道的巡属。李夷简致李幼清或柳宗元的书简,无论从辈分上说,还是从行政隶属关系上说,既不是“以上达下”,更不是“主帅以手书谕示将佐”,但仍然被柳宗元称作委曲。不过这很可能是出于柳宗元的谦称。

《桂苑笔耕集》所载二十首委曲,其下达的对象计有:滁州刺史许勍(二首),光州刺史李罕之、王绪,楚州刺史张雄、张义府,寿州刺史张翱,庐州刺史杨行敏,和州刺史秦彦,归顺军都知兵马使孙端(此人后被高骈举为权知舒州军州事、滁州刺史),庐江县令李清,淮口镇将李质(二首),海陵镇将高霸,楚州营田判官綦毋荦,楚寿两州防秋回戈将士王承问等,凡十六首,都是淮南节度使司属下各级官员将领。但亦有四首不能一概而论。

如报《卢传》谓:“殿中监裴尚书将到洪州武宁县人吏百姓及僧道等状,举论传前后战敌贼徒、保全县邑功绩一十五件。……自值危时,便扬壮节,一呼义旅,四讨凶徒,兄弟二人,义声俱唱,遂得疲氓获赖,廉使见知,始提百里之权,寻假六条之寄。”报《戴卢》谓:“殿中监裴尚书经过彼县日,得百姓僧道等状,举论卢自乾符五年主镇兼知县事课绩一十三件……卢竭诚报国,倾产忘家,纠集义军,训齐宗族,抚宁羸瘵,捕袭寇戎,六年于兹,一邑获赖,有功不伐,唯善是从,遂领县曹,永安乡党。”主旨是告知二人以“所希荐举,必不弭忘”或“不忘荐论”。洪州属江西镇,不是淮南巡属。且自乾符五年(878),“六年于兹”,则作此委曲已在中和三年(883)。如果说原先高骈以都统的身份一度将江西置于他的权力范围之内①的话,那么时至今日,他的都统头衔业已在中和二年正月被解除了。也许高骈是以原都统的身份出面荐论,并向卢传、戴卢报以

① 如《桂苑笔耕集》卷一三即载有《授高霸权知江州军州事》墨敕。

委曲的。

郓州也非淮南巡属，但高骈自咸通十一年(870)至乾符元年(874)曾任郓州天平军节度使，却是他的旧封疆。报《郓州耿元审》委曲说耿“固赡机谋”，又说耿“虽名异覆声而志能独立，仡申忠勇，别俟恩荣。况逢危难之秋，实建勋名之日，勉存终始，慎守行藏”。在朱瑄控制住天平局势以前的混乱年代，耿元审“仡申忠勇”，似曾一度取得兵变成功。作为原部属，耿元审与高骈也许有着特殊的关系，也许曾向高骈请求声援，高骈紧紧抓住这一难得机遇，派去樊谷面授机宜的同时，发去了这首委曲。

《新唐书·僖宗纪》载：中和元年八月，“昭义节度使高浔及黄巢战于石桥，败绩。十将成麟杀浔，入于潞州”。九月“己巳，昭义军戍将孟方立杀成麟，自称留后”(272页)。可见《昭义成璘》委曲中的成璘，即是杀害高骈侄孙、昭义节度使高浔的成麟。高浔被杀，高骈派专人前去“迎取家口”，委曲的主旨即是要求成璘“便与支持发遣”。因为成璘原是高浔的衙前将领“十将”，被高骈仍以部属对待，所以向他下达委曲。

可见，岳珂和胡三省关于委曲是“以上达下”，是“主帅以手书谕示将佐”的说法，基本正确。

至于是否“机密文书”，那就更难一概而论了。如《光州李罕之》就朝廷以宰相王铎取代高骈任都统一事而发的如下议论：“此乃藩镇功亏，朝廷计尽，遂将大任，专付老儒，虽漫传声，必难济事。”就远较那些表状别纸为应付表面而说烂了的话语来得真实，大概轻易不向人道，只是在委曲中才向部属透露的“机密”心理。又如《滁州许勍》：“访知近日浙西周相公频差上元镇使马暨专赍书曲，兼将金银，送到和州，说诱秦彦，令归浙岸，许授霅川，信使继来，事情甚细，则未知秦彦终欲如何？”通报的显然也属淮南浙西两镇纷争中互挖对方墙脚的最新"机密"动态。如《郓州耿元审》虽然最高的"机密"在于委曲之外的"面述"之中,但告知这一最最"机密"的委曲本身,无疑也是"机密"。不过并非每首委曲都概属"机密"之列。如前面提及的报《卢传》《戴卢》,报《昭义成璘》,即无若何"机密"可言。而且这类无"机密"可言的委曲,在二十首委曲作品中还占多数。

除开"以上达下",如"授其家隶者"的《秋气帖》一类不计,若"主帅以手书谕示将佐"的委曲,似乎都不是私书,而是公文。《资治通鉴》卷二五七光启三年四月"毕师铎自高邮起兵讨吕用之"条载:高骈子四十三郎"密使人绐之(指毕师铎)曰:'用之比来频启令公,欲因此相图,已有委曲在张尚书所,宜备之。'师铎问[张]神剑曰:'昨夜使司有文书,翁胡不言?'"(8349 页)高骈委曲,同时又被目为淮南节度使司文书,可见是公文。

段成式《酉阳杂俎》续集卷七《金刚经鸠异》记载阴间审判刘辟企图割据川蜀期间汉州杀牛案的故事,如下:

> 元和初,汉州孔目典陈昭,因患见一人着黄衣至床前,云赵判官唤尔。昭问所因,云至自冥间,刘辟与窦悬对事,要君为证。……及入,见一人怒容可骇,即赵判官也。语云:'刘辟收东川,窦悬捕牛四十七头送梓州,称准辟判杀,辟又云先无牒。君为孔目典,合知是实。'……昭乃具说'杀牛实奉刘尚书委曲,非牒也。纸是麻面,见在汉州某司房架'。即令吏领昭至汉州取之,门馆扃锁,乃于节窍中出入。委曲至,辟乃无言。

汉州是剑南西川节度使巡属。刘辟原为西川支度副使,永贞元年(805)八月节度使韦皋死,刘辟自为留后,企图割据自为,朝廷一度授以西川节度副使、知节度事。元和元年(806)为高崇文讨平。节度使司下诸州的正式公文为"牒"。委曲虽非正式公文,却具有公文的同样效力,而且还要与正式公文一样留档,即在"某司房架"。

《桂苑笔耕集》卷五《奏诱降成令瑰状》:"草贼黄巢下擘队贼将成令瑰徒伴四万人,马军七千骑……臣昨者专差押衙丁威赍委曲深入招诱,果愿归降,兼乞委任郡符,展效忠节。"同卷《奏招降福建道草贼状》:"遂于今年二月内差节度衙推诸葛成充东面招谕使判官,便赍委曲职牒,招诱其贼首何嶠等三人。虽行匪有师,而卜能从古,一时响应,三窟除奸,才当言下归投,兼乞军前展效。臣乃赍委曲补职名,追赴军前,俾申忠节。"足见在高骈的实际军政事务中,其委曲实也起着相当于正式公文的作用。

三、"奏状""堂状""状"

崔致远替高骈起草的上呈公文分别名之曰"表"和"奏状""堂状",他本人的部分书牍亦以"状"为名。

刘勰《文心雕龙·章表》:"降及七国,未变古式,言事于(主)[王],皆称上书。秦初定制,改书曰奏。汉定礼仪,则有四品,一曰章,二曰奏,三曰表,四曰议。章以谢恩,奏以按劾,表以陈请,议以执异。"同书《奏启》:"自汉以来,奏事或称上疏。"①直至唐初,仍然保持着这些名称,如长孙无忌的奏议,以"表""奏""议"为称;房玄龄的奏议,以"表""封""议"为称,魏徵的奏议,除"表"和"议"

① 范文澜《文心雕龙注》卷五。

外,多以“疏”为名。[①] 而以“状”称的则极罕见。

《文心雕龙·书记》:“状者,貌也。体貌本原,取其事实,先贤表谥,并有行状,状之大者也。”认为属于“状”这种文体的文字,主要是行状。昭明《文选》的文体分类,无“状”只有“行状”,且只选录了一首,即任昉的《齐竟陵文宣王行状》。[②]《文心雕龙》范文澜注引王兆芳《文体通释》,认为指“官民之事臧否之形状”的“状”亦始于汉初(489 页),但所举流传至今的三篇“状”文,其题实后人所拟加。《唐六典》卷一“尚书都省”:“凡下之所以达上,其制亦有六;曰:表、状、笺、启、牒、辞。表上于天子,其近臣亦为状。笺、启(于)[上]皇太子,然于其长亦为之,非公文所施。九品以上公文皆曰牒。庶人言曰辞。”则凡奏议,除近臣可称“状”外,皆当称“表”。然开元名臣姚崇、宋璟的奏议,实仍称“表”“奏”“疏”。[③] 而张说、苏颋、张九龄的奏议,称“状”者已渐增多。[④] 安史之乱以后,常衮、陆贽、权德舆、令狐楚、韩愈、柳宗元、刘禹锡、元稹、白居易的奏议文字,[⑤]几乎已经非称“表”即称“状”,与见于《桂苑笔耕集》者类似。只是这些人都曾经是“近臣”。不过风气既开,那些不是“近

---

① 据影印本《文苑英华》书末所附“作者姓名索引”统计,书中收长孙无忌奏议 5 首,其中表 1、议 4;收房玄龄文 1 首,表;收魏徵奏议 8 首,其中表 1、疏 2、议 5。另据《全唐文篇名目录及作者索引》统计,《全唐文》收长孙无忌奏议 12 首,其中表 5、奏 1、议 6;收房玄龄奏议 20 首,其中表 1、对 2、议 17,收魏徵奏议 27 首,其中表 3、疏 18、议 1,另一首题曰《论御臣之术》。

② 《文选》卷六〇。

③ 《文苑英华》未收姚崇奏议,收宋璟奏议 3 首,皆表。《全唐文》收姚崇奏议 9 首,其中奏 6、疏 3;收宋璟奏议 14 首,其中表 5、奏 7、疏 2。

④ 《文苑英华》收张说奏议 44 首,其中表 38、状 6;收苏颋奏议 26 首,其中表 19、状 7;收张九龄奏议 37 首,其中表 7、状 28、上书 1、议 1。《全唐文》收张说奏议 61 首,其中表 46、奏 1、疏 3、状 7、议 4;收苏颋奏议 30 首,其中表 20、状 10;收张九龄奏议 74 首,其中表 11、上书 1、状 60、议 2。

⑤ 兹以陆贽、白居易为例。《陆宣公集》共收“奏草”“中书奏议”61 首,除《论裴延龄奸蠹书》以“书”为题,《均节赋税恤百姓》第一条至第六条未著“状”字以外,其余 54 首全以“状”为题。《白居易集》卷五八至卷六一共收奏议 58 首,除《初授拾遗献书》《奏请加德音中节目两件》外,以“表”为题者 12 首,以“状”为题者 44 首。外集收奏议 7 首,其中表 4、疏 2、上言 1。

臣”的奏议文字大概也都逐渐以“表”“状”相称了。晚唐李商隐的奏议几乎全是代笔,代笔对象又几乎全是节帅,没有几个是“近臣”,也全以“表”“状”为称。

与唐文有关的两部最著名的诗文总集《文苑英华》和《唐文粹》,都分文体录载诗文。《唐文粹》卷二五至三〇上是“表奏书疏”类,其中又细分为“表”,录文13首;“书奏”,录文17首;“疏”,录文26首;“奏”,录文11首。11首“奏”中,除1首系张说作外,馀皆陆贽所作,实皆“状”也,然无“状”之名。《文苑英华》是有“状”之名的,且有专立的门类,见卷六二八至六四四,凡17卷,且细分为谢恩、贺、荐举、进贡、杂奏、陈请6小类。全部是奏状。作者年代较早的,有李峤1首,苏颋7首,张说6首,张九龄28首,已是武后、玄宗时人。

值得注意的,是称作“状”的文字,除了“奏状”以外,如《桂苑笔耕集》卷六所标,另有“堂状”。所谓“堂状”,顾名思义,当是上呈给政事堂,即宰相的。上呈政事堂的公文称“状”,以及“堂状”这一名称本身,大概都是相当晚才出现的。

从《桂苑笔耕集》所收10首“堂状”来看,多数与“表”“奏状”不仅内容重复,而且是同时所写。如《贺入蛮使回状》《贺杀黄巢贼徒状》《贺收复京城状》《贺月食德音状》《贺内宴仍给百官料钱状》《谢加侍中兼实封状》《谢落诸道盐铁使加侍中兼实封状》《谢弟棁再除绵州状》,即分别与《贺通和南蛮表》《贺杀黄巢徒伴表》《贺收复京阙表》《贺降德音表》《贺回驾不许进歌乐表》(皆卷一)、《谢加侍中表》《谢加侍中兼实封表》(皆卷二)、《谢弟棁再除绵州刺史状》(卷四),都是就同一事既作“贺表”“奏状”,又作“堂状”,即既向皇帝致贺、致谢,又向宰相致贺、致谢,而且占了10首“堂状”中的8首,比例相当可观。这种习气起于何时虽有待再考,但类似情况在李商隐代笔的表、状中已经屡见不鲜。

如大和八年(834),李商隐既有《代安平公[崔戎]华州贺圣躬痊复表》(集1/7),又有《为安平公贺皇躬痊复上门下状》(补2/540);开成三年(838),既有《为濮阳公[王茂元]奉慰皇太子薨表》(补1/517),又有《为濮阳公皇太子薨慰宰相状》(补2/552);会昌元年(841),既有《为濮阳公陈许奏韩琮等四人充判官状》(集2/119),又有《为濮阳公许州请判官上中书状》(补2/554);会昌三年,既有《为怀州李中丞[李璟]谢上表》(集1/76),又有《为怀州刺史上后上门下状》(补5/643);大中元年(847)既有《为荥阳公[郑亚]奏请不叙录将士状》(集2/141),又有《为荥阳公请不叙将士上中书状》(补3/580);既有《为荥阳公贺幽州破奚寇表》(集1/90),又有《为荥阳公贺幽州破奚寇上中书状》(补3/579)。[①] 但未见"堂状"字样。明确地将上呈中书门下即政事堂的"状"称为"堂状",似乎仅见或首见于《桂苑笔耕集》。

"奏状""堂状"都是公状。在公状之外,如《桂苑笔耕集》卷一七至卷二〇所收崔致远的个人书牍,许多也都称"状"。其缘起又如何呢?

韩愈有《袁州申使状》,[②]表明州司上呈观察使司的公文亦有称"状"的。李翱有《与本使李中丞论陆巡官状》《与本使杨尚书请停率修寺观钱状》《再请停率修寺观钱状》[③]皆作于贞元末元和初,是以使院判官的身份上书本使论事的,其书亦称为"状"。其后,萧仿《与浙东郭裔绰大夫雪门生薛扶状》[④]虽仍论事,但如余知古《谢

① 皆据《樊南文集》标点本。篇后所注,集指《樊南文集》,补指《樊南文集补编》,斜划前指卷次,斜划后指页码。

② 《韩昌黎文集校注》第八卷,第368页。

③ 《李文公集》卷一〇。

④ 王定保《唐摭言》卷一四。

段公五色笔状》①一类谢贺之状却也日渐增多。李商隐本人致令狐楚、崔戎、李回、李程、李褒、李执方、郑肃、卢贞、卢简辞、卢弘止、周墀、孙谷、萧浣、白景受等人的“状”不下46首,内容不出贺、谢、陈情、存问等范围,与《桂苑笔耕集》所收崔致远本人之状十分相近。唯一的差别是,崔致远的“状”几乎全是作为幕僚上呈使主的,很有点像他代笔的高骈作为臣僚上奏皇帝表状的地方版。

关于此类“状”,唐宋文献有许多不同说法。如孙光宪《北梦琐言》卷九:

> 古之制字卷纸题名姓,号曰名纸。大中年,薛保逊为举场头角,人皆体效,方作门状。洎后,仍以所怀列于启事,随启诣公相门,号为门状、门启,虽繁于名纸,各便于时也。(73页)

冯鉴《续事始》:

> 门状,文宗朝之前未有。朱崖李相贵盛于武宗朝,位至一品,百官无以[希]取其意,至是相扇留(其)[具]衔候起居之状。至今尚之,以贵贱通用,谓之门状。但稍品隔者,如公状之体,有参状。②

---

① 《全唐文》卷七六〇。

② 涵芬楼《说郛》卷一〇。其自注谓“见李氏《资暇》”,然今本李匡义《资暇集》无“至今尚之”以下诸语,而作:“而今又益竞以善价纸,如出印之字,巧谄曲媚,犹有未臻之遗恨。”P.3449号文书342—347行有门状式两则,如下:

参贺门状

具衔某

右某谨诣台屏祗候贺,伏听处分,云云。

具衔某

右某谨祗候贺,伏听处分。

并著年月日,向下具全衔某贺。

照片和录文见《敦煌社会经济文献真迹释录》第五辑,第377页。

沈括《梦溪笔谈·补笔谈》卷一《故事》:

今之门状称“牒件状如前,谨牒”,此唐人都堂见宰相之礼。唐人都堂见宰相,或参辞谢□事□先具事因,申取处分,有非一事,故称“件状如前”。宰相状后判“引”,方许见。后人渐施于执政私第。小说记施于私第自李德裕始。近世谄敬者,无高下一例用之,谓之大状。予曾见白乐天诗稿,乃是新除寿州刺史李(忘其名)门状,其前序住京因宜,及改易差遣数十言,其末乃言“谨祇候辞某官”。

叶梦得《石林燕语》卷三:

唐旧事:门状,清要官见宰相,及交友、同列往来,皆不书前衔,止曰“某谨祗候某官,谨状”,其人亲在,即曰“谨祗候某官兼起居,谨状”。祗候、起居不并称,各有所施也。至于府县官见长吏,诸司僚属见官长,藩镇入朝见宰相及台参,则用公状,前具衔,称“右某谨祗候某官,伏听处分,牒件状如前,谨牒”。此乃申状,非门状也。

赵彦卫《云麓漫钞》卷四:

古尺牍之制,“某顿首”或“再拜”或“启”,唐人始更为“状”,末云“谨奉状谢,不宣,谨状”,或云“谨上状,不宣,谨状”,月日,某官姓名,状上某官。

国初公状之制,前具官,别行叙事,后云:“牒件状如前,谨牒。”

虽然作为个人书牍之一的“状”，在应该称作“门状”“参状”“申状”或者应该分作“门状”“参状”“申状”上，意见很不一致。但从以上记述中，如下几项认识却是可以轻易获得的：

一、作为个人书牍，古无称“状”者，“唐人始更为‘状’”，是从唐代，实际上是唐代后期才出现的。

二、是从公状演变脱化而成的。先是将都堂见宰相之礼“渐施于执政私第”，尔后遂发展到“无高下一例用之”，以至“贵贱通用”。

三、行用范围，除了“交友、同列往来”外，更大量的是行用于清要官与宰相、外地藩镇与宰相，府县官与长吏，诸司僚属与官长之间。由于某些“谄敬者”为了“巧谄曲媚”的需要，其行用范围有不断扩大的趋势。“奏状”以外的“堂状”，有似奏状缩影的幕僚致使主的种种杂“状”，就是这样衍生的，而且随着社会习俗浇漓的加剧而愈演愈烈。

唐五代传世的此类“状”不很多。比较集中的，除了李商隐《樊南文集》及补编，就是崔致远的《桂苑笔耕集》了。所以《桂苑笔耕集》即使仅就它所保存的唐末混乱时期诸罕见文体而论，也是值得异常宝重和珍惜的。

（原载《韩国传统文化·历史卷》，北京：学苑出版社，2000 年 10 月）

薛史“辑本因避讳而改动的文字”，为什么“一般不再改回”？

——对《旧五代史》点校本的一点意见

《旧五代史》点校本卷首《出版说明》：“辑本因避讳而改动的文字，除影响文义的外，一般不再改回。”

此处所谓“避讳”，当兼指避庙讳和避忌讳而言。陈垣有《旧五代史辑本发覆》（以下简称《发覆》）之作，附《薛史辑本避讳例》（以下简称《避讳例》），[1]两文共举出辑本因触犯忌讳而改窜文字计194例，因避庙讳而改字计30例。这是乾隆四十九年（1784）武英殿刊本（简称“殿本”）的情况。殿本出自《四库全书》定本。点校本用作底本的，是1921年丰城熊氏影印南昌彭氏藏《四库全书》初写本（《发覆》简称“熊本”，点校本简称“影库本”，本文从《发覆》）。[2] 初写本所保留的未经改窜的文字较定本多，因此《发复》所举194例，熊本仍原文未改的计62例，《避讳例》所举30例，熊本用缺笔法未改字的计19例。

在《避讳例》所举熊本避庙讳而改字的11例中，点校本已将“玄改元”4例回改，馀“又裔”3例，“弘改宏”2例均未回改。此

---

① 《励耘书屋丛刻》第五种，1937年辅仁大学刊行。

② 下文还要提到“刘本”，系1925年吴兴刘氏嘉业堂刻甬东卢氏藏本。此本亦出《四库》初写本，其传写则在熊本后、殿本前，故与熊本大体相同，间有少异。百衲本《二十四史》中的《旧五代史》，即用刘本影印。

5例皆涉人名,是否人名就不“影响文义”?同是避庙讳,一回改一回不改,实自乱其例。避玄而改者既已全部回改,而《避讳例》所举“删玄字”一例,熊本原无此注,点校本据《旧五代史考异》补入,然仍删去玄字,回改也不净。此外,玄改元《避讳例》举例未及而未回改者,尚有多处。

又“误解前代讳”一例,《避讳例》在引用刘本与殿本《考证》的文字后指出:“熊本签注同,并云‘无别本可考,姑存其旧’云云。”是熊本原有签注。点校本此条注文与刘本、殿本《考证》同,且无“无别本可考,姑存其旧”一语,注下标明出处,又似熊本原无签注,系从《旧五代史考异》增补者。手头无熊本,不得其详。此条注文,陈垣已力辩其误,其说甚确,如熊本原无签注,似无必要补入,即使原有签注,亦应出校记指明谬误所在。①

在《发覆》所举熊本因触犯忌讳而改窜的132例中,点校本已出校记的3例:即《发覆》卷二“忌胡”第三则辑本六一《安重霸传》“时人目之为(俊)[傀胡]”,第十一则辑本一三〇《慕容彦超传》“体黑(麻)[胡]面”,卷三“杂忌”第五则辑本九二《王权传》“未尝有(奉使而称陪臣)[称臣于戎虏]者”“岂能(远使于契丹)[稽颡于穹庐之长]乎”。部分改回的二例:即《发覆》卷一“虏主改契丹主”第九则辑本一二五《王继弘传》补入“虏犯中原”句,然两处“虏主”改“契丹主”未改回;卷三“忌汉”第四则辑本九八《张砺传》“此人

① “误解前代讳”一例所举系辑本一二四《周书·史懿传》如下两句传文:“本名犯太祖庙讳,故改焉。”以及刘本、殿本就此所作的《考证》和熊本所加的签注。今点校本所附注文却是这样:“案‘本名’二句,疑为后人窜入。考懿名匡懿,避宋太祖御名,故去‘匡’字。《薛史》成于开宝六年,不应豫称为太祖,或系宋人读是书者附注于后,遂混入正文也。”(《旧五代史考异》)陈垣指出:《史懿传》“盖《薛史》仍《周实录》之文”,所称太祖乃周太祖,而四库馆臣却误认作宋太祖。史懿本名威,晋汉两代都能考见威其人的活动,入周后避周讳才改名匡懿,《薛史》又避宋讳空“匡”字。“馆臣知其一不知其二,遂疑为‘宋人读是书者附注’,又谓‘无别本可考’,而不知《册府》引有此文也。”(《发覆》,第58、59页)

用法如此"改回作"此胡用法如此",然"与虏居南松门之内""岂能久处汉地"未改,仍作"与契丹居南松门之内""岂能久处京师"。也就是说,在《发覆》列举的例证中,计有129例未作校改或只作了极个别校改。[1] 这些是否都是因为不"影响文义",所以才"不再改回"的呢?

如上引《张砺传》,"岂能久处汉地"与"岂能久处京师",在"文义"上难道就毫无差别?

又如《发覆》卷一"忌虏"总第十一则辑本八八《景延广传》"泛海构衅",《册府元龟》卷四四六、九三五均作"泛海构虏"。"构虏谓勾结契丹,今改构衅,失其义。"[2]点校本不作校改,能说不"影响文义"吗?

再如:《发覆》卷二"忌戎"总第十七则辑本一二五《孙方谏传》"以避剽掠之患",《册府》卷九二二作"以避戎虏之患",剽掠可指内乱,也常特指人民反抗斗争;"忌胡"第六则辑本九七《杨光远传》"非南走淮夷,则北走契丹",《册府》卷四四九、四五五均作"北走胡虏","淮夷""胡虏"有歧贬意,契丹则否;第十则辑本一二五《冯晖传》"久在北蕃,颇究边事,数年之间,侵盗并息",《册府》卷三九七"边事"下有"能驾御河西胡虏"七字,辑本删去;"忌夷狄"第三则辑本九五《吴峦传》"岂有礼义之人而臣于异姓乎",《册府》卷七二四作"岂有礼义之人而臣于夷狄乎",异姓并非即是异族。凡此等等,点校本都未作校改,能够说于"文义"都无所"影响"吗?

此外,辑本一三七《契丹传》"部族就席""部族聚哭","部族"

---

① 此外,还有一种乾隆年间曲阜孔荭谷根据较熊本、刘本为早的辑录稿本抄写的抄校本(简称"孔本")。此本曾经章钰过录,张元济又取过录本与刘本对校,指出在"多所忌讳,变易字句"方面,"刘本已不若孔本之完善",并举出刘本所变易者共计36处(《校史随笔》,第112—115页)。其中熊本与刘本相同者计10处(其中3处与"发覆"重)点校本亦全部未予改回。

② 《发覆》,第7页。

《册府》卷三六七均作"群虏";"王德明厮养小人,阿保机生长边地","生长边地"孔本作"种落贱类";一四四《乐志》"旋属烽火为乱,明法罔修","烽火"孔本作"胡虏"。[①]"部族"与"群虏","生长边地"与"种落贱类","烽火"与"胡虏"在文义上似也大相径庭。

如果说,"胡""虏""夷狄"等,含有歧视侮辱之意,那么《薛史》中含有歧视侮辱之意的用词又岂止这些,如"淮夷""徐戎"之类亦是。清人最忌"虏"字,逢"虏"即予改易删除,但点校本既已据《永乐大典》补入"虏犯中原"一句,那么所谓"影响文义"与否,其标准究系何在,又岂非令人难以捉摸?"且辑逸之体,与撰述殊科,如李延寿之《南》《北史》,欧阳修之《新五代史》,自为一书,则'索虏''岛夷',随意改之可也。今乃辑逸,何能轻易其词?"[②]"辑本因避讳而改动的文字",有什么充分理由"一般不再改回"呢?

在《薛史》辑本的各种版本中,前人都对熊本、刘本特别重视,这主要是由于殿本,即《四库》定本,因"馆臣避忌太过,奋笔妄改",[③]已经失却了《薛史》的本来面目。同样,前人之所以都以熊本、刘本之能"保存辑文出处为贵",[④]主要也在于据此能便于复检校核,从而证实殿本改窜更易的毫无根据。至于熊本、刘本作为《薛史》辑本,于"辑逸之体"是否违戾,于原文是否忠实,前人似乎很少怀疑。而《发覆》却用丰富的例证揭露了,即使在熊本和刘本中,同样存在因触犯嫌忌而改窜文字的大量事实。这样,前人所谓"以伧父之见,改尔雅之词,据习俗所安,谓前文有误,与夫戎王尽

① 后二例见《校史随笔》,第115页。"种落贱类",《册府》卷九八七作"潼酪贱类",近是。《册府》此条似出《实录》。
② 《发覆》,第51页。
③ 章钰《孔荭谷校薛居正五代史跋》,见点校本《附录》,第2034页。
④ 前人对初写本所注引书卷数准确与否未曾置疑。陈垣《旧五代史引书卷数多误例》曾指出:"所注引书卷数多误",定本及殿本将此尽行删去,"盖办书者当时实有隐衷";同时也指出:"与其去之,毋宁留之","留之终胜于去之也"。见《文史》第三辑。

作契丹,编发俱为避易,武断害理,未易更仆",所谓"奈何幸搜集于残阙之馀,仍见厄于校刊之谬,岂非恨事"①等对于殿本深表不满,引为恨事的言辞,岂不是同样可以用来对待熊本、刘本?点校本既然选定熊本作为底本,对殿本就熊本所作的那些改窜持否定态度,为什么却在是否"影响文义"的借口下,对熊本的改窜予以肯定?

当然,《发覆》等不过是举例,真要恢复《薛史》原貌,除了吸收陈垣、张元济等前人现有成果以外,还需要做大量工作。辑本的主要依据《永乐大典》本是海内孤本,在帝国主义侵华战争中已经大部焚毁。幸存残本中收有《薛史》原文的,仅二六〇六、二七四〇、六八五〇、六八五一、七八五六、八九八〇等寥寥数卷。② 因此,现在能用作校勘依据的,主要就是《册府》了。《册府》卷帙浩繁,且不著出处,所录系《薛史》抑系五代各帝《实录》,往往不易辨清。如《发覆》所引,序文极力声明"非关《册府》所引实录之殊",有些很明显即非《薛史》原文。③ 由于《册府》所保留的《薛史》原文之多和辑本纂修者的未曾充分利用,《册府》在辑本《薛史》校补上的价值实在是很高的。点校本已取《册府》参校,但可惜挂一漏万,很不彻底。为了使点校本真正"成为比较完备的本子",就必须将《册府》五代部分与辑本进行一次全面而细致的校勘。此项工作并不轻而易举,但却很值得一做,因为这不仅对于尽量恢复《薛史》一书的原貌,而且对于肃清清代文字狱的流毒,都有着不容忽视的意义。

---

① 《影印内钞旧五代史缘起》,见点校本《附录》,第2041页。

② 点校本《出版说明》谓:"辑本原注《永乐大典》《册府元龟》的卷数颇有错误和脱漏,今有原本可查对的径予改正增补。"就《大典》此寥寥数卷而论,据校勘记,卷六五《王思同传》、九一《王建立传》、九五《王清传》当辑自卷六八五〇,所注却是卷六六七一、六五三〇、六三五一,并未"径予改正"。卷一四〇《历志》,"显德钦天历经"以下未注出处,其中"太白"星一节见《大典》卷七八五六,也并未"径予增补"。

③ 例如,《发覆》卷三"忌汉"第三则据《册府》卷八谓辑本一一〇《周太祖纪》删"披肝露胆,置立汉家宗社"二句,改为"辅佐国家"。按《周太祖纪》辑自《永乐大典》卷八九八〇,今存,此处原文确作"辅佐国家",辑本并未删改。《册府》此条所录当即是《实录》之文。

鲁迅曾经指出，清代的文字狱，“我们现在还直接受到流毒的，是他删改了许多古人的著作的字句”。① 并说：“现在不说别的，单看雍正乾隆两朝的对于中国人著作的手段，就足够令人惊心动魄。全毁、抽毁、剜去之类也且不说，最阴险的是删改了古书的内容。”他曾以《四部丛刊续编》影旧钞本《嵩山文集》书末所附张元济就《负薪对》一文与库本对校的成果为依据，尖锐指出：《四库》本“大抵非删则改，语意全非”，“‘贼’‘虏’‘犬羊’是讳的；说金人的淫掠是讳的；‘夷狄’当然要讳，但也不许看见‘中国’两个字，因为这是和‘夷狄’对立的字眼，很容易引起种族思想来的”。②《薛史》辑本忌虏，忌胡，忌夷狄，忌汉，忌败衄，忌乱华，忌戎虏盗国等，因之而大肆改窜删削，在内容和手法上与张元济就《负薪对》所作的对比揭露有很多相似之处。

鲁迅在1933年还提到影印《四库全书》中的“珍本”之争，指出：“官商要照原式，及早印成，学界却以为库本有删改，有错误，如果有别本可得，就应该用别的‘善本’来替代。”不过在那个时代，“学界的主张，是不会通过的”。③ 现在，时代不同了，鲁迅提出的整理出版古籍“在是否合于实用”的主张，已经实现。对于《旧五代史》，读者所期望的，确如《出版说明》所说的那样，是一种“比较完备的本子”。可是由于对肃清清代文字狱“流毒”的忽视，现在的点校本，离“能合于实用的”“比较完备的本子”，似乎还有一定距离。

（原载《内蒙古大学学报》1977年第5期）

---

① 《病后杂谈》，见《且介亭杂文》，第140页。
② 《病后杂谈之馀》，见《且介亭杂文》，第149、151、153页。
③ 《四库全书珍本》，见《准风月谈》，第60页。

《宋史·食货志》的史源和史料价值

自从班固在《汉书》中创立了《食货志》，后来的纪传体史书，尤其是正史，凡有"志"者，几乎都编修《食货志》，仅司马彪《续汉书》、沈约《宋书》、萧子显《南齐书》的八"志"例外。创立《食货志》的理由以及该《志》的内容，班固在《汉书·叙传》和本《志》中有如下说明："厥初生民，食货惟先。割制庐井，定尔土田，什一供贡，下富上尊。商以足用，茂迁有无，货自龟贝，至此五铢。扬榷古今，监世盈虚。述食货志第四。""食谓农殖嘉谷可食之物，货谓布帛可衣，及金刀龟贝，所以分财布利通有无者也。二者，生民之本……食足货通，然后国实民富，而教化成。"也就是说，《食货志》记载的内容，是同国计民生密切相关的经济财政制度、措施、办法、议论等方面的史实。《宋史·食货志》也与之相似："篇次离为上下。其一曰农田，二曰方田，三曰赋税，四曰布帛，五曰和籴，六曰漕运，七曰屯田，八曰常平义仓，九曰课役，十曰振恤：或出或入，动关民生，国以民为本，故列之上篇焉。其一曰会计，二曰铜铁钱，三曰会子，四曰盐，五曰茶，六曰酒，七曰坑冶，八曰矾，九曰商税，十曰市易，十一曰均输，十二曰互市舶法：或损或益，有系国体，国不以利为利，故列之下篇焉。”[①]

一、《宋史·食货志》与宋《国史·食货志》的关系

《宋史·食货志》的编纂者在小序中,对本《志》与宋《国史·食货志》[②]的关系作过如下明确交代:“宋旧史《志》,食货之法,或骤试而辄已,或亟言而未行,仍之则徒重篇帙,约之则不见其始末,姑去其泰甚,而存其可为鉴者焉。”即《宋志》是以宋《国史志》为基础而删订的。日本学者周藤吉之曾以农田、方田、赋税、布帛为中心,探究过《宋志》与宋《国史志》两者的关系,也认为《宋志》的记事多据《国史志》。[③]

宋列朝国史都是纪传体,有本纪、列传、志,个别的还有表。有宋一代所修的国史,计有太祖太宗《两朝史》120卷(景德四年诏修,大中祥符九年成,王旦进),太祖太宗真宗《三朝史》150卷(天圣五年诏修,八年成,吕夷简进),仁宗英宗《两朝史》120卷(熙宁十年诏修,元丰五年成,王珪上),《神宗正史》120卷(元祐七年诏修,崇宁三年成,邓洵武撰,蔡京上),《哲宗正史》210卷(大观四年诏修,宣和四年成,王黼上),神宗哲宗徽宗钦宗《四朝史》350卷(乾道中进帝纪,淳熙七年进志,十三年进列传,李焘、洪迈等修),高宗孝宗光宗宁宗《中兴四朝史》(淳祐二年进本纪,宝祐二年进

---

① 《宋史·食货志·序》。其中“课役”,正文之“目”作“役法”,“铜铁钱”作“钱币”。又,正文另附有“香”目,序未列出。

② 以下,《宋史·食货志》简作《宋志》,宋《国史·食货志》简作《国史志》或分别简作《三朝志》《四朝志》等。

③ 《宋朝国史の食货志と〈宋史〉食货志との关系》,《东洋学报》43卷3期,1960年9月;后收入《宋代史研究》,东京:东洋文库,1969年。

志、传，五年又修润上之）。[1] 其中，太祖太宗《两朝史》，南宋已“不传”。[2]《神宗正史》和《哲宗正史》，绍兴九年，史馆所藏已“阙神宗正史地理而下十三志，及哲宗一朝纪、志、列传全书”。[3] 元军攻陷临安后董文炳于南宋史馆掳得的史籍中，后来成为修纂《宋史》依据的宋国史，大致只有太祖太宗真宗《三朝史》、仁宗英宗《两朝史》、神宗哲宗徽宗钦宗《四朝史》和高宗孝宗光宗宁宗《中兴四朝史》四种。

关于《宋志》以《国史志》为基础删订的事例，举不胜举。除上揭周藤吉之论文已举者外，如《宋志·盐上》关于解盐的记载，自“天圣以来两池畦户总三百八十”至“元丰三年三司举张景温卖解盐息羡进官赐帛”（第4415—4422页）约四千字的记事，其中四分之三以上都可以从《长编》相应记事所加自注的说明或引文认定其确是以《国史志》为依据的。

《宋史》在援用《国史志》的同时，对《国史志》颇多删削，亦即《宋志》小序说的，“姑去其泰甚，而存其可为鉴者焉”。北宋前五朝删削的情况，从《长编》自注的提示中，可以获知大概：

建隆二年四月壬戌就盐法定令事自注：“《食货志》云：‘唐有蚕盐，皆赋于民，随夏税收钱绢。’”（卷二，第44页，条8）

乾德三年五月分遣常参官受民租下接载：“伪蜀官仓纳给用斗有二等，受纳斗盛十升，出给斗盛八升七合。诏自今给纳并用十升斗。”自注：“本《志》，分遣常参官受民租在乾德二年五月，其下即言

---

① 参考周藤吉之《宋朝国史の编纂と国史列传》，载《骏台史学》九辑，1958年，后收入《宋代史研究》。

② 见洪迈《容斋随笔》三笔卷四《九朝国史》。

③ 《宋会要》崇儒四之二五。由于绍兴八年和议的签订，金以伪齐河南地还归南宋，九年五月，史馆奏乞于东京及诸州搜访所阙神、哲正史，结果如何不详。鉴于不久金即撕毁和议夺回河南等地，估计不会有何结果。然《长编》自注曾称引《神宗正史·食货志》，则李焘曾见，或者另有搜访所得，或者不在所缺十三志之内。

伪蜀用斗。按,二年则犹未平,疑二年字当作三年,今移见此。”(卷六,第154页,条11)

开宝三年四月己卯诏条自注:“此诏据本《志》在此月,今附见。《志》又云:‘三司官属,不务协济,引例避事,始条约之。’按,条约三司官属乃乾德四年四月事,今削去。”(卷一一,第245页,条4)

开宝五年三月,“罢两京、缘河诸州每岁春秋丁帐,止令夏以六月,冬以十二月申。又诸州科纳,止令县具单帐供州,不得令逐乡造夹细帐,以致烦扰”。自注:“此亦在《食货志》今年三月。”(卷一三,第282页,条8)

雍熙四年正月戊子,权罢广南煮盐下自注:“据本《志》,是年废潮州松口等四场。”(卷二八,第631页,条3)

淳化五年二月,“令诸路转运使,每岁部内诸州民租转输他郡者,通水运处当调官船,不通水运处当计度支给,勿得烦民转输”。自注:“此据本《志》,在此月。”(卷二五,第774页,条5)

咸平二年二月“辛丑,太常丞、判三司催欠司王钦若表述上登位以来,放天下逋欠钱物千馀万,释系囚三千馀人”。自注:“《实录》、《本纪》及《食货志》并云系囚三十馀万,恐数太多,今从钦若本传。”(卷四四,第930页,条3)

大中祥符八年闰六月“庚寅,上谓辅臣曰,屡有人言所改茶法不便……丁谓曰:‘河北、陕西入得刍粮,即是官物入库,缘江榷场无剩茶,即是法行也。……大抵未改法日,官中岁亏茶本钱九千馀贯,改法之后,岁所收利常不下二百馀万贯,边防储蓄不阙,榷场无陈积,此其大较也。’乃诏刑部尚书冯拯、翰林学士王曾与三司同详定”。自注:“本《志》以丁谓对旧法岁亏官本钱九千馀贯系之明年今月,今从《实录》。”(卷八五,第1937—1938页,条8)

大中祥符九年二月“庚辰,上谓辅臣曰:……丁谓曰:……翌日，中书复以三司岁校茶利数闻，上曰：‘从初岁利几何？至于前代与今孰多？’王旦等曰：‘元和国计，茶税岁不过四十万缗。朝廷自克复江浙，总山场榷务，共获钱四百馀万缗。太平兴国初，并实钱也。自后，西北急于军粮，入中之际，添估加耗，入粟之地，与出茶之区，不相应会，以是实直尽为虚钱。旧法弊极，难于行用，故须改法。今若守而不变，则三百万缗岁利可以不失。’”自注：“本《志》以王旦对上语并出丁谓，今从《实录》。”（卷八六，第1971页，条4）

大中祥符九年十月，“先是，丁谓力庇李溥，主行新法，言不便者虽众，谓持之益坚。及谓罢政，群议复起。……丁酉，下诏曰：‘……宣差翰林学士李迪、权御史中丞凌策、知杂御史吕夷简与三司同共定夺。……’”自注：“《会要》系此事于十五日丁酉，今从《实录》。丁谓罢政，乃命李迪等，此据本《志》。”（卷八八，第2025页，条18）①

天禧五年五月己亥，“先是，河北入中刍粮，诸州有多增其价者，三司请令月上在市实价送入内内侍省，出付三司约所定价，视其亏官之甚者而裁损之。时陕西交引益贱，京师才直五千，有司惜其费茶，于是出内藏钱五十万贯，令閤门祗候李德明于京城市而毁之”。自注：“此据本《志》。定入中价，《志》以为四年事而不得其月，因附此。”（卷九七，第2247页，条10）②

天圣四年“闰五月戊申，定江淮制置发运司岁漕米课六百万石。……然东南灾俭，辄减岁漕数或巨万或数十万，又转移以给它

① 按，此月壬申朔，丁酉乃二十六日。今辑本《宋会要》，此事“榷易”门系于“十月十五日”，且云“翌日下诏曰”云云，见食货三六之一二；“茶法杂录”门则系诏于“十月二十六日”，见食货三〇之四。自注或“丁酉”字误，或有脱文。

② 按，《宋志·茶上》仅载“时陕西”以下，见第4482—4483页。“出内藏库钱五十万贯”云云，《宋会要》食货三六之一五系于天禧五年五月，无日，《实录》当有确日而为《长编》之所据，而“定入中价”事亦得以附此。

路者,时有焉”。自注:“灾俭减数以下,又据本《志》。”(卷一〇四,第2408页,条1)

庆历三年五月“戊寅,敕三司官吏曰:‘经国以财为本,而三司纪纲不振久矣。今边隅未靖,用度甚广,军资所急,民力重困,其务协心营职,无或因循以踵旧弊。’”自注:“本《志》以此系之于二年四月议节浮费下,今从《实录》。”(卷一四一,第3374页,条14)

嘉祐三年十一月“癸酉,命翰林学士韩绛、谏官陈旭、御史吕景初同三司详定省减冗费。初,枢密副使张昪请罢民间科率及营造不急之务,其诸场库务物之阙供者,令所在以官钱收市之。于是置省减司于三司,自是多所裁损云”。自注:“多所裁损,据本《志》。”(卷一八八,第4533页,条3)①

以上诸条,皆《三朝志》或《两朝志》所有,而为《宋志》删削者。就内容而言,这些被删削的文字,对于了解有宋一代的经济财政状况,未必都是无关紧要的。

有些记事,旧《志》本有确切年月,《宋志》却往往删去月份,甚至删去年份。如:

乾德元年正月。“是月,诏无得追县吏会州。五代以来,收税毕,州符追县吏,谓之会州。县吏厚敛于里胥,以赂州吏,里胥复率于民,民甚苦之也。”自注:“此据本《志》,在此年此月。”(卷四,第83页,条13)按,此事《宋志》见卷一七四,第4203页,仅署建隆四年,月份已删。

乾德元年四月。“又令诸州受民租籍,不得称分、毫、合、勺、铢、厘、丝、忽,钱必成文,绢帛成尺,粟成升,丝绵成两,薪稿成束,金银成钱。”自注:“此据本《志》在此年三月。”(卷四,第91页,条

① 按,《玉海》卷一八八《天圣节浮费》引《志》,略同。

24)按,此事《宋志》亦见卷一七四,第4203页,连书于上条下,月份亦删。

开宝元年五月。"是月,诏:'诸州通判、粮料官至任,并须躬自检阅帐籍所列官物,不得但凭主吏管认文状。主库吏每三年一易。'从淮南转运使苏晓之请也。"自注:"此据《食货志》。"(卷九,第202页,条5)按,此事《宋志》见卷一七九,第4348页,连书于乾德三年记事下,不仅年月皆删,连建请者之姓名亦一并删削。

开宝三年四月。"己卯,诏三司,诸路两税折科物,非土地所宜者,勿得抑配。又诏诸州,凡丝绵、䌷绢、麻布、香药、毛翎、箭笴、皮革、筋角等,所在约支二年之用,勿得广有科市,以致烦民。"自注:"此诏据本《志》在此月,今附见。"(卷一一,第245页,条4)按,前诏《宋志》见卷一七四,第4203页,未署年月,《长编》自注未言旧《志》系于何时,其所系既有确日,当另有《实录》等为据。后诏《宋志》见卷一七四,第4232页,仅有年,月份已删。

开宝五年三月。"诏:'中国每租二十石,输牛革一,准千钱。西川尚循伪制,牛驴死者,革尽输官。蠲去之,每租二十石输牛革一,准钱五百者。"自注:"此据《食货志》在此年三月,今附见,更俟详考。"(卷一三,第282页,条7)按,此事《宋志》见卷一七四,第4204页,年月皆已删去。

类似这些为了行文之便而损害史事时间准确性的笔削手法,并不可取。

有些事件或措施的当事人,旧《志》本有详备记载,在《宋志》中也往往被删削,或仅留下个别之人。如:

天圣三年八月"辛未,命翰林侍读学士孙奭、知制诰夏竦,同工部郎中卢士伦、殿中侍御史王硕、如京使卢守懃[就李谘等条上之茶法利害]再加详定"。自注:"《实录》但命奭、竦二人,此从本

《志》。"(卷一〇三,第2387页,条7)按,当年李焘依据《两朝志》才使仁宗《实录》欠完备的记载获得完备,而《宋志》于删削之馀,作"天圣三年八月诏翰林侍讲学士孙奭等同究利害"(卷一八四,第4489页),五人只剩一人。

庆历元年九月乙卯,量增江、淮、两浙、荆湖六路粜盐钱的建言者王琪,《长编》既于始增时揭出其名,自注:"自'琪言天禧初'至'斤增五钱',并据本《志》。"(卷一三三,第3174页,条8)复于"皆罢"时再揭之,自注:"此据本《志》附见,不得其时。"(卷一七二,第4139页,条8)指明乃旧《志》原有者。《宋志》此事见卷一八二,第4435页,王琪之名业已抹去。

凡此,亦皆有损《宋志》作为信史的史料价值。

《宋志》对旧《志》也作了一些修订。就北宋前五朝而言,这些修订,大至整个事件或措施的改写,小至个别文字的更正,大多都是依据李焘在《长编》自注中的辨正意见进行的。如:

关于益州交子务的设置经过,《长编》卷一〇一"天圣元年十一月戊午置务"条曾有追述,其自注:"《实录》《食货志》皆云寇瑊请官置交子务。按薛田附《传》,则置交子务乃田为转运使时所建请,瑊守蜀,始用田议。然《成都记》载此事特详,瑊议盖欲官私俱不用交子,而田议始终皆欲(集)[禁]私造,官为主之。今置务,实从田议,瑊无与也。《实录》、附《传》、正《传》、《食货志》俱误矣。"(第2343页,条8)此事《宋志》见卷一八一《会子》,请置交子务者已由寇瑊改为薛田、张若谷。

关于议榷河北盐的经过,《长编》卷一五九附见于"庆历六年十一月戊子张方平权三司使"条下,自注:"河北初议榷盐,《实录》不载,余靖《谏草》独存此奏。及王拱辰奏立榷法,时靖黜责久矣。盖先有建此议者,靖论其不可,故罢;既而拱辰使三司,复议举行,又为河北漕臣所沮；而河北漕臣乃别议增算，拱辰更立榷法，未下，而张方平亟奏罢之。《实录》《国史》并疏略，今参取靖《谏草》及《食货志》并《方平墓志》修入。”河北漕臣为谁？自注又云：“本《志》以为都转运使夏竦，误也。竦五年八月判并州，六年二月改大名。拱辰十一月戊子罢三司使，出知亳州，张方平代之。方拱辰在三司时，竦无缘却为都转运使。据何郯奏议，为都转运使者乃鱼周询也。王岩叟元祐初奏议，亦误以鱼周询为夏竦。”关于河北漕臣别议增算的下文，自注又云：“《食货志》云：‘三司奏用其策，仁宗曰：“使民顿食贵盐，岂朕意哉！”下诏不许。’若不许三司之请，则不须下诏，今既下诏，盖已立法而未行。《墓志》当得其实，今从之。《食货志》不载方平事，盖疏略也。”（第3852、3853页）此事《宋志》见卷一八一，第4428—4429页，不仅自注指出的错误，都转运使夏竦已正为鱼周询，“岂朕意哉”下补叙了“于是三司更立榷法而未下”等语，而且自注指明的疏略，如“《谏草》独存”之余靖奏议，“《食货志》不载”的方平之事，也已一一增补，其行文几已全仿《长编》。

关于庆历四年二月乙未命知汝州范祥驰传与陕西都转运使程戡同议解盐法的下文，自注：“本《志》云：‘会祥以丧去。’按祥明年三月壬午，乃自知华州提举坑冶铸钱，其以丧去，实在此后。《行状》亦云。本《志》误也。八年十月，乃复用祥。当是祥与戡议不合，故以祥知华州，明年三月，除提举坑冶铸钱，始遭父丧去耳。”（卷一四六，第3534页）既然“同议解盐法”下立即接载“会祥以丧去”是不确的，那么按照自注的订正，究竟应当如何正确表达呢？《长编》下文载“复用祥”而追述前情时是这样表达的：庆历八年十月“丁亥，屯田员外郎范祥提点陕西路刑狱，兼制置解盐。祥先请变两池盐法，诏祥乘传陕西与都转运使共议，时庆历四年春也。已而议不合，祥寻亦遭丧去。及是，祥复申前议，故有是命。”（卷一六五,第3970页)此事《宋志》见卷一八一,第4417页,此语作:"而戩议与祥不合,祥寻亦遭丧去。"表明《长编》的正确改写已为《宋志》所吸收。①

关于河北入中自初行四说法至复行见钱法的间隔时间,《长编》卷一七〇皇祐三年二月"己亥,诏三司,河北入中粮草复行见钱法"条自注:"自庆历八年十二月初用董沔言行四说法,至是复行见钱法,盖不满三年。《志》云'不十年间',恐误,今改云'未几'。"(第4080页)此事《宋志》见卷一八四,第4492页,"不十年间"已更正为"不数年间",显然是依据《长编》自注的意见更正的。

不过,旧《志》中虽经《长编》自注指出有误,而《宋志》沿袭不改或不从李焘之见修改的,却也仍然不少。如:

《长编》卷五三咸平五年十一月癸巳,命李士衡、李溥诣陕西诸州增酒榷之课,"由是岁增钱二十五万焉"。自注:"本《志》云'万馀缗',今从《李溥传》。"(第1162页)此事《宋志》见卷一八五《酒》,作"乃岁增十一万馀贯"(第4514页)。如果不是自注数字有误,那么《宋志》这样修订,或许另有所据。只是如果确系另有所据,而《宋史·李溥传》仍从国史旧《传》作"岁二十五万"(卷二九九,第9939页),就未免使人费解了。

《长编》卷八九天禧元年二月甲戌,"曹玮言陕商人入中粮草交引愈贱,总虚、实钱百千,鬻之才得十二千,请于永兴、凤翔、河中府官出钱市之。奏可"。自注:"本《志》云'鬻于市才八九千',今从《实录》。"(第2039页)此事《宋志》见卷一八三《茶上》,作"鬻于市才八千"(第4482页)。于旧《志》虽删"九"字,于《长编》实未从也。

《长编》卷一〇三天圣三年十一月庚辰"孙奭请罢贴射法,诏从

---

① 郭正忠认为此语仍不妥,似乎忽略了李焘指明旧《志》"会祥以丧去"不确的同时,也是这样正面表述的。郭说见《宋代盐业经济史》,第924页注②。

之”条自注:“本《志》云:‘十月,遂罢贴射法。’恐脱误。今从《实录》。”(第2391页)相应记事《宋志》见卷一八四《茶下》,仍作“十月,遂罢贴射法”(第4489页)。而未改作十一月。

《长编》卷一〇四天圣四年三月甲辰“前权三司使李谘落枢密直学士”条自注:“李谘三年九月已罢三司使,改枢密直学士、知洪州,此更落密直也。本《志》误云‘罢三司使’,今不取。”(第2404页)相应记事《宋志》见卷一八四《茶下》,因讹误而为《长编》“不取”的“谘罢三司使”(第4490页)依然犹在。

《长编》卷一一八景祐三年正月九日戊子命李谘等同议茶法条曾追述三司吏孙居中、度支副使杨偕等的奏请。自注:“杨偕以此月壬寅(二十三日)始自度支副使除河北都漕,今未也,本《志》即称都漕,盖误矣。”(第2773页)相应记事《宋志》见卷一八四《茶下》,杨偕的结衔作“河北转运使”,虽去“都”字,仍与史实不符。

《长编》卷一七二皇祐四年六月丙戌,“诏诸州军里正、押司、录事已代而令输钱免役者,以违制论。先是,王逵为荆湖南路转运使,率民输钱免役,得缗钱三十万,进为羡馀,朝廷既降诏奖谕,由是诸路竞为掊克,欲以市恩,至破产不能偿所负。朝廷知其弊,故条约之”。自注:“此据《实录》。本《志》但称荆湖。庆历元年八月自湖南漕责(处)[虔]州;五年三月为江西漕,寻改湖北;八年(二)[正]月自湖北改河东。不知本《志》所称荆湖是南路或北路也。”(第4152—4153页)既然王逵曾为荆湖南路转运使,又曾为荆湖北路转运使,那么“率民输钱免役”究系哪路任上事,理宜写明。《长编》据《实录》谓是湖南任上事,本属可信,[①]而《宋志》未肯依从,仍作“王逵为荆湖转运使”,见卷一七七《役法上》(第4297页)。

---

① 参考《长编》上文卷一三三庆历元年八月壬午记事。

《长编》卷一八八嘉祐三年九月癸酉条曾追述:“恭谢天地之岁,始用薛向议,罢并边入中粟,自京辇钱帛至河北,专以见钱和籴,惟入中刍豆则仍计直给茶。行之未久,论者谓辇运科折,烦扰居民,且商人入钱者少,刍豆虚估益高,茶益贱。”“行之未久”下,自注云:“用薛向议在嘉祐元年十月末,本《志》云‘行未数年’,恐失实,今略删修之。”(第4526页)相应记事《宋志》见卷一八四《茶下》,“行未数年”未改如故(第4493页)。

从以上例证来看,旧《志》中《长编》自注既已指出错误而《宋志》仍然因袭未改的,大都集中于《茶》门。或者《宋志》各门成于众手,而操笔诸公对修史的认真态度以及对《长编》的尊重态度,又彼此有别耶?

《长编》神宗朝有关食货记事的自注中,除了明言《神宗史·食货志》(见卷二二五,第5488页)《神宗史·志》(见卷三五六,第8525页)者,毫无疑问系指《神宗正史·食货志》以外,其余绝大多数虽然只署“《食货志》”或“本《志》”或“《志》”,其所指实亦皆是《神宗正史·食货志》,而非《四朝国史·食货志》。因为《神宗正史》120卷是“崇宁三年书成,八月三日进”,《四朝国史志》180卷是“淳熙七年十二月十二日上”的,[①]而《长编》神、哲两朝记事417卷进上的时间却是在淳熙元年,[②]是根本不可能超前引用六年以后才完成的《四朝国史·食货志》的。何况淳熙七年完成的《四朝国史志》,有说“《地理》一志出李焘之手,馀多采《续通鉴》”,有说诸志“多出李焘之手”的,[③]也表明只存在《四朝志》援用《长编》,而非《长编》援用《四朝志》的事实。而从内容来看,如《长编》卷三三二

① 皆见《玉海》卷四六《艺文·正史》“淳熙修四朝志”条。
② 见周必大《平园续稿》卷二六《李焘神道碑》;参照徐规《李焘年表》,《仰素集》,第44页。
③ 分见上揭《玉海》和《容斋随笔》三笔卷一三《四朝史志》。参照上引《仰素集》,第53页。此“续通鉴”,即李焘《续资治通鉴长编》简称。

元丰六年正月壬寅关于散敛常平钱物定立年额记事自注:“《食货志》同,但增‘自熙宁立法之初至元丰末,凡水旱赈恤饥馑之财用取具,至今赖焉’。今不取。”(第8006页)对青苗法如此肯定,只有在修成于新党当政年间的《神宗正史》中才可能有此等语,李焘《长编》“不取”是当然的,难道《四朝国史》会重加检取吗?又,章如愚《山堂考索》后集“财赋”门辑录神、哲、徽、钦四朝事,凡采自旧《志》者,皆注《四朝志》,唯一处注《食货志》。后者与《长编》卷三三四“元丰六年四月戊申”记事自注所引《食货志》,文字全同,或系据《长编》转录者。此条《食货志》语,章如愚所见之《四朝志》既不载,则绝非《四朝国史》之《食货志》,似可断言。

既然《长编》神宗朝自注言及之旧《志》实皆指《神宗正史》之《食货志》,而《四朝国史》之《食货志》又是主要参据《长编》修纂的,那么不仅自注指明的错误而《宋志》不复再见的,未必即是《宋志》作者所改,而且旧《志》原有的内容而《宋志》不再保留的,也未必即是《宋志》作者所删。由于《神宗正史·食货志》内容的丰富,删削的分量似远较前五朝为甚。删掉的内容,计有:

陕西增铸钱,熙宁三年七月辛丑。(卷二一三,第5178页,条28)

扑买酒曲坊场,熙宁三年十一月甲午。(卷二一七,第5274页,条18)

诏蠲见欠贷粮,熙宁四年十一月甲申。(卷二二八,第5541页,条10)

凡言实边者,营田本赵卨,官庄本霍翔,熙宁五年四月己未。(卷二三二,第5631页,10条)又熙宁十年二月丁亥。(卷二八〇,第6861页,条15)

蔡天申建请均税,熙宁五年八月。(卷二三七,第5784页,

条65)

嘉、邛州复铸钱,熙宁六年五月丁卯。(卷二四五,第5961页,条50)

吴中复、皮公弼、熊本针对关中钱法之弊的奏请,熙宁七年九月壬戌。(卷二五六,第6265页,条84)

熊本又言,熙宁七年十二月甲戌。(卷二五八,第6300页,条36)

给青苗钱时限,熙宁七年。(卷二五八,第6306页,条70)

买扑坊场等钱别桩管,熙宁八年九月癸酉。(卷二六八,第6569页,条32)

神宗言市钞京师,熙宁十年二月戊申。(卷二八〇,第6873页,条59)又元丰二年二月丙申。(卷二九六,第7203页,条46)

纳私小钱入官毁弃,元丰元年十月丙寅。(卷二九五,第7156页,条52)

愿以义仓粮纳县仓者听,元丰元年十二月丙午。(卷二九五,第7182页,条25)

"吕公著云云",元丰六年七月甲子。(卷三三七,第8131页,条44)①

删掉的内容中,也有改入其他志的。如《长编》卷二七七熙宁九年八月"庚戌,权判都水监程师孟言:'……今权领都水淤田。窃见累岁淤京东、西咸卤之地,尽成膏腴,为利极大。尚虑河东路犹有荒瘠之田,可引天河淤溉。乞委都水监选差官往与农田水利司并逐县令佐检视,有可淤之处,具顷亩功料以闻。俟修毕,差次酬

① 吕公著之言,《长编》正文载于卷三三八,第8154页,条75。又,以上所列,先是对《神宗正史志》内容的概括,其次是言及《神宗史志》自注所在《长编》正文记事之年、月、日,括号内为中华书局版《长编》点校本之卷次、页数和条码。

赏。'从之。于是奏遣都水监丞耿琬管勾淤河东路田"。自注:"《食货志》同。"(第6779—6780页,条41)这一原载《神宗正史·食货志》的内容,在《宋史》中已改入《河渠志》,见卷九五,第2373页。或者有关淤田的内容,皆已从《食货志》改入《河渠志》,且亦颇有删削也。如《长编》卷二七五熙宁九年五月,"命判都水监程师孟兼权都大提举京东、西淤田",据自注,是"据《食货志》特书之"的(第6736页,条60),可是在《宋史·河渠志》中即已被删去。改入者和删削者为谁?容俟再考。

尤其值得注意的是有关熙宁新法的记载,《宋志》与旧《志》出入颇大。有增亦有删。所删者,多为新法便民利民的内容和断语,或变法派人士的言论,或于反变法派有碍的评议。如:

《长编》卷二一四熙宁三年八月癸未记事自注:"又《食货志》云:'京师岁增吏禄四十一万三千四百馀缗,监司、诸州六十八万九千八百馀缗。然皆取足于坊场、河渡、市例、免行、役(利)[剩]、息钱等,而县官岁入财用初无损少焉。'当考。"(第5224页,条57)相应记事,《宋志》见卷一七九《会计》,第4355页,"然皆取足"以下已全被删削。又,此事《长编》卷二四八亦已修入正文,"损少"作"少损",其下且有"且民不加赋,而吏禄以给焉"语(第6052页)。则删削者似非《四朝志》而是《宋志》的纂修者。

《长编》卷二二五熙宁四年七月丁酉"杨绘具录前后论助役法四奏以自辨"条自注:"《神宗史·食货志》云:'初,绘除中丞,安石以为绘不烛理,不可为中丞。然卒除绘。已而执政冯京漏安石语以激怒绘,缘此为憾,故毁役法以自立异,非详究法之利害本末也。'《志》盖因安石《日录》,今不取。"(第5488页,条17)这一为李焘所"不取"的内容,当然不会修入《四朝志》,从而也不会修入《宋志》。

《长编》卷二二七熙宁四年十月庚申,邓绾"又言:'司农寺法,灾伤第四等已下户应纳役钱而饥贫者,委州县闻于提举司考实,以免役剩钱内量数除之。臣谓王者赋役敛弛,皆以为民,丰穰则取,饥馑则与,为政之实也。借或下户役钱一千,以分数各减一二百,及二三百者减三五十,亦不免赴官输纳,岂有所济。当立为信令,凡遇凶歉,使诸路如蠲放租赋法,不待奏禀,岁小饥则免最下等户,中饥则免以次下户,免讫以闻,示信于民。如此,则凶年有施舍之惠,法令无动摇之变矣。'从之。"其下自注:"此据《食货志》,附黜[李]瑜、[周]约后,恐自有月日,姑著此,徐考之。"(第5526—5527页)《长编》既已修入正文,《四朝志》当能从之,删去疑是《宋志》编纂者的手笔。

《长编》卷二四七熙宁六年十月庚申记事自注引《食货志》:"熙宁四年,分遣大理寺丞卢秉、著作佐郎曾默往淮南、两浙询究利害。……王安石为上言曰:'两浙自去岁及今岁各半年间,所增盐课四十万,今又增及二十五万缗,而本路欲用四万募兵、增置巡检,甚便。'枢密院蔡挺以为不可,皮公弼、冯鼎者希望沮其事。安石曰:'夫以所增盐课十分之一二,足以多招厢军,使私煎者绝,则无复犯刑,其利一也。沿海之地,有戍守之兵,可以待不虞,其利二也。盐课大增,其利三也。且又不贩盐,自须反本,尤为大利。今杭、苏盐课亏,乃私贩不禁,故有盐贼;淮南盐课增,以私贩者绝,故无盗。朝廷若谓盐禁当弛,曷不尽弛之?若其未可,即当禁绝私贩,然后人不陷于刑杀。今议者知盐禁不可弛,而但欲宽其禁,是陷人于刑杀也。'于是卒如两浙奏。"(第6027页)其中"王安石为上言"以前,《宋志》见卷一八二《盐中》,第4436页,"熙宁四年"已据自注按语改为"五年"。而王安石所言长篇内容,则已全部删削。《长编》未修入正文,疑删去不载或始于《四朝志》。

《长编》卷二四八熙宁六年十二月戊寅,新权发遣淮南西路提点刑狱陈枢“又言：‘两浙第五等户约百万，出役钱裁五六万缗，钱寡而所敷甚众，且第五等旧无役，请得蠲免。’诏除之”。自注：“此据本《志》附四年十月邓绾言李瑜、周约后，按，枢以六年十二月方为淮西宪，今附见。”（第6055页）李焘虽亦指出旧《志》此处“叙事先后特未可信”，却仍然修入正文，《四朝志》未必删，删去者其或《宋志》耶？

《长编》卷二六九熙宁八年十月辛亥，“诏：‘闻东南推行手实簿法，公私烦扰，其速令权罢听旨，委司农寺再详定以闻。’吕惠卿参知政事，始创手实簿法。御史中丞邓绾言：‘……（绾言共659字，文长不具录）’惠卿贬既两旬，乃降是诏。”自注：“邓绾此奏，不得其时，朱《史》系之十月二十三日辛亥，今因之。《食货志》载绾奏尤详，今用之。墨《史》但载诏语，于绾奏略不书，当考。”（第6605—6606页）相应记事，《宋志》见卷一七七《役法上》，只作：“至是，惠卿罢政，御史中丞邓绾言其法不便，罢之，委司农寺再详定以闻。”（第4307—4308页）既然邓绾此奏，旧《志》载之“尤详”，而《长编》又特地用此“尤详”之本修入正文，当是有见于此奏内容的丰富和重要，“多采《续通鉴》”的《四朝志》谅不致大斫大削。疑仅《宋志》如此。

《长编》卷三三二元丰六年正月壬寅“散敛常平物立岁额”条自注：“《食货志》同，但增‘自熙宁立法之初至元丰末，凡水旱赈恤饥馑之财用取具，至今赖焉’，今不取。”（第8006页）既然《长编》不取《四朝志》，从而《宋志》当也定然“不取”。

增入的一个显著事例，是《宋志》卷一七七《役法上》所载监察御史刘挚“因陈新法十害，其要曰……”（第4302页）和御史中丞杨绘“又言助役之利一，而难行有五……”（第4303页）两大段文字，据《长编》卷二二四熙宁四年六月庚申记事自注，都是旧《志》不载的:"本《志》但云'绘言助役之难有五,挚言役法之害有十,请一切罢之',馀并不书。"(第5448页)估计《四朝志》已摘录《长编》所载增入。

同一则记事有增又有删者,其增删情况亦体现了同样的精神。若将《长编》卷三〇〇元丰二年九月癸酉记事自注所引《食货志》与《宋志》卷一七四《赋税》第4209页所载互相比较,则《宋志》所删者主要有如下三节:"琮言:'苏州常熟县天圣中簿,得久逃绝户倚阁税细绢苗米丁盐钱万一千一百馀贯石匹两。今止百九十五户当输苗米三百五十三石、细绢五十一匹、绵三十五两,馀田产人户、请佃主名皆亡。盖久不推究,奸猾因之,失陷正税。请凡类此者,皆选官根括。'从之。乃诏转运司提举。""琮乃辟置官属,更移令佐,大究治之。""琮又言:'亏陷税役,乃官司造簿舛误,已久,请随夏税附纳。'诏(令)[今]簿失收税役钱物,特蠲除之。"(第7299—7300页)此外,所得诸数,乃江东、两浙127县、淮南东西88县的数字,《宋志》亦已略去。《宋志》所增之语:"琮盖用贯石万数立赏,以诱所委之吏,增加浩大,三路之民,大被其害。"其依据则元祐更化初言官孙升之言。[1] 旧《志》所载,有些《长编》已采入正文,如一、三两节,[2]有些则未采入,如在淮南的措施及其所得。估计《四朝志》已有增删,而《宋志》复节取也。

若将《长编》卷三一一元丰四年三月戊子记事自注所引《食货志》与《宋志》卷一八二《盐中》第4443页所载互相比较,删节者虽未必即是有关新法之关键文字,而增入者实多属攻击性的武断空言,如:"及章惇察访湖南,符本路提点刑狱朱初平措置般运广盐添额出卖,然未及行。元丰三年,惇既参政,有郑亶者,邪险锐进,素

① 见《长编》卷三七七元祐元年五月壬戌记事,第9157页。
② 除卷三〇〇外,另一见卷三三四元丰六年四月丙辰,第8048页。

为惇所喜,迎合惇意,推仿湖南之法,乞运广盐于江西。……周辅承望惇意奏言……大率峻剥于民,民被其害。"其依据乃元祐更化初言官吕陶之言。[1] 这种以偏颇的朋党之言充当史官持平之论的做法显然有失公允,但始作俑者似是《四朝志》。

《长编》哲宗朝记事自注再未引及或言及旧《志》,估计《哲宗正史·食货志》当日李焘已未能读到。《四朝国史·食货志》与《宋志》的关系究竟怎样,从《长编》自注中根本不可能得到直接证明。但由于有《山堂考索》后集"财赋"门所征引的五处《四朝志》遗文在,从中仍然可以约略窥知《宋志》因袭《四朝志》情况之大概。

后集卷五六《榷茶》:"茶之有税,起于唐之赵赞;茶之有榷,又起于唐之王涯。如王播、裴休,皆主榷茶之议者。国家百年,茶法之变,不知其几。始尝榷筦矣,又尝行射帖矣,又尝罢射帖而行交引矣。又尝正三分法矣,十分茶价,四分给香、药,三犀象。茶引别以二十色。"注:"《四朝志》。"(第818页上栏)所录似是《茶》门小序,《宋志》已删。其下所录虽未云出《四朝志》,然如"自天圣以来屡易,至嘉祐始行通商,虽议者以为不便,然更法之意则主于优民也"语,《宋志》卷一八四《茶下》第4497页倒2至1行亦见,当是《四朝志》遗文。

后集卷五八《酒类》:"《四朝志》曰:'榷酒之利,以给养兵之费,然其弊也,酒直屡增,而糟酵亦取其赢焉。"(第827页下栏)此亦似《酒》门小序中语,《宋志》已删。其下治平四年、熙宁三年、熙宁四年正月、政和二年、政和四年5则记事(政和四年条下复注"《四朝志》"),《宋志》卷一八五《酒》第4516页倒行2,第4517页行3、行6,第4519页行3、行5皆有相应记事,除政和二年条外,文

[1] 见《长编》卷三七〇元祐元年闰二月,第8962—8963页。

字雷同,可证《宋志》系录自《四朝志》者。

后集卷六二《坑冶》:“坑冶,宋朝旧有官置场监,或民承买,以分数(甲)[中卖]于官。旧隶诸路转运司,本钱亦资焉,其物悉归内帑。崇宁以后,广搜利穴,榷赋益备。凡属之提举司者,谓之新坑冶,用常平息钱与剩利钱为本,金(钱)[银]等物往往皆积之大观库,自蔡京始也。”注:“《四朝志》。”(第852页上栏)《宋志》卷一八五《坑冶》第4531页与之几乎全同,亦《宋志》录自《四朝志》之显证。

后集卷六三《会计录》:“熙宁三年,条例司始议取三司簿籍考观本末,与使副同商度经久废置之宜,一岁用度及郊祀大费,皆编著定式。诏用其议,以刘瑾等编三司岁计及南郊式,金君卿等编三司籍簿,条例司总领焉。”注:“《四朝志》。”(第858页上栏)《宋志》虽节作:“命官考三司簿籍,商量经久废置之宜,凡一岁用度及郊祀大费,皆编著定式。”(第4354页)但因袭之痕迹宛然。其下载熙宁五年帐司、熙宁七年十月庚辰会计司的设置,末注“同上”,《宋志》见同卷第4356页,删节情况与上略同。

后集卷六三《会计录》:“Ⅰ. 元祐二年,有司奏,制国用,量入为出,必当周知天下金(殳)[谷]之数,以察登耗虚实,乃能裁节繁冗,必资成法,以为总要。国家自景德至熙宁并修会计录,宜复讲修,以备观览。Ⅱ. 三年,编修会计录成,韩忠彦、苏辙抗疏谓一岁之入,不足以支一岁之出。先是,裁减浮费,所损者二十馀事。Ⅲ. 太后遂以身先天下,减亲族恩泽。”注:“《四朝志》。”(第858页下栏)

《宋志》卷一七九《会计》:“Ⅱ. 三年,户部尚书韩忠彦、侍郎苏辙、韩宗道言:‘文武百官、宗室之蓄,一倍皇祐,四倍景德,班行、选人、胥吏率皆增益,而两税、征榷、山泽之利,与旧无以相过。……乞检会宝元、庆历、嘉祐故事,置司选官共议。’诏户部取应干财用,除诸班、诸军料钱、衣赐、赏给、特支如旧外,馀费并裁省。Ⅲ. 又诏:'……命今后遇圣节、大礼、生辰,太皇太后、皇太后、皇太妃所得恩泽,并四分减一。'"(第 4357 页)

初看起来,两者似绝无因袭痕迹。若稍加细究,实同出一源。今试将两者言及诸事按时间先后统一予以编号如上,并逐一加以说明如下:

Ⅰ.《长编》卷四〇三系于元祐二年七月辛亥。(第 9800 页)

Ⅱ. 两者所录韩忠彦、苏辙、韩宗道之言,乃同一奏疏中语。"先是"云云,奏疏之贴黄尝及;"诏"云云,则连书于奏疏之下。见《长编》卷四一九元祐三年闰十二月庚戌。(第 10148—10150 页)

Ⅲ.《宋志》乃节载诏令之语,而《山堂》则是对诏令内容的概述。见《长编》卷四一九元祐三年闰十二月甲寅。(第 10152—10153 页)

《玉海》卷一八五《元祐会计录》所录与《山堂》略同,虽未注所出,估计亦源自《四朝志》。既然《四朝志》原文确近《山堂》所引,则在此处,《宋志》所作之删节增订实颇多也。

至于《中兴四朝国史·食货志》与《宋志》的关系,周藤吉之上揭论文曾从《通考·征榷考三·盐铁》举出一条直接例证,如下:

"唐乾元初,第五琦为盐铁使,变盐法,刘晏代之,当时举天下盐利才四十万缗。至大历末,增至六百万缗。天下之赋,盐利居半。宋朝元祐间,淮盐与解池等岁四百万缗,比唐举天下之赋,已三分之二。绍兴末年以来,泰州海(宁)[陵]一监,支盐三十馀万席,为钱六七百万缗,则是一州之数过唐举天下之数矣。"其下马端临按语,开首即云:"右《中兴四朝·食货志》言绍兴间一州盐利过唐时举天下之数,其说固然矣,然……"明确是《中兴四朝志》遗文。《宋志》卷一八二《盐中》第 4456 页所载与之几一字不差,又明《宋志》确是以《中兴四朝志》为依据的。

就笔者目前所见,这几乎是得以找见的唯一直接例证。鉴于《中兴四朝志》的修纂李心传曾一度参与,而《宋志》高宗朝事又往往与《系年要录》《朝野杂记》相同,或者从中亦略可窥知《中兴四朝志》面目及其与《宋志》关系的部分消息耶?

二、《宋史·食货志》与《文献通考》相应诸考的关系

马端临《文献通考》成书于元成宗大德十一年丁未(1307),泰定元年(1324)初次刊行于西湖书院,后至元五年(1339)江浙等处儒学提举余谦又曾令人校正重梓。[①] 当至正三年(1343)三月元廷下诏纂修宋、辽、金三史时,《通考》不仅业已一再刊行,而且在社会上流传正广。《通考》诸考,在内容上与正史诸志相应,在时间断限上,“近始嘉定,远接天宝”(天宝前同《通典》),主要部分又恰与有宋一代相当。《宋史》修纂时限仓促,主要抄撮现成著作成书,其《食货》一志,因袭《通考》相应诸考的可能性不是不存在的。那么,《宋志》与《通考》相应诸考的关系到底如何呢?

《宋志》各门和《通考》诸考的内容是彼此相应的。但如《通考·田赋考》的《历代田赋之制》,它却包括了《宋志》中的《农田》《方田》《赋税》三门的内容,而《宋志》的《赋税》门,除了《通考·田赋考》的《历代田赋之制》以外,实际上还网罗了《通考》的《户口考》《市籴考》《土贡考》《国用考》等的一些记事。又,《通考·田赋

① 李谨思《通考序》,见《乐平县志》卷九《艺文·史部》;余谦《通考序》,见王国维《两浙古刊本考》卷上。参考陈光崇《马端临家世考略》,载《史学史资料》1980年第3期,后收入《中国史学史论丛》。

考·历代田赋之制》中关于南宋赋税部分,大都分列有"受纳税限""预借""支移折变""代输""畸零"等细目,并以高宗朝和孝宗朝以下为两大段落,每项细目的时序又各自为起讫。这一情况表明,《宋志》若从《通考》抄袭,那不是自图省事,而是自寻麻烦。其他如,《通考·市籴考》的《常平义仓租税》,是与《宋志》的《和籴》《常平义仓》两门相应的,然而在《通考》中,此两项内容却彼此反复交错,要将它区分开来并自为体系,亦非易事。又如,《通考》中并无相当于《宋志》所附《香》门的细目,《宋志》所附《香》门的内容只有一条在《通考》中有相应记载,但仅仅凭此一条又怎能在《宋志》中另辟门类呢?凡此也都表明,若谓《宋志》简单地抄袭《通考》,似不大可能。

依据粗略的计算,《宋志》内容在《通考》中未能找见相应记载的部分,[①]其字数占50%以上的,计有农田、布帛、和籴、会计、钱币、茶、酒、坑冶、矾、香、商税、市易、互市舶法;占40%以上的,又有赋税、漕运、屯田、役法;即使比例较低的常平义仓、会子、均输,也有30%以上的内容不见于《通考》。如果说《宋志》在抄袭《通考》的同时,还须从别处增补分量如此巨大的内容,这对于图轻便者而言,似也不是一桩合算之事。

而在《宋志》与《通考》互见的相应记事中,也有不少简单抄袭者颇难轻易更动的差异。如《宋志·农田》"[乾道]七年二月知扬州晁公武奏"云云(第4175页),《通考·田赋考五》叙于"高宗绍兴元年""六年"和"二十年""二十三年"之间而署"七年",无"二月",当指绍兴七年,实误。《宋志·方田》"[大观四年]十一月诏"云云(第4201页),《通考·田赋考五》叙于大观"四年诏"下,以"又诏"

① 不包括理宗以后,因为《通考》的记载截止于宁宗朝。

领起,而未署“十一月”。《宋志·赋税》“[宣和]七年,言者又论”云云(第4213页),《通考·田赋考五》未署年份,作为“论事”之“献”低一格录于“叙事”之“文”“大观二年诏”下,系于以“重和间言者谓”领起、以“前后奏请帝必为之申禁”作结的一段文字之间。《宋志·常平义仓》:“而聚敛者或增旧价粜粟,欲以市恩,皇祐三年,诏诫之。”“五年,诏曰:‘比者湖北岁俭,发常平以济饥者,如闻司农寺复督取,岂朝廷振恤意哉?其悉除之。’”(第4277页)《通考·市籴考二》不仅未署“皇祐三年”“五年”,于后诏且仅以“又诏岁歉发以济饥者不复督取”语予以概述。类似这些记事中《宋志》增入的确切年月,简单的抄袭者怎能轻易而随心所欲地添加?

《宋志·商税》:“漕臣刘既济起应奉物,两浙、淮南等路税例外增一分以供费,[宣和]三年,诏罢之。”(第4545页)《通考·征榷考一》未出“刘既济”名。《宋志·均输》:“[薛]向于是辟刘忱、卫琪、孙奭、张穆之、陈倩为属。”(第4556页)《通考·市籴考一》无“刘忱”其人。《宋志·农田》“沙田”:“既而殿中侍御史叶义问言”云云(第4190页),《通考·田赋考六》“沙田芦场”叶义问结衔误作“侍御史”。《宋志·常平义仓》:“淳化三年,京畿大穰,分遣使臣于四城门置场,增价以籴,虚近仓贮之,命曰常平,岁饥即下其直予民。”(第4276页)《通考·市籴考二》无“命曰常平”语。此类人名、官名以及“常平”等专名,亦不是力图简捷的抄袭者所能凭空增添的。

上文引及“殿中侍御史叶义问言”。其言《宋志》所载凡56字,而《通考》却只以“贫民受害”4字予以概括。显然,从4字是抄不成56字的。类似情况,如《宋志·屯田》:“顺安军兵马都监马济请于静戎军东壅鲍河,开渠入顺安、威虏二军,置水陆营田于其侧。命莫州部署石普护其役,逾年而毕。知保州赵彬复奏决鸡距泉,自州西至满城县,分徐河水南流注运渠,广置水陆屯田。诏驻泊都监王昭逊共成之。自是定州亦置屯田。"(第4266页)而《通考·田赋考七·屯田》则在真宗咸平五年条下连书:"顺安军、威虏军、保州、定州皆有屯田。"如果将两者易位而处,谓《通考》因袭《宋志》,或能令人首肯。今若谓《宋志》因袭《通考》,岂非近乎强令巧妇为无米之炊? 又《宋志·农田》:"诸州各随风土所宜,量地广狭;土壤瘠埆,不宜种艺者,不须责课。"(第4158页)《通考·田赋考四》作:"宣州言:'州境无隙地种莳,虑不应诏旨。'乃令诸州随风土广狭,不宜课艺者,不须责课。"删去《通考》所载缘起部分虽甚易,但要天衣无缝地补足《通考》所删文字,即使大手笔,恐亦不能信手而为。

其实,《通考》中与《宋志》相应的内容,无论是属于"叙事"部分的"文",还是属于"论事"部分的"献",其主要依据,实际上亦是宋列朝国史的《食货志》。最明显的例证,是《通考·职役考一》的如下一条记事:"淳化五年,令天下诸县以第一等户为里正,第二等户为户长,勿得冒名以给役。迄今循其制。"《长编》卷三五淳化五年三月戊辰亦载此诏,其自注云:"《食货志》云里正、户长'迄今循其制',盖指天圣末年也。当考。"据此,则《通考》所录者为《三朝国史·食货志》之文无疑。因为《三朝国史》修成奏进于天圣八年六月,所以《长编》自注特别指出《志》文"迄今循其制"的"今","盖指天圣末年也"。马端临偶尔失察,竟将此断语原封不动一并录入书中,因而留下了这一例证。其他如:《田赋考四》:"诏曰:自顷兵荒,人民流徙,州县未尝检覆,亲邻代输其租。自今民有逃亡者,本州具户籍顷亩以闻,即检视之。"此诏,《长编》卷二附载于建隆二年春"诏申明周显德三年之令"下,自注云:"此据本《志》附见,不得其月日也。当考。"(第43页)《田赋考四》:"乾德四年,诏曰:'出纳之吝,谓之有司,倘规致于羡馀,必深务于掊克。知光化军张全操上言,三司令诸处仓场主吏有羡馀粟及万石、刍五万束以上者,上其名,请行赏典。此苟非倍纳民租,私减军食,何以致之。宜追寝其事,勿[复]颁行,除官所定正耗外,严加止绝。"此诏《长编》卷七系于乾德四年四月,自注:"《食货志》载此诏于乾德四年四月,不得其日。"(第170页)都表明《通考》有关宋代经济财政的内容,确是以宋列朝国史《食货志》为主要依据的。

以上二诏,《宋志》已删。由于《宋志》主要亦依宋列朝《国史志》删修,这又表明,《通考》和《宋志》两者在依据《国史志》的同时,又存在着各以己意节录的情况。《宋志》和《通考》中的不少记事,彼此既相应而又微有差异的现象,就是这样产生的。用《宋志》与《通考》的因袭关系无法解释的事例,于此大多亦可迎刃而解。如《宋志·赋税》:"嘉祐五年,复诏均定"云云(第4208页),《通考·田赋考四》作"嘉祐时"。据《玉海》卷一七九《宋朝五赋》所引,《国史志》本作"嘉祐五年",则《宋志》《通考》之或作"嘉祐五年",或作"嘉祐时"者,盖由对共同的原始依据有无削改之异也。

《宋志·农田》:"〈申明周显德三年之令〉,课民种树,(每县)定民籍为五等,第一等种杂树百,每等减二十为差,桑枣半之;〈男女十岁以上种韭一畦,阔一步,长十步;乏井者,邻伍为凿之〉;令、佐春秋巡视,〈书其数,秩满,第其课为殿最〉。"《通考·田赋考四》所载,尖括号内文字皆缺,而圆括号内文字则《宋志》所无。此事《长编》卷二系于建隆二年春,自注云:"此据本《志》在二月,不得其日,今附见闰月后。"(第43页)若以《长编》正文与《宋志》《通考》对读,则两书皆节录自《国史志》之痕迹宛然。

《宋志·屯田》:"六宅使何承矩请于顺安砦西引易河筑堤为屯田……民赖其利。"(第4264页)其中"懋以晚稻九月熟,河北霜早而地气迟,江东早稻七月即熟,取其种课令种之","承矩载稻穗数车,遣吏送阙下”两节,《通考·田赋考七·屯田》皆不载。《通考》中亦有数语为《宋志》所不载者。《长编》卷三四淳化四年三月壬子亦载有此大段记事,据自注,是“并从本《志》”修入的。若将《长编》正文与《宋志》《通考》对读,则两书皆凭己意据《国史志》节录之痕迹同样宛然。

《宋志·屯田》:“时陕西旷土多未耕,屯戍不可撤,远方有输送之勤,知延州赵卨请募民耕以纾朝廷忧,诏下其事。经略安抚使郭逵言:‘怀宁砦所得地百里以募弓箭手,无闲田。’卨又言之。遂括地得万五千馀顷,募番汉兵几五千人,为八指挥。诏迁卨官,赐金帛。”(第4268页)《通考·田赋考七·屯田》详略微异,且无“卨又言之”“诏迁卨官,赐金帛”语。据《长编》卷二三二熙宁五年四月己未记事自注,此两语为神宗正史《食货志》所原有,估计《四朝志》不致删去,则《宋志》《通考》两书的差异,实亦源于以己意对《四朝志》取舍的不同。

《宋志·均输》所载“侍御史刘琦、侍御史里行钱顗等言”云云,“条例司检详文字苏辙言”云云,以及“知谏院范纯仁言”云云,《通考·市籴考一》皆不载。谏官李常言,《宋志》《通考》虽皆只有“论均输不便”一语,但其下《通考》却接载神宗、王安石评论李常之言的对话85字。《宋志》“手诏赐向曰”下具载诏语,《通考》则仅用“帝复手诏褒谕薛向”一句话予以交代。《宋志》载薛向、罗拯迁职,据《长编》卷二一二熙宁三年六月辛巳记事自注,乃《神宗正史志》原有内容,而《通考》不载。《均输》门篇幅虽短,由于《宋志》《通考》各以己意采摭,彼此之间竟存在如此巨大差异。

《宋志·农田》(第4159—4161页)和《通考·田赋考四》所载直史馆陈靖的两道奏疏,彼此皆有此删节不载而彼不缺者。若据《长编》卷四〇至道二年七月庚申所载,则《宋志》或《通考》不载者,《长编》实皆齐备。可见《宋志》与《通考》之间并无因袭关系,其所据皆为某第三种文献。今残本《太宗实录》卷七八至道二年记事犹存。关于陈靖之第一道奏疏,《实录》仅书:“庚申,太常博士、直史馆陈靖上言,愿募民垦田,官给耕具种粮,五年外输租税。敷陈利害,凡数千言。上览之喜……”于第二道奏疏,《实录》则压根未载,仅书:“[八月]辛酉,以太常博士、直史馆陈靖为劝农使……”《宋会要》职官四二之一、食货二之一与《实录》略同。这就使人不无理由假定,《长编》所据者或即《三朝志》,则《宋志》《通考》所据之某第三种文献,其亦《三朝志》耶?

《宋志·方田》:“崇宁三年,宰臣蔡京等言”云云(第4200页),蔡京之言凡116字,《通考·田赋考五》未载,其下“诏”云云,《通考》亦未载,唯末句“推行自京西、[河]北两路始”,《通考》同,《宋志》误脱“河北”之“河”字,《通考》亦同。但此处《宋志》不是沿袭《通考》致误的。因为此段记事,《通考》只有如下25字:“崇宁三年,宰臣蔡京等请复行方田,从之,推行自京西、北两路始。”《宋志》是绝不可能把它拓展成160字的洋洋大文的。唯一的可能,是两书皆录自同一第三种文献,即《四朝志》,《宋志》基本上未加删节,而《通考》则作了大量删节,至于误脱“河北”之“河”字,则《四朝志》本已误脱,而为《宋志》《通考》两书所共同承袭。

《宋志·赋税》:“景德中,赋入之数总四千九百一十六万九千九百,至皇祐中,增四百四十一万八千六百六十五,治平中,又增一千四百一十七万九千三百六十四。其以赦令蠲除……又不在是焉。”(第4209页)此段记事,现仅又见《通考·田赋考四》,似是据《通考》录入者。然其中“景德中赋入之数总四千九百一十六万九千九百”一语《通考》未载,其不自《通考》录入则又明甚。最大的可能,是两书皆录自某一第三种文献,即今日已难以找出其据以节录痕迹的《两朝志》。

《宋志·役法》门的情况有些特殊。《通考》虽也设有《职役考》,但从种种迹象推断,宋前五朝国史《食货志》是没有“役法”或“职役”这一门类的。有关役法的史实,大多散见于“农田赋役”门中。宋国史《食货志》之有“课役”或“役法”门,当始于《神宗正史·食货志》。由于王安石变法期间推行免役法的结果,役法改革和环绕役法改革的新旧党争成了此后突出的问题,《神宗正史》以及后来《四朝国史》的《食货志》势必专立一门予以记述,以致《通考》和《宋志》也不得不随着新辟这样一个门类。又由于神宗以前诸朝国史关于役法的记述本极分散,以致《宋志·役法》和《通考·职役考》关于这个期间的记述就以歧异不一而特别引人注目了。例如:太平兴国七年,“许众共推择一人练土地之宜、明种树之法者,县补为农师”的诏令,《通考》录入《职役考》,而《宋志》则录入《农田》门(第4158页)。乾兴元年关于“限田”的言论和诏令,《玉海》卷一七六《至道开公田……》录有标明《国史食货志》和《志》的两段文字,从内容判断,当是《志》中同属一卷的遗文。《通考》于《田赋考四》录载了前一段,注云“详见‘差役’门”,而见于《职役考》者,乃是节录自《会要》的文字。① 而《宋志》则既于《农田》录载了前一段以及后一段的绝大部分,又于《赋税》和《役法》中另录载了后一段的个别语句(见第4163、4165—4166、4208、4296页)。又,《宋志·役法》“时州县既广,徭役益众……又禁役乡户为长名衙前”(第4296—4297页)一段,所言之事甚多,凡12条。其中,“又令州县录丁产及所(产)[更]役使,前期揭示,不实者民得自言”;“禁诸县非捕盗毋擅役壮丁”;“既而诏诸路转运司条析州县差徭赋

① 见《宋会要》食货六三之一六八至一七〇。

敛之数,委二府大臣裁减";"科役不均,以乡村、坊郭户均差"4条,《通考》未载。而在亦见《通考·职役考》的8条中,2条入"复除"门,馀6条皆入"历代乡党版籍职役"门。而此6条,或为"叙事"之"文",或为"论事"之"献",彼此交错,时序极其淆乱。如作为"叙事"之"文","庆历中"裁损役人事却叙于"皇祐中"禁役乡户为长名衙前和"皇祐中"既代而令输钱免役者论如违制律两者之间。而作为"庆历中裁损役人"一事的"论事"之"献",天圣四年知广济军范讽之言却叙于庆历中范仲淹废县事后,其下则接叙嘉祐五年置宽恤民力司事,而所有此三事又皆位于标明是"皇祐中"的"叙事"之"文"之前。可是在《宋志》中,这一长段共计12条记事却全都时序井然,绝无颠倒淆乱之病。此外,在《宋志》《通考》相同的这6条记事中,有2条,即"役之重者自里正乡户为衙前……乃命募人充役";"王逵为荆湖转运使……论如违制律",据《长编》卷一一四景祐元年正月癸酉记事和卷一七二皇祐四年六月丙戌记事的自注,都是《两朝志》中原有的。据此,则《宋志》《通考》两书上述歧异的产生,当是由于在《两朝志》中,此等史实虽皆叙于同一卷中,却是与农田、赋税之事交错叙述的,而且很可能常有连类而书的情况。今既要撷取有关史实撰为役法改革前史,两书的编纂者也就见仁见智,各逞其能了。

对于王安石免役法的态度,《通考》作者马端临与《宋志》编纂者之间,也存在巨大的差异。马端临一则曰:"韩[琦]、蔡[襄]诸公所言固为切当,然过欲验乡之阔狭,役之疏密而均之。且既曰罢里正衙前,而复选赀最高者为乡户衙前,则不过能免里正重复应役之苦,而衙前之弊如故也。此王荆公雇募之法所以不容不行之熙丰耶。"批评此前役法改革未能解决问题,揭示了熙宁新法实行的历史必然性。

再则曰:“按,温公此奏言之于英宗之时,所谓募人充衙前,即熙宁之法也。然既曰‘募’,则必有以酬之,此钱非出于官,当役者合输之,则助役钱岂容不征?而当时诸贤论此事,复断断不可,何也?盖荆公新法,大概主于理财,所以内而条例司,外而常平使者,所用皆苛刻小人,虽助役良法,亦不免以聚敛亟疾之意行之,故不能无弊。然遂指其法为不可行则过矣。”肯定熙宁助役法为“良法”,认为对新法和新法执行中的问题应区别看待。

三则曰:“按,潞公此论(指“为与士大夫治天下,非与百姓治天下也”)失之。盖介甫之行新法,其意勇于任怨,而不为毁誉所动。然役法之行,坊郭、品官之家尽令输钱,坊场酒税之入尽归助役,故士夫豪右不能无怨。而实则农民之利,此神宗所以有‘于百姓何所不便’之说。而潞公此语与东坡所谓‘凋敝太甚,厨传萧然’云者,皆介甫所指以为流俗干誉不足恤者,是岂足以绳其偏而救其弊乎?”批评熙宁新法反对者之失、之偏,手中并无真理。

四则曰:“取民间六色之钱,益以系官坊场钱,充雇役之用,而尽蠲衙前以下诸役,熙宁之法也。以坊场充衙前雇役之用,而承符以下诸役仍复轮差民户,而尽蠲六色之钱,元祐之法也。然元祐复差役之初,议者不同,故有‘弓手许募曾充有劳效者’指挥,则所谓雇役法,不特衙前而已也。六色钱虽曰罢征,继而诏‘诸路坊郭五等以上,及单丁、女户、官户自三等以上,旧输免役钱并减五分,馀户下此悉免之’,则所谓雇役之钱,元未尝尽除也。自是诸贤于差雇之议各有所主,而朝廷亦兼行之。然熙宁尽除差法,明立雇议,而当时无状官吏尚且措免役之钱而不尽支给,假他役之名而重复科差。况元祐差雇兼行,议论反复,则此免役六色之钱,其在官者不肯尽捐以予民,其在民者有时复征以入官,固其势也。”揭露元祐更化之役法,实不及熙宁新法远甚。

而《宋志》编纂者对熙宁新法的态度，则基本上因袭《四朝志》的观点，亦即南宋时期居统治地位的正统观点：否定新法，为宋神宗竭力开脱，而仅将王安石认作罪魁祸首。《宋志·役法》中的如下一段议论，[①]它所反映的观点，即是如此："帝之力主免役也，知民间通苦差役，而衙役之任重行远者尤甚，特创免役。虽均敷雇直，不能不取之民，然民得一意田亩，实解前日困弊。故群议杂起，意不为变。顾其间采王安石策，不正用雇直为额，而展敷二分以备吏禄、水旱之用，群臣每以为言，屡疑屡诘，而安石持之益坚。此其为法既不究终防弊，而聚敛小人又乘此增取，帝虽数诏禁戒，而不能尽止。至是，雇役不加多，而岁入比前增广，则安石不能将顺德意，其流弊已见矣。"（第4310页）

既然《宋志》和《通考》编纂者对王安石及其免役法的态度存在这样巨大差异，他们各以己意对旧《志》而作的节录，其结果如何，也就可想而知。神宗即位以后，特别是元祐更化期间，两书关于役法的记述，其重点所在，其去舍撷取的不同，除了属于历史编纂学的具体方法的差异以外，思想观点的差异也是一个不容忽视的因素。当然，其他门类的差异似也不宜完全排除这一因素。

《宋志》和《通考》虽然各以己意对宋《国史志》独立进行节录，并从而构成了各自著作的主干，但对于《宋志》的编纂者而言，《通考》这部"鸠僝精粹，芟夷芜翳，宿疑解驳，新义忿涌，自为一家"[②]的新著业已存在，却是无法回避的客观现实，不能故意视而不见。那么《宋志》对《通考》到底参考了没有？如果曾经参考了，在《志》文中是否尚有踪迹可寻？

《宋志·布帛》关于和预买绌绢事始的记载，于大中祥符三年

---

① 《通考·职役考一》也作为"论事"之"献"全文录载，当是《四朝志》遗文。
② 李谨思《通考序》。

河北转运使李士衡建议之前,有一条三司判官马元方的建议,谓:"马元方为三司判官,建言方春乏绝时,预给库钱贷民,至夏秋令输绢于官。"(第4232页)从《长编》卷四四咸平二年五月丁酉记事自注所作考辨推断,《真宗实录》中言及预买绢原起是只提及李士衡的建议的(马元方的附传例外)。今《宋会要辑稿》食货类市易门、匹帛门言及此事也只载李士衡而不载马元方的建议。① 从《通考·市籴考一》作为"叙事"之"文"亦只录载李士衡建议来看,《三朝志》的记载与《实录》《会要》相同。可是《通考》在其下作为"论事"之"献"而采录的吴曾《能改斋漫录》,②对各说的是非得失实已作出了正确的剖析,在主要点上与李焘自注的考辨同,而时间却在李焘之前。吴曾《漫录》引用范镇《东斋记事》所载马元方建议,文字与《宋志》所载几全同。《宋志》很可能即是直接依据《通考》作出此项补充的。

《宋志·屯田》:"枢密使吴充上疏曰:'今之屯田,诚未易行。古者一夫百亩,又受田十亩为公田,莫若因弓箭手仿古助田法行之。……官无屯营牛具廪给之费,借用众力而民不劳,大荒不收而官无所损,省转输,平籴价,如是者其便有六。'而提点刑狱郑民宪言:'祖宗时屯营田皆置务,屯田以兵,营田以民,固有异制。……至于岁之所入,不偿其费,遂又报罢。惟因弓箭手为助田法……若可以为便。然弓箭手之招至,未安其业,而种粮无所仰给,又责其借力于公田,虑人心易摇。乞候稍稔推行。'"(第4268—4269页)所录郑民宪言共239字。此事《长编》卷二七〇系于熙宁八年十一月二十二日庚辰,所载吴充言较《宋志》稍详,而于其下接载:"诏如充奏,详具条画以闻。于是充建请:受田大约十顷,置公田

---

① 《宋会要》食货三七之二至五,六四之一八至一九。
② 按,见该书卷一二《和买绢》条。

一顷,令受田众户共力耕获,夏田种麦,秋田种粟豆,委城寨使臣兼管勾。诏遣太常寺主簿黄君俞与熙河路提点刑狱郑民宪商议推行次第以闻。后民宪等言:'弓箭手并新招置,深在羌境,连岁灾伤,未甚安,若令自备功力种子耕佃公田,虑人心动摇,不能安处,乞候稍稔推行。'从之。"(第6625页)郑民宪言仅录45字,只及《宋志》的零数。自注谓:"朱本削墨本此年十一月二十二日所书,却于明年正月十二日略载。新本乃两存之,殊为错误。今但依墨本载于此,仍取朱本明年正月十二日所书稍增入之。"《宋会要》食货六三之七六系于熙宁九年正月十三日,先载是日郑民宪奏言,再追述吴充建言,然后以"诏差太常寺主簿黄君俞赴熙河路与郑民宪同商议推行次第,故有是奏"作结,或即录自如自注所言之《实录》朱本者。所载郑民宪言与《长编》略同,亦仅48字。《通考·田赋考七·屯田》先于"知河州鲜于师中乞以未募弓箭手地百顷为屯田,从之"之"文"下,作为"献"载录了吴充建言。所录吴充言与《宋志》互有详略,然"六便"仅举其五之误却与《宋志》同,明两者实同出一源。其下接载:"诏议其事。议者谓弓箭手皆新招,重以岁连不善,若使之自备功力耕佃,恐人心动摇,宜俟稍稔推行。"颇疑或即《四朝志》遗文。而仅言"议者谓",不出"郑民宪"名者,可能是《通考》于此处的故意删削。可见,在《实录》《会要》《长编》《四朝志》中,节录郑民宪之言,都没有像《宋志》这样详尽的。那么《宋志》又是依据什么才这样的呢?实际上这也是参照了《通考》的成果。因为《通考》在录载了上述《四朝志》以外,又在北宋记事之末作为"论事"之"献"录载了一篇长达364字的议论,并于篇末加夹注注明是"熙宁九年正月郑民宪言"。这篇接近郑民宪言全文的议论从何书录入今虽不得其详,但源出上述诸书之外似可断言。而《宋志》则似乎只可能从《通考》转录如此详细的郑民宪言摘要。

《宋志·役法》南宋部分的写法异常特殊,其中近80%的文字实际上皆节录自某篇议论(第4333—4335页)。此篇议论,今亦仅见《通考》。被《通考》作为“论事”之“献”录于《职役考·历代乡党版籍职役》之末的这篇议论,既非某一臣僚的长篇奏疏,亦非《中兴四朝志》遗文。其夹叙夹议的笔法,与史志叙事之正文或篇末之史论均不类。尤其是其中“及朱文公熹亦谓义役有未尽善者四”云云,类似这样的对朱熹的称谓,无论在正史的史文中或臣僚的奏疏中,都是不可能出现的。当是某私家杂著中的单篇文字。但它既已被《通考》录入书中,则《宋志》据《通考》节录显然是最简捷不过的了。这也是《宋志》的修纂曾经参考《通考》的明证。

《宋志·商税》“然当是时,虽宽大之旨屡颁”以下大段文字(第4547页),今亦仅又见《通考·征榷考一·征商》,而《通考》亦是作为“论事”之“献”录载于该考之末的,内容性质与上相似。编纂者于文中论及的每件事下加注笺其史实本末所在,则又与《田赋考·屯田》引录郑民宪言时的做法相同。当出自某类著作的按语或某私家的单篇杂著,而为《宋史》编纂者参考《通考》修入《志》中的。

至于《通考》中马端临的考按之语被直接录入《宋志》的实例,已见《布帛》门补正。

总之,《宋志》的主干内容,是以宋历朝《国史志》为依据节录的。《通考》相应诸考的宋代部分,虽然主要也自宋《国史志》节录,但《宋志》之节录《国史志》并不是通过《通考》转录,而是各以己意对《国史志》独立进行取舍的。与此同时,《宋志》也曾以《通考》为参考,并从《通考》中补充了一些内容。

三、《宋史·食货志》的史料价值

在宋代官修的当代史书和典籍中,《国史志》有它自己的特点和优点,水平是相当高的。无论在史实搜集的广泛和完备方面,还是在剪裁去取和综述连书的妥帖方面,或者在论断的确有见地方面,都有许多值得称道之处。李焘在编纂《长编》时,对《三朝志》《两朝志》都作过认真审核,也曾以之与《实录》《会要》比对,并在自注中就《国史志》留下了许多肯定意见。如:

太祖朝记事中,仅自注言明系据《三朝志》修入的,即有 14 条。其中有 4 条虽亦见《会要》,但宋代诏修第一部《会要》已在《三朝国史》修成之后,《会要》中的不少史实亦是据前二部《国史》修入的。

太平兴国三年十月记内藏库设置经过,自注力辨《王曾笔记》、宋敏求《东京记》和《三朝国史职官志》皆不足信,其所载"但以《食货志》为据"。(卷一九,第 436 页)

端拱二年十月癸酉十月记事自注:"塞下纳刍粮,京师纳粟,皆谓之折中,其实两事。塞下折中,自雍熙始,既罢复行;京师折中,今始行之,又以旱罢。《实录》与《范正辞传》并两事为一事,故载其行罢辄差谬。[今]取本《志》删修,庶不失实云。"(卷三〇,第 687—688 页)

天圣元年正月丁亥记事自注:"李谘等新立见钱法,《实录》分载数处,今悉从本《志》,就正月(癸未)[丁亥]初命官日并书之。朝廷用其说乃三月辛卯,今亦并书。《实录》分载,有详有略,今参以《会要》,则本《志》所去取盖得之,不可不从也。"(卷一〇〇,第 2315 页)

天圣二年七月壬辰记事自注:"《实录》但于此记遣使视积茶,

并四年三月甲辰附见赐典吏银绢事,馀皆无之。今并从本《志》。《会要》亦无差使视积茶及李谘等条上利害、榜谕商贾、赐银绢事,不知何也?”(卷一〇二,第2361页)

明道二年十月,“诏三司沿纳物以类并合。于是三司请悉除诸名品,并为一物,夏秋岁入,第分粗细二色。百姓便之”。自注:“‘百姓便之’,此据本《志》,《实录》但云‘从之’。”(卷一一三,第2642页)纵观此后事实,李焘认为《两朝志》的断语是可信的。

庆历三年十月丁未记事下载遣郭谘、孙琳均田赋事,谓:“先往蔡州,首括上蔡一县,得田二万六千九百三十馀顷,均其赋于民。既而,谘言州县多逃田,未可尽括,朝廷亦重劳人,遂罢。”自注:“[司马光]《记闻》以为执政不然其议,沮罢之;谘《本传》以为遭母丧去。今从《食货志》。”(卷一四四,第3482—3483页)

至和二年岁末记事自注:“此据《食货志》,但云‘至和中’,不得其时。《实录》《会要》俱无之。今改‘至和中’作‘是岁’,附至和二年末,盖至和三年九月方改元嘉祐也。”(卷一八一,第4390页)

《四朝志》虽不一定出自李焘本人的手笔,却是“多采《续通鉴》”,即主要参据《长编》修纂的。李焘的研究所得和优良史法,尤其是对《神宗正史志》的严格审核,多为《四朝志》所继承。《四朝志》对某些记事的笔削,其简洁明了甚至远胜《长编》原文。如熙宁八年闰四月乙巳中书言陕西盐钞利害及立法八事,《长编》正文是据《实录》录载的,都829言。自注引《神宗正史志》所载,较《实录》稍略,亦521言。两者对八事内容皆逐一有所阐明。自注且提示:“《正史》删修《实录》,或只用《正史》。”即准备用《神宗正史志》来替换正文所载《实录》之文(卷二六三,第6437—6440页)。可是《长编纪事本末》卷七六《薛向等措置陕西盐钞》所载却是经过改写的文字,以“大抵谓”一语领起,概括的文字仅171言,而重要内容又绝无遗落之感。《宋志·盐上》(第4420页)、《通考·征榷考三》与《本末》同或略同。估计三者皆源自《四朝志》,笔削之人则为《四朝志》之作者。

《中兴四朝志》直接或间接出自李心传之手,在当时亦是最高水平的著作。尤其是嘉定元年李心传在对其传世之作《系年要录》最后定稿时对原稿中的不确或不妥之处所作的增订,其成果在《中兴四朝志》中大体上亦有所反映。如《要录》卷一四七绍兴十二年十一月五日癸巳,"左司员外郎李椿年言经界不正十害"云云,自注:"熊克《小历》于此书'两浙转运使李椿年言'云云,盖误。李椿年实自都司上此奏,乃除浙漕尔"(第11—12页)。次日,即六日甲午,正文又载:"尚书左司员外郎李椿年直显谟阁,为两浙转运副使。"大概与《要录》初稿同时完成的《朝野杂记》甲集,其卷五《经界法》载:"绍兴十二年,仲永为两浙转运副使,上疏言经界不正十害。"则尚是未经修订之文。《通考·田赋考五》作:"十二年,左司员外郎李椿年言经界不正十害……翌日甲午,以椿年为两浙运副,专措置经界。"《宋志·农田》作:"十二年,左司员外郎李椿年言经界不正十害……以椿年为两浙路转运副使,措置经界。"(第4172页)皆与修订后的《要录》一致。这未必是参照《要录》自注修订的结果,而是两书共同依据之《中兴四朝志》业已修订的反映。

既然宋列朝《国史志》在当时都是上乘之作,那么《宋志》的先天条件应当说是相当好的。尽管如上文所言,《宋志》对旧《志》的删削未必事事尽如人意,但经《长编》自注指出的错误或欠妥之处在《宋志》中多数都已得到订正,也是事实。因此,《宋志》的质量,无论就总体而言,还是就史料的丰富、史实的可信、编次的有序、议论的恰当等方面而言,同其他旧史相比,未必是最低下的。

前人对《宋史》的不满,一是集中在义例不当方面,一是集中在编纂疏舛方面。关于编纂疏舛,受到指摘最多的是列传部分,志则以《艺文志》为比较集中。[①] 若就《食货志》而言,则编纂方面的问题,似主要表现在三朝、两朝、四朝、中兴四朝诸史《志》拼合痕迹的未曾泯灭上。宋列朝《国史志》由于出自不同作者之手,彼此风格有异,今虽加以拼合,但却未能融为一体,因此前后体例不一,详略不当,甚至不相衔接等情况,几乎随处可见。凡此种种的是非得失,作为中国古代史学或历史编纂学上的问题,也许是值得深入探讨的。

可是,对于史学工作者而言,如果撇开某些传统的偏见,那么《宋史》历史编纂学上的不足或不妥之处,可能反倒是它无与伦比的优势所在。正因为《宋史》成书仓卒,加工粗糙,原始材料受到的折磨也就相对地少,其本来的面目也就相对保留得多,从而也就使《宋史》具有了相当高的史料价值。

至于具体到《宋志》究竟有何史料价值,那么首先应当指出的是:全面记载有宋一代的经济财政概况,在纵向的时间跨度上从北宋建国直至南宋灭亡,在横向的范围上以"二十有二目"涵盖经济、财政的几乎所有领域,直至目前,还没有别的任何一部著作可以用来取代《宋志》。《宋会要辑稿》食货类的内容当然远较《宋志》丰富,但时间最晚截止于嘉定,且又并非门门如此;有些门目今已残脱,如钱币、会子就只残留片鳞只爪。《长编》《要录》这两部编年巨著的记事内容虽然早已突破了《通鉴》的范围,食货的内容也已在详加收纳之列,但今辑本《长编》北宋九朝仅存七朝,其间熙宁、绍圣又有残缺,《要录》则只载南宋高宗一朝,两书有关食货的记述,时间上既不完备,且又杂见于诸卷。《通考》相应诸考与《宋志》虽

---

① 参考范文澜《正史考略》第214—241页、柴德赓《史籍举要》第125—135页对钱大昕、赵翼诸家意见的综合。

最为接近,但内容既有此详彼略或彼详此略之异,南宋理宗以下五主《通考》且又缺如,也难替代。

其次是内容的丰富。宋代文化发达,记载宋事(包括其经济财政状况)的文献和典籍十分众多。但是尽管如此,仍有一些史实今天却只为《宋志》独家所拥有,这就尤其值得珍视了。

《三朝志》和《两朝志》由于其内容的丰富往往可补《实录》《会要》之不备,而屡屡被李焘增入《长编》的情况,已见前述。今所存英宗以前《长编》,除太宗朝或系作过删节以外,基本无大残缺。而旧《志》在既经《长编》搜补,复经《宋志》删削之馀,仍有一些既不见于《长编》,又不见于《会要》乃至其他典籍的内容,被《宋志》保留下来。如:《农田》:"剥桑三工以上,为首者死……"(第 4158 页)"诏江南、两浙、荆湖、岭南、福建诸州长吏,劝民益种诸谷,民乏粟、麦、黍、豆种者,于淮北州郡给之;江北诸州,亦令就水广种粳稻,并免其租。"(第 4159 页)《赋税》:"既而以河北、河东诸州秋税多输边郡,常限外更加一月。"(第 4204 页)《漕运》:"主纲吏卒盗用官物,及用水土杂糅官米,故毁败舟船致沉溺者,弃市,募告者,厚赏之。山河、平河实因滩碛风水所致,以收救分数差定其罪。"(第 4251 页)《会计·内藏库》:"大中祥符五年,重修库屋,增广其地。既而又以香药库、仪鸾司屋益之,分为四库,金银一库,珠玉、香药一库,锦帛一库,钱一库。金银珠宝有十色,钱有新旧二色,锦帛十三色,香药七色。"(第 4370 页)《盐》:"两浙转运使沈立、李肃之奏本路盐课……"(第 4435 页)"皇祐中又权罢西监煮盐……"(第 4469 页)《矾》:"先是,建隆二年,命左谏议大夫刘熙古诣晋州制置矾,许商人输金银、布帛、丝绵、茶及缗钱,官偿以矾,凡岁增课八十万贯。"(第 4534 页)《互市舶法》:"凡大食、古逻、阇婆、占城、勃泥、麻逸、三佛齐诸番并通货易,以金银、缗钱、铅锡、杂色帛、瓷器,市香药、犀象、珊瑚、琥珀、珠琲、镔铁、鳖皮、玳瑁、玛瑙、车渠、水精、蕃布、乌樠、苏木等物。”(第 4558—4559 页)等都是,总数在 20 条以上。

北宋后四朝,《长编》残缺甚多,除徽、钦二朝全缺外,神宗缺治平四年四月至熙宁三年三月,哲宗缺元祐八年七月至绍圣四年三月。《宋会要》除钱币、会子外,其他门类残缺者似不甚多。奇怪的是,《长编》残缺期间的《宋志》记载,在《会要》中未能找到相应记载的远较其他部分为多,而尤以徽、钦二朝为甚。于是,《宋志》的史料价值也就相对提高了。以崇宁年间蔡京对盐法的改更为例,要是没有《宋志》,那么综合研究的成果就远不能像现在这个样子。①

《宋志》中南宋高、孝、光、宁四朝的史实,其中高、孝两朝,由于有《宋会要》中此两朝的丰富材料,又有《系年要录》《朝野杂记》《两朝圣政》等著作可供参照,因此未能找出较原始的相应记载的部分并不太多。而光、宁二朝则完全不同了。《会要》中有关此两朝的材料甚为疏阔,又缺乏比较有分量的其他著作存世,而《通考》对《中兴四朝志》的节录又与《宋志》出入甚大,且大多较《宋志》简略。因此,《宋志》中也就不乏唯我独具的记载,并以此显示了它的史料价值。

关于南宋理宗以下诸帝事迹,官修史书本已有《理宗实录初稿》一百九十册、《理宗日历》二百九十二册(另又有《日历》一百八十册)、《度宗时政记》七十八册、《德祐事迹日记》四十五册。② 元军攻下临安府后,这些《实录》《日历》《时政记》《日记》当是董文炳

① 参考郭正忠《宋代盐业经济史》,第 815—842、962—967 页。
② 见《宋史·艺文志二》。

掳得的“宋《史》及诸《记》《注》五千馀册,归之国史院”[①]者的构成部分。今《宋志》中理宗以下史实,显是编纂者从这些《实录》《日历》《时政记》《日记》中节选的。因为是官修史书,又是“初稿”,仅有钞本,民间绝少流传,亡国以后,平日无人问津,诏修《宋史》,也只有史臣才有机会加以利用。今原书全已亡佚,唯经元人节选的部分遗文赖《宋史》得以流传,供世人评骘,实不幸中之大幸,理应受到世人的加倍珍惜。

《宋志》就是这样以它记事的全面和富于史料价值,勾引起笔者把它作为宋代经济财政史的基本资料加以整理的兴趣。依据《宋志》记事的特点,笔者选择传统的笺证体裁用作整理的具体办法。整理工作主要从以下三个方面进行:

一是笺其所出,即找出其史源。这也是本书主要用力所在。前已说明,《宋志》的直接史源是历朝《国史志》,凡有线索可寻者,本书也绝不放过指出其所据的这一蓝本的机会。但绝不局限于此。因为无论《国史志》还是《宋志》,究属三手以下资料,真正的史源乃史实本身,对史实的初次记载才是第一手资料。此等第一手资料,除了《宋会要》中也许有少量存留以外,今天已经很难搜寻了。《长编》《要录》所载以及《宋会要》中的多数内容,虽然都不是第一手资料,但却远较《宋志》《国史志》原始(部分以《国史志》修入者例外),其所保留的第一手资料的面目,相对来说也就较多。因此,笺其所出云者,乃尽量找出《宋志》,进而《国史志》所据之较原始资料之谓也。一般的,通过注出其事发生的具体年月指明其出处所在,稍重要的,则节录关键数语以资比较。经此一番搜索,《宋志》中诸事的价值高下谅亦可以自见。在这方面,笔者虽不敢

① 《元史》卷一五六《董文炳传》。

自诩业已穷尽,却的确已经竭力而为。

二是正其错误。凡是依据较原始的资料,证明《宋志》确实错误的,一一予以纠正。于此,笔者尽量以实事求是的慎重态度自律,绝不敢以抉剔《宋志》错误的众多自期。若遇较原始资料与《宋志》存有差异,一般都首先从《志》文体例的要求,编纂者行文的习惯,以及语言、风习的变迁等方面,设身处地为之寻求合理解释,而不忙于轻率地辄下断语。在这方面,本书仅提出疑点和线索而留给读者自行判断的部分,就远较断言其误的部分为多。

三是补其疏漏。仅限于《宋志》已经言及的史实而记述欠完备者,或相应的较原始资料中曾连类而书者。至于作为旧史体裁之一的纪传体史书中的食货一志,尚有哪些内容必须包括在内,或者作为食货志的某一分门或某一细目,尚有哪些史实必须予以概括,则一概没有列入“补”的范围。因为笔者为自己提出的任务,只是通过本《志》向读者提供有关宋代经济财政状况的可信史料或史料线索,而不是修订本《志》或向死者指点应当如何修订。何况今人的研究历史和古人的所谓修史,似也不是等同的概念。因此,不避所补未免挂一漏万之讥,谨为自己画地为牢如上。

(与包伟民合撰。原为《宋史食货志补正》一书的绪论,载于该书卷首)

《永乐大典》残存《长编》熙宁八年四至五月记事校读札记

《永乐大典》“送”韵“宋”字下所录李焘《续资治通鉴长编》,今存者计有:卷一二三〇六至一二三〇八太祖开宝四年二月丁卯朔至太宗太平兴国元年岁末(辑本《长编》编入卷一二至一七);卷一二三九九至一二四〇〇仁宗庆历二年春正月庚戌至岁末(辑本编入卷一三五至一三八);卷一二四二八至一二四二九仁宗嘉祐六年二月丁巳至岁末(辑本编入卷一九三至一九五);卷一二五〇六至一二五〇七神宗熙宁八年四月丁卯至五月月末(辑本编入卷二六二至二六四)。从校勘记看,太祖三卷,仁宗四卷,中华书局出版的点校本皆已取校,惟神宗二卷,则未见取校痕迹。

今按,《长编》太祖至英宗五朝记事,今尚存有宋本、宋撮要本,虽皆是节本,其内容较之足本虽颇多省略,[①]但对于点校本而言,乃是底本浙江书局本的主要祖本,而《大典》所录之《长编》虽是足本,其中宋本、宋撮要本删削部分虽是唯一祖本,但与宋本、宋撮要本重复部分则仅是主要祖本之一。而《长编》神宗、哲宗两朝记事,“乾道中只降秘书省依《通鉴》纸样缮写一部,未经镂板”,[②]至清

① 参考裴汝诚、许沛藻《续资治通鉴长编考略》,第9—14页。
② 《四库全书总目》卷四七史部编年类“《续资治通鉴长编》提要”。

初,所传抄本则仅《大典》中尚有存者,就浙江书局本而言,《大典》就是唯一的祖本了。今《大典》中既尚残存有熙宁八年四月、闰四月、五月共计 84 天的记事,是弥足珍贵的,点校本摒弃不予取校,实在是不应有的疏忽。

载有此 84 天记事的辑本卷二六二、二六三、二六四,点校本分入第 19 册,出版于 1986 年 5 月。关于此 84 天的记事,点校本共撰有校勘记 63 条,其中据“阁本”(指文津阁本)校改的 47 条中,与《大典》同者 38 条,自当直接以祖本《大典》为依据。与《大典》异者虽有 9 条,然其中 8 条文渊阁本实与《大典》同。即使确当以后者为正,那也是续抄之文津阁本用本校、他校,更多的是用理校校正者,未必另有祖本为据。又,卷二六三校勘记[一]都 104 言,卷二六四校勘记[一]都 78 言,是全部 63 条校勘记中最长的两条,都是经过一番论证才将“赵高”正为“赵禼”、“御史”正为“侍御史”的。其实此两处《大典》原不误不脱,若予取校,本亦可省却许多笔墨。此外,点校本还有一些失校或误改之处,同样也可据《大典》得到纠正。今不揣浅陋,谨补草校读札记如下(引文下括号内所注分别为点校本的卷数、页数和条码或行数):

[1]泰诚不知事实者,姑附以证其误。(262/6399-16 自注)

“附”下,《大典》有“此”字。文渊阁本已脱。按,自注所引魏泰《东轩笔录》,见中华书局版李裕民点校单行本卷四。引文“既而闲田少,役人多,不能均齐天下,方患其法之不可行,而中丞邓绾又言:‘惠卿意在甲毁乙,故坏新法。’”彼书“均齐”,作“均济”,“意在甲毁乙”,作“意在是甲毁乙”,皆当以彼书为正。又,“天下”彼书属下读,亦较本书为妥,惟“其法之不可行”,彼书作“其法不可”,当以本书为正,惜未取校。又,自注首句“据《实录》乃四月三日事”,“《实录》”《大典》、文渊阁本皆作“《日录》”,参照上文卷二六〇熙宁八年二月甲申诏下自注,确系“《日录》”之误。而彼处自注所引“然即敢足于一家”,据此处正文,“敢足”乃“取足”之误。

[2]四月,程昉言:“诸引水溉南岸魏公等乡瘠地,凡一万五千顷(下略)。”从之。(262/6400－24自注)

“诸”,《大典》、文渊阁本皆正作“请”。

[3]州县百姓多舍施、典卖田宅与寺观,假托官司姓名。(262/6401－28)

“官司”,《大典》、文渊阁本皆正作“官员”。

[4]中国兼燕、秦、楚、越万里之地,古所以胜外敌之国皆有之。(262/6401－30)

“外敌”,《大典》作“夷狄”,此属四库馆臣有意避时忌讳改。类似情况尚有:262/6402－31,6413－67自注,“夷狄”讳改为“外敌”,263/6428倒2行“戎主”讳改为“彼”,264/6463－28两处“虏人”讳改为“北人”,264/6475－51“戎虏”讳改为“外敌”。

[5]又论兵民,安石曰:“既以民为兵,则宜爱惜得其心(下略)。”(262/6401－30)

"兵民",《大典》、文渊阁本皆作"民兵"。细味安石之语,当以"民兵"为正。

[6]凡牧监岁牧马二百馀匹,无色额马尽皆配军,亦止二百馀匹(262/6402-行1)

"岁牧马",校勘记云:"'牧'字原作'收',据阁本改。"按,文渊阁本作"收",《大典》原作"收",《资治通鉴长编纪事本末》卷七五《马政》亦作"收",明原本当是"收"字。审文意,作"收"未必误。此属文津阁本臆改。又,"尽皆配军"。文渊阁本同,《大典》《长编本末》皆作"尽堪配军"。审文意,似当以"堪"为正。

[7]蕃官副军主李默戬觉授三班借职、本族巡检(262/6403-33)

"李默戬觉"乃四库馆臣对宋人原译专名的改译。此等改译,如陈垣所指出的,"改得一塌糊涂",[①]点校本决定予以回改是完全正确的。可惜的是,熙宁以后的记事,由于不再有宋本、宋撮要本可作回改依据,难度增大,未能回改的译名也增多了。熙宁八年此84天记事中共有译名10个,除"李默戬觉"外,尚有:"温必鲁扬"(262/6407-46)、"锡丹""达克博""巴凌""果藏"(皆见262/6408-51)、"鸿和尔"(263/6430行10及其他多处)、"奇默特""伊罗勒""巴特玛"(264/6477-60)。其中,仅"果藏"已回改作"鬼章","鸿和尔"已回改作"黄嵬",其余皆未曾回改。若取《大典》对

① 见《陈垣学术论文集》第二集,第461页。

校,则此等改译之专名皆可回改为“李磨毡角”“温劈罗延”“欺当”“打波”“邦令”“顷埋”“哆啰”“悖麻”。又“鬼章”,本书他处多改译作“果庄”,此处却又改译作“果藏”,带有极大随意性,当也是“一塌糊涂”的表现之一。又,“顷埋”《宋史·神宗纪二》作“顿埋”,若与改译之名“奇默特”对应,当是“顷埋”。至于“顷埋”“顿埋”孰正孰误?只有俟诸异日细究了。

[8]兼今计所校,省钱粮不多,可且仍旧。(262/6404-44)

“计所校”,《大典》同,《长编本末》卷七五《马政》作“计较所”,“所”属下读。似当以《长编本末》为正。

[9]鉴始换武职,至是自列愿还文资,上以其有功优迁。(中略)上初欲委鉴团结、教阅诸洞保甲,以为朝廷差出,刘彝必忌之,就令彝委鉴。既而彝固不欲鉴来,乃言:“鉴,邕人,今钤辖本路非便。(下略)”(262/6408-53)

《大典》“优迁”下有“之”字,则“优迁”前当加逗号。又,“就令”前有“故”字,“今钤辖本路”,作“令钤辖本路”,亦皆当据以校正。

[10]上与王安石论鉴事,乃此月十九日,后三日遂有宣州之命。(262/6409-53自注)

《大典》“十九日”下、“后三日”前尚有“后三日徙广东”语。按正文“于是上复徙鉴东路”下，自注“此月二十二日”，而知宣州事，正文则系于此月丙戌，即二十五日，明此处显脱“后三日徙广东”语。文渊阁本已脱。

[11]岁出马千六百四十匹，可给骑兵者二百六十四，馀止堪给马铺。两监牧岁费及所占牧地约租钱总五十三万九千六百三十八缗(262/6412－67)

“二百六十四”，《大典》同，《长编本末》卷七五《马政》作“二百六十匹”。“约租钱”，《大典》作“约牧租钱”，《长编本末》作“约收租钱”。或皆当以《长编本末》为正。

[12]先是，上批：“(中略)宜令所在体量以闻。”时七年十一月丁酉也。是日，王安石以请诸路体量状进呈，惟磁、相州言有上户流移(262/6413－69)

“以请诸路”，《大典》、文渊阁本、《长编本末》卷六九《青苗法下》皆无“请”字。《太平治迹统类》卷一二《神宗圣政》此句作“王安石以诸路体量奏状以闻”。审文意，“请”字显衍。

[13]闰四月三日《日录》：前此上言侯叔献虚诞，以訾家口为万世之利，诚可长用，但李立之等作奸闭塞，上令根究。至是，根究宋昌言不合闭口事状甚明，此乃冯京使其如此，以余尝奏訾家口可常用故也。盛陶因索水涨，乃云不合汴河开两口。(263/6422－行9－11)

《大典》"万世之利"下尚有"余曰訾家口"五字,然文渊阁本已脱。若此,则"上言"下当加冒号、前引号,"万世之利"下当改为句号,加后引号,"余曰"下当加冒号、前引号,"闭塞"下当改句号,加后引号。又,"不合汴河开两口",文渊阁本同,《大典》作"汴河不合开两口"。

[14]八月十一日,又以久旱祈雨。(263/6423-行倒1)

据《大典》,"祈雨"下脱"九月一日,乃谢雨"语。文渊阁本已脱。

[15]提举淤田司言(中略)兵匠吏人赐银绢有差。(263/6426-16)

知河州鲜于师中乞以未募弓箭手地百顷为屯田,从之。(263/6426-17)

此两条下,《大典》、文渊阁本皆有自注"志有"语,不当删。

[16]"此一人之事,而前后不同,如此用心当无差故也。"(263/6426-19)

"当无差",文渊阁本同,《大典》《长编本末》皆作"当与差","与"字用如并列连词,当据以校正。又,"如此"当属上读。

[17]缘萧禧为见朝廷已差臣等往彼国面议,遂便起发,才起发即改作回谢,乃似萧禧令去,深虑北人别生词说。(263/

6430－行3、4)

据《大典》、文渊阁本,“彼国”之“国”字衍。下“萧禧”,文渊阁本同,据《大典》,“萧”乃“诱”之误。又,“令去”之“令”,校勘记云:“原作‘今’,据阁本、活字本改。”按,《大典》原不误。

[18]蕃部纳士,当给茶彩,臣为其乏食,以麦代给,宜受专擅之罪。(263/6432－29)

“乏食”,《大典》“乏”误“之”,文渊阁本已校正。“以麦代给”,校勘记云:“‘麦’原作‘来’,据阁本改。”按,《大典》原不误。“专擅”,《大典》原作“专辄”,文渊阁本已改作“专擅”,疑未必妥。

[19]录光禄寺丞吴辛子损为郊社斋郎。(263/6436－45)

“吴辛”,《大典》原作“吴亲”,或是“吴亲”之误。文渊阁本已改为“吴辛”,疑未必定有确据。

[20](上略)钞卖不尽则毁。(中略)请实卖盐外,可毋过立数。(中略)两路实买盐二百二十万(中略)今请永兴、秦风两路共立二百二十万缗为额(下略)。(263/6439－行倒6、倒1,6440－行2、3)

“毁”下,《大典》、文渊阁本有“之”字。前“请”字,文渊阁本同,《大典》作“谓”。“外”前,两者皆有“数”字。前“二百二十万”下,校勘记云:“下‘二’字原作‘一’,据阁本及上文改。”按,

《大典》原不误。后“二百二十万”，校勘记云：“上‘二’字原作‘一’，据上文及《宋史》卷一八一《食货志》改。”按，底本乃沿文渊阁本及祖本《大典》之误者。

> ［21］龙图阁直学士、给事中李师中卒。王安石言师中悉心奉公（中略）谓宜赙之加等，上以为然（此据十七《日录》，不知如何赙师中也）。（263/6440－49）

“李师中”《大典》作“李中师”。按，时既有李师中字诚之者其人，又有李中师字君锡者其人，《宋史》皆有传。刘挚《李师中墓志》谓师中“逮神皇帝擢士，以不次超迁从官，更帅西、北，遇事益发愤，顾卒以上书论高坐废”。① 据下文，乃知瀛州时事：“复待制天章，高阳关路安抚使、知瀛州。应招上书，贬和州团练副使，本州安置。”《长编》卷二五〇系于熙宁七年二月己巳朔，谓：“右司郎中、知齐州李师中为天章阁待制、知瀛州。既而王安石论师中诈冒不可用，即罢之。（五月一日责和州。）”李师中既被王安石认作“诈冒不可用”之人，一年后又怎能得到“悉心奉公”的评价呢？且李师中死于元丰元年四月七日，与此处所载亦不合也。而据强至《李中师行状》，李中师死于熙宁八年闰四月十四日，则与此恰合。《行状》且载：复守西京，“适辛亥役法下，公善究立法本意，即推行之，最为天下先，而天下之行新法者，亦莫不以河南为准”。② 王安石“悉心奉公”云云，当即就此而言。则此处当以祖本《大典》作“李中师”为正。然文渊阁本已误改为“李师中”。又，自注“十七”与“《日录》”间亦当据《大典》补一“日”字。

---

① 《忠肃集》卷一二。
② 《祠部集》卷三四。

> [22]本朝两省官不必正员,苟行其事,必立其班,所以明分职而励官守也。(263/6441-51)

"分职"文渊阁本同,《大典》正作"职分"。《宋会要辑稿》职官三之五三系此事于同年五月,而"分职"正作"职分"与《大典》同。

> [23]上因问修所为《五代史》如何,王安石曰:"臣方读数册,其文辞多不合义理。"上曰:"责以义,则修止于如此(下略)。"(263/6441-53)

"责以义",文渊阁本同,《大典》《长编本末》卷六三《主安石毁去正臣》皆作"责以义理"。按,神宗此语乃针对王安石"其文辞多不合义理"而发,"理"字显不当删。

> [24]诏罢太原等监,依罢河南、河北监牧指挥。应河东监牧,令提举开封府界诸县镇公事蔡确,河北监牧,令都大提举黄御河、同管勾外都水监丞程昉专切了当。(四日,蔡确同昉废罢)(263/6442-54)

"依罢",校勘记云:"'依'原作'举',据阁本改。"按,《大典》原不误。"应河东监牧",《大典》原误作"应河东河应监牧",据《宋会要》职官二三之一六,当正作"应河东河南监牧",乃馆臣不明"河应"实"河南"之误,遽一删了之者。又,自注,《大典》、文渊阁本皆作"差确同昉废罢","蔡"当是"差"之误。又,点校本标点有误,今更正如上。

[25]熙宁中,市易司始榷开封、曹、濮等处及利、益二路(中略)有卖私盐,听民告讦,重给赏钱,以犯人家财充赏;官盐食之不尽,留经宿,重同私盐法。(263/6442-60自注)

"始榷",校勘记云:"'榷'原作'权',据阁本及《宋史》卷一八一《食货志》改。"按,此等引自司马光《涑水记闻》的文字,今见中华书局版邓广铭、张希清点校单行本卷一五,自注既已言明,不知为何不直接以《记闻》为据?又,"曹、濮等处""卖私盐""听民告讦""充赏",据《记闻》,乃"曹、濮等州""买卖私盐""听人告讦""充买"之误,后"买"字当属下读。其中,除"买卖私盐"《大典》误作"卖卖私盐"而文渊阁本又误删一"卖"字外,其余则《大典》和文渊阁本所引与《记闻》全同。

[26]韩琦用心可知,天时荐饥,乃其所愿也。前访以此事,乃云须改尽前所为,契丹自然无事。(263/6444-63)

"所愿""此事",《大典》、文渊阁本、《长编本末》卷六九《青苗法下》同,《长编本末》卷六三《王安石毁去正臣》"所愿"同,"此事"作"北事",《太平治迹统类》卷一二《神宗圣政》则"所愿"作"所虑"、"此事"作"北事"。细审上下文意,当以《太平治迹统类》为正。因为约两月前,神宗曾赐韩琦、富弼、文彦博、曾公亮如下手诏:"朝廷通好北虏几八十年,近岁以来,生事弥甚。代北之地,素有定封,而辄造衅端,妄来理辨。比敕官吏同加按行,虽图籍甚明,而诡辞不服。今横使复至,意在必得。朕以祖宗盟好之重,固将优容,虏情无厌,势恐未已,万一不测,何以待之?古之大政必询故老,卿夙怀忠义,历相三朝,虽尔身在外,乃心罔不在王室。其所以待遇之要,御备之方,密具以闻,朕将亲览。"①所谓"前访以北事"即指此手诏而言。"须改尽前所为,契丹自然无事",则是神宗对韩琦答奏内容的概括。韩琦答奏中有"今河朔累岁灾伤,民力大乏"云云的话,或即"天时荐饥,乃其所虑也"之所指。

> [27]惠卿曰:"(中略)而承之两月连行遣下州县,催促施行,又令分析因而住滞。两月内,方行遣尚未到,便令分析住滞,臣乃疑其有意。"(中略)绛又言谔无异人,且非端士。安石曰:"与李承之争募役事,又正曾布罪,二事皆违众从理,即亦见谔非端士。"(263/6448-72)

"因而""无异人"(文渊阁本同)、"亦见",《大典》原作"因何"(文渊阁本同)、"无异众人""不见"(文渊阁本同)。细审文意,底本显有脱误,皆当以祖本为正。又,"连行遣",校勘记云:"'连'原作'运',据阁本改。"按,《大典》原不误。又,引文标点略有更动。

> [28]鲜于绰载王汾所言:熙宁中,神宗一日在内禁与二王击球,戏赌玉带,颢曰(下略)。(263/6452-84 自注)

"颢曰",校勘记曰:"'颢'下原衍'王'字,据正文删。"按,"王"字非衍,乃"颢"字有误。《大典》、文渊阁本皆正作"荆王"。

① 《宋大诏令集》卷二一三、《长编》卷二六二熙宁八年四月丙寅记事、《韩琦家传》卷一〇、《文潞公文集》卷二二。引文据《长编》,惟"北虏""虏情"馆臣讳改作"北朝""敌情",今据诸书回改。

据《宋史》卷二四六《宗室·益王頵传》,“荆王”是頵生前最高封爵。晁公武《郡斋读书志》卷二下《史部·传记类》著录《传信录》,解题曰:“右皇朝鲜于绰大受撰,记国朝杂事,多言元丰后朝廷政事得失,人物贤否。”自注所引,当即此书。王汾,则曾任诸王府翊善者(刘攽《彭城集》卷一九载有《朝议大夫充集贤校理诸王府翊善王汾可中散大夫直秘阁差遣依旧制》)。窃揆当日情状,直呼頵名,既不能出于王汾之口,也不能形诸鲜于绰之笔,更不能缘于李焘的有意更改。当是底本疑注文荆王与正文嘉王有异而胡改,点校本则不明所以辄断为衍字而误删。

[29]闰月十一日分秦凤兵为四将,七月二十八日分泾原五将,《新纪》不书,独书此。分环庆兵为四将,误也。(264/6458－5自注)

“闰月十一日”,下文卷二六六此年七月二十八日戊子分泾原兵为五将条自注作“闰月十二日癸卯”,上文卷二六三亦确系分秦凤兵为四将于闰四月十二日癸卯,则“十一日”当是“十二日”之误。《大典》已误。又,“独书此”下句号应删。

[30]王安石言:“司农欲令定州煮粥散饥民,此非便。向已修条贯,令及未困,募之兴利,而诸路多且如旧,不肯推行。(中略)若以作饭之米计口俵与,令各与营生(下略)。”(264/6458－10)

“今及未困”“各与营生”,《大典》、文渊阁本皆正作“令及未困”“各归营生”。

[31]监管赵世居亲的骨肉陈惟和言,居有乳母姨□乞配度为尼。从之。(264/6459-13)

逢、革、士宣坐与赵世居结构,谋不轨。(264/6470-45)

二处"赵世居"下皆有校勘记,如下:"'世'字原脱,据阁本补。"按,文渊阁本两处即皆无"世"字,"世"字非脱,不当补。《大典》此两处原皆正作"赵居"。又,本卷第6457页第4条、第6458页第6条、第6459页第16条所见"世居",《大典》亦皆正作"赵居"(文渊阁本第4、6两条则已误改为"世居")。盖上文卷二六三此年闰四月壬子即已明确规定"世居并子令少、令訾名去'世'字、'令'字"也。

[32]百禄讦宁赠诗之意。(264/6459-行倒1)

"讦",《大典》误作"许",文渊阁本作"诘"。

[33]如臣果有迫勒引谕、屡通屡却、锻炼附致之状,则臣敢从放弃,不齿士论。(264/6460-行倒5)

"敢从放弃",《大典》、文渊阁本皆正作"甘从放弃";"不齿士论",文渊阁本同,《大典》"论"作"伦"。

[34]安石曰:"(中略)若陛下以一德遇群臣,布知利害所在,必不至此,陛下岂可不思?"他日又言:"昨臣论奏范百禄、徐禧事,不顾上下礼节,犯陛下颜色者,诚激于事君之义也。(下略)"(264/6461-行8)

“必不至此”下,《大典》有“使其至此”语,文渊阁本已误脱,当补。又,《大典》、文渊阁本“昨臣”、作“臣昨”,“诚”下有“以”字,亦当据以校正。

[35]此据《会要》,乃五月九日诏王安石。《实录》云:“(引文略)”此据《实录》三月十五日事,今附见(下略)。(264/6462-20自注)

“三月十五日”,校勘记云:“阁本、活字本皆作‘三月十九日’。”按,《大典》亦作“三月十九日”。前“实录”,《大典》同。按,此处引文,上文卷二六〇此年二月戊寅记事自注亦曾征引,实乃《王安石日录》之文。则开首之语包括标点当校正如下:“此据《会要》乃五月九日诏。《王安石日录》云”。后“实录”疑亦“日录”之误,盖卷二六〇所引《日录》,开首即作“八年三月十九日”,不待另从《实录》取证也。

[36]故罢其閤门事。(264/6463-23)

“閤门事”,文渊阁本同,《大典》原作“閤门职事”。

[37]《吕惠卿日录》:(中略)昨来已赐田及已有酬赏。(中略)君卿去了得,用特与升一任。(中略)陛下以监司得力,宁与转官或升任,不欲频移任,故并一任差遣。(下略)(264/6464-30自注)

“酬赏”“用特”“故并”,《大典》、文渊阁本皆作“酬奖”“故特”

"故升"。又,此处《吕惠卿日录》书及"安石曰",文渊阁本亦作此三字,据《大典》,原皆省作"石曰"。下文卷二七二熙宁九年正月甲申记事自注引《吕惠卿日录》,亦皆省作"石曰",即尚未经馆臣加工,犹存李焘所引《吕惠卿日录》之旧。

[38]据走马承受所奏,有阳武石砆所寨续起遣弓箭手三百馀户一千馀口,见无处安存。(264/6465-33)

"石砆所寨",《大典》作"石砆等寨","所"当是"等"之误。文渊阁本已误。又,关于石砆寨,《宋会要》方域一八之二五载:"石砆寨,在代州,太平兴国六年置。"《元丰九域志》卷四河东路代州崞县下载:"楼扳、阳武、石硖、土埕四寨。"寨名作"石硖"。《宋史·地理志》又作"石峡"。未详孰是?

[39]如昨来三司,有人言造三灶,留滞言事令二年,甚困苦,而不为之定夺,及中书差官试验,果有利,如此乃可以责三司也,然朝廷亦不责三司也。(264/6473-行1)

"令",《大典》、文渊阁本皆作"人",当据以校正,标点亦当相应更定如上。

[40]自昔修造之局惟莅三司案,而近岁以将作监专之。(264/6474-47)

"三司案",《大典》、文渊阁本皆作"修造案"。按,据《宋史·职官志》"三司"条,其户部司分掌五案,"三曰修造案。掌京城工作及陶瓦八作、排岸作坊、诸库簿帐，勾校诸州营垒、官廨、桥梁、竹木、簰筏”。又“将作监”条：“旧制……凡土木工匠之政、京都缮修隶三司修造案，本监但掌祠祀供省牲牌、镇石、炷香、盥手、焚版币之事。元丰官制行，始正职掌。”末句不确。据《长编》上文卷二二八载，熙宁四年十一月壬午朔即已“诏以将作监专领在京修造事”，所以此处蔡承禧才如是说。则“三司案”显当校正作“修造案”。

[41]乃遣太子中允、检正中书礼房公事曾伉，中书丞、知司农寺程之才体量措置。(264/6475－51)

“中书丞”，《大典》、文渊阁本皆正作“秘书丞”。按，宋无称作“中书丞”的职官名。

[42]其常平积斛斗，亦许于阙乏时月准此支酬。(264/6478－行1)

“积”字下当据《大典》补一“剩”字。文渊阁本已误脱。

以上主要依据残存《大典》所录《长编》熙宁八年四至五月的84天记事并参照一些有关文献整理的校读札记，可能仍有遗漏，也可能仍有失误。通过校读，除了充分体会到残存《大典》弥足珍贵以外，还深深感到：

一、《长编》文渊阁本与祖本《大典》本最为接近，神、哲两朝历年记事当也不致例外。点校本始出时文渊阁本尚难读到，因而未及取校，虽不免遗憾，却是无可奈何的事。1984年以后影印文渊阁本既能方便读到，而点校本续出诸册仍然不取以对校，就未免说不过去了。今点校本业已出齐，重印时是否应该将全书再取文渊阁本补校，似应引起点校者和出版者的严肃考虑。

二、《长编本末》和《太平治迹统类》皆是自《长编》派生的著作。在神、哲两朝《长编》祖本业已基本不存的情况下，直接自《长编》节抄的《长编本末》和《太平治迹统类》在《长编》整理中的地位应该得到充分重视。令人遗憾的是，在点校本中，这两部著作不能说已经获得彻底使用，亦如《宋会要》未曾获得彻底使用一般。

（原以《〈永乐大典〉残存〈长编〉宋神宗朝记事补校》为题载于《文献》1994 年第 2 期）

《长编》点校本译名回改中存在的问题

《续资治通鉴长编》中涉及辽、西夏以及其他西北少数民族的人名、地名、官名等专名的译名，点校本用作底本的浙江书局光绪七年刊本所载皆经《四库》馆臣改译。底本整理者已经发觉其间的问题，如卷首"校勘《长编》举例"即曾提到：

> 地名、人名有因翻译异文者，地名如第二十七卷"和尔郭"，影宋小字本作"胡谷"，第四百八十二卷"努札"，阁本作"汝遮"……人名如第三十二卷"伊勒锦"，影宋小字本作"野里鸡"，第四百六十七卷"叶普"，阁本作"乙逋"……与夫"嘉勒斯赉"即《宋史》"唃厮啰"，"鄂特凌古"即《宋史》"阿里骨"，"辉和尔"即《宋史》"回鹘"，大都有音无义，译者各殊。毕氏《续通鉴》遵《钦定三史国语解》，悉改旧译，其文字又各不同。兹则姑仍原文，以存旧式。惟同此一书，而阁本、影宋小字本皆与张本异文，诚属莫明其故。

此所谓"张本"，指浙江书局本用作底本的张金吾爱日精庐活字本；所谓"影宋小字本"，乃源出点校本所称之"宋撮要本"

者,[①]系译名未经改译之本;所谓"阁本",指"两遭寇难""仅存残帙"的《四库全书》文澜阁本,其所举两个专名,点校本回改后亦作"汝遮""乙逋",[②]与之全同,或者文澜阁本残存未遭改译的译名较张本所据之阁本为多。则译名之所以"异文",主要系由改译造成,而底本之整理者却以"莫名其故"为借口,不肯对之认真作一番清理。今点校本将这些经清乾隆时改译的专名"都予以回改",[③]是完全必要的。对于辽、金、元三史清乾隆时的改译本,《元史》点校本"出版说明"认为是"对辽、金、元三史译名进行了谬误百出的妄改",[④]陈垣也有"改得一塌糊涂"[⑤]的评价,并说:此等改译,"令读者多增一些障碍,贻误后人不浅"。[⑥] 四库馆臣对《长编》中涉及辽、夏等专名的改译,可能连辽、金、元三史改译本都不如。且不论这些改译是否符合古音或对音规则,仅就点校本及其校勘记业已校正的两个例子,即将"系与不系波心"的"不系"亦认作音译专名与"波心"连读而改作"贝实勒",以及为了避免触犯忌讳,将堡名"克胡"亦以音译专名对待而改作"客户"来看,[⑦]这哪里是什么改译,简直是糟蹋古籍。至于由改译的随意性或改译未净而带来的一人、一地、一事数名,并进而误为数人、数地、数事的混乱现象,更是数不胜数。陈垣说:《长编》局本"经乾隆改译,人名地名全不用得"。[⑧] 确是深有体会的甘苦之言。人们迫切期望经过"回改"的《长编》点校本,将是排除了这类混乱的、符合著作原貌的、

① 参照裴汝诚、许沛藻《续资治通鉴长编考略》,第 11 页。
② 分见点校本第 32 册,第 11470 页;第 31 册,第 11153 页。
③ 点校本《点校说明》,《续资治通鉴长编》第 1 册,第 3 页。
④ 《元史》点校本卷首,第 5 页。
⑤ 陈垣《中国历史要籍介绍及选读一书审查意见》,载《陈垣学术论文集》第二集,第 461 页。
⑥ 陈垣 1954 年 4 月 4 日致包赉函,载《陈垣来往书信集》,第 782 页。
⑦ 分见点校本第 15 册,第 5143 页;第 16 册,第 5337 页。
⑧ 陈垣 1941 年 8 月 22 日致陈乐素函,载《陈垣来往书信集》,第 672 页。

便于研究利用的本子。由于自今本《长编》卷二一〇以后不再有译名未经更改的宋本和宋撮要本可作回改依据，回改的难度增大了，回改中存在的问题也难免要多一些。今不揣浅陋，先将已经发觉的问题举例剖析如下，然后再约略谈点个人的浅见。举例以神宗朝熙宁年间的记事为限。① 为了便于说明，迻录原文悉据底本，若点校本已予回改，则分别加圆、方括号以示区别。原文下所注数字，斜线前为卷次，斜线后为点校本页码，短划后为条码或行数。

（一）纳斡堡

1. 李埴《十朝纲要》云：是月，夏人大举入寇庆州，筑纳斡堡，知庆州李复圭遣钤辖李信等击之，败还。（211/5140－53 后人注）

2. 诏环庆经略司，如夏国差人来议界至，或修纳斡堡、礓石寨，即检会夏国所上表章（下略）。（231/5610－5）

3. 庆州纳斡之役，枉死者至数千人。（245/5970－37）

4. 时贼又筑堡于庆州荔原堡北，曰（纳斡）〔闹讹〕，在境外二十馀里（中略）。蕃部巡检李宗谅地近敌堡，害其佃作，乃率众千馀人与贼战于（纳斡）〔闹讹〕。李复圭使钤辖李信等助之（下略）。（214/5203－27）

例 1 这则后人注，影印文渊阁《四库全书》本（以下简作渊本）无，疑张本或局本所加。《十朝纲要》东方学会排印本专名未遭改译，以之与例 1 比对，再参照《太平治迹统类》卷一五《韩绛宣抚陕西》《宋史·夏国传下》相应记事，可证如例 4 将此名回改作"闹

① 第 24 条是唯一的例外。作为误写或误植的确切例证，所举已是元丰三年二月辛卯记事。

讹”是正确的。见于232/5637－29注文和241/5880－22者虽皆已回改,然尚有以上三处遗漏。又,清人改译之名,底本或作“纳斡”,或作“纳斡”,当以“纳斡”为正。渊本皆作“纳斡”,不误。上录例2底本不误,点校本却误作“纳斡”。

(二) 都勒玛斡 多拉

1. 己丑,次(娄城)〔啰兀城〕,敌帅(都勒玛斡)〔都啰马尾〕与其将四人,聚兵(娄城)〔啰兀城〕之北曰马户川,谋袭谔。(219/5320－3)

2. 据吕大防捷奏称:初五日,伊都枢密、(多拉)〔都啰〕参政①及钤辖十三人,领兵三千在马户川。(同条自注)

是认正文“都勒玛斡”与注文“多拉”为同一人,因此将“都勒”与“多拉”皆回改作“都啰”。但令人不解的是,如果原文确实都作“都啰”,那么馆臣为什么要分别改译作“都勒”和“多拉”呢?正文的回改似据《资治通鉴长编纪事本末》卷八四《韩绛经营西事》,自注《本末》已删,不知另有何据。本书上文81/1840－10有“多拉”回改为“都啰”实例,然彼处之例似难作此处回改的确据。

(三) 裕勒藏喀木

1. 彦博曰:“西蕃不愿归夏国。”安石曰:“裕勒藏哈木见归夏国。若不愿归,则向宝之往,宜即倒戈,今乃不肯内附,何也?”(226/5502/6)

2. 泾原路经略司言,德顺军捕获西界(裕勒藏喀木)〔禹

① 此句底本原作“初五日乙丑都枢密多拉参政”,有误,今据渊本校正,并对点校本标点亦作了相应更正。

臧苑麻〕使来卖马蕃部萨沁等十四人。(284/6964－26)

例2当是据《宋史·蔡齐附延庆传》回改者。清人改译,底本虽有“喀”“哈”之异,渊本则皆作“喀”,其人实同,当一并回改。见于228/5558－21、237/5775－49者,与例2连一字之差亦无,尤当一并回改。又,见于226/5504－6自注之“裕勒藏”,以及因“裕勒藏哈木”“裕勒藏喀木”而见的省称“哈木”或“喀木”,似亦当作相应的回改。

(四)章威

1.《日录》:王广渊奏章威地虽见耕牧,缘前报夏国不曾耕占此地,恐必来争。(231/5610－5自注)

2.广渊又言:“(朗斡)〔浪斡〕、(章威)〔臧嵬〕地虽见今耕牧,缘前牒报夏国不曾耕牧,将来必争。”(232/5635－29)

据例2自注,此事乃用《日录》三月四日编修者,而例1即《日录》三月四日之文。同是一人,且又见于同一记事,虽所在有正文或注文之异,其译名的回改自当划一。另,改译之名“朗斡”,渊本作“朗斡”,不误。

(五)鄂特彭

1.安石曰:“谅祚诚亦豪杰,诛鄂特彭,非有威断岂能办此?(下略)”(235/5699－8)

2.文谅本夏国用事臣(鄂特彭)〔讹庞〕家奴,得罪自归延州,累官右侍禁。(220/5361－68)

《宋史·夏国传上》485/14001载:“谅祚忌讹庞专,或告讹庞将叛,谅祚讨杀之,夷其族。”回改“鄂特彭”为“讹庞”是正确的,惜未改净。

(六) 李楞占纳芝

初,秦凤缘边安抚司言,(摩正)〔木征〕自(观凌城)〔巩令城〕败走,(结斡延正)〔结吴延征〕举其族二千馀人并大首领李楞占、纳芝等出降,已量补职名抚遣之。(238/5786－2)

见于249/6069－12、273/6676－7的"李楞占纳芝"已回改作"李蔺毡讷支"或"蔺毡纳支",见于241/5876－9的"楞占讷支"亦已回改作"蔺毡纳支",然尚有此一条遗漏。馆臣改译此名,"纳""讷"混用,殊未划一。回改后仍然"讷""纳"混用,亦未划一。据《长编纪事本末》卷八五《取洮河兰会上》和《宋史·神宗纪》,回改之名当以"讷"为正。又,"李楞占"下加顿号有误一人为二之嫌,亦当删去。《太平治迹统类》卷一六"神宗开熙河"作"李蔺毡"显系省称。

(七) 穆楞川 温布察克置

知熙州王韶言,招纳穆楞川东(玛尔巴)〔抹邦〕一带大首领温布察克置等及所部首领三百八十七人,各补副军主等职名,仍第支料钱。(240/5834－25)

未予回改的"穆楞川""温布察克置"二名,《宋会要辑稿》兵九之六作"马兰川""温逋昌厮鸡",惜未取以为据。

(八) 阿纳城

1. (上略)遂自领兵破(阿纳城)〔踏白城〕,斩首三千级,因城之。又城香子(中略)。是日,奏(阿纳城)〔踏白城〕捷。(244/5945－66)

2. (上略)累赏三月以来破荡族帐,策应讨(阿纳)〔踏

白〕、定羌城之功也。(246/5981－21)

3. 勾当御药院李宪为遥郡团练使寄资,给全俸。景思立攻下(阿纳城)〔踏白城〕,宪监其军,故有是命。(247/6024－34)

三处渊本“阿纳”二字皆有挖改痕,显经馆臣改译。然今将之回改为“踏白城”,未悉何据。踏白城书中屡见。如见于250/6098－57、252/6178－90、252/6179－95、253/6190－13、254/6220－19者,皆是底本即作踏白城,并非点校本所回改。那么馆臣为什么偏偏将上举三处的踏白城改为阿纳城呢?本书于例1奏捷后八天的245/5950－7载“诏名熙河路阿纳城为定羌城”,则阿纳城实即后来的定羌城。此“阿纳城”点校本未回改作“踏白城”。《太平治迹统类》卷一六《神宗开熙河》的相应记事,“阿纳城”作“诃诺城”。《宋史·地理志三》秦凤路·河州条载:“城一:定羌。熙宁七年,改河诺城为定羌城。”其校勘记谓:“河诺城,本书卷一五及《十朝纲要》卷一〇都作‘珂诺城’,《长编》卷二五二作‘阿纳城’。”所引《长编》见6179－25,点校本亦未回改作“踏白城”,而且此条“阿纳城”与“踏白城”并见,踏白城且出现三次,两者显非一地。与《长编》此条相应的记事,见《长编纪事本末》卷八五《取洮河兰会上》,亦作“珂诺城”。足证“阿纳”实是馆臣对“珂诺”的改译,当回改为“珂诺”。若“诃诺”“河诺”,则或系“珂诺”误讹,或系宋人的异译。而本书252/6160－52后人注的“珂诺城”,则是幸逃更改的残存者。

(九)甫望箇

是日,王安石因进呈泸州事,言:“得熊本书,以为(甫望箇恕)〔斧望箇恕〕、晏子可羁縻(下略)。”(247/6020－15)

此当据《宋史·泸州蛮传》而改。《长编纪事本末》卷八八《平淯井蛮》相应记事作“甫望个恕”，与底本仅有“箇”“个”繁简之别。本书上文此人凡两见，244/5941－49和245/5951－16，底本皆作“甫望个恕”，点校本未作改动；下文亦两见，253/6188－8和288/7046－38，底本皆作“甫望箇恕”，点校本皆改作“斧望箇恕”。其中见于卷253者，《长编纪事本末》相应记载作“甫望个恕”；见于卷288者，《宋会要》蕃夷五之二四相应记载作“甫望箇怒”，“怒”字显误。则此名在底本中虽有“个”“箇”简繁小异，其首字作“甫”却是一致的，且未必曾遭馆臣更改。今点校本如此处理，不仅未能正确回改，而且未免增添了新的混乱。

（十）玛尔巴山

> 盖洮、岷、叠、宕连青唐玛尔巴山，林木翳荟交道，陋阻不可行。(247/6022－30)

“玛尔巴山”显经馆臣改译。《长编纪事本末》卷八五《取洮河兰会上》作“秣邦山”，当据以回改。此名见于228/5556－21、237/5768－27、240/5834－25者，实皆已回改，唯回改之名，或作“秣邦”，或作“抹邦”，未能划一耳。

（十一）温纳木扎尔颖沁萨勒

> 熙河路经略司言，邈川蕃部都巡检使（温纳木扎尔颖沁萨勒）〔温讷支郢成〕乞授官、给俸，诏授庄宅副使，依汉官请给。时（温纳木扎尔颖沁萨勒）〔温讷支郢成〕居河州之北，所管二十八部族，有兵六万馀人。(247/6026－43)

本条专名似据《宋会要》蕃夷六之九四回改者。此名《会要》实作“温讷支郢成四”，是。盖有“四”始能与馆臣改译之“萨勒”对应也。

(十二) 董古 郢成简 纳克垒城

岷州都首领(辖乌察)〔瞎吴叱〕、洮州都首领(巴珍觉)〔巴毡角〕并为崇仪副使,董古为礼宾副使,并蕃部钤辖,(辖乌察)〔瞎吴叱〕岷州、(巴珍觉)〔巴毡角〕洮州、董古河州。古等皆(摩正)〔木征〕弟也,王韶招之内附,至是,引见于延和殿,而有是命。既又诏董古迁一资,亦为崇仪副使。董古虽非首领,以在纳克垒城与其母郢成简先其兄诣景思立前锋乞降故也。(248/6063-53)

"是命"前,《宋会要》蕃夷六之九有相应记事,本条专名当即据之回改者。唯本条反复出现之"董古",《会要》实作"董谷",不知为何未予回改?下文254/6212-49"又命其弟董谷曰继忠","董谷"底本亦作"董古"。既然彼处之"董古"已据《宋会要》蕃夷六之一〇予以回改,则此处之"董古"同样有《会要》之相应记载为直接依据,不予回改是说不过去的。何况此人在《宋史·吐蕃·赵思忠传》492/14167中亦书作"董谷"可资参照呢?又,此人上文233/5659-35始见时,底本作"董谷",渊本亦已改作"董古",在底本中乃是幸逃清人更改的残存者。另,"郢成简",渊本作"郢城简",亦曾遭清人改译而又互有不同,《宋会要》蕃夷六之一〇、《宋史·吐蕃·赵思忠传》皆作"郢成结"。"纳克垒城",《太平治迹统类》卷一六《神宗开熙河》作"捺罗城",本书上文188/4527-5也曾回改作"捺罗"。此处皆当一并回改。

(十三) 额勒锦 布沁巴勒 闾精谷

三月丙午,度洮,遣王君万等先破结河川额勒锦族,以断通夏国径路，斩千馀级。韶进兵宁河寨，分遣诸将入南山，破布沁巴勒等族，复斩千馀级（中略）。四月辛巳，师自河州闾精谷出踏白城西与蕃贼战，斩千馀级。（252/6179－95）

《宋会要》蕃夷六之一〇有相应记事，经馆臣改译的“额勒锦”“布沁巴勒”“闾精谷”诸名，《会要》作“耳金”（《太平治迹统类》卷一六《神宗开熙河》同）“铺心把离”“闾精彀”，皆可据以回改。

（十四）纳木萨勒宗城

王君万、苗授、姚兕等传，并云先攻纳木萨勒宗城，不知纳木萨勒宗城果安在？《实录》与韶本传并不言，当考。四月七日，除苗授知河州，已附见纳木萨勒宗城事。（252/6180－95 自注）

“纳木萨勒宗城”，渊本无“城”字。显经馆臣改译。所云“已附见”此城事之“四月七日除苗授知河州”记事，见上文252/6152－20，如下：“西上閤门苗授知河州。贼复围河州，授往救之，始度洮西，将士皆欲径趋河州，授曰：‘南撒宗城甚近，有伏兵，当袭之。’一战而克（下略）。”自注：“此据本传，当考，或删去。姚兕本传，亦请先破撒宗城。”其中“南撒宗城”“撒宗城”乃底本如此，非点校本所回改，今《宋史·苗授传》亦作“撒宗城”，可见实未遭清人改译。而渊本则皆已改译作“纳木萨勒宗”矣。虽然或改或不改，以及将义为南北之“南”亦作音译字对待，都充分显示了馆臣的轻率，但“纳木萨勒宗城”即“南撒宗城”，则无可疑。

（十五）和尔川

置岷州荔川、和尔川、（吕）〔闾〕川三寨。（253/6202－75）

渊本“闾川”不误,“和尔川”有挖改痕,显经馆臣改“译”。点校本既据《宋史·地理志三》对“吕川”乃“闾川”之误作了校改,却未将被馆臣作为译名对待而改译的“和尔川”一并回改为“床川”,未免令人惋惜。熙宁七年所置岷州三寨,其中之一《长编》原作“床川寨”,不仅有《元丰九域志》卷三和《宋史·地理志三》可为佐证,并且有见于《长编纪事本末》卷八五《取洮河兰会上》的相应记事作直接依据。只是馆臣的更改同样草率,尚有见于265/6485-5者未经改“译”,渊本改作“和川”亦与他处不一。今则当与见于252/6156-32、280/6861-18者,一并回改为“床川”。

另,钱大昕《十驾斋养新录》卷四《床》:“《九域志》《宋史·地理志》俱云秦州有床穰堡,遍检字书,皆无‘床’字,莫详其音。顷读《一切经音义》,知《大般涅槃经》有‘粟床’字,云字〔正〕体作糜、穈二形,同忙皮反,禾穄也,关西谓之床,冀州谓之穄。乃知隋唐以前已有此字。秦州本关西地,方俗相承,由来旧矣。”其实,此前《康熙字典》对“床”的字音业已作过“《集韵》《正韵》并忙皮切,音糜”的正确注释。而《四库》馆臣不仅错误地将“床川”认作音译地名,而且又想当然地将“床”字认作“禾”音,对“床”的音义全都懵然,却信笔一挥,竟将“床川”改“译”作了“禾尔川”。谓之“一塌糊涂”,绝不为过。

(十六) 琳雅

五月二十三日,至永安山远亭子,馆伴使琳雅、始平军节度使耶律寿,副使枢密直学士、右谏议大夫梁颖。(265/6498-行9自注)

“琳雅”乃馆臣对辽官名“林牙”的改译。渊本此处尚作“林牙”，未经更改。本书正文，如 251/6121－50“辽主遣林牙兴复军节度使萧禧来致书”，261/6358－17“辽主再遣林牙、兴复军节度使萧禧来致书”，底本皆作“林牙”，亦未曾改译，不知为何独于此长注作如此更改？此长注中屡屡出现的“琳雅”，当全部回改为“林牙”。

（十七）栋栋 赞长 噶硕克 多农谷

> 熙河路经略司言：“熙河开壕用二十六万八千馀工，及修栋楝、（鄂摩克）〔五牟〕谷二堡各六万二千馀工（中略），赞长堡六万五千馀工，噶硕克关五万九千馀工，多农谷堡九万四千馀工（下略）。”（271/6641－39）

“栋楝”乃“栋栋”之误，见下文 273/6676－7“栋栋”“赞长”“噶硕克”“多农谷”诸名，《宋会要》兵二八之一七相应记事分别作“董冬”“拶汤”“珂斫”“多能谷”（其中“拶汤”对照馆臣改译疑或“拶肠”之误），惜未据以回改。

（十八）摩宗 结布 日珠 青斯巴

> 熙河路经略司言：“摩宗城首领结布投宗哥，诱定羌城熟户日珠族青斯巴皆往，青斯巴不从，潜斩结布首来献。乞优补官职。”诏补青斯巴下班殿侍、本族巡检。（271/6653－99）

“宗哥”，他处，如 260/6345－63、267/6547－30、273/6676－7、280/6861－18，皆已被馆臣改译为“总噶”或“总噶尔”，本条渊本亦已改译作“总噶尔”，底本是难得的遗漏。其余“摩宗”“结布”“日珠”“青斯巴”诸名，皆当据《宋史・神宗纪二》之相应记事，回改为“木宗”“结彪”“日脚”“青厮扒”。又，“摩宗”上文 244/5945－66 已见，亦当一并回改。

（十九）朗格占

熙河路经略使司奏："河州山后首领（朗格占）〔结毡〕、（古勒）〔鬼驴〕、（察卜巴觉）〔叱逋巴角〕言，（果庄）〔鬼章〕令（朗格占）〔结毡〕等攻河州（中略）。"乃以（朗格占）〔结毡〕为内殿承制，其余首领补班行及蕃官有差。（272/6658－13）

本条诸名当是据《宋会要》蕃夷六之一一回改者。唯其中"朗格占"回改作"结毡"或可商榷。盖"结毡"只能与馆臣改译之"格占"对应，而"朗"音则尚未有着落。此人在《会要》相应记事中凡六见，熙河路经略司奏中首次提及时作"郎结毡"，以下四次皆省作"结毡"，末次载朝廷任命，又作"郎结毡"，实将"郎"视同汉人的姓氏。既然见于底本的经馆臣改译之名皆作"朗格占"，则《长编》原名当亦未尝有所省略，此名的回改亦当以书作"郎格占"为是。

（二十）董珍巴

（上略）时蔡延庆已奏静州下首领董珍巴等来降故也。（275/6735－52）

"董珍巴"，《宋史·神宗纪二》作"董整白"，渊本有明显挖改痕，则此名亦尝遭馆臣改译。

（二十一）结总关

1. 光祖为梓夔路钤辖，受命策应，以兵三千度索桥，历流沙飞石之危，会中正等破结总关，次荡筚篥溪诸族，得级数千，他物称是，遂军结总关。（279/6822－29）

2. 即茂州汶川县置威戎军使及置镇羌关、结总关。（279/6846－53）

"结总"二字,渊本三处皆有挖改痕。据《长编纪事本末》卷八八《讨茂州蛮》两处相应记事,"结总关"当据以回改为"鸡宗关"。上文274/6714-76当一并回改。此关《元丰九域志》卷七、《宋史·地理志五》《宋史·王光祖传》亦皆作"鸡宗",唯《涑水记闻》卷一三书作"箕宗",则宋时亦有异写也。

(二十二)多叶谷

洮东安抚司言,包顺等领兵与(果庄)〔鬼章〕战于多叶谷,斩二百六十馀级。(279/6827-43)

《宋史·神宗纪二》同日有如下记事:"洮东安抚司言包顺等破鬼章兵于多移谷。"渊本"多叶谷"三字有挖改痕。则"多叶谷"当回改为"多移谷"。

(二十三)娄阿尔斯兰撒温

于阗国进奉使人(娄阿尔斯兰撒温)〔罗阿厮难撕温〕等有乳香三万一千馀斤。(285/6972-7)

改译之名,渊本无末二音,疑被馆臣轻率删削。回改之名,末二字"撕温",《宋会要》蕃夷四之一六作"撒温","撕"字疑误。

(二十四)阿凌典桑温

于阗国大首领(阿凌典桑温)〔阿令朞颡温〕等来贡方物。(302/7350-56)

回改之名"阿令朞颡温",《宋会要》蕃夷四之一六、《宋史·神宗纪三》皆作"阿令颠颡温",对照改译之名,"朞"显是"颠"之误。

从以上所举实例,可知《长编》点校本在译名回改中,主要存在以下几个问题:

一是回改不尽。如七、十三至十八、二十至二十二诸条,都是有可能回改而未予回改之例,为数不少。《宋会要》《宋史》等都是被点校者用作回改依据的主要典籍,遗漏未据者仍所在多有。尤其如《宋会要·蕃夷·吐蕃》,即同书同一类目的记事,其熙宁六年八月八日、二十二日、十二月二十六日、七年三月十四日诸条都已据之作了回改,而紧挨这几条的七年四月三十日却又弃而不用(如十三条所举),《宋史·地理志》同一州下并列的三个寨名,两个《长编》曾改"译",亦只据之回改其一而遗其一,都令人十分费解。此外,《永乐大典》卷一二五〇六、一二五〇七残存之熙宁八年四月、闰四月、五月记事共有译名十个,由于点校者压根未取作校勘依据,十个专名只回改了两个,也是回改不尽的表现之一。

二是回改未净。如一、三至六、十诸条的专名,在书中都不止一次出现,点校本却往往彼处回改了,此处却未改,一处、两处回改了,多数仍未改,或多数回改了,仍有个别遗漏,都是回改未净的表现。

三是误改。如将"甫望箇恕"改为"斧望箇恕","阿纳城"改为"踏白城",都是显例。尤其如前者,在宋代文献中,原即存在《实录》《会要》系统的"甫望箇恕"和《国史》系统的"斧望箇恕"之别,点校者不察,不仅误加回改,回改得又不划一,反而制造了新的混乱。此外,"温讷支郢成四"之脱"四"字,"朗结毡"之脱"郎"字,也是回改有误的表现。

误写或误植之字,由于疏忽未能校正者也有一些。如"抹邦""秣邦"之不划一,第二十三条"撒"之误"撕",第二十四条"颠"之误"顛",是已发觉的几个例证。

总之,点校本由于将习见的绝大多数专名作了回改,这就极大地便利了读者的使用,但由于仍然存在以上这些问题,底本由专名改译而带来的混乱不仅未能得到澄清,反而又增添了不少新的混乱。另有一些仅在书中个别出现而绝无他书可资佐证的专名,馆臣改译时可以信手胡来,今日回改却已绝无可能。回改"尽"实际上是无望的,原译名和改译之名、回改之名杂处一书的混乱现象实际上也就不可能彻底改变。为了使混乱降至最低限度,如何给人以何者为清人改译之名、何者为业已回改之名的清楚提示就是十分必要的了。在正文中用符号将两者加以区分,或者在书首书末附加改译和回改之名对照表,似乎是可供选择的两种可行办法。

(原载《漆侠先生纪念文集》,保定,河北大学出版社,2002 年 10 月)

《长编》点校拾遗

《续资治通鉴长编》点校本自1979年8月开始出版，至1993年3月正文全部出齐，前后历时14年。其间出书相对集中的大致有四个段落，即：

2—6册：1979年8月至1980年1月

7—20册：1985年11月至1986年5月

21—25册：1990年10月

26－34册：1992年3月至1993年3月

在各个段落之间，分别约有六年、五年和一年半的间隔。在每一间隔期内，笔者一般都通读了前一段落已出诸册，深感点校本的出版，确实给宋史的研究工作带来了极大的方便。在受益的同时，也发现了点校中存在的一些问题，并就此写出了一些拾补意见。这些意见，有些已经发表，如《〈续资治通鉴长编〉前八十卷标点和校勘中的一些问题》及补充意见之一、之二，曾发表于《宋史研究通讯》第二、第三期（1984.7，1985.4），并承国务院古籍整理出版规划小组编入《古籍点校疑误汇录》第二辑（1985.5）；《〈长编〉仁宗朝记事校勘拾遗》，曾发表于《徐规教授从事教学研究工作五十周年纪念文集》（杭州大学出版社，1995年10月）。有些则未及发表。至于第25—34诸册，限于目疾，笔者已丧失予以通读的视力和精力。

现将这些拾补意见稍加整理筛选，分太祖太宗真宗三朝、仁宗朝、神宗朝熙宁年间和神宗朝元丰年间四个部分刊载，对于能否准确把握《长编》所载史实，也许能起点微薄的作用。

笔者无意对《长编》点校中存在的问题作全面的检查。以下意见，完全是从点校本《长编》读者的立场上提出的。因为是读者，而且是不能用相对集中的时间毫无间断的通读《长编》各册的读者，不同阅读期间的主观状况和客观条件又各不相同，因此不同卷册中发现问题的多少、详略也就相距甚大。因为是读者，对阅读中发现的问题虽然有时也找一些有关文献互相参照，但应该参照的文献不一定全都查到，而且参照的情况前后也不完全相同，因此这些意见未免带有一定的主观性和片面性。

笔者以为点校本《长编》在校勘方面比较薄弱的环节，主要表现在两个方面，一为本校的欠重视，二为他校的不彻底。

由于本书的点校是由多人合作进行的，每人分得若干卷，对校容易做得比较彻底，他校则各显神通，未免参差不齐，而于本书前后文互相照应的考察，即本校，则几乎疏忽了。如熙宁年间州县的废置，书中逐年逐月都有记载，可是在校勘涉及此类内容的问题时，却往往只引《元丰九域志》或《宋史·地理志》为据，而对于本书前文或后文中更为确切的记载，则往往连提都不屑一提，就是一个显例。又如，数年前已有关于京东路分为东、西两路的记述，数年后却在言及京东西路的记事中将“西”作为衍字来校正（见仁宗朝第 41 条）；半个月前已经明令赵世居的名中除去“世”字，半个月后见到“赵居”一名时却又认为脱“世”字予以增补（见《〈永乐大典〉残存〈长编〉熙宁八年四至五月记事校读札记》第 31 例）。又如，对底本卷首“校勘《长编》举例”曾经指出的田晝、田畫“先后歧出”这一现象，上文认为作“田晝”误，应改为“田畫”，下文又认为作“田畫”误,应改为“田畫”,并为之先后写了彼此互相冲突的三则校勘记(见神宗朝元丰年间第70条)。凡此种种类似情况,估计都是这样产生的。至于底本中本来可以借助本校得到校正的错讹而未能获得校正,可能就更多了。下面神宗朝元丰年间拾补意见100条,多数即是通过本校发现的。

从点校说明及各卷校勘记引用文献的实际情况来看,本书他校中曾经参考的古籍是为数颇为不少的。但似乎都未能做到竭泽而渔,取校与否带有很大的随意性。今以与《长编》关系最为密切的《长编纪事本末》和《宋会要辑稿》为例。笔者曾试将《长编本末》的某些部分与《长编》神宗朝逐条对照,又曾将《长编》熙宁年间的记事与《宋会要》逐条对照,深感底本中可以借此获得校正的错误确实尚有不少。下面神宗朝熙宁年间拾补意见80条,多数即是这样发现的。当然,就《长编》这样一部古籍巨著而言,对取校的文献每种都竭泽而渔或者难以做到,但对其中的三种、五种或十种、八种最基本文献作相对彻底的校勘,似乎不能说是过高的要求。

本书点校时,《四库全书》文渊阁本尚难读到,因此未能取校,应该说是极大的遗憾。1984年以后,由于影印文渊阁《四库全书》的出版,查阅方便了,笔者曾试将少量阅读中遇到的明显错讹而又找不到校改直接依据的问题去查对影印文渊阁本,结果发现,如251/6131“罪罟”误“罪苦”、255/6232－4“监司”误“监使”、256/6262－14“教阅”误“叙阅”、268/6569－4“并从”误“并徙”、272/6664－14“污水”误“汗水”、279/6828－6“水浅”误“木浅”、279/6833－10“刺事”误“剌事”等点校本沿袭底本的错误,在影印文渊阁本中都是不误的。点校本曾取文津阁本和张金吾爱日精庐活字本作过相当彻底的对校,可见诸本皆误而文渊阁本不误的实占相当比例。笔者又曾试将《永乐大典》残存的神宗熙宁八年的 84 天记事同文渊阁本和点校本比对，又发觉文渊阁本与神、哲两朝的唯一祖本《永乐大典》本实又最为接近。这就提出了这样一个不容回避的问题，即点校本重印时，应否取影印文渊阁本作一次全面的补校？

底本正确，而点校本新生的错误，也有不少。仁宗朝 8 例已经写入正文。此外，笔者发觉的，尚有：太祖朝 1/1－3“都虞候”之“候”误“侯”（前三卷皆误）；真宗朝 43/908－9“他日”误“他曰”；神宗朝熙宁年间，216/5253－6“何官”误“何言”、224/5447－4“许令”误“许今”、229/5578－15“即我”误“既我”、235/5711－5“毁拆”误“毁析”、240/5865－5“禧祖”误“嚮祖”、244/5940－14“估中价”误“佑中价”、245/5968－1“勘会”误“勘曾”、245/5970－15“已”误“已”、247/6019－4“未知”误“未如”、249/6070－15“封桩”误“对桩”、257/6269－10“溥”误“簿”、262/6379－5“饰说”误“节说”、266/6531－11“可取”误“司取”、267/6539－6“注此”误“注批”、267/6543－10“赋”误“贼”、273/6684－4“边徼徼”衍一“徼”字、274/6715－15“后面”误“后而”、276/6747－11“疏”误“蔬”、279/6842－14“已”误“己”、280/6856－1“自来”误“目来”，凡 20 例；元丰年间，289/7077－6“婕妤”误“婕好”、290/7085－7“即令”误“即今”、290/7086－9“磨勘”误“磨堪”、292/7134－4“祭”误“癸”、299/7276－11“臣”误“巨”、307/7466－14“骁骑”误“饶骑”、313/7595－3“诘责”误“诂责”、315/7621－1“遮止”误“庶止”、321/7743－8“经制司”误“经制可”、329/7913－9“放”误“改”、346/8314－9“军贼”误“军赋”，凡 11 例。这些新生的错讹都是偶然发觉的，绝非与底本通行对校的结果，但希望能引起点校者与出版者的足够重视，若不消灭至最低限度，实将降低读者对新版古籍的信任。

像《长编》这样一部篇幅十分庞大、内容无比丰富的史籍的点校整理出版，既是有着长远意义的重要工作，又是需要付出才、识、恒心和耐力的艰巨劳动。它有如扛鼎，用力既巨，却又很难做到普遍满意。对于埋头从事《长编》点校整理工作的同志，笔者满怀敬意。因此，对于《长编》点校本的出版，笔者在受益之馀，也乐于将已经发觉的问题写出来，以便在使点校本日臻完善的过程中，也能从读者的角度尽一点绵力。至于这些意见是否可取，有几分可取，那就只有等待点校者和方家、读者的判定了。

以下所举每条原文下注明的数字，斜线前为卷次，斜线后为页码，短划后为条数或行数。若是行数，则加注“行”字。唯此前言中所举者，乃皆是行数，则省去“行”字未注。

太祖、太宗、真宗三朝(凡60条)

1. 以客省使万年张保绩为卫尉卿、判客省閤门事。(1/13－7)

“张保绩”，见于《宋会要》职官35/1者虽亦作“张保绩”，然见于《资治通鉴》293/9567－行1显德四年三月丁未和《旧五代史·周世宗纪》117/1557行4同月丙午者，皆作“张保续”，《宋史》274/9350其本传亦作“张保续”，或者当以“张保续”为正。

2. 命镇国节度使宋延幄帅禁旅千习战于新池。(4/96－14)

“宋延幄”之“幄”系“渥”之误。上文1/10－8见“命武胜节度使洛阳宋延渥领舟师巡抚江徼”，1/25－9又见“保信节度使宋延渥为都排阵使”，下文9/200－3又见“纳皇后宋氏，忠武节度使延渥之长女也。延渥寻改名偓”。《宋史》255/8905有《宋偓传》，所载事迹可证上列四项均系一人之事，“幄”确系“渥”之误。

3. 以西川用兵，赐归、陕州民今年秋租已输者籍之，充来年之数。(5/136-4)

“陕州”，《宋大诏令集》185/674《蠲归陕州秋税诏》同，《宋史》1/18-行10作“峡”州。《诏》言蠲税缘由：“唯此二州，最邻寇境，军旅所过，供亿实繁，宜示优恩，用蠲常赋。”峡州与归州相邻，处于南路伐蜀军要冲，若陕州，既不与后蜀接境，亦不处南北两路伐蜀通道，当以“峡州”为正。《诏》又云：“应今年秋税，已降指挥除放，其已纳及供给过刍粟军储，并与折来年租税。”则本条标点，“秋租”下须加逗号。

4. 诏书言准汉乾祐二年敕。(7/174-11自注)

此乃乾德四年七月“丁亥，给州县官俸户”条自注。乾祐“二年”系“三年”之误。《宋大诏令集》178/639、《宋会要》职官57/18载乾德四年七月丁亥诏皆曰：“宜准汉乾祐三年敕，复于中等无色役人户内置俸户。”后汉置俸户的诏令，见《旧五代史》103/1368《汉隐帝纪》，亦系于乾祐三年七月辛巳，而非“二年”。

5. 命李建勋军于城南，赵赞军于西，曹彬军于北，党进军于东，为四寨以逼之。(10/220-17)

参照同卷上文216-3、5，218-17诸条，“李建勋”显是“李继勋”之误。

6. 上遣骁雄副指挥使浚义孔守正领骑军往救。(10/225-7)

“使”原误作“车”，点校者已予改正；而“浚义”乃“浚仪”之误，却复失校。按，开封府浚仪县在大中祥符二年改名祥符县以前，自北魏以来皆称“浚仪”，未有作“浚义”者。《宋史·孔守正传》275/9370正作“开封浚仪人”。

7. 契丹主凡欲自立时，求僧道之有名称者加以爵命，惟澄不受。(10/226-9)

“凡欲”,当从《宋史·方技·苏澄隐传》461/13511 正为“兀欲”,乃契丹主之名,须加专名号。

8. 令川、陕诸州,察民有父母在而别籍异财者,其罪死。(10/231－5)

此系开宝二年八月丁亥诏。“川陕”,《宋史·太祖纪》2/30 作“川峡”。下文 24/556－2 太平兴国八年十一月癸丑,“诏川、峡民祖父母、父母在,别籍异财者,前诏并弃市,自今除之,论如律”。所谓“前诏”,即指本条。亦作“川峡”也。盖如下文 42/901－10 所载:“国初罢节镇统支郡,以转运使领诸路事,其分合未有定制。(中略)剑南初曰西川,后分峡路,西川又分东、西路,寻并之。”至道三年始定为十五路,其“十二曰西川路,十三曰峡路”。直至咸平四年三月辛巳,才又“诏分川峡转运使为益、梓、利、夔四路”(48/1052－5)。则“川峡诸州”即剑南诸州之意,当以《宋·纪》为正。“川”“陕”连称,本书前数卷所在多有,绝大多数皆“川峡”之误。

9. 初,丁德裕、王班、张玙同领兵屯西川,德裕颇自专恣,兵马都监张延通党玙,益不悦。(10/234－11)

“张玙”,上文 7/166－5 作“张屿”,《宋史·张延通传》274/9355 亦作“张屿”,必有一误。

10. 全操,当是乾德四年知光化军进羡利者。(18/397－7 自注)

“当是”原误作“当时”,点校者已校正。事见上文 7/170－11,非“进羡利”,乃上言进羡利非是者,惜未一并指出。“进”或系“言”字之误。下文 18/－407－6 自注“张全操”误作“张光操”,亦未指出。

11. 凡出茶州县,民辄留及卖鬻计直千贯以上,黥面送阙下,妇人配为铁工。(18/398－18)

“妇人配为铁工”不可解。“鐵”“鍼”形近,疑“铁工”系“针工”之误。《宋会要》食货 36/2 太平兴国二年三月诏,应犯私香药犀牙,“妇人与免刺面,配本处针工充役”。同书刑法 4/8 天禧二年三月十七日诏:“诸班殿直诸军妻坐奸者,决讫即放,不须隶作坊针工。”可为参证。

12. 开宝中,禁民卖假茶,一斤杖一百,二十斤以上弃市。己未,诏自今准律以行,滥,论罪。(20/465-4)

“行滥”,律有专条,不应破断。《唐律疏议·杂律》26/497-418:“诸造器用之物及绢布之属,有行滥、短狭而卖者,各杖六十。”注:“不牢谓之行,不真谓之滥。”疏议:“行滥,谓器用之物不牢、不真。”《宋刑统》26/425 全同。下文 60/1344-2 即有景德二年六月丁丑“申禁行滥物”记事。《宋会要》食货 37/5 大中祥符三年三月寇(琰)[瑊]言,亦曾提到:“其行滥之物没官,估计价钱,支一半与告捉事人充赏。”本条“行”下“滥”下逗号皆当删。

13. 诏文武常参官,自今所保举人犯死罪,无轻重减二等论定,著于令。(23/522-4)

据《宋大诏令集》200/740、《宋会要》选举 27/3,“死罪”乃“私罪”之误,“减”下脱“一等论,公罪即减”,“定”字当属下读。

14. 初,北汉置固军于岚州,北汉亡,废为宣化县,甲戌,复号宁化军。(23/525-5)

“宣化县”,据《宋会要》方域 6/7、《元丰九域志》4/178 乃“宁化县”之误。

15. 镇州驻泊都监、酒坊使彌德超。(24/537-6)

“彌德超”,下文 24/544-7 同。此人《宋史·佞幸》有传,见 470/13678,其姓作“弭”。按:“弭”“彌”不同姓。见于《宋会要》职官 6/44、78/2 者,其姓亦皆作“弭”。当以“弭”为是。

16. 凡州县募职官,差定殿最之状,分任远近之地,以为升降,有司盖有成法。(24/542－1)

“募职官”,据《宋大诏令集》160/606、《宋会要》职官 59/3,乃“幕职官”之误。

17. 有司除常载外,别科置皮革、赤垩、铅锡、苏木等物。(24/551－11)

“科置”,《太宗实录》26/10b 正作“科买”。

18. 以洛苑使许田王宾领滨州刺史。(24/551－1)

校勘记:“‘滨州’,宋本及《宋会要》职官四二之一五、《宋史》卷二七六《王宾传》均作‘演州’,《太宗实录》卷二六则作‘潭州’。”按:《太宗实录》卷二六与此对应之条确作“潭州”,然同卷九月己巳却载:以“洛苑使王宾为右神武将军,依前领演州刺史”,则《太宗实录》卷二六非皆作“潭州”也。参照诸书,且可明前“潭州”实“演州”之误。

19. 其入奏不知何年,今附八月之末,《本纪》附五年之末,要未可据也。(24/567－18 自注)

“八月”系“八年”之误。正文“荆湖南、北路转运使李惟清入奏事”条,恰附于太平兴国八年“是岁”条之后,而未附于是年八月。

20. 丙午,选秘书丞杨延庆等十馀人分知诸州。(25/574－3)

己丑,召宰相近臣赏花于后苑。(25/575－6)

以上两条,皆系于雍熙元年三月下的记事。据《太宗实录》29/1a 是月壬子朔,陈垣《二十史朔闰表》辛亥朔,月内皆不致有丙午、己丑。此两事,《实录》分别系于丙辰、乙丑,当据改。后一事,《宋会要》礼 45/36 系于太平兴国九年三月十五日。是年十一月方改元雍熙。若以辛亥朔推算,十五日恰为乙丑。

21. 夫三司使额,乃近代权制,判官、推官、勾院、开折、磨勘、凭

由、理欠、孔目、勾押前行后行，皆州郡官司吏局之名也。（32/721－5）

其中自“勾院”至“理欠”系官司名，孔目官、勾押官、前行、后行乃人吏名。“勾押”“前行”下应加顿号断开。又，“开折”乃“开拆”之误，《宋会要》职官5/28有三司开拆司专目。

22. 五月甲午，诏诸道转运副使、知州、通判、知军监等，各于所部见任幕职、州县官内，举吏道通明及儒术优茂者各一人。（34/748－1）

“副使”系“使副”之误。《宋会要》选举27/5载此诏即“诸道转运使”“副使”并列，可证。按，《会要》此条原标“七月”，上条为淳化四年五月一日。“七月”系“七日”之误。五月戊子朔，七日恰为甲午，与《长编》合。

23. 臣顷任延州节度夷判官。（35/768－行1）

校勘记曰：“‘节度’下原有‘使’字，据《编年纲目》卷五、《宋史》卷二六四《宋琪传》及《奏议》卷三二二《御边》改。”按，所举三书“节度”下并无“夷”字，改“使”为“夷”不通，当属点校本新增错字。

24. 先是，陈滑蔡颍郢邓金房州、信阳军，皆不禁酒，太平兴国初，京西转运使程能请榷之。（35/780－11）

程能请榷陈州等酒，上文载于18/414－4，请榷酒之州，尚有“随”“均”，分列于“颍”下和“郢”下，《宋会要》食货20/3同。《宋史·食货志·酒》185/4513有“随”州，“均”州亦脱。

25. 辛丑，上谓宰相曰：“自春不雨至今，并走群望而未获嘉应，岂狱犴之中颇有冤系乎？”即日命侍御史元玘等十四人，乘传分往诸道案察刑狱。（37/812－7）

“十四人”，《宋大诏令集》215/818《遣官决狱减降一等诏》作

“十六人”，《宋会要》刑法5/17-18：“至道元年四月十九日，诏曰：‘（上略）宜令常参官乘传分往诸路与长吏同决遣刑狱（下略）。’时命侍御史元玘，职方员外郎李范，户部员外郎魏廷式，都官员外郎孙纮，比部员外郎直昭文馆勾中正，虞部员外郎吕宏之，太常博士直昭文馆席羲叟，太常博士李昭素，春秋博士王柄，太常丞剧元吉，殿中丞李居简、梁正、马表微，著作郎李通微，太子中舍彭绘，著作佐郎杨士元，直史馆赵况，直集贤院赵安仁，大理寺丞张维、乐世隆、李承信等二十二人，殿直陈居爽等十人，三班奉职崔懿等十二人，凡四十五人分往焉。”其中有两处小疑点，即：(1) 既云命元玘“等二十二人”，而列出的姓名却只有二十一人；(2) 既云命侍御史元玘“等二十二人，殿直陈居爽等十人，三班奉职崔懿等十二人”，则总数当是四十四人，而却又云“凡四十五人”。但有一点则可以肯定无疑，即：既然有姓名可考者已达二十三人之多，则此次所遣之使绝不只“十四人”。颇疑诏文所言或只一十六人，而诏文发布后又续有增遣，以致总数竟达四十四人，而本条与之皆有不合也。

26. 九月，右仆射、赠司空、谥惠安宋琪卒。(40/850-1)

以无日之事书于本月之初，有背《通鉴》书法。《太宗实录》79/1b、《宋史·太宗纪》5/100皆系于戊寅，与本书位己卯条前亦合，当补。

27. 于是萧旻、杨钊始以地官判度支。(45/958-行5)

此下有校勘记，都二百言，是全书最长的校勘记之一，然却有如下三处不妥：

（一）校勘记云：“‘萧旻’原作‘萧景’，盖宋人避太宗讳改，今据《宋文鉴》卷四三孙何《论官制》改回。”

据笔者所见，《宋文鉴》四部丛刊影印宋本作“萧景”，清江苏书局本作“萧炅”，不知据以改作“萧旻”的《宋文鉴》是何种版本？且李焘是宋人，须避太宗讳改，文章作者孙何和《文鉴》编者吕祖谦亦宋人，其《论官制》奏上于真宗咸平二年，《文鉴》初刻于南宋，难道就不须避太宗讳而改？业经后人回改之《文鉴》，可作校勘参考，似不能用作改回的依据。又校勘记既云“盖宋人避太宗讳改”，太宗名炅，则讳改后正文和校语原稿当均作“萧炅”。“炅”“旻”形近，疑“萧旻”乃点校本排校中新出错字。

（二）校勘记云：“‘萧旻’见《旧唐书》卷四九、《新唐书》卷四三《食货志》，《旧唐书》卷一九六上《吐蕃传》上，及《通鉴》卷二一四至二一六，曾任江淮、河南转运副使，后任都使，又以户部侍郎判凉州等，未及任‘度支’事。”

上列各书均作“萧炅”，无作“萧旻”者，足见“萧旻”确系新版排校致误。唐代另有一“萧旻”，乃萧颖士之父，见《新唐书》卷二〇二《萧颖士传》，则与此处所述绝不相干。

校勘记列举萧炅任职颇随意，其中“以户部侍郎判凉州”且不确，当作“户部侍郎判凉州事，河西节度使”，因节度使例兼会府刺史，故其主要职任系河西节度使。“未及任‘度支’事”亦不确，有以偏概全之嫌。盖两《唐书·食货志》载萧炅任江淮河南转运副使及都使系开元二十三、四年事，《旧·吐蕃传》载萧炅代侯希逸为河西节度使系开元二十六年六月事，而在《通鉴》中萧炅见于记载则始于开元二十四年十一月。似不能因此等记载中未及萧炅判度支事，就断定在此以前萧炅也未曾以他官判度支。而据《唐会要》卷九五《别官判度支》门记载，萧炅确曾以“太府少卿知度支事”，任命的时间是开元二十二年九月。

（三）校勘记云：“‘地官’宋本、宋撮要本及《续通鉴》卷二一均作‘他官’。按‘地官’原出《周礼》，唐武则天光宅元年曾改六曹为天、地、四时六官，以户部为‘地官’。……‘地官’‘他官’，两有可解,今从原刊。”

萧炅是以太府少卿知度支事的,已见上述。杨钊则先以给事中兼御史中丞专判度支事,见《通鉴》卷二一六天宝七载六月甲辰,时杨钊尚未改名国忠,《旧唐书·杨国忠传》略同。《通鉴》卷二一五中无校勘记所云杨钊判度支记载。后以御史大夫判度支(拜相前),见《容斋续笔》。都是以“他官”判度支。“地官”“他官”,当从宋本改作“他官”为是。

又,孙何此处立论所据,似仅为《唐会要》卷五九《别官判度支》门,现节录如下,以供参考:

> 开元二十二年九月,萧炅除太府少卿知度支事。二十三年八月,李元祐除太府少卿知度支事。天宝七载,杨钊除给事中兼御史中丞权判度支。贞元八年三月,户部尚书班宏加专判度支。……贞元以前,他官来判者甚众,自后多以尚书侍郎主之,别官兼者希矣。故事,度支案,郎中判入,员外判出,侍郎总统押案而已,官衔不言专判度支。开元以后,时事多故,遂有他官来判者,或尚书侍郎专判,乃曰度支使,或曰判度支使,或曰知度支事,或曰勾当度支使,虽名称不同,其事一也。

28. 上御便殿阅兵,神骑副兵马使焦握,自言盘铁槊十五斤,命试之。握舞于马上,往来如飞,擢为本军使。(47/1012-15)

铁槊只“十五斤”,即使“舞于马上往来如飞”,亦不足奇。《宋会要》礼9/7作“五十斤”,似可据改。又,《会要》及《玉海》145/10b“焦握”皆作“焦偓”,似亦当以“偓”为正,盖取名多用“偓”字也。

29. 河东转运使宋搏请点晋绛慈隰州、定羌军、大通监丁壮为

兵。(52/1136－5)

此“河东转运使宋抟”,前此44/940－3、47/1022－1凡两见,“抟”皆作“搏”;后此52/1141－9、63/1410－5亦两见,则皆作“抟”。下文为契丹国母生辰使,66/1489－16出使作“宋抟”,68/1527－4使还则作“宋搏”。其传见《宋史》307/10127,作“宋抟”,而且“抟字鹏举”。按《庄子·逍遥游》:“鹏之徙于南冥也,水击三千里,抟扶摇而上者九万里。”古人名、字文义相关,循字责名,当以作“抟”为正。

30. 复令百官转对在三月十一日壬午。此云罢已逾年,当考,或罢字误也。景德三年四月乙未,又令群臣转对,岂咸平五年尝罢转对,而史失不记乎?(53/1158－行14自注)

此咸平五年十月末田锡疏中近罢转对今已逾年语下的自注。此年三月丁酉朔,十一日乃丁未,月内无壬午日。“复令百官转对”,上文47/1032－7实载于咸平三年十一月壬午,下文62/1395－12自注亦有“咸平三年十一月壬午,初令常参官转对如故事”语,则“三月十一日”显是“三年十一月”之误。“岂咸平五年尝罢转对”之“五年”,《皇朝编年纲目备要》6/14b－15a咸平五年十月“向敏中罢张齐贤贬”条“时田锡上疏言”下按语作“四年”,是。

31. 广南西路转运使冯连。(54/1191－18)

“冯连”,下文55/1219－5、61/1360－27皆作“冯琏”,《宋史·食货志·赋税》174/4205－行3作“冯涟”,《文献通考·田赋考四》作“冯琏”,或当以“冯琏”为正。

32. 上闻河北大稔,丙申,出内府绫罗锦绮,计直百八十万,命盐铁判官朱台符与转运使定价出市,籴粟实边。俄以本路均定物数末等,复命秘阁校理戚纶往视之。(55/1212－6)

“末等”似系“未等”之误。《宋会要》食货 39/3 咸平六年“十一月,帝曰:昨辇内府物帛赴河朔博籴斛粟,盖乘其丰稔以资军实。且闻转运使品定未当,至如宁边军民籍最少,与瀛州大郡所定数同,足验不均,必虑烦扰于民。转运之司急于边备,必不以闻。乃命太常丞秘阁校理戚纶乘传体量,与转运使副度民力而行之。”可证。

33. 上曰:“(上略)但治田兵夫,多为转运司移易他使,故未能集事耳。”乃诏保州专制屯田兵籍,自今转运司复敢移易者,以违制论。(56/1234－14)

“专制屯田兵籍”,《宋会要》食货 63/41 作“置屯田兵籍”,“制”当是“置”之误。

34.《记闻》称和好成,沆独忧,盖因此事。误也,沆死于七月十二日,和好始成,司马光偶未考耳。(56/1234－6 自注)

此即景德元年七月四日丙戌李沆死条自注,绝不致复言“沆死于七月十二日”。至于《记闻》“和好成”,则显指宋辽和议的达成,下文 58/1290－16 载于此年十二月癸未。“十二日”当是“十二月”之误,标点亦当改作:“沆死于七月,十二月和好始成。”

35. 河北转运副使、工部员外郎卢琬调发军储有功,召入,迁刑部员外郎,赐金紫,复遣还任。(56/1246－17)

自景德元年至四年,本书所载任河北转运副使、转运使者,“卢琬”凡两见(本条、又 64/1429－9),“卢琰”凡两见(59/1314－54、65/1459－2)。《宋史·卢琰传》307/10126 载:“迁工部员外郎,为河北转运副使。时北鄙未宁,调发军储,粮道不绝。以职务修举,召入,迁秩刑部,赐金紫,复遣之任。”与本书此条所记卢琬事全同,足证“卢琬”“卢琰”实系一人,其作“卢琰”者,盖底本避嘉庆帝名讳而改,却又未净。点校本皆当改回。

36. 五月戊辰朔，幸国子监。（60/1333－1）

从其下数条记事依次为“己酉”“庚戌”“辛亥”“壬子”“癸丑”来看，“戊辰”当是“戊申”之误。《宋史·真宗纪》7/128 虽未载朔日，却载明“幸国子监”之日在“戊申”。

37. 诏诸州职田止得召客户佃莳。（63/1415－33）

其下有四库馆臣按语：“案《宋史·食货志》云：诏诸州不堪牧马闲田，依职田例招主客户种莳。此处所载，疑有脱误。”今按：所引《食货志》诏语，本书上文 58/1274－9 已载，系景德元年十月癸未从王曙言而颁，其所引据之“职田例”乃咸平例。此诏又见《宋会要》职官 58/3，文字全同，系景德三年（《会要》作“二年”）之新规定。引彼疑此脱误，可谓无识。

38. 铉与映滋不协。映遂发铉纳部内女口，鬻铅器多取其直，广市绫罗不输税，占留州胥，在司擅增修廨宇。（64/1431－17）

“铅器”系“银器”之误。“占留州胥，在司擅增修廨宇”，标点当正作“占留州胥在司，擅增修廨宇”。《宋会要》职官 64/20 记同事，文作：“铉在任鬻银多取直，托湖婺睦三州长吏市缣帛不输征算，占留州胥(左)[在]司，又擅增修廨宇，贸部内子女，为知杭州薛映所发。”可证。

39. 昨右正言陈彭年请条制贡部复宏词科，采经术士，侍御史贾翔使还，奏宿州买绫扰民。此皆可采，中书宜置籍记之，自彭年、翔为始。（65/1462－7）

“贾翔”，《宋会要》职官 3/61、《宋史·陈彭年传》287/9664 皆作“贾翶”。

40. 天圣元年五月後分为二司。（65/1466－27 自注）

此系景德四年六月，“是月，并东西八作司、街道司为一司”条自注。下文 100/2323－8 载：天圣元年五月“戊寅，分东西八作司为两司(下略)。"其下有自注:"景德四年六月,并为一。"则"後"显为"复"之误。

41. 故亲选授太常博士陈纲、李权、李及。(66/1477－39)

校勘记:"'陈纲',宋本、宋撮要本作'陈纶'。"今按:此人《宋史·李及传》298/9908 亦作"陈纲",不作"陈纶"。下文 67/1515－28 又见,亦作"陈纲"(《宋会要》刑法 6/77 同),不知彼处宋本、宋撮要本复作"陈纶"否?

42. 令东京诸州军刑狱务从宽恕,无得非法决罚。(68/1532－11)

"东京",《宋会要》礼 22/4 作"京东",是。

43. 诏自京至兖州,敢有(中略)假借人夫车乘乞取财物者,所在护送赴阙。(68/1535－21)

末句下有校勘记:"'护'原作'获',据阁本改。"今按:底本作"获"固然费解,据阁本径改作"护"似亦难通。《宋会要》礼 22/4 作"锢",似较底本、阁本均强。

44. 晋城县令王琰其、章县主簿苗文思皆坐枉法受赇抵死。(68/1535－23)

按:宋无章县,熙宁五年前有其章县。晋城县令名王琰,而苗文思乃其章县主簿。《宋大诏令集》191/700:"近者泽州晋城县令王瑛、巴州其章县主簿苗文思皆枉法受赃,坐罪抵死。"可证本条标点之误。又"王琰",据校勘记,底本作"王琬",而诏作"王瑛"。而"苗文思",《皇朝编年纲目备要》7/12b 作"苗文应"。

45. 守忠等掌榷货务,三司言其岁课比旧增八百四十九千馀缗,遂赏之。(69/1547－2)

宋代文献中"缗"有径称"千"用作计数单位的,未见计数单位"缗"之上复以"千"为计数单位。《宋会要》职官 11/6"四十九千"

作“四万九千”,“十”乃“万”之误。

46. 诏泸州南并煎盐灶户自今遇正、至、寒食,各给假三日。(70/1580－11)

“南并”,《宋史·食货志》183/4472作“南井”,是。泸州有南井监,见《元丰九域志》7/328、《宋史·地理志》89/3218。

47. 麟府钤辖言,杜庆族依唐龙镇为援,多扰别部,欲令府州出骑兵袭之。上曰:“蕃部亦吾民也,以道抚之,彼必从命。”许之。(71/1615－22)

“许之”,《皇朝编年纲目备要》7/9a景德三年“六月令边臣抚安交趾”条附载之同一记事作“不许”。细味“上曰”云云,似当以“不许”为是。又,“蕃部”,《备要》作“夷狄”,当是馆臣避时忌所改。

48. 诏洞真宫及诸公主宅自今所须之物,任便市易,令杂买务供应。(72/1628－13)

据下文,发布此诏是为了对诸公主宅“加条约”,然从所录诏令内容却很难见出是怎样“条约”的。《宋会要》食货55/16大中祥符二年“八月十日诏:洞真宫、开宝院、韩国长公主宅、广平公保信军院,及应敕葬,所买卖物色,并听从便,不须下杂买务”。《宋史·外戚·柴宗庆传》463/13556:“旧制,诸公主宅皆杂买务市物,宗庆遣家僮自外州市炭,所过免算,至则尽鬻之,复市于务中。自是诏杂买务罢公主宅所市物。”可见“令杂买务供应”语前,当有脱字,所脱之字疑是“毋”或“不须”。

49. 何士宗鄜州事当考,至道二年正月,自河东漕责华州。(72/1642－14自注)

“河东”系“荆湖”之误。《太宗实录》76/4a至道二年正月丁巳,“吕端等奏曰:‘近廉得荆湖转运使何士宗为政苛细,河东转运使王嗣宗莅事粗率，江南转运使李若拙奉公弛慢。’上曰：‘悉罢之，更授以他任。’即以若拙知泾州，嗣宗知耀州，士宗知华州。”本书上文 38/818－1 至道元年八月乙亥朔尚见“荆湖转运使何士宗上言”云云记事（《宋会要》食货 48/8 同），亦可证《实录》自荆湖漕责华州记载不误。

50. 诏宝鼎县不得笞箠人，有罪并送府驱遣。（74/1684－15）

“驱遣”，校勘记曰：“‘驱’原作‘区’，据《长编纪事本末》卷一九《祀汾阴》、《续通鉴》卷二九改。”今按：《宋会要》礼 28/43 亦作“区遣”，底本似不误。“区遣”，犹区处发遣。

51. 以江、淮不稔，命昇、扬、庐州长吏各兼本路安抚使。（74/1686－28）

“昇、扬、庐”，《宋史·真宗纪》7/144 作“昇、洪、扬、庐”，《宋会要》职官 41/83 且分列有兼安抚使的四州长吏姓名：知昇州张詠，知洪州王济，知扬州凌策，知庐州高绅。“昇”下当脱“洪”字。本条下文有“时刑部郎中知洪州王济”云云记事，若上文无“洪”字，则如此叙事即有背《通鉴》笔法了。

52. 眉州通判黄莹、知长安县王文龟，或酗酒滥刑，或受贿鬻狱，并投荒裔。（82/1878－2）

“黄莹”，《宋大诏令集》191/702 作“董莹”，《宋史·真宗纪》8/156 作“董荣”。《宋会要》刑法 5/6－7：“赃吏董莹配（曰外）［白州？］牢城，永不与官。”或者此人姓当以“董”名当以“莹”为正。

53. 荣王元俨宫火（中略）延烧内藏左藏库、朝元门、崇文院、秘阁。（84/1927－23）

“朝元门”，《宋会要》瑞异 2/32 作“乾元殿乾元门”、《皇朝编年纲目备要》8/6b 作“朝元殿乾元门”，《宋史·五行志》63/1377 作“朝（天）［元］殿乾元门”。本条显有误脱。

54. 皇城司兼知以闻，诏捕白付御史台，鞫问得实。（85/1943－2）

“兼”，《宋会要》刑法4/70作“廉”，是。“廉知”习见。

55. 上以京朝官俟阙既久，奉朝者颇多，故有是诏。（85/1948－24）

“奉朝”，《宋会要》职官11/1－2作“奉朝请”，是。

56. 诏广南纲运悉令官健送至关，自今至虔州代之。（86/1972－7）

“关”，《宋会要》食货42/5、48/14，皆正作“阙”。

57. 诏：“三京及诸路转运司，除川峡州军外，并据所管县分弓手，每人借弩一枝，其令箭枪剑令各自置办（下略）。”（86/1984－19）

“令箭枪剑”，《宋会要》职官48/62作“弓箭枪剑”，是。又，“每人借弩一枝”，《会要》作“每五人借弩一枝”，疑亦当以《会要》为正。

58. 传法院上新译《频邡夜如经》，上以其经有荤血献诅之语，与经教戾，命焚之。（89/2057－29）

“频邡夜如”，《宋大诏令集》223/862作“频邡夜迦”。查丁福保《佛学大辞典》第2713页“频那夜迦”条、1583“毘那夜迦”条、2961“欢喜天”条，此语梵音为“vinayaka”，义为欢喜天，且有含此语之经多种。则经名似当以《诏》为正。又《诏》语有“而况荤血之祀，颇渎于真诚，厌诅之词，尤乖于妙理。”则“献诅”显是“厌诅”之误。

59. 国家监牧马数万，比先朝倍多，广费刍粟。（90/2074－17）

“数万”，校勘记云：“‘万’字原脱，据宋本、宋撮要本及《编年纲目》卷八补。”今按：《宋会要》食货37/8、兵24/14皆无“万”字，与底本同。且是时马数，据《宋会要》兵24/1所载，“坊监及诸军马二十馀万”（《文献通考·兵考》《宋史·兵志·马政》同），《宋史·

丁度传》292/9763 亦谓“祥符、天圣间牧马至十馀万”,实不止“数万”之数。则此“万”字似不必补。又,唐盛时监牧马七十万六千匹,则“比先朝倍多”的“先朝”,或仅指太祖、太宗朝而言。

60. 负海有盐场,岁饥,民多盐鬻者。(95/2182-10)

“盐鬻”,《宋史·王博文传》291/9744 作“盗鬻”,是。

(以上,25 条选自前言曾提及之旧文,且多经改写;35 条新撰。)

仁宗朝(凡 60 条)

1. 知海州王曙授郢州团练副使。(中略)凡前附寇准者,并再加贬黜。(98/2276-21)

王曙前衔,《宋大诏令集》204/761 贬官制拟题亦作“知海州”,而 192/704《责曹玮等谕中外敕》敕文则作“知汝州”。《宋史·王曙传》286/9632:“[寇]准罢相且贬,曙亦降知汝州。准再贬,曙亦贬郢州团练副使。”本书上文 96/2210 天禧四年七月丁丑“太子太傅寇准降授太常卿、知相州”条亦载枢密直学士王曙落职知汝州。其间绝未见曾由汝州徙海州。当以“知汝州”为正。

2. 置陕、虢、解、同州巡检使(中略)故于三州特置巡检使一员。(100/2325-1)

下句下校勘记:“上文作‘置陕、虢、解、同州巡检使’,疑‘三’为‘四’之误。”今按,“四”误为“三”的可能性不大。正文所载“于三州特置巡检使一员”的缘由是:“时解州盗贼啸聚,枢密院言河中府、同解鄜延丹坊州并西京、陕、虢、河阳旧为两路巡检,地远难以分捕。”若“置陕、虢、解、同州巡检使”不误,则陕、虢、解州与同州地望不相接,被河中府隔开,且分处于黄河和潼关东、西,合置一巡检使,仍然不能缓解“地远难以分捕”的困难。《宋会要》职官

48/122有“同都巡检使”“同巡检使”职衔,颇疑“陕虢解同州巡检使”当正作“陕虢解州同巡检使”,其中“州”“同”二字涉下文“同州”而误乙。

3. 应在者名物,虽著于籍而实未尝入官也。(100/2326-10)

校勘记:“‘名物’二字疑衍。”今按,“名物”二字非衍,惟当属下读。

4. 发运使请所部六路计民税一石量籴米二斗五升,岁可便得二万,以供京师。(101/2337-9)

“岁可便得二万”,《编年备要》9/6b天圣四年“闰月定江淮岁漕额”条作“岁可更得二百万石”,疑是。

5. 知兖州、工部侍郎李应机为将作监,分司南京,徐州居住。(102/2367-11)

系于天圣二年九月月末。自注:“《会要》二年九月事。”(今见《辑稿》职官46/4)意为据《会要》增补者。然上文102/2351-13同年二月已载:“乙酉,工部侍郎、知徐州李应机坐前知兖州贪暴不法,降授将作监,分司南京。”显属一事复出,互有不合,而未作必要之订正。

6. 后转运使张选改其法。(104/2423-11)

此“张选”,与上文51/1117-2、52/1147-10之“张巽”实同一人。本则记事又见《宋会要》食货63/71,亦作“张选”。据《宋会要》食货63/69咸平二年四月条“张选”下所注“《实录》作巽”,则本书或作张巽,或作张选,当是资料来源不同而又未能划一所致。

7. 诏京师转运使张亿自今五日一具修河次第以闻。(105/2447-7)

时无京师路。《宋会要》方域14/12,“京师”作“京西”。时修滑州决河,滑州正属京西路。

8. 诏近臣除居第外,毋得于京师广置物业。(107/2447-1)

校勘记:"'物业',《宋会要》刑法二之一七作'屋',疑是。"今按,《会要》实作"屋业"。

9. 除德政检校太尉、静海军节度使、南安都护、交趾郡王。(107/2507-9)

《宋大诏令集》238/930《李德政袭静海节度制》,"南安都护"作"安南都护",是。《宋史·交趾传》488/14067亦不误。

10. 逃田十年见荒闲者,听百日复业,与免赋役。后五年,与减旧税十之八。(108/2527-5)

"后五年",《宋会要》食货1/25、69/38、39作"候及五年",当以《宋会要》为是。

11. 诏淮南转运使并知楚州,而诸州申发文字报复不时,其徙一员治庐州。(111/2584-7)

王林《燕翼诒谋录》4/37:"淮南转运使旧有二员,皆在楚州,明道元年七月甲戌,诏徙一员于庐州。"北宋转运使例不兼所在州知州,"并知楚州"显是"并治楚州"之误。

12. 诏天下闰年造五等版簿,自今先录户产、丁推及所更色役榜示之,不实者听民自言。(113/2637-7)

"丁推"下校勘记:"按《春明退朝录》卷上云:'吴正肃言,律令有"丁推","推"字不通。少壮之意,当是"丁稚"。唐以大帝讳避之,损其点划云。'"今按,既然律令中有"丁推",则本书此条"丁推"字实不误。至于"丁推"何义?"推"是否"稚"避讳而改?宋人即有不同意见。校勘记所引《春明退朝录》之说,吴曾《能改斋漫录》卷五《丁产簿书言丁推》条即曾予以辩驳,似无阑入必要,且于体例亦有背。

13. 先王不以浮靡示天下,今两川岁贡绫、绵、罗、绮、透背、花纱

之属，皆女工蠹也，其以三之二易为绸绢供军需。（113/2638－11）

“绫、绵、罗、绮”，《宋大诏令集》183/666、《宋会要》食货 64/22 皆作“绫、罗、锦、绮”。《编年备要》9/7b 天圣四年七月“减两川锦绮贡”条作“绫、锦、罗、绮”。“绵”非“浮靡”物，显是“锦”之误。

14. 以度支判官、刑部郎中张频兼侍御史知杂事。频时奉使契丹未还，寻卒于紫濛馆。（113/2645－19）

“张频”，上文 113/2634－17“度支判官刑部郎中章频、礼宾副使李遵懿为国母正旦使”，作“章频”。此人《宋史》有传，见 301/9992，亦作“章频”。

15. 自今入粟授官人听预州郡公会，其摄助教，若犯私罪情杖轻者听赎。（114/2669－25）

“犯私罪情杖轻者听赎”，《宋会要》职官 55/34 作“犯私罪杖以下情理轻者特与收赎”，则“情杖”显是“杖情”之误乙。

16. 奎在政府，谋议无所回避。（115/2692－4）

“回避”下校勘记：“‘回’原作‘迎’，据《宋史全文》卷七下改。”今按，《编年备要》10/3a 景祐元年“八月薛奎卒”条，亦作“迎避”。作“迎避”义长，似不宜仅据《宋史全文》遽改。

17. 权度支判官李申言，广南蕃舶（下略）。（115/2706－20）

此乃景祐元年十月丙戌记事。下文 116/2718－4“度支判官、工部郎中许申为江南东路转运使”条自注：“景祐元年十月丁巳朔，申始以工中权度判。”则此“许申”与本条“李申”显是一人，两者必有一误。此人《长编》书作“李申”仅本条一见，他处皆作“许申”。此时建议“以药化铁与铜杂铸”的三司度支判官，《宋史》《食货志》180/4380、《程琳传》288/9674、《孙祖德传》299/9928 三处所载全作“许申”。则此人或当姓“许”。

18. 内殿崇班、閤门祗候中庸迁礼宾副使、度支判官。右正言、

集贤院王尧臣请推举左右侍医者,不报。(117/2762－3)

时废后郭氏薨。"推举",《涑水记闻》5/86作"推按",《宋史·王尧臣传》292/9772谓"尧臣请穷治左右侍医者",当以"推按"为是。后兄中庸自内殿崇班迁礼宾副使,而度支判官则是"请推(举)[按]左右侍医者"王尧臣的官衔。"副使"下顿号当改句号,"判官"下句号当改顿号。

19. 以翰林学士承旨章得象、翰林学士丁度权御史中丞,张观同考课诸路提点刑狱。(119/2880－3)

"权御史中丞"乃张观之职任,非章得象、丁度之权官,而"同考课"者则章、丁、张三人。

20. 知丰州王庆馀之祖承美,本藏才族首领。(124/2920－7)

此知丰州之王承美孙,见于《宋会要》方域21/11－12、《宋史·仁宗纪》11/212、本书102/2365－8、133/3168－29、134/3196－8以及本条自注者,其姓名皆作"王馀庆"。

21. 癸酉,初,用范雍奏,赏破后桥寨及讨荡吴家等族帐之功。(126/2965－5)

"初"下逗号当削。盖"初"以下文字非追述语,乃是记述在癸酉这天接受了范雍前此提出的赏功建议。

22. 诏陕西城池,委都转运使张存与、安抚使韩琦、殿中侍御史陈泊相度。(126/2985－9)

"与"原误作"兴",点校者已予校正。然"与"乃连词,非人名也,却又误标。见于上文123/2892－1、下文127/3009－1之此陕西都转运使,其名皆作"张存",可证。

23. 又庆历五年八月,[王]逵除江西漕。(133/3261－6自注)

"八月",下文160/3872－11、172/4153－10自注皆作"三月"。

24. 戊子,遣户部副使李宗咏、带御器械王从善营度宁远寨。

(134/3189-9)

自注:"此据《朔历》。"意为据《朔历》补入者。然与前文同月庚辰记事实重出。除日期有戊子、庚辰之异外,所遣之人姓名又有王从善、王从政之异。《宋会要》方域18/7系于十月三日,与庚辰(四日)有一日之差,文字雷同,惟作"王从善"却与戊子所据之《朔历》同。

25. 河北转运使、吏部员外郎、史馆修撰文彦博为天章阁待制、本路都转运使。(137/3279-22)

"河北"乃"河东"之误。此系庆历二年六月乙未记事。上文134/3188-6庆历元年十月庚辰,知并州杨"偕奏出师临阵,无纪律则士不用命,今发农卒赴边,虑在路逃逸及临阵退缩、不禀号令,请以军法从事,诏如其请。并人大惊畏,都转运使文彦博奏罢之"。自注:"彦博明年乃为都漕,此时未也,当只是运副,传误尔。"下文138/3315-19:庆历二年十月甲寅,"河东都转运使、吏部员外郎、天章阁待制文彦博为龙图阁直学士、知渭州兼泾原路都部署、经略安抚缘边招讨使"。可证文彦博确是在河东任上转为都漕的。

26. 今中国提封万里,所在精兵以万计,法令修明,上下一心。(137/3284-行5)

《苏轼文集》18/526《富弼神道碑》文字全同,惟"以万计"作"以百万计"。《编年备要》11/19b庆历二年七月"富弼再使契丹"条、《宋史·富弼传》317/10251,则"所在精兵以万计"句皆作"精兵百万"。明"万"前确脱"百"字。

27. 谏官王素、欧阳修言景阳给婚非类。(141/3373-4)

"给婚"显是"结婚"之误。欧阳修之言如下:"如凌景阳者,粗亲文学,本实凡庸,近又闻与在京酒店户孙氏结婚,推此一节,其他可知,物论喧然,共以为丑,此岂足以当国家优待贤材之选。"(《欧

阳修全集》奏议集卷一《论凌景阳三人不宜与馆职奏状》)

28. 权御史丞王拱辰言。(146/3538－10)

“史”下脱“中”字。紧前145/3514－12,紧后146/3542－19,皆见“权御史中丞”或“御史中丞”王拱辰。

29. 省河南府颍阳、寿安、偃师、缑氏、河清五县并为镇。逐镇令转运司举幕职、州县官使臣两员监酒税,仍管勾烟火公事。又析王屋县隶河南府。始用参知政事范仲淹议也(此即仲淹等所上十事,其八曰减徭役也。已见三年九月乙卯)。(149/3617－26)

详上下文意,岂非析河南府王屋县隶河南府?其间显有错讹。据《玉海》18/33a:“庆历四年五月己丑,省河南府颍阳、寿安、偃师、缑氏、河清五县为镇,又析王屋县隶孟州,省孟州汜水县为行庆关隶河南。”知“王屋县”下脱“隶孟州省孟州汜水县为行庆关”,凡十三字。又,注文“九月乙卯”乃“九月丁卯”之误,见上文143/3431－5。

30. 降广南东路刑狱、都官员外郎徐仲谋知邵武军。(153/3717－6)

“广南”前必有脱字。《宋会要》职官64/50,其上有“点检”二字,或系“提点”之误。

31. 大赦。(中略)益、梓路转运司岁市绫绵、鹿胎万二千,特与减半。(中略)赦书盖从抗清也。(153/3721－19)

“绫绵”,《宋史·袁抗传》301/10002作“绫锦”,是。

32. 环原之间,属羌有明珠、密藏、康奴三族最大,素号强梗。(中略)范仲淹复檄蒋偕筑堡大虫巉,堡未完而为明珠、灭藏伺间邀击。(153/3728－21)

译名“密藏”“灭藏”,底本皆作“密桑”,显是同一族。今将清人改译之名回改为宋译,不知缘何竟有“密藏”“灭藏”之异?《编年备要》12/26b 庆历四年十二月"种世衡卒"条所载宋译,两处皆作"灭藏"。

33. 今朝廷岁遗契丹五十万,夏国二十万。(154/3738-行3)

岁遗夏国数,《韩魏公集·家传》12/190、《宋朝诸臣奏议》136/1516、《编年备要》12/22b 所载,皆作"二十五万"。据上文 152/3706-2 所载:"岁赐绢十三万匹,银五万两,茶二万斤;进奉乾元节回赐银一万两,绢一万匹,茶五千斤;贺正贡献回赐银五千两,绢五千匹,茶五千斤;仲冬赐时服银五千两,绢五千匹。"试予合计,以各种名义岁遗之数,当是二十五万。

34. 今陕西、河东、河北三路民玩弊,人共知之。(154/3743-行1)

"民玩弊"不词。《宋朝诸臣奏议》120/1318 田况《上仁宗乞汰冗兵》作"民力凋弊",《编年备要》12/8a 庆历三年"八月诏谏官日赴内朝"条作"民力耗弊"。"玩弊"或是"刓敝"之误。

35. 以如京副使、内侍押班石全斌为并代钤辖。(158/3818-3)

"石全斌",下文 174/4199-9 已改正作"石全彬"。且加有校勘记如下:"'彬'原作'斌',据宋本、宋撮要本、阁本及《宋史》卷四六六《石全彬传》改,下文同改。"今按,此人此处初见,却竟失校,校勘记当移此。"下文同改"也未尽然,如 206/4984-2 即未曾"同改"。

36. 命户部副使、工部郎中夏安期往陕西,与提点刑狱曹颍叔相度兴置缘边屯田。(158/3827-4)

"曹颍叔",《宋会要》食货 4/3 及 63/43 复文皆同。本书上文 158/3823-8 作"曹颖叔"。此人《宋史》有传,见 304/10070,作"曹颖叔,字秀之",则"颍"显误。下文"颍""颖"互出,皆当以"颖"为正。

37. 徙知郓州、资政殿学士、给事中富弼为京东路安抚使、知青州;知扬州、资政殿学士、给事中韩琦为京西路安抚使、知郓州。(160/3874-7)

郓州属京东路,怎能由京西路安抚使兼知州? 京东帅司分路后,青州知州例兼京东东路安抚使,郓州知州例兼京东西路安抚使。"京东路""京西路"显系"京东东路""京东西路"之误。

38. 降新提点利州路刑狱、太常博士张肃知岳州。肃坐前为广东转运使,于所部过市物也。(161/3887-8)

转运使资序在提点刑狱之上,张肃不应自广东运使徙利路提刑。周必大《省斋文稿》17/1a《跋皇祐朝贤送张肃提刑诗卷》:"《仁宗实录》,庆历七年五月,张公自广东运判擢利路提刑,会有指其前在任过市物者,九月贬知岳阳。"则"转运使"乃"转运判官"之误。

39. 初,夏国遣吕你如来纳款,要请凡十一事(中略)及孙延寿再使,虽上表已称臣,而犹欲(下略)。(163/3921-行9)

"吕你如",底本清人改译为"吕尼舒",此系回改为宋译者。然据底本上文142/8a庆历三年七月乙酉所载未经清人改译的此人之名,却本作"吕你如定",该月癸巳记事载余靖、欧阳修言,提及此人皆略去其姓而径称其名作"如定",则本条"定"字误脱明甚。此条经清人改译之后,记事中复见"尼舒"(回改后作"你如")简称,疑亦误。又,"孙延寿",上文145/3512-2、《编年备要》12/2b庆历三年正月"元昊请纳款"条皆作"张延寿","孙"当是"张"之误。

40. 命翰林学士宋祁磨勘提点刑狱朝廷使臣课绩。(165/3968-4)

"朝廷使臣"显是"朝臣、使臣"之误。下文176/4255-6"诏诸路提点刑狱朝臣、使臣,自今三岁一代之","朝臣"底本原亦误作

“朝廷”,业已据宋本等是正,惜此条未能一并参改。

41. 刘夔为给事中、枢密直学士、知郓州兼京东西路安抚使。(166/3985－5)

校勘记:“按此时京东路尚未分为东西两路,‘西’字当衍。”今按,此为皇祐元年二月己巳记事,上文154/3740－18庆历五年正月乙酉,“枢密副使、右谏议大夫富弼为资政殿学士、京东西路安抚使、知郓州”,若谓皇祐元年“此时京东路尚未分为东西两路”,则庆历五年彼时当更未分为东西两路,于彼处即当加校勘记予以指明。只是无论此时还是彼时,谓京东路尚未分为东西两路都是不确的。因为宋代的“路”,既有帅司路分,又有监司路分,两者并不完全一致。如京东路,作为监司路分,划分为东西两路虽尚在此后的熙宁七年(据《宋史·地理志》85/2107),但作为帅司路分,则早在庆历二年即已分为东西两路了。上文136/3265－24所载庆历二年五月“庚申,置京东两路安抚使,以知青州陈执中兼青、淄、潍等州安抚使,知郓州张观兼郓、齐、濮等州安抚使,并兼提举兵马巡检盗贼事”,即为明证。

42. 郭劝等言:“与京西转运使徐起、河北转运使崔峄,自横垅口以东至郓州铜城镇,度地高下使河复故道,为利甚明。(下略)”(166/3987－11)

此段河事与京西无涉,“京西”当是“京东”之误。上文165/3977－5载庆历八年十二月庚辰判大名府贾昌朝建议“东复故道,尽塞诸口”,认为“横垅以东至郓、濮间,堤埽俱在,宜加完葺”。遂诏“翰林侍读学士郭劝、入内内侍省都知蓝元用与河北、京东转运使再行相度修复黄河故道利害以闻”。本条即相度的结论。下文177/4296－12载至和元年十二月“壬子,诏河北、京东转运使,同诣郓州铜城镇海口,审度黄河高下之势,如兴工后,水果得通流,即条具利害以闻”。可见参与此段河事者,乃为京东转运使,而非京西转运使。另据《宋史·徐起传》301/10003:“知徐州,就为转运使。……与安抚使刘夔不相能,徙京西。”徐州属京东路,“就为转运使”,就为京东路转运使也。上文166/3985-5刘夔皇祐元年二月六日己巳任京东西路安抚使,而本条为同月十六日己卯记事,知徐起亦恰在京东转运使任上。

43. 武举取人,自吴育建请,其后大理寺丞冯继师奏以策为去留,弓马为高下。(167/4015-9注)

《文献通考》卷三四《选举考·武举》、《编年备要》13/6b庆历六年“八月策制科武举”条所载,或即宋《国史志》遗文,“冯继师”皆作“冯维师”。

44. 遣王嵩入夏国反间,其用事臣野利、旺荣兄弟皆被诛。(167/4021-2)

“野利”姓,“旺荣”名,不当顿开。“野利旺荣兄弟”,谓野利旺荣与野利刚浪唆兄弟,参见《涑水记闻》5/88、9/175、11/206。下文168/4039-10“反间野利、遇乞兄弟”,误同。

45. 诏河北东路秋稼大丰,其令三司广籴边储。(169/4063-2)

“河北东路”,《宋会要》食货39/19作“河东”。

46. 初,马氏科民采木,不以贫富,皆计丁取数。国初,量给其直,令随税输米,而重轻不等,贫者苦之。(170/4098-17)

“量给其直,令随税输米”,《宋会要》食货70/8作“量直纽米,随税以纳”,无“给其直”意。颇疑“给”或是“纽”形近,或是“折”音近致误。

47. 诏遣使体量安抚诸路。李兑京东路,陈旭淮南、两浙路,韩贽荆湖南路,韩绛江南东、西路。是时,诸路艰食,而长吏多非其人,又转运司颇肆科率,民不聊生,上因命中书择使者按之。(171/

4105－8）（所遣使者职衔及副使皆已作删节）

《宋会要》职官41/90，“荆湖南路”作“荆南北路”，“诸路艰食”作“七路艰食”。颇疑韩贽所使当是“荆湖南北路”，底本脱“北”字，《会要》脱“湖”字。淮南路熙宁五年始分东西，此时若不包括荆湖北，则不足七路之数。

48. 庆历元年八月，自湖南漕责处州。五年三月为江西漕，寻改湖北。八年二月自湖北改河东。（172/4152－10自注）

据上文133/3160－6，“处州”乃“虔州”之误。又据上文162/3905－18正文、163/3938－15自注，“八年二月”乃“八年正月”之误。

49. 缄知贼将走，分兵边村，扼其归路。（173/4169－15）

“边村”，《编年备要》14/13b皇祐四年“秋七月智高遁”条作“边渡村”，是。盖指靠近渡口之村落也。

50. 而谏官李充、韩质指言其失，故宿恳辞。（173/4171－8）

“韩质”，《宋会要》职官6/57正作“韩贽”，本书下文173/4181－19亦见“谏官韩贽”。

51. 庆历八年九月，［李］参自西京迁。（174/4204－2自注）

正文乃皇祐五年四月庚午朔记事，谓“时参为陕西转运使，阅五年矣”。又《宋史·李参传》330/10619谓参“历知兴元府，淮南、京西、陕西转运使”。则“西京”显系“京西”之误。

52. 命户部副使傅永兼秦凤路制置粮草。知秦州张昪请弃古渭勿城，故遣永视之。（详见七月己丑日。）（174/4206－16）

七月戊戌朔，月内无己丑日，此事实详见175/4225－18闰七月己丑记事，则自注“七月”前当误脱“闰”字。又“傅永”，该日记事作“傅求”。按，此事亦载《宋史·傅求传》330/10621，其名当以“求”为正。

53. 御崇政殿录系囚,并下三京辅郡杂犯死罪第降二等,徒以下释之。(176/4251-9)

此为至和元年正月二十六日辛卯记事。《宋会要》刑法5/9:“皇祐五年五月十三日,御崇政殿录在京诸司系囚,杂犯死罪已下递减一等,徒以下释之。至和元年正月二十五日、二年四月二十三日、嘉祐元年四月二十三日、二年二月三日、八月(二)[一]十六日、三年二月十二日、闰十二月十六日、四年四月二十八日、五年二月三日、五月[二]十九日、六年二月十二日、(六)[五]月[二]十(七)[八]日,并同此制。”皇祐五年五月十三日壬子的规定,见上文174/4210-10,作“杂犯死罪以下递降一等,徒以下释之”,与《会要》同。此后,除至和二年四月二十三日《长编》未见记载外(或系八月三日之误),馀分别见下文第4405、4468、4487、4503、4541、4564、4612、4626、4663、4670页,而且其中除页4503嘉祐三年二月癸丑(十二日)作“杂犯死罪以下递降等,徒以下释之”以外,确也全同皇祐五年之制。而嘉祐三年二月癸丑的规定,《宋史·仁宗纪》12/242所载实作“降罪一等”,若补入“一”字,即与皇祐五年之制并无不同。则此至和元年正月辛卯的规定,《会要》既然亦列入并同皇祐五年之制之列,不当独有例外。“二等”显是“一等”之误。若参照《宋史·仁宗纪》12/236所载,此条实亦作“一等”,不作“二等”。

54. 三司言(中略)请贷内藏库䌷十万,欲先输左藏库缗钱二十万,馀计其日直以限追偿。(176/4253-6)

据《宋会要》食货51/4,“䌷十万”下脱“绢四十万”,“日直”之“日”字衍。

55. 自古人君皆因信谗邪而致乱,照奸险而致治。(180/4357-10)

"奸险",《编年备要》15/8a 至和二年"秋七月吴育罢"条作"奸憸",疑是。

56. 故亲信者剌曷主等数十人,皆拔处将相。(180/4363－3)

《契丹国志》8/82"剌曷主"作"剌曷昌",《编年备要》15/10b 至和二年"是岁契丹主宗真死子洪基立"条"者剌曷主"作"查剌曷主"。

57. 降湖南转运使李肃之知齐州。(183/4434－7)

此为嘉祐元年八月辛酉记事。上文 182/4397－1 载: 嘉祐元年"三月癸丑朔,盐铁副使、司勋郎中李参、文思副使窦舜卿为荆湖北路安抚使。初,以本路转运使李肃之及知辰州宋守信讨蛮人彭士羲,而知荆南王逵与肃之论事不合,互奏曲直,故遣参等体量"。182/4408－8 又载: 同年五月乙巳,"徙提(举)[点]江南西路刑狱、度支员外郎王绰为荆湖北路转运使、领兵马事,代李肃之也"。则李肃之所罢降者,乃"湖北转运使",而非"湖南转运使"。

58. 初,所遣官既议弛禁,因以三司岁课均赋茶户,凡为缗钱六十八万有奇,使岁输县官。比输茶时,其出几倍.朝廷难之,为损其半,岁输缗钱三十三万八千有奇,谓之租钱,与诸路本钱悉储以待边籴。(189/4550－行 6)

"租钱"下校勘记:"按宋制,茶盐酒税各地都有定额,称为'祖额'。如《宋会要·食货》三〇之七载范雍言:'淮南十三场并六榷货务实卖茶课,各有祖额。'《通考》卷一六《征榷考》引止斋陈氏曰:'咸平四年五月四日敕诸州曲务,自今后将一年都收到钱,仍取端拱至淳化元年三年内中等钱数,立为祖额,比较科罚。'疑此处'租钱'当为'祖钱',义同'祖额'。"

今按,细味正文文意,"租钱"实指开放茶禁,将原有茶课均摊以后,茶户每岁所输缗钱的名目。"缗钱三十三万八千有奇"既是

"岁输"数,也可能即以此数立为茶户租钱的祖额。但茶户租钱之有祖额,并不等于租钱即祖额。校勘记所引两则资料,只能说明茶盐酒税课利皆有祖额,既未能提供此处"租钱"系"祖钱"之误的线索,也不能说明"祖钱"义同"祖额"。

其实,此处"租钱"并不误。早在茶法弛榷通商之议初起时,何鬲、王嘉麟即曾上书"请罢给茶本钱,纵园户贸易,而官收税租钱与所在征算归榷货务,以偿边籴之费"(见上文188/4527行3)。其中"税租钱",《宋史·食货志》184/4496即作"租钱"。下文191/4616-16,茶禁既弛以后,欧阳修在奏状中亦曾提到:"臣窃闻议者谓茶之新法既行,而民无私贩之罪,岁省刑人甚多,此一利也。然而为害者五焉:民旧纳茶税,今变租钱,一害也(中略)。一利不足以补五害,今虽欲减放租钱以救其弊,此特宽民之一端尔,然未尽公私之利害也。"(奏状全文见《欧阳修全集》奏议集16/883,题曰《论茶法奏状》。《长编》虽是节删,文意以及"租钱"一词皆同原奏)其所述及的"租钱"与本条"租钱",其义似无差别。其下又载有治平中岁入"茶户租钱三十二万九千八百五十五缗",则"租钱"确是茶户每岁所纳缗钱的名目,可无疑矣。另据《宋史·光宗纪》36/706载:绍熙四年"八月丙申,蠲绍兴丁盐、茶租钱八万二千馀缗"。则此项"租钱"至南宋中叶仍尚存在。

59. 久之,复通判翼州。(190/4591-2)

谓张田也。"翼州",宋无此州名。《宋史·张田传》333/10706作"冀州"。本条下文言及"中官张宗礼[迎虏使]过郡,使酒自恣",冀州正在其道上。"翼"疑是"冀"形近致误。

60. 其后河中民果诉曾减田税不平,凡数万户。(192/4655-行8)

"曾减"乃"增减"之误。底本不误。类似情况,笔者偶尔发觉的,仅仁宗朝尚有如下七例: 107/2491 -行 10“给白”误“给白”,113/2641 -行 11“苦其”误“若其”,120/2828 -行 11“不问”误“不同”,128/3034 -行 2“币帛”误“弊帛”,176/4270 -行 12 - 13“人子”误“人于”,179/4334 -行 11“乃”误“及”,189/4554 -行 2“银器”误“铜器”,都是底本不误,点校本新增的。这一情况,希望能引起有关方面的严重关注。不要一边花很大力气对古籍加以校点整理,而另一边,经过校点整理的古籍,仅仅由于排校疏忽,又凭空增添许多本来完全可以避免的新的错讹。在这方面,中华书局出版的古籍,向属上乘,尚且如此,这就尤其值得加倍关注了。

(以上原以《〈长编〉仁宗朝记事校勘拾遗》为题,发表于《徐规教授从事教学科研工作五十周年纪念文集》,杭州: 杭州大学出版社,1995 年 10 月。收入本书时,抽换了其中 5 条事例。)

神宗朝熙宁年间(凡 80 条)

1. 程尧佐,丹陵人。(210/5959 - 5 自注)

宋无丹陵县,而有丹稜县,属眉州。“陵”当是“稜”之误。

2. 诏雄州北两属户遇灾伤,即以贷粮接续分给,乃作科次输纳。(211/5121 - 10)

“即以”,《宋会要》食货 57/5 作“即时”,68/39 作“即特”,似当以“即时”为正。又,“乃作科次输纳”,《会要》两处皆作“分作料次送纳”,“科”当是“料”之误。

3. 诏: 武臣诸州未立定合兼钤辖州军,今后除河北、河东、陕西知州带经略安抚使及都总管外,河北雄沧、河东代潞并兼本州驻泊兵马钤辖,馀州军兼管勾本州驻泊军马公事。(211/5137 - 42)

“武臣诸州”,据《宋会要》职官 48/110,当是“武臣知州”之误。

4.（上略）乃用论新法自劾，求罢职，以提举司事属之提点刑狱。转运使及进呈端状，韩绛言：（下略）。（212/5158－36）

“转运使及进呈端状”下，校勘记曰：“‘及’字疑当在句首。”今按：“及”字正在句首，惟点校者句读有误，致有此疑。《宋会要》食货5/7，此数语作：“乃用论新法自劾，求罢职，以提举司事属之提点刑狱、转运使。故有是命。”可知“转运使”显属上读。提举的奏状实亦无需由转运使代进。

5. 河北缘边，岁于榷货务给缗三二百万，以共便籴，非次应副不在其数；陕西近年出左藏库及内帑钱、银、䌷、绢数百万计；河东岁支上京钞不少。（中略）仍诏止拨往河东、陕西更便州军桩管，依常平新法，量谷贵贱粜籴。（214/5208－30）

“给缗三二百万”下有校勘记，谓“‘缗’下疑脱‘钱’字。”今按：《宋会要》食货39/22此语确作“给缗钱二三百万”，惜未取校。又，本条若取《会要》对校，除可补正此“钱”字外，他如“以共便籴”“更便州军”，亦可正作“以供便籴”“要便州军”。另，“上京钞”作“上京交钞”，亦是值得注意的异文。

6. 诏惠州阜民监钱专给韶州；岑水场买铜之费有馀，即给转运司移用。（214/5221－55）

标点似当改作：诏惠州阜民监钱专给韶州岑水场买铜之费，有馀即给转运司移用。

7. 京东路提举常平司言：“转运司有未偿内藏库绸绢十四万缗，乞借充青苗钱，候三年还内藏库。”（216/5254－14）

“绸绢”不能以“缗”作计量单位。《宋会要》食货5/8“绸绢”作“䌷绢钱”，是，当据改。食货53/10－11载提举司之言，则作：“转运司有熙宁元年朝廷借赐（纳）[绸]绢收买军粮，除已还外，馀钱一十四万贯，欲乞借支用，候三年内依数还内藏库。”

8. 诏颍州进士常立就试舍人院。以侍御史知杂事谢景温言，立行义修洁，昨预登遣，以疾不及试，故有是命。(216/5266－4)

“登遣”，《宋会要》选举 31/18 作“敦遣”，是。下文 217/5271－2 自注引《旧纪》，即有“官敦遣之士二十二人”的记载。而上文 211/5123－21 作“崇遣”，则作者避宋光宗讳所改。

9. 两路保毅，并于地亩上科差，岁久，止有租名。初无正丁，皆是临时众户依地亩合钱，雇庸充役。(216/5267－48)

“租名”，《文潞公文集》19/2a《奏陕西保毅军利害》作“祖名”，是。又，“租名”下句号当改逗号。

10.《旧纪》书官敦遣之士二十二人。《新纪》改为节行之士。(217/5271－2 自注)

“二十二人”，校勘记云：“《编年纲目》卷一八作‘二十一人’。本书卷二一一、《宋会要》选举三四之四八均作‘二十九人’。”今按：《旧纪》所书意谓敦遣之士授官者二十二人。《编年纲目》亦指“命之以官”的人数。本书上文 211/5123－21：“先是，丙戌赦书令诸路搜访士有行义为乡里推重者，以名闻，凡得二十九人。于是诏令九月崇遣赴阙，仍给驿料，至则馆于太学，送舍人院试策、论各一道。”所载二十九人明指系诸路搜访所得之数。《宋会要》选举 34/48－49 所载亦是：“诏诸路长吏准敕保明敦遣行义之士二十九人，令九月赴阙(下略)。”搜访所得而被敦遣的二十九人中，未必人人抵阙，也未必人人授官。如颍州常立虽“预敦遣”，却“以疾不及试”(216/5266－44)，即未参加舍人院试，所以十一月己丑，即本条正文所载授官者名单中，遂无常立其人。《宋史·选举志·举遗逸》156/3654 载此事之全过程甚简明，云：“熙宁三年，诸路搜访行义为乡里推重者，凡二十有九人。至，则馆之太学，而刘蒙以下二十二人试舍人院，赐官有差。”则“二十二人”和“二十九人”确实因所指有异而不同的。

另,本条自注只说《新纪》改《旧纪》“敦遣之士”为“节行之士”,未及人数有异,则两《纪》所载当同。《编年纲目》之纲“赐诸路节行士官”,作“节行”不作“敦遣”,所据或即《新纪》。《宋史·神宗纪》15/277载“官节行之士二十一人”,则显系袭用《新纪》旧文。《长编》此条正文逐人开列授官者姓名,亦只二十一人。或者《旧纪》原文实亦“二十一人”也。至于《宋史·选举志》所载之“二十二人”,则有将补试者常立计算在内的可能。

11. 纵有勤于职事者,亦多为监司沮止,所乞兵匠、物料,不即应副,虽欲自达,势不可得。(217/5282－44)

“虽欲自达”,校勘记曰:“‘达’原作‘竭’,据《宋会要》兵二八之九改。”今按:细审全条,改为“自达”虽亦可通,终不如不改语义连贯而自然。下文246/5989－8载王安石语,亦见“恐远方情有不得自竭,陛下虽深倚仗王韶,其如中外妨功害能之人甚众”的话,则“自竭”实宋人习用语。何况《宋会要》两处有相应记事,其兵28/9虽作“自达”,其方域19/4却作“自谒”,“谒”显然是“竭”形近致误。则改“竭”为“达”,证据殊嫌不足。

12. 免河东运粮草入西界;义勇、强壮、捉生户今年两税支移、折变,仍免一料和籴支移。(221/5368－7)

“西界”下分号当删。盖所免者,不是运粮草入西界,而是义勇、强壮、捉生户等运粮草入西界之人的两税支移折变与和籴支移。

13. 德音降陕西、河东,死罪囚,徒以下释之。(221/5384－54)

此“降”之义,非谓颁降,乃减降也。标点似当改作:德音:降陕西、河东死罪囚,徒以下释之。

14. 旧价每斤一百六十八文,请增作二百文。省旧法,以八十

五为陌，请并纽计省钱，便于出入。(224/5441－8)

“省”即指下文“省钱”，当属上读。“旧法”下逗号当删。“省钱”以七十七文为陌。

15. 审官东院主簿、大理评事蔡晔为太子中允、荆湖南路转运判官、兼提举常平等。(224/5451－23)

“蔡晔”，底本作“蔡煜”。若以清刻避康熙讳改而回改，则当作“烨”，不当作“晔”。此人书中屡见，虽多数皆已回改作“烨”，但仍有如本条及267/6547－36、279/6833－19、283/6940－50、284/6945－3、287/7022－行15数处却又作“晔”，殊未划一。

16. 此据本志四年十月事，今附月末。(225/5496－40自注)

此事今截于七月末，若确系十月事，不当载此。《宋史·兵志》194/4836亦载此事，作七月，当是沿用国史兵志旧文。则“十月”显系“七月”之误。

17. 乃乞减放兵士、库掐子、节级共三十人归左藏库，每日只轮差库掐子三人赴库(下略)。(此据《会要》增入。按天禧三年十二月乙未，三司奉准诏与内藏库议，自今拨盐税钱及岁别出钱六十万赴左藏库给用，从之，与此年内藏库所言略不同，当考)(230/5602)

“掐子”，《宋会要》职官27/8、食货51/26作“掐子”，是。又，若以自注与上文94/2174－7互相比照，则“三司奉准诏”乃“三司奏，准诏”之误，而彼处之“擬盐税钱”乃“拨盐税钱”之误，“六千万”乃“六十万”之误。

18. 则僖祖有庙，与契、稷疑无以异。今毁其庙而藏其主夹室，替祖考之尊而下附。于子孙，殆非所以顺祖宗孝心、事亡如存之义。(232/5629－6)

“附”，《宋会要》礼15/37作“祔”，是。下文“祔”多误作“附”，如236/5749 -行5,以及页5838以下;亦有不误者,如240/5845 -行12、5859 -行15,皆宜一并校正。又,“祔”下句号,当如页5749之例,削去。

19. 权发遣开封府推官晁端彦言:“(略)乞下左藏库借钱为本,依古公廨钱及今检校库召人借贷出息,却候儹剩拨还。”诏左藏库支本钱七万贯,差同勾当司录司检校库吴安持与本司户曹孙迪专一置局管勾息钱支给。(232/5638 - 33)

“支给”,既要“借贷出息”,总得有支有纳,不能只一面“支给”。《宋会要》职官27/65作“支纳”,是,当据改。

20. 北界有七八千骑过拒马河南两地共输北垡等村地分。续令归信、容成知县、县尉领兵至彼,其人马即过河北。(232/5638 - 35)

雄州容城县,字作“城”,不作“成”,见《元丰九域志》2/70、《宋史·地理志》86/2124。

21. 知梓州、少府监赵尚宽为司农卿、直龙图阁,提举河东路刑狱、光禄少卿高赋为秘书监、直龙图阁,知沧州通判、殿中丞张峋提举京西路常平等事。(233/5656 - 28)

“知沧州通判”不可解。据《宋史·高赋传》426/12703:“擢提点河东刑狱,又加直龙图阁、知沧州。”则“知沧州”乃高赋之新差遣。张峋原差遣“通判”二字之前或后,当脱某州名,或即沧州通判之省。又,“提举河东路刑狱”,“提举”当是“提点”之误。

22. 废忻州定襄县,入秀、容、潞州,黎城县入潞城。(233/5668 - 59)

忻州与潞州地望不相值,其废县怎能改属潞州?“秀容”乃忻州辖下县名,不是与潞州并列的两个州。“黎城”“潞城”皆潞州属县。本句标点当正作:废忻州定襄县入秀容,潞州黎城县入潞城。

23. 枢密院传上旨,令中书改保甲上番法,十日为一番。(235/

5697 - 7)

"十日为一番"，校勘记云："'番'原作'月'，据阁本及下文改。"今按：《长编本末》71/2270 亦作"十日为一月"。"月"字实不误。盖保甲上番之法，初定"十日一番"，即上番的时间为十天，期满即轮换。此时神宗下旨改十日一番为一月一番，遭到王安石反对。王安石言："保甲十日一番，须一年馀八月乃当一番，若令一月一番，即番愈疏。"可证枢密院所传上旨，确是令改"十日为一月"。校勘记云"据……下文改"，则上引王安石言即"下文"，实未能提供改"月"为"番"的依据。至于另一则"下文"即"先是"以下紧接曾布言而载的诏，"主户保丁愿上番于巡检司者，十日一更"，则自注已明言："曾布云云，据《兵志》，系之五年。按布知制诰在四年七月，今因密院传旨改法附见。"乃传旨改法前事，更不能作为改"月"为"番"的依据。观《宋史·兵志·保甲》192/4778 所载："枢密院传上旨，以府界保甲十日一番，虑大促，无以精武事，其以一月为一番。"似不应再生歧义。

24. 知棣州、翰林侍读学士、宝文阁学士吕公著判太常寺。(236/5731 - 21)

"棣州"，《太平治迹统类·神宗圣政》12/21b 作"颍州"，是。本条下文即云公著"在颍州"如何如何，"故以太常寺处之"。

25. 详定编敕所、开封府奏："定夺沂州军贼李则，依条合斩刑，上从按问，欲举自首减二等。奉旨，依其沂州官吏失入李则死罪，审刑院、大理寺、御史台定夺不当官，并取勘闻奏。"(239/5807 - 6)

标点似当改作：详定编敕所、开封府奏，定夺沂州军贼李则，依条合斩。刑上，从按问欲举自首减二等。奉旨依。其……(下同，唯去后引号)

26. 武学言："密州司法参军蔡硕，试治边策，词理稍优，授硕初

等职官、武学教授。”(239/5817－27)

“初等职官、武学教授”似非武学所能擅授。《宋会要》崇儒3/29,“优”下有“诏”字,是,当据补,标点亦当作相应更改。

27. 上供荐席、黄芦之数六十色。(241/5874－1)

“数”不能以“色”计。《长编本末·市易务》72/2296、《宋会要》食货38/1、《宋史·食货志·市易》186/4549,“数”皆作“类”,是。

28. 诏诸路察访官,河东、两浙路许奏选举人充京官、职官、县令十二人,馀路十人,升陟不限员数。(245/5949－5)

据《宋会要》选举28/10、《太平治迹统类·神宗圣政》12/23a,“奏选举人”系“奏举选人”之误。又,“河东”下《会要》有“京东”字。

29. 先王之法,善善及子孙,致仕者世禄。(245/5957－40)

“致”,《宋会要》崇儒6/25作“故”,是。又,“仕”作“士”。

30. 今欲略循古人之法,七里为一纵浦,十里为一横塘,又因出土以为堤岸,用二千万夫,水治高田,旱治下泽,要以三年,而苏之田毕治矣。(245/5960－46)

“用二千万夫”下有校勘记,谓:“《宋会要》食货七之二六同,《吴郡志》卷一九《水利》作‘度用十万夫’。按《九域志》卷五载,苏州主户为三万三千三百一十八,客户二万一千四百八十。若以一户五口计算,亦不过二十馀万人。又据《宋会要·食货》六九之七〇《户口》条:‘神宗熙宁五年天下主客户一千五百九万一千五百六十,口二千一百八十六万七千八百五十二。’原刊谓‘用二千万夫’显不可能,疑此处‘千’系‘十’之讹,似当以《吴郡志》卷一九《水利》所云‘度用十万夫’为得其实。”

今按:校勘记所引苏州主户和客户数,实《九域志》所载润州的户数,若苏州,则“主一十五万八千七百六十七,客一万五千二百二”。

“用二千万夫”不误。《吴郡志·水利上》19/19b夹注于所录郏亶《水利书》原文之后,有一段概括,文字与本条正文几同,惟“度用十万夫”与“用二千万夫”有重大差异,然能“得其实”的,却是后者。试读郏亶书的原文:

> 然治田之法,若总而论之,则瀚漫而难行,析而论之,则简约而易治。何也?今苏州水田之最合行修治处,如前项所陈,南北不过一百二十馀里,东西不过一百里。今若于上项水田之内,循古人之迹,五里而为一纵浦,七里为一横塘,不过为纵浦二十馀条,每条长一百二十馀里,横塘十七条,每条长一百馀里,共计二千馀里。每里用夫五千人,约用二千馀万夫。故曰,总而言之,则瀚漫而难行也。今且以二千万夫、开河四千里而言之。分为五年,每年用夫四百万,开河八百里。苏、秀、常、湖四州之民,不下四十万。三分去一,以为高田之民自治高田外,尚有二十七万夫。每夫一年借雇半月,计得四百馀万夫,可开河八百里。却以上项四百馀万夫分为十县,逐县每年当夫四十万,开河八十里。以四十万夫分为六个月,逐县每月计役六万六千馀夫,开河十三里有零。以六万六千夫分为三十日,则逐县每日只役夫二千二百人。开河一百三十二步。将二千二百人又为两头项,只役一千一百人,开河六十六步。虽县有大小,田有广狭,民有众寡,及逐日所开河沟、所役夫数多少不同,大率治田多者头项多,治田少者头项少,虽千百项,可以一头项尽也。臣故曰,析而论之,则简约而易治也。如此而治之,五年之内,苏州与邻州之水田,殆亦尽矣。(19/12b-13b)

其原文既以如此详密的计算为依据,则“约用二千馀万夫”之“千”字,绝非“十”字之讹,当可无疑。值得一提的是,“约用二千馀万夫”之“夫”,并非指“丁夫”,而是指的“夫工”,即夫役一日之谓。

31. 判军器监吕惠卿言:“乞拨三司曹案吏赴本监,及东西八作司广备指挥兵级,本监与提举司、将作监等统领。”从之,仍诏广备指挥专隶军器。(246/5995-33)

据《长编本末·军器监》75/2394、《宋会要》食货56/17,“曹案”乃“胄案”之误。盖“军器旧领于三司胄案”,至此年六月己亥,始“置军器监总内外军器之政”,“而废胄案焉”(245/5972-45),故至是判监吕惠卿得以陈乞其吏赴本监。又,“专隶军器”下脱“监”字。

32. 戊戌,手诏:“闻河北近置狱甚多(下略)。”(247/6016-36)

“戊戌”,校勘记曰:“本月辛巳朔,无戊戌日,此处日干有误。”今按:《长编本末·平淯井蛮》88/2743曾录载其下条38同日记事,系于戊辰,是,惜未取证。又,“日干”似指记日天干,而此处天干实不误。

33. 知贵州沈起言:(下略)。(247/6018-3)

此为熙宁六年十月庚午朔记事。沈起此年二月辛丑知桂州,见上文242/5905-25,七年三月庚子罢,见下文251/6108-2,此时正在知桂州任上,“贵州”显是“桂州”之误。自皇祐四年六月己丑以后,知桂州例兼广西经略安抚使(172/4154-15),即帅臣,故沈起得以言“招到融州溪峒蛮人”等事。

34. 三司言,新法所增吏禄,除旧请外,岁支钱一十七万一千五百五十三缗有奇。(《实录》止云三十万,今从沈括《笔谈》详书之)诏以熙宁四年后坊场税钱拨还,不足则以市易、市例等钱补之。(248/6052-4)

岁支吏禄数,《宋会要》职官 57/94 正文作"岁支缗钱三十万",与本条自注所云《实录》之数同。而职官 57/93 夹注引《九朝长编纪事本末》(今亦见广雅本《长编本末》75/2416《增吏禄》),除"一十七万"作"三十七万"外,与本条正文尾数全同,显是《长编》正文原文。则当以"三十七万"为正。因为第一,若正文所载与《实录》在万的十位数上有十与三十的巨大差异,则自注当有考辨,不会说:"《实录》止云三十万,今从沈括《笔谈》详书之。"盖"详书之"者,详书其零数与尾数也。第二,沈括《梦溪笔谈》所载之数,本条下文自注所引,"至熙宁八年,予为三司使日,岁支三十七万一千五百五十三贯一百七十八"。本书下文 271/6654-107 熙宁八年年末正文所引和《新校正梦溪笔谈》12/133 所载,皆作"三十七万一千五百三十三贯一百七十八"(《长编》无贯以下尾数)。两者虽有微异而大数"三十七万"则同。至于为什么竟把八年之数列入今年,那是另一个问题。又"市易市例等钱",《长编本末》及《会要》所录《长编本末》皆作"市易司市例等钱",是,亦当据改。

35. 带御器械郑德诚乞权差官轮宿直。(248/6062-8)

"郑德诚",《宋会要》职官 34/12 作"邓德言"。本书上文 231/5618-22 见"如京使、内侍押班邓德诚"。《宋会要》礼 29/52 治平四年四月十八日条见"内殿押班邓德诚"。疑皆同是一人。则此人姓"邓"不姓"郑"。

36. 诏市易司,市例钱除量留支用外,并送抵当所,出以给吏禄。(248/6063-55)

《宋会要》职官 27/9、27/65,食货 37/18、55/34,"出"下皆有"息"字,是。

37. 彼汛使来,我戒惧而为备,使彼闻之,亦何所害?(25/6110-行5)

“汛使”,显是“汎使”之误。“汎”同“泛”。下文 251/6118-36 即正作“汎使”。

38. 诏:“户绝庄产委开封界提点刑狱司提辖,限两月召元佃人及诸色人实封,投状承买。(下略)”(251/6127-61)

此诏全国通行,不应仅由府界机构提辖,且此时亦无“开封府界提点刑狱司”这一机构。据《宋会要》食货 61/60,“提点”下尚有“及诸路提点”数字,本条误脱,当补。“开封府界提点”是“提点开封府界诸县镇公事”的省称。又,“实封”下逗号似当删去。

39. 又元丰元年七月二十一日罢屯田务。(252/6171-59 自注)

指罢沅州屯田务。下文 299/7273-44 实载于元丰二年七月二十一日丁亥。256/6247-7 自注亦谓“元丰二年七月二十一日,罢沅州屯田务”,“元年”当是“二年”之误。

40. 诏开封府界去年灾伤残欠税物及佃收地租课,并权倚阁。(252/6176-83)

近废牧监,以牧地赋民收课租,见上文 227/5530-23、244/5944-62。“佃收地租课”之“收”,参照下文 255/6236-42 之例,当是“牧”之误。

41. 熙河路经略使王韶言:“熙、河二州,最为聚兵之地,岁支人粮马豆二十二万斛、草八十万束。本路有市易,于茶、盐、酒税可以应办宜籴,乞差官二人乘贱计置(下略)。”(254/6209-21)

据《宋会要》食货 24/6,“应办宜籴”乃“应办置籴”之误,“市易”下“于”字衍。此句标点似亦当相应改作:本路有市易、茶、盐、酒、税,可以应办置籴(下略)。“酒”谓酒课,“税”谓商税。

42. 王韶言:“奉诏募买蕃马,今黑城夷人颇以良马至边,乞指挥买茶司速应副。”从之,仍令李杞据见茶计步乘、船运,具已发数

以闻。(254/6214－53)

据《宋会要》职官43/47,“船运”乃“般运”之误。则“步乘”下顿号亦当删。

43. 诏广州市泊可依旧存留,更不并归市易务。(254/6223－43)

“市泊可”,《长编本末·市易务》72/2308、《宋会要》职官44/6皆作“市舶司”,是。

44. 上批:“闻河北路有蝗害稼,而所在多以未至滋盛,不即加意翦扑,其次第以闻。”(254/6226－62)

据《宋会要》瑞异3/41,“翦扑”下误脱“可指挥转运、提点刑狱、安抚司,严责当职官,并力剪扑”,当补。又,“其”乃“具”之误。

45. 在外使臣经本州军投状委知州、通判、兵官同式验,如中格,先以闻。(256/6266－88)

“式验”,《宋会要》选举17/15、25/10皆作“试验”。本条上文对“在班人”曾规定“许经本班投状乞试,候及十人,关赴军头引见司考验”,则当以“试验”为是。

46. 欲选官置司,以天下户口、人丁、税赋及场务、坑冶、河渡、房园之类租额年课及一路钱谷出入之数,去其重复注籍,岁比较增亏及其废置钱物、羡馀、横费之数。(257/6276－31)

“及其废置钱物”下有校勘记,谓:“‘置’下原衍‘件’字,据《宋史》卷一七九《食货志》删。”今按:《宋史》终究是几经加工的转手资料,而与《长编》在渊源上远较《宋史》亲近的《宋会要》中,此事载食货56/18,此语则作“及具废置名件钱物”。据此,则“置”下不是衍“件”字,而是脱“名”字。又,“租额年课”,《会要》作“祖额年课”,亦当以《会要》所载为正。

47. 司农寺乞废户长、坊正(下略)。(257/6277－39)

“司农寺”下有校勘记,谓:“‘寺’下原衍‘司’字。按:宋有司农寺而无‘司农寺司’。熙宁三年,诏司农寺讲行农田水利、免役、保甲等法,见《宋史》卷一六五《职官志》、《宋会要》职官二六之四。其职掌与此下叙事相符,此处‘司’字显衍,故删。”今按:《长编本末·役法》70/2254与本条文字全同,惟“司农寺司”正作“司农寺言”,则“司农寺”下之“司”字实乃“言”字之讹。

48. 自置熙河路以来,惟举人未推恩,今两州学职掌十一人该免解者,乞推恩。(258/6296-17)

“十一人”,据《宋会要》选举3/44,乃“士人”之误。

49. 诏枢密使陈升之提举修《马军司敕》,以权知审刑院崔台符等言“奉敕修《马军司敕》,缘军政事重,仁宗时命枢密使田况提举,乞依故事以枢臣总领”故也。(十年二月壬申,敕成)(260/6331-10)

“马军司敕”,《宋会要》职官4/43、刑法1/9皆作“军马司敕”。下文263/6427-20载“枢密使吴充兼群牧制置使,提举修军马敕”,亦作“军马”,不作“马军”。又280/6853-28熙宁十年正月“壬申,宰臣吴充以提举详定删修《军马司编敕》成,赐银、绢各三百,删修官改差遣、减磨勘年有差”。则修成记事亦作“军马司”。本条“马军司敕”显是“军马司敕”之误倒。另,自注敕成时间,据上引,“二月”乃“正月”之误。

50. 比令以宽剩钱买田募役,须契勘准灾伤等支用,无得妨阙,其价高处罢买。(260/6345-62)

据《宋会要》食货65/15,“准”下脱“备”字。

51. 屯田员外郎、通判澶州赵杨权知邵州。旧差武臣,时本路转运司荐杨,故特可之,仍诏自今互差文臣。(260/6348-83)

“澶州”,《宋会要》职官47/14作“潭州”,当以“潭州”为正。盖唯潭州,才与邵州同属一路,才能受本路转运司之荐在部内迁改差遣。“赵杨”,下文屡见,其名亦皆书作“杨”,唯 307/7453-11 作“扬”。按:当以作“扬”为正。盖此人乃赵抃之弟,兄弟之名皆从手旁也。见《金石萃编》133/5a 下《澹山崖题名》、141/5b-6b 刘次庄撰其妻《苏氏墓志》并钱大昕跋、王昶按。

52. 同修经义吕升卿言:“《周礼》、《诗义》已奏尚书,有王雱所进议,乞不更删改。”从之。(265/6487-22)

据《长编本末·修经义》74/2353,“王雱所进议”之“议”乃“义”之误。时修三经义,三经为《周礼》《诗》《尚书》。“尚书”当属下读,且当标书名号。

53. 中书堂后官、兼提点五房、殿中丞王充权发遣大理少卿。居数日,又权发遣大理寺。(266/6524-23)

“中书堂后官兼提点五房”非王充原差遣。《宋会要》职官 3/26 载此日“以中书堂后官兼提点五房”,其下接载另条。则此语实乃有关制度的新规定,与“殿中丞王充”云云记事无涉,应分列两条。

54. 熙河路洮西安抚司言:“熟户摩雅克族麦熟宗哥引兵钞略,本司出兵千一百人防拓,经略司亦遣兵千人为声援(下略)。”(267/6547-30)

“摩雅克族”“麦熟宗哥”旁各标有专名号,似谓某族某人引兵来钞略者,实误。“麦熟”非专名,不当加专名号,且当逗断。其意谓熟户摩雅克族麦熟了,宗哥引兵去钞略。因熟户是投附宋方的,宋有保护的责任,所以安抚司、经略司都派出了军队。

55. 仍差河北、京东简中崇胜、奉化十指挥及废监牧军士五千人,专隶其役,军士仍隶步军司。应缘修城役使犯杖以下,令提选修城所决之,合干追照仍送步军司,每五百人许奏辖殿直以下至殿侍一人督役。(267/6552-58)

“提选”之“选”与“奏辖”之“辖”当互易。底本此两字纵行相邻、横行同列,因而误乙。而底本“每叶行数,每行字数,悉仍张氏之旧”(见卷首“校刻《长编》举例”),或者爱日精庐活字本已如此,而《宋会要》方域1/15及文渊阁本皆不误。又“十指挥”,《会要》作“七指挥”。

56. 权发遣盐铁判官、提举成都府、利州、秦凤、熙河等路茶场李杞言,卖茶、博马,乃是一事,乞同提举买马,岁以万千匹为额。诏杞兼提举买马,且以二万匹为额,二年取旨。(267/6553－64)

“万千匹”,《宋会要》职官43/50作“万五千匹”。

57. 诏大名府、定澶州各具马二万匹一等刍豆封桩,大名府令司农寺,澶州令都提举市易司计置,并限二年足。(268/6560－8)

据《宋会要》食货39/24,“一等”乃“一年”之误,下“澶”字下有“定”字。

58. 已废河南北两监牧司、河北十一监、河东太原监、京东东平监,其废监钱物等(下略)。(268/6572－53)

据《宋会要》食货37/23,“河北十一监”下当补“京西三监”。

59. 诏司农寺岁支坊场钱三十万缗,都提举市易司岁支息钱二十万缗赏内藏库,具元年以来诸司直借钱物数以闻故也。(268/6579－55)

据《宋会要》职官27/11,“赏”乃“偿”之误,“内藏库”下脱“以内藏库”四字。又,“三十万缗”,《会要》作“二十万缗”。

60. 方平在朝,虽不任职,然多所建明,尝论汴河曰:(中略)自唐末朱温受封于梁国而建都,至于石晋割幽蓟之地以入契丹,遂与强敌共平原之利。故五代争夺,其患由乎畿甸无藩篱之限,本根无所庇也。祖宗受命,规模毕讲,不还周、汉之旧,而梁氏是因(中略)广济河所运,止给太康、咸平、尉氏等县军粮而已(下略)。

(169/6591 - 15)

“规模毕讲”下有校勘记,谓:“‘毕’原作‘必’,据《乐全集》卷二三《论京师军储事》改。”今按:《论京师军储事》,据《宋会要》食货42/18,奏上于嘉祐二年十一月十三日,本书上文183/4436 - 9摘要附载于嘉祐元年八月十四日癸亥“知益州张方平为三司使”记事下,与本条所录并非同一奏议之文。与本条全文录载相应者,实见《乐全集》卷二七,题曰《论汴河利害事》,其中自“臣窃惟”至“漕运为本”、自“今仰食”至“至急至重”两段虽与《论京师军储事》重复,但终究是两道奏议,不能相混。即如本条下文“必致汴河日失其旧”,“必致”原误“不知”,由于点校者未找对奏议原文,就只能据“阁本”而不能同时据《论汴河利害事》予以校正,而“广济河所运”下误脱的“多是杂色粟豆,但充口食马科;惠民河所运”一段文字,也就未能据原文予以补出。“五代争夺”下亦有脱文,《乐全集》宋刻残本作“戎狄乱华”,文渊阁本,《论京师军储事》作“戎马生郊”,《论汴河利害事》作“戎狄内侵”,皆馆臣避时忌讳改,本书未载此语,当亦避时忌讳删。至于“强虏”之为“强敌”,则显系讳改所致。另,“朱温受封于梁国而建都”,“国”原皆作“因”,义亦较长。

61. 诏司农寺以河北两路坊场钱或借免役宽剩钱二十万缗,给河北水利司计置;澶州刍豆内免役宽剩钱,仍以他场钱偿之。(271/6633 - 5)

“澶州刍豆”当属上读,如下文271/6647 - 68“中书言:‘欲差官诸路转运司计置斛斗,著作郎任迪计置广南东路米五七万石’”,272/6657 - 9“遣著作佐郎陈大顺计置广南西路刍粟”等例。后一“宽剩钱”下逗号当删。

62. 第一等升一资,第二等升四名,第三等两名,无名可升者,候有正官,比附减半磨勘。(272/6661 - 31)

“减半”，《宋会要》职官 3/26、选举 13/19 皆作“减年”，是。

63. 向者是熙河每岁粜军粮二十二万石、马料一十万石，买草八十万束，以本路市易茶盐息钱并酒税课利充粜本。（272/6670－66）

据《宋会要》食货 39/24，“是”乃“定”之误，“茶盐”下脱“坊”字。

64. 祠部郎中、直史馆刘彝责授检校水部员外郎、均州团练使，随州安置。（273/6676－11）

“团练使”，《宋会要》职官 65/40 作“团练副使”，下文 237/6697－48 见“诏均州团练副使、随州安置刘彝追毁出身以来告敕，送涪州编管”记事，则当以“团练副使”为正。

65.（上略）礼部试下年五十以上进士七举、诸科十举（下略）。（237/6685－52）

《宋会要》选举 3/46 作：“省试下年五十以上，进士七举、诸科八举，曾经御试下进士九举、诸科十举”。参照本条上文对年六十以上礼部试下和曾经殿试下进士、诸科的规定，此处显有脱误，当据《会要》所载补正。

66. 诏自今礼部奏名第一、第十人以上，放榜日至第四甲未唱名者，取旨。（273/6695－35）

“第一第十人以上”，《宋会要》选举 8/35 作“第一甲十人以上”，是。

67. 宣徽使王拱辰言：“乞凡仪制，视签书枢密院裁定。”诏令阁门详定取旨。已而阁门请宣徽使、侍殿直、中书、密院合班问圣体及非次庆贺，并预乞修为令，从之。（247/6708－48）

《宋会要》职官 6/45 作：“诏：‘宣徽使今后遇以职事侍殿，或值中书、枢密院合班问圣体及非次庆贺，并特许序二府班。’从宣徽北院使王拱辰之请也。先是，拱辰乞凡百官仪制，乞比签书枢密院臣僚,诏送閤门详定取旨,而有是命。”两相参照,本条“已而”以下标点似当改作:已而閤门请:“宣徽使,侍殿、直中书密院合班问圣体及非次庆贺,并预。乞修为令。”从之。

68. 河北路巡检、县尉已用义勇、保甲、土蕃,其元管马步军并于马军额除之,所减巡检兵级(下略)。(276/6747－19)

参照前文274/6714－73之诏:“河北、河东等路义勇、保甲,令于巡检、县尉下上番,第减放兵级弓手,其上番人并半月一易。”此处“吐蕃”显是“上番”之误,其前顿号亦当删。

69. 绛州正平县南董村旁有马壁谷水,劝诱民得钱八百缗,买地开渠,淤浚田五百馀顷。(277/6779－41)

《宋会要》食货7/30,“八百缗”作“千八百缗”,“淤浚田”作“淤瘠田”。

70. 凡公私钱币之发敛,其则不远。百官、群吏、三军之俸给,夏秋籴买穀帛、坑冶场监本价,此所以发之者也;田庐正税、茶盐酒税之课,此所以敛之者也。(277/6789－行7)

“田庐正税”下有校勘记,谓:“田”原作“屋”,据《历代名臣奏议》卷二五六张方平《论募役疏》及《宋文鉴》卷四七张方平《论免役钱》改。今按:原文说的是“钱币之发敛”,而非全部财政的收支。宋田税以实物为主,在财政收支中虽占有重要地位,但在钱币发敛中却微不足道。张方平此疏前文一再说:“以两税输穀帛,以丁口供力役,此所谓取于田者也。”“且举应天府为例,畿内七县,共主客六万七千有馀户,夏秋米麦十五万二千有零石,绢四万七百有零匹,此乃田亩桑功之出,是谓正税。外有沿纳诸色名目杂钱十一万三千有零贯,已是因循敝法,然虽有钱数,实不纳钱,并系折纳穀帛。惟屋税五千馀贯,旧纳本色见钱。”既然如此,他又怎能将“田庐正税”列为钱币收敛的一项来源呢?惟是“屋庐正税”,前文已言及是“旧纳本色见钱”的,虽钱数不足观,倒是钱币收敛的来源之一。又,《乐全集》中有文字与内容都大致相同的两篇奏议,一见卷二五,题曰《论免役钱札子》,一见卷二六,题曰《论率钱募役事》。然两者又微有不同,即前者举陈州为例,后者举应天府为例,前者云“募法之行且三年”,当奏上于熙宁六年,后者云“募法之行且六年”,当奏上于熙宁九年,则又确非同一篇文字。《宋文鉴》和《历代名臣奏议》所录,以此二点核之,知系前文。而本条所录文前既已点明乃“论率钱募役之害”,又系于熙宁九年秋,举应天府为例,且有“募法之行且六年”语,则明是后文。就此语而言,《集》中前文作“田庐正税”,后文作“屋庐正税”,今径据前文辄改后文,亦未必妥当。总之,“屋庐正税”未必定误,似不宜轻改。

71. 诚府杨光僭及子日俨乞请名士教子孙。(278/6802－41)

溪峒首领杨光僭所据之地名“诚州”,未见有改为“诚府”指挥。本条下文即云以朴成“为徽、诚等州教授”。紧前273/6693－29、紧后278/6808－60言及此地,亦皆称“州”不称“府”。

72. 臣近乞依旧令耆长管勾乡村贼盗等事,不差保正及户长,僱税更不论差甲头,皆备助成法,未蒙施行。(279/6825－40)

耆长、户长是原有的职役,户长主纳赋,耆长主盗贼词讼。保正、甲头则是新设的职役。上文257/6277－39,熙宁七年十月辛巳,“废户长、坊正,其州县坊郭税赋、苗役钱,以邻近主户三二十家排成甲次,轮置甲头催纳,一税一替”。263/6436－46熙宁八年闰四月乙巳,“诸县有保甲处,已罢户长、壮丁,其并耆长罢之。(中略)凡盗贼、斗殴、烟火、桥道等事,责都副保正、大保长管勾,都副保正视旧耆长,大保长视旧壮丁”。则“僱税”“论差”显是“催税”“轮差”之误,而标点亦须正作:臣近乞依旧令耆长管勾乡村贼盗等事,不差保正,及户长催税,更不轮差甲头,(下略)。

73. 自今宽剩役钱并买扑坊场等钱,更不给役人,岁终详具羡数申司农寺,馀应系常平司物当留一半。(279/6839－37)

"当留一半"下有校勘记,谓:"'当'原作'常',据阁本改。"今按:细味诏意,似以"常留一半"于义为长。此云"据阁本改",然文渊阁本实作"常",则阁本亦未划一。

74. 乾德惧,奉表诣军门乞降,纳苏、茂、思琅、门谅、广源五州之地,仍归所掠子女。(279/6844－41)

究竟是哪五州?《宋会要》兵8/37"李乾德上表乞降,所收复广源州、门州、苏茂、思琅、谅州等处溪洞,开拓千馀里为内地"。按,279/6832－16亦见"门州",则"门"当是一州名。281/6897－51见"谅州",则"谅"当又是一州名。281/6891－16见"赏招广源、苏茂州首领功",280/6868－行5自注引《旧纪》见"复广源州",引《新纪》见"以复广源、苏茂等州,群臣表贺"。则"广源""苏茂"当又各是一州名。则另一州即是思琅州了。下文292/7133－23又将州名误标作"广源、苏茂门等州",亦当一并更正。

75. 其京城内外诸路贩卖盐人,并于本务给印历请买,愿立限赊请者听。(281/6891－17)

"诸路",《宋会要》食货24/15作"诸厢",似当以"诸厢"为是。

76. (上略)省司全阙见钱,深虑有妨钞法,欲将在京客人所乞中卖文钞,除单合用钞,别无收附,对勘却退令于向西州军官场就近勘合中卖外,其余钞数尽行收买。价钱内三分支还见钱,馀七分依沿边入中钞价细算合支价钱目,给予新引。(281/6895－43)

《宋会要》食货24/15,"单合用钞"作"单合同钞","价钱目"作"价钱数目",皆疑是。又,"合用钞""收附"下逗号似当删去,而于"对勘"下逗断。

77. 太常丞、集贤校理、知湖州鞠真卿为太常博士、直秘阁,以

宣徽北院使王拱辰权御史中丞。邓润甫言真卿自改官至登朝三十年,非特恩未尝陈请磨勘故也。(283/6938－40)

为鞠真卿说话者,实王拱辰、邓润甫二人。“权御史中丞”乃邓润甫的官衔,而非王拱辰新迁的职任。上文281/6882－6、282/6906－28,下文284/6958－59,皆见“权御史中丞邓润甫”(唯6906脱“权”字),明此时邓润甫确任权御史中丞。又下文287/7028－31仍见“宣徽使王拱辰”,则王拱辰亦未尝迁权御史中丞。

78.(上略)以嘉问领市易,自熙宁九年、十年,凡收息钱百四十万馀缗故也。(285/6982－36)

“十年”,《宋会要》职官27/39作“十月”,是。其前顿号当削。

79.赦日合删取。(285/6991－34自注)

“赦日”,疑“救目”之误。

80.于是王韶作祸于熙河,章惇造衅于横山,熊本发难于渝、泸。(286/7007－55)

“横山”乃“梅山”之误。参照上文238/5800－37“比差章惇经制梅山蛮事”。杨仲良汇总《长编》有关此事本末,其题即曰《讨梅山蛮》,见《长编本末》卷八八。又,张方平此疏系苏轼代笔,参考《苏轼文集》卷三七所载此文“梅山”条校记。

神宗朝元丰年间(凡100条)

1.赐高丽安焘等于今日进发出门,赐御筵于永安院。(288/7049－10)

“出门”下,校勘记谓:“本句难解。据《宋史》卷三二八《安焘传》‘元丰初,高丽新通使,假焘左谏议大夫往报之’,疑‘赐’下脱‘使’字。”今按:《宋会要》礼45/15作“赐使高丽安焘等宴于永宁院”,似“赐”下确应补“使”字。然原文“御宴”前已出“赐”字,则“高丽”前之“赐”字显属赘馀。颇疑非是前“赐”下脱“使”字,而是“赐”“使”方言音或相近而互讹。

2. 熙河路经略使张侁。(289/7075－21)

此人277/6778－32熙宁九年八月乙巳始任熙河路经略使、知熙州(吴廷燮《北宋经抚年表》3/248误作十年七月乙巳),至此,282/6903－25、287/7021－56凡两见,直至291/7120－38元丰元年八月甲寅为赵济所代,其名皆作“诜”。本条“侁”显是“诜”之误。《宋会要》两见本条相应记事,职官41/76正作“诜”,职官43/4误作“詵”。

3. 入内东头供奉官请永式转两官,听寄资。其保明劳绩优等转两官;第一等减磨勘二年,选人改合入官;第二等转一官,选人循两资;第三等减磨勘三年(中略)论塞决口之劳也。(289/7079－54)

“请永式”,《宋会要》方域15/2作“韩永式”,乃人名。按:此内侍首见281/6893－28,其官名即是入内东头供奉官,其差遣熙宁十年六月自安南行营走马承受回不久,辄为修闭澶州曹村决口所走马承受,至此又以论塞决口之劳转两官。其姓名283/6921－4、284/6946－8、287/7023－5、289/7074－14皆作“韩永式”,唯本条误作“请永式”,下文293/7149－19又误作“韩永武”。又,据《会要》,“第一等”下脱“转一官”,当补。否则,第一等的奖酬反倒轻于第二等、第三等,是说不过去的。

4. 熙宁十年八月壬午朔,遣冯如晦鞫狱,已具注在彼,并秦观序合参照。(289/7080－57自注)

上文“遣冯如晦鞫狱”事,确系于284/6946－10熙宁十年八月壬午。然此月戊寅朔,壬午乃初五日,非朔日也,“朔”字衍。此条正文,“环州签书判官黨师经”,《宋会要》职官66/3“黨”作“党”。

陈寅恪先生尝谓,仲与种、黨与党、佘与折本皆"两姓迥别",宋代文献往往书种为仲,党为黨、折为佘者,非其本家附托所致,即出文臣浅陋之笔。见《李德裕贬死年月及归葬传说辨证》附记之丁,《金明馆丛稿》二编第 47 - 51 页。另,正文书诸人责罚原因,"诊为其兄发奏状入马递籍申制院,不实;"将种诊、史籍二人事误标为一人,亦当正作:"诊为其兄发奏状入马递;籍申制院不实;"为是。

5. 纳溪用师,《实录》、正史俱不详。今取宗安国《元丰平蛮录》附益之。(290/7087 - 14 自注)

《元丰平蛮录》的作者,《直斋书录解题》7/214 作"家安国"(《通考·经籍考二六》据《直斋》著录,作者同)。《宋史·艺文志》203/5107 上栏书名省作《平蛮录》,作者亦作"家安国"。

6. 同提举成都府等路茶场蒲宗闵言,乞依李稷劾官吏。(290/7088 - 19)

《宋会要》职官 43/52、选举 28/12"劾"上有"举"字。按:蒲宗闵援以为例的李稷于熙宁十年七月甲寅提举成都府等路茶场、熙河路市易事(283/6932 - 13),上批手诏,"可依李杞例兼三司判官,仍委权不限员举劾违法、奉法官吏"(284/6951 - 24),是有举有劾的。本条下文载朝廷答诏:"所举京官、县令及使臣升陟,比稷所举人三分听举其一分,其州县官吏于茶场司职务有违,亦许案劾。"也有举有劾。"劾"上显脱"举"字。

7. 诏:"武学上舍生在学一年不犯第二等过,委主判同学官保明免解从上,毋过二人,内于贡举法自应免解,及已该免解,后更又在学二年以上无殿罚,免阁试。"(290/7088 - 20)

校勘记:"此条原注:'文义未明,疑有脱误。'按《宋会要》崇儒三之三〇记:'元丰元年四月二十五日诏:"经任大小使臣无赃私罪,听召保官二人量试验充武学外舍生"。'馀同原刊,只'上'作

‘外’,并无‘已’‘更’二字,全条为义较长,录供参考。”今按:底本夹行注虽大多为著者李焘原注,然亦有后人,如《永乐大典》编者、《四库》馆臣所加的注。如此条“文义未明,疑有脱误”的案语,当即《四库》馆臣所加,称之“原注”,似欠妥。又,此条为元丰元年六月十一日癸丑诏,校勘记所引乃元丰元年四月二十五日戊辰诏,上文289/7071-48已录载于该日记事下,两者非相应记事,难资对照。此条之相应记事,《会要》见选举15/22,除无“更”字外,全同。另,《会要》崇儒所载,“外舍生”下脱“以三十人为额。累试合格,毋得补内舍。六月十一日,诏武学上舍生”。因有脱简,遂误合两条为一条,点校者不察,以为是此条之上文,然月日固不侔也。又,此条断句,前“免解”下当断未断,“从上”下不当断而断,似亦可议。

8. 提点在京仓场所言:“在京诸仓有名额重累者,乞改易。其延匹、永济、广子各第一仓依旧名外,欲以延口第二为元丰仓,永济第二为永丰仓,广积南仓为大盈仓,广济税仓为广阜仓。”从之。(290/7103-45)

其下原有《四库》馆臣所加按语:“案延匹、延口、广子、广积、广济仓名前后互异,当有误。”确有误。《宋会要》职官26/11“延匹”“延口”皆作“延丰”,“广子”作“广积广济”,若取对勘,则仓名前后互异之误皆可获得改正。

9. 三月七日往,九月二十二日还。(291/7113-14自注)

谓安焘、陈睦等出使高丽也。始命见上文287/7020-52元丰元年闰正月辛未,其下自注:“九月二十一日,回至明州。”288/7050-16三月辛巳,以陈睦代林希为副使,其下自注亦云:“九月二十一日,使还。”下文292/7141-43九月“壬辰,安焘、陈睦言,已离高丽国涉海,今月乙亥至明州定海县,诏焘等速赴阙。”同卷上文谓“九月壬申朔”,则乙亥为初四日,壬辰为二十一日。本条“二十二日”显为“二十一日”之误。而“二十一日”实是返抵明州的奏到之日,其本日则初四也。

10. 二年三月六日,俞充罚铜。(292/7142－49 自注)

下文 298/7243－17 实载于元丰二年五月六日癸酉,则“三月”系“五月”之误。其下自注:“元年九月二十六日诘嘉问”,所指即本条,而本条实系于元丰元年九月二十八日己亥,则“二十六日”又系“二十八日”之误。

11.《新纪》于十月辛亥书此,《旧记》在十月甲申,盖甲申奏到也,今两存之。(293/7150－24 自注)

此为元丰元年十月“辛亥,韩存宝破泸夷后城等十三囤”下自注。《旧记》显是《旧纪》之误。又,上文 290/7095－4 诏以韩存宝都大经制泸州纳溪夷贼公事条自注:“《新、旧纪》并书存宝经制纳溪夷,十月辛亥、十一月甲申奏功。”所注系同一事,而奏功却有“十月甲申”和“十一月甲申”之异。按此年十月壬寅朔,月内无甲申日。而下文 294/7166－19 载奏到之语,实系于十一月十四日甲申。当以“十一月甲申”为正。

12. 明年正月八日壬子,又此年十二月二日壬寅,当考。(293/7151－26 自注)

“八日壬子”下有校勘记,谓:“‘日’原作‘月’,据阁本及活字本改。”然元丰二年正月辛未朔,月内无壬子日,而八日乃戊寅也。自注提及的“十二月二日壬寅”条下亦有自注:“与明年正月八日所书更参考”,亦作“八日”而未书干支。而下文 296/7196－11 与之呼应的记事实载于正月己卯,而己卯则九日也。

13. 今川、广等路未有提举官在假,故并转运司承例兼权。(293/7154－45)

《宋会要》职官 43/5“提举官”与“转运司”间的文字作:“并转

运司兼权,及提举官假故,亦”,本条当有误脱。

14. 四年四月十七日,出矩系府州狱。(295/7179 - 13 自注)

校勘记已指出:“据正文,疑‘出’为‘世’之误。”然“四月十七日”,据下文 319/7716 - 53,乃“十一月十七日”之误,则未及一并指出。

15. 河北缘边安抚司尝获边民王习所市北界马,即送顺义军,上曰:“闻北界卖马人法皆死,又徙其家属,自今如北界无移文,可遣人夜于界首毋问卖马者,免令屠戮蕃民。”(295/7180 - 18)

其下自注云:“此据墨本所记圣德,朱本签贴云移入《契丹传》,检《契丹传》乃无此,又不知是何年月,姑附元丰元年十二月五日于惟孝下,更须考详。”《宋会要》兵 27/18 载此事,人名、地名及情节全同,却系于大中祥符七年六月九日。本书上文 82/1880 - 13 亦已于大中祥符七年六月八日壬戌录载此事,虽未出王习名,事亦全同。显属重出。又,“夜于界首”之“于”,据《会要》,乃“放”之误。

16. 熙宁元年礼部试上舍生,并于试卷印“特免”字,恐于考较不合公议。(296/7199 - 30)

三舍法行,始有上舍生、内舍生、外舍生之别,而三舍法之行,实始于熙宁四年十月十七日戊辰,见上文 227/5529 - 20,熙宁元年当不致有此。据《宋会要》选举 3/46,“熙宁元年”乃“熙宁九年”之误。“元”“九”常互讹,见于 305/7427 - 57 者,即又是“熙宁元年”误作“熙宁九年”之例。

17. 诠等尝为边人刺北事,又尝告获奸细,事觉来归。(297/7219 - 16)

“边人”,《宋会要》蕃夷 2/26 作“边臣”。下文 300/7306 - 8“[武]备尝为边臣伺敌中动静,事泄,惧罪来归”;311/7544 - 7“边臣刺辽事殊疏,此边臣任间不精也”。可证当以“边臣”为正。又,句中“北事”“敌中”,《会要》作“虏事”“虏中”,当皆清人避时忌而改。

18. 诏审刑院、刑部,自今留滞公案及二百道,官吏勒停。(297/7227-51)

上文296/7204-6有相近记事:“上批:审刑院、刑部(乞)[近]因并差详议、详断官入试院,积未断公案凡五百馀通,罪人幽系囹圄,日夜待命,岂宜淹滞留壅若此?其自今月三日后官吏并勒宿。”一作“勒停”,一作“勒宿”。而《宋会要》职官15/9则两处皆作“勒宿”。详诏意,亦当以“勒宿”为正。

19. 三年六月十三日永亨诉冤。(298/7242-行7自注)

下文305/7425-44实载“如京使高通上其叔永亨狱中诉冤文字三十二纸”于元丰三年六月十五日丙午。其下文“乞移永亨别路州军,待报免,为吕惠卿等横加刑禁”,断句有误,当更正为:“乞移永亨别路州军待报,免为吕惠卿等横加刑禁”。

20. 遵裕先知熙州,与君万尝借请给籴边储钱,违法回易。(298/7252-62)

“给籴”,据下文299/7273-42、305/7426-51,以及《宋会要》职官66/7,乃“结籴”之误。本条系元丰二年五月二十八日乙未记事,上举两处下文自注皆误作“五月二十七日”。

21. 权发遣三司使李承之等言(下略)。(298/7255-16)

此是元丰二年六月九日丙午记事。据288/7042-11,早在十六个月以前,即元丰元年二月五日庚戌,李承之已由“权发遣三司使”改为“权三司使”了。

22. 十月二十二日震云云。(298/7258-34自注)

此是遣检正中书礼房公事王震往陕西会五路年计实数条自注。上报会计结果之“震云云”,下文299/7275-46实系于七月二十二日戊子,则“十月”乃“七月”之误。

23. 右千牛卫将军叔益、令摄、令优、令贯各迁一官,叔益赐进士出身。(299/7265-8)

“叔益”,《宋会要》选举 9/14、32/4 作“叔盎”。按《宋史·宗室表》无叔益,有叔盎,系郧国公房德钧之后,见 239/8365。

24. 熙宁四年七月,未兼谏职者,乃许直前。(299/7281-24 自注)

上文 225/5495-38 熙宁四年七月月末记事,是“谏官兼修起居注者,后殿侍立,亦许奏事,更不牒閤门”。其下自注:“此据《会要》增入。元丰二年八月丙午,不兼谏职亦许直前。”可见熙宁四年七月只是“兼谏职者,乃许直前”,至本条正文所记,才是“不兼谏职,亦许直前”。“未”字衍,或“末”字之误,当属上读。

25. 闰九月辛亥并三年正月己酉,合参考。(299/7286-47 自注)

校勘记曰:“按文义,闰九月当属元丰二年,但是年无闰九月,又元丰三年正月无己酉日。疑注文有舛误。”仅疑有误,未指出如何误。今按:正文所载乃遣李元辅往蜀中经制司农钱谷,变运出关事,自注所指与之相关记事,实见于元丰三年闰九月辛亥(309/7498-33)和元丰四年正月己酉(311/7539-26),本条自注皆误前一年。

26. 奉诏祠祭以法酒库、内酒坊酒实诸尊罍,以代五齐二酒。(299/7287-59)

上文 290/7095-3 载详定礼文所言:“古之祭祀必具五齐、三酒,今尊罍一以法酒实之,是名物徒存而亡其实也。”下文 340/8183-34 载吕嘉问言:“祠祭实尊罍,相承用法酒库三色法酒,以代《周礼》所谓五齐三酒,恐不足以上称陛下崇祀之意。”皆作“五齐三酒”。按,《周礼·天官冢宰下》:“酒人掌为五齐三酒。”则本条作“五齐二酒”,显误。

27. 权发遣福建路转运使兼提举盐事贾清言:(中略)望于常法外论赏之。(300/7309－21)

此“权发遣福建路转运使兼提举盐事”之人,上文始见于299/7264－4,下文复见于301/7332－33,其名皆作“贾青”。《宋会要》食货24/19本条相应记事亦作“贾青”,则“清”显是“青”之误。另,据《会要》,“论赏”下脱“从”字。

28. 前权广南东路提点刑狱许懋知贺州。王谔言,韶、英、南雄、连、贺、端、康、封、新九州宜依广、惠、循、潮、南恩五州例,于四等已上主户三丁取一为枪手。从之。(301/7323－28)

如所标点,则此条为毫不相关之二事。上文295/7188－54元丰元年十二月二十二日壬戌记事自注:“许懋明年十一月以前广东宪乞籍五州丁为枪手,不知今任何官。”两相对照,知“枪手”事许懋、王谔皆曾建言,而“知贺州”乃王谔之结衔也。“许懋”下当加顿号,删“知贺州”下句号。

29. 诏大理寺丞王观除名,永州编管,坐如江都县受贿枉法罪至流也。(301/7338－49)

下文302/7347－34,“诏提点淮南东路刑狱范百禄罚铜二十斤。坐知扬州江都县王观枉法受财,转运司遣官鞠劾,而百禄擅止之也。”明“如”为“知”之误。《宋会要》职官66/11亦作“知”。

30. 诏大理寺鞠罪人,依开封府例报稽查司。后大理寺乞旬具徒以上事报纠察司,许之。(302/7343－5)

似既有“稽查司”,又有“纠察司”。而《宋会要》职官15/11、24/8两处所载,则皆作“纠察司”。“纠察司”是“纠察在京刑狱司”的简称。至于大理寺,宋初以来原只“谳天下奏案而不治狱”。据上文 295/7185－45，元丰元年十二月十八日戊午，始复置大理狱。296/7199－29 二年正月十八日“戊子，手诏大理寺：‘日者修举坠典，(理)[厘]正职业，俾治官府狱事。(中略)其本寺承事勘鞫，可且依推制院(又)[及]御史台例，不供报纠察司。断讫徒以上，旬具犯由申中书、枢密院刑房，俟置司及一年别取旨。’其后及一年，乃复诏依开封府例供报纠察司。”“复诏”云云，即谓本条，亦作“纠察司”，不作“稽查司”。“稽查司”显是“纠察司”之误。

31. 二年四月己丑，大理少卿蹇周辅，丞叶武、贾种民同黄颜鞫事。(302/7349－52 自注)

上文 297/7236－43 实载于元丰二年四月二十七日乙丑。此月己亥朔，月内无己丑日。他处自注亦曾言及此事，如 297/7235－37“乙丑日可并”，298/7245－27“四月壬戌、乙丑当并考”，亦皆作“乙丑”。“己丑”当是“乙丑”之误。

32. 后用臣上狭河六百里，为二十一万六千步。(302/7354－19)

“六百里”，校勘记谓：“‘百’，《宋史》卷九四《河渠志》作‘十’。”似“百”乃“十”之误者。而《宋·志》之校勘记则谓：“‘六十里’，《宋会要》方域一六之一五、《长编》卷三〇二都作‘六百里’。”又似当以“六百里”为正。然“二十一万六千步”则两处(包括《会要》实三处)并无差异。自唐以来，度地即“以五尺为一步，三百六十步为一里”(见《唐令拾遗》杂令第六条)，则六百里恰为二十一万六千步，若六十里，则仅二万一千六百步。《宋·志》实误。

33. 甲寅，大行太皇太后发引，上自庆寿殿步导梓宫，且行且哭，至宣德门外立班俟时，号恸不绝声。王珪等及雍王颢、曹王頵更进开释，不能止。(302/7358－29)

“雍王颢”下，校勘记云：“据《宋会要》帝系一之三六，颢治平元年九月封岐王，元丰三年九月方封雍王。”其实，此时頵也未进封曹王。上文 220/5352 - 42 熙宁四年二月十六日壬申，颢自高密郡王进封嘉王。299/7276 - 49，即约半年前，仍见“岐王颢、嘉王頵”并称。下文 306/7438 - 13，即约半年后，犹见“岐王颢”“嘉王頵”并称。直至 308/7488 - 45，元丰三年九月二十七日丙戌，两人才同日分别自岐王进封雍王、自嘉王进封曹王。本条，《宋会要》礼 32/42 亦作“雍王颢、曹王頵”，可见当时礼书即有以后来所封称之者，作者未深考，遂沿之致误，点校者亦未深考，复只校其一而遗其一。

34. 此年二月十一日，当考。（302/7359 - 36 自注）

此是元丰三年二月二十五日己未“诏罢提举教习在京马军所”条自注。上文二月十一日乙未未检得“当考”记事。唯下文 303/7367 - 12，三月十一日甲戌所载为：“诏臣僚军班子弟、武学生员、百姓有保识者，听赴教习马军所学马步射。”其下自注有“二月二十五日己未已罢教习马军所，此又云尔，当考”语，当即本条之所指。则“二月”乃“三月”之误。

35. 户马从王拱辰请，朱、墨本同，当考六月二十七、八月二十二、又二十七。本志云：又有物力户养马，今者自元丰三年诏（中略）。七年二月七日罢。（302/7360 - 40 自注）

此是元丰三年二月二十八日壬戌诏物力户养马条的自注。

“六月二十七”。下文 305/7431 - 74“开封府、京东西、河北、陕西、河东以物力户养马，可依逐路提举司所具当养匹数施行”之诏系于六月二十六日丁巳下、二十八日己未前，则“六月二十七”或是“六月二十六日”之误，或者下文所系诏前误脱“戊午”记日。其下亦有自注：“二月二十八日、八月二十二日、又二十七日，本志云：又有物力户养马令者，自元丰三年诏（中略）。七年二月七日罢。”可证本条“今者”乃“令者”之误，且当属上读。

两处自注中的“八月二十二日”，下文 307/7466 - 50 所载上批："近立京师诸路户马法（中略）宜令群牧司简（饶）[骁]骑以上马千匹定价与民交市（下略）。"或即其所指，然却系于八月十九日己酉下，二十一日辛亥前，而二十二日壬子并无与户马相关记事，则"八月二十二日"或是"八月十九日"之误。然此"八月十九日"条下亦有自注："二月二十八日、六月二十七日、八月二十二日、又二十七日。"竟也注有"八月二十二日"，则或疏于笔削所致。

至于前两处自注中之"七年二月七日罢"，下文 343/8238-24 实载于元丰七年二月八日丁丑，误差一日。其下自注，"五年二月二日"，"二日"为"五日"之误，"初置户马在三年二月二十九日"，"二十九日"为"二十八日"之误。

36. 诏权三司勾使李承之根磨提举京东、河北盐税司岁入课利以闻。（303/7380-26）

李承之自熙宁十年七月丁巳至元丰四年八月十八日壬申任三司长官，先称权发遣三司使，后称权三司使，偶有迳称三司使的，而称之为"三司勾使"，仅此一见。按：三司子司有勾院，由三司判官主判。熙宁十年八月设提举三司帐司、勾院、磨勘司，秩在判官上（284/6949-20），寻又仍依三司判官法差人（287/7023-2），然亦绝无称"勾使"的。"三司勾使"，其"勾"字显属误衍。

37. 元丰元年十月，除发运副使。十一月，以发运副使入为大理少卿。十二月，兼提举福建盐事。（303/7389-76 自注）

谓蹇周辅也。蹇周辅自发运副使入为大理少卿，上文 295/7185-45 载于元丰元年十二月十八日戊午，"十一月"当是"十二月"之误。他之以福建路转运使兼提举本路盐事，上文 290/7093-47 则系于元丰元年六月二十九日辛未，"十二月"又当是"六月"之误。惟其中"兼提举本路盐事"之"兼"误作"并"未作校正，"停藏负载之人，不以赦。前后三犯杖，皆编管邻州"标点有误，亦当正作:“停藏负载之人,不以赦前后,三犯杖皆编管邻州”。

38. 陆佃以三年正月由光禄寺丞详定《说文》,兼详定礼文,此必在三年正月后。(304/7401-行5自注)

本条正文为元丰三年五月二日甲子记事,先载张璪建议,接着追述此前陈襄、李清臣、王存、陆佃所言意见,然后以“佃等议未决,璪又兼详定,因建此议。于是礼官请如璪议”归结。而本条自注即置于陆佃所言之下。陆佃以详定《说文》兼详定郊庙奉祀礼文,上文296/7195-5系于元丰二年正月六日丙子,则自注中两处“三年”当皆“二年”之误。张璪兼详定礼文才在三年正月,见302/7349-48,又见304/7401-行7自注。

39. 光禄寺丞、知汝州襄城县于右追毁出身文字,除名,编管衡州。坐奸盗也。(304/7407-32)

其下自注:“九月十四日癸酉,责举主。”下文308/7485-25此日载举主张景宪、张利一被责,包括自注三次提及犯人,其名皆作“于石”或“石”。则“于右”“于石”,必有一误。

40. 三年正月十八日,以兵部员外郎张唐民,屯田员外郎、权发遣河北提点刑狱刘定,并权判都水监。(304/7412-60自注)

下文312/7579-29同一内容自注,“兵部员外郎张唐民”作“兵部郎中张唐民”,未详孰是。

41. 诏三司选官措置河北便籴。(305/7416-9)

其下自注:“四年三月十一日,差蹇周辅。”下文311/7550-11该日记事:“命权发遣度支副使蹇周辅兼措置河北籴便。”一作“便籴”,一作“籴便”,互异。按:主管此事的机构,无论是此时以前的提举河北籴便司,还是此时新设的措置河北籴便司,皆以“籴便”为名,当以“籴便”为正。

42. 六年九月,除为待制使。(305/7421-27自注)

谓吴居厚。下文333/8161－10元丰六年九月六日戊申,“权发遣京东转运副使吴居厚为天章阁待制、京东都转运使”,当即其所指。若须简之,当如327/7878－51自注所书,作:“六年九月,除待制,为使。”又,六年九月戊申条自注:“居厚以二年六月初除运判”,所指即本条,“二年”乃“三年”之误。

43. 诏:“河北、河东、陕西未置保甲,令监司、提举司岁分州县案阅。”从兵部请也。(305/7423－36)

《宋会要》职官44/52,“河北河东陕西未置保甲”作“广西梓夔利路保甲”,疑当以《会要》为正。盖河北、河东、陕西乃首置保甲路分,如上文263/6418－6熙宁八年闰四月二日癸巳自注所引沈括《自志》,即云:“朝廷新伍民兵,河北、河东、陕西得劲卒百万,谓之保甲。”怎能说是“未置保甲”? 而据《宋会要》兵2/17,与本条相关者实有两则记事:“十三日,诏河北、河东、陕西未置保甲以前义勇冬教所费钱粮,令逐路转运司依旧数管认。同日,诏广南、梓、夔、利州路保甲,令监司、提举官岁分州县按阅。从兵部请也。”似两则记事皆已录入本书,而在誊录或传抄过程中复脱自“以前”至“保甲”凡33字,遂误合两条为一条,以致不通也。

44. 熙宁十年九月十九日,十年九月二十三日(下略)。(305/7427－55自注)

此是元丰三年六月十八日己酉记事下自注,所记为教习马军所事。上文“十年九月十九日”未检到与教习马军所有关记事。而256/6260－66却载:熙宁七年九月十九日甲寅,“诏已选差教马军使臣,所有合教事艺,宜令曾孝宽、张诚一同郝质、贾逵速详定闻奏”。其下自注:“此据《御集》七十三卷七年九月十九日手札。教马军事自此始。《实录》不书,今追书之。熙宁十年九月庚午以后至元丰六年二月戊申,并合参考。”庚午,二十三日也。显即本条自注之所指。则“十年九月十九日”，“十年”乃“七年”之误。惟其中“二月戊申”，核以下文333/8013－3、4，8016－15诸条所载，当是“二月辛亥”之误。

45. 内殿承制王舜封管押医药使高丽回，以为閤门通事舍人，勾当御前忠佐军头引见司、医官等，转资，锡金、服有差。（306/7436－1）

“勾当御前忠佐军头引见司医官等”下有校勘记：“按：宋制，差遣从无‘等’字。据《通考》卷五五《职官考》‘宋制，翰林医官院使、副各二人，并领院事，以尚药、奉御充，或有加诸司使者’，疑此处‘等’为‘院’之误。”今按：说误。王舜封是“管押医药使高丽回”受奖的。据上文293/7156－51，他管押前去的翰林医官有邢慥、邵化及秦玠等。使回，王舜封徙閤门通事舍人、勾当御前忠佐军头引见司。《宋会要》职官36/81《神宗正史职官志》：“军头引见司，勾当官五人，以内侍省都知、押班及閤门通事舍人以上充，品视其官。”“勾当御前忠佐军头司”是王舜封的新差遣，而“閤门通事舍人”则是其带职。管押者如此，被管押前去的医官及其他人等如何呢？“医官等转资、赐金服有差。”点校者对史文理解既误，标点随着亦误。若将“引见司”下的顿号改为逗号，“医官等”下的逗号删去，校勘记的疑问即不复有存在的馀地。

46. 检正中书户房公事毕仲衍上所修《备对》。（307/7456－33）

上文287/7030－43命向宗儒、毕仲衍并编修《中书备对》条自注：“三年八月十一日，书成。”《宋会要》职官3/8，“八月十日……（辛）［毕］仲衍上所修《备对》”。本条今系于元丰三年八月十日庚子下，十二日壬寅前，或其上误脱“辛丑”未书，或上文自注“十一日”乃“十日”之误。

47. 自来大礼加功臣阶、勋，食邑实封凡五等。今已罢功臣及

以阶易官即止有勋,及食邑实封凡三等。(下略)(308/7484-28)

此谓大礼加恩,旧有五等,即功臣、阶、勋、食邑、实封。今议改官制,已罢功臣号,又以阶易官,只剩三等,即勋、食邑、实封。本条标点当正作:自来大礼加功臣、阶、勋、食邑、实封,凡五等。今已罢功臣,及以阶易官,即止有勋及食邑、实封,凡三等(下略)。

48. 泾原路督总管司、走马承受梁安礼奏,本路粟、麻、荞麦、大豆等丰熟。(309/7498-33)

据《宋会要》食货39/32,"督总管司"乃"都总管司"之误,"麻"乃"床"之误。床即糜也。又"司""走"间顿号当去。

49. 四年三月庚子,惇罢政。(310/7527-23 自注)

谓章惇也。据下文311/7551-14,参知政事章惇罢知蔡州实载于元丰四年三月十六日癸卯,而"庚子"则此月十三日。其下自注:"之道致意朱服事,在去年十二月二十五日。"即见本条正文,非"二十五日",乃"二十三日"也。

50. 七月十七日,改河中钤辖。五年四月甲寅,遣宇文昌龄勘绍能于鄜州。(311/7547-19 自注)

谓刘绍能。下文316/7644-40:"鄜延路转运司言:已差左藏库使、英州刺史、鄜延路钤辖兼第三副将刘绍能权河中府都监。"当即其所指。然所改乃"河中都监"非"河中钤辖",且系于此年九月十七日庚子,是"九月"而非"七月"也。其下亦有自注:"五年四月三日,乃遣宇文昌龄往麟州置狱。"三日即甲寅,然又有"鄜州"与"麟州"之异。下文325/7816-7元丰五年四月三日甲寅,"遣御史宇文昌龄鞫鄜延钤辖刘绍能于鄜州",明作"麟州"误。

51. 三年六月四日,诏三司迁官。(中略)此年十二月二十二日修仓,限三年毕。(311/7550-11 自注)

此是元丰四年三月十一日戊戌,命权发遣度支副使蹇周辅兼措置河北籴便条的自注。据上文305/7416－9元丰三年六月四日乙未所载,本条“迁官”显是“选官”之误。另,据下文312/7572－45、321/7748－58,诏修仓乃此年四月二十八日乙酉,而十二月二十二日甲戌之诏乃修仓限三年毕,则本条“修仓”二字当属下读。

52. 夏四月己未,提举京城所言:“京城下创初营葺课利,每岁定收十二万缗。元管勾官吏乞赐优奖。自今每年止收及十二万缗,更不酬奖。”诏催驱课利,点检收纳。

供备副使董嘉言迁西京左藏库副使,提举宋用臣赐宅基一所,勾当使臣迁资、减磨勘年有差。(312/7559－1、2)

《宋会要》方域4/23载:元丰“四年四月二日,赐提举京城所宋用臣宅基一所,以京城下创营课利优奖故也”。己未即二日。明此乃不可分割之同一记事,今作两条显误。上文310/7528－25载元丰三年十二月二十五日癸未“上批:供备库副使董嘉言差管勾京城四壁兼房园课利,内藏库使、庆州团练使宋用臣,可依旧京城所职任,仍改提辖为提举”。则本条“催驱课利、点检收纳”当是董嘉言在京城所的任职,当冠于“供备副使董嘉言”之上,其句下之逗号、句号皆当相应改为顿号,且不分行另段另条。

53. 又三年七月庚子当并考。(312/7572－44自注)

“庚子”为“庚午”之误。该月壬戌朔,月内无庚子日。本条正文为:元丰四年四月“乙酉,澶州言河决小吴埽”。而306/7438－15元丰三年七月九日庚午所载则为:“都水监言澶州孙村、陈埽及大吴、小吴埽河决。”其下自注:“此据朱本。《旧纪》及《新纪》并书河决澶州孙村,明年四月乙酉乃书决小吴埽。”正是须当“并考”之记事。

54. 又此年三月十一日、并六年七月十一日注并合参考。(312/7573－45自注)

此年三月十一日戊戌命蹇周辅措置河北籴便，六年七月二十一日甲子召蹇周辅为户部侍郎，以吴雍措置籴便代之，而七月十一日甲寅则绝无任何记事，“七月十一日”当是“七月二十一日”之误。

55. 遣入内供奉官、勾当御药院窦仕宣监塞小吴埽决河。马军副都指挥使燕达、都大提举河北转运副使周华言：“小吴埽决（下略）。”（312/7573－2）

“周华”，《宋会要》方域15/6作“周革”。上文302/7348－41载：“司封郎中、提举京东、河北路盐税周革权河北转运副使、兼提举盐税。”当即此人始任河北转运副使之记事，其名亦作“革”。“华”当是“革”之误。上文224/5439－2亦曾误作“周华”，点校者已据阁本及《会要》校正。本条却失校。下文329/7924－61言及之“前河北转运副使周鞏”，据《宋会要》方域13/6、13/23，亦“周革”之误，亦失校。又，“都大提举”乃燕达之差遣，谓都大提举塞小吴埽决河也。而“小吴埽决”云云，则河北转运副使周革一人之言，本条标点须作相应更正。

56. 据六月十六日《御集》，环庆走马承受陆中奏：“今月七日，经略使俞充身亡，乞速差官。”诏差赵卨。今依附七日甲戌。（313/7585－行15自注）

按：今实载于“壬戌”下。此月丙辰朔，“甲戌”乃十九日，“七日”当是壬戌。又，下文313/7596－57自注“此月十日壬戌俞充奏疏（中略）并合参考”，即指本条正文，却又误“七日壬戌”为“十日壬戌”。

57. 应降附并边部族，其少壮驱以从军，老小遣使近城砦，给口食安存之。（314/7601－行4）

下文315/7628－51有“昨降指挥，止为招到並边部族少壮从军，老小等从便近城寨安存”语。《宋会要》兵8/23，“并边”作“並边”,“遣使近”“从便近”作“迁近便”,互相比照,似当以《会要》为正,唯“便近”“近便”则两可。

58. 内澶州以八月中旬起发,令狄谘、刘定部领;泽州九月上旬起发,令王崇极部领赴阙。(314/7602－16)

谓引呈所教义勇节级、保甲大保长武艺也。部领者为该路之提举义勇保甲。其始命见305/7424－41,狄谘河北西路,刘定河北东路,泽州所在之河东路为王崇拯。此人提举河东义勇保甲在书中多次出现,最后一次见346/8304－5,其名皆作“王崇拯”,唯此一处作“王崇极”,显误。

59. 夔州路转运司言:“彭孙不取南平路入蛮界,已指挥所差顾夫及牛马于归、涪、忠等州。”上批:“近指挥彭孙,止令择便路进讨,南平可出贼不意,亦不失诏旨。未审转运司既未见彭孙指定进兵路分,凭何便称不由南平,仍擅放运粮人夫?(下略)”(314/7605－27)

“已指挥”句语欠通,上批:“擅放运粮人夫”语亦无着落。《宋会要》食货49/19,“于归、涪、忠等州”作“已放归涪、忠等州”,则“于”乃“放”形近致误,而“归”亦非地名。是时归州隶属荆湖北路,其夫畜非夔州路转运司所能差顾。又,《会要》“进讨”“南平”间有“苟”字,义长。

60. 诏:“鄜延、环庆、泾原、熙河、麟府路各给诸司使至内殿崇班敕告,自东头供奉官至三班奉职、军头二百,鄜延路别给三班借职至殿侍、军大将札子百。(下略)”(314/7609－42)

《宋会要》兵18/6,“敕告”下有“百”字,“军头”作“宣头”。下文315/7620－19,“高遵裕乞降空名敕告、宣札、紫衣师号敕、度僧牒。诏更给敕告、宣头、札子八百五十,紫衣师号敕、度牒八百”。325/7830－66“降告七十五道、敕三十道、宣四百八十七道、札子八十六道付沈括，赏曲珍出塞时立功将官”。可见当时用作酬奖的空名凭证计有敕、告、宣头、札子等。当以《会要》为正。又“奉职”下顿号当删。

61. 元丰二年十月四日，泗州初置；三年二月二十四日，京城外置。（315/7620－20 自注）

此元丰四年八月辛酉条之自注。“三年二月二十四日”下有校勘记，谓“‘二月’二字原脱，据下文己巳条李焘注补。”下文 315/7627－49 己巳条的自注如下：“二年十月四日，泗州初置堆垛场；三年二月二十四日，置京师堆垛场。”其中“二年十月四日”下亦有校勘记，谓：“‘二’原作‘三’，据上文辛酉条及《宋史》卷一八六《食货志》改。”辛酉条即本条。点校者已将辛酉、己巳两条自注互校矣，惜未同时取有关正文互校。上文 300/7307－10 泗州堆垛场确置于元丰二年十月四日己亥，而 303/7370－31 京师堆垛场之置，却载于元丰三年三月二十四日丁亥。己巳条自注误“三月”为“二月”，点校者对之不仅未作校正，反而以之为据对辛酉条的自注作了错误的校补。

62. 十一日丙午，刘惟简乞均赐病还军士，当考。（315/7625－37 自注）

此是十二日丙寅记事的自注。若十一日确有可考之事，则本可连类而书，何劳加注提示。且十二日既是丙寅，则绝不可能再有干支丙午的十一日。“刘惟简乞均赐病还军士”，下文 320/7728－80 实连书于此年十一月二十四日丙午记事下，则“十一日”乃“十一月”之误。

63. 事始在二月二十一日戊申。（315/7629－56 自注）

据上文 311/7554－28，“二月”乃“三月”之误。

64. 事在十一月乙丑。（315/7630－60 自注）

谓“彭孙奏,欲取泸州合江路讨贼”事。按,上文315/7625-35实载于此月十一日乙丑,则“十一月”乃“十一日”之误。又,彼处于彭孙之奏,载曰:“从之。后一日,罢之。”自注:“事在乙亥二十一日。”即本条。自“乙丑”至“乙亥”已一十一日,“后一日”疑是“后十一日”之误。

65. 佛泥国遣使入贡。(315/7635-76)

此是元丰四年八月月末记事。自注:“明年十二月二日,使人乃归。”下文331/7968-12元丰五年十二月二日己卯,“勃泥国进奉使言,乞自泉州乘船归国。从之”。自注:“去年八月末,入贡。”则“佛泥”“勃泥”乃对同一国度的称谓,而用字却未能划一。

66.《廉传》云:“中正军溃,归罪于廉,乃遣中贵人就诘,廉谢不辨,遂下路狱。”考路狱兴于十月十二日,此时中正犹未渡无定河。(317/7675-行12自注)

其中两见“路狱”,其事即正文所述“令[赵]禼选官于潞州置司,械陈安石、黄廉劾罪……上续批:‘陈安石、黄廉可且令送狱收禁劾之。’”则皆“潞狱”之误。

67. 星多哩鼎又见五年十一月己巳。(319/7709-29自注)

实又见该月二十八日乙巳,331/7978-70。

68. 今兰州贼中窖积,悉经官军开发,所馀无几。(321/7751-行3)

“兰州”下有脱文。据《宋会要》兵28/26,所脱为:“西使,既已筑城,独灵州未下。然自兰会至天(部)[都],北入灵州。”

69. 十四日乙未,手诏同遣珍。(324/7809-51自注)

此是此月二十六日丁未“诏沈括:曲珍军马出塞已还帅府”云云条自注。上文324/7802-17所载十四日乙未手诏云:“闻已遣曲珍部领兵马前讨近界屯聚贼党,珍系本路副帅,事体至重,非全师出境,不可容易轻发。宜速谕止,令董率将领于并塞遥为声援,止使裨将出界讨除,仍诫之伺便安稳取胜,勿得轻敌,有误国事。”则“同遣珍”显是“止遣珍”之误。

70. 此据田畫所作《安礼行状》。(325/7814-行10自注)

“田畫”下有校勘记,谓:“原作‘田晝’,据本书卷三二六元丰五年五月丁未条、卷三二七元丰五年六月乙卯条、卷三三〇元丰五年十月癸酉条李焘注改。”今按:此人首见于41/868-8自注,原作“田畫”,已改作“田晝”,其下亦有校勘记,谓:“原作‘田畫’,据《东都事略》卷一〇〇、《宋史》卷三四五本传及《长编纪事本末》卷一〇《奖用贤臣》改。又《宋史》卷二〇八并著录《田晝集》。”而当126/2979-38自注再次出现时,却仍作“田畫”,未加订改。待至301/7337-行2自注第三次又作“田畫”出现时,虽未更改,而其下又加有如下的校勘记:“阁本作‘田晝’。按《宋史》卷三四五有《田晝传》,卷二〇八《艺文志》有《田晝集》二卷,疑是。下同。”既云“下同”,则下文作“田畫”者疑皆“田晝”之误矣。而本条却又把上文一再校正的字又颠倒了过来,使读者究应何所适从。

71. 元年正月十三日,有旨讨论;三年闰九月二十五日,初有旨编类。(325/7819-19自注)

谓《郊庙奉祀礼文》也。“元年正月十三日”,上文287/7012-11系于该月戊午。卷内未载此月朔日干支,然据7018页41条以“元丰元年正月二十一日手札”系于丁卯推算,当是丁未朔,戊午为十二日,却误作“十三日”。又上文286/6999-33熙宁十年十二月十八日甲午条自注“明年二月戊午,置详定所”,“正月”又误作“二月”。

72. 壬午,诏:“(上略)浸迷大原,遂乱名实(中略)新除省、台、寺、谏、监官,详定官制所已著所掌职事,如被选之人不徇循守法,

敢有僭紊(下略)。”(326/7838－8)

此诏又见《宋大诏令集》162/616、《宋会要》职官56/9、庞元英《文昌杂录》1/1,“大原”“省台寺谏监”“不徇循守法”,三书皆作“本原”“省台寺监”“不循分守”,本书显有讹误。

73. 晞被掳,已见四月十九日庚子,此但合著被杀及赠官事。(327/7877－40自注)

谓孙晞也。此年四月壬子朔,月内无庚子日。惟三月十九日为庚子。324/7805－34此日载李宪上报“(裕勒藏喀木)[禹藏苑麻]约三月辛卯于坚博投附”的同时,且言及:“其情决是诈降,与诱误孙晞事体无异。”答诏亦提及:“孙晞见执,自是率易过河,即非为贼诱致。”其被掳已是既成事实,非被掳事始载于此日也。其下自注:“孙晞事见三月四日,又六月十二日。”“六月十二日”即本条,而324/7795－2“三月四日”乙酉所载才是孙晞被掳事初见。

74. 元丰元年正月十六日辛卯,京初建言。(328/7897－32自注)

上文287/7031－47实载于该年闰正月十六日辛卯,“正月”上误脱“闰”字。

75. 御史王亘言(下略)。(328/7904－58)

此元丰五年七月二十一日庚子记事。下文自注一再提及此日此人之言,如339/8161－8、373/9025－4,其名皆作“王桓”。《宋会要》食货43/3、方域16/21记此事,亦皆作“王桓”。本书下文载此人事,亦概作“王桓”。“亘”当是“桓”之误。上文324/7802－13,元丰五年三月十一日壬辰,此人始任权监察御史里行,其名亦已误作“亘”。

76. 七月辛巳,劾威,谢麟经制;四年十二月丁卯,彭孙责金州监,当考。(328/7907－81自注)

谢麟经制宜州溪峒事，确在此年七月二日辛巳，见 328/7890-1；而“刘威候到桂州，械系劾之”实系于六月二十四日甲戌，见 327/7884-71。又，“责金州监”，“监”系“监当”之误，见上文 321/7744-36，又见下文 349/8378-行 7 自注。按，本条此处“当”字当重出，或被误认为衍出而错删。

77. 五月五日、八月七日当考。（329/7930-21 自注）

“五月五日”下有校勘记，谓“本书卷三四四元丰七年三月壬戌（二十三日）条李焘注同。阁本及本卷元丰五年八月丙辰（七日）条李焘注均作‘二月五日’。”本校未尽，且未有结论。今按：正文所载为元丰五年九月十四日壬辰有关户马法的诏令。“当考”之“五月五日”“八月七日”，所指当皆是元丰五年的月日，后者，上文 329/7918-33 也确实载于元丰五年八月七日丙辰，至于前者，则元丰五年之“五月五日”或“二月五日”，却皆未见记载，而实见于 343/8238-25 元丰七年二月八日丁丑。正文以“先是”领起，载霍翔、吴居厚言及手诏，然后以“时五年二月也。于是悉施行之”作结。其下自注：“《旧录》载霍翔奏及手诏，并于五年二月五日丁未，朱本移入七年二月五日甲戌，今附八日丁丑。又疑手诏不在五年，当是六年冬末或七年春初也。”345/8294-68 自注又言：“五年二月五日丁巳，霍翔陈请已移入七年二月八日。”可见诸处有关此事的自注，皆据《旧录》而加，当以“二月五日”为正，作“五月五日”者误也。而本书正文的实际所在，则附载于元丰七年二月八日丁丑。

78. 十一月十一日，奉策应事。（330/7949-26 自注）

正文所载为范纯粹自权管勾陕西转运（通）判［官］徙陕西转运副使，下文 331/7972-34“十一月十一日”所载为范纯粹之奏，其主旨论陕西诸路兵将间的互相应援，节次策应。“奉”显是“奏”形近致误。

79. 四月二十七日庚午,已除王光祖知泸州。今十二月十一日丁巳,克明以知泸州论事。其月十九日庚申,又书光祖知泸州,不知何故。今削去庚申所书。(331/7984－18 自注)

"王光祖知泸州",上文 325/7822－38 实载于此年四月十九日庚午,"二十七"乃"十九"之误。其下自注与本条自注几全同,亦有"十九日又书光祖知泸州"语,惟"十九日"下未书干支。按,此年十二月丁未朔,"庚申"为十四日,"十九日"乃乙丑。

80. 斌六年正月二十日为荣团;二月二十四日,为巡检使;八月二十四日,知邕州。(332/8003－行 1 自注)

谓和斌。"为巡检使",下文 333/8020－32 实载于二月十四日庚申,则"二月二十四日"乃"二月十四日"之误。其下自注:"正月十四日、八月二十四日,此可删。"其中"正月十四日"指本条正文,即"为荣团"月日,乃二十日丙申,则"正月十四日"乃"正月二十日"之误。又,下文 338/8153－66"知邕州"下自注:"正月二十日、二月十四日,此可删。"月日皆不误,亦可为佐证。

81. 置徐州宝丰监,岁铸钱三十万缗。(334/8030－3)

其下校勘记云:"'三十万缗',阁本及《玉海》卷一八〇《钱币》均作'四十万缗',《宋史》卷一八〇《食货志·钱币》宝丰下监铸'折二钱二十万缗'。"今按:宝丰监与宝丰下监非同一监。宝丰下监之置及"铸折二铁钱二十万缗",下文 345/8281－59 载于元丰七年五月二十五日甲午。

82. 鞫狱、言事御史轮治。(335/8066－行 8)

如所标点,似既有鞫狱御史,又有言事御史,由两者轮治疑狱。实大谬也。《宋会要》职官 17/13 载刑部起请,"鞫狱"上有"诸"字。下文 340/8179－13,御史中丞黄履上言,曾引述这一由刑部起请的敕条,作:"准敕,鞫诸狱,言事御史轮治。"其中"鞫诸狱",《宋会要》

职官 17/13 载黄履言，正作“诸鞫狱”，本书此处亦有失校正。黄履又接言：“缘御史共置九员，六员分领六察，其言事官止三员，员数至少。欲乞遇鞫狱，并言事、案察御史轮治。”则如标点所示之鞫狱御史实乌有也。本条“鞫狱”前须补“诸”字，其下之顿号须为逗号，不能以其乃区区一虚字、一顿逗而忽之也。

83. 四月二十日、八月二十一日、十月二十五日。（335/8070－48 自注）

“八月二十一日”，底本原作“八月二十二”，点校本已据 334/8051－43 此年四月丙寅自注及 338/8151－58 此年八月甲午正文校正。然“四月二十日”乃“四月二十一日”之误，却未一并校正。盖其所指即点校者引其自注为据之“四月丙寅”记事，而丙寅乃二十一日也。何况点校者引其正文为据之“八月甲午”记事，其下又有几乎雷同的自注，亦正作“四月二十一日丙寅”。

84. 知宜州和斌、通判黄陶相度宜州思恩、天河、河池、龙水等县（下略）。（335/8075－12）

此系元丰六年六月四日戊申记事。“黄陶”，《宋会要》兵 1/9 作“丰裪”。下文 406/9882－13 元祐二年十月七日丙戌又见“奉议郎、（道）［通］判宜州黄陶换授庄宅副使，充广南西路都监、兼知宾州”。《宋会要》职官 61/15 作“黄裪”。其知宾州与钱师孟知横州同制，见《栾城集》30/642，其名亦作“裪”。颇疑“黄陶”“丰裪”皆“黄裪”之误。又，上文 288/7041－7 元丰元年二月四日己酉，诏“前桂州观察支使黄裪等各循两资……以随军有劳也”，疑亦即此人。

85. 按四年九月二十三日，已修北京等处仓。（335/8080－29 自注）

上文 316/7652－68 实载于四年九月二十七日庚戌；312/

7572－45诏修盖瀛、定、澶三州仓条自注亦云:“九月二十七日云北京等处,当考。”“二十三日”当是“二十七日”之误。

86. 五月戊午、庚申,七年五月一日。(335/8085－47自注)

“五月戊午”,上文335/8068－37实载于五月十三日戊子,“戊午”为“戊子”之误。“庚申”乃六月十六日,事见335/8083－40,其上当误脱“六月”二字。“七年五月一日”,疑所指即345/8282－6所载,则五月二日庚子也。

87. 四月二十五日,详定所建议。(337/8117－14自注)

此乃诸皇后祔庙条自注。“详定所建议”,上文334/8039－53实载于此年三月二十五日庚子,其下自注:“七月十二日,祔庙”,底本原误作“十月”,点校本已据本条校正,而本条自注将“建议”时间“三月”误作“四月”,却未一并校正。

88. 九月七日己卯更详之。(338/8140－17自注)

九月癸卯朔,月内无己卯日。下文339/8163－19实系于九月己酉。己酉,七日也。339/8173－67九月二十七日己巳条自注,亦误“己酉”为“己卯”。

89. 权管秦凤路经略司吕温卿。(339/8168－45)

下文340/8188－58见“权发遣秦凤等路提点刑狱、权管勾经略司吕温卿言”记事,则“管”下显脱“勾”字。

90. 元祐二年十月,行锷言。(341/8200－26自注)

正文所载为知密州范锷奏请于密州置市舶司、板桥镇置抽解务的建议。按:下文406/9889－27元祐二年十月甲辰所书乃“泉州增置市舶,从户部尚书李常请也”。而“行锷言”于密州板桥置市舶司则载于409/9956－28元祐三年三月十八日乙丑。

91. 此月十四日、十六日、四月一日可并考。(343/8235－3自注)

此乃元丰七年二月一日庚午河北保甲劫民财物记事下自注。“四月一日”，下文345/8271－5实载于四月二日辛未。其下自注：“二月一日、十四日、十六日，并四月二日、十二日，可参考别修。”即以此日为“四月二日”。又，下文343/8243－44此月十四日记事下自注：“此月一日、十七日、又四月二日观城事，并十四日朝城、临漳等事可考。”亦正作“四月二日”，而“十七日”与本条“十六日”异。按，下文8246－48实载于十六日乙酉，当以“十六日”为正。另，“朝城、临漳等事”，下文345/8274－25实载于四月十二日辛巳，“并十四日”当是“并十二日”之误。

92. 上谕安焘敕、令、格、式，已见二年六月一十四日。（344/8254－行14自注）

实见该月“二十四日”，见298/7259－43正文，294/7169－34、304/7407－34两处自注。

93. 毕仲游云云，当其览使归时。（344/8267－54自注）

“其”当是“具”之误。下文345/8284－24载孙览奉使荆湖相度公事还云云，自注：“此据毕仲游志览墓附见五月十一日览奏请后。”即其所指。

94. 天锡后无闻，或当删去，并十月庚辰其弟天申。（345/8273－18自注）

此是四月八日丁丑“赐饶州童子朱天锡《五经》出身”条自注，时“天锡年九岁”。下文349/8370－33十月十四日庚辰又载饶州童子朱天申赐《五经》出身，“天申，天锡再从兄。礼部言，天申年十二，试诵十经通也”。则天申比天锡大三岁，是天锡再从兄，非“其弟”也。

95. 陕西转运副使、奉议郎范纯粹为左司员外郎。（345/8274－22）

此乃元丰七年四月十一日庚辰记事。下文346/8306－12同年六月四日壬申“奉议郎、右司员外郎范纯粹权发遣河东转运副使。已而不行”。其下自注:“七月四日,复为右司郎中。”问题有二:一是范纯粹自陕西转运副使入为“左司员外郎”还是“右司员外郎”?二是,注文既曰“复为”,当是复为“右司员外郎”,为何又变成了“右司郎中”?下文347/8321－5七月四日辛丑所载确作“新河东转运副使范纯粹为右司郎中”,可是348/8347－27八月十四日辛巳任命他为贺辽正旦使时,其官衔仍是“试右司员外郎”,直至354/8475－30元丰八年四月十二日乙亥,仍见他自右司员外郎出为直龙图阁、京东路转运使。则云此前已为“右司郎中”,似误。至于初除究为“左司”还是“右司”员外郎,又似当以“右”为正。盖上文344/8260－行9自注亦言“纯粹八年四月十二日自右司出漕京东”,是“右司”而非“左司”也。

96. 五月四日奏到。《新纪》:夏人寇延州安塞堡,将军吕真败之。五月一日并十九日可考。(345/8280－54自注)

正文为四月二十四日“癸巳,西夏犯安塞堡”。下文8282－8五月四日壬寅,手诏知延州刘昌祚,有“去月癸巳,西贼犯安寨堡”语,其下自注:“此据张舜民《墓志》,《昌祚传》亦同。《新、旧纪》已见四月二十四日癸巳,又五月十九日丁巳可考。”当即本条“五月一日”之所指。盖“五月四日奏到”,同日即颁出手诏,记事且有所追述也。下文8287－42五月十九日丁巳自注:“四月二十四日并此月四日可考。”足见“五月一日”乃“五月四日”之误。又手诏“安寨堡”,当据另两条正文,正作“安塞堡”。

97. 开路功此十月一日己酉、二十七日乙丑(下略)。(345/8286－27自注)

此下有校勘记,谓:“疑‘此’下脱‘年’字。又元丰七年十月丁卯朔，二十七日癸巳，此处日期有误。”今按，校勘记误。上文8284－24此月十一日己酉载荆湖相度公事孙览言，有“自诚州至融州融江口十一程，可通广西盐，乞许入钱于诚州买钞，融江口支盐”语。下文8293－62此月二十七日乙丑，程节、程遵彦、温杲、刘舜宾、杜临等迁官，有“以经略使熊本上招纳融州溪峒、通道置驿功毕，故赏之”语。皆是与熊本“开路功”相关记事，且日期干支相符，即本条自注之所指也。则非“此”字下脱“年”字，乃“十”与“月”误倒也。

98. 河北盐法渐已就绪，乞自大名府澶、恩、信、安、雄、霸、瀛、莫、冀等州军，尽行榷卖。（347/8336－61）

如所标点，“信、安”亦是二州名，然河北路实无信州并安州，而有“信安军”，则“信”“安”间顿号显属误加。

99.《嘉州编录册》，置场中镇买马，在十月二十九日，合附本月日。元祐七年七月二十三日，废罢。（348/8361－54自注）

下文349/8378－57，即中镇置场买马条，亦有自注：“此据《嘉州编录册》增入，乃七年十月二十九日敕也。九月二十八日，王存云云。元祐元年七月二十一日罢。”其中“王存”与本条正文作“王叙”异，似当以“王叙”为正。废罢年日亦异，按下文383/9324－2实载于元祐元年七月二十一丙子，则本条“元祐七年”乃“元祐元年”之误，“二十三日”乃“二十一日”之误。

100. 南路八州，随、唐、房州旧不差夫，金、均、郢、襄州丁多夫少。（350/8389－45）

“八州”下有校勘记：“下文仅列七州，据《宋史》卷八五《地理志》及《九域志》卷一，京西南路八州为襄、邓、随、金、房、均、郢、唐州。”然所脱之“邓”州该补于“旧不差夫”之列，还是“丁多夫少”之列，仍是不清楚的。若据《宋会要》方域15/10，则“邓”位于“郢”“襄”之间，惜未取校。

《三朝北盟会编》许刻本卷首彭元瑞题识志疑

《三朝北盟会编》光绪三十四年戊申(1908)清苑许涵度刻本是以豫章陶家瑶所藏旧抄本为底本刊行的,卷首影刻附载有乾隆四年己未(1739)吴城、乾隆十年乙丑(1745)瓯亭(吴城之号)、乾隆三十六年辛卯(1771)朱文藻、乾隆四十一年丙申(1776)小谷(吴玉墀之号)、乾隆五十二年丁未(1787)[彭]元瑞诸家题识,其中彭元瑞题识全文如下:

> 此书经武林吴氏、吴门朱氏传校数过,取证多本,予得之复有增益。世无剞劂,辗转误抄,斯其最善矣。乾隆丁未详校《四库全书》,以此帙为底本,平宽夫、陈伯恭两学士删其偏谬之辞,对音改从《钦定国语解》,重抄入文渊阁者是也。既竟,附志。重阳后七日,元瑞并书。

近人据此题识,有认为许刻底本即"四库底本"者,笔者不无怀疑。题识说的"重抄入文渊阁",笔者也存有疑问。今不揣浅陋,分别申述于下,敬请批评。

一、是“四库底本”吗？

许刻所据之陶家瑶藏旧抄，1939 年 12 月 19 日傅增湘犹曾见之，其题跋谓：此旧写本“旧人以朱笔校过，四库馆臣又以墨笔删改一通。据卷首跋语，知朱笔所校为吴瓯亭、朱映漘、江艮庭、吴小谷诸人，墨笔改窜则出平宽夫、陈伯恭二学士也。豫章陶君家瑶旧藏此本，光绪戊申许涵度任四川布政时曾开雕是书，即据此本校勘付梓，视粤中活字本远胜。今夕饮于陈幼孳家，陶君适同坐，携以相示，因记于册。”又谓：“此本虽传钞略晚，然经诸家详校，又为馆臣删削之底本，可以得其避忌窜易之迹，亦足贵矣。”①

此本今日仍存，已入藏上海图书馆。《中国古籍善本书目》著录此本，有如下说明：

> 宋徐梦莘撰　清抄本［四库底本］　清吴城、朱文藻、彭元瑞校并跋　傅增湘、张元济跋②

据《四库全书总目》卷首开列的乾隆四十七年“办理四库全书在事诸臣职名”，彭元瑞是“副总裁”，陈崇本（字伯恭）是“翰林院提调官”，平恕（字宽夫）是“校勘永乐大典纂修兼分校官”，确都是四库全书馆的馆臣。以彭元瑞的题识为据，如傅增湘那样，说此本“四库馆臣又以墨笔删改一通”，“为馆臣删削之底本，可以得其避忌窜易之迹”，也是可以的。但如果像《善本书目》这样径将此本鉴定为“四库底本”，在没有提供更确切的证据，如篇首是否钤有翰林

---

① 傅增湘《藏园群书经眼录》，第 255、257 页。
② 中国古籍善本书目编辑委员会编《中国古籍善本书目·史部》，第 150 页。

院印,面页是否载有进书年月姓名[①]以前,从其他种种迹象来看,却是值得怀疑的。

《四库全书》"凡例"第七则:"每书名之下,钦遵谕旨,各注某家藏本,以不没所自。其坊刻之书不可专题一家者,则注曰通行本。"[②]今《四库全书总目》卷四九史部纪事本末类"《三朝北盟会编》二百五十卷"条下所注为:"左都御史张若淮家藏本。"而《四库采进书目》有"总裁张交出书目(计共十八种)",其中亦确有"《三朝北盟会编》二十本"。[③] 按:刘统勋等奏请令京官将藏书目录抄送,"择其未经见之书暂为借存,给予照票,每积有四五十部,汇单奏闻一次",乃乾隆三十八年四月初三日事,至乾隆四十二年八月十九日,已有"在京大臣等呈进书籍亦著发还本家"上谕;而张若淮乃乾隆三十八年闰三月十一日添派为副总裁,至乾隆四十一年九月二十四日,以"年逾七旬","不必办理四库全书总裁事务"被解除。(《档案》,第92、682页,第73、537页)则《采进书目》中的"总裁张"即张若淮也。可见在《四库全书》中,《三朝北盟会编》的底本乃张若淮家藏本,而非许刻本之底本原吴本。

《四库采进书目》出版说明曾指出,《总目》所注与实际所收亦有不相应者,"例如:宗懔《荆楚岁时记》进呈的有《汉魏丛书》本、《宝颜堂秘笈》本,四库所收为宝颜堂本,而《提要》所据为《汉魏丛书》本,以致所言不相应"。若就《三朝北盟会编》而言,其《总目》所注虽为"张若淮家藏本",而其所据实为许刻本之底本

---

① 乾隆三十九年五月十四日上谕提及:"复命将进到各书,于篇首用翰林院印,并加钤记,载明年月姓名于面页,俟将来办竣后,仍给还各本家,自行收藏。"载中国第一历史档案馆编《纂修四库全书档案》,第211页。后来乾隆四十五年、五十二年两次清查底本,亦皆以此为主要凭据,见同书,第1152、1156、1164页,第2033、2048、2053页。

② 永瑢等撰《四库全书总目》,卷首第17页中栏。"谕旨"指乾隆三十九年七月二十五上谕,见《档案》,第228页。

③ 吴慰祖校订《四库采进书目》,第172页。

原吴本,也不是绝对没有可能的。只是这一可能性实际上却等于零。

从许刻本卷首影刻之诸家题识来看,“乾隆已未冬日吴城记”提到:“世无印本,传抄日久,脱落淆乱,不仅鲁鱼帝虎之憾。而编内所引群书,存者又十不得三四,无从是正。其有散见文集、说部、志乘中者,悉行校勘,庶称善本云。”“乾隆乙丑中秋后三日瓯亭又记”复提到:“今年夏江声先生借观,复改正不下百馀字,其有功于是书不浅。”表明此书迄属吴氏所有,是其家藏善本。其下复有“乾隆丙申夏,小谷复校”一行题识。“小谷”为吴玉墀之号,而吴城与吴玉墀乃兄弟行,皆瓶花斋主人吴焯之子。[①] 而在“瓯亭又记”与“小谷复校”之间,另有“乾隆辛卯秋,朱文藻校于汪氏书斋”一行题识。朱文藻,字映漘,浙江仁和人。[②] “汪氏书斋”当指汪宪、汪如瑮父子的书斋。汪宪,钱塘人,“性好蓄书,丹铅多善本”。“家有静寄东轩,具花木水石之胜。朱文藻常介严可均见宪,宪即馆之东轩。偕同志数人,日夕讨论经史疑义,又悉发所藏秘籍,相与校雠。”汪宪针对徐锴《说文系传》著《说文系传考异》四卷,“又属朱文藻采诸家评论《系传》之辞及锴兄弟轶事为附录二卷”。[③] 朱文藻既在汪氏书斋校雠此书,则在“小谷复校”之前,此书或者一度曾归汪氏所有。不过最大的可能,亦当有如江声,乃是“借观”。傅增湘1939年获见此本时,曾记下:“其藏印有:‘吴城’、‘敦复’、‘吴玉墀印’、‘兰林’、‘愿流传勿损污’、‘南昌彭氏’、‘知道圣斋藏书’、‘遇者善读’。”[④]其中“敦夏”系吴城之字,“兰林”系吴玉墀之字,“知道圣斋”系彭元瑞斋名。可证此本在彭元瑞“得之”之前,只曾在吴

① 丁申《武林藏书录》卷下《绣谷瓶花斋》。
② 彭元瑞题识谓“吴门朱氏”,若非指其族望而言,即属误记。
③ 中华书局编《清史列传》卷七二《汪宪传》。
④ 傅增湘《藏园群书经眼录》,第256页。

城、吴玉墀兄弟间授受，而未尝一度归属汪氏也。而彭元瑞之获得此本，当在他“充浙江乡试正考官，寻奉视学浙江之命”，即乾隆四十二年六月至四十五年三月期间。[①]

乾隆三十八年四月十三日浙江巡抚三宝奏折提到：省城“藏书颇富”五家进呈的书籍，“计鲍士恭家有六百二十六种，吴玉墀家有三百五种，汪启淑家有五百二十四种，孙仰曾家有二百三十一种，汪如瑮家有二百十九种，共一千五百零九种”。（《档案》，第97页）其书目详具《四库采进书目》第80—107页。其中，吴玉墀、汪如瑮两家呈送书目中皆不见《三朝北盟会编》，惟汪启淑家呈送书目中有“《三朝北盟会编》五十本”（见第98页）。汪启淑，歙绵潭人，“治盐于浙，寓居钱塘。工诗好古，与顾之珽、朱樟、杭世骏、厉鹗诸人相唱和”。[②] 朱文藻与之素无瓜葛。汪启淑呈进之本分订为五十册，而后来归彭元瑞所有的吴氏所藏旧抄乃分订为三十册之本。[③] 则朱文藻校于汪氏书斋之本绝非汪启淑呈进之本，似可断言。呈进乃乾隆三十八年事，而吴氏藏本不仅有乾隆三十六年朱文藻题识，而且有乾隆四十一年吴玉墀题识，也可证此本未曾呈进，因而也就不可能成为“四库底本”。

《四库采进书目》载有当日采进的《三朝北盟会编》共五种。除上文已经提到的“总裁张交出书目”中的一种计二十本、“浙江省第四次汪启淑家呈送书目”中的一种计五十本外，另三种为“江苏省第一次书目”中一种计六十四本，“两淮盐政李呈送书目”中一种计三十二本，“山东巡抚呈送第一次书目”中一种计五十本（见第11、55、149页）。即使《四库全书总目》所注“右都御史张若溎家藏

---

① 中华书局编《清史列传》卷二六《彭元瑞传》。钱实甫编《清代职官年表》之乡试考官和学政年表，第2933、2674—2676页。

② 闵尔昌编《碑传集补》卷四五《汪启淑传》，出《徽州府志》。

③ 彭元瑞《知道圣斋书目》卷二史部：“《三朝北盟会编》，宋徐梦莘。三十本。”

本”与实际不相应，则相应者当在另四种之中，而不可能是压根未曾呈进的吴玉墀家藏本。

《三朝北盟会编》的体例，《四库全书》及《总目》列之于纪事本末类是不怎么妥当的，[①]当属编年体的别种纲目体。今许刻本于“纲”则顶格，“目”则另行皆低一格，若同一“纲”下“目”有多条，则每条另行，当仍存其所据底本原吴氏所藏旧抄之旧，而与见于影印文渊阁本者甚不相类。文渊阁本“纲”与“目”不分，以同一“纲”（有时以同一日）下之内容为一则记事，“纲”与“目”之间，各条“目”之间，皆空一字以示隔开，遇另一则记事始再另行。这当也是其所据底本原即如此，而非馆臣的有意更动。[②] 更可证许刻底本、原吴氏所藏旧抄本，确非“四库底本”。

《四库全书》第一分，即文渊阁本，完成于乾隆四十六年十二月。此月初六日，内阁奉上谕：“四库全书第一分，现在办理完竣，所有点校、分校人员等，着该总裁查明咨部，照例议叙。”（《档案》，第1446页）而《三朝北盟会编》，据书前提要，乃“乾隆四十六年四月恭校上”。虽然写定之时甚晚，但全书完成之日是业已抄校完毕了的。至于彭元瑞题识提到的“以此帙为底本”，平恕、陈崇本“删其偏谬之辞”等，如题识所明言，是“乾隆丁未详校《四库全书》”时事。乾隆丁未为乾隆五十二年，已在《全书》第一分完成六年之后。或者言者不察，将“详校”时用作底本的本子误认为即是全书修纂的底本了。只是彭元瑞此语亦有值得怀疑之处，如“重抄入文渊阁”云云，就尤其值得怀疑。

---

① 参考余嘉锡《四库全书辨证》，第231页。

② 笔者获见之原杭州大学图书馆所藏、原玉海楼旧藏之旧抄本，即与文渊阁本格式相同。

二、"重钞入文渊阁"了没有？

彭元瑞乾隆四十八年十一月初八日被正式任命为四库全书馆副总裁，①已是全书第一分即文渊阁本完成以后的事。到乾隆五十二年五至八月"详校"文渊、文源两阁全书时，②他实际上成了最后核定全书内容文字改删与否及如何改删的主要负责人。③《三朝北盟会编》许刻本卷首的彭元瑞题识，就是他以这样的身份于事竟之日写下的。

题识中提到"平宽夫、陈伯恭两学士删其偏谬之辞"，可信许刻底本"墨笔改窜"及许刻本中注明"改""删"之处，当出自平恕、陈崇本二人之手。在乾隆五十二年五月二十三日永瑢等奏现办复校文渊文源两阁书籍事宜折所附清单一的"看书各员名单"中"翰詹五十员"下，虽然列有侍讲学士平恕、侍讲陈崇本二人之名，但具体校阅《三朝北盟会编》者却未必即是此二人。据文渊阁本书前副页诸署名，其"总校官检讨臣何思钧。校对官中书臣杨世纶"各册全同，参照乾隆四十六年七月十六日军机大臣奏查明四至六月所进书籍错误次数请将总裁等交部察议片（《档案》，第1381页），知系文渊阁本初完成时署名。誊录监生姓名约三数册一换，无关紧要。

---

① 此前乾四十四年二月十二日军机大臣缮呈满汉三品以上大臣兼与未兼全书馆人员名单，其现充四库全书馆总裁名单中有侍郎彭元瑞，下注"差"字（《档案》，第1002页），指时正被差在外任浙江学政，后改江苏学政，未在馆中。乾隆四十七年七月十九日奉旨开列办理四库全书在事诸臣职名，"副总裁"栏亦见吏部侍郎彭元瑞（《总目》卷首第11页下栏），情况与上相同。直至乾四十八年十月江苏学政卸任回京，面奉谕旨，令其办理四库全书，才发布了这项正式任命，见《档案》，第1750—1751页。

② 关于此次"详校"的缘起，见乾五十二年五月十九日上谕（《档案》，第2005页）。参照郭伯恭《四库全书纂修考》第七章第二节《四库全书之重检》，第141—145页。

③ 原定由彭元瑞、纪昀二人负责。自六月十一日纪昀自请将明神宗以后之书一概由他独力重校以后，其余部分实际上只是彭元瑞一人负责了。见《档案》，第2009、2010、2024页。

值得注意的，是“详校官庶吉士臣张溥”（见卷一至二三之前四册），“详校官庶吉士臣何道冲”（见卷二四以后各册）的署名。何道冲、张溥二人不仅亦见于上揭清单“看书各员名单”的“翰詹五十员”下，而且在乾隆五十二年十月初九日军机大臣遵旨查明文渊、文源两阁评校各员从未曾充当四库馆总阅、总纂、总校、分校等官及校对清文者的名单中，庶吉士何道冲、张溥即属此“从未充当四库馆员”的一百七十七员中的两员（《档案》，第 2071 页）。可见在此次详校中，具体负责《三朝北盟会编》校阅改删的是张溥和何道冲，而非平恕和陈崇本。至于“编修臣裴谦覆勘”，或系乾隆五十六年再次“覆勘”时所加（参照《档案》，第 2273、2279 页）。

据乾隆五十二年七月二十七日永瑢等奏奉命校阅文渊文源阁书籍将次完成折：发给详校大小官员阅看的书籍，“计至三十日可以全行交竣，校阅已经蒇事。……惟书中有应删改及抽换篇页、改补三史语解对音等项，尚须详细查办。……约计八月杪，可以竣工归架”（《档案》，第 2049 页）。由于详校官在校阅过程中并未与底本逐一对校，只是将他认为应查应改之处及如何改删签出，由彭元瑞、纪昀覆核以后，再由专人挖改抽换，题识所称吴本的底本作用，当主要发生于尚须“详细查办”的八月。只是平、陈二人“删其偏谬之辞”，则不一定即在此八月间。

因为在此次详校约半年以前，乾隆皇帝已有专就《三朝北盟会编》中的问题和错误责令军机大臣查办的举措。据乾隆五十一年十二月初三日军机大臣奏遵查《三朝北盟会编》错误情形并原书加签进呈片：“臣等将发下《三朝北盟会编》所载宋康王泥马渡江一事，查《一统志》内并未载入。惟查《渊鉴类函》内载有此事，系出自《南渡录》。谨将原书夹签进呈。至《三朝北盟会编》内所载攻城各条，谨遵旨录出存记，并将此种书内错误处所，另行逐一改挖妥协，仍将提调、校对各员分别记过,誊录照例议罚。”(《档案》,第1978页)因此,在“详校”以前,彭元瑞作为全书的副总裁,曾将他个人新得的善本吴本提请平、陈二位老馆员作出删改,不是没有可能的。当然,也不排除即是八月内事的可能。

关于“重钞入文渊阁”,则全部“重钞入”绝非事实。如上文所指出,文渊阁本与许刻本体例的并不完全相同,即是其有力的证据。不过也不能说压根未曾“重钞入”,因为有些“抽换篇页”的处所,确有据此本“重钞入”的事实。今试以卷二四为例:

此卷第1条为宣和七年十二月“十日丁未,斡离不陷燕山府”,“纲”下之“目”录有《陷燕记》《北征纪实》,沈琯《南归录》《北征纪实》《秀水闲居录》《金虏节要》《又》,共五种七段记事。其中前三种四段记事,即文渊阁本第12页以前部分,译名改译有挖补痕,避忌改删与吴本亦不尽同。如:“致(燕)[金]人之寇者三”,“寇”字,吴本改“衅”,渊本改“侮”;“盐法,旧虏中每贯四百文得盐一百二十斤”,“虏中”,吴本改“时”,渊本改“燕中”;“吾当与汝灭女真”,“灭”字,两本皆改“图”;“此金人所以怨讟也”,“讟”字,吴本删,渊本不删;“盖金人性本贪婪,每使人自京师回,必夸其盛丽华侈,北贼垂涎,决意来犯,期在攘取”,此长句,吴本删多改少,作:“盖金使人每自京师回,必夸其盛丽华侈,以此决意南来”,渊本删少改多,作:“盖金人兵本强盛,每使人自京师回,必述南中之孱弱,以此久欲决意来战,期在必胜”,且有挖补痕。足见此卷第1—12页,只是在初抄本上窜改挖补,改挖字数与原文字数基本相符,或仅有一二字之差,改窜的文字则与平、陈二人在吴本上的改删甚不相类,仅改译的译名全同。

而本条后两种三段记事(包括上段末数行)以及第2、3两短条之“纲”并“目”,即文渊阁本自第13页至卷末第17页共五页部分,则不仅改译之译名与吴本全同,且无挖补痕,而所删所改也几乎无一不与平、陈二人在吴本上所作的删改全同。平、陈删削者,《秀水闲居录》一处 3 字,另两处各 8 字,虽属小删,但对《金虏节要》,小删不计,仅大删即有删 78 字、删 102 字者两处。删削字数如此众多,挖补无力施其巧,只能"抽换篇页"。或者"详校官"所签意见相似,于是就全据此本"重钞入"了。

笔者从许刻本中共检到注明删 100 字以上者凡 8 处(另有 1 处删 99 字,若亦计在内,共 9 处),当皆是最须"抽换篇页"之所。然而在文渊阁本中,情况却往往各异,依平、陈二人所作删改"重钞入"的,亦只占少数。

如卷二一宣和七年"二月,童贯上贺耶律氏灭亡表","目"载有其表全文,其中一处平、陈曾删去 368 字。文渊阁本此处所删虽同,但表文他处的删改却不尽同。如表文中"旧酋"凡四见,吴本前二处改"旧主",后二处改"天祚",渊本则皆改"旧主"。又如:"贼兵犯边",吴本未改,渊本改作"敌兵入边"。"欲来归朝",吴本未改,渊本删作"来归"。"斩获小番杂类四千八百五十一级,内有首领秘王浑庞",其中"小番杂类",吴本删"杂类",渊本改作"其马步卒";"首领秘王浑庞",吴本全删,渊本仅将"浑庞"改译作"温普"。"杰黠剽悍之人","杰黠",吴本删,渊本改"勇敢"。"焚荡巢穴积聚粮草净尽","巢穴",吴本未删改,渊本改"辎重"。估计 368 字一段,文渊阁初抄本已删,其余删改,则或系初抄本业已如此,或系"详校官"所为。

又如卷三八靖康元年二月十五日"晁基[①]上书论三镇不可弃"

① "基"文渊阁本作"其",皆"某"之误。此晁某当即晁咏之。参考陈乐素《〈三朝北盟会编〉考》,原载《历史语言研究所集刊》第六本第二、三分,1935 年,后收入《求是集》第一集,第 158 页。

条之“目”所载其书全文,一处平、陈删 345 字,渊本不仅亦全删,而且于其前还多删去 77 字。另一处,“弃之以奉契丹,既非所宜,况以奉契丹之叛臣女真小丑者。譬之熊鼠,得幽蓟则潜窟壤,得三关则洊基积累,其势将倍万也”。吴本删改作:“弃之以奉契丹,既非所宜,况以奉金人。洊基积累,其势将倍万也。”渊本删改作:“弃之以奉敌人,实非所宜。譬之熊虎,得幽蓟则傅之翼,得三关则洊积累,其势倍万也。”致异的缘由虽碍难猜测,其非据平、陈之改本“重钞入”则可肯定。

又如卷七四靖康二年正月“十五日乙巳,驾在青城,遣人传榜回”条,其“目”录《泣血录》两则,第一则载榜文内容,第二则载著作佐郎胡处晦所作咏当日情事的《上元行》全诗。吴本删第二则全文凡 209 字,渊本同。此条系已在全卷最后一页,又末条有改译译名二个,皆无挖补痕。全页显经“抽换”,乃是据平、陈改删之本“重钞入”者。

又如卷二二一绍兴二十五年十一月“洪皓复敷文阁直学士致仕”条,其“目”先录《行状》,继以“皓有《松漠记闻》《金国交文具录》传于时”领起,载“其《松漠记闻》曰”十二段,复载“《文具录》曰”一大段。其中所录《松漠记闻》共 1 708 字,吴本 10 处有删削,共删去 699 字,几及全文的 2/5。渊本则将领语连同《松漠记闻》全行删去,惟留“《文具录》曰”一大段。而所留《文具录》,原文共 1 022 字,吴本大删 3 处,分别为 46 字,173 字(添改 3 字),79 字,小删 1 处,2 字,共删 300 字,添 3 字,而渊本的删改情况与之全同。当是以平、陈二人将《松漠记闻》删削过甚,不如全删省事,而仅将“《文具录》曰”以下据之“重钞入”也。

此外,卷二〇六另有一平、陈二人删削 244 字的所在。与以上所列其删改皆事关北方少数民族契丹、女真者不同,是有关岳飞冤狱的。此卷绍兴十一年八月(八)[九]日甲戌下“(鹗)[鄂]州军统制张宪谋为乱，都统制王贵执之送于枢密行府”条之“目”，未注出处，凡244字。其下许刻本注有“旧校云”一则，全文如下：“编中于武穆磊磊事迹，多属漏略，张宪得书谋乱之事，正所谓莫须有之狱，此竟作实事入录。后幅并录狱吏揶揄之语，若欲以蔽罪武穆者。殊不解其何意也。是真秽史，不堪入目，愚意删之为便。”酷似四库主持者口吻，或者即彭元瑞所加。而此244字或即平、陈二人仰承其意而删。

谨按：《三朝北盟会编》完成于绍熙五年(1194)，奏进于庆元二年(1196)。时岳飞冤案虽早已平反，但有关岳飞事迹的记述奇少，岳珂的《岳王行实编年》直至嘉泰三年(1203)方才成书。《会编》中对官私的歪曲记载辨析不清的情况是存在的，但徐梦莘悬为处置材料的最高准则，“其辞则因元本之旧，其事则集诸家之说，不敢私为去取，不敢妄立褒贬，参考折衷，其实自见”，[①]则未可厚非。只是到了清代，虽程度不及，而情况却与关羽相似，岳飞几乎成了半神化的人物。何况乾隆又有“谬于是非大义，在所必删”，以及将《三国志》中关羽旧谥“壮缪侯”改为“忠义”的谕旨，并一再重申：“见有不协于理者，如关帝旧谥之类，即降旨随时厘正。”(《档案》，第474、530、727页)彭元瑞和平、陈二人将有损岳飞形象的此处记述以及他处有关记述概予删改，[②]虽云可以理解，却绝不可取。值得注意的，是平、陈二人所作的这类删改，文渊阁本一概未从。亦

① 作者自序语，见《会编》卷首。

② 如：卷一六四绍兴四年十月岳飞援淮西，其将“牛皋徐庆败金人于庐州城下”事，对于牛皋，原本作：淮西安抚使“[仇]悆骇叹，且亲书保明，赞其威望神勇，谢于岳飞。飞不悦，而移其功以畀庆，皋亦无慊色。淮西人以为恨”。删改作：“悆骇叹，且亲书赞其威望神勇，谢于岳飞。皋愿移其功以畀庆，无慊色。”卷二〇四绍兴十年七月“二十(一)日壬戌岳飞自郾城回军”条，原本作：“岳飞在郾城，众请回军，飞亦以不可留，乃传令回军。而军士应时皆南向，旗靡辙乱不整。飞望之，口呿而不能合，良久曰：‘岂非天乎！’”删改作：“岳飞在郾城，一日奉诏十二道，令回军。飞不可留，乃叹曰：‘岂非天乎！’”有关冤狱的文字，如“王贵解押张宪至枢密行府”，“解押”改“诬执”(206/12a)；“张宪谋乱，冀朝廷还飞军，而己为副，统制王俊发其奸”，删“谋乱”“而己”，改“发”为“诬”(208/3b-4a)；“及飞被罪”，“被罪”改“被害”(234/4a)。

是此本并未全部"重钞入文渊阁"的显证。

至于"对音改从《钦定国语解》",则从事改译的平恕、陈崇本,原即为翰林院中通晓满文的清书庶吉士(《档案》,第382、819页)。"清书",即满文也。平恕曾被派赶办辽金元三史,且成绩卓著(《档案》,第585、1432、1555页)。《钦定辽金元三史国语解》即在此次赶办中一并完成,平恕当即参预者之一。因此,吴本中经平、陈改译的译名,与《钦定国语解》可谓完全相符。而在乾隆五十二年详校中文渊阁本改译的人、地、官名,除少数几处,如阿保机未从吴本改作安巴里而作按巴里(21/12b),以及如上文提到的吴本拟删而渊本未删的非常见译名浑庞(温普)外,也几乎与平、陈所改完全一致。这表明,改译的译名倒是以此本为底本"重钞入文渊阁"了的。

题识之作,虽不供公开发表之用,但也绝非秘不示人。炫耀自己所得之本是怎样的善本,有多么高的价值,在当日曾起过多么大的作用,似乎是此类题识的主旨,而拔高夸大,以一为十,又往往是此类题识的通病。如果字字信以为真,就未免上当受骗了。1937年10月9日,陈垣在致陈乐素的信中曾说:《会编》许刻本亦有忌讳改窜例不少,"但只是馆臣拟改本,四库并未采用"。[①] 早已正确指出,许刻本所标"改""删"与四库本实际不符的铁的事实。假使再加几个限定词,如只是"乾隆五十二年详校时"馆臣的拟改本,四库"基本上"并未采用,就无可挑剔了。笔者虽未及将整部书中何处据此本"重钞入",何处的改删与此本不相干逐一对照查明,但从以上揭示的例证中仍然可以见到,除改译的译名据此本"重钞入"外,避时忌改删的部分,虽不能说完全"并未采用",但由于或者初抄本业已作过删改,或者限于挖补须扣紧字数行款,或者平、陈

① 陈智超编注:《陈垣来往书信集》,第636页。

的删改不属必避时忌，据之“重钞入”者终究只是极少数。对于彭元瑞此则题识，只能信其实有之真，而必须辩其虚饰之假。

（原载《揖芬集——张政烺先生九十华诞纪念文集》，北京：社会科学文献出版社，2002 年 4 月）

《建炎以来系年要录》书名考

一、问题的提出

《建炎以来系年要录》书名之存有问题，首先是由《四库》馆臣提出的。《四库全书总目》卷四七此书提要云：

> 至其书名，《文献通考》作《系年要记》，《宋史》本传作《高宗要录》，互有不同。今据《永乐大典》所题与心传《朝野杂记》自跋及王应麟《玉海》相合，故定为《系年要录》，著于录焉。①

按，提要所举书名异名多经简化，为便于下文讨论，今恢复全称如下：《文献通考·经籍考二十》作《建炎以来系年要记》，《宋史·李心传传》作《高宗系年录》，《玉海》卷四七《艺文·编年》作《建炎以来系年要录》。而馆臣所定之书名，实作《建炎以来系年要录》。馆臣据以辑出此书的《永乐大典》诸卷，今已全佚，未详所题究竟为何。至于"心传《朝野杂记》自跋"，则今存《朝野杂记》诸本皆无，《朝野杂记》提要也只说甲集、乙集"书前各自有序"，"其书在宋有成都辛氏刊本，并冠

① 其中"永乐大典所题与……相合故"十字，此书卷首提要无，当是在将单书提要合为总目时修订增添。

以国史本传暨宣取《系年要录》指挥数通”,再未言及另有什么自跋,颇疑《系年要录》提要有误。则关于《建炎以来系年要录》的书名,馆臣所定者与《文献通考》有“要录”与“要记”之异,与《宋史》本传主要有“建炎以来”与“高宗”之异,而《通考》与《宋·传》则同处于被馆臣摒弃之列。其所提供的依据,今日除《玉海》以外,已皆不得见。而问题在提出的同时,似乎已经获得解决。

到了20世纪的80年代,这个问题又被陈智超先后在《中国古代史史料学》(1983年)和《四库本〈建炎以来系年要录〉发覆》(载《社会科学研究》1988年第3期)中重新提了出来。《发覆》一文所“发”的第一个“覆”就是“复本名”:

> 《要录》的原名,究竟是《建炎以来系年要录》还是《高宗系年要录》,自清代以来就有争论。我过去断定原名为《高宗系年要录》,理由是:一、《宋史》本传作《高宗系年录》。二、《要录》只有高宗一朝记事(参见《中国古代史史料学》,第257页)。现在,我更找到了支持这一论断的新证据……《永乐大典》的题名只是《系年要录》,而未明确是“高宗”还是“建炎以来”。……正因为它原名《高宗系年要录》,而又收在“高宗”事目中,《永乐大典》编者为了避免重复,所以只题为《系年要录》。

则智超所谓“新证据”,不是直接的书证,而只是基于《永乐大典》体例的推论。这一“新证据”,连同他1983年提出的两点理由,似都有重新商讨的馀地。而他所说的“复本名”,恢复的究竟是何种本名,是作者李心传自己所称之名,还是宣取和奏进之名?是宋代社会流传的刻本或抄本之名,还是《永乐大典》录入此书时所题之名?也是欠明确的。今不揣浅陋,草此短文,以就教于智超同志及史界前辈和方家。

二、作者自称

作者自称何名？直接资料今已难觅。《朝野杂记》有无自跋，是个疑问。乙集自序言及的“高庙系年”，显然不能视作定名的依据。其言如下：“未几，权臣殛死，始欲次比其书（按指乙集），会有旨给札，上心传所著高庙系年，铅椠纷然，事遂中辍。”“高庙系年”未为书名，其义与“高宗朝编年史”相当，系特指，而非专名。此外，在《建炎以来系年要录》的自注中，李心传曾言及：“臣修此录，凡系月日者，必以国史为断。”①云“此录”不云“此记”，虽可为判断“要录”“要记”之异增添一则佐证，然意义不大。能为作者自称何名提供重要线索的，是自注的如下两方面内容：

一是将李焘《续资治通鉴长编》的书名改作《建隆以来系年要录》：“应姓名已见《建隆以来系年要录》者，此不别出，止注其爵里于下，以便稽考。”②李心传自认为他的著作是接续李焘的《续资治通鉴长编》而写的，不仅在内容上处处注意到与前书的衔接，而且在著作的命名上也来了个以人就我的强求一致。如果李心传不是将自己的著作命名为《建炎以来系年要录》，也就不可能将李焘书的书名改作相对应的《建隆以来系年要录》。

二是写入了不少与孝宗朝以后记事相照应的内容。如：

卷一九四绍兴三十一年十一月丁酉，四川总领王之望括田契税钱，“岁中得钱四百六十七万馀引，而极边所捐八郡及泸、夔等未

① 见卷二建炎元年二月丁亥知中山府陈亨伯为步将沙振所杀条自注。

② 见卷一追述记事“〔陶〕悦，节夫子”下自注。“《建隆以来系年要录》”，影印文渊阁《四库全书》本、文津阁本皆同，广雅本（以及从之而出的《丛书集成》本、中华书局排印本）错误地臆改作“《建炎以来系年要录》”。

输者十九郡不与焉"下自注,注出了正文"岁中得钱"云云的依据是绍兴三十二年十月王之望的申奏状,并简要节录了有关内容,最后复说明"详见本年月"。亦即说明在绍兴三十二年十月的记事中有此奏状的详细著录。

卷一九九绍兴三十二年五月己亥,王之望乞根括契税钱条自注:"按,白契事行之已久,今又有此申明,恐与宣谕司异论故也。今年十二月戊寅白札子所云可参考。"注明绍兴三十二年十二月戊寅记事的内容有所谓"白札子",即四川安抚制置使沈介的论事札子。①

高宗朝《系年要录》的内容截止于绍兴三十二年六月丙子的高宗禅位、孝宗即位,李心传当年奏进之本即是如此,并非今本有所佚缺。上引两则自注注明"详见"的申奏状和"可参考"的白札子,当都是孝宗朝《系年要录》的内容,而作者却是将它作为同书不同部分之间的关联照应对待的,与纯属高宗朝的同类自注绝无二致。又如:

卷一九二绍兴三十一年九月庚寅,四川总领所调利路民夫运粮赴军前条自注:"隆兴二年十月、乾道二年正月所书支还运米脚钱事可参考。"

卷一七六绍兴二十七年正月甲午市军器物料条自注:"泛抛物料,乾道三年九月辛巳所书可参考。"

卷一八〇绍兴二十八年九月甲申,邓昂上书论关外营田利害条自注:"庆元六年十月王宁措置可参考。"

以上三条,尤其前两条自注,注的都是高宗朝《系年要录》以外的下文某处"所书"可参考。益可见李心传首次奏进的虽是高宗

---

① 参考《建炎以来朝野杂记》甲集卷一五《田契钱(王瞻叔括契本末)》。

《系年要录》,但却是将它作为分批奏进的完整著作的一部分,而不是将它本身即作为一部独立著作奏进的。如果他要为他的著作命名,也只可能是一个总名,即《建炎以来系年要录》,而不可能每奏进一次更换一个书名,分别称作《高宗系年要录》《孝宗系年要录》《光宗系年要录》。至于其下文,即接续部分最后未能完成或未能奏进,那是另一个问题。

三、宣取和奏进时所称

《朝野杂记》提要提及的宋成都辛氏刻本所冠以的"宣取《系年要录》指挥数通",今存,除影宋抄本外,又见《武英殿聚珍版书》福建刻本以及据福本排印的《丛书集成》本《朝野杂记》卷首。① 其《宣取高宗皇帝系年要录指挥》是依据国史院曾唤等十名官员的联合奏请颁发的,全文如下:

> (蝮)[唤]等窃见太常博士李道传之兄心传,裒次高宗皇帝一朝长编,已缮写成净本,未敢自擅投进。欲乞朝廷特赐敷(奉)[奏],令道传缴进。仍乞降付国史院,以备参照编修正史。伏候指挥。嘉定三年九月二十八日,奉圣旨:依。

则在宣取时,李心传此书尚未命名,是以"高宗皇帝一朝长编"指称的。接着,新潼川府路安抚使、知泸州许奕和李心传之弟李道传各奏进一部。许奕的进书奏状云:

---

① 按,《朝野杂记》卷首所载"指挥"三首和"公牒"一首的题目皆后人所拟,有与内容不甚相符者。本文仅从公文本身而不从拟题取证。

> 臣伏见隆州乡贡进士李心传，博通群书，尤熟本朝故事……于是纂辑科条，编年记载……久而成编，名曰《建炎以来系年要录》。故兵部尚书杨辅前年蒙命召，尝取其所录高宗皇帝一朝，凡一百卷，缮写成五十册，欲以进上，会中道改除，不果。臣顷蒙恩兼修玉牒，求得此书。……所有上件高宗皇帝《系年要录》五十册，谨随状上进以闻。

李道传的进书奏状云：

> 所有上件高宗皇帝一朝编年之书，名《系年要录》，计一百卷，修写成五十册，随状上进。……臣照得新知泸州许奕已曾缴奏上件《系年要录》，伏乞睿照。①

从这两道进书奏状可知，李心传书的全名为《建炎以来系年要录》，系作者本人命名，简称《系年要录》。至于“高宗皇帝系年要录”，严格说来，只“系年要录”是书名，而“高宗皇帝”则表示其书某一部分内容范围的限定性称呼。它与另两道公文，即《朝省坐国史院札子行下隆州取索孝宗光宗系年要录指挥》中的“高宗系年要录”，《国史院遵奉圣旨指挥下转运司抄录孝宗皇帝光宗皇帝系年要录公牒》中的“孝宗皇帝朝系年要录”“光宗皇帝朝系年要录”，在用法上是一致的，亦应作统一理解。

四、刻本和传抄本所题

《建炎以来系年要录》在宋时已有刻本。《四库》提要曾提及：

---

① 两道奏状皆见《朝野杂记》卷首所载《付出高宗皇帝系年要录指挥》。

"《永乐大典》别载贾似道跋,称宝祐初曾刻之扬州。"贾似道此跋,今影印文渊阁《四库全书》本犹附书末,文津阁本、广雅书局本皆已删削不存。跋作于宝祐元年(1253)八月,其中提到:

> 臣恭惟高宗皇帝受命中天,功德巍煌,布在方册,而广记备言,有裨一朝巨典,则惟臣心传撰次《建炎以来系年要录》,首为成书。……乃以臣所藏蜀本《系年录》二百卷刊于州治。

这里值得注意的,是内容仅限于高宗一朝,而书名仍作《建炎以来系年要录》,且可简作《系年录》。分卷与进奏本有异,已从一百卷增分为二百卷。如果其底本"蜀本"亦是刻本,则《系年要录》在宋时业已有不止一种刻本在流传。

此外,傅增湘于1925年11月曾经见到、1931年2月再次见到的此书宋刻残本,今日犹存,已入藏于上海图书馆。其书名,傅氏所录作《皇朝中兴系年要录》,《中国古籍善本书目》经核订作《皇朝中兴系年要录节要》,乃是此书节要本的宋刻残本。存卷八至十七,凡十卷。全书卷数不详。① 书名与贾似道所刻有异,当是另一系统之书的节要刻本。

南宋的主要书目和著名类书对李心传此书都曾著录,其书名分别作:

晁公武《郡斋读书志》卷五上赵希弁《附志》"编年类":"《建炎以来中兴系年要录》二百卷。"②

陈振孙《直斋书录解题》卷四"编年类":"《建炎以来系年要

① 参见傅增湘《藏园群书经眼录》,第255页;《中国古籍善本书目·史部》,第152页。
② 《续古逸丛书》影印宋淳祐袁州刊本。

录》二百卷。”①

《宋史·艺文志二·史类·编年类》:“李心传《建炎以来系年要录》二百卷。”②

王应麟《玉海》卷四七《艺文·编年》:“嘉定《建炎以来系年要录》”一百卷。③

《郡斋读书志·附志》和《直斋书录解题》成书于淳祐十年(1250)或十年前后,著录的不会是宝祐元年(1253)贾似道在扬州的刻本。而二者又都是实见其书才著录的,赵希弁且“尝为补注一书,颇为详备”,则所著录的若非另一刻本,即是流传民间的传抄本。《宋史·艺文志》,据其小序,乃是将宁宗以前四部国史的艺文志合为一志并补以宁宗以后材料而成的,李心传书当是《中兴四朝国史·艺文志》原所著录者。而《中兴四朝国史》诸志,李心传本人不仅曾直接参与其事,而且是在他亲自主持下修纂的。至于《玉海》,其直接依据似是嘉定五年五月《付出高宗皇帝系年要录指挥》。此四书著录的李心传书的正式书名,当具有极大的权威性。《直斋书录解题》且曾提到:“亦尝自隆兴后相继为之,会蜀乱散失,不可复得。”也就是,其内容并未包括孝宗以后各朝,而其正式书名仍为《建炎以来系年要录》。唯《附志》有“中兴”二字为小异耳。

宝庆三年(1227),李心传在《员兴宗〈九华集〉序》中曾说:“余尝奉诏增辑中兴以来放失旧闻,因得公谏草而读之,为之三复流涕,不能止也。”员兴宗“以忠言辅上于乾道之际”,④文中云云,当指孝宗朝《系年要录》的修纂,尚未完成也。所以前一年,即宝庆二

---

① 上海古籍出版社点校本,底本为《武英殿聚珍版书》本。
② 中华书局点校本,底本为以元至正本配以明成化本的《百衲本》。
③ 日本中文出版社影印元至正十二年重刊本。
④ 亦李心传《〈九华集〉序》中语。《序》见《九华集》卷首。

年,程公许才说:"中兴巨典未杀青,千古传疑须折衷。"[①]约淳祐元年(1241),吴泳又说:"却仍携,新草阜陵书,归山泽。"[②]直至南宋末年,高斯得仍说:"秀嵒《要录》,惟高宗一朝。"[③]没有任何迹象表明,孝宗朝的《系年要录》李心传确已完成,并曾在社会上流传。宋代文献中无论以全称或省称提及此书,指的都是仅只记载高宗一朝史事之书,而所称之名则有如下几种情况:

成书于绍定二年(1229)的陈均《皇朝编年纲目备要》,卷首列有"引用诸书"书目二十一种,其中之一即是李心传此书,书名作《建炎以来系年录》,作者作"李秘读心传"。[④]

成书于嘉定七年(1214)的岳珂《愧郯录》卷六《北使借官》条曾引述此书绍兴二十八年五月戊寅记事,以"陵阳布衣李心传《建炎以来系年要录》曰"领起。[⑤]

写于嘉定五年(1212)的楼钥《李氏思终亭记》是为纪念李舜臣而作的,文中提到其长子李心传,有"朝廷取其《建炎以来系年要录》百卷置馆中,尝得其副而尽读之"语。[⑥]

以上三则所署《建炎以来系年要录》(《编年备要》或曾删一"要"字)当是正式书名。特别是后两者,一于降付史馆的当年获读其副本,一于奏进后的第四年即予称引,尤其值得重视。

高斯得《耻堂存稿》卷三《书惠厚下〈艰难录〉后》:"予观惠君《艰难录》……虽其受命于危难之际,强弱不敌,不能成功,而始终

① 《沧州尘缶编》卷六《送李微之以史学召》。
② 《永乐大典》卷二二六五吴泳《鹤林集·再游西湖和李微之〔满江红〕》。
③ 《耻堂存稿》卷七《闲中读书次第》自注。
④ 日本静嘉堂文库影印宋刻本。
⑤ 《四部丛刊续编》影印宋刻本。
⑥ 载《攻媿集》卷六〇,《四库丛刊》初编影印《武英殿聚珍版书》本。宋版楼《集》犹有存者,缘系海内孤本,笔者艰于获见,故姑引殿本。[补注:以宋版为底本之《楼钥集》今已出版。此文载卷五七,第1024页,无异文。]

一节,自归君父,亦可书矣。良史因事载之典册,令后世知其有名,宜矣。”“良史因事载之典册”下自注:“《中兴系年要录》载此事。”按,事见今本《系年要录》卷一六建炎二年七月辛亥正文和卷五建炎元年五月丁未自注。

参照前揭今存宋刻残本,《系年要录》前加“中兴”或“皇朝中兴”,可能是此书的别名,亦即另一正式书名。

《崔清献公全录·言行录中》:“隆州进士李心传,累举不第,以文行闻于国,诸经皆有论著,尤精史学,尝著高宗《系年录》,号详洽,国史院取其书备检讨,又纂集隆兴、乾道、淳熙典章,及著《泰定录》等书,以白衣召入史馆,亦公特荐。”文末原注“家集”,其直接依据当是崔与之的荐札稿,而荐札稿似主要参考宣取和付出《要录》的两通指挥。《泰定录》的全名为《西陲泰定录》,[①]高宗《系年录》则是许奕进书奏状中高宗皇帝《系年要录》的省称,而且是与许奕进书奏状在相同的意义上使用的。

牟巘《陵阳集》卷一二《周公谨〈齐东野语〉序》:“野史杂录尚矣,疑传疑,信传信,为史者网罗散失,率多取焉,否则参稽互质焉。……《续长编》号为谨严,乃以《湘山语录》附见开宝之末。建绍以后,曾布《日录》、蔡(脩)[絛]《后补》,初不以人废。而《秀水闲居》之类,《系年要录》亦颇及之。然皆随事考析,或为疑词,故不足以累其书。”使用的是《系年要录》这一简称。高斯得笔下出现过《要录》简称,也出现过《中兴系年要录》全称,已见前引。此外见到的简称,绝大多数都作《系年录》。如:孙梦观《雪窗先生文集》卷二“故事”第二则为“高宗皇帝诏籍记赃吏姓名”,其下注:“出《系年录》。”乐雷发《雪矶丛稿》卷三有《读〈系年录〉绍兴八年以后事》

---

① 见《朝野杂记》乙集卷九《董镇言杨侍郎未肯通情》,《直斋书录解题》卷五《杂史类》。

诗,刘克庄《后村先生大全集》卷四有《题〈系年录〉》诗。都是显例。

其性质介于地理总志和类书之间的王象之《舆地纪胜》和祝穆《方舆胜览》,都曾大量引录李心传此书。《方舆胜览》所引凡二十六处,除一处作《皇朝系年录》外,其余全作《系年录》,初见处则作"李心传《系年录》"。[①]《舆地纪胜》更多,仅卷四八"淮南西路·和州"所引即达十处,亦皆作《系年录》,唯卷一"行在所"初次引用时作"李心传《中兴系年录》"。颇疑两书所引,其全称或即《皇朝中兴系年要录》。

至于类书引录的情况,也有值得注意之处。笔者从谢维新《古今合璧事类备要》共检得《中兴系年录》引文三十九条,《系年录》引文二十三条。有时在同一事目下,如后集卷二五《台官门·殿中侍御史》,其"不畏强御"条所录注出《系年录》,"骨鲠殿院"条所录却注出《中兴系年录》。又如后集卷二九《六部门·礼部侍郎》"抗声和议""张守正人""广问老成"三条同在一页,其所引出处,前者注《中兴系年录》,后两者注"并《系年录》"。未详何故。

在注明出自《中兴系年录》的引文中,如后集卷一八《宰属门·左右司》"冈言颐浩"条所录,见今本《系年要录》卷六六绍兴三年六月辛丑记事,其下李心传自注:"王冈事,据孙觌撰墓志增入,不得其时。按史,冈以今年五月除(左)[右]司,颐浩罢乃去,故因汝明追官附此。但觌以为讨论宣、政误恩,却误。此时已罢讨论滥赏,但令吏部审量耳。"其内容曾经李心传独具匠心的处理。足证《中兴系年录》即是《建炎以来系年要录》的别名。

① 参考上海古籍出版社影宋本《方舆胜览》书末所附"引书索引"。初见卷一"浙西路·临安府·佛寺"下"天竺寺"条;"《皇朝系年录》"见卷二七"湖北路·江陵府·形胜"下"为吴蜀之门户"条。

在注明出自《系年录》的引文中,后集卷二三《经筵门·侍讲》“四字积要”所载系王岩叟侍讲筵事,时间当在元祐四年前后,注出《系年录》显误。又后集卷二二《翰苑门·翰林学士》“视草甚劳”“归赐御书”两条所载皆周必大为学士事,而周必大乾道六年七月始兼直学士院,淳熙四年五月始除翰林学士;卷二三《经筵门·侍讲》“只日讲读”条所载系淳熙七年事。此三条,若其所注出处《系年录》不误,则所指似是孝宗朝的《系年要录》。

关于孝宗朝《系年要录》,李心传虽未完成,但却在他的弟子高斯得手里完成了。《宋史·高斯得传》谓丁大全既谪,斯得“移浙东提举常平。命下,给事中章鉴缴还。斯得杜门不出,著《孝宗系年要录》”。丁大全开庆元年十月罢相,景定二年(1261)七月责授贵州团练副使、贵州安置,则高斯得之著《孝宗系年要录》,当始于景定二年以后。又《耻堂存稿》卷八《孤愤吟》十三首之十三:“阜录新书幸已成,名山藏去复传人,毋令十载编摩苦,竟与家书共厄秦。”题下原注:“甲戌十一月以后,边事日急,作此以纪一时之事。”甲戌为咸淳十年,此诗或即作于咸淳十年(1274)、德祐元年(1275)冬春。“阜录新书”指《孝宗系年要录》,“十载编摩苦”,费时十年,时方完成,与本传所云肇始于景定二年稍后合。而据谢维新自序,《合璧事类》的成书时间是宝祐五年丁巳(1257),在高斯得开始修纂前,不可能预引高斯得此书的内容。其所注出处,或者另有所指,或者很可能是误注。①

① 《宋史资料萃编》本《建炎以来系年要录》书末所附王德毅《李心传著述考》“《孝宗要略初草》”条:“据祝穆《事文类聚·遗集》卷三所引淳熙七年□日进读故事,下系出《系年录》,足见《孝宗系年要录》至元初犹存。”(第6782页)来可泓全沿其说,见《李心传事迹著作编年》,第160页。类书往往辗转抄袭。下系出《系年录》的淳熙七年“□日进读”故事既然早在高斯得《孝宗系年要录》着手编纂前已见于《合璧事类》引录,它就绝不能用为其书“元初犹存”的证据。

从《玉海》中，笔者粗检所得，共计七处，其中正文五处，注文二处。无一例外，皆署作《系年录》，而且皆能从今本《系年要录》觅得相应引文。鉴于《玉海》卷四七《艺文·编年》曾著录此书全名，则《系年录》显是《建炎以来系年要录》的简称。

以上引述的诸文献的作者，除个别例外，都是曾亲自获见或阅读过李心传的这一著作的。不管是刻本还是传抄本，正式书名不外《建炎以来系年要录》或《皇朝中兴系年要录》两者，而《系年要录》《中兴系年录》《系年录》《要录》等简称，也不外是此两者的简称。

五、录入《永乐大典》时所题

前已述及，《四库》馆臣据以辑出此书的《永乐大典》诸卷，今皆不存，其所题为何，今已无直接书证可据。《永乐大典》送字韵高宗事目今存者只卷一二九二九、一二九三〇两卷，录载之书计有：《中兴圣政草》《绍兴辛巳亲征录》《中兴备览》《张魏公奏议·论车驾进止利害、论车驾进止事宜、奏乞降车驾至江上指挥状》《范太史集·乞车驾不出札子、乞车驾所过不毁民屋札子》、张守《毘陵集·车驾经由常州乞上殿札子》、员兴宗《西陲笔略》、王明清《挥麈录》《挥麈后录》《挥麈第三录》《挥麈馀话》、《朱子语类》《(雍)〔瓮〕牖闲评》。从录载情况看，似只着眼于其内容是否与高宗朝事有关，而不能见出其书名与“高宗”二字有何关联，更见不出《系年要录》在录入时所题是全名还是省名，是否因为录于“高宗”事目之下就将《高宗系年要录》省作了《系年要录》。

不过，今日虽已无直接书证可据，但此书在杨士奇等《文渊阁书目》中以何名登录，似乎可以作为重要的佐证。诚如《四库》馆臣所说:《永乐大典》"所收之书,世无传本者,往往见于此《目》"。① 《永乐大典》成书于永乐六年(1408),其所收"世无传本"之书,绝大多数都是据宫内文渊阁藏书转录的。而正统六年(1441)登录的《文渊阁书目》即是永乐十九年自南京迁至北京的文渊阁全部藏书的登录目录。就《系年要录》而论,当年《永乐大典》据以录入之书,也即是《文渊阁书目》据以登录之书,其原书所题之名,当也即是《永乐大典》之所题。那么此书在《文渊阁书目》中登录的书名究竟是什么呢?据该《目》卷二,此书藏于"宙"字号第二橱,登录的书名是:"李心传《建炎系年要录》一部,二十册。"

《四库》提要认为杨士奇等人奉诏编录此《目》,只是"草率以塞责",所载诸书,"多不著撰人姓氏,又有册数而无卷数"。李心传书署明作者姓氏,是少数例外之一。另,书名作《建炎系年要录》不通,其书所载远不只建炎短短四年间之史事。观《书目》所载李焘《续资治通鉴长编》作《宋鉴长编》,彭百川《太平治迹统类》作《宋太平治迹》,则"建炎"之下登录时曾被略去"以来"二字,大概不是完全凿空的猜想。不管怎样,此书被《永乐大典》录入时所题书名不会是《高宗系年要录》,则似可肯定。

六、小结和余论

总之,《建炎以来系年要录》本是李心传为他计划编纂的南宋编年史所定的书名。首次奏进的虽只高宗一朝,使用的已是这个书名。由于接续修纂的孝宗以下各朝未能最终完成,社会上流传的实际只限于高宗朝部分,但使用的正式书名,无论刻本或抄本,

---

① 《四库全书总目》卷八五"《文渊阁书目》四卷提要"。

仍是《建炎以来系年要录》。另有《皇朝中兴系年要录》,也是正式书名,当是别名。《永乐大典》据以录载的底本,《文渊阁书目》登录其名作《建炎系年要录》,“建炎”疑系“建炎以来”之省。至于《高宗系年要录》,则从未用作正式书名。

见于许奕奏状的“高宗皇帝系年要录”和见于崔与之荐状的“高宗系年录”,前面作过一些粗浅剖析。而对见于《宋史·李心传传》的“高宗系年录”,则似有如下数点值得注意:一、它与同书《艺文志》不同,《艺文志》著录之《建炎以来系年要录》才是正式书名。二、它与直接史源《戊辰修史传》有异。黄震《戊辰修史传·宝章阁待制李心传》本作《系年录》,元末史臣于其前添加“高宗”二字,未必有直接书证,即题作此名的原书为据。三、比较合理的解释,是因为同属列传,其卷四〇九载高斯得另有《孝宗系年要录》,也许为使两者不相混淆,遂于此处添加了相应的“高宗”字样。

为便于读者判断,凡涉及此书全名的资料,已尽量依据非库本系统,即未经馆臣改窜的版本,并逐一加注说明。唯贾似道跋和《直斋书录解题》无别本可据,宋本楼钥文集艰于获见,是无可奈何的事。然若返观熊克《中兴小曆》之例,“曆”字触犯乾隆名讳,《四库》编录此书,书名已改作《中兴小纪》,而四库本《系年要录》自注引用此书和《直斋书录解题》著录此书,书名却又都改作《中兴小歷》,虽亦避讳,彼此却并不划一。何况李心传此书,即使书名确曾经馆臣窜改,但由于原名既未触犯清帝名讳,又无时忌须避,则所改是否遍及载有此名的所有典籍,实亦值得怀疑。

(原载《浙江大学学报(人文社会科学版)》1999年第1期)

浙江大学古史求是丛书

梁太济文集

文献考辨卷 下

上海古籍出版社

《建炎以来系年要录》取材考

一、前人之说各异

许奕缴进《建炎以来系年要录》奏状："纂辑科条，编年纪载，专以《日历》《会要》为本。然后网罗天下放失旧闻，可信者取之，可削者辨之，可疑者阙之。集众说之长，酌繁简之中，久而成编，名曰《建炎以来系年要录》。"①

《四库全书总目》卷四七"《建炎以来系年要录》提要"："其书以《国史》《日历》为主，而参之以稗官野史、家乘志状、案牍奏议、百司题名，无不胪采异同，以待后来论定。"②

《建炎以来系年要录》光绪八年(1882)萧藩刻本萧藩序："是书记高宗一朝故事，编年纪月，盖以《日历》《小历》为本，广收博采，最为赡富。参稽钩考，非但足以补证《宋史》，事实具备，尤有裨于经世之学。"

若就构成《系年要录》一书主干的基本资料来源而言，许奕说"专以《日历》《会要》为本"，《四库》馆臣说"以《国史》《日历》为主"，两者是不同的。萧藩写此序时未必见到许奕奏状，他说的"盖

---

① 约嘉定三年(1210)冬。见武英殿聚珍版福本《建炎以来朝野杂记》卷首。
② 乾隆五十四年(1789)。

以《日历》《小历》为本”,或者有意为纠正“提要”的不妥才这样写的。不过近人也有在征引以上三说的同时,仍然断定:“《要录》的材料来源,是以高宗朝的《国史》《日历》为主,并参考大量私家著作而成。”①

二、《国史》,无取材可能

今存《系年要录》所载仅高宗一朝36年之事,其基本内容若从《国史》取材,则只能取之于记载高宗、孝宗、光宗、宁宗四朝事的《中兴四朝国史》。《中兴四朝国史》又称《淳祐四朝史》。王应麟《玉海》卷四六“淳祐四朝史”:“淳祐二年(1242)二月进纪。十一年,命史官分撰志、传。编修官王埶撰舆服志四卷。宝祐二年(1254)八月二十三日癸巳进志、传。五年闰四月四日,修润上之。”而《要录》一书,则嘉定元年(1208)即修订定稿,誊成净本,嘉定三年冬且已奏进,是根本不可能从《中兴四朝国史》取材,更不用说“为主”了。

可是,《系年要录》前数卷的自注却曾不止一次地言及“国史”,如卷一:

宣和“七年春,辽主禧略山后地,[完颜]希尹遇之于归化州,以兵遮其归路,遣孛堇娄宿击而俘之”下自注:“天祚被擒,‘国史’载之宣和七年正月末……”

宣和七年“冬,国相宗维檄宣抚司问罪,遂侵河东”下自注:“……‘国史’,粘罕犯边在十二月。”

靖康元年十一月乙亥,“复用王云计,亟遣[康]王使河北止师,

① 来可泓《李心传事迹著作编年》第97页。

奉衮冕玉辂以行,尊金主为皇伯,上尊号十八字"下自注:"上尊号表,'国史'无之……"

卷二:靖康二年二月丁卯。"广平郡王捷,年十六,给使何义奉捷及乳母隐民间,后数日,敌檄徐秉哲取之,捷遂不免"下自注:"此据《汴都记》及何烈《草史》。二书皆称韩国公而无名。臣谨案《四朝国史》,韩国公捷,靖康元年封广平郡王。盖进封月日浅,故都人但以韩国呼之耳。"

以上四条,除第四条言明系指神宗、哲宗、徽宗、钦宗《四朝国史》外,其他三条若"国史"确系用作书名,则从内容判断,当也出自《四朝国史》。但如以下数例,"国史"却未必作书名:

卷二:靖康二年二月丁亥,"知中山府陈亨伯为步将沙振所杀"条自注:"赵甡之《遗史》……按,此时道君未离城下,安得过中山?若然,则亨伯死不在此时。'史'与甡之必有一误。臣修此录,凡系月日者,必以'国史'为断。但此时河北已隔绝,史臣亦是得之传闻,容有差互,以未有他书考证,姑附见此。"

卷五三:绍兴二年四月,"右中大夫、右文殿修撰、知漳州赵亿乞守本职致仕,许之。亿年才五十三也"。自注:"《日历》无此,今以绍兴五年十二月十五日吕祉等荐章修入。汪藻作《亿墓志》但云'以疾请老,从之',亦不言其故。《日历》此月九日壬寅有'都省奏广东运司建炎四年籴米陈腐,弛慢失职,下提刑司核实'指挥,然止是诘责当职籴买官,亿前任转运使,恐非其实故也。故附于此。'国史'须详考。"

绍兴六年十二月戊戌,"京东、淮东宣抚处置使韩世忠引兵攻淮阳军,败之"。自注:"此据赵甡之《遗史》,'国史'及世忠碑、志皆无之。《日历》绍兴七年正月十六日戊寅,京东、淮东宣抚处置使司差右武大夫刘宽赍捷报前来行在所投进,有旨刘寅特与转一官,回授。即此事也。”

此三例中之“国史”,实与《要录》全书自注中更常见的“史”同义。如第一例即“史”与“国史”互文。狭义的“史”,用作正史《三朝国史》《两朝国史》《四朝国史》等书的专称;广义的“史”,凡官修的史书如“日历”“实录”“国史”等皆可冠以此称,则非专指“国史”而言者。如:

卷六:建炎元年六月乙酉,“户部侍郎黄潜厚言……”自注:“《日历》‘户部尚书黄潜厚奏云’。按,潜厚今年八月方除尚书;或者非此时所奏。‘史’必有一误。”

卷三〇:建炎三年十二月“丙申,浙西制置使韩世忠以前军驻通惠镇”。自注:“《日历》作‘青龙镇’。镇此时已改名通惠,绍兴元年九月甲戌方复旧名,‘史’误也。”

卷五〇:绍兴元年十二月十五日戊寅记事下自注:“《日历》:十二月十五日,沈与求除龙图阁学士,宫祠;贾安宅工部侍郎,胡松年给事中,黄龟年起居舍人。按,此皆绍兴二年十二月事,‘史’盖误也。”

此三例“史”与“日历”互称,“史”皆指《日历》,即《高宗日历》。前引绍兴二年四月和绍兴六年十二月戊戌两例之“国史”,实亦指《日历》。而以下两例之“史”,则指《实录》。

卷一八:建炎二年十月“癸亥,初复钞旁定贴钱”条自注:“熊克《小历》云:‘宣和初,因方腊之乱,江浙残破,诸州皆竭藏,而官兵无所资,乃诏发运使陈亨伯经制东南诸路,亨伯始创经制钱。’《钦宗实录·亨伯附传》亦云:‘亨伯为经制发运使,创比较酒务及以公家出纳钱量取其赢号经制钱……’按,‘史’与克书皆误。”此条‘史’所指之《实录》为《钦宗实录》。

卷八八:绍兴五年四月“甲子,太上道君皇帝崩于五国城,年五十四。上皇遗言,欲归葬内地。金主亶未之许。……”自注:“上皇欲归葬,据《国史拾遗》云尔。但《拾遗》云‘大宋上皇道君正月二十五日崩’,与‘史’不同,当以《实录》为正。”此条“史”所指之《实录》当是《徽宗实录》。

正因为《要录》自注中曾屡屡言及“国史”,尤其是“史”,虽然其具体所指,在高宗朝史事与其前之徽、钦两朝相接部分确有指称《四朝国史》的情况,而绝大多数却是泛指《日历》《实录》等一般官修史书而言的,《四库》馆臣不察,遂误认为《国史》与《日历》同为《要录》主要取材之书。其实,如上所述,《要录》是绝不可能从在其30 馀年之后才修撰的《中兴四朝国史》取材的。

三、《实录》,无取材实例

与《系年要录》记载内容相应的《高宗实录》,据《玉海》卷四八“庆元《高宗实录》”:“淳熙十五年(1188)三月十一日,洪迈请开院修纂。庆元二年(1196)二月五日上二百八十卷,起藩邸至绍兴十六年,修撰傅伯寿等。嘉泰二年(1202)正月二十一日,又上二百二十卷,起十七年至三十二年,修撰袁说友等。自奉诏至成书,凡十六年,成五百卷。”全书是嘉泰二年最后完成的。李心传的《建炎以来朝野杂记》甲集,据自序,也完成于嘉泰二年冬,书中卷四《徽宗钦宗高宗孝宗光宗实录》条云:“《高宗实录》,庆元、嘉泰间京冀公仲远、谢鲁公子肃为丞相时所上,时史馆无专官,未知果谁笔也。”虽知有此书,尚是全未过目的情状。而《系年要录》的最后修订定稿已是嘉定元年(1208)的事。晚于《实录》成书六年,若从《实录》取材,也不是无此可能。只是在《要录》正文和自注中,却始终未见“《高宗实录》”一词,也未能找到曾从《高宗实录》取材的实例。

《要录》前四卷即高宗即皇帝位前记事自注言及之《实录》皆非《高宗实录》。第五卷以下自注也曾偶尔言及《实录》,细审其内容,也都不是《高宗实录》。如卷二六建炎三年八月丙辰“自治平末年始鬻度牒”下自注所言之《实录》当是《神宗实录》,卷八八绍兴五年四月甲子太上道君皇帝崩于五国城条自注所言之《实录》当是《徽宗实录》。

裴汝诚等《〈建炎以来系年要录〉索引·说明》:“国史某人正传、本传,实录某人附传,日历某人附传。李心传为了节省篇幅,又照顾不致混淆,凡属正传、本传者,必指国史内的列传,只写附传时,则属实录内所附某人传;日历中的附传,则必注明日历某人附传。”①此所谓“附传”,系指《实录》或《日历》某年某月某日某人死记事下所附该人的传记。除个别例外,凡死于高宗即位以前的人,其附传不可能见于《高宗实录》,而死于高宗在位期间的人,其附传也不可能不见于《高宗实录》。如果《索引》概括的这一通则得以成立,由于被《索引》归入实录附传的高宗朝人物颇为不少,那么说《要录》从《高宗实录》取材缺乏实例也就不攻自破。

《要录》自注言及其附传的人物,全书共33人。其中,“附传”前冠有“钦宗实录”字样的2人,即童贯、陈亨伯。冠有“实录”字样的9人,即蔡攸、聂昌、李若水、刘韐、徐揆、吴革、唐恪、何㮚、喻汝砺。除喻汝砺外,都是死于靖康年间的人物,则其前所冠之“实录”亦指《钦宗实录》。冠有“日历”字样的6人,即张悫、郑瓖、凌唐佐、王庶、赵立、许翰,②都是死于高宗在位期间的人物,则其前所冠之

① 《建炎以来系年要录》第4册,上海古籍出版社1992年影印文渊阁《四库全书》本,第11—12页。

② 其中,“王庶附传”凡六见,“张悫附传”凡二见,皆只有一处冠有“日历”字样。

“日历”当指《高宗日历》。

既然“附传”前有的冠以“实录”，有的冠以“日历”，与《索引》概括的通则即已不符。而只写“附传”，其前既无“实录”，亦无“日历”字样的。是否都是实录附传呢？

孙傅随钦宗北迁，“后不知所终”。其事与何㮚连书，何㮚事下自注既云“今从实录附传”，则孙傅事下自注所云“此据傅附传”，[1]自可视为亦指实录之附传，实录二字自可省去。言及李熙靖附传的自注见于靖康二年三月壬辰记事下，原文作：“《实录》称中书舍人李熙靖为事务官。按‘附传’，熙靖自西掖出守拱州，复以故官召，靖康元年除待制，奉祠。此时不为舍人，《实录》误也。”[2]其附传实亦实录之附传明甚。高宗即位后再未见其有何事迹。则此两人附传前省去未标的“实录”，当是《钦宗实录》。

司马朴，随钦宗北迁，居燕。病死后，绍兴十三年九月庚午南宋特赠兵部尚书，后谥忠洁。李邈，“故为真定帅，城陷入燕，留金三年，金欲以邈知沧州，笑不答，及髡发令下，邈愤诋之”，被金击杀。“后秦桧还，言其忠，赠昭化军节度使，谥忠壮。”[3]其附传当即附于两人赠官或赐谥之下。

馀下的12人：徐处仁、杨邦乂、李偃、许景衡、赵士珸、宗泽、郑瑴、杨惟忠、徐徽言、邢焕、汤东野、沈与求，都是高宗在位期间谢世的。考虑到上述钦宗朝谢世者附传前例加实录，高宗朝谢世者例加日历，而《高宗实录》在全书压根未见等情况，则此12人附传前省去的，与其说是实录，毋宁说是日历更恰当些。此12人，加上司马朴、李邈，当皆指《高宗日历》的附传。

---

① 《系年要录》卷五建炎元年五月癸卯记事。
② 同上书卷三。
③ 同上书卷二八，建炎三年九月“金元帅府禁民汉服，又下令髡发，不如式者杀之”条。

《要录》卷五,建炎元年五月丙申条自注:"[徐]处仁'附传'云:上为大元帅,移军睢阳,以处仁为大名尹。《日历》:五月丙申,命徐处仁大名尹,张悫发来赴阙。今从《日历》。"卷一五,建炎二年四月丁卯记事自注:"士珸洛州事迹,《日历》全不载,独'附传'有之而无月日。"卷二一,建炎三年三月己丑记事自注:"[邢]焕罢,《日历》不载。'附传'云:'明受改元,六上章求致政。'不得其本日,故因改元附见,未必在此日也。"卷二四,建炎三年六月庚申记事"遂以[汤]东野试尚书户部侍郎"下自注:"此据'附传'增入,不得其日,且附此。《日历》及本部题名并无之。"卷四七,绍兴元年九月庚申记事沈与求"乃陈屯田利害"下自注:"'附传'载此事于明年春,恐误,今从《日历》系此。"五例皆'附传'与'日历'并提,彼此有或载或否,或正或误的差异。[①] 粗看此等附传似不大可能即指日历的附传。但若仔细予以推究,则其间实不相抵牾。盖迳称日历或实录者,指日历、实录中以事系日,以日系月,以月系时,以时系年之正文也,而称附传者,则附载于某人死之日记事下之传记也。既然是传,当然不是编年体裁,所记传主事迹,日历、实录的前文或者未载,或者与之有异,都是可能的。所以这五例,也与李熙靖之例一样,反倒证明了徐处仁、赵士珸、邢焕、汤东野、沈与求五人的附传,实为《高宗日历》的附传。

全书唯一例外的是喻汝砺。他死于绍兴十三年四月丁丑,而自注在言及其附传时却称"实录附传",见卷六建炎元年六月丁卯记事下。此条自注,实际上也属"日历""附传"并提类型,只是由于在"日历""附传"之间又曾引及谭篆《年谱》、张浚札子,所以在附传前须加词界定。颇疑此"实录"实乃"日历"之误写。

---

① 前引李熙靖事"实录""附传"并提,与此相似。

四、主体框架据《日历》

除了《国史》和《实录》以外，官修的典籍尚有《日历》和《会要》。《中兴会要》二百卷，乾道九年(1173)七月秘书少监陈骙等续修成书，九月丙申奏上。《高宗日历》一千卷，淳熙三年(1176)秘书监李焘编次成书，三月三日进呈。[①] 李心传在《朝野杂记》甲集自序中说："心传年十四五时，侍先君子官行都，颇得窃观玉牒所藏金匮石室之副。"窃观的"金匮石室之副"主要当即《高宗日历》《中兴会要》，时间则是两书修成不久的淳熙七、八年。

王明清记徐度语："凡史官记事，所因者有四：一曰时政记，则宰执朝夕议政，君臣之间奏对之语也；二曰起居注，则左右史所记言动也；三曰日历，则因时政记、起居注润色而为之者也……四曰臣僚墓碑行状，则其家之所上也。"[②]修纂日历征集的资料，除了徐度提到的时政记、起居注以外，尚有：省曹、台院、寺监、库务、仓场诸司逐日所申之被受指挥和改更诏条；阁门所送御殿排日；文臣自宰执至卿监、武臣自使相至刺史的墓志行状。[③] 与《中兴会要》相较，《高宗日历》在建炎元年五月一日即位迄绍兴三十二年六月十一日退位的记事年限上虽然相同，但却以它年经月纬的严格编年体裁及网罗全部官府部门和中级以上全体文武官员活动的广阔内容范围，成了《系年要录》主体框架据以建立的唯一一部国史。

前已征引，李心传在自注中曾作过如下郑重申明："臣修此录，凡系月日者，必以国史为断。"[④]此"国史"与同注"史"互文，系泛指

---

① 分见《玉海》卷五一、卷四七。
② 《挥麈录》后录卷一。
③ 《宋会要辑稿》运历一之二四。
④ 《系年要录》卷二，建炎元年二月丁亥记事下。

一般官修史书而言。就正文所载此日“知中山府陈亨伯为步将沙振所杀”而言,“国史”可以指《四朝国史》,也可以指《钦宗实录》。但若就《要录》全书而言,则“国史”在绝大多数情况下皆指《高宗日历》。《要录》年经月纬的框架,正是仰赖以《日历》为断建立的。

关于绍兴二年十月庚子凌唐佐被伪齐以“结连江南谋反”的罪名“斩首号令”的详细记事,自注谓:“此以唐佐‘附传’、赵甡之《遗事》、宋汝为《忠嘉集》、叶梦得《避暑录话》、龚颐正《忠义互录》及绍兴三年三月十六日唐佐妻田氏自诉状参修。但诸书各有所差互,今并以‘史’为正。”①虽然《要录》从诸书补充了不少富有价值的重要材料,但若遇彼此间“有所差互”,则“并以‘史’为正”。《日历》在类似情况下成了折衷是非异同的最终准的。

自注中常有“《日历》全不载”“《日历》无之”“此据某书增入”“此以某书修入”“此据某书、某书参修”一类的话,表明凡《日历》未载而以他书增补的内容,《要录》是必定加注予以说明的;若与《日历》有异,亦必加注予以考辨。凡此,皆是《日历》在《要录》全书中居于主体框架地位的反映。则正文之下未尝加注者,十九皆可视为《日历》遗文也。

《高宗日历》中的问题是不少的。王明清记徐度之语又云:“自高宗建炎航海之后,如日历、起居注、时政记之类,初甚圆备。秦会之再相,继登维垣,始任意自专,取其绍兴壬子岁初罢右相,凡一时施行如训诰诏旨与夫斥逐其门人臣僚章疏奏对之语稍及于己者,悉皆更易焚弃,由是亡失极多,不复可以稽考。逮其擅政以来十五年间,凡所纪录,莫非其党奸谀谄佞之词,不足以传信天下后世。”最主要的问题是,秦桧父子所作的手脚,在淳熙三年《日历》成书时

---

① 《系年要录》卷五九。

并未获得彻底更正。对此,李心传一直保持清醒的认识,在《要录》中曾不止一次加注予以揭露。如:

《日历》载上语云:"[赵]鼎为御史,尝建议与金划江为界。"按,此《日历》乃秦桧领史院,秦熺为秘书少监时所修,张孝祥尝乞删改,疑未可尽信。①

《日历》云:"臣桧以屈辱为愤。"此秦(桧)[熺]为秘书少监时所修也,恐非其实。②

臣尝细考《日历》绍兴七年、八(月)[年]所载和议本末,凡遣使议论,悉是赵鼎所奏。七年十二月丙子,上曰:"金人能从朕所求,其余一切非所校。"鼎曰:"仰见陛下孝心焦劳。"桧以屈辱为愤。八年(六)[五]月己酉,上曰:"馆待之礼,宜稍优厚。"鼎曰:"若用兵,不知所费多少。"八年六月戊辰,范同申金使已到常州,[桧曰:"群]臣见人主卑屈,怀愤愤之心,此人臣之忠也。"十二月戊午,秦桧札子:"乞遣官往前路与金使计议,使名未正,当改江南为宋,招谕为国信。"据此,则屈己之事,皆鼎赞成之,桧实无预。天下后世,果可欺哉!臣详考其故,盖绍兴十二年以前《日历》,皆成于桧子熺之手,张孝祥尝乞改之。③

《日历》:大臣秦桧奏曰:"陛下坚守此两句。"臣谨按,不受封册,上两尝宣谕,岂待桧言之。《日历》成于秦熺之手,意欲逃责于后世,而妄为此说尔。今不取。④

---

① 《系年要录》卷三〇,建炎三年十二月辛卯记事自注。
② 同上书卷一一七,绍兴七年十二月癸未记事自注。
③ 同上书卷一二二,绍兴八年九月乙巳记事自注。
④ 同上书卷一二四,绍兴八年十二月戊辰记事自注。

但即使对于《日历》中这些怀疑其曾经秦桧父子窜改部分的删存去留，李心传仍然采取了十分慎重的态度。有“不取”的，如例四。而在多数情况下，则仅限于指出其疑窦所在，而不轻易删削《日历》原文。如例一高宗言及赵鼎之语，《要录》即仍然修入正文，见卷一二四绍兴八年十二月癸亥记事。例三作为《日历》不实典型举出的四事，也都仍见《要录》正文卷一一七、卷一一九、卷一二〇、卷一二四。[①] 充分体现了他对作为全书主体框架的《日历》的尊重。

五、《小历》是主要依傍

如果仅仅局限于忠实《日历》原文，不能在《日历》原有基础上使之有显著提高，那么《要录》的修撰就失去了意义，《要录》本身也就失去了存在的价值。

关于《要录》的主要资料来源，许奕、《四库》馆臣和萧藩都例举了两种，《日历》是三人一致的，另一种，《四库》馆臣的《国史》乃基于误解的凿空之言，而许奕的《会要》、萧藩的《小历》则各有其合乎事实的一面。因为在《要录》曾经取材并据以对《日历》作出订补的众多资料中，贯彻全书和全过程始终须加参考的著作，自官修典籍言，确只《会要》一种，而自私家著述言，则熊克《中兴小历》又是其基本依傍。

《会要》的资料来源范围与《日历》相近，甚至比《日历》更窄。两书内容因为相近，所以自注中常有“此据《日历》《会要》”“今从《日历》及《会要》”“《日历》《会要》皆不书”“《日历》全不载，《会

① 《系年要录》卷一一七连书于二十六日癸未记事，谓言于“前七日”，即十九日丙子也；卷一一九连书于二十四日戊申，谓“翌日”有此对话，即二十五日己酉。其中唯“桧以屈辱为愤”语，即例二所举者，删去。

要》亦无之”一类两书并提的话；又因为同是官书，局限性亦相似，依据《会要》对《日历》作出的订补不是没有，但作出的重大订补却几乎绝无仅有。许奕因为是在进书奏状中言及《要录》取材的，当然要强调以本朝官典为本，借以抬高其在官方眼中的权威性和可信性。实际上，《会要》的作用远在《小历》之下。

能够真正对《日历》作出饶有价值订补的，是各种私家著述和原始档案。如何将所有收集到的分散资料，经过筛选、甄别、考订，然后年经月纬地与《日历》的相应记载融为一体，应当说是《要录》撰写过程中的主要用力所在。熊克的《中兴小历》既然也是记载高宗一朝史事的以《日历》为基础综合多种私记的编年体史著，它就理所当然成了李心传赖以出发的新起点。萧藩在《日历》以外也把《小历》列为《要录》以之为本的著作，应当说是认真通读全书后的有得之见。

《要录》一七七绍兴二十七年七月庚午记事自注：“熊克《小历》载[王]师心建请于今年六月末，又云‘上然之’，乃与《日历》所书全不同。至于此日所书上语，则又去其首尾。盖克本故相王淮门下士，而书成之时，淮尚为左相，故于师心事多所缘饰也。”这与李心传在《朝野杂记》甲集卷六《嘉泰禁私史》中的批评：“《中兴小历》者，自建炎初元至绍兴之季年，虽已成书，未尝进御。然其书多避就，未为精博，非《长编》之比也。”基本上是同一个意思。

王淮自淳熙九年(1182)九月庚午任左丞相，十五年五月己亥罢。“书成之时，淮尚为左相”，则《小历》当成书于淳熙末年。“虽已成书，未尝进御”，仍是地道的私家记述。熊克绍兴二十七年进士出身，自淳熙七年三月至十年二月先后任秘书省校书郎、秘书郎约三年之久，其间自七年十月以后且兼国史院编修官，在阅读和利用金匮石室所藏《日历》《会要》和其他典籍上有着十分便利的条件。《小历》的写成肯定有赖于这段经历。虽然李心传对《小历》的“多避就”“缘饰”深致不满，对其记述的讹误多所驳正，但并不妨碍他编撰《要录》曾以之为依傍。

《四库全书总目》卷四七“《中兴小纪》提要”谓：此书“自不及李心传书纂辑于记载详备之馀。然其上援朝典，下参私记，缀缉联贯，具有伦理，其于心传之书，亦不失先河之导”。余嘉锡驳之，谓“李心传于此书颇致不满，其作《系年要录》，驳正《小历》之误，几于指不胜屈。心传之书自是以李焘《长编》为法，不假此为先河之导也”。[①] 则未免把通则和某朝史事的具体“缀缉联贯”混淆了。作为编年体史书的通则，李焘《长编》、李心传《要录》都以《通鉴》为法，但具体到将高宗一朝史事以《日历》为主干年经月纬地予以“缀缉联贯”，则《小历》是《要录》的“先河之导”，《要录》以《小历》为基本依傍，却是不容否认的事实。

由于经熊克“缀缉联贯”修入《小历》的资料，李心传绝大多数也都能见到，可以径直征引，《要录》曾经依傍《小历》的正面痕迹，留下的确实不多。但也不是没有。如卷三六建炎四年八月辛卯“广西转运司请罢催税户长……”记事自注云：“《日历》无此，今以绍兴五年十一月二十八日户部状修入。熊克《小历》载此事于今年四月壬辰，当考。”则《日历》未载的这一史实，《小历》业已补入。《小历》依据的是什么？为什么与《要录》依据的“户部状”月日不同？自当留待再考。又如卷五一绍兴二年二月围绕江东安抚大使叶梦得遣使抚谕知寿春府陈卞、知濠州寇宏的大段记事，自注云：“此以《叶梦得行述》增修，而不得其月日。熊克《小历》附之此月。……但克所书，以陈卞为陈辨，又云‘遂复光州’，皆误也。”据

① 《四库提要辨证》卷四“《中兴小纪》提要”辨证。

《叶梦得行述》增补的这一史实，也是《小历》已做的，虽微有欠妥，而依傍之迹俨然。卷一七五绍兴二十六年金主亮“经营汴京，将谋徙居”的记载，自注云：“熊克《小历》称‘金主以左相张浩领行台省，修汴京，且用本朝内侍，向陷金，梁其姓者，为提举官，号大使’，注云：‘此据《杀亮录》参修。’以《炀王江上录》考之，内侍则汉臣也。张棣《正隆事迹》张浩营汴京在正隆四年三月，时当绍兴二十九年，今移本年月。”此事《小历》业已修入绍兴二十六年岁末记事，[①]则《要录》在更订系年的同时，续补者仅内侍梁其姓者之名耳，其依傍之迹同样俨然。再如卷一六二绍兴二十一年二月丁未所载广马沿革及知静江府陈璹的改革措施，自注云：“广马事，以熊克《小历》修入。但克以为绍兴十九年十二月事，则甚误也。”此事《中兴小历》辑本载于卷三四，自注“此据陈璹家《贡马须知》修入”。陈璹家藏的《贡马须知》大概李心传艰于觅见，所以才留下这条依傍《小历》的直接证据。

至于反面的痕迹，则散见《要录》全书的近五百条对《小历》的驳正意见，要是没有对《小历》下过大力，并将它吃透用烂，是绝对不可能写出的。如果将《要录》与《朝野杂记》甲集细加对照，那么《要录》予以驳正的《小历》记载，有不少《杂记》也曾沿用，估计《要录》初稿当与《杂记》相同。尤其值得注意的，是这些意见往往都是在已经追溯及《小历》史源以后而又仍然以《小历》为驳正的对象。凡此，也都是《小历》在《要录》撰写过程中曾被用作主要依傍情况的反映。

以上仅就《系年要录》的基本取材作了一些粗浅探讨。在此以外的，如对于“四库提要”说的“参之以稗官野史、家乘志状、案牍奏

---

① 见《中兴小历》辑本卷三七。

议、百司题名，无不胪采异同”，亦即取材的全面情况的考察及其相应分析，则俟诸异日。

（原载《商鸿逵教授逝世十周年纪念文集》，北京：北京大学出版社，1995 年 3 月）

《系年要录》《朝野杂记》的歧异记述及其成因

《建炎以来系年要录》和《建炎以来朝野杂记》[①]都是南宋史学大师李心传的名著，而且被认为是“互相经纬”[②]之书。但令人不解的是，两书关于高宗朝史事的记述，却又往往互相歧异。本文拟先就两书歧异记述的确实存在予以敲定，然后再对其成因试加推测性的解释。是否有当，尚祈不吝批评指正。

上篇　歧 异 例 释[③]

(一) 年月之什

例一　《杂记》：“明年，吕源为发运副使，复请收圭租以赡军，上不许。[(八)[七]月壬子]。”(甲集卷一六《圭田》)

《要录》：建炎二年五月“癸丑，罢借诸路职田。自军兴始有拘

---

① 本文《建炎以来系年要录》引文据影印文渊阁《四库全书》本，参校文津阁《四库全书》本和中华书局排印本(此本与《国学基本丛书》《丛书集成》同一纸型，系据《史学丛书》即广雅书局刻本排印者。一九五六年七月重印时，曾参考仁寿萧藩刻本和广雅书局刻本等书，于旧纸型有所挖改，书后另附记录校订结果的校勘表。一九八八年本即据此本重印。)《建炎以来朝野杂记》之引文和卷次，则据《丛书集成》据《聚珍版丛书》福本排印本，参校《适园丛书》本。择善而从，不标校改符号，若标有符号，乃另据他校、本校或理校校改者。

② 《四库全书总目》卷八一《〈建炎以来朝野杂记〉提要》。

③ 两书传钞刊刻过程中发生的显属校勘学范畴的讹舛衍脱等歧异，不在举例之列。

借之命,而逋负甚众,至是,江淮发运副使吕源奏留其半,庶可养廉,且令用心催理。诏:'圭田,士大夫贫者仰以养廉,国用虽乏,岂可取此?自今毋得借。'"自注:"熊克《小历》略载此事于七月壬子,而《日历》系之此日。按,今年九月丙子臣僚上言,亦云:'五月三十日圣旨,圭田更不拘借。'克所书实误。"(卷一五)

按:《小历》辑本①卷四载此事,作:"壬子,诏:圭田士以养廉,自今毋借。"《杂记》正文或另有所据,而自注之月日实据《小历》。

例二 《杂记》:新科明法,绍兴"十六年二月,遂罢之,迄今不复设矣"。(甲集卷一三《新科明法》)

《要录》:绍兴十五年闰十一月"己卯,诏罢新科明法"。自注:"熊克《小历》载此事于明年二月己巳,今从《日历》。"(卷一五四)

例三 《杂记》:"旧以广西十州民运盐至横山寨,民甚苦之。绍兴十九年,逮陈璹为经略使,始以官钱募小校运送,若盐无阙失,即使部良马至行在以酬之。至今为例。"(甲集卷一八《广中盐易马》)

《要录》:绍兴二十一年二月丁未,"直秘阁、知静江府方滋升直敷文阁、知广州,左朝散郎、广南西路转运判官陈璹知静江府。……先是,廉州之盐,分令钦、横、宾、贵、浔、梧、藤、象、柳、容等州转至横山仓,然诸州科民则苦富民,差吏则杂私贩,往往陷没留滞。至璹,始令官支脚钱,选使臣运盐,若及十万斤,即与部良马一纲至行在"。自注:"广马事,以熊克《小历》修入,但克以为绍兴十九年十二月事,则甚误也。"(卷一六二)

例四 《杂记》:"二十八年秋,户部遂请二浙江湖米榷以见发

---

① 熊克《中兴小历》,清代四库馆臣从《永乐大典》辑出编入《四库全书》时,为避乾隆皇帝御名,将书名改为《中兴小纪》,实属欠妥。本文征引此书,所据虽是广雅书局本《中兴小纪》,于书名则改署"《小历》辑本"。

三百六十七万斛为准数，从之。（比祖额，二浙欠三十万，江东三十万，江西六万，湖南十万，湖北二十五万。九月壬申降旨。）时二浙以三十五万斛折钱。盖纲米及籴场，岁收四百五十二万斛也。”（甲集卷一五《东南军储数》）

《要录》：绍兴二十九年八月甲戌，“户部言：‘两浙江湖诸路岁认发米四百六十九万石有奇，今实发四百五十三万石。两浙一百五十万，除三十五万折钱一百一十万缗，今发八十五万；江东九十三万，今发八十五万；江西一百二十六万，今发九十七万；湖南六十五万，今发五十五万，湖北三十五万，今发一十万。且欲依减下之数，以凭科降。’（照）[诏]依限数足”。自注：“熊克《小历》载此法于去年九月壬申，盖差一年。”（卷一八三）

按：《要录》系年依据或即《宋会要辑稿》食货六四之五三该日记事。除系年“差一年”外，《杂记》比祖额所欠数，“江东三十万，江西六万”，《要录》实为江东八万，江西二十九万，数字亦有异。又籴场数每岁一百二十万石，《要录》载于卷一五八绍兴十八年闰八月甲子，今绝未连书，遂致实发细数相加仅三百三十二万石，与实发总数四百五十三万石有较大差异。

例五 《杂记》：“今边上惟行盐官盐。其盐，官岁课七十馀万斤，半为官吏柴茅之费，半鬻于西和、成、凤州，岁得钱七万缗，为铸钱之本（绍兴十五年始）。盐多地狭，人甚苦之。绍兴二十九年秋，诏减其直之半（九月丙戌），今每斤犹为钱二百云。”（甲集卷一四《解盐》）

《要录》：绍兴二十九年十二月“甲戌，诏减西和州官卖盐直之半。先是，州之盐官井岁产盐七十馀万斤，半为官吏柴茅之费，半鬻于西和、成、凤州，岁得钱七万缗，为利州铸钱之本（十五年始）。盐多地狭，每斤为直四百，民甚苦之，上闻，故有是命。”（卷一八三）

按：两者内容相同，惟所系月日有异。相应记事见于《宋会要辑稿》食货二六之四三者，所系月日与《杂记》同。《要录》之依据或是《日历》。因为在《要录》卷二建炎元年二月丁亥记事的自注中，作者曾郑重申明："臣修此录，凡系月日者，必以国史为断。"此所谓"国史"，若高宗在位期间事，即指《日历》。以此为断，应当说是比较妥帖的。除非另有确据，对《日历》所系年时月日偶有更正外，这一准则曾贯彻于全书的始终。

（二）地名之什

例六 《杂记》："建炎绍兴初，诸将未尝敢与虏战也……独曲端与娄宿战于白原（建炎四年正月）……"（甲集卷一九《建炎三大战》）

《要录》：建炎四年三月乙巳，"初，娄宿既陷陕，遂与其副撒离喝长驱入关。宣抚处置使司都统制曲端闻敌至，遣右武大夫、忠州刺史、泾原路马步军副统总管吴玠，及统制官张中孚、李彦琪将所部拒之于彭原店"。自注："熊克《小历》作（自）[白]原店，盖因张汇《节要》所书也。《吴玠功绩记》、赵甡之《遗史》皆作彭原店，今从之。"（卷三二）

按："白""彭"声近，所指系同一地。《杂记》不仅作战地点作"白原"当因袭于《小历》，甚至自注所书作战时间"建炎四年正月"亦因袭《小历》者。

（三）人名之什

例七 《杂记》："亲耕，绍兴十五年诏举行之，太师秦桧为耕籍使。礼官张柄请耕籍使乘金根车先诣坛所。从之。后桧不敢乘而止。"（甲集卷三《亲耕》）

《要录》：绍兴十五年闰十一月“庚辰，太师、尚书左仆射秦桧为耕籍使，以上将亲耕故也。先是，秘书少监、权礼部侍郎游操等请耕籍使乘金根车，备卤簿，护耒耜先诣坛所。许之。既又乞减卤簿之半，用三百四十四人。其后桧不敢乘而止”。（卷一五四）

按：《要录》卷一五五绍兴十六年正月戊寅，“是日大理少卿张柄面对”下自注：“朱熹撰《张浚行状》云：‘有张柄者，尝奏请秦桧乘金根车，其死党也。’按，桧此时为耕籍使，去年十一月癸卯，礼寺尝乞耕籍使乘金根车，闰月甲午，又奏止乘马。柄非礼官，不知何以与闻之？或者礼官已改议不乘车，而柄复请之也。”则礼寺请乘金根车是可信的。《杂记》参照《张浚行状》认为礼官即是张柄，而《要录》则认为张柄此时任大理少卿，礼官不是张柄，当是“权礼部侍郎游操等”。

例八 《杂记》：“十六年，新祭器将成，而太庙室隘，至不能陈列，巫端明伋请增建太庙。从之。于是从西增六楹，通旧十三楹，每楹为一室，东西二楹为夹室。又作西神门、册宝殿，祭器库。”（甲集卷二《今太庙》）

《要录》：绍兴十六年三月“乙未，增建太庙。时新祭器将成，而太庙殿室狭，至不能陈列，给事中段拂请正殿从西增六间，通旧为十三间，其中十有一间为十一室，东西二间为夹室。又作西神门、册宝殿，祭器库”。（卷一五五）

按：《玉海》卷九七“宋朝庙制”载：绍兴“十六年，新祭器将成，而室隘不能陈列，三月乙未，礼官巫伋请增建。于是从西增六楹，通旧十三楹，每楹为一室，东西二楹为夹室。五月，作祏室藏主。又作西神门、册宝殿，祭器库”。《杂记》或与之同源。是年巫伋任监察御史，非“礼官”。《宋会要辑稿》礼一五之一九载：绍兴“十六年三月二十六日，礼部、太常寺言：‘给事中段拂奏乞厘正郊庙祭器之数,依政和六年已行旧制。谨按《周礼》……今讨论(各)[合]依政和六年厘正郊庙祭器之数……乞下礼器局增造。缘祭器既倍增于旧数,其正庙七间,通九间,祖宗神主,地步窄狭。今相视欲从西增建六间,通十三间,为十一室,东西两间为夹室,则可以随宜安设。仍乞增置廊庑及西(城)[神]门,以应庙制。'并从之"。其中"谨按"以下皆礼部、太常寺的"讨论"意见,增建太庙是否为段拂原奏内容复述,并无明确交代,《要录》或者曾见奏乞原文。《咸淳临安志》卷三"太庙"所载"用给事中段拂请,厘正礼器,而室隘不可陈列,监察御史巫伋请增建庙宇",将互有抵牾的原始记述强事捏合,未必可取。

(四)系衔之什

例九 《杂记》:建炎"三年,命吏部郎中方闻抚谕淮东"。(甲集卷一—《抚谕使》)

《要录》:建炎三年二月乙亥,"命尚书驾部员外郎方闻往淮东抚谕"。(卷二〇)

例十 《杂记》:"经界法,李椿年仲永所建也。绍兴十二年,仲永为两浙转运副使,上疏言经界不正十害。"(甲集卷五《经界法》)

《要录》:绍兴十二年十一月癸巳,"左司员外郎李椿年言经界不正十害……""甲午……尚书左司员外郎李椿年直显谟阁,为两浙转运副使。"前条自注:"熊克《小历》于此书'两浙转运副使李椿年言'云云,盖误。李椿年实自都司上此奏,乃除浙漕尔。"(卷一四七)

按:李椿年上经界不正十害奏疏时的职衔,除《中兴小历》外,《宋会要辑稿》食货六之三六(食货七〇之一二四重出)亦作"两浙转运副使"。此事虽仅一日之差,却也引起颇大混乱。《宋史·食货志》虽曾正确书作“十二年,左司员外郎李椿年言经界不正十害”,而在《高宗纪》中,却又将“以左司郎中李椿年为两浙转运副使,专治经界”系于十一月癸巳,并将“左司员外郎”误为“左司郎中”。顾吉辰《〈宋史〉比事质疑》“左司员外郎李椿年”条正确指出《高宗纪》“左司郎中”之误,说“李椿年当时官为左司员外郎甚明”(第92页),而在“两浙转运副使李椿年言经界不正十害”条中,却又错误地断定《食货志》中“左司员外郎”,乃是“两浙转运副使之讹”(第195页)。笔者当年为《中国大百科全书》撰写的“经界法”词条,亦误作“两浙转运副使李椿年上言经界不正十害”。[1]

(五)疑似之什

例十一 《杂记》:“京城破,自定命宝外,悉为虏所得,而大宋受命之宝,邵泽民侍郎给以随葬,乃得全。张邦昌将复辟,遣谢任伯参政奉宝归于高宗。”(甲集卷四《八宝》)

《要录》:建炎元年四月“丁卯,谢克家以大宋受命之宝至济州,王恸哭跪受,命汪伯彦司之”。自注:“《邵溥神道碑》云:‘金索大宋皇帝之宝,溥给以随葬,乃得全。’今且附此,俟考。《碑》以为大宋皇帝之宝,其文与史不同,盖误。”(卷四)

按:《碑》所云“溥给以随葬,乃得全”,《要录》存疑“俟考”,《杂记》则已修入正文。

例十二 《杂记》:“闻张邦昌僭立,廷俊等欲奉王走宿州,谋渡江左,先锋至山口镇,三军籍籍,乃罢行。”(甲集卷五《中兴定都本末》)

《要录》:建炎元年三月癸卯,“元帅府寮属闻金人立张邦昌,

---

① 见《辽宋西夏金史》第219页。

欲奉王至宿州驻军,谋渡江左,先锋辎重至山口镇,三军籍籍,谓'不返京师而迂路何也?'王闻其语,遂罢行"。自注:"《钦宗实录》以宿州之行为黄潜善建议。按,《中兴日历》罢行在三月十三日癸卯,此时潜善在兴仁,三月二十七日丁巳,潜善至济州,《实录》误也。盖耿廷禧《中兴记》初不深考,附此事于潜善至济州之后,而史臣遂因之。是时耿南仲、汪伯彦在济州,未知的是何人建此议。今但云'元帅府寮属',俟考。"(卷三)

按:宿州之行,《要录》不能考定"的是何人建此议"?《杂记》则坐实为"廷俊(汪伯彦之字)等"。作"廷俊等"也未必错,盖如自注所考,元帅府寮属中"是时耿南仲、汪伯彦在济州",但终究不及《要录》的处理慎重:正文笼统地只云"元帅府寮属",而于注文则揭明是时有可能建此议者为哪些人。

例十三 《杂记》:建炎"四年二月,金兵还,过吴江县,浙西宣抚使统制陈思恭以舟师败之于太湖,几获兀术"。(甲集卷一九《十三处战功》)

《要录》:建炎四年三月癸卯朔,"是日,完颜宗弼去平江府。时敌之后军泊吴江县,下临太湖,石岸险狭,统制官陈思恭以兵邀之,金人舟乱不整,思恭小捷而退"。自注:"熊克《小历》云:'敌过吴江,思恭以舟师邀于太湖,击败之,几获兀术。'此据张汇《节要》所书也。以赵甡之《遗史》考之,乃不然。钱穆《收复平江记》亦无此事。当更详考。"(卷三二)

例十四 《杂记》:"绍兴中,[宇文]虚中阴结中原忠义,欲俟虏酋郊天日举事,而使朝廷应之。先以蜡书来上,秦会之用事,遽缴其书遗虏人,高宗不之知也。会虚中事亦自泄,虏族其家,株连死者甚广。"自注:"缴还蜡书,谥议云尔,而或谓未必然,盖自露也。"(甲集卷八《宇文肃愍死事》)

《要录》绍兴十五年九月“壬子,金主亶祀天于郊。先是,资政殿大学士宇文虚中既为金人所用,虚中知东北之士愤为左衽,密以信义感发之,从者如响。乃与其翰林学士高士谭等同谋,欲因亶郊天,就劫杀之。先期以蜡书来告于朝,欲为之外应,秦桧拒不纳。会事亦觉,虚中与其子直显谟阁师瑗皆坐诛,阖门无噍类”。自注:“此以《虚中行状》及其家诉理状参修。《行状》又云:‘秦桧怀奸无状,且忌公功在己上,缴还蜡书。’当求他书参考。”(卷一五四)

按:《杂记》说“遽缴其书遗虏人”,而《要录》则只说“拒不纳”。观自注,两书记此事之史源实无多大差别,惟态度有偏于肯定和偏于否定之异。应当说,《要录》的慎重态度是可取的。

(六)裁断之什

例十五 《杂记》:“识者病其单弱,数以为言,绍兴二年秋,诏三衙措置。已而上谓辅臣曰:‘一卫士所给可赡三四兵,朕命杨沂中治神武中军,此皆宿卫兵也。’遂命沂中兼提举宿卫亲兵。”(甲集卷一八《三衙废复》)

《要录》:绍兴二年九月“癸亥,执政进呈胡安国请益卫兵。上曰:‘一卫士所给可赡三四兵,朕命杨沂中治神武中军,此皆宿卫兵也。卿等可修鞍马,备器械,乃为先务。’”自注:“熊克《小历》于此下书:‘遂命杨沂中兼提举宿卫亲兵。’按史,沂中今年三月己酉除中军统制已兼带矣,非在安国建请之后,克盖误也。”(卷五八)

按:《要录》上文所载绍兴二年三月己酉事如下:“中侍大夫、密州观察、神武右军中部统制杨沂中为神武中军统制,兼提举宿卫亲兵。”(卷五二)

例十六 《杂记》:“二十[二]年春,命司农寺臣钟世明往闽中措置寺观绝产,自租赋及常住岁用外,岁得羡钱三十四万缗入左藏

库。明年,张如莹节使为帅,又请于朝,十还六七矣。"(甲集卷一六《僧寺常住田》)

《要录》:绍兴二十二年三月"丁巳,诏新除司农寺臣钟世明往福州路措置寺观常住绝产。……其后世明言,自租赋及常住岁用外,岁得羡钱三十四万缗。诏赴左藏库"。自注:"熊克《小历》云:'明年,庆远军节度使张澄帅福州,复请于朝,率还六七。'按《会要》,世明元措置剩钱三十六万五千八百馀缗,已而澄乞添给童行人力米外,实馀三十三万九千馀缗。克误也。"(卷一六三)

按:《要录》引《会要》证明《小历》谓张澄"十还六七"之误,而《杂记》则仍沿之。

例十七 《杂记》:"夔路义军者,绍兴末,边事有萌,帅守李师颜于夔州三县保甲中选置。……始议摘诸州禁军,晁子西时守梁山,为言夔、万山乡之民,勇壮伉健,过于正军。乃捐租赋以募之,元额三千四百馀人。李既去,遂为文具。"(甲集卷一八《夔路义军》)

《要录》:"时[李]师颜又调属部禁军以补夔州之阙,[晁]公溯言:'夔之兴宁乡、万之渔阳乡,其人皆勇壮伉健,有过于正兵。如有愿自效于戎行者,役钱之外,一无所征,大不过捐千户之赋耳。有搜兵之实,而无饷馈之费。'师颜不能用。"(卷一九〇绍兴三十一年五月乙未记事)

按:晁公溯之建议,《要录》谓"师颜不能用",而《杂记》则谓李师颜已予接受,且建立了夔路义军。

例十八 《杂记》:"三十一年,始宗祀徽宗于明堂,以配上帝,而祀五天帝、五人帝于堂上,五官神于东厢,罢从祀诸神位,用熙宁礼也。"(甲集卷二《南北郊明堂》)

《要录》:绍兴三十一年九月"辛未,宗祀徽宗皇帝于明堂,以配上帝。建王亚献,嗣濮王士輵终献。乐备而不作。初,礼官以行礼殿隘,欲祀五天帝于朵殿,五人帝于东西厢,太常少卿王普言,有熊氏乃圣祖之别号,因引皇祐故事,并升于明堂,各依其隅铺设,五人帝在五帝之左,稍退五官神位于东厢,皆遣官分献,罢从祀诸神位,用元丰礼也”。(卷一九二)

按:熙宁四年七月丙戌,“明堂祀昊天上帝,英宗皇帝配坐,及五方帝,皇帝亲献;五人帝、五官神位,差官分献。”(《长编》卷二二五)而元丰三年七月丁亥诏则规定:“其将来祀英宗皇帝于明堂,惟以配上帝,馀从祀众神悉罢。”(《长编》卷三〇六)如《杂记》上文所载,仁宗皇祐中始行明堂,其礼是“合祭天地,并配祖宗,又设从祀诸神,如郊丘之数”。今改为只以严父配上帝则始于神宗即位后治平四年九月的明堂,熙宁四年、元丰三年明堂亦同,而明令“罢从祀诸神”,则只见于元丰三年的记载。绍兴三十一年的明堂,不只以严父徽宗配上帝,且又“罢从祀诸神位”,则所用当是元丰礼而非熙宁礼。

(七)真相之什

例十九 《杂记》:“神武五军,绍兴(元)[五]年十二月,又改为行营四护军。张俊称前军,韩世忠称后军,岳飞称左军,刘光世称右军,并杨沂中中军入殿前司,而吴玠军如故也。七年八月,光世军叛降伪齐,于是川陕军更以右护军为号。”(甲集卷一八《殿前诸军》)

《要录》:绍兴五年十二月庚子,“诏:神武系北齐军号,久欲厘正,宜以行营护军为名。神武前军改称中护军,左军称前护军,后军称后护军,刘光世所部人马称左护军,吴玠所部人马称右护军,并听本路宣抚招讨司节制。”自注:“熊克《小历》称‘并听本路宣抚

司节制’，此时湖北未置宣抚也。克云‘川陕右军后亦谓之右护军’，此亦卤莽，今不取。”（卷九六）

按：《要录》改称中护军的神武前军，“前”当是“右”之误，指张俊所部人马，张俊是神武右军都统制，自绍兴五年正月癸亥张俊就任江南东路宣抚使，置司建康府以后，遂“落都统制”不再入衔（《要录》卷八四）。改称前护军的神武左军，指韩世忠所部人马，韩世忠是神武左军都统制，自绍兴三年三月壬午韩世忠就任淮南东路宣抚使，置司泗州以后，“始去神武左军都统制，专为宣抚使”（《要录》卷六四）。改称后护军的神武后军，是岳飞所部人马，绍兴三年九月庚辰，“诏神武副军都统制、江西制置使岳飞所部人马改称神武后军，以飞为统制”（《要录》卷六八），至是复改行营后护军。则《要录》所载之张俊中护军，韩世忠前护军，岳飞后护军，刘光世左护军，吴玠右护军，与《杂记》所载之张俊前护军，韩世忠后护军，岳飞左护军，刘光世右护军，完全不同。又，被《要录》自注斥为“卤莽”的记述，在《杂记》中似也一样存在。

例二十 《杂记》：“五年冬，张魏公在行府，请屯田郎中樊宾往江淮措置，遂改屯田为营田。”（甲集卷一六《屯田》）

《杂记》：“六年，张魏公以都督出行边，乃奏改江淮屯田为营田。”（甲集卷一六《营田》）

《要录》：绍兴六年二月壬寅，“都督行府奏改江淮营田为屯田”。（卷九八）

按：《杂记》所载今有明初《永乐大典》编者录入《宋会要》食货类营田门的《杂记》“营田”条为佐证（辑本载食货六三之一〇七），《要录》所载今有《皇宋中兴两朝圣政》卷一九、《宋史全文》卷一九的相应记事为佐证，表明两书的歧异不是流传过程中的舛误，而是本来即已如此。

二月四日壬寅的相应记事,《宋会要辑稿》系于正月二十八日,如下:绍兴六年正月“二十八日,都督行府言:江淮州县自兵火之后,田多荒废,朝廷昨降指挥,令县官兼管营田事务,盖欲劝诱广行耕垦。缘诸处措置不一,至今未见就绪。今改为屯田,依民间自来体例,召庄客承佃,其合行事件,务在简便。今条具下项……”(食货六三之一〇〇)其所条具的各项内容,本例所录《杂记》“营田”条和《要录》引文之下,都曾节载。日期之异,或者一为奏上之日,一为行出之时所致。而其所奏,则确是改营田为屯田。

过了约一个半月以后,都督行府才又奏请将屯田改回为营田。绍兴六年三月“十七日,都督行府言:‘诸路宣抚、安抚大使各令带营田大使,诸路安抚并带营田使,缘行府措置屯田官及江淮等路知、通、县令见带屯田二字,窃虑称呼不一,欲并以营田为名。’从之”(食货六三之一〇三)。按,“诸路宣抚、安抚大使各令带营田大使,诸路安抚并带营田使”事,《要录》系于此年二月二日庚子,《会要》系于二月三日。朝廷为什么在同意都督行府奏改营田为屯田的同时,又诏各路宣抚、安抚大使或安抚使并兼营田大使或营田使?这或者只可从朝廷和都督行府的微妙关系中获得进一步了解。但从中实亦可见,正是由于有正月二十八日或二月四日都督行府的奏改营田为屯田,才有三月十七日都督行府“并以营田为名”,亦即将屯田回改为营田的奏陈。而且江淮一带,“县官兼管营田事务”,本来久已如此,若无二月初以来一段曲折,则如《杂记》所载“奏改江淮屯田为营田”,即无从说起。

例二十一 《杂记》:“经总制钱,旧法,守贰通掌而隶提刑司。李朝正为户部侍郎建言,始属通判,一岁所入至一千一百二十万缗。其后复命知通同掌,无岁不亏,于是议者乃复请委通判。事既行,诸道因请以绍兴十九年所入为准。时汪明远为侍御史,上疏言:'财赋所出,当究源流。是年经界初行,民输隐漏之税,盖是适然。当取十年间酌中之数为额。'上可之。然今东南诸路经总制钱,岁收千四百四十馀万缗,又多于朝正在户部之额三百万矣。"(甲集卷一五《经总制钱额》)

《要录》:绍兴三十年八月"己未,言者奏,国家因陈亨伯建议,始立经总制钱。……自绍兴十六年因李朝正上言,专委通判拘收。通判既许自专,因得尽力,于是岁之所入至一千七百二十五万缗。……"(卷一八五)

《要录》:绍兴三十年十二月癸丑,"侍御史汪澈言:诸路经总制钱以十九年为额,其数太多……"自注:"按,绍熙中东南诸路经总钱岁收一千四百四十馀万缗,乃又多于绍兴十九年之额,不知何故?当考。"(卷一八七)

按:经总制钱岁入最高数,参照《宋会要辑稿》食货六四之九九绍兴三十年八月十四日臣僚言,食货六四之一〇二乾道八年八月四日新除度支郎朱儋言,当以"一千七百二十五万缗"为正。然《杂记》所载"一千一百二十万缗"却并非该书传钞刊刻中衍生的讹误,而是撰写当日所依据之材料本就如此。否则,下文就不致这样推断:"今东南诸路经总制钱岁收千四百四十馀万缗,又多于朝正在户部之额三百万矣。"又《要录》第二则自注的比较基数似也是"一千一百二十万缗"。其第一则所载"一千七百二十五万缗",究系初稿所书,还是经过订正的数字?订正者是作者本人,还是后世之人?似也值得深长而思。

例二十二 《杂记》:"渡江之初,东南岁入不满千万,逮淳熙末,遂增六千五百三十馀万焉。今东南岁入之数,独上供钱二百万缗,此祖宗正赋也。其六百六十馀万缗号经制,盖吕元直在户部时复之;七百八十馀万缗号总制,盖孟富文秉政时创之;四百馀万缗号月桩钱,盖朱藏一当国时取之。自经制以下钱皆增赋也。合茶、盐、酒、算、坑治、榷货、籴本、和买之入,又四千四百九十馀万缗,宜民力之困矣。”(甲集卷一四《国初至绍熙天下岁收数》)

《要录》:“渡江之初,东南岁入犹不满千万。上供钱二百万缗,此祖宗正赋也。吕颐浩在户部,始创经制钱六百六十馀万缗;孟庾为执政,又增总制钱七百八十馀万缗;朱胜非当国,又增月桩钱四百馀万缗。绍兴末年,合茶、盐、酒、算、坑治、榷货、籴本、和买之钱,凡六千馀万缗,而半归内藏。”(卷一九三绍兴三十一年十月癸丑记事)

按:两书的原始依据当皆是郑湜的奏札。此郑湜奏札,章如愚《山堂考索》曾多处反复引录。后集卷六三以“光宗绍熙三年,臣闻当今之务”云云领起,未署上奏者为谁。续集卷四五以“绍兴中郑湜札子”领起。卷四六共三处,两处于文末注“郑湜札子”,一处注“光宗朝臣僚札子”。郑湜,乾道二年萧国梁榜进士及第(见《淳熙三山志》卷二九),“绍兴中”显是“绍熙中”之误。郑湜此札的奏上时间既在绍熙三年,文中的“今”,所指无疑即是绍熙。特别是文中曾提到,“增收添籴本十分、七分、五分之类,又起于近时也”,是临近绍熙才有的情况。《杂记》标题作《国初至绍熙天下岁收数》,确认“今”指绍熙,完全忠实于郑湜原札。《要录》以“绍兴末年”替换原指绍熙的“今”,初看显属欠妥。但如果考虑到:一、孝宗一朝岁入总数确无重大变化,而《要录》又将原载淳熙末的总数“六千五百三十馀万”概约作了“六千馀万缗”,与绍兴末年实际总数大致出入不大。二、《要录》所载经制钱和总制钱相加数一千四百四十万缗,《要录》前文也说是“绍熙中东南诸路经总制钱岁收”数(见例二十一所录),估计以绍兴十九年岁入最高数一千七百二十五万缗而定的岁额,经绍兴三十年十二月汪澈论奏以后,业已减至此数,将它视作绍兴末年之数，似亦无防。三、《续资治通鉴长编》于太宗至道末年和真宗天禧末年都载有对太祖、太宗两朝或真宗朝各种情况（包括财政情况）的总括，《要录》仿之将郑湜札子略加更动以充高宗一朝财政状况的总括，似也无所不可。

（八）事始之什

例二十三 《杂记》："经制钱者，宣和末陈亨伯资政所创也。时方腊初平，用度百出，徽宗命亨伯以发运兼经制使，亨伯乃创比较酒务及头子钱。""所谓经制钱者，其始行之东南，后又行之京东西、河北，岁入钱数百万缗。靖康初，废。"（甲集卷一五《经制钱》）

《要录》："先是，政和间，陈亨伯为陕西转运使，始议创经制钱。大率添酒价，增岁额，官卖契纸，与凡公家出纳每千收二十三。其后行之东南，又行之京东西、河北，岁入数百万缗。靖康初，废。"自注："熊克《小历》云：'宣和初，因方腊之乱，江浙残破，诸州皆竭藏，而官兵无所资，乃诏发运使陈亨伯经制东南诸路，亨伯始创经制钱。'《钦宗实录》亨伯附传亦云：'亨伯为经制发运使，创比较酒务及以公家出纳钱量取其赢，号经制钱。后翁彦国为总制使，仿其法，又取所谓总制钱者。至今天下有经总制钱给县官费，盖自此始。'按，史与克书皆误。经制之法，实建议于陕西，后乃行于东南；总制之法，创于绍兴，非翁彦国所立。彦国尝为经制使，未尝为总制使也。"（卷一八建炎二年十月"癸亥初复钞旁定帖钱"条记事）

按：《杂记》援用的，恰是《要录》自注认为"皆误"的熊克《小历》和《钦宗实录》的记述。

例二十四 《杂记》："御营使者，建炎元年六月，始命宰相李伯纪为之，本以行幸总齐军中之政。"（甲集卷一〇《御营使》）

《要录》：建炎元年五月"丁酉，中书侍郎黄潜善兼御营使，同知枢密院事汪伯彦兼御营副使。……于是始置御营司以总齐军中之政令”。自注:“臣谨按,建炎置御营司乃军政之大者,而史官不能纪其本末。熊克《小历》略书其事,乃系于今年七月并命二相时,实甚误矣。”(卷五)

按:据《要录》,御营司之设置和御营使、副的任命在南宋重建后的第八天,即建炎元年五月八日丁酉,而非同年六月。最先任御营使者乃黄潜善,而非李纲。李纲命相在南宋重建后的第五天,即五月五日甲午,《要录》在该日只载“李纲为尚书右仆射兼中书侍郎,趣赴阙”,未云曾兼御营使。六月己未朔,李纲至行在。同月六日甲子,以覃恩自正议大夫迁正奉大夫的同时,始载“仍兼御营使”(卷六)。李纲任御营使虽确在六月,但已在黄潜善之后,并非“始命”者。则《杂记》所载,似也是“不能纪其本末”之言。

例二十五 《杂记》:“建炎末,张魏公用赵应祥总领四川财赋,始置所系衔,总领之官自此始。其后大军在江上,间遣版曹或太府、司农卿少调其钱粮,皆暂以总领为名。”(甲集卷一一《总领诸路财赋》)

《要录》:绍兴三年正月“甲子,命尚书户部侍郎姚舜明往建康总领大军钱粮,用同都督江淮荆浙诸军事孟庾请也。时诸军屯建康者岁用钱粮五十馀万,皆户部财计,故命舜明领之。总领名官自此始”。(卷六二)

按:张浚用赵开总领财赋事,《要录》载于卷二八建炎三年十月辛丑,作“张浚承制以朝请郎、同主管川陕茶马监牧公事赵开兼宣抚司随军转运使,专一总领四川财赋”,未言“总领之官自此始”。《杂记》“其后”云云,即指《要录》姚舜明事及《要录》下文所载绍兴六年二月“己未,遣权户部侍郎刘宁止往镇江总领三宣抚司钱粮”(卷九八),九月戊子,“命户部员外郎霍蠡就鄂州置司,专一总领岳飞一军钱粮”（卷一〇五）等事而言，《杂记》则不认为是“总领名官”事始。罢诸将兵权后于绍兴十一年五月辛丑设置的三总领，《要录》谓“总领官正名自此始”（卷一四〇），《杂记》虽无此语，但从行文看当也这样认为。两者的歧异仅在于，“总领名官”究竟始于赵开，还是始于姚舜明？

东南三总领所的题名记或厅壁记追溯总领名官之始，大都及于绍兴三年的姚舜明。如洪适《淮东总领石记序》（隆兴元年九月）说：“绍兴初，大参孟公开江淮荆浙都督府，请用民部长贰居建康总领军需，于是贰卿姚舜明以选行。”（《盘洲文集》卷三二）胡铨《淮西江东总领题名记》（淳熙二年闰九月）说：“国朝自绍兴癸丑（三年）始设是官，以蒇诸路军实。”（《胡澹庵先生文集》卷一九）缺名《湖北总领所壁记》说：“国家驻跸吴会，形胜控扼之地，上下数千里，自蜀汉荆襄江鄂达于两淮，其间列戍数百，而大屯不过十数，视屯兵若干，州之赋入，供其军食。其始，费用出入，悉听乎主将之所自为，已而兵浸乏用，绍兴五年，始命中都官为外司农，兼总贡赋之入而制其出。为四总领所。”①而绍兴末年的四川总领王之望，也认为其总领的职任，不是源自四川的赵开，而是源自淮东的张成宪。如他绍兴三十一年六月辛未的奏状所言：“川蜀前来用兵，都转运司领其财赋，而隶于宣抚司，如赵开辈，皆宣抚置其所厚，宣抚司有便宜，都漕司依倚而行，以为一切之政，故粗能应办。是时兵统于诸帅，财领于都运，而宣抚使兼总之。后来朝廷改置总领，实分版曹之务，仓库皆以户部为名，而以朝臣奉使。赵不弃初除四川总领日申画一项云：昨来张成宪应副韩世忠钱粮，申明与宣抚司别无统摄，止用公牒行移，乞（移）[依]张成宪已得指挥。朝廷降旨从之。

① 据《古今合璧事类备要》后集卷六七两处所录参校转引。其中绍兴“五年”疑“三年”之误，“为四总领所”前疑有删节。

自是兵与财赋,各有攸司,势若提衡,轻重相济。"①此张成宪虽未系"总领"衔,却是江上总领的雏形。《要录》卷八一绍兴四年十月癸卯记事:"初,朝廷命成宪应副世忠军钱粮,成宪言:'职事别无相干,乞用公牒往来。'奏可。自是总领钱粮官率用此例。"如果从被正名以后的四总领官所延续和承继的情况来看,始于绍兴三年的江上总领具有如下两个显著特点:一、是中央财赋机构户部的派驻机构,即所谓"外司农""分版曹之务",以户部官或太府、司农卿少,即所谓"朝臣""中都官"总领。二、独立于宣抚司之外,"与宣抚司别无统摄"。赵开虽以"总领""置所系衔",这两点却是谈不上的。而且赵开是以同主管川陕茶马监牧公事"兼宣抚司随军转运使、专一总领四川财赋"的,还存在使名不专的问题。按照李焘的意见,"使名不专,非事始也"。② 则两书在"总领名官"事始上的歧异,似当以《要录》为正。

例二十六 《杂记》:"月桩钱者,自绍兴二年冬始。是时淮南宣抚使韩世忠驻军建康,宰相吕元直、朱藏一共议,令江东漕臣月桩钱十万缗,以酒税、上供、经制等钱应副。其后江浙湖南皆有之。"(甲集卷一五《月桩钱》)

《要录》:绍兴三年六月乙巳,"初,韩世忠之军建康也,诏江东漕臣月给钱十万缗,以酒税、上供、经制等钱应副。至是,刘光世移屯,又增月桩钱五万六千缗。转运判官、直秘阁刘景真等告乏于朝,诏通融应副。自吕颐浩、朱胜非并相,以军用不足,创取江浙湖南诸路大军月桩钱,以上供、经制、系省、封桩等窠名充其数,茶盐

---

① 王之望《汉滨集》卷八《措置备边饷馈朝札》。系日据《要录》卷一九〇。

② 《长编》卷五一,咸平五年正月"甲辰,以右仆射张齐贤为邠宁环庆泾原仪渭镇戎军经略使、判邠州"条自注:"专为经略使自此始。开宝八年九月癸巳,以昇州东南路行营都监、内客省使丁德裕为常润等州经略巡检使,使名不专,非事始也。"

钱盖不得用,所桩不能给十之一二,故郡邑多横赋于民,大为东南之患。今江浙月桩钱盖自绍兴二年始”。自注:“月桩钱,诸书不见事始。《日历》:‘十七年八月,上谕秦桧:卿未还朝,朱胜非等创起月桩。’按史,桧以去年八月免,胜非代之,五月胜非丁忧,七月起复,明年九月罢。起月桩钱未知的在何时,以事考之,当是今年四月除二宣抚时。今因江东漕司申明附此,或可移附四月。”(卷六六)

按:据自注,则月桩钱当自绍兴三年四月始,正文不当言“自绍兴二年始”。“二年”,文津阁本同,《皇宋中兴两朝圣政》卷一四、《宋史全文》卷一八亦同,不似误字。中华书局排印本作“二十三年”,若视“十”字为衍文,则“自绍兴二、三年始”与自注文意亦合,然颇疑或系后人臆改。

下篇 成因蠡测

从以上所举各例可以见到,《系年要录》和《朝野杂记》之间,确实存在不少歧异记述。那么同一作者的著作中为什么会存在这些歧异呢?出现这些歧异的原因究竟何在呢?

假定一,在于两书性质的不同。

《系年要录》之作,远绍《通鉴》,近仿《长编》,写的是“论著”,是“史”。《朝野杂记》一书,虽然《四库》提要认为“其体例实同会要”,并将它从“杂史”升为“政书”,但作者本人却自认为仅是“以论著之馀而记见闻之故”(《杂记》甲集自序)的“杂记”。正因为作者心目中对两书性质的不同有这样的见地,那么下笔之际对资料去取的标准也就不尽相同了。如《杂记》甲集卷八《赵元镇用伊川门人》条的记事,全文如下:

> 赵元镇初相,喜用程伊川门下士,当时轻薄者遂有伊川三魂之目。谓元镇为尊魂;王侍郎居正为强魂,以其多忿也;谓杨龟山为还魂,以其身死而道犹行也。时龟山初亡,朱内翰震言于朝,恩数甚厚,故有还魂之目焉。

这条记事的主要部分是据熊克《中兴小历》绍兴五年二月癸卯记事(见辑本卷一八)写入的。而《要录》则只在卷八八绍兴五年四月"壬申,尚书兵部侍郎兼史馆修撰王居正充徽猷阁直学士知饶州"条下加了这样一则自注:

> 熊克《小历》云:"赵鼎深喜程颐之学,居正为兵部侍郎,于是有伊川三魂之目。鼎为尊魂;居正为强魂,言其多忿也;工部侍郎杨时为还魂,谓其身死而道犹行也。既而正字张嵲遂以元祐五鬼配之。"按,此皆一时诋诮之词,今不取。

可见在《杂记》中不仅可以写入正文而且还为此拟有标题的文字,在《要录》中却被断为"一时诋诮之词",且认定写入正文是不合适的。其他一些作为异闻可以写入《杂记》正文,而《要录》为了严肃不得不另行慎重处理的内容,如上篇所举例七、十一、十二、十三、十四,亦属此类。

正是由于两书在性质上有这样的区别,一些触及政治忌讳的事件,在《要录》中不便该载的,在《杂记》中却往往得以挑明。如《杂记》甲集卷一《信王璩》的如下记载:

> [绍兴]十五年二月,进封恩平郡王,与普安继就外第,号东西府,以馆职二员通兼两王府教授。自宗藩并建,道路切

切，颇有异言。三十年三月，拜王开府仪同三司、判大宗正事，出居绍兴府，人情始定。

在《要录》中就只载：

[绍兴十五年二月]己亥，保大军节度使、崇国公璩加检校少保，进封恩平郡王，以将出(阁)[閤]故也。其官属礼仪并依普安郡王体例。(卷一五三)

[绍兴三十年三月]丙午，检校少保、武康军节度使、恩平郡王璩开府仪同三司、判大宗正事，置司绍兴府。始称皇侄。(卷一八四)

按，“自宗藩并建，道路切切，颇有异言”，《杂记》是依据朱熹所撰《范如圭神道碑》写入的，见《朱文公文集》卷八九。《要录》不予挑明，显属有意回避。

这一假定虽然可以解释《系年要录》《朝野杂记》部分歧异记述的成因，但多数歧异记述却难以从中找到答案，如上篇所举各例，即多数都不是这一原因造成的。

假定二，在于两书依据材料的不同或处理材料手法的不同。

如关于郑刚中在剑门关外的营田，《朝野杂记》甲集卷一六《关外营田》载：

休兵后，[郑]亨仲又行之关外四州及兴州、大安军，所营田至二千六百十二顷，除粮种、分给外，实入官细色十四万一千四十九石，得旨拨十二万石(赴)[对减]成都路对籴米，而金州垦田五百六十七顷，岁入万八千六百馀石不与焉。时十五年春也。

《系年要录》卷一五三载:

> [绍兴十五年正月]丁卯,四川宣抚副使郑刚中乞减成都府对籴米三分之一,本司激赏钱二十万缗。时刚中于阶、成二州营田,抵秦州界,凡三千馀顷,岁收十八万斛,而(军)[宣]抚司激赏钱已减为一百万缗,至此,复有此请。上谓秦桧曰:"累年民力少宽,此休兵之效也,其从之。"

两书行文绝不相类,当是由于选作依据的原材料本就有此不同,但在内容上却并无根本差异。

上篇所举例十七,当也源于原材料的不同,而对于晁公溯之言,一说"师颜不能用",一说师颜已予接受,在内容上也是互相歧异的。只是今日限于资料,对其是非,却已无从判断了。

关于赵不弃任总领四川宣抚司钱粮及其与宣抚司的关系,《杂记》甲集卷八《郑亨仲欲并掌利权》载:

> 绍兴中,秦会之既与郑亨仲有间,十五年十一月,始命赵侍郎不弃以太府少卿为四川宣抚司总领官,盖阴夺其柄,亨仲不悟也。赵入疆,移文宣抚司用平牒,亨仲见之愕而怒,久之,始悟其不隶己也。

《要录》卷一五四载:

> [绍兴十五年十一月]庚申,右中奉大夫、江南东路转运判

官赵不弃行太府少卿、充四川宣抚司总领官。时秦桧既疑郑刚中,以不弃有风力,乃荐于上,遂召对而命之。始,赵开尝总领四川财赋,于宣抚司用申状,至是,不弃言:"昨来张成宪应副韩世忠钱粮,申明与宣司别无统摄,止用公牒行移,乞依成宪已得指挥。"许之。于是,改命不弃总领四川宣抚司钱粮。上谕桧曰:"卿所论甚当,如此方与诸军一体。"既而不弃将入境,用平牒,刚中见之愕而怒,久之,始悟其不隶己。由此有隙。

按:此四川之总领,名凡三变。"总领四川财赋"或"四川宣抚司总领官",隶于宣抚司者也,于宣抚司用申状。"总领四川宣抚司钱粮",置于宣抚司之外者也,摆脱了宣抚司的统摄,彼此间遂得以"用平牒"行移。及至绍兴十八年五月甲申改为"总领四川军马钱粮、专一报发御前军马文字"(宣抚司同时罢),则与绍兴十一年五月所设之东南三总领几乎相同了。《杂记》不载改称"总领四川宣抚司钱粮"曲折,不能不说是行文的一大疏漏。但两者的歧异未必由于所依据的原材料有何不同,而是由于对所依据的同一材料具体处理手法有别所致:《要录》未作多少删削,基本保持了材料的原状,而《杂记》力求文字简练,对原材料作了太多不当的删削。

又如《杂记》甲集卷一二《减举吏员》的如下记载:"绍兴二十九年七月,敕令所删定官嘉兴闻人滋请岁于改官员中差减员数,以待实历十考举主不及格之人,庶抑贪冒而养廉洁。上命给舍议之。洪景严、张安国言:'此法一开,则选人不出十馀年,坐至京秩。'乃止。"

相应记事《要录》载于卷一八三绍兴二十九年七月乙巳,远较《杂记》为详。先载闻人滋言,接载"诏吏部长贰同加参酌,务要精审,久远可行",续载"中书舍人洪遵、张孝祥,权工部侍郎兼权给事中王晞亮"议,"谓宜如故事便"。其自注曰:"按,元降指挥令吏部长贰参酌，今乃是给舍议上，恐《日历》或有脱字，当求他本参考。”

按：此事《要录》据《日历》修入，而《日历》原文颇有矛盾欠妥。《杂记》将“诏吏部长贰同加参酌”改为“上命给舍议之”，未必是另求他本参考的结果，而只是在对待原材料的疏误上采取了与《要录》有别的处理手法。《杂记》径改，而《要录》则在未获得充足证据以前，不轻易改动原文，只是加注指出其欠妥所在。

上篇所举例二十二也可属处理手法不同之列。但它不是在对待原始资料疏误的问题上，而是在将同一材料用于不同场合、不同对象的问题上采取了不同的处理手法。一者完全忠实于原文，一者则在基本忠实的前提下，对原文稍加改造，藉以适应不同著作的不同需要。

这一假定也只能解释《系年要录》《朝野杂记》部分歧异记述的成因，多数歧异记述仍然不能从中找到答案。上篇所举各例，多数也不是这个原因造成的。

假定三，在于两书未作同步的修订。

《系年要录》初稿和《朝野杂记》甲集基本上是同步完成的。《杂记》甲集自序署“嘉泰二年冬十月晦”，书中卷六《嘉泰禁私史》载：“嘉泰二年春，言者因奏禁私史。……其秋，商人(载)[戴]十六(车)[者]，私(书)持子复《中兴小历》及《通略》(事)等书欲渡淮，盱眙军以闻，遂命诸道帅、宪司察郡邑书坊所鬻书，凡事干国体者，悉令毁弃(七月戊申)。”卷九《中兴宰相久任者》：“谢鲁公庆元六年相，至今亦近三年。”谢鲁公即谢深甫，庆元六年闰二月庚寅除右丞相，至嘉泰二年十月晦已两年九个月，确已“近三年”。卷一五《祠部度牒》：“今总所对减酒课度牒，僧徒已输钱至嘉泰十五年(今方嘉泰二年)。”都表明《杂记》甲集确是嘉泰二年十月或稍前写定的。《要录》初稿何时完成，诸书未见明确记载。观《杂记》乙集自序关于乙集写作经过的如下叙述:"《朝野杂记》既成之三年,复为书号续记,既抵乙丑之冬矣。顾视前集所书,往往缺略未备,而所忆中兴以来旧闻遗事,尚或有之,欲补缀成编,未暇也。客有谓心传曰:'自昔权臣用事,必禁野史。故孙盛作《晋春秋》,而桓温谓其诸子,言"此史若行,自是关卿门户事"。近世李庄简作《小史》,秦丞相闻之为兴大狱,李公一家,尽就流窜。此往事之明戒也。子其虑哉!'心传矍然而止。未几,权臣殛死,始欲次比其书。会有旨给札上心传所著《高庙系年》,铅椠纷然,事遂中辍。"文中"《杂记》既成之三年"当是嘉泰四年,"乙丑"为开禧元年,"权臣殛死"指开禧三年十一月韩侂胄被杀,"《高庙系年》"即《建炎以来系年要录》。如果嘉泰四年《要录》初稿尚未基本完成,那么其主要精力应当继续放在完成《要录》的写作上,而不可能如自序所说这样潜心于《杂记》乙集的著述。正因为在此前后《要录》初稿业已完成,"有旨给札"令其奏上此书之事才有可能发生,"铅椠纷然"的突击修订工作也才能得以进行。

关于"权臣殛死"后为奏进而作的对《要录》的突击修订,书中多处留有显著的痕迹。如卷一六九绍兴二十五年十月辛卯记事自注:"臣尝见前校书郎魏了翁言,在馆中时,闻今敷文阁直学士吴猎言:'秦桧病时,大理寺官以赵汾等狱案上省,桧夫人王氏却之,语家吏曰:"太师病势如此,且休将这般文字来激恼他。"如此者再三。桧死,事遂已。故以桧之恶如此,而其子孙未尽绝灭,盖王氏此举,能全数十家性命故也。'"①按,魏了翁任校书郎的时间,据《南宋馆阁续录》卷八:开禧"二年四月除,八月知嘉定府"。自注既称之为

① 约60年前,陈乐素先生即已揭示此注,认为是可据以考定《要录》修纂时间的重要材料。见《〈三朝北盟会编〉考》,《求是集》第一集第241—242页。原载《历史语言研究所集刊》第六本第二、三分,1935、1936年。陈先生之具体推断,因所据之《宋史》纪传原有脱误,今未从。

“前校书郎”，当写于开禧二年八月以后。又，吴猎带敷文阁直学士的时间，据魏了翁《鹤山先生大全文集》卷八九《吴猎行状》：除四川宣谕使，赍诏谕蜀，以开禧三年十二月戊辰还至夔州，“会除敷文阁直学士，即授四川安抚制置使兼知成都府”，遂于嘉定元年四月至成都。寻于同年八月被召赴行在，二年四月遂解印去，同年八月，以台疏落职，罢召命。六年十一月以疾卒，卒之日，特复敷文阁直学士，致仕。自注既称之为“今敷文阁直学士”，则只可能写于开禧三年十二月至嘉定二年八月之间。毫无疑问，这条自注就是这次突击修订时增添的。书中类此以“臣”或“臣谨按”领起的自注，大致都可以看作是这次专为奏进而作的修订中补入的。

《要录》卷四四载：绍兴元年五月“辛丑，御笔犒赏诸军一次。范宗尹奏，自昨犒后，已近五旬。上曰：朕不欲数犒，凡三月可省一次……”其下自注：

熊克《小历》：“上自南渡，颇优假卫士，每两月辄一赏赉”云云。按，今年三月一日，吕颐浩奏：“自来养兵之法，止是逐月支月粮、料钱，即无每日支食钱一百文，并犒设一次体例。昨因自南京扈从南来，有司失于谋始，遂开此例，岁殚国力。”据此，则非自南渡后始有犒设，克所云误也。《日历》：“二月十九日丙辰，诏行在禁卫诸班直、亲从亲事辇官，宿卫亲兵、神武诸军、三衙军兵、宰执下亲兵，并令户部依例犒设一次。”据此则韩世忠等大军并在其中，非止卫士也。《时政记》：“后殿进呈犒设军兵御札。先是月一犒设，自正月至今五十日矣，上犹难之。”据此，则克所云“每两月辄一赏赉”亦非也。自正月至今凡一百一十馀日，上三次赏赉，故云“每三月可省一次”，若本自两月(二)[一]赉，而今五旬即给之，则半年反增一次矣。

未知克书卤莽或传本差误也。

奇怪的是,这一被自注用十六倍的文字从三个方面批得体无完肤的熊克错误记述,在两年多以后《要录》记述的正文中竟又几乎以完全相同的面貌重复呈现。《要录》卷六八:绍兴三年九月戊寅,“诏行在诸军并令户部犒设一次。上自还会稽以来,每两月乃一赏卫士。朱胜非及其时则命吏为文书置袖中,俟命而后进。……”“还会稽”,指结束海上之行回至绍兴府,比之“南渡”更在“自南京扈从南来”之后。至于赏赉对象为“卫士”,赏赉时间为两月一次,则与熊克所记毫无区别。如果说两处都是初稿中原有的,那么刚刚花大力气批判了的错误记述,紧接着又作为正确意见写入正文,任何神经正常的人似都不应有如此健忘的举措。唯一可信的解释只能是,这是修订工作中偶有疏忽的反映。新写的自注添入了,自注所在的错误记述删削了,而位于本书他处的雷同记述则未及一一检出并予删削。

上篇所举例二十六的情况与此类似。自注考定了月桩钱事始的新结论,并且很可能为此改写了自注所附正文的月日,而正文中的关键语句“盖自绍兴二年始”却由于一时疏忽而未作更改。例二十,都督行府二月四日壬寅奏陈的内容《要录》虽已从“改江淮屯田为营田”更正为“改江淮营田为屯田”,但都督行府三月十七日甲申奏陈的内容——“并以营田为名”,即又从屯田回改为营田,却未能一并补入正文,因而又造成新的疏漏。例二十一,经总制钱岁入最高数的错误数字,《要录》正文订正了,他处的相关注文却未及订正,《杂记》中的雷同错误也未及订正。显然,这次修订工作中的偶尔疏忽制造了《要录》自身自相矛盾的一些现象,而《杂记》之不能随着《要录》的修订而作同步的修改,又使两书之间衍生了不少歧异的记述。

当嘉泰末年两书刚脱稿时，互相经纬的《要录》和《杂记》之间，是不会存在什么歧异记述的，今日所见两书的歧异记述是后来才出现的。如上篇所举二十六则例证中，就记述的可信性和妥当性而言，除少数例证外，都是《要录》强于《杂记》。这就表明，原稿中两书共同的错误或欠妥之处，《要录》经过修订改正了，而《杂记》则仍然保留着。而且二十六例中的十例，都是《要录》自注指明熊克《小历》相应记述的错误或欠妥，而《杂记》则因袭《小历》的这些错误或欠妥记述。这又表明，此等自注，确是后加的，即修订时添加的。例十六《要录》自注引《小历》之言“明年，庆远军节度使张澄帅福州，复请于朝，率还六七”，与《杂记》所载“明年，张如莹节使为帅，又请于朝，十还六七矣”，无论在用词上，还是在句式上，都十分相似，而《小历》原文与自注所引却反倒相差甚大：“庆远军节度使张澄自江西移帅福州……澄既入境，即剖析利害言之，乃诏委澄措置。澄请计其租赋农工僧行厕役之用给之，而收其余。较前所拘，十还六七，公私皆以为利。”（辑本卷三五）这又表明，《要录》自注中的《小历》之言，乃是据《要录》初稿正文对《小历》的现成概括征引的。《要录》初稿对《小历》的概括既与《杂记》相似，其对《小历》错误或欠妥之处的因袭当亦与《杂记》相近。

例十九所举《杂记》关于行营护军的错误记述，“张俊称前军，韩世忠称后军，岳飞称左军，刘光世称右军”，《文献通考·兵考六》所引《杂记》此条与今本同，明非传钞刊刻之误，但在今存文献中却未能找见其所依据的任何线索。鉴于《要录》初稿对熊克《小历》的依傍和重视，或者其根源亦可追溯而及于《小历》耶？按，《小历》辑本卷一九载：绍兴五年十二月庚子，诏改神武军为行营护军，“仍分中军江东，前军淮东，后军湖北，左军淮西，右军川陕，并听本路宣抚司节制”。此时屯驻江东者为张俊人马,淮东者为韩世忠人马,湖北者为岳飞人马,淮西者为刘光世人马,川陕者为吴玠人马。他们既然分别被称为行营护军的中军、前军、后军、左军、右军,则《小历》所载实与《要录》并无差异。但如果将《小历》上引记载读作“仍分中军,江东前军,淮东后军,湖北左军,淮西右军。川陕并听本路宣抚司节制”,即与《杂记》完全一致了。此说未免近乎厚诬古人,但古人未必没有两眼偶然迷糊的时刻。今《要录》所载,当是纠正了如《杂记》那样对《小历》误读的结果。

至于《杂记》为什么未能和《要录》同步得到订正,则可供选择的解释有二。一是为了尽快奏进《要录》这部传世之作,修订的时间十分仓促紧迫,工作也极度紧张慌乱,于是将不属奏进之列的《杂记》修订工作暂且靠后了,而后来则再未获得进行修订的机会。二是在修订《要录》的同时或稍后,对《杂记》已经作出了相应的修订,但由于《杂记》的篇幅远较《要录》为短,因此也远较《要录》易于在社会上传阅传钞,而后来付诸版刻因而得以辗转流传至今的《杂记》,其底本不是曾经修订之本,而是在修订之前业已传钞在外的未经修订之本。

《四库全书总目》卷八一《朝野杂记》提要提到:“其书在宋有成都辛氏刊本,并冠以国史本传暨《宣取〈系年要录〉指挥》数通。”①今得见者,计《指挥》三通、《公牒》一通,共四通。《公牒》之后,又附有刊刻者之识语数行:“秀岩李氏所著《建炎以来朝野杂记》,乃三朝《系年要录》之张本也。高庙一朝,成书既久,已为金匮石室之藏。阜陵、崇陵之书,述续有绪,行上送官,学士大夫恨未之

① 今《朝野杂记》通行本中,唯《武英殿聚珍版书》的福本和广本于卷首附有此《宣取〈系年要录〉指挥》三通、《公牒》一通。广本翻刻福本。《丛书集成》本据以排印的《聚珍版丛书》实亦福本,亦附有四通《宣取指挥》和《公牒》。福本乃据归安陆心源所藏影宋钞本附入者。参见福本孙星华跋。

见也。《杂记》甲乙凡二集，总四十卷，其间中天百年丰功盛烈，与夫礼乐刑政之条目，典章制度之沿革，兵戎食货之源流，莫不咸在，三朝《要录》之纲要，实备于此。《宣取指挥》、史院《文牒》，具著于右，使引用者，知是书之所载，皆已经进之事实，不复致疑焉。”①此识语颇类今日之广告，通过对业已“经进”的《系年要录》的攀附，竭力提高他所刊刻的《朝野杂记》的身价，藉以招徕读者和买者。所谓《杂记》乃三朝《要录》之张本，三朝《要录》之纲要实备于《杂记》，完全是不明两书内容和彼此关系底细的话。若从识语来细细体察，则《杂记》的付梓显然是刊刻者擅自进行的，它并未获得李心传本人及其亲朋或后人的委托或同意。则其据以付梓的底本，即使当时有经过作者最后审订并作过修改的本子存在，也未必得以付刻，就是很可能的了。

这个假定，不仅上述一、二两个假定无法解释的歧异记述可以从中得到合理的解释，而且上述两个假定能够解释的歧异记述同样也可以从中得到合理的解释。《系年要录》和《朝野杂记》之间存在歧异记述的原因究竟何在？如果用这个假定予以解释，估计离事实不致相距太远。

附考：《系年要录》写定和奏进的过程。

《系年要录》的修订工作，前引《朝野杂记》乙集自序说是“权臣殛死”后开始的，但究竟开始于何时，共经历了多少岁月，是什么时候完成的呢？定稿和写成净本以后，又是什么时候向朝廷奏进的呢？其间是否又有什么曲折？本节拟就此略加考察，藉以佐证上述第三个假定之说。

---

① 今人往往或将此刊刻者识语亦误认为国史院《公牒》内容。参见王德毅《李心传著述考》，《宋史资料萃编》本《系年要录》附录，第十册，第6780页；来可泓《李心传事迹著作编年》，第71—72页。

《杂记》聚珍版福本卷首所附《宣取〈高宗皇帝系年要录〉指挥》：曾唤等“札子：(𫘪)[唤]等窃见太常博士李道传之兄心传，裒次高宗皇帝一朝长编，已缮写成净本，未敢自擅投进。欲乞朝廷特赐敷(奉)[奏]，令道传缴进，仍乞降付国史院，以备参照编修正史。伏候指挥。嘉定三年九月二十八日，奉圣旨：依”。其中既说“已写成净本”，则《要录》的修订工作在嘉定三年九月二十八日以前早已完成。又，曾唤等札子虽然只乞“令道传缴进”，可是《宣取指挥》降出以后，分别缴进《要录》净本的，却是许奕和李道传两人。

《杂记》福本卷首所附第二通指挥《付出〈高宗皇帝系年要录〉指挥》的内容由三个部分构成，一是许奕缴进《要录》奏状，二是李道传缴进《要录》奏状，三是圣旨。其中所署“嘉定五年五月□□日”，乃是奉圣旨将所奏进的《要录》降付国史院的日期，今人往往将其误认为即是许奕、李道传缴进《要录》的日期。① 其实两人缴进《要录》的时间，比之将《要录》降付国史院的时间，要早出许多。

许奕缴进《要录》奏状的署衔是“朝请郎、显谟阁侍制、新潼川路安抚使、知泸州”。据《鹤山先生大全文集》卷六九《许奕神道碑》，许奕嘉定三年“八月，除显谟阁侍制、知泸州”；“四年七月至泸”。时知泸州者例兼潼川路安抚使。其奏状署衔既称“新潼川路安抚使、知泸州”，则当奏上于新命已颁而又尚未离临安赴任之时。如果把《宣取指挥》降出之前无缴进《要录》可能这一因素考虑在内，再考虑到奏状中有“故兵部尚书杨辅前年蒙命召”语，而杨辅接到召命的确切时间是嘉定元年正月末旬(详下文)，那么许奕缴进《要录》的时间只可能在嘉定三年内九月至十二月底这三个月间。

李道传奏状《贴黄》谓：“臣照得新知泸州许奕已曾缴奏上件

① 参见王德毅《李秀岩先生年谱》，上揭《系年要录》附录，第6721—6723页；上揭来可泓书，第111—112页。

《系年要录》。"其奏上时间虽在许奕奏上之后,但仍在许奕赴知泸州任以前。其署衔作:"奉议郎、太常博士。"黄榦《勉斋先生黄文肃公文集》卷三五《李道传墓志铭》:"嘉定二年,召除太学博士……迁太常博士,兼沂王府小学教授……迁秘书郎,阅月,又迁著作佐郎。"是由太常博士迁秘书郎的。据《宋会要辑稿》选举二一之一二,嘉定四年正月二十四日李道传尚在太常博士任上,而据《南宋馆阁续录》卷八秘书郎李道传,嘉定"四年四月除,六月为著作佐郎"。则李道传奏进《要录》的下限,绝不可能迟于嘉定四年四月。

这样,从许奕、李道传将《要录》奏进到下旨将《要录》降付国史院,其间的间隔,起码当在一年以上。

许奕、李道传奏进的《要录》都是"净本"。那么《要录》的修订工作又是什么时候结束的?从净本的缮定到将全书奏进,其间又费了多少岁月?

上揭许奕奏状曾提到:"故兵部尚书杨辅前年蒙命召,尝取其所录高宗皇帝一朝凡一百卷,缮写成五十册,欲以进上,会中道改除,不果。臣顷蒙恩兼修玉牒,求得此书,观其所立凡例,类多暗合,纲目详备,词义严整,足以备史官采择。"从这段话可知:一、许奕在将《要录》缴进前,已经读过这部著作;二、许奕过目和缴进的《要录》,是杨辅从成都带出准备进上而未及进上的本子。

《鹤山先生大全文集》卷六九《许奕神道碑》:嘉定"二年十月,迁吏部侍郎。三年正月朔,兼修玉牒官。三月,又以给事中阙官,申命兼权。八月,除显谟阁待制、知泸州。"可知许奕从嘉定三年正月至八月皆修玉牒,则他求得《要录》以观最早可以上溯至嘉定三年正月。

杨辅这期间的行踪,《宋史·杨辅传》载:吴曦之乱既平,"朝廷察[安]丙与辅异,召辅赴阙。议者谓蜀乱初平,如辅,未宜去,乃复以为制置使兼知成都府。再被召,逾年财抵建康,复引咎不进。上召辅益坚,乃之镇江俟命。著作佐郎杨简言辅尝弃成都,不当召,乃除兵部尚书兼侍读,以龙图阁学士知建康府兼江淮制置使。卒于官。"杨辅这段行踪与《要录》的写定和奏进有密切关系,兹先考定其逐事之确切时间如下:

"召辅赴阙"——《朝野杂记》乙集卷一八《丙寅淮汉蜀口用兵事目》:开禧三年四月二十二日丁卯,"诏杨嗣勋赴阙,吴德夫代为制置使"。

"乃复以为制置使兼知成都府"——同上:同年五月"二十三日戊戌,杨嗣勋依旧四川制置使,吴德夫抚谕喝犒毕赴行在"。

"再被召"——《朝野杂记》乙集卷九《金字碑》:"余在成都,见制帅杨端明有命召,以丁卯岁(开禧三年)十一月二十九日降旨,而戊辰(嘉定元年)正月末旬方被受。"代之者仍是吴猎(德夫),是开禧三年十二月二十七日戊辰或稍后接到除命,于"嘉定元年夏四月至成都"的,见前引《行状》。杨辅离成都东下当在与吴猎交接以后,估计约在嘉定元年七月前后。

"逾年财抵建康,复引咎不进。上召辅益坚,乃之镇江俟命"——《鹤山先生大全文集》卷九〇《代哭杨端明辅文》:"(前原阙)复引疾求谢。夏五月,至京口。""逾年",指已进至嘉定二年。

"乃除兵部尚书兼侍读,以龙图阁学士知建康府兼江淮制置使"——同上祭文:"秋七月,除兵部尚书兼侍读,未及造朝,除龙图阁学士知建康府。"《宋会要辑稿》职官四〇之一八:"七月十一日,诏兵部尚书杨辅除龙图阁学士知建康府兼江淮制置使。"《景定建康志》卷一四:"八月二十五日,龙图阁学士通奉大夫江南东路安抚使杨辅知府事,九月十三日致仕。"七月十一日当是除命降出之日,八月二十五日则是到任之日。

“卒”——同上祭文：“赴镇旬有九日，大星陨于府。公不起，疾诏以端明殿学士致仕。”则卒之日亦九月十三日。

以杨辅的行踪与上引许奕奏状以及《杂记》乙集自序相互参证，关于《要录》写定和奏进过程的几个关键问题，大致可以获得如下比较清晰的认识：

许奕说，杨辅从成都带出《要录》净本准备奏进，“会中道改除，不果”。参照上述行踪，此“中道改除”只可能指改除知建康府而言。既然奏进已经无望，或者从此，即从嘉定二年七月中旬以后，《要录》即开始流入临安，致使许奕得以较早读到并得以将其缴奏。

许奕说，“杨辅前年蒙命召，尝取其所录高宗皇帝一朝凡一百卷，缮写成五十册，欲以进上”，即杨辅是带着《要录》净本离开成都东下的。参照上述行踪，杨辅离成都东下约在嘉定元年七月前后，则在此时，《要录》的修订工作显然业已完成。

《杂记》乙集自序说，韩侂胄死，“会有旨给札上心传所著高庙系年”。此“旨”，绝不可能指嘉定三年九月二十八日降出之《宣取指挥》。从李心传与杨辅的交谊来看，此“旨”当是身为四川安抚制置使的杨辅为之陈乞的。其时间当在韩侂胄已死而杨辅第二次召命尚未送达以前，即开禧三年十二月至嘉定元年正月这两个月间。而且从各种迹象推断，大概陈乞奏状一经送出，修订工作也就开始了。即使这样，从事修订的全部时间，充其量也未超过七个月。其间，作为作者的李心传，既要亲自修订，又要指点缮写，确是“铅椠纷然”，紧迫而又紧张。

《要录》的另一部净本的奏进者李道传是李心传的亲弟。当吴曦叛乱时，李道传尚在蜀中任蓬州州学教授，嘉定二年召除太学博士，他才得以离开家乡来到临安。他出蜀的时间当在同年即嘉定二年，显在杨辅之后，而他随身带出的另一部《要录》净本，却比杨辅带出者发挥了更大的作用。大概是他在士大夫间广为宣扬的结果吧，嘉定三年九月二十八日《宣取指挥》指名李道传将《要录》净本缴进。杨辅、李道传先后带出的两部《要录》净本，于是都获得了最好的归宿——入藏国史院。

（原载《文史》第41辑，北京：中华书局，1996年4月）

《要录》自注的内容范围及其所揭示的修纂体例

上篇　自注的内容范围

《建炎以来系年要录》今本的注文，除了少量为《永乐大典》或《四库全书》的编者所加以外，绝大多数都是作者李心传本人的自注。

自注的主要内容或基本内容的主旨，与《资治通鉴考异》相当。《通鉴考异》的主旨，据司马光自称，是"参考群书，评其同异，俾归一途"。[①] 此举获得普遍赞同。《四库》馆臣认为："昔陈寿作《三国志》，裴松之注之，详引诸书错互之文，折衷以归一是，其例最善。而修史之家，未有自撰一书，明所以去取之故者，有之，实自光始。其后，李焘《续通鉴长编》，李心传《建炎以来系年要录》，皆沿其义，虽散附各条之下，为例小殊，而考订得失则一也。"[②]也就是，《通鉴考异》首为《长编》自注所继承，《要录》自注又继承《长编》，而皆有所发展。

其实，《通鉴考异》的内容，并未严格限制在"参考群书，评其同

---

① 《进〈资治通鉴〉表》，见《司马文正公传家集》卷一七，又见《资治通鉴》书末所附。

② 《四库全书总目》卷四七《资治通鉴考异》提要。

异,俾归一途"上。如卷二二唐宣宗大中五年二月"上以南山平夏党项久未平"条:"《唐年补录》曰:松山南有雪山,故曰南山。平夏,川名也。"由于脱离了《考异》的本指,有类他注,而内容又不正确,即曾受到胡三省的严正批评:"余按:《唐年补录》乃末学肤受者之为耳。今不欲复言地理,姑以《通鉴》义例言之。《考异》者,考群书之同异而审其是,训释其义,付之后学。南山之说,既无同异之可考,今而引之,疑非《考异》本指也。"①其他虽然内容未必不正确,但却同样"无同异之可考"的考异,在全书中还有一些。值得注意的是,类似这样离开"考群书之同异而审其是"这一"本指"的文字,《长编》自注较《通鉴考异》显著有所增加,《要录》自注较之《长编》又有新的发展,从而使自注的内容范围空前扩大,并构成了《要录》及其自注的显著特色。今将《要录》自注中佚出《考异》本指的内容分条胪列如下:

(一) 注人家世籍贯

如:绍兴二年三月戊午"[曾]昷夫,旼子也"下:"旼,漳浦人,故太常少卿。"(卷五二)四年八月乙丑"[霍]蠡,端友子也"下:"端友,武进人,故吏部侍郎。"(卷七九)

绍兴四年九月己酉"耿自求为川陕荆襄都督府随军转运副使"下:"自求,河南人,已见建炎二年。"(卷八〇)按,前文建炎二年正月乙巳"中奉大夫耿自求行都水使者",正文已载明:"自求,河南人也。"(卷一二)

五年八月甲寅"尚书度支员外郎何悫为右司员外郎"下:"悫,资阳人,已见绍兴(二)[三]年。"(卷九二)按,前文绍兴三年十二

① 《资治通鉴》卷二四九同条记事下胡三省注。

月己丑"左朝请大夫成都府路提点刑狱公事何悫言"云云,正文已载明:"悫,资阳人也。"(卷七一)

《通鉴》记事,在言及新出现的人物时,必交代其籍贯或郡望,或冠于姓名之前,或在叙事间隙言明;若其父祖前已出现,则省去贯望而只云某之子或某之孙。《要录》正文"昷夫,旼子也","悫,资阳人也",显是遵用《通鉴》的书法。然《通鉴》绝无再于其下用自注或考异注明其爵里或见前某处者。凡此,实皆他注,如胡三省《通鉴》注之内容。《长编》之中,类此自注亦不甚经见。

(二) 注人初见何时

如:绍兴二年三月癸丑卢师迪请兵收复河东州县条:"师迪,初见建炎四年八月戊子。"(卷五二)

四年三月丁卯记事言及广南帅季陵以招抚之江西叛将元通付韩京,"寻坐它事诛"下:"元通,初见绍兴三年十二月戊申。"(卷七四)

同年六月甲辰"右宣义郎直秘阁张元亨乞知郁林州"下:"元亨,初见建炎三年二月。"(卷七七)按,张元亨乃张邦昌子,初见该月戊午记事。

五年二月戊戌李弥正、高闶并改官"除秘书省正字"条:"闶初见绍兴元年四月,弥正初见三年六月。"(卷八五)按,闶初见该月己巳、弥正初见该月壬辰记事。

此亦胡三省《通鉴》注中习见,而不见于《通鉴考异》者。《长编》开首几卷常见此类自注,然皆注明初见于前史即《通鉴》之所在。其初见本书而见诸自注的不是绝对没有,但有的只是为了辨明其非此人的需要。如卷一七太平兴国元年十二月戊午记事言及申文纬,自注:"文纬,见建隆三年,恐非此。"卷四五咸平二年九月乙巳记事言及张从古,自注:“从古,先见淳化五年五月,恐别一人。”有的虽与《要录》自注类似,如卷四七咸平三年八月己未记事下的“[鱼]彦璘,见淳化五年”。但极罕见。

(三) 注地方位里程

如:绍兴五年正月“是月”记事“[金主]亶又升所居故契丹西楼为上京号会宁府”下:“自上京至燕二千七百五十里,自燕至汴千三百十五里,自汴至泗千三百四里。”(卷八四)

同年十月是月新知普州喻汝砺上言条“前眺铁山,我无东北,蜀之飞鸟,不逾河池,则惴惴之蜀,岂不甚病也哉”下:“铁山属兴州,河池属凤州,正当川陕两界。”“一军自均、房由达州山路入夔峡”下:“此开元时涪州进荔支路,其山后距子午道甚近。”(卷九四)

绍兴十年五月丁亥刘锜至顺昌府条“至是才抵颍上”下:“按,锜以三月二十(日)[三]日戊戌离临安,自临安至颍上三千二百里,凡行四十一日。”(卷一三五)①

《通鉴考异》中那条受到胡三省批评的关于“南山”“平夏”的文字,与此约略相近。《长编》也偶有类似自注。如卷二四五熙宁六年五月癸丑“诏名硖州新城为安江寨,富州新城为镇江寨,龚溪新寨为龚溪寨”下:“据《九域志》,安江寨乃硖、中胜、云、鹤、绣五州,即唐叙州龙标县之东境;镇江寨乃富、锦、圆三州,即唐龙标县地;龚溪寨后为铺,属沅州麻阳县。”卷三二一元丰四年十二月戊寅诏李宪条,宪奏边策,提到自熙宁寨至鸣沙城置十馀堡,条末自注:“熙宁寨在镇戎军北三十五里。”在《要录》中,这些自注也只是少数特例,但其形式却与后来的胡三省《通鉴》注颇相近似。

---

① 按,此注所述离临安月日、里程、日数皆误,今仅就其注文形式举例。参考徐规《刘锜事迹编年》,《仰素集》,第303页。

(四)注为某事"张本"

如:建炎元年四月丁亥耿南仲等"进呈赦书事目"条:"此为李纲议赦令张本。"(卷四)按,指同年六月庚申李纲留身上十议,其三曰议赦令。

同年七月乙未"知密州郭奉世统兵勤王,久而不至,诏本路诸司寻访以闻"下:"此为杜彦据密州张本。"(卷七)按,杜彦据密州见十一月庚戌。

绍兴二年六月戊戌陆渐自伪齐脱身南归,至镇江,为人所告,坐诛条:"此为五年张孝纯上书张本。"(卷五五)按,伪齐故相张孝纯遣人间道走行在上书,下文载于绍兴六年九月壬申。书中言及:"惟李邺有异志,不复心怀本朝。孝纯尝与邺论及朝廷,邺曰:死无所惮,但恐如陆渐之祸,恶名终不可免。"(卷一〇五)

五年八月丙午程芾新除湖南运判,未上,乃迁广西转运司权知贺州条:"此为明年三月董弁劾芾张本。"(卷九二)董弁劾程芾事载该月癸酉。

此亦胡三省《通鉴》注中习见,[①]而不见于《通鉴考异》者。在《长编》自注中,则仅偶尔或有所见。如卷五四咸平六年四月壬戌夔州路转运使丁谓与峡路都监侯延赏、权知施州寇瑊谋,遣高州义军头角田承进等擒生蛮六百六十馀人,夺所略汉口四百馀人条:"《实录》但书侯延赏,而《会要》亦无延赏名,今参取增修,庶不没[寇]瑊之力,为祥符中除东川漕张本。"下文未载寇瑊何时和如何出任东川转运使,仅于卷八一至八三载有他在东川转运使任上事迹多则。卷九二天禧二年十一月甲戌命再考定开封府得解举人试

① 作为他注,《左传》庄公二十六年"秋,虢人侵晋,冬,虢人又侵晋"下,杜预已有"为《传》明年晋将伐虢张本"注文。

卷下:“封弥此非事始,书此为任布等得罪张本。”任布等乃发解官,其得罪事载同月丁亥。卷三九三元祐元年十二月壬寅王岩叟言灾伤人户许贷借常平粮条:“朱光庭奏议亦有此。光庭尽散河北积仓,其张本或在此,更详之。”尽散河北积仓见下文二年二月丁亥自注所引记事而正文未载。则《长编》所注“张本”云者,除上引第二例外,馀皆与《要录》书法有别。书法与第二例类者,全书共检得四例,[①]其内容皆不如《要录》更酷似后来之胡注也。

(五)注“事祖”在何时

如:绍兴三年五月丙辰“诏博籴米斛以度牒官告偿其直”条:“博籴事祖见四月戊子。”(卷六五)十月癸卯“诏福建宪漕置司去处并依旧制”条:“事祖在去年十二月庚戌。”(卷六九)六年六月甲寅给事中晏敦复缴修建行宫画一录黄条:“事祖在今年五月丙戌。”(卷一〇二)

“事祖”与“张本”密切相关,就一事之始发而言,往往注为某事“张本”,就一事之后发处加注,就是“事祖”在何时了。有关“事祖”的注也与“张本”一样,绝不见于《通鉴考异》。《长编》中言及某事起于何时或始见何时的自注虽不罕见,却未发现明确书作“事祖”在(或见)何时的自注。颇疑注文中使用“事祖”一词实自《要录》始。由于此词后来不甚习见,以致《要录》广雅本的刊印者几乎全都错误地臆改作“事初”(仅有如上引第三例等少数几条未改)。但这一语词却绝非李心传所生造,《长编》卷三九八载元祐二年四月丁酉诏,宜差傅尧俞等分赴六部“点检自去年正月至年终承受到

① 其余三例,见卷一六二庆历八年闰正月戊戌“王逵为河东转运使”下:“书此为叶清臣条对甲寅诏问张本。”卷一八四嘉祐元年十一月“乙巳河北转运使、少府监李参为右谏议大夫”条:“书此为三年五月郭申锡降官张本。”卷一九〇嘉祐四年十一月甲寅张茂实为马军副都指挥使条:“今书此,为韩绛罢中丞张本。”

文字,抽索事祖行遣次第,子细看详",其中即使用了"事祖"一词。

（六）注连书事年月

如：绍兴二年三月己亥"潘畴通判通州……既而言者论其忝窃冒滥,为搢绅羞,命遂寝"下:"寝命在今年四月庚辰。"（卷五二）此乃连书事之最为简单者。以下是较复杂的事例：

绍兴元年十一月乙未"是日江东安抚大使叶梦得始至建康"条综叙王才事下:"按史,今年九月丁酉诏刘光世遣兵捕才,丁未诏才赴行在,甲辰光世奏止小张俊出兵,辛亥又奏才犯濠州;十二月一日梦得奏才已谢恩,诏相度与淮南一郡,甲申才转官除建康钤辖,丙戌坐梦得奏才不可往淮西。首尾盖百馀日,今牵联书之。"（卷四九）

二年闰四月庚戌复太平州条:"按史,王进以闰月四日奏捷,且奏张俊冒争功赏,壬子诏李光体究,甲寅俊申进恣行杀戮;五月丁酉光奏子絅罪勒停,九月庚辰诏以功赎过,更不推恩。始终凡百馀日事,今联书之。錞勒停在十二月,马俊赠官在三年十月丙申,立祠在四年正月己巳。"（卷五三）按,"錞勒停"以下,正文亦已终言之。

三年二月辛卯初置广西提举买马司于宾州条:"岁拨买马钱在此月甲午,蒙赐上书在辛丑,除李预在甲辰,置司宾州在庚戌,拨盐在壬子,预迁官在三月癸亥,今联书之。"（卷六三）

以上三例都是集中在条末逐一注明正文连书各事的年月日。亦有径于正文每事之下分别注明年月日者,如：绍兴四年五月甲寅,"诏都进奏院依祖宗法隶给事中。初,大观间,有旨：进奏官供报稽迟失错,并具情犯申牒提辖官,相度轻重施行（二年八月）。建炎末,又申明之（四年十月二十日）。其后,吏部请误报窠阙等,从本部径送所属(绍兴三年四月十八日)。后省以为言,乃复旧制(九月十七日)。至是,权吏部侍郎刘岑复请径送所属,后省执奏不行,故有是命”。(卷七六)

为了弥补不可能完全严格地以事系日、系月、系时、系年的缺陷,“牵连书之”“合并书之”或“附见”“追叙之”“终言之”等遂成了编年体史书最常见的补充书法,今姑以“连书”概举之。对连书之事,《通鉴考异》时有说明,多数是由于对原资料所载之事难以考定确切时间才连书的,但也有个别场合是有意略去确切时间不书的。如《考异》卷一汉武帝元鼎六年“封楼船、苏弘、都稽、赵光等皆为侯”条:“凡此等封侯者,《年表》皆有月日,为其先后难齐,故尽附于立功之处。后仿此。”“《年表》”指《汉书·景武昭宣元成功臣表》。不仅《通鉴》不书,胡三省也未再为之一一注出。《长编》对连书之事几乎逐条加注说明,但实际连书的,一般只是一事二事,三事四事以上连书者,不仅不易见到,而且其事也比较单纯。如卷一八太平兴国二年正月戊辰上御讲武殿覆试进士条:“赐进士宴在己巳,先解褐在壬申,得十五举进士在辛巳,注官在三月戊子。今并言之,都不书日。”卷三六〇元丰八年十月丁丑诏尚书侍郎、给、舍等举谏官条:“[范]纯仁待制即丁丑十六日,[范]祖禹为著作十七日,纯仁兼侍讲乃二十五日,今并书之。”比较繁杂的,只见于对注中所引之连书资料的注释中。如卷二八〇熙宁十年二月戊申三司论解盐钞法利害条自注引《神宗正史·食货志》第五卷约八百言,即分八节分别注明了每事的确切时间。像《要录》这样将众多繁杂之事连书于一条而又逐一注明每事确切时间的自注,在此前是不怎么经见的。

(七)注请乞或行遣事后状

如:建炎元年六月庚申李纲上十议,其一曰议国是下:“六月丁卯下诏守两河，己卯置帅府、要郡及水军，丙戌教车战招军买马，乙亥遣傅雱奉表两宫。”二曰议巡幸下：“六月壬戌施行。”三曰议赦令下：“六月壬戌施行。”四曰议僭逆下；“六月癸亥施行。”五曰议伪命下：“六月癸亥、七月辛丑施行。”六曰议战下：“六月乙亥施行。”七曰议守下：“六月己卯施行。”（卷六）八曰议本政、九曰议责成、十曰议修德未注。

建炎三年四月庚申“合三省为一”条：“乾道八年二月乙巳又改。”（卷二二）同日，并省寺监条，更逐一注明是否复置及复置时间：“权罢秘书省。绍兴元年二月丙戌复置。废翰林天文局。绍兴二年正月壬寅复置。并宗正寺归太常。绍兴三年六月复置少卿，五年闰二月辛未复置寺。省太府、司农寺归户部，绍兴(二)[元]年五月戊午复太府、三年十(一)月庚戌复司农。鸿胪、光禄寺、国子监归礼部，绍兴三年六月丁未复国子，二十三年二月丙子复光禄，二十五年十月庚辰复鸿胪。卫尉寺归兵部，后不复置。太仆寺归驾部，后不复置。少府、将作、军器监归工部，绍兴三年十(一)月庚戌复将作、军器二监，惟少府监不复。皆用军兴并省也。”（卷二二）

绍兴三年八月丙戌“户部尚书黄叔敖请：诸路上供钱，两浙限次年二月终，江湖限五月中起发，违者本部以闻。从之”下：“四年二月广东西漕臣以上供欠多降一级。”（卷六七）

同年九月己未“以绢计赃者，三千为一匹”条：“乾道六年三月甲戌又增一千。”（卷六八）

此等（包括下两节）内容，也只能见于《通鉴》胡注，《通鉴考异》不可能有。然而《长编》对此业已十分注意，与《要录》几乎不相上下。最明显的，是卷一四三庆历三年九月丁卯范仲淹等条陈十事疏下，亦几乎逐事注明了施行与否的情况。他如卷六五景德四年六月“是月并东西八作司、街道司为一司”下：“天圣元年五月

(后)[复]分为二司。”卷九四天禧三年十二月乙未诏三司拨盐税钱及岁别出钱六千万赴左藏库给用下:“熙宁五年二月十七日改此制。”卷三四九元丰七年十月甲午榷桂州修仁县等处茶下:“元祐元年闰二月二十二日罢此。”不备举。

(八) 注可与何事参考

如:绍兴四年八月庚辰“诏吏部编七司例册”条:“二十六年九月戊辰所书可参考。”(卷七九)按,指该日所书御史中丞汤鹏举建请“明诏吏刑部条具合用之例,修入见行之法”(卷一七四)。

同年九月癸酉“监察御史周纲守尚书右司员外郎”下:“朱胜非《闲居录》称赵鼎引用周纲事,见五年七月壬(申)[辰]免审录滥赏注。”(卷八〇)

五年三月戊戌“诏道州丁米依旧于田亩上均敷……既而言者以为湖南民力重困,乞将一路有丁米去处并与蠲减一分,乃命转运司相度申尚书省。后不果行”下:“后旨在四月甲辰。明年八月(己亥)[戊戌]王迪又请尽均之田税,十四年十月(戊戌)[己亥]所书可参考。”(卷八七)按,“后旨”指“相度”指挥,“后不果行”者指“丁米依旧于田亩上均敷”之诏。王迪事载卷一〇四。“可参考”者则该日“御笔除永、道、郴州、桂阳监、茶陵县民丁身钱绢米麦”之记事也。

同年四月庚申“(山贼雷)进诏特补武功大夫添差鼎州兵马钤辖,进不受”条下:“明年二月乙卯所书可参考。”(卷八八)按,该日所书乃雷进为其徒伍俊等九人所杀。

《长编》中已常见此类自注。如卷七乾德四年四月知光化军张全操谏进羡馀下:“张全操,江东人,再见兴国二年二月,疑即此全操也。”按,彼处载全操知灵州,戎人大扰,决杖流海岛。卷一一五景祐元年七月"己亥,诏诸路监司案所部官吏不法者,须密切体访,毋得出榜召人首告"下:"与熙宁四年七月(二)十(六)「八」日指挥相关。"按,该日指挥(即诏)的内容是:"案察之司采访所部官属罪犯,不得出榜召人告论。"(卷二二五)卷三八二元祐元年七月戊辰"朝奉大夫张璹为京东路转运判官"下:"五月十二日令中书籍记者。月末上官均云云,八月二日苏轼云云。"按,五月十二日戊辰记事,张璹是与范祖禹、游师雄、朱勃一起,以范纯仁荐,诏"并令中书省记姓名"者。(卷三七八)而上官均、苏轼对张璹京东路转运判官这一任命都有所批评。

(九)注当与何事照应

如:绍兴五年二月庚子淮西宣抚司郦琼、刘光辅来献光州之捷,诏赐其军钱,迁二人官。"而统领官武功大夫吉州团练使孙琦亦迁右武大夫"下:"琦即建炎初宝应县作乱者。"(卷八五)按,系与前卷一〇所书建炎元年十月己卯"上次宝应县,御营后军作乱,孙琦者为之首"事照应。

同年闰二月辛未"招荆南府、归、峡州、荆门、公安军岁贡上供更与免二年,用镇抚使解潜请也"下:"分镇指挥免上供三年,今已二年,故潜有请。"(卷八六)按,"分镇指挥"指建炎四年五月甲子发布的置镇抚使分镇诏,曾规定"上供财赋,权免三年"。(见卷三三)解潜是建炎四年六月庚辰任荆南府等五府州军镇抚使的。"权免三年",所免的当是绍兴元、二、三年的上供财赋。"更与免二年",所免的当是绍兴四、五二年的上供财赋。今已绍兴五年闰二月,则注文"今已二年"或是"今已过二年"或"今已五年"之误。

同年六月甲寅"三省言:访闻淮南每至防秋,所属多以运粮为名,或称备贼,擅拘收官私舟船。诏禁止,犯者抵罪"下:"著此用见赵鼎此月辛亥所奏宽民力事。”(卷九〇)按,辛亥在甲寅前四日,该日所载有高宗赵鼎君臣的如下谈话:“上曰:亢阳如此,朝廷政事阙失,更宜讲求。鼎等曰:敢不奉诏。近日蠲除翎毛箭镞及官舟运粮等事,皆是仰承圣意,以宽民力。”

九年三月甲午“右朝散大夫吴说为福建路转运判官”下:“此以终去年八月辛酉上谕大臣事。”(卷一二七)按,该事委曲如下:“辅臣进呈左朝散大夫吴说曾与苗傅辈款密,屡为言事之臣弹劾,十年不得调。上因语宰执曰:说累赦不得自新,非朕用人之意。可谕言官,负衅被废之人,或已尝行遣,勿复再有论列。”(见卷一二一)

与此类似的自注,《长编》已所在多有。如卷七三大中祥符三年闰二月己未河北转运使李士衡行预买绢法下:“咸平二年五月丁酉马元方事与此相关,已在彼详注。”按,彼处详注者,实是一篇关于和预买䌷绢事始及其推行经过的专论。卷八二大中祥符七年六月“己巳,陕西转运使请于陇州西山、胡田、浇水等处置采木务以备边用”下:“十二月甲戌张佶置采木塲事或与此相关,当参考。”按,该日记事曾追述张佶欲近渭置采木场,蕃族闻之徙去,寻来抄劫,佶深入掩击,悉败走。卷三五〇元丰七年十二月庚寅“诏:诸(路)官司仓库不可专行及无法式,并申所属寺监;寺监不可专行,申尚书本部;本部不可专行,上都省”下:“元祐元年九月二十八日王存云云。”按,彼处王存所论者,为“寺监于尚书六曹随事统属”之制毋辄轻改,且曾引及此诏。

(十) 注正文总述之细事

如:绍兴三年六月戊子胡蒙宣谕浙西还条“所按吏八人”下:“二年十二月庚戌海(监)[盐]丞董充,三年二月承节郎长洲添差县尉丁谐、保义郎监湖州税务赵庠之,三月甲子承节郎添差监震泽税务赵公逊,四月壬辰浙西提举茶盐公事夏之文,五月丁巳昌化令黄寿,并放罢取勘;左文林郎王闱,五月丁卯行遣。”又,“荐士六人”下:“三年四月丁未左朝奉郎知吴县宫声、右通直郎知晋陵县曾仍,五月戊寅左朝奉郎知昆山县俞彦兴、右朝散郎知常州俞俟,庚辰右承直郎知於潜县楼璹,并迁官;九月壬申布衣李杞补官。”(卷六六)此后,三年七月丙寅朱异宣谕浙东福建还,“所按吏凡八人,荐士十二人”。同月己巳薛徽言宣谕湖南还,“所按吏十六人,荐士三人”。(皆卷六七)同年十月甲午刘大中宣谕江南路还,“所按吏二十人,荐士十六人”。(卷六九)四年二月戊子明槖宣谕岭南还,“所按吏二十有七人,荐士二十人”。也都对所按之吏和所荐之士的姓名时间附有类似的自注。又在末条综述“凡五使所按吏总七十有九人”下注明:“明槖二十七人,刘大中二十人,薛徽言十六人,朱异胡蒙各八人。”“荐士五十有七人”下注明:“明槖二十人,刘大中十六人,朱异十二人,胡蒙六人,薛徽言三人。”(卷七三)

四年九月戊申“诏减淮浙钞盐钱”条“自渡江至今盐法五变”记事下:“建炎三年二月二十一日改钞法,绍兴二年九月二十七日又改,十一月十七日又改,今年正月五日又改,通今次所改,凡五色。”(卷八〇)

五年六月乙巳“诏宣州当职官各转一官。以江东提刑司言:本州去岁狱囚三百五十五人,无(疾)[病]死者。用[闰]二月乙卯诏书推恩也。时宿松县囚七人死一人,县令坐降一资。然行之仅三年而止。盖自赵鼎去位,遂不复举行焉”下:“宿松县以七月乙丑行遣,今并书之。今年六月丁卯衢州当职官,八月戊辰福州左司理院,十一月甲申袁州司理院,六年九月丁丑临安府右司理院,七年七月丙寅福州右司理院,并转官;六年二月壬戌洋州司理院降一官,七年七月丙寅汀州武宁县展磨勘一年。”(卷九〇)按,正文“闰二月乙卯诏书”指该日颁布的“诏诸路提刑司申行诸州禁囚病死人岁终计分断罪之法”。条末已注明“今年六月乙巳所书可参考”。(卷八六)六月乙巳正文记执行此诏奖惩首例各一事,自注则列举了执行此诏期间奖惩的全部事例。

《长编》卷二五八熙宁七年十二月甲戌“秦凤等路都转运使熊本言奉诏体量吴中复、皮公弼、张穆之、章楶、蔡朦等奏议改使钱法先后异同”条下逐一注明诸人的职任:“中复知永兴,公弼转运,穆之刑狱,楶常平,朦运判。”卷四〇四元祐二年八月乙未重新调整堂除和吏部拟授的知州军阙,以“一百四上朝廷,以九十八分吏部”下,逐一注明“一百四”和“九十八”的府州军名,且说明:“此据邸报增注。一百四处阙三处,九十八处阙八处,当考。”①与《要录》约略相似,但极罕见。而《通鉴》胡注中则常见此类注释。如卷二〇〇唐高宗龙朔元年六月癸未“以吐火罗、哌哒、罽宾、波斯等十六国置都督府八,州七十六”,除了在“十六国”下注明十六国名外,又在“七十六”下,据《新唐书·地理志》注明八都督府的名称以及每一都督府所领的州数,且说明与《通鉴》所据之《统纪》在领州数上有四州之差。二年二月甲子“改百官名”条下逐一列出所改二十四司、御史台,九寺、七监、十六卫的机构名和职官名。卷二一三唐玄宗开元十四年四月辛丑“于定、恒、莫、易、沧五州置军以备突厥”下逐一注明各州所置军的军号。

(十一)注正文总数之细数

如:绍兴二年三月甲寅“神武前军统制王瓔自宣州还行在”条

---

① 点校本“一百四处”中误将“河阳、荆南”下的“陕府”标作“陕、府”,以致注出的共达一百二,成了不是“阙三处”,而只阙二处了。又“九十八处”中,“婺、濠”下的“河南、剑”显是“河、南剑”的误标。

"乃诏以万四千九百人为额"下:"正兵万人,使臣四百人,辎重火头二千五百人,马军二千人,共成此数。"(卷五二)

同年五月甲申诸路上供丝帛并半折钱三千条"是时江浙湖北夔路岁额䌷三十九万匹"下:"浙东路上供八万、淮福衣八千,浙西上供九万二千、淮衣六千,江东上供九万八千、淮福衣二万七千,江西上供五万二千、淮福衣万五千,湖北上供三百,夔路上供三百。已上皆有奇。""江南川广湖南两浙绢二百七十三万匹"下亦如䌷例,分浙东、浙西、江东、江西分列上供、淮福衣和天申大礼数,分淮东、淮西、湖南、广东、广西、西川列天申大礼数,分东川、夔路、利路分列上供、天申大礼数,并注明"四川宣抚司截三路纲三十万匹,又科激赏绢三十三万匹,皆不隶户部"。

同年八月癸巳权就虔饶二州并工鼓铸条"旧制江池饶建四郡岁铸钱百三十万缗以赡中都"下:"江州二十四万,池州三十四万馀,饶州四十六万馀,建州二十五万馀,共役兵三千八百馀人。"(卷五七)

四年十一月丙寅遣内侍往刘光世、岳飞、韩世忠、张俊、王瓒军"抚问将士家属,仍赐钱有差"下:"三宣抚军各万缗,岳飞三千缗,王瓒二千缗。"(卷八二)

类此自注,《长编》亦极罕见,粗检仅得两例:卷一七六至和元年八月癸巳条追叙"自皇祐二年改用见钱法,而京师积钱少,不能支入中之费,尝出内藏库钱帛百万以赐三司"下:"皇祐四年三月壬戌出绢十万,七月乙巳又出钱三十万、绢十万,五年七月丙子出钞十万、绸绢二十万、绵十万,今年六月甲寅出绸绢五十万、缗钱三十万。"则"百万"只是概数。卷二四六熙宁六年七月庚午河北察访司乞省并真定府井陉等二十八县下:"七月十三县,八月三县,九月七县,十二月五县,共二十八县。"《通鉴》胡注则极常见。如卷二一五唐玄宗天宝元年正月壬子条所载十节度经略使,正文载每一节度所统军和守捉名和兵总数，注即逐一注明每军或守捉的方位所在和所管兵数，又在正文总述之“每岁用衣千二十万匹，粮百九十万斛”下，逐一注明每一节度的衣赐数和粮数，即是其最显著者。本节以及前述第十节“注正文总述之细事”，第五节“注连书事年月”，都正文与注文紧相呼应，彼此浑然一体，是《长编》自注和《通鉴》胡注所不及的，在李心传史学中构成了极富个性特色的体裁形式，在《要录》姊妹篇《建炎以来朝野杂记》中也频频使用。

（十二）注明修入此事的依据

如：绍兴二年三月丙辰“显谟阁直学士右光禄大夫提举临安府洞霄宫陈彦修卒于德庆府，吏部奏赠开府仪同三司，自是以为例”下：“此据绍兴九年十月十三日本部状修入。”（卷五二）

同年八月癸卯通问使王伦还自金国条“宗维贻上书，略云：既欲不绝祭祀，岂肯过于吝爱，使不成国”下：“书语以王绘《甲寅讲和录》增入。”（卷五七）

四年三月辛亥吴玠败虏于仙人关条宗弼“遣人谓曰：赵氏已衰，不可扶持，公来，当择善地百里而王之。玠谢曰：已事赵氏，不敢有贰”下：“此据《林泉野记》。”（卷七四）

《通鉴考异》考订得失，明所以去取之故，类似“今从实录”“今从本传”“今参取实录、御史台记及旧传之语”等说明修入依据的文字，触目即是。《长编》自注也不例外。但各书乃至同书的各个部分，由于其所依据的基干书有别，其所加的说明依据的注文，内容和体例也是各具特色的。若《要录》系以《高宗日历》为主体框架，“凡《日历》未载而以他书增补的内容，《要录》是必定加注予以说明的”。[①]

① 见本书《〈建炎以来系年要录〉取材考》。

(十三) 注明修入此事的缘由

如：绍兴三年八月甲午“右朝请大夫主管江州太平观王子献复右朝议大夫。子献初坐江西弃城停官，及是乞牵复。大理约法公罪斩，仍用赦而复之”条：“著此以见弃城约法轻重。”（卷六七）按，王子献原是江西安抚制置使、知洪州，建炎三年十一月壬子，金兵且至，子献弃城遁走。对他的处理，追二官勒停，《日历》未载，也不得其年月，乃连书于建炎四年八月甲申“黄敦彦追一官勒停”之下者。同时连书的，尚有“李积中坐投拜除名编管”，杨渊坐吉州失守“追二官勒停”。其下亦有自注说明缘由：“遂书之以详当时行遣次第。”（卷三六）

四年十一月丙午朔“中书门下省言：近（今）[令]江浙常平司预借买扑坊场净利钱一界，亦恐奉行违戾，乞令钤束州县，不得接便骚扰”条：“存此已见借坊场钱事。未见降旨本日，当考。”（卷八二）

五年七月丁丑“武功大夫秀州防御使康随为江南西路马步军副总管”条：“按，随即杀曲端之人，自建炎四年至今，姓名始见于《日历》，故具载之。”（卷九一）

六年二月庚戌“荆湖南路转运判官权安抚司公事薛弼言”条：“著此以见湖南事宜，兼自来监司所奏灾伤，未有如此之详者，故全载之。”（卷九八）

与此略相近似者，在《通鉴考异》中偶尔亦能见到。如卷三汉献帝建安“十七年十月荀彧饮药而卒”条：“按，彧之死，[曹]操隐其诛。陈寿云‘以忧卒’，盖阙疑也。今不正言其‘饮药’，恐后世为人上者，谓隐诛可得而行也。”即对正文写明“饮药而卒”的缘由作了说明。《长编》自注中更是不乏其例。如卷二一二熙宁三年六月月末记事“上既罢李师中”条：“不书此，则无以见王安石主张王韶，其伪辨乃如此也。”卷四九七元符元年四月壬辰林希罢条“御史蔡蹈凡四章论希”下：“蔡蹈章虽无取，然不可不载，以见一时议论。”

（十四）注对事因的推测

如：绍兴四年三月十五日乙丑“尚书刑部侍郎胡世将充徽猷阁直学士知洪州”条：“世将方至而遽出，必赵鼎所不喜故也。当更考之。”（卷七四）按，此前七日，即同月八日戊午，赵鼎自江西制置大使入为参知政事。而胡世将乃是今年正月二十五日乙亥自知镇江府被任为试礼部侍郎，二月十六日丙申移刑部，至此才一月有馀，故云“方至而遽出”。

五年正月戊辰“枢密院奏：陕西官吏军民，昨缘金人逼胁，遂陷伪邦，盖非得已。诏川陕宣抚司务以恩信招来，仍出榜晓谕”条：“此奏当是张浚再入枢府，恐诸叛将反侧不敢归，故有是请也。”（卷八四）按，张浚再入枢府任知枢密院事在四年十一月己未。

七年四月丙申“权主管侍卫马军司刘锜奏以前护副军及马司见在通为前后左右中军及游奕，凡六军，每军千人，共为十二将”条：“按，马司元管六百人，后又益以解潜二千人，及刘锜带到军马，又有八字军万人，今六军十二将止共管少壮正甲军六千人，则老弱数多故也。”（卷一一〇）

三十二年五月己亥“总领四川财赋王之望乞根括民户嫁资及遗嘱田合纳契税钱应副赡军支用”条：“按，白契事行之已久，今又有此申明，恐与宣谕司异论故也。今年十二月戊寅白札子所云可参考。”（卷一九九）按，据前文，四川白契事始行于绍兴三十一年十一月丁酉。宣谕使虞允文，是绍兴三十二年二月戊戌朔任命的。今本《要录》截止于高宗朝，“十二月戊寅白札子”已是孝宗即位后事,下文未载,据《朝野杂记》甲集卷一五《田契钱》(王瞻叔括契本末):"明年,沈德和为制置使,首以蜀中括契钱不便为言,而议者亦讥其敛怨,乃下诏,自登极赦前有带白契者悉蠲之,即已输,许对折二税(三十二年十二月戊寅)。命下,瞻叔乃疏驳白札子于朝。"按,沈介,字德和,绍兴三十二年十一月十六日自知平江府徙四川安抚制置使。① 则"十二月戊寅白札子"即沈介之言事札子也。

对正文所书某些现象的原因随手作些分析,《通鉴考异》中已偶能见到,胡注就更习见了。如《考异》卷一五唐肃宗至德二载"十月张巡许远谋,若弃睢阳,是无江淮"条:"唐人皆以全江淮为巡、远功。按,睢阳虽当江淮之路,城既被围,贼若欲取江淮,绕出其外,睢阳岂能障之哉?盖巡善用兵,贼畏巡为后患,不灭巡则不敢越过其南耳。"又如《通鉴》卷二二〇唐肃宗乾元元年九月庚寅命郭子仪等九节度使讨安庆绪条"故不置元帅"下胡注:"诸军并行,步骑数十万,而不置元帅,号令不一,所以有安阳之败。"卷二五八唐昭宗大顺元年六月"辛酉,资简都制置应援使谢从本杀雅州刺史张承简,举城降[王]建"下胡注:"资、简相去二百六十里,简州北至成都百五十里。雅州与邛州接壤,相去二百七十里。王建图邛州以为根本,兵威所及,故谢从本以雅州降之。"李焘似颇恪守《考异》"参考群书,评其同异,俾归一途"本指,其自注对所引诸书、诸事的评析可谓无微不至,却难以找见此类专论正文所载事事因的文字。②

---

① 见《宋会要辑稿》选举三四之一一,《吴郡志》卷一一。

② 《长编》卷二二太平兴国六年九月壬寅载田锡所进封事有"顷岁王师薄伐,克平太原,未赏军功,逮兹二载"语,自注云:"按,四年十月乙亥已行太原之赏,锡今犹以为言,或者赏未遍及故也。"也属对事因的推测。只是其一,此乃针对议论而言,与专论正文所载事事因仍有区别;其二,即此也仅偶或见到。

（十五）注明疑窦所在

如：绍兴五年六月戊午“诏福建岁贡龙凤团及京铤茶并权减半”条：“此未知止是五万斤内减半，为复于全额内蠲减？当考。”（卷九〇）按，今年四月丙辰，“诏建州岁起片茶五万斤赴行在”。其全额则为：岁贡茶二十一万六千斤。（卷八八）

同月戊辰赵伯瑜提点坑冶铸钱条伯瑜“以刘大中荐得召见，时新命韩球为提点官，未上，遂罢球而用伯瑜”下：“球之罢，虽云避郡守韩昭亲嫌，恐别有故。当考。”（卷九〇）韩昭是“球从子”，时任知虔州，而提点坑冶铸钱所属有虔州铸钱监。

七年八月乙未“左朝议郎常明为秘书省正字。明自西充丞召对，策试而后命焉”条：“明以今年六月辛卯降旨就试。按，是时校书多不试而正字有试者，不知何故也。”（卷一一三）

三十二年四月乙酉“太府寺丞陈弥作为福建路转运判官。弥作，（侯）[候]官人也”条：“今年三月己亥方申严监司回避户贯之禁，不知何以旋有此除？当考。”（卷一一九）

《通鉴考异》对征引诸书详列疑窦所在，在处多有，但像《要录》这样对业已修入正文的内容复加注揭示其疑窦者，则只能偶尔见到。如卷二汉安帝永初“五年三月诏陇西徙襄武”条：“上云金城徙襄武，此又云陇西徙襄武，纪、传皆然，或者二郡皆寄治于襄武欤？”按，金城徙襄武见《通鉴》卷四九永初四年三月正文。《长编》则时有此等自注。如：卷五八景德元年十一月“戊寅，移御[澶州]北城之行营”下：“二十六日已渡河幸北城，当遂驻跸，二十八日乃始移御北城行管，不知何也？岂二十六日却还宿城南乎？当考。”卷六四景德三年“是岁始定六百万石为岁额”下：“不知此云六百万石者，通菽粟言之，或专举米数？当考。”卷一一四景祐元年四月庚子

"美人尚氏父继斌为右侍禁"条:"按,《实录》明道元年五月乙未以后宫尚氏父延福为国子助教,今尚氏父又名继斌,不知何故?本传亦云继斌,无所谓延福者。岂延福别一尚氏父乎?当考。"

(十六)注明修订设想

如绍兴五年二月"是月端明殿学士川陕宣抚副使卢法原薨于阆州"条:"卢法原卒,未见本日。……今且附此,当乞法原墓志增入。"(卷八五)

同年闰二月癸亥"检校少保光山军节度使同知大宗正事士㒟自会稽来朝,留弥月,再召对,加检校少师遣还"条:"绍兴十二年三月辛亥万俟卨论士㒟荐赵鼎作相事,或可修掇附此。"(卷八六)下文该日记事载万俟卨又语人曰,有"士㒟尝荐李纲相矣,尝荐赵鼎相矣,又尝荐孙近执政矣,今居衢州,宾客日盈其门"之语。(卷一四四)

七年五月己卯"殿中侍御史石公揆论王择仁、熊彦诗、赵伯璆等八人皆罢"条:"公揆言:择仁顷在河东之幕,欲夺官长之权,自拥溃卒,残金破商,劫盗居民,无所不至。……伯璆素无才行,昨奉苗刘,荐为郎官,众所鄙弃。故并罢"下:"存此以见王择仁金商间事及伯璆明受除郎因依,当各附本年,削此段。"(卷一一一)

八年三月甲午"诏建国公听读《尚书》终篇,本阁及资善堂官吏以下并减二年磨勘"条:"方畴《稽山录》所称赵鼎罢相后论鼎者专以资善堂借口,及《林泉野记》所云秦桧不欲宗强等事,恐可移附此段。"(卷一一八)按,今前者附于绍兴五年五月己亥"贵州防御使瑗为保庆军节度使封建国公"条下,后者附于吴表臣等并罢条"先是表臣等奉诏对论普安郡王进封典礼,与大臣所议不同,故黜"下。

《通鉴考异》无此等内容,胡注不可能有此等内容。注明修订设想,完全是本来意义上的"长编"作为未定稿的主要特征之一,《长编》自注中当然所在多有。其卷二二〇、卷四八五各有自注五则注明修订设想,足见其多。卷六八大中祥符元年三月"戊寅增置东西班殿侍院一于彰化桥北"下:"此或可附横行及东西班制。"卷一四〇庆历三年四月乙巳条以枢密使召夏竦于蔡州,台谏交章论之下:"此段当广求台谏章疏,一一出其姓名,乃善。"卷二一五熙宁三年九月己亥"赵子几同管勾开封府界常平等事"下:"欲记保甲事,故出子几初除,或因事可见,即须削去。"卷三八四元祐元年八月丁亥户部尚书李常建言条下:"李常乞置平粜司,据本集,附见司马光三等粜价后。既无施行,虽不载亦可。然要知当日所管常平钱帛数,须具存之。"其所设想的修订面也是相当广的。

以上从十六个方面对《要录》自注佚出《通鉴考异》本指的内容作了粗略考察。其中个别方面,如"注地方位里程""注修入此事的缘由""注对事因的推测"等,在《通鉴考异》中皆曾初见端倪,然蔚为大观则是《长编》以后的事。如果将《要录》与《长编》的自注作个比较,则《要录》在更自觉地运用他注书法以自注,以及将正文与自注更有机地融为一体上,较《长编》有了长足的进展。而《要录》自注中一个更值得密切注意的方面,则是它以各种形式揭示的《要录》一书的修纂体例。

下篇　自注揭示的修纂体例

陈均《皇朝编年纲目备要》卷首"参用凡例"谓:"以一字为褒贬者,《春秋》之法也。据事实录而善恶自见者,后世作史之体也。故自司马氏以来,各立凡例,不敢纯用《春秋》之法。"就编年体史书而言,自从司马光揭出"臣今所述,止欲叙国家之兴衰,著生民之休戚,使观者自择其善恶得失,以为劝戒,非若《春秋》立褒贬之法,拨乱世反诸正也”[①]的《通鉴》宗旨以来,不止《编年备要》,就是《长编》《要录》,也都是遵承不替的。体例不等于义例,它只是体现而不再标举全书的主旨。

一部史书,尤其是编年体史书的体例,不外是对其内容界限、资料处理、体裁运用和用词统一等方面的规范。今传《通鉴释例》《通鉴问疑》,[②]所言实《通鉴》体例,张须《通鉴学》据以概括为“关于年者”“关于人者”“关于事者”各五条,共十五条。诸人亦多有另作概括者。《长编》有裴汝诚《〈续资治通鉴长编〉义例考略》,据《通鉴释例》(包括《答范梦得》)逐条予以比附,载《文史》第二十五辑。主要都是关于体裁和用词方面的。

《编年备要》卷首“摭本朝诸《帝纪》及文公《纲目》参订,立为正例杂例凡十五条”,节录如下:

正例(凡六条)

一、灾祥:历代诸《纪》凡例各不同。按文公《纲目》,惟日食、地震、大水、江河决溢、旱、蝗、火灾必书。今从其例。如只一方小小灾变,非因事不书。自馀星变灾异之类,或因避殿减膳、下诏求言,或因臣僚奏论,则书之。

一、沿革:凡制度改更及申明科禁之属。

一、号令:凡诏诰命令之属。

---

① 《通鉴》卷六九魏文帝黄初二年四月丙午汉中王即皇帝位改元章武条下“臣光曰”,即著名的后人所称之《正闰论》。

② 《通鉴释例》为司马光修《通鉴》时所定凡例,乾道二年由其从曾孙司马伋掇取散乱遗稿,稍加分类,予以梓行。《四库全书总目》提要认为:“其书杂出南渡后,恐不无以意损益,未必尽光本旨。”(卷四七)《通鉴问疑》乃刘恕长子刘羲仲辑其父与司马光就《通鉴》往复论难之词而成者。

以上两条,凡有关于治体民俗者,必书之。

一、征伐:大征伐、大盗贼,随事斟酌书之。或疆埸小警及小小寇盗,则不书。

一、杀生:斟酌书之。

一、除拜:立后,建储,公主下嫁,皆书之。内职:本朝《帝纪》凡妃号皆书,《纲目》惟有关系者则书,今参酌用之。宰执:本朝《帝纪》凡宰执拜罢贬降薨卒皆书,今于宰相必书,执政以下有关系则书,否则略。宗室自国公以上及外戚内臣之贵者,其除拜本朝《帝纪》皆书,今以有所关系则书,否则略。

杂例(凡九条)

一、行幸。

一、赐宴。

一、缮修。

以上三条,今于远地行幸必书,馀则斟酌有所关系则书,赐宴、缮修亦然。大工役,如修京城、筑河堤之类,必书。

一、郊祠,诸史书例不一。今于郊祀、明堂必书。其余祠事,创始则书,有所关系则书。宗庙升祔之类亦同。

一、赏赐:此皆或因事而书,今从之。

一、进书。

一、振恤。

以上二条,今斟酌用之。

一、蛮夷朝贡:今于其始通中国则书,或因事而见则书。

一、蛮夷君长死立:今于辽国、高丽、西夏、交趾诸国,斟酌轻重书于年末。

《编年备要》这一凡例说的主要是内容的范围和界限。司马光

《答范梦得》则言及资料的取舍标准：

诗赋等若止为文章，诏诰若止为除官，及妖异止于怪诞，诙谐止于取笑之类，便请直删不妨。或诗赋有所讥讽，诏诰有所戒谕，妖异有所儆戒，诙谐有所补益，并告存之。

关于“诏诰有所戒谕”，曾举例说：

> 如德宗奉天罪己诏，李德裕讨泽潞谕河北三镇诏之类，及大政事号令四方。或因功迁官，以罪黜官，其诏文虽非事实，要知当时托以何功，诬以何罪，亦须存之。或文繁多，节取要切者可也。

关于“妖异有所儆戒”，亦曾进一步举例说明如下：

> 凡国家灾异，《本纪》所书者，并存之；其《本志》强附时事者，不须也。谶记如李淳风言武氏之类，及因而致杀戮叛乱者，并存之；其妄有牵合，如木入斗为朱字之类，不须也。相貌符瑞，或因此为人所忌，或为人所附，或人主好之而谄者伪造，或实有而可信者，并存之；其余不须也。妖怪或有所儆戒，如鬼书武三思门，或因而生事，如杨慎矜墓流血之类，并存之；其余不须也。①

以下拟即分别从内容界限、资料处理、体裁运用、用词规范这四个方面，对《要录》自注所揭示的全书修纂体例作些粗浅的考察。

---

① 《答范梦得》，载《通鉴释例》，又载《司马文正公传家集》卷六三。引文据《传家集》，下同。

一、内容界限

从《要录》正文来看,《编年备要》凡例所列的内容范围业已全部包括在内,而且远较《编年备要》为广。如“拜罢”,不仅宰执必书,而且侍从、台谏、馆阁以至地方帅臣,似都在必书之列。属于“沿革”的“凡制度改更及申明科禁之属”,也几乎细大必书。“诏诰命令之属”,包括《编年备要》未尝言及的臣僚奏札,凡关“事实”者,似也都已“节取要切”之语载入,少数亦有全文具载的。至于属于“征伐”的宋金间的战事和内部镇压各类反抗的武装行动,更是详载其经过和本末。

自注中常见“此细事不必书”,因为什么什么,“遂书之”“故表出之”“故具著之”“故因事附见”一类的话,表明哪些该书,哪些不该书,作为全书的划一体例,在李心传心目中是存在的。而在具体处理时,则凡与“事实”稍有关系的,也几乎都在网罗之列。如:

建炎四年十一月戊午,“刘彦知庐州。初,巨寇李伸在庐,朝廷因以为庐寿镇抚使。伸所为凶恣,和州无为军兵马钤辖、武翼郎王亨以所部讨擒之。故命彦代领州事”。自注:“此事本不必书。以伸尝为镇抚使,欲详分镇本末,故具著之。”(卷三九)

绍兴十五年十一月己未,“成忠郎赵子恺停官,南外宗正寺拘管。时发还北人马钦,而子恺与之饮宴游猎,常州守臣汤鹏举劾于朝,故有是命”。自注:“史所载发归北人,惟此一事,故著之。”(卷一五四)像赵子恺这种地位宗室的停官、拘管,本不必写入书中。而发归北人则是绍兴和议重要内容之一,其执行情况由于秦桧父子遮掩,“史无由见”,[1]赵子恺的停官拘管只是因为与发归北人有

---

① 《要录》卷一五三绍兴十五年五月戊午记事自注。参照同卷同年三月甲子记事自注。

涉才修入书中的。

绍兴二十年正月甲午,“正侍大夫、华州观察使、提举台州崇道观段思卒”。自注:“思初见建炎(三)[二]年,是时不知为何官。于此始见于《日历》,故表出之。”(卷一六一)武臣观察使之卒,本不必修入书中。当建炎二年韩世忠尽斩军中丁进馀党百馀人时,其中王权赖段思一言获免,而权后来成了有名的大将。拯救王权时不知段思为何官,书中只署曰“武臣”,直至死时才又见此人,且有官名,故特别写上这一笔,是因为他与王权的这节关系才写上的。

绍兴三十年六月壬戌,“敦武郎监盱眙军淮河渡郭贯之为两浙西路兵马都监。忠翊郎夏俊监盱眙军淮河渡”。自注:“此本不必书。为欲见夏俊取泗州事始,俊被差月日不见于《日历》,因郭贯之改除,遂书之。”(卷一八五)差监渡本是连《日历》都不书的细事,由于后来绍兴三十一年九月二十三日壬辰复泗州是完颜亮败盟之初宋金关系中的重大事件,而泗州即是监渡夏俊收复的,而夏俊之被差监渡当始于此时之接替郭贯之,故遂书之。

绍兴三十年八月“辛亥,诏内侍吴因于左藏库取钱九十千,充九月十七日渊圣皇后生辰斋千佛等使用”。自注:“此事本不须书。以自建炎以来未见渊圣皇后典礼,故表出之。”(卷一八五)渊圣皇后即钦宗朱皇后,被掳北去,生死不知。后妃生辰斋佛本不须书,由于渊圣皇后遭遇特殊,又迄未见任何典礼,故特表出之。

绍兴三十一年正月壬寅,“建王府内知客龙大渊、曾觌乞月给御厨折食钱如在京王府例,许之”。自注:“此细事不当书。以《日历》不见龙大渊除内知客月日,故因事附见。”(卷一八八)像厨食钱这些细之又细的事本是不应当写入书中的,由于曾、龙这两名佞幸在孝宗朝政坛上有重大影响,其得宠则始于孝宗为建王时,其除内知客之事又是应当书的,如曾觌即已书于三十年九月庚子,而龙大渊《日历》无除日,此日厨食钱事虽不当言,但由于它带出龙大渊已是内知客,故因事附见而特书之。

自注中又往往见到"增入""以补史阙""追书之"等字样,表明按照其体例,此等内容是应当修入书中的,只因主干书《日历》原缺此等记载,故须增补。如:

绍兴三十二年正月壬辰,"司农少卿总领淮西江东财赋军马钱粮都絜令赴寺供职"。自注:"《日历》不书此事,但于二月辛巳书絜罢农少,今因李若川改命追书之耳。"(卷一九六)看来,寺监卿少和四总领的除罢,《要录》都是必书的,今《日历》缺都絜罢总领纪事,故因替人李若川除日追书而补之。

绍兴三十二年六月乙亥,"尚书右仆射、同中书门下平章事朱倬罢……"自注:"朱倬罢相,《日历》全不载,今以他书参考追书之。"(卷二〇〇)宰相拜罢,更是不可或缺,非追书补入不可。

"以补史阙"之事,如绍兴四年三月壬戌"督府之罢"(卷七四),六年三月乙亥以杨沂中隶张俊经过(卷九九),八年五月辛丑朱震为胡安国乞谥及赐田指挥(卷一一九),绍兴和议中"敌人所要索十事"(卷一三四),八年败盟后之罪状兀术诏书(卷一三五),以及宋金交往中金使的"进书之仪"(卷一五〇),等等,应当说都是理当必书的关系重大之事。

此外,一些佚出常规、前所未见的事例,似也在必书之列。如:"以后省而按吏,顷所未有,故著之";"以修注而按吏,顷所未有,故著之";"前此归正官未有典郡者,故著之";"中书吏行遣制勘文字,前此未有,故出之";"自诸州学官除郡,前是未有,故著之";"非进士出身人为史官,前此未有,故出之";"以左右司按朝士,前所未有”;“六部案监司,前所未有,故出之”。①

司马光《答范梦得》谓:“诙谐止于取笑之类,便请直删不妨。”《要录》卷八八绍兴五年四月壬申兵部侍郎王居正知台州条自注:“熊克《小历》云:赵鼎深喜程颐之学,居正为兵部侍郎,于是有伊川三魂之目:鼎为尊魂;居正为强魂,言其多忿也;工部侍郎杨时为还魂,谓其身死而道犹行也。既而正字张嵲遂以元祐五鬼配之。按,此皆一时诋诮之词,今不取。”与司马光订下的凡例是一致的。

司马光《答范梦得》又谓:“诏诰若止为除官”,删;若“有所戒谕”,存之。“或文繁多,节取要切者可也。”臣僚奏疏,当亦类似。对此,针对秦桧曾专权十八年的事实,有如下变通,如卷一四九绍兴十三年七月戊戌吏部员外郎周执羔转对条自注所言:“秦桧再当国柄,十有八年,自定和策勋之后,士大夫无有敢少违其意者,故一时论对臣僚,但毛举细务,以应诏旨,如绍兴二十七年六月黄中所论及上谕大臣之辞,盖可见也。故自今年以后至绍兴二十五年十月己卯以前,执事面对[奏]札见于施行者共有二百二十四事,(盖)[皆]撮其大略书之,其间亦有关于民间利害者,盖自可以考其人焉。”对于秦桧劳民为己的一些行径,又据后来台官的弹章修入书中,并有如下说明:“或谓台官所言,多得之风闻,未必尽实。臣参之以事而无疑,考之以时而可据,则台官所言,乃天下公论,何不实之有?”又说:“桧擅政之日,凡涉私事者,于《时政记》及《日历》中一切削去,而桧又严禁私史,故其劳民为己如此等事,后人皆不

① 分别见《要录》卷九三绍兴五年九月丁丑,卷九九绍兴六年三月癸酉,卷一〇九绍兴七年三月辛巳,卷一四四绍兴十二年正月戊申,卷一五二绍兴十四年九月癸巳,卷一六二绍兴二十一年五月庚子,卷一六三绍兴二十二年九月甲寅,卷一六八绍兴二十五年六月癸丑记事下自注。

得而知。今当因事书之,以见其实。”①

此外,有些臣僚的奏札,由于其内容的重要而又详尽,则往往全文备载,这与《通鉴》的体例也是一致的。如绍兴五年二月乙酉所载侍御史张致远的言事书,就是因为“此书系国家大计,故具载之”的。(卷八五)绍兴七年四川都转运使李迨的奏疏,由于“关全蜀大计,故止削去钱物畸零数目外,并全载之”。(卷一一一)约绍兴二十九年四月,归朝官李宗闵所上书,“以言北事甚悉,故详载之”。(卷一八一)

高宗即位前有张楚伪政权,即位后曾遭明受之变,北方又有刘齐伪政权,而在对金关系中,又始终居于屈辱地位。李心传以南宋臣民写本朝事,与以往后朝之人修前朝史不同,在与敌伪相涉内容的取舍上是颇为为难,也是颇费斟酌的。而李心传却表现了相当通达的史家务实精神,纠正了《日历》的种种偏颇处理。如:

建炎三年三月乙巳记事自注:“大率史于伪楚及明受两次差除,多不尽载,今有可考者具书之。其辞受是非,则稽之以事而可见,不必没其实也。”(卷二一)

绍兴四年七月丁丑“罗诱上南征议于[刘]豫”记事自注:“叛臣之策,本不宜书,书之以见诱所谓四可决者,皆刘豫所忌,朝廷所当知也。”(卷七八)

建炎三年五月乙酉洪皓充大金通问使条“上遗左副元帅宗维书,愿去尊号,用正朔,比于藩臣”下自注:“上遗粘罕书,《日历》不载。[谨]按,今年十一月丁卯亲征诏书有云:‘卑词厚礼,遣使相望,以至愿去尊称,甘自贬黜,请用正朔,比于藩臣。在建康则遣洪皓、崔纵、杜时亮,在平江则遣张邵,其为书指,无不曲尽哀祈。’此

① 《要录》卷一六五绍兴二十三年十月丁丑记事自注。

诏布之四方,则史臣不必追讳此事,当略存之,以见其实。"(卷二三)

绍兴十年五月丙戌"宗弼入东京"条自注:"《绍兴讲和录》金人复取河南诏……又诏……其词悖慢如此,不当复录。今存之,以见其当时所请数事,朝廷皆未尝从,又以见金人亦惧河南人心不归于己,故谆谆费词如此。其诋斥之词三百六十三字已削去,要当更删削附书之。"(卷一三五)

绍兴十一年九月乙卯记事"时金国都元帅越王宗弼以书来"下自注:"金国书,《日历》不载,《绍兴讲和录》有之,今附于此。或谓金书夸大,不当具载。臣谓此犹匈奴单于遗汉文漫书之比,无足隐者,当稍删削而具存之,以见一时议论之实。"(卷一四一)

绍兴三十一年五月辛卯金贺生辰使副高景山、王全见于紫宸殿条自注:"[金主]亮求衅渝盟,此大事也,而北使悖语,《日历》乃无一字及之,盖是时边事未动,固宜秘密也。近熊克所作《小历》,亦复草略数语,何哉?徐梦莘所进《北盟会编》已备载其词,今并其本末详之,备后有考。"(卷一九〇)

二、资料处理

关于资料处理,司马光《答范梦得》提到:

其修长编时,请据事目下所该新旧纪、志、传及杂史、小说、文集,尽捡出一阅。其中事同文异者,则请择一明白详备者录之;彼此互有详略,则请左右采获,错综铨次,自用文辞修正之,一如《左传》叙事之体也。此并作大字写。若彼此年月事迹有相违戾不同者,则请选择一证据分明、情理近于得实者，修入正文，馀者注于其下，仍为叙述所以取此舍彼之意。(先注所舍者，云某书云云，某书云云，今案某书证验云云，或无证验，则以事理推之云云，今从某书为定。若无以考其虚实是非者，则云今两存之。其实录、正史，未必皆可据，杂史、小说，未必皆无凭，在高鉴择之。)

最高原则是求实。

《要录》对资料的处理完全遵循这一最高准则和具体凡例。绍兴三十一年十一月丁丑纪事自注云："大率纪事之体，抑扬予夺，当尽其实，若稍涉用情，则后之人将有所不信矣。"(卷一九四)表明了他将求实悬为最高准则的信念。

构成自注主体的对资料甄别取舍的说明，与《通鉴考异》相似、甚至具体做法也是遵照司马光的指示的。稍有变通的，是相当频繁地采用了加注附见的办法，藉以使稍有价值的资料得以保存下末。前揭以金诏令、金国书附载注中是其显例。他如建炎元年正月"庚子渊圣皇帝再幸青城"条自注所录傅雱《建炎通问录》中馆伴李侗之语亦是。其按语云："臣按，斡离不于本朝素号有善意，侗所云理或有之。他书皆不见，今略采掇，附圣渊再出城时，以补史阙。"(卷一)

对于作为编年体史书主干的年时月日，建炎元年二月丁亥记事自注曾经申明："臣修此录、凡系月日者，必以国史为断。"(卷二)此"国史"泛指当时的官修史书，如神哲徽钦《四朝国史》《钦宗实录》《高宗日历》等，就高宗即位以后之事而言，就是以《日历》为断。不过也不是没有例外。如果史臣亦仅能得之传闻，或另有当事人的更准确记录，则往往另为考定。

此外，在对资料的甄别取舍上，依自注之所揭示，尚有如下几点值得注意：

（一）录载奏疏务求不失本指。如绍兴七年十二月庚申刘大中奏疏的中心内容，是浙东之民不堪丁盐䌷绢等身丁负担，或资财嫁遣力所不及，遂致生育子女例多不举，而"《日历》载大中奏疏，节略生男女赐帛一段，遂失所奏本指。今具书之"。（卷一一七）

（二）不合情理者不取。如绍兴十年六月顺昌之战，其十六日戊子记事自注引郭乔年《顺昌破敌录》，谓初破金人，守臣陈规犒战士，酒才一杯而已；再追敌后，人不过得面半斤、肉数两；至第二战，但告示人给粟一石，及赴仓，又只得腐麦五斗者甚多。"及事定，规又首具奏乞推恩本府守城官属，且［言］鼓率将佐，犒赏战士，（方）遂致成功。锜保明奏之。将士颇为之不平。"其下按梧："按，规守顺昌，正当金人根括钱帛之馀，朝廷蠲免税租之始，未成一岁，而战士二万，不致乏粮，斯亦难矣。若责其厚赏犒军，恐无此理。今不取。"（卷一三六）

（三）毁訾失实者不取。如绍兴五年四月杨时卒条言及"赵鼎素尊程颐之学"，自注引朱胜非《秀水闲居录》，杂记道学之士尹焞、张九成、周行己、林季仲等人行止，其下按语："按，胜非此段所云，除周行己外，皆毁訾失实，今不取。"（卷八八）

（四）缘饰之记事必正之。如绍兴二十七年七月"庚午，给事中王师心言：'鼎、澧、归、峡产茶，民私贩入北境，利数倍，自知戾法，不顾，因去为盗。由引钱太重，贫不能输，故抵此。望别创凭由，轻立引价，既开其衣食之门，民必悔过改业，而盗自消矣。'上览疏谓宰执曰：'茶盐禁榷，本为国用所需，若财赋有馀，则摘山煮海之利，朕当与百姓共之。姑遵旧制可也。"自注："熊克《小历》载师心建请于今年六月末，又云'上然之'，乃与《日历》所书全不同。至于此日所书上语，则又去其首尾。盖克本故相王淮门下士，而书成之时，淮尚为左相，故于师心事多所缘饰也。今并正之。"（卷一七七）王淮之父王师德与王师心是同胞兄弟,王师心是王淮的二伯父。[①] 王淮自淳熙九年九月庚午至十五年五月己亥任左丞相,则熊克《中兴小历》当成书于淳熙十五年五月前。自注所指,今见《中兴小历》辑本卷三七。熊克的缘饰表现于:一、将王师心奏疏改系于六月底,连书于他另一奏疏之下而将"上语"仍系七月庚午,以便在奏疏下写上"上然之"。二、于"上语"去其头尾,头去"上览疏谓宰执曰",即抹去其针对王师心奏疏而言的针对性,尾去"姑遵旧制可也",即除去实未依从师心之奏的关键语,以便"上然之"谎言之得以写上。自注于揭露的同时又分析了熊克所以缘饰的原因,更增强了"正之"的说服力。

缘饰最甚者,莫过于碑志之于墓主。"盖私家传志,类多失实"。[②] 上揭《小历》王师心建请"上然之"的缘饰记事实亦源自汪应辰《文定集》卷二三之《王师心墓志铭》。因此在使用此等资料时,要特别小心地予以批判鉴别。盖碑志之缘饰,轻则不广泛参考众书,如绍兴六年二月辛酉"是日"条自注针对赵雄《韩世忠碑》所指出的,韩世忠自淮阳引兵归楚州,实以无援而退,非得城而不取,恐亦无"大败敌众,暴尸三十里"战绩。"盖雄所撰《碑》第据当时功状,不参考他书故也。今不尽取。"(卷九八)重则有意添改抆拭乃至诋訾。如建炎三年三月丁亥明受诏赦至江宁条自注引孙觌《李谟墓志》下按语所云:"勤王之举,张浚唱之,[吕]颐浩和之,二人不谋而同。浚《平江实录》亦云:收颐浩九日书云云,足知非'踌躇'也。盖颐浩是时未敢诵言诛之,故接谟以他语尔。觌尝为颐浩所斥,又志文出于吕氏家破之后,是以妄诋訾之,要非事实,故不

① 见楼钥《攻媿集》卷八七《王淮行状》。
② 《要录》卷二九建炎三年十一月癸酉"金人侵建昌军"条自注引晁公溯撰《晁公迈墓志》下按语。

取。”(卷二一)又如绍兴五年七月丁亥韩驹进一官致仕条自注之所揭露,韩驹致仕制原文本有“附丽匪人,饭蔬奚怨,中更赦宥,不汝瑕疵”语,而“驹家年谱载此告词,乃云‘坐累刑书,饭蔬奚怨,中更赦宥,一洗愆尤’,乃与元命词之意全不同。以此知私家文字多所抆拭者如此”。(卷九一)以及绍兴十年二月丁巳喻汝砺知遂宁府条自注之所揭露:“谭篆撰《汝砺年谱》云:‘知遂宁府,陛辞,玉音亲出“卿见闻殚洽,词采英奇”之语,寻改潼川路转运副使,词臣即采陛辞日皇帝所出八字以宠之。’按林待聘《外制集》,此八字乃汝砺知遂宁府告词。篆之诞妄如此。史堪作《汝砺墓志》,又因而书之。由是观之,私家行状、墓志所书天语,要未尽可凭,须细考之乃可。”(卷一三四)

怎样“细考之”?书中也有实例可寻。如绍兴十一年三月戊申濠州之战,自注引王曮撰《杨沂中神道碑》[①]后加按语指出:“此所云,与《林泉野记》等诸书全不同,盖曮缘饰言之,今不取。”(卷一三九)而当记载绍兴三十一年二月甲寅领殿前都指挥使职事杨存中充醴泉观使奉朝请,即赋闲经过时,曾提到:存中闻北事有萌,乃上疏言加强战备,“会赵密谋夺其权,因指为喜功生事。存中闻其议,乃累章丐免”。遂罢。却又是以同一神道碑所言修入的。其自注云:“此以王曮所撰《存中神道碑》修入。碑词不无缘饰,然以事考之,北敌寒盟,存中再起,而赵密遄罢,则似以此故也。今但去其润色之语,而以王十朋等所言载于其前,则事之的实自见矣。”(卷一八八)

(五) 当事人之纪述,虽略差误,取其本旨可也。对当事人或目击者所记,《要录》给予特殊的看重。如上揭濠州之战,即是“据

① 杨沂中,绍兴十二年二月十五日己卯赐名存中。《要录》正文,赐名前称沂中,赐名后称存中,实一人。所引王曮撰神道碑,亦前称沂中碑,后称存中碑,实同一碑。

《淮西从军记》修入,盖其在军中所目击也”。(卷一三九)又如绍兴三十一年十一月辛未记事载刘锜还屯镇江及叶义问以李横代之的经过曲折,自注录载了冯履所记当时任刘锜钱粮官的范处义(字子由)之言,且云:“此所云当得其真。但称敌有百万,及以李横为李宏,皆差误,取其本旨可也。”(卷一九四)

三、体裁运用

司马光《答范梦得》指示唐“丛目”的做法,曾言及编年体裁的正确运用:

> 请且将新旧《唐书》纪、志、传,及《统纪》《补录》,并诸家传纪小说以至诸人文集稍干时事者,皆须依年月注所出篇卷于逐事之下。《实录》所无者,亦须依年月日添附。无日者附于其月之下,称是月;无月者附于其年之下,称是岁;无年者附于其事之首尾。(如《左传》称“初,郑武公娶于申”之类,及为某事张本、起本者,皆附事首者也;如卫文公复国之初,言“季年乃三百乘”,……因吴乱,而言吴夫概王为棠磎氏,注云“《传》终言之”之类,皆附事尾者也。)有无事可附者,则约其时之早晚,附于一年之下。(如《左传》子罕辞玉之类,必无的实年月也。假使宰相有忠直奸邪事无处可附者,则附于拜相时,他官则附于到官时或免卒时。其有处可附者,不用此法。)

作为一种史书体裁,编年体的最基本要求即是以事系日,以日系月,以月系时,以时系年。《答范梦得》强调了这一点,并对无确切年时月日记事的变通处理办法作了指示,实际上这也成了编年体史书的通用凡例。

《要录》于所修入之事，凡能考见月日者，皆尽量各附本日。如建炎三年七月壬寅“诏迎奉皇太后率六宫往豫章”，自注云：“按，《日历》六月乙亥，上已降御笔及此事，今但以临行申谕诸路耳。今于六月乙亥、七月壬寅各随事书之，庶见本末。”（卷二五）绍兴元年三月庚戌，张俊讨李成复筠州，自注云：“熊克《小历》书此事，皆无本日，但于三月己未捷奏至日并书之。按赵甡之《遗史》及俊所申，俊实以三月七日甲辰自洪州渡江，十二日己酉与［马］进战，二十八日乙丑乃复江州。《日历》二十二日己未，进呈张俊捷报，不言其详，当是复筠州捷报。而克于此书遂复江州，乃追李成于蕲州，皆误也。今各附见本日。”（卷四三）绍兴二年正月戊申，中书舍人程俱乞自今非军功勿迁横行，自注云：“熊克《小历》载此事于元年九月末，实盖不知其月日，故附俱初除舍人之月也。《日历》自有本月日，今从之。”（卷五一）同年七月庚辰，韩世忠大破刘忠，忠遁去。自注云：“熊克《小历》载此事于今年二月，盖不知世忠行军月日也。克又云：忠欲投刘豫，徒中斩其首以降。益误矣。盖赵雄撰《世忠碑》所书如此。其实忠以七月走淮西，九月在蕲阳为解元所败，乃走伪齐，明年四月始被杀也。克不深考，今各附本月日。”（卷五六）

但是即使在每事年月日时尽皆确知的情况下，也不可以把一部史书写得像一本白菜豆腐账。或者由于其事本极细琐不便于碎分，或者由于其事连贯而下不便于宰割，或者数事皆琐细而情况相类，于是遂有“牵连书之”或“合并书之”的变通体例，且在《要录》全书中使用十分普遍。以致如绍兴三年十月丁酉“诏内侍贾翊放归田里。翊始坐罪黜监岭南市征，至是以母老而释之”。这一本当牵连而书而未牵连书之的例外书法，即须加自注予以说明：“翊三月戊寅谪官。此细事，当牵连书之，为易相故，各附本日。”（卷六九）"附见"书法在很多情况下也起着同样的作用。由于各细事本皆自有月日，因此在"连书""并书"的同时，往往就在下面注明其事的本日。

由于仍在大量使用"连书""并书"等书法，《通鉴》中常见的先提其纲、后原其详的笔法，也就继续广泛获得使用。如上揭张俊复筠州、杨存中赋闲等记事，都使用了这一笔法。

为了完善编年体裁，《要录》自注还揭示了不少附加体例：

（一）必考事始。如：建炎元年六月甲子"复帝姬为公主"，自注云："熊克《小历》复帝姬为公主在八月壬寅。按，八月乃石端礼为靖懿帝姬请复封，非事始也。"（卷六）建炎三年七月"丁卯，诏录用太祖、太宗、真宗、仁宗、英宗、神宗六朝勋臣自曹彬至蓝元振三百二十人子孙。先是，徽猷阁待制宋伯友入对，言艰难以来，中原隔绝，功臣子孙，凋丧殆尽，乞访其后，量材录用，故有是旨。其后，得赵普、[赵]安仁、范质、钱若水诸孙，皆官之。"自注云："熊克《小历》但云言者而无伯友名。盖伯友以六月甲辰建明，得旨令吏部开具，克《历》但据吏部所申而不考事始也。"（卷六七）此细事，故《要录》牵连书之，而以"先是""其后"贯穿，但仍不忘揭明事始。有些事例，记其事始以后，即不再逐事书之，但其间如小有差异，则仍又复记其始。如绍兴五年宰相都督诸路军马所开的都督行府，①"其与三省枢密院往来文字，依从来体例互关"，已见诸此年二月乙未记事，而同年闰二月丙寅又载："都督行府关：就差起复秘阁修撰淮东宣抚司参议官陈桷兼行府随军转运判官，许辟属官二员如发运司条例。关送尚书省指挥。从之。……行府关三省指挥自此始。"自注云："前已有关送尚书省事，今此则径用便宜除属吏而但关尚

---

① 时左相赵鼎、右相张浚名义上都是都督，但由于有张浚专任边事而赵鼎居中总政的分工，负责都督行府者实际上只是张浚。

书省出敕,又差不同,故复记其始。"(卷八六)同年三月辛丑又载:"都督行府言:左朝散郎、知泰州邵彪具到营田利害:……勘会所陈委可施行,(令)[合]关送尚书省指挥。从之。"自注云:"前此未有称关送尚书省指挥者,故因此遂书之。"(卷八七)说"前此未有"欠确,当是删削未净所致,但由此足见他对事始的重视。

(二) 姓名已见《长编》者不别出。建炎元年正月辛卯朔追述记事"[陶]悦,节夫子"下自注:"节夫,宣和间为龙图阁学士。应姓名已见《建隆以来系年要录》者,此不别出,止注其爵里于下,以便稽考。"(卷一)《建隆以来系年要录》当是李心传对《续资治通鉴长编》的改称。

(三) 不以侨寓地为户贯。建炎二年六月甲戌记事"[李]茈,安阳人也"下自注:"熊克《小历》以茈为闽县人,今据《茈遗事》。大抵茈亦侨寓者,克多随今户贯书之。"(卷一六)

(四) 书事发当时地名。建炎三年十二月丙申韩世忠以前军驻通惠镇下自注:"《日历》作青龙镇。镇此时已改名通惠,绍兴元年九月甲戌方复旧名,史误也。"(卷三〇)建炎四年十二月辛未宗维大索南人条言及"寿州初得客户六十八,而误报六百八人,宗维不容诉,于是州官驱穷民孤旅四百五十人以充数"。自注云:"熊克《小历》云乐寿县初得客户六十八人,盖据张汇《节要》所书。按去年秋金已升乐寿县为寿州,今改定修入。"(卷四〇)

(五) 书当日封号。建炎元年正月辛卯朔追述记事康王"母曰韦贤妃"下自注:"谨案《实录》体制,当云'显仁皇后韦氏',则绍兴三十年以后所书也。《日历》则云'宣和皇后韦氏',建炎元年五月以后所书也。今臣此书,以事系日,此时显仁未正尊名,则书法当如此。"(卷一)

(六) 补前衔。建炎元年五月丁酉,"中奉大夫提举成都府玉局观王时雍责授安化军节度副使黄州安置”。自注:“《日历》时雍无前衔。按《元符诏旨》,时雍宣和六年以朝议大夫除户部侍郎,今增入。其他史无前衔者,皆以它书补定之。”(卷五)按,此条正文所书王时雍前衔与自注所云“增入”者不相应,删削中似有疏误,然自注揭示的“史无前衔者,皆以它书补定之”,作为体例通则,在全书仍是划一的。若未能补出,则予说明。如建炎三年四月戊午“以李邺知越州”自注:“《日历》……邺无前衔。按邺建炎元年自通直郎责为散官,不知后来出使除何职?越州题名可考。”(卷二二)按,《嘉泰会稽志》卷二《太守》门:“李邺,建炎三年□月以奉议郎充徽猷阁待制知。”具载前衔,或即郡守题名遗文。绍兴七年十一月丁未金废伪齐条记事言及以萧保寿奴为行台右丞相、温敦师中为左丞、张通古为右丞下自注:“保寿奴、师中、通古未见其前衔,后不书官名者准此。”(卷一一七)则似仅指本条记事下文“准此”,非全书通则也。

(七)降旨与官,并书除目。建炎元年五月丁巳“朝散郎宋昭为尚书膳部员外郎”自注:“昭,元降旨与郎官,今并书除目。后准此。”(卷五)绍兴七年五月壬申“上以[太常博士黄]积厚论事可采,遂以为尚书比部员外郎”自注:“积厚除比部在乙亥,今并降旨除郎之日。”(卷一一一)

(八)薨卒书法。绍兴元年正月癸卯李质卒自注:“凡臣僚薨卒,有本月日者各系其月日,未见本日者因遗表书,无遗表者因致仕书之。”(卷四一)

(九)赠官于死节时并书。建炎元年正月丙午降授通奉大夫刘韐死于金营,中兴赠资政殿大学士自注:“赠官在六月丁卯,今因其死节并书之。后准此。”(卷一)

(十)谥于死时并书。建炎元年五月丙申延康殿学士签书枢

密院事曹辅薨,后谥忠达自注:“谥在淳熙十年,今因辅薨并书之。后准此。”(卷五)

以上各点,于《通鉴》确立的凡例,最多只是作了更具体的限定,未必有所更定。可是以靖康二年岁首即书建炎元年本乃沿袭《通鉴》用后元凡例,却又特别郑重作出说明,谓“盖亦窃取《春秋》之义”。(卷一)此当是有见于当时对用后元异议颇多之故。揆之实情,《要录》此处又是非在岁首即书建炎元年不可的。此外,于《通鉴》体例若有更改,则必加说明。如建炎元年正月辛卯朔“是日兵马大元帅康王军行次阳谷县”条下,以近万言对此前宋金关系的发展和康王赵构的行踪作了追述,即加有如下自注予以说明:“臣谨案,编年之体,不当追录前书已载之事,今以金人和战,帅府建立,皆中兴以后事迹张本,故详著之,以备其始末。”(卷一)

四、用语规范

关于《通鉴》的用语规范,按《通鉴释例》所载,节录如下:

帝后称崩,王公称薨。

帝王未即位皆名,自赞拜不名,以后不书名。

天子近出称还宫,远出称还京师。凡新君即位必曰某宗,后皆曰上。太上皇止称上皇。上太上皇、太后号曰尊。皇后、太子曰立。改封曰徙。公侯有国邑曰封,无曰赐爵。

节度使赴镇曰为,使相曰充,遥授曰领。

凡官名可省者,不必备书。

公相以善去曰罢,以罪去曰免。

凡两国事相涉则称某主,两君相涉则称谥号,不相涉而事首已见，则称上，称帝。

凡战，伪走而设伏斩之曰斩首，斩首千级以下不书。

凡诛，得愆曰有罪，逆上曰反，争强曰乱。

以上诸项，《要录》是否逐项遵循，须细检正文方能判定。本文主要据自注立论，而自注有关用词规范的揭示却极罕见。粗检所得，仅有关于“凡官名可省者，不必备书”的具体通则两条：

（一）“应知州衔内带一路安抚者不书，惟初创或更革则书。”见卷五建炎元年五月壬辰“资政殿大学士、知京兆府范致虚知邓州，充南道都总管”下自注。知京兆府例带永兴军路安抚使，知邓州例带京西南路安抚使，京兆府和邓州是永兴军路和京西南路这两个帅司路置司所在。作为通则，书中对所有帅司路置司所在州知州兼带的安抚使衔，都有如本条正文，一概不书。

（二）“应监司、帅臣衔内带‘权知’‘权发遣’之类，今并削去，以就省文。”见同上卷同日“龙图阁待制知延安府张深充龙图阁直学士知京兆府，起复直徽猷阁陕府西路计度转运副使王庶升直龙图阁知延安府”下自注。按，两人制词皆孙觌所行，今载《鸿庆居士集》卷二六，其题分别作《张深除龙图阁直学士京兆府路安抚使》《王庶除直龙图阁权发遣鄜延路经略安抚使》，正文前衔空，新任未填。鄜延路经略安抚使例知延安府，估计王庶的前衔和新任皆带有“权知”或“权发遣”字样，而自注亦即以此为例而订为通则者。

“《通鉴》书人必以名，崔胤马殷之类，虽犯宋讳，未尝改避。惟臣光之论，称胤曰崔昌遐耳，是固与正文无与也。”[①]此点，《要录》难以坚持，也未再坚持。据自注所示，避讳方式不外如下三种：

① 张须《通鉴学》第五章《通鉴之书法》，开明书店，1948 年，第 135 页。

“为字不成”，即缺笔：建炎元年正月辛卯朔追述记事辽“天祚皇帝立十五年，女真完颜旻起兵”下自注：“女真姓与庙讳同音，今依张汇《节要》进本例，为字不成。”《四库》馆臣曰：“宋法嫌名皆避，钦宗讳桓，故完字亦缺末笔。”（卷一）用此法改避者已由馆臣改回，“今已全写本字”，不再缺笔。

“改”：建炎元年正月辛卯朔追述记事言及马扩，正文为避宁宗名讳，改扩为广，其下自注曰“字犯御名，今改，后准此。”（卷一）今本《要录》业已由馆臣回改作扩。

以字行：同上追述记事言及陈亨伯，自注：“亨伯名与上同音。”（卷一）建炎元年三月癸丑记事言及“［沈］晦，文通孙”，自注：“文通……名犯太上嫌名。”（卷三）陈亨伯、沈文通皆名遘，为避高宗赵构嫌名，遂皆被改为以字行。

（原载《文史》2000年第1辑、第2辑［总第50、51辑］）

《要录》库本避忌讳改考实

一、研究史的简单回顾：成就和启示

对于收入《四库全书》中的各类书籍，馆臣为避时忌，又往往不限于避时忌，曾经肆意大加改窜的事实，大概很早即被人发觉，但认真起而予以系统揭露的，就史部之书而言，当以光绪三十四年(1908)许涵度刊刻的《三朝北盟会编》为最早。此书以陶家瑶所藏旧抄本为底本，其中凡经馆臣改删之处，皆据原抄改回，刻作正文，并将馆臣的讳改文字注于正文之下，讳删之处亦在注中逐一指明。许涵度在校勘此书的序言中对此未作任何交代，在添加"改作××""删××至此若干字"一类注文时，也未对谁曾如此"改""删"作过任何说明，更未对这些改删发表过任何评说。只在卷首影刻保留了底本中《四库》副总裁彭元瑞的如下"附志"："此书经武林吴氏、吴门朱氏传校数过，取证多本，予得之复有增益。世无剞劂，辗转误抄，斯其最善矣。乾隆丁未(五十二年，1787)详校《四库全书》，以此帙为底本。平宽夫(恕)、陈伯恭(崇本)两学士删其偏谬之辞，对音改从《钦定国语解》，重抄入文渊阁者是也。"[①]作为大清朝的封

① 从今日获见之影印文渊阁本来看，实际上并未全部"重抄入"。

疆大吏,许涵度如此这般处理完全在情理之中。然而他既然已经将原文和馆臣删改之文逐一加以并列对举,那么对所谓“删其偏谬之辞”的真相实际上也就作了赤裸裸的揭露,仍然是值得称道的需要胆识和勇气的行动。

从原本和馆臣删改本的对照中,可以十分轻易地发现,针对金、辽乃至西夏使用的虏、戎、胡、夷、狄、羯、番、贼、寇、酋等字,以及由这些字组合的词,如:虏人、虏众、虏兵、虏骑、虏贼、虏寇、虏种、虏伪、虏主、虏帅、虏酋、虏使、虏囚、虏流、虏情、虏计、虏意、虏诈、虏罪、虏币、虏寨、虏营、虏壁、虏地、虏境、虏界、虏帐、虏庭、虏中,金虏、东虏、北虏、戎虏、胡虏、羯虏、诸虏、残虏、贼虏、丑虏、仇虏、伪虏、孽虏、逆虏、狂虏、狡虏、猾虏、黠虏、叛虏、降虏,虏掠、驱虏、系虏、首虏、囚虏,戎狄、戎羯、戎兵、戎师、戎马、戎骑、戎贼、戎寇、戎祸、戎野、戎首,金戎、夷戎、犬戎、寇戎、骄戎、御戎、和戎、平戎、启戎,胡人、胡帅、胡雏、胡寇、胡孽、胡夷、胡马、胡骑、胡尘、胡氛、胡性、胡语、胡服、胡床、胡廷、胡陵、胡沙、胡地、胡中,北胡、群胡、老胡、羯胡、强胡、贪胡、降胡、逆胡、孽胡,夷夏、夷狄、夷裔、夷言、夷盗,华夷、裔夷、四夷、远夷、外夷、小夷、贪夷,金狄、避狄、制狄、却狄,羯寇,番国、番人、番夷、番军、番兵、番骑、番将、番帅、番部、番家、番船、番贼、番寇、番犬、番狗、番汉、番伪,陷番、顺番、小番,贼人、贼众、贼徒、贼党、贼首、贼君、贼兵、贼马、贼骑、贼船、贼营、贼窠、贼境、贼中、贼势、贼计,金贼、奚贼、群贼、盗贼、北贼、此贼、彼贼、叛贼、逆贼、仇贼、讨贼、追贼、归贼、拟贼、御贼、迎贼、破贼、败贼、杀贼、灭贼,寇敌,金寇、外寇、群寇、强寇、狂寇、避寇、招寇、息寇、致寇、殄寇,酋人、酋首、酋长、酋帅、酋领、酋豪、酋渠、酋告,金酋、戎酋、胡酋、番酋、贼酋、羁縻酋、主酋、渠酋、大酋、小酋、众酋、群酋、诸酋、旧酋等,凡 208 个,几乎全在非改即删之列。

表述金方军事行动或情态使用的寇、犯、盗、叛、僭、狂、遁等字,以及由这些字组成的词,如:入寇、来寇、分寇、寇边、寇攘,犯塞、犯界、犯关、犯城、犯阙、犯顺、荐犯、侵犯,叛盟,猖狂、狂悖、狂黠,或者其他用语,如:侵暴、凭陵、吞噬、贪残、猖獗、奸猾、奸锋,奸心、诈、奉贡、恭顺、溃叛等,以及指称金方的如下用语:左衽、腥羶、穹庐、巢穴、小丑、群丑、丑类、异类、妖孽、秽孽、禽兽、乌合等,指称宋方的如下用语:大朝、中国、中华、诸夏、华夏、中原、汉人等,在绝大多数场合,也都作了删改。乃至一些专门名词或习惯用语,如:捕虏赏格,避戎夜话,胡谷寨,亡辽录,万胡奴,五胡乱华,穷寇勿追,养寇不进,内修政事、外攘夷狄,狼子野心,蜂目狼顾,豕突兽搏,虎狼之怒,豺狼之性,犬羊之众,等等,在馆臣看来,似乎也都是触犯时忌的。

为避时忌而施加的大删大削,也相当触目惊心。依照笔者极为粗疏的初步检计,删削字数在 50 以上者,全书共达 36 处,其中删削 300 字以上者 3 处,200 字以上者 2 处。书中卷三关于女真的记事,约五千言,历来受到学者的重视,是极有价值的文字。"除极少部分采自《唐书》外,馀皆当时之记录,关于此新兴民族之史事若此文之详备者,实不多见,而又多为他书所未载,要为研究女真史者所不可忽之一种材料也。"①然全文凡有 60 处遭到删削,删削的文字,少者 1 字,多者 77 字,共 751 字,几近全文的 1/6。如"其俗"中删削的"无仪法,君臣同川而浴,肩相攀于道。民虽杀鸡,亦召其君同食。父死则妻其母,兄死则妻其嫂,叔伯死则侄亦如之,故无论贵贱,人有数妻",凡 53 字。"其饮食"中删削的"以半生米为饭,渍以生狗血,及葱韭之属,和而食之,芼以芜荑",凡 24 字。"其婚嫁"

---

① 陈乐素《〈三朝北盟会编〉考》,原载《历史语言研究所集刊》六本二分、三分,1935、1936 年;后收入《求是集》第一集,引文见第 239 页。

中删削的"[贫者]则女年及笄行歌于途。其歌也,乃自叙家世、妇工、容色,以申求侣之意。听者有未娶,欲纳之者,即携而[归]之,[后方具礼偕女来家]",凡40字。[①] 作为研究资料和认识资料的价值,不说自明,且皆实录也。假如只有删改本传世,此等全都湮没,则不能不说是不可弥补的损失。

1934年张元济用晁说之《嵩山文集》的旧抄本校《四库》本,指出:"馆臣泥于时忌,遇原书诋斥金人词句,无不窜改,甚至颠倒次序,变易意义,其不易更动者,则故作阙文,或加以删削,有多至数百字者。今取《负薪对》一篇为例,凡因避忌改削之处,上下对举,列表附后,读之可以推知全书。并可悟朝廷禁令之失宜,足以摧灭斯民之忠直无遗焉。"[②]1953年任长正在研究刘昌诗《芦浦笔记》的各种版本时,以卷九《祭蝗虫文》为例,特别指出在《四库》底本上见到的馆臣避忌讳改的真迹:"先在'虏人之界,彼其暴虐无道,弑君杀母'数字旁边,注上符号,表明这些字句忌讳太大。后来觉得仍然不甚妥当,又用笔墨将整篇圈掉,并在书眉上批写着:'此篇语多忌讳,已于正文删去,嗣后不允抄入。总裁刘识。'"[③]徐森玉以宋刊本楼钥《攻媿先生文集》校《四库》重编本《攻媿集》,其结果,据李宗侗介绍,大致如下:"宋刊本楼集内容远较辑本丰富。宋人反对妇女再嫁并不若后世之严格,楼氏所撰碑志有记载再嫁者,而馆臣认为有伤名节,遂将删去。有留初嫁之姓名而去其余,亦有留后适之人而删其初嫁之夫者,大都视其人地位之高显或否而定。"[④]都是

---

① 影印文渊阁《四库全书》本,第1,3两条删削情况全同,第2条则仅删去"半生"和"渍以生狗血及",凡8字。

② 见《四部丛刊》续编本《嵩山文集》书末跋语。"《负薪对》校勘表"亦附见其后。

③ 任长正《〈芦浦笔记〉各种版本的比较研究》,载《大陆杂志》7卷5期,1953年9月15日;后收入《宋史研究集》第二辑,引文见第98页。

④ 李宗侗《跋〈芦浦笔记〉各种版本的比较研究》,载《大陆杂志》7卷5期。引文见《宋史研究集》第二辑,第101—102页。

沿着许涵度的路子继续向前搜索。

但是,能够借以指出讳改所在并恢复原貌的《四库》底本或旧刻本、旧抄本,其幸存者毕竟不是太多。约1937年前后,张元济、陈垣对《旧五代史》辑本改窜情况的揭露,较之许涵度又大大跨进了一步。他们的贡献不在所揭露的避讳改窜的范围大小或文字多少上。在这方面,与许涵度至多不过存在量的差异,而且未必能超过许涵度。因为《三朝北盟会编》终究是一部专记与金和战关系的二百五十卷的大书,触犯忌讳的所在本来就多,而许涵度又是逐字逐句作了比勘的。他们的贡献,主要表现在以下几个方面:

一是指出了即使在正史这类比较权威的著作中,同样存在避忌讳改的事实。正史的确认,其数量之由十七史扩展到二十一史,又扩展到二十四史,都是历代王朝的官方行为,在一般人心目中,它是不会也不致遭到轻率对待的。但《旧五代史》却是其中唯一的例外。① 二十四史中的《明史》,修于清代,凡属时忌,修纂时业已避过了。《旧五代史》修于北宋,一度湮没,清人不过重新加以辑录,理应尽量恢复本书的原貌,然而却也惨遭改窜。如陈垣所说:“辑佚之体,与撰述殊科,如李延寿之《南》《北史》,欧阳修之《新五代史》,自为一书,则索虏、岛夷,随意易之可也,今乃辑佚,何能轻易其词?”②指出这一点,借以引起人们的注意,是非常重要的。

二是以同属库本系统的不同本子间的差异作为揭露改窜的依据。陈垣依据的是如下的三种本子:乾隆四十九年(1784)武英殿

---

① 此就全书普遭窜改而言。若个别事例,如乾隆四十一年七月二十六日谕内阁:《三国志》内关帝之谥着改为忠义;四十二年十月初七日谕内阁:汉武帝不得直书其名,着将《北史》等书内“汉彻”改为“汉武”。(见中国第一历史档案馆编《纂修四库全书档案》,第529页、726页)也不是绝对没有。按:《三国志·蜀书·关羽传》,关羽原谥为“壮缪侯”。《北史·文苑传序》:“太和在运,锐情文学,固以颉颃汉彻,跨躡曹丕。”曾直书汉武帝之名。

② 《〈旧五代史〉辑本发覆》,第1页A面。

刊本(出自《四库全书》定本);1921年丰城熊氏影印南昌彭氏藏抄本(即《四库全书》初写本);1925年吴兴刘氏刻甬东卢氏藏本(出自《四库》馆原辑本)。张元济又增加一种,乾隆时孔葓谷的校抄本。张元济主持的百衲本二十四史,其《旧五代史》出版于1936年,是以刘刻本为底本影印的。张元济在比较了各种本子之后,认为:"武英殿本及《四库》写本因清代以异族入主中夏,多所忌讳。变易字句,已非薛氏原文。惟刘、孔二本,尚存卲氏原辑之旧。然刘本已不若孔本之完善矣。"并列举了实例36条,接着又指出:"右列诸字,大都指契丹而言,本与清室无涉。康、雍以来,屡兴文字之狱,而惩羹吹齑者,遂不免多所顾忌。其'夷''胡'二字,有绝不相干者,亦一律加以删改。专制淫威,可以想见。"[①]陈垣也指出:"熊、刘本出,余尝以校殿本,字句果有异同,最著者熊、刘本'戎王'二字,殿本悉改为契丹或契丹主。"

三是在同书的不同版本之外寻求与本书同源的他书作为揭露改窜的依据。就《旧五代史》而言,即是以《册府元龟》中的五代部分为依据。因为《册府元龟》五代部分所辑录者,若非薛居正《五代史》,即五代诸帝《实录》之文,而薛《史》又是依据诸帝《实录》修纂的。陈垣在以上引文下接着说:"又尝以《册府元龟》校三本,异同之处尤多……其最可注意者,为'胡''虏''夷''狄'等字,莫不改易或删除也。是不独殿本然,熊、刘本亦莫不然。"并说:"其改窜且不止一次,故有熊、刘本与殿本之殊。凡所改三本皆同者,纂辑时所改者也;殿本与熊、刘异者,雕版时所改者也;殿本异而有挖补痕或增删字句以就行款者,雕成后所改者也。第一次所改为总纂及纂修官之事,占十之六,第二、第三次所改为总校及分校官之事,占

---

① 《校史随笔》,第112、115页。

十之四,然发纵指示者,恐仍在总裁也。”①并在与《册府元龟》等书的校核中,共举出讳改实例194条。以同源的他书为依据,这就极大地拓展了揭露库本改窜实况并恢复其本来面貌的思路。

沿着这一思路,陈智超又就《建炎以来系年要录》一书如何“发忌讳”之“覆”,提出了将《要录》与今日犹存的《要录》曾引用的书,曾与《要录》共同引用的书,《要录》所载章奏作者的文集,以及其他大约同时或同类的书,比勘取证的设想,并举例作了说明。②

然而,这一运用他校取证的办法,却也隐藏着一些不确定因素。首先是用以他校的文字是否确是本书原文是较难确定的。以《册府元龟》和《旧五代史》的关系而论,虽然《元龟》五代部分所录不外薛《史》或诸帝《实录》,但究竟孰为薛《史》,孰为《实录》?就不易区分。一般说来,行文完全相符者,可断定为薛《史》遗文,行文有异而又较详者,就可能是《实录》了。又,涉及称谓的字或词,即使上下行文不甚相类,据以判定辑本有无窜改,大致问题不大,若是大段不同,就很难说一定是馆臣的有意删削了。因为从《实录》到《史》,其间也是有所删润的。如薛《史》辑本卷九八《晋·赵德钧传》载他镇幽州:

> 又于阎沟筑垒,以戍兵守之,因名良乡县,以备钞寇。又于幽州东筑三河城,北接蓟州,颇为形势之要。部民由是稍得樵牧。

《册府元龟》卷四一〇《将帅部·壁垒门》:

---

① 《〈旧五代史〉辑本发覆》自序。
② 陈智超《四库本〈建炎以来系年要录〉发覆》,载《社会科学研究》1998年第3期。

赵德钧为幽州节度使。同光末,于阎沟筑城,以戍兵守之,因名良乡县,自是稍息虏寇。自幽州东十里外,州人不敢樵牧,后德钧又于州东五十里故潞县择潞河筑城,以兵守之,而近州民方敢耕稼。自擒破惕隐秃馁之后,德钧又于其东筑三河城以遏虏寇。三河接蓟州,有漕运之利,初聚工兴筑,虏骑遮我粮船,云"此我疆界,安得设板筑?"德钧以礼责之,出师将击,虏乃退去。故城守坚完,到今为形势之要。

两者行文详略甚不相类。说辑本避忌,将"自是稍息虏寇"改作了"以备钞寇",已很勉强;若说又将"三河城"以下50馀字悉予删去,就令人怀疑了。[①] 张元济以孔本校刘本,于此亦仅校出"'虏'改'钞'"一处不同。[②] 若谓孔本业已删削,则在此50馀字中,犯忌者无非一"虏"字,"虏寇"二字既经保留,则此50馀字绝无非删不可的理由。足见孔本此处即是薛《史》原文,删削者乃薛居正本人而非《四库》馆臣。

又如辑本卷一一〇《周·太祖纪》载邺都举兵南行前谕三军将校,有"予从微至著,辅佐国家,先皇登遐,亲受顾托"语,此语《册府元龟》卷八《帝王部·创业门》作:"予从微至著,披肝露胆,置立汉家宗社,先皇登遐,亲受顾托。"陈垣据之认为,辑本删"披肝露胆,置立汉家宗社"二句,改为"辅佐国家","因'汉家宗社'四字刺目也"。[③] 但从两者的上下文来看,行文不甚相类,叙事次序复有变动,表明薛《史》对于《实录》实已作过较大的修润,此二句是否确系馆臣避忌删改,不是没有疑问的。由于后周《太祖纪》辑录所自的

---

① 说见《〈旧五代史〉辑本发覆》卷一"忌虏"第16例,第8页B面。
② 见《校史随笔》第114页。
③ 见《〈旧五代史〉辑本发覆》卷三"忌汉"第2例,第45—46页。

《永乐大典》卷八九八〇今日幸尚留存,经检,辑本此语及上下文与《大典》所载者并无一字不同。

陈垣又以辑本卷一二五周《王继弘传》与《册府元龟》卷九四三《总录部·不谊门》对勘,认为辑本曾避忌改“虏主”为“契丹主”,改“归汉”为“归款”。[①] 今按,《元龟》所录几占全传五分之三,行文几全相类,除此两处外,仅辑本“给〈以〉兵仗”“汉祖〈趋〉洛”“汉祖〈征〉杜重威”“乃〈正〉授节旄”中加“〈〉”之字,《元龟》分别作“与”“赴”“讨”而“正”脱,微有不同。或者径可认定《元龟》即薛《史》遗文。辑本所自出之《永乐大典》卷三八五一今亦幸存,“契丹主”确作“虏主”,而“归款”则原即如此,而非馆臣所改。这表明,薛《史》照抄《实录》附传可能偶曾改字,但也不排除钞刻中致异的可能。

又如汪藻《行在越州条具时政》曾提及:

> 臣愚以为自今诸将当律以朝廷之仪,每有奏陈,必使之如有司之式,毋数燕见,其至政事堂,亦有祖宗故事,且毋使参议论之馀,庶名分不至混淆,而可以责其功効。是三说者果行,足以驾驭诸将矣。何忧乎保民,何艰乎弥盗,何患乎遏寇哉。[②]

《建炎以来系年要录》卷四二绍兴元年二月癸巳亦曾录载汪藻此奏,此段作:

> 自今诸将当律以朝仪,毋数燕见,其至政事堂,亦有祖宗

① 见《〈旧五代史〉辑本发覆》卷三“忌汉”第3例,第46页A面。

② 文载汪藻《浮溪集》卷一,又见《三朝北盟会编》卷一四五、《历代名臣奏议》卷二三九。《浮溪集》只有库本系统诸本。引文据《名臣奏议》。《集》全同,《北盟》仅“以为”作“以谓”,“奏陈”作“陈奏”,“毋使”作“无使”,“责其功効”脱“其”字,亦几全同。

故事,且无使参议论之馀,则分既正而可责其功。是三说果行,则足以驭诸将矣。何难乎弥盗,何忧乎遏敌哉。[1]

汪藻此奏,全文三千一百馀字,《要录》所录仅七百零二字,不及全文的四分之一,且非严格节录,而是近乎改写。陈智超认为"何忧乎遏敌"之"敌",据《浮溪集》《三朝北盟会编》,当是"寇"字避忌讳所改。并且特别说明:"四库本《要录》忌'贼'、忌'寇',只是在指金人时,对农民起义、流寇、军贼等称'贼'称'寇'都不改。"[2]然此处之'寇'是否指称金人,从上下文看,并不明确,库本系统汪《集》未改,许刻《北盟会编》也未注馆臣曾改,可为旁证。而据《宋史全文》卷一八同日所载汪藻此奏,此语实作"何忧乎遏虏"。《全文》此条是对《要录》只删未改的忠实摘录,可信《要录》原文实作"虏",文渊阁本之"敌"乃"虏"字避忌讳改。这又表明,在将库本某书所载经过删节的某人奏议与其原文比勘时,用字用词若有改易,还要仔细分清改易者究竟是某书作者本人,还是《四库》馆臣?

以上对前人研究成果的简单回顾中,我们受到的启示主要有如下三点:

(一)若有《四库》底本,或早于《库》本的刻本、抄本为依据,即可对避忌讳改情况作最简捷、最可靠、最全面的揭示。

(二)与某书同源,或由某书派生之书,若其版本早于《库》本者,亦可用作揭示和考实的依据,但以行文相类,即只作节录而未作改写者为限。

(三)同属《库》本系统的不同本子之间,在避与不避,何处须避,何处须删上的差别,可以用作揭示和考实的重要参考。

---

① 引文据影印文渊阁《四库全书》本。
② 见上揭陈智超文第96页。

二、《要录》与《圣政》《全文》的关系：考实的依据

就《要录》而言，今存有书名题作《皇朝中兴系年要录节要》的宋刻残本，自卷八至卷一七凡10卷，未详起讫年月，可作考实依据。[①] 然残存之篇幅既少，又系节要之本，在恢复《要录》的原貌上仅能供举例之用，仍难窥知全豹。

而在从《要录》派生之诸书中，今日得见者尚有《增入名儒讲义皇宋中兴两朝圣政》（简作《圣政》）和《宋史全文续资治通鉴》（简作《宋史全文》或《全文》）两书。《圣政》，《四库全书》未收，其残本高宗朝今存卷一至卷二八，凡28卷，起建炎元年至绍兴十二年十二月，相当于《要录》全书近四分之三，即卷一四七以前的内容范围。易见者有影印《宛委别藏》和《选印宛委别藏》本，其底本为阮元任浙江学政访得此书后影抄进呈内府之本。此本虽云"借宋刻本影抄"，[②]然触犯时忌文字业经讳改或空缺。《全文》在库本之外，今尚存有旧刻多种，最易见者有台北文海出版社《宋史资料萃编》第二辑影印元代刻本。此本基本完整，偶有缺佚。[③] 避时忌讳改的情况不是绝对没有，笔者即曾发现一例。卷二一绍兴十七年三月，"蒙王敖罗孛极烈自称祖元皇帝，改元天兴"。"蒙王"，《要录》卷一五六作"蒙酋"，当是原文本作"酋"，而被书坊媚上肊改作"王"

---

① 见傅增湘《藏园群书经眼录》第255页；《中国古籍善本书目·史部》第152页。
② 阮元《四库未收书目提要》卷二，见《四库全书总目》所附，第1853页。
③ 其高宗朝仅两处有脱，一处错简。卷一九第1378页倒2行"知温州"与"右司谏"间脱绍兴六年五月乙酉至六月丁巳约5页22条；卷二三第1806页至1809页间脱绍兴三十一年丙子后半、丁丑前半，第1807、1808页乃乾道三年八至十一月记事，当移至第1934、1935页之间；另，第1369页末行"及"与"官告绫纸钱"间有错简一页，当将第1370页末行末字"金"至页1372首行首字"收"的102字移置此处。

的。但只是个别的例外。此两书的高宗朝部分,字数约当《要录》的四分之一强,其事条98%以上皆自《要录》节录。依据《全文》影元刻本以揭示《要录》避忌讳改实况,实最简捷而有效也。以下拟先就《圣政》高宗朝部分与《要录》的关系,以及《全文》高宗朝部分与《圣政》的关系进行考察,借以敲定以《全文》为考实依据的可信性。

1.《圣政》高宗朝与《要录》的关系

笔者在《〈圣政〉今本非原本之旧详辨》中业已指出,数种南宋类书所录《高宗圣政》原本与今本相应事条行文皆不相类,今本仅随"论"附入的少数事条有与原本相同者,其余绝大多数事条则皆与《要录》相同的事实。今拟接续证明,《圣政》今本之所以与《要录》相同,乃是本来即从《要录》转录或节录而成所致。

《圣政》今本作为"名儒讲义"增入的材料,其中有两则以"李心传曰"领起,一见卷八建炎四年十月(己)[辛]未"秦桧自楚州孙村归于涟水军丁禩水寨"条下,一见卷二三绍兴八年九月乙巳张戒"论备边当以和为表"条下,都是李心传在《要录》自注中所加的考案之语。足见《圣政》今本的成书迟于《要录》流布之后,其重编者手中有《要录》足资参考,是没有问题的。[①]

《要录》的基本框架据《高宗日历》。在《要录》中,凡属从《日历》以外补入的史实,多数都加有自注注明了其补入的依据。如:

> 《要录》卷九建炎元年九月壬寅载张所事,自注云:"张所罢招抚月日及贬岭南事,皆不见,此据岳飞奏状修入。"

① 自此以下,《圣政》皆指《圣政》今本,不再加署"今本"字样。

《要录》卷一七建炎二年八月庚申赵子砥自燕山遁归条，自注云："此据子砥《燕云录》及绍兴元年三月子砥乞差遣状参修。"

《要录》卷二四建炎三年六月丁卯置诸州新置州学教授员，自注云："此以绍兴二年四月三日吏部申明状增入。"

《要录》卷四三绍兴元年四月壬午诏江浙诸路上供紬绢半折见缗三千，自注云："此以今年八月二十九日宣州乞减折帛钱状修入，他书并无之。"

《要录》卷六三绍兴三年二月丁酉饶风关陷条，自注云："王彦奔达州，《吴玠功绩记》云尔，彦溃兵破通明，惟刘长源奏议及之，盖他书无有也。"

而《圣政》所载却与之全同，仅第二则为其摘要。即使假定《圣政》重编者亦能见到《日历》，两书的相同记述难以完全排除出自同源之书的可能，但是面对以上所举《要录》据内外臣僚奏札、各级官府申状以及官私著述增补的记述，而《圣政》不仅在内容上而且在行文上竟与之完全相同，这除了表明《圣政》直接录自《要录》以外，很难找到另外的解释。

不仅如此，《要录》中还有不少对多种材料进行综合或对不同材料细加考订以后写入正文的记述，而《圣政》亦或整条或要点，皆与之同。如：

《要录》卷五建炎元年五月丁酉置御营司条记事，凡219言，自注云："建炎置御营司，乃军政之大者，而史官不能记其本末。熊克《小历》略书其事，乃系于今年七月并命二相时，实甚误矣。克又云'除刘光世为都统制'，亦误。"乃是补国史系统诸书之缺，正《中兴小历》之误，综合诸种史料而写入的。而《圣政》卷一仅删"高俅得用,军政遂弛"8字,其余全同。此属较复杂之综合。

若《要录》卷一七建炎二年九月癸巳金陷冀州及将官李政事迹,自注云:"此以赵甡之《遗史》及秦桧奏札参修。桧言政之功绩在赵立之上,是不可不书也。"卷二一建炎三年二月庚辰金犯江阴及李易母蒋氏勉子坚守事,自注云:"此以郑纯所作《序》及胡纺祭文、易绍兴十一年八月癸未陈乞加封状参修。《序》以为建炎庚戌三月二日事,故附于此日。"卷四二绍兴元年二月庚寅张浚窜曲端始有杀之意,自注云:"此以王之望《西事记》、赵甡之《遗史》、费士戣《蜀口用兵录》参修。"则属较简单之综合,而《圣政》亦或几同,或要点同。

至于《要录》中经过详密细致的考订而写上的文字,《圣政》与之同者,则可举出更多的例证。如:

《要录》卷一五建炎二年四月信王榛为河外兵马都元帅条记事,据自注:"熊克《小历》载信王除河外元帅在八月。按:绍兴元年五月马扩属官万俟篪家乞恩泽状云……详此,则信王除帅当在七月矣。而绍兴五年七月五日臣僚上言:吏部取会到马扩公文称:'建炎二年四月内,恭禀圣训渡河讨贼,责任成功,许便宜从事。至大名府馆陶县,方准朝旨不得渡河。'据此,则信王之除,盖在四月也。今移附此,更当求他书参考。"系于四月,乃李心传考订的结果。《圣政》卷三亦系于四月,记事则是《要录》的节录。

《要录》卷四二绍兴元年二月,是月"宗维既得关中地,遂悉割以予伪齐"下自注:"陕西全陷,不见本月日。熊克《小历》于建炎四年十一月末书之,赵甡之《遗史》分见四年十一月、绍兴元年三月末,费士戣《蜀口用兵录》所书尤略。按:张钧《续忠义录》:'绍兴元年三月九日,金人大军回自熙河,至弓门寨。'钧所书,盖据宣抚司案牍。则尽失六路，在二月间无疑。今并附此月末。”然于卷四三同年三月末又书：“于是尽失陕西地，但馀阶、成、岷、凤、洮五郡及凤翔府之和尚原、陇州之方山原而已。”《圣政》卷九亦先于绍兴元年二月末书：“宗维既得关中，遂悉割以予伪齐。”复于三月末书“于是尽失陕西地”云云，全同《要录》。

此外，《要录》卷二五建炎三年七月庚子汤东野兼知建康府条，卷三五建炎四年七月丁卯金主遣高庆裔等册刘豫为皇帝条，卷四八绍兴元年十月乙丑参知政事李回罢知洪州条，卷六三绍兴三年二月丁未王似始受宣抚处置副使之命条等，也都是与以上两条类似的明显例证。

另有一些虽经仔细考订仍然不能获得确切结论，特别是不能获得准确时间，而暂附某处的记述，《圣政》也都见于相同的所在，甚至删去所依附之本事不载，而径载于该日之下。如：

《要录》卷一八建炎二年十一月甲申下丙戌前李纲再贬事，自注云：“纲之责，《日历》不书，此据《纲行状》及胡安国《覈实论》修入。纲为王绹所劾，惟朱胜非《闲居录》略及其事，未见全章。绹以此月丙戌迁礼书，故且先载纲谪命于未迁之前。当求它书附其本日。”《圣政》卷三删去此月甲申本日事和丙戌事不载，而径系此事于甲申日，行文几全同。

《要录》卷四〇建炎四年十二月己卯诏户部进钱万缗奉隆祐皇太后生辰条所载后语，自注云：“此以《哲宗实录》篇末朱胜非所记上语修入，但不知在何年。谨按：昭慈圣献皇后以建炎元年至南京，二年在维扬，三年在虔，四年在越，而后以绍兴元年四月升遐。史臣所记言语有云：‘建炎初虽尝下诏辨明。’则必非元年、二年事，故知为此年不疑。今因进奉遂书之，当求他书附生辰本日。”《圣政》卷八删进奉句，径于己卯下以“上以太后诞日置酒宫中”领起录载后语，行文与《要录》全同。而此日实非后诞日也。

《要录》卷四三绍兴元年三月壬子“通判泰州马尚就差知泰州”条自注：“张荣败挞懒，以张汇《节要》及赵甡之《遗史》考之，当在此月。但未见本日，今因除泰州守臣附见。”《圣政》卷九删除泰州守臣事未录，却将张荣败挞懒事录载于壬子，仍依原文以“先是”领起。

《要录》卷六六绍兴三年六月辛丑杨汝明追三官许参选条附王冈事下，自注云：“王冈事，据孙觌撰《墓志》增入，不得其时。按史，冈以今年五月除左司，颐浩罢乃去。故因汝明追官附此。”《圣政》卷一四删杨汝明追官事不录，而将附载于此的王冈事径载于辛丑日，行文与《要录》全同。

更有一种特殊情况。如《要录》卷六所载建炎元年六月乙亥记事：“同知枢密院事汪伯彦请两河京东西增置射士县五百人。”《宋会要》兵三之一三载同一事，“射士”作“弓手”。宋兵制中无所谓“射士”。李心传曾祖名“公锡”，[①]乃是为避私讳嫌名故意将“弓手”改为“射士”的。[②] 属于只与李心传本人有关的特殊处理。而《圣政》卷一同日所载亦作“射士”，与《要录》同。然而这一私讳是否必避在《要录》中实际上前后并不一致，如下文卷一五建炎二年五月“庚戌，增天下役钱以为新法弓手之费”，“弓手”即未曾讳改。而《圣政》卷三亦作“弓手”与《要录》同。

凡此种种，都足以说明，《圣政》记事之所以与《要录》相同，只可能是转录或节录《要录》的结果。

---

① 见《勉斋先生黄文肃公文集》卷三五《李道传墓志铭》。

② 此从王曾瑜说。曾瑜之说尚未公开，承私下对笔者言及，谨致谢意。

《圣政》今存28卷,偶有缺页。① 按实际事条统计,共有2873条。② 其中与《要录》异文或为《要录》所不载者,共44条,不到总条数的2%,虽有的事条较长,字数较多,也不能改变《圣政》实际上是《要录》节本的基本面貌。

在这与《要录》异文或为《要录》所不载的44则事条中,有33则是由于将原本《高宗圣政》中以"臣等曰"领起之"论"附入(附入时已改为以"臣留正等曰"领起)而随着抽换或增入的,③另有2则是随着"名儒讲义"中以"史臣曰"领起之"论"的附入而增入的,④其余9则则是重编者增添新材料或抽换原记述的结果。⑤

---

① 书首目录,卷二九下未注"阙"字。此卷正文首页已阙,年分不明。核其内容,并未接卷二八续载绍兴十三年事,其所载实乃乾道二年之事,当是卷四五误署卷二九者。所存诸卷,卷一三第11页,卷二二第16页,卷二四第23页,卷二五第21页,卷二六第1页,皆原已注"阙"而留有空页;卷七第8、9页间,第9、10页间,卷二三第13、14页间,卷二五第7、8页间,卷二六第11、12页间,卷二八第16、17页间,实亦皆有缺页。

② 卷一84条,卷二93条,卷三151条,卷四94条,卷五107条,卷六90条,卷七121条,卷八75条,卷九84条,卷一〇96条,卷一一133条,卷一二123条,卷一三95条,卷一四112条,卷一五101条,卷一六73条,卷一七123条,卷一八131条,卷一九103条,卷二〇94条,卷二一106条,卷二二100条,卷二三96条,卷二四45条,卷二五102条,卷二六137条,卷二七122条,卷二八82条。缺页处,以《全文》替代。

③ 以"臣留正等曰"领起之论,残本共88则,其所依托之事条,《要录》异或无者竟有33则,比例是相当高的。

④ 以"史臣曰"领起之论,残本共18则,其所依托之事条,16则与录自《要录》者同,仅卷一八绍兴五年七月乙未、卷二一绍兴七年正月壬申两则为《要录》所无。

⑤ 其增添或抽换的概况如下:

卷一全书开卷第一条(即靖康二年四月癸酉条以前)共512字,其中"上博涉经史……捧诏呜咽"(凡210字)"索事人张宗……固谏乃止"(凡43字)两段为《要录》所无,系从另书录入者。今又见《中兴小历》辑本卷一,然第二段亦不尽同。

卷一七页22a-b"吕颐浩上十事",非自《要录》节录,而直接录自原疏,尤以其中五论军粮,八论机不可失,九论海船,最为明显。

卷一七23a-26a"李纲言",其"条上六事"部分全依《要录》,而此前就"攻战之利,备守之宜,措置之方,绥怀之略"而作的论述,则直接节自原疏,与《要录》所节者,取舍详略,差别甚大。疏后附载之断语:"疏累数千言。时秦桧、汪伯彦、李邴、颜岐、王绹、韩肖胄皆应诏上对,惟纲议剀切的当。"亦《要录》所无。

卷一九绍兴六年二月癸亥"新江西制置大使李纲见于内殿"条,"上嘉劳久之"前录自《要录》,略有删节(原155字,删去18字),"其论金人失信,略曰"以下,都484字,则《要录》原无,当系据李纲原疏增入者。

卷二二绍兴七年八月丁酉,朱松为校书郎条,朱松其人及召对时所言,《要录》原共94字,《圣政》补入大段文字,增至333字。补入依据为朱熹《皇考先公行状》。 (转下页)

2.《全文》高宗朝与《圣政》的关系

《圣政》《全文》两书高宗朝记事诸多雷同是有目共睹的事实。这类雷同是怎样出现的？是由于同源，即两书各自独立地转录或节录《要录》所致，还是由于两书间存在着此从彼出或彼从此出的关系所致？

两书都附入众多的“论”，或如《圣政》所署称为“名儒讲义”。其中，“臣留正等曰”所从出的原本《高宗圣政》，“史臣曰”所从出的《高宗日历》或《高宗实录》，以及何俌的《中兴龟鉴》、吕中的《大事记讲义》，本来都是单行的著作，是《要录》中原本不曾附见的，也就不可能从《要录》中现成地摘录。构成两书主干的事条，充其量只及《要录》总篇幅的五分之一，若从《要录》中节录，本来也应有你弃我取或我弃你取的差异情况存在。如果说两书是各自独立操作的，却又在选用的著作，选录的事条上竟然这样雷同一致，简直不可思议。因此，同源说可以排除。

以“臣留正等曰”领起之论，《圣政》88 则，《全文》21 则；①以“史臣曰”领起之论，《圣政》18 则，《全文》7 则；《中兴龟鉴》，《圣

(接上页)卷二三绍兴八年六月戊辰，“王庶时在合淝上疏有曰”云云，疏之内容，非据《要录》，而是另据业经改写的现成文字转录。今得见者，即与《三朝北盟会编》卷一八三所录者全同。

卷二三绍兴八年七月[戊子]“枢密副使王庶言”云云，《要录》所载为原疏，《圣政》则已经改写。

卷二四绍兴八年十二月丙寅，“诏秘书省校书郎许忻入对。奏疏言”云云。《要录》无。《三朝北盟会编》卷一八九同月一日癸丑载有原文，以“吏部员外郎许忻奏论和议不便”为纲领起。按，时许忻所任非吏外，确是校书，明非直接录自《北盟会编》者。

卷二四绍兴八年十二月癸酉馆阁联名上书，中有朱松、范如圭，“上书”的内容，《要录》卷一二四据原书节录，而《圣政》则将中间一段以朱熹在《皇考先公行状》中的撮述予以替换。此下，《要录》接载“如圭又言”云云，以“时士大夫皆以和为不可，而如圭与王庶、曾开、户部侍郎李弥逊、监察御史方庭实言之尤力”作结。其自注云：“弥逊、庭实奏疏未得本，当访求增入之。”而《圣政》在照录“如圭又言”和结语之后，又接载“庭实疏言”云云，凡 224 字。毫无疑问，乃是在《要录》之外访求增入的。

① 《全文》亦只以绍兴十二年以前的内容与《圣政》比较，下同。又，《圣政》88 则中，其中有一则恰当《全文》缺佚所在，有否不知。

政》38 则,《全文》24 则;《大事记讲义》,《圣政》20 则,《全文》15 则;《秀水闲居录》,《圣政》9 则,《全文》7 则。至于事条,则《圣政》所录共 2 873 条中,亦有 79 条为《全文》所未载。总之,残本《圣政》高宗朝的内容,包括议论和记事,有为《全文》所未载者,未有《全文》的议论或记事,不能在《圣政》找到相应的出处的。若有,即是《圣政》整卷或整页脱佚之所在。因此,《圣政》从《全文》而出的可能也可排除。不过,《全文》直接所从出者虽为《圣政》,但与《要录》之间,仍然存在着流与源的关系。

下面,具体展示《全文》与《圣政》关系的真相。

从《全文》于"臣留正等曰""史臣曰"领起之论删削过半,于《龟鉴》《大事记》《闲居录》删削次多,而于录自《要录》自注或正文的"李心传曰""喻樗曰""张汇进论""《幼老春秋》""《林泉记》"基本未删的情况来看,《全文》摒弃空论,崇尚实事的倾向较《圣政》又有进展,离"吾王神圣"的颂德之作更远,从而也就更贴近纯粹的史学著作了。

《全文》删《圣政》事条 79 条。其中,绍兴四年以前基本未删,所删以绍兴六年、九年、十年为最甚。① 但若以 79 条与 2 873 条相比,不过仅占总数的 2.75%,可谓微不足道。因此,从两书内容的记

---

① 删削情况有如下列:

建炎四年,1 条,十一月辛亥。

绍兴二年,1 条,九月庚辰。

绍兴五年,11 条,四月丙午之二、壬子、丙辰、丁巳、辛未,五月乙酉之二,六月丁未、丙寅,十月己巳,十一月乙未、丁酉。

绍兴六年,28 条,正月丁丑,二月丙寅,三月辛未、之二、癸酉之二、壬辰,四月庚子、己酉、庚戌,五月癸酉之三、甲戌、乙亥、之二、之三,六月戊午之二、癸亥之二、甲子、之二,九月己卯、庚辰之二、丁亥,十一月戊辰之二,十二月戊申之二、辛亥之二、之三、丁巳、之二,是岁。

绍兴八年,5 条,八月辛巳,十月丙辰,十一月(壬辰)[癸巳]、丁巳,[是岁]。

绍兴九年,10 条,二月庚申,三月戊子、丙申,[四月丙辰],五月丙申、癸卯,七月甲午、庚午,十一月戊寅,十二月戊辰。

绍兴十年,16 条,正月癸卯之二,二月丁卯,三月丁酉,四月丁卯、庚午,五月丁丑,七月乙丑、丙寅,八月己卯,九月壬戌、癸亥,十月戊寅、丁亥、壬辰,十一月辛亥、甲子。

绍兴十一年,2 条,十月戊寅,十二月己卯。

绍兴十二年,5 条,五月丙午,七月乙卯,九月庚辰、辛巳,[十二月]壬申。

事方面而言,又不妨将《全文》看作是《圣政》的别本。

《圣政》在从《要录》转录或节录的过程中,难免出现一些失误,而以时间方面的失误为最多。主要当是由于在重编过程中,编者先将须抄录的文字先行勾出,再由书手抄写,而抄写的书手又未能找对所系之日的干支所致。如建炎三年正月记事,《要录》卷一九初一庚辰3条,五日甲申2条,《圣政》卷四录庚辰第1条、甲申第1条,甲申条漏书干支,遂误前五日;《要录》同月十七日丙申3条,十九日戊戌2条,二十一日庚子3条,《圣政》录丙申第1条,庚子第3条,却将庚子条书于戊戌下,遂误前二日。《要录》卷四六绍兴元年七月二十九日癸亥2条,三十日甲子1条,是月3条,八月初一乙丑2条,二日丙寅3条,三日丁卯2条,四日戊辰4条,《圣政》卷一〇节录七月癸亥第1条,八月戊辰第1条,八月戊辰漏书“八月”,遂致自此以下的14条记事皆误成了七月之事。此外,也有如《圣政》卷三建炎二年三月己亥误作“己巳”,卷八建炎四年十月辛未误作“己未”,十二月丙戌误作“壬戌”一类的字误。值得奇怪的是,这类失误几乎全部为《全文》所沿袭,这就更增强了《全文》自《圣政》而出的可信性。当然,在个别场合,两书亦偶有不一致处,如绍兴六年正月“壬午”,《圣政》卷一九误作“壬子”,而《全文》卷一九不误;绍兴十年正月己亥,《全文》卷二〇漏书“己亥”,而《圣政》卷二六不漏。这类失误当主要发生于传抄刊刻过程,并不影响以上对成书之时两书关系的分析。

在记事方面,也存在《圣政》偶因转录或节录失当,以致所载之事失实,而却为《全文》照样沿袭的情况。如:

《圣政》卷六建炎三年十月十六日辛卯,“金人陷滁州”。而此日陷滁州者实乃军贼李成,而非“金人”。此年金人发动的秋冬攻势,7天之后的戊戌(二十三日)始陷寿春府,辛卯日不可能即已南至滁州。《要录》卷二八先于九月二十五日庚午载"李成入滁州"。时知州向子伋已率军民徙居琅琊山,此滁州指原州治,故书"入"不书"陷"。复于十月辛卯书"李成陷滁州",则指移治所在之琅琊山。而《全文》卷一七亦从《圣政》于辛卯书"金人陷滁州",误同。

《圣政》卷一八绍兴五年十月戊午,"诏川陕类省试第三人例推恩,馀并赐同进士出身"。核之《要录》卷九四相应事条,"类省试"与"第三人"间节录时误脱"合格第一人依殿试"8字,又"第三人"之"人",《要录》原作"名"。而《全文》卷一九脱误与《圣政》全同。

《圣政》卷一八绍兴五年十月,是月,"新知普州喻樗上书言蜀之可忧者四事"。"喻樗",《要录》卷九四相应事条作"喻汝砺"。按,据《南宋馆阁录》卷八"官联下"秘书省正字:"喻樗:[绍兴]五年二月除,六年七月丁忧。"则绍兴五年十月,喻樗正在秘书省正字任上。《宋史·儒林·喻樗传》载樗本末甚详,乃严州人,与蜀地素无瓜葛,无缘上书详言蜀事。疑《圣政》节录笔误,未必有所据而改。而《全文》卷一九亦从之而误。

《圣政》卷二三绍兴八年四月"壬申,秘书少监兼崇正殿(设)[说]书尹焞留身求去。时已诏焞免兼史事,四月甲子,上曰:待与卿在京宫观。"相应事条,《要录》见卷一一九。彼处"四月甲子"原作小字,乃自注注文,盖注"诏焞免兼史事"在四月甲子者。今阑入正文,遂甚不通。"壬申"为四月十七日,"甲子"为四月九日,时序既不顺,而文意又不连贯也。此误亦为《全文》所沿袭,"四月甲子"阑入正文与《圣政》同。

上文提到,《圣政》由于增添了新材料或抽换了原记述,因此与《要录》异文或为《要录》所不载者,全书凡有9处。此外,还有一些经《圣政》变通处理,因而与《要录》不尽一致的所在,如卷二建炎元年八月乙亥李纲罢相条之并合同月己卯第2条,卷一五绍兴四年五月庚戊朔岳飞兼黄、复州、汉阳军、德安府制置使条之移易四月庚子第1条部分内容,卷一七绍兴五年三月末之将胡安国以书与其子胡寅曰云云从二月丁亥移至此处诸宰执言战守方略之下,书中“此机会不可失”语且为《要录》原所无有,都是其显著例证。但是,所有这些《圣政》与《要录》相异之处,《全文》也都与《圣政》相同。

凡此种种,都表明,把《宋史全文》高宗朝视作《两朝圣政》高宗朝的别本是完全妥当的。在《两朝圣政》今本业已残缺,其文字复经清人避忌讳改的情况下,以同是《要录》派生著作且又基本完整的《宋史全文》影元刻本为考实的依据,也的确简捷可行。

三、一个罕经揭露或强调的改窜手法:重写

在正式进入对《要录》全书避忌讳改情况的明细揭示之前,拟将卷二七所载建炎三年闰八月庚寅“起居郎胡寅曰”,即《上皇帝万言书》,和卷一二三所载绍兴八年十一月丁未“枢密院编修官胡铨上疏曰”,即《戊午上皇帝封事》,先行提出予以讨论。这不仅是由于这两封上书内容的重要和影响的深远。胡寅在《万言书》中公然指责宋高宗不该即位做皇帝,胡铨在《封事》中公然要求处斩宰相秦桧、参知政事孙近、议和使臣王伦,“断三人头竿之藁街”,在当时都起了振聋发聩的作用,被认为是“中兴”以来“关系最大”的两封上书。[1] 而且其指责和要求都是有鉴于对金关系处理不当而提出的,文中敌忾之气磅礴,致使六百多年以后在入主中原的少数民族统治者御用文人的眼中,仍然认为,若不大肆窜改,即可能招致杀身之祸,从而施展了种种极端的窜改手法。最突出的一种,就是将

① 罗大经《鹤林玉露》丙编卷三《建炎登极》:“中兴以来,致堂、澹庵二书,关系最大。”

大段文字推倒重写。这是迄今尚罕被揭露,起码是尚未被强调的窜改手法,值得特别提出,首先加以讨论。

馆臣避忌讳改的手法,过去已揭露的,大都局限在改字、改词、改句(短句)和大段删削上,似乎尚未揭露过将大段文字径予推翻重写的情况。可是胡铨《封事》中的如下一段文字,却竟遭受到这样的对待。原文:

> 孔子曰:“微管仲,吾其被发左衽矣。”夫管仲,霸者之佐耳,尚能变左衽之区而为衣裳之会;秦桧,大国之相也,反驱衣冠之俗而归左衽之乡。则桧也,不惟陛下之罪人,实管仲之罪人矣。

在《要录》的文渊阁本中,它被推倒重写,成了这个样子:

> 夫石晋之事契丹也,桑维翰主之,其初意亦以契丹强大,可藉其力以保其割据之地,而卒无救于败亡。况我朝为天下共主,与敌有君父之仇,而敌之诡谲甚于契丹,如之何可行耶?

胡铨此疏,《要录》仅删开首“绍兴八年十一月　日右通直郎枢密院编修官臣胡铨谨斋沐裁书昧死百拜献于皇帝陛下”,结尾“小臣狂妄冒渎天威甘俟斧钺不胜陨越之至”等套语,是全文录载了的。《圣政》《全文》也同样全文录载。未经改窜的此疏原文,除《全文》外,笔者获见的,计有:

(一)原杭州大学图书馆藏明蓝丝栏精抄本《胡澹庵先生文集》六卷本。

(二)清道光十三年癸巳(1833)胡铨裔孙胡文思重镌、历原读书堂藏板《胡澹庵先生文集》三十二卷本。

（三）“宋代史料笔记丛刊”本王明清《挥麈录》后集卷一〇第275条。

（四）影印光绪三十四年（1908）许涵度刊本《三朝北盟会编》卷一八六绍兴八年十一月二十五日丁未条。

（五）点校本《宋史·胡铨传》。（《历代名臣奏议》卷三四八所载乃录自《宋史》本传者。）

《挥麈录》该条文末自注：“此一段皆邦衡之子澥手为删定。”尤属可信。《北盟会编》亦有注文：“旧校云，是疏以澹庵先生本集校正。”然文字实与《挥麈录》相近，而与上列两种文集略有出入。而在所有这些不同版本的原文中，都只有上列第1段文字，而无第2段文字。不仅如此，在笔者获见的文渊阁本以外的《要录》诸本，如文津阁本、广雅书局本中，亦只有第1段文字，而无第2段文字，且“被发左衽”语亦未讳改。《圣政》，文渊阁本《宋史全文》、文渊阁本《澹庵文集》于此亦未作删改，惟许刻《北盟会编》于“罪人矣”之下注：“删‘孔子’至此六十八字。”然今文渊阁本实未删。则在《要录》文渊阁本中，上列第2段文字确系由馆臣肆意妄为地重写，用以取代原文，即第1段文字的。

乾隆四十二年（1777）十一月十四日“上谕”曾十分明确地言及：“如《论语》‘夷狄之有君’，《孟子》‘东夷’‘西夷’，又岂能改易，亦何必改易。”[①]胡铨的那段话，有孔老夫子在前顶着，“岂能改易，亦何必改易”，不改绝不会有性命之忧，这也是多数库本保留未改的原因所在。但仍然有个别本子，不仅删了，而且径予重写了，用民族高压统治下顺民的心态来改铸六百多年前民族抗争期间诤臣的形象了，在除了表明重写者奴性十足以外，同时也暴露了在弘扬

① 见中国第一历史档案馆编《纂修四库全书档案》第751页；又见《四库全书总目》卷首“圣谕”。

古代文化外衣下对古代文化的肆意践踏。

胡铨疏中曾提到："陛下有尧舜之资，桧不能致陛下如唐虞，而欲导陛下为石晋。"《北盟会编》卷一八五绍兴八年十一月十九日辛丑"礼部侍郎曾开罢为宝文阁待制、宫祠"条亦载："开见秦桧，具言不可通和之状，桧不答。开引石晋奉契丹之祸以证折之，桧怒曰：'侍郎知故事，桧独不知耶？'开知言不从，即乞罢去。"据《要录》，开之罢在此年十二月六日戊午。或者馆臣受此等文字启发，遂认为就石晋事加以敷衍以取代刺目的"孔子曰"云云那一段，辄可欺朦天下和后世耶？原文70字（《北盟》注云68字，乃其所据原文"夫管仲霸者之佐耳"句中省去"夫""耳"所致），重写之文亦恰为70字，其用心亦良苦矣。

无独有偶，胡寅《万言书》中的一段文字，其遭遇竟与胡铨《封事》相似。虽然情况不是太典型，改写的文字也没有那么长，但仍然值得重视。胡寅在《书》中指责高宗不当"遽膺翊戴，亟居尊位"及"举措失人心之大者"十馀条以后，接着说道：

> 为今之策，愿陛下一切反前失而已，则必下诏曰："金贼以小狄猖獗，薰污中华，逆天乱伦，扶立僭伪，用夷变夏，俾臣作君。朕义不戴天，志思雪耻，父兄旅泊，陵庙荒残，罪乃在予，无所逃责。"以此号召四海，耸动人心。

其中自"金贼"至"作君"凡27字，《要录》文渊阁本于删削之馀，仅保留了"金人扶立僭伪，俾臣作君"10字，《圣政》则标以空阙符号"□"24个，仅留"臣作君"3字，《北盟会编》则馆臣有删有改，成了："金人屡入中原，扶立僭伪，兴兵构怨，俾臣作君"，施展的都是删则大删，改则小改的习见手法。而在胡寅的文集《斐然集》文渊阁本

中,此长句却作:

金人以无厌之求,喋血中华,蚕食并吞,扶立僭伪,以乱易治,俾臣作君。

不过仍然对死一个个短句而改,介于改句与重写之间,与胡铨《封事》之被完全重写,不完全相同。①

其他习见改窜手法,即改(改字、改词、改短句)和删,这两封上书也颇具代表性。如胡铨《封事》的如下两段:

原文(《宋史全文》影元刻本)	清人的改删				
	《要录》(文渊阁本)	《圣政》(宛委别藏本)	《宋史全文》(文渊阁本)	《澹庵文集》(文渊阁本)	《北盟会编》(许刻本)
刘豫臣事丑虏,南面称王,自以为子孙帝王万世不拔之业,一旦豺狼改虑,捽而缚之,父子为虏。	金国 金人 掳	敌国 易辙 擒	金人 (未改) 敌	北狄 敌人 囚	金人 (删) (未改)

① 胡寅《万言书》确有万言。《历代名臣奏议》影印永乐刻本卷八六所载全文凡 10 082 字,《要录》文渊阁本录载了约 2/3,凡 7 037 字,《圣政》《全文》又从其中作了详细节录,凡 4 849 字,约近全文的一半。然《要录》系于建炎三年闰八月十四日庚寅却不确。文中曾言及"乃闰月金犯大火,芒怒赫然,九月朔旦,日有食之,车驾复有思患预防之行",绝不可能奏上于闰八月。《斐然集》卷一六此文首句所书"九月二十一日承奉郎试起居郎臣胡寅谨沐浴百拜上书皇帝陛下",才是奏上的准确时间。《斐然集》有 1993 年中华书局点校本,其底本乃"影印四库全书珍本初集"本,即文渊阁本,讳改处类未改回。《北盟会编》许刻本卷一三一亦于建炎三年闰八月十四日庚寅载"胡寅上万言书",注文录"旧校"业已指出:"按《宋史》,建炎三年寅上书……并非此书,若此书,乃绍兴二年五月后应诏所上者,不在建炎时也。"今按,所载前两页,即页 5b 倒 1 行"苟且以为安而能长久而无祸也"以前,仍是《万言书》中语,"臣尝计天下事"以下,才是应绍兴二年五月丙戌诏所上之书,《要录》卷五九系于同年十月癸巳。又,《北盟会编》卷一五二绍兴二年"十月六日癸巳刘嵘上万言书"条所载,注文录"旧校"吴城按语亦已指出:"此疏乃胡寅所上……此作刘嵘误。"其页 1b 行 7"而黄潜善汪伯彦以乳妪护赤子之术待陛下"以下几两卷文字,确是胡寅《万言书》中语,当上接卷一三一页 5b 倒 1 行者。然以《要录》与《历代名臣奏议》对读,异文不少,且略有删节。诸本中,未经清人讳改者,仅《名臣奏议》《北盟会编》《宋史全文》三种。本文所举例证,皆据《宋史全文》征引,而以馀二书订补。

续 表

原文(《宋史全文》影元刻本)	清人的改删				
	《要录》(文渊阁本)	《圣政》(宛委别藏本)	《宋史全文》(文渊阁本)	《澹庵文集》(文渊阁本)	《北盟会编》(许刻本)
夫天下者,祖宗之天下也,陛下所居之位,祖宗之位也。奈何以祖宗之天下为犬戎之天下,以祖宗之位为犬戎藩臣之位?陛下一屈膝,则祖宗庙社之灵,尽污夷狄;祖宗数百年之赤子,尽为左衽,朝廷宰执,尽为陪臣;天下士大夫,皆当裂冠毁冕,变为胡服。异时豺狼无厌之求,安知不加我以无礼如刘豫也哉。夫三尺童子,至无知也,指犬豕而使之拜,则怫然怒。今丑虏,则犬豕也,堂堂大朝,相率而拜犬豕,曾童稚之所羞,而陛下忍为之邪?	金人 金国 被污辱 尽为敌有 屈体事人变乱倒置 (删) 指仇敌 (删) 仇敌	敌国 敌国 行颠覆 悉皆离散 (仅"胡"改"异") 敌国 非我类 敌国则非我类 敌国	仇敌 仇敌 污草莱 (未改) (仅"胡"改"异") 称其 指仇敌 金人则仇敌也 仇敌	仇敌 仇敌 污草莽 (未改) (仅"胡"改"异") 敌人 指仇敌 敌国则仇雠也 仇雠	他人 (删) 移他姓 尽陷边方 易主 删"豺狼无厌之求" ("夫三尺"以下50字全删)

另有"虏"及由"虏"组成的"虏使""虏人""虏骑""丑虏"等凡11例未列入表内。[①] 从上表可见,所改的字和词计有夷狄、犬戎、丑虏、豺狼、犬豕,皆因指称金人而改。单独的"虏"字,指称金人者非改不可尚属易于理解,但如"父子为虏",即用于"系虏"意义的

① 此11例如下:

使虏(第1473页行2),虏改敌(要录、圣政、全文、文集)改金(北盟)。

虏使(行3),虏改敌(要录、圣政、全文、文集)改来(北盟)。

虏之情伪(行14),虏改敌(要录、圣政、全文、文集),虏之改其(北盟)。

虏决可和(行16),虏改敌(要录、圣政、全文)改彼(文集),虏决改敌境(北盟)。

丑虏变诈(第1474页行1),丑虏改敌人(要录)、改丑敌(圣政)、改丑类(全文)、改北人(文集),丑虏变诈改敌计(北盟)。 (转下页)

"虏",竟也同在必改之列,而且如《宋史全文》文渊阁本,竟例以"敌"字代之,遂致不通,就未免莫名所以了。以服饰隐指族属的词,如左衽、胡服、冠冕,也是触犯时忌的。其所删者,"异时豺狼无厌之求",《要录》删3字,《北盟会编》删6字;"夫三尺童子"以下,《要录》删"丑虏则犬豕也"6字,《北盟会编》则50字全删。

又如胡寅《万言书》中的如下19例:

另有"虏"及由"虏"组成的"虏兵""虏骑""虏人"等凡9例未列入表内。① 从上表可见,指称"金"乃至"辽"的虏、夷、狄、戎等字须改与胡铨《封事》同。与《封事》中的"丑虏"相近,《万言书》中出现的"贪狄""仇虏"乃至"贼""盗贼""虏贼""金贼"等词也都在必改之列。令人惊异的,是指称中国的"中华"一词,竟也讳避。记述或形容金方行动的"入寇""逆谋""得罪中国""其亡可待"等词,

(接上页)北面虏臣(行4),虏改敌(要录、圣政、全文、文集、北盟)。

丑虏陆梁(行5),丑虏改敌势(要录)、改北敌(全文)、改北狄(文集),丑虏陆梁改西北用师(圣政)、改北骑奔驰(北盟)。

遽出虏人下(行6),虏改敌(要录、圣政、全文、文集),虏字删(北盟)。

虏可讲和(第1475页行4),虏改敌(要录、圣政、全文、文集),虏字删(北盟)。

虏骑长驱(行6),虏改敌(要录、圣政、全文、文集),改北(北盟)。

羁留虏使(行8),虏改敌(要录、圣政、全文、文集)、改来(北盟)。

说明:原文下所注为影元本《宋史全文》的总页码和行数。要录、全文、文集皆指文渊阁本。

① 此9例如下:

虏兵深入陕右,远破京西(1090)虏改金(要录、北盟)、改敌(圣政、集)。

虏骑乘虚直捣行在(1090),虏改敌(4书)。

驻跸所在人以虏至为忧(1090),虏改敌(4书)。

恐未能有损于强虏,而先已自残其民矣(《名》18a),虏改敌(要录、集)。

岂敢冀其向虏贼发一矢也(1097),虏贼改强敌(要录)、改敌兵(圣政)、改敌人(北盟、集)。

宣和宰相王黼一旦败盟举兵,结远夷伐与国……遂使虏人得以借口。夫金贼何憾于我哉(1099)。远夷改金人(要录),改远邦(圣政);虏人改敌人(4书);金贼改金人(要录、集)、改金国(圣政)、改金亦(北盟)。

思迎父兄,誓报仇虏(《名》25b),仇虏改寇雠(要录)、改敌仇(北盟)、改雠敌(集)。

顷在建康,已获虏贼之觇者,以此知虏人虽负十全之势,而限以长江,不敢轻渡(《名》25b)。虏贼、虏人皆改金人(要录)、皆改敌人(集)。

则虏人所守者,数千里之地,兵分势离(1101)。虏人改金人(要录)、改敌人(馀3书)。

原文(《宋史全文》影元刻本)	清人的改删					
	《要录》(文渊阁本)	《要录》(文津阁本)	《要录》(广雅刻本)	《圣政》(宛委别藏本)	《北盟会编》(许刻本)	《斐然集》(文渊阁本)
1. 今也宗庙为草莽堙之,陵阙为畚锸惊之,堂堂中华,戎马生之,赫赫帝国,盗贼营之(1090)	京华、荆棘(未改)	京华、荆棘(未改)	(未改)	(未改)荆棘他人	中原(未改)(未改)	(未改)敌骑
2. 邦彦为次相,金贼遽至城下(1091)	金人	金人	金人	金兵	金兵	金人
3. 因附邦彦,而沮种师道击贼之谋(1091)	敌	敌	敌	敌	(原文异)	敌
4. 自古中国盛强,如汉武帝、唐太宗,其得志四夷,必并吞扫灭,以示广大,侮亡取乱,极其兵力而后已。中国,礼仪所自出也,恃强凌弱犹且如此,今乃以廉退慈仁、君子长者之事望于反常悖道、腥臊禽兽之粘罕,岂有是理哉(《名》86/13b)	(未改) (删)	四方 (删)	四裔 (删)	(原未录)	(此以下83字全删)	边方 侵凌强暴、反覆无常之
5. 庶几贪狄知我有含怒必斗之志,沙漠之驾,或有还期(1092)	敌国	敌国	敌国	敌人	敌国	敌人
6. 昔北狄至澶州(1092)	契丹	契丹	(未改)	北兵	契丹	北敌

续 表

原文(《宋史全文》影元刻本)	清人的改删					
	《要录》(文渊阁本)	《要录》(文津阁本)	《要录》(广雅刻本)	《圣政》(宛委别藏本)	《北盟会编》(许刻本)	《斐然集》(文渊阁本)
7. 遣使 乞和,广捐金币, 不耻卑辱,冀幸万一者,为孝弟之虚文也(1093)	(删)	(删)	(删)	(未删改)	(原文异)	(未删改)
8. 被之以精甲,付之以利器,进战获(酋)[首]虏则厚赏(1094)	战获	战获	战获	进战有义勇	(删"首虏")	(未改)
9. 自虏人寇已来,国家岁岁以和好自处(《名》18a)	金南侵	金人侵	金人寇	(原未录)	(原无文)	敌南牧
10. 今陛下之父兄在虏中固[无恙,穹庐蛮帐,臭恶杂聚,其衣服饮食,居处动静,岂得比中国民庶中人之奉哉。]其闻陛下嗣登宝位也,必日夕南望,曰:"吾有子弟为中国帝王,吾之归庶有日乎?"[痛惟愁荒屈辱之中,发此念,为此言,]于今三年,日迫日切,而献谋者方欲导〈 〉陛下南狩,日远日忘(《名》19a)	在敌中(删"穹庐"至"奉哉")(删"嗣")(删"痛惟"至"此言") ("导"下添"陛下南定根本之地而固守之者,而")	在敌中(删"穹庐"至"奉哉")(删"嗣")(删"痛惟"至"此言") ("导"下添字与渊本同,无"者"字)	在敌中(删"穹庐"至"奉哉")(删"嗣")(删"痛惟"至"此言") ("导"下添字与渊本同,)	(原未录)	远在敌中(删"无恙"至"奉哉") 困	在敌中固羁栖

续 表

原文(《宋史全文》影元刻本)	清人的改删					
	《要录》(文渊阁本)	《要录》(文津阁本)	《要录》(广雅刻本)	《圣政》(宛委别藏本)	《北盟会编》(许刻本)	《斐然集》(文渊阁本)
11. 今河北河东之民,知朝廷不复顾思,已甘心左衽(《名》19a)	从敌	从金	(未改)	(原未录)	陷敌	事敌
12. 使雠虏知赵氏之居中国者,尚此其众(1096)	雠敌	雠敌	仇敌	金人	仇敌	仇敌
13. 立异姓之逆谋(1096)	谲谋	谲谋	(未改)	诡谋	(原文作"逆图"未改)	(未改)
14. 陛下土地金帛能有几何,岂堪此辈大言轻捨,尽输之夷狄耶?(1097)	敌国	敌国	外国	敌人	敌边	敌国
15. 矧当今日否塞之气充牣于中原,阴长之滋勃兴于夷虏(1097)	外域	外域	外域	西北	边境	兵革
16. 民心睹此,安能久忍而无变乱,若不望风胡跪以事夷狄,必将推贤择能以自保治(《名》25b-26a)	望风拜跪以事仇雠	望风拜跪以事仇雠	望风拜跪以事仇雠	(原未录)	望风呼号以事仇敌	望风纳款以事敌人

续　表

原文(《宋史全文》影元刻本)	清人的改删					
	《要录》(文渊阁本)	《要录》(文津阁本)	《要录》(广雅刻本)	《圣政》(宛委别藏本)	《北盟会编》(许刻本)	《斐然集》(文渊阁本)
17. 虏贼虽暴强,其亡可待,特恐中国豪杰因之而其起(《名》26a)	金人　未必能久	金人　亦未必能久	金人	(原未录)	(原无文)	敌人
18. 今粘罕之强未如秦,　其得罪于中国,无人不怨,则有甚于始皇之于六国也(1100)	(未改)	(未改)	(未改)	(未改)	(原无文)	横行
19. 陛下必能扫除妖氛,一清天步(1101)	祲氛	祲氛	(未改)	(未改)	(未改)	群氛

须往"轻"处改,而描述宋人迎降丑态的"胡跪""不耻卑辱"等词,也须或删或往"雅"里改。此外,形容粘罕的"反常悖道、腥臊禽兽之"9字或预言金"其亡可待"4字为馆臣所删是没有疑问的,至于"今陛下之父兄在虏中"一段的两处删削,由于此段《圣政》《全文》未加转录,虽不能断定必为馆臣所删,但《要录》作者既已将此段录入正文,似绝无将此两处关键文字故意删削的充分理由。

《要录》所载胡寅《万言书》文末,馆臣加了一条"此地无银三百两"的注:"按:原本此疏传写舛错,殆不可读,今据《历代名臣奏议》校正。"可见今《四库》本所载,已远非《要录》原所节录的本来面貌。而从《圣政》《全文》再节录之文来看,也远未达到"殆不可读"的程度。其中比较难解的,是"其五曰定根本"一段。兹先录《圣政》《全文》,《要录》,《北盟会编》和《名臣奏议》《斐然集》四种类型的原文于下:

《名臣奏议》 《斐然集》	《北盟会编》	《要录》 (文渊阁本)	《圣政》 《全文》
自古图王霸之业者,必定根本之地而固守之,而非建都之谓也。陛下家世都汴,舍汴[何]都焉。今欲用关中而制山东,则力未能至;按南渡六朝之遗迹,则舍建康不可。虽然,欲谋进取,则非坚坐不动之所能,必观进取形	其五曰定根本者,非建都之谓也。陛下家世都汴,舍汴何都焉。今都城已失,则必思所以克服旧物者。然考天下之势,莫强乎关中,今则力未能至;按南渡之迹,莫过乎建康,今则事理不可。参择二者,欲强进取之资,而无形	其五曰定根本。自古图王霸之业者,必定根本之地而固守之者,岂非建都之谓也。今都城已失,则必思所以克复旧物者。然考天下之势,莫强于关中,今则力未能至;按南渡之迹,莫过乎建康,今则事理不可。参择二	其五曰定根本。自古图王霸之业者,必定根本之地而固守之者,而非建都之谓也。按南渡六朝之遗迹,则舍建康不可。虽然,欲谋进取,则非坚坐不动之所能,臣窃谓惟荆襄为胜(《圣》6/7a,《全》1095)

续 表

《名臣奏议》《斐然集》	《北盟会编》	《要录》（文渊阁本）	《圣政》《全文》
势之便用之而图成，臣窃谓惟荆襄为胜（《名》86/18a-b，《集》16/343）	势之失，惟荆襄为胜（《盟》152/9a）	者，欲强进取之资而无形势之失，惟荆襄为胜（《要》27/21a）	

从中可见，今《要录》此段，实与《名臣奏议》相距甚远，而与《北盟会编》比较接近。《圣政》《全文》原从《要录》节录，行文本当与《要录》同，而今亦与《要录》不类，而与《名臣奏议》较近。这表明，《要录》原文原是与《名臣奏议》所载本集系统的原文相近的，今本所以如此，乃是馆臣更易改定的结果，其更改的依据未必即是其所宣称的《名臣奏议》。然而无论与《名臣奏议》，还是与《北盟会编》相较，今《要录》仍有一处甚大的差异，即所谓“定根本”。原胡寅本意，乃“非建都之谓也”，并曾进而论定：“陛下家世都汴，舍汴何都焉！”《名臣奏议》《北盟会编》等诸书皆同，而无异词。然而今本《要录》却删“家世都汴”云云，改“非建都之谓也”为“岂非建都之谓也”，遂与本意大相径庭，显属馆臣胡乱肊改。至于是否有意避时忌讳改，则一时似尚难以论定。

四、《要录》库本避忌讳改情况的明细展示

上 “改”之部

以下是依据《宋史全文》影元刻本对《要录》库本避忌讳改情况所作的明细揭示。库本选择了三个本子，即影印文渊阁《四库全

书》本，文津阁《四库全书》抄本，光绪二十六年广雅书局刊本。广雅底本亦是《四库全书》本，但究系何阁抄本不明。并以《圣政》宛委别藏本为附。盖诸本避忌讳改情况远非划一也。“例句时间”栏，第一个数字为年份，其前有“J”字母者，为建炎年，馀为绍兴年，第二个数字为月份，右上角加“+”号者为闰月。

（一）虏

虏改金、金兵、金人、敌，以及径删者，皆仅举首见二例，不备举。而由虏组成之词则备举之。

避讳词	例句时间	原文(宋史全文)	库本讳改			圣政讳改
			文渊	文津	广雅	
虏	J1.5.庚子	皆使虏请割地者(972)	金(5/20b)	金	金(5/13b)	北(1/10a)
	J3.2.庚戌	虏以数百骑掩至天长军(1043)	金(20/1b)	金	金(20/1b)	敌(4/2a)
	J2.1.辛丑	虏剖其腹而杀之(1013)	金兵(12/16a)	金兵	金兵(12/10b)	敌(3/3b)
	J3.3.是月	赵立闻虏北归(1067)	金兵(21/79a)	金兵	金兵(21/50b)	敌(4/26b)
	J3.1.己酉	是夕泗州奏虏且至(1043)	金人(19/13a)	金人	金人(19/8b)	敌(4/1b)
	J3.11.己酉	虏陷无为军。庚戌，虏攻采石渡(1107)	金人(29/5b)	金人	金人(29/3b、4a)	敌、又(6/18a)
	J1.12.戊辰	唐重度虏且入(1008)	敌(11/11b)	敌	敌(11/7b)	敌(2/21a)
	1.10.乙亥	虏稍却，则以奇兵邀击(1177)	敌(48/11b)	敌	敌(48/7b)	敌
	J2.12.庚申	张东益兵援之，虏乃去(1040)	(删)(18/26a)	(删)	(删)(18/16b)	敌(3/31a)
	1.10.乙亥	自虏入中原，其败衄未尝如此也(1177)	(删)(48/11b)	(删)	(删)(48/7b)	敌

续 表

避讳词	例句时间	原文(宋史全文)	库本讳改			圣政讳改
			文渊	文津	广雅	
虏人	J3.1.丙申	[张守]面奏虏人必来(1043)	金人(19/5b)	金人	金人(19/3b)	敌兵(4/1a)
	J4.11.丁未	专与虏人解仇议和,盖自[秦]桧始(1151)	金人(39/6b)	金人	金人(39/4b)	金国(8/17a)
	2.7.[丁丑]	万一今秋虏人长驱入寇(1211)	金人(56/11b)	金人	金人(56/7b)	敌人(12/5a)
	8.6.癸酉	虏人强大自居(1460)	金人(120/15a)	金人	金人(120/9b)	(脱)
	J4.6.己丑	进呈刘光世所获虏人并签军状(1133—)	敌人(34/17a)	敌人	敌人(34/11a)	敌人(7/20b)
虏众	31.10.丙寅	鼓譟而进,虏众披靡(1803)	金(193/39a)	金	金(193/25b)	(脱)
虏中	J1.5.乙巳	[何]□至虏中,不食死(973)	金国(5/26a-b)	金国	金国(5/17a)	营中(1/11a)
	32.3.辛酉	近传到虏中赏格(1824)	金人(198/31a)	金人	舍人(198/20a)	(脱)
虏庭	19.4.戊辰	臣向在虏庭代徽宗作书稿(1639)	北庭(159/13b)	北庭	北庭(159/8b)	(脱)
虏师	6.2.辛酉	道遇虏师,[韩]世忠勒阵向敌(1369)	金师(98/17a)	金师	金师(98/11a)	敌兵(19/7a)
虏骑	J1.6.乙亥	自虏骑退归,楼橹尽废(983)	金兵(6/29b)	金兵	金兵(6/19a)	敌骑(1/21a)
	J3.1.己酉	王绹闻虏骑且南侵(1043)	敌骑(19/12b)	敌骑	敌骑(19/8a)	敌骑(4/1b)
	J3.12.己丑	虏骑虽百万,必不能追袭(1110)	敌骑(30/7a)	敌骑	敌骑(30/4b)	敌骑(6/21b)
金虏	2.8.甲寅	欲以河北人还金虏,中原人还刘豫(1216)	金(57/17b)	金	金(57/11b)	金国(12/11a)
夷虏	J2.8.庚申	遂使夷虏日强,盗贼日炽(1033)	敌国(17/3b)	敌国	敌国(17/2b)	敌国(3/24a)
	J4.6.己丑	不幸陷于夷虏,驱质而来(1134)	敌(34/17a)	敌	敌(34/11a)	敌人(7/20b)

续 表

避讳词	例句时间	原文(宋史全文)	库本讳改			圣政讳改
			文渊	文津	广雅	
夷虏	8.11.壬寅	躬率臣民,屈膝夷虏,北面而臣事之(1471)	外国(123/23b)	外国	夷狄(123/15a)	敌国(24/4a)
	9.6.己巳	夷虏之祸,上及山陵(1498)	靖康(129/8a)	靖康	靖康(129/5b)	西北(25/11a)
戎虏	8.12.己卯	戎虏之祸,亘古未闻,中国无人,致其猾乱(1486)	兵革(124/33a)	兵革	戎狄(124/21b)	(空缺16字)
虏贼	J3.2.癸丑	虏贼乘势渡江,愈狼狈矣(1045)	金人(20/6b)	金人	金人(20/4b)	敌兵(4/3b-)
	2.10.是月	虑虏贼并力南寇(1222)	贼(59/17a)	贼	贼(59/11a)	西北(12/17b)
贼虏	J1.7.丁未	不知二三大臣于贼虏情款何如是之厚(991)	金人(7/21b)	金人	金人(7/14a)	敌国(2/5a)
	J2.3.己亥	是一为贼虏方便之计(1020)	敌人(14/9a)	敌人	敌人(14/6a)	西北(3/11a)
	31.10.辛酉	城中糗粮器械,尽委于贼,虏乘势奔突(1800)	敌敌(193/31a)	贼敌	贼敌(193/20a)	(脱)
虏寇	J2.4.[己巳]	李成愿扈从还阙,即渡河剿绝虏寇(1024)	强敌(15/11a)	强敌	强敌(15/7b)	敌兵(3/14b)
	J3.2.庚申	时朝廷方以虏寇渡江为患(1047)	金人(20/17a)	金人	金人(20/11a)	敌兵(4/5a)
	J4.12.是月	淮南荐经虏寇(1153)	兵祸(40/10b)	兵祸	兵祸(40/7a)	兵戈(8/19a)
丑虏	J2.7.癸未	歼灭丑虏,以成主上恢复之志(1030)	强敌(16/14b)	强敌	强敌(16/9a)	敌兵(3/20b)
	4.11.戊申	将士奋励,争欲吞噬丑虏(1294)	敌人(82/2b)	敌人	敌人(82/2a)	北兵(16/11b)
	5.5.丙戌	以中国万乘之尊而称臣于丑虏(1335)	外国(89/16a)	外国	外国(89/10b)	敌国(18/4b)

续 表

避讳词	例句时间	原文(宋史全文)	库本讳改			圣政讳改
			文渊	文津	广雅	
丑虏	32.6.是月	人心自归,丑虏自服(1838)	强邻(200/19a)	强邻	强邻(200/13a)	(脱)
猾虏	31.5.壬辰	猾虏意可卜,宜练甲申儆,静以观变(1782)	敌(190/9b)	敌	敌(190/6a-)	(脱)
黠虏	8.5.壬寅	曾未期月,而或进或却,岂不为黠虏所窥乎(1455)	敌人(119/16a)	敌人	敌人(119/10b)	敌寇(23/9a)
	9.1.乙未	属者黠虏求和,乃遣诏谕使至(1492)	敌人(125/12a)	敌人	敌人(125/8a)	西北(25/3b)
狂虏	J1.9.乙巳	以遗海陬一狂虏(1002)	敌国(9/16b)	敌国(且删"海陬一")	敌国(9/11a)	("一"改"之")人也(2/15a)
	10.6⁺.戊寅	狂虏犯境,诸军不免调发(1522)	敌人(136/22b)	敌人	敌人(136/14b)	北敌(26/16b)
仇虏	31.5.甲午	朝廷与仇虏通好二十馀年(1782)	金(190/11b)	金	金(190/7b)	(脱)
逆虏	30.5.辛卯	逆虏败盟,其兆已见(1763)	北朝(185/14a)	北朝	北朝(185/9a)	(脱)
	32.1.丙申	比者逆虏渝盟,干犯王略(1820)	金人(196/17a)	金人	金人(196/11a)	(脱)
虏伪	5.3.月末	安得不为虏伪之所陵侮(1326)	金齐(87/33ab)	金齐	金齐(87/21b)	敌伪(17/26a)
	6.10.丁酉	以为虏伪合兵而至(1388)	金伪(106/2b)	金伪	(此条误脱)	敌伪(20/10a)
虏叛	6.12.戊戌	今四海之心,孰不想恋王室,虏叛结合,胁之以威,虽有智勇,无由展竭(1395)	金豫(107/3a)	金豫	金豫(107/2a)	敌叛(20/18a)

(二) 夷、狄、夷狄、胡、蕃、戎

1. 夷

避讳词	例句时间	原文(宋史全文)	库本讳改			圣政讳改
			文渊	文津	广雅	
四夷	J4.11.癸卯	国势尊安,四夷顺服(1150)	四裔(39/2b)	四裔	四裔(39/1b)	四宇(8/16a)
	8.3.己丑	四夷交侵,必因小雅之废(1451)	四裔(118/21b)	四裔	四裔(118/14a)	未改(23/5a)
外夷	8.6.癸酉	其在谅闇,言犹不出,其可以见外夷之使乎(1459)	外国(120/13b)	外国	外国(120/9a)	(脱页)
蛮夷	30.9.壬寅	内为谗邪之所媢疾,外为蛮夷之所窃笑(1769)	敌国(186/11a)	(未改)	(脱)	(脱)
夷伪	9.9.辛卯	今日所还州郡,久陷夷伪,尤须守臣得人(1504)	金豫(132/9a)	金伪	金豫(132/6a)	北境(25/17b)
夷夏	12.4.庚午	盖帝王之度量,兼爱夷夏之民(1560)	中外(145/3b)	中外	中外(145/2b)	四方(28/5a)
	18.4.庚寅	讲信修睦,夷夏交欢,边鄙无虞(1630)	中外(157/8a)	中外	(未改)(157/5b)	(脱)
华夷	14.6.丙申	燮理乖缪,洪皓名闻华夷,顾不用(1597)	中外(151/27a)	中外	中外(151/17b)	(脱)

2. 狄

避讳词	例句时间	原文(宋史全文)	库本讳改			圣政讳改
			文渊	文津	广雅	
狄	J1.7.乙巳	当巡幸东南,为避狄之计(990)	敌(7/19a)	敌	敌(7/12a)	敌(2/4a)

续 表

避讳词	例句时间	原文（宋史全文）	库本讳改			圣政讳改
			文渊	文津	广雅	
狄	J3.11.己巳	若车驾乘海舟以避狄（1108）	敌（29/16a）	敌	敌（29/10b）	难（6/19a）
	31.10.丁巳	上谕以欲散百官浮海避狄（1799）	敌（193/24a）	敌	敌（193/15b）	（脱）
狄人	J1.6.丁卯	汴都决不可迁，以陷狄人之计（981）	金人（6/21b）	金人	金人（6/14a）	敌人（1/19a）
北狄	12.2.己巳	北狄骑兵，虽中国所不能及（1557）	北敌（144/7b）	北敌	北敌（144/5a）	西北（28/1b）
狄难	3.10.丁酉	自有狄难，盗贼间起（1258）	国难（69/11a）	国难	国难（69/7a）	国事（14/18a）
攘狄	19.12 丁丑	愿公修政任贤，勿替初志，尊王攘（秋）［狄］，以开后功（1644）	安内攘外（160/19b）	安内攘外	（未改）（160/12b－）	（脱）

3. 夷狄

避讳词	例句时间	原文（宋史全文）	库本讳改			圣政讳改
			文渊	文津	广雅	
夷狄	J3.6.己酉	夷狄者，中国之阴（1079）	外国（24/4a）	外国	外国（24/3a）	北方（5/12b）
	3.9.庚午	可以复中原，威夷狄，岂独扞防险阻哉（1255）	外国（68/20b）	平盗贼	外国（68/13b）	四方（14/13a）
	5.3.（月末）	威德日新，四海爱戴，何患夷狄之不服（1327）	外国（87/40a）	外国	外国（87/25b）	北方（17/27b）
	6.6.丁巳	女子小人则远之，夷狄盗贼则备之，是皆阴类也（1378—）	外国（102/11b）	外国	外国（102/7b）	边防（19/24b）

续 表

避讳词	例句时间	原文(宋史全文)	库本讳改			圣政讳改
			文渊	文津	广雅	
夷狄	8.3.庚寅	制夷狄之道,在于爱民(1451)	外国(118/22b)	外国	外国(118/14b)	边防(23/5b)
	8.11.辛亥	春秋之法,凡中国诸侯与夷狄盟会者,必谨志而深讥之(1476)	外国(123/38b)	外国	(未改)(123/25a)	(空缺二字)(24/9a)
	9.1.庚寅	未闻委质夷狄可以削平祸难(1491)	外国(125/9a)	外国	外国(125/6a)	通好(25/3a)
	11.6.辛未	夷狄不可责以中国之礼(1540)	外国(140/17a)	蕃渠	外国(140/11a)	(空缺二字)(27/11b)
	11.6.辛未	谨守吾中国之礼而不以责夷狄(1540)	外国(140/17a)	一责其跋扈	外国(140/11a)	(空缺二字)(27/11b)
	J1.6.庚申	不置定都,使夷狄无所窥伺(977)	敌国(6/5a)	敌国	敌国(6/3b)	敌兵(1/14b)
	J3.3.癸未	夷狄闻之,岂不转加轻侮(1054)	敌国(21/14a)	敌国	敌国(21/9a-b)	西北(4/13a)
	J1.8.乙亥	两河无兵则夷狄骄(998)	强敌(8/15b)	强敌	强敌(8/10b)	将士(2/11a)
	4.5.戊午	今东南州县,无水旱之灾、夷狄之祸(1275)	强敌(76/11a)	边烽	(未改)(76/7a)	甲兵(15/12a)
	14.3.壬申	[徽宗]劫制夷狄,生往死归……	强敌	强敌	强敌	(脱)
		夷狄之人得制中国之命也……	外国	外国	外国	
		忘仇逆理,北面夷狄(1593)	事敌(151/11a-)	事敌	事敌(151/7b-)	

续 表

避讳词	例句时间	原文(宋史全文)	库本讳改			圣政讳改
			文渊	文津	广雅	
夷狄	J1.12.庚辰	今日之患,在中国不在夷狄(1010)	外敌(11/20b)	外敌	外敌(11/13b)	外邦(2/22b)
	J1.12 庚辰	夷狄闻之莫不畏(1010)	外敌(11/21b)	外敌	外敌(11/14a)	域外(2/23a)
	2.7.乙丑	建康有可都者五,不宜数动,与夷狄逐水草无异(1208)	敌人(56/3b)	敌人	敌人(56/2b)	西北(12/2a-b)
	2.3.甲寅	[彼刘豫者],天下徒见其背叛于君亲而委身于夷狄耳(1192)	寇敌(52/13a)	寇敌	寇敌(52/8b-)	以事之(11/8a-b)
	2.10.甲午	如夷狄盗贼及朝廷阙失,可言者非一(1220)	敌国外患(59/5b)	敌国外患	敌国外患(59/4a)	(空缺四字)(12/16a)
	J1.6.己未	使夷狄畏服,四方安宁(975)	远人(6/2a)	远人	远人(6/1b)	远近(1/13a)
	5.9.己丑	[谢惇德六策]六曰服夷狄(1349)	四裔(93/13b)	四裔	(脱)	四裔(18/19b)
	32.2.乙未	上天悔祸,夷狄相攻(1822)	与国(198/16a)	与国	与国(198/10b)	(脱)
	J4.1.辛未	所至驱虏,甚于夷狄(1114)	外患(31/14a)	外患	外患(31/9a)	敌人(7/2b)
	J4.5.甲子	唐分藩镇,北边无夷狄之虞(1129)	蕃马(33/18a)	(未改)	(未改)(33/12a)	烽火(7/16a)
	5.5.丙戌	自今观之,夷狄之不可与和,亦易见也(1336)	其(89/17b)	其	其(89/11b)	西北之(18/6a)
	10.6⁺.甲申	夷狄虽异类,苟知效顺,何以多杀为(1523)	金(136/23a)	金	金(136/15a)	北土(26/16b)

续 表

避讳词	例句时间	原文(宋史全文)	库本讳改			圣政讳改
			文渊	文津	广雅	
夷狄	J1.6.戊寅	今日之事,内修政事,外攘夷狄,使国势自强(983)	内修外攘(6/30b)	内修外攘	内修外攘(6/19b)	“攘夷狄”改为“御边防”(1/21b)
	2.6.己卯	周宣内修政事,外攘夷狄。近设修(正)[政]局……所谓修车马,备器械,外攘夷狄之事,卿更宜讲求(1206)	外复疆土 以及外御(55/14a-b)	外复疆土(删四字)	(未改) (未改)(55/9b)	以弥边衅至于边境(11/23b)
	5.10.壬寅	当与卿等夙夜勉励,以修政事,攘夷狄(1351)	内修外攘(94/3a)	内修外攘	内修外攘(94/2b)	“攘夷狄”改为“备边方”(18/21b)
	8.3.己丑	外攘夷狄,必由政事之修(1451)	强敌(118/21b)	强敌	强敌(118/14a)	备边裔(23/5a)
	32.6 甲申	今日之计,不过修政事,攘夷狄(1836)	修攘(200/26a)	修攘	修攘(200/11a)	(脱)

4. 胡

避讳词	例句时间	原文(宋史全文)	库本讳改			圣政讳改
			文渊	文津	广雅	
胡	J1.10.壬戌	尽扫胡尘(1004)	边(10/7b)	边	边(10/5a)	洒道清(2/17a)
	4.10.戊子	自胡骑蹂践中原,未尝有与之战者(1291)	敌(81/17a)	敌	敌(83/5a)	北(16/7b)

续表

避讳词	例句时间	原文(宋史全文)	库本讳改			圣政讳改
			文渊	文津	广雅	
胡	4.12.丙戌	夜,月犯昴,太史以为胡灭之象(1299)	敌(83/7b)	敌	敌(81/11a)	敌(16/19a)
	6.10.丁酉	刘麟等令乡兵伪胡服(1388)	金人(106/2b)	金人	(脱)	北(20/10a)

5. 蕃(番)

避讳词	例句时间	原文(宋史全文)	库本讳改			圣政讳改
			文渊	文津	广雅	
番贼	J2.5.甲申	陕西、京东、滑台、京洛番贼皆已掩杀(1024)	敌兵(15/14b)	敌兵	敌兵(15/9b)	北兵(3/15b)
蕃寇	2.8.乙未	比年编伍之民,累经蕃寇,识其伎能(1212)	兵战(57/6a)	兵战	(未改)(57/4a)	兵戈(12/6b)
蕃汉	4.3.丁卯	复大集蕃汉之众,径造梁洋(1271)	(未改)(74/9b)	(未改)	(未改)(74/6b)	北汉(15/7b)
蕃伪	5.9.乙亥	然后大举六师,削平蕃伪(1348)	(未改)(93/4b)	(未改)	(未改)(93/3a)	西北(18/18b)

6. 戎

避讳词	例句时间	原文(宋史全文)	库本讳改			圣政讳改
			文渊	文津	广雅	
戎	J3.2.戊午	决水溉田,以限戎马(1046)	(未改)(20/14b)	(未改)	(未改)(20/9b)	敌(4/5a)

续表

避讳词	例句时间	原文(宋史全文)	库本讳改			圣政讳改
			文渊	文津	广雅	
戎	J3.6.己酉	北戎强大,阴盛阳微,故阴雨为灾(1080)	敌(24/6b)	敌	敌(24/4b)	方(5/13a)
	2.7.乙丑	独以威刑外施暴行之戎,内拂贪贱之贼(1208)	敌(56/4a)	敌	(未改)(56/3a)	敌(12/2b)
戎寇	1.3.己未	偶值戎寇,故刘豫李成等辈跋扈猖獗(1162)	(未改)(43/10a)	(未改)	(未改)(43/6b)	多难(9/8a)
和戎	J3.3.丁未	前日所请,本为和戎……和戎之使,既无路可通(1066)	和金(21/74a)	和金	和金(21/47b)	和敌(4/25a)
	9.1.乙未	[杨炜献书李光],论和戎事,大略以谓(1492)	和议(125/12a)	和议	和议(125/8a)	和敌(25/3b)
	21.11.戊戌	[程]敦厚献绍兴圣德诗,极言和戎之效(1656)	和议(162/33a)	和议	和议(162/21a)	(脱)
	31.5.乙未	陛下屈己和戎,厚遗金缯,而彼……(1783)	和议(190/13b)	和议	和议(190/9a)	(脱)
	31.6.甲寅	事有必至,理有固然,固不待上智而后知,昔日之和戎,今日之渝平是已(1784)	和议(190/27a)	和议	和议(190/17b)	(脱)

(三) 贼、寇、酋

1. 贼

避讳词	例句时间	原文(宋史全文)	库本讳改			圣政讳改
			文渊	文津	广雅	
贼	J1.6.丁卯	能竭力保有一方及能力战破贼者(981)	敌 (6/20b)	敌	敌 (6/13b)	敌 (1/9a)
	J1.10.壬戌	尽平贼垒(1004)	敌 (10/7a)	敌	敌 (10/5a)	北 (2/17a)
	J3.12.乙酉	伤甚,犹叱左右负已击贼(1110)	敌 (30/5a)	敌	敌 (30/3b)	敌 (6/21a-b)
	J3.12.己亥	至淮阴与贼遇……自旦至暮,且战且行,出没贼中,凡七破贼(1111)	敌 敌 (30/17b)	敌 敌	敌 敌 (30/11b)	敌 敌 (6/23b)
	J4.8.癸未	平原广野,贼便于冲突……高山峻谷,我师便于驻队,贼虽骁果,甲马厚重,终不能驰突(1139—)	敌 敌 (36/10b)	敌 敌	敌 敌 (36/7a)	敌 敌 (8/4b-)
	J4.8.丁亥	贼终不去……屡出兵破贼,贼围之(1141)	敌 (36/16b)	敌	敌 (36/11a)	敌 (8/7a)
	J4.9.丙辰	忽报贼近城矣。[赵]立笑曰……且令此贼匹马只轮不返(1143—)	敌 其 (37/12a)	敌 其	敌 其 (37/8a)	敌 辈 (8/8b-)
	J4.9.癸亥	宜徙据高阜,使贼马冲突,吾足以御之(1145)	敌 (37/18a)	敌	敌 (37/11b)	敌 (8/10a)
	J4.11.是月	[吴]玠曰:贼不破我,讵敢轻进(1152)	敌 (39/16b)	敌	敌 (39/11a)	敌 (8/18a)

续 表

避讳词	例句时间	原文(宋史全文)	库本讳改			圣政讳改
			文渊	文津	广雅	
贼	4.10.甲午	贼众我寡,合力犹惧不支,况……(1292)	敌 (81/23b)	敌	(未改) (81/15b)	敌 (16/9b)
	4.11.戊申	今日贼骑侵轶,何以御之(1294)	敌 (82/3a)	敌	敌 (82/2a)	北 (16/11b)
	6.2.乙卯	既而世忠为贼所围……复乘锐掩击,贼败去(1368)	敌 敌 (98/14b)	敌 敌	敌 敌 (98/9b)	敌 敌 (19/7a)
	J3.3.癸未	王渊遇贼不战,因交康履,乃除枢密(1053)	敌 (21/11a)	敌	敌 (21/7b)	(未改) (4/12a)
	J1.6.乙酉	使后日捍贼者,知退走而郡县之吏有敢诛之者(985)	(未改) (6/39b)	(未改)	(未改) (6/25b)	敌 (1/23a)
	J1.8.庚申	……落阶官,并赏平贼之劳也(993)	(未改) (8/4b)	(未改)	(未改) (8/3a)	敌 (2/6b)
	1.11.戊戌	中原隔绝,江淮之地,尚有巨贼(1179)	(未改) (49/4a)	(未改)	(未改) (49/3a)	甲兵 (10/9b)
	1.12.壬午	言者论[娄]寅亮宣和中父死于贼匿不举丧(1184)	(未改) (50/12a)	(未改)	(未改) (50/8a)	敌 (10/15b)
	2.7.乙丑	独以威刑外施暴横之戎,内拂贪残之贼(1208)	(未改) (56/4a)	(未改)	(未改) (56/3a)	性 (12/2b)
	2.8.乙未	往往保社相联,乘间邀击,贼不敢犯(1212)	(未改) (57/6a)	(未改)	敌 (57/4a)	敌 (12/6b)
	J3.3.是月	断贼归路,夺舟船金帛以千计(1067)	其 (21/79a)	其	其 (21/51a)	敌 (4/26a)

续 表

避讳词	例句时间	原文(宋史全文)	库本讳改			圣政讳改
			文渊	文津	广雅	
贼	J4.9.乙巳	[赵立]呼曰:我镇抚也,首领骁贼,其来接战。南寨有二骑袭其背,立手奋二枪,贼俱坠地(1142—)	将 (删)(37/4b)	将 (删)	将 (删)(37/3a-b)	将 敌(8/8a)
	3.4.辛卯	为我语贼,欲来即来,吾有死耳,何可招也(1239)	之(64/8a)	之	之(64/5b)	云(13/9b)
	5.2.是月	吾宁为大宋鬼,岂污逆贼耶(1313)	(删)(85/35a)	(删)	(删)(85/23a)	(未改)(17/13b)
	9.6.己巳	上问诸陵寝如何,[张]焘不对,唯言万世不可忘此贼。上黯然(1499)	仇(129/8b)	仇	仇(129/6a)	敌(25/11b)
盗贼	J3.2.乙丑	盗贼充斥,宗社播迁(1048)	寇盗(20/21b)	寇盗	寇盗(20/14a)	(未改)(4/7a)
灭贼	J4.9. 丙辰	吾终不能与国灭贼矣(1144)	破敌(37/12b)	破敌	破敌(37/8a)	灭敌(8/9a)
讨贼	2.7.乙丑	以讨贼则未有必操不变之术(1208)	御敌(56/3b)	(未改)	(未改)(56/2b)	讨敌(12/2a)
仇贼	8.11. 辛亥	天下军民岂肯听吾君北面而为仇贼之臣哉(1477)	仇敌(123/41b)	仇敌	(未改)(123/26b)	敌国(24/10b)
	8.12.癸酉	岂有听陛下北面而为仇贼之臣哉(1482)	仇敌(124/23a)	仇敌	(未改)(124/15a)	仇人(24/15b)
金贼	J1.6.丙戌	河北之人为金贼所扰未有所归(985)	金人(6/40a)	金人	金人(6/26a)	金兵(1/23b)

续 表

避讳词	例句时间	原文(宋史全文)	库本讳改			圣政讳改
			文渊	文津	广雅	
金贼	J1.9.己酉	诏:谍报金贼欲犯江浙(1002)	金人(9/19a)	金人	金人(9/12b)	金兵(2/15b)
	J4.10.丙申	此人忠勇,不畏金贼,敢与之战(1150)	金人(38/19a)	金人	金人(38/12a)	金兵(8/15b)
	1.12.戊子	张浚奏和尚原剿杀金贼(1185)	金人(50/13a-)	金人	金人(50/8b)	金兵(10/16a)
	11.6.乙亥	[韩]世忠宣抚淮东日,与虏战常以此弓胜金贼(1541)	金(140/18b)	金	金(140/12a)	金兵(27/12a)
	J3.3.庚辰	破金贼之计,回天下之心(1050)	敌人(21/3a)	敌人	敌人(21/2a)	金兵(4/9b)
	J3.3.庚辰	倚长江为可恃,幸金贼之不来(1050)	敌人(21/3b)	敌人	敌人(21/2b)	金兵(4/10a)
	J2.4.己未	谕以期奋忠义,共灭金贼(1022)	击敌人(15/4b)	击敌人	金人(15/3b)	金兵(3/12b)

其中,单词“贼”《要录》未改仅《圣政》改者凡有6条,大都皆非确指金或者金人者。如建炎元年八月庚申条,《要录》自注引《会要》且已指明:“以平黎驿、鱼台叛兵各转三官。”完全可以不避。但如绍兴二年八月己未条,其上文为:“比年编伍之民,累经蕃寇,识其伎能。”文渊、文津阁本将“蕃寇”讳改为“兵战”而“贼”未改,广雅本则将“贼”讳改为“敌”而“蕃寇”未改[参见上文“蕃(番)”字所列],当皆缘于其所指之欠明确。《要录》已改而《圣政》未改者亦有1条,即建炎三年三月癸未条,其“贼”所指为“金”甚明,而《圣政》反倒不避,则显属漏改。

2. 寇

避讳词	例句时间	原文(宋史全文)	库本讳改			圣政讳改
			文渊	文津	广雅	
寇	1.5.(癸卯)[乙巳]	[没立、乌鲁折合]二寇卒不得合(1166)	军(44/7b)	军	军(44/5a)	将(9/12a)
寇	4.3.丁卯	梁洋之寇未能出,竟至五月而后得归,既狼狈矣(1271)	众(74/10a)	众	(未改)(74/6b)	兵(15/8a)
寇	11.2.己亥	要当事事有备,常为寇至之防也(1535)	敌(139/15b)	敌	敌(139/10b)	敌(27/6a)
寇雠	8.11.辛亥	未闻发币遣使祈哀请命以求梓宫于寇雠之手者也(1475—)	仇雠(123/38a)	(未改)	(未改)(123/24b)	敌雠(24/9a)
湖寇	5.6.乙丑	张浚奏湖寇尽静(1343)	洞庭湖盗贼(90/18b)	洞庭湖盗贼	洞庭湖盗贼(90/12a)	湖贼(18/13a)
湖寇	5.10.庚戌	[张]浚既平湖寇,遂自鄂岳转淮东西(1352)	湖贼(94/6b)	湖贼	湖贼(94/4b)	湖贼(18/22a)
寇	J2.12.甲子	衍圣公孔端友已避寇南去(1040)	(未改)(18/28b)	(未改)	(未改)(18/18a)	兵(3/31b)
寇	J4.10.丙申	平此二寇不难也(1150)	(未改)(38/19a)	(未改)	(未改)(38/12b)	方(8/15b)

从仅《圣政》改而《要录》诸本皆未改的二例(末例"二寇"盖指孔彦威、李成)可见,非确指金或金人之"寇"也是不避的。"湖寇"之所以改,"湖""胡"音谐形近,易致误会也。首例"二寇"指没立与乌鲁折合二人,此条上文另又两见"二将",乃副将意,单指乌鲁折合也。今《圣政》改"二寇"为"二将",混矣。

3. 酋

避讳词	例句时间	原文(宋史全文)	库本讳改			圣政讳改
			文渊	文津	广雅	
酋	6.9.庚寅	刘豫因宗维、高庆裔而得立,故每岁皆有厚赂,而蔑视其他诸酋(1387)	帅(105/11a)	帅	(师)[帅](105/7b)	将(20/8b)
	10.6.壬子	时虏诸酋各居一部(1519)	帅(136/10b)	帅	帅(136/7a)	将(26/12b)
	11.2.丁亥	有一酋被甲跃马,指划阵队,[王]德引弓一发,酋应弦坠马(1534)	帅 帅(139/13b)	帅 帅	帅 帅(139/9a)	将 将(27/4b－)
	11.9.丙辰	张士廉违节制后期,二酋仅以身入城(1548)	帅(141/24b)	将	帅(141/16a)	帅(27/18b)
	J4.5.丁未	宗维与诸酋分往山后草地避暑(1125)	将(33/4b)	将	(未改)(33/3a)	将(7/12b)
	31.11.庚寅	因列坐诸酋。一酋前跪曰:……(1811)	将(194/38b)	将	将(194/25a)	(脱)
	31.11 甲午	乃还扬州。召诸酋,约三日毕济,过期尽杀之。诸酋谋曰……其中一酋曰……诸酋益无所惮(1811—)	将(194/41a－)	将	将(194/26b－)	(脱)
	31.11.乙未	金人弑其主亮于龟山寺。诸酋既定议……(1812)	将(194/42a)	将	将(194/27a)	(脱)
诸酋	J1.12.癸亥	宗维闻上幸维扬,乃约诸酋分道入寇(1007)	诸军(11/3b)	诸军	诸军(11/2b)	金兵(2/20a－)

续　表

避讳词	例句时间	原文(宋史全文)	库本讳改			圣政讳改
			文渊	文津	广雅	
诸酋	4.12.庚子	若过江,必擒尔诸酋以献南朝(1301)	辈(83/18b)	辈	辈(83/12a)	诸(师)[帅](16/21a)
虏酋	J3.11.辛未	[杨]邦乂以首触阶求死,虏酋张太师者止之(1109)	金帅(29/18b)	金帅	金帅(83/12a)	金将(6/20b)
	J3.11.甲戌	虏酋张太师与李棁、陈邦光燕(1109)	金帅(29/20a)	金帅	金帅(29/13a)	敌将(6/20b)
	19.4.丙寅	秦公曾为徽宗皇帝撰长书抵虏酋粘罕(1639)	金帅(159/12b)	金帅	金帅(159/8a)	(脱)
	8.12.己卯	虏使入境,伴使北向再拜,问虏酋起居(1485)	敌帅(124/32b)	敌帅	敌帅(124/21a)	金主(24/18b)
	11.9.丙辰	游骑有闻虏酋以马挝敲镫者,曰吾事败矣(1547)	敌帅(141/23b)	敌帅	敌帅(141/15b)	敌兵(27/18a)
	31.12.庚子	黄旗奏报,已杀虏酋完颜亮讫(1814)	金主(195/4a)	金主	金主(195/3a)	(脱)
	31.11.戊子	以太一局考之,虏酋不烦资斧,当以冬至前有萧墙之变(1810)	金人(194/34b)	金人	金人(194/22b)	(脱)
大酋	31.12.甲辰	大酋既已诛夷,馀皆南北之民,驱迫而来,彼复何罪(1815)	金主(195/10b)	金主	金人(195/7a)	(脱)
名酋	5.1.壬申	敌人南侵,诸名(酉)[酋]皆在其中(1306)	名将(84/19b)	名将	名将(84/12b)	名酋(未改)(17/6a)

续 表

避讳词	例句时间	原文(宋史全文)	库本讳改			圣政讳改
			文渊	文津	广雅	
孽酋	10.6⁺.甲申	勿争尺寸之利,期以殄灭孽酋而已(1523)	强敌(136/23a)	强敌	强敌(136/15a)	克敌制胜(26/16b)

(四)诸杂称谓

避讳词	例句时间	原文(宋史全文)	库本讳改			圣政讳改
			文渊	文津	广雅	
异类	10.6⁺.甲申	夷狄虽异类,苟知效顺,何以多杀为(1523)	外国(136/23a)	外国	外国(136/15a)	异性(26/16b)
鸟兽	8.5.辛亥	今虏使之来,自合用此例……不惟有以褫鸟兽之魄而夺之气,亦足计示朝廷之尊(1457)	金人(119/20)	金人	金人(119/13b)	(未改)(23/11b)
犬羊	8.12.癸酉	彼犬羊者,苟获其不逊无稽之谋,而藉躏以逞,将焉避之哉(1482)	敌人(124/22a)	敌人	敌人(124/14a)	敌人(24/15b)
腥膻	J3.3.壬寅	[曩]承乏漕挽,几陷腥膻之域(1064)	穷边(21/59b)	穷边	穷边(21/38a)	(未改)(4/22b)
	11.10.癸巳	中原士民,迫不得已,沦为腥膻(1550)	域外(142/10a)	域外	域外(142/6b)	异域(27/20b)
腥秽	4.7.乙卯	冯藉忠力,扫除腥秽,一清寰宇(1279)	氛祲(78/6a)	(未改)	(未改)(78/4a)	奠定西北(15/16a)
穹庐	J3.6.己酉	愿陛下处宫室之安,则思二帝母后穹庐毳幕之居(1079)	毡庐(24/3b)	毡庐	毡庐(24/2b)	(未改)(5/12a)

续 表

避讳词	例句时间	原文(宋史全文)	库本讳改			圣政讳改
			文渊	文津	广雅	
左衽	8.12.己卯	侵寻朘削,天下有被发左衽之忧(1486)	生灵涂炭(124/34b)	(未改)	(未改)(124/22b)	(未改)(24/19b)
	15.9.壬子	[宇文]虚中知东北之士,愤为左衽,密以信义感发之,从者如响(1609)	不甘应敌(154/12b)	不甘应敌	(未改)(154/8b)	(脱)
小丑	6.2.乙卯	况尔女真小丑,侵犯王略,我肯与尔俱生乎(1368)	小国(98/14a)	等一旦	小国(98/9a)	(空缺四字)(19/6b)
华夏蛮貊	6.8.己亥	[司马]光为国宗臣,华夏蛮貊言及之,则以手加额(1381)	远近中外(104/3a)	远近中外	远近中外(104/2a)	黄童白叟(20/2b)
猾夏	6.8.甲辰	乃者强敌乱常,阻兵猾夏,两宫北狩(1382)	轶界(104/8a)	(未改)	(未改)(104/5a)	(未改)(20/4a)
叛盟	10.6.丙午	金人叛盟,秦桧以其言不雠,甚惧(1516)	背盟(136/4b)	背盟	背盟(136/3b)	背盟(26/11a)
逆亮	31.12.癸卯	诏:逆亮渝盟,侵犯王略(1814)	金亮(195/9a)	金亮	金亮(195/6a)	(脱)
凶诈	9.1.戊子	大金素行凶诈,比年以来,两国皆堕其术中(1490)	欺侮(125/4b)	欺侮	欺侮(125/3b)	(未改)(25/2a)
骂奴	31.10.丁巳	且前陛下降诏,诸将传檄,数金人君臣如骂奴尔,何辞复与和耶(1799)	寇仇(193/24b)	(未改)	(未改)(193/16a)	(脱)

(五) 寇、犯、虏等

记述金方行动,主要是军事行动的这类动词,“寇”多数改作“犯”,“入寇”则改作“入犯”“来侵”等。而原文作“犯”者,则改作“侵”或“至”,而广雅本不避不改;偶有诸本皆未改者,如建炎四年九月戊辰完颜昌攻破楚州条“自虏犯中国,所过名城大都,多以虚声胁降”,文渊阁本、广雅本改“虏”为“金”“金人”,而“犯”未改,文津阁本删“虏”,“犯”亦未改。且诸本改否多不划一,如建炎四年三月壬子,“金人犯常州”,“犯”字文渊阁本、广雅本未改,而文津阁本改作“攻”;绍兴十一年四月己卯,孙近罢政宫观条“金人之犯淮西也”,“犯”字文渊阁本、广雅本未改,文津阁本改作“侵”。表明此等文字的讳改,多数皆是乾隆五十二年分阁普遍重校时所为。以下于“犯”字改“侵”、改“至”者,仅列首2例,余则悉为列出。

另有“陷”字。如建炎二年正月癸卯“是日金人陷潍州”,三年正月“丁亥,金人陷青州”,二月戊午,“是日金人陷沧州”,四年二月乙亥,“是日金人陷潭州”,五月“甲寅,金人陷定远县”诸条,其“陷”字《圣政》皆改作“取”,而《要录》诸库本皆未改。甚至如建炎二年十一月甲辰“金人犯德州”,其“犯”字库本竟用“陷”字予以改代者。此字,《圣政》未改者虽亦所在多有,但库本不避不改则似为通例。惟建炎二年十二月“庚申,金人陷东平府”之“陷”,文渊阁本、文津阁本改作“攻”,广雅本改作“犯”,则是个别的例外、以下不再列表展示。

1. 寇

避讳词	例句时间	原文(宋史全文)	库本讳改			圣政讳改
			文渊	文津	广雅	
寇	1.1.己酉	金人寇扬州(1156)	犯(41/6a)	犯	犯(41/4a)	攻(9/1b)
	4.3.丁卯	粘罕有亲寇蜀之意(1271)	犯(74/9b)	率众入	(未改)(74/6a-)	窥(15/7b)
	10.5.丙戌	撒离曷寇陕西,李成寇河南(1512)	犯(135/9a)	犯	犯(135/6a)	侵(26/7a)
	32.1.壬午	金人寇蔡州(1818)	犯(196/5a)	入	(未改)(196/3b)	(脱)
	J3.11.丁卯	金人寇六安军(1107)	至(29/14b)	攻	(未改)(29/9b)	(未改)(6/19a)
	6.9.庚寅	[刘豫]告急于金主亶,求兵为援,且乞先寇江上(1387)	(未改)(105/11b)	(未改)	(未改)(105/7b)	攻(20/8b)
	8.11.辛亥	声罪来寇,将何以待之(1477)	问(123/41a)	问	问(123/26a)	攻(24/10b)
入寇	J4.8.癸未	约秋高入寇(1139)	入犯(36/10b)	入犯	入犯(36/7a)	(未改)(8/4b)
	J4.8.癸未	自虏入寇,因粮于我(1140)	入犯(36/11b)	入犯	入犯(36/7a)	(未改)(8/5b)
	1.5.(癸卯)[乙巳]	以数万骑分两道入寇(1166)	入犯(44/7a)	入犯	入犯(44/5a)	入攻(9/12a)
	4.2.辛丑	宗弼自宝鸡入寇,犯仙人关(1268)	入犯,攻(73/11b)	(未改)	(未改)(73/7b)	(未改)(15/3b)
	5.5.丙戌	女真入寇以来,和战两议……(1336)	入犯(89/17b)	入境	入犯(89/11b)	用兵(18/5b)
	5.10.庚子	谏职乃及此乎。闻虏中统兵有号龙虎大王者,脱或入寇,当以鸡鸭谏议拒之(1351)	入犯(94/1b)	入塞	入犯(94/1a)	(未改)(18/21b)

续 表

避讳词	例句时间	原文(宋史全文)	库本讳改			圣政讳改
			文渊	文津	广雅	
入寇	11.3.庚戌	初,虏之入寇也,上命[岳]飞以兵来援(1537)	入犯(139/23a)	入犯	入犯(139/15a)	(未改)(27/8a)
	30.5.辛卯	[叶]义问入北境,见虏已聚兵,有入寇意(1763)	入犯(185/13a)	南侵	(未改)(185/8b)	(脱)
	1.10.乙亥	会诸道兵及女真兵合数万人谋入寇(1177)	入界(48/11b)	入	入犯(48/7b)	入伐(10/8a)
	J1.6.壬戌	[吕]颐浩为燕山府路都转运使,金人入寇,郭药师执之以降(978)	内侵(6/10a)	内侵	内侵(6/6b)	入攻(1/16a)
	J1.7.辛丑	以防金人秋高气寒再来入寇(989)	犯界(7/11a)	犯界	犯界(7/7a)	(未改)(2/2a)
	J1.12.癸亥	宗维闻上幸维扬,乃约诸酋分道入寇(1007)	来侵(11/3b)	来侵	(未改)(11/2b)	以入(2/20a－)
	2.5.癸未	虏若入寇,当由武昌建康两路而来(1201)	来侵(54/15a)	来侵	(未改)(54/9b)	用师(11/8a)
	J2.10.癸亥	[诏]张俊自东京至开德,以金人入寇故也(1036)	南侵(18/4b)	来侵	入犯(18/3a)	国兴师(3/27b)
	J3.12.己亥	朝廷闻金人入寇,诏诸路兵援行在(1111)	南侵(30/17a)	入侵	入犯(30/11a)	(未改)(6/23b)
	10.5.丙戌	遂分四道入寇(1512)	南侵(135/9a)	入犯	入犯(135/6a)	入侵(26/7a)
	J1.9.壬子	闻虏以废[张]邦昌为词复入寇(1003)	侵界(9/22b)	侵犯界	犯界(9/14b)	(未改)(2/16a)

续 表

避讳词	例句时间	原文(宋史全文)	库本讳改			圣政讳改
			文渊	文津	广雅	
入寇	2.3.甲寅	(今)[金]人复自水洛城入寇(1194)	来攻(52/17b)	来攻	(未改)(52/11b)	入侵(11/9b)
	2.7.丁丑	万一今秋虏人长驱入寇(1211)	深入(56/11b)	深入	入犯(56/7b)	入侵(12/5a)

2. 犯

避讳词	例句时间	原文(宋史全文)	库本讳改			圣政讳改
			文渊	文津	广雅	
犯	J1.12.甲戌	娄宿犯同州(1008)	侵(11/12b)	侵	(未改)(11/8b)	(未改)(2/21b)
	J2.1.壬辰	金人犯东京,至白沙镇(1011)	侵(12/6a)	侵	(未改)(12/4a)	侵(3/2a)
	J1.12.癸亥	金人犯汜水关(1007)	至(11/3b)	侵	(未改)(11/2b)	攻(2/20a)
	J2.2.己巳	虏自是不复犯东京矣(1017)	至(13/10a)	侵	(未改)(13/6b)	(未改)(3/7b)
	J2.11.甲辰	金人犯德州(1039)	陷(18/21b)	陷	陷(18/14a)	取(3/30b)
	J3.11.壬戌	犯溧水县,尉潘振死之(1107)	破(29/9b)	侵	(未改)(29/6b)	攻(6/18b)
	J4.1.丁卯	金人犯潭州(1113)	攻(31/12a)	攻	(未改)(31/7b)	攻(7/2a)
犯顺	10.6.丙午	金人长驱犯顺,势须兴师(1517)	南下(136/5a)	内侵	(未改)(136/3b)	入境(26/11b)
	32.5.癸亥	上谓大臣曰:自去年完颜亮犯顺之后(1828)	侵扰(199/33b)	(未改)	(未改)(199/21b)	(脱)

3. 虏及其他

避讳词	例句时间	原文(宋史全文)	库本讳改			圣政讳改
			文渊	文津	广雅	
虏	J3.3.庚辰	犹豫迁延,候至秋冬,使金贼再举,驱虏舟楫,江淮千里,数道并进,方当此时,然后又悔,是为无策(1051)	集(21/3b)	集	集(21/3b)	敌(4/10a)
	J3.4.丁巳	苗傅犯寿昌县,所至虏居人,黥以为军(1072)	掠(22/16b)	掠	掠(22/10b)	敌(5/5b)
	J4.5.壬子	金人焚建康府,掠人民,虏财物(1126)	掳(33/8a)	卤	卤(33/5b)	夺(7/13a)
	J3.5.已亥	有举子程妥者,崇安人,时虏在[苗]傅军(1077—)	(删)(23/10b)	(删)	(删)(23/7a)	敌(5/10b)
患	J3.2.庚申	时朝廷方以虏寇渡江为患(1047)	虑(20/17a)	虑	虑(20/11a)	(未改)(4/5a)
歼殄	J2.5.辛卯	契丹、汉儿,亦必同心歼殄金人(1026)	抵御(15/23a)	抵御	抵御(15/15a)	(未改)(3/17a)

用作动词之“虏”之所以须避,是因为易于同用以指称金人之“虏”混淆,因而不管所记是否金人行动,例皆讳改。馆臣明知其词意,因而库本改“集”改“掠”,或易以“掳”“卤”。《圣政》仅一处按词意改“夺”,馀则与指称金人之“虏”同等对待,一律以“敌”代之,以致遂成不通,当是书手依通例瞎改。至于“患”“歼殄”,描述的乃宋方心态或行为,与“寇”“犯”在行为主体上是不同的,但由于对象是金,故仍须讳避。

下 “删”之部

以下是依据《宋史全文》影元刻本对《要录》库本避忌讳删所作的明细揭示。先列例句所系之年月日,例句之末于圆括号内注明《全文》《要录》文渊阁本之页码。讳删之文以方括号标示,若在讳删的同时有所添改,则以圆括号标示。

1. 建炎元年六月戊辰：此三路者,祖宗基命之地,奈何轻听奸邪[附贼者]张皇之言,遂自分裂。今日之事,正宜与贼弗共戴天,弗与俱生。(982;6 / 22b)

删3字,下“贼”字改“敌”,《文渊》《文津》《广雅》同。《圣政》未删,唯改此“贼”字作“敌”,下“贼”字作“之”。此乃宗泽《乞毋割地与金人疏》中语,《要录》所载系节录之文。

2. 建炎二年三月丙戌：今河东、河西[不随番贼而]自保山寨者,不知其几千万人。(1018;14 / 3b)

删5字,《文渊》《文津》《广雅》同。《圣政》未删,仅“番贼”改“北兵”。此乃宗泽《乞回銮疏》第十四首中语。据《北盟会编》卷一一五,此5字原作:“不随顺番贼,虽强为薙头辫发,而”。华艺出版社本《宗泽全集》同,浙江古籍出版社《宗泽集》“番贼”改“北敌”,无“强”字,“薙头辫发”作“髡头编发”。按：此疏《圣政》《全文》业经节录,而《要录》所载本系全文,馀皆一字未删,不应偏删此语,则馆臣所删者,实13字。

3. 建炎二年三月己(巳)[亥]：[宗]泽闻两河州县,虏兵不过数百,馀皆胁[使胡]服,日夜望王师之来。(1020;14 / 8a)

删2字,“虏”改“金”,《文渊》《文津》《广雅》同。《广雅》“数百”误作“数万”。《圣政》“虏”改“敌”,“胡”改“变”,未删。按：经此一删,“服”字遂由名词而为动词。

4. 建炎三年十一月甲戌：是日，完颜宗弼再引邦乂，邦乂不胜愤，遥望大骂，[曰：若夷狄而图中原，天宁久假汝？行磔汝万段，安得污我！]宗弼大怒，击杀之。（1109;29 / 20a）

删22字，《文渊》《文津》《广雅》同。唯《文渊》"遥望大骂"作"望见大骂"。《圣政》"夷狄"改"北人"，"中原"改"中土"，"磔汝万段"四字空缺。按：此所书，与《景定建康志》卷四八《节义传》中的杨邦乂传或者同出一源，作："邦乂不胜愤，遥望见，大骂曰：若夷狄而图中原耶，天宁久假汝？行磔汝万段，尚安得污我！"

5. 绍兴三年三月甲寅：张九成对策曰：……愿陛下以刚大为心，无遽以惊忧自沮。[臣观金虏有必亡之势，而中国有必兴之理，特在陛下何如耳。夫好战必亡，失其故俗必亡，人心不服必亡，而金虏皆与有焉。]彼刘豫者……（1192;52 / 13a）

删48字，《文渊》《文津》《广雅》同。《圣政》未删，唯改"金虏"为"金国"。

6. 绍兴四年十一月壬子：手诏（书）[曰]：……比得强敌之情，稍有休兵之议。而叛臣刘豫，惧祸及身，造为事端，间谍和好。[信逆雏之狂悖，率群偷而陆梁。]警奏既闻，神人共愤。（1295;82 / 6a）

删12字，《文渊》《文津》《广雅》同。《圣政》未删，唯改"群偷"为"群卒"。《要录》"警奏"前另有"签我赤子，胁使征行，涉地称兵，操戈犯顺，大逆不道，一至于斯"语，当为《圣政》《全文》节录时所删。此诏乃沈与求所撰，今又见《龟溪集》卷四、《北盟会编》卷一六六。《北盟》系于绍兴五年二月十三日下，显误。此段原文如下："比得强敌之情，稍有休兵之议。而叛臣刘豫，惧祸及身，造为事端，间谍和好。信逆雏之狂悖，率群贼以陆梁。借被援师，倚为威势，签我赤子，胁使征行，涉地称兵，操戈犯顺，逆天不道，一至于斯。警奏既闻,人神共愤。”《要录》录载此诏,虽亦间有删节修润,然自“信逆雏”,至“倚为威势”数语,实声讨敌伪罪行之关键语,似无节去不录之理。则此处馆臣当共讳删 20 字。

7. 绍兴九年二月己未: 尚书右仆射秦桧上徽宗皇帝陵名曰永固,诏恭依。主管台州崇道观王(铨)[铚]言: 后周叱奴皇后陵实以为名,[不可犯,且叱奴皇后夷狄也,尤]当避。桧大怒。(1494;126/6a)

删 12 字,《文渊》《文津》《广雅》同。《圣政》未删,唯改“夷狄”为“北人”。《要录》自注谓:“此以王明清《挥麈录》修入,但明清误以后周为北齐耳。”按: 今《挥麈录》前录卷一亦作:“秦丞相当国,请以永固为陵名。先人建言: 北齐叱奴皇后实名矣,不可犯,且叱奴夷狄也,尤当避。秦大怒。”明确系馆臣避忌有意删削。

8. 绍兴十九年四月戊辰: 上又曰: 用兵盖不得已,岂可乐攻战。[中国之有夷狄,犹阳之有阴,自古无殄灭之理。使可殄灭,秦皇、汉武为之矣。]本朝真宗与契丹通和百有馀年,民不知兵。(1639;159/13b－14a)

删 29 字,《文渊》《文津》《广雅》同。

9. 绍兴二十五年二月壬寅: 沈长卿旧尝与李光启[曰: 缙绅守和亲,甘出娄敬之下策;夷狄难信结,孰虑吐蕃之劫盟。与其竭四海奉豺狼之欢,何至屈万乘下穹庐之拜。(言和议之非。)]秦桧已恶之。至是,与芮烨同赋牡丹诗……(1674;168/4a－b)

删 45 字,改添 5 字,《文渊》《文津》《广雅》同。《中兴小历》辑本卷三六于六月己卯郑仲熊罢条,亦录沈长卿启中此语,唯仅载前联,且改“夷狄”为“敌人”,疑后联原亦录载,乃馆臣纂辑时删去者。

10. 绍兴二十八年九月庚辰: 先是,权礼部侍郎孙道夫言: 中外籍籍,皆谓金人有窥江淮意,不知达圣听否? 上曰: 朕待之甚厚,彼以何名为兵端？道夫曰：[夷狄，禽兽也，彼身杀其兄而夺其位，]兴兵岂问有名。愿陛下预为之图。……刚中亦言：御戎最今日先务之急。[夷狄之情，强则犯边，弱则请盟。今勿计夷狄之强弱，]盍先自择将帅，搜士卒，实边储，备器械……（1741；180 / 19a－b）

前删14字，后删20字，共34字，改“戎”为“敌”，《文渊》《文津》《广雅》同。

11. 绍兴三十一年正月丁亥：夜，风雷雨雪交作，人疑其异。既而侍御史汪澈言：……今一夕之间，二异交至，[此阴盛也。今臣下无奸萌，戚属无乖剌，而又无女谒之私，意者殆为夷狄乎？]愿陛下饬大臣常谨于备边也。殿中侍御史陈俊卿言：[震雷，阳也，雨雪，阴也。意者，阳不能制阴，故阴生而为害。以类推之，是夷狄包藏窥伺中国，臣下骄恣，玩习权威之象也。]可不惧乎？（1774；188 / 2a－b）

汪澈言删29字，陈俊卿言删45字，共74字，《文渊》《文津》《广雅》同。“震雷”前，《要录》另有“周之三月……抑有甚焉”凡33字，当为《圣政》《全文》节录时删去。参照《朱文公文集》卷九六《陈俊卿行状》，馆臣所删者恰在“抑有甚焉”与“可不惧乎”之间。

12. 绍兴三十一年四月丁巳：翰林学士何溥言：[夷狄为中国之阴。天意若曰夷狄将有不测之变，故出灾异以警戒之。臣谓]安边之图，虽在择将帅，而立国之本，要在得人心。推原天人相与之际，莫如自治之急。（1780；189 / 14b）

时久雨，何溥乃应诏言时政阙失也。删29字，《文渊》《文津》《广雅》同。

13. 绍兴三十一年十月庚子朔：手诏曰：……辄因贺使，公肆嫚言，指求将相之臣，坐索汉淮之壤。[吠尧之犬，谓秦无人。朕姑务于含容，彼尚饰其奸诈，啸厥丑类，驱吾善良，妖氛浸结于中原，

烽火遂交于近甸。]皆朕威不足以震叠,德不足以绥怀,负尔万邦,于今三纪。(1793;193 / 1a - b)

删 42 字,《文渊》《文津》《广雅》同。此诏全文今又见《北盟会编》卷二三二。两相对照,《要录》所录本亦全文,经馆臣讳删,遂成残缺。

14. 绍兴三十一年十二月壬戌:曲赦新复州军。……刘珙草制,略曰:……元恶就屠,馀党悉溃。[重念中原之众,久沦左衽之风,头颅难保于淫刑,闾里悉空于重敛,]宜推在宥,咸与惟新。(1816;195 / 23a - b)

删 26 字,《文渊》《文津》《广雅》同。赦诏全文今见《北盟会编》卷二四六,《要录》所载系节录之文。

15. 绍兴三十二年正月丁亥:然[中原之地,久污腥膻,]民思拯援,如在焚溺。(1818;196 / 7b)

此给事中金安节等准尚书省备到白札子奉旨令同议闻奏中语,《要录》自注谓"据金安节奏议修入"。删 8 字,《文渊》《文津》《广雅》同。

(原载《唐宋历史文献研究丛稿》,上海古籍出版社,2004 年)

《圣政》今本非原本之旧详辨

《圣政》今本指今日尚存之《增入名儒讲义皇宋中兴两朝圣政》六十四卷。① "中兴两朝",南宋高宗、孝宗朝也。此书《四库全书》未收,是《四库》修成后,阮元任浙江学政时访得,并影抄进呈内府的。② 原本则兼指今日已佚之修成于乾道二年(1166)的《光尧寿圣太上皇帝圣政》(《高宗圣政》)60卷和绍熙三年(1192)的《至尊寿王圣帝圣政》(《孝宗圣政》)50卷。

绍兴三十二年(1162)六月十一日丙子,宋高宗禅位于孝宗。二十二日丁亥,孝宗诏"设官裒集建炎、绍兴以来所下诏旨,条列以闻,朕当与卿等恪意奉承,以对扬慈训"。③《高宗圣政》的编类,当滥觞于此。其正式开始,则在九月十一日甲辰敕令所改为编类圣政所④以后。时提举官为宰相陈康伯,同提举官为参知政事史浩,详定官为凌景夏、周必大,检讨官有陆游等。十二月六日,凌景夏、

---

① 其中卷三〇至四五已缺。按,卷二九所载为乾道二年事,当是卷四五之内容,由于首页已脱,后人误认为是绍兴十三年记事。

② 影抄本编入《宛委别藏》和《选印宛委别藏》,易见。傅增湘于1913年和1915年犹见之此书明影写宋刊本和宋刊巾箱本(见《藏园群书经眼录》第261页),《中国古籍善本书目》已不再著录,疑已不存或已流至海外。

③ 《宋会要辑稿》职官四一之七〇至七一,《玉海》卷四九,《建炎以来系年要录》卷二〇〇。《会要》系二十三日,有一日之差。

④ 《南宋馆阁录》卷四,《建炎以来朝野杂记》甲集卷四"两朝《圣政录》",《宋会要辑稿》职官四一之七一。

周必大言:“奉旨编类光尧寿圣太上皇帝一朝圣政,合要建炎元年五月(十)[一]日以后至绍兴三十二年六月十一日以前三省、枢密院时政记、起居注参照编类”,“并合要诏旨草稿参照”,乞许关借或抄录。约隆兴元年(1163)三月,陆游离开编类圣政所,时已撰就“中兴圣政草”20条,今存,见《永乐大典》卷二二五九和一二九二九。隆兴元年五月十九日,编类圣政所并归日历所。乾道二年(1166)九月二十九日己巳,国史日历所上《光尧寿圣太上皇帝圣政》六十卷。①

淳熙十六年(1189)二月二日壬戌,宋孝宗禅位于光宗。同月二十九日,光宗御笔令编类寿皇圣帝圣政。提举官先后为王蔺、留正,专职检讨官先后有黄由、王叔简、章颖等。绍熙三年(1192)十二月四日壬寅,国史日历所上《至尊寿王圣帝圣政》五十卷。②

南宋时,即已有此两书的抄节本在坊间流行。如《直斋书录解题》著录的“《孝宗圣政》十二卷”,解题即谓系“书坊抄节”之本。亦有在抄节同时将两书汇合为一的,如“《高宗孝宗圣政编要》二十

① 《宋会要辑稿》职官四一之七二至七三。隆兴元年,“元”旁《辑稿》注有“二”字,当是某整理人拟改作“二年”者,实误,不可从。圣政所并归日历所的时间,《南宋馆阁馆》卷四“修纂”、卷七“官联”云在元年七月,月份与《会要》有异。书成奏上的时间,上揭《会要》《馆阁录》作“闰九月二十九日”,《玉海》卷四九作“闰九月二十九日己巳”,唯《宋史·孝宗纪》系于九月己巳。按,此年非闰年,九月辛丑朔,己巳恰为二十九日,“闰”字衍。卷数,上揭《会要》《馆阁录》《玉海》以及《咸淳临安志》卷七孝宗《高宗圣政序》《宋史·艺文志二》皆作六十卷,唯《直斋书录解题》卷五“高宗孝宗圣政编要二十卷”条作“五十卷”,有异。《建炎以来朝野杂记》甲集卷四“两朝《圣政录》”:“《光尧圣政录》者……乾道二年冬蒋子礼为参知政事,上其书,凡三十卷,上自为之序。”核之上揭孝宗《高宗圣政序》石刻蒋芾(子礼)之“记”,两者书名虽略异,所指实同一书,而卷数复有六十与三十之异。

② 《南宋馆阁续录》卷四“修纂”。书成奏上的时间,《宋会要辑稿》职官四一之七四在十二月二十三日。按,《玉海》卷四九、《宋史·光宗纪》皆与《馆阁续录》同。又卷数,上揭《会要》《玉海》以及《咸淳临安志》卷七光宗《孝宗圣政序》、《直斋书录解题》卷五、《宋史·艺文志二》《文献通考·经籍考二八》皆与《馆阁续录》同,作五十卷,唯《建炎以来朝野杂记》甲集卷四“两朝《圣政录》”条作“三十卷”,有异。

卷”,即是“书坊钞节以便举子应用之储者也”。[①] 阮元据此认为,《圣政》今本亦是“汇合两书而冠以‘中兴两朝’之名者”,“盖亦书坊所刻,故有‘增入讲义’,非进御之原本也”。[②] 增入之“名儒讲义”,计有何俌《中兴龟鉴》高宗朝40条、孝宗朝5条,吕中《大事记》高宗朝20条、孝宗朝8条,“史臣曰”高宗朝18条,另有“张汇进论”2条、“史臣秦熺曰”1条、朱胜非《闲居录》9条、《幼老春秋》1条、《林泉记》1条、“李心传曰”2条、“喻樗曰”1条,以上皆见于高宗朝;“张拭札子曰”1条,见孝宗朝。其中“李心传曰”2条乃李心传在《建炎以来系年要录》所加自注中的考辨之语,一见卷三八“建炎四年十月辛未秦桧自楚州孙村归于涟水军丁禩水寨”条下,一见卷一二二“绍兴八年九月乙巳张戒论备边当以和为表”条下。前者是在自注引录了赵甡之《中兴遗史》、秦桧《北征纪实》、朱胜非《闲居录》《林泉野记》、王明清《挥麈录馀话》、洪适《洪皓墓志》以后而加的。此注引录的《闲居录》《林泉记》,亦被今本作为“名儒讲义”增入书中。而《闲居录》其余8条以及《幼老春秋》、“喻樗曰”,实亦皆自《要录》增入者。至于“张汇进论”全文和“史臣秦熺曰”,皆见《要录》正文,《四库》馆臣“疑为后人搀入”,[③]如果所疑不误,搀入的时间当在《圣政》今本以前。因为很明显,《圣政》今本引录的此两者之语,亦是先从《要录》节录增入,而所节之两条“张汇进论”又被后人转附于《要录》各该条之下的。

《要录》奏进于嘉定三年(1210)九至十二月间,五年五月降付国史院。《圣政》今本既然将不少《要录》自注作为“名儒讲义”增

---

① 皆见卷五“典故类”各该条。

② 《四库未收书目提要》卷二,见《四库全书总目》影印本所附,第1853页。

③ 见《建炎以来系年要录》影印文渊阁本卷首提要,《四库全书总目》卷四七所载同书提要已删去此语。

入书中，则其将《高宗圣政》《孝宗圣政》两书汇合为一而冠以“中兴两朝”之名的时间，当既远在《要录》奏进、降付国史院并在坊间广为流传之后，而又必在南宋覆亡之前，即13世纪10至70年代的60馀年间。

阮元已正确指出《圣政》今本“非进御之原本”。原本两书各自独立，今本已合为一书，此范围有别也；原本两书共110卷，今本仅64卷，此卷数不逮也；原本仅有类编史臣所著之论，今本则增入有所谓诸家“名儒讲义”，此内容不伦也。都是显而易见的非原本之旧的所在。但两者的差别是否仅限于此呢？本文即拟就此再详辨而论析之。

一、辨 体 例

《建炎以来朝野杂记》甲集卷四“两朝《圣政录》”条谓《光尧圣政录》“大凡分门立论，视《宝训》而加详焉”。指出《高宗圣政》编纂体例的特点是“分门立论”，与《宝训》相似。《玉海》卷四九“艺文门”亦将“圣政”附于“政要宝训”类，当亦有见于“圣政”一类著作，不仅在内容上，而且在编纂体例上与“政要宝训”相近。而《圣政》今本则“编年纪事，体例一仿《资治通鉴》为之”，[①]几乎完全变更了原本的体例。

宋代首部《宝训》是仁宗天圣五年（1027）诏修，明道元年（1032）成书的《三朝宝训》三十卷。“三朝”，太祖、太宗、真宗也。此书的缘起，是出于监修国史王曾的如下建请：“唐史官吴兢于正史、实录外，录太宗与群臣问对之语为《贞观政要》，今欲采太祖、太

---

① 阮元语，见上揭《四库未收书目提要》。

宗、真宗实录、日历、时政记、起居注,其间事迹不入正史者,别为一书,与正史并行。"本是仿《贞观政要》而作的。《贞观政要》今仍习见,其体例为"分门立论",可不待检覆而知。至于《三朝宝训》的体例,则书成后于经筵进读,从臣僚的如下建请中,或可获知其大概:康定元年(1040)四月十八日,侍读学士李淑言:"《宝训》欲先读第一卷政体、听断事外,却取第十三卷以后将帅、边防、夷狄事进读。庶几戎备边政,早得敷启。"①绍兴五年(1135)闰二月二十二日,臣僚言:"仰惟陛下复开经筵,宜依仿仁宗时,于经筵中读《三朝宝训》,仍令侍读之官如李淑所请,先取论政体、听断(更)[事],益以谨灾祥、省费用数卷进读,则内修之道尽矣;次取议武备、制军旅、论边防、抚夷狄数卷进读,则外攘之策举矣。"②

稍后又有庆历四年(1044)九月修成的《三朝太平宝训》二十卷。此书"门类始于赏罚,终于延谏臣(一云纳直谏)","凡九十六门"。"其间典法深大,今世不能遵守者,于逐事之后,各释其意;意相类者,止释一事;明白者,不复释。"③

至于《圣政》原本,陆游自言:"某被命修《光尧皇帝圣政》,草创凡例,网罗放逸,虽寝食间,未尝置也。"④他草创的凡例如何,今日已难获见。与陆游离开圣政所约略同时,朝廷于隆兴元年(1163)三月十六日发布了如下一道诏令;"编类圣政所修纂《光尧寿圣太上皇帝圣政》,凡大号令、大政事,今日合遵行者,并编类门

---

① 皆见《玉海》卷四九"天圣《三朝宝训》"条。
② 《宋会要辑稿》崇儒七之三。据《玉海》卷二六帝学门"宝元读《三朝宝训》"条,此臣僚乃殿中侍御史张绚。
③ 《玉海》卷四九"庆历《三朝太平宝训》"条。按,此书又名《祖宗故事》或《太平故事》。
④ 《渭南文集》卷二六《跋高宗圣政草》。又见《永乐大典》卷一二九二九所录《中兴圣政草》文末跋语。

目,每月投进;其编年纪事,候书成日,一并进呈。”①似乎《圣政》今本卷首“分类事目”,正文编年纪事的做法,颇符诏令要求,亦即原本之体例者。其实不然。

今本卷首所列“分类事目”,细按其内容,可知是在编年纪事业已完成的基础上,再将每一事条的提要按门类予以区分而编制的。它不可能在编年纪事完成以前“每月投进”,且其事目又不全是“大号令、大政事”,又无附论,也不符合优先于“每月投进”的要求。从《中兴圣政草》看,陆游致力的重点显然在撰写以“臣等曰”领起的“论”,至于“论”所针对的“事”(亦即所谓“大号令、大政事”),则是从现成的著述,如汪伯彦《中兴日历》,耿延禧《中兴记》,汪伯彦、李纲、路允迪、吕颐浩、张浚、王绹《时政记》以及“汪藻所记”中筛选的,各条虽按时间顺序编排,但实际上每条都是某门某类的关键条,都可独立成类。如果比附今本“分类事目”,即分别属于兴复门·登极(第1条)、定都(第17条),君道门·俭德(第6条)、听纳(第14条),治道门·内旨(第7条),皇亲门·外戚(第2条),官职门·录后(第15条)、惜名器(第19条)、褒赠(第16条)、藩镇(第5条)、宦寺(第10条),儒学门·科举(第13条),兵事门·民兵(第8条),财用门·财用(第12条),伎术道释门·释老(第3条)。其余5条碍难比附,暂缺。何况如其中第2条:

> [建炎元年]六月甲子,诏徽猷阁待制邢焕授观察使。时谏官卫肤敏论:“焕,后父,不当除待制;孟忠厚,隆祐太后兄子,不当除直学士。”焕即有是命。而上以太后故,不忍罢忠厚

---

① 《宋会要辑稿》职官四一之七二。《玉海》卷四九“乾道《光尧圣政》”条所引,截止于“每月投进”,且删去其前的“门目”二字未录。

> 职名。于是给事中刘珏、中书舍人汪藻引故事极论之。朕敏改中书舍人,言:"所论不行,不敢就职。"明年正月丁未,卒授忠厚承宣使,且诏:"后族勿任侍从官,著于令。"(以汪伯彦《时政记》及汪藻所记参修)臣等曰……

实在是由三"事"和一"论"构成的。"六月"乃"十二月"之误。在《圣政》今本中,此三事分别系于卷二建炎元年十二月九日甲子、二十五日庚辰和卷三建炎二年正月二十九日壬子。而论则沿用陆游所草,附于末条之下。在建炎元年十二月甲子与庚辰之间,今本另有乙丑、戊辰、庚午、甲戌、丙子、戊寅六日共8条记事,而在建炎元年十二月甲子与二年正月壬子之间,复另有论3则。估计《圣政》原本绝不致与今本相同,而当与草本相类,其论所统之事条或更多也。

又如其中第13条:

> [建炎二年八月]乙亥,上御殿策进士。九月庚寅,赐李易等及第、出身、同出身。初,有司欲以上十人所对策进呈,且请以上意定名次。上却之,曰:"朕委主司取士,必不错。"乃悉从所拟,不复更易。(以汪伯彦《时政记》及汪藻所记参修)臣等[曰]:恭惟太上皇帝当建炎之初,策士于廷,一委主司,不以一人之好恶为之升黜,天下之至公也。及绍兴中,权臣罔上,假国家之科目,以私其子弟亲戚,则圣断赫然,拔寒畯,抑权贵,亦天下之至公也。惟一出于至公,故静则为天地之度,动则为神明之断。《传》曰:"公生明。"太上皇帝实有焉。

"乙亥"为"甲戌"之误,盖是年策正奏名进士在甲戌,而乙亥所策乃特奏名进士。此条亦由二"事"一"论"构成。其事《圣政》今本分系于八月甲戌、九月庚寅,此两日间另有6条记事,而论亦沿用此草,且附于末事之下,皆与上引第2条略同。值得注意的,是"论"中复提及"绍兴中权臣罔上"事,所指当是绍兴二十四年(1154)三月辛酉廷试,高宗更改名次,将秦埙从原定第一改为第三,及是科秦桧亲党多人中第。后来绍兴二十六年六月戊寅,宰相沈该等奏及"今次科举,臣等子弟亲戚并令归本贯就试"时,高宗又曾说到:"往时秦熺登科,尚是公选,后在翰苑,文亦可观。其后秦埙中甲科,所对策,叙事皆桧、熺语,灼然可见。朕抑之置在第三,不使与寒士争先。"①以上诸事,在《圣政》今本卷首"分类事目"中分别以"亲策进士""委任主司""殿榜尽私亲党""不私权要亲戚"为题,同属于儒学门·科举类。益证陆游所草之"事"并"论",确是某门某类之关键条,成书时,是要将同一门类的事例予以充实,并以门类为范围,按时间顺序作出编排的。

这样,对于隆兴元年三月十六日诏的内容,或可得出比较确切的理解。所谓"凡大号令、大政事,今日合遵行者,并编类门目,每月投进",即是有如陆游这样,先筛选出关键事例,确定其门类,并联系当前实际,著论阐释或发挥其意义,每月修成多少,投进多少。至于"书成日一并进呈"的"编年纪事",则是指在某门某类的范围内,补充相关事例,并将其按时间顺序编排。也就是,《圣政》原本的体例,确如李心传所说,是"分门立论",与《宝训》相似,而与今本"一仿《资治通鉴》为之"之编年体,大异其趣。

《圣政》原本"分门立论"的具体情况如何,今已难知其详。唯今本卷首所附"分类事目",或者犹可获见其仿佛。"分类事目"计

---

① 见《建炎以来系年要录》卷一六六、一七三,亦见《宋史全文》卷二二。

分15门：兴复、任相、君道、治道、皇亲、官职、人才、礼乐、儒学、民政、兵事、财用、伎术道释、边事、灾祥。门下各有子目，即类，最多者为官职门，凡53类，最少者为灾祥门，凡6类，15门共321类。类下再分列事条，全书共约2 800馀条。分门十五，或许为原本所具有，所列诸类，似已非原本之旧。如兴复门、其符命、潜龙、天眷、宝玺、巡幸、定都、僭伪诸类下皆未列孝宗朝事条，治道门政事、治体诸类亦未列高宗朝事条，则在《高宗圣政》或《孝宗圣政》原本中，此等类目未必皆备具也。又，其所列事条，皆是正文各则记事的提要，有一则记事分列数条提要者，亦有不少记事未作提要者，原本当不致如此。在原本中，类之下所列者当是事例，而非事例的提要，而事例之下或附有就此阐发的论。每类有论，是数论或是一论，其论置于首条、末条或中间某条事例之下，当皆视实际情况而灵活处理。

《群书会元截江网》卷二“圣翰·皇朝事实”录载：

> [高宗建炎]三年，宰臣谢赐御书《资治通鉴》第四册。上因曰：“朕退朝省览四方章奏，多游意于翰墨，不以为倦。”四年，写《郭子仪传》，呼诸将示之。绍兴三年，诏以恤刑手诏刻石，颁诸郡县。奉使魏良臣言：“北人得御笔恤刑诏书墨本，曰：‘恤民如此，民心安得不归。’”五年，书《无逸》为图，设于讲殿之壁。赵鼎谢御笔《车攻》诗曰：“陛下游戏翰墨之间，亦不忘恢复。”六年，上曰：“昨在会稽，尝写《赵充国传》以赐诸将。”七年，秦桧乞以御书《羊祜传》刊石，颁诸宰执、大将、侍从，从之。九年，秦桧乞以御书真草《孝经》刻之金石，以传示后世。（并《圣政》）

共8条。其中第3、6、7三条今本不载；第1、4两条今本虽有相应记载，见卷三建炎二年九月戊戌、卷一七绍兴五年四月己酉，行文却甚不类；第2、5、8三条今本亦有相同记载，见卷八建炎四年八月丁丑、卷一八绍兴五年十月壬寅、卷二五绍兴九年六月辛酉，虽详略不伦，字、句则同，颇似今本节录之文，当系同源所致。第1条下，今本有论。与第8条相应的今本事条，《要录》不载，其下附有以“臣留正等曰”领起的论，事和论皆今本据原本录入者。[①] 论中且言及：

> 太上皇帝奎画之妙，敻绝前古，五经《语》《孟》之籍，既已笔而刊诸石，三年大比，又取六经修身治心之要学，别书以宠多士，至于左氏《春秋传》、司马迁《史》与赵充国、羊祜等传，分颁臣下，若《孝经》之赐者，不可概举。

则实与第4、5、6、7、8诸条之内容皆相呼应，可见《截江网》此段乃迻录原本某门某类现成文字者。今本“分类事目”有君道门·圣翰类，《截江网》当即录自原本之相近似门类。虽所录颇多删节，且剔除论二则未录，但从中仍可约略窥知“分门立论”的部分原貌。

《圣政》原本因事“分门立论”，论是主，事是客，是陪衬，不少论且针对同属一类之数事而发。今本将全书体例改为编年纪事，又大量增补事条，不少事为论之阐发或举例所未及，未免反客为主了。

二、辨“论”

在《圣政》今本的“论”中，仅以“臣留正等曰”领起的部分与原

① 理由详具下文“辨事条”节。

本有渊源关系，其余皆属“增入”的“名儒讲义”之列。以“臣留正等曰”领起的论，今本存者，高宗朝共 88 条，孝宗朝共 202 条。此外，高宗朝绍兴十三年以后今本现已缺佚部分，其论被后人录入《建炎以来系年要录》注文的，尚有 13 条。

这些“论”，在《圣政》原本中如果亦以人名领起，所署当分别是《高宗圣政》和《孝宗圣政》的提举官，即“提举编类圣政”者之名。据《南宋馆阁录》卷七《官联》“提举编类圣政”条：“乾道以后二人：虞允文，元年三月以参知政事权。蒋芾，二年九月以兼参知政事权。”其中虞允文乾道元年八月己丑罢参知政事，其提举编类圣政当已同时免去。则在乾道二年九月二十九日奏进《高宗圣政》时，其提举官当即蒋芾无疑。书中之论若须署名，当署“臣蒋芾等曰”。另据《南宋馆阁续录》卷七《官联》，绍熙年间曾任提举编类圣政者仅留正一人，则在绍熙三年十二月四日奏进的《孝宗圣政》中，其论若须署名，所署才是“臣留正等曰”之名。在《圣政》原本《高宗圣政》中如果出现以“臣留正等曰”领起的论，是难以想象的。

或者说，国史日历所在编纂《孝宗圣政》的同时，亦曾对《高宗圣政》进行订补，甚至进而曾将两书汇合为一，因而也就难以完全排除将所有的论一概冠以“臣留正等曰”的可能。可惜的是，在有关文献中却绝无曾经发生此等情况的踪迹可寻。

在《中兴圣政草》陆游起草的 20 条论中，为《圣政》今本沿用者计 5 条（第 1、2、9、10、13 条），稍作修改后沿用者计 2 条（第 5、11 条）。如其中第 5 条，陆游原草为：

> 昔太祖皇帝监唐末五代方镇强、王室弱之弊，故削镇兵以尊京师。暨我太上皇帝亲见靖康以来群盗充斥、都邑无备之患，故屯兵诸郡，且责提点刑狱以警备盗贼。扶偏补弊，可谓

各适其时矣。乃者都邑安于无事,武备寝阙,一有非常,且复蹈前日之害。故臣具述其详,以待制诏行焉。

《圣政》今本卷一建炎元年六月己卯所附之论,“各适其时矣”以前与原草同,“乃者”以下则改作:“迩者主上复诏枢密院及郡国铨选兵官,训练禁[卫],武备既饬,奸宄自消,诚得太上皇帝之深意矣。”表明确实存在对原草进行订补之事。但订补者却系乾道初之人,而非绍熙中人。因为论中“迩者”云云,明显地是指乾道二年(1166)八月壬午,“诏诸州守臣兼训练禁军”[1]而言的。当是经《高宗圣政》的编纂者修订后录入书中,而又为今本沿用者。

《圣政》今本高宗朝以“臣留正等曰”领起的论中,类似这样连类言及近事之处不少,如:卷一六绍兴四年(1134)十一月庚戌,承、楚、泰州水寨、民社邀击贼马条之论即曾提到:

曩者(敌)[贼]亮入(临)[犯],水寨之民颇能邀击其游骑而自卫其聚落。及敌既退,太上皇帝矜其忠而赈恤之,德至渥也。或闻当时淮上有司不能奉行太上之旨,至裙其小过而责偿官帑之所失,以是苦之。故甲申之警,皆弃其寨栅,载其器具,漂流于江之南者久之。

又卷一九绍兴六年(1136年)六月丁巳“营田官王弗候对”条之论亦曾提到:

主上休兵以来,博采群议,遣使讲求。兵之屯田者,责之

① 《宋史·孝宗纪一》。

将师,民之营田者,责之守臣。两淮、荆、襄膏腴之地,垦辟几遍。行之数年,殆见公私兼济,仓廪盈溢。

相似的情况,亦见卷八建炎四年八月丙戌,卷一二绍兴二年八月庚戌,同卷同年十一月辛未,卷一六绍兴四年十一月辛未诸条之论中。全都是孝宗初人的语气。引文中"甲申之警"指隆兴二年十月辛巳"金人分道渡淮"事,"休兵"指隆兴二年底宋金和议的签订,"遣使讲求"屯田,乃乾道元年十一月辛未也。[①]"殆见",或然之语。而绝无指称绍熙初事的踪影。

特别是以"太上皇帝"称高宗,以"主上""圣上"称孝宗,这在绍熙年间也是绝对不可能发生的事。

总之,绍熙中在留正提举下的国史日历所的史臣,既未对《高宗圣政》作过订补,也未在其"论"上改冠以"臣留正等曰"一类语词,其"论"仍然保持着乾道初年修成时的原貌。

如前所引,陆游《中兴圣政草》中的"论"是以"臣等曰"领起的。至于成书后的《高宗圣政》,《山堂考索》后集卷六四"财政门·内库类"所录《圣政》遗文曾见以"臣隽曰"领起1例,"隽"字费解。而同书后集卷二七"士门·学制类"所录《圣政》绍兴二十六年三月壬子条、卷六四"财赋门·贡献类"所录《圣政》绍兴三年条遗文之论却都是以"臣等曰"领起的。颇疑"臣隽曰"之"隽"乃"等"字形近致误。若此,则在《高宗圣政》原本中,其论本与《中兴圣政草》一般,都是以"臣等曰"领起的。《圣政》今本之以"臣留正等曰"领起,估计乃是"增入名儒讲义"的书坊在"增入"的同时所改。

---

① 皆见《宋史·孝宗纪一》。

至于《孝宗圣政》原本的论，如果从《山堂考索》所录遗文来看，似乎也不是以“臣留正等曰”领起的。笔者在《山堂考索》后集中共检得附有论的《孝宗圣政》遗文凡5条，其中卷四二“兵制门·教阅类”所录乾道二年十一月甲子条以“史臣赞曰”领起，卷六一“财用门·铁钱类”所录淳熙十一年十二月己卯条、卷六四“财赋门·贡献类”所录隆兴元年十二月癸未条、乾道九年三月乙巳条、淳熙五年四月辛未条，共4条，皆以“史臣曰”领起。或者《孝宗圣政》原本的论，本来皆是以“史臣曰”领起的。可是，如果从真德秀《西山先生真文忠公文集》卷一四端平二年乙未十二月一日进“故事”所录《孝宗皇帝圣政》遗文来看，又似乎确是以“臣留正等曰”领起的。“故事”包括三大部分：一是淳熙十三年二月乙卯事条，二是“留正等曰”的论，三是以“臣某窃谓”领起的真德秀本人就《圣政》事条和论所作的发挥。这则遗文的论虽然明确题作“留正等曰”，但也不能完全排除真德秀在引用时，为了与下文“臣某窃谓”不相混淆，故意将原文的“臣等曰”替换成“留正等曰”的可能。以上所举《山堂》中的5条，真《集》中的1条，除隆兴元年条今本现已残缺外，其余分别与今本卷二九、六一、五二、五六、六三的论全同。这又表明，今本《圣政》孝宗朝“论”的领语“臣留正等曰”即使曾由“增入名儒讲义”的书坊增署，而于“论”的内容却是未加改动的。

既然《孝宗圣政》原本的论很有可能是以“史臣曰”领起的，那么《圣政》今本高宗部分曾大量出现的署为“史臣曰”的论，是否也是《圣政》原本的论呢？这些署为“史臣曰”的论，在《圣政》今本孝宗部分从未出现过，而在高宗部分则出现达18次之多，而今本现已佚缺，仅见于被后人转录于《要录》注文的，又有9条之多。行文语气与以“臣留正等曰”领起之论甚不相类，明显不是出于同一编纂群体的手笔。鉴于《高宗圣政》类编当时，尚无关于高宗朝的完整史籍可供参考,《高宗日历》一千卷迟至淳熙三年(1176)三月才在李焘手中最后完成,《高宗实录》五百卷的修成更是嘉泰二年(1202)的事。这与类编《孝宗圣政》时《孝宗日历》早在绍熙元年(1190)八月即已成书的情况是不可同日而语的。在《圣政》今本高宗朝被书坊作为"名儒讲义"之一"增入"的以"史臣曰"领起的论,或者很可能即是录自《高宗日历》的议论。十分凑巧的是,有两则内容几乎相同的论可以供我们就此作出判断。一则是建炎二年九月庚寅殿试条以"臣留正等曰"领起的论,已见前第215页引。另一则是见于《要录》卷一七三绍兴二十六年六月戊寅宰臣沈该等奏今次科举条后人注的"《中兴圣政》史臣曰",如下:

> 建炎初策士,一委有司,不以一人好恶为之升黜,天下之至公也。绍兴中权臣罔上,假国家科目以私其子弟亲戚,则圣断赫然,拔寒畯,抑权贵,亦天下之至公也。

明显是前一则论的节录,属于后出者无疑。至于今本为何将内容相同的论于两处重复录入,则与体例的变更有关。

三、辨事条

《圣政》今本64卷(已缺佚16卷),原本《高宗圣政》60卷,《孝宗圣政》50卷,共110卷。从卷数说,今本比原本约少2/5。从事条说,原本《高宗圣政》905条,《孝宗圣政》641条,共1 546条。① 今本若以卷首"分类事目"所列粗略统计,共约2 800馀条;若据正文

① 《咸淳临安志》卷七《秘书省》所录两《圣政》序,《玉海》卷四九乾道、绍熙两《圣政》条,《建炎以来朝野杂记》甲集卷四"两朝《圣政录》"条。

实有事条统计,高宗朝绍兴十二年前即达 2 873 条,孝宗朝共 1 502 条。即今本较原本增加事条一倍有馀。

由于《圣政》原本今已全佚,以下暂以曾经录载其部分事条的南宋类书《山堂先生群书考索》《群书会元截江网》和兼具类书性质的地理总志《舆地纪胜》中的遗文为原本的依据。又由于《圣政》今本现亦有缺佚,而《续资治通鉴宋史全文》高孝两朝基本不缺,且几乎全部照录《圣政》今本,只有个别事条作过删节,《圣政》今本的佚缺部分,即径以《宋史全文》替代。两相对照,借以略窥今本事条非原本之旧的概貌。

笔者从《山堂考索》后集检得原本《高宗圣政》遗文 23 条,从《群书会元截江网》检得 54 条,[①]从《舆地纪胜》卷一检得 6 条。《山堂考索》与《截江网》有 3 条相重。三书引录的遗文类多删节,尤以《截江网》与《舆地纪胜》为甚。三书中的遗文与《圣政》的异同状况有如下表:

	引录原本事条数	今本同者数	今本异者数	今本无者数
山堂考索	23	2	15	6
截江网	54	17	25	12
舆地纪胜	6	1	5	0
合　计	83	20	45	18

原本遗文为今本所无者暂置不论。值得特别注意的,是今本相应事条中竟有 2/3 以上与原本有异。而这些与原本有异的事条,却又与《建炎以来系年要录》中的相应事条行文几乎完全相同,或是该条全文的转录,或是该条部分文字的节录:

① 其中一条分见两处引录,另有一条分见 3 处引录,今皆以 1 条计。

	与原本异者数	全文转录《要录》数	节录《要录》数
山堂考索	15	10	5
截江网	25	17	8
舆地纪胜	5	2	3
合　计	45	29	16

而在今本与原本相同的20条中,亦有16条与《要录》全同,仅有4条为《要录》所不载或与之不同。而在《要录》不载或不同的4条中,3条之下皆附有以"臣留正等曰"领起的论;另1条为绍兴二十七年纪事,今本已缺,乃据《宋史全文》比对者,疑本亦有论,而为《全文》所删。①

这一事实,再参照今本事条之数远多于原本的事实,使我们有理由相信,当书坊在将原本的"分门立论"改为今本的编年之体时,它不是简单地撇开原本门类将事条全部改为按时序编排即算完事的。特别是就高宗部分而言,它实际上经历了如下三个步骤:

第一步,撇开原有事条,改为只从《要录》中筛选摘录。《舆地纪胜》卷一《两浙西路·行在所·日历所》:

> 《高宗圣政》云:绍兴元年。汪藻言:"自元符至建炎并无日历。此国之重事。"至是,除藻知湖州,诏领日历。

以汪藻建议修日历及藻知湖州、领日历皆绍兴元年(1131)事。而今本所由节录之《要录》卷六〇建炎二年十一月壬午条李心传自注曾力辩熊克《小历》谓汪藻绍兴元年即领日历之误。《高宗圣政》

---

① 本段言及之比对状况,详具附录一。

的成书早于《小历》二十馀年，却也犯有后来遭李心传批评的类似疏误。又，《山堂考索》后集卷五七《财赋门·茶盐类》：

> 高宗绍兴二(年)[十]七年，进呈王师心札子，荆湖南北路乞改茶引事。上曰："茶盐禁榷，本为利用取须，若财赋有馀，则摘山煮海之利，朕当与百姓共之。"

其针对王师心札子的"上曰"云云，《小历》辑本卷三七与之全同，而在今本所由出的《要录》卷一七七绍兴二十七年七月庚午条的自注中，李心传认为熊克将"上语""去其首尾"是"于师心事多所缘饰"的表现。可见在《圣政》原本事条中，其疏误实不一而足。这是因为原本在类编当时，高宗朝的日历、实录、国史等一部也未完成，其参考所及，只是时政记起居注和诏旨草稿等，而且残缺不全，其中秦桧父子又不无掩饰改窜之处，况又成书甚急，考订不精本在情理之中。书坊选中在高宗朝编年体史书中后来居上的《要录》用作替换对象，不能不钦佩其眼光的准确。而《圣政》原本遗文与今本相应事条多数有异的情况就是在这一步产生的。至于今本一些事条既与原本遗文相同又与《要录》相同，那是由于原本编纂中参考所及诸书，同时也是《高宗日历》的依据，而《日历》乃是《要录》框架赖以构建的基干之故，即两者存在某些同源关系所致。

第二步，将原本以"臣等曰"领起的论改冠以"臣留正等曰"，与其他须"增入"的"名儒讲义"一起，附入相应的事条之下。"论"所附之"事"，如果业已摘录，且出入不大，当然径附其下，如果出入过大，则将事条予以抽换，然亦偶有不再抽换的。如《截江网》卷三所录原本遗文：

高宗建炎三年，霖雨不止，可召郎官以上赴都堂各言朕过失，庶几可收人心，召和气，销天变。

今本卷五的相应事条如下：

［建炎三年六月］己酉，上以久雨不止，虑下有阴谋或人怨所致，以谕辅臣。于是吕颐浩、张浚皆谢罪求去。上曰："宰执岂可容易去位。来日可召郎官以上赴都堂言阙政。"

与《要录》卷二四全同。而其下所附以"臣留正等曰"领起的论却提到：

太上皇帝以久阴霖雨不止，宣谕宰执不及其他，独使召郎官以上言已之过失，而将以收入心，召和气，销天变，此宋景公所以退星舍，而子韦之所以贺延寿也。

可见在原本中，"论"与"事"本是互相呼应的。今本"事"已改从《要录》录出，与"论"虽已不再呼应，却仍保留已录之文而未予抽换。在今本所存88则"论"中，属于这类情况，即其事条与《要录》同者，凡55条，占多数。

经过抽换的事条，即与《要录》有异了，然与《要录》有异的事条，却未必全由抽换所致。有些"论"所附之事，《要录》中本有记载，然为第一步漏录。这时，"论"与"事"遂皆据原本增入。如今本卷一四、《要录》卷六七，绍兴三年七月己卯，议讲筵所书吏以进书推恩"不作非泛补授"为不当事，两者行文虽不类，皆能与"论"呼应，绝无非抽换不可的充足理由，其相异即由此而成。属于这类情况，即其所附事条与《要录》异者，凡18条。

此外,“论”所附之“事”为《要录》所未载,“论”与“事”皆据原本增入的,凡15条。随着以“史臣曰”领起的论的同时增入,其所附之事为《要录》所不载者,亦有2条。[①]

第三步,补充《要录》所未备或更换《要录》原记述。《要录》虽后来居上,却不一定十全十美。《郡斋读书志》附志的作者赵希弁,即认为“其中阙疑尚多”,并“尝为补注一书,颇为详备”。[②] 如《要录》卷一二四绍兴八年十二月癸酉馆阁胡珵、朱松、张广、凌景夏、常明、范如圭上书曰条,末云:“时士大夫皆以和为不可,而如圭与王庶、曾开、户部侍郎李弥逊、监察御史方庭实言之尤力。”自注:“弥逊、庭实奏疏未得本,当访求增入之。”《圣政》今本卷二四在节录《要录》此日记事的同时,于“言之尤力”下又接载“庭实疏言”云云,凡224字,即是在《要录》以外访求增补的。又,同年同月丙寅王庶落职条之下,赵雍上书条之前的“诏秘书省校书郎许忻入对,奏疏言”云云,都219言,亦《要录》所不载,当也与方庭实疏一样,是访求增补的。增补的依据,疑即赵希弁《补注》一类现成成果。此外,《要录》卷一一三绍兴七年八月丁酉朱松为校书郎条对朱松其人及召见时所言的记述本较简洁,共94字,而《圣政》今本却据朱熹《皇考先公行状》补进大段文字,共达333字之多,而其下针对朱松之言的“上曰”云云,《要录》原共80字,而今本则仅节录了47字。此举当与今本成书时理学正统地位业已确立的背景有关。类似这样从《要录》以外补充新材料或更换《要录》原记述的情况,今本高宗朝残存部分共发现9处,当皆是这一步的结果。

至于《孝宗圣政》的遗文,笔者从《山堂考索》后集检得16条,

---

① 以“史臣曰”领起之论所附事条为《要录》不载之2条分见今本18/15b、21/12b。至于以“臣留正等曰”领起之88则论所附事条与《要录》的比对情况,详具附录二。

② 《郡斋读书志》袁本卷五上“《建炎以来中兴系年要录》二百卷”条。

《群书会元截江网》检得38条,《舆地纪胜》卷一检得5条,共59条,都能在《圣政》今本觅得相应记载。唯《截江网》与《舆地纪胜》所录或删削过甚,或年份有误,比对较为困难尔。如起居郎林机奏乞"得圣语并仰关报"条,《舆地纪胜》卷一"门下省"下所录谓"隆兴二年",而《宋史全文》卷二五却系于乾道五年十一月七日己未。《圣政》今本卷四七第20、21页间有脱页,故只能于21页开首检得后半残文,记日干支已佚,当与《宋史全文》同。《宋会要辑稿》职官二之二一亦载此事,虽记述重点与文字皆不类,系于此月"二日"且有五天之差,但亦可佐证今本系于乾道五年是可信的,未详《舆地纪胜》逐录时为何有此差误。

而从《山堂考索》后集所录《孝宗圣政》原文与今本的比对结果来看,16条中,完全相同者5条,今本略有删节者8条,《山堂考索》仅摘录原本片段者3条。也就是,今本与原本之间虽存在有无删节之异,字、词、句式却并无不同,行文也甚相类似。这就表明,当书坊在将体例从"分门立论"改为编年之体时,其孝宗朝实与高宗朝有别,并未抽换作为事条节录依据之原书。

鉴于《孝宗日历》早在《孝宗圣政》完成以前二年零四个月即已完成,且国史日历所又曾明言:"所修圣政,系就用本所应干国史文字照使。"①可见原本事条乃是从《日历》录出的。今本既未见曾予抽换迹象,则所据当仍为《日历》。唯改为编年体之后事条之数较原本大增,则曾据《日历》按时序重加摘录也。而卷帙减少,则有如今本与《山堂考索》所录原本对照之所示,于多数事条曾加删削压缩所致。②

(原载《中国学术》第三辑,北京:商务印书馆,2000年秋)

---

① 《宋会要辑稿》职官四一之七三,淳熙十六年三月二十一日国史日历所在言及奉旨续编寿皇圣帝典章法度乞以《至尊寿皇圣帝圣政》为名的同时,奏准了这一编纂原则。

② 真德秀《西山先生真文忠公文集》卷一四《故事》所录《圣政》原本淳熙十三年二月乙卯条,今本亦删去"此辈无进取""下待申严告戒"11字。

附录一:《山堂考索》《群书会元截江网》《舆地纪胜》中的原本遗文及与今本和《要录》比对情况表

事条年月日	三书引录原本所在卷页			今本(或宋史全文)与之比对情况及卷页			今本与要录比对情况及要录卷页	
	山堂考索后集	群书会元截江网	舆地纪胜	情况	圣政今本	宋史全文	情况	要录
1. 建炎元年六月[己卯]	40/711 下			异	1/21b－22a	16/984	节	6/31a－32b
2. 建炎(初)[元年七月己亥]	16/552 下			异	2/2a	16/988	同	7/9a－b
3. 建炎二年[四月己未]		14/8a		异	3/12b	16/1022	节	15/3a－b
4. 建炎二年[四月庚申]			1/16a	异	3/13b	16/1022－	同	15/6a
5. 建炎(三)[二]年[九月丙戌]※		2/5b－6a		异	3/26b	16/1035－	同	17/15b
6. 建炎三年[二月丙子]	53/802 下			异	4/9a	17/1050	节	20/31a－b
7. 建炎三年[六月己酉]※		3/5b		异	5/11b	17/1079	同	24/3a
8. 建炎三年[九月丙午、丙戌]		3/5b－6a		异	6/15a	17/1102 1104	节	28/1a、14b
9. 建炎四年[正月己未]		3/6a		异	7/1b	17/1113	同	31/9b

续 表

事条年月日	三书引录原本所在卷页			今本(或宋史全文)与之比对情况及卷页			今本与要录比对情况及要录卷页	
	山堂考索后集	群书会元截江网	舆地纪胜	情况	圣政今本	宋史全文	情况	要录
10. 建炎四年[六月壬辰]		5/7a－b 7/5a		异	7/21a－b	17/1134	同	34/19b－20a
11. 建炎四年[八月丁丑]		2/6a		同	8/3a－b	17/1138	同	36/5b
12. 绍兴元年[五月己酉]	62/853下	5/8b		异	9/12b－13a	18/1167	同	44/10b①
13. 绍兴(初)[元年十月甲申]		14/8a－b		异	10/8b－9a	18/1178	节	48/17b－18a
14. 绍兴二年[正月乙未]※	16/552下			同	11/1a	18/1186	无	(51/1b)
15. 绍兴二年二月[(庚)(戊)子]	64/866下			异	11/6a－b	18/1190	节	51/28a－29a
16. 绍兴二年[三月癸丑]	53/801上			异	11/7b	18/1192	同	52/11a
17. 绍兴(元)[二]年六月辛卯		15/13b		无				(55/1b)
18. 绍兴二年[十月戊子]	44/739上②	25/10a－b		异	12/14b－15a	18/1220	节	59/1a

续 表

事条年月日	三书引录原本所在卷页			今本(或宋史全文)与之比对情况及卷页			今本与要录比对情况及要录卷页	
	山堂考索后集	群书会元截江网	舆地纪胜	情况	圣政今本	宋史全文	情况	要录
19. [绍兴二年十一月壬午]			1/3a－b	异	12/23a	18/1226	节	60/18a－19a
20. 绍兴三年[正月丁卯][③]		2/6a		无				
21. 绍兴三年[三月丁丑] ※	64/866 下			异	18/8a	18/1237	同	63/25b
22. 绍兴三年四月	42/729 上			无				
23. 绍兴三年[九月己未] ※		7/5b		异	14/11a	18/1253	同	68/7b－8a
24. 绍兴三年	16/552 下			无				
25. 绍兴四年[五月癸丑]			1/13a	异	15/11b	19/1274	同	76/3a－b
26. 绍兴四年[七月庚午]		21/46b		异	15/17a－b	19/1280	同	78/14b－15a
27. 绍兴四年[十一月庚戌] ※		14/8b		同	16/12b	19/1294	异	82/4b
28. 绍兴五年[闰二月己酉]	64/864 下	10/5b		无				

续 表

事条年月日	三书引录原本所在卷页			今本(或宋史全文)与之比对情况及卷页			今本与要录比对情况及要录卷页	
	山堂考索后集	群书会元截江网	舆地纪胜	情况	圣政今本	宋史全文	情况	要录
29. 绍兴五年[闰二月己酉]		9/3a		异	17/15a	19/1314	节	86/4a－5b
30. 绍兴五年[闰二月壬申]		14/8a		同	17/18b	19/1318	同	86/32a－b
31. 绍兴五年[四月己酉]		2/6a		异	17/29b－	19/1329－	同	88/7a
32. 绍兴五年[九月乙未]		4/6b－7a		同	18/20b－	19/1350－	同	93/17a
33. 绍兴五年[十月壬寅]		2/6a		同	18/21b	19/1351－	同	94/3a－b
34. 绍兴六年		2/6a		无				
35. 绍兴七年[五月己卯] ※		25/10b－11a		异	21/13b－	20/1413－	同	111/7b
36. 绍兴(十)[七]年六月癸巳		13/10a－b		异	21/16a	20/1415	同	111/20a
37. 绍兴七年[④]		2/6a		无				
38. 绍兴七年[十月辛亥]		13/10b		同	22/15a－b	20/1437	同	115/15a

续 表

事条年月日	三书引录原本所在卷页			今本（或宋史全文）与之比对情况及卷页			今本与要录比对情况及要录卷页	
	山堂考索后集	群书会元截江网	舆地纪胜	情况	圣政今本	宋史全文	情况	要录
39. 绍兴七年［十二月庚申］		27/10a		异	22/23b	20/1445	节	117/19b－
40. 绍兴八年［六月戊辰］⑤		24/10a		无				（120/6a－b）
41. 绍兴八年［九月乙巳］		24/10a		异	23/19b	20/1465	同	122/5b
42. 绍兴八年［九月壬子］		7/5b		同	23/20a	20/1465	同	122/7b
43. 绍兴九年［六月辛酉］※		2/6a－b		同	25/10b	20/1498	无	（129/5a－b）
44. 绍兴九年［十二月戊辰］			1/13a	同	25/20b	无	同	133/18a
45. 绍兴十年［正月癸卯］		34/6a		同	26/2a－b	无	同	134/7a
46. 绍兴十年（七）［十一月甲子］	43/731 下			异	26/25b	无	同	138/9a
47. 绍兴十一年［六月甲戌］		3/6a		同	27/12a	21/1541	节	140/18a
48. 绍兴十一年［十二月丙寅］		34/6a－b		同	27/24a－b	21/1553	同	143/1a－b

续 表

事条年月日	三书引录原本所在卷页			今本（或宋史全文）与之比对情况及卷页			今本与要录比对情况及要录卷页	
	山堂考索后集	群书会元截江网	舆地纪胜	情况	圣政今本	宋史全文	情况	要录
49. 绍兴十二年［二月辛未］		4/7a		同	28/2a	21/1558	同	144/8b
50. 绍兴十三年［五月庚申］		25/11a－b		无	此年以下今本皆佚			（149/1a－b）
51. 绍兴十三年［十一月丁卯］		2/6b		同		21/1587	同	150/12a
52. 绍兴十四年［三月庚申］		11/10a－b		异		21/1592	同	151/9a
53. 绍兴十四年［三月己巳］※		1/7a		异		21/1594	同	151/14a
54. 绍兴十六年［六月丁未］	57/824下			无				（155/14b）
55. 绍兴十六年［正月丁酉］⑥		17/4b		无				
56. 绍兴十八年［五月甲子］			1/10b	异		21/1632	节	157/11b－12a
57. 绍兴十九年［四月乙巳］		25/11b		无				（159/8a）

续 表

事条年月日	三书引录原本所在卷页			今本(或宋史全文)与之比对情况及卷页			今本与要录比对情况及要录卷页	
	山堂考索后集	群书会元截江网	舆地纪胜	情况	圣政今本	宋史全文	情况	要录
58. 绍兴二十(一)年[九月甲戌]		5/8b－9a		同		21/1649	同	161/29b
59. 绍兴二十三年[九月辛亥]		7/6a		异		22/1665	节	165/13a－b
60. 绍兴二十三年[十二月丁酉]	64/866下			无				
61. 绍兴二十四年[四月庚子]	53/802上			无				(166/11b)
62. 绍兴二十五年[十二月甲戌]		17/4b		异		22/1689	节	170/14b－15a
63. 绍兴二十六年[三月壬子]※	27/621下			异		22/1701	同	17Z/2b
64. 绍兴二十六年[四月戊戌]			1/29a	异		22/1706	节	172/22b
65. 绍兴二十六年[八月辛卯]	53/802上			异		22/1714－	节	174/11a－b

续 表

事条年月日	三书引录原本所在卷页			今本(或宋史全文)与之比对情况及卷页			今本与要录比对情况及要录卷页	
	山堂考索后集	群书会元截江网	舆地纪胜	情况	圣政今本	宋史全文	情况	要录
66. 绍兴二十六年[九月庚子]		16/7b		同		2Z/1715	同	174/13b－14a
67. 绍兴二十(七)[六]年[九月辛丑]		27/10b		同		22/1715	同	174/14a
68. 绍兴二十(八)[七]年[三月丁亥]		27/7b		无		(22/17Z5)		(176/17b)⑦
69. 绍兴二(年)[十]七年[七月庚午]	57/820下			异		22/1728	同	177/14b
70. 绍兴二十七年[八月己未]	62/852上			同		22/1730	异	177/23b
71. 绍兴二十八年[七月戊寅]		11/11a		异		22/1739	同	180/4b－5a
72. 绍兴二十八年[九月癸未]	64/864下			异		22/1742	同	180/20a－b

续　表

事条年月日	三书引录原本所在卷页			今本(或宋史全文)与之比对情况及卷页			今本与要录比对情况及要录卷页	
	山堂考索后集	群书会元截江网	舆地纪胜	情况	圣政今本	宋史全文	情况	要录
73. 绍兴二十八年[十月庚寅]※[⑧]		1/7a－b		异		22/1742	同	180/22b－23a
74. 绍兴二十九年[五月己未][⑨]		6/11a、9/3a－b、10/6a		异		22/1748	同	182/2a
75. 绍兴二十九年[七月乙巳]		2/6b		异		22/1752	同	183/6b－7a
76. 绍兴二十九年[九月辛巳]		25/11b		无				(183/19b)
77. 绍兴三十年[八月丙辰]		15/13b－		同		23/1766	同	185/32a
78. 绍兴三十年十一月丙申	64/867 上			异		23/1771	同	187/4a－b
79. 绍兴三十一年[八月甲辰]		14/8b－		无				(192/3b)
80. 绍兴三十一年[十月丙午、戊申]※	64/865 上			异		23/1796	同	193/12a－b

说明：

一、事条中用圆括号括起者，为三书引录时所用的约词或误字，用方括号括起者，为据今本、《要录》或其他资料补出或订正之确切时间。标有“※”号者，事条下今本附有“论”。

二、所标页码，《山堂考索》据中华书局影印明正德刻本，《宋史全文》据文海出版社影印元代刻本，皆标新编定之总页码；《群书会元截江网》《建炎以来系年要录》据影印文渊阁《四库全书》本，《舆地纪胜》据中华书局影印清道光刻本，皆标每卷之页码。

三、今本与《要录》比对情况，“同”指今本全段（不一定全条）转录《要录》，“节”指对转录的《要录》之文有所删节，“异”指今本非录自《要录》。“无”指《要录》正文无此事条。《要录》卷页加有括号者，指相应记事今本虽无却能见于《要录》之所在，或《要录》正文虽无而后人曾录入注文之所在。

附注：

① 据《宋会要》食货57/16，可知《山堂》《截江网》所载与《圣政》今本为同一诏令之不同部分。

②《山堂》此条误署为“绍兴三年”。

③《要录》、今本皆只载恤刑手诏于此月丁丑，而未载刻石。据《咸淳临安志》卷四“都堂”，刻石在此月丁卯。又，“魏良臣言”云云，两书中亦未检到。

④ 与注③相类，两书仅载诏颁于九月戊寅，未载刻石。

⑤《中兴小历》辑本（《中兴小纪》）卷三二，此日有与之相应记事。

⑥ 据《宋会要》刑法2/116，《要录》《全文》与《截江网》所载者为同一诏书之不同部分。

⑦ 此“论”系以“史臣曰”领起者。

⑧ 卷六所引误署作绍兴“二十年”，卷九所引误署作绍兴“九年”。

⑨《要录》分载于丙午、戊申，《全文》只录载后条而遗前条。

附录二：《圣政》今本以“臣留正等曰”领起之论所附事条与《要录》比对情况表

与《要录》同者						与《要录》异者		《要录》无者	
今本	要录	今本	要录	今本	要录	今本	要录	今本	要录
1/3b－4a	5/1a	9/11a－b	44/4b	16/14b	82/8b	1/5b－6a	5/4a	3/30a	（18/27a－b）
1/22a－b	6/32b	10/1a－b	46/1a－b	16/16b－17a	82/17b	3/1a－b	12/1a－b	9/9b	（43/20b）
2/23a－b	11/23a	10/6b	47/10b	16/17b	82/21a	3/22b－23a	16/17a	10/12b	
3/3a－b	12/14b	11/12b－13a	53/8b	16/19a－b	83/8a	3/25b－26a	17/12b	11/1a	（51/1b）
3/4b－5a	12/19b	11/20b－21a	55/2b	17/2b－3a	84/7b	4/6a	20/21a	11/5a	
3/5b－6a	12/25a－b	12/4a－b	56/9a－b	17/5a－b	84/13a	7/14b	33/14b	11/10a	
3/8b	13/13a	12/20b－21a	60/13a－b	17/6b－7a	84/20b	10/11b	49/14a－b	12/10a－b	（57/12a）
3/13a－b	15/5b	12/26b－27b	61/18a	19/3a	97/13b	11/3b	51/11b	12/20a	（60/11b）
3/14a－b	15/7a	13/1b－2a	62/5a－b	19/3b－4a	97/16b	11/11a－b	52/16b	14/2a－b	（66/7a－b）
3/26b	17/15b	13/15a－16a	65/14a	19/24a	102/10b	12/12a	57/19a－b	14/23b－24a	（71/8a－b）
5/11b－	24/3a	14/10a－b	68/4a－b	20/2a	103/11a	12/15a	60/17a、18a	15/1a－b	（72/1a）

续 表

与《要录》同者						与《要录》异者		《要录》无者	
今本	要录	今本	要录	今本	要录	今本	要录	今本	要录
5/21a－b	26/7b	14/11a－b	68/8a	21/1b－2a	108/3b－4a	12/17a	59/13b	23/15b	（121/5a）
6/17a－b	28/21a	14/14a－b	68/22a	21/14a－b	111/7b	14/7a－8a	67/12b	23/18a－b	（121/17a）
6/22a－23a	30/15a	14/15a	68/23b	22/20b－21a	117/7a	14/12b－13a	68/14b	25/10b－	（129/5b）
7/5a－b	31/31b	14/15b－16a	68/25a	23/10b	119/19b	15/9b－10b	75/4b	27/2b	（139/4a）
7/15b	33/17a	14/20b－21a	70/8a	24/5b	L23/29b	16/5a－b	81/8a		
8/6a－b	36/15a－b	15/13b－14a	70/17b	25/9a	128/4b	16/12b－13a	82/5a		
8/12b	38/2b	16/11b－12a	80/3a－b	28/10a	146/14b	19/4a－b	97/17a－b		
8/16a－b	39/3a								

《两朝纲目备要》史源浅探
——李心传史学地位的侧面观察

一、从《四库》的提要说起

关于《两朝纲目备要》(以下简称《两朝》),《四库全书》的编者在《提要》中有如下评议:

> 陈均《编年备要》因《通鉴长编》而删节之,此书则本两朝《实录》,参以李心传所论。中如称赵鼎为赵丞相,安丙为安观文,钱象祖为钱参政,李壁为李参政,史弥远为史丞相,多仍当时案牍之文,未尽刊正。纪金元启衅之事,追叙金源创业,谱牒职官具载颠末,似单行之书,非增续旧史之体。然叙次简明,议论亦多平允。如蜀中之减重额、湖北之行会子、范祖禹之补谥、何致之罢制科,胥足补《宋史》所未备。①

这些评议,实亦直接或间接与《两朝》一书的史源有关,而其所作推断,则亦微有可议。

---

① 此据《四库全书总目》卷四七所载,若书首《提要》,则"谱牒职官"作"谱牒秩官"。

在宋人的著述中(实际上并不限于宋人),除了纪传体、编年体以及后来出现的纪事本末体等比较正规的史学著作以外,在涉及人物时,以表字、别号、谥号、封爵、官职、乡里等代替该人真姓实名的现象,几乎随处可见。司马光在《资治通鉴》中于人物必书真姓名,且于初见时揭其籍贯或郡望,体例相当谨严。而他在另一部拟作"《资治通鉴后纪》之具"的《涑水记闻》中,则韩王、王冀公、曹侍中、吕相、范文正公、张乖崖等称谓,往往形诸笔端。就是因为前者是"史",而后者是"记闻"的缘故。南宋著名史学家李心传也一样。同一事件,如《建炎以来朝野杂记》甲集卷一五《四川军粮数》所载:"绍兴六年春,吴涪王为宣抚副使,命将取秦州,必欲从陆运,赵应祥为大漕,执不可,吴迄自为之。"在《建炎以来系年要录》中,则吴涪王径书吴玠,赵应祥径书赵开。《朝野杂记》一书,《四库全书》虽然将它升入史部政书类,但在作者看来,如书名"杂记"所示,与"要录"在体例上是有区别的。正如不能将《涑水记闻》《朝野杂记》一类著述斥为"案牍之文"一样,也不能仅仅依据书中称赵鼎为赵丞相、安丙为安观文等,就断定《两朝》"多仍当时案牍之文,未尽刊正"。如果《两朝》确曾"多仍当时案牍之文",那么此书不仅取材相当原始而宏富,而且编纂也将倍费匠心。然而事实却并非如此。谨以提要所举此五事为例。除了书中有两处称赵如愚为赵丞相,而称赵鼎为赵丞相未及检到外,称安丙为安观文见于卷一〇开禧三年二月己未"韩侂胄与吴曦书""乙亥安丙等诛吴曦四川平",卷一二嘉定三年"是春四川制置大使司收钱引"及卷一三嘉定四年四月"是月四川置安边司"四条之目,其中后三目系援用《朝野杂记》乙集卷九《蜀士立功立节次第》、卷一六《四川收兑九十一界钱引本末》、卷二〇《辛未利店之变》现成文字而成;称钱象祖为钱参政、李壁为李参政见于卷一〇开禧三年十一月"乙亥韩侂胄伏诛",复见于同卷同日“参政钱象祖兼知枢密院事，李壁兼同知枢密院事”条之目，都是援用《朝野杂记》乙集卷七《开禧去凶和戎日记》中的现成文字；称史弥远为史丞相，始见于卷六庆元六年九月“丙子吕祖泰决配”，复见于卷一〇开禧三年十一月“乙亥韩侂胄伏诛”、卷一二嘉定二年五月“戊戌罗日愿谋为变磔于市”之目，其中除后两条未检到依据外，前者似与李心传《道命录》卷七下《吕泰然论不当立伪学之禁》条按语有关。可见，《两朝》中人物称谓的不够规范，多数是在援用《朝野杂记》等著述，而非援用“当时案牍之文”时“未尽刊正”的结果。

被《提要》讥为“似单行之书，非增续旧史之体”的有关“金元启衅之事”的记载，以及对“金源创业，谱牒职官具载颠末”的追叙，当指卷一三嘉定四年“六月丁亥余嵘使虏不至而复”，六年八月“是月金虏弑其主允济丰王珣立”，卷一四嘉定七年正月“甲戌鞑靼款塞”，七月“乙亥金虏告迁于南京”，卷一五嘉定八年“五月辛酉鞑靼破燕京”“是秋鞑靼破潼关”诸条之目中的详尽记事。这些记事也是依据现成文字，即《朝野杂记》乙集卷一九《女真南徙（金国五世八君本末）》《鞑靼款塞（蒙国本末）》，而非出自《两朝》作者的独立撰述。

至于被《提要》誉为“胥足补《宋史》所未备”的几条记事，情况也相类似。“湖北之行会子”指卷一绍熙元年末“湖北会子初行两界”并目，此盖录自《朝野杂记》甲集卷一六《湖北会子》者；“蜀中之减重额”指卷二绍熙三年“是岁蠲减蜀中重额钱”并目，此盖并合《朝野杂记》甲集卷一五《四川经总制钱》、乙集卷十六《四川桩管钱物》而成者；“范祖禹之补谥”指卷八嘉泰四年八月“甲辰赐范祖禹谥（纲）——曰正献（目）”，当据《国史》；而“何致之罢制科”，系指卷八开禧元年闰八月“癸酉罢遣应制科何致”并目，则又全文照录《朝野杂记》乙集卷一五《开禧召试制科》。

《两朝》中冠以“李心传曰”而引录《朝野杂记》的议论凡五处，分别见卷二绍熙三年“三月定杂艺不许任子法”，卷八嘉泰三年“五月戊寅陈自强为右丞相”、开禧元年五月己巳“复淳熙荐举改官法”、十二月“癸酉诏永免二浙身丁”，卷一一嘉定元年“是春皇子垍生”五条之目，《两朝》与《朝野杂记》的密切关系本极显然。但论者往往只着眼于其中冠以“李心传曰”的议论，如《提要》所说“此书则本两朝《实录》，参以李心传所论”；《宋史资料萃编》此书题端所说：“于述事之后，有时参以李心传《建炎以来朝野杂记》中的议论。”而对于其中大量援用《朝野杂记》现成内容的事实，似乎尚未引起足够的重视。

那么，《朝野杂记》，或者放宽点说，李心传史学与《两朝》的关系到底怎样呢？就《两朝》而言，无论纲或目，其可以考见的史源情况又如何呢？本文即拟对这些方面作些粗浅探讨。

二、关于“纲”的史源

在《两朝》的“纲”中，光宗、宁宗两朝纲的体例不同是首先值得注意的。今先列光宗即位后改元第一年即绍熙元年，和宁宗即位后改元第一年即庆元元年春、冬的纲如下：

绍熙元年(庚戌)：

1. 春，二月，申明御史弹奏二十条。2. 诏遵孝宗典章法度。3. 初以宗室知贡举。4. 是春，右丞相留正请建储。5. 贬姜特立。6. 夏，五月，亲试举人。7. 罢刘光祖言职。8. 是夏，蠲减无窠名版帐钱。9. 秋，八月，诏造新历。10. 冬，十月，改左藏西上库为封桩下库。11. 是冬，减广西五州盐直盐数。12. 命监司帅守举人才。13. 命漳州行经界。14. 严赃吏连坐法。15. 湖北会子初行两界。（见卷一）

庆元元年（乙卯）：

1. 春，正月，丁亥朔，蠲两淮租税。2. 壬寅，黎州蛮寇边。3. 乙巳，诏收养遗弃。4. 辛亥，赈京城贫民。5. 丙辰，白虹贯日。6. 二月，丁巳朔，诏耕荒田。7. 丁卯，申严臧否之令。8. 戊寅，右丞相赵汝愚罢。9. 己卯，雨土。10. 余端礼兼参知政事。11. 章颖罢。12. 庚辰，徐谊罢。13. 三月，丙戌朔，日有食之。14. 庚寅，太白经天。15. 癸丑，集议铁钱利害。16. 甲寅，李祥、杨简并罢。（夏、秋两时略）33. 冬，十月，乙丑，升潜藩府名。34. 十一月，己丑，雨土。35. 戊戌，加上帝后尊号。36. 丙午，窜赵汝愚。37. 丁未，命宰执大阅。38. 庚戌，何澹言荐举弊。39. 是月，诏诸司连衔荐举。40. 十二月，丙子，朱熹辞职名。（见卷四）

谨按，编年体史书之所谓编年，具体地说，是指将史事以日系月，以月系时，以时系年。《两朝》绍熙元年的纲计十五条，其中没有一条标明日，仅有四条标明月，显然有背编年体的这一体例。与同书庆元元年的纲年时月日分明的情况相较，实大异其趣。而且不只绍熙元年一年如此，整个光宗朝历年莫不这样。《提要》说“此书则本两朝《实录》”，恐《光宗实录》不致如此粗疏。《宋史・光宗纪》当是本诸《实录》《国史》的，那里不仅年时月日分明，内容也比较广泛、完全。如《宋史・光宗纪》所载绍熙元年“春，正月，丙辰朔，帝率群臣诣重华宫奉上寿圣皇太后、至尊寿皇圣帝、寿成皇后册宝”；“壬申，再蠲临安府民身丁钱三年”；夏，五月，“丙子，太白昼见”；秋，七月，“甲寅，以葛邲参知政事，给事中胡晋臣签书枢密院事”等，类似的内容《两朝》宁宗朝的纲都曾包括在内，而光宗朝的纲却独付阙如。有些内容则《两朝》和《宋纪》两者之间往往不合。如上录《两朝》系于绍熙元年的记事中，“贬姜特立”，《宋纪》系于淳熙十六年五月戊申（此条《四库》馆臣已加按语指出）；“亲试举人”，《宋纪》系于绍熙元年四月戊申（且赐进士及第出身之数为五百三十七人，与《两朝》此条之目所记五百五十八人亦不同）；“罢刘光祖言职”，《宋纪》系于此年四月丁未；“命漳州行经界”《宋纪》系于二年三月丙寅。而《宋纪》系于绍熙元年的记事，如正月，“壬午，何澹请置绍熙会计录”，《两朝》系绍熙二年正月；“八月，辛卯，立任子中铨人吏部帘试法”，《两朝》系二年四月。这些不合，其孰正孰误可暂置不问，光是存在这些不合本身已足以表明《两朝》光宗朝的纲不是本诸《实录》的。

那么，《两朝》光宗朝纲的依据是什么呢？仍以绍熙元年为例。此年十五条纲中，有十条可以在今本《朝野杂记》中找到依据。今逐条列举如下：

第1条：乙集卷一一《御史台弹奏格》。

第3条：甲集卷一二《宗室知举及任学官》。

第5条：乙集卷六《孝宗黜龙曾本末（光宗黜姜特立附）》。

第8条：甲集卷一五《月桩钱（版帐钱）》。

第9条：乙集卷五《总论应天至统天十四历》。

第10条：甲集卷一七《左藏南库》。

第11条：乙集卷一六《广西盐法》。

第12条：甲集卷六《绍熙许荐士嘉泰罢泛举》。

第14条：甲集卷八《保任京官连坐》。

第15条：甲集卷一六《湖北会子》。

这十条，纲并目全据《朝野杂记》。不是以目对纲中提到的某一制度或某一人物的上下左右情况作穷源溯流的敷衍或综合，而是相反，纲的文字不过是对目中内容的概括，而其系年的依据，也仅仅是目中提及的某些时间标志。因此，其概括往往不尽符合原意，系年也往往出现差错。①

在绍熙元年的其余五条纲中，第7条"罢刘光祖言职"，其目之主要部分与李心传《道命录》卷六《刘德修论道学非程氏之私言》案语几同，纲即自此而出。第13条"命漳州行经界"，其目系将《朝野杂记》甲集卷五《福建经界》和李方《紫阳年谱》②绍熙元年有关记事并合而成，纲则从年谱出。另外3条的依据未及捡到。

光宗朝其他各年的纲，情况与绍熙元年类似。绍熙二年纲凡11条，6条出《朝野杂记》，三年纲10条，7条出《朝野杂记》，四年纲12条，7条出《朝野杂记》（其中1条通行本已佚，见商务本《说郛》卷四引），1条出《紫阳年谱》。绍熙年间出自《朝野杂记》的纲中，

① 如《朝野杂记》甲集卷八《保任京官连坐》载："保任京官犯赃连坐，旧制也，然近岁未有举行者。淳熙初，钱师魏参政事，会其所举者以贿败，上疏自劾，诏特镌三官。吏部因以他举官名闻，皆坐降秩。绍熙初，赵温叔所举以赃抵罪，用故事当削三秩，而温叔时为使相，若降三秩，则应落衮钺为银青光禄大夫，朝廷难之，于是自卫国公降封益（州）〔川〕郡公，削其食户二千而已。"据此，则真正"严赃吏连坐法"者，"淳熙初"也，"绍熙初"不过虚应故事而已。《两朝》将此则记述录入绍熙元年，并从中概括出"严赃吏连坐法"为纲，是不完全符合原意的。又如《朝野杂记》乙集卷六《孝宗黜龙曾本末（光宗黜姜特立附）》载："及绍熙初，姜、谯得幸，留仲至为右揆，适亚参尚阙，特立忽见仲至曰：'上以丞相在位久，欲迁左揆，而叶、张二尚书中择一人执政，二人孰先？'明日，仲至奏之，上大怒，逐特立外祠。"此处"绍熙初"实可兼指光宗已即位未改元这段时间，类似的时间表达法在一般著述中是常见的。但如果即以此为编年体著作系年的依据，就值得慎重考究了。《两朝》作者由于误认"绍熙初"只能指绍熙改元以后，遂以"此事不得其岁月，以今考之，当在刘光祖未罢官职之前"为由，系于绍熙元年三月后，五月前（因书中系"罢刘光祖言职"于五月），以致《四库》馆臣在案语中不无依据地驳正说："特立之贬，《光宗本纪》及《留正传》皆在未改元以前五月戊申。至绍熙改元，正已为左相矣。似得其实。"

② 李谱今已不存，此据清王懋竑《朱子年谱》推断，详见下文。

仅有6条与《宋纪》偶合？可以断言,《两朝》光宗朝的纲并不是依据《实录》或《国史》撰述的。它的最大特点是纲从目出,目则录自一些现成著述,而《朝野杂记》在其中实占有很大的比重。

至于宁宗一朝的纲,则不仅年时月日分明,而且大多数都能在《宋纪》中找到相应记载。这表明,作者在撰述时可能已有《国史》或《实录》作为依据,少量在《宋纪》中不能找到相应记载的纲,其出现大致有如下两种情况：一是由于与《宋纪》对《国史》或《实录》的取舍不同;[①]二是从补入的有关内容中作了概括。后一种情况实与光宗朝同,只是由于宁宗朝可能有《国史》或《实录》作基本依据,从目概括的纲已退居次要地位,不像光宗朝那么突出罢了。其用以补充的著述,仍以《朝野杂记》为主,[②]涉及

① 如台谏的拜罢,《宋纪》不书,《两朝》书;异常天象,如日、月食,太白昼见,地震等,两者皆书,雷、雪等一般天象,则《宋纪》不书,《两朝》书。此外,如《两朝》所载庆元二年"十二月庚午韩诚赐谥",嘉泰四年三月"辛巳立添差及祠庙限员"等,大概也是由于取舍标准不同才未见于《宋纪》的。

② 如宁宗已即位未改元的绍熙五年,"是夏利州西路帅吴挺卒","革两川牒试弊","闰十月癸亥集议庙制","是月复提举太史局官",十一月"戊申诏均内外任",是岁"筑绍熙堰";庆元元年,八月"己丑倪思请究实赃吏",十一月"庚戌何澹言荐举弊","是月诏诸司连衔荐举";二年,"二月丙辰复置敕令所提举官及同提举",三月,"是月更国子试补法";三年,二月"戊午复升差将校法""是岁,复铨试取人数""革密白补授弊";四年,"是岁育宗室与愿于宫中";五年,正月"辛酉初命漕臣无出身者勿差官考试",三月"戊申四川行对补钱引法""是夏盗窃太庙金宝",十月,"是月陈自强上紧要政目""是冬编庆元宽恤诏令";六年,闰二月"理前宰执举状为职司",四月"初置资善堂小学教授",十月"癸巳初以年劳减举主""是岁取拨封桩库钱数百万缗";嘉泰元年,七月"乙丑,赐龚颐正出身""十一月始命刑部得荐举外任人";二年,三月"罢泛举",四月"辛卯禁经营留阙者""是月复太学混补试",十一月"庚午命赃吏毋便予祠""是岁诏修孝宗光宗实录";三年,"是岁御笔严监司互送之禁""初以诸司官理通判";四年,正月,"是岁盘量关上积粮""是岁有旨六部架阁非阙官勿除";开禧元年,七月"置资善堂讲臣",闰八月"癸酉罢遣应制科何致""是岁厉仲方造战车";三年,十二月,"是月四川宣抚司科对籴米""是岁以建康镇江三务场径隶提领官""四川初行小会子";嘉定元年,"十一月戊戌四川收兑九十界钱引""是岁置提领拘榷安边钱物所";二年,五月"甲申拘回旧会",是岁"关外诸将私役诸军";三年,"是春四川制置大使司收钱引",十二月"辛巳黎州青羌曳失索降";四年,"是春夏国叛金虏";五年,九月,"是月四川复榷石脚井盐""是冬王釜请收兑旧会";六年,九月,"是月初以京朝官监省门";七年,正月"甲戌鞑靼款塞""乙未黎州蛮卜笼十二骨降",四月"癸丑马櫆袭杀虚恨蛮库崖等";八年,"五月辛酉鞑靼破燕京""是秋鞑靼破潼关"诸条,都是据《朝野杂记》补入的。此外,开禧年间不见于《宋纪》的有关宋金和战的纲,绝大多数也是据《朝野杂记》乙集卷一八《丙寅淮汉蜀口用兵事目》、卷七《开禧去凶和戎日记》补入的。

朱熹活动,仍本《紫阳年谱》,[①]庆元、嘉泰年间有关党禁的记事,则多据《庆元党禁》。[②]

应当怎样解释这一使人触目的现象呢?如果说《两朝》作者当日的身份已经具备了能够利用馆阁所藏《实录》《国史》等书的条件,那么光、宁两朝的纲是不会出现此等差异的。显然,作者当日尚无这样的身份。而在民间,从淳祐十年(1250)前后编定的两部目录学名著,即《直斋书录解题》和《郡斋读书志·附志》的著录状况来看,当日流传民间的南宋实录只有《高宗实录》五百卷、《孝宗实录》五百卷,流传民间的南宋国史则只有《中兴四朝国史》中的《宁宗皇帝纪》十卷。[③] 这就使人不无理由认为,《两朝》光、宁两朝纲的差异即是由撰述的主要凭借——《实录》《国史》的这一流传状况决定的。可见,《两朝》的撰述,并非如《四库》提要所说曾经本诸"两朝《实录》",其所本的《国史》实际上亦只不过区区 10 卷《宁宗皇帝纪》。

《两朝》中那些在《宋纪》中不能找见相应记载的纲,在另外两部宋元人撰集的编年体史书,即刘时举《续宋编年资治通鉴》和佚名《宋史全文续资治通鉴》中却往往有相近甚至相同的记述。特别是刘时举的《续宋编年》,《提要》认为"当成于理宗之世",而《两朝》,《提要》则以为其撰集者"似乎元人……或宋末山林之士"。这也就是说,《两朝》的成书可能在《续宋编年》之后。如果确是这

---

① 如绍熙五年十月辛卯,"是日朱熹奏事行宫便殿",辛丑,"是日命朱熹讲大学""命朱熹人史院",庆元五年四月"朱熹致仕"诸条,都是。

② 如庆元元年二月"庚辰徐谊罢""秋七月丁酉何澹请禁伪学";二年二月"禁省闱习伪学",六月乙丑"张釜请申禁伪学""甲戌御笔台谏给舍论奏毋及旧事";三年"是秋太学生削何澹题名治其罪";四年"春正月丙辰赵师羼除工部侍郎""秋七月己未丁逢请勿用伪党";五年"二月乙丑胡纮罢""秋七月癸丑刘德秀罢";六年"夏四月辛亥邓友龙请毋用伪党";嘉泰二年"二月弛学禁"诸条,都是未见《宋纪》记载,《两朝》据《庆元党禁》补入的。

③ 见《直斋书录解题》卷四起居注类,《郡斋读书志》卷五上《附志》编年类。《国史·宁宗皇帝纪》得以流传民间的缘由详具下文。

样,那么《两朝》援用《续宋编年》的记载为纲,就是可能的了。事实到底怎样呢?

如果将《续宋编年》和《两朝》逐条加以对照,就可发现:《续宋编年》的每一事条几乎都能在《两朝》中找到相应记载,而《两朝》的纲的内容,不少在《续宋编年》中却付之阙如。前已述及,《两朝》卷一绍熙元年春"贬姜特立",及是岁"严赃吏连坐法""湖北会子初行两界"几条都是据《朝野杂记》著录的。为何系于此处,作者在每条之末都附有说明,如后两条的说明:"以上两条亦不得其岁月,姑附元年之末。"(前一条的说明已见第236页注①引)足见《两朝》之录入《朝野杂记》的有关记述,完全是无所依傍地独立进行的,而且其中前一条的系年是不确的。可是在《续宋编年》中,与此处所引前一条相应的内容,亦错误地系于绍熙元年春,而系于绍熙元年末的两条记事,也与《两朝》"姑附元年之末"的后两条完全相当。这一情况表明,如果说《两朝》和《续宋编年》之间存在承袭关系的话,那也只可能是后者承袭前者,而不是相反。

不仅如此,此外还有不少迹象表明,即使是出自《国史》的记事,《续宋编年》也往往仅据《两朝》转录,而不是直接依据原书。试举数例:

例一,关于庆元元年五月丙午置广惠仓的记事:

《宋纪》:"丙午,诏诸路提举司置广惠仓,修胎养令。"(卷三七)

《两朝》:"丙午,置广惠仓(纲)——诏诸路提举司置。修胎养令(目)。"(卷四)

《续宋编年》:"丙午,置广惠仓,诏诸路提举司置。修胎养令。"(卷一二)

应该说,《宋纪》的记述方式是《实录》《本纪》一类编年著作的正宗,《两朝》的改动无非是为了适应纲目体外貌的需要,而《续宋编年》之所以如此书写,除了表明它简单地照录《两朝》以外,是不可能找到别的解释的。

例二,关于开禧元年陈铸献瑞麦图的记事:

《宋纪》:“冬十月甲子,江州守臣陈铸以岁旱图献瑞禾,诏夺一官。”(卷三八)

《两朝》:“冬十月甲子,汀州献瑞麦图(纲)——时岁旱,守臣陈铸更图瑞麦以献,诏夺一官(目)。”(卷八)

《续宋编年》:“冬十月甲子,汀州守臣陈铸更图瑞麦以献,诏夺一官。”(卷一三)

“江州”“汀洲”之异姑置不论。《宋纪》《两朝》皆据《国史》或《实录》,《宋纪》虽简略,《两朝》亦经改写,但文意都是清晰的,而《续宋编年》所记则简直莫名所以。究其致误之由,当是出于对《两朝》去纲取目的简单节录。

例三,关于嘉定九年“边县官许起复”的记事:

《宋纪》:“秋七月戊辰,诏边县择才不拘常法,其余并遵三年之制。”(卷三九)

《两朝》:“秋七月,诏边县官许起复(纲)——边县择才不拘常法,其余并遵三年之制(目)。”(卷一五)

《续宋编年》:“秋七月,上以边县择才不拘常法,其余并遵三年之制,诏边官许起复。”(卷一四)

《宋纪》由于对《实录》或《国史》节录不当,以致失却主旨;《两朝》虽将同一诏书的内容分隶于纲和目,文意则极清晰;《续宋编年》十分明显是依据《两朝》的,但经臆添“上以”二字并颠倒纲目次序以后,反倒层次不清、文意欠明了。

《两朝》是纲目体,有些目,其内容往往只是与纲同类记事的提前汇总。如卷六庆元六年十月"辛丑,雨土(纲)——十一月辛卯亦如之(目)"。按照《续宋编年》的体例,如果"雨土"这一天象需予登录,那么无论此年十月辛丑还是十一月辛卯,似都应登录,但《续宋编年》实际上却只登录了前一次。这除了表明它不是直接依据《国史》节录,而只是从《两朝》转录以外,还表明它在转录《两朝》中曾使用了只录纲不录目,或只录部分目的手法。类似的情况可以举出很多。①

《续宋编年》虽名"《编年通鉴》",实际上编年并不严格,往往插入大段类似纪事本末的记事。大者如赵汝愚罢相、庆元党禁、开禧兵端、吴曦僭位、韩侂胄函首,小者如关于王大节、丘崈、张福等人的事迹,都是。但汇总合并的材料不仅未超出《两朝》的范围,而且由于经过汇总和删节,还带来了不少时序的混乱和史事的失实。

此外,《续宋编年》中虽有少量内容未见今本《两朝》记载,②但总数仅约二十馀条,独立成条者不出十条。这一情况的存在,并不影响以上对《续宋编年》与《两朝》关系性质的论证,只是表明《续宋编年》在基本因袭《两朝》的同时,也曾参照过其他某种著作或材料罢了。总之,《两朝》成书在《续宋编年》之前,《续宋编年》的基本内容是转录、并合或删节《两朝》的有关记载而成的。

至于《两朝》和《续宋编年》的思想倾向,书中都未见正面有所

---

① 如《两朝》卷四庆元元年"冬十月乙丑,升潜藩府名(纲)——秀州为嘉兴府,舒州为安庆府,嘉州为嘉定府,英州为英德府。开禧元年升嘉定(州)[府]为嘉庆军(目)"。《续宋编年》只有与纲及目第一条相当的内容,目第二条的内容无论在庆元元年或开禧元年都未予录载。又如卷七嘉泰二年九月"甲寅,修皇帝会要(纲)——明年八月书成,陈自强等上进(目)"。《续宋编年》也只有与纲相应而无与目相应的内容。

② 如绍熙二年"冬十一月壬申冬至郊"条言及"后李氏……欲亟立子嘉王为储嗣",五年八月"礼部侍郎率群臣"上朝泰安宫(以上卷一一),嘉泰元年五月旱,"求言"(卷一二),开禧二年十二月"毕再遇持重兵江上,邀击金人累克捷,会朝廷调兵,毕集江上",金人乃自淮南退师(卷一三),嘉定四年五月"刘爚轮对乞开伪学禁"(卷一四),十一年二月金陷皂郊堡,"王师与战,胜负半之"(卷一五)等,都是。

表述。从《续宋编年》偶尔流露的情绪来看，它于开禧用兵已有怨语，而于史弥远亦已渐露微词。如关于开禧用兵，《续宋编年》一则说："时军政修明，人心大喜，以为恢复之期可必。惜朝臣议论不一，不能成功。"再则说："侂胄用事十四年，威行宫省，权震天下，逐善类，引奸邪，不能无过恶，而用兵实出于无谋，卒以不立皇后，后衔之，谋诛侂胄。"[①]"威行宫省，权震天下，逐善类，引奸邪"云云，本是《两朝》对韩侂胄的评价，《续宋编年》的上述议论于因袭之馀，却笔锋一转，对之提出了异议。而《两朝》的评价则是全文照录成书于淳祐五年的《庆元党禁》的。至于对史弥远，《四库》提要认为《两朝》只是"于史弥远废立济王事略而不书"上微有可议，"然弥远之营家庙，求起复，一一大书于简，知非曲笔隐讳也"。谨按，《两朝》卷一一载，嘉定元年十一月"戊午，史弥远去位（纲）——丁母丧也。癸亥，皇太子请赐弥远第于行在，令就第持服，许之。弥远辞第，亦许之。明年二月壬辰，遣内侍趣弥远还行在赐第（目）"。又卷十六载：嘉定十四年八月"乙卯，赐史弥远家庙（纲）——乙丑，追封史浩为越王。丙寅，改谥忠定，配享孝宗庙庭（目）"。实未揭示史弥远的"营"和"求"，只可勉强谓之无"隐讳"，然非无"曲笔"也。《续宋编年》对待史弥远即与《两朝》有异。如韩侂胄之诛，《两朝》载："先是虏人既有缚送首议用兵贼臣之请，侂胄怒，复欲用兵，中外皆惧，礼部侍郎史弥远时兼资善堂翊善，乃建去凶之策，其议甚秘，人无知者。久之，得密旨，乃以告参政钱象祖、李壁。"（卷一〇）而《续宋编年》则作："先是，侂胄欲用兵，金人惮之，有缚送首议用兵贼臣之请，时朝廷幸安，皆以用兵为非，弥远建议诛侂胄，其事甚秘，谓已得密指，以告参政钱象祖、李壁。"（卷一三）"幸安"，"谓

---

① 分见《续宋编年》卷一三开禧元年三月"韩侂胄欲用兵恢复中原"条，三年十一月"夏震殛死韩侂胄于玉津园"条。

已得密指”,更动的文字不多,对史弥远的微词则已跃然纸上。又如杀华岳,《两朝》载:嘉定十四年闰十二月“戊申,杀华岳(纲)——岳为殿前司同正将,以谋为变。杀之(目)”。(卷一六)《续宋编年》作:“杀华岳。先是,岳言时政,忤时相,以殿前司同正将授岳,后诬谋变,杀之。”(卷一五)“忤时相”“诬谋变”,只差直斥史弥远之名了。这些差异的出现,也许同两书作者的思想状况有关,但更重要的,恐怕是随时日推移而生的政局变动使然。刘时举在书中自署“通直郎、户部架阁、国史实录院检讨兼编修官”。以朝廷的命官、史臣而发以上那样的议论,不仅在绍定五、六年间杨太后、史弥远先后死去以前无此可能,就是在淳祐六年史嵩之致仕以前也是无此可能的。淳祐四年刘时举联名上书反对史嵩之起复时尚是京学生,作《续宋编年》时已任升朝官,粗略估算一下,其时间实已接近南宋覆亡。“通直郎、户部架阁、国史实录院检讨兼编修官”很可能就是他在南宋的最高官衔,而《续宋编年》或即作于南宋覆亡前后。而《两朝》的成书当远在《续宋编年》之前,即史嵩之虽已致仕而史氏集团的声焰尚未消除期间的事。①

《宋史全文》的成书比《续宋编年》更在《两朝》之后,《两朝》对之并不存在依据与否的问题。但两者的关系仍有可得而论者。从《宋史全文》光、宁两朝的内容来看,它的撰述者是熟悉并使用过

① 张金吾《爱日精庐藏书志》卷九史部编年类著录《两朝》“影写宋刊本”十六卷,且谓“《四库全书》著录本从《永乐大典》录出,此则原本也”。此本笔者未及见,据张氏鉴定,谓此书“中遇昀字,侧注御名,盖理宗时人所撰也”。又谓“体例款式,均与前二书(指陈昀《皇朝编年纲目备要》和佚名《中兴两朝编年纲目》)同,盖宋时合刻者”。则《两朝》一书,不仅作者为理宗时人,而且理宗朝即已有刊本行世。《四库》提要谓:“观其载嘉定十四年六月‘乙亥与莒补秉义郎’,其目云‘即理宗皇帝’。考宋代之制,旧名亦讳,乃直斥不避,似乎元人。”仅据不避理宗旧名断定作者“似乎元人”,理由尚嫌薄弱。若目中之“即理宗皇帝也”一语,则似不能排除有经后人阑入之可能。(补注:1995 年中华书局出版的汝企和点校的《续编两朝纲目备要》是以宋刻元修本和影宋抄本为底本的,《四库》馆臣指出的“即理宗皇帝也”一语亦见书中,而在前言中,点校者在断定此书“必然成于理宗淳祐元年至宋亡这三十九年之中,而且极有可能就是在淳祐元年至理宗景定五年这二十四年之内问世的”同时,对之未作任何解释。)

《两朝》的,正如他熟悉并使用《两朝》曾经使用过的其他资料和著作一样。不仅《两朝》纲的主要依据《国史》他曾独立地进行选录,而且《两朝》据以补充的其他著作,他也曾独立地加以利用。在《两朝》的材料来源中占有重要地位的《朝野杂记》,其中有关光、宁两朝的记事几乎已被《两朝》筛选净尽,但即使在这样的情况下,仍有几则《两朝》漏采的记事被《宋史全文》录于书中。如《朝野杂记》乙集卷八《孙岩老樊允南恬退》中孙松寿的事迹,卷九《金字牌(雌黄青字牌、黑漆红字牌)》中黑漆红字牌和摆铺的创建,卷一四《诸县推法司》中各县刑案推吏的设置,即是其较显著者。[①] 当然,《朝野杂记》中已为《两朝》使用的记事也有不少未被《宋史全文》选录。关于宗室知贡举的事始,《两朝》采用《朝野杂记》甲集卷一二《宗室知举及任学官》的记事,并依据其中"绍熙中遂命赵子直知贡举"一语,系于绍熙元年春。《宋史全文》则参照《朝野杂记》的另一条记载,即甲集卷一三《宗室差试官》中明确提到的"绍熙四年以子直知贡举"改系于四年。"绍熙中"和"绍熙四年"虽有笼统和确切之别,但"绍熙四年"亦"绍熙中"也,《朝野杂记》本无甚错,错在《两朝》失考尔。又如《庆元党禁》一书,《两朝》和《宋史全文》都曾充分利用,而利用的情况也同样颇有差异。《庆元党禁》在语及"京镗、何澹、刘德秀、胡纮四人实专伪学之禁"时,曾接着分别叙述了四人的简历。其中京镗的简历,《两朝》录于卷六庆元六年八月"丁酉京镗薨"条之目,而《宋史全文》则录于卷二九庆元二年正月"庚寅,右丞相余端礼为左丞相、知枢密院事京镗为右丞相"下;刘德秀的简历,《两朝》录于卷五庆元五年"秋七月癸丑刘德秀罢"条之目,而《宋史全文》则录于卷二

---

① 分别见《宋史全文》卷二八绍熙二年"二月庚寅前利州路转运判官致仕孙松寿除直秘阁"条,绍熙元年"秋七月命县置推吏,给重禄"条,绍熙四年"冬十月乙未同知枢密院事赵汝愚……改作黑漆红字牌"条。

九庆元二年正月“甲辰，右谏议大夫刘德秀劾留正四大罪”下；胡纮的简历，《两朝》录于卷五庆元五年“二月乙丑胡纮罢”条之目，而《宋史全文》则系于卷二九与庆元二年“十二月戊申陈贾自知宁国府除兵部侍郎”条连书的胡纮以论朱熹之稿授沈继祖、继祖遂奏的记事之下，下条则接叙“辛未，诏落熹秘阁修撰，罢宫观；蔡元定编管道州”。这表明，《宋史全文》的内容尽管与《两朝》颇多雷同或相近之处，《宋史全文》的撰述尽管对《两朝》曾多所参照，但《宋史全文》同《两朝》的关系，却不像《续宋编年》那样，只是一味地依傍和因袭。

三、关于“目”的史源

《两朝》“目”的史源，大致有这么几个方面：

《国史》（指《中兴四朝国史》的《宁宗皇帝纪》，下同）——《两朝》中不少纲和目出自对《国史》各条记事的硬性分割。如《宋纪》庆元元年如下几条记事：

> 二月丁巳朔，诏两淮诸州劝民垦辟荒田。
>
> [三月]癸丑，命侍从、台谏、两省集议江南沿江诸州行铁钱利害。
>
> 八月己巳，诏内外诸军主帅条奏武备边防之策以闻。（皆见卷三七）

在《两朝》中即分别作：

> 二月丁巳朔，诏耕荒田（纲）——诏两（浙）[淮]诸州劝民耕垦荒田（目）。

[三月]癸丑，集议铁钱利害(纲)——命侍从、台谏、两省集议江南沿江诸州行铁钱利害，条具以闻(目)。

八月己巳，诏修武备(纲)——诏内外诸军主帅条将佐士卒器械船舰可用与否及控扼防守之策以闻(目)。(皆见卷四)

此外，《两朝》目中录载的二十馀道诏令，估计当也出于《国史》。这些诏令，《宋纪》和《续宋编年》限于体例和篇幅是不予全文登载和详细摘述的，只是在《宋史全文》中往往有与《两朝》相同的著录。

今据《四库全书珍本初集》影印文渊阁本以"行"为单位粗略统计，《两朝》的纲和目在《宋纪》中有相应记载的部分，以及虽无相应记载但估计出自《国史》的部分(如上述诏令或雷、雪等天象)，共约 2 195 行，占全书 8 354 行的 26.3%。

《朝野杂记》——《两朝》采录《朝野杂记》有关记述，其中纲从目出的部分，已具上文。但更多的情况却是：纲据《国史》，而将《朝野杂记》的记述整段整段录入目中。以《两朝》卷四庆元二年的记事为例，正月"甲辰留正落职罢祠""三月己亥皇弟抦封吴兴郡王""丙午上庆元会计录""六月乙丑命臧否县令分三等"，七月"戊子考核守臣便民五事""九月丁亥复分利州为东西路"等六条纲在《宋纪》中都有相应记载，当出自《国史》，而这六条的目，却分别录入了《朝野杂记》甲集卷六《道学兴废》，卷一《吴兴郡王抦》，乙集卷一六《庆元会计录》，甲集卷六《庆元臧否县令》《便民五事》，乙集卷九《利帅东西分合》的内容("留正落职罢祠"条之目共三则，《道学兴废》录于第二则)。此外，《朝野杂记》乙集卷一八《丙寅淮汉蜀口用兵事目(吴曦之变附)》，卷七《开禧去凶和戎日记》这两则记述，除了在《两朝》卷九开禧二年五月丙戌"是日御笔诏北伐"

和卷一〇开禧三年十一月"乙亥韩侂胄伏诛"两条的目中集中引录以外,还曾分散地逐条补入了有关的纲和目。据粗略统计,《两朝》的目(包括从上述两则记事补入的纲和从目而出的纲)录自《朝野杂记》者,共约2 874行,占总数的34.4%。

《庆元党禁》——《庆元党禁》一书的全部内容几乎全被《两朝》录入书中,大部为目,只有少数列作纲。如果《庆元党禁》的记事与《国史》月日有异,则月日多从《国史》,而《庆元党禁》的有关记载则录于其下为目。《四库》馆臣对《两朝》与《庆元党禁》之间这种关系已有所觉察,《两朝》因如上处理而生的与《庆元党禁》的分歧,多数也经《四库》馆臣加案语指出。《两朝》的目(包括纲)录自《庆元党禁》的部分,共约639行,占总数的7.7%。

《道命录》——《两朝》中直接录自《道命录》的文字不多,但不是没有。其确实的证据,就是卷四庆元二年十二月"窜处士蔡元定"条之目第三则所录"门人董铢曰"一段文字。这段文字即出自《道命录》,是李心传在该书卷七上《沈继祖劾晦庵先生疏》的案语中首先引用的。这则案语的内容,据该书目录所作提要,计有"胡纮与继祖诬先生(指朱熹)事迹,及董铢之论"附以"蔡元定本末"。其中大部分内容均为《庆元党禁》吸收,并进而被录入了《两朝》的有关纲目,唯独"董铢曰"这段文字《庆元党禁》未载,是《两朝》直接据《道命录》录入的。此外,《两朝》直接据《道命录》录入的文字,可以考见的,尚有一些,[①]不过数量不多,仅数十行,不到总行数的1%。但是,由于《道命录》的内容曾被《两朝》间接地大量利用,它仍然是《两朝》的重要史

---

① 如《两朝》卷四庆元元年"六月丁巳刘德秀请考核真伪"条目第一则,见《道命录》卷七上《刘德秀论留丞相引伪学之徒以危社稷》案语;"十二月丙子朱熹辞职名"条目第三则,见同卷《晦庵先生罢待制仍旧宫观诰词》及案语;卷七嘉泰二年"二月弛学禁"条目中"正月癸亥言者论"以下一段文字,摘自卷七下《言者论习伪之徒唱为攻伪之说乞禁止》;卷一二嘉定二年十二月"己巳赐朱熹谥曰文"条之目,见卷八《晦庵先生朱文公谥议》《晦庵先生朱文公覆谥议》。

源之一。所谓间接利用，主要是指通过了《庆元党禁》。

《庆元党禁》卷首曾开列"首末伪党共五十九人"的姓名，谓"已上并见于当时台谏章疏"（实与《朝野杂记》甲集卷六《学党五十九人姓名》同）；又据"秀岩李心传《朝野杂记》所编攻伪学人"，开列了三十六名攻伪学人的姓名（在今本《朝野杂记》中已不能找到集中或分散地列有此三十六人姓名的记事）。这样，《庆元党禁》的作者在卷首实际上已经自我揭示了他与李心传史学的渊源关系。而这些在今本《朝野杂记》已难全部找见的攻道学人，在《道命录》中却能全部找到。

《道命录》自序署"嘉熙三年已亥夏五月之吉"，当作于此时或稍前，是李心传"参取百四十年之间道学废兴之故，萃为一书"，取孔子所说"道之将行也与，命也；道之将废也与，命也"，谓之《道命录》。书凡十卷，选录与程、朱进退始末有关的褒赠、贬谪、荐举、弹劾之文，文后大多附有长篇案语，备述其经过原委。其中与《两朝》有关的内容，主要集中于卷七上、下。此卷所收材料，特别是李心传所附案语，实际上已经涉及庆元党禁事件的各个方面和经过始末，为《庆元党禁》的撰述提供了基本依据。只是《庆元党禁》不仅结构严谨，层次清晰，而且细节也比较详尽。这可能是《庆元党禁》作者在执笔时补充了其他材料，也可能是李心传在《朝野杂记》中本有数则关于党禁的详细记述，写入《道命录》案语的只是其撮述，而那些详细记述尚能为《庆元党禁》直接依据的缘故。① 所以本文

① 《舆地纪胜》卷一一九《广南西路·钦州·官吏》"吕祖泰"条载："《朝野杂记》云：庆元六年，吕祖泰上书论道学所恃以为国，赵汝愚有大勋劳，不当禁逐其党，愿陛下亟诛韩侂胄及苏师旦、周均，而罢逐陈自强之徒，而以周必大任其事。乃得责钦州。嘉泰三年放令自便。及侂胄死，乃补迪功郎，而祖泰已死矣。"今本《朝野杂记》已不见有此内容记事，而见于《道命录》和《庆元党禁》者则略同，只是《庆元党禁》较《道命录》稍详。《两朝》卷六庆元六年九月"丙子吕祖泰决配"条之目，节录吕祖泰上书文字近于《道命录》，而有关记事则近稍详之《庆元党禁》，然皆不全同，且复言及不见此两书记载之"嘉泰三年十月庚子得旨许自便"。实可为此说之佐证。

暂列《道命录》亦为《两朝》的重要史源之一。

《紫阳年谱》——两朝详细著录朱熹活动,全书有关朱熹的纲近二十条,其中约半数在以“表章道学为宗”的《宋史》的本纪中都未能捡到相应记载。史谓朱熹“没十馀年,行状未有属笔者”,[①]可是到《两朝》撰集时,不仅已有行状,而且还有年谱、道统录之类,甚至不止一种了。叶绍翁在《四朝闻见录》丁集《庆元党》中提到当时有“蔡、李所著二年谱”,而且两者不尽一致。如褫职罢祠的省札,李谱系庆元三年二月癸丑,而蔡谱则系二年十月。周密在《齐东野语》卷一七《朱唐交奏本末》中也说过“朱门诸贤所著年谱、道统录,乃以季海右唐而并斥之,非公论也”的话,既曰“诸贤”,则至宋末且不只蔡、李二家了。陈振孙《直斋书录解题》卷七传记类著录“《紫阳年谱》三卷”,谓“朱侍讲门人通判辰州昭武李方子公晦撰”;卷一八别集类下复著录“《晦庵集》一百卷,《紫阳年谱》三卷”,亦谓“年谱昭武李方子公晦所述,其门人也”。则《紫阳年谱》既附文集以行,又有单行者。《郡斋读书志》卷五上《附志》传记类亦著录李方子编《朱文公年谱》三卷,谓“卢壮父刻之于瑞阳者为三册,倪灼刻于康庐者为一册,今两存之”。则刊行者亦非一地也。据黎安朝序,赵希弁《附志》编集刊行于淳祐九年己酉,而《直斋书录解题》的成书亦在淳祐十年或稍后,则《两朝》撰集之时,起码已有流传颇广的李方子《紫阳年谱》可为依据,《两朝》中有关朱熹的纲目,当即源于年谱。李方子《紫阳年谱》今已不存,但今日习见的清王懋竑《朱子年谱》却保留有它的主要内容。因王谱的直按依据虽是嘉靖李默本和康熙洪璟本,而李默本的主要依据仍是李方子本(见王谱卷首原序及例义)。如《两朝》卷六庆元六年“三月甲子朱熹卒”条之

① 《朝野杂记》乙集卷八《晦庵先生非素隐》。

目第一则关于朱熹临终情况的详细记述是出自蔡沈《梦奠记》的，王著《年谱》著录的《梦奠记》估计当因袭旧谱而来，则《两朝》之录入蔡沈此记已有《年谱》简捷可据，未必定依原文也。假如把《两朝》有关朱熹的事迹、奏札、诰词等都看作主要是据《年谱》修入的，大概离事实不致太远。若此，则《两朝》中源出《年谱》的记述共约221行，占总行数的2.6%。

《对越甲稿》——《两朝》另一个触目特点，是大量录入真德秀的长篇奏札。光、宁两朝名公硕儒皆无此待遇，唯独真德秀是例外。如卷一一嘉定元年四月"戊午真德秀论和议"，卷一三嘉定四年"真德秀轮对"，嘉定五年七月"戊辰雷雨毁太庙屋"，卷一四嘉定七年七月"庚寅真德秀请绝金虏岁币"，十一月"真德秀言五事"，卷一五嘉定九年十二月"是月真德秀论边事"，卷一六嘉定十四年"十一月癸未诏左翼军受泉州节制"诸条之目，都录有真德秀的长篇奏札。最长的一篇竟达175行，几占半卷篇幅。总数也相当可观，共约627行，约占全书的7.5%。刘克庄《真德秀行状》谓真德秀所著有《对越甲乙稿》等，①《两朝》所录真德秀奏札当即出自其中的《对越甲稿》。宋末文人门户之见颇深，从《两朝》大量录入真德秀奏札一事似又可以附带推断，《两朝》的作者其或即为真门弟子耶？

以上从六个方面推定了《两朝》的史源。由此推定的史源，已占全书内容的约80%。而在其中，一代史学大师李心传的著作，实占有最重要的地位。不仅《朝野杂记》《道命录》《庆元党禁》等书直接间接出自李心传之手，就是作为《两朝》多数纲和部分目直接依据的《国史》，以及与之密切相关的宁宗朝《日历》《会要》《实

① 见《后村先生大全集》卷一六八。《直斋书录解题》卷一八别集类下著录"《西山集》五十六卷"，《四部丛刊》影印明正德刊本《西山先生真文忠公文集》，卷次似仍宋编定本之旧，其最先数卷即为《对越甲稿》《对越乙稿》。

录》,也同李心传有密不可分的关系。

《宋史·艺文志》著录《光宗日历》三百卷,《宁宗日历》五百一十卷;又著录《光宗实录》一百卷,傅伯寿、陆游撰,《宁宗实录》四百九十九册(见卷二〇三)。其中光宗朝的《日历》《实录》,早在嘉泰二、三年间(1202—1203)已经完成,而宁宗朝的《日历》《实录》,则迟至淳祐二年(1242)方始完成。[①]《宋史全文》卷三三载:淳祐二年正月"戊戌,右丞相史嵩之等进呈《中兴四朝史》,孝宗皇帝《经武要略》,宁宗皇帝《玉牒》《日历》《会要》《实录》,今上皇帝《玉牒》"。据此,则《中兴四朝史》是淳祐二年与宁宗《日历》《实录》等同时登进的。所谓"中兴四朝",系指高、孝、光、宁四朝,宁宗朝亦包括在内。本应在《日历》《实录》等基础上修纂的宁宗朝的《国史》,竟是与《日历》《实录》同时完成的!可是,此后淳祐五年(1245)二月丁丑,景定二年(1261)三月戊寅,四年六月庚午,复屡见宰执登进《宁宗实录》的记载(见《宋史全文》卷三六,《宋史》卷四三、四五),则《宁宗实录》实际上仍长期处于不断增删更订之中,淳祐二年所上者未必即是定本。而淳祐二年登进的《中兴四朝史》,实亦远非四朝国史的全部,仅仅不过是其中的本纪部分而已。如《玉海》卷四六《艺文·正史》所载,"淳祐《四朝史》,淳祐二年(1242)二月进纪;十一年(1251)命史官分撰志传,编修官王撝撰舆服志四卷;宝祐二年(1254)八月二十三日癸巳进志传;五年(1257)闰四月四日修润上之",在淳祐二年以后仍有一段很长的修纂过程。不过尽管如此,淳祐二年登进的,无疑仍是一次比较重大比较集中的修史活动的成果。而这次修史活动,就是以李心传为

---

① 据《玉海》卷四七《艺文·编年》,《光宗日历》上于庆元六年,嘉泰二年十一月曾再修润;宁宗朝日历经嘉泰二年十一月、嘉定二年三月、十四年五月多次纂修改正,最后上于淳祐二年。又据卷四九《艺文·实录》,《光宗实录》上于嘉泰三年四月,《宁宗实录》上于淳祐二年二月。

主进行的。

端平三年(1236),李心传修《十三朝会要》书成,召赴阙。嘉熙二年(1238)三月“己未,以著作郎兼权工部郎官李心传为秘书少监、史馆修撰,专一修高宗、孝宗、光宗、宁宗四朝国史、实录”(《宋史全文》卷三三)。在此以前,当李心传于绍定四年(1231)始任史馆校勘、赐进士出身时,已曾受命“专修中兴四朝帝纪”,然“甫成其三”,辄“因言者罢”。至此,才又命其专一修撰。《宋史·牟子才传》载:“心传方修《中兴四朝国史》,请子才自助,擢史馆检阅。”《杨简附钱时传》载:“授秘阁校勘(据《纪》系嘉熙二年五月甲申事)。……未几,出佐浙东仓幕,太史李心传奏召史馆检阅。”《高斯得传》载:“心传方修四朝史,辟为史馆检阅,秩同秘阁校勘,盖创员也。斯得分修光、宁二帝纪。”足见此次修史集中人才不少,是全力以赴的。《宋史·李心传传》载:此后“未几,复以言去,奉祠居(潮)[湖]州,淳祐元年罢祠,复予,又罢,三年致仕”。心传既以言去,据《宋史全文》卷三三载,淳祐元年二月“丁亥,诏权礼部尚书高定子修四朝国史、宁宗实录”。然据《宋史·高定子传》,高定子主持修史后,复“乞召收李心传,卒成四朝志传”。[①] 又可见此次修史活动,始终是以李心传为主进行,且于淳祐二年修成登进的。《宋史·高斯得传》载:“淳祐二年,四朝帝纪书成,上之。[史]嵩之妄加毁誉于理宗、济王,改斯得所草宁宗纪末卷。斯得与史官杜范、王遂辨之,范报书亦有‘奸人剿入邪说’之语,然书已登进矣。心传藏斯得所草,题其末曰前史官高某撰而已。”或者《宁宗皇帝纪》自此遂得以流布民间。至于四朝国史的志传,《玉海》虽有“宝祐二年八月二十三日癸巳进志传,五年闰四月四日修润上之”的记载(《宋

---

① 《四朝志传》不确,当是《四朝国史本纪》。

史全文》《宋纪》同)，事实上直至咸淳八年(1272)十月，“高、孝、光、宁诸臣当立传者，人数犹未能定”，“院吏所供初草，大抵徒其私家所供志状，全未经史官考按”，若诸志，则仍“未有片纸纂次”。① 所以《两朝》的撰述，其所能依据的《国史》，即使没有其他条件限制，亦不过仅有本纪而已。

业经推定的《两朝》史源同李心传的关系既然如此，那么那些尚难推定其史源的部分(约占全书20%)，情况又如何呢？从种种迹象估计，其中多数当也是依据李心传的著述的。主要理由有二：一是今本《朝野杂记》有残缺，已非当日原貌，以致《两朝》据以录入的内容，有些在今本《朝野杂记》中不能找见。二是李心传的史学著述并未全部留传下来，以致《两朝》虽然依以为据，今日却难以找出其依据所在。兹分述如下：

《朝野杂记》通行本中的《函海》本，与《四库全书》本当同出一源，只是甲集卷一的内容，《四库》文渊阁本全部窜入了叶绍翁《四朝闻见录》的文字，而《函海》本则无此错误。《函海》本以外的“聚珍版丛书”之乾隆间武英殿木活字本、光绪二十年(1894)福建增刊本、光绪二十五年广雅书局本，以及光绪十九年井研萧露浓刊本，一九一四年“适园丛书”本，其祖本皆是乾隆武英殿木活字本。值得注意的是，“聚珍版丛书”之乾隆武英殿木活字本和《四库》文渊阁本《朝野杂记》虽同出四库馆臣之手，彼此之间却有较大的差距。前者除甲集卷一内容不误外，乙集的分卷与后者颇有不同，乙集卷一九《丙申青羌之变》以下的十一则记事，亦不见于后者。据近人张钧衡说，此十一则记事系《四库》本所据之钞本“原阙”，乃“馆臣据《大典》本补足”者(见“适园丛书”本《朝野杂记》跋)。笔者未及

① 高斯得《耻堂存稿》卷二《经筵故事·[咸淳八年]十月二十日进故事》。

见后钞之文津、文溯两阁藏本（文澜阁本则系丁丙据通行本补钞者），不知此十一事是馆臣在《四库》后钞诸阁藏本业已“补足”，还是在“聚珍版丛书”中始予“补足”的？不过由此却可窥知，《四库》本所据之“写本”，提要虽未言明是否有所残阙，实际上当是残阙甚多的。此后，光绪二十一年孙星华为“聚珍版”福建增刊本所附的校勘记中，曾据陆心源藏影宋本录出今本乙集卷一九《鞑靼款塞》条末“张三深云”下佚文约1 000字。佚文内容与《鞑靼款塞》无涉，标题与开首数行已缺，当是为《四库》馆臣弃置的某则记事残文。清末民初，缪荃孙又曾据吴任臣旧藏明钞本辑出佚文《永阜殨陵议》《陈鲁公谏避狄》《龚实之论曾龙》《陈正献公论外戚不可为宰相》四事，刻入《艺风堂读书志》中，张钧衡又据以刻入“适园丛书”本书末。据缪荃孙说，吴藏明钞本“行款皆照宋刊”，当是与《四库》所据有别的另一影宋钞本。其中《永阜殨陵》一事，《文献通考·王礼考二一》亦曾引录。叶绍翁《四朝闻见录》丁集《庆元党》条“考异”曾批评：“《朝野杂记》亦谓阜陵之议，‘或云晦翁之意，似属蔡季通也’。夫‘或’之者，疑之也，秉史笔者其可为疑似之论耶？”所引《朝野杂记》语，即见此条佚文中。《两朝》卷三绍熙五年十月乙巳“诏建殨宫”条之目，其首尾部分与此条佚文全同，仅中间部分所引朱熹两段议论，次序有所颠倒，文字亦据《山陵议状》有所增添，明显是依据《朝野杂记》录入的。只是因为事涉朱熹，为了将原文中于朱夫子不利的李氏按语删去，才作如此更动。以上是前人已经揭示的《朝野杂记》残缺状况的大概。但今本《朝野杂记》的残缺是否仅止于此呢？

前已述及，《庆元党禁》卷首据“秀岩李心传《朝野杂记》所编攻伪学人”而列的三十六人，和《舆地纪胜》卷一一九所引有关吕祖泰的记述，在今本《朝野杂记》中已不能集中或分散地全部找见。

《舆地纪胜》卷一〇三《广南西路·静江府·官吏》载:“刘焞:淳熙六年知静江府。妖贼李接起容州,攻郁林、容、雷、高、化、廉六州,又陷郁林,僭号,岭外骚然。焞分命诸将沙世坚等讨捕,遂收郁林,贼遂就擒。事见《朝野杂记》。”而在今本《朝野杂记》中,此事亦未能检到。《四朝闻见录》戊集《犬吠山庄》条谓:“[赵]师羼固附韩者也,亦岂至是。李秀岩心传不谙东南事,非其所目击,乃载其事于《朝野杂记》,诸生‘犬吠’‘斋郎’之诗特详焉。后之作史者当考。”周密《齐东野语》卷三《诛韩本末》条亦谓:“[韩侂胄]身陨之后,众恶归焉,然其间是非,亦未尽然。若《杂记》所载赵师羼犬吠,乃郑斗所造以报挞武学生之愤;至如许及之屈膝,费士寅狗窦,亦皆不得志抱私仇者撰造丑诋。所谓僭逆之类,悉无其实。李心传蜀人,去天万里,轻信记载,疏舛固宜。而一朝信史,乃不择是否而尽取之,何哉?”在《两朝》中,赵师羼犬吠载卷五“庆元四年春正月丙辰赵师羼除工部侍郎”下,许及之屈膝载同卷同年八月“丙子谢深甫知枢密院事兼参知政事许及之同知枢密院事”下,且狗窦亦作许及之事,“犬吠”“斋郎”之诗载卷一二嘉定三年十二月“丙寅赵师羼罢”下。前两者仅《庆元党禁》有与之相同的记事,而今本《朝野杂记》则并后者无之。《四库》之《朝野杂记·提要》曾引周密此则议论,但未明言今本《朝野杂记》有无此等记事。唯毕沅《续资治通鉴》卷一五五庆元四年正月丙辰条“考异”曾断言“《全文》《备要》及《朝野杂记》俱载”犬吠事。大概只是抄袭前人之说,未必曾逐一细检今本《朝野杂记》也。又《朝野杂记》甲集自序云:“乃缉建炎至今朝野所闻之事,凡(有)[不]涉一时之利害及诸人之得失者,分门著录,起丁未迄壬戌,以类相从,凡六百有五事,勒为二十卷。”若以今本《朝野杂记》甲集实际所载事数核之,实只524事,加附见64事,亦仅588事,明显地少于《自序》所述事数。凡此种种迹象都表明,今本《朝野杂记》是尚有残缺的。

《朝野杂记》甲集卷一二《宦官节度使》:“庆元中,王德谦已除节度使,大臣交奏,乃不行,德谦亦坐斥。语在‘时事’中。”甲集卷一六《关外营田》条载:“[庆元]六年冬,王少卿宁总计,增其课,朝廷以边民不便,罢之。语在‘时事’中。”谨按,今本《朝野杂记》甲集卷七“时事”门仅载《张魏公诛范琼》《处州义役》二事,上引两条作者自谓“语在‘时事’中”的记事乃皆不见,且于别的门类亦皆不见,正是今本《朝野杂记》显有残缺的反映。《两朝》卷五庆元三年三月“丙申窜内侍王德谦”条之目详载德谦求建节及窜斥经过,卷六庆元六年“是冬括关外营田租不果”条之目详载王宁增括营田租及坐免经过,疑即录自《朝野杂记》此门者。

《两朝》卷八嘉泰三年“五月戊寅陈自强为右丞相”条目第二则有冠以“李心传曰”的大段议论并记事。类似的情况全书共有五处,其余四处都能在今本《朝野杂记》中找到依据,唯独此条不见,估计当是今本《朝野杂记》残缺使然。又《两朝》卷八开禧元年十二月“戊寅韩侂胄挑虏使”条目第二则有冠以“《孝宗实录》”的记事,其中“以此例之”以下文字明显地不是《孝宗实录》中语。此则记事亦见《宋史全文》卷二九,然“《孝宗实录》”之前却仿该书引诸儒语例冠有“李心传曰”四字。由此看来,《两朝》此条目第二则连同第一则,实皆出于《朝野杂记》之同一条记事。《舆地纪胜》卷八九《广南东路·广州·古迹》“大奚山”条引录《朝野杂记》的一段文字,与《两朝》卷五庆元三年“是夏大溪山岛民作乱”条之目,行文雷同,仅有详略之异。鉴于《舆地纪胜》征引文献例加删节,实可断定,《两朝》此条之目显是《朝野杂记》的全文。而在今本《朝野杂记》中,此条业已不存。又,《两朝》卷四庆元二年三月“辛丑集议释服”,卷八嘉泰四年,是岁“总所拘监司算纲运”两条的目,与分别见于《宋会要辑稿》礼三〇之五三、食货四四之一五的注文，内容文字全同，《宋会要辑稿》明确标明注文乃录自《朝野杂记》者，然却不见于今本《朝野杂记》。今《宋会要辑稿》的注多数为《永乐大典》编者所加。据此，则今本《朝野杂记》残缺的部分内容，明初修《永乐大典》时是尚不残缺的。凡此，都是《两朝》中可以考见的今本《朝野杂记》失载的佚文。

《朝野杂记》乙集卷九《董镇言杨侍郎未肯通情》条载："武兴之乱，时人记录者，有新旧《安西楼记（安观文自撰）》《靖蜀编（宣抚司准备差遣胡酉仲编）》《耆定录（长沙板行不得姓名）》《海滨渔父记闻（沔州板行）》《杨巨源自叙书（上刘阁学者）》《杨巨源事迹（益昌士人撰）》《杨巨源传（武臣李珙撰）》《李好义诛曦本末（李好古自记）》《复四州本末（李好古自记）》《实入伪官人数（李好古自记）》《李好义行状（白子申撰）》《平蜀实录（杨君玉撰）》《新沔见闻录（不得姓字）》《切齿录（士人任光旦编）》《固陵录（李直院季允编）》《毛氏寓录（茶马司干办公事毛方平撰）》《公议榜（成都府学士人撰）》《佚爵录（朝奉郎赵公宅撰）》，而士大夫之在新沔者，又或有《日录》《辨污》等书。最后《西陲泰定录》乃尽采而辑之，取舍是非，一从公论，其本末亦粗备矣。"这里提到的关于吴曦之变集大成的重要著作《西陲泰定录》，其作者其实就是李心传本人。此书后来经过增修，内容已不限于吴曦之变，是李心传在《朝野杂记》之外所作的有关宁宗朝史事的巨著。《直斋书录解题》卷五杂史类著录"《西陲泰定录》九十卷，李心传撰"。其"解题"曰："记吴曦叛逆以及削平本末，起嘉泰辛酉（元年，1201），讫嘉定辛未（四年，1211），为三十七卷。其后蜀事益多，又增修至辛巳（嘉定十四年，1221）之冬，通为九十卷。仍颇用太史公年表例，并记国家大政令，边防大节目。首尾二十年。"《两朝》中尚未找见出处线索的内容，其中有关蜀事的记载颇为不少。① 如果假定这些记载的直接依据是《西陲泰定录》，大概不致完全凿空吧。

总之，《两朝》的内容，无论是业经推定其史源的部分，还是尚难推定其史源的部分，李心传的著述皆占有极重要的地位。李心传的史学著述，不仅对于高、孝两朝史事的研究，而且对于光、宁两朝史事的研究，都作出了杰出贡献，不愧为一代史学大师。以致当代的人们撰述或议论光、宁两朝的史事，就已经离不开他了。

四、几点评议意见

以上在探讨《两朝》史源的同时，着重从《两朝》史源这个侧面，观察了李心传在当日史学上的重要地位。以下再就《两朝》这部书本身说几点评议意见。

如前所述，《两朝》特别突出朱熹、真德秀等理学家的活动和言论的情况是引人注目的。由于光、宁两朝是理学确立其在思想界统治地位过程中的重要阶段，由于光、宁两朝的重大事件和当权人物大多同理学家的切身利害有密切关系，更由于《两朝》的作者本人就是理学中人，很可能即是真德秀门徒，出现上述情况是十分自然的。不仅如此，甚至全书的内容都是以理学为是非的标准的。这在南宋后期的史学界已是占主导地位的倾向，是元修《宋史》“大

① 如卷七嘉泰元年七月“己巳吴曦入蜀”“嘉泰二年春正月癸亥苏师旦兼枢密院都承旨”“是秋诏监司帅臣就送还人之官”；卷八嘉泰三年“命监司郡守申交割数”，开禧元年二月乙卯“窜翁点”，三月“癸未费士寅罢”；卷九开禧二年正月“乙巳薛叔似宣谕京湖”；卷一〇开禧三年二月己未“韩侂胄与吴曦书”“乙亥安丙等诛吴曦四川平”“夏四月戊申吴猎兼四川宣抚使”；卷一一嘉定元年是春“利州兵老小喧哄”“是秋背嵬军谋为变不克”，十一月“乙丑李大用谋为变不克”；卷一二嘉定二年八月“乙丑安丙为四川制置大使”；卷一四嘉定七年正月“壬午王大才斩何九龄”诸条之目的全部或部分记载，都是。

旨以表章道学为宗”[①]的滥觞。

作为编年别派的纲目体史书，肇始于朱熹的《通鉴纲目》。如果再往前追溯，那么《春秋左氏传》也是纲目体，据说《通鉴纲目》即是“纲仿春秋而参取群史之长，目仿左氏而稽合诸儒之粹”的。不过自朱熹的《通鉴纲目》开始，接着有陈均的《皇朝编年纲目备要》，再接着又有佚名的《中兴两朝编年纲目》和本文所讨论的同是佚名的《两朝纲目备要》，后人又有《通鉴纲目》续编、三编之作，且经“御定”，纲目体在编年史书中遂自成一小小的支派。值得注意的是，陈均在修撰《皇朝编年纲目备要》中虽遵从朱熹所定“大书以提要，而分注以备言”等纲目体例，但却已经“据事实录，不敢尽同其书法”了。[②]《中兴两朝编年纲目》和《两朝纲目备要》显然是沿着《皇朝编年纲目备要》开辟的道路继续前进，而不是在《通鉴纲目》之后亦步亦趋。由于有这样几部内容简明而又相对客观的纲目体著作存在，而其所载又是有宋一代当朝史事，才使得纲目体这一新近派生的史学体裁，没有像《通鉴纲目》及其续编、三编那样，完全成为理学的附庸，从而保持了史学的相对独立地位。《两朝》纲是纲，目是目，内容简明而不贫乏。于光、宁两朝史事，稍关重要者，往往于初见处穷其原委，而尤注意于有关职官、科举、兵农、食货的制度及其演变。它对纲目体史书虽无特别建树，却也运用得相当得体。

尽管作为《两朝》主要史源的《朝野杂记》和《庆元党禁》等书今日尚存，研究朱熹和真德秀也大可不必仰仗《两朝》，而与《两朝》的多数纲和部分目同出一源的《宋纪》，还有着比《两朝》范围更广的记载，但《两朝》的史料价值仍然不应低估。《宋纪》与《两朝》虽

---

① 《四库全书总目》卷四六《宋史提要》。第412页中栏。
② 《玉海》卷四七《艺文编年·〈国朝编年政要〉》。

同出一源，但由于两者各有具体标准，因而取舍有异，详略也不同。如为《宋纪》所不取而分见《两朝》卷一五和卷一六的嘉定十一年和嘉定十五年的诸路户口数，就是尚未引起足够注意而又饶有价值的数字。梁方仲《中国历代户口、田地、田赋统计》甲表34为《南宋各朝户口数、每户平均口数及户口数的升降百分比》，其中宁宗朝仅两年录有统计数字，即嘉定十一年的户数和嘉定十六年的户、口数。如果他能注意到《两朝》中尚有全国户口统计数字，那么不仅可以补上嘉定十五年的户口数，而且还可以替原来只有户数的嘉定十一年补上口数，并计算出此年的每户平均口数和口数升降百分比。[①] 至于那些不管能否推知其史源，而在现存典籍中已难找到直接依据的记载，其史料价值更是不在话下。除上文提及的以外，诸如黑风峒民的反抗、毕再遇的战功、嘉泰元年和四年的临安大火等，也都是饶有兴味而富于价值的。

总之，对于历史记载同其前期相比显得极为贫乏的南宋后期来说，《两朝》无论在历史编纂学上或史料学上，都是一部值得重视的著作。此外，由于《两朝》与《宋纪》存在着同源的关系，又援用了史学名著《朝野杂记》和其他著述中的许多记载，《两朝》在古籍校勘和辑佚中的作用也是不应忽视的。

（原载《文史》第32辑，北京：中华书局，1990年3月）

---

① 此两年的户口数亦见《宋史全文》。

《续资治通鉴》王广渊、王广廉相混说辨析[①]

一

毕沅《续资治通鉴》卷六七将王安石重要新法青苗法的颁行系于熙宁二年(1069)九月戊辰“出内库缗钱百万籴河北常平粟”下,[②]遂录《宋史·食货志·常平义仓》“熙宁二年制置三司条例司言”云云大段文字,以说明此法的颁行经过,但却将“安石自此逾月不言青苗”以下一段文字:

> 会河北转运司干当公事王广廉召议事。广廉尝奏乞度僧牒数千道为本钱,于陕西转运司私行青苗法,春散秋敛,与安石意合。至是,请施行之河北。于是安石决意行之,而常平广惠仓之法遂变而为青苗矣。

① 严格说来,当题作“徐乾学《资治通鉴后编》……辨析”。由于《后编》在《四库全书》文渊阁本近年影印出版以前一般人极难读到,而得以广泛流传的毕沅《续资治通鉴》,既是“大率就徐氏本稍为损益,无大殊异”(章学诚《章氏遗书》卷一八《邵与桐别传》),故仍作今题。以下引文,凡两书有异者,毕《鉴》以圆括号括起,徐氏《后编》以方括号括起。

② 系于戊辰不确。《宋史·神宗纪一》:熙宁二年九月“丁卯,立常平给敛法。戊辰,出内库缗钱百万籴河北常平粟”。“常平给敛法”即青苗法,青苗法的颁行当是此月四日丁卯事。《宋会要辑稿》、《续资治通鉴长编记事本末》亦皆载于九月四日丁卯。

与《宋史·王广渊传》的如下一段文字：

出知齐州，改京东转运使。……广渊以方春农事兴而民苦乏，兼并之家得以乘急要利，乞留本道钱帛五十万贷之贫民，岁可获息二十五万，从之。其事与青苗法合。安石始以为可用，召至京师。

互相糅合，改写成如下，并附有“考异”说明改写的理由：

会京东转运使王广渊言：“方春农事兴而民苦乏，兼并之家得以乘急要利，乞留本道钱帛五十万，贷之贫民，岁可获息二十五万。”从之。其事与青苗法合。安石始以为可用，召至京师与之议。广渊请施之河北，安石遂决意行之，次第及于诸路。

考异：《宋史·食货志》云：“安石因苏辙之言，逾月不言青苗。会（以下引文截止“决意行之”，与上引全同，删）……”《苏辙传》同。《东都事略·苏辙传》亦作“河北转运王广廉”。按：《宋史·王广渊传》，[庆历中，上曾祖明家集，诏官其后，广渊推与弟广廉，而自以进士得官，是]广廉乃广渊之弟，熙宁二年四月遣八人行诸路察农田水利赋役，广廉其一也，不闻为河北转运。且陕西、河北各一漕司，河北转运岂得散钱于陕西？盖广（廉）[渊]欲行青苗，援李参之事以请，后遂讹为行之陕西耳。安石尝言，广渊力主新法而遭劾，刘庠故坏新法而不问，是知附会青苗者，广渊也，非广廉也。今悉从《广渊传》。

对此，《续资治通鉴长编拾补》的纂辑者黄以周等在该书卷五熙宁二年“九月丁卯,制置三司条例司言”记事的注文中,在全文引录毕《鉴》考异(按,引文实同《资治通鉴后编》,微有删削)以后,曾加以反驳:

> 窃以《长编》考之,毕氏此说恐未足据。《长编》卷二百十一熙宁三年五月丁未原注引司马光云:“王广廉在河北,民不能偿春料,乃更俵秋料。”又五月丁巳日,京东转运使、工部郎中、直龙图阁王广渊为河东转运使,曾公亮初欲差权,王安石以为广渊在京东宣力,当正除。据此,两人事迹本不相蒙。且广廉此时已为河北、陕西提举官,而广渊则于二年犹知齐州,三年始由京东改河东,是广渊非特未至陕西,更未尝为提举常平广惠仓官。二年在齐州条奏置义仓,是正月辛卯二十三日事可考。义仓是储积,青苗是放散取息。据《十朝纲要》,二年七月乙丑,罢义仓法。则广渊所行之义仓,本与广廉不同。《东都事略》及《宋史·食货志》《苏辙传》本不误,毕氏乃专据《王广渊传》以疑《东都事略》及《宋史·食货志》《苏辙传》,恐非也。盖《宋史·王广渊[传]》偶误,而《食货志》《苏辙传》犹见其真。况《宋史》无广廉传,又安知广渊传非广廉传之误作广渊乎?

而且在此以前,即在该书卷四熙宁二年正月辛卯赵尚宽、高赋、王广渊“条奏置义仓事”记事下,即已加注对毕《鉴》的有关考异作过驳斥:

> 《宋史·王广渊传》不载广渊置义仓事,而载乞留本道钱贷贫民事,《食货志》则云河北转运司干当公事王广廉尝奏于

陕西转运司私行青苗，是乞留钱贷民者广廉，非广渊也。《宋史》无广廉传，盖误合廉、渊二人之事为一。时广渊由齐州改京东转运，三年五月丁巳由京东迁河东，未尝至陕西，至陕西者广廉。《宋史·食货志》所载犹未尽误，毕沅《通鉴》"考异"则又以广廉事属广渊，未免沿本传之误。然《东都事略·广渊传》固未见有贷钱于陕西之说。则置义仓者为广渊，行贷钱法者为广廉。辨见九月丁卯。

黄以周等一边驳斥毕沅，说王广渊、王广廉"两人事迹本不相蒙"，一边自家又将王广渊、王广廉两人的事迹相混了。总之，两家都未能摆脱《宋史》中《食货志·常平义仓》所载与《王广渊传》所载乃同一事只能属于同一人的思维框架，所不同的，只是毕沅认为当属王广渊，而黄以周等认为当属王广廉而已。这一混淆，有碍人们对青苗法的颁行过程及其关键人物的准确认识。今不揣浅陋，试予辨析如下。

二

《宋史·食货志》所载王广廉事，今有《宋会要辑稿》食货四之一七、熙宁二年九月四日记事，《皇朝编年纲目备要》卷一八熙宁二年"九月行青苗法置常平官"条记事以资佐证，其正确性已不容再有怀疑，王广廉绝非王广渊之误。

此时王广廉的职任，《宋史·食货志》本作"河北转运司干当公事"，[①]不得如毕《鉴》那样径作"河北转运"。《宋史·苏辙传》及其

---

① 《宋会要辑稿》作"河北转运司勾当公事"，盖南宋史臣避高宗讳改"勾"为"干"，而《宋史·食货志》则沿宋国史讳改之旧。

史源《颍滨遗老传》(载《栾城后集》卷一二)作“河北转运判官”,虽可如《东都事略·苏辙传》那样简作“河北转运”,然与他书不合,[①]姑且存疑。

熙宁二年四月二十一日丁巳遣八人“于诸路相度农田水利税赋科率徭役利害”,王广廉确是其中之一,而王广廉当时的职任,即是“河北转运司勾当公事”,见《宋会要》食货六五之三,不是仅凭“不闻为河北转运”的空言所能轻易否定的。而且在此以后,王广廉任职的路分甚至从未离开河北。同年九月九日,“诏差官充逐路提举常平广惠仓兼管勾农田水利差役事”,王广廉和皮公弼同是河北路的首任提举官,此时王广廉的寄禄官是太常博士。三年八月六日癸亥,“屯田员外郎,提举河北常平等事王广廉兼权发遣本路同提点刑狱”。四年四月二十一日丙子,“权发遣提点河北刑狱、都官员外郎王广廉权发遣本路转运副使,兼都大提举籴便粮草、催遣黄御河纲运”。[②] 后因“营职忧悴”,死于河北转运副使任上。《长编》卷二三五载:熙宁五年七月“辛卯,诏赐故河北转运副使王广廉家眷二百缗,录其婿姚大忠为郊社斋郎。以判大名韩琦言‘广廉营职忧悴以致殒身,而身后别无子孙’故也。初,广廉死,王安石白上曰:‘广廉虽有不至,然亦宣力。’上曰:‘此是首推行朝廷法令之人,赐之宜厚。’故有是诏”。则毕《鉴》谓王广廉“不闻为河北转运”固然是凿空之言,而黄以周坐实王广廉“已为河北、陕西提举官”,曾“至陕西”,同样是无稽之谈。

王广渊的任职情况也是清楚的。治平四年(1067)六月十四日庚申,自直龙图阁兼侍读学士出知齐州事。[③] 熙宁元年(1068)十二

① 如熙宁二年八月郑獬所作王广廉父师颜墓志铭(载《郧溪集》卷二〇),仍谓“广廉为太常博士、河北转运司勾当公事”。馀具下引。

② 以上三事,分见《宋会要辑稿》职官四三之二,《续资治通鉴长编》卷二一四、卷二二二。

③ 见《资治通鉴长编纪事本末》卷五八《司马光弹劾》。

月八日,改京东转运使。[①] 三年五月二十八日丁巳,自京东转运使徙河东转运使。同年八月二十四日辛巳,自河东转运使徙知庆州。五年十一月十九日壬戌自知庆州迁知渭州。八年十月二十九日死于知渭州任上。[②] 则神宗即位以后,王广渊迄未在河北任职。毕《鉴》考异既说"河北转运岂得散钱于陕西",那么身为京东转运使的王广渊乞将青苗法"施之河北",不也同样于理有悖吗?更有甚者,毕《鉴》下文熙宁三年正月"乙卯诏"条所载:"右正言李常、孙觉亦言:王广渊在河北,第一等给十五贯,第二等十贯,第三等五贯,第四等一贯五百,第五等一贯。民间喧然不以为便,而广渊入奏,称民间欢呼鼓舞,歌颂圣德。"王广渊从未在河北任职,为何在河北竟能如此这般呢?原来此事在毕《鉴》据以修入的《宋史全文》卷一一那里,王广渊是本作王广廉的。而且此事见于《宋史·食货志·常平义仓》《皇朝编年纲目备要》卷一八、《太平治迹统类》卷二二《熙宁元祐议论青苗》《宋会要》食货四之一九所载者,无一不作王广廉,何况李常、孙觉奏议今存(载《宋朝诸臣奏议》卷一一一),其题即作《论王广廉青苗取息》。毕《鉴》如此篡改,简直是肆意妄为了。

《宋·志》"广廉尝奏乞度僧牒数千道为本钱,于陕西转运司私行青苗法,春散秋敛",《宋史·苏辙传》同;《宋会要》食货四之一七

---

① 《续资治通鉴长编》卷二一一熙宁三年五月丁巳记事自注谓"广渊为京东漕在二年十二月八日"。然据《长编纪事本末》卷七三《义仓》熙宁二年正月二十三日辛卯记事:"又诏曾公亮曰:'近王广渊于齐州创置义仓,已劝粟十万馀石,若渐可成就。今广渊罢去,当得人继守其事,可特诏广渊举知州一人。'"知二年正月业已罢知齐州。而据《宋史》本传,王广渊是由知齐州改京东转运使的,其间并未别有任使,则不得迟至此年十二月八日始任京东漕。又,王广渊乞留本道钱帛五十万以贷贫民,据本传和《宋朝诸臣奏议》卷一一一乃熙宁二年六月京东转运使任内事,二年八月葬父,上揭郑獬作《墓志铭》也说是"广渊为兵部员外郎、直龙图阁、京东转运使",与二年十二月八日始任京东漕之说皆不能合。疑"二年"当是"元年"之误。

② 以上四事分见《续资治通鉴长编》卷二一一、卷二一四、卷二四〇、卷二六九。

作:“广廉尝奏乞度僧牒数千道为本钱,行陕西漕司私行青苗法,春散秋敛以便民。”《颍滨遗老传》同,《皇朝编年纲目备要》卷一八中句作“行陕西漕司前所私行青苗法”,义尤明确。则《宋史》志、传“于陕西”之“于”,较原始的文献本来皆作“行”。又《宋·志》喜改旧文,又喜用古写,颇疑此“于”乃“放”字形近致误者。“放”即“倣”(此“倣”今又与“仿”以异体字统一作“仿”),《宋·志》他处亦多有“倣”义而书作“放”者(如《宋史》点校本 4271 页 3 行“镇抚使陈规放古屯田”,第 4278 页 2 行“愿放隋制立民社义仓”,第 4297 页 12 行“后差人放此”,第 4298 页 3 行“又第其役轻重放此”)。可见,毕《鉴》考异所指斥的“河北转运岂得散钱于陕西”的悖理之事,实际上原是并不存在的。

至于《宋史·王广渊传》“乞留本道钱帛五十万贷之贫民,岁可获息二十五万”,其事虽“与青苗钱法合”,然与王广廉“仿陕西转运司私行青苗法,春散秋敛”,则是两事,亦不容相混。王广渊行贷钱事曾广遭抨击,如本传下文所载,“程颢、李常又论其抑配掊克,迎朝廷旨意以困百姓”,即是其著者。程颢之论见《宋会要》食货三八之一,熙宁三年正月二十三日;李常之论全文载《宋朝诸臣奏议》卷一一一,题作《上神宗论王广渊和买抑配取息》,其开首云:“臣近闻京东转运使王广渊以陈汝(义)[羲]所进羡馀钱五十万贯,随和买绢钱俵散,今却令每贯纳见钱一贯五百。”所论即此事。文末赵汝愚原注:“先是,[熙宁]二年六月,京东转运司言:‘方春农事兴而民困匮,兼并乘其急而贷与之要利,昨有旨以本路钱帛一百万赐河北,宜留半以贷贫民,岁终可得息二十五万。’中书以谓:先时岁贷民钱一千,收绢一匹,今宜不收绢,止收其直,得利当半。直下转运司施行。”则此事本属和买紬绢的变通办法,只是在“中书以谓”云云的意义上,才“与青苗钱法合”,但所行并非即是青苗法。而且此变通办法,自“常平仓新法”即青苗法施行以后,亦已立刻停止实行。《宋会要》食货三七之一三载:“熙宁三年二月二十八日,京东转运司言:‘准朝旨问去年依傍和买细绢多抛数目于人户上配散,每钱一千买绢一匹,后来却令‘买绢’并‘税绢’每匹纳钱一千五百,又于等第一例配俵粟豆钱一次,令具析所行事件闻奏。本司今具析到所行事理……’诏:‘已行常平仓新法,今后更不得支俵粟豆钱,其支散内藏库别额细绢钱五十万贯,候纳到本钱,即拨[充]北京封桩,所收息钱,于内藏库送纳。’”(按,朝旨所问即程颢言之节录)

可见,王广廉乞请施行者,乃青苗法,路分是河北;王广渊乞请贷于民者,乃依傍和买法而行,以绢折钱征收亦折变旧法,路分是京东。毕沅、黄以周两家未免都将此两事相混了。又,从《宋史·王广渊传》载及行贷钱法之事的上下文来看,“[广渊]出知齐州,改京东转运使,得于内省传达章奏。曾公亮、王安石持不可,乃止。”则王安石对王广渊其人原是并不怎么看重的。王广渊乞留本道钱贷贫民,“其事与青苗法合,安石始以为可用,召至京师”,此“以为可用”者,非其法,乃其人可用也,“召至京师”,即是准备任用。后以“御史中丞吕公著摭其旧恶,还故官”,表明王广渊未被升任。至于“与之议”青苗,“广渊请施之河北”云云,皆毕《鉴》臆添臆改之文。由此亦见,毕、黄在将史事相混的同时,于《宋史》本传记事又有误解。

神宗对知齐州王广渊等条奏置义仓事的“上批”是熙宁二年正月二十三日辛卯发出的,时王安石尚未执政。《玉海》卷一八四《食货·仓庾》“宋朝义仓”:“熙宁初,神宗欲复之,会王安石主青苗,因言‘人有馀粟,乃使之输官,非良法也’,乃止。二年七月己巳(初五)也。”明王安石执政后即罢置义仓。《宋会要》食货六二之二一,载有罢置义仓的经过甚详。奏置义仓事王广渊本传载否皆不足为《宋史》病。而黄以周等却认为,既然王广渊此事《宋史》本传未载,则《宋史》本传所载乞留本道钱贷贫民事即非王广渊所为,不知是何逻辑?其实,置义仓者为广渊,是知齐州任上事,时间在熙宁二年正月前,行贷钱法者亦为广渊,是京东转运使任上事,时间在熙宁二年六月。何不相容之有?

王安石确实说过“广渊力主新法而遭劾,刘庠故坏新法而不问”的话。此话的语言环境,据《宋会要》食货四之二二所载,如下:熙宁三年二月“二十七日,条例司言:‘河北转运司奏,坊郭多有浮浪无业之人,深虑假托名目请出青苗钱,却致失陷,已牒州(事)[军]未得给散,别听朝旨。本司看[详],元降敕意,指定支与乡村人户,如有羡馀,方及城郭有抵当户。乞遍下诸路遵守。’从之。仍诏河北,其转运(司)[使]刘庠擅住不给散,更不问罪。时,刘庠奏至,王安石曰:‘近(东京)[京东]王广渊一面施行铁冶事,事皆便利,朝廷从之,然以不候朝旨,不免被劾,而陛下特旨放罪。今河北既擅行止俵,又事不可从,何可但已。’陈升之曰:‘如此则愈于新法非便。’安石曰:‘不如此乃于新法非便。王广渊等力行新法,故事虽可从而被劾,刘庠等力沮新法,故事虽不可从而不问,如此则人必为大臣风旨,以为于此有所好恶,安能无向背之心?……’”可见安石口中的“新法”,就刘庠而言,确指故坏青苗新法而不问,而就王广渊而言,则仅提及“以不候朝旨”“一面施行铁冶事”而“遭劾”,其“力行新法”云云,当泛指他在任上的一般表现。即使王广渊“力行”的“新法”也包括青苗法在内,但是否因此就得如同毕沅那样,把王广廉从“力行新法”者中排除出去,把《宋·志》明确记载的王广廉事迹转按到王广渊身上?这又是何种逻辑?王广廉身死之后,宋神宗不是也给了他下过“此是首推行朝廷法令之人”的定论吗？事实当如前所辨析，王广渊、王广廉均是新法的拥护者，但促使王安石决心推行青苗法的关键人物，则确为王广廉，而非王广渊。

三

河北转运司官“于陕西转运司私行青苗法”的悖理之事，虽然事实上是并不存在的，但在文献上作如此记述则似并非自《宋史·食货志》始，大概在《宋史·食货志》渊源所自的《四朝国史·食货志》中即已这样了。彭百川《太平治迹统类》卷二二《熙宁元祐议论青苗》载：熙宁二年“九月，三司条例司议行青苗法。河北转运判官王广廉昔漕陕西，奏乞度(牒僧)[僧牒]数千为本司行青苗法，春散秋敛，与安石议合，至是请先行河北”。《统类》绝大多数记事皆据《续资治通鉴长编》节载，实际上是《长编》的又一部纪事本末体改编本，但此事是否直接录自《长编》却值得怀疑。彭百川南宋后期人，当时尚无《宋史》，却似乎亦已见到类似《宋史·食货志》的记述，觉得悖理难通，才有意作如上更改的。王广廉“昔漕陕西”事未见他书记载，其更改未必另有史实依据，恐亦是臆改。

陈桱《通鉴续编》卷八熙宁二年“九月，立常平给敛法”条记述青苗法颁行经过，把陕西转运使李参贷青苗钱，廪有馀粮，和“继而河北转运司干当公事王广廉奏乞度僧道牒数千道为本钱，于陕西转运司行青苗法，春散秋敛，朝廷从之，民甚便焉”两事，并列为青苗法的先导，然后在条例司条陈下追述苏辙议论，王安石“由是逾月不言青苗”，接载“会京东转运使王广渊言”云云，与前所录毕《鉴》之文已几乎全同，只是“广渊请施之河北，安石遂决意行之，次第及于诸路”仅作“于是决意行焉”稍异。下文同年十一月“置提举常平广惠仓官”条所录《宋史·食货志》“王广廉在河北—等户给十五千……”之文及所载谏官李常之论,“王广廉”业已改作“王广渊”,与毕《鉴》略有不同的,是“河北”亦一并改作了“京东”。陈桱是元末明初人,他所见到的《宋史》当与今点校本底本(影印至正刻本)同,王广廉以河北转运司官于陕西转运司行青苗法的悖理之事虽仍按原文照录,但王广廉在青苗法颁行过程中的地位显然降低了,王广渊依傍和买绌绢贷钱取息之举首次被误断为即是青苗法,从而王广渊取代王广廉成了促使王安石决心推行青苗法的关键人物。

徐乾学是否见到彭百川的臆改,虽不得而知,陈桱的《通鉴续编》则是徐乾学借以重修《通鉴后编》的主要依据。徐乾学继承前人遗产,不仅未能以批判态度验正前人失误,反而受前人失误的正面启发,把它更加扩大了。其中有资料等客观条件的限制,但更主要的是思想方法上的主观臆断。

徐乾学《后编》“草创甫毕,欲进于朝,未果而殁”,时为康熙三十三年(1694)。“其时《永乐大典》尚庋藏秘府,故熊克、李心传诸书皆未得窥,所辑北宋事迹,大都以李焘残帙为稿本,援据不能赅博。”[①]所谓“李焘残帙”指徐乾学本人所藏宋刻《续资治通鉴长编》一百八卷本。此本虽然十分珍贵,但却仅是节本,记事又截止于治平四年闰三月,治平以前足本及神、哲两朝记事,当时皆难以读到。尤其是仅载于《永乐大典》中的《宋会要》,当时更是罕为人知。因此,资料条件上的局限性是很大的。

毕沅《续资治通鉴》完成于乾隆末,比徐乾学《通鉴后编》晚出约一百年,有关宋代的基本史籍,徐乾学未能见到的,毕沅大多都

① 《四库全书总目》卷四七《〈资治通鉴后编〉提要》。

见到了,因此毕《鉴》总的来说比《后编》有所提高。但由于辑本《续资治通鉴长编》神宗初年(熙宁三年三月前)记事业已残缺,而《长编本末》,尤其是《宋会要》仍然难以读到,因此就本文讨论的这段时间而言,却仍然无甚增补修正。如上文所引两则记事连同考异,就是完全照抄《通鉴后编》的。黄以周等人依据《长编本末》作《长编拾补》是光绪六至八年(1880—1882)的事,由于有了《长编本末》中的确证,他们发现了徐乾学、毕沅的失误,并试图以王广廉之事还诸王广廉。但由于当时《宋会要》虽已辑出而尚未刊行,所辑稿本又难以读到,因此仍然未能依据更多的确证将王广渊、王广廉其人其事严格区分开来,反而又将王广渊混同于王广廉,则未免矫枉而过其正了。

但是,即使在徐乾学当时的资料条件下,识别并摆脱前人失误的可能性也不是完全不具备的。如河北转运司官于陕西转运司私行青苗法的悖理之事,《宋史》《苏辙传》所载虽与《食货志》同,但作为《苏辙传》史源的《颍滨遗老传》"于"即作"行",而载有《颍滨遗老传》的苏辙《栾城集》在当时却绝非罕见之书。又如,《宋史·王广渊传》所载乞留本道钱帛贷贫民事,它只与本史《食货志》的《布帛》门所载相当,而与《常平义仓》门所载者无涉,更是只要将《宋史》志、传部分对读即可断定的。到了毕沅当时,由于有助于澄清混乱的《诸臣奏议》《皇朝编年纲目备要》(即《宋九朝编年备要》)等书都已修入《四库全书》,已有可能较易读到。至于黄以周等生活的时代,则除了《宋会要》以外,今日能够见到的宋人主要文献几乎都在被广为引用了。遗憾的是,他们似乎都不愿意甚至不屑于对已经掌握的有关资料进行客观的实事求是的分析,而是热衷于武断地设定或认定一个结论,然后用一些毫无直接联系的事例作为论据来生拉胡扯地予以论证,在缺乏事例时又往往用凭空的想象来予以补足。从徐乾学到黄以周,资料日渐丰富,而凿空之论未见有所减弱,思想方法的主观臆断,不能说不是主要原因。王广渊、王广廉相混说之所以久久未能澄清,其源盖亦在此。

(原载《文献》1992年第3期,收入本书时,文字有所增改)

乾隆皇帝与康熙《御批通鉴纲目续编》

康熙《御批通鉴纲目》指载有康熙皇帝御批的《通鉴纲目》。康熙皇帝原是在明陈仁锡刊本上加批的。陈仁锡刊本《通鉴纲目》包括：正编五十九卷，前编一卷，补纪一卷，举要三卷，续编二十七卷。正编凡例系朱熹手定，其纲皆门人依凡例而修，目则全出赵师渊之手。纲目之下，间附后人所作之"发明""书法"或"考异"。前编、外记、举要皆系金人金履祥所撰。续编系明成化间商辂等撰，所附"发明"和"广义"则分别由稍后之周礼和张时泰所撰。康熙皇帝的御批也遍及陈仁锡刊本的各个部分。康熙四十七年(1708)，吏部尚书宋荦奉敕将载有御批的《通鉴纲目》全书校刊进呈，此后，《御批通鉴纲目》遂得以流行，且被人视同官刻。

可是到了乾隆皇帝"寓禁于征"地大修《四库全书》的时候，这部既经康熙御批，又曾奉敕刊行的《御批通鉴纲目》，其续编中的"发明""广义"，竟被乾隆皇帝认定为"多有议论偏谬及肆行诋毁"，要对之大肆"删润"了。其经过曲折及真实用心，似有可得梳理而辨析者。今不揣浅陋，谨申之如下。

一、持续12年遍及18省的搜缴抽改

乾隆四十七年(1782)十一月初七日,内阁奉上谕:"朕披阅《御批通鉴纲目续编》内'发明''广义'各条,于辽、金、元三朝时事多有议论偏谬及肆行诋毁者。……着交诸皇子及军机大臣量为删润,以符孔子《春秋》体例,仍令粘签进呈,候朕阅定……交武英殿照改本更正后,发交直省督抚各一部,令各照本抽改。"①从而开始了对《续编》前后持续12年、遍及内地18直省的搜缴抽改。

第二天,即乾隆四十七年十一月初八日,军机大臣等经悉心酌核,立即将拟改各字用黄签注明粘贴,并于书头粘签标识,送呈乾隆御览(1677页)。第二年,即乾隆四十八年(1783)的正月初四,改本首次发往广西、湖北、江西、广东、河南五省(1706页)。不久,又陆续颁发至内地所有各直省,各令照本抽改。三月二十四日,军机大臣福隆安、和珅向各省督抚传达了"务须实力妥办,总在不动声色,使外间流传之本,一体更正,不致遗漏"的上谕,并规定:遵照抽改共若干部,"于年终汇奏一次"(1717页)。

另据乾隆四十八年三月二十三日军机大臣奏遵旨查明挖补填写《续编》情形片:"宫内各处陈设十二部,俱已填写交进;圆明园、三山、热河、盘山等处陈设共三十二部,现在挖补;其武英殿库贮九十四部,内已写得十二部,由军机处发交各省十部,尚存二部;又尚书房现在填写八部;其余七十四部现在陆续挖补。"(1716页)

经过多方追查,查明《续编》宋荦刊本板片存贮所在的苏州织造衙门,于乾隆四十八年四月初六日奉旨将《续编》,连同《正编》

---

① 中国第一历史档案馆编《纂修四库全书档案》,上海古籍出版社,1997年,第1675页。以下征引此书,本节仅注页码,他处书名简作《档案》。

《前编》等的板片,“一并委员解京毋迟”(1677、1709、1715、1719页)。

同年四月十一日,军机处知会各省督抚,要求“将该省流传之本并坊间翻刻板片一体遵照挖改,书板着仍发还本家”(1722页)。七月,江西奏:“金溪县坊贾呈缴书板一副,现在照本逐条铲改,俟改竣日覆核明确,同板片一并发还该坊,听其售卖。”同年二十一日上谕肯定了江西的做法,认为“自应如此办理”,“若于刻板内铲改,则既可免抽换之烦,而改正流传更可永远划一”。要求江苏、安徽、浙江、福建等省各该督抚“务再留心访查刻板,一体铲改,毋致遗漏”(1735页)。湖广、安徽闻讯各向江西购回铲改之板刷印的《续编》一百部,用于随缴随换(1804、1806、1827页)。

同年十二月,山西、直隶又先后查出无“御批”字样的《续编》翻刻本。乾隆立即降谕江浙各督抚:“留心访查,将翻刻之板片、书本,务须全行查出,一律改正。”并规定:“其挖出正本、翻本书内违悖字样,毋论一两页及二三行或数字,均着收存汇齐,送京销毁,不致外间稍有留传,使无知诞妄之徒又行抄播,方为妥善。”(1758、1760页)

乾隆四十九年(1784)十二月二十四日,江苏巡抚闵鹗元在奏覆中提到:“先据江宁、苏州两局将挖改之本呈样送阅。臣逐加查核,窃见每页挖改自数字至百十字不等,其间字体之大小,笔划之参差,不能尽行匀称合式。且坊间原刷书本纸张甚薄,零星粘补,既不平正,又易脱落。兼之书数既多,办理不能迅速,校对亦易讹漏。臣同督臣萨载暨司道等公同筹议,似应将第七、第八两函(引者按:《御批通鉴纲目》宋荦刊本的七、八两函,即《续编》,见《档案》1722页)改正之本,照原板式样,一律刊刻,并遵旨将恭奉订正《续编》上谕一道,并‘发明’‘广义’题辞一篇,冠刻卷首,刷印成帙，以成完本，换给缴书之家，俾得宝藏尊奉，较为周妥。现已备赀刊刻齐全。”（1814页）乾隆肯定江苏“所办甚好”，使藏有《续编》之家，“知一经呈缴，即可领得完善之本，自必踊跃呈换，可期搜缴净尽”。并降谕浙江、江西、福建、安徽等省，令其“遵照妥办”（1845页）。浙江立即“觅匠照式刊刻”，安徽则立即派员改从江苏购买，福建此前业已“将奉发定本，遵照式样翻刻刷印”，江西也已将旧板作过铲改，现在也都将“上谕”和“题辞”补行刊入（1856、1858、1870、1910页）。

乾隆五十年（1785）十二月初一日，乾隆在署江西巡抚舒常奏覆本年并无呈缴《续编》等情折上加了一道朱批：“交何裕城。仍留心！”（1911页）何裕城是新任江西巡抚，到任后，经查询，认为“向来办法，系有书之士民先将旧本缴县，解省，然后刷发新本，仍由县转给该士民等。因缴书、领书不免守候，兼虑缴官后换给无期，或胥役经手隐匿，以致观望不前。而穷乡僻壤，闭户诵读之人，尚有不知此书之应行缴换者，亦未可定”。于是改变办法：“多为印刷，分发各府属，一体派委教官周历询查，缴旧换新，随到随给。并出示广为晓谕，俾穷乡僻壤，无不周知。源源缴换，务期一律净尽。”（1932页）

遵照搜缴抽改共若干部，“于年终汇奏一次”的规定，自乾隆四十八年起，各直省督抚于年终都有换缴《续编》部数和查办情形奏折，年年如此，一直持续至乾隆五十九年（1794）。其间乾隆五十二年（1787）十二月十八日，军机大臣曾遵旨将内地18省《续编》挖收数目开单进呈，计：直隶178部，山东22部，河南117部，山西123部，江苏294部，安徽189部，浙江404部，江西314部，福建124部，湖北35部，湖南40部，陕西53部，甘肃2部，广东23部，广西11部，云南18部，贵州7部，四川73部。以上合计，共2 027部。

"除在本省按照颁发原本将应改字样挖改填写,仍行发还本人收领外,其陆续收缴解京者,共计四百二十三部,又外省坊刻及卷帙不全之本,共一百三十部又一百三十八本。"(2110 页)而如果将《档案》一书所收各省历年呈奏之数加以累计,则截至乾隆五十九年,全国共有《续编》2 436 部被搜缴挖改。详具文末所附历年收缴抽改数分省统计表。

可见,乾隆皇帝对康熙《御批通鉴纲目续编》的搜缴挖改,不仅时间长(前后持续 12 年),范围广(内地 18 省,即几已遍及全国),而且决心大,督促严,措施有力,虽然一再叮嘱"不动声色",其实是雷厉风行的。民间所藏《续编》原本,经过这样的搜缴挖改,虽然不一定彻底"净尽",但离"净尽"的既定目标大概相距不会太远。只是乾隆皇帝对这部曾经乃祖御批的《通鉴纲目续编》,为什么要如此这般呢?

二、钦定诸罪状面面观

上揭谓《御批通鉴纲目续编》内"发明""广义","议论偏谬""肆行诋毁"的乾隆四十七年十一月初七日的上谕,实际上是一篇声讨《续编》"发明""广义"的檄文。其中紧要之语,如:"试问孔子《春秋》内有一语如'发明''广义'之肆口嫚骂所云乎?"如:"如内中国而外夷狄,此作史之常例。顾以中国之人载中国之事,若司马光、朱子义例森严,亦不过欲辨明正统,未有肆行嫚骂者。"如:夷、戎、蛮、狄,"此无可讳,亦不必讳。但以中外过于轩轾,逞其一偏之见,妄肆讥讪,毋论桀犬之吠,固属无当……"指斥"嫚骂""讥讪",但亦与指斥"偏谬""诋毁"一样,都没有指明"如何"和"怎样"。

上揭江苏巡抚奏折中提到的冠于《续编》卷首的"题辞",其声讨的口吻较之"上谕"更为严厉：

> 甚矣！周礼等"发明""广义"之为诬而谬也。大一统而斥偏安，内中华而外夷狄，此天地之常经，古今之通义。是故夷狄而中华则中华之，中华而夷狄则夷狄之。此亦《春秋》之法，司马光、朱子所为急急也。兹"发明""广义"乃专以贵中华贱夷狄为事。责中华贱夷狄犹可也，至于吹毛求疵、颠倒是非则不可，而矢口谩骂、诬白为黑，又岂温良君子之所为哉？

与"上谕"有别的是，"题辞"在指斥"诬而谬""吹毛求疵，颠倒是非""矢口谩骂，诬白为黑"的同时，列举了四则实例，亦即"罪状"。今不嫌烦冗，逐一列之于下，并拟从各个视角，对之略加剖析：

例一

> 尝考辽、金、元三朝，惟金世宗、元世祖二帝最为贤明，史册具在，美不胜书。而"广义"则曰："世宗固一世之贤君，虽中华令主，何以过之。然群臣不能将顺其美，以底大顺。要亦天厌其德，故使之有君无臣，仅成一代之小康耳。"夫贤如金世宗，而又责其无臣，且谓天厌厥德，金世宗有何德之可厌？岂非中外之见芥蒂于胸，腹好议论，不乐成人之美乎？

硬说张时泰"广义""不乐成人之美"，实在冤枉。金世宗，1161年10月至1189年正月，在位27年零3个月。宋孝宗，1162年6月至1189年2月，在位26年零8个月。两者起讫年月和在位时间约略相当，分别是金朝和南宋朝的黄金时段。"广义"专门针对

金世宗写下的文字共五条,时有将孝宗与世宗对举处,其中如:

金主雍之治国也,驾驭英雄,搜访贤才,开诚心,布公道,书之于册,炳乎可观,虽以孝宗之贤,不能过也。孔子曰:“夷狄之有君,不如诸夏之亡也。”信哉![卷一六乾道三年(金大定七年)冬“十二月金出蒲察通为肇州防御使”条下]

金主一言以折赵雄,而雄即语塞者,是雍之识见,可谓明也。[冠履倒置](宋之怯懦),君子慨焉。[卷一六乾道六年(金大定十年)冬“十一月遣中书舍人赵雄如金”条下]

分注备载金主命其子之言,句句是实,且以唐太宗之言为非,何其切于理哉!由是知唐太宗所谓至诚治天下者,乃其伪也,非诚也。今也雍之所言,乃出于中心之诚,岂伪也哉?呜呼!孝宗有敌国之君如此,宜乎弗克成其志也。昔张华告晋武帝曰:“恐吴人更立令主,则江南未可图也。”其信然矣。[卷一六乾道七年(金大定十一年)冬十月“金主雍幸太子宫”条下]

虞允文、陈俊卿、张栻、李衡、王希吕、周必大、莫济,贤者也,一时罢去;曾觌、张说,不肖者也,一时用之。孝宗近小人远君子如此,得无愧于金主雍乎?君子以恢复之事望孝宗,殆恐其难矣。[卷一六乾道八年(金大定十二年)秋七月“罢虞允文为四川宣抚使”条下]

书曰“始”者,以见前此未之能行,而至雍始行之也。雍其贤矣哉![卷一六淳熙三年(金大定十六年)“夏四月金始命京府设学养士”条下]①

---

① 陈仁锡刊本和宋荦刊本笔者皆未及见,本文所引《续编》,皆据原杭州大学图书馆藏明万历二十一年归仁斋刊本。估计宋荦刊本中个别文字已有讳改,今亦暂将影印文渊阁《四库全书》本中与万历本不同之处,皆视作乾隆时所作的“删润”。本文若引及,则被“删润”处用方括号括起,而置“删润”之文于圆括号内。

以上除第四条因涉及与金世宗对比而录举以外,其余四条都是专门针对金世宗而言的,其肯定金世宗为“令主”,歌颂其“贤明”,绝无半点虚假。诸皇子和军机大臣经过“悉心核酌”,对这些文字,也只是将第二条“冠履倒置”更改为“宋之怯懦”,其他绝无“删润”。专门针对金世宗的五条“广义”中未及举出的另一条,即是被乾隆首先列作罪状的那条,见卷一六淳熙“十六年(金大定二十九年)春正月金主雍卒孙璟立”条下,其未经“删润”的原文如下:

> 分注备载雍之事实,乃知其为夷狄一世之贤君也。虽中华令主,何以过之。然曰“群臣不能将顺其美,以底大顺”,何哉?盖其前后左右,无一薛居州,而使雍孤立于上也。虽然,要亦天厌夷德,故使之有君无臣,仅成一代之小康耳,岂人力也哉?

针对其中“天厌夷德”一语,乾隆质问说:“金世宗有何德之可厌?”未免将它坐实为专指金世宗其人了,而原文所指,却明明是金国或金朝。诸皇子和军机大臣对此条的“删润”凡两处,一处是“夷狄一世之贤君”,“夷狄”改作“北朝”,另一处就是“天厌夷德”,改作了“天启元德”。金朝是被蒙古即元朝取代,亦即被元朝灭亡了的,“天启元德”不过是“天厌夷(金)德”的另一种表述。两者并无实质性的差别。既然对“目”(即“广义”所说“分注”)中录自《金史·世宗纪·赞》的话,“然举贤之急,求贤之切,不绝于口,而群臣不能将顺其美,以底大顺”,[①]不能举出事实加以反驳,引用《孟子·滕文公下》“在于王所者,长幼卑尊,皆薛居州也,王谁与为不善?在王

① 在《金史·世宗纪·赞》中,“不绝于口”作“不绝于训辞”,“群臣”下有“偷安苟禄”语。

所者,长幼卑尊,皆非薛居州也,王谁与为善?”并无不当,而又直面君父对之声色俱厉的指斥,那么将“天厌夷德”改作“天启元德”,其用心亦良苦矣。值得注意的是,这样的改动曾经乾隆“阅定”,是被通过的。拒斥“天厌夷德”而接受“天启元德”,就乾隆而言,未免近乎掩耳盗铃,而在此例中受到“吹毛求疵”“诬白为黑”对待的,究竟是金世宗,还是“广义”的作者张时泰?却又令人未免有啼笑皆非之感。

例二:

> 又如金禁女真人学南人衣饰一条,金主谓从官曰:女真旧风最为纯直,汝等当习学之,不可忘。此正敦尚节俭,率由旧章。“发明”乃云:“用夏变夷,固为美事,奚必禁而绝之。特书曰‘禁’,深贬之也。”夫以遵旧制不忘本者而贬之,尤为拘迂纰缪。且自古变祖宗之章服制度者,不数世而国势衰弱,元魏、辽、元已事可鉴,彰彰甚明,秉笔者独不观前史之事乎?

此例见卷一六淳熙十四年(金大定二十七年)冬十二月“金禁女真人学南人衣饰”条下。“秉笔者独不观前史之事乎?”云云,乾隆皇帝尽可向爱新觉罗黄金家族的龙子龙孙提出如此这般的训诫,但以之来强求好不容易才摆脱元朝统治恢复本民族政权的明朝士民也采取同一思维走向,是否看错了对象?引文之前,原文尚有“舍氈毳而袭冠带,此夷俗之所以变于中国者也”语。奉旨“删润”的诸皇子和军机大臣已遵照“题辞”将此则“发明”彻底改写,成了这样:

> 舍繁华而敦朴素,此子孙所以守其祖宗之成宪也。《诗》

曰:“不愆不忘,率由旧章。”世宗有焉。特书曰“禁”,深予之也。

无论文字还是主旨,已无半点原文的影子,却仍然置于周礼“发明”之下,岂非是地地道道的赝品?

例三:

最其甚者,蒙古额呼布格自归于上都,蒙古主释不治,其党布拉噶等伏诛一事。额呼布格,世祖介弟也,受命镇和林,乃敢构逆兴兵,僭称尊号,其罪可胜诛乎?元世祖以诸王乃太祖之裔,不忍加戮,惟诛布拉噶等。此世祖之大度,曲贷其死,可谓韪矣。乃“发明”谓世祖致令其弟僭立和林,则所以处之未尽其道,布格之悖未如象之顽,而世祖处弟之友岂不有愧于舜乎云云,其言尤为背谬。夫象之傲不过不顺于家,所为阋墙之衅耳,额呼布格则俨然称帝,谋危宗社也,其罪之轻重大小,不待智者明之,而犹为不如象之顽乎?益不然矣。且《春秋》之义,善善欲长,从未有以尧舜责人者。若象于舜升庸之后如额呼布格之所为,舜亦未必复封之有庳,而乃以此责元世祖,非惟不公,且不明矣。

此例见卷二一景定五年(蒙古至元元年)秋七月“蒙古阿里不哥自归于上都,蒙古主释不治,其党不鲁花伏诛”条下。“发明”原文在征引《孟子·万章》章112言之后,接云:

忽必烈继蒙古之国,而其弟至以僭立和林,则忽必烈所以处之者未尽其道耳。不哥之悖未如虞象之顽,虞象犹不僭立,而不哥顾乃僭立，岂非忽必烈处弟之友有愧于舜乎？诚使忽必烈为兄分符，王以富饶之地，尽以兄友之礼，则不哥居移养移，宁不自知爱重，又乌有僭立之事哉？是时忽必烈尊临九五，固可少行其志，岂有身为天子而其弟与凡臣等，且置之别郡，未尝一至京阙？则是忽必烈不弟其弟，而天伦之道亡矣。故书“释不治”者，讥其弟已僭立，而犹释之不治，不能分茅胙土，使之得其所也。书法如此，忽必烈虽欲曲辞其责，尚可得哉？吁！

实不背《孟子》之旨，且颇能自圆其说也。乾隆的节引未必尽符原意。此则“发明”，虽被乾隆斥为“其言尤为背谬”，而奉旨“删润”的诸皇子和军机大臣竟然全未“删润”，仍照原样全文保留于改本，且录入了《四库全书》。

例四：

又如书太子珍戬卒一条下载中庶子巴拜以其子阿巴齐入见，谕之以毋读蒙古书，须习汉人文字。初阅之，以为太子珍戬令人毋读蒙古书是忘本矣。因重检阅《元史》本传，则云中庶子巴拜以其子阿巴齐入见，谕令入学，巴拜即令其子入蒙古学。逾年，又见，太子问读何书，其子以蒙古书对，太子曰：我命汝学汉人文字耳云云。盖珍戬之意，以蒙古人习蒙古书，自其家传旧学，如今满洲人之于清文，童而习之，不必入学始能也，命学汉人文字，则欲其兼通经史，知古今事耳。乃《纲目》删改本文，且云谕之以毋读蒙古书，则是毫厘千里，而使后之读《纲目》者，竟以珍戬为忘本，有是理乎？

此例见卷二三至元二十二年冬“十二月太子真金卒”条之“目”。它既非“发明”,亦非“广义”,而是商辂的正文,与“甚矣!周礼等‘发明’‘广义’之为诬而谬也”,即“题辞”指斥的对象不符。是否“发明”“广义”中再也物色不出适当实例,遂以此充数耶?《续编》“目”中文字和《元史·裕宗传》所载都确如乾隆所引,《续编》只是节取而并未更改本文也。而“初阅之以为”云云,以及“盖珍戬之意”云云,即阅读者是否理解有误或应当如何理解,究竟在多大程度上是原作者的责任?这则被乾隆斥为有“毫厘千里”之失的《纲目》文字,不仅诸皇子和军机大臣未作“删润”,连稍后的毕沅在《续资治通鉴》中竟也仍然据《续编》而照录,实际上都对乾隆这一强词夺理的意见置之不理。

可见,从“题辞”所举四条实例来看,加给“发明”“广义”的“议论偏谬”“肆行诋毁”“妄肆讥讪”“吹毛求疵,颠倒是非”“矢口谩骂,诬白为黑”诸罪名是难以成立的。姑不论四条中一条压根不是“发明”“广义”之文,即使在诸皇子和军机大臣奉旨“删润”且经乾隆本人“阅定”的改本中,这四条中也有两条毫未改动,一条只是更换了表述方式,仅有一条作过彻底改写。如此雷厉风行地发动持续12年、遍及18省的搜缴抽改,难道只不过是虚张声势?

按照规定,抽挖出的文字必须“收存汇齐送京销毁”。各地都遵行了,但只有云南在奏折中列出了抽挖的字数:乾隆四十九年,全省共“抽改过四十三部,挖出字迹一百九万七千七百二十三字”(《档案》1844页)。平均每部挖改25 528字。乾隆五十年,全省“共计抽改过二十九部,挖出字迹六十七万二千七百一十三字”(1923页)。平均每部挖改23 193字。挖改的这些文字,难道都只是些“胡”“虏”“夷”“狄”等忌讳字和“天厌夷德”等忌讳词,以及辽、金、元三朝的人名、地名?如果真是这样,那又有什么必要必须将这些字样，“毋论一两页，及二三行，或数字，均着收存汇齐，送京销毁，不致外间稍有留传”？

那么在《续编》中，尤其在“发明”“广义”中，令乾隆着实恼火而又难以摆上桌面、形诸文字的内容，究竟是什么呢？

三、所谓“《春秋》之义”的言和实

从诸皇子和军机大臣所作的实际“删润”来看，“发明”“广义”中凡是言及“《春秋》谨华夷之辨”“《纲目》所谨者华夷之辨”“君子所最谨者华夷之辨”，以及未加领语的“存华夷之分”“正华夷之分”，其中的“华夷之辨”或“华夷之分”，几乎无一例外，全都被“删润”成了“轻重之辨”“仁暴之辨”“尊卑之辨”“中外之辨”“统系之辨”，或“正统之义”“大一统之义”“辑和之义”，乃至“无信之盟”“用兵之事”，等等，①显得特别令人瞩目。

当时人几乎普遍认为，《纲目》及其《续编》全是接续和仿照《春秋》而写的，也都与《春秋》一样，有它的微言大义，而“华夷之辨”云云，即是《春秋》大义的一个重要方面。《春秋》僖公四年“楚屈完来盟于师，盟于召陵”，《公羊传》：“南夷与北(狄)[夷]交，中国不绝若线。桓公救中国，而攘夷狄，卒帖荆。以此为王者之事也。”业已揭出《春秋》的攘狄之义。至两宋之际胡安国撰《春秋传》，“尊君父，讨乱贼，辟邪说，正人心，用夏变夷”，夷夏之辨在其

---

① 分别见《续编》卷二二德祐二年夏五月“元主忽必烈废德祐帝为瀛国公”；卷一八嘉定十五年“蒙古铁木真人西域”；卷五嘉祐二年秋“九月契丹来聘”；卷一〇政和“五年春正月女真完颜阿骨打称帝号金”；卷一四绍兴八年冬十月“以勾龙如渊为御史中丞”、绍兴十一年“秋七月以王次翁参知政事”；卷三景德二年冬“十一月契丹遣使来聘”；卷一三绍兴五年春正月“金主吴乞买卒”；卷九崇宁四年“夏四月辽人来聘”；卷二二景炎元年“帝次惠州遣使奉表请降于元”；卷一二建炎三年夏六月“金兀术大举人寇”。诸条之“发明”或“广义”。

阐发的《春秋》大义中，处于相当突出的地位。[①] 元代恢复科举之初，仁宗皇庆二年(1313)十一月诏即规定："《春秋》许用三传及胡氏传。"[②]明代承之。因此，在元、明两代，胡安国《春秋传》遂处于独尊之位。诚如清末经学家皮锡瑞所说："元、明以来，治《春秋》者，止是胡安国一家，当时所谓经义，实安国之传义。"[③]周礼、张时泰在"发明""广义"中就《续编》纲目阐发的《春秋》大义，包括夷夏之辨，实际上也主要是胡安国的传义。

清初，胡安国《春秋传》"仍缀于三传之末"。惟康熙三十八年(1699)《钦定春秋传说汇纂》，业已对"其中有乖经义者，一一驳正，多所刊除"。至乾隆二十三年(1758)《御纂春秋直解》，乾隆御制序文，又进而"揭胡安国传之傅会臆断，以明诰天下"。[④] 其所揭批驳正刊除者，虽远非仅限于"谨华夷之辨"方面，但"谨华夷之辨"实际上却是其关注的重点所在。稍后开四库馆，《春秋》胡传虽然不得不收进《四库全书》，但对书中集中阐发"谨华夷之辨"的传文，即卷一隐公"二年春公会戎于潜""秋八月庚辰公及戎盟于唐"，卷一四文公八年"冬十月壬午，公子遂会晋赵盾盟于衡雍，乙酉，公子遂会雒戎盟于暴"三处下所作的阐发，皆已全文刊除。其他零星提到或使用的"谨华夷之辨""背华即

---

① 引文见胡安国《春秋传·序》。《春秋传》卷首"叙传授"又谓："今所传，事按左氏，义采公羊谷梁之精者，大纲本孟子，而微词多以程氏之说为证。"所谓"程氏之说"，指程颐撰于崇宁二年的《春秋传》。其中隐公二年，"春，公会戎于潜"之传，已有："周室既衰，蛮夷猾夏。有散居中国者，方伯大国明大义而攘斥之，义也，其余列国慎固封守可也。若与之和好，以免侵暴，非所谓'戎狄是膺'，所以容其乱华也。故《春秋》华夷之辨尤谨。"(《二程全书·伊川经说四》)南宋朱熹也说过："《春秋》大旨，其可见者，诛乱臣，讨贼子，内中国，外夷狄，贵王贱伯而已。"(《朱子语类》卷八三《春秋·纲领》)可见，突出《春秋》之义的夷夏之辨，几乎是当时人的共识。

② 《元史》卷八一《选举志一》。

③ 皮锡瑞《经学通论·春秋通论》，光绪三十三年思贤书局刊《皮氏八种》本，第45B—46A。

④ 并见《四库全书总目》卷二九此两书提要。乾隆《御纂春秋直解序》载该书卷首，中有"而胡氏直与三传并行，其间傅会臆断，往往不免，承学之士，宜何考衷也哉"语，故提要及之。

夷”“背夷即华”“戎夏杂处”“夷不乱华”“猾夏”“攘夷狄”“攘戎狄”等词,也几乎悉数予以窜改。[①] 甚至引用《论语》中孔子的话:“微管仲,吾其被发左衽矣!”(《子路》篇)“夷狄之有君,不如诸夏之亡也。”(《八佾》篇)也被窜改得面目全非,分别成了:“呜呼!是监之功,岂不伟哉!”“楚虽僻处南服,犹以礼自守也。”[②]足见他对《春秋》胡传排摈和厌恶的深刻程度。他对胡安国的公开声讨,还见于乾隆四十六年(1781)十月十六日上谕就《契丹国志》而作的借题发挥:“又引胡安国论断,以劫迫其父开门纳晋军之杨承勋谓变而不失其正。……此乃胡安国华夷之见,芥蒂于心,右逆子而忘天经,诚所谓胡说也。”[③]

乾隆皇帝在关于《续编》的“上谕”和“题辞”中,一则说:“大一统而斥偏安,内中华而外夷狄,此天地之常经,古今之通义。是故夷狄而中华则中华之,中华而夷狄则夷狄之。此亦《春秋》之法,司马光、朱子所为急急也。”(题辞)。再则说:“如内中国而外夷狄,此作史之常例。顾以中国之人载中国之事,若司马光、朱子义例森严,亦不过欲辨明正统,未有肆行嫚骂者。朕于《通鉴辑览》内存弘光年号,且将唐王、桂王事迹附录于后,又谕存杨维桢《正统辨》,使

---

① 以上系以《四部丛刊续编》影印宋刊本《春秋胡氏传》与影印文渊阁《四库全书》本比对而得,分别见:卷九庄公二十三年夏“荆人来聘”、卷一二僖公二十三年“冬十有一月杞子卒”、卷一五文公九年“冬楚子使椒来聘”;卷一一僖公“七年春齐人伐郑……”十一年“冬楚人伐黄”;卷一六宣公三年春“楚子伐陆浑之戎”;卷一二僖公二十三年“冬十有一月杞子卒”;卷九庄公二十三年夏“荆人来聘”;卷一一僖公十一年“冬楚人伐黄”;卷一二僖公二十一年“秋宋公楚子……会于盂,执宋公以伐宋”。

② 分见卷一一僖公五年“秋八月诸侯盟于首丘”;卷一七宣公十一年“夏楚子陈侯郑伯盟于辰陵”。

③ 《档案》第1418页。所引胡安国语见《契丹国志》卷二,贾敬颜点校本,第26页,上海古籍出版社,1985年。影印文渊阁《四库全书》本已刊除。《契丹国志》卷二、卷三《太宗纪》中以“胡文定公曰”领起引胡安国语共11处,疑皆出自其所著《资治通鉴举要补遗》者。《举要补遗》已佚不存。

天下后世晓然于《春秋》之义，实为大公至正，无一毫偏倚之见。”（上谕）。① 似乎表示了他对宋代以来学者阐发的“谨华夷之辨”学说的部分认同。因为所谓“谨华夷之辨”，其具体内涵无非就是乾隆在这里说的“内中华而外夷狄”（“内夏外夷”），“夷狄而中华则中华之，中华而夷狄则夷狄之”。只是在勉强认同的同时，却也已经表现出了欲以“大一统之义”或“正统之辨”来取代“华夷之辨”的强烈倾向。而被乾隆尊为“天地之常经，古今之通义”的“内中华而外夷狄”，“夷狄而中华则中华之，中华而夷狄则夷狄之”这些“《春秋》之法”，以及“题辞”下文认为“犹可也”的“贵中华贱夷狄”等言论，也不过只是为了表示他“大公至正”的大度，在这里口头上说说而已，而从秉承他的意旨的诸皇子和军机大臣所作的实际“删润”来看，当然远不是这么一回事。纵观《续编》全书，凡是“发明”“广义”所作阐发中言及“内中国外夷狄”“内夏外夷”“中国而夷者”“夷狄而中国者”“背夷向华”“背夏即夷”“用夏变夷”“渐染华风”“戎夏杂处”等言论或语辞，皆已悉数窜改，更不用说“贱夷狄尊中国”“贵华贱夷”或者“攘狄”“攘夷狄”了。

乾隆难以正面反驳却又绝对不能容忍“谨华夷之辨”说的泛滥，还由于“发明”“广义”从“谨华夷之辨”出发，针对宋、辽、金、元期间民族关系或民族斗争史实所发的感叹或所作的推论，有对以乾隆为首的满洲贵族的统治极其不利或极端危险者。如以下数例：

卷一二建炎二年秋八月“金主吴乞买废上皇为昏德公、靖康帝

---

① 上谕中提及的杨维桢《正统辨》，原载陶宗仪《南村辍耕录》卷三，主张以元承宋统而排斥辽金。“今馆臣编辑《四库全书》，谓其持论纰缪，并《辍耕录》内所载者亦与删除。”乾隆认为不妥，为之写了《命馆臣录存杨维桢〈正统辨〉谕》，使此《辨》不仅未从《辍耕录》中删除，还被辑载于《东维子集》的卷首。

为重昏侯,徙之韩州”条“发明”:

鸣呼,夷狄之祸,至此极矣!天地为之晦冥,日月为之薄蚀,斯固古今之大变,而非可以常事论者。正以严夷夏之分,谨内外之防,扶三纲,立人极,为万世之戒也。……必使大明既升,而爝火自息,中国既治,而外患自弭,则亦庶乎其可也。

卷一四绍兴十年冬“十一月,金封孔子后璠为衍圣公”条“发明”:

……中国不竞,而使夷狄得以窃中国之文物,夷狄固可进也,其如中国何哉!

卷一五绍兴三十一年秋七月“金主亮大杀宋辽宗室之在其国者”条“广义”:

自古邻于夷狄者,未有能善其后者也。盖夷狄者,虎狼其心也,人能保虎狼之不肆吞啖哉?此圣人所以拳拳焉严中国外夷之辨者,盖惧后世罹祸惨也。君子观刘、石、金亮之祸中国,则知有天下者,《春秋》圣经不可以不讲也。

卷一五绍兴三十一年秋“八月宿迁人魏胜起兵复海州……”条“发明”:

羯贼据有中原,污蔑华夏,诚人神之所共愤,天下之所必攘者也。苟有倡义而起,为国恢复,《纲目》之所予也。

卷二二德祐二年春正月“元伯颜军皋亭山,太皇太后遣使奉玺以降……”条“发明”:

> 宋氏失驭,虏寇滔天……灭人家国,夺人土地,毁人宗庙,其罪固无待于贬黜而后见。况夷狄乱华,又非其他灭国之比。书之于册,亦以著非常之变,哀中国之不幸而已。

卷二三至元十七年“漳州民陈桂龙兵起……”条“发明”:

> ……王莽篡汉悖逆,人人可诛,故书“州郡兵起”;金虏侮宋跋扈,人人可攘,故书“山东兵起”。盖元起自沙漠,又非王莽臣子之比,一统天下,又非金国窃土之比,书法如此,其如中国何?盖胡元之主中华,实世道之丁极否,故有能扰而攘之者,皆《纲目》之所予,以示中国不臣妾之也。

卷二七至正二十七年冬十月“我太祖命大将军徐达等帅师北定中原”条“发明”:

> 呜呼!自胡元倡乱,入主中华,裂衣冠而为左衽,率人类而同禽兽,三纲绝而五伦弛……此诚天地之大变,人神之共愤。而其中华之民,陷于夷狄之俗久矣。盖否极而泰复来,剥终而复必见。孟子曰:五百年必有王者兴,其间必有名世者。天厌夷德,挺生大圣人,而为中华礼义之主……

类似这样的议论和感慨,如果被所谓“无知诞妄”之徒利用,对于乾隆皇帝御座下的江山社稷,岂不也有难以预料的危害。而如第一例“必使大明既升，而爝火自息”中本非国号的“大明”，如果经人歪曲煽动，岂不同样也有被用来号召“复明”的危险?

汉初，贾谊上疏陈政事，把当时汉与匈奴的关系，形象地说成是“首足倒悬”。其言曰：

> 凡天子者，天下之首，何也？上也。蛮夷者，天下之足，何也？下也。今匈奴嫚侮侵掠，至不敬也，为天下患，至亡已也，而汉岁致金絮采缯以奉之。夷狄征令，是主上之操也；天子共贡，是臣下之礼也。足反居上，首顾居下，倒县如此，莫之能解，犹为国有人乎?①

这一“首足倒悬”以及由此派生的“冠屦倒置”的形象说法，亦被“发明”“广义”大肆发挥，屡屡用来说明宋、辽、金、元期间民族关系的情状，肯定也是乾隆皇帝所难以接受的。如：

卷一〇宣和五年春“三月遣使如金”条“广义”：

> 昔贾傅以中国为首，夷狄为足。由是观之，足反居上，首顾居下。呜呼！首足倒悬，而求身不殒者，万无是理也。

卷一四绍兴八年冬十月“金以张通古为江南诏谕使……”条“广义”：

> 呜呼！赵宋之罹金难，无乃首足倒悬之极矣。

---

① 《汉书》卷四八《贾谊传》。

卷一五绍兴三十一年秋七月“遣枢密都承旨徐嘉如金……”条“发明”：

> 为国者，莫大乎别天冠地屦之分，正名分纲常之道。中国而屈于夷狄，则是天冠地屦之倒置矣，忘雠而交于逆虏，则是名分纲常之逆施矣。

卷一八嘉定七年秋七月“罢金岁币”条“发明”：

> 自金虏暴慢，江左偷安，称叔侄，增岁币，委为固然，略无可否，则是夷狄尊而中国卑，足屦上而冠首下，其华夏之气，为之大屈矣。

卷二〇端平三年夏四月“蒙古初括中原民户定赋税”条“发明”：

> 呜呼！中原乃华夏之故土，宋室之旧物。高宗不竞，陷没金虏，金亡入于蒙古，此诚中国之大纽也。今而以衣冠之民，囿左衽之域，以之而括民户，以之而定赋税，禽兽逼人，冠屦倒置，岂不深可哀哉？

如果将“首足倒悬”“冠屦倒置”之说贯彻到底，势将从根本上否定满洲贵族对全国统治的合理性。

可是，《御批通鉴纲目续编》由于它的特殊性：一、它是经过康熙“御批”的，不仅绝对不能将它干脆“禁毁”了事，而且还不得不将它收入《四库全书》中。二、正是由于它是经过“御批”的，《续编》

全书,包括“发明”“广义”,却又有了曾经获得康熙认同的假象。而“发明”“广义”阐发的“谨华夷之辨”的《春秋》大义,又是碍难正面批驳的,于是就只能委之曰“嫚骂”,要不惜一切地予以搜缴抽改净尽了。

四、恶劣影响浅窥

乾隆四十二年(1777)十一月十四日上谕曾指出:“前日披览四库全书馆所进《宗泽集》,内将‘夷’字改写‘彝’字,‘狄’字改写‘敌’字。昨阅《杨继盛集》,内改写亦然。而此两集中,又有不改者,殊不可解。夷、狄二字屡见于经书,若有心改避,转为非理。如《论语》‘夷狄之有君’,《孟子》‘东夷’‘西夷’,又岂能改易?又何必改易?且宗泽所指系金人,杨继盛所指系谙达,更何所用其避讳耶?”(《档案》751 页)此前,雍正十一年(1733)四月己卯上谕更曾指出:“朕览本朝人刊写书籍,凡遇胡虏夷狄等字,每作空白,又或改易形声,如以‘夷’为‘彝’,以‘虏’为‘卤’之类,殊不可解。揣其意盖为本朝忌讳,避之以明其敬慎。不知此固背理犯义,不敬之甚者也。……嗣后临文作字及刊刻书籍,如仍蹈前辙,将此等字样空白及更换者,照大不敬律治罪。”①然而令人不解的是,虽有此等上谕,而将胡虏夷狄等字避忌讳改之风却反而有愈演愈烈之势。以致有人怀疑,是否避忌讳改者,其视清朝之心实与明季诸人无异,只是一则阳斥之,一则阴指之而已。

在乾隆四十七年(1782)十一月初七日关于《续编》的“上谕”中,乾隆又曾再一次指出:“至于东夷、西戎、南蛮、北狄,因地而名,

① 《世宗宪皇帝实录》卷一三〇,《清实录》影印本第八册,第 696、697 页,中华书局,1985 年。

与江南、河北、山左、关右何异?《孟子》云:舜为'东夷之人',文王为'西夷之人'。此无可讳,亦何必讳。"(《档案》1676页)可是如上文第二题例一所示,乾隆本人在"题辞"中摘引"广义"文字,却也是有意将"夷狄一世之贤君"中的"夷狄"二字删去,并将"天厌夷德"故意改写为"天厌其德"的。而诸王子和军机大臣对《续编》所作的"删润",不仅完全秉承乾隆旨意进行,而且"删润"结果复经乾隆亲自"阅定",对于正在修纂的收入《四库全书》的其他各书(是时文渊阁本刚刚完成,其他北方三阁之本正在缮写),以及正在刊刻的官私诸书,无疑都是样板。而在"删润"本《续编》中,对胡虏夷狄等字的避忌讳改虽然不能说完全干净彻底,却是基本干净彻底了的。这就无怪乎虽有"按大不敬律治罪"这些大话,却仍然无人敢于照办。因为这些大话本来不过只是说说而已,内心是否"忌讳",人们领教透了。尤其是御用文人,迎合唯恐不及,何尝有什么故为"大不敬"的反抗心情。

从清初以来,乃至从乾隆开四库馆修纂《四库全书》以来,避忌讳改的一贯手法,都是改则小改,删则大删。亦即:改者一般只是字、词以及短语的更换,如胡、虏、夷、狄、乱华、攘夷狄、削发左衽、猾夏不恭等,而删者则往往大段甚至整篇地削除,如《三朝北盟会编》卷二二一删《松漠纪闻》十二段约1 700余字,《芦浦笔记》卷九删《祭蝗虫文》全文500多字,《古今说海》卷一〇三、《藏一话腴》卷二删"端平甲午"("甲午岁端平元年")全条近800字,是其最著者。可是从乾隆四十七年十一月初七日关于《续编》的"上谕"发布以后,却又开了一个极端恶劣的先例,即在小改大删以外,增加了一种对原作大段大段地肆意改写的手法。被乾隆在"题辞"中作为罪状之二列举的"发明",就曾遭到彻底改写,其用字、文意皆已与原作完全不同乃至相反。

在《续编》中，其“发明”“广义”的文字遭到肆意改写，而字数在10字以上者，全书将近百处，其中字数在30字以上者，即有22处。以下试举数例以见一斑：

例一：卷一八嘉定十三年秋“八月金严实据青崖峒以魏博等郡来归……”条“发明”：

> 金之臣来归，何以不书“叛”？背夷向华，理之正也。况金臣有向义之心，又与夷狄种落不同，故其书法如此。君子贵华贱夷之旨深哉！

经过改写，成了这样：

> 金之臣来归，何以不书“叛”？宋正陵迟，幸其来也。虽金臣有向义之心，而宋不当纳叛起衅，故其书法如此。见宋之不能知彼知己矣。

则对于纲目中为什么要写上这一条以及为什么要如此行文的解释，两者所持的是非标准，完全相背矣。

例二：卷二〇宝祐五年秋八月“蒙古主蒙哥分道入寇，以其少弟阿里不哥守和林”条“广义”：

> 管仲责楚，《春秋》贵之者，以其尊周室攘夷狄也。今也，夷狄反怒中国，不亦首足倒悬之甚乎？然则大书曰“入寇”者，尊中国也。

经过改写，成了这样：

特书蒙古主分道入寇,使其弟守和林,是中国尽为蒙古所有之机也,故特书之,以见亲率军旅,空国而来,宋欲不亡,得乎?

原文只是阐释为何书之曰"入寇",而经过改写,竟成了泛论此役的意义——南宋必亡;而所论又全不顾史实——此役两年后即告终结,而南宋则22年以后才告灭亡。

例三:卷一一靖康元年冬十一月"金斡离不、粘没喝围京城要帝出盟"条"发明":

凡戎狄举号,外之也。隐二年,书公及戎盟于唐。《传》曰:"《春秋》谨华夷之辨,则中国而夷狄则夷狄之,夷狄猾夏则膺之,而与夷歃血以约盟,非义矣。"况中国天子不能自强,纵虏深入,弗克备御,迫至城下,要帝出盟,其屈辱益甚矣,又非隐公盟戎之可比也。《诗》曰:"戎狄是膺,荆舒是惩。"钦宗既不能攘夷狄以安中国,反为之屈己求和,割地资敌,其廉耻道丧,三纲沦没,是亦中国而夷狄者矣,安能望其"王赫斯怒,爰整其旅,以遏徂莒,以笃周祜,以对于天下"哉?

经过改写,成了这样:

书要帝出盟,辱之也。是时勤王之师稍集,乃为唐恪等遣还,以至强邻压境,计无所出,欲效景德故事,令天子出奔避敌,庸臣误国至此,是诚何心!钦宗主中国,不能自强,纵敌深入,弗克备御,迫至城下,要帝出盟,其屈辱益甚矣。要皆君臣之所自取也。夫人必自侮而后人侮之,钦宗既不能修政治以

安中国，反为之屈己求和，割地资敌。其廉耻道丧，三纲沦没，是其所谓城下之盟矣。（以下38字与原文全同）

“内夏外夷”“夷狄而中国则中国之，中国而夷狄则夷狄之”，这些得到乾隆肯定的《春秋》之义或《春秋》之法，经过改写，全都没有了。所引《春秋》经文和胡安国《传》文，[①]也都悉予删削，换上了一段对“庸臣误国”的不伦不类的谴责。“发明”原文不只引《春秋》，同时也引《诗》的经文、经义与钦宗的行为对照，全文浑然一体，前后紧相呼应。所引《诗经》分别见《鲁颂·闷宫》和《大雅·皇矣》。改写之文既将《闷宫》引文删去，则所保留的《皇矣》引文真不知该是从何说起的了。

例四：卷二〇淳祐十一年“蒙古号西域僧那摩为国师”条“发明”：

所贵乎立国者，以其有父子、君臣、夫妇、长幼、朋友五伦而已。那摩西域之丑虏，弃家游食，则无父母之养；削发披缁，则无君臣之理；覆宗绝嗣，则无夫妇之伦；跏趺蹲倨，则无长幼之节；绝尘逃世，则无朋友之交。所贵乎立国之事，一毫无有。号为“国师”，抑未知何者之可师，何者之可法哉？蒙古夷狄，固无责，然既舍毡毳而袭冠带，据中土而称帝王，则又不可得而尽略之也。故特书以著犬羊之杂揉尔。

经过改写，成了这样：

---

① 所引《传》文见《四部丛刊续编》影印宋刊本《春秋胡氏传》卷一第5A页。影印文渊阁《四库全书》本此则《传》文已删。

所贵乎立国者，以其有先后措施之节也。蒙古初事草创，中土未得尽入版图，干戈未息，不思励精图治，抚绥劳来，遽以纳摩为国师，岂欲效先王以神道设教之意耶？是其先不急之务，舍本求末，以资冥福，曾何足语于治天下之道哉？蒙古习俗，固然无足怪者，然既据有华夏，当以民生吏治为先。顾乃崇尚虚无，又使之佩带金符，省视民瘼，开后来干政之断，此举实作之俑也。故特书之以著其非。

这是“发明”“广义”中全文遭到改写的少数例证之一。其中有一些带侮辱性的谩骂语气。原文表达了明朝集权专制统治下一位普通士民对佛教的观点和态度。经过改写，则俨然成了顺民以媚上的揣摩心态，且亦目蒙古统治者为自己的主子，而为之出谋划策，作种种的设计了。

既然经过了如此这般的改写，且数量可观，却又仍旧赫然署着周礼、张时泰的姓名，那么它究竟在多大程度上还能算作是周礼、张时泰的作品？它表达的能是周礼、张时泰的思想、观点、感情、态度吗？后人研究、分析周礼、张时泰就《续编》的书法和大义所作的阐发，能以之为依据吗？当然，对周礼、张时泰有无必要或是否值得作这样的研究分析，那是另一个问题。假的就是假的，伪装理应剥去。在乾隆“上谕”指引下出现的这一窜改新手法之所以可恶，就在于它对古籍、对前人著作的肆意践踏，以致真真假假，赝品充斥，作伪之处，防不胜防。

只是《续编》在书前载有乾隆“上谕”和“题辞”，业已表明此书作过“删润”，远非原装。从态度上说，尚有其相对诚实的一面。但不幸的是，自从在本书的“删润”中使用了将大段文字径予推翻重写的手法以后，在乾隆五十二年(1787)对文源、文渊两阁《四库全书》重新“详校”和乾隆五十六年(1791)对全书再次“覆勘”的过程中,这一手法竟有推而广之的趋势。如《建炎以来系年要录》卷一二三绍兴八年十一月丁未记事所录胡铨《封事》,其中有如下一段文字:

孔子曰:“微管仲,吾其被发左衽矣。”夫管仲,霸者之佐耳,尚能变左衽之区而为衣裳之会;秦桧,大国之相也,反驱衣冠之俗而归左衽之乡。则桧也,不惟陛下之罪人,实管仲之罪人矣。

在影印文渊阁《四库全书》中,它已被完全改写,成了这个样子:

夫石晋之事契丹也,桑维翰主之。其初意亦以契丹强大,可藉其力以保其割据之地,而卒无救于败亡。况我朝为天下共主,与敌有君父之仇,而敌之诡谲甚于契丹,如之何可行耶?

可是在文津阁本以及所据未详为何阁之本的萧藩刻本和广雅书局刻本中,此段皆未遭改写,估计当即是“详校”或“覆勘”中所为。显然,遭到改写待遇的,估计绝不仅限于这一处。

这一极端恶劣的窜改手法,似乎尚未引起人们足够的重视。尤其在目前,文渊阁四库全书由于大量影印,又制作了光盘,人们使用起来已经十分方便了。提醒人们在充分利用的同时,多长一个心眼,时刻提防其中“假冒牌”的赝品,似也不完全是多余的。

历年搜缴抽改《通鉴纲目续编》数分省统计表

	乾隆四十八年	四十九年	五十年	五十一年	五十二年	五十三、五十四年①	五十五年	五十六年	五十七年	五十八年	五十九年	合计
直隶	173（1837）	5（1837）	0（1908）	0（1975）	0（2098）	0（2218）	0（2217）	0（2259）	0（2332）	0（2362）		178
山东	7（1829）	7（1829）	1（1920）	3（1979）	3（2110）	4（2223）	7（2223）	3（2269）	3（2334）			38
河南	17（2111）	54（1835）	19（1911）	27（1973）	0（2096）		0（2219）	0（2257）	0（2335）	0（2361）		117
山西	45（2111）	78（1815）	0（1899）	0（1960）	0（2097）	0②（2256）	0（2220）	1（2256）		0（2354）		124
江苏	113（1841）	53（1841）	32（1907）	64（1972）	31（2102）		18（2227）	7（2282）	11（2336）	19（2365）		348

① 乾隆五十三年、五十四年两年的搜缴抽改数，各省汇奏折《档案》未收，皆据后来提到的总数推算而得。

② 乾隆五十六年十一月十六日，山西巡抚冯光熊奏折谓："山西省自奉行以来，历年挖改过一百七十三部。"则五十三、五十四两年当是50部。疑"七"乃"二"之误，而此两年当是零部。

续　表

	乾隆四十八年	四十九年	五十年	五十一年	五十二年	五十三、五十四年	五十五年	五十六年	五十七年	五十八年	五十九年	合计
安徽	38（1827）	16（1827）	88（1904）	47（1955）	2（2088）	4（2210）	1①（2210）	1（2266）	2（2325）	13（238）		212
浙江	110（1892）	64（1826）	135（1892）	95（1965）	18（2089）	27②（2222）	12（2222）	3（2252）	13（2331）	2（2364）		479
江西	189（1814）	21（1814）	0（1909）	104（1978）	83（2101）	9③（2213）	11（2213）	3（2267）	0（2326）	2（2349）		422
福建	72（1807）	42（1807）	10（1895）	0（1953）	0（2085）	0（2247）	0（2205）	0（2247）	0（2322）	0（2350）		124

① 乾隆五十五年、五十六年，安徽岁末汇奏，都只云缴到七、八两函十六本或十四本，未言一部，后来汇奏总数，亦未将此两年各以一部计入。按，《御批纲目》七、八两函相当于《续编》全书，今皆以一部计。

② 乾隆五十五、五十六、五十七年浙江岁末汇奏总数，实际上皆包括了乾隆五十一年岁末汇奏中说的“从前挖改给还今复缴换者一百一十七部”，应予除去。则乾隆五十三、五十四两年之数当是27部。

③ 乾隆五十五年及此后江西岁末汇奏提到的历年总数，皆仅指乾隆五十一年初巡抚何裕城改变收缴办法以后的数字。如乾隆五十五年汇奏谓此前“共计缴过旧本一百九十六部”，减去五十一年104部，五十二年83部，则五十三、五十四两年共9部。

续 表

	乾隆四十八年	四十九年	五十年	五十一年	五十二年	五十三、五十四年	五十五年	五十六年	五十七年	五十八年	五十九年	合计
湖北	9（1803）	3（1803）	11（1913）	12（1962）	1（2091）		3（2217）	1（2250）	1（2328）	2（2357）		43
湖南	16（1757）	16（1757）	8（1902）	7（1959）		5（2093）		3（2211）	2（2253）	2（2329）	2（2352）	61
陕西	12（1819）	16（1819）	20（1920）	5（1983）	5（2106）	7（2212）	5（2212）	3（2252）	2（2330）	2（2353）		77
甘肃	2（1809）	0（1809）	0（1903）	0（1970）	0（2086）	0（2201）	0（2201）	0（2236）	0（2318）	0（2345）		2
广东	17（1759）	6（1821）	0（1893）	0（1949）	0（2069）		0（2203）	0（2246）	0（2320）	0（2348）	0（2371）	23
广西	8（1836）	3（1836）	0（1898）	0（1957）	0（2224）	0（2224）	0（2224）	0（2264）	0（2319）	0（2355）		11

续 表

	乾隆四十八年	四十九年	五十年	五十一年	五十二年	五十三、五十四年	五十五年	五十六年	五十七年	五十八年	五十九年	合计
云南	11（1843）	43（1844）	29（1923）	0（1963）	2①（2091）		0（2208）	0（2249）	0（2324）	0（2356）		85
贵州		16（1839）	0（1900）	0（1950）	0（2067）		0（2200）	0（2248）	0（2321）	0（2346）		16
四川			24（1924）	49②（1975）	20（2113）							93
合计	839	443	377	413	165	56	57	25	34	42	2	2453

说明：本表据《修纂四库全书档案》一书所收有关奏折等资料制成。表内未加括号的数字为搜缴抽改数，加有括号的数字为所据《档案》页码。若该搜缴抽改数曾多次出现而又无歧义者，只注初见页码。

① 乾隆五十一年四川岁末汇奏，谓"兹据成都等府州查送各州县呈缴《通鉴纲目续编》共七十三部"，未言系本年数。而据乾隆五十二年十二月十八日军机大臣清单，"四川省挖改过七十三部"，则五十一年汇奏之数 73 部业已将五十年的 24 部累计在内。

② 乾隆五十二年十二月十八日军机大臣清单："云南省挖改过十八部。"与之出入甚大。而据乾隆五十六年云南岁末汇奏，谓"自乾隆四十八年起至五十二年，云南共抽改过《御批通鉴纲目续编》七部，陈仁锡等所刊《资治通鉴纲目续编》七十八部"，与以前诸年数切合。

浙江大学古史求是丛书

梁太济文集

杂评琐札卷 上

上海古籍出版社

目　录

总　目

细　目

作者说明

收在本文集中的文字，最早的一篇，属草于1959年9月，最晚的几篇，撰写于2017年4月。时间跨度将近六十年。

其中，史事探研卷、文献考辨卷所收，绝大多数写于20世纪，除了属草最早的那篇《武则天和她的时代》，大多都曾公开发表。《武》文系为庆祝国庆十周年而作，只曾在内蒙古大学向国庆献礼的学术讨论会上印发。之所以将我在学术路途上刚开始学步的丑态再次呈现于世人面前，是因为我后来为学举步维艰的种种偏颇，在这篇文字中都已露有端倪。

这两卷论文，内容很杂，无中心论题。唯一的中心，是一论史事，一论文献。有几篇编入哪卷两可，则只据其主要侧重于哪个方面，粗粗酌定。

收于杂评琐札卷的文字，与前两卷有异，全是读书札记。除个别例外，都写于退休以后。

本人无甚癖好，所嗜唯书，身外的种种压力既不复存在，兴之所至地阅读泛览遂为日常生活中的实际。只是限于视力、精力，体系严谨的大部头再也啃不动了，终日游心之处，无非是笔记一类的小书、闲书，发觉的问题，大都是些尺长寸短的杂事、琐事，并就此与往哲时贤常相争执。形诸文字，就是这些杂评琐札，大多不出唐、宋史的范围，累计竟近二百题。一股脑儿堆上似乎有点不近情理，今姑依议题所由引发之书或议题所针对之人或事，略予归类。而各类议题的多少，仍然显得十分悬殊。

有几篇是分别与包伟民、樊文礼、陈志坚先生合写的，业已逐一注明。这些篇，没有他们协力，是碍难独力完成的。但绝非是凭空将他人劳动成果窃据己有的剽窃者。主旨的敲定，材料的收集，我并未置身事外，有些且由我执笔，或由我定稿，所以就冒昧地也收进了集子。

书后附载了纪念回忆师友的五篇文字。这五位先生，有业师，有前辈，也有同窗，都曾对我这一辈子的学术和人生有过重大影响，甚至决定性的影响。在这五篇文字中，虽然不充分，但还是大致表达了他们的影响都表现在哪些方面。

将写过的文字结集，主观上的愿望无非是想给社会留下点痕迹，"也不枉来世间走这一遭"。经历社会风雨的冲刷，究竟能否留下或能留下点什么痕迹呢？大浪淘沙，淘尽沙子以后，剩下的也许只是一片虚无，一片空白。给社会留的这点痕迹，只不过是有劳后人清扫的一堆垃圾。

本文集的出版，承浙江大学人文学院中国古代史研究所所长刘进宝先生大力促成。编辑和校订，则全仗陈志坚先生之力。谨致由衷的感谢！

两《唐书》校证四题

一、陈寅恪对《旧唐书·骠国传》的校证

《旧唐书·骠国传》:“贞元中,其王闻南诏异牟寻归附,心慕之。十八年,乃遣其弟悉利移因南诏重译来朝,又献其国乐凡十曲,与乐工三十五人俱。乐曲皆演释氏经论之词意。寻以悉利移为试太仆卿。”(197/5286)

此事,本书《德宗纪》《新唐书·骠传》《唐会要》卷一〇〇《骠国》《册府元龟》卷五七〇《掌礼部·夷乐》、卷九七二《外臣部·朝贡五》《资治通鉴》卷二三六、白居易《骠国乐》《与骠国王雍羌书》(《白居易集》卷三、卷五七)皆有记述,互异之处不少。陈寅恪《元白诗笺证稿》第五章《新乐府》“《骠国乐》笺证”曾引及《旧传》此条,对其中存在的问题作了揭示,并提出了校正的结论或倾向性意见。因为是对白诗作笺证,非专为《旧传》作校证,与点校本校勘体例不同。今试加撮述,并针对点校本现状,间抒己见,如下。

《旧传》此条记载存在的问题有三。

一是年代。“十八年”,底本原作“八年”,点校本已据《会要》《元龟》九七二、《通鉴》作了校改。其实《旧纪》亦系于十八年正月,且有确日“乙丑”,今不引为校改依据,反映了对本校的忽视。

另,影印宋刻本《太平御览》卷七八九录《唐书》亦作“八年”,明原书即如此,非传刻之误。白诗题下注:“贞元十七年来献之。”陈氏谓:“盖实以贞元十七年来献,而十八年正月陈奏之于阙庭也。”

二是来使之名及其身份。陈氏谓:“骠国王所遣之使,诸书所记互相乖异。乐天之诗及其所草与骠国王雍羌书俱以‘骠国王雍羌之子舒难陀’为言。今传世之《说郛》本《骠国乐颂》,则唯言骠国王遣其子献乐而不著其名。《通鉴》以献乐者为骠国王之子悉利夷。《旧传》《册府元龟》并以悉利移为雍羌之弟。《新传》则作‘雍羌亦遣弟悉利移城主舒难陀。’又可注意者,《唐会要》于同条中述同一事,而前言‘骠国王始遣其弟悉利移来朝。’后言‘遣子入贡。’唐《颂》、白《书》俱当时之文件,其他诸书亦皆可信之史籍,而抵牾若此,殊不可解。姑记之以俟更考。”虽然断定何者为正是不可能的,但点校本应否出一校记略作说明呢?

三是所献之乐曲数。此作“凡十曲”,《元龟》卷九七二同;《会要》“二十二曲”;《旧纪》《元龟》卷五七〇、《新传》皆“一十二曲”。陈氏谓:“据《新唐书》贰贰贰下《南蛮传·骠传》所标举者应有十二曲。”谨按:《新传》所标举者如下:“凡曲名十有二:一曰《佛印》,骠云《没驮弥》,国人及天竺歌以事王也。二曰《赞娑罗花》,骠云《咙莽第》,国人以花为衣服,能净其身也。三曰《白鸽》,骠云《答都》,美其飞止遂情也。四曰《白鹤游》,骠云《苏谩底哩》,谓翔则摩空,行则徐步也。五曰《斗羊胜》,骠云《来乃》。昔有人见二羊斗海岸,强者则见,弱者入山,时人谓之‘来乃’。来乃者,胜势也。六曰《龙首独琴》,骠云《弥思弥》,此一弦而五音备,象王一德以畜万邦也。七曰《禅定》,骠云《掣览诗》,谓离俗寂静也。七曲唱舞,皆律应黄钟商。八曰《甘蔗王》,骠云《遏思略》,谓佛教民如蔗之甘,皆悦其味也。九曰《孔雀王》,骠云《桃台》,谓毛采光华也。十曰《野鹅》,谓飞止必双,徒侣毕会也。十一曰《宴乐》,骠云《咙聪纲摩》,谓时康宴会嘉也。十二曰《涤烦》,亦曰《笙舞》,骠云《扈那》,谓时涤烦暨,以此适情也。"(222下/6314)点校本漏校。(约2010年8月)

二、对严校的补充和申说

严耕望《唐仆尚丞郎表》卷九《辑考三・吏部尚书》"李景让"条指出:"《旧纪》[大中]八年纪事仅九条,就中四条皆十年误入,一事书衔有误。惟'正月陕州黄河清'一条,据《新书・五行志》,年月不误;馀三条,无他佐证,不知是否有误。"(9/528)其具体校证意见近千言。今拟对其校证意见试作补充和申说,如下。

严氏谓"无他佐证"的三条,其一:"八月,以司农卿郑助为检校左散骑常侍,兼夏州刺史、御史大夫、上柱国、荥阳县开国男、食邑三百户、夏绥银宥等州节度营田观察处置押蕃落安抚平夏党项等使。"谨按,《新唐书・方镇表》"朔方"栏:大中十年,"夏州节度使增领抚平党项等使"(64/1785)。今既已将"安抚平夏党项等使"入衔,则是否亦十年事耶?郑处(晦)[诲]《邠州节度使厅记》:"廷议以我季父尚书公,前为夏帅,夷甿乂安,寇盗弭息,储廪果实,兵械果完,懋赏休绩,迁镇是军。季父又以理夏之政,移之于邠,邠人嬉嬉,熏为太和。"(《文苑英华》卷八〇〇)其"季父尚书公",即郑助。文末署"大中二年三月二十日记","二年"前当脱"十"字。是大中十二年业已自夏移邠,正在邠州任上。然仍不明镇夏究在何年?郑勃《卢当墓志》:"今夏州节度使郑常侍助□刺临淮也,以君才识高远,人情畅洽,首辟从事。"(《唐代墓志汇编》大中088,第2317页)墓主死于大中八年十月十三日,明年二月十一日葬。据此则大中九年春,郑助正在夏州任上,《旧纪》系其受任于八年,是可以获得佐证的。另,此人之名,《新唐书·宰相世系表》郑氏北祖房作“澍,兖海节度使”(75上/3325),与其兄“涯”,名皆“氵”旁;且“处诲,字延美”,也恰列于其从侄行。是此“澍”即《旧纪》之“助”无疑。吴廷燮《唐方镇年表》取“澍”,然据上引《墓志》,似仍当以《旧纪》之“助”为正。

其二:“三月,敕以旱诏使疏决系囚。”《新唐书·宣宗纪》:大中八年“三月,以旱理囚”。(8/250)非“无他佐证”也,严氏交臂失之。《册府元龟》卷一五一《帝王部·慎罚》:“[大中]八年三月甲辰,诏:此后除巨蠹所不原外,每立夏至立秋前,犯罪人就州府常条之中,量与减贷,速为疏理,无令淹系。”(19B)池田温《唐代诏敕目录》认为与新旧《纪》所载系同一诏(540页)。则颁于此月二十日甲辰也。《新纪》本年纪事仅三条,而与《旧纪》合者只此一条。馀两条,“正月丙戌朔,日有食之。”乃《新纪》新增;“九月,封子洽为怀王,汭昭王,汶康王。”《旧纪》系于五年正月。

其三:“二月,南蛮进犀牛,诏还之。”《册府元龟》卷一六八《帝王部·却贡献》:“大中七年二月,兴元进犀牛,有诏还之。”(11B)若进犀牛的主格不误,与本条只是相近的两事;若进犀牛之主格有误,则与本条系一事,仅时间有一年之差谬。

此外,“正月,陕州黄河清”。确有《新唐书·五行志》:“大中八年正月,陕州河清。”(36/947)可为佐证。然《册府元龟》卷一一一《帝王部·宴享三》却记载:“宣宗大中七年四月,日本国遣王子来朝,献宝器、音乐。帝谓宰执曰:‘近者黄河清,今又日本国来朝,朕愧德薄,何以堪之。’因赐百僚宴,陈百戏以礼之。”(同书卷九七二《外臣部·朝贡五》、《玉海》卷一〇八《音乐·四夷乐》“唐日本献乐”条引《实录》同)是大中七年四月稍后,宣宗业已提到“河清”，不待迟至次年正月也。附带提及：《旧纪》上文，大中二年三月，“日本国王子入朝贡方物，王子善棋，帝令待诏顾师言与之对手”（620页）。此事，《册府元龟》卷八六九《总录部·博弈》：“顾师言为棋待诏。大中八年，日本国遣王子来朝。王子善围棋，宣帝令师言与之对手。王子出本国如楸玉局，冷暖玉棋子。时王子至三十三下，师言惧辱君命，汗手死心，始敢落指，王子亦凝目缩臂数四，敬服不胜。回谓礼宾曰：‘此第几手也？’礼宾诡曰：‘第三手。’其实第一手也。王子曰：‘愿见第一。’礼宾曰：‘胜第三可见第二，胜第二可见第一。今欲躁见第一，其可得乎？’王子抚局叹曰：‘小国之一，不敌大国之三。信矣！”（22A）而同书卷九九七《外臣部·技术》所载者，却以“日本国以宣宗文中二年遣王子来朝”（4A）领起。“文中”显是“大中”之误。笔记载此事，《杜阳杂编》卷下谓“大中中”，《南部新书》壬谓“大中年”，皆无确年。大中二年，七年，八年，不知究竟是哪一年事？于此亦可见晚唐史料既紊乱复多抵牾之状。

又，三月，“宰相监修国史魏謩修成《文宗实录》四十卷上之，修史官给事中卢耽、太常少卿蒋偕、司勋员外郎王沨、右补阙卢吉，颁赐银器、锦彩有差”。其中修史官“右补阙卢吉”之名有误。《旧唐书》卷一七六《魏謩传》：“修成《文宗实录》四十卷上之。其修史官给事中卢耽、太常少卿蒋偕、司勋员外郎王沨、右补阙卢告、膳部员外郎牛丛，皆颁赐锦彩银器，序迁职秩。”（4570页）《新唐书·艺文志》乙部史录“起居注类”著录“《文宗实录》四十卷”，其下原注：“卢耽、蒋偕、王沨、卢告、牛丛撰，魏謩监修。……告字子有，弘宣子也，历吏部侍郎。”（58/1472）卢告迁左拾遗（《旧·纪、传》误“左”为“右”）的制词，杜牧行，今存，载《樊川文集》卷一七、《文苑英华》卷三八三、《全唐文》卷七四八，其名亦皆作“告”。此人之名，其他文献虽也时有误作“吉”的，但在两《唐书》中，实皆正作“告”，

其误者,仅此一处耳。(2010-7-31)

三、《旧唐书·宣宗纪》大中二年纪事校证

《旧唐书》卷一八下《宣宗纪》曰:二年春正月壬戌,宰臣率文武百僚上徽号曰圣敬文思和武光孝皇帝,御宣政殿受册讫,宣德音。

《新纪》卷八、《通鉴》卷二四八皆系于大中二年正月甲子(8/246、248/8031)。按:此年正月壬戌朔,甲子为初三日。《英华》卷四二二载有《大中二年正月三日册尊号赦》(422/3B),《会要》卷四五《功臣》、卷四八《寺》节录此诏赦目,亦皆以"大中二年正月三日敕节文"领起(949、1000页)。明册尊号、宣德音确在正月三日甲子。

《纪》曰:神策军修左银台门楼、屋宇及南面城墙,至睿武楼。

《会要》卷三〇《诸宫杂记》:"[大中]二年正月,敕修右银台门楼屋宇,及南面城墙至睿武楼。"(657页)《元龟》卷一四《帝王部·都邑》同(14/16B)。本条神策前当脱"敕"字,"左""右"未详孰正。

《纪》曰:二月,制剑南西川节度、光禄大夫、检校吏部尚书、同平章事、成都尹、上柱国、陇西郡开国公、食邑二千户李回责授湖南观察使,桂州刺史、御史中丞、桂管防御观察使郑亚贬循州刺史,前淮南观察判官魏铏贬吉州司户,陆浑县令元寿贬韶州司户,殿中侍御史蔡京贬澧州司马。

按:李回、郑亚之责贬,《通鉴》卷二四八系于此年正月二十四日乙酉(8032页),当另有确据。

《纪》曰:三月己酉,兵部侍郎、判度支周墀本官平章事。以礼部尚书、盐铁转运使马植本官同平章事。

《旧纪》上文:会昌六年四月,"以中散大夫、大理卿马植为金

紫光禄大夫、刑部侍郎，充诸道盐铁等使。……六月，以户部侍郎、充诸道盐铁转运使马植本官同平章事”（18 下/614、615）。马植拜相，两处自相重复，误一；而年月皆不确，误二。周墀、马植同日拜相，《新纪》卷八系于“五月己未朔，日有食之”下，“己卯，太后崩”前（247 页），而《宰相表》则系于“己卯”日，其前空月（63/1730）。均有误脱，《纪》《表》亦不一致。《通鉴》卷二四八系于“五月己未朔”（8033 页）。或当以《通鉴》为正。另，本条马植以本官“礼部尚书”入相亦误，当是如会昌六年六月所载，以本官“户部侍郎”入相。又因为马植自刑部侍郎迁户部侍郎旋即入相，《新·纪》《表》、《通鉴》遂皆误为自本官“刑部侍郎”入相。参考严耕望《唐仆尚丞郎表》卷一二户侍辑考（725 页）。

《纪》曰：日本国王子入朝贡方物，王子善棋，帝令待诏顾师言与之对手。

《元龟》卷九九七《外臣部·技术》：“日本国以宣宗文中二年遣王子来朝。王子善围棋，帝令待诏顾师言与之对手。……”（4A）“文中二年”显是“大中二年”之误。所载情节与同书卷八六九《总录部·博弈》系于“大中八年”者雷同，未必定是二年事。关于此事，诸书乃至同书所载，年份情节，歧异颇多，详具上题。

《纪》曰：六月己丑，太皇太后郭氏崩，谥曰懿安，宪宗妃，穆宗之母也。

《新纪》卷八：大中二年五月“己卯，太皇太后崩”（247 页）。《通鉴》卷二一八亦系于此日（8033 页），参《考异》，其所据乃《实录》。或当以《新纪》《通鉴》为正。按：此年五月己未朔，己卯为二十一日；六月己丑为朔日。本条与之有十日之差。

《纪》曰：七月戊午，以前山南西道节度使高元裕为吏部尚书。

萧邺《高元裕碑》：“转尚书左丞，知吏部尚书铨事。……寻改宣歙池观察使兼御史大夫。入拜吏部尚书。□□□□□懿□□太后迁殡两仪殿，充大明宫□□，复为□□使。已事，迁检校吏部尚书山南西道节度观察等使。……公为襄州之五岁，慨然有悬车之念，累章陈恳，故复有冢宰之命，即日济江……大中六年夏六月廿日，无疾暴薨于南阳县之官舍，享年七十六。"(《全唐文补编》81/996)《旧唐书·高元裕传》："大中初，为刑部尚书。二年，检校吏部尚书、襄州刺史，加银青光禄大夫、渤海郡公、山南东道节度使。入为吏部尚书，卒。"(171/4452)严耕望经严密考证，指出：《旧纪》"二年七月戊午朔，是高元裕由吏部尚书出为山南东道节度之年月日"。"《旧纪》以六年由山南东道复入为吏部尚书之事误系于此，又讹'东'为'西'耳。"(《唐仆尚丞郎表》9/524)

《纪》曰：八月戊子，朝散大夫、中书舍人、充翰林学士、上柱国、平阴县开国男、食实封三百户、赐紫金鱼袋毕諴为刑部侍郎。

丁居晦《重修承旨学士壁记》"大中后二十九人·毕諴"："大中四年二月十三日，自职方郎中、兼侍御史、知杂事充。六年正月七日，三殿召对，赐紫。其年七月七日，授权知刑部侍郎，出院。"(《翰苑群书》上/52A)《通鉴》卷二四九：大中六年，"党项复扰边，上欲择可为邠宁帅者而难其人，从容与翰林学士、中书舍人须昌毕諴论边事，諴援古据今，具陈方略。上悦曰：'吾方择帅，不意颇、牧近在禁廷。卿其为朕行乎？'諴欣然奉命。上欲重其资履，六月壬申，先以諴为刑部侍郎，癸酉，乃除邠宁节度使"(8051页)。本条年月日皆误。乃大中六年七月壬申事误入于此。

《纪》曰：九月，敕："比有无良之人，于街市投匿名文书，及于箭上或旗幡上纵为奸言，以乱国法。此后所由切加捉搦，如获此色，便仰焚瘗，不得上闻。"

《会要》卷八六《市》同(1876页)。《元龟》卷六五《帝王部·

发号令四》:“大中二年九月,诏曰:‘比来多有无良之徒,妄于街衢投置无名文状,及箭上并旗幡上肆为奸言,欲以惑听。自今已后,如有此色,宜准宝应二年正月十八日敕,令所在地界于当处焚毁埋藏,不要闻奏。’”(65/9B)引文提到的宝应二年二月十八日敕,上文《代宗纪》未载,也不见他书记载。

《纪》曰:十一月,兵部侍郎、判户部事魏扶奏:“天下州府钱物、斛斗、文簿,并委录事参军专判,仍与长史通判,至交代时具数申奏。如无悬欠,量与减选注拟。”

《会要》卷五八《户部侍郎》:“大中二年十一月,兵部侍郎、判户部魏扶奏下州应管当司诸色钱物斛斗等,‘前件钱物斛斗,散在天下州府,缘当司无巡院觉察,多被官吏专擅破除,岁久之后,即推在所腹内,徒烦勘诘,终无可征。今后诸州府钱物斛斗文案,委司录事参军专判,仍与长史通判。每至交替,各具申奏,并无悬欠,至考满日,递相交割,请准常平义仓斛斗例,与减选,仍每月量支纸笔钱。若盗使官钱,及将借贷与人,并请准元敕以赃论。如征收欠折及违限省条,并请量加惩殿。如缺司录,即请令选诸强干官员专知,不得令假摄官权判。’从之。”(1189页)

《纪》曰:敕:“路随等所修《宪宗实录》旧本,却仰施行。其会昌新修者,仰并进纳。如有钞录得,敕到并纳史馆,不得辄留,委州府严加搜捕。”

《会要》卷六三《史馆·修国史》:“至大中二年十一月,又降敕曰:‘《宪宗实录》宜施行旧本,其新本委天下诸州府察访,如有写得者,并送馆,不得隐藏。’”(1295页)

《纪》曰:以户部侍郎、判度支崔龟从本官同平章事。

《新纪》(8/248)、《新表》(63/1731)、《通鉴》(249/8043)皆系崔龟从拜相事于大中四年六月壬申。

《纪》曰：银青光禄大夫、门下侍郎、兼礼部尚书、同平章事韦琮为太子詹事，分司东都。

《新纪》(8/247)、《新表》(63/1730)、《通鉴》(248/8036)皆系韦琮罢相事于大中二年十一月壬午。本条缺日。(约2010年10月)

四、新旧《唐书》校勘拾遗

1. 从点校本《旧唐书》的一条校勘记说起

《旧唐书》卷一八七下《忠义·赵晔传》传首“赵晔”下校勘记曰：“本书卷一六七《赵宗儒传》同。《册府》卷七七七、《新书》卷一五一《赵宗儒传》作‘赵骅’。”(4916页)查卷一六七《赵宗儒传》，在言及“父骅，为秘书少监”时，字实作“骅”，不作“晔”。则此条校勘记，岂非空对空放了空炮？也不知其底本惧盈斋刻本，究竟原作何字？据出版说明：“点校本中文字不主一本，择善而从。凡是根据以上几种版本改正文字的，一律不出校记。”在所列五种版本中，百衲本此卷系影印宋本，字作“晔”。闻人诠刻本、武英殿刻本、五洲同文石印本、浙江书局刻本，字皆作“骅”。是底本作“骅”，原拟据宋本改“晔”，还是底本原即作“晔”，故有卷一八七下那条校记，而后卷一六七处的文字又不知“择善而从”哪个本子不改或径改了，以致成了目前这样的空对空。

在校证对勘此人之名“晔”“骅”之异(另又有书作“驒”者，见《南部新书》)时，如下因素似不应忽视，即：唐昭宗之名为晔。昭宗后唐人以及后唐之人、南唐之人，遇之皆须讳避。而《旧唐书》恰恰于后唐时修成。

从这一校勘记事例，似可得出这样两点认识：

一、确是原书修撰时讳避的文字,即原作者的避讳字,原则上要不要回改?

二、"择善而从,不出校记",作为校勘原则,实不足取。盖是否真"善"?是否确有依据?究竟有哪几个本子依据?是否是新增添的错误?读者既无力,也无法予以判断也。

2. 新增误字一例

《新唐书》卷一九四《卓行·元德秀传》,多次提及李崿,"崿"皆"山"头,但有一处却作"艹"头:"萼字伯高,丹叔字南诚,惟岳字谟道,赵人。"(5565页)此人之名,其他文献虽然有的书"萼",有的书"崿"或"崿",颇不一致。但在同一部书的同一篇传记中出现这样的差异,却是令人很难索解的。据出版说明,点校本《新唐书》的工作底本是百衲本。经查,百衲本此处实亦作"崿",并不作"萼"。则此处之"萼",是"择善而从"某本所作的校改,还是点校本新增添的误字,一般读者确是无力,也无法作出判断的。

3. 纪传不相照应一例

《旧唐书》卷一二《德宗纪》:贞元二年八月"丙戌,吐蕃寇泾、陇、邠、宁,诸镇守闭壁自固,京师戒严。遣河中节度骆元光镇咸阳"(354页)。

末句下有校勘记:"'河中节度骆元光'中有脱误,《新唐书》卷二一六下《吐蕃传》作'河中浑瑊、华州骆元光'。"

这条校勘记当然是正确的。因为这时,河中节度使不是骆元光,而是浑瑊。骆元光所任乃华州镇国军节度使。《资治通鉴》卷二二九载此事,作:"诏浑瑊将万人,骆元光将八千人屯咸阳以备之。"(7470页)姓名前未署使职,盖前文已载其分别为河中、华州节度使(229/7373、231/7444、232/7466),此时未有变更也。

值得商榷的,乃是同书下文卷一九六下《吐蕃传》对同一事的记载:“八月,吐蕃寇泾、陇、邠、宁数道,掠人畜,取禾稼,西境骚然。诸道节度及军镇咸闭壁自守而已。京师戒严。上遣左金吾将军张献甫与神策将李升昙、苏清沔等统兵屯于咸阳,召河中节度骆元光率众戍咸阳以援之。”(5249 页)却未施加任何校勘标识。是此处的“河中节度骆元光”无误吗?当然不是。同一书中,数处相同的疑误只许于一处加校记指明吗?即使有这样的潜规则,似乎也是应当推翻的。总之,对纪传校勘的常不相照应,是点校本的疵点之一。

4. 一条“只知其一,不知其二”的错误校勘记

《旧唐书》卷一九六上《吐蕃传》:“京师失守。降将高晖引吐蕃入上都城,与吐蕃大将马重英等立故邠王男广武王承宏为帝,立年号,大赦,署置官员。寻以司封崔瓌等为相。”(5237 页)

末句下校勘记:“《通鉴》卷二二三作‘以前翰林学士于可封等为相’,疑史文有误。”误在何处?当是指一作“崔瓌”,一作“于可封”,必有一误耳。然却忽视了两处皆有“等”字,本已表明崔瓌或于可封之外,为相者另尚有人。

《旧唐书》卷八六《高宗中宗诸子·章怀太子贤附承宏传》:“广德元年,吐蕃凌犯上都,乘舆幸陕。蕃、浑之众入城,吐蕃宰相马重英立承宏为帝,以于可封、霍瓌等为宰相,补署百馀人。”(2834 页)愈加表明,引《通鉴》绝对证明不了《吐蕃传》“史文有误”。《吐蕃传》史文之误,在于“崔瓌”之“崔”或系“霍”之误耳。点校本《旧唐书》之忽视本校,这绝非第一例。

5. 该出校记而未出之例

《旧唐书》卷一一《代宗纪》:大历七年正月“甲辰,回纥使出鸿胪寺劫掠坊市,吏不能禁止,复三百骑犯金光、朱雀等门。是日皇城诸门皆闭,慰谕之方止。……秋七月癸巳,回纥蕃客夺长安县令

邵说所乘马，人吏不能禁”(299页)。同书卷一九五《回纥传》：“大历六年正月，回纥于鸿胪寺擅出坊市，掠人子女，所在官夺返，殴怒，以三百骑犯金光门、朱雀门。是日，皇城诸门尽闭，上使中使刘清潭宣慰，乃止。七年七月，回纥出鸿胪寺，入坊市强暴，逐长安令邵说于含光门之街，夺说所乘马将去。说脱身避走，有司不能禁。”(5207页)

《纪》《传》记同一事，于前一事在时间上竟有一年之差。点校本于两处皆未加任何校勘标识。《册府元龟》卷九九七《外臣部·悖慢》当录自《旧传》，于前一事亦谓“回纥以大历六年正月于鸿胪寺擅出坊市……”(13B)《资治通鉴》卷二二四：大历“七年春正月甲辰，回纥使者擅出鸿胪寺，掠人子女；所司禁之，驱击所司，以三百骑犯金光、朱雀门。是日，宫门皆闭，上遣中使刘清潭谕之，乃止。……秋七月癸巳，回纥又擅出鸿胪寺，逐长安令邵说至含光门街，夺其马；说乘它马而去，弗敢争”(7218页)。其叙事，很明显业已参取《纪》《传》两者，其纪年之从《旧纪》，当也经过考证抉择。今点校本虽不必定在《纪》《传》互异的记载中取一舍一，但于两处皆加一校记予以简要说明，似乎是不可省的。这是该出校记而未出，也属纪传不相照应的例证之一。

6. 该出校勘记而未出又一例

《新唐书》卷一九四《卓行·元德秀传》：“是时程休、邢宇、宇弟宙、张茂之、李萼、萼族子丹叔、惟岳、乔潭、杨拯、房垂、柳识皆号门弟子。”(5564页)下文又提到：“丹叔字南诚。”(5565页)李华《三贤论》：“广平程休士美，端重寡言；河间邢宇绍宗，深明持操；宇弟宙次宗，和而不流；南阳张茂之季丰，守道而断；赵郡李萼伯高，含大雅之素；萼族子丹叔南，诚庄而文；丹族子惟岳谋道，沈邃廉静；梁国乔潭德源，昂昂有古风；弘农杨拯士扶，敏而安道；清河房垂翼明，志而好古；河东柳识方明，遐旷而才。是皆慕于元者也。”（《全唐文》卷三一七）很显然，《传》文即节录自《论》。但谓“粤族子丹叔”“丹叔字南诚”，又很显然是对原文“粤族子丹叔南，诚庄而文”的破读，是错误的。李粤此族子实名丹，字叔南。“诚”则是品评之语“诚庄而文”的第一字。这一错误，因为是作者本人留下的，原即如此，依点校惯例，似不在校改之列。但是否该出一校记予以点明呢？

7. 漏校之例

《旧唐书》卷一九三《列女·魏衡妻王氏传》：“武德初，薛仁杲旧将房企地侵掠梁郡，因获王氏，逼而妻之。”（5140页）“房企地”之“房”，《新唐书》卷八六《薛举附子仁杲传》作“旁”（3708页）。彼此不同，两书点校本皆未出校勘记。此人两书皆只一见，《新旧唐书人名索引》以“房企地”立目，以“旁岙地”为参见条，倾向于认“房企地”较为正确。“企”“岙”之异，其他文献亦错见，此不具论，单说“房”和“旁”孰正孰误。

此人，《太平御览》卷二〇二《妇人封》引录《唐书》作“旁岙地”（1B），卷四四〇《贞女中》引《唐书》作“旁企地”（1A）。其《唐书》即指《旧唐书》。《册府元龟》卷一三八《帝王部·旌表二》作“旁企地”，当也录自《旧传》。是北宋初人所见《旧唐书》，此人之姓，字皆作“旁”，不误也。《资治通鉴》卷一八六武德元年十二月乙酉记事亦作“旁企地”，胡三省注：“旁，步光翻，羌姓也。”（5829页）叶廷珪《海录碎事》卷七上《妇人门》“崇义夫人”条作“旁企地”本不误，点校者李之亮特加校勘记，谓《旧传》“作‘房企地’”（278页）。似疑其有误者。吴玉贵《唐书辑校》是辑校《太平御览》所引录《唐书》的专著，上举两条被分别辑载于274和667页，从其校勘记看，似未发觉点校本《旧唐书》的这一错误。（约2010年7至12月间）

《九域志》研评十五题

一、对《十抄诗》夹注所引《九域图》的综合考察

《十抄诗》夹注凡5次引用《九域图》。此《九域图》与刘师旦建请重修《九域图》的《九域图》，当是同一部书。《续资治通鉴长编》卷二六五：熙宁八年(1075)六月“辛丑，都官员外郎刘师旦言：‘今《九域图》自大中祥符六年修定，至今六十馀年，州县有废置，名号有改易，等第有升降，兼所载古迹有出于俚俗不经者，乞选有地理学者重修。’……以旧书不绘地形，难以称图，更赐名曰《九域志》”(265/6486)。

这部《元丰九域志》前身的《九域图》，是大中祥符六年开始修的。《长编》卷八一：大中祥符六年(1019)十月丁亥，“权判吏部流内铨慎从吉言：‘格式司用《十道图》较郡县上、下、紧、望，以定俸给，法官亦用定刑。而户岁有登耗，未尝刊修，颇误程品。请差官取格式司、大理寺、刑部《十道图》及馆阁《天下图经》校定新本，付逐司行用。’诏秘阁校理慎镛、邵焕、集贤校理晏殊校定，翰林学士王曾总领之(天禧三年，书成，凡三卷。诏付有司)”(81/1851)。记载未说所定新本的书名，《麟台故事》残本卷三下《修撰》也只说：

“此盖详定《九域图志》之权舆也。”但刘师旦起请和王存《九域志》进书表都称之为《九域图》,《玉海》卷一四也在《祥符九域图》的标题下节录这一记载。《十抄诗》夹注引用的,无疑就是这一部书。

祥符《九域图》今不存,但据之重修的《元丰九域志》今基本完整。《十抄诗》夹注引用的《九域图》,大多在《九域志》“古迹”门中都能检到相应记载,不过也有不少不尽相符之处。今试先逐一加以考察。

《十抄诗》第90首雍陶《永乐殷尧藩明府县池嘉莲咏》“更堪宜县对潘郎”句下注:“《九域图》,高州有信宜县。注:‘昔有方士潘茂于此炼丹。’又云:‘道士潘茂于此升仙。’”《九域志》卷九广南西路高州领县三:电白、信宜、茂名。其中有信宜。州“古迹”门载:“潘山,昔有方士潘茂于此炼丹。仙山,潘茂于此升仙。《方舆记》:故潘州。”(《存目·史》166—90·1)按:信宜县,唐曰信义县,太平兴国初避太宗讳改。诗句“宜县”,当是夹注者追改。《志》领县沿革谓:“熙宁四年废窦州,以信宜县隶州。”则在《九域图》中,信宜属窦州,不属高州,注文与之不合。“潘山”“仙山”两处古迹,如其下文所载,见《方舆记》,在“故潘州”。《太平寰宇记》卷一六一岭南道高州茂名县:“隋置定川县。唐武德四年平岭表,于县置南宕州,后改为潘州,仍改县为茂名,以道士潘茂姓名为县名也。……皇朝开宝五年废潘州,以本州南巴、潘水二县并入茂名,割属高州。”(161/3090)则在宋高州所领3县中,“潘山”“仙山”实在茂名,不在信宜。

《十抄诗》第97首张祜《秋夜宿简寂观陆先辈草堂》题下注:“《九域图》,江州有简寂观及庐山。”(卷上/70)《九域志》卷六《江南东路·南康军》“古迹”:“贞风观。简寂观。庐山。石照山。……”(54·2)按:“简寂观”未载于《江州》,而载于《南康军》。据《军》下“沿革”:“太平兴国七年,以江州星子县置军。治星子县。”既然太平兴国间业已从江州分出另置，祥符《九域图》也不可能载于《江州》。据《志》，江州德化县“有庐山、柴桑山、九江、巢湖、彭蠡湖”。南康军星子县“有庐山、大江、彭蠡湖”(6/243、248)。明庐山这座大山分隶于两县。《南康军》“古迹”载：“简寂观，庐山。”“简寂观”与“庐山”间无空格，意谓观在庐山，则南康军星子县所属之庐山也。

《十抄诗》第263首罗隐《甘露寺看雪寄献周相公》题下注：“《九域图》，润州有甘露寺。‘前对北固山，后枕大江。唐宝历中李德裕建，时甘露降于此，因以为名。’”(卷下/186)《九域志》卷五《两浙路·润州》“古迹”：“甘露寺，前对北固山，后枕大江，唐宝历中李德裕建，时甘露降于此，因以名。”(47·1)

《十抄诗》第282首李山甫《隋堤柳》“遥为雷塘导落花”句下注，先引《隋书本纪》，其中提到“葬吴公台下”，复加注：“《九域图》，吴王台在今扬州庐陵郡界。”(卷下/198)“庐陵”显系“广陵”之误，整理本失校。《九域志》卷五《淮南东路·扬州》“古迹”：“邵伯堰……吴公台。大江有江水祠，见《汉书·志》。”(40·4)按：确有“吴公台”，无说明，然字作“吴公”与《隋书》同，夹注引《九域图》作“吴王”，疑引文或误。

《十抄诗》第292首李群玉《黄陵庙》“小哀洲北浦云边”句下注：“《九域图》，有大哀洲。”(卷下/204)按：未言哪州。《九域志》全书皆未能检到“大哀洲”或“小哀洲”。刘师旦建请重修《九域图》时曾提到：“兼所载古迹有出于俚俗不经者。”重修的《九域志》对之当有所删订。今在《志》中未能找见“大哀洲”，其原因或即在此。

由上所述，可知：夹注引用《九域图》，引用的是其有关古迹方面的内容，而对古迹的所在地，则往往错指。或者以信宜熙宁四年才改属高州为例,以为书题“图”为“志”之误,然为何称江州简寂观而不称南康军简寂观?仍无法解释。且全书所引,书题皆作“图”,无一处作“志”者。而在《志》中不能检到“大哀洲”则表明,其所据确是《图》而非《志》。且表明,《九域图》之重修为《九域志》,原书中的“古迹”并未删去,只是对其中“出于俚俗不经者”略有删订而已。(2016-10-14)

二、李宗谔非《九域图》之修撰者

点校本《元丰九域志·前言》:“《元丰九域志》本源于《唐十道图》。北宋大中祥符六年,王曾、李宗谔参照《唐十道图》修成《九域图》……”说《九域图》系李宗谔与王曾共同修成。其说当源自《四库全书总目·元丰九域志提要》:“初祥符中,李宗谔、王曾先后修《九域图》。”但却将“先后修”改成了“同修”。然两说皆不确。《九域图》修撰者中无李宗谔,李宗谔参预修撰的书不是《九域图》。今试辨析之如下:

提要的依据当是《玉海》卷一四《祥符九域图　熙宁十八路图》:“祥符初,命李宗谔修《图经》。有司请约唐《十道图》以定赋役,上命学士王曾修《九域图》。六年,成。(《崇文目》,二卷)”(14/30A)虽然同载于《祥符九域图》标题下,但修的明明是《图经》和《九域图》两部书。“六年成”的是《九域图》,而《图经》,则祥符三年已完成了。《九域图》仅二卷或三卷,而《图经》可是一千五百六十六卷的大部头。《图经》的修撰经过如下:

《续资治通鉴长编》卷六五:景德四年二月,“上因览西京《图经》颇多疏漏,庚辰,令诸道州、府、军、监,选文学官校正《图经》,补其阙略来上,命知制诰孙仅等总校之。仅等言诸道所上,体制不

一,遂请创例重修。奏可。”(65/1445)

同书卷六八:大中祥符元年夏四月戊午,“龙图阁待制戚纶言:‘方修天下《图经》,其东封路望令先次修撰,以备检讨。’从之”(68/1537)。

同书卷七四:祥符三年十二月“丁巳,翰林学士李宗谔等上新修《诸道图经》千五百六十六卷。诏奖之,宗谔而下赐器帛有差”(74/1697)。

《九域图》,修撰时犹称《十道图》,《长编》卷八一记其修撰缘起及修撰人:大中祥符六年十月,“权判吏部流内铨慎从吉言:‘格式司用《十道图》较郡县上、下、紧、望,以定俸给,法官亦用定刑,而户岁有登耗,未尝刊修,颇误程品。请差官取格式司、大理寺、刑部《十道图》及馆阁《天下图经》校定新本,付逐司行用。’诏秘阁校理慎镛、邵焕,集贤校理晏殊校定,翰林学士王曾总领之(天禧三年,书成,凡三卷。诏付有司)”(81/1851)。自祥符六年(1013)至天禧三年(1019)恰六年。修撰人中确无李宗谔,修撰的凭借倒是李宗谔奏上的《天下图经》,即《诸道图经》。或者仅仅在这个意义上,《玉海》才将李宗谔之修《图经》,王曾之修《九域图》,同置于《祥符九域图》这个总标题之下。(2016-10-21)

三、《曲洧旧闻》记删定《九域志》事笺

宋朱弁《曲洧旧闻》卷五《赵彦若曾肇删定九域志》:“本朝《九域志》,自大中祥符六年修定。至熙宁八年,都官员外郎刘师旦言:自大中祥符至今六十年,州县有废置,名号有改易,等第有升降,兼所载古迹有出于俚俗不经者,乞选有地里学者重修之。乃命赵彦若、曾肇就秘书省置局删定,今世所刊者是也。崇宁末,诏置局编

修,前后所差官不少,然竟不能成。”(5/147)

“命赵彦若、曾肇……删定”:初命确如所记,但后来实际从事删定并完成呈进的却是王存、曾肇、李德刍。《玉海》卷一五《熙宁九域志》:“[熙宁]八年七月十一日辛丑,诏三馆秘阁删定《九域图》。以都官员外郎刘师旦言……乃命集贤校理赵彦若、馆阁校勘曾肇充删定官。彦若辞,复命光禄丞李德刍删定,而知制诰王存审其事。”今书前所载《进书表》,具名者李德刍、曾肇、王存,无赵彦若。

至于最初之所以命赵彦若,当是有鉴于赵是“有地里学者”。此前,他即曾“管勾画天下州府军监县镇地图”。《续资治通鉴长编》卷二二〇:熙宁四年二月“甲戌,召监单州酒税、太常丞、集贤校理赵彦若归馆,管勾画天下州府军监县镇地图。先是,中书差图画院待诏绘画,上批:‘恐须差有记问朝臣一人稽考图籍,庶不失真。’故命彦若领之”(220/5354)。同书卷二四七:熙宁六年十月戊戌,“画天下州府军监县镇图所上《十八路图》一及副二十卷”(247/6033)。上揭《玉海》“《熙宁九域志》”即将此事置于修《九域志》前,就是认定《十八路图》与《九域志》的内容有相通处。赵彦若为什么辞而不参预《九域志》的删定,其原因不得而知。

“就秘书省置局删定”。元丰五年改制后,三馆、秘阁事并入秘书省,省职始复振,删定《九域志》时犹未也。惟“秘书省”,底本“知不足斋丛书”本作“秘省”,库本亦作“秘省”。“秘书省”虽可简称“秘省”,然此处“秘省”更可能或是“秘阁”之误。

也未“置局”。《麟台故事》残本卷三下“修撰”载:“至熙宁八年六月,尚书都官员外郎刘师旦言……诏三馆、秘阁删定。其后又专命太常博士集贤校理赵彦若、卫州获嘉县令馆阁校勘曾肇删定,就秘阁,不置局。彦若免删定,从之。”同书卷一上“官联”复载:“崇宁以后，置编修《国朝会要》所、详定《九域图志》所二局于秘书省。……《九域图志》，前朝固尝修定，止就馆阁，而不置局。崇宁虽就秘书省，然置局设官，以从官为详定，馀官为参详。修书官为编修官。……然二书皆祖宗时所尝修，亦在三馆，但不别置局耳。”

“至熙宁八年……乃命赵彦若、曾肇就秘书省置局删定，今世所刊者是也。崇宁末，诏置局编修，前后所差官不少，然竟不能成。”是熙宁八年的删定是完成了的，“竟不能成”者是崇宁末的“置局编修”。乃清人程晋芳竟说：“《曲洧旧闻》谓《九域志》终未修成，王伯厚为宋末人，著《诗地理考》多引其言，则是书在南宋时固为成书也。”（点校本《附录》，729 页）

朱弁，宋徽宗初年即在政坛崭露头角，其记删定《九域志》事，可谓当代人记当代事。即使如此，如果其所依据的信息不全，或仅凭耳闻，其记载也可能错误。后人转述前人成说，应尽量符合原意，仅凭片言只语辄轻下结论，亦不足取。（2017-1-5）

四、《九域志》进呈、诏镌和颁行的时间

这些时间，《玉海》卷一五《熙宁九域志》所引《会要》都有明确记载：“元丰三年闰九月延和殿进呈，六年闰三月诏镌，八年八日颁行。”（15/36B）中有错字。引文当出自“崇儒”类“修书”门，今《辑稿》所辑乃《崇文总目》，未辑得《会要》本文，无从校核。兹逐一试加考察：

书前所载《进书表》，李德刍、曾肇、王存 3 人所具结衔中，“宣义郎”“奉议郎”“承议郎”均为元丰三年九月以阶易官后的阶官名，《会要》谓元丰三年闰九月进呈，其上限可信。且元丰三年确闰在九月。

元丰六年六月闰,无“闰三月”。“闰三月”者,乃元祐元年。究竟年份有误,还是月份有误?若只月误而年不误,则与书的内容多有不符。如:

卷一《京东西路·兖州·邹县》:“熙宁五年省邹县为镇入仙源,元丰七年复为县。”

卷九《广南西路·融州·融江寨》:“元丰七年置。”临溪、文村、浔江堡:并“元丰七年置”。

卷一《京西北路·郑州》:“熙宁五年废州,以管城、新郑二县隶开封府;省原武县为镇入阳武,荥阳、荥泽二县为镇入管城。元丰八年复置州,管城、新郑县来隶。元祐元年荥阳、荥泽、原武三镇复为县。”

卷四《河东路·辽州》:“熙宁七年废,隶平定军,元丰八年复置。”“熙宁七年废辽州,省平城、和顺二县为镇入辽山县,隶平定军,省榆社县为镇入威胜军武乡县。元丰八年复置辽州,县、镇并复来隶。”

这些从元丰七年直至元祐元年的记载,与元丰六年闰月“诏镌”、八年“颁行”之说,在时间上岂不互相扞格?

点校本《前言》对这则《会要》引文没有表示任何怀疑,并接着说:“但实际上元丰八年以后仍在修订。”既然业已“镌刻”并“颁行”,该怎样“仍然修订”?实在让人费解。

“六”“元”行书形近,“元”字重出,“元祐元年”之“祐元”2字易误夺。若以为年误而月不误,则上述时间上的扞格即不复存在。

与郑州相邻的滑州也曾一度被废,元丰四年八月十五日己巳复置,《长编》卷三一五:“诏白马县复为滑州,隶京西。”(315/7627)而记郑州的复置,却只载:元丰八年十一月十二日壬寅,“复管城县为郑州”(361/8638)。并未同时载明其复置后隶属哪一路。

直至元祐元年四月八日乙未，突然又载："诏郑、滑州并隶京西路。"(374/9078)而在《志》中，郑州和滑州恰系于京西北路。《长编》未载下诏的缘由，但绝不会与上月，即闰三月的"诏镌"《九域志》丝毫无关。同时也表明，元祐元年四月上旬的情况在书中也有所反映。

《长编》卷三六四载：元祐元年正月十二日辛丑，"郑州复为奉宁军"。复载：同月二十九日戊午，"复瀛州束城镇为县"(364/8707、8737)。《志》中郑州下载"奉宁军节度"，滑州下载"武成军节度"。据《宋史·地理志》，滑州"元祐元年，还旧节度"(85/2116)或当与郑州同时。而在卷二河北东路瀛州下却仍载"熙宁六年省束城县为镇入河间"，并在河间县仍载有"束城、永牢、北林三镇"(2/67)。还郑旧节与复束城县都在正月，前后相隔不过十八日，而在"诏镌"于闰三月的《志》中，却一载一不载，岂非在时间上依然阻格难通？

细勘全书，元丰三年闰九月书稿进呈后，元丰八年三月神宗驾崩、哲宗即位前，州、县乃至镇、寨、堡等的变动，书中均有记述，而在哲宗即位后，书中记述的却只有郑州和辽州的复置及复置后的相关情况(辽州复置于元丰八年五月十四日丙午)。从哲宗即位到元祐元年闰三月期间，改置的州、县、镇、寨、堡十分众多。而关于《九域志》，朝廷下的诏令，只说镌刻，未言改订，受命臣僚并无对书稿作全面修订的责任。而郑州和滑州的地位有些特殊，都是地处腹心的辅郡，既有变动，又不能不作反映。于是就将郑、滑2州连同辽州，即有所变动的仅有3州作了增补，县及县以下机构则不再触动，只按元丰末业已整饬完备的书稿进行镌刻。

"八年八日"，点校本《前言》引径改作"八年八月"。《玉海》文渊阁《四库全书》本亦径作"八年八月"，然元至正十二年刊本、清乾隆三年补刊本、清光绪九年浙江书局刊本，均作"八年八日"，径改

“八日”为“八月”在版本并无依据。若如上所述,“诏镌”乃元祐元年闰三月,则此处只可能“八年”是“八月”之误,而非“八日”系“八月”之误。自闰三月至八月,镌刻的时间足够富裕,当然也不会嫌太长。

以上云云,如果尚可聊备一说,则后人加给《九域志》的诸别称,都可获得合理的说明。《熙宁九域志》(见上揭《玉海》),就诏命修撰而称也;《元丰九域志》(见《直斋书录解题》卷八,239页),就修成奏进而名也;《元祐九域志》(见《容斋随笔》卷一〇,342页),则就镌版颁行而言也。否则,仅凭书中一二处有元祐元年字眼,而遽称之为《元祐九域志》,终觉有些欠妥吧。(2017-3-24)

五、绍圣四年建请辑录之书非《新定九域志》

《玉海》卷一五《地理·地理书·元丰郡县志》:“绍圣四年九月十七日,兵部侍郎黄裳言:‘今《九域志》所载甚略,愿诏职方取四方郡县山川、民俗、物产、古迹之类,辑为一书,补缀遗缺。’诏秘省录《山海经》等送职方检阅。大观二年四月二日,详定《九域图志》强渊明上言续修其书,诏四方以事来上。(宣和罢书局,不及成)”(15/37B)

冯集梧引此,接言:“知今本之有《古迹》及元丰以后之以州升府而皆书某府者,正当日续定而未经呈进之本也。”(《元丰九域志》校刊本《目录》后识语)属于“其题辞称《新定九域志》”者一类。陈鳣《元丰九域志跋》:“《玉海》载绍圣四年及大观二年皆有上言续修《九域志》之事,‘宣和罢书局,不及成’。”(《简庄文钞》3/10A)认为建请辑录之书即续修之《九域志》。王文楚、魏嵩山也认为:“由于《元丰九域志》所载过于简略，绍圣四年黄裳即拟辑录各地山川、民俗、物产、古迹等，以补其缺，名为《新定九域志》，书中遂增‘古迹’一门。”（点校本《前言》，3 页）

《玉海》记载的绍圣四年建请，首见于《长编》卷四九一：哲宗绍圣四年九月“丁卯，三省言：‘兵部侍郎黄裳言，今《九域志》所载甚略，愿诏职方取四方州郡山川、风俗、民事、地物、古迹之类，讲求其详，集为一书，以备《九域志》之阙。’诏秘书省录《山海经》等送职方收藏，以备检阅。”（491/11657）“民俗、物产”作“风俗、民事、地物”，“补缀遗缺”作“以备《九域志》之阙”，个别文字略有差别，大旨不殊。

建请者黄裳是兵部的副长官，职方是兵部所属四个司中的一司，“掌天下图籍，以周知方域之广袤，及郡邑镇砦道里之远近。凡土地所产，风俗所尚，具古今兴废之因，州为之籍，遇闰岁造图以进”（《宋史·职官志》163/3856）。建请中说的“四方州郡山川、风俗、民事、地物、古迹之类”，本就是职方的职掌，是其掌握的国情。只是这些国情原先“州为之籍”，现在则请求将其“集为一书”。这一建请朝廷允否，记载没有明文，即使修成了，不过与李德刍当年修撰的《元丰郡县志》同样性质，是不可能取代或接续《九域志》成为《新定九域志》的。

《玉海》卷一五《地理·地理书》就是将绍圣四年这条记载置于“《元丰郡县志》”的总标题下，作为第二条。其第一条是：“元丰三年十月辛酉，详定官制所检讨文字、光禄寺丞李德刍上《元丰郡县志》三十卷，图三十卷。”（《长编》卷三〇九，“图三十卷”作“图三卷”）李德刍是朝廷任命的《元丰九域志》的三名删定官之一，《元丰九域志》元丰三年闰九月于延和殿进呈，一个月后，他竟然又奏上一部他个人编撰的《元丰郡县志》。从书名看，两书内容相近，都是地理总志,而三十卷的篇幅则远较《九域志》十卷为大,且又附有图三卷。当是在《九域志》编纂过程中,辄有意识地要对其"简"作些补充,借以辅佐其行用的。《玉海》将绍圣四年的建请与之置于同一标题下,当是认定其具有相同的性质。也就是,既不是对《九域志》这部书进行修订补充,也不是取代《九域志》,而是在《九域志》之外另行辑录一种对《九域志》之"简"能有所补充的书。它绝不会是今日所见的《新定九域志》。

《玉海》在这一总标题下辑录的第三条也是最后一条记载就是大观二年那一条:"大观二年四月二日,详定《九域图志》强渊明上言续修其书,诏四方以事来上(宣和罢书局,不及成)。"表明这一对《九域志》之"简"能有所补充的书迄未编成。(2017-3-31)

六、《新定九域志》非"未经呈进"的续修书稿

《元丰九域志》冯集梧校刊本识语:"今本之有《古迹》及元丰以后之以州升府而皆书某府者,正当日续定而未经呈进之本也。"且认为《元丰九域志》的续定始于绍圣四年。上题已辨明,绍圣四年建请撰辑者系另一书,今欲再辨者,乃《新定九域志》非"未经呈进"的续修书稿。

续定《元丰九域志》实始于崇宁以后。《麟台故事》(残本)卷一上《官联》:"崇宁以后,置编修《国朝会要》所、详定《九域图志》所二局于秘书省。……《九域图志》,前朝固尝修定,止就馆阁,而不置局。崇宁虽就秘书省,然置局设官,以从官为详定,馀官为参详。修书官为编修官。检阅、编修,其进用视秘书省官,而无定员。当时宰执、从官大抵由此涂出,合秘书省之士,至数十人。然二书皆祖宗

时所尝修,亦在三馆,但不别置局耳。初,王黼得政,欲尽去冗费,专事燕山,于是在京诸局皆罢。编修《会要》亦不复置官,与《九域图志》令省官分修而已。”(233页)既然崇宁以后,设置有“详定《九域图志》所”的常设机构,机构裁撤后仍在“令省官分修”,当有续修书稿存世,被书贾题作《新定九域志》予以刊行,也不是没有可能。只是从《新定九域志》的实际内容考察,这一可能性不为事实。

《新定九域志》最有可能为续修官员增添的,当首推那些“元丰以后之以州升府而皆书某府”部分,凡九府。改府的时间,延安府元祐四年,龙德府崇宁二年,开德府崇宁五年,河间府大观二年,平江府、镇江府政和三年,顺昌府政和六年,东平府、淮宁府宣和元年。据《宋史·地理志》,尚有兴仁府(崇宁元年)、袭庆府(政和八年)、中山府(政和三年)、信德府(崇宁三年)、庆源府(宣和元年)、平阳府(政和六年)、庆阳府(政和七年,七年疑元年之误)、寿春府(政和六年)、德安府(宣和元年)、潼川府(重和元年)、遂宁府(政和五年)、肇庆府(重和元年)12府未载。若果真出自诸续修官员之手,则这些官员记当日时事,恐不致如此粗疏。顺昌府、龙德府、平江府、镇江府下的“沿革”,一仍“州沿革”之旧,绝未增添何年升府内容(馀5府原无“州沿革”)。路下所注州府数未作相应变动,府地里、县方位中的“州”也未改“府”。仅仅将新升改府名替代原州名,这又哪像是在修订?

元丰以后新更改的地名在《新定九域志》获得反映的,笔者仅发现1处,那就是福建路建州的政和县。此县原名“关隶”,是政和五年才改为“政和”的。利州路“龙州”改“政州”,也是政和五年的事,在书中没有反映。而一些宋代文献明确提到的政和《九域图志》更定的地名,在《新定九域志》中也毫无反映。如:

陆游《入蜀记》:七月一日,至真州。州本唐扬州扬子县之白沙镇。“国朝乾德中,升为建安军。祥符中,建玉清昭应宫,即军之西北小山置冶,铸玉皇、圣祖、太祖、太宗四圣像。既成……肆赦,建军曰真州,而于故冶筑仪真观。政和中,修《九域图志》,又名曰仪真郡。”(《文集》44/270)

王明清《玉照新志》卷一:“政和七年十二月壬午,诏以宿州零璧为灵璧县,以真州为仪真郡,通州为静海郡,秀州为嘉兴郡。从《九域图志》所奏请也。”

按:《新定九域志》真州、通州、秀州皆无郡号,宿州所领无灵璧县,零璧仍是其属县虹县三个镇中的一镇。这两条记载明确无误地表明《新定九域志》绝非“未经呈进”的续修书稿。

吴曾《能改斋漫录》卷五《伏波将军庙》载:“后汉马援及路博德俱有功于南方,仍皆为伏波将军。岭外有伏波将军庙,莫能定其名,政和中修《九域图志》,遂以双庙为例,祀两神。”(《梁溪漫志》卷一〇《伏波崔府君庙》有相同内容记载,文字稍繁)按:《新定九域志》仅柳州有伏波将军庙,未言祀何神,更没有说“祀两神”。这又同样表明,在《新定九域志》的“古迹”门中,续修书稿的修订,也无所反映。

《新定九域志》的内容不仅有改,也有删。于其删,《新定九域志》诸别本却有颇大差异。主要是两大系列,即冯集梧据之校勘的江本和浙本。浙本,“四库存目丛书”影印之丁丙原藏抄本与之十分相近,江本则影印文渊阁《四库全书》本与之基本相同。县下“山”、“水”,浙本全删,江本前三卷未删,中二卷有删有未删,末四卷几乎全删。浙本只删“山”、“水”,江本则将“镇”、“寨”、“场”、“务”、“坑”、“冶”等项,往往连带删去。“州沿革”、“州领县沿革”、“废置州军”及“化外州沿革”,浙本不删,江本删去大半,且删否亦前后不一。被删的这些内容,尤其是江本,正是原编修官引以自傲的："镇戍城堡之名，山泽虞衡之利，前书所略，则谨志之。"（见进书表）当时有人尚嫌其略，续修的官员难道另有什么充足的理由，贸然将其删除？点校本取校的吴本、周本，亦属《新定九域志》别本，与江本、浙本复有不同。诸别本间的诸多差异同样表明，它只可能出自不同书贾之手，绝不可能是详定《九域图志》所官员的续修书稿。（2017-4-7）

七、所谓"新旧九域志"的"新"与"旧"

自朱彝尊后，屡屡被人提及的"晁公武《读书后志》有新、旧《九域志》之目"，易致误会，似乎晁书著录了这两书。其实，只在《读书志》卷二下著录有"《九域志》十卷"，而在《后志》，则在卷一著录的"《职方机要》四十卷"下写有这样一则解题："右不题撰人姓名，序云：本新、旧《九域志》，上据历代史，旁取左氏、《水经》、《通典》，且采旧闻，参以小说，黜缪举真，细成此书。其间载政和间事，盖当时人也。"（1/28B）而在《玉海》卷一五《地理·地理书》的《熙宁〈都水名山记〉政和〈郡国人物志〉（〈职方机要〉〈舆地广记〉）》标题下，征引《中兴馆阁书目》，对之也有稍周详的记述："《书目》：《职方机要》四十卷，大观中晋原丞程缜撰。缜案新旧《九域》二书，上据历代诸史地志，旁取《左传》《水经》注释，并《通典》言郡国事，采异闻小说，细次为书。"（15/36B）值得注意的，是这里说的是"新、旧《九域》二书"，不是说"新、旧《九域志》"。不仅无《志》字，且明确系"二书"，不是同一书的二种刊本。《书目》谓撰于"大观中"，《后志》谓"其间载政和间事，盖当时人也"。而《新定九域志》所载东平府、淮宁府升府乃宣和元年，既在大观之后、也在政和之后，书的刊行当更稍后，程缜依据的新《九域》会是《新定九域志》吗？

那么,“新、旧《九域》二书”指的又是那二书?鄙意以为,当是《九域志》和《九域志》的前身《九域图》。

王存等在《进书表》中列举新修之书相对于其前身《九域图》的特色,一次提到“故书”,两次提到“前书”,一次提到“旧”。“故书”犹旧书,“旧”则旧书之省,是在提及书名需改时说的:“旧名图而无绘事,乃请改曰志。”《长编》《麟台故事》记此次修书,即皆书作:“及以旧书不绘地形,难以称图,更赐名曰《九域志》。”(265/6486、3下/300)

《九域图》直至宋末仍存,《十抄诗》夹注曾加引录。《中兴馆阁书目》论《职方机要》取材,“新旧《九域》二书”,是与“上据历代诸史地志,旁取《左传》《水经》注释,并《通典》言郡国事”并列的,其“旧《九域》”所指,除了敕修的两部地理总志中的《九域图》,还会是《元丰九域志》别本的什么《新定九域志》吗?(2017-4-14)

八、“古迹”为坊刻所删而非坊刻掺入

本题论的是:今日获见之《九域志》诸别本,其无“古迹”者,乃坊刻本所删;其有“古迹”者,非坊刻本掺入。

原本当有“古迹”门。刘师旦陈乞重修《九域图》的建请中只提到“兼所载古迹有出于俚俗不经者”,《进书表》对所删旧书内容有所说明,只提到:“郡名之下附以氏族所出,以《禹贡》《周官》考之,皆无其文,且非当世先务,兹不复著。”没有提到古迹。绍圣四年九月黄裳奏请辑录州郡资料,“集为一书”时说的:“今《九域志》所载甚略,愿诏职方取四方州郡山川、风俗、民事、地物、古迹之类,讲求其详,集为一书,以备《九域志》之阙。”(《长编》491/11657)其所列举的内容中,《九域志》“风俗”虽缺,而“山川、民事、地物”却

略而不缺，难道据之辄能断言“古迹”为“缺”？

吴曾《能改斋漫录》卷五《伏波将军庙》：“后汉马援及路博德俱有功于南方，仍皆为伏波将军。岭外有伏波将军庙，莫能定其名，政和中修《九域图志》，遂以双庙为例，祀两神。”“莫能定其名”的岭外伏波将军庙，是原书“古迹”门的记载，并“祀两神”，是政和间“详定《九域图志》所”对之所作的修订。今《九域志》中仅柳州有伏波将军庙，未言祀何神，更未说“祀两神”。这除了表明“古迹”门所载并非续修书稿的同时，更是原书本有“古迹”门的有力旁证。

《十抄诗》夹注曾5处引用《九域图》，都是有关古迹方面的内容。其中4处都能在《九域志》中找到相应文字，仅卷下李群玉《黄陵庙》“小哀洲北浦云边”句下所注“大哀洲”为《九域志》所未载，当是由于其内容“出于俚俗不经”而被删去。这又表明，其“古迹”是在旧书记载的基础上修订的。

《九域志》卷三载秦凤路岷州沿革：“唐岷州，后废。皇朝熙宁六年收复，仍旧置。”河州沿革：“唐河州，后废。皇朝熙宁六年收复，仍旧置。”兰州沿革：“唐兰州，后废。皇朝元丰四年收复，仍旧置。”(3/129、133、135)又载荆湖北路沅州沿革：“熙宁七年收复溪峒黔、衡、古、显、叙、峡、中胜、富、嬴、绣、允、云、洽、俄、奖、晃、波、宜十七州，即唐叙、锦、奖州地置州。治卢阳县。”(6/275)这4州，《九域图》不会载，也不会有现成的“古迹”，《九域志》中的“古迹”，当是修撰时所增修。

鉴于坊贾以新升改之府名替代原州名类皆作得十分草率，则这些“古迹”，无论是在《九域图》原有基础上的修订，还是新加的增修，都不可能是坊贾所为，而是奉旨修撰的臣僚所修。

今日获见的《九域志》中无“古迹”门的武英殿聚珍版本和冯集梧校刊本所从出的明末毛晋影抄宋刻本，“格纸轩朗”，被认为是

"经进"之本、"元丰间经进原本"。真的是经进原本吗？

此本虽无以元祐后新升改府名替代原州名的情况，但以新更改地名替代原名的情况却不是绝对没有，而且州、县、镇都有。州名如利州路的政州，原名龙州，政和五年才改政州，而此本已径作政州。县名如东京开封府的延津县，原名酸枣，政和七年才改名延津，而此本已径作延津。镇名如淮南东路宿州虹县灵璧镇。作为镇名，"灵"本作"零"。"元祐元年，以虹之零壁镇为县，七月，复为镇。七年二月，零壁复为县。政和七年，改零壁为灵璧。"(《宋史·地理志》88/2179)关于政州，冯集梧一再说："为后人所窜易"，"经窜易无疑"。关于延津，冯集梧也说："当据宣和续修本羼入。""窜易""羼入"的"后人"是谁？若不是宋刻本的影抄者，即是宋刻本的刊刻者。冯校、点校本校只说政州浙本、《通鉴》注引、吴本仍作"龙州"，则其所取校的钱遵王影宋抄本与另一明末清初影宋抄本亦作"政州""延津"也。经检核，国图藏此二种抄本确作"政州""延津"。不仅如此，原缺四京，以影宋本抄补的三种《新定九域志》也均作"延津"。则"政州""延津"非影抄者"窜易""羼入"明甚。其所据之宋刻本怎么会是"经进"或"诏镌"的原本？唯"灵璧"，诸本均作"零壁"，或系影抄者致误。

此本卷二载河北西路深州"地里"："北至本州界一百二十五里，自界首至瀛州五十五里。……东北至本州界一百一十五里，自界首至河间府六十里。"(2/83)河间府即瀛州，大观二年升改。为何"北至"作瀛州，"东北至"作河间府？冯本只断言其"由后人所改窜"，点校本也未列取校本有无异文。谨按：国图所藏钱遵王影宋抄本与另一影宋抄本亦作"河间府"，当是其所据宋刻本原即如此。笔者所见《新定九域志》诸本，有的作"河间府"，有的作"河间"，无"府"字，明雁里草堂本亦作"河间"。"河间"乃县名，为瀛州州治所在,可指代瀛州。此"府"字虽不能完全排除系影抄者误添的可能,然而这种极不规范的混乱书法,怎么会是经进原本所原有?

钱遵王影宋抄本,全书基本上无"古迹"门,惟卷九福建路兴化军及广南东路广州、柳州3州军例外。陈鳣怀疑:"岂偶有缺叶,而别取民间流行本以补入邪?"冯集梧则断言其为"误入"。但另一明末清初影宋抄本此3州军"古迹"不缺与钱本同,这就排除了影抄者"补入""误入"的可能,乃其所据宋刻底本原即如此。如果撇开先入为主的朱彝尊说的成见,这3州军的"古迹",恰恰是坊刻本删削未净的残馀,是诏镌颁行的《九域志》原有"古迹"门的铁证。(2017-4-21)

九、宋人引用《九域志》"古迹"非始于罗泌

阎建飞《新、旧〈九域志〉考》提到:"存世书籍中,最早引述此书的为南宋时罗泌的《路史》。"①"此书"指《新定九域志》。其实《路史》引用的《九域志》,书题中并无"新定"字样,只是由于作者仍然认同"《新定九域志》是《元丰九域志》掺入古迹而成",《路史》既然引用了书中古迹方面的内容,就断定其所引用的即是《新定九域志》,并进而论定:"从其可以见到并引用《新定九域志》内容来看,《新定九域志》在12世纪70年代之前应已经成书。"按:1170年为宋孝宗乾道六年。

张敦颐《六朝事迹编类》卷上"丹阳门"条:"丹阳、丹杨、丹徒,

① 阎建飞《新、旧〈九域志〉考》,《中国典籍与文化》2011年第1期,第85页。

各自有义。按《前汉志》,秦鄣郡乃汉丹阳郡,武帝二年更名也。《九域志》引《江南地志》云:汉丹阳郡北有赭山,丹赤,故因名曰丹阳。"所引《九域志》载卷六《江南东路·江宁府》下"古迹"。《六朝事迹编类》自序署"绍兴岁次庚辰八月",庚辰乃绍兴三十年。表明在存世书籍中,引及《九域志》古迹的,尚可往前追溯至1160年的张敦颐。

南宋郭知达编《九家集注杜诗》卷一八《九日曲江》"荆门此路疑"句下录赵次公注:"《九域志》载江陵府古迹有落帽台。"赵次公《注杜甫诗》五十九卷,晁公武《郡斋读书志》与"《杜甫集》二十卷"一并著录,见二十卷本卷一七(26A),此本自序署"绍兴二十一年元日"。晁氏"晚年又从二十卷本中抽出所著录的井度赠书,别成四卷本"[①]赵次公《注杜甫诗》五十九卷载卷四上(20B)。井度逡赠其藏书于晁,约绍兴十四、五年。是绍兴十四、五年前,赵次公《注杜甫诗》五十九卷,业已问世。这又表明,在存世书籍中,引及《九域志》"古迹"的,更可往前追溯至1144、1145年前的赵次公。

阎建飞的《新、旧〈九域志〉考》,创获甚富,对前人和时人成说多有纠正,十分可喜。但也有个别论点或论据似可再酌。兹谨就最早引用《九域志》古迹的宋人,提出商榷意见如上。(2017-1-13)

十、《通鉴》胡注引用的两种《九域志》

《资治通鉴》胡三省注引用《九域志》,或称《元丰九域志》,或称《九域志》,而《九域志》又绝非《元丰九域志》的省称。卷七八"邓艾进至阴平,简选精锐,欲与诸葛绪自江油趣成都"下注:龙

① 陈乐素《袁本与衢本〈郡斋读书志〉》,载《求是集》第二集,第281页。广东人民出版社,1984年。

州，江油郡；文州，汉阴平地也。“《九域志》：龙州北至文州四百三十里。《元丰九域志》：龙州治江油县，南至绵州二百馀里。”(78/2470)同一条注文，既引《九域志》，又引《元丰九域志》，两者显然不是同一书。

在卷七八前，有4条注引及《九域志》：

卷一“臣光曰……棠溪之金，天下之利也”下注：“《九域志》：蔡州有冶炉城，韩国铸剑之处。”(1/14)引自卷一蔡州古迹(555页)。

卷七“元年，秦伐魏至阳孤”下注：“《九域志》：绛州有阳壶城。”(7/247)引自卷四绛州古迹(601页)。

卷六五“因表万岁亭侯荀彧功状”下注：“《九域志》：郑州有万岁亭，彧所封也。”(65/2070)引自卷一郑州古迹(553页)。

卷六六“皆败退保绵竹”下注：“绵竹县属广汉郡，唐属汉州。《九域志》；在州东北九十三里。”(66/2120)引自卷七汉州绵竹县(7/313)。

其中3条为古迹，1条为县离州方位里数。可见其使用的《九域志》中是有“古迹”门的。引及《元丰九域志》的注也有4条；

卷五二：“秋庐江盗贼攻寻阳”下注：吴立蕲春郡，寻阳县属焉。唐蕲州之地。“《元丰九域志》：蕲州东南至江州二百四十里。”(52/1703)引自卷五蕲州地里。(5/201)

卷六一“礼据秣陵城”下注：“《元丰九域志》：江宁府江宁县有秣陵镇。”(61/1971)引自卷六江宁府江宁县。(6/240)

卷六一“转攻湖孰江乘皆下之”下注：“《元丰九域志》：江宁府上元县有湖孰镇。”(61/1972)引自卷六江宁府上元县。(6/240)

卷七一“今战必败，败必走，走当由夹石、挂车”下注：“《元丰九域志》：舒州桐城县北有挂车镇，有挂车岭，镇因岭而得名。”(71/2245)引自卷五舒州桐城县。(5/203)

其中,3条为县所管镇的镇名,1条为州四至八到之里数。卷七八以后引及《元丰九域志》的5条注,情况类似:

卷一一五"勃勃寇陇右,破白崖堡,遂趣清水"下注:"《元丰九域志》:清水县在秦州东九十里,有白沙镇。县西又有白石堡。"(115/3629)引自卷三秦州清水县、床穰堡(3/123)。为县离州方位里数、县所管镇镇名、州所管堡下小堡名,兼而有之。

卷一一六"进攻南平太守王憬于水洛城"下注:"《元丰九域志》:德顺军西南一百里有水洛城。"(116/3648)引自卷三德顺军水洛城。(3/137)为属城离军方位里数。

卷一二四"杨难当遣建节将军符弘祖守兰皋"下注:"《元丰九域志》:阶州将利县有兰皋镇。"(124/3896)引自卷三阶州将利县。(3/133)为县所管镇之镇名。

卷一五四"散众耕于细川"下注:"……又据《元丰九域志》,泾州灵台县有百里镇,盖即细川之地。"(154/4773)引自卷三泾州灵台县。(3/125)为县所管镇之镇名。

卷二五七"自白马济河,下黎阳、临河、李固三镇"下注:"《元丰九域志》,澶州有临河县,在州西六十里。"(257/8377)引自卷二澶州临河县。(2/64)

值得注意的,是秦州、德顺军、阶州、泾州皆属陕西秦凤路。尤其值得注意的,是迄未引及"古迹"门。当是其所使用的《元丰九域志》是缺少"古迹"门的。其征引所及,如镇名、堡名,四至八到,离州方位里数等,卷七八以下的注从《九域志》中也曾频繁引用,足见《九域志》也全都具备。因之胡氏注《通鉴》,开始时用的虽是《元丰九域志》,不久就弃而不用,改用《九域志》了。在全书注文中,引用或提及《九域志》凡801次,而引用的《元丰九域志》仅只上举10条,集中于卷七八前和陕西秦凤路,另有一处只是提及。

冯集梧一再提到:“《通鉴》注所引,其里数多与浙本相合。”“《通鉴》注所引《志》,多与今浙本相合。”(光绪刊本 1/31A、8/20A)浙本的一大特点,是“不录”各县下“兼载”的“山、水”。胡注引用的《九域志》,其情况又如何? 以下是难得见到的引及“山、水”内容的注:

卷二六六“贬其党御史中丞郑謇为维州司户、卫尉少卿李纲为汶川尉”下注:汶川,唐属茂州。“《九域志》,在州南一百里。玉垒山、石纽山皆在县界。”(266/8693)按:《志》茂州汶川县下:“州南一百里。一乡。牛溪一镇。有玉垒山、汶山。”(7/318)虽有玉垒山,然正文似未提及此山和石纽山,未详胡注因何言及。颇疑所引《志》文实只“州南一百里”一句。

卷二八四“泉州散员指挥使桃林留从效”下注:“《九域志》:泉州有桃林溪。盖留从效所居之地。”(284/9276)按:《志》泉州 7 县下皆未言及“有桃林溪”(9/402)。“桃林溪”仅见泉州下“古迹”门。

卷二四七“皆大呼连营据滹沱河”下注:“《九域志》忻、代二州注皆有滹沱水。”(247/7976)按:《志》代州 4 县、忻州 1 县,每县下皆注“有滹沱水”。(4/167、169)另,代州古迹:“滹沱水,《周礼》云:正北曰并州,其水滹沱。”忻州古迹:“滹沱水,《山海经》云:泰戏之山,滹沱之水出焉。”(602 页)胡注只说“忻、代二州注”,其所据似为州下“古迹”所注,而非县下所注“山水”。

卷二八二“审晖又败唐兵于云梦泽中”下注:“《九域志》安州安陆县有云梦镇。今安陆县南五十里有云梦泽。”(282/9214)按:《志》安州安陆县下注文:“一乡。云梦一镇。有石岩山、陪尾山、涢水、云梦泽。”(6/269)县下所载,既有“云梦镇”,又有“云梦泽”,而胡注只说“县有云梦镇”,未说有“云梦泽”,以“云梦镇”反证“云梦泽”在县境。则其所引用的《九域志》,“不录”各县下“兼载”的

“山、水”明甚。从其未改引《元丰九域志》来看,《元丰九域志》中很可能也未“兼载山水”。

总之,胡注引用的两种《志》,其《九域志》确与浙本相近,亦即与以浙本为代表的题曰《新定九域志》的一类别本相近。其《元丰九域志》虽无“古迹”,却未必辄与武英殿聚珍版本、冯集梧校刊本相近。(2017-1-20)

十一、《诗地理考》引用的《九域志》是哪个别本?

王应麟《诗地理考》引用《九域志》,正文 9 次,注文 15 次,共 24 次。不多,倒能说明一些问题。

首先值得注意的,是他使用的这部书是有“古迹”门的。24 条引文中,19 条都是有关古迹的内容,出自“古迹”门。从这一点来看,它是属于《新定九域志》一类的别本。

但是如卷一“泉源”条所引:“《九域志》,大名府莘县有泉源河。”引用的却不是“古迹”,而是书中诸县之下例行加注的“山、水”。今点校本《北京大名府·莘县》下载:“京东九十里。四乡。马桥一镇。有泉源河。”(1/8)这些县下注中的“山、水”,《新定九域志》浙本是全数删去了的,卢文弨且认为不录兼载的“山水”,亦是《新定九域志》一类别本有别于经进本的标识之一。可惜的是,现存《新定九域志》一类诸别本,四京及京东东路全都佚缺,此条无法核对。另一条只是提及,见卷一“泲·祢”条正文“《寰宇记》大祢沟在曹州冤句县北七十里”下注:“今兴仁府冤(亭)[句]县。《九域志》,《诗》云:饮饯于祢。”(40)冤句县“有菏水、祢沟、北济沟”未直接征引。幸好王应麟的另一部著作《通鉴地理通释》也曾多次引用《九域志》,如卷五《十道山川考》所引:"崞县有崞山。""金州洵阳县有淯水。""陇州陇安县有秦岭山。""韶州曲江县有桂水。"(5/68上、73上、84上)全都是县下的"山、水"记载。从兼载"山、水"这一点来看,他使用的本子与《新定九域志》一类别本又有异。

另,卷五"泮水·泮宫"条、"新甫"条正文,都引及"袭庆府古迹"。卷一"旄丘"条、"堂·景山·京"条注文,都引及"开德府古迹",卷一"沬·祢"条、卷二"陈"条注文分别提及兴仁府、淮宁府。这4府,是分别在政和八年、崇宁五年、崇宁元年、宣和元年由兖州、澶州、曹州、陈州升改的,都已用新改的府名替代了原州名。而潞州崇宁三年也已升改为隆德府,卷一"黎侯"条所引却仍作潞州。可见他使用的本也与多数别本一样,元丰后升改的府名也都有替有未替。

清程晋芳《元丰九域志跋》:"《曲洧旧闻》谓《九域志》终未修成,王伯厚为宋末人,著《诗地理考》多引其言,则是书在南宋时固为成书也,惟伯厚《地理考》内引《九域志》甘棠树之类,今本无之,似非宋代原本矣。"(点校本《附录》,729页)按:说《九域志》"终未修成",是程晋芳对《旧闻》的误读。他为之作跋的《元丰九域志》无"古迹"门,《诗地理考》引用的"甘棠树之类",在书中当然无法找见。只是他说的,缺了"古迹"方面的内容,"似非宋代原本矣"的话,未免引人提出这样的疑问:即在呈进本或诏镌本中,"古迹"一门的内容究竟删除了没有?

被称为经进原本的《元丰九域志》,不过是后人的推断。今日获见之《九域志》诸本,实皆民间坊刻之别本,有删"古迹"的,有删县下"山"、"水"的,有删诸"沿革"而又全书前后删否不一的。从元丰以后升改之府名仅有部分被替代来看,《诗地理考》引用的《九域志》,也是民间坊刻之别本,但却是对呈进本或诏镌本内容虽稍有改动却未尝删削的坊刻本。(2017-1-27)

十二、库本《元丰九域志》提要张冠李戴

《四库全书》本《元丰九域志》与"武英殿聚珍版书"本《元丰九域志》,两书的书前《提要》完全相同。这并不奇怪。因为在《四库全书》编纂过程中,遵照上谕,是将"所有内府旧藏,并《永乐大典》内检出各种,及外省进到之书,均分别应抄、应刊,以垂永久"。其不必存者,则仅列存目(乾隆三十八年四月二十八日《寄谕浙江巡抚三宝……》,《档案》第107页)。"应刊"者实际上是将"应抄"者中的精华再另为刊行:"其有实在流传已少,其书足资启牖后学,广益多闻者",由乾隆亲自裁定,"汇付剞劂"(乾隆三十八年二月十一日《谕内阁永乐大典体例未协……》,《档案》第57页)。"应抄"者的成果,即七阁《四库全书》;"应刊"者的成果,是当时陆续刊行的"武英殿聚珍版书"。

但是就《元丰九域志》而言,殿本却并非就库本另为摆印,两书之间存在巨大差异,其《提要》对两者就并不都适合了。如《提要》就所据版本说的:"其书最为当世所重。民间又有别本刊行,内多'古迹'一门……此为明毛晋影钞宋刻,乃元丰间经进原本。"然而今见于影印文渊阁《四库全书》者,书中实亦"多'古迹'一门",则其底本就绝不可能是"明毛晋影钞宋刻"。今见于殿本者无"古迹",内容与冯集梧校刊本正文同,提要云云,只与殿本相符。此"明毛晋影钞宋刻",又称"汲古阁影宋写本",为浙江巡抚所进,见《四库采进书目·浙江省第二次进书目》,亦见《浙江采进遗书总录》戊集。

提要评介本《志》内容时说的:"每县下又详载乡镇,而名山大川之目亦并见焉。"也只是对殿本才完全相符,对库本就不那么相符了。每县下所载内容,如卷五《两浙路·温州·乐清县》,殿本所

载如下："州东北一百里。六乡。柳市、封市二镇。天富一盐监。有雁荡山、芙蓉山、大江。"而在库本中，"柳市"以下的所有记载全付阙如。从卷六至卷九的 11 路中，总数共 139 州中的 101 州，其诸县的记载，库本"乡"以下全都是阙如的。《提要》云云，与内容又怎能符合？

从以上两方面来看，《四库全书》本《元丰九域志》的书前《提要》，显然是张冠李戴了。

《四库全书总目》中的《元丰九域志》"提要"，较书前"提要"加注了书的来源："两江总督采进本。"此注与《提要》正文说的"此为明毛晋影钞宋刻"有异，却倒符合库本实际。冯集梧校刊《元丰九域志》用的两种主要参校本之一"江本"，亦即此本，他所校出的"江本"异文，绝大多数库本皆同，可反证库本确是"两江总督采进本"。《四库采进书目·两江第一次书目》中有"《[元丰]九域志》十卷。抄本。六本"。两江共进书 3 次，所进再无《九域志》。其所提供的信息仅止于此，不知系哪家的旧藏，也不知抄自哪个本子。因之，也就难以判断在今日存世的各抄本中，是否尚有哪个抄本与之相当。另，《总目》"提要"于文末添加的话："近时冯集梧校刊此书，每卷末具列考证，其所据亦此本也。""亦此本也"，是指正文说的"明毛晋影钞宋刻"，还是指新添加的注"两江总督采进本"？若指后者，则又错了。（2016-11-25）

十三、毛晋影钞宋刻本《九域志》入藏内府前书落谁家？

《四库全书总目》卷六八"《元丰九域志》十卷"提要："此为明毛晋影钞宋刻，乃元丰间经进原本，后藏徐乾学传是楼中。"提要所说，就四库著录之本而言，属张冠李戴，上题已辨，今欲辨者，乃此本并未“后藏徐乾学传是楼中”。

此“明毛晋影钞宋刻”，为浙江巡抚所进。《四库采进书目·浙江省第二次进书目》：“《九域志》九卷，宋王存等撰，十本。”（79页）又《浙江采进遗书总录》戊集：“《九域志》十卷，汲古阁影宋写本。”且有简单提要：“按此书流传颇罕。朱彝尊谓昆山徐氏所藏宋椠本首有缺卷。兹本亦从宋刻精摹，有首卷而缺末卷。复借得吴门朱氏抄足之，始成完璧云。”（256页）是此时任浙江淳安县知县的宋瑞金呈缴的。乾隆三十八年二月二十五日《护理浙江巡抚王亶望奏呈续收书目清单及宋荦之孙呈缴家藏抄本旧书折》：“又据淳安县知县宋瑞金禀称：有携带任所家藏抄本旧书九种，际兹盛典，敬谨呈送备进。臣查宋瑞金系原任吏部尚书宋荦之孙、奉天府尹宋筠之子。家本藏书，检阅各种，多有照依宋本影写者，字画甚为端楷。如蒙采择，伏候命下，即将原书恭进。”[①]宋瑞金连同《九域志》一起呈缴的“家藏抄本旧书九种”，《总录》曾逐一标注其版本，无一不是汲古阁旧藏的抄本。

陆心源《元椠大字白虎通跋》：“每册有‘毛晋之印’‘毛氏子晋’朱文两方印……‘宋筠’朱文方印、‘兰挥’白文方印……案宋筠为商丘宋荦之子。《汲古阁秘本书目》为潘稼堂开值，议价不谐，其书多为商丘宋氏所得，故有兰挥两印。”（《仪顾堂续跋》卷一〇）毛扆《汲古阁珍藏秘本书目》这份鬻书目录，共手录拟包库鬻售的珍藏秘本500多种。据潘天桢考证，手录时间约在康熙三十八年至康熙四十七年之间。[②] 潘稼堂议价不谐，其书散出，遂多为宋氏

① 第一历史档案馆编《纂修四库全书档案》，第62页，上海古籍出版社，1997年。
② 转引自丁延峰《〈汲古阁珍藏秘本书目〉的著录体例及其价值述论》，《图书馆理论与实践》2009年第6期，第46页。

父子所得。

毛扆《诗经阐秘跋》:“商丘宋公,博学君子也,每见异书,辄焚香诵读。巡抚江南历十馀载,境内名人硕士,无不折节下交。戊子春来登汲古旧阁,羁留信宿,凡阁中所藏书籍,逐一观览。及展阅魏师《阐秘》,遂击节叹赏,以为名人著作,惜未流通,雅欲捐资购得,商确付梓。”(《汲古阁书跋》,126页)跋作于康熙五十年辛卯,“戊子”则康熙四十七年也。从跋中提到“雅欲捐资购得,商确付梓”来看,宋荦“戊子春来登汲古旧阁,羁留信宿”,很可能是来洽谈选购阁中珍藏的秘籍的。挑选的范围不限于《书目》提供的那些,而是将“阁中所藏书籍,逐一观览”。其“雅欲捐资购得”的《诗经阐秘》未列《书目》,其购得的、后由其孙呈进的九种书中的《小学五书》《皇祐新乐图说》也未列于《书目》。毛扆在上揭引文之下接着写道:“余以吾师手授枕秘,多年不忍废去。且以此书之成,历数载苦功,取材富,考核精,即魏氏子孙尚无从寓目,一旦应商丘之求,不且负吾师之传乎?后之人其善体吾志,什袭藏之,则幸甚幸甚!”(127页)从他于康熙五十年追题的这段跋文中,特别从他对后人的谆谆嘱托中,可以体味到,这时阁中藏书,几已散出殆尽。

毛扆与宋荦交谊颇深。毛扆《宣和奉使高丽图经跋》:“此本抄手最劣,且多错简,久置不观。甲申五月,从宋中丞借得宋椠本,自六月十五日校起。时方校订《诗词杂俎》,鸠工修板,因多间断,至七月二十三日方毕。他日从此录出,可称善本矣。”甲申为康熙四十三年。宋荦的《西陂类稿》,《四库全书》著录者三十七卷,另有五十卷本。据《中国古籍总目》,系清康熙五十至五十二年毛扆刻本(1169页)。康熙五十二年,毛扆逝世,同年,宋荦也逝世了。

既然《九域志》见于《书目》所录,此前当一直藏于汲古阁中,从阁中散出,又直接为宋氏父子收藏,直至呈进。那么在什么时候、趁什么间隙,才有可能得以“后藏徐乾学传是楼中”?宋荦(1634—1713)与徐乾学(1631—1694)同时,宋出生仅晚徐三年,谢世却晚徐十九年。徐乾学谢世之年(康熙三十三年),毛扆尚未想到要将阁中珍藏的秘籍鬻售呢!“徐乾学家之传是楼,已于雍正十二年间不戒于火,书籍悉遭焚毁。”(乾隆三十八年闰三月十五日《两江总督高晋等奏查无永乐大典佚本……折》,《档案》,81页)无论在遭火劫前,还是在遭火劫后,传是楼中都无入藏此《九域志》复将其转让给宋氏的任何间隙。当年朱彝尊只见到传是楼中藏的“字小而密”的《九域志》宋椠本,并未见到另又藏有明毛晋影钞宋刻。其所藏“格纸轩朗,便于老眼览观”之本,乃年八十一岁时,即他谢世之年,康熙四十八年所抄,抄录的依据当即毛晋影钞宋刻,且当抄自宋荦。此前,朱彝尊于康熙四十四年为宋荦写过《西陂记》(《集》卷六),至四十八年,宋荦遂将新得的毛晋影钞宋刻提供给爱书如命的朱彝尊抄录,实乃情理中事。

宋瑞金呈缴《九域志》是乾隆三十八年,而在乾隆四十年奉敕修撰的《钦定天禄琳琅书目》中已予著录,见卷四“影宋钞·史部”:“《九域志》(一函十册)……琴川毛氏抄本。”表明此书呈进后,旋即入藏于内府。嘉庆二年昭仁殿火,此影钞宋刻本遂不复存于人世。(2016-12-2)

十四、库本《元丰九域志》“殊多脱误”

《四库全书》著录的《元丰九域志》是“两江总督采进本”。与冯集梧校刊所用两种主要参校本之一的“江本(采集遗书时江南书局所进本)”,是同一个本子,冯氏对“江本”的总评价“江本殊多脱误”,对库本也完全适用。其不脱部分之误,冯氏提供了可借以进行判断的众多异文，而其误脱部分，由于无异文可校，冯氏未予列出。今试加列举如次。与之对照的，“宋刻摹本”据冯刻，简称冯本，引文则多据点校本。《新定九域志》据《四库存目丛书》影印本，简称丁本。

1. 冯本各县下所载之“山”“水”，相对于丁本的删削几乎尽净，库本则有删有未删：前3卷7路基本未删，仅个别县偶见有删脱处，如京西南路郢州长寿县、河北西路真定府井陉县、永兴军路鄜州4县和坊州宜君县、秦凤路凤州两当县和岷州长道县。卷四、卷五4路，删与未删之县都相当众多：河东路75县，58县删，17县未删；淮南东路37县，16县删，21县未删；淮南西路32县，11县删，21县未删；两浙路79县，53县删，26县未删。卷六至卷九11路，基本已全删，仅广南东、西路各有一县未删，成都府路稍多，58县中有7县未删：成都府3县、蜀州2县、彭州1县、威州1县。全书县下“山”、“水”删削情况之如此不均衡，不仅反映了其脱误之多，同时也表明，其删削是在书已上板刊刻过程中临时匆忙决定的。其前3卷个别县偶见之删削处，也未必是有意删削，很可能是不经意的误脱。

2. 每县所载内容，冯本大都载有离州方位里数（州治所在县例外），领几乡、几镇，以及寨、堡、栅、关、团、铺数，金场、买金场、银场、银坑、银冶、铜场、铜坑、铁场、铁坑、铁冶、铁务、锡场、锡坑、锡冶务、铅场、钱监数，茶场，盐场、盐井、盐监、盐务、盐团、盐栅数等，最后才载有哪些山和水。乡只有总数，镇则逐一列名，其他各项，列名者也占多数。虽然每县只载几项，但都是极宝贵的社会史资料。

丁本删“山”“水”，所删只是“山”“水”，县下所载其他各项一概不删。库本不同，往往在“山”“水”之外，或一项，或多项，也一并删去。如“山”“水”基本已全删的卷六至卷九11路，荆湖南路8州、荆湖北路11州、梓州路14州、江南东路10州中的7州、江南西路

10州中的8州、成都府路14州中的5州、利州路10州中的7州、夔州路13州中的11州、广南东路15州中的10州、广南西路26州中的20州,也就是,包括福建路总数共139州中的101州,全都是从“乡”下起删的。其删掉的“山”“水”之外的内容,事项十分众多。

至于那些未从“乡”下起删的部分,其删削也没有一点分寸。如同是两浙路温州属县的乐清和瑞安,记载内容相似。乐清:“州东北一百里。六乡。柳市、封市二镇。天富一盐监。有雁荡山、芙蓉山、大江。”瑞安:“州南八十里。一十二乡。瑞安、永安二镇。双穗一盐场。有步廊山、瑞安山。”而删削却有别:乐清乡以下全删,瑞安则镇、盐场皆未删,删掉的只是“山”。又如利州路兴元府的四个属县:南郑县:“五乡。长柳、柏香、西桥三镇。有中梁山、仙台山、汉水。”城固县:“府东六十五里。七乡。元融桥、弱溪二镇。麻油坝一茶场。有通关山、黑水。”褒城县:“府西北四十五里。三乡。褒城、桥阁二镇。有石牛山、溪水、褒斜。”西县:“府西一百里。八乡。仙流、铎水二镇。锡冶一务。有定军山、洛水。”皆有“镇”,而南郑、西县“镇”不删,城固、褒城“镇”删。又如成都府路蜀州永康县、青城县皆有“镇”、有“茶场”,永康“镇”与“茶场”皆未删,而青城则只“镇”不删而“茶场”删。又如广南西路高州茂名县,“六乡”竟与“有宅山、浮来水”一并被删。

凡此,对于原书的完整性而言,都是有损无益的“脱误”。

3. 府、州、军、监等州一级区域,其名下,冯本多数载有其沿革简况。如卷六江南东路江宁府:“唐昇州。伪唐改江宁府。皇朝开宝八年为昇州,天禧二年,为江宁府,建康军节度。”这些州级沿革记载,丁本未删,库本则近半数皆删。其删留情况,大致如下:卷一至卷四凡11路(京东东路未计在内)共145州,载有州沿革者81州,皆未删。卷五至卷九,福建路、广南东路暂不计,共9路

116 州,载有州沿革者 51 州,皆删。福建路 8 州军,7 州军载有沿革,未删者 3,删者 4。广南东路 15 州,6 州载有沿革,未删者 2,删者 4。总计: 全国 22 路(不计京东东路),共 284 府、州、军、监,载有州沿革者 145,其中 86 州未删,59 州删,删者占 2/5 强。

4. 州领县若干下,冯本又多载有其所领县增减情况,姑称之曰领县沿革。如卷五《淮南东路·扬州》"县三"下载:"开宝四年以高邮县建军。雍熙二年以永贞县,至道二年以六合县,并隶建安军,仍废天长军为县。熙宁五年废高邮军,并以县隶州,省广陵县入江都。"(按: 时扬州所领 3 县为江都、天长、高邮)这些领县沿革,丁本未删,而库本前三卷也未删,其删削始自卷四,至卷六以下,则几近乎全数被删。前 3 卷 7 路(不计京东东路)90 州,未删的载有领县沿革的州共 78。卷四、卷五、卷九 6 路(暂不计广南西路)78 州,载有领县沿革的 62 州中,19 州已删,然尚有 43 州未删。卷六至卷八 8 路,加广南西路 9 路,共 116 州,不载领县沿革的仅 7 州,馀下的 109 州,其领县沿革全数被删。总计: 全国 22 路(不计京东东路),共 284 府、州、军、监,载有领县沿革者 249 州,其中 121 州未删,128 州删,删者占 1/2 强。

以上对州沿革和州领县沿革两项删削,删掉的信息量甚大,对于原书的完整性而言,同样是有损无益的"脱误"。

5. 卷一〇省废州、军和化外州,丁本与冯本同。其所载省废州、军,如京东路广济军:"乾德元年以曹州定陶镇置为发运务,开宝九年置为转运司,太平兴国二年建军,四年割曹、澶、济、濮四州地置定陶县,领县一。熙宁四年废军,以县隶曹州。"是颇有内容的。而库本所载,却省作:"乾德元年以曹州定陶县建军,熙宁四年废。"只剩下建置年和省废年。类此者有京东路、京西路、河北路 4 个军。而从陕西路以下,则连建置年也省略了: 陕西路"乾州。

熙宁五年废”。广南路“富州。开宝五年废”。而这两州在冯本中本是这样记述的：陕西路乾州：“中，军事，旧领县一。乾德二年析京兆府好畤、邠州永寿二县隶州，领县三。熙宁五年废州，以奉天县隶京兆府，永寿县还旧隶，好畤县隶凤翔府。”广南路富州：“下，开江郡，领县三。开宝五年废州，省马江、思勤县入龙平县，隶昭州。”类此者，计陕西路 3 州，河东路 4 州、军，淮南路 2 军，两浙路 2 军，荆湖路 3 州、军，利州路 3 州、军，广南路 26 州，共 43 州、军。其“脱误”实相当可观。

冯本记化外州，也都有一定内容。如河北路“安东上都护府”，其下注：“领羁縻十四州。”然后分列 14 州。州下，如幽州，下注：“大都督，范阳郡，范阳、卢龙两城节度，领羁縻六州，蓟、幽都、良乡、安次、武清、永清、潞、昌平八县。”馀州相似。库本却只载：“河北路。安东上都护府。幽州。慎州。……”都护府下注和州下注全无。陕西路“安西大都护府”、河东路“安北大都护府”雷同。利州路以下化外州皆单列，冯本州下也有注，如利州路松州下即注：“下，都督，交川郡，领嘉诚、交川、平康、盐泉四县，羁縻州二十五。”而库本利州路、夔州路、广南路诸化外州，全都是一个个空洞的州名。其“脱误”也不能说不严重。

其零星脱误的情况，见下题。

由上揭诸例，可见：删，删“山”“水”而兼及他项的删，州“沿革”、州领县“沿革”、废置州、军和化外州“沿革”的删，全书前后未能划一的删，对原书最为伤筋动骨，是库本与丁本的最大区别所在，也是库本“殊多脱误”的最主要表现。至于丁本标榜其“新”而又略带“新”味的那些以元丰以后升改之府州县名任意替换原名，挂一漏万，库本书题虽无“新定”字样，则与之处于伯仲之间。（2016-12-23）

十五、库本《元丰九域志》的零星脱误

关于四库全书本《元丰九域志》“殊多脱误”之概况，已见上题综述。兹将已发觉的书中的零星脱误，再行揭示：

1. 脱近2州：卷二《河北西路·相州》“县四”，而其下所列却竟有6县，怎么回事？原来在“林虑”“内丘”两县之间，误脱了近2州的内容，即定州、全州脱，邢州内丘县前全脱，只留下内丘、南和2县和“古迹”。丁本亦误脱。

2. 岳州误作峡州：卷六荆湖北路领巴陵、华容、平江、临湘、沅江5县的“峡州巴陵郡”，“峡州”乃“岳州”之误，与前一州领夷陵、宜都、长阳、远安4县的“峡州夷陵郡”，州名误重。丁本不误。

3. 万州误作方州：卷八夔州路“方州南浦郡”，“方州”乃“万州”之误。

4. 脱2县：卷九《福建路·福州》“县一十二”，而其下所列仅10县，盖脱闽清、罗源2县。丁本不脱。其馀10县皆只删“山”“水”，据丁本，此2县所脱内容为：“中，闽清。州西北一百五十里。二乡。”“中，罗源。州东北一百六十里。三乡。一盐场。”

5. “县四”误作“县三”：卷四《河东路·代州》“县三”，而其下所列却有雁门、崞、五台、繁畤4县。冯本作“县四”，丁本亦作“县四”，其下有沿革注：“景德二年省唐林县入崞。”为库本所删。当是库本始作俑者在删削时又误解了其内容，以为4县既省去1县岂非只剩3县。殊不知景德二年所省之县，又怎能计入元丰的领县数内。

6. 定胡，定湖？卷四《河东路·石州》“县五”载有“定湖”县，县下又载有“定湖、天浑津、吴堡三寨”。凡两见的既是县名又是寨

名的“定湖”,冯本、丁本作“定胡”,明系馆臣避时忌“胡”改。此误或系库本乃至文渊阁本所独有。

7. 镇脱误:卷七《成都府路·汉州·什邡县》:“王村、马乡二镇。”冯本作:“王村、马脚、吉阳、杨场四镇。”误脱2镇。丁本不脱。

卷七《成都府路·嘉州·峨眉县》:“里目、合江、迈东三镇。”冯本作:“罗目、合江、迈东、绥山、南村五镇。”亦误脱2镇。丁本不脱。

卷五《淮南西路·寿州·安丰县》:“一十六乡□□□□□□□□□□□隐贤、谢步、木场九镇。”冯本作:“一十六乡。建春、塘曲、夏塘、合寨、来远、永乐、隐贤、谢步、木场九镇。”缺脱者,“建春、塘曲、夏塘、合寨、来远、永乐”,实共12字,皆镇名。丁本不缺。

8. 寨误:卷三《秦凤路·通远军》“寨六”下所叙沿革:“元丰六年以兰州通西寨隶宁远。”而其下所列六寨:永宁、宁远、通渭、熟羊、益川、通西。其中既有宁远,又有通西,通西与宁远并列。冯本、丁本“隶宁远”皆正作“隶军”。

卷三《秦凤路·原州》“寨五”下所列5寨的序列为:平安、绥宁、靖安、西壕、开边。而在冯本中,其序列本为:西壕、开边、平安、绥宁、靖安。被库本删掉的“寨五”下的沿革载:“端拱元年置西壕。咸平元年置开边。天圣五年置平安。庆历四年置绥宁,五年置靖安。熙宁三年废新门寨入开边。”丁本此处有脱文,然“平安、绥宁、靖安”为后3寨未脱。则五寨序列的更改显属库本的任意胡为。

9. 山、水误脱:卷一《京西南路·金州·洵阳县》:“有麻岭山,金州山,汉江。”冯本作:“有麻岭山、金州山、汉江、洵水、□水。”误脱2水。丁本山水全书皆删。

卷一《京西北路·滑州·白马县》:“有白马山。”韦城县“有濮水”。胙城县“有濮水”。冯本作：白马县“有白马山、黄河、黎阳津、灵河津、金堤、滑台”。韦城县“有石丘，濮水”。胙城县“有□□、濮水”。3县共误脱7处。

卷三《秦凤路·渭州·安化县》：“有陇山。”冯本作：“有陇山、白岩河。”误脱一河。

卷四《河东路·辽州·辽山县》：“有清漳水。”冯本作：“有辽阳山、巨掌山、辽阳水、清漳水。”误脱2山1水。

可见，即使零星脱误，也够怵目惊心。（2016-12-16）

《唐摭言》研读札记三十六题

一、“礼部贡院”四字掌故种种

《唐摭言》卷一五《杂记》:“进士榜头,竖粘黄纸四张,以毡笔淡墨衮转书曰‘礼部贡院’四字。或曰文皇顷以飞帛书之。或象阴注阳受之状。”说的是有关“礼部贡院”这四个字的掌故。起码说了三个掌故:

首先是“以毡笔淡墨衮转书”的源起。南唐张洎《贾氏谭录》:“贡院所司呼延氏,自举场已来,世掌其职,迄今不绝,此亦异事。贾君常问:‘放举人榜右语及贡院字,用淡墨毡书,何也?’对曰:‘闻诸祖公说,李纡侍郎将放举人,命笔吏勒纸书,未及填右语贡院字,吏得疾暴卒。礼部令史王昶者,亦善书,李侍郎召令终其事。适值王昶被酒已醉,昏夜之中,半酣染笔,不能加墨。迨明悬榜,方始觉悟,则修改无及矣。然一榜之内,字有二体,浓淡相间,反致其妍。自后榜因模法之,遂成故事。’今因毡书,益增奇丽尔。”引文“李纡”乃“李纾”之误,李纾知贡举是建中四年的事。

其次是“文皇顷以飞帛书之”。“文皇”,多指唐太宗。但亦有称唐文宗者,如《南部新书》即不止一次以“文皇”指称唐文宗。唐太宗以善飞白书著称,而未见文宗有亦善飞白书记载。若指太宗,则诚如傅璇琮所指出的:"进士考试在太宗时归吏部的考功员外郎主持,要到玄宗开元二十四年以后,才改由礼部侍郎知贡举,太宗时的进士榜绝不可能出现'礼部贡院'字样。《唐摭言》的这一记载显然与历史事实相抵牾。"[①]《摭言》若的确远指唐太宗,其行文亦不应用指称不久前或近时的"顷"字领起。值得注意的还有,这四个字是以四张黄纸竖粘于榜头的,必定每榜重新书写,不似匾额,可以长久悬挂。"文皇顷以飞帛书之",也只能是偶一为之。而偶一为之的"文皇",似又非文宗皇帝莫属。盖文宗特别醉心于进士科,其事例举不胜举,偶而用"飞帛书"题写一次榜头,不是没有可能的。

第三个掌故是,以淡墨书,"象阴注阳受之状"。《太平广记》卷一八四"高辇"条录《玉堂闲话》:"礼部贡院,凡有榜出,书以淡墨。或曰,名第者,阴注阳受,淡墨书者,若鬼神之迹耳。此名鬼书也。范质云:'未见故实,涂说之言,未敢为是。'……"(1376)虽说"未敢为是",但仍然录载了包括他自己的"举子将策名,必有异梦"的四例异梦。

明胡震亨《唐音癸签》卷一八《诂笺三》"进士科故实":"诗家咏登第,多用淡墨榜事,指榜头'礼部贡院'四字也。或云:文皇以飞帛书之。或云:象阴注阳受之状。或云:值书史醉,字体浓淡相间,反致其妍,后遂相沿。众说不一。"(18/162)

可见《摭言》此条,"或曰""或"以下,皆别记一桩掌故,全条共记了三个掌故,今试为剖析如上。幸高明有以正之。(2014-1-11)

---

① 《唐代科举与文学》,傅璇琮著,陕西人民出版社,1989年,第296页。

二、此“高宗”究系何许人?

《唐摭言》卷一五《杂记》:“文贞公神道碑,太宗之文。时徵将薨,太宗尝梦见,及觉,左右奏徵卒。故曰:‘俄于髣髴,忽睹形仪。’复曰:‘高宗昔日得贤相于梦中,朕今此宵失良臣于觉后。’”

文中“高宗昔日得贤相于梦中”之“高宗”指谁?方积六、吴冬秀《唐五代五十二种笔记小说人名索引》于“唐高宗”词条下,列“摭言15/160”,所指即本条。是认本条之“高宗”乃唐之高宗。然唐高宗系唐太宗之子,太宗崩后才即位,在位若干年身死,庙号才叫高宗,唐太宗怎能在儿子未即位前就预称之曰“高宗”?且皇帝老子竟称儿子庙号,也太悖理了吧!

大概是有见于此,黄寿成点校之《唐摭言》遂将此条之“高宗”改作“高祖”。其校勘记曰:“‘高祖’:诸本皆作‘高宗’,据上下文改。”(221、225页)按:《摭言》各事条间并无什么有机联系,所谓“据上下文改”,实乃据本条之文意改。是亦认文中所称之“高宗”为唐之高宗也。经这样一改,似乎于理不悖了,然而事呢?与事实相符吗?对于唐高祖而言,“得贤相于梦中”之事是否确实存在?其所得之贤相是否即是魏徵,还是别的哪一位?却是于史无征的。

其实,《摭言》本条提及之“高宗”,既非唐之高宗,更非唐之高祖。而是“昔日”三代殷朝的中兴之主帝武丁,其于梦中所得之贤相乃傅说也。《史记·殷本纪》:“帝武丁即位,思复兴殷,而未得其佐。三年不言,政事决定于冢宰,以观国风。武丁夜梦得圣人,名曰说,以梦所见视群臣百吏,皆非也。于是乃使百工营求之野,得说于傅险中。是时说为胥靡,筑于傅险。见于武丁,武丁曰是也。得而与之语,果圣人,举以为相,殷国大治。故遂以傅险姓之,号曰傅说。"(3/102)又载:"帝武丁崩,子帝祖庚立。祖已嘉武丁之以祥雉为德,立其庙为高宗。"(3/104)此掌故习见。

姜汉椿的《唐摭言校注》颇受诟病,而其在本条"高宗"下所加的注,却基本准确无误。(2014-11-21)

三、此"五王同日出阁受册"在哪一年?是怎么一回事?

《唐摭言》卷一三《敏捷》:"王勮,绛州人。开耀(681—682)中,任中书舍人。先是,五王同日出阁受册,有司忘载册文,百僚在列,方知阙礼。勮召小吏五人,各执笔,口授分写,一时俱毕。""开耀中",《太平广记》卷一七四《王勮》、《唐诗纪事》卷七《王勮》作"开元(713—741)中"。《大唐新语》卷八《聪敏》作"天授(690—692)中",《唐会要》卷五五《中书舍人》作"天授元年"(690)。《摭言》及诸书所载年份皆误。

《旧唐书·文苑上·王勃附兄勮传》:"勮弱冠进士登第,累除太子典膳丞。长寿(692—694)中,擢为凤阁舍人。时寿春王成器、衡阳王成义等五王初出阁,同日授册,有司撰仪注,忘载册文。及百僚在列,方知阙礼,宰相相顾失色。勮立召书吏五人,各令执笔,口占分写,一时俱毕,词理典赡,人皆叹服。寻加弘文馆学士,兼知天官侍郎。勮颇任权势,交结非类,万岁通天二年(697),綦连耀谋逆事泄,勮坐与耀善,并弟勔并伏诛。"(190上/5005)"长寿中"虽不误,然所载事亦有不确处。

《王勮传》载明五王系"寿春王成器、衡阳王成义等五王"。成器即让皇帝宪。此外,五王中实际上还包括后来的唐玄宗李隆基。《旧唐书·睿宗诸子·让皇帝宪传》:"让皇帝宪,本名成器,睿宗长子也。初封永平郡王，文明元年（684）立为皇太子，时年六岁。及睿宗降为皇嗣，则天册授成器为皇孙，与诸弟同日出阁，开府置官属。长寿二年（693），改封寿春郡王，仍却入阁。”（95/3009）又同书《则天皇后纪》：载初元年（690）“九月九日壬午，革唐命，改国号为周，改元为天授。大赦天下，赐酺七日。乙酉，加尊号曰圣神皇帝。降皇帝为皇嗣”（6/121）。“睿宗降为皇嗣”，即此载初元年（690）九月乙酉也。而成器“与诸弟同日出阁”，据同书《玄宗纪》，乃天授三年（692）亦即长寿元年（692）十月戊戌（8/165）。二个月后，即长寿二年“腊月（即改历前之长寿元年十二月），改封皇孙成器为寿春郡王、宜王成义为衡阳郡王、隆基为临淄郡王、卫王隆范为巴陵郡王、隆业为彭城郡王”（《旧·则天纪》6/123）。此五王中，成器系由皇太子降为皇孙至此又降为郡王，成义、隆基、隆范、隆业系由国王降为郡王。而据《让皇帝宪传》及《玄宗纪》，此前长寿元年（692）十月戊戌，五王业已“出阁，开府置官属”，至此日五王同日改封的同时，乃是“仍却入阁”。据《玄宗纪》，此后至圣历元年（698），才复“出阁”，其他四王或亦随例。但王勮在此前的万岁通天二年（697）正月业已伏诛矣。则王勮之撰五王初出阁册文，乃长寿元年十月戊戌事也。时王勮确已在凤阁舍人即中书舍人任，然成器尚为皇孙，成义等尚为国王，皆未降封衡阳、寿春等郡王也。

《唐六典》卷九“中书令”条：“凡王言之制有七：一曰册书，二曰制书，三曰慰劳制书，四曰发日敕，五曰敕旨，六曰论事敕书，七曰敕牒。皆宣署申覆而施行焉。”（9/273）册书的施行场合为：“立后、建嫡、封树藩屏、宠命尊贤。”皆“临轩备礼则用之”（同上注文）。武则天立睿宗为皇帝时，成器已立为太子；至则天自为皇帝，相应地睿宗降为皇嗣，“册授成器为皇孙”，仍行册礼，享受“建嫡”待遇。自皇孙改封国王，“与诸弟同日出阁，开府置官属”，则相当于“封树藩屏”,《旧·宪传》及《摭言》所载,即是即将行此册礼而“忘载册文”时宰相的窘状和王勮的敏于救场。至于自国王降封为郡王,“仍却入阁”,不再“开府置官属”,是否也行册礼?那就不一定了。(2014-12-19)

四、“忘载册文”确系五王“出阁”,而非“入阁”时事

宋吴缜《新唐书纠谬》卷三“《王勮传》以寿春等五王降封入阁为出阁”条:

> 《王勮传》:“长寿中,为凤阁舍人。寿春等五王出阁,有司具仪,忘载册文,群臣已在,乃悟其阙,宰相失色。勮召五吏执笔,分占其辞,粲然皆毕,人人嗟服。”
>
> 今案《宁王宪传》云:“文明元年,武后以睿宗为皇帝,故宪立为皇太子;睿宗降为皇嗣,更册为皇孙,与诸王皆出阁,开府置官属;长寿二年,降王寿春,与衡阳、巴陵、彭城三王同封,复诏入阁。”又案《武后纪》:“长寿二年腊月丁卯,降封皇孙成器为寿春郡王,恒王成义衡阳郡王,楚王隆基临淄郡王,卫王隆范巴陵郡王,赵王隆业彭城郡王。”然则《王勮传》所谓长寿中寿春等五王事,即此是也。推考《纪》《传》,乃是五王降封而复入阁,《勮传》以为出阁,则失其实也。(3/18)

吴缜此书,《四库提要》对之有比较公允评价:“王明清《挥麈录》称:欧阳修重修《唐书》,时缜尝因范镇请预官属之末,修以其年少轻佻,拒之,缜鞅鞅而去。及《新书》成,乃指摘瑕疵,为此书。

晁公武尝引张九龄为相事，谓其误有诋诃。今观其书，实不免有意掊击。……然欧、宋之作《新书》，意主文章，而疏于考证，牴牾踳驳，本自不少。缜自序中所举八失，原亦深中其病，不可谓无裨史学也。”（《总目》46/410c）即如本条，《新唐书·文苑·王勃附兄王勮传》本不误，而吴氏误有所纠也。

《新·王勮传》于《旧·传》只加删润，并无修订增益。而《旧·王勮传》所载，以及无论直接还是间接源自《国史》系统诸书所载，包括《唐会要》《太平御览》引《唐书》《大唐新语》《唐摭言》以及《太平广记》《唐诗纪事》转录《摭言》，虽年份有异且不确，然全作“出阁”，无作“入阁”者。谓出阁系入阁之误，于史源上并无依据。

吴氏引以为据的《新唐书·三宗诸子·让皇帝宪传》（吴氏改称《宁王宪传》），将“睿宗降为皇嗣，更册为皇孙”与“与诸王皆出阁，开府置官属”两事连类而书，且未揭明时间。而在《则天皇后纪》中，也只于天授元年九月乙酉载“降皇帝为皇嗣，赐姓武氏，皇太子为皇孙”（4/90），压根未载五王出阁事，而载“降封皇孙成器为寿春郡王……”于长寿二年腊月丁卯（4/93）。这就容易使人误认为“册为皇孙”与“出阁”同在天授元年九月乙酉，而“长寿中”，就只有长寿二年五王入阁，而绝无五王出阁之事了。

《旧唐书·武后纪》及《宪传》虽亦原有与之相同的记载，然而《玄宗纪》的如下记事却为《新纪》所未载：“垂拱元年秋八月戊寅，生于东都。……三年闰七月丁卯，封楚王。天授三年十月戊戌，出阁，开府置官属，年始七岁。朔望车骑至朝堂，金吾将军武懿宗忌上严整，诃排仪仗，因欲折之。上叱之曰：‘吾家朝堂，干汝何事？敢迫吾骑从！’则天闻而特加宠异之。寻却入阁，长寿二年腊月丁卯，改封临淄郡王。”（8/165）载明出阁在“天授三年十月戊戌”。成器既与之同时，则成器之“册为皇孙”与“与诸王皆出阁，开府置官属”两者之间，实相距二年有馀，绝非同时。

按：天授三年这一年，四月，改元为如意，九月，又改元为长寿，共有三个年号，天授三年十月即长寿元年之十月。而自载初元年以后，当时复实行新历，“依周制建子月为正月”（6/120），长寿二年腊月，若依夏历，仍是长寿元年之十二月。是五王之“出阁”“入阁”，相距不过二个月。长寿元年十月自可概称之曰“长寿中”。是“长寿中”并非只有五王入阁，而无五王出阁之记载也。吴氏实失考。

不过《新·王勮传》沿袭《旧·传》，行文也有欠妥帖处。明明是封为国王的亲王出阁，用的却是降封为郡王后的郡王封号。这大概也是引致误会的因素之一吧。若定要“有意掊击”，《王勮传》可“纠”之“谬”在此。（2014-12-26）

五、王泠然向张说推荐的襄州刺史姓甚名甚？

《唐摭言》（上海古籍出版社，2013 年）卷六王泠然致燕公书：“相公必欲选良宰，莫若举前仓部员外郎吴太玄为洛阳令；必欲举御史中丞，莫若举襄州刺史吴靳。清辇毂之路，非太玄不可；生台阁之风，非靳不可。仆非吴靳亲友，但以知其贤明。相公有而不知，知而不用，亦其过深矣。”（44 页）

此“襄州刺史吴靳”，雅雨堂藏书初印本、学津讨原本、啸园丛书本皆作“靳□”，其名空缺。雅雨堂藏书补校修版本、摛藻堂、文渊阁四库全书本作“靳蕲”，《唐诗纪事》卷二〇《王泠然》作“靳能”（295 页）。其名各异，其姓则同，无有作“吴”者。而且在 1957 年古典文学出版社初版本中，此人尚作“靳□”，是从 1959 年中华上编本开始，才改作“吴靳”的。怎么回事呢？

王泠然此书上于开元十二年五月,此年的襄州刺史是谁,是于文献有征的。唐张九龄《故襄州刺史靳公遗爱碑》:"公名恒,字子济。……其始也,一年而政成;其终也,三年而颂盈。爱之如父母,畏之如神明。开元十二年,以理迹尤异,廉使上达,天子嘉之,稍迁陕州刺史。"(《集》19/994)言之凿凿,绝无怀疑馀地。则《摭言》母本原作"靳□",虽有脱字,犹得存其真。而后出诸本之校补、校改,实皆不足信也。今拟追溯或推测其致误的缘由,也许是件不无兴味的闲事。

先说"靳蕲":在所能找见的检索工具中,除上举二书外,再未检得有名作"靳蕲"之人。盖"靳""蕲"二字形近易于互误,如《唐尚书省郎官石柱题名考》卷三即误"靳恒"为"蕲恒"(115 页)。或许校刊者以为"靳□"之"靳"系"蕲"之误,作有校勘标识,而被另人误填入空格,而上举二书中一书又依另一书或同依另一书而改耶?

再说"靳能":唐开元年间确有名靳能之人。然此"靳能"开元二十九年九月始登"明四子科",见《册府元龟》卷五三《帝王部·尚黄老》(23A)、卷六四三《贡举部·考试》(13B)、《登科记考》卷九(298 页)。开元十二年怎能已在襄州刺史任?校刊者显然误判并误改了。

回过头来再说说"吴靳":中华上编改"靳□"为"吴靳",有何依据?依据是蒋光煦《斠补隅录》中的《唐摭言》校勘记,见卷首出版说明。蒋氏又何据?其所据当是《全唐文》卷二九四王泠然《论荐书》(12B)。何以这样说?一是作"吴靳"者,经初步检索,文献典籍中仅此一处。二是《全唐文》嘉庆十九年(1814)编就,随即刊行。蒋氏《斠补隅录》,收于《涉闻梓旧》,而《涉闻梓旧》系咸丰元年(1851)海昌蒋氏宜年堂刊行,完全有可能从《全唐文》取校。《全唐文》又何所据?此文辑自《摭言》,若对校,无作"吴靳"的版本可据;若他校,亦无作“吴靳”的典籍可据。其依据或系本校和理校耶？盖《书》中“清辇毂之路，非太玄不可；生台阁之风，非靳不可”一语，末句母本人名本空缺，而学津讨原本却作“非靳不可”。既然上句“非太玄不可”，“太玄”是名，则“非靳不可”之“靳”，自然亦可被认为是名。姓是什么？下文不是又有“仆非吴靳亲友，但以知其贤明”的话吗？于是“吴”就被认定是其姓，其人遂为姓吴名靳的了。上文“靳□”，脱的也是“吴”字，二字且又误乙。其实，句中“吴靳”指的是太玄和□二人。而三者之中最为离奇的错误，岂不就这样铸成了。

致误的根本原因，盖缘于避讳。宋真宗名恒。就《摭言》而言，作者不存在避讳问题，而真宗朝以后，宋人传抄或刊行《摭言》，“恒”就非讳避不可了。今《摭言》母本“靳恒”之名空缺原是这样出现的，而后出诸本之诸校补、校改者，则既未顾及这一层，复未检张九龄所撰之《碑》一阅也。（2015-8-29）

六、“佳句推长，竿妙入神”究系何意？

《唐摭言》卷一三《无名子谤议》载“山东野客”移书刘晏，开头有这样一段话：“公总角之年，奇童入仕，有方朔之专对，无枚皋之敏才。佳句推长，竿妙入神，善谑称名字不正，过此以往，非仆所闻。徒以命偶良时，身居显职，方云好经术，重文章，卖此虚名，负其美称。”六十年一贯制，自古典文学出版社1957年初版，一直到上海古籍出版社2013年6月新一版第2次印刷，都是这样标点。无独有偶，三秦出版社2011年新出的黄寿成点校本，也是这样标点（208页）。其中“佳句推长，竿妙入神”究系何意？点校者本人是否真正明白？看来很值得怀疑。

上海社会科学院出版社2003年出版的姜汉椿《唐摭言校注》，

对标点略有更改:“佳句推长,竿妙入神,善谑,称名字不正。”并几乎逐句作了注释:“推长: 犹推许、推崇。”“竿妙: 似当为‘竿杪’。杪,顶端。竿杪犹言笔端。”“不正,犹言不合规矩,随心所欲。古人的名、字往往意义相关。又,称名、称字在不同场合、不同身份、不同对象时也有一定规矩。”(275、277页)这些解释,是否符合文本本意? 会不会是想当然的强解之辞? 似也值得怀疑。

而在1936年6月出版的《唐摭言》最早的断句排印本,即“丛书集成”初编本中,这两句话是这样断句的:“佳句推长竿妙入神。善谑称名字不正。”“长”“竿”之间,未予点断,看来倒是明白其中的确切含义的。若改为新式标点,可以是这样:“佳句推‘长竿妙入神’,善谑称‘名’字不正。”为何这样说呢? 请看以下记载。

郑处诲《明皇杂录》卷上:

> 玄宗御勤政楼,大张乐,罗列百伎。时教坊有王大娘者,善戴百尺竿,竿上施木山,状瀛洲方丈,令小儿持绛节出入于其间,歌舞不辍。时刘晏以神童为秘书正字,年十岁,形状狞劣,而聪悟过人。玄宗召于楼上,帘下贵妃置于膝上,为施粉黛,与之巾栉。玄宗问晏曰:“卿为正字,正得几字。”晏曰:“天下字皆正,唯朋字未正得。”贵妃复令咏王大娘戴竿,晏应声曰:“楼前百戏竞争新,唯有长竿妙入神。谁得绮罗翻有力,犹自嫌轻更着人。”玄宗与贵妃及诸嫔御欢笑移时,声闻于外,因命牙笏及黄文袍以赐之。(17页)

可见,“长竿妙入神”确是刘晏随口应答所咏诗中语。而“朋”则可正“名”之误,起码是可供参照的重要异文。

“谤议”者,攻讦性之言论也。对于有唐中叶名臣刘晏而言,无名子“山东野客”《书》中的内容,究系凭空捏造,抑系实有其事,或者只有几分可信,暂且不去说它。而《书》中如上两句话,应作如上理解,并应作如上标点,则可确凿无疑。(2014-5-4)

七、任华四《书》的三处错简

《唐摭言》卷一一《怨怒(戆直附)》载有任华《上严大夫笺》《与庾中丞书》《与京尹杜中丞书》《告辞京尹贾大夫书》共四封书笺,其中前三封每封皆有一处错简,具体情况如下:

《上严大夫笺》:“逸人姓任名华,是曾作芸省校书郎者,辄敢长揖,俾三尺之童,奉笺于御史大夫严公麾下。仆隐居岩壑,积有岁年,销宦情于浮云,掷世事于流水。今者辍鱼钓,诣旌麾,非求荣,非求利,昨迁拜中宪,台阁生风,甚善甚善!华窃有所怪,请试言之。何者?华自去冬拜谒,偏承眷顾,幸辱以文章见许,以补衮相期……”其中“今者辍鱼钓,诣旌麾,非求荣,非求利,昨迁拜中宪,台阁生风,甚善甚善!”前言不搭后语。明明是上给“严大夫”的笺,大夫指御史大夫,怎么竟扯到“昨迁拜中宪”(中宪指御史中丞)上了?显有错乱。其实,“非求荣,非求利”下,当接“非求名,非求媚,是将观公俯仰,窥公浅深。何也?公若带骄贵之色,移夙昔之眷,自谓威足凌物,不能礼接于人,则公之浅深于是见矣。公若……”而此后半却又错载于《与京尹杜中丞书》,成了该《书》的后半。

《与京尹杜中丞书》:“中丞阁下:仆常以为受人恩不易。何以言之?昔辟阳侯欲与朱建相知,建不与相见。无何,建母丧,家贫假贷服具,而辟阳侯乃奉百金往税焉。及辟阳侯遭谗而竟获免者,建之力也。其后淮南王以诸吕之故,诛辟阳侯,而建以曾往来亦受其祸。是知相知之道，乃是祸福存亡之门，固不易耳。仆非求名，非求媚，是将观公俯仰，窥公浅深。……”“仆”下“非求名，非求媚”云云乃上一书《上严大夫笺》的后半，当移归上《书》。其下当另接“一到京辇，常以孤介自处，终不能结金张之援，过卫霍之庐，苟或见招，辄以辞避。所以然者，以朱建自试耳……”即《与庾中丞书》题下除开头数语外的绝大部分内容。

《与庾中丞书》：“中丞阁下：公久在西掖，声华满路，一到京辇，常以孤介自处，终不能结金张之援，过卫霍之庐，苟或见招，辄以辞避。所以然者，以朱建自试耳……”其中“一到京辇”以下乃上一书《与京尹杜中丞书》的后半，当移上《书》。“声华满路”下当另接“昨迁拜中宪，台阁生风，甚善甚善！……”即原《上严大夫笺》的后半。

这三处错简，《唐摭言》的三个刻本，即雅雨堂藏书本、学津讨原本、啸园丛书本皆同误。1957 年古典文学出版社出版的《唐摭言》是最早的点校本，正文未作校正，书末所附蒋光煦《唐摭言校勘记》则已校出了三处错简的具体所在，读者可据以参考。此《校勘记》原载《涉闻梓旧》，刊行于咸丰元年(1851)。而早在此前，在分别于乾隆四十一年(1776)、四十三年(1778)抄入摛藻堂《四库全书荟要》和文渊阁《四库全书》的《唐摭言》中，这三处错简业已获得校正。《全唐文》卷三七六辑载此四《书》，更是绝无此等错误。令人奇怪的是，2001 年出版的《中华野史》本的《唐摭言》是王大宏据雅雨堂精刻本点校的，而蒋光煦的《校勘记》恰恰也是“雅雨堂刻本以曝书亭抄本校”，点校者竟不屑一取参照，以致三处错简依然如故。2003 年姜汉椿《唐摭言校注》、2011 年黄寿成点校的《唐摭言》，也都不认为《四库全书》本为诸版本中的一种，不屑取以对校，三处错简同样也依然如故。(2013-7-13)

八、李贺《高轩过》作年新证

《唐摭言》卷一〇《韦庄奏请追赠不及第人近代者》:

> 李贺,字长吉,唐诸王孙也。父瑨肃,边上从事。贺年七岁,以长短之制,名动京华。时韩文公与皇甫湜览贺所业,奇之,而未知其人,因相谓曰:"若是古人,吾曹不知者,若是今人,岂有不知之理?"会有以瑨肃行止言者,二公因连骑造门,请见其子。既而总角荷衣而出,二公不之信,因面试一篇。承命欣然,操觚染翰,旁若无人。仍目曰《高轩过》,曰:"华裾织翠青如葱,金环压辔摇冬珑,马蹄隐耳声隆隆。入门下马气如虹,云是东京才子、文章巨公。二十八宿罗心胸,殿前作赋声磨空,笔补造化天无功,元精炯炯贯当中。庞眉书客感秋蓬,谁知死草生华风,我今垂翅负冥鸿,他日不羞蛇与龙。"二公大惊,以所乘马命联镳而还所居,亲为束发。

这条记载,值得讨论的问题颇多,兹仅就《高轩过》一诗的作年补充点意见。

此诗载清王琦《李长吉歌诗汇解》卷四,祖本题下原注:"韩员外愈、皇甫侍御湜见过,因而命作。"(290 页)表明作诗日,韩愈官员外郎,皇甫湜官侍御。诗中有"云是东京才子、文章巨公"语,又表明地点是东京河南府,即洛阳。

按:韩愈元和四年六月除都官员外郎分司东都(洪兴祖《韩子年谱》,50 页),五年秋冬为河南令,仍在东都。六年夏秋,转职方员外郎,归朝(方崧卿《韩文年表》,97、98 页),已离开东都矣。题注称“韩员外愈”,诗又明言东京,只能在任都官员外郎期内。

另据《因话录》卷五“御史台三院”条,台院侍御史,往往自称侍御,殿院殿中侍御史,“众呼为侍御”;察院监察御史,“众呼亦曰侍御”(101页)。题注称“皇甫侍御湜”,当是此时皇甫湜起码已具有监察御史衔。

皇甫湜元和元年进士及第后,元和三年四月,与李宗闵、牛僧孺同以前进士登贤良方正直言极谏制科,对策语忤权幸,“久之不调,各从辟于藩府”(《鉴》237/7650)。韩愈《迓杜兼题名》:“河南尹、水陆运使杜兼。尚书都官员外郎韩愈。水陆运判官、洛阳县尉李宗闵。水陆运判官、伊阙县尉牛僧孺。前同州韩城县尉郑伯义。元和四年九月二十二日,大尹给事奉诏祠济渎回,愈与二判官于此迎候,遂陪游宿。愈题。”(《韩集·遗文》,430页)《新唐书·韩愈附皇甫湜传》:“皇甫湜,字持正,睦州新安人。擢进士第,为陆浑尉。仕至工部郎中。”(176/5267)皇甫湜任陆浑尉,当与李宗闵任洛阳尉、牛僧孺任伊阙尉同时,而陆浑与伊阙、洛阳又都是河南府的属县,洛阳为赤县,伊阙、陆浑为畿县。(《元和郡县图志》卷五,31、34、43页)与李宗闵、牛僧孺同时又任河南尹兼任的水陆运使的判官一样,皇甫湜当也同时又任驻在河南府的某使职的从事。这些使职幕僚不少都带有宪衔,而最低的宪衔即是监察御史。

可见,《高轩过》一诗,当是元和四年六月至五年秋期间,韩愈任都官员外郎分司、皇甫湜任陆浑尉兼河南某使府幕职,共同走访李贺时所作。时“愈、湜甚负时誉,‘东京才子、文章巨公’,殆非腴词而已。其过贺,足为增名不少,贺之感激可知;故有秋蓬生风,附鸿作龙之语,信其能相推引也”。① 此诗,朱《谱》系于元和四年,李

① 朱自清《李贺年谱》,载《朱自清古典文学论文集》,第505页,上海古籍出版社,1981年。

贺年二十作。朱说后人或未尽从,然作此诗之日,李贺绝非七八岁之孩童,则可肯定。(2015-12-4)

九、白居易《性习相近远赋》的赋头

《唐摭言》卷三《慈恩寺题名游赏赋咏杂纪》:"白乐天一举及第,诗曰:'慈恩塔下题名处,十七人中最少年。'乐天时年二十七。省试《性习相近远赋》《玉水记方流诗》,携之谒李凉公逢吉。公时为校书郎,于时将他适,白遽造之,逢吉行携行看,初不以为意。及览赋头曰:'噫!下自人,上达君,咸德以慎立,而性由习分。'逢吉大奇之。遂写二十馀本,其日十七本都出。"

以上据《雅雨堂藏书》本迻录。其中"赋头曰"云云,古典文学出版社点校本作:"噫!下自人上,达由君成,德以慎立,而性由习分。"(43页)《类说》卷三四节录《摭言》此条,作:"噫!下自人,上达君,咸德以顺立,性由习分。"王汝涛等校注本也改成了"噫!下自人上,达由君成,德以顺立,性由习分。"并于"达由君成"下加有校注:"原作'达君咸',据古典本改。"(1014页)

据出版说明,古典本"系以雅雨堂精刻本为据,并照学津讨原本校正了若干文字"。上引"赋头曰"云云这段文字既与雅雨堂本不同,当是"照《学津讨原》本"作的"校正",经核,《学津讨原》本确作:"噫!下自人上,达由君成,德以慎立,而性由习分。"(23B)《学津讨原》本又依据什么作此"校正"?似乎是明商濬《稗海》所收《摭言》一卷本。按:此本非录自原书,乃转载《类说》的节录,124条一条不差,只是个别文字有所校改。如本条,《类说》与雅雨堂本只有"慎""顺"一字差异,而《稗海》的较大校改又是依据什么作出的?限于才力,竟未能追索到。

赋头这节文字,雅雨堂本本来是通顺并易于理解的。唐人讳“民”,“人”即“民”。下自社会底层的“民”,直到最高统治者的“君”,无一例外,都是“德以慎立,性由习分”。经《学津讨原》本、古典本这么一“校正”,“达由君成”显已离题,“下自人上”究系何义?也确实费解。关于此赋头,以下再从三个方面提供些情况,借以说明所谓“校正”纯系胡改。

一、《摭言》引用的赋头这节文字,不只《类说》曾予节录,南宋陈振孙《白氏文公年谱》也曾予以转引。《年谱》贞元十六年庚辰下载:“二月十四日,中书舍人高郢下第四人及第,试《性习相近远赋》《玉水记方流诗》。《摭言》云:‘携谒校书郎李逢吉,初不为意,及览赋头云:“下自人,上达君,咸德以慎立,而性由习分。”大奇之。’”(《珍本年谱丛刊》第11册,379页)亦与雅雨堂本同。

二、《唐摭言》十五卷足本,在《学津讨原》本前,除雅雨堂本外,尚有《四库全书》本,赋头文字与雅雨堂本全同。在《学津讨原》本后,复有《啸园丛书》本,也并未依从《学津讨原》本对之进行校改,仍与雅雨堂本全同。(24B)

三、白居易这首《性习相近远赋》今存,载《文苑英华》卷九三,全同(3B);《白居易集》卷三八,无“咸”字,馀亦全同(867页)。(2014-4-11)

十、“寒进”“寒畯”异文辨

与《性习》赋头相似,还有“寒进”“寒畯”异文。《唐摭言》卷七《好放孤寒》:

> 李太尉德裕颇为寒进开路,及谪官南去,或有诗曰:“八百

孤寒齐下泪,一时南望李崖州。"

引文"寒进",《雅雨堂藏书》、文渊阁《四库全书》、《啸园丛书》诸本皆同,唯《学津讨原》本作"寒畯"。《类说》卷三四录此条作"寒进",《稗海》转载时校改为"寒畯"。《稗海》何所据而改未能追索到,《学津讨原》或据《稗海》改,古典文学出版社又据《学津讨原》改,并一直沿袭至今,其情况与《性习》赋头十分近似。

从《学津讨原》以外的其他诸本看,《摭言》全书压根未见"寒畯"一词,而"寒进"则共出现了四次。除上引李德裕条外,另三条:卷七《好放孤寒》:"昭宗皇帝颇为寒进开路。"卷八《误放》:"[颜]标曰:标寒进也,未尝有庙院。"卷八《已落重收》:"上怪无[顾]非熊名,诏有司追榜放及第,时天下寒进皆知劝矣。"《学津讨原》以李德裕条类推,将昭宗皇帝条、颜标条亦皆改为"寒畯",然仍留下顾非熊一条未改。与"寒进"相近的词,如"寒素""孤寒",在书中也曾不止一次出现。颜标条卷一三《无名子谤议》重出,"寒进"即作"寒素"。唯独"寒畯"一词未尝留下曾经使用的痕迹。改"寒进"为"寒畯",不仅在版本上无确据,也不符合《摭言》作者当日的用词习惯。

只是在清乾隆中叶《唐摭言》十五卷足本刊行以前,一卷本中,《稗海》本的影响远较《类说》为大,学人征引《摭言》,往往多以《稗海》本为据。清初吴景旭《历代诗话》卷五八"崖蜜"条:"《摭言》云:唐新进士尤重樱桃宴。乾符中,刘潭及第,时樱桃初出,和以糖酪,人享蛮画一小奁,不啻数升。"(1483/58/5A)引文中"刘潭"系"刘覃"之误,《类说》不误,其误始于《稗海》。表明吴景旭引用的正是《稗海》本《摭言》的文字。

李商隐《李卫公》:"绛纱弟子音尘绝,鸾镜佳人旧会稀。今日致身歌舞地,木棉花暖鹧鸪飞。”冯浩注:“徐曰:《唐摭言》:‘李德裕颇为寒畯开路。’与首句合。”(《玉溪生诗集笺注》卷二,315页)徐指徐逢源湛园,亦清初人,与冯浩同时,稍前。汪遵《题李太尉平泉庄》:“平泉花木好高眠,嵩少纵横满目前。惆怅人间不平事,今朝身在海南边。”“海南边”下,殷元勋、宋邦绥注曰:“《摭言》:德裕颇为寒畯开路,及南迁,或有诗曰:‘八百孤寒齐下泪,一时南望李崖州。’”(《才调集补注》卷三,1611/3/34B)殷、宋亦清初人,其《补注》刊行于乾隆五十八年。两书即皆依据《稗海》本征引李德裕条为唐人的诗作作注。这就容易使人误以为在《摭言》原书中也当以“寒畯”为正。

以上情况表明,尽管《稗海》本《摭言》在文献学上价值不高,但在古籍整理中也不是毫无用处,起码可以借之找到某些错改误改文字的由来所在。(2014-4-17)

十一、短短五十来字的一则事条,竟有三处错误

《唐摭言》卷一五《杂记》:“长庆中,赵相宗儒为太常卿,赞郊庙之礼。罢相三十馀年,年七十六,众论其精健。有常侍李益笑曰:‘仆为东府试官所送进士也。’”

源自李肇《唐国史补》卷中“赵太常精健”条:“长庆初,赵相宗儒为太常卿,赞郊庙之礼。时罢相二十馀年,年七十六,众论伏其精健。右常侍李益笑曰:‘是仆东府试官所送进士也。’”

两相对照,起码有三处涉及史实的差异。一是赵宗儒“赞郊庙之礼”在何时?在“长庆中”,还是在“长庆初”?二是此时赵宗儒罢相已多少年?是“三十馀年”,还是“二十馀年”?三是“有”或“右”

是否也包含在李益的官衔之内？两书的差异，是《摭言》对原书刻意而作的修订，还是过录不当产生的失误？

《旧唐书·赵宗儒传》："穆宗即位……复拜太子少傅，判太常卿事。长庆元年二月，检校右仆射、守太常卿。"(167/4361)穆宗于元和十五年正月丙午即位。可知元和十五年、长庆元年，赵宗儒皆是太常寺长官。

《旧唐书·穆宗纪》：长庆元年正月己亥朔，"法驾赴南郊……辛丑，祀昊天上帝于圆丘。即日还宫，御丹凤楼大赦天下，改元长庆"(16/484)。"赞郊庙之礼"，即指此次大礼。

《旧唐书·赵宗儒传》："[大和]六年，诏以司空致仕。是岁九月，卒，年八十七。"(4363页)自大和六年逆推至长庆元年，恰为七十六岁。

则第一点，"长庆中"显是"长庆初"之误。

《旧唐书·赵宗儒传》："[贞元]十一年，迁给事中。十二年，与谏议大夫崔损同日以本官同中书门下平章事，俱赐紫金鱼袋。十四年，罢相，为右庶子。"赵宗儒贞元十四年罢相，至长庆元年正月以太子少傅判太常卿事"赞郊庙之礼"，罢相已二十三年，未及"三十馀年"。则第二点，"三十馀年"还是"二十馀年"？又当以"二十馀年"为正。

《册府元龟》卷一七二《帝王部·求旧》："穆宗以元和十五年正月即位。……三月……以太子宾客李益为右散骑常侍。"《旧唐书·穆宗纪》：元和十五年十一月"戊午，诏曰：'朕来日暂往华清宫，至暮却还。'御史大夫李绛、常侍崔元略已下，伏延英门切谏"(16/483)。据同书《李渤传》，"切谏"者除李绛外，尚有"左散骑常侍张惟素，右散骑常侍李益等"(171/4439)。则第三点，长庆初，李益恰官右散骑常侍，可简称"右常侍"，"有"显是"右"之误。

《唐摭言》易见诸本,如《雅雨堂藏书》、影印摛藻堂、文渊阁《四库全书》、《学津讨原》、《啸园丛书》等,除《四库》本"长庆中"正作"长庆初"外,皆误。《太平广记》卷四九七"李益"录本条,所据即《摭言》而非原书《国史补》,除"长庆初"不误外,其馀两处误与今本同。表明主要错误并非后来流传过程中所衍生,北宋初年通行的《摭言》中即已如此。这就不得不归咎于作者王定保在录载中的态度有失慎重了。(2013-12-21)

十二、"杨三喜",三喜哪年临门?

《唐摭言》卷八《及第与长行拜官相次》:"杨敬之拜国子司业,次子戴进士及第,长子三史登科,时号'杨三喜'。"

《新唐书·杨凭附敬之传》有类似记载:"文宗向儒术,以宰相郑覃兼国子祭酒,俄以敬之代。未几,兼太常少卿,是日,二子戎、戴登科,时号杨家三喜。"(160/4972)

两相对照,从其父杨敬之而言,此日所拜之官是国子司业,还是国子祭酒兼太常少卿?从其子而言,《摭言》长子未列名,《新·传》谓名戎,而同书《宰相世系表》未载戴有兄弟;《新·传》只泛言"二子戎、戴登科",《摭言》则载明杨戴弟兄所登之科分别为进士、三史。

史传未载杨敬之任国子司业或国子祭酒、国子祭酒兼太常少卿的年月。《金石萃编》卷一〇九《石刻十二经并五经文字九经字样》即开成石经之末,刊有有关诸臣列名,时间是"开成二年丁巳岁,月次于元,日惟丁亥"。所列"校勘臣兼专知都勘定经书检校刊勒上石"臣僚中,有"朝散大夫、守国子司业、骑都尉、赐绯鱼袋臣杨敬之"(4B下)。表明开成二年元月丁亥(二十三日),杨敬之正在国子司业任上。何时始任呢?《新唐书·杨敬之传》:"坐李宗闵党,贬连州刺史。"《旧唐书·文宗纪》:大和九年七月"戊午,贬……户部郎中杨敬之连州刺史"(17下/559)。杨敬之之"坐李宗闵党贬连州刺史",并非在牛李党争中受到什么牵连,而是缘于"李训、郑注用事,不附己者实时贬黜"(《旧纪》17下/560)。甘露事变李训、郑注被诛,遭贬的缘由不再存在,开成元年正月辛丑朔复有改元大赦,杨敬之之被召返朝并被任为国子司业,当在此时。其"勘定经书检校刊勒上石"将近一年,否则又怎能在经石上列名?

杨戴进士及第又在哪一年呢?《唐阙史》卷上"杨江西及第"条:"[杨]戴江西应科。时成均长年,天性尤切。时已秋暮,忽梦新榜四十进士,历历可数……"(10页)进士每榜增取至四十人,是大和九年十二月的新规定。《册府元龟》卷六四一《贡举部·条制》:大和"九年十二月,中书门下奏:'今月九日合内面奉进止,令条流进士人数及诸色人等。进士元格不得过二十五人,今请加至四十人。……'可之"。又:"开成元年……自其年至二年、三年,并高锴知贡举,每年皆恩赐题目,及第并四十人。"实际上,四十名进士之榜只见于开成元年、二年、三年,杨戴之及第也不外此三年。

李夷遇《张晔(字日章)墓志铭》:"又今尚书右司郎中杨戴为淮南太守日,制一《叙》奖公之文曰:张氏子用古调诗应进士举。大中十三年,余为监察御史,自台暮归,门者执一轴曰:张某文也。阅于灯下,第二篇云《寄征衣》:'开箱整霞绮,欲寄万里衣。愁剪鸳鸯破,恐为相背飞。'余遂矍然掩卷,不知所以为激叹之词,乃自疚曰:'余为诗未尝有此一句。中第二纪,为明时御史,张子尚困于尘坌,犹是相校,得无愧于心乎?'"(《唐代墓志汇编》咸通085,下册2445页)既然杨戴自言大中十三年时他已"中第二纪",即二十四年。自大中十三年(859)上溯二十四年,为开成元年(836)。

可见,“杨三喜”,其三喜临门,只可能是开成元年某一日,杨戴兄弟登科也只可能如《摭言》所载与其父拜国子司业相次。若从《新传》所载与其父国子祭酒兼太常少卿相次,那就只可能在开成二年二月以后,虽与“新榜四十进士”相符,而与杨戴自述“中第二纪”却不合了。(2013-10-14)

十三、此“大居守李相”是谁?

《唐摭言》卷五《切磋》载“大居守李相读《春秋》”,将鲁臣叔孙婼的“婼”字字音错读,为“侍侧”的“小吏”所纠正。“公大惭愧,命小吏受北面之礼,号为‘一字师’。”

其中提到的“大居守李相”是谁?《辞源》修订本、《汉语大词典》皆立有“一字师”词条,其释文引及本条皆径以“李相”称之。方积六、吴冬秀《唐五代五十二种笔记小说人名索引》,对以别名称之的人物,凡能考明的,皆以其姓名立为正条,而于此“大居守李相”,却仍以“李相(读春秋)”立为条目,盖亦未能考见其真实姓名也。

《唐摭言》卷五末“论”中提到:“方之缪公,以小吏一言北面而师之者,可谓旷古一人而已。”知此“大居守李相”之谥为“缪”。《唐会要》卷八〇《谥法下》于“缪(名与实爽曰缪)”下所列获得这一谥号之人有四:赠司空留国公封德彝、赠胜州都督执失思力、赠太子太保裴延龄、赠太子太保李程(1738页)。可见在唐代李姓宰相中,谥为“缪”者仅有李程一人。《唐摭言》他处又曾数次言及“李缪公”,如卷八《已落重试》:“贞元中,李缪公先榜落矣。先是出试,杨员外於陵省宿归第,遇程于省司,询之所试,程探靴中得赋稿示之……”叙述中“缪公”“程”互文,明李缪公即李程。又如卷一三《惜名》:“李缪公贞元中试《日有五色赋》及第,最中的者赋头八字,曰‘德动天鉴,祥开日华’。后出镇大梁,闻浩虚舟应宏词复赋此题,颇虑浩赋逾己……”孙光宪《北梦琐言》卷七“郑綮相诗”条言及同一事,径作“李程以《日五色赋》擢第”,且谓系为河南尹日事(54页)。

河南尹,即东都留守,亦即本条所谓“大居守”。李程两《唐书》有传。《旧唐书·李程传》只载:“[开成]二年三月,检校司徒,出为襄州刺史、山南东道节度使。卒,有司谥曰缪。”(167/4374)吴廷燮《唐方镇年表》引之,且以为卒于开成四年,盖此年八月癸亥,朝廷已以牛僧孺代之矣(4/639)。而据《新唐书·李程传》,则此后又“再为仆射”,“武宗立,为东都留守”(131/4512)。可见程确曾为东都留守。郁贤皓《唐刺史考》系李程为东都留守于会昌元年至二年,且列有可资参证之材料多条(484页)。

在涉唐文献中,“大居守李相”并非李程的专称,别的曾为东都留守的李姓宰相,似亦得称之。《刘宾客嘉话录》载李程、李石间一桩逸事,即以“司徒”称李程,而以“居守相”称李石:“李司徒程善谑。……又因与堂弟居守相石投盘饮酒,居守误收头子,纠者罚之。丞相曰:‘何罚之有?’司徒曰:‘汝向忙闹时把他堂印将去,又何辞焉。’饮酒家谓重四为堂印。盖讥居守太和九年冬朝廷有事之际而登庸也。”①(2013-9-7)

十四、《李群玉诗集》所附《进诗表》《授官制》浅释

《唐摭言》卷一〇《韦庄奏请追赠不及第人近代者》:“李群玉,

① 唐兰《刘宾客嘉话录的校辑与辨伪》,《文史》第4辑,第84页,中华书局,1985年。

不知何许人,诗篇妍丽,才力遒健。咸通中,丞相修行杨公为奥主,进诗三百篇,授麟台雠校。”文中“丞相修行杨公”指杨收。“麟台雠校”即秘书省校书郎。

孙光宪《北梦琐言》卷六“李群玉轻薄事”条:“唐李群玉校书,字文山,澧州人。有诗名,散逸不乐应举,亲友强之,一上而已。尝受知于相国河东裴公休,为其延誉,因进诗,授弘文馆校书。终于荆襄间。”(47页)

《新唐书·艺文志》:丁部集录别集类著录:“《李群玉诗》三卷,《后集》五卷。”其下注曰:“字文山,澧州人。裴休观察湖南,厚延致之。及为相,以诗论荐,授校书郎。”(60/1612)

宋晁公武《郡斋读书志》卷四中“别集类”:“《李群玉诗》一卷:右唐李群玉文山也,澧州人。旷逸,不乐仕进,专以吟咏自适。诗笔妍丽,才力遒健,好吹笙弄笔翰。亲友强赴举,一上而止。裴休廉察湖南,延郡中。大中八年来京师,进诗三百篇,休复论荐,授弘文馆校书郎。集后附其《进诗表》并《除官制》。”(12A)其中对李群玉诗作的评隲,明显转录《摭言》本条。“进诗三百篇”有《进书表》可据,其馀各点,如籍贯、论荐者、所授之官、进诗及授官时间,于本条皆未采纳,且皆较本条正确。

《进诗表》和《除官制》今存,见《四部丛刊》初编据宋本影印之《李群玉诗集》卷首。其《进诗表》曰:“臣宗绪凋沦,丘壑贱品,幽沈江介,分托渔樵。……顷以鼓腹勋华之代,怡情林皋之隈,涵泳皇风,殆忘仕进。以致年踰不惑,痾恙暴侵,但虑寒饿江湖之滨,与枯鱼涸鳞为伍,瞑目黄壤,虚谢文明。是以徒步负琴,远至辇下,谨捧所业歌行、古体、七言今体、五言今体等合三百首,谨诣光顺门昧死上进。”

《除官制》包括中书门下进状所拟词头状,进状提到:“臣绹等今日延英已面陈奏状,伏奉圣旨,令与一文学官者。臣等商量,望授弘文馆校书郎。未审可否,谨具奏闻,伏听敕旨。"《除官制》,即除弘文馆校书郎的制诰,司勋员外郎知制诰郑处约行。

"裴休廉察湖南",《唐方镇年表》卷六系于会昌三年至大中元年(920)。"及为相",《新唐书·宰相表》:大中六年"八月,礼部尚书、诸道盐铁转运使裴休本官同中书门下平章事,使如故"。至十年十月戊子,出为宣武节度使(63/1732)。

李群玉有《始忝四座奏状闻荐,蒙恩授官,旅进歌诗,延英宣赐,言怀纪事,呈同馆诸公十四韵》诗(后集 2/1A)题中"四座奏状闻荐",即上引"臣绹等今日延英已面陈奏状"。"四座",指中书门下的四位宰相,即崔铉、令狐绹、魏謩、裴休。为何以绹领衔?大概拟制当日恰逢绹轮值执笔。

另据诗题,又可知论荐除官在前,进诗赏赐在后。《诗集》卷首《延英口宣敕旨》:"卿所进歌诗,异常高雅,朕已遍览。今有少锦彩器物赐卿,宜令领取。夏热,卿比平安好。"

方干《题赠李校书》:"名场失手一年年,月桂尝闻到手边。谁道高情偏似鹤,自云长啸不如蝉。众花交艳多成实,深井通潮半杂泉。却是偶然行未到,元来有路上寥天。"(《全》652/7489)对李群玉不由科举"上寥天",予以调侃。

李群玉卒于咸通初。本条谓"咸通中"进诗授官,亦不确。(2014-2-8)

十五、"温八吟"和"温八叉"——对相关记载的校读札记

唐末诗人温庭筠也特别擅长当日举场的应试律赋,并因此得

了一个外号,有的记载叫“温八吟”,有的记载叫“温八叉”,并且都记载有得号的缘由。

《唐摭言》卷一三《敏捷》:“温庭筠,烛下未尝起草,但笼袖凭几,每赋一咏一吟而已。故场中号为‘温八吟’。”(1B)

《唐诗纪事》卷五四《温庭筠》:“庭筠才思艳丽,工于小赋。每入试,押官韵作赋,凡八叉手而八韵成,时号‘温八叉’。”(823页)

后人大概以为同一人因同一事获得的外号,不应有歧异,遂强为划一。如《唐摭言》黄永年藏清抄本、傅增湘校本即改“吟”为“叉”,作“每赋一咏一叉”“场中号为‘温八叉’”(202页)。而流传甚广的《唐诗纪事》之《四部丛刊》影印明嘉靖本,则又改“叉”为“吟”,作“时号‘温八吟’”(827页)。

今易见之《唐摭言》三种刻本和文渊阁《四库全书》抄本,“温八吟”无异文,南宋人所撰《类说》《绀珠集》节录《摭言》,都曾节录此条,亦皆作“温八吟”,而且其所加之拟题即作“温八吟”。都表明,“号为‘温八吟’”,宋人所见原书即如此,其中并无贻误。

《摭言》记载温庭筠此事,今留有异文者,在“每赋一咏一吟而已”上。此语,《类说》同,然《太平广记》《绀珠集》“咏”皆作“韵”,蒋光煦校勘记改韵。似当以作韵为正。盖科举试律赋,一般押八韵,故“八韵”几为律赋别称。一韵相当于全赋的一个段落,“一韵一吟”,八吟,全赋完成。若作“一咏一吟”,即传达不出作律赋的这一情景。

《唐诗纪事》关于温庭筠的这条记载,似源于《北梦琐言》卷四“温李齐名”条。然今本《北梦琐言》无此语,《太平广记》卷一九九引录《琐言》此条亦无此语。而与此语相关的其他情节,则《纪事》所载与《琐言》几乎全同,南宋末《全唐诗话》又照录《纪事》,其间有些异文,也颇值得一谈。

“凡八叉手而八韵成，多为邻铺假手，号曰‘救数人’也。”其中“号曰‘救数人’”，《琐言》上古、中华点校本同，《广记》引亦同。《唐诗纪事》之《四部丛刊》本“曰”字字体介于“曰”“日”之间。《全唐诗话》此句作“日救数人”。《纪事》上古点校本径作“日”。巴蜀王仲镛校笺本读作“曰”，据《全唐诗话》改“日”。按：“救数人”非专词，显当以“日救数人”为正。“号日救数人”，即号称一日能救助好几个人。

“宣宗尝赋诗，上句有‘金步摇’，未能对，遣未第进士对之，庭筠乃以‘玉条脱’续也。”“遣未第进士对之”，《琐言》上古、中华点校本同，《广记》引亦同。《唐诗纪事》之《四部丛刊》本、《全唐诗话》作“遣求进士对之”。上古点校本、巴蜀王仲镛校笺本皆据原书改回为“遣未第进士对之”。

“宣皇好微行，遇于逆旅，温不识龙颜，傲然而诘之曰：‘公非司马、长史之流？’帝曰：‘非也。’又谓曰：‘得非大参、簿、尉之类？’帝曰：‘非也。’”“大参、簿、尉”，《琐言》上古、中华点校本同，《广记》引亦同。《类说》录《北梦琐言》“大参”作“文参”（43/9A）。《唐诗纪事》之《四部丛刊》本、《全唐诗话》作“六参”。陈鸿墀《全唐文纪事》录《全唐诗话》作“常参”（56/708）。《纪事》上古点校本未改。巴蜀王仲镛校笺本据原书改回为“大参”。按：当以作“六参”为正。文中提及之“司马、长史”“六参、簿、尉”，皆州县僚佐，“六参、簿、尉”即宋人经常说的“判司、薄、尉”。《通典·职官典》总论郡佐门：“大唐州府佐吏，与隋制同，有别驾、长史、司马一人，录事参军，司功、司仓、司户、司兵、司法、司士等六参军。”“自司功以下，通谓之判司。”总论县佐门：“大唐县有令，而置七司，一如郡制。丞为副贰，主簿上辖，尉分理诸曹。”（33/910、920）“簿、尉”，即县的主簿和尉。诸书异文似乎都将这一对州县佐吏的称呼与记载品官朝参的常参、朔参、六参、九参等名词混同了。

可见,《北梦琐言》关于温庭筠的这条记载,是有所误脱的。今两种权威点校本,于“时号‘温八叉’”不予补入,犹可以态度慎重解之,若“号曰救数人”“大参”不加校正,似无何通词可解吧?(2015-9-4)

十六、皇甫松《醉乡日月》杂考

《唐摭言》卷一〇《韦庄奏请追赠不及第人近代者》:“皇甫松著《醉乡日月》三卷,自叙之矣。或曰:松丞相奇章公表甥,然公不荐,因襄阳大水,遂为《大水辨》极言诽谤,有‘夜入珍珠室,朝游玳瑁宫’之句。公有爱姬名真珠。”《诗话总龟》前集卷三九《讥诮门》录本条。《唐诗纪事》卷五二《皇甫松》“松著《醉乡日月》”条当源自本条。

《醉乡日月》三卷,《新唐书·艺文志》著录于子部小说家类,未加说明。《直斋书录解题》卷一一亦著录于子部小说家类,其解题曰:“唐皇甫松子奇撰。唐人饮酒令,此书详载,然今人皆不能晓也。”(322页)陈振孙此言或本诸洪迈《容斋随笔》。其续笔卷一六“唐人酒令”条:“白乐天诗:‘鞍马呼教住,骰盘喝遣输。长驱波卷白,连掷采成卢。’注云骰盘、卷白波、莫走鞍马,皆当时酒令。予按皇甫松所著《醉乡日月》三卷,载骰子令云:‘聚十只骰子齐掷,自出手六人,依采饮焉。堂印,本采人劝合席,碧油,劝掷外三人,骰子聚于一处,谓之酒星。依采聚散。骰子令中,改易不过三章,次改鞍马令,不过一章。又有旗幡令,闪摩令,抛打令,今人不复晓其法矣。唯优伶家,犹用手打令以为戏云。”(415页)赵与时《宾退录》卷四针对洪说就酒令曾大加发挥,而于《醉乡日月》未再置语

(44页)。《醉乡日月》全文已佚,其正文《类说》卷四三节录十九则(1319—1323页)《说郛》涵芬楼本卷五八(24B—28A)、宛委山堂本弓九四(4320—4323页)节录十四则,而三十门目录却全。洪迈言及者,骰子令第十一,旗幡令第十三,闪[击]令第十五。又第十八,涵芬楼本作"按打",宛委山堂本作"按门人",疑或抛打令之讹。末门为自序,文存,陈鸿墀据《永乐大典》录载于《全唐文纪事》卷三三(434页)。据《序》,书成于会昌五年冬。

《剧谈录》卷下"元相国谒李贺"条之末列举晚唐"苦心文华""章句有闻,亹亹不绝""丽藻英词,播于海内"而"厄于一第"者,凡四类二十九人,皇甫松是其中之一。皇甫松《大隐赋·序》提到:"萍漂上国,迨逾十年。"(《文苑英华》卷九九)当十应举而未第。

《剧谈录》列皇甫松于"以文章著美"类,今日看来,在新兴文体"词"的发展史上,皇甫松有更其突出的地位。后蜀赵崇祚所辑唐五代词总集《花间集》,所录十八家中,与前后蜀不相关者,唐惟温庭筠、皇甫松,五代惟和凝、张泌、孙光宪,共五家,足见其受重视实非凡也。清人张惠言《词选序》:"自唐之词人,李白为首,其后韦应物、王建、韩翃、白居易、刘禹锡、皇甫松、司空图、韩偓,并有述造。而温庭筠最高,其言深美闳约。"(《词话丛编》,1617页)给予相当高的评价。

《醉乡日月》作为酒令专著,也颇负盛名。《通鉴》卷二四七"上闻扬州倡女善为酒令"下胡注:"酒令者,行令而行酒也。唐人多好为之。《却扫编》曰:'皇甫松著《醉乡日月》,载……'"(247/21B)所引酒令专著,只及《醉乡日月》。《宋朝事实类苑》卷六一"酒令"录赞宁《要言》,更言及《醉乡日月》在酒令发展中的地位,如下:"东汉贾景伯著《酒令》九篇,始形载籍,然终寻未见。唐高宗朝,邓弘庆饮酒以平索看精为令始也。及天宝以来,海内无事,京师人家，多聚饮乐，歌令新奇。故穆宗好声妓……后皇甫松撰《醉乡日月》一卷，言醉乐如入壶中天也，亦无舞手饮酒之法尔。其次有崔端己著《庭萱谱》，令之所出，象有旅系也。言萱草一名忘忧也，谓折俎解体，恕其纵放，则忘忧也。然则贾逵滥觞于其前，皇、崔波澜于其后。……”（863页）

《大水辨》今已不存。“襄阳大水”系会昌元年。真珠原为李愿姬，《牛羊日历》“十四日丁巳”条，详载宝历初杨汉公为僧孺以计取之的经过，见《续谈助》卷三。《通鉴考异》卷二〇“敬宗宝历元年正月，牛僧孺为武昌节度使”条引皇甫松《续牛羊日历》，有“太牢……作《周秦行纪》，呼德宗为沈婆儿，谓睿真皇太后为沈婆，此乃无君甚矣”语。《考异》认为：“此朋党之论，今不取。”（2017-3-3）

十七、漫说刘得仁的“外家虽是帝，当路且无亲”

《唐摭言》卷一〇《海叙不遇》：“刘得仁，贵主之子。自开成至大中三朝，昆弟皆历贵仕，而得仁苦于诗，出入举场三十年，竟无所成。尝自述曰：‘外家虽是帝，当路且无亲。’既终，诗人争为诗以吊之，唯供奉僧栖白擅名。诗曰：‘忍苦为诗身到此，冰魂雪魄已难招。直教桂子落坟上，生得一枝冤始销。’”

是哪位公主之子？其昆弟名甚？皆查无所获。从本条所引诗句“外家虽是帝”，确是公主之子。他另有《陈情上李景让大夫》：“辛苦文场久，因缘戚里深。”句下自注：“亲弟大中元年尚主。”（《全唐诗》545/6302）两代尚主，其“因缘戚里”就不是一般的“深”了。

“外家虽是帝，当路且无亲。”不知节自何诗？《全唐诗》卷五四五作为零句辑载于刘得仁诗之末，注“《读书志》”。然《郡斋读书志》卷四中"《刘得仁诗集》一秩一卷"解题所引却如下:"尝有寄所知诗云:'外族帝王足,中朝亲故稀。翻令浮议者,不许九霄飞。'"(4中/9B)《全唐诗》另载有《上翰林丁学士》两首,其二为五律八句,题下有注:"一本将后四句作《下第吟》绝句。"(545/6301)《唐诗纪事》卷五三则既引《摭言》两句,又引《读书志》四句(53/812)上揭零句《全唐诗》当直接辑自《纪事》。

本条"出入举场三十年",《纪事》同。《读书志》改作"举进士二十年"。刘得仁《省试日上崔侍郎四首》之二:"如病如痴二十秋,求名难得又难休。"之四:"自嗟辜负平生眼,不识春光二十年。"(《全唐诗》545/6304)此崔侍郎当指崔玙,大中六年知贡举。[①] 此诗如果不是刘得仁最后一次赴考所作,也就不能断定《摭言》"三十年"有误。

"供奉僧栖白":林宽《哭栖白供奉》:"侍辇才难得,三朝有上人。"(《全唐诗》606/7002)宣、懿、僖三朝为内供奉。其吊刘得仁之诗,《全唐诗》所载者题曰《哭刘得仁》,如下:"为爱诗名吟至死(一作此),风魂雪魄去难招。直须桂子落坟上,生得一枝冤始消。"(823/9278)与唐韦縠《才调集》卷九、宋李龏《唐僧弘秀集》卷八同,而本条与之首句全异,馀三句文字也不全同。对于刘得仁的诗作,司空图《与王驾评诗书》:"阆仙、无可、刘得仁辈,时得佳致,亦足涤烦。"(《唐文粹》卷八五,562页)孙光宪《北梦琐言》卷六"陆龟蒙追赠(薛许州附)":"薛许州能,以诗道为己任,还刘德仁卷,有诗云:'百首如一首,卷初如卷终。'讥刘不能变态,乃陆之比也。"(48页)

刘得仁的一生经历及其慨叹反映了:在唐代,举场清议与官场风习竟有如此巨大的差别。(2015-9-11)

---

① 陶敏《全唐诗人名汇考》,第1047页,辽海出版社,2006年。

十八、“呼字知闻”“脱靴宾客”试铨

《唐摭言》卷七《升沈后进》(上古标点本,49页):“大中、咸通中,盛传崔慎由相公尝寓尺题于知闻。或曰:王凝、裴瓒、舍弟安潜,朝中无呼字知闻,厅里绝脱靴宾客。凝,终宣城;瓒,礼部尚书;安潜,侍中。”姜汉椿校注本微有差异,仅“或曰”下加有引号。而黄寿成校点本依据《全唐诗》,差异甚大。

本条“或曰”云云,形同韵语,遂被《全唐诗》辑入“语”类,拟题《选举人语》,并将“或曰”前引语移作题注,“或曰”改为“故选举人为此语”。中华排印本的断句如下:“王凝裴瓒。舍弟安潜。朝中无呼字。知闻厅里。绝脱靴宾客。”(876/9929)

“或曰”云云,又有类谚谣,遂复被杜文澜辑入《古谣谚》卷五八,拟题《选举人为崔慎由语》,“或曰”从《全唐诗》所改。中华排印本亦加断句,如下:“王凝裴瓒。舍弟安潜。朝中无呼字知闻。厅里绝脱靴宾客。”(690页)

标点或断句的歧异以及对“或曰”的改写,反映了人们对这则记事有着不同的理解。

这则记事,《摭言》载于《升沈后进》门。是说王凝、裴瓒、崔安潜这三位后进,由于崔慎由为之吹嘘造势,得以成名,即进士及第,最后分别升迁至中高级的清资官。而“或曰”云云,即是当年盛传的崔慎由寓于“知闻”(即还往友朋圈)的“尺题”(即信函)中,为三位后进吹嘘造势的内容。那么,“朝中无呼字知闻,厅里绝脱靴宾客”都是什么意思呢?

姜汉椿《唐摭言校注》于“脱靴宾客”有注,谓“典出《旧唐书·崔戎传》。据说崔戎任地方官,离任时百姓遮道,至有‘解靴断镫’

者。后来作为典故,表示百姓对去任地方官的挽留。此指三人都为官清廉。"(7/142)实在牛头不对马嘴,没有注出个所以然。

下面,先逐录一则关于脱靴的故事。《太平广记》卷一七〇《知人二》"李丹"录《乾□子》:

> 郎中李丹典濠州,萧复处士寄家楚州白田,闻丹之义,来谒之。且无佣保,棹小舟,唯领一丱岁女僮。时方寒,衣复单弊,女僮尤甚。坐于客次,女僮门外求火燎手,且持其靴去。客吏忽云郎中屈处士,复即芒屩而入。丹揖之坐,略话平素。复忽悟足礼之阙,矍然乃起,谢曰:"某为饥冻所迫,高堂慈母处分,令入关投亲知。无奴仆,有一小女僮,便令将随参谒。朝至此,僮骇恐惧公衙,失所在。客吏已通,取靴不得,去就疏脱,唯惶悚而已。"丹曰:"靴与履皆一时之礼。古者解袜登席,即徒跣以为礼。靴,胡服也,始自赵武灵王,又有何典据?此不足介君子怀,但请述所求意。"遂留从容,复颐旨趋,乃云:"足下相才,他日必领重事。"于是遣使于白田馈遗复母甚厚,又饯复以匹马束帛。复后竟为相。

可见,宾客谒见主人,尤其新的陌生宾客,进厅堂是必须穿靴的,若脱了靴子只穿芒屩而入,即于"足礼"有阙,是很不得体的。在所引故事中,主人豁达,未予计较,但在社交场合,却是当日习俗所不容许的。"厅里绝脱靴宾客",表明主人是恪守礼法门风的世家。

再逐录宋刘清之《戒子通录》卷六的一段记载:

> 近世故家,惟晁氏因以道申戒子弟,皆有法度。群居相

呼,外姓,尊必曰某姓第几叔若兄,诸姑,尊姑之夫必曰某姓姑夫、某姓尊姑夫,未尝敢呼字也。其言父党交游,必曰某姓几丈,亦未尝敢呼字也。当时故家旧族,皆不能若是。

从故家晁氏申戒子弟的话中可见,“呼字”远较称“某姓第几叔”“某姓第几兄”“某姓尊姑夫”“某姓几丈”简慢,彼此关系疏远。“朝中无呼字知闻”,表明这三位后进在朝廷上的友朋圈子,来往的尽是至亲密友,不是外父诸姑家之人,便是“父党”。

王凝、崔安潜分别于大中元年、三年进士及第(孟书901、906页)。裴瓒是否及第及何年及第,未见记录。崔慎由大中十年十二月至十二年二月在相位(63/1733),本条以最高职位追称,其“寓尺题于知闻”当远在任相前。他本人,据《旧唐书·崔慎由传》,系“太和初擢进士第,又登贤良方正制科。……释褐诸侯府。大中初入朝,为右拾遗、员外郎知制诰,正拜舍人”。笔者在《魏扶杂考》中曾提到,大中元年魏扶榜之前和之后,举场情况有截然相反的变化,并引述了一段杜牧会昌末为公卿子弟呼冤喊屈的话。崔慎由为“子弟”吹嘘造势的尺题,估计与之相前后,或彼此呼应也。(2015-10-9)

十九、“十姓胡中第六胡”三释

《唐摭言》卷一三《敏捷》:“白中令镇荆南。杜蕴常侍廉问长沙,时从事卢发致聘焉。发酒酣傲睨,公少不怿,因改著词令曰:‘十姓胡中第六胡,也曾金阙掌洪炉。少年从事夸门地,莫向罇前喜气粗。’卢答曰:‘十姓胡中第六胡,文章官职胜崔卢。暂来关外分忧寄,不称宾筵语气粗。’公极欢而罢。”

白中令,白敏中,这里系以终官中书令称之。其任荆南节度使的时间,《旧唐书·白敏中传》:"[大中]十一年二月,检校司徒、平章事、江陵尹、荆南节度使。懿宗即位,征拜司徒、门下侍郎、平章事,复辅政。"(166/435)懿宗即位,乃大中十三年八月。

对于本条记载的内容,以下拟分三点,略加浅释:

一、释清人忌"胡"。清人忌"虏",逢"虏"必改。也忌"胡",讳改亦多。即如《摭言》此处的"十姓胡中第六胡",同是《四库全书》本,今易见者,影印摛藻堂《四库全书荟要》本未作改动,而影印文渊阁《四库全书》本即已将两处提到的"十姓胡中第六胡",分别讳改作"未得凌烟列画图"和"曾入君王梦里图"矣。其实,"十姓胡"与清统治者的族源并无干涉,这样讳改,对古文献却是人为的破坏了。

二、释"十姓胡"及其中的白氏。姚薇元《北朝胡姓考》外编第九《西域诸姓·白氏》:"西域白氏,本龟兹族,原居白山,以山为氏。……十姓胡即西突厥,龟兹曾役属于西突厥,即西突厥十姓中之鼠尼施部也。……白敏中既自称'十姓胡',其原出龟兹无疑。"(371—376页)原文甚长,洋洋四五千言,今仅摘录其有关结论如上,以释本条。

三、释"著词令"。王昆吾《唐代酒令艺术》第三章第二节《改令著辞》:"尽管改令手段在初盛唐时即已得到应用,但'改令'一词却主要见于中晚唐文献。……改令的主要特点是与筵者依次为令主。它的另一个特点是:常以歌舞或谐戏文字为内容。综合这两个特点而注重唱曲、度辞的酒令,又称'著辞令'。"(67页)又曰:"著词令是继承了各种文字令的手法,而更加重视令格的著辞品种。……它总是遵循了双重以上的格式规定,即在形式(辞式)和内容(题材范围)上均按一定的著辞令格行令。例如白敏中和卢发的著辞令,都使用七言四句的曲调,调中都用'胡''卢''粗'韵,这是形式上的令格;两人的令辞都咏‘十姓胡中第六胡’,这是内容上的令格。这种双重令格规定,同时可以看作著辞令得以成立的两个条件。”(68 页)笔者于酒令全不在行,照抄王氏此说,或者有助于对本条内容的理解。(2013-11-30)

二十、“方三拜”的由来

《唐摭言》卷一〇《韦庄奏请追赠不及第人近代者》:“方干,桐庐人也。幼有清才,为徐凝所器,诲之格律。……王大夫(名与定保家讳下字同)廉问浙东,干造之,连跪三拜,因号‘方三拜’。王公将荐之于朝,请吴子华为表草,无何公遘疾而卒,事不谐矣。”

此廉问浙东之王大夫,岑仲勉《跋唐摭言》经多方间接取证,反复推论,断定其为王龟。而其中最直接的一条相应记载,却反而未能举出,从眼皮底下滑过。即:孙光宪《北梦琐言》卷六“罗、顾升降(方干附)”:“诗人方干,亦吴人也。王龟大夫重之,既延入内,乃连下两拜,亚相安详以答之。未起间,方又致一拜,时号‘方三拜’也。”(50 页)

《旧唐书·王播附侄龟传》:“[咸通]十四年,转越州刺史、御史大夫、浙东团练观察使。……属徐泗之乱,江淮盗起,山越乱,攻郡,为贼所害。”(164/4281)本条“遘疾而卒”,与史有异。

吴子华,即吴融。时当在王龟浙东幕府。吴融有《赠方干处士歌》,见《全唐诗》卷六八七,当即此时所作。

方干以三拜见怪,乃是由于三拜在当时是流行佛教的西国习俗,中土不经见也。《南海寄归内法传》卷三《师资之道》:“凡礼拜者……殷勤致礼,如是至三。必也寻常一礼便罢,中间更无起义。西国见为三拜,人皆怪之。”(146 页)

方干又因缺唇而备受歧视，以致虽有才而未能得一科名。何光远《鉴诫录》卷八“屈名儒”条：“唐末，宰臣张文蔚、中书舍人封舜卿等奏：前有名儒屈者十有五人，请赐孤魂及第。方干秀才是其数矣。每见人，设三拜而已，谓礼数有三，识者呼为‘方三拜’，亦曰方十四郎。干为人唇缺，连应十馀举，有司议：‘于才则才矣，不可与缺唇人科名，中外所闻，为国家鲜士矣。’干潜知所论，遂归镜湖，后十数年，遇医补得，年已老矣，遂举足不出镜湖，时人号曰‘补唇先生’。”(200 页)(2013-12-7)

二十一、《柳枝词咏篙水溅妓衣》一诗作者之疑问

《唐摭言》卷一三《敏捷》：“裴虔馀，咸通末，佐北门李公淮南幕。尝游江，舟子刺船，误为竹篙溅水湿近座之衣，公为之色变。虔馀遽请彩笺，纪一绝曰：‘满额鹅黄金缕衣，翠翘浮动玉钗垂。从教水溅罗衣湿，知道巫山行雨归。’公览之极欢，命讴者传之矣。”亦见《太平广记》卷二五一“裴庆馀”条引录(1953 页)。

《太平广记》卷二〇〇“李蔚”条又录《抒情集》：“唐丞相李蔚镇淮南日，有布素之交孙处士，不远千里，径来修谒，蔚浃月留连。一日告发，李敦旧分，游河祖送。过于桥下，波澜迅激，舟子回跋，举篙溅水，近坐饮妓，湿衣尤甚。李大怒，令擒舟子，荷于所司。处士拱而前曰：‘因兹宠饯，是某之过，敢请笔砚，略抒荒芜。’李从之，乃以《柳枝词》曰：‘半额微黄金缕衣，玉搔头袅凤双飞。从教水溅罗裙湿，还道朝来行雨归。’李览之，释然欢笑，宾从皆赞之，命伶人唱其词，乐饮至暮，舟子赦罪。”(1500 页)与《摭言》所载相似，始末且甚详，而诗之作者却是李蔚的“布素之交孙处士”，而非其幕下士

裴虔馀。两相比较,诗句异文甚多。

宋洪迈《万首唐人绝句》卷四三选载此诗,题作《咏篙水溅妓衣》,作者署裴虔馀,诗句与《摭言》全同。《全唐诗》卷五九七录载此诗,题作《柳枝词咏篙水溅妓衣》。其“柳枝词”一语即取自《杼情集》,诗句文字亦以《杼情集》为正文,以《摭言》异文注曰“一作”以参见。置于“裴虔馀”名下,于“虔”下注“一作‘乾’”(6912 页)。看来,李蔚“布素之交孙处士”的作品署名权是被永远剥夺了。

《全唐诗》于“裴虔馀”的“虔”下注“一作‘乾’”,意思是说裴虔馀此人之名又有作“乾馀”者,并非说《柳枝词咏篙水溅伎衣》一诗的作者另有署作“裴乾馀”的。《全唐诗》于此人名下共收诗 2 首,另一首题作《早春残雪》,辑自《文苑英华》卷一八二,署名“裴乾馀”。《全唐诗》的辑编者认为与见于《摭言》的前一诗的作者是同一人。其实,这一判断是值得怀疑的。

《文苑英华》卷一八二“省试诗三”录载诗题为《早春残雪》的诗共 2 首,另一首的作者为施肩吾(7B)。姚康也有题为《早春残雪》的诗,见《唐诗纪事》卷五〇(760 页)。《早春残雪》是这三人参加进士礼部试的应试诗。施肩吾、姚康都有元和十五年(820)进士及第的明确记载,估计裴乾馀进士及第当也在此年。裴虔馀,广明元年(880)十一月丁丑前自华州刺史徙宣歙观察使(《鉴》254/8237),至中和二年(882)七月尚见在宣歙观察使任(《鉴》256/8273),若与裴乾馀系同一人,则上距其及第之年已六十有馀,可能吗?裴虔馀之始为使下幕职,见杜牧《郑碣除江西判官、李仁范除东川推官、裴虔馀除山南东道推官、处士陈威除西川安抚巡官等制》(《集》19/259)时间在大中五、六年(851、852)间,上距元和十五年(820)亦已有三十二三年,对一位进士及第者来说,时间似乎亦有点太长了。郎官石柱题名户部员外郎第十九行,首名即裴虔馀题名，十八、十九两行题名者中，进士及第年份可考者，崔瑄大中二年，崔荛大中二年，杨知至会昌四年复试落下后又及第，崔彦昭大中三年，杨戴开成二年，王缄大中十一年，薛调大中八年，杨思立大和七年明经，韦保乂咸通十二年。裴虔馀父名夷直，卒于大中十三年（859）七月，享年七十有三。李景让《裴夷直墓志铭》今存，其中提到："长子虔馀，进士及第，方为孟怀等道观察判官，试大理评事，积朝望。"（《全唐文补遗》"千唐志斋新藏专辑"，398页）元和十五年，夷直才三十四岁，虔馀能有多大？难道就进士及第了？其进士及第显是夷直逝世前不久，即大中年间的事，与裴乾馀能是同一人吗？

作为《咏篙水溅妓衣》一诗作者的裴虔馀，《全唐诗》虽未加注另有异称，实亦有作"裴庆馀"者。其辑载所自的《唐摭言》，雅雨堂刻初印本、《四库全书》初抄摛藻堂本，原皆作裴庆馀，是补校修板本、文渊阁本才改作裴虔馀的，然《学津讨原》本、《啸园丛书》本仍沿初印本之旧，作裴庆馀。北宋初《太平广记》卷二五一引录《摭言》此条、南宋初曾慥《类说》卷三四节录此书，《诗话总龟》前集卷四"裴庆馀"条注出《古今诗话》（39页）实源自《摭言》，亦皆作裴庆馀。仅南宋洪迈《万首唐人绝句》卷四三、计有功《唐诗纪事》卷六〇、胡仔《苕溪渔隐丛话》后集卷一八作裴虔馀。鉴于上揭杜牧多人合制之《裴虔馀山南东道推官制》，《文苑英华》卷四一三所载"虔"亦作"庆"，《咏篙水溅妓衣》一诗作者的"裴虔馀""裴庆馀"之异很可能亦"虔""庆"形近致误，与见于史籍等文献的裴虔馀系同一人。又鉴于作此诗之"咸通末"（874）离杜牧草该制之大中五、六年（851、852），时间长达二十三四年，一直迟滞使下幕职，仅仅过了七年，竟在封疆大员的职位上徙转，未免有些突兀，则《咏篙水溅妓衣》一诗的作者与见于史籍等文献的裴虔馀，很可能又不是同一人，其名实当作裴庆馀耶？

唯裴庆馀,此外于文献一无可考。(2014-6-21)

二十二、崔沆榜孟棨非《本事诗》作者孟棨辨

《唐摭言》卷四《与恩地旧交》:“孟棨年长于小魏公。发榜日,棨出行曲谢。沆泣曰:‘先辈,吾师也。’沆泣,棨亦泣。棨出入场籍三十馀年。”

“小魏公”,下文已揭出其名曰沆,即崔沆也。《旧唐书·崔元略附子铉传》:大中“九年,检校司徒、扬州大都督长史,进封魏国公,淮南节度使”(163/4262)。沆乃铉子,当已袭封,然未检到明确记载。铉相宣宗、懿宗,沆相僖宗。本书遂以“大魏公”称铉,“小魏公”称沆。崔沆以中书舍人权知贡举在乾符元年,放乾符二年榜(《登科记考》23/871、《唐仆尚丞郎表》16/888)。孟棨及第即在此年。

此孟棨,《四库全书总目》卷一九五《集部诗文评类·本事诗提要》以为即《本事诗》作者孟棨,似可再议。

首先,《本事诗》作者之名,诸书所载,并不皆作棨,亦有作启者。针对《提要》所说:“《新唐书·艺文志》载此书,题曰孟启。毛晋《津逮秘书》因之。然诸家称引,并作棨字,疑《唐志》误也。”余嘉锡《辨证》:“案考各家刻本,皆作孟启,不独毛氏为然。《宋史·艺文志》《书录解题》亦皆作‘启’,独《通志·艺文略》及《读书志》作‘棨’耳。二字形声相近,未详孰是。”(1585页)

其次,《本事诗》卷一《情感》“韩翃”条末谓该条自“韩复为汴职以下”事,系“开成中,余罢梧州,有大梁夙将赵唯为岭外刺史,年将九十矣,耳目不衰,过梧州,言大梁往事,述之可听,云此皆目击之,故因

录于此也”(10页)。其中提到“开成中,余罢梧州”。《四库提要》谓:“亦不知为梧州何官”,《唐刺史考》则以为即刺史。开成下距乾符近四十年,难道在“出入场籍三十馀年”前,业已入仕为官?《本事诗》序,末署:“时光启二年十一月,大驾在褒中,前尚书司勋郎中赐紫金鱼袋孟启序。”光启二年上距乾符二年仅十二年,居然早已是尚书省正郎,升迁之速,岂非又有类于今日之坐直升机?

凡此都表明,谓本条孟棨即《本事诗》作者孟棨,实未必也。(2013-11-16)

二十三、“希仁何事寡诗情”?

《唐摭言》卷三《慈恩寺题名游赏赋咏杂纪》:“李汤题名于昭应县楼,韦蟾睹之,走笔留谑曰:‘渭水秦川拂眼明,希仁何事寡诗情。只因学得虞姬壻,书字才能记姓名。’”

同书卷一三《敏捷》:“韦蟾左丞至长乐驿亭,见李汤给事题名,索笔纪之曰:‘渭水秦山豁眼明,希仁何事寡诗情。只应学得虞姬婿,书字才能记姓名。’”

短短三十来字的一则记事,在同一书中出现两次,李汤题名的场所复有“昭应县楼”和“长乐驿亭”之异。诸书转载或引录这条记事,题名者李汤又有作“李玚”“李阳”等者。韦蟾留谑之诗,《摭言》所载即有“秦山”“秦川”,“拂眼”“豁眼”,“只因”“只应”三处异文,见于他书的异文更多,其中值得注意并值得一谈的,是“希仁何事寡诗情”的“希仁”“笑人”异文。

《唐人轶事汇编》卷二七“韦蟾”录此条,“希仁”即作“笑人”。《汇编》于条下有注,标明其引录的依据是:“《唐摭言》一三,又《广记》一五六引。《唐摭言》三文字稍异。《诗话总龟》前集三八。

《唐诗纪事》五八。案：李汤，《广记》《诗话总龟》误作‘李玚’。”（1512页）《诗话总龟》注出《古今诗话》，与《唐诗纪事》实皆源自《唐摭言》。也就是，这条记事，只有一个最终出处——《唐摭言》。

今日获见的《唐摭言》的各个版本中，雅雨堂藏书本，摛藻堂、文渊阁《四库全书》本，《学津讨原》本，“啸园丛书”本，无论是卷一三还是卷三，没有一个本子作“笑人”的。在宋人对《摭言》全书作过节录的两部书，题朱胜非《绀珠集》（此条误羼于《云溪友议》）、曾慥《类说》（所录皆卷三条）中，以及明以后录自《类说》的《稗海》本和复从《稗海》本衍生的各种一卷本中，无一例外，也全都作“希仁”。那么，“笑人”二字又从何而来又从何而改的呢？

从“引用书目”可知，《汇编》依据的是上海古籍出版社排印本。此排印本，上古前身古典文学出版社于1957年开始出版，是据雅雨堂藏书本排校的，两处“希仁”未作改动。到1959年，同样是上古前身的中华书局上海编辑所改出新一版，卷三“希仁”未动，卷一三“希仁”则已改为“笑人”矣。新一版的“出版说明”，较初版新增了这样一段话：“蒋光煦《斠补隅录》有本书校勘记，勘正甚多，我们曾据以校补。”原来是据蒋氏校勘记校改的。从校勘记小序判断，蒋氏转录的似是张石匏所传录的王谷原藏本的校改，未必有原书的哪个版本为据。

类书转录《摭言》此条，多数亦皆作“希仁”，唯明凌稚隆《五车韵瑞》“虞姬”条作“笑人”（署《古今诗话》），而“虞姬婿”条仍作“希仁”（署《唐诗纪事》），且为康熙《钦定佩文韵府》所转载。

《全唐诗》卷八七〇韦蟾名下录此诗，拟题《嘲李玚题名》，作“希仁”。（9860页）同书此前于卷五六六韦蟾名下已录此诗，拟题《长乐驿谑李汤给事题名》，正文作“希仁”，其下有注：“一作‘笑人’。”（6558页）

文渊阁《四库全书》本《诗话总龟》卷三六作“笑人”。按：据《提要》，“此本为明宗室月窗道人所刊”。月窗本今存，《四部丛刊初编》曾加影印，人民文学出版社点校本又以《丛刊》本为底本，此处皆作“希仁”。《总龟》注出《古今诗话》，馆臣或据《钦定佩文韵府》校改。

可见，张石匏所传录的王谷原藏本的校改，即使有他校为据，其依据也是极其薄弱的。

再来看题名者李汤究系何许人？“希仁”与之有无关联？有什么样的关联？

《旧唐书·李宗闵传》：“自天宝艰难之后，宗室子弟贤而立功者，唯郑王、曹王子孙耳。……宗闵弟宗冉，宗冉子深、汤。汤累官至给事中，咸通中，践更台阁，知名于时。”(176/4555)其任给事中的时间，《旧唐书·僖宗纪》乾符四年正月丁丑，“谏议大夫李汤为给事中”(19下/698)。《新唐书·李宗闵传》：“宗闵弟宗冉，其子汤，累官京兆尹，黄巢陷长安，杀之。”(174/5228)只有《新唐书·宗室世系表》小郑王房表载及：宗冉子“给事中汤，字希仁”(70下/2060)。是“希仁”乃李汤之表字也。“希仁何事寡诗情”，显系以李汤之字嵌入诗句。后人改“希仁”为“笑人”，或属不明“希仁”系李汤之字而臆改。《太平广记》卷二五六录《摭言》此条，谓“韦蟾左丞至长乐驿，见李玚给事题名，走笔书其侧曰……”“书其侧”，等于指着其鼻子而加以调侃，若改为泛指的“笑人”，意趣索然了。

只是经韦蟾这样一嘲谑，反倒使李汤成了千古传名的人物。如清人王士禛所指出的：“登高能赋，自是佳话，若兰亭之集，古今艳之。然诗不成受罚者若干人，殊煞风景。乃亦有不识字、不成诗，传之于后，反成佳话者。如唐人韦蟾嘲李玚诗……宋人钓台诗……政使希仁题诗，光世能书，亦复寻常，未必如此令人解颐

也。”（《香祖笔记》卷七）（2014-2-15）

二十四、赵牧怎是杜牧之误？

郭绍虞《观林诗话考》：“是书所论较偏考证，间述佚事，盖犹沿宋人笔记之体，与专主论诗者不同。《四库总目提要》于是书考证部分论述特详，举其长处，亦正其疵误，评断甚允。盖当时撰《提要》者，多偏于考据，故极为中肯。”（《宋诗话考》，72 页）

按：《提要》“正其疵误”共有三处，其二为：“又引《摭言》‘赵牧学李长吉歌诗’一条，《摭言》无此文，盖记杜牧之语，而误‘杜’为‘赵’，又误增‘学李长吉歌诗’一句，亦为疏舛。”（《总目》195/1785）

引文见《观林诗话》第 91 条，全文如下：“《树萱录》云：‘杜工部诗，世传骨气高峭，如爽鹘摩霄，骏马绝地。’又唐人谓：‘李贺文体，如崇岩峭壁，万仞崛起。’又《摭言》载：‘赵牧效李长吉歌诗，自谓蹙金结绣而无痕迹。’”（《续编》，129 页）其上条、下条皆未言及杜牧。

《摭言》中是否真的“无此文”？《唐摭言》卷一〇《海叙不遇》门明明记载：“赵牧，不知何许人。大中、咸通中，学李长吉为短歌，可谓蹙金结绣，而无痕迹。《对酒》诗曰：……其馀尤上轻巧，词多不载。”（7A）南宋性质相似的两部书，旧题朱胜非《绀珠集》于卷四、曾慥《类说》于卷三四皆节录了此条，《绀珠集》所录几近全文，且“可谓蹙金结绣”，“可谓”作“自谓”与《诗话》同。《唐诗纪事》卷六六有赵牧条，实也录自《摭言》。怎能说《诗话》“误‘杜’为‘赵’，又误增‘学李长吉歌诗’一句”？岂非全属杜撰？

关于赵牧其人，比较原始的记载，今能获见者，似仅见于《摭言》。元辛文房《唐才子传》卷八《赵牧传》:“赵牧,不知何处人。大中、咸通中,累举进士不第。有俊材,负奇节,遂舍场屋,放浪人间。效李长吉为歌诗,颇涉狂怪,耸动当时。蹙金结绣,而无痕迹装染。其馀轻巧之词甚多。同时有刘光远,亦慕长吉。凡作体效犹,能埋没意绪。竟不知所终。俱有诗传世。”(《唐才子传校笺》三,471 页)其中有逸出《摭言》的事迹,当也源自唐宋旧籍,惜今日已难一见。其诗作留传至今者,《全唐诗》仅辑得一首《对酒》(563/6539),当亦辑自《摭言》。今人,已故的陶敏先生,才在唐末李咸用的诗作中发掘出一条有关赵牧的新材料。李咸用《读修睦上人歌篇》:“李白亡,李贺死,陈陶、赵睦寻相次,须知代不乏骚人,贯休之后,惟修睦而已矣。……”(《全唐诗》644/7386)诗中提到的赵睦,陶敏认为:“唐无赵睦其人,当即赵牧,涉前修睦之音讹。”(《唐才子传校笺》五,422 页)其说可从。诗的内容也证明,赵牧的诗作与李贺有一脉相承的关系,《摭言》所载的赵牧,《观林诗话》引述的赵牧,怎么可能是杜牧之误?《四库提要》纠正《观林诗话》“疵误”的话,本身亦成“疵误”了。

诸家为《四库提要》订误,余嘉锡、胡玉缙、李裕民、崔富章未及《观林诗话》此书,后出的杨武泉《四库全书总目辨误》,虽及此书而未及此条。故特为揭出如上。(2014-5-23)

二十五、许州兵变与薛能晚年行实

《唐摭言》卷一五《杂记》:“薛能尚书镇彭门,时溥、刘巨容、周岌俱在麾下。未数岁,溥镇徐,巨容镇襄,岌镇许,俱假端揆。故能诗曰:‘旧将已为三仆射,病身犹是六尚书。’”

本条后为《古今诗话》(《诗话总龟》前集 18/203)、《唐诗纪事》

(60/917)录载。薛能诗全文今见《全唐诗》卷五五九,题曰《闲题》,题注:"能镇彭门,时溥、刘巨容、周岌俱在麾下。后各领重镇,兼端揆,故作此诗。"当据本条。其诗如下:"八年藩翰似侨居,只此谁知报玉除。旧将已成三仆射,老身犹是六尚书。时丁厚譊终无咎,道致中兴尚有馀。为问春风谁是主,空催弱柳拟何如。"(6486)"端揆",指尚书左、右仆射。时外官多加检校官衔,节度使带检校仆射者颇多。

薛能,两《唐书》无传。稍记其生平事迹者,首见计有功《唐诗纪事》(60/916),稍后之晁公武《郡斋读书志》(衢本18/14B、袁本4中/10B)及元辛文房《唐才子传》(《唐才子传校笺》三,7/308),皆与之略同。其与本条记事相关者,问题有二,一为薛能镇徐、镇许的时间,二为许州兵变中薛能是否被杀?

《纪事》:"俄刺同州。京兆尹温璋贬,命权知尹事。出领感化节度,入授工书,复节度徐州,徙忠武。广明元年,徐兵赴溵水,经许,能以前帅徐,军吏怀恩,馆之州内。许军惧徐人见袭,大将周岌因众怒逐能,自称留后。能全家遇害。"(60/916)

温璋贬,薛能权知京兆尹事,《旧纪》系于咸通十一年九月丙辰和十月。本书前文卷三有"乾符中薛能尚书为大京兆"语,《通鉴》卷二五三广明元年九月记事胡注有"乾符初,能镇徐州,今镇许"语,但从《闲题》诗"八年藩翰似侨居"判断,从他广明元年被逐上推八年,他之自京尹出领感化节度,实未入乾符元年,当在咸通十四年。

一度入授工部尚书。据严耕望《唐仆尚丞郎表》(307、1063页)乾符四年正月,卢携自中书侍郎平章事兼工部尚书迁兼刑部尚书,工部尚书空缺,而乾符五年,则薛能已在忠武节度使任上矣,其任工部尚书及复节度徐州,当皆是乾符四年内事,且任工部尚书时日极短,如"八年藩翰似侨居"所吟,竟可略去不计。

这时的忠武节度使是崔安潜。《新唐书》本传说他"俄代高骈兼领西川节度"。而高骈之自西川徙荆南是有确切月日的。《通鉴》卷二五三系于乾符五年正月庚戌高骈自西川徙荆南(8195页),崔安潜才由忠武徙西川,而薛能才由徐州徙许州以代崔安潜。《全唐诗》卷五六一所载薛能《柳枝词五首》,其小序有"乾符五年,许州刺史薛能于郡阁与幕中谈宾酣饮醅酎"的话,表明薛能正在忠武节度使任上,盖忠武节度使例兼会府许州刺史也。则自徐徙许当是乾符五年年初之事。兵变发生时,他在任实已两年有馀。

在广明元年的许州兵变中,《纪事》只说周岌"逐能","能全家遇害",没有明说能被杀。但其下文所载之诗及记事,却不止一次言及死于此难。如"能后镇徐州,《上元夜偶作》云:'谁见将军心似海,四更亲领万人游。'自负如此,果军乱被害"。又引《上元》诗:"红妆满地烟光好,秖恐笙歌引上升。"其下注曰:"其后死于徐州。"(917)"徐州"疑"徐军"之讹。

《郡斋读书志》袁本亦只说周岌"逐能","因屠其家",未明言能被杀(4中/11A)。唯衢本则曰:"且怨能之厚徐卒也,遂逐之,能将奔襄阳,乱兵追杀之,并屠其家。"(18/15A)与《通鉴》几全同(253/8233),当是袭用《通鉴》的记述。

《旧纪》也只说周岌"逐薛能,自据其城",未明言薛能被杀(19下/708)。而同书《秦宗权传》则云:广明元年"十一月,忠武军乱,逐其帅薛能。是月,朝廷授别校周岌为许帅。初,军城未变,宗权因调发至蔡州,闻府军乱,乃阅集蔡州之兵,欲赴难。俄闻府主殂,周岌未至,巢贼充斥,自寇郡城。宗权乃督励士众,登城拒守"(200下/5398)。"府主"即指薛能。则明言薛能已在难中死矣。

《新唐书》言及此次兵变之处,皆明言薛能已被杀死。如《僖宗纪》：广明元年“九月，忠武军将周岌杀其节度使薛能。牙将秦宗权自称权知蔡州事”(9/270)。《黄巢传》：“部将周岌自溵水还，杀能，自称留后。”(225下/6456)《秦宗权传》：“而许军乱，杀能。宗权外示赴难，因逐刺史，据蔡以叛。”(225下/6464)

如果薛能果真已在许州军乱中被杀，那么《摭言》本条记事与之即有不可调和的矛盾。因为在薛能的这三名旧部将中，虽然刘巨容在这次军乱前一年的乾符六年十月即已被朝廷任命为山南东道节度使(镇襄)，而时溥和周岌却是在这次军乱之后，而且恰恰是通过这次军乱，才登上感化和忠武两镇节度使宝座的，且需经历自称留后，正式任命为节度使，再兼尚书仆射检校官的例行程序。如果在军乱中薛能业已死去，那么“旧将已为三仆射，病身犹是六尚书”即绝对无从说起。

最先发现这个矛盾的，是《唐方镇年表》的作者吴廷燮。他先是在该书的忠武军表中，据《旧纪》写上“许州大将周岌，自溵水以其戍卒还，逐薛能，自据其城”(2/260)。继而在考证中敏锐地指出：“《[全]唐诗》小传，能家被戮。诸书皆言能并被杀。以能‘八年藩翰似侨居’诗考之，乱后犹有诗，是未被杀也。否则为人依托耳。《旧纪》言能被逐。”也就是，要么薛能乱中未死，要么诗是赝品。

《唐才子传》薛能传笺的作者谭优学是力主“当时薛能只是被逐，并未被杀”之说的，并提供了新发掘的两条凭据。一是《北梦琐言》卷一四记凤翔郑畋、越州崔璆、湖南崔瑾、福建韦岫、郓州蔡崇、徐方支详、许昌薛能、河中李都、窦潏、凤翔徐彦若等或被执，或被逐，或遁逃之诸镇节帅多人，皆未有当场被杀者，而薛能亦在其内，当不例外(106页)。二是《全唐诗》卷五五九所载薛能《汉南春望》中“三月皇州驾未还”的诗句。盖许州军乱时，僖宗尚未逃离长安。

黄巢是当年十二月进入长安的，僖宗逃奔凤翔、兴元，于次年中和元年正月奔至成都，直至光启元年三月才返回长安。其间中和二、三、四年的的三月，皆“驾未回”也。只是证一未免勉强，若证二，则《闲题》若是赝品，《春望》就能保证不再是赝品？（2017-3-17）

二十六、浅谈秦韬玉之“慕柏耆为人”

《唐摭言》卷九《芳林十哲》：“秦韬玉，京兆人，父为左军军将。韬玉有词藻，亦工长短歌，有《贵公子行》曰：‘阶前莎毬绿不卷，银龟喷香挽不断。乱花织锦柳捻线，妆点池台画屏展。主人功业传国初，六亲联络驰朝车。斗鸡走狗家世事，抱来皆佩黄金鱼。却笑书生把书卷，学得颜回忍饥面。’然慕柏耆为人，至于躁进，驾幸西蜀，为田令孜擢用，未期岁，官至丞郎、判盐铁，特赐及第。”

“京兆人”：《唐诗纪事》卷六三（949 页）、《郡斋读书志》卷四中别集类“秦韬玉《投知小录》三卷”解题（14B）、《唐才子传》卷九皆同，唯《直斋书录解题》卷一六“《投知小录》三卷”解题称“郃阳秦韬玉”（486 页），或别有所据。

“左军军将”：此“左军”指左神策军。左右神策军是唐后期主要的禁军。贞元十二年以后，神策军虽由大将军、统军等军将统领，实际上为左右护军中尉掌握，是宦官专权的主要权力凭借之一。神策军原是陇右节度使所属驻守临洮西的军号，安史之乱中曾由军将卫伯玉率千馀人入援平叛。由于故地已被吐蕃占领，长期屯于陕州，且一度归属陕州节度使，广德元年以后，才成为禁军，进入长安。唐郃阳属同州，与陕州相邻，或者秦韬玉先祖于此时参加此军，不是没有可能。至其父已为左军军将，与宦官关系就相当密切了。

“有词藻，亦工长短歌”：《唐才子传·秦韬玉传》：“韬玉歌诗，每作人必传诵。”（四，150 页）评价更高。

《贵公子行》又载《唐诗纪事》卷六三、《唐才子传》卷九（150 页）、《全唐诗》卷六七〇（7662 页），本条所载，似是诸书所载的原始出处。

“慕柏耆为人，至于躁进”：柏耆，《旧唐书》卷一五四、《新唐书》卷一七五有传。《新传》：“柏耆者，有纵横学。父良器，为时威名将。耆志健而望高，急于立名。”（175/4252）元和末抑藩镇，耆曾只身奉使劝说成德镇叛帅王承宗“以二子为质，及献德、棣二州，输租税，请官吏”，而“声震一时”（《鉴》240/7748）。又曾促使王承元移镇，以结束节帅世袭的“河朔旧事”。大和初，沧景李同捷叛，诸道兵同讨，三年仅能迫其“穷蹙求降”，而柏耆却径以数百骑入城，劫之同诣京师，中途将其斩首。此举引起众将谗嫉，寻遭贬死。秦韬玉身世与柏耆相似，所慕者似也在“急于立名”上，从而被认为躁进。

《唐语林》卷七：“秦韬玉应进士举，出于单素，屡为有司所斥。京兆尹杨损奏复等列，时在选中。明日将出榜，其夕忽叩试院门，大声曰：‘大尹有帖。’试官沈光发之，曰：‘闻解榜内有人曾与路岩作文书者，仰落下。’光以韬玉为问，损判曰：‘正是此。’”按：柏耆之入成德也，尚是布衣的他，是以策干韩愈，通过韩愈，奉了尚在淮西行营督战的丞相裴度书往说的（《鉴》240/7748）。柏耆之遭谗被贬也，受到牵连而见于记载的，即有原曾举荐过他的李翱、李肇等人。《新唐书·李翱传》：“改中书舍人。柏耆使沧州，翱盛言其才，耆得罪，由是左迁少府少监。”（177/5282）同书《艺文志》乙类史部杂史类著录“李肇《国史补》三卷”，其下注曰：“翰林学士，坐荐柏耆，自中书舍人左迁将作少监。”（58/1467）而秦韬玉之“躁进”，却竟然落到“与路岩作文书”，乃至“出

入大阉田令孜之门”的地步。他虽“慕柏耆为人”，而结交之人却与柏耆有天渊之别。(2013-11-23)

二十七、孙储是怎样“贵达”的？又是怎样的“贵达”？

《唐摭言》卷一〇《海叙不遇》：“孙定，字志元，涪州大戎之族子，长于储。定数举矣，而储方欲就贡，或访于定，定谑曰：‘十三郎仪表堂堂，好个军将，何须以科第为资。’储颇衔之。后储贵达，未尝言定之长。晚年丧志，放意杯酒。景福二年下第游京西，出开远门，醉中走笔寄储诗曰：‘行行血泪洒尘襟，事逐东流渭水深。愁跨蹇驴风尚紧，静投孤店日初沈。一枝犹挂东堂梦，千里空驰北巷心。明日悲歌又前去，满城烟树噪春禽。’定诗歌千馀首，多委于兵火，竟无成而卒。”

孙定的一句戏谑之语，孙储对其衔恨之深，报复之剧，见了使人心寒；孙定发自肺腑的哀怨之声，读来令人心酸。

孙储何许人？他是怎样“贵达”的？又究竟是怎样的“贵达”？《通鉴》广明元年十二月纪事、《旧唐书·昭宗纪》光化三年七月庚戌条，和《新唐书·宰相世系表》孙氏表，记载的实际上正是他贵达的起点和终点。

“涪州大戎”：大戎，兵部尚书。“涪州大戎”，似指孙储。关于孙储之“贵达”经历，裴廷裕《授孙储邠州节度使制》曾这样提到：“某官磊落乔松，晶明片玉，以雍睦作理家之本，用诗书为干禄之基。……自拔于侯府，选在明庭，心惟业官，举不避事。广明中，盗侵关辅，兵满京师，恭惟先皇帝远幸右蜀。尔则佐彼上相，首诛助桀之人，赞我元勋，大挫吠尧之党。尔后一麾出牧，双节升坛，安人

得贤太守之风,训兵尽真将军之令。”(《英华》卷四五八、《全文》卷八四一)

引文中“盗”指黄巢义军,“侯府”指时任凤翔节度使、后为宰相的郑畋幕府,孙储是府中的“幕客”(《通鉴》254/8242)。“自拔于侯府,选在明庭”,当指他在“首诛助桀之人”“大挫吠尧之党”中,辅佐郑畋立有大功,而被表荐为官。中和三年(883)十二月,他虽仍是郑畋“门吏”,但已官“给事中、赐紫金(飞)[绯]鱼袋”了。明曹学佺《蜀中广记》卷二五《名胜记》,谓旧《志》载:巴州通江县“郑相遗踪,在壁山下石涧中。梯石齿,披烟萝,入幽岩苔藓间,有字云:‘检校司徒、守太子太保郑畋,门吏给事中、赐紫金飞鱼袋孙储,尚书刑部郎中、赐紫金绯鱼袋郑损,中和三年十二月八日,收访泉石,偶题于此。’”即与众在朝清资官并列。《北里志》:“常有名贤醵宴……今左谏王致君(调)、右貂郑礼臣(彀)、夕拜孙文府(储)、小天赵为山(崇)皆在席。”“今”指《北里志》成书之中和四年。

“一麾出牧,双节升坛”:宋王象之《舆地碑记目》卷一《安吉州碑记》:“《白苹洲记》:在州大厅壁中。中和五年,刺史孙储撰,王溥书。”南宋安吉州,即唐湖州吴兴郡。《嘉泰吴兴志》卷一四“郡守题名”:“孙储:中和五年正月一日,自工部郎中授,除左散骑常侍。《统纪》作:中和四年,权给事中授。”(32A)是“名贤醵宴”之当年或次年,即“一麾出牧”,任湖州刺史矣。《资治通鉴考异》卷二六景福二年“四月时溥自焚”条引《唐太祖纪年录》:“[朱]温既下徐方,诈请朝廷命帅,昭宗乃以兵部尚书孙储为徐帅。既而温以他词斥去,自以其将镇之。”则景福二年(893)前后,已拥有“双节升坛”的资序矣。吴廷燮《唐方镇年表考证》:“绎‘双节升坛’文,是储于除邠帅前已拜节使,今不可考。”(1301页)实非全“不可考”也。

此后,除邠帅在乾宁四年(897)。未赴镇,光化元年(898)初辄移秦州，见吴融《授孙储秦州节度使制》(《英华》卷四五八)。光化三年(900)，任京兆尹。《旧唐书·昭宗纪》：光化三年七月庚戌，“以金紫光禄大夫、守兵部尚书、上柱国、乐安郡开国公、食邑一千五百户孙储，守兵部尚书、兼京兆尹”(20上/767)。《新唐书·宰相世系表》孙氏表：景商子“储，字文府，京兆尹，乐安郡侯”(73下/2959)。京兆尹似是其终官。

本条谓孙定“醉中走笔”寄孙储的悲愤诗是“景福二年下第游京西”时所写。如上所引，此年四月朝廷曾一度任命孙储为徐州节度使，孙储的“贵达”几已达到其巅峰。(2017-3-10)

二十八、杨行密“镇维扬，奄有宣、浙”解

《唐摭言》卷九《表荐及第》：“乾宁中，驾幸三峰，殷文圭者，携梁王表荐及第，仍列于榜内。时杨令公(行密)镇维扬，奄有宣、浙，扬、汴榛梗久矣。文圭家池州之青阳，辞亲间道至行在。无何，随榜为吏部侍郎裴枢宣谕判官，至大梁，以身事叩梁王，王乃上表荐之。文圭复拟饰非，遍投启事于公卿间，略曰：‘於菟猎食，非求尺璧之珍；鹓鹛避风，不望洪钟之乐。’既擢第，由宋、汴驰过。俄为多言者所发，梁王大怒，亟遣追捕，已不及矣。自是屡言措大率皆负心，常以文圭为证。白马之诛，靡不由此也。”

“三峰”，华州别称。乾宁三年，凤翔李茂贞引兵进逼京师，昭宗奔华州依韩建，直至乾宁五年八月始还京，并改元光化。在华州，凡放乾宁四年、五年两榜，殷文圭系“乾宁五年进士”(《直斋》19/26B)。

这条记载，有如旧史书中首句提其纲书法。“乾宁中，驾幸三峰，殷文圭者，携梁王表荐及第，仍列于榜内”为首句。“时杨令公”

以下云云，即细述其表荐及第经过及有关情节。今拟对相关史实略加诠释，重点则有如标题所列。盖在唐末五代，两浙乃钱镠割据之地盘。

“奄有宣、浙”：《旧五代史·僭伪·杨行密传》：“乾宁二年，行密尽有淮南之地。”又云：淮南“自光启末高骈失守之后，行密与毕师铎、秦彦、孙儒递相窥图，六七年中，兵戈竞起”（134/1781）。杨行密崛起于庐州，在递相竞逐中，曾三次攻陷扬州（维扬），景福元年（892）六月“自宣城长驱入于广陵”以后，才坐镇维扬。朝廷于此年“八月，以杨行密为淮南节度使、同平章事，以田頵知宣州留后，安仁义为润州刺史”（《鉴》259/8434）。田頵、安仁义皆杨行密部将。此前，龙纪元年（889）六月，杨行密攻取宣州，“诏以行密为宣歙观察使”（《鉴》258/8388）。景福元年二月，攻取常州、润州（《鉴》259/8426），再未失守。润州是浙西镇海军节度使治所。在宣、浙两镇会府皆为其所有的意义上，也可以说他“奄有宣、浙”。只是此前润州刺史例兼的“浙西镇海军节度观察等使”，此时却并未同时授予杨行密的部将。而且自光启三年三月节帅周宝被逐以后，多年空缺，未再授人。由于钱镠以杭州为据点，势力日渐强大，朝廷遂于景福二年“九月，以钱镠为镇海节度使”（《鉴》259/8448）。镇海仍是浙西军号，润州名义上仍是浙西会府。至光化元年二月，“钱镠请徙镇海军于杭州，从之”（《鉴》261/8514）。润州不再是浙西名义上的会府，浙西也就不再以任何名义隶属于杨行密的吴。但这几乎与殷文圭发榜之日同时了。

“文圭家池州之青阳”。池州乃宣歙巡属，时归杨行密部将田頵管领。

“随榜为吏部侍郎裴枢宣谕判官，至大梁”：“随榜”费解。《旧唐书·裴遵庆附曾孙枢传》：“乾宁初，入为右散骑常侍，从昭宗幸华州,为汴州宣谕使。初,枢自歙州罢郡归朝(按:时在景福二年八月,《鉴》259/8447),路经大梁,时朱全忠兵威已振,枢以兄事之,全忠由是重之。及枢传诏,全忠皆禀朝旨,献奉相继。昭宗甚悦,乃迁兵部侍郎。时崔胤专政,亦倚全忠,二人因是相结,改枢吏部侍郎。未几,换户部侍郎,同平章事。其年冬,昭宗幸华州,崔胤贬官,枢亦为工部尚书。”(113/3357)则枢宣谕汴州时未官吏部侍郎。《旧五代史·梁书·太祖纪》乾宁三年八月载:“是时,昭宗幸华州,遣使就加帝检校太师、守中书令。”(1/18)两者所记当即同一事。

“扬、汴榛梗久矣”:《资治通鉴》卷二五九:乾宁元年十一月。“朱全忠遣使至泗州,陵慢刺史张谏,谏举州降杨行密。行密遣押牙唐令回持茶万馀斤如汴宋贸易,全忠执令回,尽取其茶。扬、汴始有隙。”(8458页)下距殷文圭“间道至行在”不到两年,似不能说“久矣”,但双方争执攻战事端业已确实不少。(2015-11-27)

二十九、卢延让、卢延逊、卢多逊——一人三异名的缘由

一人三名,有对有错,其源盖缘于避讳。

卢延让是唐末著名诗人。孙光宪《北梦琐言》卷七:“卢延让业诗,二十五举方登一第。”王定保《唐摭言》卷六:卢延让“师薛许下为诗,词意入癖,时人多笑之。吴翰林融……偶得延让百篇,融览大奇之,曰:‘此无他,贵不寻常耳!’于是称之……咸所改观”。晁公武《郡斋读书志》卷四中:“《卢延让诗》十卷:……延让师薛能,诗不尚奇巧,人多诮其浅俗,独吴融以其不蹈袭,大奇之。”其名,比较原始或比较权威的涉唐载籍皆作延让,无歧异。晚年入蜀,投靠王建。何光远《鉴诫录》卷五《容易格》:

> 王蜀卢侍郎延让……曾献太祖卷,中有"栗爆烧毡破,猫跳触鼎翻"。后太祖冬夜与潘枢密峭在内殿平章边事,旋令宫人于火炉中煨栗子,俄有数栗爆出,烧损绣褥子。时太祖多疑,常于炉中烧金鼎子,命徐妃二姊妹亲侍茶汤而已。是夜,宫猫相戏,误触鼎翻。太祖良久曰:"栗爆烧毡破,猫跳触鼎翻。忆得卢延让卷有此一联。"乃知先辈裁诗,信无虚境,来日遂有六行之拜,自给事拜工部。(5/116)

文中提及的人物,卢延让、潘峭正确无误,前蜀主王建的庙号"太祖",《十国春秋》另作"高祖",未予采纳。文中所载卢延让这则佚事,实乃诗话的绝好素材,遂为北宋末辑刊的集昔人诗话之大成、而又侧重"述事"方面内容之《古今诗话》录入书中,复为南宋阮阅《诗话总龟》转录于前集卷四《称赏门》:

> 卢延逊献太宗诗卷中,有"栗爆烧毡破,猫跳触鼎翻"之句。后与潘美枢密在内殿议事,令宫人煨栗,俄有数栗爆出,烧损绣褥。又尝烧金鼎,宫猫相戏触翻。因举前诗曰:"词人作诗,信无虚语。"(4/40)

很明显,其终极出处即是上揭《鉴诫录》,而牵涉到的三个当事人却全有差异:卢延让成了卢延逊、潘峭成了潘美,太祖成了太宗。除卢延让改卢延逊不误外,以潘峭为潘美、太祖为太宗全是错的,致误者究系撰人还是刊行者则不得而知。尤其不该的,是节录时删去了"王蜀"二字,易于使人误解为系北宋初年事。至于说卢延让改卢延逊不误,是因为在《古今诗话》或《诗话总龟》的作者、刊行者生活的时代,卢延让的"让"字,是都在必须讳避之列的。宋仁宗无子,继承皇帝位的宋英宗系近亲宗室之子，其生父名让，"让"遂成了法令规定的避讳字，一般以"逊"替代。今人整理古籍，于避讳字多径予回改，但类似这样的情况，似以保留原字而加注予以说明为妥。

收入《四库全书》的典籍，一般都有所校改。上揭《诗话总龟》卷四"卢延逊"条，文渊阁《四库全书》本的文字是这样的：

> 卢多逊献太宗诗卷中，有"栗爆烧毡破，猫跳触鼎翻"之句。后与潘美枢密在内殿议事，令宫人煨栗，俄有数栗爆出，烧损绣褥。又尝烧金鼎，官猫相戏，触翻。因举前诗曰："词人作诗，信无虚语。"

与据以录入的月窗道人刊本相较，仅卢延逊一处被校改为卢多逊。当是馆臣误认文中太宗指宋太宗，而当时与潘美同朝为官的，只有卢多逊，而无卢延逊，于是大笔一挥，便将"延"字改成了"多"字。如上所述，本条"太宗""潘美"原是错的，而馆臣竟以错的为不错，反而以之为推断依据，将本来不错的又改错了，反映了其态度的极端轻率。《四库》本典籍中的校改，有的相当精辟，有的十分草率，本条即是其草率之一例。（2015-10-2）

三十、《唐摭言》所引李洞诗警句诗题校注

《唐摭言》卷一〇《海叙不遇》："李洞，唐诸王孙也。尝游两川，慕贾阆仙为诗，铸铜像其仪，事之如神。洞为《终南山》诗二十韵，句有：'残阳高照蜀，败叶远浮泾。'复曰：'斸竹烟岚冻，偷秋雨雹腥。远平丹凤阙，冷射五侯厅。'大约全篇得唱。又《赠司空侍郎》云：'马饥飡落叶，鹤病晒残阳。'又曰：'卷箔清溪月，敲松紫阁

书。'又《送僧》云:'越讲迎骑象,蕃斋忏射雕。'复《赠高仆射》曰:'征南破虏汉功臣,提剑归来万里身。闲倚凌云金柱看,形容消瘦老于真。'复曰:'药杵声中捣残梦,茶铛影里煮孤灯。'复《送人归日东》云:'岛屿分诸国,星河共一天。'时人但诮其癖涩,而不能贵其奇峭,唯吴子华深知之。"

所录诗句,与今得见全诗者之诗,其诗题异同颇多:

《终南山》诗二十韵,《又玄集》卷下(421页)、《全唐诗》卷七二二(8288页)作《终南山二十韵》,《唐诗纪事》卷五八(888页)作《终南山》。

《赠司空侍郎》,《全唐诗》卷七二一作《郑补阙山居》(8271页)。

又曰:"卷箔清溪月,敲松紫阁书。"《全唐诗》卷七二二见《送从叔书记山阴隐居》(8286页),非上题《赠司空侍郎》(实《郑补阙山居》)之"又曰"。

《送僧》,《文苑英华》卷二三八作《题维摩畅上人房》(7B),《唐诗纪事》卷五八作《题维摩畅林居》(888页),《全唐诗》卷七二一作《题维摩畅林居》(一作《题维摩畅上人房》)(8274页)。

《赠高仆射》,《文苑英华》卷二六二作《赠高仆射自安西赴阙(一作《赠功臣》)》(4A),《全唐诗》卷七二三作《上灵州令狐相公(一作《赠高仆射自安西赴阙》、一作《赠功臣》)》(8300页)。

复曰:"药杵声中捣残梦,茶铛影里煮孤灯。"《鉴诫录》卷九(222页)、《唐诗纪事》卷五八作《上崇贤曹郎中》(887页),《全唐诗》卷七二三作《赠曹郎中崇贤所居(一作《上崇贤曹郎中》)》(8292页)。非上题《赠高仆射》之"复曰"。

《送人归日东》,《又玄集》卷下作《送僧游南海》(422页)、《唐诗纪事》卷五八亦作《送僧游南海》(888页),而其源自《摭言》者又作《送人归东南》(887页)。《文苑英华》卷二二三作《送僧游安南》(4A),《全唐诗》卷七二一作《送云卿上人游安南(一作《送僧游南海》）》（8271 页）。

其中两联，即使不说是错署、也是漏署了出处。其馀各阕，也都差异甚大，唯《终南山》一首基本一致。

《唐诗纪事》卷五八《李洞》，其纪事部分，基本照录《摭言》此条，对其诗题亦未作更动。而在录载全诗时，却又标以其所据原出处的不同诗题，明显地具有比对或纠正的意味。所录诗共六首，《上崇贤曹郎中》《子规》《终南山》《送僧游南海》《赋得送贾岛谪长江》《题维摩畅林居》，其中四首《摭言》录有警句，而三首都具有这样的作用。（2013-10-26）

三十一、进士团非“许多进士集中在一起”的组织

孙光宪《北梦琐言》卷一一有一则“进士团所由倒罚崔状元”的记载，孔凡礼选评本于“所由”“进士团”皆有注。关于后者，注谓“进士团：意谓许多进士集中在一起。”（237 页）当系信手而书，望文生义，并无什么典籍依据。其实，进士团乃是为新及第进士服务的群体，包揽主持新及第进士一春宴游的各项活动，绝非“许多进士集中在一起”的组织，其主要成员为“长安游手之民”。

《唐摭言》卷三《散序》：“曲江大会，比为下第举人，其筵席简率……尔来渐加侈靡，皆为上列所据，向之下第举人，不复预矣。所以长安游手之民，自相鸠集，目之为进士团。初则至寡，洎大中、咸通已来，人数颇众。其有何士参者为之酋帅，尤善主张筵席。凡今年才过关宴，士参已备来年宴游之费。由是四海之内，水陆之珍，靡不毕备。时号长安三绝（南院主事郑容，中书门官张良佐，并士参为三绝）。团司所由百馀辈，各有所主。”

《唐摭言》记新及第进士的各项活动，时不时可见进士团的身影。如：

卷三《慈恩寺题名游赏赋咏杂纪》："薛监晚年厄于宦途，尝策羸赴朝，值新进士榜下，缀行而出，时进士团所由辈数十人，见逢行李萧条，前导曰：'回避新郎君！'逢輾然，即遣一介语之曰：'报道莫贫相，阿婆三五少年时，也曾东涂西抹来。'"又：会昌三年王起下及第之高退之曾自述："退之自顾微劣，始不敢以叨窃是望，策试之后，遂归盩厔山居。不期一旦进士团遣人赍榜扣关相报，方知忝幸矣。"

卷三《散序》："大凡谢后便往期集院（团司先于主司宅侧税一大第，与新人期集），院内供帐宴馔，甲于辇毂。"同卷《期集》："同年初到集所，团司所由辈参状元后，便参众郎君。拜讫，俄有一吏当中庭唱曰：'诸郎君就坐！只东双西。'其日，醵罚不少。"

卷三《过堂》："其日，团司先于光范门里东廊供帐备酒食，同年于此候宰相上堂后参见。"

卷三《慈恩寺题名游赏赋咏杂纪》："崔沆及第年为主罚录事。同年卢彖俯近关宴，坚请假往洛下拜庆，既而淹缓久之。及同年宴于曲江亭子，彖以雕幰载妓，微服罼鞚，纵观于侧，遂为团司所发。沆判之，略曰：'深搀席帽，密映毡车。紫陌寻春，便隔同年之面；青云得路，可知异日之心。'"又载："卢文焕，光化二年状元及第，颇以宴醵为急务。常俯关宴，同年皆患贫，无以致之。一旦，给以游齐国公亭子，既至，皆解带从容。文焕命团司牵驴，时柳璨告文焕以驴从非己有，文焕曰：'药不瞑眩，厥疾弗瘳！'璨甚衔之。居四年，璨登庸，文焕忧戚日加，璨每遇之，曰：'药不瞑眩，厥疾弗瘳。'"

此外，《北里志》"天水仙哥"条也曾提到："刘覃，登第年十六七，永宁相国邺之爱子。自广陵入举，辎重数十车，名马数十驷。时同年郑賨先辈扇之，极嗜欲于长安中。天水之齿甚长于覃，但闻众誉天水，亦不知其妍丑。所由辈潜与天水计议，每令辞以他事，重难其来，覃则连增所购，终无难色。会他日，天水实有所苦，不赴召，覃殊不知信，增缗不已。所由辈又利其所乞，且不忠告，而终不至。……"

由上可见，自发榜之日，进士团辄充当新及第进士的前导，为之呵喝开道。若有未到现场看榜的及第者，进士团且派人将榜送至其家。新及第进士聚集的场所"期集院"、等待"过堂"参见宰相的候见室，全由进士团事先为之物色并加布置。重要的宴游，进士团除操办宴席外，若有该到而托辞未到者，可予纠察揭发。乃至新及第进士之狭邪狎游，亦由进士团所由为之充当中介。总之，进士团确是为新及第进士一春游宴精心服务的群体，既非新及第进士、亦非未及第进士(下第举子)"集中在一起"的组织。

不过，进士团虽是"长安游手之民，自相鸠集"的民间群体，但由于其服务对象的特殊性，却带有相当浓重的官府机构的色彩。在期集院中庭"唱曰'诸郎君就坐！只东双西'"者，当是进士团中人，而记载却谓之为"吏"。进士团的酋帅何士参，且与"南院主事郑容，中书门官张良佐"一起，被并称为"长安三绝"。孔凡礼注："所由，谓事必经其手，这里是说差役或杂役。"结合他为"进士团"所加注语合看，亦有欠确切处。盖此处说的"所由"，实指进士团中"各有所主"的诸成员，而非在"许多进士集中在一起"的组织中充当"差役或杂役"的人。(2015-9-18)

三十二、"进士团所由倒罚崔状元"究竟是怎么回事？

孙光宪《北梦琐言》卷一一"进士团所由倒罚崔状元"："唐进

士崔昭矩为状元,有进士团所由,动静举罚。一日,所由疏失,状元笞之。逡巡,所由谢伏(一作杖),于阶前对诸进士曰;'崔十五郎不合于同年前面瞋决所由,请罚若干。'博陵无言以对。"(233页)

孔凡礼选评本选录此条,评曰:"所由对那些进士说的那一番话响铛铛。他不呼崔状元而呼崔十五郎,他控诉崔十五郎对他的态度不好,对他无礼;他理直气壮地要求罚崔状元。所由在这里,是在争取作人的权利和人格的尊严,表现了一种觉醒。所由所代表的是下层劳动者,这就赋予了这则故事一种深刻的社会意义。"(238页)

似乎早在唐代,近代的曙光、启蒙的意识,在这位进士团所由的身上业已有所体现。孔凡礼选评《北梦琐言》,其评语是在病房中作的,似仅凭平素的知识积累信手而书,未及多作查检并细加斟酌。如本条云云,即有几点值得商榷。

首先,称"崔十五郎"有无贬义,有无轻蔑义?没有。后世"状元"与"郎"连用,"状元郎"几成习用语词。在唐代,记载及第进士的书籍,有称《登科录》的,又有称《讳行录》的,后者见《崇文总目》,《新唐书》《宋史》《艺文志》著录,《十抄诗》卷上张籍《寄苏州白使君》夹注曾加引用(29页)。此书"以四声编登科进士族系、名字、行第、官秩,及父祖讳,主司名氏。起兴元元年,尽大中七年"(王应麟《困学纪闻》14/283)。如书名所示,登科进士的信息,最重要的是名讳和行第。名须讳避以免冒犯,行第即供人称呼。同年之间,张曙与杜荀鹤互以"张五十郎""杜十五公"相称(《摭言》12/2B),主仆之间,仆亦以"郎君""几郎"(即行第加"郎"字)称呼其主:卢钧初及第,有一仆愿为月佣。钧主宴,仆为之张罗,先后向钧请示:"郎君可以处分最先后勾当何事?""已税得宅矣,请几郎检校。"(《摭言》3/19A)刘坚、江蓝生《唐五代语言词典》释"郎"有二义，一为“奴仆对主人的称呼”，二为“对人的尊称”（221页）。进士团所由“不呼崔状元而呼崔十五郎”，哪有什么特殊含义。

新及第进士诣期集院之日，“状元与同年相见后，便请一人为录事（旧例，率以状元为录事）。其馀主宴、主酒、主乐、探花、主茶之类，咸以其日辟之”（《摭言》3/2A）。也就是，一春的游宴，在同年中是各有专人负责的。而为之服务的进士团，“团司所由百馀辈，各有所主”（同上）。则为之主持张罗各项具体活动。游宴的经费，除有时有些活动为特别富裕者独力承担（如刘覃之樱桃宴）外，一般用“醵率”“醵罚”形式筹集，即或平均分摊，或由某些人多出或罚出。如“抽名纸钱”，每人十千文，然先出钱铺底的三五人，却每人三十千文（《摭言》3/4A）。登科进士的一春游宴，进士团年年包办，各项活动的规则实际上由团所由掌握，是否违规或应否“醵罚”，一般也由所由评判。上揭《北梦琐言》谓“进士团所由，动静举罚”，反映的就是这方面的情况。游宴的经费有些事先已由进士团酋帅垫支，“醵率”“醵罚”的款项也未必立即到位。《摭言》谓进士团酋帅何士参，“尤善主张筵席。凡今年才过关宴，士参已备来年宴游之费”。《南部新书》乙卷载：“进士春关宴曲江亭，在五六月间。一春宴会，有何士参者都主其事，多有欠其宴罚钱者，须待纳足，始肯置宴。盖未过此宴，不得出京，人戏谓何士参索债宴。”（60页）

例由状元充当的“录事”，系套用府州衙门的官名，其职权亦与录事参军相当，对主管和参加游宴活动的人有督察责罚之权。进士团所由的身份地位介于仆隶与宾从之间，“动静举罚”的“醵罚”，与录事的责罚性质有别，实际上亦为诸进士郎君所默认。“所由疏失，状元笞之。”不是无辜受责打，所由对此并未反抗。他只是在“谢杖”的同时，灵机一动，想出了对录事“醵罚”的理由——“不合于同年前面瞋决所由”，以致崔状元“无言以对”，只得认罚，从而作了个小小的报复。“进士团所由倒罚崔状元”，反映的无非是所由的机智，事情的经过又极富戏剧性，遂以此被写入笔记，并得以流传。孔凡礼评语所作的引申和发挥，实实值得斟酌再斟酌。(2015-9-25)

三十三、“怜云将无知”“说鸿蒙之偈”漫释

《唐摭言》卷四《师友》：

毛杰《与卢藏用书》：“……贾生不云乎：‘达人大观，物无不可，小智自私，贱彼贵我。’况公拂衣高尚，习静闲局，世事多捐，尤精道意。岂有自私而已，无大观者哉？倘能怜云壑，奖无知，憋张良小子，说鸿蒙之偈，遗黄石之书。虚往实归，沾雾露之微润，裒多益寡，落丘山之一毫。则知足下之眷深焉，小人之庆毕矣。”

其中“怜云壑，奖无知”费解，且与下文不相连贯。蒋光煦校勘记过录方雪斋本校语，谓“壑”字衍，“奖”字改“将”。即此句当正作“怜云将无知”。蒋光煦的校勘记，上古本《摭言》“据以校补”之处甚多，而此处则未从改。在今日易于获见的《摭言》各个版本中，此句也绝无作“怜云将无知”的。方雪斋的校改可能未必有版本依据，但却值得重视，其所作校改，应当说是改得对的。

若据原有文字，“说鸿蒙之偈，遗黄石之书”，当皆是“憋张良小子”的后续行为。然据《史记·留侯世家》所载，却只有“遗黄石之书”，并无“说鸿蒙之偈”也。若校改为“怜云将无知”，则“怜云将无知”与“说鸿蒙之偈”，“憋张良小子”与“遗黄石之书”两两相接，引用的实际上是两个掌故，后者见《史记·留侯世家》，前者则另见《庄子·外篇·在宥》。

云将,云之主帅;鸿蒙,自然元气。拟人化为庄子寓言中的两个人物。“云将东游,过扶摇之枝,而适遭鸿蒙。……云将不得问。又三年,东游过有宋之野而适遭鸿蒙。云将大喜……再拜稽首,愿问于鸿蒙。鸿蒙曰:‘浮游,不知所求;猖狂,不知所往;游者鞅掌,以观无妄。朕又何知!’云将曰:‘朕也自以为猖狂,而民随予所往;朕也不得已于民,今则民之放也。愿闻一言。’鸿蒙曰:‘乱天之经,逆物之情,玄天弗成;解兽之群,而鸟皆夜鸣;灾及草木,祸及止虫。噫,治人之过也!’云将曰:‘然则吾奈何?’鸿蒙曰:‘噫,毒哉!仙仙乎归矣。’云将曰:‘吾遇天难,愿闻一言。’鸿蒙曰:‘噫,心养。汝徒处无为,而物自化。堕尔形体,(吐)[黜]尔聪明,伦与物忘;大同乎涬溟,解心释神,莫然无魂。万物云云,各复其根,各复其根而不知;浑浑沌沌,终身不离;若彼知之,乃是离之。无问其名,无窥其情,物固自生。’云将曰:‘天降朕以德,示朕以默;躬身求之,乃今也得。’再拜稽首,起辞而行。”(3/13B)“心养”以下一段,颇似佛经中的偈,生活于佛学鼎盛环境中的毛杰,遂以“鸿蒙之偈”称之。

方雪斋大概即是从“说鸿蒙之偈”倒溯,凭着其厚实的古文献素养,断言“壑”字衍,“奖”字改“将”的。(2014-5-17)

三十四、且看这段引自《周易》的文字

《唐摭言》卷五《切磋》载皇甫湜与李生第二书,其中有这样一段话:

> 书之文不奇易之文可为奇矣岂碍理伤圣乎如龙战于野其血玄黄见豕负涂载鬼一车突如其来如焚如死如弃如此何等语也

新版排印本多加断句或标点，今获见者，其所加断句或标点如下：

1936 年《丛书集成初编》本据《学津讨原》排印本：书之文不奇。易之文可为奇矣。岂碍理伤圣乎。如龙战于野。其血元黄。见豕负涂。载鬼一车。突如其来。如焚如死如弃。如此何等语也。（48 页）

1957 年古典文学出版社点校本：书之文，不奇；易之文，可为奇矣。岂碍理伤圣乎？如龙战于野！其血元黄，见豕负涂，载鬼一车，突如其来，如焚，如死，如弃。如此，何等语也？（59 页）

约 1999 年王宏治整理泰山出版社《中华野史》本：《书》之文，不奇；《易》之文，可为奇矣。岂碍理伤圣乎？如龙战于野！其血元黄，见豕负涂，载鬼一车，突如其来，如焚、如死、如弃。如此，何等语也？（221 页）

2000 年阳羡生校点上海古籍出版社《唐五代笔记小说大观》本：《书》之文，不奇；《易》之文，可为奇矣。岂碍理伤圣乎？如"龙战于野，其血元黄"，"见豕负涂，载鬼一车"，"突如其来，如焚，如死，如弃"，如此，何等语也？（1622 页）

2011 年黄寿成点校三秦出版社本：《书》之文不奇，《易》之文可为奇矣。岂碍理伤圣乎？如"龙战于野，其血玄黄"，"见豕负涂，载鬼一车"，"突如其来如焚，如死，如弃"，如此何等语也？

以上，可归为一类。然而亦有另一类断句或标点。如：

1983 年中华书局出版的《全唐文》是如此断句的：书之文不奇。易之文可谓奇矣。岂碍理伤圣乎。如龙战于野。其血元黄。见豕负涂。载鬼一车。突如其来如。焚如死如弃如。此何等语也。（685/24A）

1996 年出版，王运熙、顾易生主编的《中国文学批评史》隋唐五代卷引用这段话,是这样标点的:《书》之文不奇,《易》之文可谓奇矣。岂碍理伤圣乎? 如"龙战于野,其血玄黄","见豕负涂,载鬼一车","突如其来如,焚如,死如,弃如",此何等语也!(567页)

2003年出版的姜汉椿《唐摭言校注》,虽以1957年古典文学出版社本为工作本,对此处的标点却作了这样的更改:《书》之文,不奇;《易》之文,可为奇矣。岂碍理伤圣乎? 如"龙战于野,其血元黄","见豕负涂,载鬼一车","突如其来如,焚如,死如,弃如",此何等语也!

皇甫湜说"《易》之文可为奇矣",从《周易》共举了三个词例,分别引自《易》坤卦上六、睽卦上九、离卦九四。在这里成为问题、断句标点互相歧异的,是最后一段引自离卦九四的话。基本上可分为如上两大类。究竟哪一类的断句标点是准确的呢? 且看汉唐的注疏家都是怎样说的:

魏王弼注:处于明道始变之际,昏而始晓,没而始出,故曰"突如其来如"。其明始进,炎始盛,故曰"焚如"。逼近至尊,履非其位,欲进其盛以炎其上,命必不终,故曰"死如"。违离之义,无应无承,众所不容,故曰"弃如"也。(《周易正义》,31页)

唐孔颖达疏:"突如其来如"者,四处始变之际,三为始昏,四为始晓,三为已没,四为始出,突然而至,忽然而来,故曰"突如其来如"也。"焚如"者,逼近至尊,履非其位,欲进其盛,以焚炎其上,故云"焚如"也。"死如"者,既焚其上,命必不全,故云"死如"也。"弃如"者,违于离道,无应无承,众所不容,故云"弃如"。(《周易正义》,31页)

注疏的引述,实际上也将这节经文断句了。可见后一类是准确或基本准确的。姜汉椿的《唐摭言校注》,人们颇有微言,但在这一处,由于追溯到了引文的出处,参考旧注,不仅作了正确的注解,并且对工作本的错误标点作了更正,值得肯定。反观《唐摭言》的其他整理点校者,这么点笨功夫既懒得去下,又欠缺《全唐文》圈点者和《文学批评史》作者的学术素养,瞎蒙着去操作,就难免要出点纰漏。

“如”作为虚词,离卦九四的用法,是比较罕见的,以致研究虚词的权威著作王引之的《经传释词》竟未将其收录在内。是孙经世的《经传释词再补》才对之作了补充诠释:“如,犹‘然’也。”引《易·离·九四》“突如其来如”。谓“突如”之“如”“犹‘然’”,若“来如”之“如”,则语助也。又:“如,语助也。”引《易·离·九四》“焚如死如弃如”。(《经传释词》,327页)

裴如海又进一步补充:“‘如’,犹‘焉’也。语末助词也。”引《易·离·九四》:“突如,其来如,焚如,死如,弃如。”(《集释》,555页)(2013-12-28)

三十五、“张空拳”漫说

《唐摭言》卷九《好及第恶登科》门末之论曰:“古人举事之所难者,大则赴汤火,次则临深履薄,李少卿又曰‘操空弮,冒白刃’。闻者靡不胆寒发竖,永为子孙之戒。噫,危矣!”

“操空弮”之“弮”,“雅雨堂藏书”初印本作“拳”,复校修版本才改作“弮”。在雅雨堂本之外,《学津讨原》本、“啸园丛书”本,皆作“拳”,唯《四库全书》摛藻堂本、文渊阁本作“弮”。然诸本祖本实皆同为清初出现的明刻本,改“拳”为“弮”未必有版本依据,当是据他校所得而改,或仅凭校者的渊博学术素养臆改。改得对吗?

本条谓“李少卿又曰‘操空弮,冒白刃’”。李少卿乃何许人?姜汉椿《唐摭言校注》于“李少卿”下加注云:“李少卿:事迹未详。《新唐书·艺文志》著录有《十异九迷论》,且此人为道士,不知是否一人。”(181)显然错认汉人为唐人,张冠李戴了。西汉李陵字少卿,此李少卿即李陵也,《汉书》卷五四附见其祖《李广传》(2450)。“操空弮,冒白刃”,见司马迁《报任安书》,全文载《汉书·司马迁传》(62/2724)。说的是李陵领军远离本土,身陷绝境,面对强敌时,在李陵激励下士卒的表现:“且李陵提步卒不满五千,深践戎马之地……转斗千里,矢尽道穷,救兵不至,士卒死伤如积。然李陵一呼劳军,士无不起,躬流涕沫血饮泣,张空弮,冒白刃,北首争死敌。”(2729页)此事又被班固修入同书《李广附孙陵传》:“后闻陵降,上怒甚……群臣皆罪陵。上以问太史令司马迁,迁盛言:‘……转斗千里,矢尽道穷,士张空拳,冒白刃,北首争死敌,得人之死力,虽古名将不过也。”(54/2456)用的是“拳”字。同是一人之书,或作“弮”,或作“拳”,在《汉书》那里即已未曾划一。

对于“弮”或“拳”,唐颜师古都有注。“弮”:“李奇曰:‘弮,弩弓也。’师古曰:弮,音丘权反,又音眷。读者乃以拳掔之拳,大谬矣。拳则屈指,不当言张。陵时矢尽,故张弩之空弓,非是手拳也。”(62/2729)“拳”:“文颖曰:‘拳,弓弩拳也。’师古曰:拳,字与絭同。音去权反,又音眷。”(54/2456)前者明确说非“拳掔之拳”,后者则说这里的拳“字与絭同”,即弮的别字。

司马迁的《报任安书》,大概直至南北朝时尚有单本流传,被昭明太子录入《文选》的《报任安书》,与见于《汉书》司马迁本传的即不尽相同。清严可均《全汉文》卷二六辑载此文,注出“《汉书》本传、《文选》”。并加有案语:“案本传有删节。”(9A)值得注意的是,《文选》所载,此字竟亦作“拳”。李善注:“李登《声类》云:‘拳,或作卷。’此言兵已尽,但张空拳以击耳。桓宽《盐铁论》曰:‘陈胜无将帅之兵,师旅之众,奋空卷而破百万之军。’何晏《白起故事》:‘白起虽坑赵卒,向使预知必死,则前驱空卷,犹可畏也,况三千万被坚执锐乎?'颜师古曰:'读为拳者,谬矣。拳则屈指,不当言张。陵时矢尽,故张弩之空弓,非手拳也。李奇曰:拳者,弩弓也。'"(41/11A)李善的生活年代稍晚于颜师古,其注虽将两说并列,实际上是倾于肯定前者的。至于六臣注《文选》中的李周翰注,则对后者完全肯定了:"翰曰:张,举也。言矢尽道穷,人无尺铁,故犹举空拳,以冒白刃之敌也。"按:训"张"为"举",似仅见于此。

后人选录司马迁此文,除《全汉文》外,如姚鼐《古文辞类纂》、高步瀛《两汉文举要》,字皆作"弮",若有简注,也都以颜注为依据。

看来,古人对于前人的错误,往往讳言其错其误,百般为其往可以通解处辨释。直至清代中后期,专门研究假借字的朱珔,才明确指出,"弮""絭"或为假借,"弮""拳"绝非假借,而系误字。《说文假借义证》卷二三《手部·拳》:"《汉书·司马迁传》'李陵劳军。士张空弮。'颜注:'读者以为拳,大谬。拳则屈指,不当言张。陵时矢尽,故张空弓,非手拳也。'是拳乃误字,不为假借。但弓部无弮。注又云:'与絭同。'絭在纟部,或可借为弮。与弓有弦缴,义相近。"(23/24A)(2013-11-9)

三十六、"赴汤火""赴汤蹈火"的出处及其先后

《唐摭言》卷九《好及第恶登科》门之末论曰:"古人举事之所难者,大则赴汤火,次则临深履薄,李少卿又曰'操空弮,冒白刃'。闻者靡不胆寒发竖,永为子孙之戒。噫,危矣!"

黄寿成点校本将"赴汤火"改为"赴汤蹈火"。其校勘记谓:"原本作'赴汤火',据清抄本改。"(135页)关于此清抄本,其"前言"有如下说明:这次点校,所用底本是《学津讨原》本,"用以校勘

的,一是清舒本鲁明抄本(以下简称清抄本),此抄本避讳至'玄'字缺末笔,据先父黄永年教授所考应是清康熙四十三年之前抄本,此抄本有许多胜于其他版本之处。……"(3页)黄永年写过《跋康熙时舒本鲁明抄本〈唐摭言〉》,载《唐研究》第五卷,后又收入《黄永年古籍序跋述论集》。

这一抄本也许确实有许多优胜之处,但具体到"赴汤火"还是"赴汤蹈火",则抄本未必即对。此语不仅底本作"赴汤火",其曾经取校诸本再无一作"赴汤蹈火"的,其未尝取校之本,如《四库全书》摛藻堂荟要本、文渊阁本,雅雨堂藏书初印本、复校修版本,"啸园丛书"本,蒋光煦校勘记,也无一作"赴汤蹈火"或认为该作"赴汤蹈火"的。那么凭什么断定今所见诸本皆误,只有其家珍藏的这部清抄本才符合作者当年的原貌呢?

谨按:《论》中提到的古人举事所难的话,如"赴汤火""临深履薄""操空弮,冒白刃",实皆西汉人语,皆引自《汉书》。其中"赴汤火",即见《汉书·晁错传》:"是时匈奴强,数寇边,上发兵以御之。错上言兵事曰……错复言守边备塞,劝农立本,当世急务二事,曰:'……凡民守战至死而不降北者,以计为之也。故战胜守固,则有拜爵之赏,攻城屠邑,则得其财卤以富家室。故能使其众蒙矢石,赴汤火,视死如生。"(49/2284)

至于"赴汤蹈火",其始见于文献,则远较"赴汤火"为晚。《汉语大词典》"赴汤蹈火"词条所引最早用例,是晚唐康骈《剧谈录》的"潘将军失珠"条:"每感重恩,恨无所答,若力有可施,必能赴汤蹈火。"就本人所知,似尚可上推至南朝梁张缵《妒妇赋》:"忽有逆其铁鳞,犯其忌制,赴汤蹈火,瞋目攘袂,或弃产而焚家,或投儿而害壻。"(《艺文类聚》卷三五《人部·妒》)

《汉语大词典》对"赴汤蹈火"的解释是:"敢于投入沸水,跳进烈火。比喻不避艰险。……亦作‘赴汤跳火’、‘赴汤投火’。……亦省作‘赴汤火’。……参见‘赴水火’。”未为“赴汤火”另立词条。只是既然“赴汤蹈火”的最早用例只见于晚唐《剧谈录》,却说用例见于《汉书·晁错传》的“赴汤火”是“赴汤蹈火”之“省”,不觉得宾主有点易位了吗?(2013-11-2)

《南部新书》研读札记三十一题[①]

一、唐人多称"隋"为"随"

《南部新书》丙卷第 64 条载唐初御史台门为何北开:"或云随初移都之时,兵部尚书李圆通判御史大夫,欲向省便,故开北门。"称"隋"为"随"。

"或云"云云,源自唐苏冕《会要》(《唐会要》卷六〇),亦见唐胡璩《谭宾录》(《广记》卷一八七),今得见之本,"随"皆作"隋"。《南部新书》三种常见版本中,亦只有《学津讨原》本作"随",馀皆作"隋"。《丛书集成》初编虽据《学津》本排印,而"随"已径改为"隋"。五种以《学津》为底本的点校本,多数也已径改,唯黄寿成本有校勘记,谓:"张本'隋'作'随',误,据伍本改。"但如《学津》本之作"随",是否绝对地"误"了呢?

杨坚得国之时,其国号是依其先世曾受封随国公取定的。《资治通鉴》卷一七五系隋受周禅于陈宣帝太建十三年二月甲子,其下胡三省注曰:"隋主本袭封随公,故国号曰随。以周、齐不遑宁处,

---

① 内六题与陈志坚合撰。

故去'辵'作隋,以'辵'训走故也。辵,音绰。"(5433 页)表明隋自建立之初,即已将国号改定为"隋"。

然而见于唐初碑刻者,却仍然多将胜朝隋称作"随"。为什么呢?顾炎武认为:"隋""随"古同,可互相通用,胡注之说未必可信。《金石文字记》卷二《唐 · 皇甫诞碑》:"'隋'字作'随'。虞世南《孔子庙堂碑》,欧阳询《九成宫醴泉铭》,王知敬《李卫公碑》,高宗《李英公碑》,天后《顺陵碑》,于敬之《华阳观王先生碑》,裴漼《少林寺碑》,皆然。当日金石之文,二字通用,自司马温公作《通鉴》以后,始壹用隋字。而《水经注》'涢水东南径隋县西','随'字作'隋',则知此自古人省笔之字。谓文帝始去'辵'而为'隋'者,未必然也。"

随着隋唐石刻出土或面世的日益增多,见于隋石刻者,其字却无不作"隋",于是岑仲勉对钱大昕之说又提出质疑:"坚以父忠封随国公,因改朝号曰随,又恶'随'字带'走',故去走为隋。清代金石家见初唐石刻常作'随',遂疑旧说之误。近年石刻大出,则隋石刻无不作'隋'。往日新朝,往往反胜朝之所为,初唐间作'随',实因此之故。然初唐以后,又作隋者多,作'随'者甚少,苟非杨坚先曾改定,则无以解此等异同之迹也。"①

见于文献的唐人称隋为"随"的例证也不是毫无纵迹可寻。如《永乐大典》录唐林宝《元和姓纂》独孤氏佚文:"独孤信本名如影,唐赠太尉、赵景公。生罗、善、穆、藏、顺、陁、宗、整。……第四女随文帝献皇后,生炀帝。罗,随封蜀公……善,随河内公……藏,随金州刺史、武平公……顺,武成公……陁,随闻喜公……整,随平乡公……"(《四校记》,924 页),即是一例。只是文献中的"随"字,后

① 岑仲勉《隋唐史》,第 2 页,中华书局,1982 年。

人可以任意径改,不似碑刻难以抹去罢了。如上引佚文,四库馆臣将其误辑入《古今姓氏书辩证》中时,“随”即全数径改作“隋”。钱氏提及的碑文,辑录入《全唐文》者,也悉数径改作“隋”。

将“随”径改作“隋”,对于理解文献内容而言,虽无大碍,但今人在整理古籍时,最好还是慎重一些,以保留原字为当。因为从中还可窥见一个时代的部分习气也。因为称胜朝“隋”为带“辵”的“随”,无疑带有些许贬义,略等于称之为“短命王朝隋”。至于信口判定以“随”称隋为“误”,那就更不足取了。(2012-4-28)

二、温大雅与温彦博,还是与温彦将“对居近侍”?

《南部新书》甲卷第22条:“温大雅,武德中为黄门侍郎,弟彦博为中书侍郎。高祖曰:‘我起义晋阳,为卿一门尔!’后弟大有,又除中书侍郎。大有一作彦博。”行文与《会要》相近,其注似即针对《会要》而言。《唐会要》卷五四《门下侍郎》:“武德二年四月,温大雅为黄门侍郎,弟彦博为中书侍郎,对居近侍。高祖谓曰:‘我起义晋阳,为卿一门耳!’至五年三月,彦博又为中书侍郎。”《旧唐书·温大雅传》略同:“武德元年,历迁黄门侍郎。弟彦博为中书侍郎,对居近密,议者荣之。高祖从容谓曰:‘我起义晋阳,为卿一门耳。’寻转工部。”都说与温大雅“对居近侍”的是“温彦博”。

但是,《太平御览》卷二二一《职官部·黄门侍郎》所引录的《唐书》却记载:“温大雅为黄门侍郎,弟彦将为中书侍郎,对居近侍。高祖谓曰:‘我起义晋阳,为卿一门耳。’”《册府元龟》卷七八二《总录部·荣遇》亦载:“温大雅,武德元年为黄门侍郎,弟彦将为中书侍郎,列居近侍,议者荣之。高祖从容谓曰:‘我起义晋阳,为卿一门耳。’”又说与温大雅“对居近侍”的是“温彦将”。

那么,究竟是温彦博,还是温彦将呢?

温彦博和温彦将,都是温大雅之弟。《旧唐书·温大雅传》:“大雅弟大有,字彦将。……义旗初举,高祖引为太原令。从太宗击西河。……及破西河而还,复以本官摄大将军府记室,与兄大雅共掌机密。武德元年,累转中书侍郎。会卒,高祖甚伤惜之。”《册府元龟》卷四五八《台省部·才智》:“温大有,字彦(博)[将],大雅弟也。为中书侍郎,敷奏明敏,为当时所称。先大雅卒,朝廷每追惜之。”可见,彦将确曾为中书侍郎,时间也确在武德元年或稍后。至于彦博,《旧唐书》同传谓:“大雅弟彦博……及隋乱,幽州总管罗艺引为司马。艺以幽州归国,彦博赞成其事,授幽州总管府长史。未几,征为中书舍人,俄迁中书侍郎,封西河郡公。”据同书《罗艺传》:“武德三年,奉表归国,诏封燕王,赐姓李氏,预宗正属籍。”“三年”不确。《旧唐书·高祖纪》《资治通鉴》卷一八七,皆系“封幽州总管罗艺为燕郡王,赐姓李氏”于武德二年十月己亥。则武德二年四月,温彦博尚远在幽州总管罗艺的幕府中,不可能与大雅在朝“对居近侍”也。彦博之为中书侍郎,当如上引《唐会要》末句所载,业已迟至征其入朝后的武德五年三月。此时,温大雅或已迁任工部侍郎矣。很显然,与温大雅“对居近侍”的,是温彦将,而不是温彦博。

上引诸书,本属同一系统,或许同出一源。今日所见之差异,很可能是在文献流布过程中产生的。盖温氏三兄弟,原皆以“彦”名,而以“大”为字。稍后唐人为避先曾立为太子,后又追崇为孝敬皇帝的高宗之子“弘”的名讳,遂将其长兄之名“彦弘”追改,降以为字,而将其字“大雅”改升为名。两位弟弟中,彦将也随着追改为以“大有”为名,而彦博也许由于官位高、享年长,其名“彦博”人所习见习闻,未予更改。致使“彦将”之名,后人日渐生疏,偶而遇到,遂或误以为系“彦博”之讹而径予臆改了。《南部新书》此条,疑原即如此行文,其所据有误也。(与陈志坚合撰)

三、为陈王典签者,是裴敬彝之父,还是裴敬彝本人?

《南部新书》辛卷第42条:“裴敬彝父为陈王典所杀,敬彝时在城,忽自觉流涕不食,谓人曰:‘我大人凡有痛处,吾即不安。今日心痛,手足皆废,事在不测。’遂归觐,父果已死。”“父为陈王典所杀”,文渊阁《四库全书》本、《学津讨原》本同,《粤雅堂丛书》本作“父为陈(正)[王]典签”,句下无“所杀”(或“暴卒”)字。这则关于父子相感特异功能的记载,在钱易录入《南部新书》以前,已见多种文献,然而对裴敬彝之父的身份以及如何死亡,彼此之间却颇有差异。此处说是“为陈王典所杀”,但也有说其父“为陈国王典仪”,“暴卒”的,又有说“为陈王府典签”者系裴敬彝本人,而非其父,其父乃“在官暴卒”。究竟是怎么回事?

先看属于正史系列的记载。《旧唐书·孝友·裴敬彝传》:“裴敬彝,绛州闻喜人也。……少聪敏,七岁解属文,性又端谨,宗族咸重之,号为‘甘露顶’。年十四,侍御史唐临为河北巡察使,敬彝父智周时为内黄令,为部人所讼。敬彝诣临论其冤,临大奇之,因令作词赋,智周事得释。特表荐敬彝,补陈王府典签。智周在官暴卒,敬彝时在长安,忽泣涕不食,谓所亲曰:‘大人每有痛处,吾即辄然不安。今日心痛,手足皆废,事在不测,得无戚乎?’遂请急还,倍道言归,果闻父丧,羸毁逾礼。”(188/4923)《册府元龟·总录部·孝》:“裴敬彝为陈王府典签。父智周暴卒……”(756/5B)《新唐书·孝友·裴敬彝传》:"敬彝七岁能文章,性谨敏,宗族重之,号'甘露顶'。父智周补临黄令,为下所讼,敬彝年十四,诣巡察使唐临直枉。临奇之,试命作赋,赋工,父罪已释。表敬彝于朝,补陈王府典签。一日,忽泣涕谓左右曰……"(195/5582)几种记载,虽详略有异,行文也不尽同,其内容除"内黄令""临黄令"有异外,基本一致,彼此不相抵牾,相关连接皆可获得佐证。是唐临"特表荐敬彝"于朝,"补陈王府典签"。则为"陈王府典签"者是敬彝本人,不是其父智周。

而在刘肃的《大唐新语》卷五中,却记作:"父智周为陈国王典仪,暴卒。敬彝时在长安,忽涕泣谓家人曰:'大人必有痛处,吾即不安。今日心痛,手足皆废,事在不测,能不戚乎?遂急告归,父果已殁,毁瘠过礼,事以孝闻。累迁吏部员外。"(5/79)从行文看,与《旧传》似同出一源,却有为"陈王府典签"者,究系裴敬彝本人,抑系其父智周之异。按:《旧唐书·职官志》载亲王府属僚,计有:"傅一人,从三品。……长史一人,从四品上。司马一人,从四品下。……参军事二人,正八品下。行参军事四人,从八品下。典签二人,从八品下。"(44/1914)无"典仪",而有"典签"。"典签"为王府僚属之最下级,品阶为从八品下。此前,裴敬彝父智周已是县令。内黄县隶相州,系紧县;临黄县隶澶州,系上县。(《元和郡县图志》16/453、467)紧县的地位高于上县。而据《旧唐书·职官志》:"诸州上县令一人,从六品上。"(44/1921)经裴敬彝诣唐临论冤,"智周事得释",未言贬降,为何竟从从六品上的县令徙为从八品下的典签?《新语》所载不确,十分显然。陈王为唐高祖第十六子,武德八年,自汉王改封陈王。贞观十年,又自陈王改封道王(《旧唐书》64/2432)。而贞观六年八月,有唐临在殿中侍御史任记载,见《唐会要》卷六二《御史台·知班》(1278页)。殿中侍御史或径称侍御史。本条云云,当即这一期间内事。

至于《南部新书》所载“裴敬彝父为陈王典所杀”,《粤雅堂丛书》本的校刊者作过他校,已发现其中有误。可惜的是,他校只追溯至《新语》,并未追溯至《旧唐书》,因此校正并不彻底,又发生了以“王”为“正”的新的刊误。

以上诸文献的作者,以刘肃为最早,依次为刘昫、王钦若等、钱易、宋祁。但判断文献的原创性或原始性,似不宜仅以此为准绳,盖此等著作多为编纂之作或辑录之作也。《旧唐书》唐前期事多本之于唐《国史》,《大唐新语》的内容也“多取材于唐代国史旧闻”,两者实同出一源。以《裴敬彝传》为例,《旧唐书》虽有修润,录的是全文,《新语》则是节录,节录易于断章取义。《元龟》也是节录,此条即无此病,心有粗细,态度有严谨与否之异也。《新唐书》系在《旧唐书》基础上增补删润,也无此病。《南部新书》直接录自何书未详,总之已是第三四手的转录之作,其错误更甚,并不令人感到惊奇。(2012-5-19)

四、是大“拂”庐,还是大“佛”庐?

《南部新书》乙卷第17条:“永徽五年,吐蕃献大拂庐,高五丈,广二十步。”

以上系据《学津讨原》本引录。黄寿成和虞云国、吴爱芬的点校本也都以《学津讨原》为底本。在“吐蕃献大拂庐”下,黄校列有异文:“伍本‘拂’作‘佛’。”未下断语。而虞、吴则干脆将“拂”改成了“佛”。其校勘记谓:“‘佛’原作‘拂’,据四库本及粤雅堂本改。”未举参证文献。在‘拂’‘佛’这两个异文中,是单凭直觉,还是凭少数服从多数,还是另有什么依据,断定错的该是“拂”?

本条所记，其渊源所自，乃录自《旧唐书·高宗纪》："[永徽五年八月]辛未，吐蕃使人献马百匹，及大拂庐，可高五丈，广袤各二十七步。"（4/73）然而据校勘记，此处"'拂庐'二字各本原作'驴'"，是"据本书卷一九六上《吐蕃传》《册府》卷九七〇改"的。既然如此，则取证《旧纪》仍然说明不了问题。

那么这两个字在那两处又是如何书写的呢？

《册府元龟》卷九七〇《外臣部·朝贡》：永徽五年"八月，吐蕃使人献野马百匹，及大佛庐，高五尺，广袤各三十七步"。字作"佛"，似乎当以"大佛庐"为正。然而这只是常见的影印明崇祯刻本如此。此卷宋刻残本幸存，却并不是这样。宋本作："八月，吐蕃使人献野马百疋，及大拂庐，高五丈，广袤各二十七步。"（9A）短短一则记事，明刻本竟有"佛""尺""三"三个错字。新近出版的周勋初等的校订本，前两个错字已予校改（11232页）。

《旧唐书》卷一九六上《吐蕃传》未能检到与本条相应的记事，言及此词的有如下一条："其国都城号为逻些城。屋皆平头，高者至数十尺。贵人处于大毡帐，名为拂庐。"（5220页）字作"拂"。

唐代其他文献提及此词，字亦作"拂"，不作"佛"。如：杜甫《送杨六判官使西蕃》："草肥蕃马健，雪重拂庐干。"（《详注》5/377）《通典·边防典六》："其君长或在跋布川，或居逻娑川，有小城而不居。坐大毡帐，张大拂庐，其下可容数百人。"（190/5171）《新唐书·吐蕃传》："其赞普居跋布川，或逻娑川，有城郭庐舍不肯处，联毳帐以居，号大拂庐，容数百人。其卫候严，而牙甚隘。部人处小拂庐，多老寿至百馀岁者。"（216上/6072）

足见《学津讨原》本原作"大拂庐"正确无误。

附带说明，在《南部新书》另三种点校本中，唯徐敏霞《中华野史》本保留底本"拂"字未动，20世纪50年代中华上编本和21世纪

初尚成《宋元笔记小说大观》本,皆“择善而从”,改从错字“佛”矣。(2012-3-17)

五、“赤尉”“中尉”,孰正?孰讹?

《南部新书》壬卷第68条:“崔元综,则天朝为宰相,得罪,流南海之南。会恩,叙赤尉,引谢之日,授分司御史,累迁中书侍郎,卒时九十九,惟独一身。”其中“叙赤尉”,三种常见版本中,“叙”字唯《粤雅堂丛书》本作“赦”,“赤”字唯文渊阁《四库全书》本作“中”;五种以《学津讨原》本为底本的点校本中,唯虞云国、吴爱芬整理的《全宋笔记》本,以《四库全书》本为据,改“赤尉”为“中尉”。改得对吗?是凭什么作的判断?又“赤尉”“中尉”,皆何所指呢?

“中尉”一名,不见于《唐六典》,是神策军左右军护军中尉的简称。与两枢密使合称“四贵”,充职者都是宦官集团的代表性人物,所谓“宦官专权”,即主要通过“四贵”而体现。始置于唐德宗贞元十二年六月乙丑(《旧·纪》13/383)。是中唐以后的事物,怎么竟提前至“则天朝”就出现了呢?

至于“赤尉”,指的是赤县县尉。唐县级行政,有赤、次赤、畿、望、紧、上、中、中下、下等级别。《元和郡县志》标为“赤”的县,《旧唐书·职官志》作“京”县。赤、畿县尉的地位比一般县尉高,赤尉尤高,得以隔品授官,是由地方官转入中央要官的最优途径,被视为美职。因此,赤尉一词在此条上下文中并无捍格不通之处。

如果追溯本条记载的渊源所自,愈益可见原作“赤尉”的正确无误。《太平广记》卷一四六“崔元综”条录《定命录》:“崔元综,则天朝为宰相。令史奚三儿云:‘公从今六十日内,当流南海。六年三度合死,然竟不死。从此后,发初更作官职,后还于旧处坐,寿将百岁,终以馁死。’经六十日,果得罪流于南海之南。经数年,血痢百日,至困,而不死。会赦得归,乘船渡海,遇浪漂没,同船人并死。崔公独抱一板,随波上下,漂泊至一海渚,入丛苇中。板上一长钉刺脊上,深入数寸,其钉板压之在泥水中,昼夜忍痛呻吟而已。忽遇一船人来此渚中,闻其呻吟,哀而救之,扶引上船,与踏血拔钉,良久乃活。问其姓名,云是旧宰相,众人哀之,济以粮食,随路求乞。于船上卧见一官人着碧,是其宰相时令史,唤与语,又济以粮食,得至京师。六年之后,收录乃还,选曹以旧相奏上,则天令超资与官。及过谢之日,引于殿庭对,崔公着碧,则天见而识之,问得何官,具以状对,乃诏吏部令与赤尉。及引谢之日,又敕与御史。自御史得郎官,累迁至中书侍郎,九十九矣。子侄并死,唯独一身。病卧在床,顾令奴婢取饭粥,奴婢欺之,皆笑而不动。崔公既不能责罚,奴婢皆不受处分,乃感愤不食,数日而死矣。”(1093页)

可见,虞、吴乃是以不误为误,显属误校误改。

附带说明:本条“会恩,叙赤尉,引谢之日”语,中华上编和上古本,皆据粤雅堂本误改“叙”为“赦”,误点作“会恩赦,赤尉引谢之日”,也不通。《中华野史》本,“叙”字虽未误改,然却于“会恩叙”下断句,亦欠确。唯黄寿成点校本既未误改“叙”字,也未在其下添加逗号,堪称正确。(2012-6-30)

六、拥有“莫计其价”之“玉叶冠”者,真的是玉真公主吗?

《南部新书》丙卷第45条:“玉真公主玉叶冠,时人莫计其价。”源自李群玉《玉真观》“高情帝女慕乘鸾,绀发初簪玉叶冠”句下原注:“公主玉叶冠,时人莫计其价。”见《四部丛刊初编》本《李群玉诗集》卷中，影印文渊阁《四库全书》本"其价"下多"珍贵无比"四字。《唐会要》卷五〇《观》"玉真观"："景云元年十二月七日，为第九女昌隆公主立为观。二年四月十日，公主改封玉真，所造观便以玉真为名。"(1020页)

郑处诲《明皇杂录》卷下："太平公主玉叶冠，虢国夫人夜光枕，杨国忠锁子帐，皆稀代之宝，不能计其直。"作"太平公主"。影印文渊阁《四库全书》本、《守山阁丛书》本同，《太平广记》卷二三六《玄宗》录《明皇杂录》亦同。然《太平御览》卷八〇二《宝》录《明皇杂录》却作"持盈公主"，宋曾慥《类说》卷一六节录《明皇杂录》，此条亦作"持盈公主"。罗虬《比红儿诗》百首之二二有"知有持盈玉叶冠"句(《唐诗纪事》69/1027)。

这样，"莫计其价"的"玉叶冠"拥有者，就有太平公主、持盈公主、玉真公主三种不同记载。究竟何者为正呢？

赵明诚《金石录》卷二七《唐玉真公主墓志跋尾》："右《唐玉真公主墓志》，王缙撰。《志》云'公主法号无上，真字玄玄，天宝中更赐号曰持盈'，而《唐史》但言'字持盈'尔。《志》又云'中宗时封昌兴县主，睿宗时封昌兴公主，后改封玉真，进为长公主'。《唐史》但云'封崇昌县主'，而以'昌兴'为'崇昌'者，皆其阙误。《志》又云'元年建辰月卒'，而《史》以为'卒于宝应中'，亦非也。此于史学皆至浅，不足道，然著之，要见《唐史》多谬误耳。"(469页)此《唐史》，指《新唐书·诸帝公主传》中"睿宗十一女"的《玉真公主传》。盖宋祁未见此《墓志》耳。从中可知，"持盈""玉真"是同一人在不同时期的不同封号，拥有者三人可缩少至两人。而两人之中，诸典籍皆谓系持盈或玉真，亦即玉真一人所拥有，谓太平拥有者则仅只《明皇杂录》一书。今所见北宋初年两大类书《太平广记》《太平御览》录载《明皇杂录》本条时的"玉真""持盈"异文，显然亦当以持

盈为正。则拥有者两人就只剩下一人。“莫计其价”之“玉叶冠”的拥有者,不就真的是玉真公主了吗?(2012-12-22)

七、“房光庭”与“一房光庭”

清乾、嘉之际,著名藏书家黄丕烈得到一部明刻本《南部新书》,缺甲、乙两卷,借周锡瓒藏另一明刻本抄补,周本有钱曾、何焯校记,则请“馆师”顾广圻鉴定。顾认为,何焯“所改颇有未妥”,举了2例,又认为“其驳正也是翁所校之误多是”,然亦有不少不当处,亦举了2例。其中第二例为:

> “一房光庭”,乃《新唐书·宰相世系表》所谓“房”,非姓也,去“一”字(庚)。

即认为“一”字不当去。且谓:“未经举出者尚伙。益征雌黄不容轻下矣!”(《士礼居藏书题跋记》4/45B,例句见庚卷第11条)《学津讨原》本《南部新书》据黄丕烈藏明刻本校刊,当然仍作“一房光庭”。现有5种以《学津讨原》本为底本的点校本中,尚成本、徐敏霞本一仍其旧,中华上编本虽作“一房光庭”,却有校记,指出《粤雅》本无“一”字。黄寿成本,虞云国本皆删去“一”字,且都有校记说明其校改依据为《粤雅》本和明刻或明抄本。表明对于清代校勘大家的这一成果,有一个从信从,到怀疑,以致放弃的过程。笔者对顾氏此说也深表怀疑,今谨申述理由如下:

一、“一房光庭”是否是对人的称谓?若是,则“一房”既然“乃《新唐书·宰相世系表》所谓‘房’,非姓也”。那么,此人究竟姓什么?

二、《新唐书·宰相世系表》对“房”怎样表述？如：“裴氏定著五房，一曰西眷裴，二曰洗马裴，三曰南来吴裴，四曰中眷裴，五曰东眷裴。”（71 上/2244）“萧氏定著二房，一曰皇舅房，二曰齐梁房。”（71 下/2288）“赵郡李氏定著六房，其一曰南祖，二曰东祖，三曰西祖，四曰辽东，五曰江夏，六曰汉中。”（72 上/2599）各房多以种种特征予以表述。即使用数字序列称呼，亦如范阳卢氏之例：《表》首，载明卢度世“四子：阳乌、敏、昶、尚之。号‘四房卢氏’。”末：“卢氏宰相八人，大房有商、承庆；第二房有翰、迈；第三房有怀慎、杞；范阳有携、光启。”（73 上/2884、2940）第一房称“大房”，不称“一房”。有如月份之一月，多称元月、正月，不称一月（武则天用周正，以十一月为正月，一月乃称“一月”例外）。

三、记载的渊源所自如何称呼？见于《南部新书》庚卷第11 条的原文如下：“一房光庭尝送亲故葬，出定鼎门。际晚且饥，即鬻蒸饼者，与同行数人食之。素不持钱，无以酬直。鬻者逼之，一房命就我取直，鬻者不从。一房曰：‘与尔头衔。我右台御史也，可随取直。’时人赏其放逸。”其渊源所自，今得见者，为载于《太平广记》卷四九四“房光庭”条的《御史台记》。所载事实几全同，却作“房光庭”，不作“一房光庭”。足证“一房光庭”之“一”，确衍无疑。

房光庭，两《唐书》无传，《宰相世系表》房氏表也未载其名，而尚书省郎官石柱题名，户部员外郎第五行、考功员外郎第五行、吏部员外郎第六行、考功郎中第六行，皆有其题名。（《新著录》，367、361、347、359 页）宋王谠《唐语林》卷八：“神龙元年已来，累为主司者：房光庭再，太极元年、开元元年。”（719 页）其任考功员外郎即在此时。李讷《东林寺舍利塔铭》：“昔景龙之岁，御史清河房光庭叹其荒毁，尽留征橐。”（《全唐文》438/18A）其为御史则在为考功员外郎前。

“雌黄不容轻下”！顾氏此话可谓颠扑不破的真理。可惜的是，他本人实际上也未能完全做到。“房光庭”还是“一房光庭”？他即雌黄轻下了。（2012-10-20）

八、宦官程元振有此善举吗？

《南部新书》庚卷第 23 条：“程元振帅兵经略河北，夜袭邺，俘其男女千人。去邺八十里，阅妇人有乳汁者九十馀人，放归邺，邺人为之设斋。”

程元振何许人？除了见于《旧唐书·宦官传》（184/4761）、《新唐书·宦者传》（207/5861）者外，在有关唐五代的文献中，再未检到有名程元振之人，则本条程元振当即指宦官程元振而言。宦官作为一个特殊群体，历来受到人们的鄙视、歧视。在唐代宦官中，像曹日升、马存亮、杨复光、严遵美那样，能获得正面评价的，可谓少之又少。见于两《唐书》的程元振，除了凭借拥立代宗的政治资本，专权跋扈，作威作福，败坏朝政以外，实在是乏善可述。如果本条所载程元振的这一善举属实，则不只如黄寿成在点校本《前言》中所指出的，“可补史传”之缺，也可纠正人们佩戴有色眼镜所持有的传统偏见。

广德元年十一月，程元振即遭贬逐。在他专权的一年半内，最主要的国内战事为宝应元年（762）十月的收复东京之战。此战迫使史朝义自缢，其四大部将归降，从而结束了长达八年的安史之乱。其间，史朝义“邺郡节度使薛嵩以相、卫、洺、邢四州降”（《通鉴》卷二二二），唐军并未追击至邺郡（即相州）。在程元振专权前的乾元二年（759）二、三月间，又曾有郭子仪等九节度之师六十万围攻安庆绪于相州之战，唐军“筑垒再重，穿堑三重，壅漳水灌之”

(《通鉴》221/7068),内外几乎隔绝。“夜袭邺,俘其男女千人”之事,压根不可能发生。代宗即位前,程元振已是“内射生使”,专权时又“专制禁兵”,与邺城有涉的这两场战事,程元振曾在军中也不无可能,但形势并未为他提供“夜袭邺”的时机。

其实,《南部新书》本条所载“帅兵经略河北,夜袭邺”之人,并非程元振,而是程名振;于俘获男女中“阅妇人有乳汁者九十馀人,放归邺”的善举,亦非程元振,而系程名振所为。《旧唐书·程务挺传》:“程务挺,洺州平恩人也。父名振,大业末仕窦建德,为普乐令,甚有能名,诸贼不敢犯其境。寻弃建德归国,高祖遥授永年令,仍令率兵经略河北。名振夜袭邺县,俘其男女千馀人以归。去邺八十里,阅妇人有乳汁者九十馀人,悉放遣之,邺人感其仁恕,为之设斋,以报其恩。”可知,程名振乃有唐名将程务挺之父,其经略河北,为唐初之事。很明显,《南部新书》此条,当即节录自《旧唐书》。而“元”“名”一字之差,竟使宦者程元振平白虚领了“邺人为之设斋”的盛情,又使近人在评议《南部新书》的价值时,将这一录自“史传”的记载用作了“可补史传”之缺的例证。整理古籍,适当作些稍为深入的他校,实在很有必要。(2012-10-6,与陈志坚合撰)

九、崆峒山“即非空桐也”臆解

《南部新书》甲卷第70条;“崆峒山,在松州,属龙州,西北接蕃界。蜀破后,路不通。即非空桐也。”

引文据《学津讨原》本。末句颇难理解。影印文渊阁《四库全书》本作“非即崆峒也”,《粤雅堂丛书》本作“即空桐也”。诸本的歧异实也反映了主持刊校者内心的疑惑。

本条说的是“在松州,属龙州”的崆峒山。关于此山,宋乐史《太平寰宇记》卷八四《剑南东道·龙州》有如下记载:“崆峒山:在州西二百五十一里,高二千五百丈,西接松州交川县界。土人谓之崆峒山。”(1683)此山离龙州州治甚远,其主峰或主体可能即在其西邻松州境内。而松州,《旧唐书·代宗纪》记载:广德元年十二月,“吐蕃陷松州、维州、云山城、笼城。”(11/274)《资治通鉴》卷二二三亦载:代宗广德元年十二月,“吐蕃陷松、维、保三州及云山新筑二城,西川节度使高适不能救。于是,剑南西山诸州亦入于吐蕃矣”(7158页)。龙州虽未失陷,但与崆峒山之间,却已“路不通”矣。

值得注意的是,《太平寰宇记》记龙州此山,强调这只是“土人谓之崆峒山”。它与传说中的黄帝问道于广成子,广成子所居之崆峒山,并非同一山。传说见《庄子·在宥篇》,山名原作“空同”(集解3/12A),《史记·五帝本纪》作“空桐”(1/6),后人一般作“崆峒”,乃至《太平御览》卷七九录《庄子》《史记》,竟亦全改为“崆峒”。

传说中广成子所居之崆峒山,后人附会落实者有多处。《史记·五帝本纪》“西至于空桐,登鸡头”下,唐张守节《正义》:“《括地志》云:空桐山在肃州福禄县东南六十里。《抱朴子·内篇》云:黄帝西见中黄子,受九品之方;过空桐,从广成子受自然之经。即此山。《括地志》又云:笄头山一名崆峒山,在原州平阳县西百里。《禹贡》泾水所出。《舆地志》云:或即鸡头山也。郦元云:盖大陇山异名也。《庄子》云广成子学道崆峒山,黄帝问道于广成子,盖在此。按二处崆峒,皆云黄帝登之,未详孰是。”(1/6)

唐汝州刺史卢贞认为当在汝州,他在为立于该州崆峒山的《广成宫碑》所撰的《碑记》中说:“禹迹之内,山名崆峒者,有三焉。其一在临洮,秦筑长城之所起也;其一在安定。二山高大,可取财用,彼人亦各于其处为广成子立庙。而庄生述黄帝问道崆峒,遂言游襄城,登具茨,访大隗,皆与此山接壤,则临洮、安定非问道之所明

矣。"(《全唐文》303/15B)

《南部新书》的作者为什么在记述龙州崆峒山时,最后加上"即非空桐也"这么一句令后人费解的话?其原意无非是说,今所述者,并非当时人们耳熟能详的、传说中的那座崆峒山。故意书作《史记》所用的"空桐"二字,实也透露了其中的信息,文渊阁本改作"崆峒"显然未能体味作者的用心,而粤雅堂本删去"非"字则完全有悖于作者的本意。(2012-9-29)

十、"高唐不是这高塘"相关事笺

《南部新书》庚卷第82条:"濠州西有高塘馆,附近淮水。御史阎敬爱宿此馆,题诗曰:'借问襄王安在哉,山川此地胜阳台。今朝寓宿高塘馆,神女何曾入梦来。'轺轩来往,莫不吟讽,以为警绝。有李和风者,至此,又题诗曰:'高唐不是这高塘,淮畔江南各一方。若向此中求荐枕,参差笑杀楚襄王。'读者莫不解颜。后因失印,求新铸,始添濠字。"

确是一则令人"解颜"的遗闻轶事。源自封演《封氏闻见记》卷七《高唐馆》。其中"轺轩来往"前五十字,今本《封氏闻见记》原已残阙,校注本系据《南部新书》本条补。宋阮阅《诗话总龟》前集卷三七讥诮门亦载此事,原脱出处,校点本补以"《南部新书》庚"(361页)。所载两诗,宋洪迈已录入《万首唐人绝句》卷六九,《全唐诗》卷八七一辑载此两诗,作者名下无小传,而有题注,题注的依据亦是本条。

文中提到的御史"阎敬爱",方积六、吴冬秀《唐五代五十二种笔记小说人名索引》却以"阎敬受"立目,并加注说:"《闻见记》《新书》作'敬爱',岑仲勉《元和姓纂四校记》称'爱'乃'受'之讹,今从之。”(7778页)《元和姓纂》中的唐人,傅璇琮、张忱石、许逸民《唐五代人物传记资料综合索引》类皆收录,此人却又以“阎敬爱”立目,理由是:“《姓纂》‘爰’作‘受’,今据岑仲勉《元和姓纂四校记》考定改正。”(677页)为何同一种依据竟得出了完全相反的结论?岑仲勉究竟是怎样说的?

《元和姓纂四校记》卷五阎氏“生敬言、敬受、敬仲”条校记:“《南部新书》庚有御史阎敬爱题诗,即此敬受,字涉相类而讹也。《严州图经》一:‘阎钦爱,至德二载十一月十日自苏州别驾拜。’亦当是敬受,钦字殆宋人讳改。馀参拙著《跋封氏闻见记》。”(525页)只说“敬爱”“钦爱”与《姓纂》“敬受”相当,而未明确判定孰是孰非。而此前在《跋封氏闻见记》中,则说:高唐馆条,“《新书》作‘御史阎敬爱宿此馆,’《总龟》作‘御史阎钦授宿此馆’,按……《元和姓纂》:阎眘止,左司郎中,生敬言、敬受、敬仲。宋人讳敬,故《总龟》以钦字代,受、授音同,受、爱形肖,疑敬受近是,然尚须证实也。”(665页)时未见《严州图经》,《新书》是孤证,既见《图经》,《姓纂》反倒有类孤证了,授、受音虽同,终究不等于受呀,所以在《四校记》中,“疑敬受近是”的不肯定意见也未再坚持。

《姓纂》接载:“敬受生涉,邓州刺史。”《四校记》:“《江州集》五《酬阎员外陟》诗,殆即其人。陟父任密州长史,见《广记》二八〇引《广异记》。”(525页)则此阎敬爱的生活时代及简要经历,可大致勾画如下:至德二载任严州刺史,此以前任苏州别驾,其任密州长史,当在安史之乱爆发前。“御史”一般为监察御史简称。其以监察御史身份出使,途经濠州,夜宿高塘馆并题下这首“轺轩来往,莫不吟讽”的诗,无疑是天宝盛世的一桩风流韵事。

另,本条末句:“后因失印,求新铸,始添濠字。”初读有点不知所云。细加揣摩,似与濠州州名的更改有关。《唐会要》卷七〇《州县改置》:"豪州,元和三年六月,改豪州字为'濠',失印故也。"(1488页)《元和郡县图志》卷九河南道濠州:"'濠'字中间误去'水',元和三年又加'水'焉。"(235页)《新唐书·地理志》:河南道濠州:"濠州钟离郡,上。'濠'字初作'豪',元和三年改从'濠'。"(38/991)颜真卿有《祭伯父豪州刺史文》,宋留元刚《颜鲁公集年谱》系于至德三载即乾元元年十月,且对豪州有如下考证:"豪州,按《通典》:春秋末钟离子之国,晋侨置徐州,安帝时为钟离郡,宋废入南兖州,齐置北徐州,北齐为西楚州,隋开皇二年,以地枕濠水,更曰濠州。自大业至唐武德、天宝、乾元,改为郡若州者再。《地理志》谓:'濠'字初作'豪',元和三年改从'濠'。《元和郡国志》:'濠'字中间误去'水',元和三年字又加'水'。彭晁《社亭记》,碑阴载武德间州印,'豪'字亦不从'水'。元和二年,刺史崔公中奏请,依旧以濠水为州名。三年八月敕:'豪'从'水',省司重造新印。考之濠州乃开皇旧名,武德以后始作豪也。今旧《集》作濠,误,当从碑本。"(《集》15/5A)

既然如此,则本条开首一句"濠州西有高塘馆","濠州"原当作"豪州",末句云云,始有着落也。(2012-4-7)

十一、崔造、崔远正讹辨

《南部新书》戊卷第52条:"崔造将退相位后,言曰:'不得诸道金铜茶笼子,近来总四掩也。'遂复起。"源自唐张固《幽闲鼓吹》:"崔造相将退位,亲厚皆勉之。长女贤,知书,独劝。相国遂决退。一二岁中,居闲躁闷,顾谓儿侄曰:'不得他诸道金铜茶笼子,物掩也。'遂复起。"皆谓系崔造事。宋曾慥《类说》卷四三、明陶宗仪《说郛》卷五二节录之《幽闲鼓吹》同。唯《太平广记》卷二四三"崔远"

条录《幽闲鼓吹》作"崔远"有异。崔造、崔远,究竟孰正孰讹?《广记》所录虽是孤证,是否就一定不对呢?

方积六、吴冬秀《唐五代五十二种笔记小说人名索引》将《广记》"崔远"亦归入"崔造"名下,并加注考证如下:"《广记》引《鼓吹》作'崔远',检《鼓吹》原文为'崔造'。按崔造乃唐德宗朝,崔远系唐昭宗相,鉴于《鼓吹》将此条排于德宗朝宰相张延赏前,《广记》'崔远'乃'崔造'之讹。"周勋初主编《唐人轶事汇编》亦将此轶事辑载于崔造名下。

谨按:《幽闲鼓吹》中各条记事绝不按时代顺序排列。开首五条皆宣宗朝事,而后接载"张长史"即张旭,乃玄宗时事。"崔造""张延赏"紧后两条"元载""元载子伯和",元载系代宗宰相,时代在德宗前。紧前两条"张正甫""崔咸",所记皆宪宗时事,时代又在德宗之后。以崔造或崔远"此条排于德宗朝宰相张延赏前",遂断定"《广记》'崔远'乃'崔造'之讹"。理由殊嫌勉强。

原书提到,此崔造或崔远罢相后"遂复起"。若以此而论,则当以作"崔远"为正。若崔造,贞元二年正月壬寅拜相,同年十二月庚申罢为右庶子,"明年九月卒"(《旧·传》),无复相事。而崔远,自乾宁三年(896)九月乙未拜相,至光化三年(900)九月丙午罢为兵部尚书。天祐元年(904)正月乙巳复拜为相,至二年三月甲申罢为尚书右仆射(《新·宰相表》)。则确曾"复起"。原书复有"一二岁中"居闲躁闷语,也只是崔远罢相后的情况,才与之相符。

以上云云,虽可否定其为崔造,但如果确认其即是崔远,则犹有疑点存焉。一是从作者生活的年代来看:宋晁公武《郡斋读书志》卷一三"小说类"著录此书,谓作者张固"懿、僖间人"。李裕民对之表示怀疑,认为:"其是否僖宗时犹在世,尚无确证,据目前所见资料,其主要活动当在宣宗、懿宗之世。"(《四库提要订误》,309 页)张固曾任桂管观察使,唐莫休符《桂林风土记》“东观”条载:“前政张侍郎名固,大中年重阳节宴于此。”吴廷燮《唐方镇年表》系之于大中九至十一年。此年下距崔远“复起”之天祐元年(904)约 50 年,张固未必得见并笔之于书中也。二是从《幽闲鼓吹》一书的内容来看:全书 25 条,李裕民逐条考定其时代,结论是:玄宗时事 3 条,肃宗、代宗时事 1 条,德宗时 7 条,宪宗时 6 条,穆宗时 1 条,武宗时 2 条,宣宗时 5 条。无懿、僖两朝事。而崔远两次拜相已在昭宗末年,如果确认其确系崔远,在书中也未免太过突兀了。

究竟怎么回事?试作一大胆的假定,《幽闲鼓吹》此条很可能为后人所添加。《郡斋读书志》著录此书,曾明白无误地指出:“纪唐史遗事二十五篇。”而今本所载实共 26 条。《四库全书总目》卷一四〇子部小说家类此书《提要》:“今检此本乃二十六篇,盖误断元载及子一条为二耳。”李裕民实从之。清周中孚《郑堂读书记》卷六三“《幽闲鼓吹》”条:“然李师古子孟阳一条,起首无李师古三字,自当并李师古跋扈一条为一,传本误离而二之。”书中“孟阳”实次“潘炎”条,乃潘炎子,非李师古子,周氏小误。鄙意多出的那一条,既非“误断元载及子一条为二”,亦非将潘炎与其子孟阳“误离而二之”,或系后人增添的崔远条耶?其紧前一条为:“崔咸舍人尝受张公之知,及悬车之后,公与议行止。崔时为司封郎中,以感知之分,极言赞美,公便令制表。表上,值无厚善者,而一章允请。三数月后,门馆阒寂,家人辈窃骂之。公后亦悔,每语子弟曰:‘后有大段事,勿与少年郎议之。’”内容有相类处,后人将崔远事添附其后,先为附见,后遂羼为正文,也不是没有可能的。只是《太平广记》已收此条,晁公武为何仍说“二十五篇”呢?难道亦知其为添附而未计入数内耶?(2013-3-2)

十二、韩皋贬黜以后……

《南部新书》乙卷第6条,记韩皋自京兆尹被贬为抚州司马后,朝廷的后续措施,今最常见的三个版本,彼此各有一两个字异文,而所记内容则大相径庭。今试逐一讨论之。

先看最晚出的《粤雅堂丛书》本:"韩皋自京尹贬抚州司马,召左执金吾奏于延英,面受京尹,便令视事,时尚未有制。"是说韩皋贬黜以后,立即召见左执金吾(官名),当面任命其为新的京兆尹,未颁制诰(正式任命书,赴任凭证),就叫他上任处理政务了。此新京兆尹竟然无姓无名。

文渊阁《四库全书》本:"韩皋自京尹贬抚州司马,召为左执金吾,奏于延英,面授京尹,便令视事,时尚未有制。"除"面受"改为"面授"外,较《粤雅堂》本只多了一个"为"字,而内容全然不同了。韩皋贬黜以后,又被召为左执金吾,奏事之际,又被重新任命为京兆尹。

《学津讨原》本:"韩皋自京尹贬抚州司马,召左执金吾镇于延英,面受京尹,便令视事,时尚未有制。"与《粤雅堂》本实只有"奏""镇"一个字差异。这个"镇",从叙事文义上无法理解,除非是专门名词。有无可能是左执金吾之名?不过只有其名不列其姓也是够奇特的。

今《南部新书》五种点校本皆以《学津讨原》本为底本。其中,20世纪50年代中华上编"中国文学参考资料小丛书"本,21世纪初徐敏霞《中华野史》本,尚成《宋元笔记小说大观》本,虞云国、吴爱芬《全宋笔记》本,皆"择善而从",将"镇"改成了"奏"。虞、吴且说明其依据为:"据《四库》本改。"《四库》本与《学津》本共有三个异字,“面授”也据改了,唯“召为”未从。只是平心而论,馆臣添一“为”字,也不是毫无影子可言。《旧唐书·儒学·苏弁传》:“当德宗时,朝臣受谴,少蒙再录,至晚年尤甚。唯弁与韩皋得起为刺史,授滁州,转杭州。”(189下/4976)足见贞元年间朝臣遭贬黜后又被召录,在当时是极其罕见的,而韩皋恰恰是罕见的两人中的一人。苏弁起为滁州刺史,转杭州刺史。韩皋呢?据《旧唐书》本传,乃是:“无几,移杭州刺史,复拜尚书右丞。”(129/3604)而召为执金吾,再莅京兆尹,则绝对是子虚乌有之事。

在五种点校本中,唯有黄寿成的《唐宋史料笔记丛刊》本“镇”字未动,只是将“左执金吾镇”校改成为“右金吾将军吴镇”。其校勘记谓:“张本作‘左执金吾镇’,误,据明本改。《旧唐书》卷一三《德宗纪》:‘贬京兆尹韩皋为抚州司马。召右金吾将军吴镇于延英,面受京兆尹,即令入府视事。’”原来“镇”确是专门名词,其前脱其姓“吴”字。既有对校之版本依据,复有他校的佐证材料,其校改可谓周备恰当,无懈可击。令人诧异的是,虞、吴之本较黄本晚出六七年,对这一既有校勘成果,居然这样视而不见,不屑一顾。

在古籍整理点校中,“择善而从”作为空洞的大原则,当然无可厚非。但何为善?何为不善?不是单凭直觉一眼就能判定的。主观上须具备怎样的学术素养姑且不言,勤查阅,勤翻检总该养成习惯吧。京兆尹地位不低,京兆尹被贬黜的相关情况,不可能不在其他文献中留下一些痕迹。即以韩皋此事而论,《旧唐书·外戚·吴溆附弟镇传》,《唐会要》卷六七《京兆尹》门,都留有与黄本所引相似的记载。然而这么点笨功夫却不肯下,就轻率地将原本不误的字反而错改了。幸亏还留有校勘记,如果“择善而从”再加“不出校记”,那就更可悲了。(2012-3-24)

十三、李肇《国史补》或称《国史谱》

《南部新书》戊卷第15条:“鸡兔算:《国史谱》纪之,尚不明。上下头,下下脚,脚即折半下,见头除脚,见脚除头。上是鸡,下是兔。”

文中提到的《国史谱》,是什么?是书吗?李肇《国史补》卷中有一条记载:“凡射知雉兔头脚之法,云‘先以加其头,次减其脚。以见脚除头,以本头除脚。飞者在上,走者在下’。”很显然,《南部新书》以为“纪之尚不明”的《国史谱》的记载,指的就是《国史补》的这一条记载。可见,钱易笔下的《国史谱》即是《国史补》,《国史谱》乃是《国史补》的异称。那么,《国史补》真的有《国史谱》这一异称吗?

宋沈括《梦溪笔谈》卷一七第282条:“《国史谱》言:‘客有以《按乐图》示王维,维曰:此霓裳第三迭第一拍也……’”所引即《国史补》卷上“王摩诘辨画”条。胡道静《新校正梦溪笔谈》已校改为《国史补》。其依据有二,一为《学津讨原》本。其实,在他据以校勘的八个本子中,其他七种皆作“谱”,仅此一种作“补”,而此本已是清嘉庆十年(1805)刊本,在诸本中乃年代最晚者,且其底本《津逮秘书》本原亦作“谱”。其未及取校者,如元大德刊本、文渊阁《四库全书》本,亦皆作“谱”。另一为《学林》卷五“《霓裳羽衣曲》”条。《学林》作者王观国虽是两宋之际人物,但其书今存者已无乾隆以前刊本,中华点校本亦只能以嘉庆十四年(1809)的《湖海楼丛书》本为底本。上海古籍出版社出版的宋江少虞《宋朝事实类苑》虽以民国初的董康刊本为底本,而董本的依据为日本元和七年(1621)的木活字本,而木活字本则完全是根据宋绍兴二十三年

(1153)的麻沙本翻印的。书中卷五〇“《按乐图》”全文引录《梦溪笔谈》此条,即作“《国史谱》曰”云云,点校本未予更改。可见,在《梦溪笔谈》中,沈括亦与钱易一样,是称李肇之书为《国史谱》的。

宋窦(革)[苹]《酒谱·酒之名》:“唐人言酒之美者,有郢之富水……虾蟇陵,其事见《国史谱》。”(《说郛》弓九四)所引为《国史补》卷下“叙酒名著者”条。又,同书《酒令》:“《国史谱》称郑弘庆始创平、素、精、看四字令,未详其法。”所引为《国史补》卷下“饮酒四字令”条。两处引用李肇书,“补”皆作“谱”。(按:涵芬楼本仅前者作“谱”。)

宋程大昌《雍录》卷一〇《寺观》“慈恩寺”条:“元和中李肇著《国史谱》曰:‘进士得第,谓之前进士。……’”点校本于“《国史谱》曰”下有点校者黄永年案语:“国史谱当作国史补。”而未改原文。

沈括、窦苹北宋人,程大昌南宋初年人,是宋人言及或引用李肇此书,书名多有作《国史谱》者,钱易绝非孤立的唯一例外。

此外,唐末沈颜《登华旨》首句“尝读李肇《国史补》云”(《唐文粹》卷四八),宋佚名《历代名贤确论》卷八八《韩愈》、雍正《陕西通志》卷九四《艺文》,“补”亦皆作“谱”。或者其所据或所沿用的较早文本原即作“谱”。盖此书书名,后人追改“谱”为“补”极易,而改“补”为“谱”的几率实甚少也。则不只宋人,唐末已有人以《国史谱》之名来称呼李肇之书了。

李肇在《国史补·序》中提到:“昔刘悚集小说,涉南北朝至开元,著为《传记》。予自开元至长庆,撰《国史补》,虑史氏或阙则补之意,续《传记》而有不为。”可知《国史补》是李肇本人为他的著作所取的书名。各种书目著录,亦皆作《国史补》。那为什么又出现《国史谱》这一异称呢?既然自唐末至宋,绝不只是如钱易等个别人偶而以《国史谱》之名称之,那么也就绝不能只用一个“错”字,即可予以否定;或者大笔一挥,将凡“谱”字一律改作“补”字,便解决问题。作为《国史补》的异称,个中缘由,似有值得进一步探讨的馀地。(2013-3-30)(与陈志坚合撰)

十四、裴垍“入相之年才四十四”可补史缺

《南部新书》庚卷第 13 条:“裴垍入相之年,才四十四,须发尽白。”

未详源自何书。而录自宋初犹存之涉唐文献,则可肯定。

《旧唐书·宪宗纪》:元和三年九月“丙申,以户部侍郎裴垍为中书侍郎、同平章事”(14/426)。拜相在元和三年。即元和三年(808)时,裴垍年四十四岁。

《旧唐书·裴垍传》:“其年秋,李吉甫出镇淮南,遂以垍代为中书侍郎、同平章事。明年,加集贤院大学士、监修国史。……元和五年,中风病,宪宗甚嗟惜。……疾益痼,罢为兵部尚书,仍进阶银青。明年,改太子宾客,卒。”(148/3990)

《新唐书·裴垍传》:“吉甫罢,乃拜垍中书侍郎、同中书门下平章事。加集贤殿大学士,监修国史。……五年,暴风痹,帝怅惜,遣使致问,药膳进退辄疏闻。居三月,益痼,乃罢为兵部尚书。垍之进,李吉甫荐颇力,及居中,多变更吉甫时约束,吉甫复用,衔之。会垍与史官蒋武等上《德宗实录》,吉甫以垍引疾解史任,不宜冒奏,乃徙垍太子宾客,罢武等史官。会卒,不加赠,给事中刘伯刍表其忠,帝乃赠太子太傅。”(169/5148)

据《旧传》,裴垍当卒于元和六年(811)。《新传》未明言,实不异。然皆只载其卒,未载享年多少。据《南部新书》此条,则卒时当

年四十七,可补两书之阙。

《中国历史大辞典》(合编本)第1928页“裴垍”条,于其生卒年只注(? —811),以为生年不明,盖未取《南部新书》此条参证。若据此条元和三年(808)年四十四推算,裴垍当生于永泰元年,公元765年。

裴垍四十四岁拜相,在当时被认为是“年少骤居相位”(《旧传》,3992页)。在相位实际不到二年,却颇有一番作为,“士大夫不以垍年少柄用为嫌”(《新传》,5149页),是颇得人心的。《中国历史大辞典》既为之列有条目,则见有可补其生年之缺的资料,特为揭出,非无谓也。(2012-3-31)

十五、甘露之变后宰相的傔从和傔资

《南部新书》壬卷第9条:“太和九年,敕江南、湖南共以傔资一百二十分送上都,充宰臣雇召手力。宰臣李石坚让,乞只以金吾手力引。从之。时初诛李训后也,至今为例。”

据《学津讨原》本迻录。其中“傔资”,文渊阁《四库全书》本同,《粤雅堂丛书》本作“缣资”。五种以《学津》本为底本的点校本中,《中华野史》本作“兼资”,无校勘记说明校改依据,《唐宋史料笔记丛刊》本作“缣资”,系据《粤雅堂》本而改。其馀三种无所改动。

《南部新书》此条源出《唐会要》卷五三《[宰相]杂录》:“[大和]九年五月,敕江西、湖南,共以缣资一百二十分送上都,充宰臣顾召手力。宰臣李石坚让,乞只以金吾手力引从。上从之。时初诛李训后也。”(1084页)其中《南部新书》“江南”当系“江西”之误,诸点校本皆未据以校改;“傔资”作“缣资”,为《粤雅堂》本、进而复为《唐宋史料笔记丛刊》本校改的依据。既然已经追溯至史源,其校改的正确性似不应再有何怀疑。然而核之以其他旁证材料，今本《唐会要》中的“缣资”，其实是错的。

《旧唐书·李石传》：“江西、河南两道观察使，以新经训、注之乱，吏卒多死，进官健衣粮一百二十分，充宰相募召从人。石奏曰：‘宰相上弼圣政，下理群司，若忠正无私，宗社所佑，纵逢盗贼，兵不能伤，若事涉隐欺，心怀矫妄，虽有防卫，鬼得而诛。臣等愿推赤心，以答圣奖。孟轲知非臧氏，孔子不畏匡人，其两道所进衣粮，并望停寝，依从前制置，只以金吾手力引从。’可之。”（172/4484）引文中“河南”乃“湖南”之误，点校本失校。

《新唐书·宗室宰相·李石传》：“是时，宰相吏卒因内变多死，诏江西、湖南索募直助召士力。石建言：宰相左右天子教化，若徇正忘私，宗庙神灵，犹当佑之，虽有盗，无害也。有如挟奸自欺，植权党，害正直，虽加之防，鬼得以诛。无所事于召募，请直以金吾为卫。”（131/4514）

《资治通鉴》卷二四五：大和九年十一月，“时中书惟有空垣破屋，百物皆阙。江西、湖南献衣粮百二十分，充宰相召募从人。辛未，李石上言：‘宰相若忠正无邪，神灵所佑，纵遇盗贼，亦不能伤。若内怀奸罔，虽兵卫甚设，鬼得而诛之。臣愿竭赤心以报国，止循故事，以金吾卒导从足矣。其两道所献衣粮，并乞停寝。’从之。”（7920页）

傔，侍从、差役也。亦即上引新旧《唐书》《资治通鉴》中的“从人”“士力”。“傔”“傔人”“傔力”“傔卒”“傔从”等语，涉唐文献中皆极习见。而“傔资”，即上引三书中“充宰相募召从人”的“官健衣粮”“助召士力”的“募直”。

那么，《南部新书》此条的“缣”“傔”异文，究以何者为正，不就了然了吗？（2012-5-12）

十六、张不疑登科后，是“四府交辟”，还是“五府交辟”？

《南部新书》已卷第 6 条：“张不疑登科后，江西李疑、东川李回、淮南李融交辟，而不疑就淮南之命，到府未几卒。……”

《唐语林》卷四：“张不疑进士擢第，宏词登科。当年四府交辟，江西李中丞凝、东川李相回、淮南李相绅、兴元归仆射融，皆当时盛府。不疑赴淮南命，到府未几，以协律郎卒。……”(373 页)当与本条同源，然已不知源出何书。

《太平广记》卷三七二“张不疑”条录《博异记》：“南阳张不疑，开成四年，宏词登科。”(2958 页)《登科记考》卷二一“博学宏词科”据之(781 页)。则诸府“交辟”，乃开成、会昌之际事。

周勋初《唐语林校证》已校出：“四府交辟”，“‘四’，齐之鸾本、《历代小史》本作‘五’”。张不疑登科后，究竟是“四府交辟”，还是“五府交辟”？该以哪者为正？《校证》未加说明，更未进一步发挥。

不过《校证》业已校定：“淮南李相绅、兴元归仆射融”，“《南部新书》误作‘淮南李融’”。也就是，《南部新书》“淮南李融”，“李”“融”间误脱了“绅，兴元归”4 字。这两镇，据《唐方镇年表》，归融开成四年二月至会昌元年任山南西道节度使，会府在兴元(4/665)；李绅开成五年九月至二年二月任淮南节度使，会府在扬州(95/731)。不存在什么问题。

“江西李疑”或“江西李中丞凝”，“疑”“凝”实皆“款”之误，而节镇不误。

关键是“东川李回”或“东川李相回”。情况又如何呢？

《旧唐书 · 李回传》：“开成初，以库部郎中知制诰，拜中书舍人,赐金紫服。武宗即位,拜工部侍郎,转户部侍郎,判本司事。三年,兼御史中丞。会昌三年,刘稹据潞州,邀求旄钺,朝议不允,加兵问罪。武宗惧稹阴附河朔三镇,以沮王师,乃命回奉使河朔。……贼平,以本官同平章事,累加中书侍郎,转门下,历户、吏二尚书。武宗崩,回充山陵使,祔庙竟,出为成都尹、剑南西川节度。大中元年冬,坐与李德裕亲善,改潭州刺史、湖南观察使,再贬抚州刺史。"(173/4502)可见李回确曾拜相,但压根未曾出充东川节度使,开成、会昌年间,一直在朝为官,其任西川节帅,已是宣宗初年事。此人肯定有误。

另据《唐方镇年表》,东川自大和元年以后直至乾符三年,无李姓节度使。而西川,自开成二年至会昌元年的节度使倒是姓李,其名固言。李固言文宗朝也曾为相。"固""回"字形近似,颇疑"李回"系"李固言"之误。

参照上揭《南部新书》"淮南李融","李""融"间误脱"绅,兴元归"例,或者此处"东川"后脱节帅名,"李固言"前脱节镇名,复误"李固言"为"李回"耶?

而参照《历代小史》本《唐语林》,其文如下:"张不疑进士擢第,宏词登科。当年五府交辟,江西李中丞囗、东川李相回、淮南……命,到府未几,以协律郎卒。"其中"李中丞囗","囗"字不规范。"五府交辟","五"字绝无置疑馀地。"淮南"之下有大段脱文。而所列节镇次序,江西、东川、淮南……与今本同,则谓"此处'东川'后脱节帅名,'李固言'前脱节镇名,复误'李固言'为'李回'。"在《历代小史》本中殊无依据也。

是否可以这样看?《历代小史》本与今本《语林》此条出自同一祖本,所列节镇仅四,"'东川'后脱节帅名,'李固言'前脱节镇名,复误'李固言'为'李回'"之事,祖本业已存在。今本校订者认为所列节镇数与“五府交辟”之“五”不合，遂将“五”径改为“四”。可是从书籍的刊刻而言，因前后两“川”字相重而脱简的几率较大，而“四”“五”字形绝异，误“四”为“五”的几率甚小。当然也不能完全排除祖本误“四”为“五”可能性，但那还得同时误字形绝不相似的“西川”之“西”为“东”，可能性简直太少了。

既然齐之鸾本、《历代小史》本都有“五府交辟”记载，《南部新书》《唐语林》所载交辟之四府，其节镇或节帅又与之难尽符合，以上所作推断则可与五府之说相合。或者四府交辟还是五府交辟，当以五府交辟为正耶？（2011-12-10）

十七、李款一人三异名之误考实

宋王谠《唐语林》卷四：“张不疑进士擢第，宏词登科。当年四府交辟，江西李中丞凝、东川李相回、淮南李相绅、兴元归仆射融，皆当时盛府，不疑赴淮南命。……”（373 页）张不疑，开成四年宏词登科，诸府“交辟”乃开成、会昌之际事。

《南部新书》己卷载此事，“江西李中丞凝”作“江西李疑”。周勋初《唐语林校证》认为：“凝，《南部新书》误作‘疑’。”（373 页）但未进一步说明其依据。《历代小史》本《语林》“李中丞□”，“□”字不规范，似“款”，又似“疑”，但绝不似“凝”。《校证》却未出校记。

检《新旧唐书人名索引》，未检到名李疑之人。若李凝，亦仅《新唐书·宰相世系表》凡两见：一见 72 上/2460，弟兄 6 人中，仅末位“众，字师，湖南团练观察使、左散骑常侍”。馀五位，包括凝，皆无任何官爵，而“团练观察使”似是安史之乱期间的尚未正规化的差遣名。另一见 75 下/3452，是敬宗时任幽州节度使的李载义的曾祖，时代更远远在前。

而据《唐方镇年表》,开成、会昌年间任江西节度使的,依次有李颖、李珏、裴休(5/839)。李颖系自苏州刺史移充,苏州刺史的宪衔多数为御史中丞。李珏自宰相贬充,是不会以"中丞"称之的,何况曾否贬至江西还存有疑问。则与《语林》"李凝"、《南部新书》"李疑"相当之人,《方镇表》又作"李颖"也。一人竟有此三个异名!

《方镇表》作李颖的依据是《旧唐书·文宗纪》的如下记载:开成四年九月辛丑,"以苏州刺史李颖为江西观察使"。其所引仅此一条。其实,在《旧唐书》中,另有一处亦记及此事,见卷一七一《李甘附李款传》:"又有李款者,与中敏同时为侍御史。郑注邠宁入朝,款伏阁弹注……及注用事,款亦被逐。开成中,累官至谏议大夫,出为苏州刺史,迁洪州刺史、江西观察使。"(171/4452)亦见《新唐书·李中敏附李款传》:"中敏所善李款,字言源。长庆初第进士,为侍御史。注自邠宁入朝,款伏阁劾奏……帝不省。后浸用事,款被斥去。注死,由仓部员外郎累迁江西观察使。终澶王傅。"(118/4290)则此人在《旧唐书》中并非全作"李颖",又有作"李款"者,在《新唐书》中则仅作"李款"。如此,则此人共有四个异名矣!

此四名,在涉唐典籍中交错互见,后人整理古籍,往往仅取其一,或引此证彼之误,引彼证此之非。

杜牧《上宰相求湖州第一启》:"近者澶王傅李疑为盐铁使江淮留后。"见于《四部丛刊》影印明翻宋刊本《樊川文集》卷一六者如此,而见于《文苑英华》卷六六〇者"李疑"则作"李凝",而上海古籍出版社《樊川文集》陈允吉点校本辄据《英华》改底本之"疑"为"凝"。

白居易《送苏州李使君赴郡二绝句》(《白居易集》卷三四),朱金城《白居易年谱》、《白居易集笺校》笺此诗,据《旧唐书·文宗纪》,谓此"'苏州李使君'为苏州刺史李颖"。(297、2383)明王鏊《姑苏志》卷二《古今守令表》:唐刺史"李疑,由谏议大夫任,开成四年九月迁洪州"。朱金城同笺谓:"疑'李疑'系'李颖'之误,俟考。"

那么四名之中,究竟以哪名为正呢?上揭《新唐书·李款传》谓其曾任仓部员外郎,杜牧《求湖州启》谓其由吏部员外郎出为盐铁使江淮留后。可巧唐尚书省郎官石柱题名吏、户二部今皆存,经查,未见有李疑、李凝、李颖题名,唯左司员外郎第八行、吏部员外郎第十五行、仓部员外郎第十行见有"李款"题名(《新著录》341、348、381)。既然有此硬证,则见于《唐语林》的"李凝",见于《南部新书》的"李疑",见于《旧唐书·文宗纪》的"李颖",皆是"李款"之误,可以无疑矣。

最早纠正这一错误的,似是清人冯集梧。他的《樊川诗集注》,自序署嘉庆三年十月。卷一有一首《送沈处士赴苏州李中丞招以诗赠行》,其笺"苏州李中丞"也,既引了《旧唐书·文宗纪》,又引了《旧唐书·李甘传》。值得注意的是,他所引的《旧纪》不作"李颖",而与《旧传》一致,皆作"李款"。这大概并无版本依据,而是仅凭个人判断,认为当以"款"为正而径改,却是改对了的。缪钺《杜牧年谱》对此无异词,只是将诗作的时地更定为开成三年宣州。李款的前任李道枢开成四年正月才离任,沈处士所赴当是李道枢之招。两人各有一偏。

其次是清人赵钺、劳格。赵卒于道光二十九年,劳卒于同治三年,其力作《唐尚书省郎官石柱题名考》经丁宝书整理,刊行于光绪六年。书中考左司员外郎李款,只引旧新《唐书》本传为据,并明确指出杜牧《求湖州启》"李疑","疑""当作款"(80页)。

今人郁贤皓《唐刺史考》,于苏州、洪州,皆已正其名为李款。

(2011-12-16)

十八、韦绶、郑处晦,还是韦温、郑处诲?

《南部新书》壬卷第63条:"韦绶自吏侍除宣察,辟郑处晦为察判。作《谢新火状》,云'节及桐华,恩颁银烛'。绶削之,曰:'此二句非不巧,但非大臣所宜言。'"

韦绶,两《唐书》有传者凡两人。一附见其兄《韦贯之传》,见《旧唐书》卷一五八、《新唐书》卷一六九,是德宗朝翰林学士;一自有本传,见《旧唐书》卷一六二、《新唐书》卷一六〇,长庆三年卒于山南西道节度使任。二人皆无曾任吏部侍郎、宣歙观察使纪录,且与郑处诲的生活时代不甚相及。而据《旧唐书·韦温传》:"武宗即位,李德裕用事,召拜吏部侍郎,欲引以为相。时李汉以家行不谨,贬汾州司马。温从容白德裕曰:'李汉不为相公所知,昨以不孝之罪绌免,乞加按问。'德裕曰:'亲情耶?'温曰:'虽非亲昵,久相知耳。'德裕不悦。居无何,出温为宣歙观察使。辟郑处诲为观察判官,德裕愈不悦。……""韦绶",其或"韦温"之误耶?"郑处晦"之"晦",显当正作"诲"。

李德裕有《画桐华凤扇赋》之作,其序曰:"成都夹岷江,矶岸多植紫桐。每至春暮,有灵禽五色,小于玄鸟,来集桐华,以饮朝露。及华落,则烟飞雨散,不知其所往。"(《别集》1/171)谓"节及桐华,恩颁银烛"语"非大臣所宜言"。是否也含有对李德裕微言的成分?

郑处诲,《旧唐书》卷一五八、《新唐书》卷一六五皆附其祖《郑馀庆传》。《旧·传》:"于昆仲间文章拔秀,早为士友所推。大和八年,登进士第。"《新·传》:"先是,李德裕《次柳氏旧闻》,处晦谓未详,更撰《明皇杂录》,为时盛传。"其对李德裕的态度,显然也与李

德裕的忠实追随者有别。(2013-2-2)

十九、韦保衡恃恩据权的所作所为

《南部新书》辛卷第8条:"驸马韦保衡之为相,以厚承恩泽,大张权势。及败,长安市儿忽竞彩戏,谓之'打围'。不旬馀,韦祸及。"

《唐语林》卷七亦载此事,校证谓:"本条不知原出何书。"

韦保衡,《旧唐书》卷一七七、《新唐书》卷一八四有传。《新传》:"咸通中,以右拾遗尚同昌公主,迁起居郎、驸马都尉。主,郭淑妃所生,懿宗所爱,而妃有宠,故恩礼最异,悉宫中珍玩资予之。俄历翰林学士承旨,以兵部侍郎同中书门下平章事,自尚主至是裁再期。"其所以"厚承恩泽,大张权势"的凭借,以此。

《新传》接着记载其"恃恩据权"的所作所为,点校本所加的标点如下:"性浮浅,既恃恩据权,以嫌爱自肆,所悦即擢,不悦挤之。保衡举进士王铎第,于籍、萧遘与同升,以尝薄于己,皆见斥。逐杨收,倾路岩,人益畏之。"其中令人难以理解的是"保衡举进士王铎第,于籍、萧遘与同升"这一句。是保衡荐举进士王铎及第?还是保衡本人举进士于王铎府第?还是保衡举进士被王铎放及第?于籍、萧遘确是两个人的姓名吗?他俩"与同升"的,是王铎?还是保衡?还是同在王铎府第?在在都存有疑问。

这句话,《新传》是据《旧传》修改润色的。《旧传》原作:"保衡恃恩权,素所不悦者,必加排斥。王铎贡举之师,萧遘同门生,以素薄其为人,皆摈斥之。"这就不可能产生歧义。王铎是韦保衡的座主,是王铎知贡举日放保衡及第的,而萧遘则是保衡的同年,同是王铎的门生。至于"于籍",则完全是子虚乌有的人物。

其实,《新传》此处行文并不艰涩,理解的障碍,源于点校本标点断句的错误。如果将标点作如下更正:"保衡举进士,王铎第于籍,萧遘与同升",则一切皆迎刃而解矣。

在唐代,座主、门生、同年之间,本来存有一种特殊的关系。韦保衡"恃恩据权",既然座主、同年皆"薄其为人",则其为人确实不怎样;既然对具有特殊关系的师友也不择手段加以"摈斥",则其为人就尤其不堪!长安市儿竞为彩戏"打围",谐"打韦",反映了民怨之深,良有以也。(2012-4-14)

二十、"怨胡天",其"怨胡夫"之误乎?

《南部新书》辛卷第4条:"卢常侍钰牧庐江日,相座嘱一曹生,令署郡职,不免奉之。曹悦营妓名丹霞,卢阻而不许。会饯朝客于短亭,曹献诗云:'拜玉亭闲送客忙,此时孤恨感离乡。寻思往岁绝缨事,肯向朱门泣夜长。'卢演为长句,和而勖之,曰:'桑扈交飞百舌忙,祖亭闻乐倍思乡。樽前有恨惭卑宦,席上无聊爱靓妆。莫为狂花迷眼界,须求真理定心王。游蜂采掇何时已,却恐多言议短长。'令丹霞改令罚曹。霞乃号为《怨胡天》,因曹状貌甚肖胡,满座欢笑。卢因目丹霞为怨胡天。"

出卢瓌《杼情集》。然《太平广记》卷二七三"曹生"、宋阮阅《诗话总龟》前集卷一所录卢瓌《杼情集》,皆无"令丹霞"以下文字。宋计有功《唐诗纪事》卷八〇《不知名》亦载此事,"令丹霞"以下文字不缺,却未署出处。"庐江",郡名,即庐州。《广记》误作"泸江",《纪事》误作"章江",唯《总龟》作"牧庐江"与本条同。郎官石柱题名,户部员外郎第十八行、左司员外郎第十行,皆有卢钰题名(《新著录》,341、371页)。系唐末人。殷文圭《后唐张崇修庐州外罗城记》:"自咸通十年卢谏议出牧此州,值彭门用军,降封多警……"(《全唐文》卷八六八)颇疑此卢谏议或即卢钰。则本条所记乃咸通间事。

清人忌"胡","令丹霞"以下,文渊阁本避忌讳改作:"令丹霞改令罚曹。霞乃遂别为一调以嘲曹,因举座欢笑而散。"颇有情趣且颇能传神的一段文字,变得索然无味了。

末句,《唐诗纪事》作:"因目丹霞为怨胡妇。"(1144 页)是值得注意的异文。王仲镛《唐诗纪事校笺》谓:"'怨胡天',疑当作'怨胡夫'。"(2058 页)大概即是由"怨胡妇"联想而致疑的。只是《怨胡天》作为曲调之名,盛唐崔令钦《教坊记》中已见著录,即使"怨胡妇"不误,也可作善唱《怨胡天》之伎女解,未必即与"怨胡夫"对举也。任半塘《教坊记笺订》"曲名表"笺曾引及本条,且有串解,或者有助于对末句的理解,如下:

> 《怨胡天》:此调于盛唐时,疑已为七言八句声诗。《南部新书》辛谓卢钰作"桑扈交飞百舌忙"七律,令营伎丹霞改酒令,罚曹生,霞乃号为《怨胡天》(指曲),以曹状貌甚胡,满座欢笑。卢因目丹霞为"怨胡天"(指人)。按"号",谓唱也。(92 页)(2013-4-20)

二十一、"湖接两头,苏联三尾"浅释

《南部新书》己卷第 34 条:"咸通末,郑浑之为苏州督邮,谭铢为鹾院官,钟辐为院巡,俱广文。时湖州牧李超、赵蒙相次,俱状元。二郡境土相接,时为语曰:'湖接两头,苏联三尾。'"

钱易之前人，在著作中叙及此事，今尚能获见者，有二：一为苏特的《衣冠盛事》，见《说郛》卷三一录(1441页)，“督邮”作“录事”；一为《岚斋录》，见宋范成大《吴郡志》卷一二《官吏》引，“督邮”与本条同。而关键之语“俱广文”，则两者或脱或阙，皆有讹误。本条或即源自《岚斋录》，盖书中曾三次引录此书也。上文戊卷“大中元年李扶”条，据宋邵博《邵氏闻见后录》卷一七，“出《岚斋记》”；己卷“武翊(皇)[黄]”条，据宋周守忠《姬侍类偶》卷下“陶芳玷李、薛荔俱卢”，源自《岚斋集》。虽有“录”“记”“集”之异，显是同一书。

“湖接两头”，“头”较易理解。据谈钥《嘉泰吴兴志》，赵蒙咸通八年二月、李超咸通十一年八月，相继为湖州刺史。“相次”为“湖州牧”的李超、赵蒙既然“俱状元”，当皆是进士科状元出身。状元习称“状头”，故称之曰“两头”。这两名状元，徐松《登科记考》及孟二冬《补正》皆失考。

“苏联三尾”又该怎样理解呢？那得从郑浑之、谭铢、钟辐三人“俱广文”说起。王定保《唐摭言》卷一《广文》：“天宝九年七月，诏于国子监别置广文馆，以举常修进士业者。斯亦救生徒之离散也。始，其春官氏擢广文生者，名第无高下。贞元八年，欧阳詹第三人，李观第五人。迩来此类不乏。暨大中之末，咸通、乾符以来，率以为末第。或曰：乡贡宾也，学生主也，主宜下于宾，故列于后也。”(1/10B8)则郑、谈、钟三人，当皆是以广文生名义被举而及进士第的。称之为“尾”，即缘于此。其中谈铢及第在会昌元年，见《登科记考》卷二二引《永乐大典》所录《苏州府志》；钟辐及第见《唐摭言》卷八《梦》(6/84)，未知确年。《登科记考》以之载于卷二七《附考》。至于郑浑之，徐、孟二书皆失考。

如上所述，苏州的上佐、盐铁转运使派驻苏州的巡院官以及湖州的两任刺史，都是进士及第出身的，其中两名刺史且是状元。然而在研究唐代科举制度的名著《登科记考》以及包括综合现有成果、为之详加补正的《登科记考补正》中,五人竟有三人被遗漏失考。何况《南部新书》并非僻书,《登科记考》也曾屡加引用,何以会如此呢?其误盖在于皆未将"头""尾"云云予以深究,因而皆未将本条视为有关科第之珍贵资料也。(2013-3-23)

二十二、附说钟辐、钟幅绝非同一人

《唐摭言》卷八《梦》:"钟辐,虔州南康人也。始建山斋,为习业之所,因手植一松于庭际。俄梦朱衣吏白云:'松围三尺,子当及第。'辐恶之。尔来三十馀年,辐方策名。使人验之,松围果三尺矣。"

钟辐及第之年无考。《登科记考》卷二七《附考·进士科》录《摭言》此条,未加按语(1079页)。孟二冬《登科记考补正》录元刊本《新编排韵增广事类氏族大全》甲集卷二"金陵才士"条以补之,如下:"钟幅,五代时金陵才士也。年少气豪,樊若水爱其才,以女妻之。后幅中甲科。樊氏早世,幅遂隐终南山,终身不仕。"(27/1250)今按:樊若水自南唐投宋,后改名知古,《宋史》卷二七六有传。任西川转运使日,李顺攻陷成都,与知府郭载逃奔梓州。《宋·传》接载:"知古具伏擅离所部,制置无状。上特宥之,以本官出知均州。视事旬日,忧悸卒。年五十二。"(9397页)成都之陷系淳化五年(994)正月十六日己巳(《长编》35/2B),樊知古"忧悸卒"当亦年内事。以死时"年五十二"逆推,当生于后晋天福八年(943)。后唐年间《摭言》成书之日,钟辐业已及第,而樊若水尚未出生,怎能对钟辐既"爱其才",复"以女妻之"?孟二冬所引之钟幅,绝非《摭言》所言之钟辐,明甚。

如上题所述,“湖接两头,苏联三尾”谚语出现于“咸通末”。钟辐以广文生名义被举而及进士第,其及第当在“咸通末”前多年。“钟辐”,《吴郡志》作“钟福”。(2013-10-19)

二十三、载有郑珏“一人四事相同”诸典籍杂考

《南部新书》辛卷第33条:“郑珏,第十九,应进士十九年及第,十九人及第,十九年后入相。子遘,太平兴国中任正郎。”

在本书以前,凡有三种典籍业已载及此事:

1.《旧五代史·郑珏传》:“郑珏,昭宗朝宰相綮之侄孙。父徽,河南尹张全义判官。光化中,登进士第。……贞明中,拜平章事。……初,珏应进士十九年方登第,名姓为第十九人,自登第凡十九年为宰相,又昆仲之次第十九,时亦异之。子遘,太平兴国中任正郎。”(58/778)末句与本条全同。

按:据《续资治通鉴长编》所载,开宝六年四月“戊申,诏参知政事薛居正监修梁、后唐、晋、汉、周五代史”。七年闰十月“甲子,监修国史薛居正等上新修《五代史》百五十卷”(14/300、15/326)。《旧五代史》既然于开宝七年(974)成书,怎么可能载及“太平兴国(976—984)中”事?疑辑本所据之《永乐大典》原署出处有误,或有羼混。对辑本《旧五代史》的评议不少,似尚未见曾有人指出这一错误,包括新近出版的陈尚君《旧五代史新辑会证》。宋乐史《广卓异记》卷一二“一人四事相同”条录《五代史》,行文与之复异:“郑珏,十九举及第,名姓在第十九人,登第后十九年为相,于昆仲中又第十九,闻者异之。”(93页)

2. 高若拙《后史补》:“珏应一十九举方捷,姓名为第十九人,第

行亦同,自登第凡十九年为宰相。”见《资治通鉴考异》卷二九“[贞明二年]十月郑珏同平章事”条引。按:宋陈振孙《直斋书录解题》卷一一“小说家类”著录:“《后史补》三卷:前进士高若拙撰。”(324页)宋阮阅《诗话总龟》前集卷三四《诗谶门》录《大定录》:“高若拙善诗,从诲辟于幕下。”(338页)《宋史·荆南高氏世家》载高继冲纳土后,宋廷于建隆四年(963)三月任命高氏旧僚“高若拙[为荆南]观察判官”(483/13954),可见高若拙乃系由五代入宋之人。

3. 佚名《纪异录》:“郑年十九赴举,凡十九年登第,又十九年入相,时人谓之三九相公。”见宋委心子《新编分门古今类事》卷一五《祥兆门》“郑珏瑞麻”条录(233页)。《纪异录》,诸书目未见著录,其作者、时代不详。《类说》卷一二节录《纪异录》凡三十四条,本条亦在其内。书中言及范质“封鲁公,终太傅”,而范质之卒在乾德二年(964)九月,则其成书最早已届宋初。值得注意的,是称郑珏为“三九相公”,不仅与本条及上揭两书列举四“十九”不同,而且“年十九赴举”且不见于三书。

另,李畋《该闻集》:“郑珏,当唐昭宗时作相,文章理道,典赡华美。小字十九郎,应举十九年方及第,又第十九人,至相亦十九年,时皆异之。”见《新编分门古今类事》卷一八《杂志门》录。其下接载李畋自述:“顷岁,眉阳有孙六文者,妙于推步,尝谓畋曰:‘一生吉凶,须值三即变。’后如其言。……”(279页)依照文中所举“值三即变”诸事例推断,此条写于庆历八年(1048),年八十七岁。时已在《南部新书》完成后,而仍在嘉祐元年(1056)《南部新书》付诸刊镂前,当另有所据。“唐昭宗时作相”不确,薛史辑本考证已指明其误。

四“十九”中比较关键的“十九”,是“自登第凡十九年为宰相”。《资治通鉴考异》卷二九“[贞明二年]十月郑珏同平章事”条已考其与史实不合:"《薛史·梁末帝纪》无珏初拜相年月。此年十月丁酉,以中书侍郎、平章事郑珏兼刑部尚书、平章事;至贞明四年四月己酉,又云以中书侍郎、平章事郑珏兼刑部尚书。疑贞明二年拜相,四年转刑部尚书也。《本传》云:'累迁礼部侍郎。贞明中,拜平章事。'《唐馀录·均帝纪》:'贞明二年十月丁酉,礼部侍郎郑珏为中书侍郎、平章事。'今从之。又高若拙《后史补》云:'珏应一十九举方捷,姓名为第十九人,第行亦同,自登第凡十九年为宰相。'今按珏光化三年及第,自光化三年至此年才十七年矣,又不可合。""自登第凡十九年为宰相",《考异》舍薛史本传而征引高若拙书,或者有关郑珏"一人四事相同"的记载,其首见之处,乃《后史补》耶?

综合诸种记载和郑珏一生行实,既然"小字十九郎",其行第十九当不致有误。"年十九赴举"则未必。"应一十九举方捷"也有佐证,《册府元龟》卷八二八《总录部·论荐》:"张全义为河南尹,郑珏以家世依全义,家于洛阳,应进士十九年不登第。户部侍郎李渥,寓居洛都,素为全义所礼。光化三年,渥为礼部侍郎、知贡举,全义以书荐托,珏方擢第。"(24B)但是否确系"应进士十九年不登第",则颇难核实,为示慎重,《新五代史》卷五四《郑珏传》遂改为"举进士数不中"(619页)矣。《登科录》见在,榜上列名第十九,不会有假。最主要的不合处,即是《考异》所考的拜相之年。"一人四事相同",当然极其罕见,惟其间难免有勉强附会处。

正因为"一人四事相同"极其罕见,颇具轰动效应,"闻者异之"殊不足怪,诸典籍竞相录载也在情理之中。《南部新书》并不拒载"怪奇迥特"之事,但不专事猎奇,也不以猎奇取胜。载有郑珏"一人四事相同"诸典籍,除正史外,类皆亡佚,《广卓异记》也被四库馆臣归入"存目",而《新书》独存者,盖因其内容特点、文化学术价值,原不在此也。

附：《该闻录》作年：宋晁公武《郡斋读书志》卷三下："《该闻录》十卷：右皇朝李畋撰。畋，蜀人，张咏客也。与范镇友善。熙宁中，致事归，与门人宾客燕谈，衮衮忘倦。门人请编录，遂以《该闻》为目。又有杂诗十二篇系于后。"（9A）然据李畋自述"值三即变"诸事例，如"三十三值李顺叛"，而李顺攻占成都在淳化五年（994）；"四十三拔成都解"，而"诣州请解"在景德元年（1004），见宋江少虞《宋朝事实类苑》卷五七"张乖崖"条之三录《忠定公语录》（749页）；"六十三改大理丞、知泉州惠安县"，而"知惠安"在"天圣初"，见乾隆《福建通志》卷三〇《名宦》，当是天圣二年（1024）；"七十三罢和议郡，赴阙致仕。八十三病革不死。今又五年矣，不知此去复何如也。"则其"致仕"当在景祐元年（1034），"病革不死"当在庆历四年（1044），"又五年"，则庆历八年（1048）也，是年年八十七，即写下书中本条之年。明凌迪知《万姓统谱》卷七二谓畋"卒年八十七"。其行年既然有如上述，则《该闻录》的成书，不会，也不可能如《郡斋读书志》所载，迟至"熙宁（1068—1077）中"。（2012-9-15）

二十四、"薛老峰倒立"，是峰倒，还是所书之字倒？

胡玉缙《四库全书总目提要补正》之《南部新书》提要补正，共提出四点补正意见，其第四点为："玉缙案：壬集内有薛老峰一条，称'一夕风雨倒立'，今案此峰在今进香台畔，唐薛逢题，梁克家《三山志》云：'咸通中，逢为候官令，与神光寺僧灵观善，登此峰，醉后倒书薛老峰三字。'据此，是倒书，非峰倒也。"（1094页）

《南部新书》壬卷第71条的原文："福州城中有乌石山，山有峰，大凿三字曰'薛老峰'。癸卯岁，一夕风雨，闻山上如数千人喧噪之声，及旦，则薛老峰倒立，三字反向上。城中石碑，皆自转侧。其年闽亡。”

补正者似未细读原文。原文于“薛老峰倒立”下，明明说：“三字反向上。”足证原凿之字是“倒书”的。针对原书写下的：“据此，是倒书，非峰倒也。”云云，岂非成了无的放矢！

《南部新书》与淳熙《三山志》两书所记非同一事。补正者在将两者混为一谈的同时，也忽视了其所记之事的时间。《三山志》卷三三《僧寺山附》载薛逢“倒书薛老峰三字”在“咸通中”，咸通是唐懿宗的年号，共十五年，860—874年。而《南部新书》载“一夕风雨……薛老峰倒立”，标明系“癸卯岁”，亦即五代十国中“其年闽亡”那一年事，即943年。即使假定薛逢“倒书薛老峰”在咸通最后一年，也已是《南部新书》所载“薛老峰倒立”的七十年前。

《南部新书》记下的这桩异闻，当然不是作者的亲见亲闻，而是转录自由南唐入宋文人徐铉的《稽神录》，见《太平广记》卷三六六“薛老峰”条引录，今亦见辑本《稽神录》卷四辑录（64页）。闽为南唐所灭。这桩异闻，徐铉当日倒是亲闻的，有相当的可信度。《稽神录》之原文如下：“福州城中有乌石山，山有峰，大凿三字曰‘薛老峰’。癸卯岁，一夕风雨，闻山上如数千人喧噪之声，及旦，则薛老峰倒立，峰字反向上。城中石碑，皆自转侧。其年闽亡。”（2913页）（2013-5-4）

二十五、陶谷与“铁牛”“河源”有何关涉？

《南部新书》癸卷第88条：“陶谷小名铁牛。李涛尝有书与之，曰：‘每至河源，即思令德。’唐彦谦之孙也，以石晋讳改姓焉。”

按：河源，作为普通名词，常特指黄河之源；作为专门名词，则唐代以河源命名之地,有河源县,是循州属县,在今广东河源市;又有河源军,属陇右节度使,在今青海西宁。李涛卒于建隆二年(961),基本上是五代人物,此“河源”不管指何而言,都不在五代中原王朝管辖范围之内,当然更不会是李涛经常经行之地。“每至河源,即思令德”云云,又从何说起?

近人丁传靖《宋人轶事汇编》卷四《窦仪　窦俨　陶谷……》下引录《南部新书》此条,文字有异,且多出十二字,如下:“陶谷小字铁牛。李相涛尝与之书曰:‘每至河津,辄思令德。’盖河上有张燕公所铸铁牛也。”(137页)“河源”,《南部新书》影印文渊阁《四库全书》本、《学津讨原》本、《粤雅堂丛书》本皆同,中华点校本也未列明本有异文,未详丁氏何据?最大可能乃是依理校而改。“盖河上有张燕公所铸铁牛也”十二字亦无版本依据,当系肊添。在古籍整理中,理校须慎用,以意增删更不足法。但丁氏对《南部新书》此条的处理,其理校是正确的,所添文字有如注释,亦有助于对记载内容的理解。

那么“河津”又何所指呢?河津泛指一般河流津渡,此处则特指唐代非常著名的黄河渡口——蒲津渡,自古以来它就是沟通关中和河东地区的重要津渡,位于今山西永济市古蒲州城西门外的黄河东岸。张说《蒲津桥赞》:“域中有四渎,黄河居其长,河上有三桥,蒲津是其一。隔秦称塞,临晋名关,关西之要冲,河东之辐镇,必由是也。”(《张燕公集》8/87)《唐会要》卷八六《桥梁》:“开元九年十二月九日,增修蒲津桥,絙以竹苇,引以铁牛。命兵部尚书张说刻石为颂。”(869页)“刻石为颂”之“颂”即上引《蒲津桥赞》。《赞》文接曰:“其旧制,横絙百丈,连舰千艘,辫修笮以维之,系围木以距之,亦云固矣。然每冬冰未合,春沍初解,流澌峥嵘,塞川而下,……绠断航破,无岁不有。虽残渭南之竹,仆陇坻之松,败辄更之,罄不供费,津吏成罪,县徒告劳,以为常矣。开元十有二载,皇帝闻之,曰:'嘻!我其虑哉。'乃……通其变使人不倦,相其宜授彼有司,俾铁代竹,取坚易脆。……于是大匠蒇事,百工献艺。赋晋国之一鼓,法周官之六齐,飞廉煽炭,祝融理炉。是炼是烹,亦错亦锻,结而为连锁,镕而为伏牛,偶立于两岸,襟束于中潬。锁以持航,牛以絷缆,亦将厌水物,奠浮梁。又疏其舟间,画其鹢首,必使奔澌不突,积凌不隘。新法既成,永代作则。"杜佑《通典·州郡典》河东郡河东县:"有蒲津关……大唐开元十二年,河两岸开东西门,各造铁牛四、铁人四。其牛下并铁柱连腹,入地丈馀,并前后铁柱十六。"(179/4726)《新唐书·地理志》河东道河中府河西县:"有蒲津关,一名蒲阪。开元十二年铸八牛,牛有一人策之,牛下有山,皆铁也,夹岸以维浮梁。"(39/1000)可知,蒲津桥是一座浮桥,其中极为引人注目的,就是渡口的八尊大铁牛。所以,李涛每次经过,看到大铁牛,就自然会想起小名"铁牛"的陶谷。陶谷与铁牛、河津的关涉,也只有这样,才能被合理的理解。

1988年、1991年,曾对蒲津渡进行了全面的调查、勘探和科学发掘。发现了四尊铁牛、四个铁人、两座铁山、三个铁墩、六根铁柱。再现了唐代蒲津渡的雄伟风貌。(2013-4-16,与陈志坚合撰)

二十六、此"梁补阙"非彼"梁补阙"

《南部新书》癸卷第76条:"有米都知者,伶人也,善骚雅,有道之士。故西枢王公朴尝爱其警策,云:'小旗村店酒,微雨野塘花。'梁补阙亦赠以诗,云:'供奉三朝四十年,圣时流落发衰残。贪将乐府歌明代,不把清吟换好官。'……"文中"米都知""西枢王公朴"

“梁补阙”都是什么人？尤其“梁补阙”，到底是谁？粤雅堂本“梁”误作“黎”。

梁补阙的赠诗，《全唐诗》辑载于有姓失名的卷七八三，作者即署“梁补阙”，拟题则作“《赠米都知》”。是认定此“梁补阙”为唐五代之人也。岑仲勉《读全唐诗札记》：“梁补阙《赠米都知》：按此诗见《南部新书》。唐代梁补阙最知名者为梁肃，或即肃之诗欤？”（275）又进一步倾向于认定即是梁肃。实不可从。

梁肃为唐代中期人物。建中元年（780）登文辞清丽科，贞元六年（790）任右补阙，七年充翰林学士，九年卒，享年四十一岁。《新唐书·文艺·苏源明传》有其附传（201/5746），其行年事迹详见崔元翰《右补阙翰林学士梁君墓志》（《文苑英华》994/4967）、蒋寅《梁肃年谱》（《大历诗人研究》，526—552页）。梁肃确是唐代梁姓补阙中最知名者。

而《南部新书》此处所载的梁补阙，却并非唐中叶之人。与他同时或先后赋诗“赏爱其警策”的“西枢王公朴”，乃是五代后周的名臣。《旧五代史·王朴传》：“及世宗南征，以朴为东京副留守。车驾还京，改户部侍郎、兼枢密副使。未几，迁枢密使、检校太保。”（128/1681）卒于显德六年三月，年仅四十五。按：枢密院及其长官，又称西枢。“小旗村店酒，微雨野塘花”，《全唐诗》作为断句辑载于卷七九五“米都知”名下，认为是“善风雅”的米都知的“警策”诗句，似可再议。

又，米都知，“伶人也”。唐代梨园伶人普加“都知”头衔，也是晚唐才出现的现象。《南部新书》丙卷第40条即载有如下一则逸事：“咸通中，俳优恃恩，咸为都知。一日，闻喧哗，上召都知止之，三十人并进。上曰：‘止召都知，何为毕至？’梨园使奏曰：‘三十人皆都知。’乃命李可及为‘都都知’。后王铎为‘都都统’，袭此也。

吁哉!”

既然此梁补阙即使不与王朴同时,也是紧相先后的人物。他俩共同赏爱的米都知,作为伶人,其“都知”又是于晚唐始见的泛称。那么,他绝不可能是梁肃,似可肯定。

此“梁补阙”究竟是谁?颇疑所指为梁周翰。《宋史·文苑·梁周翰传》:“周广顺二年(952)举进士。……开宝三年(970),迁右拾遗,监绫锦院。改左补阙,兼知大理正事。……太平兴国中,知苏州。……以本官分司西京。踰月,授左赞善大夫,仍分司。俄除楚州团练副使。雍熙(984—987)中,宰相李昉以其名闻,召为右补阙,赐绯鱼。”大中祥符二年(1009)卒,年八十一(439/13000)。是五代入宋人物,与王朴实相先后,且曾两任补阙。其本传又载:“周翰善音律,喜蒲博,惟以饮戏为务。州有伶官钱氏,家数百人,日令百人供妓。每出,必以骰具自随。郡务不治。”说的是他在苏州的表现。可见他与伶人又素相亲近也。

惟梁周翰真宗即位之初即已被“擢为驾部郎中、知制诰,俄判史馆、昭文馆。咸平三年(1000),召入翰林为学士”,直至景德二年(1005)。死前的阶官为工部侍郎。后人对他的称谓,无论以何者为准,都不会仍以补阙称之。《南部新书》系大中祥符五、六年间(1012、1013)作于“宰开封”时,但书中所记,绝大多数皆录自前人的现成记载,原有称谓基本不改。或者本条亦原载宋初某人某书,只是今日已难以找见其渊源所自罢了。(2013-4-13)(与陈志坚合撰)

二十七、“五花判事”是宋制还是唐制?

《南部新书》乙卷第11条:“凡中书有军国政事,则中书舍人各执所见,杂署其名,谓之‘五花判事’。其舍人中,选一人明练政事者，专典机密，谓之'解事舍人'。"

这里提到"五花判事"。《辞源（修订本）》"五花判事"辞条："宋代中书省设中书舍人若干名，分管尚书六曹，遇判决公事时，因各人意见不同，须分别在文书上加具意见和签名，称为五花判事。见宋钱易《南部新书》乙、宋曾巩《元丰类稿》三二《论中书录黄画黄舍人不书检札子》。"断定"五花判事"是宋代的制度。它果真是宋代的制度吗？

《辞源（修订本）》引以为据的曾巩《札子》，明明说："今舍人不押六曹，惟掌书命，而事干书命者，又不书检，窃寻故事，未有可据而然也。"（32/466）此《札子》奏上于元丰五年七月，时元丰新官制刚于此年四月颁行，作为职事官的中书舍人刚刚恢复。既然新官制下中书舍人"不押六曹，惟掌书命"，则"五花判事"又从何谈起。

元丰改官制以前，情况又如何呢？《宋史·职官志一》中书省"舍人"："四人，旧六人。掌行命令为制词，分治六房，随房当制。……国初为所迁官，实不任职，复置知制诰及直舍人院，主行词命，与学士对掌内外制。"也就是，在北宋前期官与差遣分离的体制下，本为正官的中书舍人成了阶官，不再任职，任职者为临时差遣的知制诰和直舍人院。如果北宋前期确实存在"五花判事"制度，那执行者也当是知制诰，《南部新书》又怎么将它错安到中书舍人头上呢？

《辞源（修订本）》此辞条执笔者也许完全忽视了《直斋书录解题》卷七"《南部新书》解题"的如下提示："所记多唐遗事"；和《四库全书总目》卷一四〇"《南部新书》提要"的如下提示："皆记唐时故事，间及五代。"误以为既是宋人所著，所载定是宋制。其实此条乃录载其前人的现成记述，只是今日难以找出其确切的渊源所自罢了。在《南部新书》成书前，王禹偁《谪居感事一百六十韵》"词臣益宠衰，五花仪久废"句下自注："故事，舍人五花判事，今则废之久远矣。"同人《上宰相谢免判吏部南曹启》："某比乏时才，滥尘清列。苍苔红药，但遵四禁之文；理剧剸繁，久绝五花之判。"（《小畜集》卷八、卷二五。诗作于淳化三年、文作于至道三年冬或咸平元年）杨亿《谢知制诰表》："草尺一之诏书，预五花之判事。"（《武夷新集》卷十三。此文作于咸平四年四月）都已将"五花判事""五花之判"作为典故予以使用，且谓淳化三年时，此制业已"废之久远矣"。可证此前早已存有如同《南部新书》这样的定义式记述。

《辞源（修订本）》此辞条执笔者对曾巩《札子》的内容，也欠细加体味。《札子》中言及"五花判事"的原文如下："伏寻故事，中书舍人分押尚书六曹，天下众务，无不关决，其各执所见，谓之五花判事。故唐太宗尝谓侍臣曰……"（32/466）是什么时候的"故事"？是不是唐太宗业已依此"故事"来要求侍臣们了？本是可以发个疑问的。果然，《资治通鉴》卷一九三正是在唐太宗贞观三年四月"上始御太极殿，谓群臣曰……"条附载了这一"故事"："故事，凡军国大事，则中书舍人各执所见，杂署其名，谓之五花判事。中书侍郎、中书令省审之，给事中、黄门侍郎驳正之。上始申明旧制，由是鲜有败事。"《通鉴》唐纪约奏进于元丰三年九月至元丰六年十一月间，曾巩元丰五年七月奏上此《札》时，或正处于紧张笔削中，曾巩说的"故事"，未必引据自《通鉴》。可见在北宋，"五花判事"作为"故事"，不少人都耳熟能详。

那么，"五花判事"究竟是哪个朝代的制度呢？很显然，它不是宋代才有的制度。早在唐初，乃至唐初以前，它不仅业已存在，而且运行有序了。

附带说明：《辞源》原版已有"五花判事"辞条，如下："五花判事：《职林》：唐故事，中书有军国政事，则中书舍人各执所见，杂书其名,谓之五花判事。"(《辞源》正续编合订本子集,79 页)所引《职林》已久佚,当系据宋阙名《锦绣万花谷》前集卷一一"五花判"条所录转引。释文准确无误,修订本经改写,反而错了。

宋王应麟《玉海》卷一一九《官制·官名》"咸平《职林》"条:"咸平中,谏议大夫杨侃撰,二十卷。集历代沿革,自三公至东宫官,善恶成败,各编其事,为一百五十二门。明道中,校书郎胡昉又采唐事七百四十五条附于末。"此杨侃,《南部新书》本卷上文第3条亦曾提及,称之为"今刑部郎中、直集贤院侃"。杨侃卒于明道二年四月,后于钱易七年,而其《职林》乃作于咸平间,却在《南部新书》成书前十馀年。本条的直接依据,或者即是《职林》。(与陈志坚合撰)

二十八、《南部新书》作者钱易是钱俶之子吗?

胡玉缙针对《四库全书总目》中《南部新书》提要说的:"易字希白,吴越王倧之子,真宗朝,官至翰林学士。"补正说:"案楼钥《攻媿集》云:'易字希白,吴越国王俶之子,与其兄昆,随俶归朝……'则易为俶之子,非倧也,俶为倧弟,提要殆误,俟考。"

《提要》谓钱易系"吴越王倧之子",不是馆臣的创见,正史及宋人的史传著作都是这样说的。如《宋史》卷三一七《钱惟演附从弟易传》:"易字希白。始,父倧嗣吴越王,为大将胡进思所废,而立其弟俶。俶归朝,群从悉补官,易与兄昆不见录,遂刻志读书。……"宋王称《东都事略》卷四八《钱昆传》:"钱昆,字裕之,吴越国王倧之子也。随俶归朝,诸从子皆授官,独昆与其弟易愿从科举,遂登进士第。"旧题宋曾巩《隆平集》卷一四《侍从·钱昆传》:"钱昆,字裕之,吴越国王倧之子。随俶归朝,诸从子皆授官,独昆及弟易愿从科举,太宗嘉之。”不知补正者为何却要引南宋人对一轴法书的跋语来否定《提要》并进而否定史传的既有记述。钱易卒于宋仁宗天圣四年(1026)。仁宗、英宗《两朝国史》中有他的传记,上揭今所见史传直接间接实皆源自国史。楼钥(1137—1213)主要活动于南宋孝、光、宁三朝,离钱易死少说也在百年以上,他凭什么更改国史成说,说钱易是“吴越国王俶之子”。其所说靠得住吗?

楼钥的别集《攻媿集》,宋刻孤本难得一见,通行的是四库馆臣重辑重编的武英殿聚珍版本。补正所引见卷七四《又钱希白三经堂歌跋》,关键语如下:“希白名易,吴越国王倧之子,与其兄昆随俶归朝,愿从科举。”也说是“倧之子”,并未说“俶之子”呀!新近出版的点校本《楼钥集》,以北大藏宋刻孤本为底本,此文见卷七二,此处无异文。不知补正者作如上征引,依据的是何种本子?

无独有偶。《粤雅堂丛书》本《南部新书》伍崇曜《跋》,竟也有与此类似的引文:“案《楼攻媿集》:‘易字希白,吴越国王俶之子,与其兄昆随俶归朝,愿从科举。……’”此外,原文“太宗语苏易简曰”,“语”字前《跋》多一“尝”字,《补正》亦多一“尝”字。原文“召至禁林”,《跋》“召至”作“召入”,补正亦作“召入”。如果不是两人所据版本相同,即是乙实自甲转引。颇疑补正并未直接引据原书。

《提要》谓此书“于考证尚属有裨”,《补正》引李慈铭《桃花圣解盦日记》庚集一五“其辨忏之原始一条……亦言内典者所当考”为之补一实例。在这则引文中,李慈铭实还提到:“希白为废王倧之子,世居吴越,今粤雅堂本伍崇曜《跋》,误以为忠懿王俶之子。其书讹字甚多,较之《学津讨原》诸本,无以胜焉。”业已指出伍跋以易为俶子之误。与作者的断语“易为俶之子,非倧也”,显然互相矛盾。在一部严肃的学术著作中,前后相距不过十四五行文字,竟然出现如此这般的情况,也实实令人百思不得其解。

附带说明,1958年出版的《南部新书》中华上编点校本,曾将伍崇曜《跋》附于书后,误题《守山阁丛书本跋》,“吴越国王俶之子”已径改作“吴越国王俶之侄”,未作说明。其作法未必可取,不过却也表明:他们亦已发觉伍《跋》以钱易为钱俶之子的错误。(2013-5-11)

二十九、《南部新书》佚文有无考

见于《中国古籍善本书目》子部杂家类著录的《南部新书》善本,共14部,基本上可分为两大系列,一为十卷附补遗一卷本(5部),另一也为十卷而无补遗本(9部)。“补遗”补的当是此书的佚文。但前一系列正文257条、补遗51条,共308条;后一系列共857条,前一系列的正文包括所附补遗,没有一条轶出后一系列之外的。则其“补遗”,补的只是前一系列正文之遗,而非此书的佚文。而后一系列则可堪称足本矣,今姑且以足本称之。关于前一系列的始末缘由,明初洪武五年清隐老人《跋》有如下说明:

> 《南部新书》,钱希白撰。子明逸《序》云:“凡三万五千言,事实千,列卷十。”今元本止一万五千言,事实二百五十有七,亦列卷十。所以子真子唐君志云:“以蜀本对,皆不同,此所有者蜀本不载,彼所载者此亦不收。”惜乎欠一对耳。余家所有曾公《类说》所收事实八十,校之今本,所无者凡二千馀言,事实五十有一,作补遗,录于右。《类说》省文,又所言甚节,以俟旧本订正云。清隐老人志。时洪武五年五月廿八日甲戌,写于泗北村居且吃茶处云。(录自王重民《中国善本书

提要》,115 页)

《四库全书》本却出自足本系列,是据浙江鲍士恭家藏本,即知不足斋所藏写本著录的。《浙江采集遗书总录》丁集有对此书的说明,在引述元子真子、明清隐老人的话之后,接着说:“而近时吴焯《跋》则云:‘余所藏高承埏旧本较多于此三倍,即补遗诸条咸在,计件系之事,凡八百数十。’则今鲍氏所藏,正与吴跋相符,自甲至癸凡十集,盖完书也。”(19A—B)《四库全书总目》此书《提要》则说:“此本共八百馀条,首尾完具,以诸本兼校,皆不及其全备,当为足本矣。”(140/1189)

《学津讨原》本据“邵君朗仙从吴门士礼居黄氏传抄”本校刊,也是足本。张海鹏跋:“是编自甲至癸十卷,共八百五十七条,与《四库总目》所称八百馀条适合。”

足本是否真“足”?似尚未见有人曾提出过类似的疑问。今试以《四库全书》本与《学津讨原》粗略对勘,竟发现:戊卷(卷五)开头的 4 条,《四库全书》是佚脱了的。则提要自诩“完备”的“足本”,已先自不“足”矣!《学津讨原》本(粤雅堂本与之无大差异)复如何呢?

唐白居易、宋孔传《白孔六帖》征引《南部新书》约六七十次,绝大多数都能在今本中找见相应出处,但起码有如下一条却不见于今本:“唐安史之乱,法度隳弛,内臣戎帅,竞治亭馆第宅,力穷乃止。时号‘木妖’。”(卷一〇)此条亦见宋祝穆《古今事文类聚》续集卷六、宋谢维新《古今合璧事类备要》别集卷一四引录,所注出处亦皆作《南部新书》。其确为《南部新书》之佚文,似不容怀疑。

明陶宗仪《说郛》(宛委山堂本)卷二六《南部新书》共录载 19 条,清末民初国学扶轮社《古今说部丛书》二集《南部新书》同。

其中亦有一条,即"置权量"条,不见于今本。如下:"柳仲郢拜京兆尹,置权量于东、西市,使贸易用之,禁私制者。北司史入粟违约,仲郢杀而尸之,自是人无敢犯。"(2B)显然亦是《南部新书》的又一佚文。

《南新新书》甲卷第64条:"驸马都尉郑潜曜,睿皇之外孙,尚明皇第十二女临晋长公主,母即代国长公主也。开元中,母寝疾,曜刺血濡奏章,请以身代。及焚章,独'神通许'三字不化。翼日,主疾间。至哉,孝子也。"《说郛》本"刺血濡章"条即此条,无最后5字,"主疾间"下,却接载:"郑固命左右勿敢言。其请天之章,门客尹灵琛之词也,灵琛为人言之。"凡27字。当亦不只是异文,同时也是佚文。

可见源出足本系列的十卷本今本,并不是相当于原本意义上的足本,是仍有佚文的。以上所举,很难说即是佚文的全部。但除此以外,还有哪些可供考出的佚文呢?(2012-10-27)

三十、见于《诗话总龟》的《南部新书》佚文

《南部新书》佚文见于《诗话总龟》者很不少。《诗话总龟》曾经是《宋诗话辑佚》等的主要辑佚依据,但诚如《诗话总龟》点校者周本淳所指出的,它同时也是说部辑佚"可供开掘的宝藏"。《总龟》点校本《前言》:

> 《诗话总龟》多采小说家言,而所采之书,今天多所亡佚,即使今日仍存之书,也有亡佚部分,或者本来就不是足本,也可以根据《总龟》加以补充。以孙光宪《北梦琐言》为例……另如《南部新书》也和上例相同。……可见如从事说部的辑佚

工作,《诗话总龟》应该算是可供开掘的宝藏。(4页)

又在书中一再加按语指出了部分不见于今本《南部新书》的事条,如卷二四《感事门》“杜甫(开)[乾]元中流窜秦越”条下的“今本《南部新书》未见此条”按语,卷二三《寓情门》“崔左辖瓘牧江外郡”条下的“按上列《南部新书》八条,仅‘江陵’条见丁部,‘白乐天’条见戊部,其馀六条,今本均未见”按语,都是。《南部新书溯源笺证》附录共辑得佚文22条,其中19条即辑自《诗话总龟》前集。

19条中,有3条亦见宋人所撰他书,如《新安志》《古今事文类聚》《记纂渊海》引录,所注出处相同,足证其确是《南部新书》佚文。这19条,能初步考出其渊源所自者仅有7条,除1条源自《嘉话录》,1条源自《北梦琐言》,其馀5条皆源自《杼情集》。《杼情集》,即《总龟》书首“诗话总目”所列之“卢瓌《杼情》”。《南部新书》今本中亦见曾加引录,但能考见者仅有2条,见庚76、辛4。又足见原书源自《杼情集》的内容,其佚失量是相当大的。

三十一、“昔作树头花　今为冢下骨”——《南部新书》一则佚文考证

见于《诗话总龟》前集卷三五的《南部新书》佚文:“胥偃内相应举时,梦徐将军斩下头项。作诗云:‘昔作树头花,今为冢下骨。’明年徐奭榜下第二人及第。”按:大中祥符五年榜,徐奭状元,见《长编》卷七七。“内相”,翰林学士俗称。胥偃为翰林学士,景祐四年闰四月拜,宝元二年卒,见《学士年表》。表明此条所记内容全为宋朝之事。

李裕民《四库提要订误(增订本)》针对《提要》所说:“是书乃

其大中祥符间知开封县时所作，皆记唐时故事，间及五代。”补正说：“此书亦记宋代事。”并列举了书中所记宋代8人（包括作者本人）之事凡7条。但这7条所记的8人事，在该条皆只是附带提及，并非该条记载的主题或主体。如言及杨覃、杨蜕、杨侃这3位宋人事的乙卷第3条：

> 杨氏，于静恭一房尤盛，汝士、虞卿、汉公、鲁士是也。虞卿生知退，知退生堪，堪生承休，承休生岩，岩生郇，郇生覃。覃，太平兴国八年成名，近为谏议大夫、知广州，卒。堪为翰林承旨学士，随僖皇幸蜀，[真]在中和院。承休自刑部员外郎使浙右，值多难，水陆相阻，遂不归。岩侍行，十六矣，我曾祖武肃辟之幕下，先人承袭，岩已为丞相。及叔父西上，岩以图籍入覲，卒于秀州，年八十馀。今刑部郎中、直集贤院侃，亦岩之第三子鄖孙也，蠙之子。司封员外郎蜕，即岩第三子鄖之子。鄖入京为员外郎分司、判西台，卒。侃端拱二年成名，蜕淳化三年登科。修行，即四季也，发、虾、收、严。履道，即凭、凌、凝也。新昌，即於陵也。后涉入相，即修行房也，制下之日，母氏垂泣不悦，以收故也。

文中提及的宋人宋事实亦不只此3人。又如言及作者本人“四为府监试官”的壬卷第22条（“监试”引文误为“监当”）同样绝非该条主题：

> 《玉藻》云：“笏，天子以球玉，诸侯以象，士以鱼须文竹。”注：“文，犹饰也。大夫、士饰竹为笏，不敢与君并用纯物也。《释文》云：用文竹及鱼须也。以鱼须饰文竹之边。须音班。”

今之人多呼为"鱼须",误也。余凡四为府监试官,往往有举子公然于"无"字韵内押。

全都不如见于《诗话总龟》的这条佚文,主体、主题全是宋人、宋事。《订误》又就杨侃事发挥,借以订正提要"是书乃其大中祥符间知开封县时所作"之误:

乙集记杨侃"端拱二年成名","今刑部郎中、直集贤院侃"。考侃大中祥符八年四月以兵部员外郎、直集贤院知越州(《嘉泰会稽志》卷二),天禧四年知常州,其前后知常州者均为员外郎,杨侃此时之官亦应为员外郎,其为郎中必在此年之后。又欧阳修称侃为直集贤院凡二十七年,自咸平三年直集贤院,至天圣四年迁集贤殿修撰、知应天府。此书之作当在天禧五年至天圣三年间。

按:"是书乃其大中祥符间知开封县时所作",实只复述本书作者钱易之子钱明逸原书《序》中语,并非馆臣所首发。《序》又言及:"小子不肖,叨继科目,尝践世宦,假字宫钥,浚洄事休,阅绎家集。因以《新书》次为门类,缮写净本,致于乡曲,以图刊镂。"表明钱易生前并未完成《新书》全书的编辑,其编类成书刊行是经过其子加工的。如本条佚文所载,胥偃之充学士,为钱易所不及见,却称之"内相",当系后人追改。则仅仅依据"今刑部郎中、直集贤院侃"之语,断言"此书之作当在天禧五年至天圣三年间",未必也。

辑本《古今诗话》研评八题

一、辑本《古今诗话》与校点本《诗话总龟》校读札记

《诗话总龟》是辑本《古今诗话》辑录的基本依据。全书共辑佚文444条,其中依据或参据《总龟》而辑者约370条。当年据以辑佚的《总龟》,是《四部丛刊初编》影印明月窗道人刊本,此本"讹舛特甚":"从卷数说,《前集》少了《寄赠门》中、下两卷,从出处说,漏注和错注的要以百数。更严重的有时两条不相干的截尾去头凑成一条。至于字句讹脱的可谓触目皆是。"(周本淳校点本《前言》)这些"讹舛",《古今诗话》辑本对之有所校正,而沿袭其误照录的也不在少数,特别是月窗本的脱漏部分,不以善本对校不易发现,辑佚当时似亦无能为力。

人民文学出版社1987年出版的周本淳校点本《诗话总龟》,以月窗本为底本,据2种明抄本、1种清抄本和缪荃荪校本、杭州王氏校本校勘,并参照其他一些典籍,尽其可能,对之作了校正。虽然台北所藏另一种明抄本和褚斗南纂集的六十卷本南宋末抄本,为周本淳所未及利用,但直至今日,周本淳校点本仍不失为最佳版本。充分利用周本淳的校勘成果以复检辑本,借以纠正其沿袭的

错讹,纵有遗漏,谅亦不致太多。① 月窗本的脱漏条目,集中于二十七、二十八两卷和某门或某卷之末,最易检核,笔者从中共检出未见辑本者十五条。其他条目,限于精力,未能逐一复检,只就泛览中发觉随手记下的摘记中整理若干条,揭示如下。挂一漏万,目的仅在于引起人们的重视。

1.《诗话总龟》卷二三《寓情门》自"朱滔括兵"以下至"《玉溪论事》云"共12条,月窗本除"朱滔括兵"条下注"《古今诗话》","《玉溪论事》云"条下注"并同前"外,皆无出处注,辑本遂认为皆是《古今诗话》佚文,全部辑入书中,见208—219条。而在点校本中,其前7条皆补有出处注,依次是:"《古今诗话》""同前""《异闻集》""《古今诗话》""《名贤诗话》""《翰府名谈》""《古今诗话》"。辑本210、213两条皆非《古今诗话》,而分别是《异闻集》《翰府名谈》中的文字。辑本误辑了。

《诗话总龟》卷一五《留题门》"长安慈恩寺浮屠"条以下6条,(1)"长安"条注"《鉴戒录》",(2)"雍陶"、(3)"施肩吾"无注,(4)"夫差庙"条下注"并同前",(5)"陈羽姑苏台诗"条无注,(6)"程贺"条下注"《鉴戒录》"。未注出处的(5)"陈羽姑苏台诗"条可能遂被认为亦出《鉴戒录》,不会想到会是《古今诗话》佚文。而据校点本所补注,它恰出《古今诗话》,辑本漏辑了。

2.《诗话总龟》卷一八《纪实门》中,自第1条至13条,月窗本1注"《古今诗话》",2—5无注,6注"同前",7—9无注,10注"同前",11、12无注,13注"《郡阁雅谈》"。辑本"407. 薛能闲题"、"408. 诗著题"即据11、12而辑,其案语谓:"此二则《总龟》均未注

① 据说六十卷本南宋末抄本,共2 132条,55条逸出周本淳校点本,见周兴陆《从新发现宋抄本考察〈诗话总龟〉早期形态》,《文汇报》2011年10月31日。未详其中有无逸出周本淳校点本的《古今诗话》佚文。

出处,然其前为《古今诗话》,疑亦《诗话》中文。”虽加辑录却又不能完全肯定是否确是《古今诗话》佚文。校点本于 9 下补“并同前”、12 下补“同前”注文,则辑本 407、408 所辑系《古今诗话》佚文,确凿无疑。辑本“398. 孙丁文章”、“399. 词人作诗无虚语”,情况与此雷同。

《诗话总龟》卷一六《留题门》“丁晋公旧有园在保康门外”条注“《古今诗话》”。其下“洪州西山与滕王阁相对”条注“《雅言杂载》……”再其下 4 条,(1)“真州即扬州之杨子县”条月窗本无注,校点本注《古今诗话》;(2)“金陵升元寺即瓦棺寺也”与(3)“瓜州渡杨子桥”条均无注,(4)“元稹相廉问东浙七年”条下注“并同前”。若依月窗本,“同前”指《雅言杂载》,辑本据月窗本,故其“383. 张芸叟仪真观诗”虽与“真州即扬州之杨子县”条相当,却仅据《宋纪》卷二十四辑录,并用案语指出:“《总龟》前十六有此则,当亦《古今诗话》中语。”“405. 升元阁”“406. 瓜州渡”虽据《总龟》辑录,也特加案语申明:“《总龟》此二则未注出处,但其前后皆出《古今诗话》,疑此亦《诗话》中语。”有了校点本补出的“真州即扬州之杨子县”条下的注,则所有这些废话全可免去。①

3. 辑本“355. 魏野赠寇莱公诗”,即《诗话总龟》卷一《讽谕门》“章圣幸汾阴回”条,月窗本漏注出处。辑本仅据《诗林》卷四辑录,文字删节颇多,较《总龟》凡少 59 字。今校点本已为之补注出《古今诗话》,即可据以替换辑本此条,使之更加详备。

另,辑本“362. 张祜诗”,辑自《竹庄》,仅 15 字,实即《诗话总龟》前集卷四《称赏门》“张祜有观猎诗”条,都 101 字。辑本只在案

---

① 此处,点校本也有可议处。“洪州”条出处“杂言杂载”,月窗本原作“雅言杂载”,“杂言”显是点校本新增错字。这 6 条的出处,国图藏 2 种抄本均作:“丁晋公”(古今诗话),“洪州”(同前),“真州”(古今诗话),“金陵”“瓜洲”(并同前),“元稹”(同前)。也与点校本有异。实全是《古今诗话》佚文。

语中指出:“又《总龟》前四有此节,不注出处,但其前为《古今诗话》,当亦《诗话》中语。疑即《竹庄》、《乐趣》所据。”今则可以用《总龟》径予替换。

4. 辑本“327. 韦皋赠玉箫诗”:“崔涯者,吴楚狂生,与张祜齐名。其妻雍氏子荆宝有女青衣曰玉箫,才十岁,常令侍韦。姜入关,家属不行,韦乃(从)[易]归头陀寺。荆宝遣玉箫往来,年稍长,乃与韦欢。……”辑自月窗本卷四一《送别门》。其案语引《唐诗纪事》卷五二、卷四八为证,指出:此当是将崔涯事与韦皋事二者误合为一。又指出:“此节崔涯数语,全与此文无涉。以脱误过多,故不校改。”校点本已将此条开首“崔涯者,吴楚狂生,与张祜齐名。其妻雍”校改为“韦相皋昔游江夏,止于姜使君之馆。姜”(43/415),不复“脱误过多”矣。

辑本“107. 东野诗蹇涩”:“李习之诗称东野诗‘食荠肠亦苦,强歌声无欢。出门即有碍,谁谓天地宽!’可谓知音矣。今世传郊诗五卷百馀篇。又有《咸池集》三百篇,其语句尤多蹇涩,疑前五卷曾经名士删改也。”辑自月窗本卷五《评论门》,“删改”与“也”字间有大段误脱,校点本据明抄本为之补 27 字:“东野与退之联句,宏博壮辨,似若不出其一手,王深父云:‘退之有润色。’”自可据之对辑本作同样的校补。

辑本“261. 语音不同”:“[乐天诗云:‘请钱不早朝。’请作平声,唐人语也。]今人不用厮字,唐人作斯音。……”辑自《总龟》前二十九、《履斋示儿编》二十三、《乐趣》十一。方括号下注:“《履斋示儿编》有此数语,《总龟》与《乐趣》均无。”此则出《中山诗话》,《中山诗话》亦有此数语。校点本卷三一《正讹门》已校出明抄本有此 17 字,且说“当补”(317),却未补入正文,不知是何讲究。

5. 以下是校点本对个别文字的校改,依凡例,当出校勘记,然除个别条目外，皆无校勘记。类似情况举不胜举。

辑本“169. 韩熙载遣赠姬诗”：“韩续仆射请韩熙载为父撰神道碑。”“韩续”下注：“《湘山野录》‘韩’作‘严’。”校点本已校正作“严”。(17/198)

辑本“178. 商凝式咏蛤中佛像”，校点本“商凝式”校改作“段成式”。(18/201)

辑本“180. 乐天游大林寺诗”：“王气有早晚，天时有愆伏。”“王气”，校点本作“土气”。(18/202)

辑本“202. 李端即宴赋诗”：“郭人，升平公主婿也。”“郭人”下注：“‘人’当作‘暧’，或作‘郭令公子暧’。”校点本已校正作“郭暧”。(22/238)

辑本“205. 李嵘诗”：“李相国尉镇淮南。”“尉”下注：“《广记》二百引《杼情集》作‘蔚’。”校点本已校正作“李蔚”。(22/241)

辑本“241. 竹西亭”：“淮南蜀江者，维阳之地也。”“蜀江”，校点本校改作“蜀冈”，校勘记：“‘冈’，原作‘江’，依缪校本改。”(30/304)

辑本“339. 殷七七开顷刻花”：“殷七七名文祥。”“殷”下注：“‘殷’原作‘韦’，据《太平广记》、《唐纪》、施注《苏诗》等书改。”“文”下注：“《太平广记》‘文’作‘天’。”按：《太平广记》卷五二谓“出《续仙传》”。校点本仍作“韦七七名文祥”(47/453)，未作校改。

6. 校点本新补出处注有两类：据校本补出者加圆括号；各校本均缺，据他书校出者加方括号。然偶有忘加的，如卷一《讽谕门》“章圣幸汾阴回”条，月窗本无注，校点本补注的“《古今诗话》”即既未加圆括号，也未加方括号。若系据他书校出而加，而他书若即是《诗林》，则上述对辑本355条的替补即不复可行。加有方括号的注，所指究竟是《总龟》的直接出处，还是终极出处，也易致混淆。

如校点本卷五〇《鬼神门》下自“唐丞相马植弟固”条以下的7条，月窗本除第7条注《古今诗话》外，其馀6条皆无注，却全为辑本辑录，见434—438、48、344条，对前5条分别加有案语，指出：“事出《本事诗》”，“事出《玄怪录》”，(空)，“事见张读《宣室志》卷四”，“事出《宣室志》卷六”。又在辑本438条的案语中指出：“又以上数则《总龟》均不注出处，以此数则后为《古今诗话》，又尚有一条不注出处者，即前48《湘灵鼓瑟诗》条，见《类说》本《古今诗话》，故疑此均《诗话》中文。”这些“事出”某书某书的案语，指的是《古今诗话》各该条的直接出处，而非《总龟》的直接出处，对《总龟》而言，乃是其终极出处或二级出处。今校点本加方括号补于各条之下，只能被认为补的是《总龟》的直接出处，或者隐含有对辑本所作判断的异议。(2015-4-30)

二、《绀珠集》本《古今诗话》泛读札记

《绀珠集》一书的性质与《类说》类似，编撰几乎同时，且都节录有《古今诗话》，《类说》59条，《绀珠集》17条。而郭绍虞《宋诗话辑佚》中的《古今诗话》，却只曾以《类说》为依据或参据，全未从《绀珠集》取资。其实，《绀珠集》在《古今诗话》辑佚中的作用和价值，与《类说》是不相上下的。

在《绀珠集》节录的17条《古今诗话》中，与《类说》所录重者凡10条：1. 杜诗治疟(类说1. 杜诗愈疾)、2. 苜蓿盘(类说3. 明皇题诗)、4. 火鼠冰蚕(类说4. 王贞白诗)、5. 诗可泣鬼神(类说2. 诗泣鬼神)、7. 春日得春衣(类说6. 春日得春衣)、8. 探骊获珠(类说7. 探骊获珠)、10. 诗瓢(类说8. 诗瓢)、11. 无声诗(类说5. 无声诗)、13. 刘采春(类说9. 恋镜湖春色)、16. 瑞锦窠(类说11. 瑞锦

窠）。拟题，同者 5 条；行文，同者 5 条（1、4、5、7）11），《类说》略胜者 3 条（8、10、13），《绀珠集》略胜者亦有 2 条（2、16）。由于《类说》所录节略过甚（《绀珠集》亦一样），若有他书可据，辑本一般都据他书辑佚。这 10 条中，辑本仅据《类说》辑录者不过 4 条（4、8、13、16）。这 4 条，《类说》略胜的 2 条，《绀珠》虽无所帮助，《绀珠》略胜那一条，在辑本“礼部郎掌省中文翰，谓之瑞锦窠”。下可据之补充：“故事，必迁词掖，故诗有‘须知百日掌丝纶’之句。”非小补也。

与《类说》不重的 7 条中，有 4 条（6. 与桃源称其吟咏、9. 盛小丛、14. 蛮素、15. 冷淡生活）辑本皆已主要据《诗话总龟》辑载，见“98. 和亲诗”“328. 盛小丛”“217. 乐天诗咏樊素小蛮”“204. 白乐天联句不胜杨侍郎”。“与桃源称其吟咏”条，亦见明天启刊本《类说》，拟题“可与桃源”，而五十卷本残存之有嘉堂抄本不载，当是误羼入者。其内容不过是大段记事中的片言只语。“盛小丛”条，《绀珠》仅 28 字，辑本凡 369 字，字数相当悬殊。而“李诇”，辑本作“李纳”，皆误。《总龟》校点本已校正作“李讷”，未出校记。“蛮素”条，辑本据《总龟》前集卷二三等辑，李裕民《〈宋诗话辑佚〉补遗》第 13 条据《古今合璧事类备要前集》卷五四另行补辑，谓辑本“与此出入颇大，且缺后四句”（《考论》，400 页）。“冷淡生活”辑本辑自《总龟》前集卷二二，行文微有出入。末句：“元告白曰：‘乐天可谓全其名也。’”《绀珠》无“告白”，“全”前有“能”字，皆较胜。

馀下的 3 条（3. 眼中安障、12. 得句撞钟、17. 蹉对假对双声迭韵），特别值得注意。皆辑本未从他书辑得相应内容，是缺的，此等可为补辑。

3. 眼中安障：龙丘李主簿，目有翳，方干嘲之曰：“措大吃酒点盐，将军吃酒点酱。只见门外着篱，不见眼中安障。”

按：此条出《唐摭言》卷一三《矛盾》："方干姿态山野，且更兔缺，然性好凌侮人。有龙丘李主簿者，不知何许人，偶于知闻处见干，而与之传杯酌。龙丘目有翳，改令以讥之曰：'干改令，诸人象令主：措大吃酒点盐，军将吃酒点酱。只见门外着篱，未见眼中安障。'龙丘答曰：'措大吃酒点盐，下人吃酒点鲊(干嗜鲊)。只见半臂着襕，未见口唇开袴。'一座大笑。"(13/5B)

12. 得句撞钟：唐诗僧赋《中秋诗》，云"此夜一轮满"，来年方得下句，云"清光何处无"，喜不自胜，夜半起撞钟，以惊众。(此僧南唐人)

按：此条出宋龙衮《江南野史》卷一《先主》："初，有禅代之志，忽夜半寺僧撞钟，满城皆惊，逮旦召问，将斩之。云夜来偶得月诗。先主令白，乃曰：'徐徐东海出，渐渐入天衢。此夕一轮满，清光何处无。'先主闻之私喜，而释之。"《诗话总龟》录之于卷一一《苦吟门》(11/129)。

17. 蹉对假对双声迭韵：《楚词·九歌》："蕙肴蒸兮兰藉，奠桂酒兮椒浆。"谓之蹉对。"厨人具鸡黍，稚子摘杨梅。"谓之假对。"几家村草里，吹笛隔江声。"谓之双声。"月影侵簪冷，江光逼履清。"谓之迭韵。

元佚名《南溪笔录群贤诗话》前集录《古今诗话》："古之文章自合律度，未以音韵为主。自沈约增崇韵学之后，诗之体制渐多，始有蹉对假[对]双声迭韵之类。如：'自朱邪之狼狈，致赤子之流离。'不惟赤对朱，邪对子，兼狼狈、流离乃兽名对禽名。又如：'厨人具鸡黍，稚子摘杨梅。’以鸡对杨之类，皆为假对。子美以饮子对怀君，及《恶树》诗：‘枸杞因吾有，鸡黍奈汝何。’殆亦所谓假对也。”(31A)亦即本条。按：皆出沈括《梦溪笔谈》卷一五，唯“子美以饮子对怀君……”以下，《笔谈》无，未详据何书捏合或羼入。(2015-4-10)

三、《鉴衡》《乐趣》《名言》都是哪些诗话的简称？

郭绍虞《宋诗话辑佚》每条诗话下所注辑录依据，往往在第一次出现时即用简称，出现多次以后，才偶而用一次全称，又往往不同时出示其作者姓名。全书之后，也未附表载明引用书书目、作者、版本，或引用书简称全称对照。这对于初学者或基础知识浅薄如我之辈，简直丈二和尚摸不着头，难明其究竟，得费时费力东查西找，方能获知其所引据的都是些什么书。

如以《古今诗话》为例。《古今诗话》未参照他书仅据《鉴衡》辑录者凡14条，参据《鉴衡》者凡4条，出处注用的全是《鉴衡》简称。第37条首见，第103条再见，至第109条，才在案语中提到其全称为《修辞鉴衡》，第439条案语才与全称一起提到其作者为王构。而此条已是全《古今诗话》的倒数第6条。

《古今诗话》从《乐趣》辑录的10条，参据《乐趣》辑录的近90条，出处注也都全用简称，只是在案语中5处提及其全称为《说诗乐趣》，但一直未提及其作者姓甚名谁。而在《古今诗话》的前一部诗话，也是全书的第一部诗话《王直方诗话》中，其121条“东坡论徐凝瀑布诗”据“《总龟》前九、《乐趣》二”辑录，并加有如下案语：“案：伍涵芬云：《天台赋》‘瀑布飞流而界道’，则‘界’字原有来历，句法又能化旧生新，东坡以恶讥之，过矣。”虽不怎么直截了当，却载明其作者乃“伍涵芬”。

《古今诗话》直接从《名言》辑录者仅有一短条，即第 379 条“壁间诗”，凡 24 字。参据《名言》而辑也只 12 条。《古今诗话》中未出现过全称。《王直方诗话》第 98 条“诗用‘冥冥’‘霏霏’字”是据《总龟》参据《乐趣》《名言》辑录的，其“冥冥小雨不成泥”句“小”字下有校注：“《艺苑名言》‘小’作‘细’。”则其全称即《艺苑名言》也。而其作者则迄未见揭示。

按：《修辞鉴衡》二卷，元王构编。上卷论诗，下卷论文，皆采宋人诗话及文集、说部为之。《四库全书》著录此书，其《提要》谓：“所录虽多习见之语，而去取颇为精核”，“具有鉴裁”。“较《诗话总龟》之类浩博而伤猥杂者，实为胜之。固谈艺家之指南也。”评价甚高。辑本第 439 条“句始”系据清吴景旭撰《历代诗话》卷二辑录，原书正文以“《古今诗话》曰”领起，但郭氏对其是否确是《古今诗话》佚文表示怀疑，依据的即是《鉴衡》：“案：王构《修辞鉴衡》一引此则作《古今总类诗话》。考《鉴衡》所引有称《古今诗话》者，有称《古今总类诗话》者，似非一书。”

《说诗乐趣》二十卷，清伍涵芬撰。《四库全书》入“存目”，未予著录。其《提要》谓：“此书皆采摭前人诗话……庞杂无绪，去取失伦，卷端所列引用书目乖舛不一而足。”“盖贫士刊鬻以自给，原不为著述计也。”从《古今诗话》共 444 条中依据或参据《乐趣》辑录者几近百条看，此书搜罗的诗话是相当丰富的。而观上揭《王直方诗话》第 121 条案语所引，又似并非毫无见地，一无可取之书。

《艺苑名言》八卷，清蒋澜辑。《四库全书》未著录，未入“存目”，也未见别的丛书收录，似只有单刻本行世。据《中国古籍善本书目·集部》，国内清华大学图书馆等四家图书馆藏有此书清乾隆四十年蒋氏怀谷轩刻本。除乾隆刊本外,孔夫子旧书网上尚有务本堂嘉庆写刻本、日本文政九年龙章堂刊本、清石印本、1961 年“太平艺苑太平丛书”本在发售。从《古今诗话》据以辑录和校勘的情况看,此书并未起多大作用。(2017-2-10)

四、子虚乌有商凝式

辑本《古今诗话》第 178 条,拟题《商凝式咏蛤中佛像》,全文如下:“炀帝好食蛤,忽有一蛤椎击不破,异之。寘于几下,一夜有光,肉乃自脱,有一佛二菩萨像。悔之,乃不食蛤。商凝式有诗云:‘虽因雀变化,不逐月亏盈。纵有天中像,神功讵可成。’又云:‘相好合如梵,端严只为谁。宁同恃顽恶,且与鹬相持。’(《总龟》前十八)。”且加有如下按语:“案:事见《太平广记》九十九,惟不载商诗。”(《宋诗话辑佚》,181 页)

商凝式何许人?既有诗作,若是唐人,《全唐诗》当收其诗,然遍检《全唐诗》及《补编》,未能检见商凝式其人。若是隋人,也未见逯钦立《先秦汉魏晋南北朝诗》在商凝式名下辑录此两诗。检文渊阁《四库全书》和基本古籍库,除《辑佚》所据之《诗话总龟》外,“商凝式”亦仅两见,其内容及行文皆与《辑佚》略同:一见元佚名《氏族大全》卷九《十阳下·商》之“蛤诗”条,前有引语:“商凝式,隋人。”录凝式诗仅前一首(渊 952 册 9/62A)。另一见明单宇《菊坡丛话》卷五“隋炀帝”条,亦无“又云”下第二首诗,于上一首诗下缀以议论:“凡人嗜欲深者,必生异物以警之,仍不止,则祸斯及矣。”(《续修》1695 册 5/11B—12A)两条的主体部分,显然皆源自《辑佚》所据之《诗话总龟》,不能反证商凝式之确有其人。

郭绍虞按语业已指出:“事见《太平广记》九十九。”《太平广记》此条注“出《酉阳杂俎》”(99/661),实录自唐段成式《酉阳杂俎》续集卷五《寺塔记》上“靖善坊大兴善寺”条。此条记事部分“左顾蛤像”下载:“旧传云:隋帝嗜蛤,所食必兼蛤味,数逾数千万矣。忽有一蛤,椎击如旧,帝异之,寘诸几上。一夜有光,及明,肉自脱,中有一佛、二菩萨像。帝悲悔,誓不食蛤。非陈宣帝。”(246页)文“辞”部分“蛤像连二十字绝句”下载:“虽因雀变化,不逐月亏盈。纵有天中匠,神工讵可成。(柯古)”“相好全如梵,端倪秖为隋。宁同蚌顽恶,但与鹬相持。(善继)”(247页)记事与文辞不相连接,校点本中间隔五长行。与《辑佚》比校,记事略同,两诗虽异文甚多,却也相应,然两诗作者分别为柯古、善继,而非《辑佚》所署的商凝式。

柯古、善继又是什么人?柯古即《酉阳杂俎》作者段成式本人。《旧唐书》卷一六七《段文昌附子成式传》:“成式,字柯古。”(167/4369)段成式在上揭《寺塔记》的小序中提到:“武宗癸亥三年夏,予与张君希复善继同官秘书,郑君符梦复连职仙署,会暇日,游大兴善寺。”(245页)两首连句当即同游之日所赋,而善继当即张希复之字。

《唐诗纪事》卷五七录载此两诗,诗下所注字虽未改,却正确地录载于《段成式》总题下。《全唐诗》卷七九二则于总题“联句”下辑载此两诗,拟题《蛤像联二十字绝句》,所署作者为段成式、张希复,两诗下则分注“成式”“希复”,字已改为名。

辑本此条辑自宋阮阅《诗话总龟》卷一八《纪实门中》,明月窗道人刊本确作“商凝式有诗云”,辑本是忠实于原文的。今习见之周本淳校点本亦以月窗本为底本,此处已校改作“段成式有诗云”,依其“凡例”该加校勘记而却未加,又“又云”未改,认第二首亦段作,仍误(18/201)。

郭绍虞的疏忽在于：对此则诗话只追溯至《太平广记》即便中止，而未再追溯。因而在辑本中这则诗话的体例遂与其他多条诗话有异：未在案语中指明其原始出处，也未将校出的异文一一加注表明。至于拟加了那么一条突出子虚乌有人物商凝式的标题，那就更不应该了。(2015-3-27)

五、辑本《古今诗话》补遗拾遗漫评

郭绍虞《宋诗话辑佚》新版发行后，李裕民于2001年发表《〈宋诗话辑佚〉补遗》（以下简称李《补》），[①]其中《古今诗话》共补14条。马强才于2008年发表《〈宋诗话辑佚〉拾遗初编》（以下简称马《拾》），[②]其中《古今诗话》共补13条。对辑本漏而未辑的缺陷作拾补，值得称道。但如果辑本业已辑得，再来作什么补遗、拾遗，那就完全是多馀的了。不过也不能一概而论。

李《补》第13条和第14条，都是明知辑本已有相应条目，而又重加辑录的。其第13条系据《古今合璧事类备要》前集卷五四另辑，理由是：辑本217“与此出入颇大，且缺后四句”。其第14条系据《九家集注杜诗》卷七注另辑，理由是：辑本132“据《诗话总龟》辑31字，脱略太多，故今重加辑录”。类似这样的由于辑本有严重缺陷或明显失当而重加辑录，也是完全应该的，同样值得称道。

李《补》已见辑本的另有3条，却就完全没有必要了。第1条“嗽金鸟”，系据宋陈元靓《岁时广记》卷四补辑，实即原辑“343. 宫人用辟寒金”，所注出处除《诗话总龟》外，亦有《岁时广记》卷四。

---

① 李裕民《〈宋诗话辑佚〉补遗》，《文献》2001年第2期，后收入作者之《宋史考论》，科学出版社，2009年。

② 马强才《〈宋诗话辑佚〉拾遗初编》，《古籍整理研究学刊》2008年第2期。

条末《岁时广记》较《总龟》多“古乐府云：‘谁似辟寒金，聊借与空床暖。”辑本未录，当是有意割舍。李《补》从《岁时广记》中共辑补3条。辑本的疏忽在于，未将《岁时广记》通检，因而漏却2条未辑。李《补》第8条“丘浚”，系据罗愿《新安志》卷十补辑，已见原辑“74. 丘琫十岁作诗”条，辑本辑录的依据，除《总龟》等外，亦有《新安志》卷十。李《补》第10条“有病疟者”，系据宋潘自牧《记纂渊海》卷七五补辑，实即原辑“1. 杜诗愈疾”，所据《诗话总龟》《类说》远较补辑所据之《记纂渊海》权威，辑文亦较补辑多出许多：“病者曰：‘何？’杜曰：‘夜阑更秉烛，相对如梦寐’之句，疟犹是也。又曰……”“言感鬼神亦不妄。”又曾以原诗和《韵语阳秋》卷一七参校，指出所引诗句“手提髑髅血模糊”有误。李《补》所据之《记纂渊海》系经明人改编之四库本，宋刻本今存，此条见卷一六九《著述部》之四“评诗”。

马《拾》值得称道之处，若从《古今诗话》而言，是向读者推介了一部冷僻之书《南溪笔录群贤诗话》，指明书中存有多则《古今诗话》佚文，并作了辑补。只是其拾遗作得却相当粗疏，主要表现在如下三个方面：

1. 重出：马《拾》第8条“淮南蜀江”，原辑见“241. 竹西亭”，远较《拾遗》为详。第10条“元稹廉问浙东喜官妓刘探春”，原辑见“9. 恋镜湖景色”，“探春”正作“采春”，条末多“谓刘采春也”5字。第11条“唐制”，原辑见“19. 举人试烧烛三条”，远较《拾遗》详备。第7条“王素待制”，李裕民已据《永乐大典》辑补，此重出，所据为《锦绣万花谷》。第12、13条，即李裕民已辑之6、7条，所据同为《锦绣万花谷》。马《拾》共13条，其中辑本已具或前人已补者竟有6条，重出的比例是相当高的。

2. 误注出处：第1条注出“宋孟清《诗学体要类编》卷2，页

212”。第2、3、4条分别注“同上,页380”“同上,页392—393”“同上,页409”。当亦出《诗学体要类编》卷2。然经检核,《诗学体要类编》全书均未能检得此3条的文字。此3条的出处实与下第5条同,同出佚名《南溪笔录群贤诗话》前集,所注页码亦是收有此书的《中国诗话珍本丛刊》第三册的页码。

3. 误辑、漏辑:《南溪笔录群贤诗话》录载的《古今诗话》共22条,原辑本已据他书辑录者12条,可供拾遗采辑者10条。10条之中,《沧浪诗话》误署为《古今诗话》者1条,另有2条伪题者为马《拾》误辑:“老杜晚年多倒用字”“老杜《雨》诗云”(第4、5条,详下题)。实际可辑补7条,而马《拾》实只补辑了3条,尚有4条漏辑:“子美诗云香稻啄馀鹦鹉粒”“白乐天峨眉山下少人行”“凡词人作宫帖者甚多”“王介素与荆公不相能”。马《拾》致力于从《南溪笔录群贤诗话》中发掘《古今诗话》佚文,功不可没,发掘而不彻底,即使不是前功尽弃,也得大打折扣吧。另,续集“范文正淮上遇风”条,与见于原辑“38. 范希文诗”条显属同一条,原辑仅据“《类说》本”辑录,节略太甚,言及《观杜诗》,诗题且误,《南溪》亦只该条部分文字,难以将两者综合复原为一条,宜作另条另辑。马《拾》第3条,《南溪》所载较拾遗所录多出许多,“狼狈”下尚有大段文字,此条虽已辑而实亦有同漏辑。

郭绍虞当年辑《古今诗话》,对《类说》相当重视,称之为“《类说》本”。而与《类说》性质相似、编撰几乎同时的《绀珠集》却未尝取资。其基本依据《诗话总龟》为月窗道人刊本,今习见之周本淳校点本已为之增补二卷全卷和不少零星条目。李、马二位补拾者对这两种情况却都未加注意或未加考虑,而从这两书中原是可以辑得不少遗文的。如李《补》第十二条吕诲辑自《古今合璧事类备要》,即校点本《总龟》卷四七吕诲,远较李辑详备。只因月窗本脱

误未载,原辑未辑,即可据校点本所补方便地辑得较优佚文。(2015-4-17)

六、《南溪诗话》中伪题《古今诗话》条目辨

《南溪笔录群贤诗话》,[①]简称《南溪诗话》,“南溪”为录诗话者之别号,其姓名已逸。《四库》入“存目”,《提要》考定系“元末人所作”。书中共有题曰《古今诗话》的条目22则,计前集8则,后集5则,续集9则。其中,辑本《古今诗话》已据他书辑录者11则,当确是《古今诗话》佚文。遗下11则,马强才《〈宋诗话辑佚〉拾遗初编》从中补辑5则。无论马《拾》补辑与否,其中实都含有伪题《古今诗话》的条目。试辨之如下:

1. 前集7:老杜《雨》诗云:“紫厓奔处黑,白鸟去边明。”而“江碧鸟逾白,山青花欲然”之句似之。“晓莺工迸泪,秋月解伤神”,而“感时花溅泪,恨别鸟惊心”似之。殆是同一机轴也。(前集7,指前集中题曰《古今诗话》的第7条。以下用法同此。)

此条系《韵语阳秋》误题,见南宋葛立方《韵语阳秋》卷四,除“晓莺”前多“赠王侍御云”外,行文全同,仅有个别异字。宋魏庆之《诗人玉屑》卷八“同机轴”引此,注“葛常之”。《诗话总龟》后集卷三一引此,亦注“葛常之”,系直接录自《玉屑》。仇兆鳌《杜诗详注》卷二〇《雨》四首引此,以“葛常之曰”领起。显是《韵语阳秋》始创之说。

马《拾》作为《古今诗话》佚文补辑于第5条,下有案语:“出于《韵语阳秋》卷四。……据徐林序云:‘隆兴元年,常之由天官侍郎

---

① 本题引用《南溪笔录群贤诗话》,皆据蔡镇楚编、北京图书馆出版社2004年出版的《中国诗话珍本丛书》第三册影印明刊本,所注页码皆此册之页码。

罢七年矣，于是《韵语阳秋》之书成。'故知书成于隆兴元年，则《古今诗话》当成于是年之后。由是，《古今诗话》的具体成书上限则更为清晰矣。"

谨按：南宋初有两部性质类似，编撰几乎同时的书，《绀珠集》和《类说》，都曾节录《古今诗话》，《绀珠集》17 条，《类说》59 条。《类说》编定于绍兴六年，刊行于绍兴十年。《绀珠集》的刊行，则在绍兴七年。

既然绍兴六、七年间《古今诗话》已经被这两部书大量引录，其成书的下限不可能迟于绍兴六年(1136)，其成书的上限怎么会在其下限 28 年之后的隆兴元年(1163)？此条绝非《古今诗话》中语，不待辨自明。

2. 续集 4：少陵与太白，独厚于诸公。言太白十四处。"世人皆欲杀，吾意独怜才"；"醉眠秋共被，携手日同行"；"三夜频梦君，情亲见君意"：其情可想。《遁斋闲览》谓二人名既相逼，不能无相忌，是以庸俗之见，而度贤哲之心也。

此条系《沧浪诗话》误题，见南宋严羽《沧浪诗话 · 考证门》第 1 条。除"世人"前无"至谓"，条末无"予故不得不辨"，全同。系严羽原创首发之说，而严羽乃南宋末人，是绝不可能被录入《古今诗话》的。

3. 前集 4：老杜晚年多倒用字，老态其所自得，然未可尽以为法。黄山谷偏嗜此等，自取成家。此"能"字又别，本是未害其弟为能耳。其诗云："未绝风流相国能。"

此条系伪题杜甫诗刘辰翁评语为《古今诗话》者。

马《拾》作为《古今诗话》佚文补辑于第 4 条，别无说明，当是未能检得其出自何书。

《集千家注杜工部诗集》卷一五《解闷》十二首之八："不见高

人王右丞,蓝田丘壑蔓寒藤。最传秀句寰区满,未绝风流相国能。”篇下有三则注文,其第二则即本条,除“老杜”作“公”,“倒用字”无“字”字,全同。

《四库提要》谓《集千家注杜工部诗集》,“其句下篇末诸评,悉刘辰翁之语。……宋荦谓杜诗评点自刘辰翁始。刘本无注,元大德间,有高楚芳者,删存诸注,以刘评附之。此本疑即楚芳编也。”

元末的“南溪”,从南宋末刘辰翁的杜诗无注评本或元大德间“删存诸注,以刘评附之”之本中录载的这则文字,怎么会是南宋初绍兴六年前业已成书的《古今诗话》中语?

《四库提要》对《南溪诗话》有这样的评价:“其书杂抄诸家诗话,而不置议论,略如阮阅《总龟》之例,但不分门类耳。所引诗话,虽习见者多,然如所引《吕氏童蒙训》,今本皆不载。惟好标立名目,往往非其本书。如祖孝征论沈约‘崖倾石髓’句,即题曰《祖孝征诗话》之类,不一而足,亦殊弇陋也。”如上三例所辨,亦是其“殊弇陋也”的表现。(2015-4-24)

七、《南溪诗话》中的《古今诗话》佚文

书中题曰《古今诗话》的条目22条,除原辑已据他书辑录者11条,伪题3条,马强才《〈宋诗话辑佚〉拾遗初编》已辑5条(其中2条系伪题),尚有5条《古今诗话》佚文。另,马《拾》第3条,与《南溪》所载原文核校,“狼狈”下尚有大段文字,虽已辑实亦有同漏辑。“范文正淮上遇风”条,是否确是《古今诗话》佚文,也存有疑问。

1. 古之文章,自合律度,未以音韵为主。自沈约增崇韵学之后,诗之体制渐多,始有蹉对、假、双声、迭韵之类。如“自朱邪之狼

狈,致赤子之流离”,不惟“赤”对“朱”,“邪”对“子”,兼“狼狈”“流离”乃兽名对禽名。又如“厨人具鸡黍,稚子摘杨梅”,以“鸡”对“杨”之类,皆为假对。子美以“饮子”对“怀君”,及《恶树》诗“枸杞因吾有,鸡黍奈尔何”,殆亦所谓假对也。(前集,392 页)

《绀珠集》卷九《古今诗话》第 17 条“蹉对假对双声迭韵”:“《楚辞·九歌》‘蕙肴蒸兮兰藉,奠桂酒兮椒浆’,谓之蹉对。‘厨人具鸡黍,稚子摘杨梅’,谓之假对。‘几家村草里,吹笛隔江声’,谓之双声。‘月影侵谮冷,江光逼履清’,谓之迭韵。”(叶 4B)

《绀珠》《南溪》所录显是同一条,皆有删节。源出宋沈括《梦溪笔谈》卷一五《艺文二》(15/160)。亦见《诗话总龟》前集卷六《评论门》录《笔谈》(6/67)。《南溪》条马《拾》已辑,截止于“狼狈”,割裂不全。又,“子美以‘饮子’对‘怀君’”以下,《笔谈》原无。

宋邵博《邵氏闻见后录》卷一七:“唐诗家有假对律,曰‘床头两瓮地黄酒,架上一封天子书’。又‘三人铛脚坐,一夜掉头吟’。又‘须欲沾青女,官犹佐子男’等句,是也。或鄙其不韵。如杜子美‘枸杞因吾有,鸡栖奈汝何’,又‘饮子频通汗,怀君想报珠’,杜牧之‘当时物议朱云小,后代声名白日悬’,亦用此律也。”(17/135)“子美以‘饮子’对‘怀君’”以下,当源于此。然《闻见后录》绍兴二十七年才成书,远在《古今诗话》之后,其被捏合或羼入《古今诗话》,未详始于何时何人。

2. 子美诗云:“香稻啄馀鹦鹉粒,碧梧栖老凤凰枝。”此语反而意新。退之诗云:“舞鉴鸾窥沼,行天马渡桥。”亦仿此体(前集,409 页)

宋蔡梦弼《草堂诗话》卷下:“《古今诗话》:老杜‘红饭啄馀鹦鹉粒,碧梧栖老凤凰枝’。此语反而意奇。退之诗云:‘舞鉴鸾窥沼,行天马渡桥。’亦效此理。”

宋魏仲举《五百家注昌黎文集》卷九《春雪》题注：樊曰：沈存中云："杜子美诗：'红稻啄馀鹦鹉粒，碧梧栖老凤凰枝。'语相反而意新。退之《雪诗》：'舞镜鸾窥沼，行天马渡桥。'盖效此体。"

宋沈括《梦溪笔谈》卷一四《艺文一》："韩退之集中《罗池神碑铭》有'春与猿吟兮秋与鹤飞'，今验石刻，乃'春与猿吟兮，秋鹤与飞'。古人多用此格，如《楚辞》'吉日兮辰良'又'蕙肴蒸兮兰籍，奠桂酒兮椒浆'。盖欲相错成文，则语势矫健耳。杜子美诗'红豆啄馀鹦鹉粒，碧梧栖老凤凰枝'，此亦语反而意全。韩退之《雪诗》'舞镜鸾窥沼，行天马度桥'，亦效此体，然稍牵强，不若前人之语浑成也。"（14/150）

3. 白乐天"峨眉山下少人行"。峨眉在嘉州，与幸蜀全无关涉。杜云："霜皮溜雨四十围，黛色参天二千尺。"四十围乃是径十尺，无乃太细长乎？皆文章之病也。（续集，602 页）

源出《梦溪笔谈》卷二三"讥谑"。又见《诗话总龟》前集卷六《评论门》录《笔谈》（6/70）。

《梦溪笔谈》卷二三"讥谑"："司马相如叙上林诸水曰：'丹水、紫渊、灞、浐、泾、渭，八川分流，相背而异态，灏溔演漾，东注太湖。'李善注：'太湖所谓震泽。'按，八水皆入大河，如何得东注震泽？又白乐天《长恨歌》云：'峨嵋山下少人行，旌旗无光日色薄。'峨嵋，在嘉州，与幸蜀路全无交涉。杜甫《武侯庙柏》诗云：'霜皮溜雨四十围，黛色参天二千尺。'四十围乃是径七尺，无乃太细长乎？防风氏身广九亩，长三丈。姬室亩广六尺，九亩乃五丈四尺，如此防风之身乃一饼啖耳。此亦文章之病也。"（23/227）

4. 范文正淮上遇风，作此诗。虽弄翰戏语，卒然而作，其济险加泽之心，未尝忘也。"一棹危于叶，傍看亦损神。他年在平地，无忽险中人。"（续集，656 页）

原辑第 38 条:“范希文《赠钓者诗》云:‘江上往来人,尽爱鲈鱼美。看君一叶舟,出没风涛里。’又观杜诗:‘一棹轻如叶,旁观亦损神。他时在平地,无忽险中人。’”系据《类说》本辑录,源出《翰府名谈》。“观杜诗”,《诗话总龟》前集卷一《讽谕门》录《翰府名谈》正作“观竞渡诗”。此诗载《范文正集》卷三,题曰《赴桐庐郡淮上遇风》,与之有异,而与本条“淮上遇风”同。共三首,所录是第三首(3/10B)。原辑后一诗虽与本条诗句略同,似非原书同一条的节录。

本条宋蔡正孙《诗林广记》后集卷一〇引仅题作《诗话》。《说郛》卷八一陈辅《陈辅之诗话》与宋黄彻《碧溪诗话》卷七,均载有内容、行文与本条略同的记述,而《诗话总龟》后集卷五则据“黄常明”即黄彻书录载。这条诗话,若首见《碧溪诗话》,《碧溪诗话》作于张浚隆兴间罢相后,《古今诗话》不可能见录。若确首见《陈辅之诗话》,倒可能为《古今诗话》转录。据郭绍虞说:“《说郛》本《陈辅之诗话》,多与《碧溪诗话》相同之处,辅之在黄彻前,断无袭取黄说之理,定是黄氏沿用陈说,否则当出《说郛》本编录之误。”①《说郛》本编录有误非不可能,《诗林广记》所题《诗话》也未必即《古今诗话》简称,本条是否确是《古今诗话》佚文,可以存疑。

5. 凡词人作宫帖者甚多,惟欧公所作,词意多寓讽切,当时以为体。《温成皇后阁春帖子》云:“内助从来上所嘉,新春不忍见新花。君王念旧怜遗族,长欲无权保厥家。”又《端午帖子》:“楚国因谗逐屈原,终身无复入君门。愿因角黍询遗俗,可鉴前王惑巧言。”(续集,666 页)

亦见宋蔡正孙编《诗林广记》后集卷一“欧阳公”《温成皇后阁

---

① 郭绍虞《宋诗话考》,第 132 页,中华书局,1979 年。

春帖子》条，署出《诗话》。

参据宋祝穆《古今事文类聚》前集卷九《帖子规谏》，此条源出宋吕希哲（原明）《岁时杂记》。其所录《岁时杂记》之文如下："学士院端午前一月撰皇帝皇后夫人閤门帖子，送后苑作院用罗帛制造，及期进入。先是，诸公所撰，但宫词而已。故王岐公皇后阁子帖云：'禁幕无风日正亭，侍臣初赐玉壶冰。不知翠辇游何处，应在瑶台第一层。'及欧阳修学士，始伸规谏。皇帝阁曰：'佳辰共喜沐兰汤，毒冷何须采艾禳。但得皋陶调鼎鼐，自然灾沴变休祥。'又曰：'楚国因谗逐屈原，终身无复入君门。愿因角黍询遗俗，可鉴前王惑巧言。'后人率皆效之。春日亦然，人间以朱书诗或符呪作门帖。"（9/15A）

6. 王介素与荆公不相能。荆公曾题江宁道中驿舍，一联云："茅屋沧洲一酒旗，午烟孤起隔林炊。"介鄙之，书其末云："金陵村里王夫子，可是能吟富贵诗。"荆公见之，亦不屑意，乃续之云："江晴日暖芦花起，恰似春风柳絮时。"末句又讥介之轻狂也。（续集，676—677页）

未详源出何书。宋李壁《王荆公诗注》卷四五《江宁夹口》三首，其一下之注引此，署《诗话》，且谓："窃疑《诗话》所载多妄说，介虽褊衷，何至操鄙语如此。"宋蔡正孙《诗林广记》后集卷二"王荆公"《题江宁驿舍》亦署作《诗话》。

关于"王介素与荆公不相能"，明蒋一葵《尧山堂外纪》卷五〇的如下记述，可以参照：

> 王介善讥谑。尝举制科不中，与王荆公游，甚欵曲，然未尝降意，少相下。熙宁初，荆公以翰林学士被召，前此屡召不起，至是始受命。介以诗寄云："草庐三顾动幽蛰，蕙帐一空生

晓寒。"用"蕙帐"事,盖有所讽。荆公得之大笑,他日作诗,有"丈夫出处非无意,猿鹤从来自不知"之句,盖为介发。

王介性轻率,语言无论,时人以为心风。熙宁中,自省判出守湖州,荆公作诗送之云:"吴兴太守美如何,柳恽诗才未足多。遥想郡人迎下檐,白苹洲上起沧波。"其意以水值风即起波也。介谕其意,遂和十篇,盛气而诵于荆公。其一曰:"吴兴太守美如何,太守从来恶祝鮀。生若不为上柱国,死时犹合代阎罗。"荆公笑曰:"阎罗见阙,速请上任。"吴兴有白苹洲,柳恽于此赋诗云:"汀洲采白苹。"洲因以名。

王荆公曾题江宁道中驿舍,一联云:"茅屋沧洲一酒旗,午烟孤起隔林炊。"王介见而鄙之,书其末云:"金陵村里王夫子,可是能吟富贵诗。"荆公见之,亦不屑意,乃续之云;"江晴日暖芦花起,恰似春风柳絮时。"末句又讥介之轻狂也。(50/16A)

颇疑或与本条终极同源。(2017-2-17)

八、《蜀中广记》所录的《古今诗话》

明曹学佺《蜀中广记》是1部108卷的大书,包含12个方面内容:名胜、边防、通释、人物、方物、仙、释、游宦、风俗、著作、诗话、画苑。搜采宏富,未免精粗毕括,同异兼陈,然"谈蜀中掌故者,终以《全蜀艺文志》及是书为取材之渊薮"(《总目》卷七〇)。其中,"名胜"部分录《古今诗话》1条,"诗话"部分录《古今诗话》6条(另有1条系所录之《能改斋漫录》引及《古今诗话》,未计入)。

郭绍虞当年作《宋诗话辑佚》,未尝从《蜀中广记》取资。后来撰写《宋诗话考》,仅在《潜溪诗眼》考中提及此书"著作记"

(134页)。其实,《蜀中广记》录载的7条《古今诗话》,原辑本未从他书辑得相应内容者竟有6条,另1条对原辑亦可有所增补,其在《古今诗话》辑佚中的作用未容小觑也。

此书《四库全书》据"两淮马裕家藏本"抄录,108卷全。据《中国古籍总目》,今仅国图、北大、天一阁藏有此书明刻本,然皆残阙不全。经查检,国图所藏本存91卷,录有《古今诗话》的"名胜""诗话"部分皆存,今辄据以迻录,藉窥其所录《古今诗话》之概况。

1.《古今诗话》:唐冯涓,字信之,信都人。大中初举进士,登宏词科。时危,隐商山十年。昭宗以为眉州刺史,陈、田拒命,涓弃郡,于成都墨池灌园自给焉。(《名胜》3/5B—6A)

按:未详所自。《唐诗纪事》卷六六有相同记述。

2. 刘巴,零陵人,仕蜀为尚书令,蜀策命皆其笔也。建武二年,出镇荆州,卒,葬于岳阳之郭西。时人为之语曰:"生居三湘头,死葬三湘尾。"以巴墓在,遂号岳阳为巴陵云。(出《古今诗话》)(《诗话》1/4A)

按:事又见《总龟》前集卷一九,注出《韩魏公别录》。巴,三国蜀人。

3. 元稹闻西蜀薛涛有辞辩,及为监察使蜀,以御史推鞫,难得见焉。严司空潜知其意,每遣薛往。洎登翰林,以诗寄曰:"锦江滑腻蛾眉秀,幻出文君与薛涛。言语巧偷鹦鹉舌,文章分得凤凰毛。纷纷词客多停笔,个个公侯欲梦刀。别后相思隔烟水,菖蒲花发五云高。"白居易有诗与薛涛云:"峨眉山势接云霓,欲逐刘郎此路迷。若似剡中容易到,春风犹隔武陵溪。"(出《古今诗话》)(《诗话》2/2A)

按:源自《云溪友议》卷下"艳阳词"(下/63)。亦见宋景涣《牧竖闲谈》(《说郛》商务本卷七、宛委山堂本卷一九下)、宋张君房《丽情集》(《类说》卷二九),无白诗,白诗另见《唐诗纪事》卷三八《白居易》(38/576,注出张为《主客图》)

4. 夔云阳人李远,字求古。咸通间省元进士。有省试《万里桥赋》。初,令狐绹拟远刺杭州,上曰:"吾闻远诗有'长日惟消一局棋'之句,安能理人?"绹曰:"此诗人托兴之言耳。"上曰:"姑令往试之。"后转建州刺史。(出《古今诗话》)(《诗话》2/8A)

按:"初"以下源自唐张固《幽闲鼓吹》。

5. 唐张蠙,字象文,清河人。乾宁中进士,为犀浦令。王建开国,拜膳部员外郎,又为金堂令。王衍与徐太后游太慈寺,见壁间有"墙头细雨垂纤草,水面回风聚落花"之句,给札令进诗。蠙以三百首献,召知制诰,不果。蠙生而颖秀,幼时作《登单于台诗》,有"白日地中没,黄河天上来"之句,为世所赏。(出《古今诗话》)(《诗话》2/13B)

按:未详所自。亦见《郡斋读书志》卷四中、《唐诗纪事》卷七〇。

6. 东坡云:"赵伯成家有丽人,仆忝乡人,不肯开樽,徒吟春雪美句,因次其韵一笑。"诗云:"朱帘绣户未曾开,谁见梅花落镜台。试问高吟三十韵,何如低唱两三杯。莫嫌衰鬓聊相映,须得纤腰与共回。知道文君隔青琐,梁园赋客肯言才。"仍自注其末:"聊答来句,义取一人而已。罪过,罪过!"(出《古今诗话》)(《诗话》3/11B)

按:《诗话总龟》卷三十九《诙谐门》下录诗前半并原注,条末注出《玉局遗文》。宋蔡正孙编《诗林广记》后集卷三苏东坡有相同记述。诗见《苏轼诗集》卷四七(47/2526),"东坡云"云云,原为诗题。末句原注,"一人"原作"妇人"。

7. 唐球有诗名,如《临池洗砚》云:"恰似有龙深处卧,被人惊起黑云生。"又有"渐寒沙上鹭,欲暖水边村",亦佳句也。居蜀中味江山,方外之士也。尝以诗稿捻为丸纳之大瓢中。后临病,投瓢于江,曰:"斯文苟不沉没,得者方知吾苦心耳。"流至新渠,有识者曰:"唐山人瓢也。"接得之,十才二三。其《题某处士隐居》云:"不信最清旷,及来愁已空。数点水泉雨,一溪霜叶风。业在有山处,道成无事中。酌尽一尊酒,老夫颜亦红。"《赠行如上人》云:"不知名利苦,念佛老岷峨。衲补云千片,香焚篆一窠。恋山人事少,怜客道心多。日日斋钟罢,高悬滤水罗。"《题青城范贤观》云:"数里缘山不厌难,为寻真诀问黄冠。苔铺翠点山桥滑,松织香梢古道寒。昼傍绿畦薅嫩玉,夜开红灶烧新丹。孤钟已断泉声在,风动瑶花月满坛。"(出《古今诗话》)(《诗话》2/11A—B)

按：在《古今诗话》之前，言及唐求及其诗作的类似诗话的记述有二：

一为孙光宪《北梦琐言》："唐求、刘郇伯有诗名。唐求《临池洗砚》诗云：'恰似有龙深处卧，被人惊起黑云生。'又：'渐寒沙上路，欲暝水边村。'《早行》云：'沙上鸟犹睡，渡头人已行。'诗思不出二百里间。"见《诗话总龟》卷一四《警句门》引录，系今通行本正文二十卷及逸文四卷之外的逸文。

另一见黄休复《茅亭客话》卷三"味江山人"条："唐末蜀州青城县味江山人唐求，至性纯悫，笃好雅道，放旷疏逸，几乎方外之士也。每入市，骑一青牛，至暮醺酣而归。非其类，不与之交。或吟或咏，有所得则将稿捻为丸，内于大瓢中。二十馀年，莫知其数，亦不复吟咏。其赠送寄别之诗，布于人口。暮年因卧病，索瓢致于江中，曰：'斯文苟不沉没于水，后之人得者方知我苦心耳。'漂至新渠江口，有识者云：'唐山人诗瓢也。'探得之，已遭漂润损坏，十得其二三，凡三十馀篇，行于世。《题郑处士隐居》云……《赠行如上人》云……《题青城山范贤观》云……《赠僧》云……夫草泽间有隐逸得志者，以经籍自娱，诗酒怡情，不耀文彩，不扬姓名，其趋附苟且得无愧赧唐山人乎？"

郭绍虞在论及《古今诗话》时，曾提到："其称引或直录原文，或稍加删节，或合数条性质相类之文而为一。要之出于自撰者甚少。"（《宋诗话考》，166 页）很显然，本条即是合《北梦琐言》和《茅亭客话》两条"性质相类之文而为一"者。

原辑第八条"诗瓢"与本条相当。其辑录依据是"《类说》本、《总龟》前四十四、《竹庄》二十一、《乐趣》十七"。虽列《类说》为第一依据，由于《类说》节略太甚，其基本依据实是《总龟》："唐末蜀州有唐求，放旷疏逸，方外人也。吟诗有所得，即将稿捻为丸，投大瓢中。后卧病,投瓢于江,曰:'兹瓢苟不沉没,得之者方知吾苦心耳。'瓢至新渠江,有识者曰:'此唐山人诗瓢也。'接得十才二三。《题郑处士隐居》曰……《赠行如上人》云:……《题青城山范贤观》……"

则《总龟》录载者只是这条诗话从《茅亭客话》写入的部分。本条开首领语及例诗,《总龟》卷一四《警句门》已直接从《北梦琐言》原书录载,此处删去倒也自有其缘由。而《蜀中广记》所录,实更接近于原书原貌。

又,"唐球",他书多作唐求。而《唐诗纪事》卷五〇亦作唐球,其一、二两条内容亦与本条全同。虽未注出自《古今诗话》,当亦据《古今诗话》迻录。

浙江大学古史求是丛书

梁太济文集

杂评琐札卷 下

上海古籍出版社

《夹注名贤十抄诗》研评十二题

一、“作噩玄月既望”——释子山撰《十抄诗》夹注之年月日

上海古籍出版社2005年出版的《夹注名贤十抄诗》(简称《十抄诗》),是以韩国奎章阁所藏抄本为底本整理的。据整理者介绍,与刊本相比,抄本序文有阙文,最后一句抄本为“时作人神印宗老僧”,刊本为“时作噩玄月既望月岩山人神印宗老僧子山略序”,整理本据之作了校补。且谓:“释子山当为‘神印宗老僧’法号,‘月岩山人’是其号。”唯独对“作噩玄月既望”未作解释。其实,“作噩玄月既望”是释子山自署其法号、号的同时,所署的作此序的年月日,亦可视为其作夹注的年月日。

《尔雅·释天》:“太岁……在酉曰作噩。”又“月名”:“九月为玄。”(《注疏》6/42,总2608页)“既望”,一般指望日的第二日,即十六日。是此序乃作于酉年九月十六日。

《夹注名贤十抄诗》书首的整理说明,自2页最后一行至5页第5行都是考证夹注的写作时间的,却绝未提及释子山自署的这一时间,不知何故?据所考,日本芳村弘道“估计是在1300年左右”,整理者查屏球认为其上限“约在南宋后期”。在这一时间段

内,岁在“作噩”的酉年,不外如下几个年头:

己酉　宋淳祐九年　1249

辛酉　宋景定二年　1261

癸酉　宋咸淳九年、元至元十年　1273

乙酉　元至元二十二年　1285

丁酉　元元贞三年　1297

但究竟是其中哪个年头的九月十六日?有无别的旁证材料可资确定?那只有请教专门名家了。(2015-5-29)

二、《十抄诗》“可能是科举教科书”说质疑

上古本《夹注名贤十抄诗》,整理者在《出版说明》中提到:“高丽朝初实行科举制,九五八年举行第一次科举考试,律诗是必试科目,本书有可能就是其时科举教科书的一种。”(2 页)其说似可再酌。最大的疑点在于:《十抄诗》所收诸诗的体式,与当日科举考试律诗的体式,全不相类。

《十抄诗》选录唐末五代 30 位诗人的诗作,每人 10 首,共 300 首,故称“十抄”。这 300 首诗,无一例外,全是七言律诗。一般所说律诗,无论五律还是七律,指的都是符合律调的八句四韵诗。《唐诗三百首》卷五和卷六,《唐诗别裁集》卷九至十二和卷十三至十六,分别在“五言律诗”和“七言律诗”标题下录载的,也无一不是八句四韵的诗。《唐诗别裁集》另有“五言长律”类,见卷十七、十八。如钱起名噪一时的应试诗《湘灵鼓瑟》,五言十二句六韵,即被录载于卷一八“五言长律”下。可见,“五言长律”是与“五言律诗”体式有别的另一类别的诗。

进士科杂文场所试的诗,全是五言诗,无七言者。且几乎全是

五言十二句六韵的长律。《文苑英华》卷一八○至一八九录载省试诗共460首,其中附有一些州府试的诗,而省试又兼指礼部的科举试和吏部的科目选试。其中除八题十二首为十六句八韵,八题九首为八句四韵外,全是十二句六韵的长律。十六句八韵与十二句六韵同属长律,两者区别不大。八句四韵者中,如吕温《河南府试乡饮酒》,题中已注明系河南府发解试的试诗,白居易《太社观献》题下注明系"入翰林试"的试诗,王贞白《宫池产瑞莲》,题下注"帖经日试",是弥补帖经未合格而试的"赎帖"诗,都不是正规的省试诗。王季文、吕温《青出蓝》共2首倒是省试诗,而吕温《吕和叔文集》卷一诗题下有注:"题中用韵,限四十字成。"这又表明,十二句六韵长律确是省试诗的常规,若逸出常规,试官必须另加带限制性的说明。《文苑英华》所录460首省试诗中无七言诗,唯黄滔《黄御史公集》"附录"录《唐昭宗实录》载乾宁二年复试进士,《品物咸熙诗》限"七言八韵成"。《黄御史公集》未载此诗。即使"七言"非"五言"字误,则此七言诗当是七言长律,然而《唐诗别裁集》未立"七言长律"类,《全唐诗》中有无七言长律诗作未及细检,起码没有值得沈德潜"别裁"的作品存世,则可肯定。

东国郑麟趾《高丽史》卷七三《选举志》小序载:"光宗用双冀言,以科举选士,自此文风始兴。大抵其法颇用唐制。"《志》文又载:"光宗九年(958)五月,双冀献议,始设科举,试以诗、赋、颂及时务策,取进士,兼取明经、医、卜等业。"献议设科举的双冀,乃是滞留高丽的后周官员,《高丽史》卷九三《双冀传》:"双冀,后周人,仕周为武胜军节度巡官、将仕郎、试大理评事。光宗七年,从封册使薛文遇来,以病留。及愈,引对称旨。光宗爱其才,表请为僚属,遂擢用,骤迁元甫翰林学士。未逾岁,授以文柄,时议以为过重。九年,始建议设科,遂知贡举,以诗、赋、颂、策取进士甲科崔暹等二人,明经三人,卜业二人。自后屡典贡举,奖劝后学,文风始兴。”可见高丽朝初设科举,既“颇用唐制”,复由来自中土的官员主其事,则其所试诗作的体式为五言六韵的长律,自不待言。显宗“十五年(1023)十二月判:诸州县千丁以上岁贡三人,五百丁以上二人,以下一人。令界首官试选,制述业则试以五言六韵诗一首,明经则试五经各一机,依例送京”。“制述业”即进士,“界首官试选”,则有类中土之发解试,其所试却只是“五言六韵诗一首”,亦可为旁证。

《十抄诗》既全是七言诗,又全都八句四韵,怎么可能会是只试十二句六韵五言长律的科举应试教科书?书首夹注者释子山序谓此书“体格典雅,有益于后进学者”,只强调此书对于提高文化素养,包括诗歌鉴赏和写作能力的作用,倒是比较符合实际的。《高丽史·选举志》载:忠肃王“十七年十二月,始令举子诵律诗四韵一百首,通小学五声字韵,乃许赴试”。忠肃王十七年,即元文宗至顺元年,1330 年。《十抄诗》之于后至元三年,即 1337 年刊版,或许有这样一个背景在,这倒颇有些充当“科举教科书”的意味,但却只是在考生资格的认定上,而非在律诗的应试上,发挥其“科举教科书”的作用的。其时间离高丽朝初设科举,也已超过 350 年,将近 400 年。(2015-5-22)

三、《僧史略》绝非“今天只能在类书见到一些零星内容”的佚书

《夹注名贤十抄诗·整理说明》在论述该书夹注文献价值时,列举了十二种典籍,接着说:“由宋人目录志看,这些在宋代确已流传。但我们今天只能在宋人一些类书见到一些零星的转录内容。”(12 页)列举的十二种典籍中有《僧史略》,而《僧史略》却绝非“今

天只能在宋人一些类书见到一些零星的转录内容"的佚书。

《僧史略》,全名《大宋僧史略》,凡上中下三卷,北宋初释赞宁撰。分别于日本明治、大正间和大正、昭和间辑刊的《卍续藏经》的乙编和《大正藏》的"事汇部",都收有此书,北京大学图书馆所藏日本延宝八年(1680)刊本,《续修四库全书》也已修入书中,全书完整无缺佚。有如《唐高僧传》《宋高僧传》的命名并非指唐代或宋代高僧的传记,而是指唐代和宋代所修的高僧传记一样,《大宋僧史略》的命名并不表明它记载的只是有关宋代僧人僧事的历史。由于《唐高僧传》《宋高僧传》都修撰于王朝开国之初,书中高僧,反倒多数是唐前或宋前人物,《大宋僧史略》的情况也相类似。

《夹注名贤十抄诗》卷上章孝标《送贞宝上人归馀杭》"浙西僧老旧招提"下夹注:"《僧史略》:'后魏武帝始光元年。创立伽蓝,为招提之号。'"(36页)原书见卷上"四、创造伽蓝",包括其上下文,如下:"僧伽蓝者,译为众园。谓众人所居,在乎园圃生殖之所,佛弟子则生殖道芽圣果也。故经中有迦兰陀竹园,祇树给孤独园,皆是西域之寺舍也。若其不思议之迹,即周穆王造显济寺,此难凭准,命曰难思之事也。后魏太武帝始光元年,创立伽蓝,为招提之号。隋炀帝大业中,改天下寺为道场,至唐复为寺也。"

《夹注名贤十抄诗》卷下罗隐《送辨光师》"圣主赐衣怜绝艺"下夹注:"《僧史略》: 按《唐书》:'则天朝,有僧法朗等九人。重译《大云经》毕,并赐紫袈裟,银龟袋。'此赐衣之始也。自此诸代皆行此赐。"(189页)原书见卷下"四、十二、赐僧紫衣",包括其上下文,如下:"寻诸史,僧衣赤、黄、黑、青等色,不闻朱紫。案《唐书》: 则天朝,有僧法朗等重译《大云经》,陈符命,言则天是弥勒下生,为阎浮提主,唐氏合微,故由之革命称周。(新《大云经》曰:"终后生弥勒宫,不言则天是弥勒。")法朗、薛怀义九人,并封县公,赐物有差。

皆赐紫袈裟,银龟袋。其《大云经》颁于天下,寺各藏一本,令高座讲说。赐紫自此始也。”

由以上两例来看,夹注引录《僧史略》,有的是摘引,即摘录书中一小段,文字基本不改动;有的则节引,对所引录文字删节颇多,形同重行连缀成文。估计夹注引录其他典籍,也多如此。(2015-6-5)

四、“诸集拾遗”是一种什么样的“书”?

上题就《夹注名贤十抄诗》整理者提到的十二种典籍中的《僧史略》作了讨论,另有一种《诸集拾遗》,似也值得一谈。

关于十二种典籍,整理者说:“由宋人目录志看,这些在宋代确已流传。”然而在“宋人目录志”,如《宋史艺文志》《崇文总目》辑本、《中兴馆阁书目辑考》《遂初堂书目》《郡斋读书志》《直斋书录解题》《文献通考·经籍考》中,均未能找见书名称作“诸集拾遗”的书。而在如下四种宋人类书中,倒能见到曾屡屡加以引录:叶廷珪《海录碎事》、不著撰人《锦绣万花谷》、杨伯嵒《六帖补》、李刘《四六标准》。在这四种类书之前,则仅见于性质与类书有点近似的《绀珠集》,其卷十三的署名作“诸集拾遗”。

《绀珠集》,《四库全书》著录于子部杂家类杂纂之属,其《提要》谓:“其书皆抄撮说部,摘录数语,分条件系,以供獭祭之用,体例颇与曾慥《类说》相近。惟《类说》引书至二百六十一种,而此书所引只一百三十七种,视慥书仅得其半。然其去取,颇有同异,未可偏废。”卷十三是《绀珠集》全书的最后一卷,总署“诸集拾遗”,与《类说》书末卷六〇总署“拾遗类总”,其署名之用意与体例,亦彼此相当,皆与此前诸卷所录皆以书名为题有异。乃是此前诸卷未录,而杂见于别书的零星记载的节录，属拾遗性质，故称之曰“诸集拾遗”或“拾遗类总”。则“诸集拾遗”“拾遗类总”皆非典籍之专名，即皆非书名也。

《夹注名贤十抄诗》卷中李雄《水帘亭》“自愧未为仙府客，等闲行至水精宫”下夹注：“《诸集拾遗》：卢杞未第，遇仙妪曰：‘麻氏以大胡芦如二斛。’妪令杞乘之，腾入霄汉。至一处曰水精宫，见一大阴夫人。问三事，曰：‘公有仙相，能此居乎？能为地仙时，一到此乎？能为中国宰相乎？公愿何事？’‘愿为宰相。’夫人恨然遣还。”

其所引即与《绀珠集》卷一三“卢杞遇仙”条相当，如下：“杞未第时，遇仙妪曰麻婆，以葫芦如二斗，究令杞乘之。腾入霄汉，至一处曰水晶宫，见太阴夫人。问三事，曰：‘公有仙相，能居此宫乎？能为地仙，时时到此乎？能为中国宰相乎？公愿何事？’曰：‘愿为宰相。’夫人恨然，遣还。”夹注当即引录自《绀珠集》卷一三，然而也与南宋那四部类书一样，误认“诸集拾遗”是专书书名。夹注作者释子山曾见到并使用过《绀珠集》，《十抄诗》卷下崔承祐《镜湖》“麹尘秋水澹连空”下夹注即曾引及《绀珠集》卷九“麹尘”条，可为佐证。

“诸集拾遗”既非专书书名，那么这条录自“诸集拾遗”的文字又出自何书呢？《分门古今类事》卷五《异兆门下》录此条，注出“《西京记》及《神仙传》”。康熙御定《骈字类编》卷一五《天地门·地仙》录此条，以“《艅艎日疏》”领起。清赵翼《陔馀丛考》卷四二《权奸有仙骨》亦从《说郛》所录凌準《艅艎日疏》征引此事。按：凌準《艅艎日疏》唐宋史志及目录书未见著录，宛委山堂本《说郛》增补诸书所署书名及作者，未必皆可信。

南宋四部类书引录之“诸集拾遗”，《锦绣万花谷》《四六标准》

所引皆能在《绀珠集》卷一三找到,《海录碎事》《六帖补》所引则有极少部分不见于今本《绀珠集》,但这并不表明它不源自《绀珠集》。主要有两种情况,一是今本《绀珠集》有阙佚。如上揭《十抄诗》崔承祐《镜湖》诗夹注:"《绀珠集》'麴尘'注:'杨巨源《咏柳诗》:"江边杨柳麴尘丝,立马烦君折一枝。"'"今本《绀珠集》卷九节录《古今名贤集》作:"'曲尘':'杨巨源诗:"江边杨柳曲尘丝。"'"即较夹注所引少诗题和诗一句。又如今本卷一三"青松宅"条,其下注"阙"。《海录碎事》几条属之。二是实录自《绀珠集》他处,以形式近似,遂亦误署为"诸集拾遗"。《六帖补》几条属之。

综上所述,可得结论如下:

1. "诸集拾遗"非专书书名。

2. 夹注所引出《绀珠集》卷一三,非佚书。

3. 见于南宋几种类书引录的"诸集拾遗",亦皆源自《绀珠集》卷一三。(2015-6-12)

五、《十抄诗》夹注引录新旧《唐书》情况的若干分析

首先值得注意的,是生活在南宋末、元朝初的释子山,在所作夹注中,其所引录的《唐书》,既有标《旧唐书》,也有标《新唐书》,更多的是仅标《唐书》,而其实际内容,则亦既有《旧唐书》,亦有《新唐书》。这一现象说明了什么呢?

诚如《四库全书总目》的《〈旧唐书〉提要》所说:"自宋嘉祐后,欧阳修、宋祁等重撰《新书》,此书遂废,然其本流传不绝。儒者表昫等之长以攻修祁等之短者,亦不绝。"而基本倾向,无疑是《新书》取代《旧书》逐渐处于主导地位。当年涵芬楼筹出百衲本二十四

史,尚能用不同宋刻本并拼出《新唐》的全书,而在《旧书》二百卷中,所能觅得的宋刻残本,就只有六十七卷。明南京国子监和北京国子监刻《二十一史》以及汲古阁刻《十七史》,都只有《新唐书》而无《旧唐书》。清乾隆皇帝虽然恢复了《旧唐书》的正史地位,而在武英殿刊《二十四史》和五局合刻《二十四史》中,仅《旧唐书》加有"旧"字而《新唐书》则不加"新"字,仍显得有高下之分。《四库提要》谓:"党《新书》者必谓事事胜《旧书》,党《旧书》者又必谓事事胜《新书》,皆偏见也。"释子山的如上处理表明,他对于新、旧两书是一视同仁无党无偏的。

其次,对所引《唐书》如何区别其新旧,前后不一。如页5同一首诗下三处引及《唐书》,二处标《新唐书》,另一处标《唐书·职官志》,未标新旧的为《旧唐书》。页42同一首诗下二处引及《唐书》,一标《旧唐书·沈传师传》,一标《唐书·杜牧传》,未标新旧的为《新唐书》。这一现象表明,夹注依据的《唐书》,不管是《旧唐书》还是《新唐书》,书名都作《唐书》,书名之上原都未冠"新"或"旧"字。这与今日见于百衲本影印的宋刻残本的情况是一致的。

在未标新旧的引文中,以引自《新唐书·艺文志》集部者为最多,共九处,都是在诗作者名下的注文中征引的。《十抄诗》的三十位作者,除四位新罗留唐学生外,两《唐书》为之立传的,只有刘禹锡、白居易、温庭筠、杜牧四人,另张籍、贾岛附见《韩愈传》。两《唐书》无传的诗人,凡有作品集存世的,《新唐书·艺文志》在著录其著作时,都尽量附缀以简单的行实。李雄未加注,馀下的十九人,竟有九人的注取材于此,当是基于夹注者对《新志》这一特点的透彻了解。反观整理者所加的标点,竟将这些附缀文字不少置诸引号之外,其对《新志》的了解,较之夹注者,似犹未达一间。

若将所引与今本新旧《唐书》比照,有不少异文,绝大多数系引文脱误，其中不排除存有抄本誊写所致可能，未必全是夹注者的责任。不过也有少数异文值得略加探究。如页 17 引《新唐书》："温庭筠，字飞卿，少敏悟，工为辞章，与商隐皆有名，号'温、李'，多作侧辞艳曲，数举进士不中第。"见《新唐书》卷九一《温大雅传》所载附传(91/3787)。今本名作"廷筠"无"字飞卿"。关于其名，同书《艺文志》著录其《乾𦠆子》《学海》《握兰集》《汉上题襟集》(1542、1564、1607、1624 页)皆作"庭筠"，《旧唐书·文苑传》载其本传，亦作"庭筠"。观所引，则释子山当年所见之《新·传》，亦作"庭筠"也。又《新书》列传补人之字甚多，温庭筠不应有字反不载，"字飞卿"疑亦《新·传》原有。又如页 112 引《唐书·贵妃杨氏传》提到："禄山反，以诛国忠为名，且指言妃及诸姨罪。帝欲以皇太子抚军，因禅位，诸杨大惧，哭于庭，国忠入白妃，妃衔块请死，帝意沮，乃止。"见《新唐书》卷七六《后妃·玄宗贵妃杨氏传》(76/3495)。其中"哭于庭"，校点本作"哭于廷"，而影印文渊阁《四库全书》本亦作"哭于庭"。当哭于其府第之"庭"，而非朝堂之"廷"。然"庭""廷"古通。问题在于，释子山依据之本是书作"庭"的。又如页 160 引《唐书·贺知章传》："乃请为道士还乡，诏许之。以宅为千秋观而居。又求周官湖数顷为放生池，有诏赐镜湖。"见《新唐书》卷一九六《隐逸·贺知章传》(196/5607)。"周官湖"，其意当指住处周围的官湖。今校点本作"周宫湖"，若意指"宫"周围的湖，则贺知章"以宅为千秋观而居"，其住处称"观"不称"宫"；若谓系地名，则其旁并未加专名号。此异文也颇堪注意。至于将"有诏赐镜湖剡川一曲"删去末四字未录，则显属节引欠当。

所引节录欠当者，实亦不少。页 10《唐书》："天子之门曰衙。"未能检见录自何处，且疑未必符合原意。页 83《唐·德宗纪》："三城宋、亳、颍。"按："三城"与"宋、亳、颍"连用，在两《唐书·德宗纪》中仅有一处,见《新唐书》卷七《德宗纪》建中二年正月讨田悦记事下,原文为:"永平军节度使李勉为汴滑陈怀郑汝陕河阳三城宋亳颍节度都统。"(7/186)"河阳三城"与"宋亳颍"非同一节镇。《资治通鉴》卷二五七文德元年二月张全义"乘虚袭河阳,黎明入三城"下胡注:"河阳有南城,北城,中潬城。"(8375页)页164《新唐书·百官志》:"龙朔二年,改尚书省曰文昌台,俄曰文昌都省,垂拱元年曰都台,长安三年曰中台。"前两句,《新·志》原文:"龙朔二年,改尚书省曰中台,废尚书令,尚书曰太常伯,侍郎曰少常伯。光宅元年,改尚书省曰文昌台。"(46/1185)"改尚书省曰文昌台"非龙朔二年(662),乃光宅元年(684),竟错前二十三年。节录欠当者尚有一些,不备举。(2015-6-19)

六、《十抄诗》夹注所引《诗史》系《补注杜诗》的另一简称

《十抄诗》夹注屡屡引用的《诗史》,与《诗话总龟》多次引录的《诗史》,不是同一本书。两者的引文仅从形式上看,即有重大差异。《诗话总龟》引录的《诗史》是诗话一类著作,作者蔡居厚,字宽夫,又称《蔡宽夫诗史》。而夹注所引则是诗作断句及其注释,注释者乃黄希、黄鹤父子。

大量引用唐人诗文以注中晚唐诗作是夹注的一大特点,引及其诗文者,有郭元振、王维、白居易、卢仝、李白、李峤、李商隐、李贺、韦应物、韦庄、杜甫、杜牧、韩愈、蒋涣、罗隐、马戴、陆羽、刘禹锡。其中引李白19次,韩愈12次,白居易7次,而标明杜甫的却只有2次。这似乎有点不大近乎情理。不过,在《诗史》名下曾29次引用的诗句或诗注,其实也都出自加了注释的杜甫别集,此书全称为

《黄氏补千家集注杜工部诗史》,是释子山将之简称作《诗史》的。连同未标《诗史》的2处,共31处,引用的次数,在涉唐文献中仅次于新旧《唐书》和《十道志》,居第三位。

宋《郡斋读书志》卷五下赵希弁《附志》载:"《黄氏补千家集注杜工部诗史》三十六卷、《外集》二卷。"其下解题:"右唐杜甫少陵之诗也。嘉定中,临川黄希梦得及其子鹤叔似所补也。"《四库全书》著录此书,书名作《补注杜诗》。其提要谓:"《补注杜诗》三十六卷,宋黄希原本,而其子鹤续成之者也。……希以杜诗旧注,每多遗舛,尝为随文补缉,未竟而殁。鹤因取槧本集注,即遗稿为之正定,又益以所见,积三十馀年之力,至嘉定丙子始克成编。书首原题'补千家集注杜工部诗史'。"与《附志》著录者显是同一书,与释子山引用者亦是同一书。

夹注的引用,大致有这样三种情况:一是只引诗句,未引注,也无说明。如页2"《诗史》:'尚怜诗警策,犹忆酒颠狂。'"即见《补注杜诗》卷二四《戏题寄上汉中王三首》之二。页208"'颇学阴何苦用心。'又'沈范早知何水部。'"即分别见《补注杜诗》卷三〇《解闷十二首》之七、之四。都是以杜甫诗句直接注释刘禹锡"不入诗魔即酒颠"和李群玉"留取阴何沈范名"的。共14次,以上所举系首末2次,其他也全都能在《补注杜诗》中找见相应出处。这些诗句,与见于杜甫别集白文本或别的注本者并无差别,其所以标《诗史》,只是表明他是从这个本子征引的。页101所引"朝回日日典春衣",亦见《补注杜诗》卷一九而却标《杜诗》,当是由于未直接从《诗史》征引的缘故。

二是不引诗句,仅引注释。首见页2刘禹锡"游丝掩乱碧罗天"句下:"《诗史》注:'游丝,蛛丝之游散者。'"即引自《补注杜诗》卷一九《宣政殿退朝晚出左掖》"炉烟细细驻游丝"所注"王洙曰"

语。属于这类的凡 5 见,也都能在《补注杜诗》中找见相应出处。

三是既引诗句,复引其注。如页 11 注白居易“每看阙下丹青树,不忘天边锦绣林”:“《诗史》‘枫林橘树丹青合’注:‘《西京杂记》:中南山有树,直上百丈,无枝,上结丛条如车盖,叶一青一赤,望之班烂如锦绣,长安谓之丹青树。’”即引自《补注杜诗》卷三二《夔州歌十绝句》之四。页 28 注张籍《寒食内宴诗》中有 2 处,一注“冷节”:“《诗史》‘几年逢熟食’补注:‘曰熟食,即曰寒食节也。秦人以寒食日为熟食日,言其不动烟火,糗办熟食物过节也。齐人呼冷节,又云禁烟。’”录自《补注杜诗》卷二七《熟食日示宗文宗武》,有少量异文。另一注“三殿”:“《诗史》:‘诏从三殿出。’赵注云:‘麟德、西廊、东廊谓之三殿。’”录自《补注杜诗》卷一九《送翰林张司马南海勒碑》,引文经改写,似有误解。原文:“赵曰:李《翰林志》:院在麟德殿西厢重廊之后,故曰三殿。出者,言诏自翰林院经三殿而出也。”(19/39B)属于这类的共 10 处,其中 9 处皆能在《补注杜诗》中找见相应出处,除上揭页 28 稍有出入,馀皆同。

未能在《补注杜诗》中找见相应出处那一条,见页 205 李群玉《金塘路中作》“山川楚越复吴秦,蓬梗何年住一身”下:“《诗史》‘漂梗无安地’注;‘用民如榛梗,便漂泊不遑宁处也。’”乃是夹注注者误注了出处。所引语实见宋郭知达《九家集注杜诗》卷二四《征夫》句下注。另,页 152 有一处未标《诗史》的诗注引文:“《工部集·奉赠崔于二学士诗》:‘倚风遗鹢路,随水到龙门。’注:‘公自言不第,若鹢之遇风遗路尔。’又:‘不第,故曰到龙门也。’”实亦引自郭知达的《九家集注杜诗》,见卷一九。

《四库提要》谓:郭知达本之成早于黄鹤本约三十馀年,而黄鹤注内无一字引及,“殆流传未广,偶未之见也”。而夹注作者释子山却将两书都物色到并使用了,虽以黄书为主,也曾以郭书补黄书

之所未及者。(2015-6-26)

七、黄朝英《缃素杂记》确曾又称《青箱杂记》

《十抄诗》夹注三处引用的《青箱杂记》,均未能在今本宋吴处厚《青箱杂记》中检得相应文字。今本吴处厚《青箱杂记》十卷,全书完整,未见说曾有残缺,夹注所引也不会是其佚文。经再三检核,实皆引自宋黄朝英《缃素杂记》。

宋黄朝英的《缃素杂记》十卷,今本书名作《靖康缃素杂记》,已残缺不全。虽仍分十卷,然全书原共200条,今本仅存90条。夹注引用的三条,只有一条在残存的90条内。

页110崔致远《酬杨赡秀才》"谷莺遥想高飞去"句下注:"《青箱杂记》:《刘梦得嘉话》云:今谓进士登第为迁莺者久矣。盖自《毛诗·伐木》篇云:'伐木丁丁,鸟鸣嘤嘤,出自幽谷,迁于乔木。'又曰:'嘤其鸣矣,求其友声。'并无莺字。顷岁省试《早莺求友诗》,又《莺出谷诗》,别书固无证据,斯大误也。余谓今人吟咏多用迁莺出谷事,又曲名《喜迁莺》者,皆循袭唐人之误也。故宋景文公诗'晓报谷莺朋友动',又云'杏园初日待莺迁',舒王云'莺犹寻旧友'。唯汉梁鸿东游作《思友人诗》曰:'鸟嘤嘤兮友之期,念高子兮仅怀思。'《南史》刘孝标《广绝交论》云:'嘤鸣相召,星流电激。'是真得《毛诗》之意也。"见今本《靖康缃素杂记》卷五"迁莺"条(5/47)。

其馀2条,一见页127曹唐《武帝将感西王母再降》"月苦霜传五夜钟"句下注:"《青箱杂记》:《汉旧仪》曰:中黄门郎持五夜之法,谓甲、乙、丙、丁、戊也。《颜氏家训》曰:或问:一夜五更,更何所训?答:汉魏以来,谓为甲夜、乙夜、丙夜、丁夜、戊夜,又谓五鼓,亦谓之五更。皆以五为节。"虽不见于残存之90条,但见于元末明初陶宗仪《说郛》(涵芬楼本)卷九。此卷《缃素杂记》共从原书节录18条,却有8条不见于残存之90条,而“五夜”条恰在此8条之中。

另一见页190罗隐《送辨光师》“不须回首笑龙钟”句下注:“《青箱杂记》:古语有一声合为一字者,如‘不可’为‘叵’,‘何不’为‘盍’,从西域二合之(奇)[音],盖切字之源也。世之学者,殆不晓龙钟、潦倒之义,二三其说,杂然不一。余谓正如一合之音,龙钟切为疼字,潦倒切为老字,谓人之老羸癃疾者,即以龙钟、潦倒名之,其义取此。”今本残存90条和《说郛》18条内皆无,而见于宋吴箕《常谈》和宋孙奕《示儿编》卷二二引用,皆署《缃素杂记》。

后2条,上古吴企明点校本《靖康缃素杂记》已据《说郛》《示儿编》辑入“补辑”。

明明是黄朝英《缃素杂记》中的文字,夹注在引用时为何却署《青箱杂记》?有两种可能:一是错标了书名。然错标只会偶而发生,不可能一错到底,而在书中却再未见有署作《缃素杂记》的引文。二是释子山所见之本书名确实题作《青箱杂记》。

在《宋史·艺文志》中,既未著录吴处厚《青箱杂记》,亦未著录黄朝英《缃素杂记》,却著录有黄朝英《青箱杂记》(206/5229)。对此,清钱大昕《廿二史考异》卷七三云:“朝英所撰,本名《缃素杂记》,其《青箱杂记》十卷,则吴处厚所撰也。”(73/1208)《宋史》校点本校勘记曰:“《郡斋志》卷一三、《书录解题》卷一一,《青箱杂记》十卷都是吴处厚撰,今存本同。黄朝英撰《缃素杂记》十卷,见《郡斋志》卷一三,此处‘黄朝英’为‘吴处厚’之误。”(5267)陈乐素《宋史艺文志考证》按:“黄朝英《缃素杂记》十卷,吴处厚《青箱杂记》十卷,《读书志》及《读书后志》《解题》均分别著录,《四库提要》亦分别著录。《宋志》无《缃素杂记》,旧志或两书相次,钞胥错觉,兼并为一。”(页245,广东人民出版社,2002年)异口同声,都断定《宋·志》的著录是错误的。只清周中孚《郑堂读书记》卷五四表示:“《宋志》‘缃素’作‘青箱’,明《文渊阁书目》同,或所见本不同也。”其中提到“明《文渊阁书目》同”,值得特别注意。

按:《文渊阁书目》编定于明正统六年,书前有杨士奇题本,称各书“自永乐十九年南京取回来,一向于左顺门北廊收贮,未有完整书目。近奉圣旨移贮于文渊东阁,臣等逐一打点清切,编置字号,写完一本,总名《文渊阁书目》”。《文渊阁书目》卷二荒字号第一厨书目“子杂”类下确有“黄朝英《青箱杂记》一部(一册)”(2/27A)的记录。当年编纂《永乐大典》,内府藏书是其资料的主要来源。借助索引,从今《永乐大典》残存各卷共检得标明《青箱杂记》的文字8条,全都不见于吴处厚《青箱杂记》,却有5条见于今本黄朝英《缃素杂记》,其馀3条,点校本《靖康缃素杂记》“补辑”虽未辑得相应佚文,显然也是《缃素杂记》佚文,可供再补辑。由此可见,在明朝前期,确实有一种黄朝英所撰,内容与其《缃素杂记》相同,而书名称作《青箱杂记》的书籍存在。这个本子,显然不是明初才出现的,从释子山夹注所标来看,元初业已存在了,而从宋郭知达《九家集注杜诗》注文所引来看,其出现当在南宋时。

上揭《十抄诗》页190夹注那条“龙钟”引文,除见于《常谈》《示儿编》引用外,郭知达《九家集注杜诗》卷二〇《寄彭州高三十五使君适虢州岑二十七长史参三十韵》“何太龙钟极”句下注中也曾引用,然而却以“新添《青箱杂记》云”领起,与《常谈》《示儿编》异。另,卷一九《奉送郭中丞兼太仆卿充陇右节度使三十韵》“罘罳朝共落,椳桷夜同倾”句下注引《青箱杂记》“罘罳”条,今亦不见于吴处厚《青箱杂记》,而见于《说郛》(涵芬楼本)卷九所录《缃素杂记》。然而卷七《古柏行》“霜皮溜雨四十围,黛色参天二千尺”句下注“四十围”条,却又以“新添《缃素杂记》云”领起。二者都有误署可能,难以完全排除南宋前期业已有题作《青箱杂记》的黄朝英此书实物的存在。《九家集注杜诗》成于南宋孝宗淳熙八年辛丑(1181)。

总之,黄朝英《缃素杂记》确曾又称《青箱杂记》。(2015-7-3)

八、许浑《颍州从事西湖亭宴饯》“颍州”系“颍川”之误申说

《夹注名贤十抄诗》整理本《说明》:“本书中很多诗虽见于《全唐诗》中,但文字多有出入。这些异文,为校勘《全唐诗》提供了另一种较早的版本。如《十抄诗》上卷许浑诗《颍川从事西湖亭》。在《全唐诗》卷五三五中,此诗题目作《颍州从事西湖亭宴饯》。《文苑英华》卷二一六此诗题目为《颍川从事西湖亭宴饯》。《十抄诗》此诗题目下注引《十道志》:‘河南道有颍川。’《十抄诗》与《文苑英华》也不合,《全唐诗》中‘颍州’显然是‘颍川’之误。”(6—7页)

何以证明“‘颍州’显然是‘颍川’之误”?若仅据“河南道有颍川”,则河南道同样有颍州。《元和郡县图志》河南道下,许州颍川郡载于卷八(207页),颍州汝阴郡载于卷七(188页)。唐天宝、乾元间,一度改州为郡,所以每州既有州名,又有郡名,州和郡是同一级地方行政单位,时人亦忽以州名,忽以郡名,指称该地。

若说西湖所在之处,则许州(即颍川)固然有西湖,颍州同样也有西湖。《明一统志》卷三一《汝宁府》“西湖”:“在府城西。旧《志》云:‘颍、许、陈、蔡四州,皆有西湖。此州之西湖,有翠光亭、待月台。……’”明汝宁府,在唐为蔡州汝南郡。清嘉庆《一统志》卷一二八《颍州府》且记载:“西湖:在阜阳县西北三里。长十里,广

二里,颍河合诸水汇流处也。唐许浑从事颍州,有西湖清晏之句。宋晏殊、欧阳修、苏轼相继为守,皆尝晏赏于此。与杭之西湖并称。欧公创建书院,后乞身归颍,终老湖上。”(128/11A)宋以后,颍州西湖的名气且远在颍川西湖之上。阜阳县系清初新置,唐颍州倚郭县为汝阴。

若以载有此诗诸书的版本立论,则在《全唐诗》及其祖本以前,许浑本人手定之《乌丝栏诗真迹》仅残存163题,171首,此诗未在其内。《才调集》是唐人编的唐诗选本,此诗载卷七,《四部丛刊》景述古堂影宋本作“颍州”。《文苑英华》是宋初编纂的诗文总集,此诗所载之卷二一六,宋刻不存,明刻作“颍川”。许浑别集中,宋刻本《许用晦文集》、元刻本《增广音注唐郢州刺史丁卯诗集》,皆作“颍州”。高棅《唐诗品汇》编定于明太祖洪武年间,此诗载卷八八,明嘉靖十六年刊本作“颍州”,上古影印汪宗尼刊本作“颖川”,文渊阁《四库全书》本作“颖川”,“颖”显是“颍”误,而两作“川”一作“州”,也不划一。《十抄诗》选编于高丽朝之初,相当于宋初,初刊于元前期,此诗诗题虽可为作“颍川”者增一版本依据,但怎能凭此辄断定“‘颍州’显是‘颍川’之误”?且从此诗内容看,诗题中无“宴饯”二字显属误脱,也影响了诗题整体的可信度。

不过,“州”“川”形近,易于互相致误。笔者也是倾向于“颍州”确是“颍川”之误的,只是觉得,似乎应从“从事”一词入手,对之作进一步的说明。兹特申说之如下:

罗时进说:“从事乃刺史佐吏,为州长官自行辟除。”(《丁卯集笺证》8/497)并不确切。唐州级衙门的“佐吏”,包括别驾、长史、司马、录事和五曹参军,乃至市令、市丞、文学、医学博士,都是品官,全由朝廷直接任免,州长官无权辟除。唐代后期,几乎所有的州都分领于不同的藩镇,藩镇长官为节度使(有的称观察使),是使职,名义上属临时差遣,实际是州的上一级机构。节度使例兼藩镇驻在州(即会府)刺史,其下有一套州佐官,是朝廷任命的;另有一套使府属僚,绝大多数由节度使自行奏辟。使府幕职名目众多,有行军司马、副使、判官、支使、掌书记、推官、巡官、衙推、同节度副使、馆驿巡官、府院法直官、要籍、逐要亲事、随军等。节度使例兼观察使,节度使、观察使又往往身兼支度、营田等使,其下又另有一些幕职。这些名目众多的幕职,往往统称为判官,又更经常地被泛称为从事。唐后期文献中经常见到的为某人或某地"从事",指的就是这些使府幕僚。《白居易集》卷四三《江州司马厅记》:"自武德以来,庶官以便宜制事,大摄小,重侵轻。郡守之职,总于诸侯帅;郡佐之职,移于部从事。"

长庆二年前,颍州曾长期为宣武节度使所领,此年之后,又复隶属于义成节度使。宣武节度使驻汴州,义成节度使驻滑州,颍州无论隶属何镇,都是支郡,未为会府,节度使不驻这里,使幕也不会设在这里,使府诸从事更不会聚于此地。颍州"西北至汴州七百里"(《元和志》7/188),汴州"北至滑州二百一十里"(7/175),使府从事怎么会长途跋涉到七百或九百多里以外去设宴为同僚或宾客饯行? 而颍川郡(即许州),自贞元三年设置陈许节度使以来,节度使即长驻许州,寻又赐忠武军军号。所领州或有增减,而许州之为会府则迄未改变。许州复有西湖。是《颍州从事西湖亭宴饯》,还是《颍川从事西湖亭宴饯》? 作"颍州"扞格难理解处,若作"颍川",辄一切豁然。

许浑另有《祗命许昌自郊居移就公馆秋日寄茅山高拾遗》,表明他曾经有过奉命出使许昌的事。许昌时为许州属县,题中则指称许州。诗中提到的物候:"一笛迎风万叶飞""潮寒水国秋砧早",与《颍川从事西湖亭宴饯》中提到的物候:"寺临秋水见楼台""兰堂客散蝉犹噪”“此中霜菊绕潭开”，两相比照，皆属秋景，《祗命》又似略早于《颍川》。则《颍川》一诗，或系许浑作为友镇的使者，于离别之日，在许州使幕诸从事为之饯行的宴席上，即兴而咏的诗作。唯奉使当回镇复命，而许浑却接着“征车过巩洛”，继续前行，又似不能相合。

附及：除了《颍川从事》，许浑又曾五次提及从事：《宴饯李员外并序》：“李群之员外，从事荆南尚书杨公”（8/513）；《送苏协律从事振武》（2/71）；《吴门送振武李从事》（9/574）；《和浙西从事刘三复送僧南归》（8/518）；《春日思旧游寄南徐从事刘三复》（9/610）。所指都是藩镇幕僚。提及州佐，则多以其官名称之，如：《送从兄别驾归蜀川》（10/667）；《夏日戏题郭别驾东堂》（1/31）；《题湖州韦长史山居》（7/393）；《题张司马灞东郊园》（1/50）；《赠萧兵曹先辈》（6/331）；《宣城赠萧兵曹》（10/675）；《郊居春日有怀府中诸公并柬王兵曹》（9/575）。（2015-7-24）

九、李远《转变人》杂谈

《十抄诗》卷上李远《转变人》：“绮城春雨洒轻埃，同看萧娘抱变来。时世险妆偏窈窕，风流新画独徘徊。场边公子车舆合，帐里明妃锦绣开。休向巫山觅云雨，石幢陂下是阳台。”（49页）是书中102首《全唐诗》未收的唐人佚诗之一，是一首描写专门从事“转变”之人的诗作。当年任半塘《唐戏弄》伎艺章歌唱节，从唐人诗作中仅发掘出一首直接描写“转变”的诗，即吉师老的《看蜀女转昭君变》：“妖姬未着石榴裙，自道家连锦水濆。檀口解知千载事，清词堪叹九秋文。翠眉嚬处楚边月，画卷开时塞外云。说尽绮罗当日恨，昭君传意向文君。”今得此又可增加一首，非小补也。另有一首王建的《观蛮妓》:“欲说昭君敛翠蛾,清声委曲怨于歌。谁家年少春风里,抛与金钱唱好多。”描写的实际上也是“转变”。

何谓“转变”?《汉语大词典》有“转变”词条,其第二义作如下解释:“唐代说唱艺术的一种。一般认为‘转’是说唱,‘变’是奇异,‘转变’为说唱奇异故事之意。一说‘变’即变易文体之意。以说唱故事为主,其说唱之底本称为‘变文’、‘变’。”关于李远《转变人》,《夹注名贤十抄诗》的整理者查屏球在《新补〈全唐诗〉一〇二首——高丽〈十抄诗〉中所存唐人佚诗》文中,业已引吉师老《看蜀女转昭君变》比照,对其在戏曲史中和文献学上的意义和价值作了阐明。以下拟对唐代“转变”的情况再作些漫谈。

上揭3首诗都提到“转”即说唱的内容,且都是有关昭君的故事,足见昭君故事在唐代流行的广泛。敦煌变文中有《王昭君变文》,可能即是其演唱的底本。不过底本可能不止一种,而敦煌却只发现了一种。从其中言及的一些情况,如“只今葬在黄河北,西南望见受降城”。张仁愿筑三受降城在唐中宗景龙二年(708)。又如“可惜明妃,奄从风烛,八百馀年,坟今(上)[尚]在”。从昭君出塞之汉元帝竟宁元年(前33)下推八百年,为唐代宗大历二年(767)。可见这篇《变文》明显是唐代中叶的作品。从故事的结局来看,它体现了从《西京杂记》的始初形态向元杂剧马致远《汉宫秋》的完整形态过渡的过渡期面貌。

李远,“字求古,太和五年杜陟榜进士及第,蜀人也”(《才子》7/217)。吉师老,《全唐诗》列于“世次爵里俱无考”者之列,陶敏考见其“当为晚唐人”(1345页)。然“转变”既非始见于吉师老,亦非始见于李远笔下。郭湜《高力士外传》载,唐玄宗自蜀返回长安不久,被李辅国迫迁西内,实遭软禁。“每日上皇与高公亲看扫除庭院,芟薙草木,或讲经论议、转变说话,虽不近文律,终冀悦圣情。”

已见以“转变”等“悦圣情”记载。其作者郭湜，乃“大历大理司直”（《新》58/1484），近乎时人记其近事。足见肃宗年间业已传入内廷，其在民间流行当更在其前。

值得注意的是，吉师老诗中“转昭君变”者为“蜀女”，李远诗中的“转变人”虽未言来自何方，而作者李远本人却是“蜀人”，王建《观蛮妓》之“蛮”是时人对川蜀南部边境少数族人的习惯称谓，高力士在西内以“转变”怡悦上皇“圣情”是两人从蜀中返回长安以后的事。凡此都表明，“转变”的流行与川蜀有很深的关系，或者很可能是从川蜀推向内地的。

《太平广记》卷二六九《宋昱韦儇》录《谭宾录》记天宝末蜀中抓壮丁：“杨国忠为剑南，召募使远赴泸南，粮少路险，常无回者。其剑南行人，每岁令宋昱、韦儇为御史，迫促郡县征之。人知必死，郡县无以应命，乃设诡计，诈令僧设斋，或于要路转变，其众中有单贫者，即缚之置密室中。授以絮衣，连枷作队，急递赴役。”（269/2109）“转变”在蜀中流行之广，对群众吸引力之大，于此可见一般。

释赞宁《宋高僧传》卷二〇《唐西域难陀传》载难陀在蜀中宣扬传播佛教，传后“系曰”：“难陀之状迹为邪正邪？而自言得如幻三昧，与无厌足王同此三昧者，即诸佛之大定也。唯如幻见如幻，不可以言论分境界矣。四神通有如幻通，能转变外事。故难陀警觉庸蜀之人，多尚鬼道神仙。非此三昧，不足以化难化之俗也。”（20/513）是传教亦借助于“转变”也。

北宋初黄休复记五代末宋初蜀中李聋僧佚事：“伪蜀广都县三圣院僧辞远，姓李氏。薄有文学，多记诵。其师曰思凿，愚夫也。辞远多鄙其师，云：‘可惜辞远作此僧弟子。’行坐念《后土夫人变》，师止之，愈甚，全无资礼。或一日，大叫转变次，空中有人掌其耳，遂聩。二十馀年，至圣朝开宝中，住成都义井院。有檀越请转藏经，邻坐僧窃视之，卷帙不类，乃《南华真经》尔。”（《茅亭客话》卷四）《南华真经》即《庄子》，时为道教经典，“后土夫人”是神，亦道教传说人物。大概“转变”尚未怎样为道教利用，以致披着僧伽外衣的辞远暗中为之张目，乃至直接进行反佛活动。（2015-8-7）

十、《夹注名贤十抄诗》整理本“说明”行文欠妥例

查屏球为《夹注名贤十抄诗》整理本写的说明，是一篇学术含量相当丰厚的论文。可惜的是，行文时有欠妥帖确切处。前面已附带指出了一些。若以下两节文字，亦都有不只一两处欠妥。今不避吹毛求疵之讥，揭示如下。

页9：“表现[梁祝]这一故事的文学作品多是在宋元之后出现。一是宋人李茂诚《忠义庙记》，此文已对原故事作了道学化的解释，失去民间故事原生状态。另一是元杂剧《祝英台》，存于明末清初钮少雅编《汇纂元谱南曲九宫正始》中，但只是一个残本，原来面目已难知晓。”

页11：“《郡斋读书志·后志》卷一：‘《十道志》十三卷，右唐梁载言撰，唐分天下为十道，所载颇详博。其书多称咸通中沿革，载言盖唐末人也。’……《宋史·艺文志》也说：‘梁载言《十道四蕃志》十五卷。’赵希弁《郡斋后志》作于南宋淳祐年间，《宋史·艺文志》作于元初，经北宋初到南宋末二百年的流传，《十道志》的书名与卷数都变了。更奇怪的是，赵希弁、陈振孙都已不知梁载言为何许人了。”

谨按：李茂诚所作《庙记》，载康熙、乾隆、同治《鄞县志》，题作《义忠王庙记》。不是“忠义”，是“义忠”。前人也有误作“忠义王”

者,曾遭俞樾揶揄:"《粟香四笔》又引谈迁《外索》,云'鄞县东十六里,接待寺西,祀梁山伯,号忠义王。'此又不知何说,殆又讹梁山伯为梁山泊,而牵合于《水浒演义》矣。"(《茶香室丛钞》四钞 3/1527—1528)

《庙记》作于宋徽宗大观元年(1107)。徽宗朝的政坛文坛,为新法新学主宰,蜀学、洛学皆在禁锢之列。崇宁三年(1104)六月,籍定元祐奸党党籍,刻石朝堂,颁之天下,其中即有理学的主要奠基人程颐。大观元年上距崇宁三年不过三年时间,一个地方小官吏在奉命编纂《四明图经》的同时作此《庙记》,难道竟敢逆潮流而动,对《记》中故事作"道学化的解释"?而且通读全文,也实在找不出所谓"道学化的解释"究在何处?钱南扬对此《庙记》的批评,只是说它"重在梁山伯的显圣"(《宋元戏文辑佚》,140页)。

元代的戏曲并非全是杂剧。如《祝英台》,如残本出处书名所示,是"元谱南曲",而且在剧名下注有"元传奇"字样。详见钱南扬《梁祝戏剧辑存》对此剧的说明(175页)。

《郡斋读书志·后志》非赵希弁撰。《四库提要》:"《书志》四卷,宋晁公武撰;《后志》二卷,亦公武所撰,赵希弁重编;《附志》一卷,则希弁所续辑也。"《后志》著录的书目,系二十卷本中为四卷本所未载的图书,非井度贻赠,是晁氏本人七世旧藏中经兵火后收拾的残馀。二十卷本和四卷本皆晁公武撰,其中著录的《十道志》亦是南渡前的旧物。详见陈乐素《袁本与衢本〈郡斋读书志〉》。

《宋史》奏进于元末代皇帝顺帝至正五年(1345)十月二十一日,见校点本《宋史》附录《进宋史表》。离元朝灭亡只有二十四年,离最终导致元朝灭亡的农民大起义的爆发只有六年,怎能说是"元初"?

北宋初建隆元年为公元960年,南宋末即其灭亡之年祥兴二年为公元1279年,从北宋初到南宋末凡三百二十年,岂止“二百年”?即使以文中提到的属于北宋初、南宋末的两部标识性著作而言,《太平御览》成书于太平兴国八年(983),《读书后志》编刊于淳祐十年庚戌(1250),相距268年,举其成数,即使不说近三百年,说是“二百年”总有些不大合适吧。(2015-7-31)

十一、罗邺《蛱蝶》诗的意义何在?

《夹注名贤十抄诗》卷下罗邺《蛱蝶》“俗说义妻衣化状”表明,梁祝传说中的“化蝶”情节早在唐末业已出现;其夹注所引故事诗《梁山伯祝英台传》(以下简称《传》),除女扮男装游学外,脱胎于《华山畿》的早期传说色彩也极明显。兹分别论说如下。

先说《传》,借与比照的是宋大观间李茂诚所撰《义忠王庙记》(简称《庙记》,康熙、乾隆、同治三部《鄞县志》皆载有此文)《传》:“大唐异事多祚瑞,有一贤才身姓梁。”梁、祝皆唐朝人,不似《庙记》说是东晋人。《传》未著其里贯,《庙记》梁会稽、祝上虞人。其初遇也,《传》说是树荫下:“又遇未来时稍暖,婆娑树下雨风凉。忽见一人随后至,唇红齿白好儿郎。云云。便道英台身姓祝,山伯称名仆姓梁。各言抛舍离乡井,寻师愿到孔丘堂。二人结义为兄弟,死生终始不相忘。”《庙记》则说在渡船上:“尝从明师过钱塘,道逢一子,容止端伟,负笈担簦,渡航相与坐,而问曰:‘子为谁?’曰;‘姓祝,名贞,字信斋。’曰:‘奚自?’曰:‘上虞之乡。’‘奚适?’曰:‘师氏在迩。’从容与之讨论旨奥,怡然相得。神乃曰:‘家山相连,予不敏,攀鳞附翼,望不为异。’于是乐然同往。”戏曲《柳荫记》命名与《传》同。游学之处,《庙记》“尝从明师过钱塘”,很明确,是前往杭州。《传》只笼统地说“寻师愿到孔丘堂”,曲阜孔庙之有梁祝读书处,大概亦由类似的模糊行文附会而成。

梁、祝二人之未能结合,《庙记》的交代是:“告父母求婚,奈何已许鄮城廊头马氏,弗克。”隐隐约约似有社会原因。《传》则压根未提“求婚”,也未说英台曾另许他人。叙山伯访友,英台靓服出见,即接叙:“山伯见之情似□,□辨英台是女郎。带病偶题诗一绝,黄泉共汝作夫妻。云云。因兹□□相思病,当时身死五魂扬。”其死似乎只是单纯的情感纠葛,与《华山畿》故事中,南徐士子仅因钟情而病故,十分类似。后来增添的贫富的悬隔,父权的专横等社会因素,在《传》中尚未露端倪。英台“祭曰:‘君既为奴身已死,妾今相忆到坟旁。君若无灵教妾退,有灵须遣冢开张。’”与华山女子说的:“君既为侬死,独活为谁施。欢若见怜时,棺木为侬开。”(46/669)简直如出一辙,都是为殉情而身亡,且都接说“透入”,连所用文字竟亦一样。注引《传》截止于“身变尘灭事可伤”,未言其墓被封为“义妇冢”。与之相对称,梁山伯生前既未为县令,死后也未获“王”爵封号。《华山畿》的结尾:“乃合葬焉,呼曰神女冢。”是民间“呼曰”、传说中“呼曰”,也未藉朝廷封号以抬高其传说的身价。

《传》中传主既被说成是唐人,则此《传》文的出现不会早于唐。可是同是唐人的梁载言在《十道志》明州“梁山伯冢”下已有“义妇祝英台同冢”。汪文、罗邺《蛱蝶》诗中也有“俗说义妻衣化状”诗句。这除了表明《传》与梁载言、罗邺所闻之“俗说”不属同一系统的传说以外,同时又表明:《传》出现的绝对时间虽不一定早于《十道志》和《蛱蝶》诗,但其中所保留的梁祝传说脱胎于《华山畿》的早期粗糙而纯朴的形态,却远较《十道志》和《蛱蝶》诗所援据之“俗说”为多。

值得特别注意的是不仅见于《蛱蝶》诗,亦见于《传》中的“化蝶”情节。当年钱南扬研究梁祝故事的增饰附会,认为“化蝶”是后来才添加的,最早见于南宋初薛季宣的《游祝陵善权洞》诗。祝陵在宜兴。此后相当长的一段时间内,也只是宜兴一带流传的梁祝故事有“化蝶”情节,直至清代才返传到故事的原生地宁波(《梁祝戏剧辑存》,257页)。他不能见到《夹注名贤十抄诗》,限于证据,只能这样说。晚唐诗人罗邺是馀杭人,《传》谓梁山伯“葬在越州东大路”,祝英台的衣裳是在这里“片片化为蝴蝶子”的。则“化蝶”情节起码早在唐末业已存在,且早已在浙东流传,其流传范围绝未长期局限于江苏宜兴一带。(2015-8-14)

十二、从“句吴亭”“向吴亭”异文看《十抄诗》及其夹注的文献学价值

《夹注名贤十抄诗》卷中李雄《向吴亭》:“向吴亭外岳重重,览古题诗兴未穷。北苑雨馀烟绕郭,南朝事去草连空。钓歌不尽青溪月,王气潜消玉树风。唯有潮声至今在,夜深长到郡城中。”(141页)

这是专咏向吴亭的诗。在李雄之前,杜牧、陆龟蒙诗中曾提到向吴亭,此后,北宋王安石也曾在诗中提到向吴亭。关于向吴亭的亭名,和含有向吴亭的诗句,倒有一些话题可说。

明胡震亨《唐音癸签》卷一六《诂笺》:“向吴亭在润州官舍。杜牧之《润州》诗‘向吴亭东千里秋’,陆龟蒙诗‘秋来懒上向吴亭’。今刻牧之集者,改为句吴亭,失之矣。(《孔氏杂说》)”

《孔氏杂说》又名《珩璜新论》,书凡一卷,是北宋后期孔平仲写的一部笔记。“是书皆考证旧闻,亦间托古事以发议,其说多精核可取。”(《四库全书总目》卷一二〇杂家类《〈珩璜新论〉提要》)然今库本和涵芬楼据陈仲鱼校本排印本,均未检到胡氏所引此条,或系其佚

文。据胡氏所引,是北宋后期,业已有人错误地将杜牧诗句“向吴亭东千里秋”中的“向”改成了“句”。其说,后人有从有不从。

杜牧诗句见《润州二首》其一,全诗如下:“向吴亭东千里秋,放歌曾作昔年游。青苔寺里无马迹,绿水桥边多酒楼。大抵南朝皆旷达,可怜东晋最风流。月明更想桓伊在,一笛闻吹出塞愁。”《四部丛刊》初编影印明翻宋刊本《樊川文集》载卷三,“向吴亭”作“句吴亭”,不知是否即《孔氏杂说》说的“今刻牧之集者”之所改。《全唐诗》卷五二二作“勾吴亭”(“句”“勾”常通用)。上海古籍出版社1978年校点本《樊川文集》以《四部丛刊》本为工作本,此处未作校改。据《出版说明》,校点中曾参考了清冯集梧的《樊川诗集注》,而冯氏《集注》本正文却是书作“向吴亭”的,仅在“向”下注“一作‘句’”,校点本实已见而未从。另有佚名《樊川文集夹注》,系明正统五年朝鲜全罗道锦山刊本,其卷三载此诗,正文亦正作“向吴亭”(3/6A)(续修1312册,66页)。直至2008年10月,中华书局出版吴在庆《杜牧集系年校注》,正文遂校正作“向吴亭”,其校勘记谓:“‘向’原作‘句’,□据夹注本、冯注本改。”(二册,340页)

王安石诗句见《藏春坞诗献刁十四丈学士》,全诗如下:“蒜山东渡得林丘,邂逅篮舆亦少留。今日便知莱氏隐,暮年长忆武陵游。欲营垣屋随穿斸,尚叹尘沙隔献酬。遥约向吴亭下路,春风深驻五湖舟。”南宋龙舒本《王文公文集》载卷六一,《四部丛刊》初编影明嘉靖二十九年抚州刊本《临川先生文集》载卷二五(25/6B),皆作“向吴亭”。南宋李壁《王荆文公诗笺注》载卷三八,作“勾吴亭”,于“勾吴”有笺:“《史记·吴世家》:‘太伯之奔荆蛮,自号勾吴。’”于“勾吴亭”复有笺:“小杜《润州》诗:‘勾吴亭东千里秋,放歌曾作昔年游。’则勾吴亭之名旧矣。”(497页)当非刊讹,而是李壁所见本即作勾吴亭,或是李壁认为当作勾吴亭而径改。《四库全书》著录的《临川集》,《钦定四库全书考证》卷七八有如下说明:“卷二十五《藏春坞诗》‘遥约勾吴亭下路’,刊本‘勾’讹‘向’,今改。”中华上编的《王荆文公诗笺注》点校排印本也加有类似校勘记:“‘勾’嘉靖本误作‘向’。”(497页)

陆龟蒙诗句见《润州送人往长洲》,全诗如下:“秋来频上向吴亭,每上思归意剩生。废苑池台烟里色,夜村蓑笠雨中声。汀洲月下菱船疾,杨柳风高酒旆轻。君住松江多少日,为尝鲈鲙与莼羹。”《甫里先生文集》载卷八,《全唐诗》载卷六二四,皆作“向吴亭”。唯“频上”,《孔氏杂说》及地理总志、类书所引多作“懒上”。《十抄诗》对之无可校正,不赘。

李雄的《向吴亭》诗是他游历三国魏、吴、蜀旧都及其附近地区所写90首咏古诗中的一首。宋晁公武《郡斋读书志》后志卷二别集类“《鼎国诗》三卷”解题:“右后唐李雄撰。雄洛巩人,庄宗同光甲申岁,游金陵、成都、邺下,各为咏古诗三十章,以三国鼎峙,故曰《鼎国》。”既专咏此亭,又身所亲历,得见亭上扁额,亭中题咏,亭名“向吴”,不会有误。《十抄诗》约北宋真宗咸平年间选编成书,原书抄本今存;其夹注,日本学者认为成于元成宗大德初,整理者认为或许南宋宁宗、理宗间已成,亦有不止一种刊本或抄本存世,此诗诗题作“向吴亭”皆无异字。朝鲜刊本《樊川文集夹注》卷三《润州二首》“向吴亭东千里秋”下且曾以“李雄作向吴亭诗”为之作注(3/6A)。凡此皆可证笺注整理小杜诗、荆公诗者聚讼纷纭的“句吴亭”“向吴亭”异文。确当以“向吴亭”为正。

《夹注名贤十抄诗》的文献学价值,人们多从书中102首《全唐诗》未收的佚诗,与《全唐诗》已收诸诗的异文,以及夹注所引典籍今日多有遗佚等方面进行探讨。然而在此等以外,如上所述,其价值似也不应忽视。(2015-7-10)

王勃著《滕王阁序》事杂考三题

一、《摭言》记王勃著《滕王阁序》事的三个版本

王勃著《滕王阁序》是初唐上元年间的事，可是直至唐末，才有有关王勃写此《序》的佚事流传，其中含有凭想象添加的虚构成分，乃在情理之中。载有其佚事，对后世影响又比较大的，首推五代王定保《唐摭言》卷五《以其人不称才试而后惊》门的“王勃著《滕王阁序》”条。而此条的文字乃至内容，今日获见者，竟有彼此互有差异的三个版本。今试略事介绍并略加分析之如下：

今日通行之《唐摭言》十五卷足本，其祖本为宋嘉定中柯山郑昉刻于宜春的本子。此条文字如下：“王勃著《滕王阁序》，时年十四。都督阎公不之信，勃虽在座，而阎公意属子壻孟学士者为之，已宿构矣，及以纸笔延让宾客，勃不辞让，公大怒，拂衣而起。专令人伺其下笔，第一报云：‘南昌故郡，洪都新府。’公曰：‘亦是老生常谈。’又报云：‘星分翼轸，地接衡庐。’公闻之沈吟不言。又云：‘落霞与孤鹜齐飞，秋水共长天一色。’公矍然而起曰：‘此真天才，当垂不朽矣！’遂亟请宴所，极欢而罢。”南宋初曾慥《类说》录此条有删节，然未删节处行文几全同，表明今本在南宋一代，实乃最通行

之本。

第二个版本为《太平广记》所录本:"王勃,字子安,六岁能属文,清才浚发,构思无滞。年十三,省其父至江西。会府帅宴于滕王阁。时帅府有婿,善为文章,帅欲夸之宾友,乃宿构滕王阁序,俟宾合而出之,为若即席而就者。既会,帅果授笺诸客,诸客辞。次至勃,勃辄受,帅既拂其意,怒其不让,乃使人俟其下笔。初报曰:'南昌故郡,洪都新府。'帅曰:'此亦老生常谈耳。'次曰:'星分翼轸,地接衡庐。'帅沈吟移晷。又曰:'落霞与孤鹜齐飞,秋水共长天一色。'帅曰:'斯不朽矣!'(出《摭言》)"(175/1299),内容出入不大,其文字与原书却有重大差异。《广记》一书录载《摭言》凡一百三十馀条,除二条误注出处,有些专名或有所删改外,其文字与今通行本原书皆能相符,唯独本条例外。这又表明,在北宋初年的本子中,本条行文当有如《广记》之所载,今本之所以不同,乃是其后经人抽换所致。

第三个版本为南宋祝穆《古今事文类聚》前集卷一一《作滕王阁记》和南宋陈元靓《岁时广记》卷三五《记滕阁》所录本。二书皆明确署明录自《摭言》。其最大的特点,是增添了中元水府助清风一席及王勃向之问一生休咎的内容。这两部类书的编撰者,祝穆曾向朱熹问学,陈元靓则与朱熹之孙朱鉴互有交往,年代当稍后于祝。而陈书的内容文字却远较祝书为详,表明两者皆自行独立录入,并不存在类书习见的辗转相抄、此沿彼误的问题,其所录确系《摭言》之文字,似乎亦不会成为问题。谭正壁《三言两拍资料》于录载《岁时广记》"记滕阁"条下,即曾加按语指出:"按今行本《摭言》此条甚简略,可知原本佚失已久,今行本乃是节本,而此条尚是原文。"(567页)然而若以南宋初曾慥《类说》所录加以对照,则祝、陈所署出处却是错的。《类说》卷三四共节录了两部书的内容,一部为《摭言》,录有“滕王阁序”条;另一部为《摭遗》,录有“滕王阁记”条。祝、陈所录实与《摭遗》“滕王阁记”条相当,则其所署“摭言”显系“摭遗”之误。《摭遗》,北宋中叶刘斧撰,其所记“王勃著《滕王阁序》”,既有作《序》佚事,复有中元神话。而其所记之作《序》佚事,与《摭言》所载则无甚差别,盖两者终极同源,皆源于唐末罗隐之《中元传》也。《中元传》今仅见南宋委心子《新编分门古今类事》卷三“王勃不贵”条引录。

附带说明,《唐摭言》之《唐人说荟》《说库》一卷本,此条业经抽换,抽换后的内容情节,与祝、陈所录同,而行文则甚不相类,未详直接录自何书。(2013-8-3)

二、王勃《滕王阁序》中提到的人

计有:“都督阎公之雅望,棨戟遥临;宇文新州之懿范,襜帷暂驻。……腾蛟起凤,孟学士之词宗;紫电清霜,王将军之武库。家君作宰,路出名区,童子何知,躬逢胜饯。”

“都督阎公”:《万姓统谱》卷六七:“阎伯屿:为豫章都督,王勃《滕王阁记》云:‘都督阎公之雅望,棨戟遥临。’”

雍正《江西通志》卷三八《古迹》:“滕王阁:《名胜志》:在章江、广润二门之间。唐显庆四年,滕王元婴都督洪州,营建此阁,迨落成,而滕王之封适至,因以名之。后阎伯玙来督,其壻吴子章能文,令宿构阁序,因九日宴僚属,欲出夸之。先是,龙门王勃往交趾省亲,舟次马当山,去南昌七百馀里,神见梦焉,且许助风,及明而至,遂得预宴。阎遍请诸宾客为序,皆辞谢。至勃不辞而赋,一座惊服。有序并诗。”

清康熙中吴楚材、吴调侯编《古文观止》卷七录载此文,“都督

阎公之雅望,棨戟遥临”下注:“时阎伯玙为洪州牧,即都督也。”(303)

皆错误地认为“都督阎公”即阎伯屿。

1937年,岑仲勉《唐集质疑》“都督阎公之雅望”条,针对上引《万姓统谱》指出:“考《姓纂》,唐安固令阎春生处节,处节生自厚,自厚生懿道,懿道生伯玙。阎春当仕唐初,而《旧书》一九〇上《王勃传》,勃之南行,在高宗上元二年,旋卒。试问春之玄孙,焉能仕至都督?不可者一。伯玙以开元二十六年后始入翰林(《会要》五七),《唐尉迟迥碑》,开元二十六年立,伯玙撰文,不过题前华州郑县尉,上去上元末六十馀年,不可者二。”(356页)

可是直至1956年,顾学颉在校注《醒世恒言》时,仍在第四十卷《马当神风送滕王阁》加注:“洪都阎府君——洪都,即江西南昌。阎府君,指阎伯屿,当时在洪州作都督。”

比较严肃的学术论著,如明蒋清翊《王子安集注》、今人郁贤皓《唐刺史考全编》,皆缺其名,盖其名已不可考也。

“宇文新州”:俞正燮认为:《滕王阁序》“盖乾封、总章时,宇文节往新州,勃随父福畤往交趾,俱过洪州,阎饯之阁上”所作。以“宇文新州”为宇文节(《王勃滕王阁序书后》,《癸巳存稿》12/362)。按:宇文节,高宗初宰相,永徽四年二月,坐房遗爱等谋反事,流桂州(《旧唐书·高宗纪》《宇文融传》(4/71、105/3217)。关于此人,两《唐书》截止于此,再未载永徽四年后有任何事迹。俞氏谓“乾封、总章时宇文节往新州”,未详何所据而言。

《醒世恒言》卷四〇《马当神风送滕王阁》:“当日所坐之人,与阎公对席者,乃新除澧州牧学士宇文钧,其间亦有赴任官,亦有进士刘祥道、张禹锡等。其他文词超绝,抱玉怀珠者百馀人,皆是当世名儒。王勃年幼,坐于座末。”又以“宇文新州”为宇文钧,且将

“新州”理解成“新除澧州牧”。按,宇文钧,两《唐书》压根未见,而《古文观止》却竟然以话本小说之言入注,于“宇文新州之懿范,襜帷暂驻”下注曰:“宇文钧,新除澧州牧,道经于此。”

郁贤皓《唐刺史考全编·岭南道新州新兴郡》,引王勃此《序》,于上元二年列“宇文某”,未强填其名。

“孟学士”“王将军”:俞正燮《王勃滕王阁序书后》曾指出:“《江西通志》谓……孟学士为晋孟嘉,王将军为梁王僧辨。于福畤、勃生平履历及序文俱不合。”是认孟、王俱用典也。然在雍正《江西通志》中未能检到此说,且已为俞氏批驳,可姑置勿论。以文理常情推之,当是“会中显客”。按:此时孟姓为学士者有孟利贞。《旧唐书·文苑·孟利贞传》:“利贞初为太子司议郎,中宗在东宫,深惧之。受诏与少师许敬宗、崇贤馆学士郭瑜、顾胤、董思恭等撰《瑶山玉彩》五百卷,龙朔二年奏上之,高宗称善,加级赐物有差。利贞累转著作郎,加弘文馆学士。垂拱初卒。”(190上/4997)卢照邻有《西使兼送孟学士南游》诗,陶敏《全唐诗人名汇考》(40页)、李云逸《卢照邻集校注》(3/124)皆认为诗中所送南游的孟学士即孟利贞。而《唐摭言》记王勃著《滕王阁序》,却提到:“阎公意属子壻孟学士者为之,已宿构矣。”复认此“孟学士”即阎某之子婿。南宋祝穆《古今事文类聚》前集卷一一、南宋陈元靓《岁时广记》卷三五录《摭言》,则载:“时帅有壻吴子章,善为文词,公欲夸之宾友,乃宿构《滕王阁序》,俟宾合而出为之,若即席而就者。”是阎某子婿另有姓吴名子章者其人,并非即《序》中提及之“孟学士”。吴子章于史无考。

“家君作宰,路出名区,童子何知,躬逢胜饯。”“家君”,作者王勃之父福畤,无异说。“童子”,作者王勃自称。清末姚大荣指出:“《序》中‘童子何知’一语,最易泥视。”(《书王勃秋日登洪府滕王阁饯别序后》，载《惜道味斋集·文编》）因为有此自称，《摭言》遂谓王勃“年十三”或“年十四”，著《滕王阁序》。其实，勃作此《序》时，年已二十八矣。二十八岁之人，为什么还自称“童子”呢？《序》中王勃曾以汉人终军自况：“勃三尺微命，一介书生。无路请缨，等终军之弱冠；有怀投笔，慕宗悫之长风。”《汉书·终军传》：“军自请：‘愿受长缨，必羁南越王而致之阙下。’……越王听许。……越相吕嘉不欲内属，发兵攻杀其王，及汉使者皆死。……军死时年二十馀，故世谓之‘终童’。”（64下/2821）所以姚大荣接着又指出：王勃这样自称，“正沿用《汉书》故实，非二十以外，即不应称‘童子’也”。据姚氏考证，终军死时，实已年届三十。（2013-8-10）

三、《旧唐书·孟利贞传》校释

《旧唐书·文苑·孟利贞传》：“利贞初为太子司议郎，中宗在东宫，深惧之。受诏与少师许敬宗、崇贤馆学士郭瑜、顾胤、董思恭等撰《瑶山玉彩》五百卷，龙朔二年奏上之，高宗称善，加级赐物有差。利贞累转著作郎，加弘文馆学士。垂拱初卒。”（190上/4997）有几处须略加校释：

“中宗在东宫，深惧之。”按：中宗是武则天废黜章怀太子贤后才立为太子的，时间在永隆元年（680）（《旧·中宗纪》7/135）。离孟利贞“垂拱初（元年，685）卒”仅六年，远在传文所述撰《瑶山玉彩》等诸事之后。中宗当是死后被追赠为孝敬皇帝的“孝敬皇帝”之误。

撰《瑶山玉彩》，本传只载“龙朔二年（662）奏上”，未载肇始于何年。而据《旧唐书·高宗诸子·孝敬皇帝弘传》：“龙朔元年，命中书令太子宾客许敬宗、侍中兼太子右庶子许圉师、中书侍郎上官仪、太子中舍人杨思俭等，于文思殿博采古今文集，摘其英词丽句，以类相从，勒成五百卷，名曰《瑶山玉彩》，表上之。制赐物三万段，敬宗已下加级赐帛有差。”(86/2828)乃龙朔元年(661)也。而奏上之日，《旧·高宗纪》实系于龙朔三年三月(4/84)。

本传谓“受诏与少师许敬宗、崇贤馆学士郭瑜、顾胤、董思恭等撰《瑶山玉彩》五百卷”，太子司议郎兼崇贤馆直学士的事例多有所见，李云逸遂谓孟利贞“时为太子司议郎，兼崇贤馆直学士”(《卢照邻集校注》3/124)。据《传》，似乎孟利贞此时亦与郭瑜、顾胤、董思恭等人一样，是以崇贤馆学士的身份参预编撰的。而《新唐书·艺文志》丙部子录类书类著录“许敬宗《瑶山玉彩》五百卷”，其下注曰：“孝敬皇帝令太子少师许敬宗、司议郎孟利贞、崇贤馆学士郭瑜、顾胤、右史董思恭等撰。”(59/1562)则仅郭瑜、顾胤二人为崇贤馆学士。与本传所载微有差异。

“利贞累转著作郎，加弘文馆学士。”未载时间。《旧唐书·刘祎之传》：“祎之少与孟利贞、高智周、郭正一俱以文藻知名，时人号为‘刘孟高郭’。寻与利贞等同直昭文馆。上元中，迁左史、弘文馆直学士，与著作郎元万顷、左史范履冰、苗楚客、右史周思茂、韩楚宾等，皆召入禁中，共撰《列女传》《臣轨》《百僚新诫》《乐书》，凡千馀卷。时又密令参决，以分宰相之权，时人谓之‘北门学士’。”(87/2846)则其“加弘文馆学士”，乃在“上元中”之前。

弘文馆隶门下省，其学士“掌详正图籍，教授生徒”(《唐六典》8/255)。崇贤馆为太子学馆，其学士“掌东宫经籍图书，以教授诸生”(《旧·职官志》44/1908)。这两个馆的名称，当孝敬皇帝弘、章怀太子贤被立为太子或追崇为皇帝时，曾加改换，甚至一改再改。孝敬皇帝弘，显庆元年(656)立为太子，上元二年(676)薨，年二十四，谥为孝敬皇帝。章怀太子贤，上元二年(676)立为太子，调露二年(680)废为庶人,五年后逼令自尽,年三十二。《旧唐书·王方庆传》:"孝敬皇帝为太子时,改弘教门为崇教门;沛王为皇太子,改崇贤馆为崇文馆。皆避名讳,以遵典礼。此即成例,足为轨模。"(89/2901)章怀太子贤为太子前,曾受封沛王。弘教门改为崇教门,崇贤馆改为崇文馆后,迄未回改,其所改似仅限于东宫内之馆、殿、门名。弘文馆,不仅一度曾改。《唐六典》卷八"弘文馆学士"条:"武德初,置修文馆;武德末,改为弘文馆。神龙元年,避孝敬皇帝讳,改为昭文。神龙二年,又改为修文。景云二年,改为昭文。开元七年,又改为弘文。"(8/254)《旧·刘祎之传》昭文、弘文混称,未免紊乱。其实上元前后,当以称弘文为正。自武德、贞观以来,皆妙简贤良为学士,员数不定。"故事,五品以上称为学士,六品已下为直学士。"弘文馆学士如此,崇贤馆学士或相类似。(2013-8-17)

涉孟(浩然)琐事杂考四题

一、《诗话总龟》孟浩然“诗累”按语的离奇错误

宋阮阅《诗话总龟》卷三一《诗累门》:

> 孟浩然曾谒华山李相,不遇,因留一绝而去,曰:“老夫三日门前立,朱箔银屏昼不开。诗卷却抛书袋内,譬如闲看华山来。”一日,明皇召李对,说及浩然事,对曰:“见在臣私第。”急召,俾口进佳句。孟诵:“北阙休上书,南山归旧庐。不才明主弃,多病故人疏。”明皇不悦,曰:“未尝见浩然进书,朝廷退黜。何不云‘气蒸云梦泽,波动岳阳城’?”由此不遇。与前所言及《摭言》稍异。又《北梦琐言》载:“玄宗谓浩然:‘何不道“气蒸云梦泽,波动岳阳城”?’由是不遇,[终]于布衣。”(31/312)

孟浩然因“不才明主弃”诗句招致玄宗不悦,以致受累终身的传说,有多种版本。涉及的中介人物,也有王维、李白、张说等多人,然核之孟本人及诸人行实,多不相符,也已有多人对之作过考辨。《诗话总龟》于所录《古今诗话》与《摭言》两条诗话之间添加

的这一条,实际上是一则按语,然而却又似乎提供了传说的又一个版本。其所载,除了清初吴景旭在《历代诗话》卷四七作为众说之一曾予罗列外(47/13B),时贤似仅个别人有所辨析,而却语焉不详(刘《谱》,40 页)。或者由于其内容错误过于离奇,又过于明显,众人不屑为之多费唇舌吧。

离奇一:“老夫三日门前立”一诗的作者怎会是孟浩然?此诗今得见者,最早见于《唐摭言》卷一〇《海叙不遇》门,诗的作者为平曾。从宋洪迈《万首唐人绝句》到清康熙钦定《全唐诗》,均在平曾名下录载此诗,且绝未注有“一作”某某一类字样。孟浩然《诗集》以及诸书录载孟浩然诗,也绝未见此诗踪影。

离奇二:诗作的对象“李相”不过是虚幻的影子。所谓“华山李相”,含义不清。若谓李相系“华山”人,则“山”非籍贯的习惯书法。若谓华山系指代华州,则既曾任华州刺史,又曾为朝中宰相者,玄宗朝又绝无其人。见于郁贤皓《唐刺史考全编》的李姓华州刺史,开元年间有:岐王范(开元二年)、李休光(开元八年)、李尚隐(开元二十二年至二十三年)(3/73—78)。这三人任前任后皆无曾为宰相纪录。另据《新唐书·宰相表》,开元间李姓宰相仅有李元竑、李林甫两人:李元竑自开元十四年四月至十七年六月,李林甫自开元二十二年五月直至天宝十一载十一月身死(62/1683—1692)。两人皆无出任华州刺史纪录,也未见与华山有何瓜葛。而且这些李姓华州刺史、宰相,与孟浩然之间亦绝无任何过往痕迹可寻。此诗针对的对象,《摭言》作“华州李相固言”,全文如下:“平曾谒华州李相固言,不遇,因吟一绝而去,曰:‘老夫三日门前立,珠箔银屏昼不开。诗卷却抛书袋里,譬如闲看华山来。’”(10/2B)《唐诗纪事》卷六五《平曾》亦作“华州李固言”。而李固言,确曾于大和八年三月自尚书右丞出为华州刺史,十月回朝(《旧》17 下/553、

173/4506),且于次年即大和九年七月辛亥拜相(《新》63/1723)。

离奇三:此"华山李相"竟然是诗人李白的替身。《总龟》"一日,明皇召李对"以下文字,与《北梦琐言》卷七"孟浩然赵嘏以诗失意"条所载的相应文字如出一辙:

> 唐襄阳孟浩然与李太白交游,玄宗征李入翰林,孟以故人之分,有弹冠之望。久无消息,乃入京谒之。一日,玄宗召李入对,因从容说及孟浩然。李奏曰:"臣故人也,见在臣私第。"上令急召赐对,俾口进佳句。孟浩然诵诗曰:"北阙休上书,南山归敝庐。不才明主弃,多病故人疏。"上意不悦,乃曰:"未曾见浩然进书,朝廷退黜。何不云'气蒸云梦泽,波动岳阳城'?"缘是不降恩泽,终于布衣而已。(7/53)

可见,《总龟》此则按语所载,貌似孟浩然"诗累"传说的另一版本,无非是将《摭言》卷一〇《海叙不遇》门"平曾"条与《北梦琐言》卷七"孟浩然赵嘏以诗失意"条捏合为一,或者说以前者替换后者的开首部分而成,并删去了"华州李相"之名,复将"平曾"改作了"孟浩然"。当然,《琐言》所载也不过是一种传说,也是经不起推敲的。而经过如上这样一捏合替改,则简直荒谬绝伦了。

平曾与孟浩然,李固言与李太白,相距何止一百年!为什么要作这样的捏合和替改?其捏合和替改录自现成的某书,还是出自《总龟》编撰者阮阅本人?观按语正文在指出"与前所言(即上条《古今诗话》)及《摭言》(即下条)稍异"的同时,紧接着另有"又《北梦琐言》载……"语,则此前所载者,当非直接录自《北梦琐言》。其始作俑者今虽难以确考,而其内容不仅错误而且错得十分离奇,却可肯定。(2015-1-2)

二、姚开府山池院的新主

孟浩然《姚开府山池》:

> 主人新邸第,相国旧池台。馆是招贤辟,楼因教舞开。轩车人已散,箫管凤初来。今日龙门下,谁知文举才。(《四部丛刊》本《孟浩然集》卷三。宋刊本未载)

刘文刚《孟浩然年谱》开元十七年夏载:“与姚崇后人过从,作诗抒怀才不遇之意。”引此诗为证。且谓:“开元间封为开府的姚姓只有姚崇。故浩然诗称的‘姚开府’为姚崇一支人无疑。而姚崇卒于开元九年,故此诗的‘姚开府’为袭封的姚崇后人。所以诗云‘主人新邸第,相国旧池台’。”(46页)《年谱》出版于1995年。

“姚开府”,确指姚崇,也只指姚崇。“开府”为开府仪同三司之省,是文散官极品,不似封爵,子孙可以“袭封”。当然,“山池”作为固定资产房地产,子孙是能够继承的,只是这时它业已易主。姚崇相国的旧池台,自开元九年姚崇死后,复又成了新主人的新邸第。《元河南志》卷一《询善坊》:“北至洛水。唐有郭广敬宅,后为姚崇山池院,崇薨,为金仙公主所市。”陶敏即引此条结合诗句说:“知姚已卒,山池归公主家。”(《人名汇考》,259页)《汇考》是在《人名考证》的基础上增订的,《考证》出版于1996年,未及见。鉴于他在1998年出版的与傅璇琮合著的《文学编年史》初盛唐卷中已有类似文字(619页),估计在《人名考证》中业已提出此说。比《年谱》只晚一年,然未必针对《年谱》而发。

伯2567号敦煌文书《唐写本唐人选唐诗》,罗振玉《跋》指出:

王昌龄名下,“其八篇则今见孟浩然集”(下/50B)。而《与黄侍御北津泛舟》题下实含两首,罗少计一首。其诗题残佚的一首,正是《姚开府山池》。“主人新邸第”句中的“主人”,唐写本作“主家”(亦见上古版《唐人选唐诗十种》图片页4、录文页8)。“主家”,即公主家。更可证姚开府山池院此时确已易主。此异文,1989年出版的徐鹏《校注》业已出校,惜未引起人们注意。

金仙公主是何许人?《元河南志》卷一又载道德坊有“景龙女道士观,南北居半坊之地,金仙公主处焉”。清徐松《城坊考》在迻录此条的同时,加了这样一句按语:“按公主为睿宗第九女。”景云元年,与妹玉真公主同时入道。玄宗即位后,在众兄弟姊妹中,唯金仙、玉真是同母胞妹,享有特殊地位。金仙卒于开元二十年,玉真则直至玄宗作为太上皇自蜀返京遭李辅国幽禁前,尚与玄宗相依为命,代宗宝应间才卒。

传说王维进士科状元及第,即缘于获得九公主的赏识,是九公主为之力荐的结果。元辛文房《唐才子传》卷二《王维传》:“九岁知属辞,工草隶,闲音律,岐王重之。维将应举,岐王谓曰:‘子诗清越者,可录数篇,琵琶新声,能度一曲,同诣九公主第。’维如其言。是日,诸伶拥维独奏,主问何名,曰:‘《郁轮袍》。’因出诗卷,主曰:‘皆我习讽,谓是古作,乃子之佳制乎?’延于上座,曰:‘京兆得此生为解头,荣哉!’力荐之。开元十九年状元及第。”源自唐薛用弱《集异记》,原文只说“一举登第”,“开元十九年”系辛文房所添,而岐王范开元十四年已卒,显然不确;另原文只称“贵主”,“九公主”系辛文房所改,未详何据。

其实,金仙公主乃睿宗第八女,而非第九女。然而在《新唐书·公主传》中,“睿宗十一女”的行序,金仙公主为第九,玉真公主为第十。清中叶洪颐煊、近人岑仲勉指出传中荆山公主与鄎国公主误重,因而自第四女淮阳公主以下,行序皆错后一位。不过自《新唐书》通行以后,特别是被定为正史以后,人们迷信其权威,往往据之以定公主的行序。《唐才子传》改称的“九公主”,很可能指的即是金仙公主。

在推行和籴以解决长安口粮供应问题前,玄宗每年数月长住洛阳,朝廷各职能部门,分别或轮流在两京运转。孟浩然之往游洛阳姚开府旧池台并题诗,“今日龙门下,谁知文举才”,寻求获得赏识,亦即渴望遭逢如传说中王维那样的际遇。唐李肇《国史补》载当日举子风气:“造请权要谓之关节,激扬声价谓之还往。”《姚开府山池》即是他赴京应试期间公关行为的一个记录,其中似乎还依稀可见王维的身影。

附:清人迷信正史,擅改旧载二例:

1. 唐韦述《两京新记》卷三:“金仙女官观:景云二年,睿宗第八女西城公主及第九女昌崇公主并出家,为立二观,改西城为金仙,昌崇为玉真,仍以公主汤沐邑为二观之名。”宋宋敏求据以修入《长安志》,仍作“第八女”、“第九女”。至清徐松转据修入《城坊考》,“第八女”、“第九女”已改为“第九女”、“第十女”。

2. 唐蔡玮《玉真公主朝谒谯郡真源宫受道王屋山仙人台灵坛祥应记》:“睿宗大圣真皇帝之爱女,今上之季妹。”(《续编》卷八)清嘉庆间辑入《全唐文》卷九二七,“爱女”已擅改为“十女”。(2015-1-9)

三、罗振玉就《唐人选唐诗》所作的《提要》和《跋》

《永丰乡人稿》乙稿《雪堂校刊群书叙录》卷下《敦煌本唐人选

唐诗跋》:“王龙标诗,卷中十七篇,见于集本者四篇,其八篇则今见孟浩然集。”(下/50B)

唐写本《唐人选唐诗》敦煌文书,罗振玉影刊于《鸣沙石室佚书》初编,《佚书》卷首有所收各书《书目提要》,其《唐人选唐诗提要》与《跋》基本相同,而言及王昌龄诗部分却有较大差异:“王龙标诗,卷中十七篇,见于集本者仅三篇。”(21B)除见于集本者有“三篇”“四篇”之异外,无“其八篇则今见孟浩然集”语。

两相比较,显然《跋》较《提要》正确。《永丰》乙稿书首有王国维序,署“戊午六月既望”,即民国七年。甲稿、丙稿皆有罗自序,甲稿署“庚申六月二十七日”,丙稿署“庚申八月”,庚申为民国九年。其书当刊行于 1920 年或稍后。而《鸣沙石室佚书》初编,据《中国丛书综录》著录,有两个版本:一为民国二年上虞罗氏据唐写本景;二为民国十七年东方学会石印。即民国二年业已刊行。《跋》文末署“癸丑五月晦”,即亦作于民国二年,其与《提要》不同处,当是民国七年在编入《永丰》乙稿时作的补充修订。乙稿既有王国维序,或者书稿曾经王国维审读。

从《提要》和《跋》来看,罗氏曾将全卷文书与《全唐诗》作过比勘,指出了卷本、集本的存佚异同,强调了写本文书的“可贵重”即价值所在,极富开创性。然而除了将李太白诗与缪刻李集逐一作过校订外,对其馀诸家似皆未曾下过类似功力。尤其是对卷中问题最多的王昌龄名下诸诗,留给后人探讨的馀地仍然很大。

王昌龄名下确有半数以上是孟浩然的诗作。《跋》说八篇,实有九篇,其中《与黄侍御北津泛舟》题下包含两篇,另一篇为《姚开府山池》,诗题残佚,罗少计一篇。然而又说“王龙标诗,卷中十七篇”,实将诗题已残佚的《姚开府山池》计算在内,否则即不足“十七篇”之数。另有一篇《咏青》,亦见《国秀集》卷下(172页)、《全唐诗》卷二〇三,皆署荆冬倩作,题作《奉试咏青》,非王昌龄诗,罗氏未为指出。此诗,1962年王重民《补全唐诗》误辑于孟浩然名下,1992年陈尚君修订《全唐诗外编》只谓“恐误”而未予删除,而此前1976年,海外杨承祖业已指出了其作者究竟是谁。①

十七篇除去孟浩然九篇、荆冬倩一篇,尚馀七篇,其中“见于集本者”,《提要》说“三篇”,《跋》说“四篇”,皆不确,实为五篇。《巴陵别李十二》《送康浦之京》《长信怨》,与见于《全唐诗》卷一四三的《巴陵送李十二》《别李浦之京》《长信秋词》,诗题略有异同,最易发觉,故《提要》说“三篇”。《送单十三晁五归□□》即《全唐诗》卷一四三《送人归江夏》,也不难发觉,故《跋》修订为“四篇”。唯《邯郸少年行》即《全唐诗》卷一四一《城旁曲》,诗题绝不相类,罗遂漏计。其未见集本者,仅只二篇。

《邯郸少年行》是王昌龄名下第一篇诗,内容与《全唐诗》“《城旁曲》”同。第二首题作《城旁》者,则不载于《全唐诗》,王重民《补全唐诗》辑载于王昌龄名下,拟题《城旁□□》,有注指出:“标题残去二三字。按《全唐诗》昌龄有《城旁曲》,但内容与此全异。”(《外》,27页)只认为是与《城傍曲》有异的另一诗,并不认为《城傍曲》诗题为《邯郸少年行》之误。而今人多据前诗有“邯郸饮来酒未消”句、后诗有“城旁粗少年”句,认为诗题当以写本为正。然前诗见于成书或在写本前的《河岳英灵集》卷中者,诗题亦作《城傍曲》。宋郭茂倩《乐府诗集》卷六六《杂曲歌辞》有《结客少年场行》《少年行》《汉宫少年行》《长乐少年行》《渭城少年行》《邯郸少年行》等诗

---

① 参见黄永武《敦煌的唐诗》,第113页,台北:洪范书店1987年。按:据《20世纪中国文学研究·隋唐五代文学研究》综述(1270页),杨承祖《敦煌唐写本唐人选唐诗校记》,1976年发表于《南洋大学学报(新加坡)》第一卷。

题,王昌龄仅有的两首《少年行》被录于《少年行》题下,而“邯郸少年行”题下则只录高适、郑锡二首(《全唐诗》能检得的亦只此二首),而未及昌龄此首。今人之处理是否定是,似可再议。

上古版《唐人选唐诗十种》以《提要》而不是以《跋》附载于《唐写本唐人选唐诗》前,显属选择不当。当是事先未及将两文比较,不知其间尚有差异所致。对于读者,这实际上起到了误导作用。如《王昌龄诗注》注者即仅据《提要》,辄对其作者只知有李白诗误羼入陶翰诗后,而不知另有孟浩然诗亦误羼入王昌龄诗后而大加抨击(《诗注》,98页)。岂不是将原创者和后继者、随从附和者完全颠倒了?(2015-1-23)

四、《韵语阳秋》“省题诗自成一家”条所举四例辩

宋葛立方《韵语阳秋》卷三:

> 省题诗自成一家,非他诗比也。首韵拘于见题,则易于牵合;中联缚于法律,则易于骈对。非若游戏于烟云月露之形,可以纵横在我者也。王昌龄、钱起、孟浩然、李商隐辈,皆有诗名,至于作省题诗,则踈矣。王昌龄《四时调玉烛》诗云:“祥光长赫矣,佳号得温其。”钱起《巨鱼纵大壑》诗云:“方快吞舟意,尤殊在藻嬉。”孟浩然《骐骥长鸣》诗云:“逐逐怀良驭,萧萧顾乐鸣。”李商隐《桃李无言》诗云:“夭桃花正发,秾李蕊方繁。”此等句与儿童无异。以此知,省题诗自成一家也。(3/508)

此条所说颇具见地,而所举四例则颇有可议。

所举四例中,钱、李二例全诗今存,王、孟二例似仅存此残句,且已被康熙钦定《全唐诗》和陈尚君《全唐诗续拾》作为残句辑入孟、王名下。而实际上,此二例全诗今日亦存,只是其作者并非王昌龄、孟浩然而已。

“祥光长赫矣,佳号得温其”见宋王禹偁《小畜集》卷二六《四时和为玉烛诗》,全诗如下:

尧舜钦天日,羲和正历时。铜浑列辰象,玉烛照华夷。真宰潜能秉,飞廉讵可吹。祥光长赫矣,佳号得温其。衔处非龙首,燃来岂凤脂。皇明方比盛,鉴物自无私。

则所谓“王昌龄《四时调玉烛》诗”,实乃王禹偁之《四时和为玉烛诗》。“逐逐怀良驭,萧萧顾乐鸣”见《文苑英华》卷一八五章孝标《骐骥长鸣》,全诗如下:

有马骨堪惊,无人眼暂明。力疲吴坂峻,嘶苦朔风生。逐逐怀良御,萧萧顾乐鸣。瑶池期弄影,天路欲飞声。皎月谁知种,浮云莫问程。盐车终愿脱,千里为君行。

则所谓“孟浩然《骐骥长鸣》诗”,实乃章孝标之《骐骥长鸣》诗。

“方快吞舟意,尤殊在藻嬉”,全诗见《钱仲文集》卷七,诗题确作《巨鱼纵大壑》,诗中确有此联,无异文。“夭桃花正发,秾李蕊方繁”,全诗见《玉溪生诗集笺注》卷三,诗题作《赋得桃李无言》,诗中确有此联,亦无异文。然皆非二人及第的省题诗。钱起及第于天宝十载,省试诗题为《湘灵鼓瑟》,李商隐及第于开成二年,省试诗题为《霓裳羽衣曲》。当然,在唐代进士中,累举才方及第颇为习见,非及第年省试诗题,未必不是应试未及第某年的省试诗题。然而对于钱起而言,这个可能性也是不存在的。《旧唐书》卷一六八《钱徽传》:"钱徽,字蔚章,吴郡人。父起,天宝十年登进士第。起能五言诗,初从乡荐,寄家江湖,尝于客舍月夜独吟,遽闻人吟于庭曰:'曲终人不见,江上数峰青。'起愕然,摄衣视之,无所见矣,以为鬼怪,而志其一十字。起就试之年,李暐所试《湘灵鼓瑟》诗题中有'青'字,起即以鬼谣十字为落句,暐深嘉之,称为绝唱。是岁登第。"(168/4382)可见,钱起是一举辄及第了的。《玉溪生诗集笺注》的笺注者冯浩凭着他对李商隐诗的深入研究和通盘理解,在《韵语阳秋》提及的这首诗后,加了这样一条按语:"此用帖体,却非试席作也。闲居观物,率笔抒怀,后二联显然矣。此章与《月照冰池》,《文苑英华》'帖体类'中初不收入,后人乃入试帖选本,误矣。"(3/714)"帖体",即省题体。钱起的《巨鱼纵大壑》,当也同是"用帖体,却非试席作"。

至于王禹偁《四时和为玉烛诗》,原是一组诗文中的一首诗。这组诗文的总题为《拟试内制五题(凡四副)》,本诗是其第三副之第二题的拟作。所谓"拟试",即模拟考试,是为应对被选充翰林学士前必经的考试而作的准备。进士举子之"用帖体"拟作,作用与之类似。《唐摭言》卷一《述进士下篇》据李肇《国史补》述当日举子风习:"退而肄业谓之过夏,执业以出谓之夏课(亦谓之秋卷)。"足见落第举子在应试预备班、补习班"用帖体"拟作的普遍。始应举者虽不一定有类似的组合,但一定也有类似的作业,显然不在话下。

总之,本条所举四例,提到四位诗人的四首诗的诗句,竟然四首皆非此四人的省试诗,四首中只有一首是真省题诗,四首中又有二首非四人所作。令人有点不敢置信。

《四库全书总目》卷一九五集部诗文评类《〈韵语阳秋〉提要》指出:“赵与旹《宾退录》尝议其误以郑合敬诗为郑谷诗,又议其不知阮咸出处。今观所载,如以江淹杂拟‘赤玉隐瑶溪’句为谢灵运诗,以苏轼‘老身倦马河堤永,踏尽黄榆绿槐影’句为杜甫诗,以李白‘解道澄江净如练,令人长忆谢元晖’句为袭郑谷之语,皆未免舛误,尚不止与旹之所纠。”郭绍虞《宋诗话考》对之又有所补充。“省试诗自成一家”条似尚未见前人提及,故特为揭示之如上。是否有当,烦请不吝批评指正。(2015-3-13)

李华文笺三题

一、《三贤论》论的是哪三贤？

《三贤论》曰：

> 余兄事元鲁山，而友刘、萧二功曹。此三贤者，可谓之达矣。

此三贤，分别姓元、姓刘、姓萧，当不成问题。文章两次以其终官鲁山令之“鲁山”，又两次以其字“紫芝”称元；四次以其字“茂挺”称萧。此二人分别为元德秀、萧颖士，当也不成问题。萧颖士终官扬州府功曹参军。成为问题的，是刘姓功曹究系何人？文中只有一处提到他的字，诸书却有异文，《唐文粹》作“挺卿”，《文苑英华》作“柄卿”，文渊阁《四库全书》本《李遐叔文集》作“挺卿”。《全唐文》亦作“挺卿”，其下校注曰：“《集》本作‘柄卿’，《英华》亦作‘柄卿’，注云《唐书》作‘捷’，一作‘挺’。”“一作”指《文粹》。其所据之《集》与文渊阁本又复不同。而《唐摭言》提及刘之字的所在，不知为何竟莫名其妙地被“即”字所取代。

《三贤论》的主要部分，《新唐书》的《卓行·元德秀传》《文艺·萧颖士传》《刘子玄附子迅传》，曾分别有所节录。上引《三贤论》之语，《新·元德秀传》作：

李华兄事德秀，而友萧颖士、刘迅。……华于是作《三贤论》。

除元、萧二人外，《新唐书》的作者宋祁是确认《三贤论》中的刘即为刘迅的，且于《新·刘迅传》记载：

迅，字捷卿。历京兆功曹参军。

因此，文渊阁《四库全书》本《李遐叔文集》卷二《三贤论》题下遂加有如下的题注：

元鲁山　萧颖士　刘迅

然而问题并未就此彻底解决。因为今本《唐摭言》卷七《知己》门在“李华撰《三贤论》”下亦加有注文，注明三贤为“刘眘虚、萧颖士、元德秀”。此注为《唐摭言》作者王定保所原有，还是后人所妄加，虽不得而知。但却引起了不少人注意，制造了不少混乱。

清王士祯《渔洋诗话》卷下：

刘眘虚，字挺卿。其诗超远幽敻，在王、孟、王昌龄、常建、祖咏伯仲之间。考其人，盖深于经术，不但词华也。李华《三贤论》曰：“刘名儒史官之家，兄弟以学著称。述《易》《诗》《书》《春秋》《礼乐》为五说，条贯源流，备古今之变。尚书刘公每有胜理,必诣与谈,终日忘返。殷直清有识尚,恨言理少对,未与刘面,常想见其人。高达夫落落有奇节,皆重刘者也。"按《唐书》《儒学》、《文苑》皆不为昚虚立传,而《全唐诗话》、《唐诗纪事》亦略之,故详于此。(《清诗话》本,205页)

是认《三贤论》之刘,即诗人刘昚虚。其所据或即《唐摭言》之注。

清钱大昕《十驾斋养新录》卷一二"刘昚虚"条:

殷璠《河岳英灵集》录刘昚虚诗,谓:"顷东南高唱者十数人,然声婉然,无出其右,惜其不永天年,陨碎国宝。"昚虚未详何许人,意其为南士也。

李华《三贤论》谓刘昚虚"名儒史官之家,兄弟以学著。《五说》条贯源流,备古今之变。在京尝疾,太尉房公临扶风闻之,曰:'挺卿即日若不起,无复有有神道。'殷直卿有识尚,恨言理少对,常想见其面。后避地逝于安庆"。此昚虚即刘知几之子迅,《唐书》附《刘知几传》,不言其能诗。

或认为一人,似不然。孟浩然有《九日于龙沙寄刘大昚虚》诗,而新旧《书》叙知几六子,迅次在五,是行第不同也。王昌龄有《送刘昚虚归取宏词解》诗,而唐史不言登宏词科,是出身不同也。一工于诗,一善著书,是趣向不同也。两刘生遂同时,并有才不遇,而一名一号,似同实异,恐难溷而一之。(280页)

疑即针对上引王士祯之说而发。然亦未怀疑《唐摭言》注文有误,而只是致力于论证学者刘迅与诗人刘昚虚乃是号与名偶同的两人。虽然正确指出了《唐摭言》注作"昚虚"的《三贤论》中的刘姓贤人即两《唐书》中刘子玄之子刘迅，但是除了《唐摭言》此注以外，实再无何种文献曾言及刘迅别名或号昚虚也。《三贤论》中的“挺卿”原是刘迅的字，由于误信了《唐摭言》的注文，后人才将它误加到刘昚虚名下，才出现刘昚虚字挺卿的说法。

岑仲勉《唐人行第录》“又刘大昚虚”条，既引孟浩然、王昌龄两人诗题断定刘大即昚虚，又引高适《别刘大校书》，“疑亦昚虚也”，都无可厚非，是正确的。但接着说的：“字挺卿，李华《三贤论》之一人。”就值得怀疑了。更使人诧异的，是“又刘三贶”条说的：“《三贤论》称贶曰功曹，卒于安康。”（153 页）今按，《三贤论》中“予兄事元鲁山而友刘、萧二功曹”，“刘避地逝于安康”之刘，皆是指三贤之一的刘迅说的。而岑仲勉既把他断定为刘昚虚，寻又把他断为即刘贶，则不仅与两《唐书》不符，而且也自相矛盾。

孙钦善《高适集校注》，在《宋中过陈二》一诗的注中，谓陈二即陈兼，并云：“据独孤及《送陈赞府兼应辟赴京序》、《陈留郡文宣王庙堂碑记》、梁肃《独孤公行状》、李华《三贤论》及《新唐书·陈京传》，陈兼，字不器，颍川人。初授封丘丞，后隐耕于楚县，游于梁宋。与独孤及、贾至、高适、刘昚虚交往甚密。”（162 页）谓陈兼与刘昚虚交往甚密，细核其所列诸书证，其所据当仅是《三贤论》。盖《论》中在言及“是皆重刘者也”的 8 人中，“行古人之道”的“颍川陈兼不器”即是其中之一。可见直至 1984 年，仍然有人误信《摭言》之注，认为《三贤论》中的刘姓贤人即刘昚虚。

刘迅之父刘知几是史学名著《史通》的作者。今人傅振伦为之撰有《刘知几年谱》（按，此人名知几，字子玄，为避玄宗嫌讳，以字行）。《年谱》第三篇《刘知几之家世》在言及知几之后时，即已断定《三贤论》中的刘功曹，与《新唐书·刘子玄传》所附之其子刘迅、《国史补》卷上“刘迅著《六说》”条之刘迅为同一人，并将三者合并一处做了综合叙述(14—15 页)。据重版《序》,《年谱》1934 年商务印书馆初版,1936 年“修订再版”,1956 年“曾就旧本稍加修改”印行,今引文所据之中华书局 1963 年版又曾“再次修订”。《年谱》中有关刘迅部分,不知原即如此,还是某次“修订”时所作的修订。如果原即如此,则早在 1934 年,傅振伦即已未受《三贤论》中三贤之一刘某为刘眘虚说的干扰。

元辛文房《唐才子传》卷一有《刘眘虚传》。傅璇琮为此传作笺,指出:“又李华《三贤论》中之刘君,近人研究者亦有谓指刘眘虚者(如岑仲勉《唐人行第录》刘大眘虚条)。按《三贤论》之刘君,乃字挺卿,又谓‘刘名儒史官之家,兄弟以学著称。乃述《诗》《书》《礼》《乐》《春秋》为五说,条贯源流,备古今之变’。考《旧唐书》卷一〇二《刘子玄传》,刘知几(字子玄)有子六人,即贶、餗、汇、秩、迅、迥,皆有学术,‘迅,右补阙,撰《六说》五卷’。《新唐书》卷一三二《刘知几传》记迅字捷卿,‘续《诗》《书》《春秋》《礼》《乐》五说’。可见《三贤论》中之刘君与眘虚了不相涉(此并可参清钱大昕《十驾斋养新录》卷一二‘刘眘虚’条)。”①

依据以上的综合考察,李华《三贤论》之三贤,实为元德秀、刘迅、萧颖士,当可无疑矣。(2010-7-24.)

二、《祭刘评事兄文》,其祭刘迅者乎?

李华《祭刘评事兄文》(《文苑英华》卷九八〇、《全唐文》卷三二一、《李遐叔文集》卷四),岑仲勉认为系祭刘贶之文。《唐人行第录》“又刘三贶”条:“贶,两《唐书》均附见《知几传》,又见《姓纂四

① 《唐才子传校笺》第一册,第 187 页,中华书局,1987 年。

校记》四六七页。《三贤论》称贶曰功曹,卒于安康。《全文》三二一李华《祭刘评事兄文》,贶,乾元二年终于浙东评事。”(153 页)谨按,《三贤论》中的刘姓功曹为刘迅,说是刘贶是不对的,但他认为《祭刘评事兄文》所祭者即《三贤论》中的刘姓功曹的意见却值得重视。也就是,《祭刘评事兄文》很可能即是祭刘迅之文。

祭文云:“人或知兄,王佐之器,岂人无福,而兄夭年。”据祭文首句,此人死于乾元二年(759)。如果是刘贶,则《旧唐书·刘子玄传》载:“[开元]九年,长子贶为太乐令,犯事配流。”太乐令是太常寺太乐署长官,从七品下。(《唐六典》卷一四)既然开元九年(721)刘贶业已入仕多年,年龄不会在二十以下,姑以二十一岁计,至乾元二年,亦已达六十岁。六十多岁身死,怎能说是“夭年”?

《新唐书·刘子玄附子贶传》:“子玄卒,有诏访其后,擢起居郎。”又附其子《餗传》:“天宝初,历集贤院学士,兼知史官。终右补阙。父子三人更莅史官。”(132/4522、23)子玄卒于开元九年。授刘贶起居郎的制词,孙逖撰,今存,见《文苑英华》卷三八三,与陈九言等同制,系自朝议郎行太常博士兼史馆修撰迁“行起居郎,馀如故”的。孙逖“掌诰八年”,起开元二十四年,至天宝元年(中间约自开元二十七至二十九年丁忧)。刘贶之自太常博士迁起居郎,最早亦当在开元二十四年,很可能在天宝元年。而在此以前,他早已“兼史馆修撰”,即已任史官了。其继子玄任史官的时间,或当与子玄卒“后数年,玄宗敕河南府就家写《史通》以进,读而善之,追赠汲郡太守”(《旧·传》)。约略同时。起居郎是贶的终官。刘餗继为史官,据《新·传》,在“天宝初”。此时贶若非意外遭贬,很可能业已病废或身死。(附带说明:《新·传》“擢起居郎”下,谓贶尚“历右拾遗内供奉”。似任右拾遗内供奉在起居郎后,核以唐制,碍无可能)

以上两点,表明祭文不可能祭刘贶。刘迅终官京兆府功曹参军(正七品下),而祭文所祭乃终于“评事”者,又怎么可能会是祭刘迅的呢?谨按:“评事”本是大理寺属官,从八品下。从祭文“浙东幕庭,丧此一贤”判断,此人时充浙江东道节度使府之幕职僚佐,而幕职僚佐中之资格稍深者则常带有朝衔和宪衔,所带朝衔,若卿监官例加“试”字,若台省官例加“检校”字,宪衔指御史台官衔,则例带“兼”字。① 皆由使主于奏辟时附加,与其原有官职品位并无固定关系。此大理评事,乃是其新充浙东幕职所带检校官官衔,而京兆府功曹参军则是其正官。

梁肃《给事中刘公(迥)墓志》:“始公[兄]祭酒秩、功曹迅,并与故相国房公绾厚善,其终也,赵郡李公华志焉。”(《文苑英华》卷九四四)是李华另又撰有刘秩和刘迅的《墓志》,明与此二人的关系非比寻常。《三贤论》中有“兄事元鲁山而友刘、萧二功曹”,自称是刘迅的友人。在《祭刘左丞文》中,言及他与刘秩曾同在哥舒翰幕,后来因附逆事遭鞫讯,曾赖刘秩“再春枯木”,刘任国子祭酒,又曾推荐他“可备师儒”。两通《墓志》今皆不存。今尚得见者有两通祭文。其一为《祭刘评事兄文》,题中出“兄”字,另一为《祭刘左丞文》,题中无类似字眼。开首文字,前者为“赵郡李华祭于刘三兄之灵”,后者为“左补阙李华谨奉清酌微奠,祭于故国子祭酒刘十六兄之灵”,亲近感显有差距。《祭刘评事兄文》委曲倾诉衷情,真挚凄婉,缠绵悱恻,而《祭刘左丞文》则流露有太多的称扬感激情愫。既然在刘氏诸兄弟中,李华与之交谊最厚者为刘秩、刘迅,于其终也,既为之志墓矣,不应该没有祭文。而在现存的两通祭文中,既然其中之一可以确定为祭刘秩,而另一通所表现的情感又较此为深,则

① 参考戴伟华《唐代使府与文学研究(修订本)》第 37 页,广西师范大学出版社,2007 年。

其所祭者,即为刘迅乎?

以上从正反两个方面所作的四点说明,都有助于将刘评事视作刘迅的判断。但不能合者亦有三焉。

1. 据祭文,刘评事卒于乾元二年,而《新唐书》刘迅本传则记载说"上元中卒",两者约有两年之差。宋祁修《新》传,当尚能获见李华所撰墓志。《新·刘秩传》较《旧·传》增出事迹甚多,且甚具体,其所据当即墓志。刘迅事迹本就不多,《新·刘迅传》所增文字,虽不必皆出自墓志,但如"上元中卒"这样的断语,除了墓志,似很难有别的来源。祭文墓志既同出李华一人之手,则这两年的时间差,就很难给出合理的解释。

2.《新·刘迅传》:"避地安康,卒。"安康在汉中。而据祭文,则其身卒之地当在浙东或其附近。祭文:"浙东幕庭,丧此一贤",虽不必定在幕中,也可能是在赴幕途中。但从下文:"良愿再谐,握手东吴,羁旅情倍,天伦岂殊。""去岁季冬,将膺使檄,累辱来召,陵江挂席。持酒欢酣,忧怀顿释,携手终日,晤言竟夕。"来看,乾元元年冬十二月,刘赴幕业已行至"东吴",且曾约李华会晤,盘桓竟夕。则其死地确在浙东或其附近,不应有何疑问。而《新传》所载不管墓志是否言及(其实不可能不言及),也另有其《三贤论》可为佐证。若认刘评事即是刘迅,则同一李华,在其笔下竟出现如此差异,也是很难索解的。

3. 祭文称刘评事"刘三",称刘秩"刘十六"。《旧传》载其兄弟序列为:贶,悚,汇,秩,迅,迴。《元和姓纂》卷五、《新唐书·宰相世系表》刘氏表(71上/2250)同。梁肃《刘迴墓志》谓刘子玄"有才子六人:曰贶曰悚,继文公典司国史,时议比子长孟坚;曰秩曰迅,以述作之盛,德行之美,追纵孔门;曰汇与公,用刚直明毅,焯于当时。"虽分三组分列,但同组之中弟与兄不会颠倒。则刘秩乃刘迅之兄也。祭文刘秩之行第为十六,刘评事之行第为三,若刘评事即是刘迅,则弟之行第为何反居兄之前?

那么,《祭刘评事兄文》究竟是祭谁的呢? 幸高明有以教之!(2010-8-2)

三、《送观往吴中序》中的谱系序列

李华,郡望赵郡李氏,是山东第一高门。他在《送观往吴中序》(《文苑英华》卷七二〇、《李遐叔文集》卷一、《全唐文》卷三一五)中提到的谱系序列,岑仲勉《唐集质疑》"中唐四李观"条(《唐人行第录》,375页)已有确解,但未细说,今试为细说之。

《序》曰:"在昔兰陵府君、(高)平棘公、柏仁懿公,兄弟三人,有重名于天下。巨鹿,兰陵之穆也,故扬州孝公后之,观之世父也。高[平],平棘之嫡也,吾后之。宣城文昭公,柏仁之嗣也,故中丞苏州后之。"对照《新唐书·宰相世系表》李氏赵郡东祖房表,才能确切了解文中诸语之所指,厘清其谱系。据《表》,东祖睿之孙颐,有四子:勰,系,奉,曾。奉未列入表中,表只列了勰、系、曾这三支的后人。

勰,兰陵太守,即《序》称兰陵府君者;嫡长子灵,其封爵谥号为巨鹿简公,即序所谓"巨鹿,兰陵之穆也"(72上/2481)。"观,监察御史。"(2486页)确是勰这一系的后人。其父珂,泽州刺史,有兄弟六人:瑱,琡,珂,瑝,璞,瓛。瑱确是观的"世父",即大伯父,而瑱的终官也确是"扬州"长史。

系,追封平棘县男,即《序》称"平棘公"者,嫡长子顺,封谥高平宣王,即《序》所谓:"高平,平棘之嫡也。"(2506页)"华,吏部员外郎。"(2559页)确是系这一支的后人。

曾，柏仁懿子，即封邑在柏仁，子爵，谥懿；（2578页）亦即《序》称之曰“柏人懿公”者。其次子孝伯，“宣城文昭公”（2579页），《序》即以其爵和谥称之。在其后人中，得以与《序》所称“中丞苏州”比符者，只有“丹，浙西观察使”（2580页）。盖是时节镇或已例带御史中丞宪衔也。

《序》接云：“夫知卿大夫之族姓、班位之高下，见贵《春秋》，而此道将亡。自族之不知，况他人乎？观于经感士匄、郯子之祖德，于史慕子长、孟坚之自叙，羁旅无书，往吴中搜以备家传之遗阙，附之于篇。吾病矣，老矣！是行也，慰我祇命聿修之心。永泰二年四月庚寅，叔父华序。”对于李观这次有关家族谱系的搜遗补阙之举，李华不只赞同，而且很可能还是促成者。东祖谱系本该四支，从《序》未提奉这一支，而《表》也未载奉这一支来看，李观搜遗补阙的成果，或已间接被《新唐书》吸收进书中。（2010-7-28）

大中宰相魏扶其人其事其诗杂考五题

一、两《唐书》不为立传的宰相

《南部新书》戊卷第 88 条："大中元年，魏扶知礼闱。入贡院，题诗曰：'梧桐叶落满庭阴，锁闭朱门试院深。曾是昔年辛苦地，不将今日负前心。'及榜出，为无名子削为五言以讥之。"此事宋人笔记，尤其是宋以后类书广为转录传播，知道的人不少，而对于题诗者魏扶其人其事，似乎了解得不多。盖《唐书》未为立传也。

魏扶曾任宰相。一位宰相，两《唐书》竟然不为立传，这在唐人中是极其罕见的。何况这位宰相又系正途出身，历任清资，升迁亡故，皆无异常，其为相又恰在曾一度被认为是小太宗的宣宗朝，实在令人不解。今不揣浅陋，拟将散见诸书的零星材料略加汇聚，对其一生行实的大致轮廓，试作勾勒如下：

身世微不足道。《新唐书·宰相世系表·魏氏表》载其家世极其简单，仅只四代，且皆单传。父"昌"祖"盈"，皆无官位，本人"扶字相之，相宣宗"。子"筜字守之，刑部侍郎"。

进士及第出身。《唐诗纪事》卷五一《魏扶》："扶登太和四年进士第。"《旧唐书·郑馀庆附孙从谠传》："故相令狐绹、魏扶皆父贡举门生。"

为郎官,充翰林学士。郎官石柱题名司封员外郎第十一行、考功郎中第十二行,有魏扶题名。丁居晦《重修承旨学士院记》:"魏扶:会昌二年八月八日,自起居郎充。三年四月二十五日,赐绯,五月二十九日,加知制诰。四年四月十五日,转考功郎中。九月四日,拜中书舍人。并依前充。"漏载何时出院。按,当在知举时,见下。

知举,放大中元年榜。《南部新书》所载即此期间事。李商隐《喜舍弟羲叟及第上礼部魏公》:"国以斯文重,公仍内署来。"(冯浩《玉溪生诗集笺注》卷二)严耕望谓:"扶知是年春贡举,其始事必在会昌六年冬,盖即由中舍翰学出院知贡举也。"李商隐此诗,"尤为的证"。(《唐仆尚丞郎表》,881页)

拜相。《新唐书·宰相表》:大中三年"四月乙酉,御史大夫崔铉守中书侍郎、同中书门下平章事。……兵部侍郎、判户部事魏扶守本官同中书门下平章事"。《唐大诏令集》卷四九、《文苑英华》卷四五〇载沈询《崔铉魏扶拜相制》,其中对魏扶的评价是:"天与全德,性惟中庸,有致远之宏谋,负佐王之盛业。……爰委纲宪,仗名节而立朝,亦总地卿,尝会计而经国。纪纲式叙,征税益饶。"《新唐书·李德裕传》:"[大中二年],吴汝纳讼李绅杀吴湘事,而大理卿卢言、刑部侍郎马植、御史中丞魏扶言绅杀无罪,德裕徇成其冤。"按:《旧唐书·宣宗纪》大中二年十一月,已见"兵部侍郎、判户部事魏扶"奏事,此后直至拜相,其本官迄无变动,其为御史大夫,乃大中二年十一月前之事。李商隐《[为弟作]谢座主魏相公启》:"羲叟启:伏奉前月二十八日敕旨,授秘书省校书郎、知宗正表疏,续奉今月五日敕,改换河南府参军,依前充职者。小宗伯之取士,早辱搜扬;大宗正之荐贤,又蒙抽擢。未淹旬日,再授班资,任重本枝,职齐载笔。"(《樊南文集》卷三)是拜相不久,其本官又曾迁宗正卿也。

大中四年六月戊申薨。是日之下,《新唐书·宰相表》仅书"扶薨",《资治通鉴》卷二四九作"兵部侍郎、同平章事魏扶薨"(8043页)。结衔有误。另,《旧唐书·宣宗纪》于大中四年载:"十月,中书侍郎、平章事魏扶罢知政事。"(18下/627),其误更甚。(2011-12-31)

二、傅璇琮《魏扶传论》的三点商榷

傅璇琮《唐翰林学士传论》是一部高品位的学术著作。然而其中的《魏扶传论》(晚唐卷,162页)的撰写,作者似乎并未怎样用力,在资料上,于劳格、赵钺《唐尚书省郎官石柱题名考》(337、461页)、岑仲勉《翰林学士壁记注补》(武宗朝,319页)之外,少所补充;于见解上,亦未见有何新的突破。读后有三点商榷意见,如下:

1. 针对丁居晦《学士壁记》"魏扶:会昌二年八月八日,自起居郎充。三年四月二十五日,赐绯,五月二十九日,加知制诰。四年四月十五日,转考功郎中。九月四日,拜中书舍人。并依前充"。岑仲勉谓:"《郎官柱》封外有名,员外郎与起居郎同为从六品上,扶官封外,或在三年五月。"当即指与"五月二十九日,加知制诰"同时。《传论》谓:"司封员外郎与起居郎同为从六品上,当为会昌二年八月八日以起居郎入院前,曾任司封员外郎。"似是有意对岑说作出的更正。敝人孤陋寡闻,既未能把握岑氏作彼推断的缘由,更不了解《传论》作此更正的依据,今特存疑,识此求教。惟据孙国栋的研究,整个唐代,见于两《唐书》的自员外郎徙起居郎者,初唐无,中唐1人,晚唐1人;而从起居郎徙员外郎者,初唐6人,中唐19人,晚唐7人。他的结论是:"起居郎由补阙迁入,迁出以入员外郎为常途。”“员外郎品阶与起居郎虽相同,但员外郎负责实际行政,为中央政务的总汇,较起居郎为重要,所以起居郎多迁员外郎。”①《传论》改岑说似未必有何确据。

2.《传论》引《新唐书·李德裕传》大中二年“吴汝纳讼李绅杀吴湘事,而大理卿卢言、刑部侍郎马植、御史中丞魏扶言绅杀无罪,德裕徇成其冤”。只指出:魏扶“积极配合白敏中,参与诬害李德裕”。未能指出此时曾迁官御史中丞。当日虽有中丞、侍郎相兼事例,如长庆四年十月壬寅,“以户部侍郎韦顗为御史中丞兼户部侍郎”(《旧·敬宗纪》17上/512)。然于魏扶,却是徙官,而非兼官。其《拜相制》特别提到:“爰委纲宪,仗名节而立朝,亦总地卿,尝会计而经国。”表明在以“兵部侍郎、判户部事”前曾“委宪纲”,即官御史中丞。李商隐《为荥阳公与魏中丞状》(《樊南文集补编》4/629)魏中丞即魏扶。荥阳公为郑亚,《旧·宣宗纪》:大中元年二月,“以给事中郑亚为桂州刺史、御史中丞、桂管防御观察等使”。二年二月,“桂州刺史、御史中丞、桂管防御观察使郑亚贬循州刺史”(18下/617、619)。《启》系赴桂管任后所上,开首说:“某以九月九日到任上讫。”又表明大中元年魏扶以礼部侍郎知贡举,发榜后,于年内即迁官御史中丞。

魏扶是以“兵部侍郎、判度支”拜相的,拜相后,其本官曾由兵部侍郎迁宗正卿,《传论》也未为揭出。据永泰二年官品令,宗正卿正三品,与户、礼、兵、刑、工五部尚书同,而诸司侍郎为正四品下,两者相差四阶。李商隐为弟作《谢座主魏相公启》:“羲叟启:伏奉前月二十八日敕旨,授秘书省校书郎、知宗正表疏,续奉今月五日敕,改换河南府参军,依前充职者。小宗伯之取士,早辱搜扬;大宗

① 孙国栋《唐代中央重要文官迁转途径研究》,第19、324—327页,上海古籍出版社,2009年。

正之荐贤,又蒙抽擢。未淹旬日,再授班资,任重本枝,职齐载笔。”(《樊南文集》3/197)小宗伯,礼部侍郎;大宗正,宗正卿。羲叟自谓既蒙拔擢及第,又蒙征辟为“知宗正表疏”差遣,而其释褐之官又蒙自秘书省校书郎改换为河南府参军。表明魏扶拜相不久,其本官确曾迁至宗正卿。惜郁贤皓、胡可先《唐九卿考》失考。然《九卿考》并未列出在此期间另有何人曾任此职,这又从侧面证明魏扶迁宗正卿一事为可信。不过这一疏失,不自《传论》始,也不自《九卿考》始,而是在司马光《通鉴》中即已这样。《通鉴》卷二四九载魏扶薨,于其结衔仍书“兵部侍郎、同平章事”,同样忽视了拜相后业已迁官宗正卿的事实。

3.《传论》末谓:“《全唐诗》卷五一六载诗三首,《全唐文》则未有载。”谓《全唐文》未辑载魏扶文,与实际不符。《全唐文》卷七五七魏扶名下曾辑载文二首,一为《请委录事参军专判钱物斛斗疏》,二为《对毒药供医登高临宫判》。后者又见《文苑英华》卷五五〇,署魏牧。按:《英华》所录判文,绝少晚唐人之作,魏牧绝非魏扶之误,《全唐文》误辑。魏牧或即魏牧谦误脱“谦”字致误。前者辑自《唐会要》卷五八《尚书省诸司》。其小传:“扶字相之。大中四年进士。宣宗朝官司封员外郎、考功郎中,累迁御史中丞,兵部侍郎、同中书门下平章事。”并未漏列其曾官御史中丞。(2012-1-6)

三、魏扶的相业

魏扶大中三年四月乙酉拜相,四年六月戊申薨,为相一年另三个月。对他在这一期间的作为,两《唐书》《资治通鉴》都没有哪怕是片言只字的记载,难道还有什么“相业”可言?勾稽旧籍,起码有以下两点可以略谈一谈:

1. 中晚唐计相的代表者之一：南宋洪迈为了追溯北宋前期准中枢机构三司的渊源，对中晚唐计臣入相的历程有过相当精彩的概括论述。其中即提到魏扶，认为是宣宗朝以判户部入相的第一人。《容斋随笔》卷一四《用计臣为相》：“唐自贞观定制，以省台寺监理天下之务，官修其方，未之或改。明皇因时极盛，好大喜功，于财利之事尤切，故宇文融、韦坚、杨慎矜、王珙皆以聚敛刻剥进，然其职不出户部也。杨国忠得志，乃以御史大夫判度支，权知大府卿及两京司农太府出纳，是时，犹未立判使之名也。肃宗以后，兵兴费广，第五琦、刘晏始以户部侍郎判诸使，因之拜相，于是盐铁有使，度支有判。元琇、班宏、裴延龄、李巽之徒踵相蹑，遂浸浸以他官主之，权任益重。宪宗季年，皇甫镈由判度支，程异由卫尉卿、盐铁使，并命为相，公论沸腾，不恤也。逮于宣宗，率由此涂大用，马植、裴休、夏侯孜以盐铁，卢商、崔元式、周墀、崔龟从、萧邺、刘瑑以度支，魏扶、魏謩、崔慎由、蒋伸以户部，自是计相不可胜书矣。”(388页)魏扶以兵部侍郎判户部事，当始于大中二年五月。此前，周墀以兵部侍郎判度支事，二年五月一日拜相，罢判。接替者，崔龟从以户部侍郎判度支，而魏扶则以兵部侍郎判户部。至三年四月，扶遂以兵部侍郎判户部拜相。其《拜相制》中特别提到：扶此前“亦总地卿，当会计而经国。纪纲式叙，征税益饶”。值得注意的，是他拜相后仍然继续兼判户部，罢判当在他本官迁宗正卿时，接任者为令狐绹。《旧唐书》绹本传：大中“四年，转户部侍郎、判本司事”。约为四年初。可见魏扶的“相业”，是与“会计而经国”“征税益饶”紧密相连的。

2. 复河湟土宇中的作用：康骈《剧谈录》卷上《李朱崖知白令公》：“大中初，边鄙不宁，土蕃尤甚，恣其倔强。宣宗欲致讨伐，遂于延英殿先问宰臣，公（按：指白敏中）首奏兴师，请为统帅……先是河湟关郡界内在匈奴,自此悉为内地。……白公凯旋,与同列宰相进诗云:'一诏皇城四海颁,丑戎无数束身还。戍楼吹笛人休战,牧野嘶风马遽闲。河水九盘收数曲,陇山千里锁诸关。西边北塞今无事,为报东南夷与蛮。'马相植诗云:……魏相扶诗云:'萧关新复万山川,古戍秦原象纬鲜。戎虏乞降归惠化,皇威渐被慑腥膻。穹庐远戍烟尘灭,神武光扬竹帛传。左衽尽知歌帝泽,从兹不更备三边。'崔相铉诗云……"(28页)魏扶诗,《全唐诗》卷五一六所录,诗题作《和白敏中圣德和平致兹休运岁终功就合咏盛明呈上》。《新唐书·宣宗纪》:"三年二月,吐蕃以秦、原、安乐三州,石门、驿藏、木峡、制胜、六盘、石峡、萧七关,归于有司。……[十月],吐蕃以维州归于有司。……十二月,吐蕃以扶州归于有司。"(8/247)诚如陈寅老所言:"吐蕃之破败由于天灾及内乱",非唐"自身武力所能致"。[①] 然而唐朝廷一度积极争取,也是事实。上揭《剧谈录》即提到:"宣宗欲致讨伐,遂于延英殿先问宰臣。"魏扶《拜相制》中也有:"朕欲宣明号令,宏济生灵,致寰海之乂安,复河隍之土宇。尔从容奏议,朝夕揣摩,副华夏之具瞻,展舟航之大用。"三州七关之复在魏扶入相前,诗则作于入相后。足见魏扶之入相,实与在这一问题上的明确表态有关,且又曾以其财政为后盾也。而维州、扶州之复,已是魏扶为相期间的事了。(2012-1-15)

四、魏扶的诗作和诗友

《全唐诗》卷五一六魏扶名下共辑诗三首。

其一《和白敏中圣德和平致兹休运岁终功就合咏盛明呈上》。

---

① 陈寅恪《唐代政治史述论稿》第134页,三联书店,1956年。

白敏中原诗,魏扶、崔铉、马植三相和诗,以及杜牧的《奉和白相公圣德和平致兹休运岁终功就合咏盛明呈上三相公长句四韵》,《全唐诗》分载于卷五〇八、五一六、五四七、四七九、五二一,除杜牧诗外,当皆辑自《唐诗纪事》卷五一《白敏中》。其原始出处,见康骈《剧谈录》卷上"李朱崖知白令公"条。诗作的背景,以及魏扶在其中的作用,已详前《魏扶的相业》。

其二《贡院题》。当直接辑自《万首唐人绝句》卷六九,今又见《唐诗纪事》卷五一《魏扶》,其原始出处,则能追溯至《南部新书》戊卷:"大中元年,魏扶知礼闱。入贡院,题诗曰:'梧桐叶落满庭阴,锁闭朱门试院深。曾是昔年辛苦地,不将今日负前心。'及榜出,为无名子削为五言以讥之。"榜出以后,据李商隐《献侍郎巨鹿公启》,魏扶又有《春闱于榜后寄在朝同年兼简新及第诸先辈》五言四韵诗。(《樊南文集》3/187)李商隐也曾奉诗致贺:"国以斯文重,公仍内署来。风标森太华,星象逼中台。朝满迁莺侣,门多吐凤才。宁同鲁司寇,惟铸一颜回。"(《喜舍弟羲叟及第上礼部魏公》,《樊南文集》2/273)与之相先后,又有无名子将《贡院题》诗"削为五言",即将每句头二字削去,成一五言绝句:"叶落满庭阴,朱门试院深。昔年辛苦地,今日负前心。"将它变成了一首攻击举试不公的"揭帖"。此前会昌三年,王起再主文柄,取士二十二人,周墀寄诗致贺,王起和之,同榜门生亦一一奉和,盛况空前,一时成为举坛佳话。看来魏扶、李商隐本欲恪意模仿,也想来个复制的克隆版,可是经无名子这么一搅局,全都泡汤了。

其三《赋愁(并序)》:"愁。迥野,深秋。生枕上,起眉头。闺阁危坐,风尘远游。巴猿啼不住,谷水咽还流。送客泊舟入浦,思乡望月登楼。烟波早晚长羁旅,弦管终年乐五侯。"当辑自《唐诗纪事》卷三九《韦式》:"乐天分司东洛,朝贤悉会兴化亭送别。酒酣,各请一字至七字诗,以题为韵。”下载王起《赋花》诗、李绅《赋月》诗、令狐楚《赋山》诗、元微之《赋茶》诗、魏扶《赋愁》诗、韦式郎中《赋竹》诗、张籍司业《赋花》诗、范尧佐道士《赋书字》诗、白居易《赋诗字》诗。共九人之诗,其中即有魏扶此《赋愁》诗。白居易诗以及其他八人之诗,皆被汪立名以《一字至七字诗》为题,作为补遗,辑入《白香山诗集》卷四〇。按:白居易大和三年三月底以太子宾客分司东都,裴度等曾于兴化里第置酒饯行。诗当作于此时。然据朱金城、王仲镛所考,李绅、元稹、张籍、白居易诗俱不载本集,大和三年春末王起、李绅、令狐楚、元稹皆不在长安,九诗所咏内容又悉与送别无关,两位皆谓“恐俱属伪撰”(《白居易集笺校》,3862页;《唐诗纪事校笺》,1049页),甚当。此处可以略加补充的,是魏扶大和四年进士才及第,大和三年春竟与政坛、诗坛耆宿有如此亲密交往,也令人颇难索解。

至于魏扶的诗友,从以上的叙述可知:虽然有记载说魏扶曾参与王起、李绅、令狐楚、元稹、张籍、韦式、范尧佐等“朝贤”为白居易分司东洛举行的送别诗会,既然诗会、诗作“俱属伪撰”,那么这个诗人圈子,魏扶与圈中诗友的交往,亦全属子虚乌有。李商隐、杜牧这两位晚唐诗坛的璀璨明星,虽然都有诗作奉上或奉献给魏扶,但在当日,一方是沉沦下僚的从事,一方是高高在上的相国或主司,地位悬隔,彼此之间也很难说存在什么严格意义上的诗友关系。魏扶与之确实存在着真正诗友关系的诗人,今日得以考见的,只有一人,那就是许浑。许浑在晚唐也是一位才华出众的诗人,他的一些诗作曾被混入杜牧集中,足见两人的水平乃在伯仲之间。魏扶致许浑的诗作今已无一首存者,只能从许浑的诗作中来反观。

许浑《山居冬夜喜魏扶见访因赠》:“霜风露叶下,远思独裴回。夜久草堂静,月明山客来。遣贫相劝酒,忆字共书灰。何事清平世,干名待有媒。"(《全唐诗》532/6078)表明两人都还处于"干名待有媒"期间,亦即进士都尚未及第以前,即已深有交往。两人之交乃布衣之交。

许浑《夜行次东关(一作行次潼关驿),逢魏扶东归》:"南北断蓬飘,长亭酒一瓢。残云归太华,疏雨过中条。树色随关迥,河声入塞(一作海)遥。劳歌此分首(一作手),风急马萧萧。"(《文苑英华》218/1090)诗下有刊刻者按语:"此诗二百九十八卷重出,今已削去,异同注为'一作'。"诗题未书魏扶官衔,也未见有"先辈"等字样,同样是布衣之交的交往诗。

许浑《东陵赴京道病东归寓居开元寺寄卢员外宋魏二先辈》:"西风吹雨雁初时,病寄僧斋罢献书。万里咸秦劳我马,四邻松桂忆吾庐。沧洲有约心还静,青汉无媒迹自疏。不是醉眠愁不散,莫言琴酒学相如。"(《全唐诗》636/6122)据陶敏考证,诗中宋、魏二先辈即指宋邧、魏扶,同是大和四年的及第进士。卢员外为卢弘止,大和八年已见自兵部郎中为昭应令,其历员外郎一职当在此前。许浑大和六年已及第,今诗中有"病寄僧斋罢献书""万里咸秦劳我马"之句,当是业已赴举,复因卧病而罢考也。时间不外大和五年或四年,诗则作于该年"西风吹雨雁初时",即秋末冬初。

可见魏扶与许浑确是诗友,是真正的诗友。两人间布衣之交的友谊是深厚的,而且维持了相当长的一段时间。(2012-1-23)

五、大中元年这一科或这一榜

环绕魏扶,已连草4题,仍然觉得意犹未尽。兹特返回引起这一话题的初始出发点,重新捡起魏扶的贡院题诗和无名子的删诗这个话头,谈一谈大中元年这一科、这一榜。

李肇《国史补》以及王定保《唐摭言》转录《国史补》,谈到唐代科场习气,提到:"匿名造谤,谓之'无名子'。"(4页)无名子的揭帖,可以说是当日对举场的一种特殊形式的舆论监督。表面上打着公正的旗号,实际上则维护官僚集团或举子团伙中部分人群的切身利益和愿望。魏扶的贡院题诗:"梧桐叶落满庭阴,锁闭朱门试院深。曾是昔年辛苦地,不将今日负前心。"回顾自己孤寒及第的经历,表达了定将公正主试的决心。无名子则通过删诗制造舆论,将诗删改成:"叶落满庭阴,朱门试院深。昔年辛苦地,今日负前心。"攻击此科取人不公。彼此都有些什么背景呢?

杜牧《上宣州高大夫书》约作于会昌六年或大中元年,书中强调指出他心中"窃惑之"的自会昌元年或二年以来形成的举场"坚如金石"的现状:"自去岁前五年,执事者上言,云科第之选,宜与寒士,凡为子弟,议不可进。熟于上耳,固于上心,上持下执,坚如金石,为子弟者鱼潜鼠遁,无入仕路。某窃惑之。"(《樊川文集》12/178)看来,魏扶的初衷是以为使公卿子弟为孤寒让路即是公正的体现,并无改变现状的意愿。无名子的举动显然是在为"无入仕路"的子弟们鸣冤叫屈。于是在发榜以后,魏扶接着又有如下的行动:大中元年"二月丁酉,礼部侍郎魏扶奏:'臣今年所放进士(三)[二]十三人。其封彦卿、崔琢、郑延休等三人,实有词艺,为时所称,皆以父兄见居重位,不令中选。'诏令翰林学士承旨、户部侍郎韦琮重考覆,敕曰:'彦卿等所试文字,并合度程,可放及第。有司考试,只在至公,如涉请托,自有朝典。今后但依常例发榜,不得别有奏闻。'"(《旧唐书·宣宗纪》18下/617)

朝廷强调只凭词艺,不问是否子弟、孤寒,态度似乎更公正。但是由于:一、既无相应的具体措施予以保障,二、子弟、孤寒公关等社会能量复相悬殊,彼此之间又怎能展开真正公平的竞争?于是在李德裕被再贬为崖州司户的大中二年或稍后，复有类似无名子揭帖的诗句流传。《唐摭言》卷七《好放孤寒》："李太尉德裕颇为寒进开路，及谪官南去，或有诗曰：'八百孤寒齐下泪，一时南望李崖州。'"(7/3A)毕竟孤寒占举子的绝大多数。孙棨《北里志》序言中谓宣宗朝进士科"尤盛，旷古无俦，然率多膏粱子弟，平进岁不及三数人"。当是当日实情，非虚说也。魏扶之子魏筜，由于父系故相，大中末年也被人与故户部尚书郑浣之孙郑羲、故相裴休之子裴弘馀、故相令狐绹之子令狐滈归于"子弟"一类，深遭诟病(《旧唐书·令狐楚传》172/4468)。足见在大中元年这一科或这一榜之前和之后，举场的情况有了截然相反的变化。而在这其中最具关键的人物，即是魏扶。(2012-2-4)

何泽其人及相关文献杂考四题

一、"稳将鬐鬣上龙门"的何泽为何"败于垂成"?

《唐摭言》卷九《表荐及第》:"何泽,韶阳曲江人也。父鼎,容管经略,有文称。泽乾宁中,随计至三峰行在,永乐崔公,即泽之同年丈人也,闻泽来举,乃以一绝振之,曰:'四十九年前及第,同年唯有老夫存。今日殷勤访我子,稳将鬐鬣上龙门。'时主文与夺未分,又会相庭有所阻(时崔相公彻恃权,即永乐犹子也),因之败于垂成。后漂泊关外,梁太祖受禅,泽假广南幕职入贡,敕赐及第。"

"三峰"是华州的别称或俗称。"三峰行在",指唐末凤翔李茂贞攻长安,昭宗出奔,为镇国军节度使韩建强邀,驻跸华州期间的唐朝廷。时间从乾宁三年(896)七月至五年(898)八月。进士科乾宁四年、五年两榜,系驻跸华州期间所放。

"永乐",长安坊名。中晚唐有称坊望风习,"以权臣所居坊呼之"(《国史补》卷中)。"永乐崔公",指崔安潜。《唐诗纪事》卷六六《崔安潜》录《摭言》此条,"永乐崔公"即作"永乐崔公安潜"。累历清显,仕至太子太傅,《旧唐书》卷一七七附见其兄《崔慎由传》(177/4580)、《新唐书》卷一一四附见其高祖《崔融传》(114/4199)。

"同年丈人",谓父之同年。据《旧·传》:安潜"大中三年(849)登进士第"。依诗句"四十九年前及第"推算,诗当作于乾宁四年(897),亦即何泽"随计至三峰行在"是乾宁四年事。

"今日殷勤访我子,稳将鬐鬣上龙门。"助泽及第似有十二分把握,为何却又"败于垂成"?《摭言》给出的解释是:"时主文与夺未分,又会相庭有所阻。"而在"相庭有所阻"下复加注:"时崔相公彻恃权,即永乐犹子也。"

崔彻即崔胤。宋、清皆讳"胤"字,涉及前人人名,宋一般改作裔,清一般缺末笔,或以允字代。《北里志》"崔胤"亦作"崔彻"。若仅崔胤一人如此,不知其中是否另有什么讲究?

崔胤之父慎由与安潜同是崔从之子,两人是亲兄弟,胤确是崔安潜"犹子"即亲侄。崔胤再相在乾宁三年九月乙未,"恃权"当在陆扆、朱朴、孙偓相继罢贬以后,即乾宁四年二月以后。此时居相庭者,除崔胤外,尚有崔远、王抟。崔远两《唐书》无传,记载奇缺,背景不明。若王抟,《新·传》有"崔胤与抟并相,素忌抟明达有谋"语(116/4227),是不和谐的,然在何泽事上,未必辄出面阻之。"相庭有所阻",最大可能是崔胤"有所阻"。崔安潜之所以敢于说"稳将鬐鬣上龙门",依仗的除了他本人的声望外,主要是其犹子是当朝"恃权"宰相。若果为崔胤"所阻",其间当别有故。

"时主文与夺未分",《登科记考》引,"未分"作"未公",臆改不足据。当指崔安潜在替何泽造势的同时,虽与主文者有过联系,但未最后敲定,却有了变故。

什么变故?崔安潜病危。据《崔安潜墓志》,他是乾宁四年冬

“舆疾”至华州行在“入觐”的。从至华州后尚能“今日殷勤访我子”并赠诗为之造势来看,他患的是慢性病。可是从墓志所载是冬某月“八日,优诏许公择便□养,俟勿药征用”。至“明年戊午五月三十日”,竟薨逝了(《全唐文补遗》六/204)来看,到华州稍后,即已病危。《唐代墓志汇编》乾宁007有其子崔舣与郑氏夫人《合祔墓志》,《志》中言及:“府君与夫人辞代之际,皆属岁月非吉,未克归于大墓,权窆于华州华阴县□□乡□□村。今因太尉公灵舆东祔,先远有期,今集贤相国公,府君之堂兄也,衔哀庀事,痛毒于怀。乃悲府君之丧,已易岁时,未还乡陌,爰询龟筮,果叶吉良,遂议毕迁,同归洛食。即以乾宁五年八月六日,合葬于河南府寿安县甘泉乡连里村,祔于先茔,礼也。”(2535页)表明“太尉公”即崔安潜的安葬和其子崔舣与夫人的迁葬合祔,皆是由“集贤相国公”即崔胤主持的。丧葬礼仪有许多迷信讲究,病危期间、弥留之际也会有一些迷信禁忌。“稳将鬐鬣上龙门”的何泽为何“败于垂成”?其原因或即在此,《摭言》并未和盘托出。而《摭言》行文易致误会的崔氏家族内部是否存在矛盾纠纷的因素,则可排除。(2015-1-30)

二、《南汉书·何泽传》考异“志疑”之志疑

清梁廷楠《南汉书·何泽传》,是据《唐摭言》卷九“何泽”条、《新五代史》卷六二《何泽传》和《资治通鉴》卷二七三“癸卯帝猎于近郊”条参修的。然而对所据材料的正确性不能全信,因而考异中写下如下一段文字以“志疑”:

> 然有可疑者:《摭言》谓乾宁中,泽随计至三峰行在,永乐崔公即泽之同年丈人,闻泽来,以一绝振之曰:“四十九年前及

第,同年唯有老夫存。今日殷勤访我子,稳将鬌鬣上龙门。"是泽先与崔同举进士,不第。至乾宁中再举时,已阅四十九年也。欧《史》:"晋高祖入立,召为太常少卿,以疾卒。"由乾宁中推至晋高祖天福元年,已四十馀年,合之四十九年,则九十馀年矣。其未与崔同举之前,为年几何尚未可考,岂非在百岁以外乎?又《通鉴》注引《薛史》云:贞明中,陟荐其才。而《通鉴》于贞明元年已云陟自是与梁绝矣,何复有表荐之事耶?今惟依《[十国]春秋》作官[刘]隐从事,余合《摭言》、欧《史》、《通鉴》而具书之,且志疑于此。(175页)

"志疑"云云,笔者复不无疑窦存焉。

首先是"同年"何义?作为一般语词,在同一年应举、同一年赴试的意义上使用的情况,不能说绝对没有,但作为专有名词,它除了《国史补》说的,继而复被《唐摭言》引入书中的"俱捷谓之同年"外,别无他义。《摭言》记何泽事,既说"永乐崔公,即泽之同年丈人",崔诗中复说"今日殷勤访我子",崔明明是何泽的长辈行。崔"四十九年前及第"的"同年",只能是何泽的父辈,即泽之父何鼎,怎能牵扯到"泽先与崔同举进士不第"上?宋洪迈《万首唐人绝句》卷六四录崔此诗,拟题即作《赠同年子何泽》。清徐松《登科记考》即以《唐诗记事》录载的《摭言》"何泽条"为据,系何鼎与崔安潜同为大中三年(849)及第进士。

其次是何泽的年龄。"志疑"引欧《史》语紧前数句,即有"乃以太仆少卿致仕,居于河阳。泽时年已七十,尚希仕进,即遣婢宜子诣匭上章言事,请立秦王为皇太子"。《通鉴》系此事于后唐明宗长兴四年(933)八月(278/9087)。离"晋高祖入立"之天福元年(936)仅隔三年。则乾宁四年(897)"泽随计至三峰行在"时,年龄不过三十出头。且可反证:“四十九年前”泽尚未出世,怎能“与崔同举进士不第”?

另,《传》文“乾宁中举进士”一节,几全据《摭言》。“永乐崔公”作“崔某”,其名可考而却失考。《唐诗纪事》卷六六作“永乐崔公安潜”,已经载明其人究竟是谁。何泽之未能及第,原文只说:“时主文与夺未分,又会相庭有所阻(时崔相公彻恃权,即永乐犹子也),因之败于垂成。”而《传》文作:“会崔彻为相,颇不满于泽,意别有属。主试者得泽卷,心赏之,而重违彻旨,遂落第。”以意添枝加叶,亦有失史家的严谨。(2015-2-6)

三、何泽谏猎与中牟县令谏猎是否同一人、同一事?

陈尚君《旧五代史新辑会证》卷九六于补辑的《何泽传》正文,据宋孙逢吉《职官分纪》卷四二辑载:“初任后唐。同光中为洛阳令。泽以庄宗出猎,屡践民田,泽屏其从者,伏于丛薄中,截马谏曰:‘陛下未能一天下以休兵,而暴敛疲民,以给军食。今田将熟,奈何恣佚游以害民稼,使官何以集其征赋?臣请赐死于此日,以悟陛下。’庄宗慰而遣之。”又于其下的注文中,据宋陶岳《五代史补》卷二“庄宗为县令所谏”条辑载:“庄宗好猎,每出,未有不蹂践苗稼。一旦至中牟,围合,忽有县令忘其姓名,犯围谏曰:‘大凡有国家者,当视民如赤子,性命所系。陛下以一时之娱,恣其蹂践,使比屋嚣然,动沟壑之虑,为民父母,岂若是耶!’庄宗大怒,以为遭县令所辱,遂叱退,将斩之。伶官镜新磨者,知其不可,乃与群伶齐进,挽住令,佯为诟责曰:‘汝为县,可以指麾百姓为儿,既天子好猎,即合多留闲地,安得纵百姓耕锄皆遍,妨天子鹰犬飞走耶?而又不能自责,更敢咄咄,吾知汝当死罪。'诸伶亦皆嘻笑继和。于是庄宗默然,其怒少霁,顷之恕县令罪。"(96/2960)未加说明,当是认为《五代史补》所载是《职官分纪》条同一人同一事的异文。

然而在较原始的文献中,两者却是截然有别的。欧阳修《新五代史》既于《何泽传》载何泽谏猎(56/647),又于《伶官传》载中牟县令谏猎(37/399),并不认为两者是同一人的同一事。且何泽是洛阳县令,与中牟县令也不容混淆。司马光《资治通鉴》亦将中牟县令谏猎连书于卷二七二后唐庄宗同光元年十一月"郭崇韬上言河南节度使刺史上表者但称姓名,未除新官,恐负忧疑"条(272/8904),而将何泽谏猎附见于卷二七三同光二年九月"癸卯,帝猎于近郊"条(273/8924),也认为是截然有别的两事。胡三省注更进而对两者作了对比分析:"谏猎一也,中牟令几不免于死,洛阳令乃蒙劳遣者,意必有伶官为之容也。夷考何泽终身之行实,非亮直之士。"(273/8924)特别指出何泽谏猎未载伶官现场解厄是"意必有伶官为之容也"。

《旧五代史新辑会证》的处理是否完全妥当,似可再议。

另,《资治通鉴》将何泽谏猎附见于同光二年九月"癸卯,帝猎于近郊"条下,只是附见,并不表明其谏猎恰在此时。《册府元龟》卷五四七《谏诤部·直谏》和卷五四九《谏诤部·褒赏》所录何泽附传遗文,皆在"庄宗慰而遣之"下接载:"寻迁仓部郎中。""寻",不久也。而据后唐明宗昭雪河南令罗贯敕,罗贯冤死时,"何泽对宰洛阳,委其实状"(《元龟》875/17A),而罗贯冤死乃同光三年八月癸未(《新五代史》5/49)。可见离同光二年九月癸卯几近一年,何泽犹仍在洛阳令任,其升迁当更在此以后。颇疑洛阳城区两个县的县令,河南县令罗贯的冤杀,洛阳县令何泽的谏猎,其时间实相先后,相距不会太久。(2015-3-6)

四、从《册府元龟》何泽诸事条谈正史本纪列传与实录正文附传的区别

《册府元龟》中的五代部分，其来源不外薛居正《五代史》和五代诸帝实录。薛居正《五代史·晋书》原有《何泽传》，四库馆辑本缺，陈尚君《新辑会证》已为补辑。

《册府元龟》中有关何泽的事条，共有10条，类皆不注出处书名卷次，然其辑录所自，仍尚依稀可辨。既有源自《薛史》纪、传，亦有源自实录正文、附传者，今试略加区辨，借以自得其乐，兼与感兴趣书友共享。

首先引人注意的，是这些事条，有的被录在后"唐"朝，有的被录在后"晋"朝，录在后"晋"朝的，所记又非其在后晋时事，而皆是在后唐时事。这就给我们提供了借以区分其源自《薛史》本纪或实录正文还是本传（实录附传和《薛史》列传）的现成依据。因为何泽，据《新五代史·何泽传》载，是"晋高祖入立，召为太常少卿，以疾卒于家"（56/647）的。作为史例，凡符合立传条件的人物，都是人在哪朝哪个皇帝时卒，即在该朝史和该皇帝实录中为之立传。则在《薛史》中，何泽列传当载《晋书》，而在实录中，当载于《晋高祖实录》其亡故年月日记事下的附传。上揭10条，5条载"晋"下（其中1条原误脱"晋"字，类混于"后唐"）当录自本传，馀5条则录自实录正文或薛史本纪，如下：

1. 卷六二一《卿监部·监牧》：［天成］三年三月，吏部郎中何泽，请率天下牝马，置群牧，取其蕃息。（621/31A）

2. 卷一六〇《帝王部·革弊》：［明宗天成三年］闰八月，吏部郎中何泽请废户部阙纸。奉敕：日月流行之处，王人亿万之家，既

绝烦苛,无滥力役。唯忠孝二柄,可以旌表户门,若广给蠲符,深为弊事。昨日所为地图,方域逐闰,重选上供,州郡之中,皆须厚敛。而犹寻降诫束,并勒废停。今此幸端,岂合更启? 逐年蠲纸,宜令削去。(160/13B)

3. 卷六三二《铨选部·条制》:[天成三年十一月],是月,吏部郎中何泽以流外官只考劳,乞不试书判。从之。(632/18B)

4. 卷四七五《台省部·奏议》:何泽为吏部郎中,天成四年二月上言:昨问罪中山,近镇有飞挽力役之劳,乞议蠲减。(475/16B)

5. 卷九三八《总录部·奸佞》:何泽为太仆少卿致仕。长兴四年八月,自河阳遣婢宜子投匦上书,请立秦王从荣为皇太子。……(全文见下文具引)(938/8A)

辑本《薛史》本纪涉及何泽记事仅有2条,皆见《唐书·明宗纪》:

1. 天成三年二月癸未,"以仓部郎中何泽为吏部郎中,奖伏合谏巡幸邺都也"。(39/535)

2. 同年十一月丙申,"吏部郎中何泽奏流外官请不试书判之类,从之"。(39/544)

其中仅后一事亦见《元龟》卷六三二(上揭第3条),多"以流外官只考劳"语,明据实录修入本纪中时有删润,且可知上揭5条实皆录自后唐《明宗实录》。

《太平御览》卷二四七"太子侍读":"《五代史·后唐史》曰:仓部郎中何泽上疏,请置太子侍读。敕旨:何泽早处班行,深明典制,固根本而别彰忧国,上封章而足表匡君。其所敷陈,实为允当,特议施行。"既录自《薛史·唐书》,当出本纪,然今辑本《薛史》本纪未载。而辑本据以辑录的《永乐大典》,其载有庄宗、明宗本纪各卷当日似尚无阙佚,或者《大典》在录入时曾作删节耶?若果如此,则上揭《元龟》5 条中,亦不能完全排除其有本纪遗文的可能。

在录自本传的 5 条中,究竟哪几条录自《薛史》列传,哪些条录自实录附传,有无可能加以区别呢?

宋孙逢吉《职官分纪》卷四二《县令》门"伏丛薄中谏猎"条:"《五代史》:晋何泽,初任后唐,同光中,为洛阳令。泽以庄宗出猎,屡践民田,泽屏其从者,伏于丛薄中,截马谏曰:陛下未能一天下以休兵,而暴敛疲民,以给军食。今田将熟,奈何恣佚游以害民稼,使官何以集其征赋。臣请赐死于此日,以悟陛下。庄宗慰而遣之。"(42/31A)所录当即《薛史·晋书·何泽传》遗文。

此事亦见《元龟》卷五四七《谏诤部·直谏》"晋何泽"条和卷五四九《谏诤部·褒赏》"晋何泽"前半条,如下:

晋何泽,(初)仕后唐。(同光中),为洛阳令。(泽以)庄宗出猎,屡践民田,泽屏其从者,伏于(蓁)[丛薄]中,截马谏曰:陛下急征暴敛,下不堪命,今稼穑将登,而(从)[纵]骑耗暴如是,使官吏何以[求理]集其征赋。臣请赐死于此,以悟陛下。庄宗慰而遣之。寻迁仓部郎中。(据《直谏》录,以《褒赏》校)

两相比较,何泽谏语出入甚大。《分纪》所载既是薛史列传,则《元龟》所录者乃《晋高祖实录》中之附传也。

《谏诤部·褒赏》那条的后半条,则是与上揭辑本《薛史》本纪第 1 条互见的事条:"明宗天成三年,驾在汴水,欲幸邺,人情不愿,执政近侍进言未从,泽因伏门切谏,竟罢其行。明宗心赏之,乃拜吏部侍郎。"一略一详,那是由于纪、传体例所限,本该有此不同。

何泽躁进,遭旧友宰相赵凤抑压,强令致仕,复上书希求再起。此事见于《元龟》卷四八一《台省部·轻躁》和卷九三六《总录部·躁竞》录载者,前后几能相接,而与《元龟》卷九三八《总录部·奸佞》所录几乎载其全过程的文字，却多有差异，这又是怎么回事？前两处所载如下：

卷四八一《台省部·轻躁》：何泽为仓部郎中，充书判拔萃考试官。泽与宰相赵凤旧同戎幕，屡以情告，求为给谏。凤怒其躁进，且欲抑之，乃迁太常少卿。敕未下，有宗人堂吏告人，泽便称新衔上章诉出，其略曰：臣伏寻近例，自郎中拜给谏者，即崔听、张延雍是也。臣在郎署，粗有勤劳，无罪左迁，有同排摈。事下中书，宰臣奏：泽新命未行，便敢称谓，闻知天下。泽于何处受此官位。侮弄朝纲，法当不敬。遂改太仆少卿、致仕。

卷九三六《总录部·躁竞》：晋何泽为太仆寺卿[致]仕，退居河阳。泽尝畜女仆十馀，公私请托令出入。自是七十馀，郁郁不得志，有求进之心。时后唐明宗皇子秦王从荣位望隆盛，明宗多不豫，泽令婢宜子诣匭进状，请立秦王为皇太子。某其末云：臣前在班行，不求致仕，乃宰臣柳臣屏退，所以不尽臣才。(936/13A)

而见于后者的记载则如下：

卷九三八《总录部·奸佞》：何泽为太仆少卿致仕，长兴四年八月，自河阳遣婢宜子投匭上书，请立秦王从荣为皇太子。泽前任吏部郎中，旧曾与宰相赵凤使府同院为判官，因是旧数泣告于凤，求为给谏。凤怒其躁佞，除授秘书少监。堂吏有姓何者，私报泽，泽即称新授秘书少监臣泽上章诉屈，大略云：臣伏寻近例，自郎中拜给谏者，即崔憓、张延雍，皆自郎官拜谏议。况臣在郎署，粗有勤劳，无罪左迁，有同排摈。事下中书。宰臣执奏：何泽新命未下，便敢称谓开天。不知泽何处授此官位。诬弄朝纲，法当不敬。繇是命太仆少卿、致仕，退居河阳。泽性好内，侍婢十馀，凡公私请托，多令诸婢出入，至于掌阍待客，辄无形迹。既久退居，心常郁郁，年七十馀，求进未已。既见从荣位望隆盛，帝又多病，自素与执政私憾,欲报仇于一时,即令婢宜子诣阙,投匭上章。大略曰:立储之事,人所难言,内外大臣,不忍轻议,臣所以冒死以闻。又云:臣前在班行,不求致仕,乃是宰执抑臣屏退,所以不尽臣才。明宗览泽表不悦,私谓近臣曰:群臣欲立储君,吾自归河东养老。虽然不得已令大臣商议。大臣闻帝所言,不敢可否,即议加从荣大元帅之命。俄而致从荣不轨之变,由泽启其衅端也。(938/8A)

前者“旧同戎幕,屡以情告”,后者作“使府同院为判官,因是旧数泣告于凤”,虽仅行文稍异,而“怒其躁进,且欲抑之,乃迁太常少卿”与“怒其躁佞,除授秘书少监”,则连所徙之官职亦不同了。此外,“有宗人堂吏告人”与“堂吏有姓何者,私报泽”;“泽尝畜女仆十馀,公私请托令出入”与“泽性好内,侍婢十馀,凡公私请托,多令诸婢出入,至于掌阍待客,辄无形迹”;“有求进之心”与“求进未已”:差异也都不小。后者末段或在前者录载范围之外,然“自素与执政私憾,欲报仇于一时”“立储之事,人所难言,内外大臣,不忍轻议,臣所以冒死以闻”两节,则压根为前者所未载。

实录正文内容容量较大,附传的内容往往在正文重出,甚至互有差异,只是其体裁为编年体而已。后者当是后唐《明宗实录》遗文,是系于长兴四年八月某日的事条。自“泽前任吏部郎中”至“投匭上章”系追述,实录体中亦习见。而前者则录自本传,观其行文有“时后唐明宗皇子秦王从荣位望隆盛”语,很可能即《薛史》列传遗文。《明宗实录》三十卷,后唐末帝清泰三年二月门下侍郎、平章事、监修国史姚顗奏上,书修成于本朝,若是其附传,不应有“后唐明宗”一类字样。

另,录载于《元龟》卷八七五《总录部·讼冤》的何泽为罗贯讼冤昭雪事,虽亦置于“晋”朝下,却不似何泽本传遗文:

晋何泽,初仕后唐。同光中,为河南尹。时洛阳令罗贯,为乐人强占税户，谮于庄宗，下狱考掠，逼令招罪，见害。天成二年，泽为仓部郎中，因逢恩赦，上表昭雪。敕：河南县是神州赤县，县令乃明庭籍臣，未审罪名，便当极法，不削不贬，不案不彰。困枯木于广衢，抱沉冤而至死，众人具见，有耳皆闻。何泽对宰洛阳，委其实状，今此伸屈，直贡表章，请雪吞声，以旌幽壤。遂其冥冥下士，非玄恩以不知，荡荡无私，俾舆情而共感。宜加昭雪，兼赐赠官，其子或文行可称，便许录。(875/17A)(《全文》109/6B)

此条开头部分，《元龟》编者所加领语，内容错误殊多。何泽未尝为河南尹，也未尝为河南令。河南尹乃张全义，河南令乃昭雪对象罗贯，而何泽则是与之"对宰洛阳"的洛阳令。"为乐人强占税户，谮于庄宗"也不确。据《薛史·唐书·罗贯传》："时宦官伶人用事，凡请托于贯者，其书盈阁，一无所报，皆以示郭崇韬，因奏其事，由是左右每言贯之失。""乐人"只是"请托"，并非"强占税户"。"强占税户"者，乃自后梁以来一直由张全义任府尹的河南府司。"部民为府司庇护者，必奏正之，全义怒。"(71/942)此条的主旨是昭雪罗贯，且具载昭雪诏敕全文，宜载罗贯本传，虽由何泽提议，却不宜载于何泽传。今辑本《薛史·罗贯传》仅载被冤杀原因及经过，未及昭雪事，当是《大典》原所载者并非传记全文。本条若非《庄宗实录》附传，即系《薛史·罗贯传》遗文，而被误缀于"晋"下者。其领语当系《元龟》编者未细读传记前文辄从中信手撮节，以致句句有错。(2015-2-13)

反语漫说四题

一、从“草里论”反语曰“村里老”谈起

《唐摭言》卷四《师友》:“方干师徐凝,干常刺凝曰:‘把得新诗草里论。’反语曰:‘村里老’。”又卷一〇《韦庄奏请追赠不及第人近代者》:“方干,桐庐人也,幼有清才,为徐凝所器,诲之格律。干或有句云:‘把得新诗草里论。’反语云:‘村里老’,谑凝而已。”两次提到“草里论”反语曰“村里老”。

何谓反语?除了用作反切的同义词外,主要有两类。一是一种修辞方式。如宋袁褧《枫窗小牍》卷上:“宣和中,有反语云:‘寇莱公(准)之知人则哲,王子明(元御)之将顺其美,包孝肃(拯)之饮人以和,王介甫(安石)之不言所利。”即陈望道《修辞学发凡》所列之“倒反”修辞格(178页)。

另一是一种隐语。清赵翼《廿二史札记》卷一二《六朝多以反语作谶》:“自反切之学兴,遂有以反语作谶者。”(12/257)主要特征是将语词颠倒反切,清李邺《切韵考》列其形式有三:

1. 最基本的形式是双字反:“南北朝人作反语,多是双反,韵家谓之正纽,到[倒]纽。”属于这一形式的,赵翼举有4例:“清暑”反语“楚声”;“胜憙”反语“始兴”;“东田”反语“颠童”;“大通”反语

“同泰”。李邺举有12例:“清暑”反语“楚声”;“袁愍”反语“陨门”;“刘忱”反语“临雠”;“旧宫”反语“穷厩”;“东田”反语“颠童”;“同泰”反语“大通”;“叔宝”反语“少福”;“武平”反语“明辅”;“杨英”反语“嬴殃”;“通干”反语“天穷”;“索郎”反语“桑落”;“幽婚”反语“温休”。3例重,实共13例。具体手法,如晋孝武帝为清暑殿,识者谓清暑反语为楚声,哀楚之征也。“楚”“声”相切为“清”,“声”“楚”相切为“暑”。梁武帝创同泰寺,后又创大通门以对寺之南,取反语以协同泰也,遂改年号为大通,以符寺及门名。“同”“泰”相切为“大”,“泰”“同”相切为“通”。

2. “又有三字反者”:李邺3例,赵翼2例重。李邺释曰:“常子阁”反语“石子岗”,“常”“阁”为“石”,“阁”“常”为“岗”。“陶郎来”反语“唐来劳”,“陶”“郎”为“唐”,“郎”“陶”为“劳”。“鹿子开”反语“来子哭”,“鹿”“开”为“来”,“开”“鹿”为“哭”。《唐摭言》两次提到“草里论”反语“村里老”,即属这一形式。三个字中,一般只首尾二字颠倒反切,中间之字正反语相同。“陶郎来”反语“唐来劳”当是特例。唐段成式《酉阳杂俎》卷八所载“洗白马”反语“泻白米”亦是通例;“威远军小将梅伯成以善占梦,近有优人李伯怜游泾州乞钱,得米百斛。及归,令弟取之,过期不至。昼梦洗白马,访伯成占之。伯成伫思曰:‘凡人好反语,洗白马,泻白米也。君所忧或有风水之虞乎?’数日,弟至,果言渭河中覆舟,一粒无馀。”(8/85)

3. 单字自反:“北齐济南王立为皇太子,初学反语,于‘迹’字下注云:‘自反。’侍者不达其故,太子曰:‘迹’字‘足’旁‘亦’,岂非自反耶?以‘足’‘亦’反为‘迹’也。如‘矢’‘引’为‘矧’,‘女’‘良’为‘娘’,‘舍’‘予’为‘舒’,‘手’‘延’为‘挻’,‘目’‘亡’为‘盲’,‘目’‘少’为‘眇’,‘侃’‘言’为‘諐’,‘欠’‘金’为‘钦’之类,皆自反也。赵宧光曰：释典译法，真言中此言无字可当梵音者，即用二字聚作一体，谓之切身。乃古人自反之字，则已先有之矣。”（4/10B）（2015-10-23）

二、《集异记》中一例反语的破解

薛用弱《集异记》卷二《张镒》载有一例反语：“张相公镒，大历中守工部尚书、判度支，因奏事称旨，代宗面许宰相，恩泽独厚。张公日日以冀，而累旬无耗。忽夜梦有人自门遽入，抗声曰：‘任调拜相！’张惊寤，因思中外初无其人，寻绎不解。有外甥李通礼者，博学善智，张公因召而示之，令研其理。李生沈思良久，因贺曰：‘舅作相矣。’张公即诘之，通礼答曰：‘任调，反语是饶甜。饶甜无逾甘草，独为珍药。珍药反语，即舅名氏也。’张公甚悦。俄有走马吏报曰：‘白麻适下，公拜中书侍郎、平章。’”（2/12）

文中提到“任调—饶甜”，“珍药—张镒”两组反语，今依《广韵》或《集韵》的中古音试予标注：第一组：“任”平声侵韵，声母日；“调”平声萧韵，声母定（标注皆从丁声树《古今字音对照手册》逐录，下同）。若“任”“调”合音为“饶”，饶的声母韵母应为日萧，而实为日宵。若“调”“任”合音为“甜”，甜的声母韵母应为定侵，而实为定添。第二组：“珍”平声真韵，声母知；“药”入声药韵，声母以。若“珍”“药”合音为“张”，张的声母韵母应为知药，而实为知阳。若“药”“珍”合音为“镒”，镒的声母韵母应为以真，而实为以质。似乎与“双反，韵家谓之正纽、倒纽”的通则不符。

大概是有见于此，南宋曾慥《类说》卷八节录《集异记》此条，特于条末加注：“珍，枕，镇，（责）[质]。张：央，养，样，药。（鉴）[镒]。”（8/22B）当是依据他本人的理解，对破解此例反语所作的提示。王汝涛等《类说校注》:谓“这一段注文,都是唐韵同一韵部之字,意在解释两处反语。”(263)显然是信手胡注。这段注文,注的是“张”“镒”二字,珍、枕、镇、(赍)[质]注镒,央、养、样、药注张。镒应在首位,当是文本流传中被误移到末位,天启本且误刊为鉴,文渊阁四库本才校正为镒。注文内容,有类后人就《广韵》所作的“四声表”,如戴震《声韵考》卷二的《考定广韵独用同用四声表》,或简称《四声相配表》(以下简作《四声表》),《表》中列出主要元音相同的韵母在平、上、去、入四声中相应的韵。如镒字入声质韵,张字平声阳韵,在四声表中,其相配的两个系列即有如下引:

上平声十七真——上声十六轸——去声二十一震——入声五质

下平声十阳——上声三十六养——去声四十一漾——入声十八药

今试以《类说》所注与之对照。镒字注,珍平声真韵,枕上声寝韵,镇去声震韵,实入声质韵,除枕字外均符。张字注,央平声阳韵,养上声养韵,样去声漾韵,药入声药韵,四字全符。上文提到“珍”“药”合音为“张”的声母韵母应为知药,而实为知阳,“药”“珍”合音为“镒”的声母韵母应为以真,而实为以质的疑问,即可就此解开。与入声韵药相配的平声韵本来就该是阳,而与平声韵真相配的入声韵也本来就该是质。

在“任调—饶甜”这组反语中,任、调、饶、甜四字都是平声,不存在四声相配问题,却有其韵只能独用还是可与他韵同用问题。上文提到“任”“调”合音为“饶”的声母韵母应为日萧,而实为日宵。《广韵》卷二下平声三萧、四宵,而在萧下有注:“宵同用。”则

“任”“调”合音为宵韵的“饶”，完全合乎规则。至于“调”“任”合音应是声母韵母为定侵之字，而“甜”字的声母韵母却是定添，其间确有疑问。《广韵》卷二上平声二十一侵下注“独用”，只在二十四盐、二十五添的盐下注：“添同用。”可见侵、添二韵是不能同用的。然侵字韵母的音节为[ien]，添字韵母的音节为[iɑn]，两者的介音、韵尾相同，主要元音又十分相近。《广韵》的规则主要为吟诗作赋者设，或者在反语的潜规则中，当日已能通用也不一定。

由上所述可知，“任调—饶甜”，“珍药—张镒”这两组反语，作为反语确是基本符合反语的规则的。（本题的撰写，承关长龙兄多所协助，谨致谢意！）（2015-10-30）

三、反语本事在唐代的两类指向

清人赵翼说：“自反切之学兴，遂有以反语作谶者。”“六朝多以反语作谶”，而反语，其时实亦多用以作谶。发展到唐代，钱南扬说：“自魏晋以来，声韵之学日昌，是以唐人语言，每多反语。”（《谜史》，266页）共揭示四例。上题所举《集异记》即为四例之一，然仅列两反语，未引出其本事。从本事看，“以反语作谶”的传统仍然顽固地存在。

据《集异记》所载本事，为了将“任调拜相”这一梦征坐实为“张镒拜相”预兆，张镒外甥李通礼借助当日流行的反语予以破解，而其破解，则经历了一个类似猜谜的过程：“‘任调’，反语是‘饶甜’。饶甜无逾甘草，独为珍药。‘珍药’反语，即舅名氏（‘张镒’）也。”横添了一个从“任调—饶甜”组反语向“珍药—张镒”组反语的过渡，而这一过渡，其间并无什么内在的必然联系，只是想当然的推测瞎猜。“饶甜”完全是生造的语词，饶甜“无逾甘草”极其勉强,而谓甘草“独为珍药”,则无论医家还是民间,似无人曾作此断语。足见反语在仍然被用于作谶的同时,其不顾逻辑的随意性却极大地发展了。只是六朝作谶的反语往往多与乱亡祸败相联系,而此例则预言当事人即将拜相。拜相该是喜庆之事吧,或者仅仅在这一点上,对唐代积极进取的时代精神,曲折地有所反映。

不过反语在唐代,也有值得庆贺的可喜现象,即完全突破作谶的定命论藩篱,渗入人们的日常生活琐事中。如张鷟《朝野佥载》卷四载:“唐郝象贤,侍郎处俊之孙,顿丘令南容之子也。弱冠,诸友生为之字曰‘宠之’,每于父前称字。父绐之曰:‘汝朋友极贤,吾为汝设馔,可命之也。’翼日,象贤因邀致十数人,南容引生与之饮,谓曰:‘谚云“三公后,出死狗”。小儿诚愚,劳诸君制字,损南容之身尚可,岂可波及侍中也!’因涕泣,众惭而退。‘宠之’者,反语为‘痴种’也。”(4/91)生活情趣颇浓,人情味隽永。

又如《太平广记》卷二五五所录《启颜录》如下两则反语本事:

> “契綟秃”条:“唐京城有僧,性甚机悟。病足,有人于路中见,嘲之曰:‘法师是云中郡。’僧曰:‘与君先不相知,何因辱贫道作契綟秃?’其人诈之曰:‘云中郡,言法师高远,何为是辱?’僧曰:‘云中郡是天州,翻为偷毡,是毛贼;毛贼翻为墨槽,傍边有曲录铁,翻为契綟秃。何事过相骂邪!’前人于是愧伏。”(255/988)
>
> “安陵佐史”条:“唐安陵人善嘲,邑令至者,无不为隐语嘲之。有令口无一齿,常畏见嘲,初至,谓邑吏:‘我闻安陵大喜嘲弄,汝等不得复踵前也!’初上,判三道,佐史抱案在后,曰:‘明府书处甚疾。’其人不觉为嘲,乃谓称已之善,遂甚信之。居数月,佐史仇人告曰:‘言明府书处甚疾者,其人嘲明府。’令曰:‘何为是言?’曰:‘书处甚疾者,是奔墨;奔墨者,翻为北门。

北门是缺后；缺后者，翻为口穴。此嘲弄无齿也。'令始悟，鞭佐史而解之。"(255/989)

被视作文字游戏的反语，难得附见于这样带文学性的本事记载中。初题所录"草里论"反语"村里老"的本事，同样体现了这样的指向。

当然，反语未被用于作谶的情况，在南北朝也不是没有，特别是反语传入北朝之初，郦道元《水经注》记载的如下一则反语本事，同样耐人回味："郡多流杂，谓之徙民。民有姓刘名堕者，宿擅工酿，采挹河流，酝成芳酎，悬食同枯枝之年，排于桑落之辰，故酒得其名矣。然香醑之色，清白若滫浆焉，别调氛氲，不与他同，兰熏麝越，自成馨逸，方土之贡，选最佳酌矣。自王公庶友，牵拂相招者，每云索郎有顾，思同旅语。'索郎'，反语为'桑落'也。更为籍征之隽句，中书之英谈。"(《水经注》卷四河水"又南过蒲坂县西"条)

以上代表着唐代反语相反指向的两类本事，系赵翼、李邺未列，钱南扬偶曾提及未及展开者。(2015-11-13)

四、补说对"草里论"本义的推测

"草里论"的反语是"村里老"，它的本义是什么呢？似尚未见有人作过解释。今试加推测，聊充说反语的补说。

先试看与"草里"连缀的几个语词——"草里刺史""草里冬瓜""草里旛竿""草里汉"的本义。

《太平广记》卷二六三《无赖一》"权怀恩"：

唐邢州刺史权怀恩无赖。除洛州长史，州差参军刘犬子迎至怀州。路次拜,怀恩突过,不与语。步趁二百馀步,亦不遣乘马。犬子觉不似,乃自上马驰之。至驿,令脱靴。讫,谓曰:“洛州几个参军?”对曰:“正员六人,员外一人。”怀恩曰:“何得有员外?”对曰:“馀一员遣为长史脱靴。”怀恩惊曰:“君谁家儿?”对曰:“阿父为仆射。”怀恩怃然而去。仆射刘仁轨谓曰:“公草里刺史,至神州不可以造次。参军虽卑微,岂可令脱靴耶?”怀恩惭,请假不复出。旬日,为益州刺史。(出《朝野佥载》)(263/2058)

此约高宗时事。洛州,后改称河南府,是唐东都都城所在地,即所谓赤县神州。其长史相当于外地的州刺史。《旧唐书·良吏·权怀恩传》:“怀恩初以荫授太子洗马,咸亨初,累转尚乘奉御,袭爵卢国公。……后历庆、莱、卫、邢四州刺史,洛州长史。”(185上/4798)表明在徙任洛州长史前,权怀恩曾历任都城外庆、莱、卫、邢四州刺史。刘仁轨之所以称之为“草里刺史”,是认为他不识大体,妄自尊大,目中无人。表明“草里”的“草野”义,在刘仁轨口中已被引申作“粗野”之义了。

宋晁迥《法藏碎金录》卷九:

予自问曰:“吾子修真日益,何如哉?”自答曰:“草里冬瓜应暗长。”又问曰:“悟妄日损,何如哉?”又答曰:“庭中春雪必潜消。”勿谓戏谈,无非至理。

元无名氏《孟德耀举案齐眉杂剧》第一折:

〔孟云〕:“孩儿也,这官员、财主、秀才,你可要嫁那一个?”

〔正旦云〕:“父亲,你孩儿只嫁那秀才。”〔孟云〕:“则他便是梁鸿,每日在长街市上题笔为生的,怎比那两个是官员、财主。你嫁了他,也得受用哩。”〔正旦云〕:“父亲,秀才是草里旛竿,放倒低如人,立起高如人。便嫁他也不误了孩儿也。”(《元曲选》三、916)

这两则事例,“草里冬瓜”就是掩埋在草丛中的冬瓜,“草里旛竿”就是躺卧在草丛中的旛竿,用以比喻,于词义未作引申。

宋释普济《五灯会元》卷七《长庆慧棱禅师》:“问:‘羚羊挂角时如何?’师曰:‘草里汉。’曰:‘挂角后如何?’师曰:‘乱叫唤。’曰:‘毕竟如何?’师曰:‘驴事未去,马事到来。’”(7/403)

宋释重显等《碧岩录》卷四:“举,长沙。一日,游山归,至门首。首座问:‘和尚什么处去来?’沙云:‘游山来。’”其下夹注:“不可落草,败缺不少,草里汉。”(大正四十八册,174页中栏)这两则记事都提到“草里汉”。禅僧斗机锋的话语,其含义颇难确切把握。丁福保《佛学大辞典》释“草里汉”:“山野浮浪之徒,为良民之害者。”《佛光大辞典》释“草里汉”:“禅林用语。因草深而迷路者,引申为陷入第二义门之人。”

从上列三组与“草里”连缀组成的语词来看,其词义都与“草”字的本义并无太大偏离。只是所连缀的词全是名词,而“草里论”的“论”却是动词,即使用如名词,也是个动名词。如果勉强互相比附,就只能将方干的这一诗句解释作:新创作的诗只在草野评定,而未能在庙堂、在举场获得评定,中举成名。这岂非与其反语“村里老”完全同义反复,失却了作为文字游戏的反语将真意用隐误表达的本旨,全无意趣了。

颇疑诗句用的是本朝掌故。唐韦续纂《墨薮》评欧阳询草书的艺术成就:“欧阳询书,若草里蛇惊,云间电发,若金刚之瞋目,力士之挥拳。”(20)评价极高,几乎成了当日的经典评语,流传极广。方干遂将其作为典故移用,意谓徐凝的新诗,有着如同欧阳询草书那样的艺术成就。由于全诗不存,仅留这一句残句,很难断定是否确是此意,聊备一说吧。

《摭言》说方干写此诗是“刺”或“谑”徐凝的。《唐才子传·方干传》予以反驳,谓“疑干讥诮,非也。”(三、7/373)然“刺”或“谑”的使用,并非在所有场合都带贬义,方干写此诗也不会心怀恶意。方干曾师从徐凝学诗,而徐凝的为人,《唐才子传·徐凝传》:“徐凝,睦州人。元和间有诗名。……日亲声调,无进取之意,交眷悉激勉,始游长安,不忍自衒鬻,竟不成名。将归,以诗辞韩吏部云:‘一生所遇惟元白,天下无人重布衣。欲别朱门泪先尽,白头游子白身归。’”(三、6/93)方干或即“激勉”之的“交眷”者中的一人,系以诗及其中的反语“激勉”也。(2015-11-20)

附记:

早在本人出生半年前,刘盼遂先生即已发表了《六朝唐代反语考》(《清华学报》第九卷第一期,1934年1月)。既有刘文在,再来《漫说》似属多馀,即使要重新捡起这一话题,也应以刘文为起步的基点。可是直至2017年8月7日,笔者才知道并读到这一既有研究成果,实在孤陋寡闻,歉甚!所幸在内容上,尚基本不相重复。刘文共列反语事例33则,本《漫说》据赵翼、李邺、钱南扬,及举例所及,共提到22条,无有一条轶出刘文所举之外者。在当日的检索条件下,对反语资料的搜集竟几近竭泽而渔,也不禁令人惊诧、钦佩!

唐风习杂考六题

一、元日饮屠苏酒习俗小考

屠苏酒及元日饮屠苏酒，皆起源甚早。宋谢维新《古今合璧事类备要》前集卷一五“饮屠苏酒”条：“昔有人居草庵之中，每岁除夕，遗里闾药一贴，令囊浸井中，至元日取水置于酒樽，名曰屠苏酒。合家饮之，不瘟疫。”注出《岁华纪丽》。按，据《新唐书·艺文志》，《岁华纪丽》二卷系唐人韩鄂所著。明李时珍《本草纲目》卷二五《屠苏酒》：“陈延之《小品方》云：此华佗方也。元旦饮之，辟疫疠一切不正之气。”

一般酒宴，都是德高望重的长者先举杯，而元日饮屠苏酒却又有一个特殊习俗，要由小者先饮。唐人诗中曾从各个角度屡屡提及这一习俗，如宋蒲积中《古今岁时杂咏》卷一《元日》选录的诗中，即有：

裴夷直《岁日先把屠苏酒戏酬唐仁烈》：“自知年纪偏应少，先把屠苏不让春。傥更数年逢此日，还应惆怅羡他人。”(15)

顾况《岁日口号》：“不觉老将春共至，更悲携手几人全。还丹寂寞看明镜，手把屠苏让少年。”(7)

方干《元日》：“晨鸡两遍报更阑，刁斗无声晓漏干。早日照山

调正气,春风入树舞馀寒。轩车欲识人间盛,献贺须来帝里看。才酌屠苏定年齿,座中皆笑鬓毛残。"(18页)

白居易和刘禹锡生于同一年,至开成三年都已年届七十三高龄,也仍在开玩笑地斤斤计较这杯岁酒谁该先饮。白居易《元日赠梦得》:"暮齿忽将及,同心私自怜。渐衰宜减食,已喜更加年。紫绶行联袂,篮舆出比肩。与君同甲子,岁酒合谁先?"(14)刘禹锡《元日乐天见过因举酒为贺》:"渐入有年数,喜逢新岁来。震方天籁动,寅位帝车回。门巷扫残雪,林园惊早梅。与君同甲子,寿酒让先杯。"(14页)白居易生于大历七年正月二十日,刘禹锡比他年长不会超过二十天,却仍要"寿酒让先杯"。

元日饮屠苏酒,为什么要由小者先饮呢?南朝梁宗懔《荆楚岁时记》云:"晋海四令问董勋曰:'俗人正日饮酒,先饮小者,何也?'勋曰:'俗云:小者得岁,先酒贺之;老者失岁,故后饮酒。'"而宋洪迈《容斋随笔》续笔卷二"岁旦饮酒"条则谓:"今人元日饮屠酥酒,自小者起,相传已久,然固有来处。后汉李膺、杜密以党人同系狱,值元日,于狱中饮酒,曰'正旦从小起'。"(2013-2-10)

二、唐代"传座"风俗的三两点小考证

《南部新书》已卷有一则记载唐代长安春节风俗的事条:"长安市里风俗,每至元日以后,递以饮食相邀,号为'传座'。"为准确理解并把握记载的内容,有三二处须作些小考证。

1. 出处考:《南部新书》所载多数为唐五代事,且多数都节录自前人的现成著作。此条即始见于初唐唐临作的《冥报记》。《冥报记》卷下:"唐长安市里风俗,每岁元日已后,递作饮食相邀,号为'传坐'。东市笔工赵士次当设之。有客先到,如厕,见……"

(6B)主体系记述赵女偷盗父母之钱藏为体己,而变为青羊的报应故事。条末有“卢文励传向临说尔”语,足见记载为唐临所首创。稍后,释道世《法苑珠林》卷七四《偷盗部·感应缘》“唐西京东市笔行赵氏女”条曾加引录(2198)。宋初《太平广记》卷一三四“赵太”条又据《法苑珠林》引录。《南部新书》本条仅节录了其中言及风俗的一小部分。《南部新书》全书无直接节引《冥报记》痕迹,从《广记》转录之书则不少,然本条却未必,倒是很可能从《珠林》转录的。理由是:(1)《宋史》钱易本传说他“喜观佛书”,(2)书中己卷“益州感福寺塔”条,仅《珠林》有载。

2. 异文考:“传座”,《南部新书》诸本同,《冥报记》皆作“传坐”,“座”“坐”通。“递以饮食相邀”,《粤雅堂丛书》本、明刻本《南部新书》同;文渊阁《四库全书》本、《类说》节录本作“递饮食相邀”,无“以”字;《学津讨原》本作“递馀食相邀”,皆误。《涵芬楼秘籍》本《冥报记》、《珠林》引皆作“递作饮食相邀”,只《广记》引误作“递饮食相邀”。这已牵涉到传座的方式,详下。

3. 方式考:“递”有轮流、交替义,另又有传送义。“递饮食相邀”,可理解为递送饮食互相邀约。这显然与《冥报记》接着记载的“东市笔工赵土次当设之,有客先到”如何如何不符。传座的方式当是:各家挨次轮替着在家设饮食请客来家入座。《冥报记》原文“递作饮食相邀”,只能作如此理解,《南部新书》诸版本中,也只粤雅堂本、明刻本作“递以饮食相邀”不失原书本意。(2012-1-28)

三、大中末襄州元宵的“山灯”

段成式《观山灯献徐尚书三首并序》:

尚书东苑公镇襄之三年，四维具举，而仍岁谷熟。及上元日，百姓请事山灯，以报穰祈祉也。时从事及上客从公登城南楼观之。初烁空焮谷，漫若朝炬，忽惊狂烧卷风，扑缘一峰。如尘烘旆色，如波残鲸鬣，如霞驳，如珊瑚露，如丹蛇蚑离，如朱草蘩蘩，如芝之曲，如莲之擎。布字而疾抵电书，写塔而争同蜃构。亦天下一绝也。成式辞多嗤累，学未该悉，策山灯事，唯记陈后主《宴光璧殿遥咏山灯》诗云：'杂桂还如月，依柳更疑星。'辄成三首，以纪壮观：

风杪影凌乱，露轻光陆离。如霞散仙掌，似烧上峨嵋。道树千花发，扶桑九日移。因山成众像，不复藉蝼螭。

涌出多宝塔，往来飞锡僧。分明三五月，传照百千灯。驯狖移高柱，庆云遮半层。夜深寒焰白，犹自缀金绳。

磊落风初定，轻明云乍妨。疏中摇月彩，繁处杂星芒。火树枝柯密，烛龙鳞甲张。穷愁读书者，应得假馀光。（82页）

见宋蒲积中《古今岁时杂咏》卷七，其下接载温庭皓、韦蟾奉和之作各三首。

“山灯”，元宵节夜扎制成山形的彩灯，至宋，亦称鳌山。襄阳一带有事山灯的传统习俗。《大唐传载》载，早在贞元、元和之际，“于頔为襄州，点山灯一上油二千石”。

诗《序》极力渲染山灯自开始闪烁以致漫山遍谷直抵峰顶的神速，又连用八个“如”字，比喻灯光色彩和形象的新奇古怪，变化万千。而顷刻之间组写或组画而成的文字和宝塔形状，更是这场灯会的绝妙亮点。《诗》和两人的奉和，又以各种手法，从各个角度，对山灯作了更具艺术性的描绘。

诗《序》提到的陈后主《宴光璧殿遥咏山灯》诗，亦载同书同卷，如下:“照耀浮辉明,飘飖落烬轻。枝多含树影,烟上带玲生。杂桂还如月,依柳更疑星。园中鹤采丽,池上凫飞惊。”两相比较,则襄州这次山灯,显然规模更为宏大,而段成式等对山灯的抒写,显然也远较陈后主来得瑰丽且气魄雄伟。

“尚书东苑公”,徐商也。徐商是带着户部尚书这一检校官为山南东道节度使,镇襄州的,故称之为“尚书”。新旧《唐书》本传都载曾被封为“东莞子”,“东苑”乃“东莞”之误。“子”是封爵,而此处之“公”不过是一般尊敬。李骘《徐襄州碑》:“大中十年春,今丞相东海公自蒲移镇于襄,十四年诏征赴阙。”“十四年”,《文苑英华》卷八七〇、《全唐文》卷七二四原皆误作“四十年”,《唐方镇年表》卷四引用时已以理校乙正。其拜相在咸通六年六月庚戌。“东海公”,称郡望也。

既然徐商大中十年春始为山南东道节度使,“镇襄之三年……百姓请事山灯”,其“事山灯”当是大中十二年(858)的上元节。方南生《段成式年谱》认为:此时成式仍在处州,至大中十三年方闲居汉上,观山灯当在大中十三年。

段成式是以什么身份观山灯的呢?《唐诗纪事》卷五八《温庭皓》:“尚书东苑公镇襄阳,成式、庭皓、蟾皆其从事,上元唱和诗各三篇。”谓系徐商使府的幕僚。戴伟华《唐方镇文职僚佐考》则辨其“误”。诗《序》提到:“时从事及上客从公登城南楼观之。”既非“从事”,那就是“上客”了。而居然以“上客”自称,似又不合情理。若确是“从事”,则以卸任刺史而充使府幕职,似也不怎样见有前例。或者段成式并未正式入幕,但却经常在府混事。《诗》第三首最后两句:“穷愁读书者,应得假馀光。”表明他并未以卸任的前刺史,而只是以“穷愁读书者”自居,同时又表达了请徐商略施援手的愿望。而和诗的两位作者,倒都是使府的正式幕僚,韦蟾为掌书记,温庭皓则只被泛称为从事。

徐商在襄州五年,其幕府中物色了不少当日颇有声望的文人,还有一些并未正式入幕的士人围绕在他的周围,彼此经常唱和,其作品且曾结集行世。《直斋书录解题》卷一五:"《汉上题襟集》三卷:唐段成式、温庭筠、逢皓、余知古、韦蟾、徐商等倡和诗什、往来简牍。盖在襄阳时也。"(442页)就山灯所作的唱和,不过是其中颇有声色的一次而已。

附:明刘侗《帝京景物略》卷二《灯市》对元宵赏灯掌故的概述:

> 张灯之始也,汉祀太乙,自昏至明。僧史谓西域腊月晦日,名大神变,烧灯表佛,汉明因之,然腊月也。梁简文有《列灯》赋,陈后主有《山灯》诗,亦复未知岁灯何时,月灯何夕也。张灯之始上元,初唐也,睿宗景云二年正月望日,胡人婆陀请燃千灯,帝御安福门纵观。上元三夜灯之始,盛唐也,玄宗正月十五前后二夜,金吾弛禁,开市燃灯,永为式。上元五夜灯之始,北宋也,乾德五年,太祖诏曰:朝廷无事,年谷屡登,上元可增十七、十八两夜。上元六夜灯之始,南宋也,理宗淳祐三年,请预放元宵,自十三日起,巷陌桥道,皆编竹张灯。而上元十夜灯,则始我朝,太祖初建南都,盛为彩楼,招徕天下富商,放灯十日。今北都灯市,起初八,至十三而盛,迄十七乃罢也。灯市者,朝逮夕市;而夕逮朝灯也。(57页)(2013-2-23)

四、静听月中桂子落

庆中秋,得赏月。赏月是看,是通过视觉来欣赏中秋月的特别圆且特别亮。但也有在中秋之夜静听月中桂子落的,唐朝诗人白居易即是其中的一人。他在《留题天竺灵隐两寺》的诗中说:“在郡六百日,入山十二回。宿因月桂落,醉为海榴开。”句下自注:“天竺尝有月中桂子落,灵隐多海石榴花也。”(23/513)月中桂子何时落?中秋之夜。北宋人钱易写的笔记中,有一则即记载说:“杭州灵隐山多桂,寺僧云:‘此月中种也。’至今中秋望夜,往往子坠,寺僧亦尝拾得。”(《南部新书》庚,14页)这就不能凭视觉,而只能凭听觉来欣赏了。只能夜宿僧房,静听月中桂子的落声,借以勾起各种各样的遐想。如果硬要在如练的月光下,等着看桂子降落,那岂非大煞风景!可惜的是,月中桂子只落于杭州灵隐山天竺寺一处,个中情趣,也就只有少数人乃至个别人才能有幸体味,不似“千里共婵娟”,大众均能共享!(2012-9-28)

五、唐有无“新进士……例喝状元”风习?

清吴景旭《历代诗话》卷五三“状元”条:“《北里志》曰:郑合敬先辈及第后,宿平康里,诗曰:‘春来无处不闲行,楚润相看别有情。好是五更残酒醒,时时闻唤状元声。’吴旦生曰:唐新进士,不问科甲高下,唱名出皇城,则例喝状元。按郑谷乃赵昌翰榜第八名。”

景旭字旦生,“吴旦生曰”云云,即作者针对所引《北里志》而加的按语,断言唐时有此风习。

吴景旭此说实际上不过是重复宋葛立方的观点,然与葛所说却又有出入。葛立方《韵语阳秋》卷一八的原文如下:“今之新进士,不问科甲高下,唱名出皇城,则例喝状元,莫知其端。唐郑谷登第后,宿平康里,尝作诗曰:‘春来无处不闲行,楚润相看别有情。好是五更残酒醒,耳边闻唤状元声。’则新进士例呼状元旧矣。郑谷,赵昌翰榜第八名也。”

两相比较,出入有二:一、葛立方只说其生活的南宋有此风习,并据唐人“耳边闻唤状元声”诗句推论唐时业已如此;吴景旭则径自断言唐有此风习。二、所引诗,葛立方未注出处,径认其作者为郑谷;吴景旭从《北里志》检得此诗系郑合敬作,复认郑合敬与郑谷系同一人。

其实,诗的原始出处并非《北里志》,而是较之稍晚的《摭言》,是后人将《摭言》中涉及狎游的五则轶事辑出附载于《北里志》之后的。此诗载《唐摭言》卷三《慈恩寺题名游赏赋咏杂纪》,确系郑合敬所作。宋时,“敬”字在讳避之列,“合”字与“谷”形近,阴差阳错,葛立方遂将郑合敬认作了郑谷。吴氏既见作者之名有异,复不加深究,竟亦认两人为一人。

而郑谷与郑合敬确是两人,而非同一人。郑谷字守愚,合敬非郑谷的字或号。郑谷“光启三年进士及第”(宋祖无择《郑都官墓表》,《集》9/4A),而郑合敬则乾符二年即已进士及第,而且确是第一名状元。明徐应秋《玉芝堂谈荟》卷二《历代状元》:“僖宗乾符二年,进士三十人,状元郑合敬。”宋赵与旹《宾退录》卷二:“唐僖宗乾符二年,礼部侍郎崔沆下进士三十人,郑合敬第一。”宋梁克家《淳熙三山志》卷二六《人物类·科名》:“乾符二年(乙未)郑合敬榜:陈说。”则郑合敬在诗中说的“好是五更残酒醒,时时闻唤状元声”,呼之为“状元”,乃是货真价实的状元,而非“不问科甲高下,唱名出皇城,则例喝状元”也。

可见,葛立方说南宋有此风习,因系亲身闻见,即使推论有误,其闻见仍是真实的。而吴景旭径认前人的推论为结论,改用肯定语表述,一有失足,则全盘皆空,全成废话了。这也是钻在故纸堆中讨生活之人常有的悲哀。

附及：郑合敬《及第后宿平康里》诗，《宾退录》卷二已指出："《韵语阳秋》谓为郑谷所作，误矣。"《全唐诗》卷六六七系于郑合名下，而于郑合下加注："一作郑合敬。"亦误。（2015-3-20）

六、濠州周小儿"孝行"

《南部新书》癸卷第10条："大中九月十七日敕：'徐泗节度使康季荣奏：据濠州刺史刘彦谋状，定远县百姓周裕女小儿年九岁，今年七月六日为父患，割左股上肉一寸三分不落，疮长一寸四分，收得血半斤，父和羹吃。后二十九日，再载割股上已落肉与父吃。其周裕至闰七月十二日身死，至二十五日埋葬讫。其女小儿于墓侧不归，县司与立草庵一所。伏以寄分廉察，地列山河，获当盛明，亲逢大孝。伏请宣付史馆，并赐旌表门闾。奉敕：周小儿方在髫年，允兹志行，俾之旌表，用激时风。宜依所奏，仍委本道量事优恤。'"

未详源自何书。说的是一名年仅九岁的小女孩，割自身股上肉为父治病的"孝行"，得到了从地方到中央官府的表彰事。这股风气起于何时？即起于唐时。本书上文辛卷第18条："开元二十七年，明州人陈藏器撰《本草拾遗》，云'人肉治羸疾'，自是闾阎相效割股。于今尚之。"《新唐书·孝友传序》亦载："唐时陈藏器著《本草拾遗》，谓'人肉治羸疾'，自是民间以父母疾，多刲股肉而进。"（195/5577）南宋末黄震复指出："世多疑刲股事，三代未之闻，似与不敢毁伤相反不常。开元间，陈藏器撰《本草拾遗》，言'人肉治羸疾'，故刲股事始见于唐。"（《黄氏日钞》卷九一《题卢计议先父孝行传》）

其社会根源实在于时局的动乱，赋役的繁重。《新五代史·何泽传》:“五代之际,民苦于兵,往往因亲疾以割股,或既丧而割乳庐墓,以规免州县赋役,户部岁给蠲符,不可胜数,而课州县出纸,号为蠲纸。泽上书言其敝,明宗下诏悉废户部蠲纸。”(56/647)据《册府元龟》卷一六〇《帝王部·革弊》,“下诏悉废户部蠲纸”在天成三年闰八月。

本条所记系唐宣宗大中年间事,原缺年份。是徐泗节度使康季荣依据濠州刺史刘彦谋的申报材料上奏的。康季荣先后于大中六年至八年、大中十二年至十三年,两次任徐泗节度使,这是他哪次任上的事呢?郁贤皓《唐刺史考全编》将刘彦谋任濠州刺史姑系于大中十二、十三年,其按语曰:“康季荣两任徐泗节度,一为大中六至八年,一为大中十二至十三年。疑刘彦谋刺濠在大中十二、十三年。”(《全编》,1739页)其判断实不可从。他没有注意康季荣奏中提到的“闰七月十二日”。查陈垣《二十史朔闰表》,大中年间共有5个闰年,而其中仅大中六年是闰七月,则此事当奏上于大中六年,至迟不会迟过大中七年。

此奏,陆心源《唐文拾遗》辑载于卷三一康季荣名下,题曰《旌周小儿孝行奏》(10723页)。所注出处“《册府》”有误,实当辑自本条。(2012-6-23)

唐琐事杂考二十二题

一、杜之松的籍贯和仕历

李浩等选注的《唐文选》，选王绩文二篇，其中有《答刺史杜之松书》；杜之松文一篇，《答王绩书》。关于杜之松，选注者对其籍贯和仕历有如下简介："杜之松（生卒年不详），京兆（今陕西西安）人。一说为博陵曲阿（今江苏丹阳）人。贞观中，曾任许州、绛州刺史。"并指明："事迹散见于唐林宝《元和姓纂》、吕才《王无功文集序》、宋计有功《唐诗纪事》卷四及《新唐书·王绩传》。"（37 页）

唐人的籍贯，文献记载往往有或称其郡望，或举其实际住地的分歧。吕才《王无功文集序》："贞观中，京兆杜之松、清河崔君善继为本州刺史，皆请与君相见。君曰：'奈何悉欲坐召严君平！'竟不见。"（《集》首）"京兆""清河"，皆称郡望也。亦即简介"京兆人"之所据。至于"一说为博陵曲阿（今江苏丹阳）人"，当指其实际居住地，而谓博陵曲阿，则实无所据，或对所据理解有误。

杜之松父名公瞻，祖名蕤，曾祖名弼，皆见史传。唐林宝《元和姓纂》卷六上声姥韵著录"杜"姓，房分不少，其中有"中山"。谓："与京兆同承魏仆射杜畿，后家中山。裔孙弼，北齐徐州刺史。"（934 页）《北齐书·杜弼传》："杜弼，字辅玄，中山曲阳人也。小字辅国。自序云:本京兆杜陵人,九世祖骜,晋散骑常侍,因使没赵,遂家焉。……长子蕤……次子台卿……并有学业。"(24/346)《隋书·杜台卿传》:"杜台卿,字少山,博陵曲阳人也。父弼,齐卫尉卿。……有兄蕤,学业不如台卿,而干局过之。仕至开州刺史。子公赡,少好学,有家风,卒于安阳令。公赡子之松,大业中为起居舍人。"(58/421)中山、博陵,郡名虽有改易,而居住于该郡之曲阳县,则诸书并无歧异。曲阳今属河北,在保定西南,石家庄北偏东。若曲阿,则博陵并无名曲阿的县,简介所注今地为"江苏丹阳"的曲阿,唐时属润州,南北朝时期一直在南朝的疆域内,怎么会是杜弼、杜之松祖孙的世代居住地?

杜之松曾任许州刺史见上揭林宝《元和姓纂》,若谓又曾任绛州刺史,则亦存有问题。其依据即上揭吕才《王无功文集序》说的"贞观中"杜之松曾为"本州刺史",即王绩家乡的州刺史。而王绩的家乡又在哪里呢?上文王绩简介据新旧《唐书》王绩本传谓系"绛州龙门人"。不错,其家乡确在龙门。只是值得注意的,是龙门县的隶属关系并不是固定不变的。《旧唐书·地理志》河东道河中府龙门县:"汉皮氏县,后魏改为龙门。武德元年,于县置泰州,领龙门、万泉、汾阴四县。贞观十七年,废泰州及芮县,以龙门、万泉属绛州,汾阴属蒲州。"(39/1471)《新唐书·地理志》河东道河中府龙门县:"武德二年,徙泰州来治。五年,析置万春县。贞观十七年,州废,省万春入龙门,隶绛州,元和初来属。"(39/1000)表明从武德初至贞观十七年,龙门不仅隶属于新设置的泰州,而且是泰州的州治所在地。贞观十七年以后才改隶绛州,元和初复又改隶河中府(即蒲州)。旧新《唐书·地理志》皆列龙门为河中府属县,遵从的是元和后唐末的建制,《王绩传》源自唐《国史》,唐《国史》修成于元和前,遵从的是修史当时的建制。而据吕才《王无功文集序》,王绩卒于贞观十八年,则“贞观中”出任王绩家乡刺史的杜之松,其职名或官衔,既不是如岑仲勉《元和姓纂四校记》说的蒲州刺史,也不是如简介说的绛州刺史,而是仅自武德初至贞观十七年间才存在的泰州刺史。(2014-1-18)

二、“河东三凤”漫说

《旧唐书·薛收附兄子元敬传》:“[元敬]少与收及收族兄德音齐名,时人谓之‘河东三凤’。收为长离,德音为鸑鷟,元敬以年最小为鹓雏。”(73/2589)《新唐书·薛收附元敬传》同。(98/3893)文中长离、鸑鷟、鹓雏,当皆是总名为凤的不同类别的专名。而据张鷟《朝野佥载》卷三:“昔蔡衡云:凤之类有五,其色赤文者凤也,青者鸾也,黄者鹓雏也,白者鸿鹄也,紫者鸑鷟也。”又谓:鸑鷟“为凤凰之佐”(3/61),未及长离。鹓雏、鸑鷟虽属“凤之类”,实乃“凤凰之佐”,或者长离才是真正的凤。《后汉书·张衡传》载《思玄赋》:“前长离使拂羽兮,委水衡乎玄冥。”李贤注:“长离,即凤也。”(59/1935)

在新旧《唐书》的传文中,仅百衲本谓薛收“为长离”,而在此前流传更广的诸多版本中,如汲古阁十七史本(仅有《新唐》),文渊阁《四库全书》本、武英殿二十四史本、五局合刻二十四史本(仅《新唐》获检)以及众多类书所引,皆不作“为长离”,而作“为长雏”。究竟以何为正呢?点校本于版本异文,以“择善而从,不出校记”为校勘则例,因之也就难以窥见其取舍的根由底细。只是传文既有“元敬以年最小为鹓雏”语,表明鹓雏又可作幼雏解,则对于薛元敬的族父薛收,亦未尝不可以普通名词长雏称之。作长雏未必定误也。《汉语大词典》征引二十四史,当据点校本,其词条“长离”释文引本条,所引即点校本。而在词条“鹓雏”下,为了阐明鹓雏第二义,即“凤雏。比喻有才望的年青人”。却又撇开点校本,改而从此前的通行本征引本条了。可见谓薛收“为长雏”的文本对人们的影响是很大的。

既是“三凤”,当然也就为人们所乐道。早在唐代,胡璩即曾将之录入其笔记小说《谭宾录》中(见《太平广记》169/1233),到了宋初,钱易又在《南部新书》丁卷节录了《谭宾录》的这条记载(47页)。只是在三凤彼此之间的族属亲疏关系上,却又多有误解。《谭宾录》和《南部新书》都说:“薛收与从父兄子元敬、族兄子德音齐名,时人谓之河东三凤。”似乎薛元敬和薛德音都是薛收的子侄一辈。其实,薛德音与薛收原系同辈,而薛元敬则同是他们两人的子侄辈。《隋书·薛道衡传》:“有子五人,收最知名,出继族父孺。孺……与道衡偏相友爱,收初生,即与孺为后,养于孺宅。至于成长,殆不识本生。”(57/1413)又载:道衡“从子德音,有隽才,起家为游骑尉”(1414页)。又载:“道衡兄子迈,官至选部郎。”(1414页)据《新唐书·宰相世系表》薛氏西祖房表,薛元敬恰是迈之子,温周之孙,而温周与道衡乃兄弟行(73下/3005)。

三凤的结局,也可略得而言。《旧·传》谓薛元敬“少”时与收、德音被人称作河东三凤,其声名斐然当在隋炀帝时。隋唐易代之际的群雄逐鹿,三凤遂被不同乃至敌对的政治势力所牢笼。薛德音,据《隋书》薛道衡附传所载:“及越王侗称制东都,王世充之僭号也,军书羽檄,皆出其手。世充平,以罪伏诛。”(57/1414)最早成了牺牲品。薛收、薛元敬则投附于正在创业的后来的唐太宗李世民。薛收是全心全意的,也深为李世民所倚重,可惜的是,李世民尚未登上帝位,他却在武德七年便已死去,年仅三十三。及至李世民“登极,顾谓房玄龄曰:‘薛收若在,朕当以中书令处之。’”(73/

2589)足见两人结托之深。薛元敬却有些半心半意。《新唐书》薛收附传载:“是时,收与房、杜处心腹之寄,更相结附,元敬谨畏,未尝申款曲。如晦叹曰:‘小记室不可得而亲,不可得而疏。’”仅仅“掌文翰号称职”。且以之“卒于官”(98/3893)。(2011-5-12)

三、“干谒”一词始见及其在唐代的常见

王佺《唐代干谒与文学·绪论》论干谒一词始见及其在唐代常见,有曰:“现存文献中,干谒一词盖最早出现于梁代沈约的《宋书·臧质传》……到了唐代,干谒一词的使用就比较常见了,例如,李延寿撰《北史·郦道元传》载:‘(弟道约)性多造请,好以荣利干谒,乞丐不已,多为人所笑弄。’《卢玄传》载:‘李神儁劝其(义僖)干谒当途。’尤其在唐人的文学作品中,干谒一词更是俯拾即是。”读后有两点商榷:

即使“最早出现于梁代沈约的《宋书·臧质传》”,但在《传》中,它是在录载的柳元景讨伐臧质的檄文中出现的。此檄文,严可均即据《宋书·臧质传》辑载于《全宋文》卷四三《柳元景》名下,拟题曰《讨臧质等檄》,见影印本《全上古秦汉三国两晋六朝文》第2676页。而据《资治通鉴》对史实的编年梳理,乃南朝刘宋孝武帝孝建元年(454)二至四月间事。因此严格地说,它最早出现于南朝宋代文献,而非梁代的文献。另,沈约虽卒于梁,而《宋书》的纪传部分却是在南齐永明六年(488)完成的。

李延寿《南》北史》是“删节宋、南齐、梁、陈、魏、北齐、周、隋八书,又补充了一些史料”写成的(点校本出版说明)。今《绪论》作为“唐代干谒一词的使用就比较常见了”的例证引用的两则《北史》文字,并非李延寿在《北史》中新补充的史料,而只是转录《魏书》中

的现成记载,分别见《魏书》卷四二《郦范附子约传》(951 页)和卷四七《卢玄附孙义僖传》(1053 页)。今本《魏书》约二十馀卷流传过程中有残缺,后人曾以《北史》补之,而此两卷不在其列。《魏书》作者魏收的生卒年为北魏宣武帝正始二年(505)——北齐后主武平三年(572),其《魏书》完成于北齐天保五年(554)。因此《北史》中的这两则文字不能用作"唐代干谒一词的使用就比较常见了"的例证。另,《魏书》"郦约"即《北史》"郦道约",在《北史》中,他与兄道元实皆附见其父《郦范传》。(2013-6-8)

四、见于唐笔记小说的韦温凡有二人

方积六、吴冬秀编撰的《唐五代五十二种笔记小说人名索引》,将笔记小说中习见的以表字、别号、官名(包括其别称、俗称)、封爵、谥号、籍贯、郡望、坊望、行第等等称谓的人物,经过考证,一一归之于本姓名之下;又将同姓名的人物,经过考证,一一予以厘清、分开,分列了不同的条目。学术含量不低,绝非电子文档的搜索功能所能取代。只是偶尔也有疏忽。如见于唐笔记小说中的韦温,实有二人,《索引》即未能为之厘清,而是混编于一个条目之下。

据《索引》所列,共有 6 种笔记言及韦温。其中《太平广记》2 条录自《朝野佥载》和《酉阳杂俎》,系重出,实有 5 种 6 条。这 5 种 6 条之中,有 2 种 3 条记的是盛唐韦温,另 3 种 3 条记的则是晚唐韦温,绝非一人。

盛唐韦温是中宗韦皇后的从父兄,《旧唐书》有传,见卷一八三《外戚传》。《朝野佥载》卷六载景龙末杜鹏举暴卒还阳,云在阴间"见武三思着枷,韦温、宗楚客、赵履温等着锁,李峤露头散腰立"。《大唐新语》卷二载"陆大同为雍州司田,时安乐公主、韦温等侵百姓田业,大同尽断还之”。卷三载中宗暴崩,“遗诏令韦庶人辅少主知政事,授相王太尉,参谋辅政。宗楚客谓韦温曰:……楚客、温等大怒,遂削相王辅政。”这2种3条言及的韦温,即是中宗韦皇后从父兄韦温。

晚唐韦温,字弘育,肇之孙,绶之子。《旧唐书》亦有传,见一六八。《因话录》卷一“文宗欲以韦宣州温为翰林学士,韦以先父遗命,恳辞”条。《唐语林》卷六“韦温迁右丞。文宗时,姚勖按大狱,帝以为能,擢职方员外郎。温上言郎官清选,不可赏能吏”条。《酉阳杂俎》续集卷一“韦温为宣州,病疮于首,因托后事于女婿”条。此3种所载3事,《旧传》亦皆曾载及,其为晚唐韦温,更无任何怀疑馀地。

二人的生活年代,前后相距约一百三四十年。盛唐外戚韦温与韦后同时死于景龙四年(710)六月的宫廷政变。此月中宗先崩,年五十五,韦后、韦温的享年当与之不相上下。晚唐韦温会昌五年(845)五月卒于宣州宣歙观察使任,享年五十八(杜牧《韦温墓志》8/127)。笔记所载,不少带有“景龙末”“中宗”“文宗”等明确时代标识,且提及不少与之同时的人物,正史中二人又都分别有传,予以厘清、分开是不困难的。今未分开,疏忽之过也。(2012-2-25)

五、王泠然《上张说书》作年商榷

岑仲勉《唐集质疑》“王泠然上张说书”条认为,此书“为开元十一年作,可得四证”。其中关键一证为:“(二)书云,‘岂有冬初不雪,春尽不雨’,又云,‘故自十月不雨,至于五月’。据旧纪,开元十一年十一月,自京师至于山东、淮南,大雪平地三尺馀,可见非十二年作。”(361页)然而开元十年冬十一年春曾经大旱没有?没有出示任何资料。且开元十一年冬“京师至于山东淮南大雪”，也不能排除“河东、河北旱”，而河北、河南，当时皆可泛称山东。

《旧唐书》卷一〇〇《王丘传》：“[开元]十一年，拜黄门侍郎。其年，山东旱俭，朝议选朝臣为刺史，以抚贫民。”(100/3132)《资治通鉴》卷二一二：开元十二年六月，“上以山东旱，命台阁名臣以补刺史。壬午，以黄门侍郎王丘、中书侍郎长安崔沔、礼部侍郎知制诰韩休等五人，出为刺史。”(212/6759)(按：六月无壬午，《唐会要》卷六八系此诏于二十四日，次日乃壬子)《册府元龟》卷一四四《帝王部・弭灾二》：“[开元]十二年七月，河东、河北旱，命中书舍人寇泚宣慰河东道，给事中李升期宣慰河北道，百姓有匮乏者，量事赈给。帝亲祷于内坛场，三日曝立。”(144/12B)《新唐书》卷三五《五行志》：“[开元]十二年七月，河东、河北旱。帝亲祷雨宫中，设坛席，暴立三日。九月，蒲、同等州旱。”(35/916)以上数据表明，自开元十一年开始，直至十二年上半年，河东、河北确有旱情，朝廷为之采取了遣使慰问、分命台阁名臣为该地刺史等措施，玄宗且亲自“曝立三日”以祈雨，足见旱情是相当严重的。若与王泠然《上张说书》中所言比照，则可断定《书》实上于开元十二年五月。因为五月以后旱情仍在延续拓展，《书》中却只说到“至于五月”，且朝廷于六月、七月采取的措施，未必不是针对其上书的反应。开元十一年十一月，自京师至于山东、淮南的大雪，其“山东”实只指靠近淮南的部分山东地区，若山东大部，实“自十月不雨”也。

其他三证，(一)(三)与《书》上于十二年五月并无冲突。张说随驾离京师幸东都在开元十二年十一月，苏颋开元十一、二年皆在剑南任。若(四)靳恒的襄州任期，所据张九龄撰《遗爱碑》，《集》作至开元十二年未必定误，石刻录文作十一年也未必定是。靳恒后任为韩思复。《新唐书》卷一一八《韩思复传》：“帝北巡，为行在巡问赈给大使,迁御史大夫。性恬澹,不喜为绳察,徙太子宾客,进爵伯。累迁吏部侍郎,复为襄州刺史。”严耕望谓:其迁御史大夫,“旧传云代裴漼,漼实以十二年中由御史大夫迁吏部尚书,与新传北巡后正合。若旧传十三年卒不误,则吏侍当必在十二年”(《唐仆尚丞郎表》,573页)。其“为襄州刺史”复在其后也。苏颋、靳恒的徙迁,未必不含有对王泠然《书》中所提意见有所反应的因素。(2015-8-21)

六、滕王《蛱蝶图》小考

段成式《酉阳杂俎》续集卷二:“滕王图。一日,紫极宫会,秀才刘鲁封云:‘尝见滕王《蛱蝶图》,有名江夏斑、大海眼、小海眼、村里来、菜花子。”(217页)亦见《太平广记》卷四七七“滕王图”条引录。按:“蛱蝶”,《广记》作“蜂蝶”。“江夏班”云云,皆蛱蝶之名。

宋欧阳修《六一诗话》:“王建《宫词》一百首,多言唐宫禁中事,皆史传小说所不载者,往往见于其诗。如‘内中数日无呼唤,传得滕王《蛱蝶图》’。滕王元婴,高祖子,新旧《唐书》皆不著其所能,惟《名画录》略言其善画,亦不云其工蛱蝶也。又《画断》云:‘工于蛱蝶。’及见于建诗尔。或闻今人家亦有得其图者。”(268页)

王建《宫词》百首今存,所引系第60首。引文提及之《名画录》,指唐张彦远《历代名画记》。该书卷九载:“滕王元婴,亦善画。”(166页)提及之《画断》,由于《新唐书·艺文志》著录有“朱景玄《唐画断》三卷”(59/1561),《直斋书录解题》卷一四《唐朝画断》解题又有“唐翰林学士朱景玄撰,一名《唐朝名画录》”的话,或者认为即指唐朱景玄所撰之《唐朝名画录》。此书今存,书中只言及:“国朝亲王三人:汉王,江都王,嗣滕王。……嗣滕王善画蜂蝉、燕雀、驴子、水牛。曾见一本,能巧之外,曲尽情理。未敢定其品格。”此嗣滕王名湛然。并无所引滕王元婴“工于蛱蝶”的话,则其所引之《画断》非朱景玄书明甚。其所引当指张怀瓘撰之《画断》。而此书今已不存,《新唐书·艺文志》等众家书目亦未见著录,而宋郭若虚《图画见闻志》卷一列举“自古及近代纪评画笔”者“凡三十家”,其中即有“《画断》,张怀瓘撰”(2页)。此两滕王,滕王元婴和嗣滕王湛然,后人往往混淆不清。而据欧阳修之说,《蛱蝶图》乃滕王元婴所作。

《宣和画谱》卷一五《花鸟》“滕王元婴”条:“滕王元婴,唐宗室也。善丹青,喜作蜂蝶。朱景元尝见其粉本,谓能巧之外,曲尽精理,不敢第其品格。唐王建作《宫词》,云‘传得滕王《蛱蝶图》’者,谓此也。今御府所藏一:《蜂蝶图》。”(3A)似误以《唐朝名画录》“嗣滕王”即“滕王元婴”。而该嗣滕王实名湛然也。同书卷六《人物》“杜霄”条又言及:“盖蜂蝶之画,其妙在粉笔约略间,故难得者态度。非风流蕴藉,有王孙贵公子之思致者,未易得之。故《蛱蝶图》唐独称滕王,要非铁石心肠者所能作此婉媚之妙也。”(8A)

宋及宋以后,对欧阳修之说持异议者也颇不乏人,如:

宋董逌《广川画跋》卷三《书滕王蛱蝶图》:“李祥家收《蛱蝶图》,书王建诗其上。画本烂漫无完处,粉残墨脱,仅可识者。此殆唐人临摹,非真滕王画也。欧阳文忠公尝谓非建诗亦不知滕王元婴为善于画。唐史称元婴善画,故云。今考于书,湛然亦尝封滕王,善花鸟蜂蝶,贞元四年尝任殿监,曾以画进。其说蜂蝶飞去,亦增异矣。建正当时人,其言宫中事,亦当时所传也。湛然蝶有大海眼、小海眼、江夏斑、村里来、菜花事等,甚异。今此图可以区处得之,将亦当时传摹,尤得其真者邪?”

明杨慎《丹铅续录》卷三《滕王》:“杜工部有《滕王亭》诗,王建

诗‘搨得滕王蛱蝶图’，皆称滕王湛然，非元婴也。王勃记滕王阁，则是元婴耳。”(3/1A)

崔豹《古今注》卷中《鸟兽》：“蛱蝶，一名野蛾，一名风蝶，江东人谓之挞末，色白背青者是。其有大如蝙蝠者，或黑色，或青斑，大者曰凤子，一名凤车，亦曰鬼车，生江南柑橘园中。”(17页)(2013-3-9)

七、“充使检校郎官”事始

《旧唐书·陈少游传》：“宝应元年，入为金部员外郎。寻授侍御史、回纥粮料使，改检校职方员外郎。充使检校郎官，自少游始也。”(126/3563)引文中的标点，悉依中华点校本。

《新唐书·叛臣·陈少游传》记此事，行文几同，而点校本所加的标点却不尽同：“累迁侍御史、回纥粮料使，加检校职方员外郎充使，检校郎官自少游始。”(224上/6379)

“充使检校郎官”中的“充使”二字，一属上读，一属下读，初看差别似不大，其实其间却颇有点讲究。即“自少游始也”的这一事始，究竟是“检校郎官”，还是“充使检校郎官”？

张鷟《朝野佥载》卷一“张文成曰”条曾经指出，垂拱以后，“正员不足，权补试、摄、检校之官”的现象业已存在(6页)。这里“检校之官”虽泛指，却是包括郎中、员外郎等郎官在内的。如当年胡元礼即曾充检校秋官郎中。《太平广记》卷二六九《胡元礼》录《御史台记》：胡元礼“则天朝右台员外监察，寻即真，加朝请大夫。丁忧免，起复。寻检校秋官郎中，累迁司刑少卿”(2108页)。既然如此，那么“自少游始”者，就不是什么一般检校官，亦不是一般检校郎官，而是特指“充使”之检校郎官，自陈少游始也。两相对照，当以点校本《旧唐书》的标点比较符合作者的原意和历史的实际。

试反观《新唐书》的记载。陈少游的使职是回纥粮料使。按唐后期通例，使职乃至使府幕僚，一般都带有宪衔和检校官衔。而在陈少游充回纥粮料使这时，开始只带有侍御史的宪衔，接着又加带检校职方员外郎的检校官衔，而这在此前是从未有过的，故云"充使检校郎官自少游始"。(2013-5-18)

八、两"不十五年"皆误

《旧唐书·于邵传》："邵性孝悌，内行修洁，老而弥笃。初，樊泽常举贤良方正，邵一见之于京师，曰：'将相之材也。'不十五年，泽为节将。崔元翰年近五十始举进士，邵异其文，擢第甲科。且曰：'不十五年，当掌诏令。'竟如其言。独孤授举博学宏词，吏部考为乙第，在中书覆升甲科，人称其当。"(137/3766)

亦见《太平广记》卷一七〇《于邵》录《谭宾录》、《南部新书》丙卷第7条。《谭宾录》作者胡璩系文宗、武宗时人，其所载当录自唐《国史》,《南部新书》此前6条皆录自《旧唐书》,本条疑即录自上揭《旧·传》。三者终极同源。《旧·传》两"不十五年",《谭宾录》作："樊泽尝举贤良方正，一见于京师，曰：'将相之材也。'不五年，泽为节度使。崔元翰近五十始举进士，邵异其文，擢首甲科。且曰：'不十年，司诰命。'竟如其言。"《南部新书》作："樊泽举制科至京，一见之，谓人曰：'将相之材也。'后五年而泽建节。崔元翰赴举，年五十，亦曰：'不十年当掌诰。'皆如其言。"

按：《旧·传》前"不十五年"事，亦见《太平御览》卷四四四所录《唐书》,"不十五年"作"不五年"。吴玉贵《唐书辑校》辑载于第1026条，其校记引《册府元龟》《旧唐书·樊泽传》《德宗纪》参稽，断言《旧·传》误，当以《御览》本条"不五年"为正。考证严谨，其说甚确。可接着又断言:“此‘不十五年’,当是涉下文崔[元]翰事而误。”则未免有点欠慎重了。

后“不十五年”事,《册府元龟》卷八二三、上引《谭宾录》和《南部新书》皆作“不十年”。宋乐史《广卓异记》卷一九《进士状元却为制举头》引《登科录》:“崔元翰,建中二年进士、状元及第。”(137页)权德舆《唐故尚书比部郎中博陵崔君文集序》:崔元翰“贞元七年春,转职方员外郎、知制诰”(《权德舆诗文集》33/507)。自建中二年(781)及第至贞元七年(791)知制诰,“掌诏令”,恰十年。显然当以“不十年”为正。

可见,《旧·传》中两“不十五年”,皆误也。既然后“不十五年”本亦有误,则说前“不十五年”涉后“不十五年”而误,也就不能成立。(2013-1-26)

九、武元衡与韦贯之

《太平广记》卷一五四《定数》“韦贯之”条录《续定命录》:“武元衡与韦贯之同年及第。武拜门下侍郎,韦罢长安尉赴选,元衡以为万年丞。过堂日,元衡谢曰:‘某与先辈同年及第,元衡遭逢,滥居此地,使先辈未离尘土,元衡之罪也。’贯之呜咽流涕而退。后数月,除补阙。是年,元衡帅西川,三年后入相,与贯之同日宣制。”(1110页)

武元衡、韦贯之建中四年(783)同年及第,元衡帅西川乃元和二年(807)十月,似乎及第二十五年,韦仍沉沦下僚,“未离尘土”。只是记载本身多有扞格,与史传也多不合。兹仅就以下两点略加讨论:

沉沦下僚概况:《旧唐书·韦贯之传》:“少举进士,贞元初,登贤良科,授校书郎。秩满从调,判入等,再转长安县丞。”(158/4173)据下文,为长安丞已在贞元十九年三月李实为京兆尹前夕。其自校书郎一转当是畿尉。《因话录》卷上:“韩仆射皋为京兆尹,韦相贯之以畿尉趋事。及韦公入相,仆射为吏部尚书,每至中书,韦常异礼以伸故吏之敬。”(76页)韩皋为京兆尹,据《旧唐书·德宗纪》,自贞元十一年四月癸亥至十四年七月乙卯(13/381、388)。在长安丞任曾受李实压制。可见,在贞元年间,自秘书郎秩满以后,确曾长期沉沦下僚。只是畿尉、京丞虽属低级文官,然已处于进入高级文官的最佳链条上。

“同日宣制”实况:未详与韦贯之授何官同制?武元衡帅西川近七年,于元和八年三月甲子才重登相位。韦贯之于元和九年十二月丙辰,以尚书右丞同中书门下平章事,也已拜相。两人拜相相距一年九个月有馀,不可能同制。从元和八、九两年韦贯之的经历判断,或者指与韦贯之拜礼部侍郎同日宣制。《白居易集》卷五五载其起草的翰林制诏,有《中书舍人韦贯之授礼部侍郎制》和《除武元衡门下侍郎平章事制》(1148、1158页),若两人确实于元和八年三月甲子武元衡命相之日同日宣制,而制词又同为白居易所撰,在当日政坛、文坛都不失为是一桩人们乐于传颂的逸事。按当日通例,主文之官一般先拜权知贡举,即权知礼部侍郎,再正拜礼部侍郎。若是前者,则贞元七年十二月已见“权知礼部侍郎韦贯之”奏事记载(《唐会要》75/1629);若是后者,则贞元八年四月九日尚见“朝议大夫权知礼部侍郎韦贯之”与郑馀庆等同祭杜佑太保署名(《文苑英华》984/5178上)。则韦贯之之授礼部侍郎,非与武元衡命相同日宣制明甚。“同日宣制”实况究竟如何?切盼高明不吝指点。

附带谈一谈韦贯之任礼部侍郎之日特为重收入榜的殷尧藩。

《唐摭言》卷八:“元和九年韦贯之榜,殷尧藩杂文落矣。杨汉公尚书,乃贯之前榜门生,盛言尧藩之屈,贯之为之重收。”《云溪友议》卷上《舞娥异》:“李八座翺,潭州席上,有舞柘枝者,匪疾而颜色忧悴。殷尧藩侍御当筵而赠诗曰:‘姑苏太守青蛾女,流落长沙舞柘枝。满座绣衣皆不识,可怜红脸泪双垂。’明府诘其事,乃故苏台韦中丞爱姬所生之女也(夏卿之胤,正卿之侄)。”此诗改变了这位青娥女的命运,值得称道。但更值得注意的是诗的作者,潭州席上的这位幕客殷尧藩。《旧唐书·李翺传》:“[大和]七年,改授潭州刺史、湖南观察使。八年,征为刑部侍郎。”(160/4208)殷尧藩自元和九年(814)进士及第,至此年大和七、八年(833、834)已近二十年,仍然有如其座主早年,长期未能摆脱沉沦下僚的生活。但是否能像其座主一样在晚年获得飞腾,则未必了。(2013-9-28)

十、所谓“惨绿少年”,原是紫袍七十老翁

张固《幽闲鼓吹》:“[潘炎]子孟阳初为户部侍郎,夫人忧惕,谓曰:‘以尔人材而在丞郎之位,吾惧祸之必至也。’户部解喻再三,乃曰:‘不然,试会尔同列,吾观之。’因遍招深熟者。客至,夫人垂帘视之。既罢会,喜曰:‘皆尔之俦也,不足忧矣!末坐惨绿少年,何人也?’答曰:‘补阙杜黄裳。’夫人曰:‘此人全别,必是有名卿相。’”(30页)

潘孟阳曾三任户部侍郎,其“初为户部侍郎”在贞元末。《旧唐书·潘孟阳传》:“潘孟阳,礼部侍郎炎之子也。……孟阳母,刘晏女也。公卿多父友及外祖宾从,故得荐用,累至兵部郎中。德宗末,王绍以恩幸,数称孟阳之材,因擢授权知户部侍郎,年未四十。”(162/4239)

至于“末坐惨绿少年”“补阙杜黄裳”,据《旧唐书·杜黄裳传》:“后入为台省官。为裴延龄所恶,十年不迁。贞元末,为太常卿。王叔文之窃权,黄裳终不造其门。尝语其子婿韦执谊,令率百官请皇太子监国……寻拜平章事。……居鼎职不久。[元和]二年正月,检校司空、同平章事、兼河中尹、河中晋绛等州节度使。八月,封邠国公。三年九月,卒于河中,年七十一。”(147/3973)可见潘孟阳“初为户部侍郎”时,杜黄裳已任太常卿,即已是“卿相”之卿。职事官正三品,与侍中、中书令、吏部尚书同。地位崇高,不仅远在补阙之上,也远在诸部侍郎之上。而且在任太常卿那年的七月,即已拜相。元和三年卒时年七十一,贞元末年六十八岁,其年龄较潘孟阳约长三十来岁。已是即将七十的老翁,更非“少年”。

唐服色依其散官的品阶而定。据《文苑英华》卷五八九高郢《谢太常卿并举官自代表》和《唐大诏令集》卷四六《杜黄裳袁滋平章事制》,杜黄裳贞元末的文散官为从三品的银青光禄大夫。按规定:“文武三品已上服紫,金玉带。……六品服深绿,七品服浅绿,并银带。”(《旧唐书·舆服志》45/1953)“惨绿”即浅绿,是正从七品上下阶文散官朝请郎、宣德郎、朝散郎、宣议郎的服色。左右补阙为从七品上阶职事官,其散官品阶有的还不一定达到七品。

笔记小说往往姑妄言之,读者姑妄听之可也。如若认真细究起来,往往露出种种破绽。本条所载又提供了一个实例。姑妄听之听些什么呢?大处说,这位潘孟阳的母亲在“夫人”群中当是杰出的。缩小点说,她颇有人伦之鉴。再说得具体些,那就不行了。或者将其虚拟化、空泛化,视“惨绿少年”为特殊人才的代称,有如《汉语大词典》“惨绿少年”之所释:“本指穿淡绿衣衫的少年。后称风度翩翩的青年男子为‘惨绿少年’,本此。”(2012-12-29)

十一、张籍文

唐张籍，以诗鸣，尤以乐府诗闻于时。今日获见的他的集子，除了如《四部丛刊》本《张司业诗集》、中华上编《张籍诗集》、李建昆《张籍诗集校注》等以"诗"名"集"的集子以外，如《续古逸丛书》影印的《宋本张文昌文集》、"安徽古籍丛书"中李冬生的《张籍集注》，也都是只有诗没有文的。唯独影印文渊阁《四库全书》本的《张司业集》，其卷八载有文两篇：《与韩愈书》《重与韩退之书》。按：《全唐文》卷六八四于张籍名下共载文两篇，即此。陆心源《唐文拾遗》《唐文续拾遗》、陈尚君《全唐文补编》于此外再无拾补。

据《四库全书总目》卷一五〇《张司业集》"提要"，《四库》本的依据"为明万历中和州张尚儒与张孝祥《平湖集》合刻"之本，并谓："尚儒称购得河中刘侍郎本，又参以朱兰嵎太史金陵刊本，得诗四百四十九首，并录与韩昌黎书二首，订为八卷。"是张籍旧《集》皆无文，与韩昌黎书二首是明万历中张尚儒新增入的。那么张尚儒又从何处得此二书而增入的呢？

《提要》曾提到："其文惟《文苑英华》载与韩愈二书，馀不概见。"此二书，《文苑英华》实未载，馆臣所记不确。五代王定保《唐摭言》卷五《切磋》："韩文公著《毛颖传》，好博簺之戏，张水部以书劝之，凡三书。其一曰：……"宋洪迈《容斋随笔》四笔卷三"韩退之张籍书"条："今得籍所与书，前篇曰……后篇曰……"皆表明，张籍之《书》，《文苑英华》虽未载，但从五代直至南宋中叶，在社会上是仍有流传的。二书全文，今日能获见的，最早似见于南宋魏仲举编的《五百家注昌黎文集》。《提要》谓：此书"书前题庆元六年刻于家塾，实当时坊本也"。

《五百家注昌黎文集》卷一四，于韩愈《答张籍书》《重答张籍书》前，分别以《张籍遗公第一书》《张籍遗公第二书》为题，刊载张籍此二书全文。字体与正文同，与注文有别，然较正文低一格，当是便于与正文参阅而附见的。稍后，王伯大重编之《别本韩文考异》则将之改为注文，作为韩文的题注，附于各篇题之下，而所录仍是全文。到了南宋末，廖莹中世彩堂本《韩昌黎集注》（明万历间吴中徐时泰东雅堂刊本同），仍为题注与王本同，而所载已经大量删节，远非全文了。

针对此二书，《提要》对张籍文的评价是相当高的："相其笔力，亦在李翱、皇甫湜间，视李观、欧阳詹之有意铲雕，亦为胜之。"李翱、皇甫湜、李观、欧阳詹分别有《李文公集》《皇甫持正文集》《李元宾文编》《欧阳行周文集》行世，而且全是文的结集，其中无诗。处于伯仲之间，甚至略胜一筹的张籍，其文却几乎濒临失传，幸存的二书，只是由于古文大师韩愈曾有酬答，且依傍于韩集，才得以保存。此无他，张籍之诗名太盛，诗盖过其文了也。今人重新整理张籍遗作，如"安徽古籍丛书"中的《张籍集注》，既以"集"名，仍然只收诗作，而将好不容易才收入集中的此两文排斥在外，实在欠妥。(2013-8-31)

十二、月灯阁何所在？

月灯阁这一既可为新及第进士举办打球会宴，又可供散客闲游就餐的公众场所，究竟在长安的什么地方呢？

有一部张永禄主编的《唐代长安词典》，全书 571 页，共收词目 4 377 条。然而从其中却未能找见"月灯阁"词条。

傅璇琮《唐代科举与文学》："唐时月灯阁的地点不详，清人所修《咸宁县志》卷一〇《地理志》,东乡,记有‘韩森社,在城东五里,统四十二村’,村名有长乐坡、月灯阁。由此推测,则月灯阁在唐时或当也在长安的东城。”(陕西人民出版社 1986 年,第 320 页)据清代文献作了可信的推断。

潘孝伟《唐代体育》(1995 年):“月灯阁位于长安游览胜地曲江池东岸。”(19 页)

李斌城等《隋唐五代社会生活史》(1998 年):“那些荣登金榜的进士等辈,照例要去浐水西岸的著名球场月灯阁,挥球杖上场,一展风采。”(468 页)

按:早在 1983 年,《体育文化导刊》第 3 期发表的林思桐《唐代的月灯阁球会》一文业已指出:“陕西西安大雁塔东、浐河以西的月灯阁村(今属雁塔区等驾坡公社月灯阁大队)是唐代月灯阁遗址。一千多年前的月灯阁,地处长安游览中心曲江池的东岸。”(42 页)潘、李所说月灯阁方位,未注出处,不过是林文的转述。只是林文亦未给出其所说的文献依据。基层建制容有变动,而月灯阁作为村镇地名,今当仍在。

杨波《长安的春天——唐代科举与进士生活》:“新进士打球多在城南西禅寺附近的月灯阁。‘莫说城南月灯阁,自诸楼看总难胜。’(王建《早登西禅寺阁》)此地为文士平日游宴常到之处。元稹和白居易等友人曾多次来这里闲游,《酬翰林白学士代书一百韵》诗有句曰:‘僧餐月灯阁,醵宴劫灰池。’”(112 页)说月灯阁在西禅寺附近,那西禅寺又在城南何处呢?作者并未作出交代。

按:今本《历代名画记》卷三《记两京外州寺观画壁》载上都“西禅寺:裴孝源云,有孙尚子画”(66 页)。据日人冈村繁考订,此处自禅定寺至延兴寺诸条(包括本条)皆后人以《贞观公私画史》羼入,非张彦远原文。“西禅寺”,《画史》原本作“隋西禅寺”,并认为：隋西禅寺“不知与唐的哪个寺院相对应”（193页）。即在唐代，长安已无以西禅为名的寺院。正因为如此，尹建华校注王建此诗，即认为：“‘西禅寺’当为‘栖禅寺’之讹，脱‘木’边。”宋敏求《长安志》卷一五：“逍遥栖禅寺在（鄠）县东南三十里，后秦弘始三年置。……”（261页）按：鄠县虽是京兆府属县，然“东北至府六十五里”（《元和郡县志》1/29），已是长安远郊。王建既然在鄠县登阁，为何却引六十多里外月灯阁来类比呢？

元骆天骧《类编长安志》卷八《数目故事》“三小川”条：“近京城胜游之处，一曰御宿川，在长安南四十里上林苑……二曰樊川，在长安南二十五里……三曰□川，在长安东南三十里，《地理志》：‘□川，即浐川也。’有南亭、北亭、龙首渠堰、月登阁、鸣犊镇。”（254页）可知月灯阁确在浐川，是近京城三大胜游处之一。只是由于《类编长安志》，《四库全书》未收，其点校本又只将目录所列大小条目编为索引，月灯阁的“灯”字又书作“登”，以致无论利用电子检索，还是使用纸本索引，都未能方便地检到罢了。（2012-2-18）

十三、胡旋舞，是在“毯”上舞？还是在“球”上舞？

新乐府《胡旋女》，原创者李绅之作已佚，元稹、白居易续作今皆存。周相录注元稹此诗，谓：“胡旋：古代西北少数民族之舞蹈，出自中亚之康国，唐时传入中原，以各种旋转动作为主。《新唐书·礼乐志十一》：‘胡旋舞，舞者立毯上，旋转如风。’”（《元稹集校注》24/738）所引《新唐书·礼乐志》，“舞者立毯上”，点校本作“舞者立球上”。检百衲本、明北监本、汲古阁本、清武英殿本、文渊阁《四库全书》本、浙江书局本，皆不异（唯汲古阁作异体“球”）。

今引文作“立毯上”，是注者另有版本依据，还是仅凭理解而作的所谓“理校”？擅改引文而不加说明，殊不足取。

有关胡旋舞的比较早且比较权威的记载，见唐末段安节《乐府杂录》。其“俳优”门载：“舞有骨鹿舞、胡旋舞，俱于一小圆球子上舞。纵横腾踏，两足终不离于球子上。其妙如此也。”检《类说》《古今说海》《古今逸史》《学海类编》、文渊阁《四库全书》《墨海金壶》《守山阁丛书》诸本，字皆作“球”，《说郛》（宛委山堂本）用异体“毬”，绝无作“毯”者。《太平御览》卷五六七录此条，作：“舞有骨鹿舞、胡旋，俱于一小圆毯子上舞。纵横腾掷，两足终不离于毯上。其妙若，皆夷舞也。”字虽作“毯子”，但不能据此即认为《乐府杂录》原文也是这样。因为在宋人类书或总集一类著作中，不只《太平御览》，其他如陈旸《乐书》、潘自牧《记纂渊海》、郭茂倩《乐府诗集》中，也都曾引录《乐府杂录》此条，字都作“球子”，不作“毯子”。

《乐书》卷一七三：“《乐府杂录》曰：舞有骨鹿舞、胡旋舞，俱于一小圆球上，纵横腾蹴，两足不离球上。其妙若此，皆夷舞也。”

《记纂渊海》卷七八：“舞有骨鹿舞、胡旋舞，俱于一小圆球子上舞。纵横腾掷，两足终不离于球上。其妙若此，皆夷舞也。（《乐府杂录》）”

《乐府诗集》卷九七元稹《胡旋女》解题：“……《乐府杂录》曰：胡旋舞，居一小圜球子上舞，纵横腾掷，两足终不离球上。其妙如此。”

可见，以为胡旋舞不在“球”上，而是在“毯”上舞，从文献校勘上说，是没有依据的。

美术考古学家常任侠在论及胡旋舞时说道：“在敦煌壁画中，和唐代玉饰雕刻中，以及1971年在河南安阳北齐墓葬中发现的黄釉瓷扁壶上，都有胡旋舞的形象，而且都是在一个圆毯子上舞蹈，可以用实物证明所谓在球子上的错误。”①文物考古材料可以说明胡旋舞在小毯子上舞蹈，但仍不足以证明文献中的“球”字即“毯”字形近而误。

其实，在唐朝前后，“球”字有二音。一音 qū，义为形状似球的物事，字或作鞠，俗作球。二音 qiū，系“氍”的俗字，而“氍”之义，则“氍毹、毾㲪，皆毡緂之属，盖方言也”（《说文》8 上/26A）。辽僧行均撰《龙龛手鉴》四卷，《四库全书》著录于经部小学类字书之属。《提要》谓：是书“凡二万六千四百三十馀字，注一十六万三千一百七十馀字，并注总一十八万九千六百一十馀字。于《说文》《玉篇》之外，多所搜辑。虽行均尊其本教，每引《中阿含经》《贤愚经》中诸字以补六书所未备，然不专以释典为主”。书中“毛”部，球：“音求。毛丸，击以为戏也。”又，毬(球之异体字)，与另 6 字，谓皆氍之“俗”字，而氍：“其俱反。毛席毯褥之属也。”(1/46A)可见，音 qiū 之“球”字，其义实与“毯”区别不大。氍、球有时连用。《新唐书·西域传下》安国·东安：“开元十四年，其王笃萨波提遣弟阿悉烂达拂耽发黎来朝，纳马豹。后八年，献波斯骒二，拂菻绣氍球一，郁金香、石蜜等，其妻可敦献柘辟大氍球二，绣氍球一，丐赐袍带、铠仗及可敦袿襹装泽。”(221 下/6245)引文中提到的各类“氍球”，当亦即“毛席毯褥之属”的织物。

在大型字典辞书中，徐中舒主编之《汉语大字典》于“球”字下注有此二音二义。《康熙字典》则于“球”下列有“花球”一词，亦毳毛类织物，其释文作：“花球，毳布也。《外国志》：‘哈烈古大宛地有琐状花球，织鸟毳成文。’”(2012-11-17)

---

① 常任侠《丝绸之路与西域文化艺术》，第 167 页，上海文化出版社，1981 年。

十四、“示戍人”，还是“示戎人”，不为万里之行？

白居易《西凉伎》：“自从天宝兵戈起，犬戎日夜吞西鄙。凉州陷来四十年，河陇侵将七千里。平时安西万里疆，今日边防在凤翔。”其下自注：“平时开远门外立堠，云去安西九千九百里，以示戍人不为万里行，其实就盈数也。今蕃汉使往来，悉在陇州交易也。”引文据顾学颉点校之《白居易集》卷四，其底本为南宋绍兴年间刻《白氏长庆集》七十一卷本，于此注未校出有何异文。朱金城《笺校》以明万历三十四年马元调刊本为底本，与绍兴本属同一系统，此注文亦全同，而其校记则列有清末影刻宋本《白氏讽谏》的注文：“平时开远门立堠，云西去安西九千九百里，云示戎人不为万里行，万乃盈数矣。今蕃汉往来凉州，可交易矣。”(213 页)其中值得注意的，是示其不为万里行者，不是“戍人”，而是“戎人”。

白居易此诗是对元稹和李绅《新乐府》二十首的再和，李绅诗今已不存，元稹《西凉伎》则有句如下：“一朝燕贼乱中国，河湟忽尽空遗丘。开远门前万里堠，今来蹙到行原州。”其下亦有自注：“平时开远门外立堠，云去安西九千九百里，以示戎人不为万里行，其就盈故矣。”(《元稹集》卷二四)冀勤点校本除指出“其就盈故”宋本作“其实就盈数”外，于“示戎人”未校出另有异文。似乎元、白两人之注，皆当以“示戎人”为正矣。

“戎人”，指西部边疆内外之诸族人；“戍人”，指的则是从内地往西部边疆征戍之人。究竟“示戍人”，还是“示戎人”不为万里之行呢？

宋钱易《南部新书》己卷第 79 条：“平时开远门外立堠，云西去安西九千九百里,以示戍人不为万里之行。”参照此前数条,此条当录自白《集》,文渊阁《四库全书》本、《学津讨原》本、《粤雅堂丛书》本原亦皆作“示戎人”,黄寿成点校本据明刻本校改为“示戍人”,是改得对的。表明依据《南部新书》较早的本子,钱易所见白诗此注本作“示戍人”。

宋俞鼎孙、俞经《儒学警悟》节录程大昌《演繁露》,其卷五“唐世疆境”条载:“元稹《乐府》注: 长安西门,开元时立堠,名万里堠,书其国西疆境,曰: 西至安西都护府九千几百里。且云: 其实万里,虑征戍者远之,乃减其数,使不盈万。此元稹之说然也。然《唐书·地里志》总载唐极盛时地里,曰: 东极海,西至焉耆,东西九千五百里。夫合唐地东西言之,仅有九千馀里,虽焉耆距安西,地犹在东,然距海才九千五百里,安得自长安到安西而盈万里者哉?”(340)程大昌的主旨在论证自长安至安西不到万里,但从他对元稹注文的转述中,可知元稹的原文也是作“示戍人”的,若是“示戎人”,绝不可能转述成“虑征戍者远之,乃减其数,使不盈万”。

《四库全书考证》卷九八《全唐诗考证》“卷四百十九”: 元稹“《西凉伎》注:‘平时开远门外立堠,云去安西九千九百里,以示戍人不为万里行,其实就盈数也。’刊本‘戍’讹‘戎’,‘其实就盈数也’讹‘其就盈故也’,据《白氏长庆集》改。又按《唐六典》: 京城西面三门,北开远。《旧唐书·地理志》: 安西都护府治龟兹国城内。《汉书·西域传》: 龟兹去长安七千四百八十里。《唐书·西域传》: 龟兹,即汉西域旧地也,在京师西七千五百里。新旧《唐书》作七千里而赢,俱与此异。”(98/32A)除肯定“示戎人”系“示戍人”之误外,亦对万里之距说表示怀疑。

其实,《资治通鉴》卷二一六天宝十二载八月条亦载:“是时中国盛强,自安远门西尽唐境万二千里,闾阎相望,桑麻翳野,天下称

富庶者,无如陇右。”安远门即开远门。胡三省注:“‘西尽唐境万二千里’,并西域内属诸国言之。”(2013-4-28)

十五、《续玄怪录》作者考定过程的曲折

1961 年,卞孝萱发表了一篇富有创见的论文《续玄怪录作者及写作年代探索》。文中有一处因疏忽而致的硬伤,谓被他考定为《续玄怪录》作者的李谅(字复言),行六,系贞元十六年的及第进士,白居易的同年。这一疏忽曾多年为人所重复。白居易同年中确有“李六”,他有一首题曰《酬郑二司录与李六郎中寒食日相过同宴见赠诗》,自注:“二人并是同年。”《登科记考》曾加引用,按语谓:“李郎中名俟考。”白居易另有“凭莺传语报李六”等其李六确指李谅的诗。又有李景俭,诗中亦称之为李六。岑仲勉当年在《唐人行第录》中曾经指出:“元、白两集称李六者数人,容易相混。”卞文恰恰将白的同年李某与诗友李谅相混了。

也许曾遭人批评,也许他本人亦已发觉,1984 年,当他将上揭论文与《再谈续玄怪录》等综合改写,以《李谅与续玄怪录》为题收入《唐代文史论丛》中时,就将这一疏忽悄悄地抹去了。文中论及李谅的“科名”,就只剩下这么几句话:“牛僧孺《玄怪录》卷一《张老》云:‘贞元进士李公者,知盐铁院。’从牛僧孺与李谅的关系以及李谅贞元末的官职来看,与这个李公正合。”(110 页)

程毅中在 1982 年 9 月出版的《玄怪录续玄怪录》“点校说明”中说:“《续玄怪录》的作者李复言,生平不详。有一个与白居易同年的李复言,据钱大昕《十驾斋养新录》考证,名谅……这个李谅,贞元十六年进士登第,官至岭南节度使,卒于大和七年。”仍在正面转述卞的这一疏忽,像是毫无察觉似的。其实不然。因为次年他

在《甘肃社会科学》第2期发表的《玄怪录续玄怪录的版本和作者》中即曾特意指出："李谅为贞元十六年进士，系卞孝萱同志所考。但岑仲勉《唐人行第录》认为白居易《同王十七庶子李六员外郑二侍御同年四人游龙门有感而作》等诗中的李六并非李谅，白诗作于大和三年后，时李谅任京兆尹。"(82页)此文疑系未经删改的点校说明原稿。到2006年《玄怪录》重校本出版，不仅更换了底本，前言经改写增加了近一倍篇幅，而在言及《续录》作者部分，却一仍原样，未作改动。似乎仍在让卞对此说的正误负责。

直到1993年底，即在卞的《论丛》出版近10年之后，李剑国《唐五代志怪传奇叙录》在论及《续玄怪录》作者时，仍然写下了这样的话语："据卞氏所考，李谅字复言，行六，人呼李六。生于大历十年，贞元十六年进士及第，与白居易同年。贞元末任同州澄城长，二十一年为度支盐铁副使王叔文巡官，旋被叔文荐为左拾遗。……今按以李谅行迹核《续玄怪录》，多有扞格处。"(693页)

看来，卞孝萱虽然将疏误悄悄地抹去了，而疏误所造成的社会影响却并不是随之即可抹掉的。不肯直面正视疏误，公开说明疏误及修订之处所在，人们哪有闲情将你旧作与你新出的"论丛"一一对照？程毅中和李剑国对卞的新说都持程度不等的保留态度，作为所创新说有力支柱之一的这一疏误，由原创者对之继续承担责任，不也是在情理之中的吗？(2012-3-3)

十六、见于《旧唐书》的严謩、严誉、严謇绝非同一人

唐佚名《大唐传载》："李相国程执政，时严謩、严休皆在南省。有万年令阙，人多属之，李公云：'二严不如謩。'"亦见《太平广记》

卷一七四“李程”条引录。“二严不如謩”,作“二年不知謩”。

岑仲勉就此条作过考订和阐发,题曰《二严不如謩》,见《唐史馀瀋》卷三。其中言及“‘严謩’实应正作‘严謇’”时,提到:“‘謩’‘誉’‘謇’三字有互讹之可能。”而《新旧唐书人名索引》遂将书中的严謩、严誉、严謇,都置于严谟一人名下,并加注说:“严谟,《元和姓纂》作严謩。按‘谟’‘謩’,写法之异也。据岑仲勉考证,严謩、严誉、严謇为一人,‘謩’‘誉’‘謇’盖形近而误。见《元和姓纂四校记》卷五、《唐史馀瀋》卷三。”(1508页)其实,岑氏绝未说过三者为一人,只说过见于《传载》的严謩是严謇之误,见于《旧·纪》16/497的严誉是严謩之误,见于《旧·纪》17下/569的严誉是严謇之误,而严誉则史乘未见其人。唯除第一点外,其馀未怎么展开,兹分别申说之如下:

《传载》之严謩系严謇之误。李程为相“执政”,据《新唐书·宰相表》,自长庆四年(824)五月乙卯至宝历二年(826)九月壬午。(63/1715)而严謩,“早以长庆二年四月自秘书监出为桂管观察,约四年底卒桂管任上,则程执政时謩不在南省,且已擢居方镇,不应降属畿令也。唯郎官柱户部员外郎有严謇,推其时代,当在长庆、宝历间,与程相同时。……《传载》之‘严謩’,实应正作‘严謇’也”(《唐史馀瀋》3/167)。

《旧·纪》16/497之严誉系严謩之误。《旧·纪》于元和十四年(819)载:“二月己酉朔,以商州刺史严谟为黔中观察使。”(15/466)又于长庆二年(822)载:四月“丁亥,以秘书监严誉为桂管观察使”(16/497)。韩愈《韦侍讲盛山十二诗序》“黔府严中丞为秘书监”下宋人旧注:“元和十四年二月,以商州刺史严暮为黔中观察使,长庆元年入为秘书监。”(4/170)白居易《严谟可桂管观察使制》:“朝议大夫、前守秘书监、骁骑尉、赐紫金鱼袋严谟:尝守商洛,刺黔巫,州部县道,谧然安理。……可使持节都督桂林诸军事,守桂州刺史兼御史中丞、桂州本管都防御观察处置等使。”(51/1069)足证《旧·纪》两处所载为同一人,16/497处之名应正作严謩。

《旧·纪》17下/569之严誉系严謇之误:《旧·纪》于开成二年(837)载:三月“壬午,以楚州刺史严誉为桂管观察使”(17下/569)。又于开成四年(839)载:十月辛酉,“前桂管观察使严謇卒。”(17下/579)尚书省郎官石柱题名,户部员外郎第十五行有严謇题名(《新著录》369)。《册府元龟·帝王部·惠民》:“[大和]三年(829)五月,诏:去年已来水损处,……以右司员外郎刘茂复充曹濮等道赈恤使,户部员外郎严誉兖海等道赈恤使。”(106/10B)《册府元龟·帝王部·慰劳》:“[大和四年]二月,兴元三军作乱,节度使李绛及家并被处置讫。命给事中崔管充山西道宣慰使,户部员外郎严謇为副。”(136/19B)《元龟》也与《旧纪》一样,同一人而其名严誉、严謇互见。皆当以石刻之题名“严謇”为正。

可见,“謩”“誉”“謇”三字虽形近易互讹,然而见于《旧唐书》的“严謩”“严誉”“严謇”绝非同一人。“严誉”凡两见,实无其人,一系严謩之误,一系严謇之误。而“严謩”“严謇”确系两人,而非同一人。此两人虽皆曾任桂管观察使,却一在长庆二年至四年(822—824),一在开成二年至四年(837—839),前后相距一十五年。(2012-5-26)

十七、《高元裕碑》的录文

萧邺撰、柳公权书《高元裕神道碑》的录文,载于王昶《金石萃编》(嘉庆十年)卷一一四、《全唐文》(嘉庆十九年)卷七六四者,皆缺字甚多,几难卒读。陆增祥《八琼室金石补正》(成于晚清,刊行于1925年)卷七五为之补出不少,但由于只载增补部分,阅读、使用均感不便。陈尚君《全唐文补编》(2005年)卷八一据《萃编》《八琼》和《洛阳名碑集释》重加录载,较《全唐文》增补300馀字,嘉惠学子,有裨学林多多,乃一大好事。

此碑当有多份拓本存世。碑文如下一段:

> 寻改宣歙池观察使兼御史大夫。入拜吏部尚书。□□□□□懿□□太后迁殡两仪殿,充大明宫□□,复为□□使。已事,迁检校吏部尚书山南西道节度观察等使。……公为襄州之五岁,慨然有悬车之念,累章陈恳,故复有冢宰之命,即日济江……大中六年夏六月廿日,无疾暴薨于南阳县之官舍,享年七十六。(996页)

严耕望《唐仆尚丞郎表》(1956年)卷九吏尚辑考"高元裕——再入"条引用时,曾据历史语言研究所藏旧拓本及另一拓本重录,自云较旧本(《全文》《萃编》《八琼》)增十一字,正误三字。以之与《补编》比照,亦有如下差异:"懿"前五空阙无,"懿"后两空阙为"安皇";"大明宫"后两空阙为"留守";"山南西道","西"字空阙,其下加括号注"东"字;"冢宰"前空阙二字。

其中比较重要的,一是"大中六年"之"六",《萃编》《全文》原皆误作"四"(《八琼室祉正》已正,严谓"《补正》亦未纠",不确)。这关系到高的卒年。二是"山南西道"之"西"。严云:"旧拓本'山南□(东)道'之'东'字虽不显,然下云'为襄阳之五岁'襄字甚明,则所阙□必为'东'字,然《全唐文》与《萃编》均作'西',误矣。大中六年卒,'六'字极显明,本所藏另一拓本亦然。而《全唐文》《萃

编》均误作‘四’,《补正》亦未纠。吴《表》四所引亦作‘西’‘四’,亦未见旧拓本耳。”(523 页)

吴《表》指吴廷燮《唐方镇年表》。虽未见旧拓本,但已依据碑文内容及旁证材料,指出“西”“四”之误:“按《高公碑》,《全唐文》《金石萃编》刻本有误文,新、旧《传》、《樊川集》均作山南东道,此作山南西,以碑文八郡证之,山南东道领襄、复、郢、均、随、房、唐、邓八州,山南西领兴元等十五府州,故知是东非西。碑文大中四年亦误,当作六年。”(640 页)碑文有“于汉南以八郡化”语,“以碑文八郡证之”指此。

今《补编》仍作“西”,是否亦既与未检其拓本有关,又与未深究碑文之内容有关耶?(2010-8-2)

十八、王楙“金条脱事”考质疑

南宋王楙所撰《野客丛书》,作为一部学术笔记,《四库提要》对之评价甚高:“考辨精核,位置于《梦溪笔谈》《缃素杂记》《容斋随笔》之间,无愧色也。”同时又对其中“千虑一失”的疏误,列举了多条。点校本的点校者王文锦也认为:全书 618 条笔记,“大部分是好的,或是比较好的。不过也有一小部分是差的、错的”。在《提要》之外,又列举了不少实例。今再就书中就玉条脱事所作的考辨提出一些质疑意见。

《野客丛书》卷一四“金条脱事”:

> 《南部新书》载:“大中间,上赋诗,有‘金步摇’未能对,令温飞卿续之,飞卿以‘玉条脱’应之。宣宗令以甲科处之,为令狐绹所沮,除方城尉。绹尝问其事于飞卿,曰:‘出《南华真

经》,非僻书也,冀相公燮理之暇,时宜览古。’绹甚怒。后飞卿诗有‘悔读南华第二篇’之句。”《北梦琐言》谓:“《南华真经》无玉条脱事,不知当时何所据也。”仆谓:《真诰》“玉条脱”事正在第一篇中,谓“《华阳》第一篇”可也,岂“《南华》第二篇”邪?然考《飞卿集》有《题李羽故里》一诗,尾句曰:“终知此恨销难尽,孤负华阳第一篇。”无“悔读南华第二篇”之句,得非别诗乎?

“考”所引《北梦琐言》语,今本《北梦琐言》不载。今本《琐言》已有散佚,远非原本足本,今本不载不一定原本即不载。然今本记温事相当详赡,且甚完整,见卷二、卷四,不似有所脱佚。另,北宋末阮阅《诗话总龟》前集卷三一亦曾引录《南部新书》此条,其下一条实是阮阅所加的按语,如下:“《北梦琐言》载廷筠事甚详,此独载玉跳脱事。又《琐言》以‘跳’为‘条’,与此不同。《南华真经》无玉跳脱事,不知当时何所据也。”显然,王楙错误地将阮阅的按语认作《琐言》的内容了。《南部新书》引文,原作“玉跳脱”,“跳”与“金步摇”之“步”才能构成确对,今径改作“条”,也欠严谨。

令狐绹问“事”于温庭筠,问的是什么“事”?阮阅和王楙认为即是玉跳脱的出处,并凭自己的理解对《南部新书》引文作了篡改。《新书》原文“令以甲科处之,为令狐绹所沮,遂除方城尉。初,绹曾问故事于岐……”《新书》渊源所自的《北梦琐言》亦作:“或云曾以故事访于温岐,对以其事出《南华》。……”今两人都删“初”字,并将“问故事”改作了“问其事”。有“初”,追述也,问“事”可以在“令以甲科处之”前;“问故事”,问的可以是其他什么掌故,“问其事”则坐实为玉跳脱矣。清人吴景旭对之即存有疑问:“……余窃有疑焉:一云‘曾问其事’,一云‘曾以故事访’,或者别事,非明指‘条脱’耶?”(《历代诗话》卷五二)唐卢言《卢氏杂说》载:“文宗问宰臣:‘条脱是何物?’宰臣未对。上曰:‘《真诰》言安妃有金条脱,为臂饰,即今钏也。又《真诰》:萼绿华赠羊权金玉条脱各一枚。’”(见《能改斋漫录》卷三“条脱为臂饰”条引)则在宣宗前,金条脱、玉条脱皆见《真诰》在宫廷已是常识,令狐绹是否仍将它作为“事”来问温庭筠,确实也值得怀疑。正因为王楙主观地将问的“事”坐实为玉条脱,才又引出了他如下一段凿空断语:“仆谓《真诰》玉条脱事正在第一篇中,谓‘《华阳》第一篇’可也,岂‘《南华》第二篇’耶?”不仅断言《南华》为《华阳》之误,复进而篡改温庭筠另一首诗的诗句来佐证其臆说。于是接着又说:“然考《飞卿集》有《题李羽故里》一诗,尾句曰:‘终知此恨销难尽,孤负华阳第一篇。’无‘悔读南华第二篇’之句,得非别诗乎?”

按:温庭筠《题李羽故里》,诗题或作《宿杜城亡友李羽处士故墅》《李羽处士故里》《李羽处士故墅》《伤李羽士》。其末句,今得见者,《才调集》《四部丛刊》本《温庭筠诗集》、清曾益《温飞卿诗集笺注》《全唐诗》,皆作“辜负南华第一篇”;《文苑英华》、传元好问《唐诗鼓吹》、明陆时雍《唐诗镜》、清康熙《御定全唐诗录》,皆作“辜负南华第二篇”(《鼓吹》“辜负”作“孤负”)。未发现有如王楙所引作“孤负华阳第一篇”者。王楙之引文,是他在南宋尚能见到的什么孤本秘籍以为凭据?还是仅凭他个人主观不可靠的记忆而作的臆改?难道后人不能提出如此这般的质疑吗?(2012-9-8)

十九、读《诗话总龟》“郑相肇牧庐州日”条书后

宋阮阅《诗话总龟》卷一〇《雅什门》上:“郑相肇牧庐州日,以

诗酒为娱。《题郡斋》曰:‘九衢尘里一书生,多幸逢时拥旆旌。醉里眼开金使字,紫旗风动耀江明。’后代者薛沆郎中到郡,《题藏舟浦花》一联云:‘也知别有风光主,蓓蕾枝枝似去年。’又《别后寄席中三兰(三人名中并曰兰)》:‘淮淝两水不相通,隔岸临流望向东。千颗泪珠无寄处,一时弹与渡前风。’郑多佳句,如‘冻瓶粘柱础,宿火陷炉灰’,人皆称之。(《南部新书》)”(10/114)

出处,月窗本作《南郡新书》,校点本改作《南部新书》,然今本《南部新书》未载,《南部新书溯源笺证》“佚文”漏辑,当补。

此条虽只寥寥数语,可议之点却不只一处。

首先是此“郑相”之名。《总龟》影印文渊阁《四库全书》本已校改作“郑綮”。其本传见《旧唐书》卷一七九(4662 页)、《新唐书》卷一八三(5384 页),名亦作“綮”。然《新唐书·艺文志》著录其所作《开天传信记》,却又作“棨”(58/1468)。郎官石柱户部员外郎第20 行、仓部员外郎第 13 行有其题名(271、282 页),字皆作“綮”。当以“綮”为正。

其次是所录各诗的作者。共录诗 4 首(2 全诗,2 断句)。其中《题郡斋》《别后寄席中三兰》,《全唐诗》辑载于卷五九七郑綮名下(6914 页),不存在著作权问题。断句《题藏舟浦花》,《全唐诗》卷七九五辑载于薛沆名下(8957 页)。断句“冻瓶粘柱础,宿火陷炉灰”联存有全诗,题曰《老僧》,《全唐诗》既辑载于卷五九七郑綮名下,又辑载于卷八〇八景云名下,且于题下注“一作郑綮诗”(9120 页)。二联断句都存在著作权问题,得稍展开谈谈。

薛沆是郑綮的继承者,接替郑綮任庐州刺史。郁贤皓未检见本条,仅据《全唐诗》薛沆小传“庐州刺史”,估系“乾符中”任,误置于郑綮前(《全编》29/1767),成了郑綮的前任。细味诗句,此诗当是薛沆已来上任,未到州衙,藏舟浦花中,郑綮对之揶揄而作。否则,薛沆这位新来乍到的"风光主",怎知"蓓蕾枝枝似去年"?《全唐诗》辑载于薛沆名下,显属误判误系。

景云又是什么人?《全唐诗》景云小传:"景云,善草书,与岑参同时。"说"与岑参同时",其依据为《唐诗纪事》卷七六《僧景云》所载"岑参有《偃师东与韩樽同诣景云上人即事》云……"(76/1107)。而《纪事》所载岑参此诗诗题,"景云"与"上人"间,实际上却脱了一个"晖"字。诸总集和岑参别集均作"景云晖上人"(仅《文苑英华》无"景云"2字)。则"与岑参同时"且有交往者为"晖上人",诗题中的"景云"乃寺名而非僧人名。陈铁民、侯忠义已考出偃师东巩县罗口堡确有寺名景云。(《岑参集校注》,44页)而景云则另有其人。至于《老僧》诗,王仲镛指出:"胡震亨《唐音统签》以为当是郑綮作,'或以为释景云诗者非。'是也。"(《唐诗纪事校笺》76/1994)

4首诗除《老僧》外,皆与郑綮任庐州刺史有关。而其任庐州刺史,实际上也并非只是"以诗酒为娱"。"黄巢掠淮南,綮移檄请无犯州境,巢笑为敛兵,州独完。僖宗嘉之,赐绯鱼。岁满去,赢钱千缗藏州库,后它盗至,终不犯郑使君钱。及杨行密为刺史,送都还綮。"(《新·传》183/5384)其诗作的风格特点,是所谓"歇后体",内容则多以"诗谣托讽",并以此为天子赏识,钦点为宰相:"大顺后,王政微,綮每以诗谣托讽,中人有诵之天子前者。昭宗意其有所蕴未尽,因有司上班簿,遂署其侧曰:'可礼部侍郎、同中书门下平章事。……省史走其家上谒,綮笑曰:'诸君误矣!人皆不识字,宰相亦不及我。'史言不妄。俄闻制诏下,叹曰:'万一,然笑杀天下人!'既视事,宗戚诣庆,搔首曰:'歇后郑五作宰相,事可知矣。'固让,不听。立朝侃然,无复故态。自以不为人所瞻望,才三月,以疾乞骸。拜太子少保致仕,卒。"(同上)其拜相是其庐州刺史卸任后十馀年事,本条称之为"郑相肇",追称也。可知郑綮是一位颇有自知之明的诗人。但只不过

是诗人,诗人并不一定具有理政治国之才,这一郑綮自知甚明的简单道理,却并不一定每个人都明白。(2015-5-7)

二十、"三峰朝相、四入崔相"浅释

孙光宪《北梦琐言》卷六"李常侍遇道术"条记李涪常侍自僧爽公处获得"黄白之术"。"尔后最受三峰朝相、四入崔相恩知,每遇二公载诞之辰,乃献银药盂子。此外虽家屡空,终不自奉,亦不传于子孙。"(6/45)其中"三峰朝相、四入崔相",明显指人而言,而且是曾任宰相的大人物。究竟是谁呢?又为什么如此称呼呢?

影印文渊阁《四库全书》本《北梦琐言》,"尔后最受三峰朝相、四入崔相恩知"作"尔后最受三峰胡相国及崔相恩知",未必另有什么版本依据。"三峰朝相"的"朝"字本不误,编纂者大概疑此处有误难解,辄凭猜想或推断肊改作"胡相国",纯属"胡"改。中华贾二强点校本则改"朝"为"韩",其校勘记曰:"原本作'朝',明本作'韩',傅校作'朝'。按:作'朝'文义扞格难明。'三峰'乃华州之别称,'韩相'者,当谓其时镇国军节度使、华州刺史韩建。因据改。"(129页)也不确。盖韩建只是使相,当时人并不以真相称之。李涪是"光化(898—901)中与诸朝士避地梁川"才结识僧爽公的,其获得"黄白之术"当在光化末、天复初,而韩建所据之同、华州,天复元年(即光化四年,901)十一月即被朱全忠攻陷,韩建投降,且被徙为许州节度使矣。傅增湘针对明本之"韩",仍坚持应作"朝",具见卓识。

"三峰"确是华州的别称或俗称。所谓"三峰朝",是指唐末凤翔李茂贞攻长安,昭宗出奔,为镇国军节度使韩建强邀,驻跸华州期间的唐朝廷。时间从乾宁三年(896)七月至五年(898)八月。三峰朝新拜的宰相三人,即:陆扆、朱朴、崔远。其中,陆扆拜相后仅五十二天即遭贬,其再相已在昭宗返回长安之后。朱朴为相六个月被罢,寻即一贬再贬,且卒于贬所。只有崔远,自昭宗到华州两个月拜相之后,讫未罢免,可谓与三峰朝相始终。昭宗返回长安后,光化三年(900)九月一度罢为兵部尚书,天祐元年(904)正月复相,直至朱梁代唐前夕,始遭白马之祸。其间,乃至死后,都可以"相"尊称之。李涪光化末、天复初获得"黄白之术"后,能在"载诞之辰"向其"献银药盂子"的"三峰朝相",当指崔远,且非崔远莫属也。

至于"四入崔相"指谁?那倒是史有明文的。《新唐书·奸臣·崔胤传》:"崔昭纬屡荐之,由户部侍郎同中书门下平章事。方王珙兄弟争河中,以胤为节度使,不得赴,半岁,复以中书侍郎留辅政。及昭纬以罪诛,罢为武安节度使。陆扆当国。……胤素厚朱全忠,委心结之。全忠为言胤有功,不宜处外,故还相而逐扆。光化初,昭宗至自华,务安反侧,而胤阴为全忠地,俾擅兵四讨。帝丑其行,罢为吏部尚书,复倚扆以相。会清海无帅,因拜胤清海节度使。……[胤]即漏其语于全忠,令露劾[王]抟交敕使共危国,罪当诛。胤次湖南,召还,守司空、门下侍郎、平章事,兼领度支、盐铁、户部使,而赐抟死,并诛中尉宋道弼、景务修。由是权震天下,虽宦官亦累息。至是,四拜宰相,世谓'崔四入'。"(223下/6355)则"四入崔相"即是崔胤,应该是不成问题的了。

只是由于"入""八"二字字形相近,一些以"崔四入"称谓崔胤且记其事的古文献,如《太平广记》卷三八八"崔四八"条录《玉堂闲话》,钱易《南部新书》甲卷"崔四八即慎由之子小名缁郎"条,都误"入"为"八",于是又横生了一些枝节。岑仲勉《唐人行第录》"崔四十胤"条:"《南部新书》甲云:'崔四八即慎由之子,小名缁郎。'按依唐及五代人行文例,应云'崔四十八',无作'崔四八'者,

'四八'显'四十'之讹。"(109页)或者作者正在研究行第,凡带有数字的称谓辄以行第释之,以致可以置史书已有的明确记载于不顾。"显"然,这种强词夺理的解释是不可能站住脚的。(2011-5-27)

二十一、沈询、归秦循环血案杂考

《太平广记》卷二七五《归秦》:"沈询有嬖妾,其妻害之,私以配内竖归秦,询不能禁。既而妾犹侍内,归秦耻之,乃挟刃伺隙杀询及其夫人于昭(仪)[义]使衙。是夕,询尝宴府中宾友,乃便歌著词令曰:'莫打南来雁,从他向北飞。打时双打取,莫遣两分离。'及归而夫妻并命焉。时咸通四年也。"注"出《北梦琐言》"。今通行本《北梦琐言》不见,若非所注出处有误,即是其佚文。今本有轶文四卷,此条又未见辑录。今本卷一二虽亦载及此事,而文字情节却差异甚大:"唐沈询,侍郎亚之之子也。昆弟二人,一人(忘其名),乘舸泛河,为惊湍激船栘梁板漂递,沈子亦漂而死。询镇潞州,宠婢,夫人甚铁,因配与家人归秦。其婢旦夕只在左右,归秦慚恨,伺隙剸刃于询,果罹凶手。杀归秦以充祭,亦无及也。"(97页)此事在当日是一桩相当轰动的桃色新闻。

节度使被杀,在正史中也不会不得到反应,而记述亦多歧异。记载的分歧实际上是当日曾轰动一时情况的反映。《新唐书·懿宗纪》:"[咸通四年]十二月乙酉,昭义军乱,杀其节度使沈询。"(9/258)同书《沈既济附孙询传》:"咸通四年,为昭义节度使,治尚简易,人皆便安。奴私侍儿,询将戮之,奴惧,结牙将为乱,夜攻询,灭其家。赠兵部尚书、左散骑常侍。刘潼代为节度,驰至,刳奴心祭其灵坐。"(132/4541)未出归秦名。《资治通鉴》卷二五〇:咸通四年十二月,"昭义节度使沈询奴归秦,与询侍婢通,询欲杀之,未果。乙酉,归秦结牙将作乱,攻府第,杀询。五年春正月,以京兆尹李蠙为昭义节度使,取归秦心肝,以祭沈询。”(8107页)虽出归秦名,情节则同,且皆与《广记》异。而继为节帅之人,彼此又互异。《新传》作“刘潼”,《通鉴》作“李蠙”。

唐朝仍是奴婢“律同畜产”的时代,这场循环屠杀血案,虽然其起因和具体情节存在诸多歧异,但由于一方是奴婢,是不会有人来为之考个究竟的。只是对于其中昭义节帅的继承者,清人倒是为我们留下了一条文字不太少的考证。

在上揭《新唐书·懿宗纪》那条记载之下,武英殿二十四史本和文渊阁《四库全书》本都有考证:“臣酉按:《旧书》是年正月,河东节度卢简求致仕,以昭义节度刘潼代,三月,以李蠙为昭义节度。是潼之后蠙,蠙之后询矣。而《新书·沈传师传》乃云询遇害,潼代为节度,诛害询者。岂潼本在询后耶?当是年月传误耳。”若按考证所引《旧纪》,则沈询之后的昭义节帅,既非刘潼,亦非李蠙。究竟是何人?考证并未给出明确的答案。但起码已经将它作为问题明确提出,并明确指出刘潼“年月传误”。经近人吴廷燮将各资料细加比勘,最后排定的序列为:刘潼继唐持,沈询继刘潼,李蠙继沈询。(《唐方镇年表》,490页)实际上肯定了《通鉴》的记载。

也许是清人的那条考证安放的所在有点不大对头,揭示的是《新·传》中的问题,却放在了《新·纪》之下,它并未引起人们应有的重视。在点校本《新唐书》中,无论在《懿宗纪》下,还是在《沈询传》中,都不能找见点校者所加的任何校勘标识。(2011-10-22)

二十二、大顺二年榜轶事多

大顺二年榜进士二十七人,《登科记考》考出姓名者十四人。

及第进士中,多数人都有一些事迹可述,但令人感兴趣且不怎么常见的轶事,在这科得以考见的区区十四人中,却竟有三人。

首先是崔昭矩。他是这一榜的状元。发榜的第二天,他的兄长崔昭纬拜相登庸。喜上加喜,庆了又庆。《唐摭言》卷八有《及第与长行拜官相次》门。“长行”,读如长辈、兄长之长(zhǎng),行辈、行第之行(háng),指父兄等长辈。全门共录四条事例,所拜之官为宰相者二例,另一例是其父翌日登庸。可见其稀罕。

其次是诗人杜荀鹤。他是这一榜的第八名。发榜之日,恰巧是他的生日。《南部新书》辛卷:“杜荀鹤,第十五,字彦之,池州人。大顺二年正月十日,裴贽下第八人。其年发榜日,即荀鹤生日。”唐代进士发榜,一般在二月,有延至三月者,正月发榜比较少见,有越常规。这样巧中之巧的巧事,当然要在社会上,尤其在诗人群中,引起巨大反响。以致年届六十二高龄的王希羽都特地赠诗表示祝贺:“金榜晓悬生世日,玉书潜纪上升时。九华山色高千尺,未必高于第八枝。”(《全唐诗》715/8215)王希羽的诗作今已佚失,只留此诗尚在流传,正是因为其所咏之事既极巧合且又极罕见也。

这里需要作一点小考证,《南部新书》说发榜之日亦即杜荀鹤的生日是正月十日,而《新唐书·昭宗纪》记载:大顺“二年正月庚申,孔纬、张浚罢。翰林学士承旨、兵部侍郎崔昭纬,御史中丞徐彦若为户部侍郎,同中书门下平章”(10/286,《宰相表》63/1748、《通鉴》258/8411同)。大顺二年正月壬子朔,庚申是此月之初九。崔昭纬登庸既在大顺二年正月初九庚申,则崔昭矩状元及第当在此前一日的初八己未。与《南部新书》所载有二日之差。究竟以何者为正呢?钱易在另一部著作《洞微志》中,曾再次言及杜荀鹤“于裴贽侍郎下第八人登科,乃大顺(三)[二]年正月十日荀鹤生日也”(见《诗话总龟》前集卷五引,48页)。彼此一致,文字并无差错,而且生日不易误记。或者崔昭纬之“登庸”，拟制在九日庚申，宣制已是十一日壬戌，而史所载乃拟制之日耶？

还有一位是“杜荀鹤同年生”张曙（《唐诗纪事》66/996）。此处“同年生”实与“同年”同义。此人当年与崔昭矩之兄崔昭纬同时应举，如今及第之日却要在宰相崔昭纬那里“过堂”。《唐摭言》卷一一《怨怒》：“张曙、崔昭纬，中和初西川同举，相与诣日者问命。时曙自恃才名籍然，人皆呼为将来状元，崔亦分居其下。无何日者殊不顾曙，目崔曰：‘将来万全高第。’曙有愠色。日者曰：‘郎君亦及第，然须待崔家郎君拜相，当于此时过堂。’既而曙果以惨恤不终场，昭纬其年首冠。曙以篇什刺之曰：‘千里江山陪骥尾，五更风水失龙鳞。昨夜浣花溪上雨，绿杨芳草属何人。’崔甚不平。会夜饮，崔以巨觥饮张，张推辞再三。崔曰：‘但吃，却待我作宰相，与你取状头。’张拂衣而去，因之大不叶。后七年，崔自内廷大拜。张后于三榜裴公下及第，果于崔公下过堂。”（11/7A）张、崔之间的这些瓜葛，作为轶事，是颇引人入胜的。《登科记考》系崔昭纬状元及第于中和三年（883）（23/882）。下距大顺二年（891），首尾仅八年。（2013-10-5）

杂琐事杂考十五题

一、四部分类法中小说归类的困惑

图书分类也是一门大学问。以《四库全书总目》集其大成的四部分类法，就古籍而言，有其优点，也有其方便处。《丛书集成初编》改为依中外图书统一分类法分类，总有点使人感到不便吧，以致上海书店出版《丛书集成续编》时，又改回仍旧依传统的四部分类法分类。

被《汉书·艺文志》称作“小说家”们的著作，后来在四部中，一般都归入了子部，然而却并不全都如此。由于笔记小说一类著作内容的庞杂，除了子部·小说家类（其中又细分为杂事、异闻、琐语三属）外，往往还被归入了别的部类，如：史部的杂史类、传记类（杂录之属）、地理类（杂记之属）、职官类（官制之属、官箴之属），子部的杂家类（杂学、杂考、杂说、杂品、杂纂、杂编之属），集部的诗文评类。即使同一种著作，在同用四部分类法分类的不同书目中，也往往被归入了不同的部类，其数目且往往不在少数。

只是这里要说的小说，却并非指这些内容非常庞杂的“笔记小说”，而是指形式十分单纯的文学作品，即用文言或白话创作的短篇、中篇或长篇小说。既然形式十分单纯，为什么在四部分类法中会遭遇困惑呢？这首先是因为，由于最高主持人乾隆皇帝的正统思想作祟，《四库全书》是将通俗文艺作品戏曲、小说，一概拒之于门外的。《总目》集部虽列有词曲类，所收也只有词作，若曲类，共录载了三部书，即《顾曲杂言》一卷、《钦定曲谱》十四卷、《中原音韵》二卷，元人杂剧、明清传奇，都不见一丁点踪影，三五种散曲入了《存目》。

而小说，亦古籍也。《四库全书》虽不收，而其他不少丛书录载的却触目皆是。《中国丛书综录》第二册为“子目分类目录”，“采用四部分类，部下又析为类、属”，与《四库总目》同，而具体之“类”“属”，则有所调整增删。其子部·小说类之下共有七“属”，即：杂录之属、志怪之属、传奇之属、谐谑之属、话本之属、章回之属、评论之属。这是将传奇小说、话本小说、章回小说，与传统意义上的部分笔记小说一起，都归之于“小说类”了。本亦无所不可。只是与话本、章回小说同属通俗文艺的戏曲作品，却又归集部·词曲类·曲之属，两者分属于不同的“子”“集”两大“部”，则未免有些欠妥。这是过于牵就《四库总目》原有分类而出现的问题。

《续修四库全书》既称“续”，其体例、分类与原书保持一致本在情理之中。只是原书未收的戏曲、小说一类通俗文艺作品，《续修》收不收？若收，又该归入哪部哪类？都颇费斟酌。实际上，戏曲作品和小说作品，《续修》都选收了。其归类，则在集部之下，将原有的“词曲类”析为“词类”和“戏剧类”，新设了“小说类”，戏曲作品归“戏剧类”，小说作品归“小说类”。这就显得相对合理多了。唐诗、宋词、元曲、明清小说，历朝历代带代表性的文艺形式，一线相连，归于一“部”，聚于一处了。只是字面上同为“小说”的著作，被分别归入史部、子部、集部的情况并未改变，也不可能改变，导致的混乱也就不能完全避免。

二、见于《五行志》和见于《艺文（经籍）志》的京房《易传》

《汉书·五行志》："定公二年五月，雉门及两观灾。董仲舒、刘向以为此皆奢僭过度者也。……京房《易传》曰：'君不思道，厥妖火烧宫。'"（27上/1329）

类似这样的对京房《易传》的征引，全志共出现68次：卷二十七上2次，卷二十七中上16次，卷二十七中下23次，卷二十七下上17次，卷二十七下下10次。

京房，西汉后期人，其易学为西汉易学四大流派之一，于元帝时立为博士。中心内容为"天人感应"，借自然界的灾异以附会朝政。《汉书·艺文志》著录其著作三种："孟氏京房十一篇，灾异孟氏京房六十六篇……京氏段嘉十二篇。"（30/703）并无书名称作《易传》的专著。

过了4个多世纪，《隋书·经籍志》对京房的著作再次加以著录，经部易类有："《周易》十卷（汉魏郡太守京房章句）……《周易大义》一卷（梁有《周易错》八卷，京房撰。……亡）"（32/909、911）子部五行类有："《周易占》十二卷（京房撰。梁《周易妖占》十三卷，京房撰）《周易守林》三卷（京房撰）《周易集林》十二卷（京房撰。《七录》云，伏万寿撰）《周易飞候》九卷（京房撰。梁有《周易飞候六日七分》八卷，亡）《周易飞候》六卷（京房撰）《周易四时候》四卷（京房撰）《周易错卦》七卷（京房撰）《周易混沌》四卷（京房撰）《周易委化》四卷（京房撰）《周易逆刺占灾异》十二卷（京房撰）"（34/1032）共13种，亦无其书名称作《易传》的专著。

又过了约两个世纪，在《新唐书·艺文志》中只剩下6种。计甲部经录易类一种："京房《章句》十卷。"(57/1423)丙部子录五行类五种："《京氏周易四时候》二卷(京房)。又《周易飞候》六卷。《周易混沌》四卷。《周易错卦》八卷。《逆刺》三卷。"(59/1552)其中亦无名作《易传》的书。

自《汉书》至《隋书》，其间正史尚有10种，虽无《艺文》或《经籍志》，不少却仍有《五行志》(《魏书》称《灵征志》)。这些《五行志》亦仍都以"京房《易传》曰"领起，引述京房的论点。这类文字，绝大多数都是从《汉书·五行志》转引。

直到南宋初年，在晁公武的《郡斋读书志》和陈振孙的《直斋书录解题》中，才开始见到书名称作《易传》的京房著作。《文献通考·经籍考二》经部易类著录"京房《易传》四卷"，其下引晁氏《读书记》曰："《汉·艺文志》易京氏凡三种，八十九篇。《隋·经籍志》有《京氏章句》十卷，又有占候十种七十三卷。《唐·艺文志》有《京氏章句》十卷，而占候存者五种二十三卷。今其《章句》亡矣，乃略见于僧一行及李鼎祚之书。今传者曰《京氏积算易传》三卷，《杂占条例法》一卷，名与古不同。所谓《积算易传》疑隋唐志之《错卦》是也，《杂占条例法》者，疑隋唐志之《逆刺占灾异》是也。"

《直斋书录解题》卷一"易类"著录"《京房易传》三卷、《积算杂占条例》一卷"。其解题曰："京氏学废绝久矣，所谓《章句》者，既不复传，而占候之存于世者，仅若此，校之前志，什百之一二耳。今世术士所用世应、飞伏、游魂、归魂、纳甲之说，皆出京氏。"(5页)引文"校之前志"之"前志"，当指《前汉书·五行志》，是认此《京房易传》的内容与《汉书·五行志》屡屡引用的京房《易传》相当。此书今存。《四库全书总目》卷一〇九著录于子部术数类占卜之属(924页)，且为多种丛书收录刊行。本人曾将《汉书·五行志》卷二十七上、卷二十七中之上凡十八处引述的内容从今本检对，竟没有一条可以从今本找见相应的记述。

《晋书·五行志下》:“穆帝永和七年三月,凉州大风拔木,黄雾下尘。……京房《易传》曰:‘闻善不予,兹谓不知,厥异黄,厥咎聋,厥灾不嗣。’”(29/892)“闻善不予,兹谓不知”下,殿本卷末附有考证:“臣龙官按:‘《易传》作“不知”,诸本俱讹作“有知”,今从原文改正。’”似乎库本《京氏易传》中有此原文。实际情况是:今本《京氏易传》中并无此原文,此原文仍然只能从《汉书·五行志》中找到,见卷二十七下之上,点校本第1450页。

为什么《汉书·五行志》屡屡引用的“京房《易传》”,《汉书·艺文志》不加著录;而后出的名为《京氏易传》的书中,却又并不载有《汉书》以后诸《五行志》反复引用的“京房《易传》”的内容呢?比较恰当的解释似乎是:《汉书·五行志》提到的“京房《易传》”,不过是京房《易》学著作的泛称,凡是对《易》经的注释、解说,皆可称之曰“传”。它所引述的,与后来被命名为《京氏易传》的书,不是京房的同一类、同一种或同一部著作。(2013-9-21)

三、库本《诗话总龟》卷一〇的脱文和衍文

影印文渊阁《四库全书》本《诗话总龟》卷一〇《雅什门上》“京师曹氏家藏《阮步兵诗》一卷”条实是两条,“零落从此始”与“孙巨源云”间有大段脱文,凡脱106字。自“海州东海县”起为另一条。月窗本亦脱,非《四库》本所特有。

又:“方干为人质野”“张蠙清河人”“王审知据闽黄滔为其判官”“裴说旅次衡阳诗云”四条,条下不注出处,月窗本皆无。月窗本所载者,为“举子尉迟正”“徐安正侍郎”“贞元五年置中和节”“唐黄损”,逐条皆注有出处。两者全不相类。且月窗本此四条前

“抚州蔡牧”条的最后两行,《库》本亦脱,此四条后“李洞唐诸王孙”条的前三行共63字,《库》本仅22字,行文亦异。据《提要》,《四库》本亦据月窗本著录,为什么会既有这么些脱文,又有这么些衍文?

试审视这些脱文的内容,实在找不出有什么触犯清廷当日时政忌讳之处,馆臣用不着为避时忌有意予以删削替换。复检这些脱文在月窗本中所占的位置,恰恰是该卷第九叶A、B两面,即该叶全叶。当是其所据之两江总督采进的月窗本原有缺叶,馆臣取巧胡乱填补,借以掩盖缺佚痕迹,逃避谴责所致。

再看衍文。与衍文相似的内容,有些能在其他文献中检到,但与衍文行文完全雷同的现成文字,却极难见到,馆臣又何所取巧呢?清初康熙年间,徐倬编有一部《全唐诗录》一百卷,经进呈,获得康熙嘉奖,并御制序文,赐帑金刊板。此书的刊行与《全唐诗》几乎同时,其影响却远不及《全唐诗》深广。后收入《四库全书》,馆臣对其内容特点倒分外熟悉:“是编以唐诗卷帙浩繁,乃采撷菁华,辑为一集。每人各附小传,又间附诗话诗评,以备考证。”(《提要》)正是这些“间附诗话诗评”的小传,成了填补《总龟》缺佚的现成来源。最明显的是“王审知据闽黄滔为其判官”条:

《四库》本《总龟》:“王审知据闽,黄滔为其判官,幕府应用文及塔庙碑碣,半出其手。为诗清淳丰润,有贞元、长庆风概。如‘寺寒三伏雨,松偃数朝枝’。又有‘青山寒带雨,古木夜啼猨’。又如《闻雁》云:‘一声初触梦,半白已侵头。’”

《全唐诗录》卷九七黄滔小传:

滔字文江,莆田人,乾宁二年擢进士第,光化中守四门博士。王审知据闽,充武威军节度推官、监察御史里行。幕府应用文及塔庙碑碣,半出其手。中州人士避地者,亦多主于滔云。

洪迈云:滔诗清淳丰润,若与人对语,和气郁郁,有贞元、长庆风概。

杨万里云:诗至晚唐益工。滔诗如:“寺寒三伏雨,松偃数朝枝。”如:“青山寒带雨,古木夜啼猿。”又如《闻雁》之“一声初触梦,半白已侵头”。与韩致光、吴融辈并游,未知孰先?

馆臣填补于《总龟》的文字,全见《诗录》“间附诗话诗评”的黄滔小传,唯“判官”“推官”小异。

又如“李洞唐诸王孙”条,从未佚脱的下半条极易判明系有关李洞的诗话,且已注明出自《摭言》,然而馆臣并未从《摭言》节取其缺佚文字,其所补填者,竟亦录自《全唐诗录》卷九五李洞小传。试比照三书文字:

月窗本所脱:李洞,唐诸王孙。游西川,慕浪仙为诗,作铜像其仪,事之如神。为《终南诗》二十韵,有“残阳高照蜀,败叶远浮泾”。复曰:“砍竹烟岚冻,偷湫雨雹腥。远看丹凤阙,冷射五侯厅。”[全篇皆绝唱]。

《四库》本填补:李洞,唐诸王孙。尝慕贾浪仙为诗,铸铜像其仪,事之如神。[诗数百篇皆绝唱]。

《全唐诗录》李洞小传:李洞:洞字才江,唐诸王孙也。尝游西川,慕贾浪仙为诗,铸铜像其仪,事之如神。

为了使与原文的衔接不致自相矛盾冲突,竟复将月窗本十叶A面的原文首句“全篇皆绝唱”改作了“诗数百篇皆绝唱”。

再如“张蠙清河人”条,明曹学佺《蜀中广记》卷一〇二录《古今诗话》、宋晁公武《郡斋读书志》卷四中“《张蠙诗》一卷”解题、宋计有功《唐诗纪事》卷七〇《张蠙》"蠙字象文"条都有类似记述,《全唐诗录》当录自《郡斋读书志》,而填补的文字并无逸出《诗录》者,其直接依据仍是《诗录》。

其馀2条,亦皆诗评录《全唐诗录》小传,例诗则掇取《诗录》在该人名下选录的诗作。

可见,这些填补缺佚的文字,就月窗本而言,实非脱文,就《四库》本而言,则是衍文,远非《诗话总龟》原文,而是后人移花接木的假冒之作。《四库全书》著录的典籍,人们不怎么看重,往往投以怀疑的目光,不是没有缘由的。(2015-5-15)

四、四库开馆之初宋荦之孙呈缴的九种书及其命运

郑伟章《文献家通考》"宋荦"条:"乾隆三十八年,开四库馆征书,荦之孙、筠之子宋瑞金,时任浙江淳安县知县,有携带任所家藏抄本旧书九种,'多有照依宋本影写者,字画甚为端楷'。由护理浙江巡抚王亶望奏呈朝廷。然不知何故,查《总目》并无宋氏旧藏之书,不知宋氏藏书后流散何处。"(99页)起码,宋瑞金呈进的9种书,多数还有踪迹可考。

宋瑞金呈缴的"家藏抄本旧书"都是些什么书?《四库采进书目·浙江省第二次进书目·又旧抄本九种》列有九书的书名、卷数、作者、册数,《浙江采进遗书总录》又逐一注有其版本,今一并列之于下:

《孟子传》二十九卷,宋张九成著,八本。常熟毛氏汲古阁影宋写本(丙115页)。

《小学五书》一卷,宋张时举辑,一本。汲古阁影宋写本

(丙136页)。

《古文四声韵》五卷,宋夏竦著,五本。汲古阁写本(丙139页)。

《两汉诏令》二十三卷……三本。汲古阁写本(丁199页)。

《九域志》九卷,宋王存等撰,十本。汲古阁影宋写本(戊256页)。

《皇祐新乐图说》三卷,宋阮逸等撰,一本。汲古阁照宋椠写本(丙129页)。

《学古编》一卷,元吾邱衍著,一本。汲古阁写本(庚419页)。

《法书考》八卷,元盛熙明著,一本。汲古阁写本(庚419页)。

《金壶记》三卷,宋释适之著,二本。汲古阁影宋写本(己381页)。

这9种书,全都是明末大藏书家、刻书家毛晋汲古阁的珍藏秘籍,其中影宋写本5种,其他写本4种。宋瑞金于乾隆三十八年呈缴的这9种书,在乾隆四十年奉敕修撰的《钦定天禄琳琅书目》中,即有5种被著录,表明这5种已入藏内廷昭仁殿。关于昭仁殿藏书及《天禄琳琅书目》,《四库总目》的《提要》有扼要说明:"初,乾隆九年,命内直诸臣检阅秘府藏书,择其善本进呈御览,于昭仁殿列架庋置,赐名曰天禄琳琅。迄今三十馀年,秘籍珍函,搜罗益富。又以诏求遗籍,充四库之藏,宛委丛编,嫏嬛坠简,咸出应昌期。因掇其菁华,重加整比,并命编为目录,以垂示方来。"所藏善本,都是宋、金、元、明刊板之本,写本则只收影写宋本。宋瑞金呈缴的9种写本中只有5种是影写宋本,业已全部入藏。

《天禄琳琅书目》著录的这5书的书名,有的与呈缴时开列的书名不尽相同,分别作:"张状元《孟子传》""新集《古文四声韵》""宋张时举《弟子职》等五书""《九域志》""《金壶记》"。其中"宋张时举《弟子职》等五书”即“小学五书”或不易发觉。另,《古文四声韵》,《浙江采进遗书总录》标注作“汲古阁写本”而被入藏,而标注为“汲古阁照宋椠写本”的《皇祐新乐图说》却未能入藏,或者系两处鉴定的结论不同所致。

《四库全书》著录的《学古编》《法书考》,《四库全书总目》注明的著录依据都是“浙江巡抚采进本”,而据《浙江采进遗书总录》,采进的《学古编》《法书考》,除宋瑞金呈缴者外,再无别的本子,则其呈缴的这两书,已被《四库全书》著录。又,据《总目》,《四库全书》著录的书,除《孟子传》系内府藏本外,《古文四声韵》系“户部郎中汪启淑家刊本”,《九域志》系“两江总督采进本”,《金壶记》系“两淮盐政采进本”。表明已经入藏内廷的书,若有别本可以替代,辄不再据之录入《四库全书》。

令人惋惜的是,嘉庆二年十月乾清宫交泰殿失火,延及昭仁殿,庋藏之善本遂遭焚毁。次年秋乾清宫重建,又重新选调宋、辽、金、元、明刊及影写宋、辽刊善本庋藏于昭仁殿,并为之编撰了《钦定天禄琳琅书目后编》。入藏之书且较前增加了许多,前编 422 部,后编 659 部。然而再也见不到宋瑞金呈缴的 5 部影宋写本的踪影,当是全都同归于烬了。(2016-12-9)

五、寻根究底漫话马廉卿《劳九杂记》

前些天,为进一步理解《十抄诗》中罗邺《蛱蝶》一诗及夹注所引《梁山伯祝英台传》在梁祝传说演进中的地位和价值,查阅了《京剧剧目辞典》就《柳荫记》本事所作的考证,其中提到:马廉卿《劳九杂记》谓梁山伯为东晋穆帝时人,“幼聪慧,有奇智。长就学,笃好文典。尝从名师过泉塘,道逢一士子,容止端伟,负笈担簦渡航,相与坐而问曰：'子为谁？'曰：'姓祝，名贞，字信斋。'曰：'奚止？'曰：'上虞之乡。''奚适？'曰：'师氏在迩。'与之讨论旨奥，怡然相得。山伯乃曰：'家山相连，余不敏，攀麟附翼，望不为异。'于是乐然同往。肄业三年。祝思亲而先返。后二年，山伯亦归。省之上虞，访信斋，举无识者。一叟笑曰：'我知之矣。善属文者，其祝氏九娘英台乎？'踵门引见，诗酒而别。退而慕其清白，告父母求姻。时英台已许鄮城马氏。……后简文帝举贤良，郡以山伯应，诏为鄮令。婴疾弗瘳，遗嘱传人曰：'鄮西清道原九陇墟为葬之地。'瞑目而殂。……又明年乙亥，暮春丙子，祝适马氏，乘流西来，波涛勃兴，舟航萦回莫进。骇问篙师，指曰：'无它，乃山伯梁令之新冢。得非怪欤？'英台遂临冢奠祭哀恸，地裂而埋壁焉。"(337页)深感对马廉卿其人及《劳九杂记》其书，皆十分陌生，生发了种种疑问：马廉卿究竟是古人还是今人？若是古人，是哪朝哪代的人？若是今人，其所记一千多年前之事又来自何处？遍检现成的各种书目和工具书，一无所得。失望之馀，竟在《辞典》书后的附录中找到了一点线索。

《京剧剧目辞典》所附"参考书刊目录"，列有："《劳久杂记》(马廉卿著)，《小说考证》引"(1287页)。原来不是从原书，而是从《小说考证》转引的，且书名不作"劳九"而作"劳久"。

蒋瑞藻《小说考证》卷九《梁山伯》条共录载资料两则，一为《花朝生笔记》，二即《劳久杂记》。《花朝生笔记》是蒋氏本人迄未刊行的稿本。其开首云："梁山伯祝英台事，马廉卿君《杂记》，考之详矣。"(9/312)从这一称呼来看，马廉卿当是其同辈之人。而与蒋瑞藻同时，又以研究小说戏曲著闻者，有马廉，其所指或即马廉耶？另，其所引《花朝生笔记》既是稿本，《劳久杂记》会不会也是未刊的手稿？

马廉，本是名廉，字隅卿，不知蒋瑞藻为何以马廉卿称之。蒋瑞藻生于1891年,卒于1929年,马廉1893年生,1935年卒,蒋仅长马两岁。《马隅卿小说戏曲论集·编辑前言》提到:"据著录,马廉的著作另有《马廉书影》《鄞居访书录》《曲录补正》《劳久笔记》。……《曲录补正》《劳久笔记》两种,编者未见。'劳久'即马廉排行老九的谐音,《劳久笔记》或即其《杂钞》之异名"。(5页)

《杂钞》,指北京大学图书馆所藏马廉之手稿《隅卿杂钞》,共七函112册。其中,三函分别为论文、录鬼簿校注、各类文钞,三函为戏曲小说目,另一函为小说戏曲作家生平事迹资料抄及作品版本批注。郑振铎跋《录鬼簿》:"隅卿出札记数册相示,皆有关于小说戏曲之掌故史料也。"①指的当即这一函的手稿。此函共6册,其内容"以日记形式按时间顺序编排"(上揭《编辑前言》)。其选辑入《论集》者,拟题《隅卿日记选钞》,起民国十四年,止于民国十九年。

参照郑跋,《小说考证》引用的《劳久杂记》,当也是马廉当年向蒋瑞藻出示的札记手稿名,《小说考证》一卷本刊行于宣统三年(1911),十卷本出版于民国四年(1915),远在《隅卿杂钞》钞定并命名以前。《劳久杂记》或者是马廉对其早年札记手稿的命名。

《隅卿杂钞》中钞录的资料,全都注有出处,《小说考证》所录《劳久杂记》与之不类,不知原即阙如,还是为引者所删。《京剧剧目辞典》迻录的,是《杂记》的主体部分,实节录自宋李茂诚的《义忠王庙记》。乾道《四明图经》和嘉靖《宁波府志》都提到有此《庙记》,康熙、乾隆、同治《鄞县志》都载有《庙记》全文。"山伯",《庙记》原作"神";"泉唐",《庙记》作"钱塘"。《杂记》末后说的:"至今庙貌常新。俗称新婚三年,夫妇同瞻神像者,得偕老。谚云:'若要夫妻同到老,梁山伯庙到一到。'亦吾乡迷信之一也。吴中呼黄

① 郑振铎《明抄本录鬼簿跋》,《录鬼簿(外四种)》,第99页,上海古籍出版社,1978年。

色花蝴蝶为梁山伯,黑色为祝英台,谓其死后焚衣,衣化为蝶。此说盖出好事者附会。至若曲阜孔庙之有梁祝读书处,诚大奇事。而后世文人,间有借为咏古者,直笑谈矣。”蒋瑞藻谓“考之详矣”,当主要指这段文字而言。“俗称”“谚云”云云,或为马廉亲耳所闻,盖马廉即宁波人。化蝶“盖出好事者附会”,冯梦龙《情史类略》卷一〇录《宁波志》梁祝事后,也发表过类似的意见。若曲阜之有梁祝读书处,则始见张岱《陶庵梦忆》卷二。

《小说考证》引录的这则《劳久杂记》,不知马廉后来重录入《隅卿杂钞》没有?关于梁祝故事,民国十五年七月八日,他从明朱孟震《浣水续谈》又节录了两则资料。传说的情节差别不大,着眼点似在其作者指出的华山畿“事与祝英台同”,以及“祝男服从师,与古木兰、近世保宁韩贞女、河西刘方事类”(《隅卿日记选钞》,255页)。(2015-7-17)

六、“丘”或作“邱”,多系讳改,非异文

孟二冬《登科记考补正》于天宝二年及第进士“邱为”下,加“(丘为)”,并加按语曰:“孟按‘邱为’当即‘丘为’,‘邱’‘丘’诸书互见。今通行本作‘丘’,然《元和姓纂》卷五作‘邱’。”(9/349)

似乎压根不知清雍正初曾下过禁犯孔子名讳的诏令。

在《康熙字典》中,“邱”字尚只有一义:“音丘,地名。”而“丘”字则多义,其中之一为:“姓。”(1417页、76页)即直到康熙时,字书中尚无字形作“邱”的姓。乾隆、嘉庆间段玉裁注《说文解字》,才在“邱”字下加注说:“今制讳孔子名之字曰邱。”(199页)

唐林宝《元和姓纂》久佚,今本系四库馆臣所重辑。书中姓氏,只有“邱”,再未见“丘”。岑仲勉即曾于《元和姓纂》卷五“邱”下加校

记指出:“按加‘阝’是后人所改,《类稿》三一作‘丘’。”(《元和姓纂四校记》,491页)《类稿》是宋章定撰《名贤氏族言行类稿》的简称。

那么,为避孔子名讳而将“丘”改为“邱”始于何时呢?某些个人的个别行为不好说,若由官府颁为法令,强制执行,则始于清雍正三年十二月。陆以湉《冷庐杂识》卷一《尊师重道》:

> ……三年十二月,上以先师孔子圣讳,理应回避,令九卿会议具奏。奏称:“凡系姓氏,俱加‘阝’为‘邱’字;凡系地名,皆更易他名;至于书写常用之际,则从古体‘丠’字。”奉上谕:“今文出于古文,若改用‘丠’字,是仍未尝回避也。此字本有期音,查毛诗及古文,作期音者甚多。嗣后除四书、五经外,凡遇此字,并加‘阝’为‘邱’,地名亦不必改易,但加‘阝’旁,读作期音,庶乎允协,足副朕尊崇先师至圣之意。”

此诏令载《雍正朝起居注册》雍正三年十二月二十七日庚寅,以“奉上谕”领起(638页);亦载《清实录》世宗实录卷三九同日,以“礼部等衙门遵旨议覆先师孔子圣讳”领起(581页)。足征陆氏所载为可信。

正因有这样一道诏令,所以雍正以后清人的著作或刊印的书籍,“丘”字绝大多数都改成了“邱”,只有少数以缺笔法加以处理。《登科记考》的作者徐松生活于嘉庆、道光年间,书又刊行于清朝覆亡以前,书中引录的文献和著录的人物,凡遇“丘”字,能不遵奉诏令照改吗?而在文渊阁《四库全书》中,对前人的著作,不只“丘”字,乃至“玄”“弘”等字,绝大多数是以缺笔法避讳的,而《元和姓纂》却例外。大概以为它既是新辑,不完全是前人的著作吧。

可见,今人所见古籍中,“丘”或作“邱”,多数皆系避孔子讳所

改,实非异文。(2012-5-5)

七、引《宋璟碑》证明宋均之误自唐已然之人,非胡三省,乃王先谦

《后汉书》卷四一《宋均传》"宋均字叔庠南阳安众人也"下,点校本有校勘记,曰:"殿本《考证》引何焯说及王先谦《集解》引《通鉴》胡注,俱谓宋均本姓宗,作'宋'乃传写之讹。今按:《通鉴》胡注引张说《宋璟遗爱碑》,证明'宗均'之讹为'宋均',自唐已然。"(41/1421)校勘记的主旨,指明"宋"乃"宗"传写之误,是正确的;而其所加的按语,则于所引,殊多误解。

武英殿本《后汉书》此处考证原文:"何焯曰:按《党锢传》注引谢承《书》云:宗资字叔都,南阳安众人也。家代为汉将相名臣,祖父均,自有传。则宋字传写误也。《南蛮传》中叙受降事,正作'谒者宗均'。此即见于本书,可参校者。"

王先谦《后汉书集解》此处集解原文:"《通鉴》胡注:宗均,《范书》作宋均。赵明诚《金石录》有《汉司空宗俱碑》。按《后汉·宋均传》,均族子意,意孙俱,灵帝时为司空。余尝得宗资墓前碑龟膊上刻字,因以《后汉·帝纪》及《姓苑》《姓纂》诸书参考,以谓自均以下,其姓皆作宗,而列传转写为宋,误也。后得此碑,益知前言之不缪。《党锢传》注引谢承《书》云:宗资字叔都,南阳安众人也。家代为汉将相名臣,祖父均,自有传。则宋字传写误也。《南蛮传》中叙受降事,正作'谒者宗均'。此即见于本书,可参校者。《广韵》:宗姓,周卿宗伯之后,出南阳。《论衡·程才篇》'东海宗叔犀',即此宗叔庠也。张说《宋璟遗爱颂》:'尚书东汉之雅望,黄门北齐之令德,宋氏世名,公济其美。'然则此传宗均讹为宋均,自唐

已然。”(41/13b—14A)

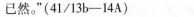

这则《集解》的内容,自“《通鉴》胡注”至“益知前言之不缪”,引自胡注,见《资治通鉴》卷四四,建武二十五年三月“马援军至临乡”条,“谒者南阳宗均监援军”下(1413 页)。其中《金石录》乃注文引,而《姓苑》《姓纂》则《金石录》之所引。自“《党锢传》注”至“可参校者”,录自殿本考证所引何焯语(见上段录),然未如实注明出处。至于《广韵》《论衡》及张说《宋璟遗爱碑》,乃皆王先谦所引,用作更进一步的补充说明者。校勘记按语说“《通鉴》胡注引张说《宋璟遗爱碑》,证明‘宗均’之讹为‘宋均’,自唐已然”。看来也只是仅凭《集解》想当然信口而言,并未检见《通鉴》胡注之原文也。生为宋末元初人的胡三省,在注文中又怎么可能逆转时间来征引清朝前期人何焯的意见呢?按语的执笔者似乎连《集解》也未细读也。这条集解,只有部分是胡注,并非全条都是胡注。得出“然则此传宗均讹为宋均,自唐已然”结论的人,是作《集解》的王先谦,而非注《通鉴》的胡三省。

附带说明:这个问题虽小,其进展情况,却有一份长长的研究史可列。肇其端者为北宋中叶的欧阳修。他于嘉祐八年在就后汉“天禄”“辟邪”四字写的跋中说:“右汉‘天禄’‘辟邪’四字,在宗资墓前石兽膊上。按《后汉书》:‘宗资,南阳安众人也。’今墓在邓州南阳界中,墓前有二石兽,刻其膊上,一曰‘天禄’,一曰‘辟邪’。……按《党锢传》云:‘资祖均,自有传。’今《后汉书》有宋均传,云‘南阳安众人’,而无宗均传。疑《党锢传》转写宗为宋尔。《蜀志》有宗预,南阳安众人。岂安众当汉时有宗、宋二族,而字与音皆相近,遂至讹谬邪?”(《集古录跋尾》卷三《后汉天禄辟邪字》,1132 页)十分明确地提出了问题。

而其研究的奠基者,应是北宋末年《金石录》的作者赵明诚。

《金石录》卷一八《汉宗资墓天禄辟邪字》跋尾，在指出上引欧阳修之说“非是”的同时，强调说：“余按《后汉书》均族子意传云：‘意孙俱，灵帝时为司空。’而《灵帝纪》建宁四年书：‘太常宗俱为司空。’注云：‘俱字伯俪，南阳安众人。’延平二年书：‘司空宗俱薨。’又《姓苑》载南阳安众宗氏云：‘后汉五官中郎将伯，伯子司隶校尉、河内太守均，均族兄辽东太守京，京子司隶校尉意，意孙司空俱。’《元和姓纂》所书亦同。则‘均’姓为‘宗’，无可疑者。当章怀太子为注及林宝撰《姓纂》时，尚未差谬，至后来始转写为‘宋’尔。”(313页)同卷《汉司空宗俱碑》跋尾：“右《汉司空宗俱碑》，云：‘公讳俱，字伯俪，南阳安众人也。’而其额题‘汉故司空宗公之碑’。按《后汉书·宋均传》，均族子意，意孙俱，灵帝时为司空。余尝得宗资墓前石兽膊上刻字，因以《后汉·帝纪》及《姓苑》《姓纂》等诸书参考，以谓自均而下，其姓皆当作宗，而列传转写为宋，误也。后得此碑，益知前言之不谬。碑已残缺，不成文理，而官秩、姓名、乡里特完可考，故详著之。”(314页)为这一问题的解决奠定了十分坚实的基础。

《通鉴》胡注只是节录介绍赵明诚之说，在研究上无任何拓展。再其下，才依次是清初的何焯和清末的王先谦。而在王先谦和点校本《后汉书》之间，复有陈垣、岑仲勉焉。岑说见《元和姓纂四校记》卷一上平声冬韵“宗”(97页)。陈说则将研究又向前推进了一步，其说见《中国佛教史籍概论》卷一《历代三宝记》，如下：“《隋·志》旧事类有《天正旧事》三卷，释亡名撰。……《三宝记》十一周沙门《忘名传》略云：‘武帝世，沙门释忘名，俗姓宗，讳阙殆，南阳人。……’集十卷，《隋·志》以次后周仪同《宗懔集》后。宗懔者，亦南阳人，梁吏部尚书，梁亡入周，拜车骑大将军，仪同三司。著《荆楚岁时记》，今存于世。忘名即宗懔宗人，而姚氏引明冯惟讷

《时纪》,严可均《全后周文》,均误亡名为俗姓宋,殊失其义。明南北藏本皆误,惟丽藏不误,频伽本出于丽藏,亦不误。宗为南阳望族,《宋》《齐》《梁书》皆有闻人。赵明诚《金石录》十八,据宗资墓前刻石,知《后汉书》列传三十一之宋均,应作宗均。《铁桥漫稿》四,对王氏问,引范书《南蛮传》作宗均。故《全后汉文》廿七亦作宗均,是也。"(8—10页)

从以上对研究史的罗列,又可知,校勘记云云,总体而言,亦犹未达一间。(2011-2-5)

八、六十里还是六百里?

《宋史》卷九四《河渠志》"汴河下":元丰"三年二月,宋用臣言:'洛水入汴至淮,河道漫阔,多浅涩。乞狭河六十里,为二十一万六千步。'诏四月兴役"(2329页)。"乞狭河六十里"下,点校本有校勘记:"'六十里',《宋会要》方域一六之一五、《长编》卷三〇二都作'六百里'。"似当以"六百里"为正。

《续资治通鉴长编》卷三〇二宋神宗元丰三年二月丙午,"都大提举导洛通汴宋用臣言:'洛水入汴至淮,河道甚有阔处,水行散漫,故多浅涩。乞计工料修狭河。'从之。后用臣上狭河六百里,为二十一万六千步。诏给坊场钱二十馀万缗,仍伐并河林木,以足梢桩之费"(7354页)。"六百里"下,点校本亦有校勘记:"六百里:'百',《宋史》卷九四《河渠志》作'十'。"又似"百"乃"十"之误者。

《宋会要》方域一六之一五与《长编》略同:"二月十二日,都大提举导洛通汴宋用臣言:'洛水入汴至淮,河道甚有阔处,水行散漫,故多浅涩。乞计功料修狭河。'从之。后用臣上狭河六百里,为二十一万六千步。当用梢桩,诏给坊场钱二十万缗,仍伐并河林木。"

究竟以何者为正呢？《宋史》和《长编》校勘记都只列异文，未下明确断语。谨按，上揭三书在“六百里”还是“六十里”上虽有分歧，而“二十一万六千步”，则三书所载并无差异。而自唐以来，法令皆规定：“诸度地，以五尺为一步，三百六十步为一里。”见唐韩延《夏侯阳算经》卷上引《杂令》，亦见天一阁藏宋《天圣令·杂令》。据唐宋令文这一规定计算，则六百里恰为二十一万六千步，若六十里，则仅二万一千六百步。《宋·志》实误。《长编》校勘记也显属多馀。（2013-6-1）

九、李师中与李中师

《续资治通鉴长编》卷二六三：宋神宗熙宁八年闰四月乙巳，“龙图阁直学士、给事中李师中卒。王安石言：‘师中悉心奉公，畏法勤事，虽见识不高，然近臣如此者至少。’谓宜赙之加等，上以为然。（此据十七《日录》，不知如何赙师中也）”（6440页）。

上文卷二五○熙宁七年二月已巳朔载：“右司郎中、知齐州李师中为天章阁待制、知瀛州。既而王安石论师中诈冒不可用，即罢之。（五月一日责和州）”（6081页）李师中既然彼时被王安石认作“诈冒不可用”之人而遭罢黜，此时又怎能被王安石称作“悉心奉公”并请求“赙之加等”呢？

李师中，《宋史》卷三三二有传，刘挚作有《李师中墓志》。《墓志》谓：“逮神皇帝擢士，以不次超迁从官，更帅西、北，遇事益发愤，顾卒以上书论高坐废。”（《忠肃集》卷一二）所谓“以上书论高坐废”，与上揭《长编》卷二五○所载系同一事。《墓志》下文：“复待制天章，高阳关路安抚使、知瀛州。应招上书，贬和州团练副使，本州安置。”而据《墓志》，此李师中卒于元丰元年四月七日，又与《长编》卷二六三所载卒于熙宁八年闰四月十四日乙巳不合。是怎么回事呢?

原来,此时既有李师中字诚之者其人,又有李中师字君锡者其人,《宋史》皆有传。李中师之传,《宋史》见卷三三一。强至有《李中师行状》。据《行状》,李中师卒于熙宁八年闰四月十四日,与《长编》卷二六三所载李师中卒日恰合。《行状》且载:复守西京,“适辛亥役法下,公善究立法本意,即推行之最为天下先,而天下之行新法者,亦莫不以河南为准”(《祠部集》卷三四)。王安石“悉心奉公”云云,与《行状》所载这一情节亦合。则《长编》卷二六三熙宁八年闰四月乙巳李师中卒条记事,卒者实乃李中师也。惜点校本失校。(2013-5-25)

十、张耒《己卯十二月二十九日感事》漫说

张耒《己卯十二月二十九日感事》二首:

> 高楼乘兴独登临,搔首天涯岁暮心。带雪腊风藏泽国,犯寒春色着烟林。山川极目风光异,岁月惊怀老境侵。可是斯文天遂丧,楚囚何事涕沾襟。
>
> 蹉跎流落已华颠,又见荆湖一岁迁。人怯苦寒愁短日,天收残雪放新年。园林寂历飘梅后,里巷经过爆竹前。自料知非犹得在,潜心久学卫蘧先。

宋蒲积中《岁时杂咏》卷四六录载此二诗,诗题作《己卯十二月二十九日感事》,《张耒集》卷二一、清吴之振《宋诗钞》卷三一,“二十九日”皆作“二十日”。己卯为宋哲宗元符二年(1099 页),此年十二月大尽,三十日才是除夕,但从“天收残雪放新年”“里巷经过

爆竹前”等诗句来看,二十九日已有此类似除夕景象,若二十日是不会的,当以作“二十九日”为正。

张耒生于皇祐六年(1054),此年四十六岁,且又身处逆境。《宋史·文苑·张耒传》:“居三馆八年……擢起居舍人。绍圣初,请郡,以直龙图阁知润州。坐党籍,徙宣州,谪监黄州酒税,徙复州。徽宗立,起为通判黄州。”此时正在监复州酒税任上。复州隶属荆湖北路。故诗中又有“岁月惊怀老境侵”“蹉跎流落已华颠,又见荆湖一岁迁”等感慨。

张耒作为苏门四学士之一,与黄庭坚、秦观、晁补之、苏辙、苏轼等人一起,成为当日文坛的中坚和核心,而此时其他人也全都与张耒一样,处于深遭谴谪的逆境。“可是斯文天遂丧,楚囚何事涕沾襟”。抒发的已不只是个人身世的感慨,而是对国家民族文脉是否中断的担忧了。

“自料知非犹得在,潜心久学卫蘧先。”作者的心境仍是豁达乐观的。苏轼当年批评李杞“知非不去惭卫蘧”(《诗集》卷七《李杞寺丞见和前篇复用元韵》),张耒如今是“潜心久学卫蘧先”。卫蘧,春秋卫国之蘧伯玉也。《淮南子·原道训》:“故蘧伯玉年五十,而知四十九年非。何者?先者难为知,而后者易为攻也。”在当日的党争倾轧、是非淆乱的环境中,张耒时时检查反思自己的所作所为,坚信事先都经过深思熟虑,是正确的,不存在事后“知非”的问题。(2013-2-9)

十一、“独我坐曹如定僧”——庚辰正月初八日的张耒

九百多年前的庚辰正月初八日,苏门四学士之一的张耒正在

复州坐局卖酒,并为此写下了一首七律——《正月八日坐局沽酒》:

为问里闾何蹀躞,上元楚俗习张灯。新春此时最佳处,独我坐曹如定僧。霜林梦泽苍茫野,烟草江边寂寞城。小饮未能来唤藁,双眸终日冷如冰。(《张耒集》24/436)

诗作于元符三年,即庚辰年的正月初八。时作者张耒正在监复州酒税任上。从诗来看,“楚俗”,即荆湖等南方一带的习俗,正月初八日,欢度正月十五上元佳节的气氛即已非常浓厚,早就开始“张灯”了。而在这新春最佳时的日子里,他却要如坐禅僧侣一般呆在酒务亲自卖酒。身处逆境,与《己卯十二月二十九日感事》一样,喜逢佳节,不是精神爽,而是抑郁不舒畅,心情是凄凉寂寞的。与当年身为馆阁学士,在皇都开封府游赏上元夜景写下的《上元都下》绝句二首,形成鲜明对照:

淡薄晴云放月华,晚妆新晕脸边霞。管弦楼上争沽酒,巧笑车头旋买花。

骄马金鞭白面郎,双鬟小女坐车箱。轮声辘辘归何处,留得红笼绛蜡香。(《集》26/464)

第二天,正月九日,宋哲宗谢世,全国进入国丧,复州的元宵佳节肯定不能按原所筹备的那样进行了。但就张耒的凄清处境而言,反倒有了一线转机。因为接下来的宋徽宗,在即位之初下了一道诏书,改次年年号为建中靖国,表示为使国家安定,将对新旧两党取“建中”即调和的态度。张耒也就于这年春天,被调离了监酒务这一经常用以安顿贬谪官员的岗位。他是去年秋天来复州的,秋来春去,有如鸿雁,并为此又写了一篇《鸿轩记》。从这篇《记》中,对他在复州写下的除夕感事和坐局沽酒诗所表露的心情,可以获得更进一步的了解:

> 鸿轩者,张子读书舍也。客有言曰:"吾闻之,时其往来,以避寒暑之害,而高飞远举,能使弋人无慕者,鸿也。今子以戆暗不见事几,得谴辱于圣世,蒙垢忍耻于泥涂,苟升斗以自养,为欲自比于鸿,不亦愧乎?"张子曰:"子之言是也。然予居此以己卯之秋,其迁也庚辰之春,与夫嗸嗸陂泽中猎食以活,秋至而春去者,得无类乎?"客曰:"唯。"(《集》49/767)

(2013-2-17)

十二、"养瘦马"一语的语源

清赵翼《陔馀丛考》卷三八《养瘦马》:

> 扬州人养处女卖人作妾,俗谓之"养瘦马",其义不详。白香山诗云:"莫养瘦马驹,莫教小妓女。后事在目前,不信君看取。马肥快行走,妓长能歌舞。三年五年间,已闻换一主。"宋漫堂引之,以为"养瘦马"之说本此。(38/852)

白香山即白居易,所引诗见《白居易集》卷二一,题曰《有感三首》,此是第二首。《陔馀丛考》刊行于乾隆五十五年(1790)。宋漫堂即宋荦,其说见其所著《筠廊偶笔》二笔卷上,确曾说:"白乐天《有感》诗云:……俗称扬州养女者为'养瘦马',当本诸此。"(上/

2B)宋荦卒于康熙五十三年(1714)。“二笔”卷首有陈廷序,署康熙四十五年(1706),书当刊行于此年或稍后。是提出此说在《陔馀丛考》八十多年前。但都说得很简单,没有展开。

大约与宋荦同时,王棠在《燕在阁知新录》卷二五《养瘦马》条中,则说得较为详细:“扬州买人家小女,教其歌唱,稍长,鬻为人妾,名之曰‘养瘦马’。初不得其意旨,后读白香山《有感三首》,方知此语亦有来历。诗曰:……此诗瘦马与小女并说,后世则竟以小妓女为瘦马矣。”(25/10A)此书自序署“康熙丁酉”,即康熙五十六年(1717),书当成于此年。《四库全书》未予著录而入于《存目》,其《提要》曰:是书“每一事采集众说,考其原始,参以论断,各为标目,略以类从,惟不立部分耳。采摭颇富,而多不著所出。大旨欲仿顾炎武《日知录》,然不过《谈荟》《樵书》之流亚也”(《总目》126/1092 中)。

此后,持此说的就很多了,如康、雍间人金埴的《不下带编》卷五,乾隆十六年刊行的翟灏《通俗编》卷二二,都在征引白居易诗后,断言:“今称扬州养女者曰‘养瘦马’。本此。”(92 页)“俗以扬州教小妓者为‘养瘦马’,本此诗。”(22/17A)亦皆在《陔馀丛考》前。

既然在赵翼之前,已有多人指明了“养瘦马”一词始见于白居易诗,其语源几乎已人所共知,赵翼为什么,有什么必要,在《陔馀丛考》中又写下这样一条札记呢?作为一位严肃的学者,赵翼这条剳记的重点绝不在老调重弹,而仅仅在于说明:究明“养瘦马”一词语源的首创者为宋荦。事极细末,精神可嘉,时下某些剿袭好汉似应感到汗颜。

附带说明:在白诗中,“养瘦马”养的是“瘦马驹”,与调教小妓女本是两码事,而且“养”和“教”的目的,是为了自家骑乘和消闲享受,与后来的“鬻为人妾”以牟利也不尽同。只是由于在白诗中“瘦马”与“小女”并说，后世附会，遂将“养处女卖人作妾”称作“养瘦马”矣。语源在此，而称“养处女卖人作妾”为“养瘦马”之事的事始，又起于何时呢？（2014-11-28）

十三、“养瘦马”恶俗的事始

赵翼等学者探究“养瘦马”一语的语源，正是“扬州人养处女卖人作妾”这一恶俗日益泛滥之时，且已从扬州扩散而及于江宁、苏州一带。

汤斌《汤子遗书》卷九载有一通《禁略贩子女以全人伦挽颓俗告谕》，即是为禁“养瘦马”等而发。《告谕》着重提到：“更有为富不仁之辈，收买人家子女，教习吹弹技艺，通同媒媪，诱纨袴子弟，婪取重价，卖为姬妾。此种浇风，惟苏郡、维扬、江宁为甚。……仰抚属官吏军民人等知悉：凡有前项奸媒贩棍，以及收养‘瘦马’之徒，严行驱逐出境。”

这通《告谕》，当是汤斌任江宁巡抚日所发布，据《国朝耆献类征》初编卷四八《汤斌》录国史馆本传，汤斌系康熙二十三年六月至二十五年闰四月任江宁巡抚（84/2A—5A）。可见，早在康熙中叶，“养瘦马”恶俗即已不再局限于扬州一地了。

康熙二十七年刊行的凌铭麟《文武金镜律例指南》卷一五亦载有一通秦瑞寰《禁养瘦马》（15/5A）的同类告谕，却说：“照得扬城惯养‘瘦马’，远近驰闻。乐户挟资略买良家，沦落烟花，风俗丑谬，莫此为甚。”仍然只认为是扬州一地的丑谬风俗。此秦瑞寰是何许人？他又是以什么身份发布这通告谕的？同书上文卷一三载秦瑞寰《脔弟沉尸事批》（13/10A）的批文，于所署作者秦瑞寰前有“江南巡按”署衔，秦瑞寰下有注：“讳世祯。”是“秦瑞寰”即“秦世祯”。

此人《国朝耆献类征》初编卷一五一录有国史馆本传,未署字号。顺治八年巡按江南,顺治十年还京,迁大理寺寺丞(151/34A—35A)。其《禁养瘦马》即是他任江南巡按日发布的告谕,早于汤斌约三十多年。江南巡按亦驻江宁。身驻江宁的秦世祯发布《禁养瘦马》,仍然认为那只是扬州一地的丑谬风俗,确可表明,其泛滥而及于江宁乃至吴中,实顺治八九年以后三十多年间的事。

那么,在维扬已成锢习的"养瘦马"丑谬风俗又始于何时呢?

借助电子文本提供的检索方便,称作"养瘦马"的"扬州人养处女卖人作妾"的事始,可以追溯到明神宗万历年间。

明王士性《广志绎》卷二《两都·南都》:"广陵蓄姬妾家,俗称'养瘦马'。多谓取他人子女而鞠育之,然不啻己生也。天下不少美妇人,而必于广陵者,其保姆教训严,闺门习礼法,上者善琴棋歌咏。最上者书画,次者亦刺绣女工。至于趋侍嫡长,退让侪辈,极其进退浅深,不失常度,不致憨戆起争,费男子心神。故纳侍者,类于广陵觅之。"(29页)王士性,万历五年进士。卷首有万历丁酉(二十五年,1597)冯梦祯序,书当成于此时。

明王同轨《耳谈类增》卷四九《冤偿篇·李继贞》:"维扬人家,好养假女,鬻归仕人,以充润耳,谓之'养瘦马'。然此辈往往死铁,则主者业也。城北李继贞,最工此术,致富,然孕育屡绝,而家尚有假女九。忽日梦其父祖曰:'尔作此无阴德事,故神绝尔后,前所孕育不寿,皆所鬻冤死者魂也。'自是绝不为,而以九女适平人。"(49/13B)王同轨,曾"以贡生为江宁令"(《列朝诗集小传》丁集中,498页),《耳谈类增》刊行于万历三十一年(1603)。

王士性自谓:"余言……皆身所见闻也。"(《广志绎》冯梦祯序)王同轨说,其所记李继贞事,系"蒋文学谈如此"。两人所载,虽然认识、态度截然相反,然皆直接得诸见闻,非转录前人现成记述者。或者“扬州人养处女卖人作妾”现象尚可再往前追溯，而将这一丑恶现象以“养瘦马”称之，可能即在两人写下如此这般记载前，即明万历中叶前不久的事。(2014-12-5)

十四、从九天玄女对宋江嘱咐语的标点说开去

九天玄女娘娘授予三卷天书时对宋江的嘱咐语，诸本皆同(唯罗尔纲考订的《水浒传原本》认为系续加者盗改，然未删，仅加注说明)，而今人所加的标点，却颇不相同：

人民文学出版社 1975 年据容与堂刻一百回本排印本：“宋星主，传汝三卷天书，汝可替天行道，为主全忠仗义，为臣辅国安民。去邪归正。”(583 页)

上海人民出版社 1975 复排杨定见序一百二十回本：“宋星主，传汝三卷天书，汝可替天行道为主，全忠仗义为臣，辅国安民，去邪归正。”(526 页)

河北教育出版社 2009 年王利器校注《水浒全传》：“宋星主！传汝三卷天书，汝可替天行道为主，全忠仗义为臣，辅国安民；去邪归正。”(1797 页)

贵州人民出版社 1989 年罗尔纲考订《水浒传原本》：“宋星主，传汝三卷天书，汝可替天行道：为主全忠仗义，为臣辅国安民。去邪归正。”(517 页)

不同之处的关键在于：究竟是“替天行道为主，全忠仗义为臣”，还是“为主全忠仗义，为臣辅国安民”？也就是，标点的不同，对宋江在为主、为臣期间，梁山好汉活动内容的概括也就有了差异。如“全忠仗义”，一处认为是“为主”期间的行为，另一处则认为

是“为臣”期间的行为,彼此混淆了。

不过书中写的九天玄女娘娘这一番嘱咐言语,同时也有预示全书故事情节发展脉络的意味。不管怎样标点,书中都该有宋江为主期间的故事情节,也该有宋江为臣期间的故事情节。

宋江“为主”始于何时呢?依照一百二十回本,授予三卷天书在第42回,时梁山之“主”乃晁盖。“晁天王曾头市中箭”身亡,在第60回。晁盖死后,宋江只是“权居主位”,言明须待攻下曾头市,拿获仇人史文恭后再议。而“宋公明夜打曾头市,卢俊义活捉史文恭”见第68回。至于“梁山泊英雄排座次”,宋江正式为“主”,已是第71回的内容。也就是,在第71回以后,应该是既有宋江怎样“为主”的讲述,也有他怎样“为臣”的铺陈。可是在今日现存的百回本、百零五回本、百十五回本、百二十回本、百二十四回本中,接下去的都是受招安、征辽平方腊或征四寇等如何“为臣”的内容,并无“为主”期间的活动也。而在第71回以前,写的不过是36天罡、72地煞,共108位英雄,是如何汇聚到梁山泊的种种事迹。

撇开著作权的纠纷不论。看来,通过九天玄女之口,对全书故事情节脉络作出上述预示的水浒故事的整理者或作者,并未将全书完成,或者写到宋江正式“为主”即告一段落了。据罗尔纲搜集的资料,明隆庆万历时人王圻读到的《水浒传》的内容,是“从空中放出许多罡煞,又从梦里收拾一场怪诞”。就是只写到惊恶梦为止的。万历时人徐复祚指出:“征辽、征腊,后人增入,不尽君美笔也。”也认为《水浒传》原本并无征辽、平方腊内容。这都表明,直至隆庆前后,仍然存在着单独流行的、大致70回的《水浒传》。

水浒的故事在继续流传说唱,故事的内容也在不断敷衍增添。

惊恶梦以后的续作肯定也所在多有,绝不只是一种。其中影响较大,比较吸引人的部分,有人就将它与前70回合并,略加整理,予以刊刻。于是就有了流传直至今日的百回本、百二十回等本,然而彼此也存有有无征田虎、王庆的不同,而讲述的只是“为臣”期间之事。近年热炒的所谓《古本水浒传》,是讲述“为主”期间如何替天行道、全忠仗义的,说系源自某一天启刻本。揆之以理,倒也不是没有这个可能。但在天启刻本和据之抄录的抄本实物两皆不存的情况下,要人们承认它即是明人“古本”,却也困难。

十五、智真长老赠鲁智深偈言本意真解

容与堂本《水浒传》第五回写鲁智深大闹五台山后,智真长老对他言道:“智深,你此间决不可住了。我有一个师弟,见在东京大相国寺住持,唤做智清禅师。我与你这封书去投他那里,讨个职事僧做。我夜来看了,赠汝四句偈子,你可终身受用,记取今日之言。”智深跪下道:“洒家愿听偈子。”长老道:“遇林而起,遇山而富,遇水而兴,遇江而止。”鲁智深听了四句偈子,拜了长老九拜……

这四句偈言,是对鲁智深此后人生关键转折和最后归宿的预言。罗尔纲在《水浒真义考》中对此偈作了如下的解释:

“林”,指林冲,“遇林而起”,指鲁智深到东京大相国寺后结识林冲事。“遇山而富”,指鲁智深夺取二龙山事。“江”,指宋江。“遇水而兴,遇江而止”,指鲁智深三山英雄会合梁山泊英雄攻破青州,见了宋江,同归梁山泊事(《水浒传原本和著者研究》,36页)。

偈言共4句,应每句分指其人生的一个关键,为何第3、4两句却合指同一件事了呢?“兴”得有个过程,为何尚未开始“兴”辄“止”了呢?“林”“山”“水”“江”,所指应是同一类事物,为何忽而

指人,忽而指地,忽而又人地混指了呢?皆不可理喻呀!

王利器校注引日本佚名《水浒传字汇外集》的解释:“林,野猪林。山,二龙山。水,梁山泊。江,浙江。”(第409页注六)江指浙江(钱塘江),即是指其一生的最后归宿地而言。智真长老赠偈时说,“你可终身受用”,既说“终身”,显然是包括其最后归宿这一人生关键的。此回正文所引诗,有“俗愿了时终证果”语,也可为旁证(此诗并未被罗斥为伪添,只是换了个位置)。两相比照,这位日本学者的注释显然更符合此偈的本意。

罗尔纲为了证成他的《水浒》原本截止于大聚义、惊恶梦,容与堂百回本第七十一回半以后皆后人续加的新说,对凡是在此前出现的涉及大聚义后之事的预示,不是斥之为续加者伪增,如九天玄女对宋江的嘱咐语,就是故意予以曲解,如此偈。其实,虽然直至嘉靖年间,仍然存有截止于大聚义、惊恶梦的版本在流传,那也只不过表明其叙事暂时告一段落,宋元以来广为流传的水浒故事并未完结呀。只是由于大聚义前的故事情节,比较成熟,因此得以早早固定下来,而大聚义之后的,有关艺人和文人各逞才智,正在创作或正在不断修订之中罢了。今日获见者,虽有有无征田虎王庆及繁简之异,而以受招安径接大聚义则皆相同。这在当日,则未必也,如罗本人在同书第47页所举,当日不同的版本多着呢。

新版古籍琐议十二题

一、《唐书辑校》史学价值例

1363 条：贞观中，文皇帝尝私幸端门，见进士缀行而出，喜曰："天下英雄入吾彀中矣。"（858 页）

此条，《旧唐书》无相应记载，亦不见于《册府元龟》。今人论述唐科举，言及此事，往往皆只引《唐摭言》卷一或卷一五的记述为据。在《中国考试史文献集成》这样的"文献集成"中，其第二卷（隋唐五代）也只录了《唐摭言》而未录此《唐书》（643 页）。

王定保未及见《旧唐书》，而在《唐摭言》成书前，唐末黄滔《［致］卢员外浔启》："其有负马之文华，韫颜之德行，或栖栖以至，或岳岳而来，未尝不坐驰日下之名，立贮彀中之望。"（《黄御史公集》卷七）业已将此事作为典故使用。他们的依据当皆是唐"国史"，亦即韦述《唐书》。

宋张舜民《画墁录》亦引及此事，谓出《唐书》（叶 17B），所指系《旧唐书》，又表明后晋时确已将此内容修入《旧唐书》。

显然，《唐摭言》的权威性和可信性皆远不及《唐书》。（2010-8-15）

1372 条：上元［元］年，刘峣上疏曰："国家以礼部为孝廉之门，考文章于甲乙……”(863 页)此条,《旧唐书》无相应记载,亦不见于《册府元龟》。

唐朝有两个上元年号,一在高宗朝,共三年(674—676);一在肃宗朝,亦三年(760—762)。此事,《通典》卷一七、《资治通鉴》卷二〇二皆系之于高宗上元元年。徐松《登科记考》卷二亦据《通典》录载于高宗上元元年,但已加注提出怀疑:“按是时贡举未归礼部,而言礼部为孝秀之门,恐误。”(60 页)贡举归礼部始于开元二十五年。傅璇琮主要依据其内容确认刘峣此疏奏上于肃宗上元元年,但除《全唐文》卷四三三刘峣小传外,未能提供更强硬的书证。(《唐代科举与文学》,386 页)

而更强硬的书证却是存在的,就是《太平御览》所录的这条《唐书》。这条所在的《太平御览》卷六二九的标题为《治道部·贡举》,共录载《唐书》32 条,基本按时间先后排列。此条前五条为“长寿二年”“开元中”“开元中”“开元中”“乾元初”,后五条为“宝应初”“宝应初”“建中初”“建中初”“元和二年”,则此条之“上元元年”,只可能是肃宗上元元年。

《唐会要》可以参证。此事《会要》载于卷七四《论选事》。《会要》各门纪事,本亦按时间先后排列,本门却略显混乱。本条之前三条为显庆二年(657),开耀元年(681),垂拱元年(685),一在高宗上元元年(674)前,二在高宗上元元年后,表明本条不是高宗的上元元年。本条之后三条为开元三年(715)、十三年,天宝十载(751),都在肃宗上元元年(760)前,又表明本条不是肃宗的上元元年。混乱本身岂不同时亦表明了:它既不肯定即是高宗的上元元年,也不排除可能是肃宗的上元元年吗?(2010-8-16)

二、《唐人轶事汇编》违背自拟“凡例”例

近人丁传靖有《宋人轶事汇编》之作，今人周勋初等仿之，复有《唐人轶事汇编》之作，都是对中国史，特别是唐宋史研究深有裨益的基本书。中华书局在重印《宋人轶事汇编》的出版说明中说：“所谓‘轶事’，就是指在‘正史’以外，得之于当时传闻和后世记载的材料和故事，这些比起‘正史’来往往写得更为生动活泼，有助于对历史人物的多方面的了解。”《唐人轶事汇编》“凡例”第5条亦界定：“本书不录正史，搜采范围以唐宋人撰杂史、传记、故事、小说为主。与正史记载类同之资料，其成书在正史之前者则录入，以见正史来源；其成书在正史之后而显系采自正史者则不收。”写得都很好，也很明确。只是笔者在阅读《唐人轶事汇编》中却不时发现，辑编者其实并未严格在按自己的“凡例”规定办事。

例如北宋前期人钱易写的《南部新书》这部笔记小说，其成书显然是在《旧唐书》这部正史之后。书中有些记载明显节录自《旧唐书》，却仍然被《唐人轶事汇编》作为“轶事”收入书中。这些事条，《汇编》只注《南部新书》一个出处，表明其并非节录自，起码是没有证据证明其节录自《旧唐书》之前的别的著作。“显系采自正史者不收”，不是却仍又收了。

以下仅以录自《南部新书》丙卷者为例，并列出见于《旧唐书》的相应文字于其下，藉资对照。

1. 杨炎第5条：“道州录事参军王沼，与杨炎有微恩。及炎入相，举沼为监察御史，始减公议。《南部新书》丙。”(858)(原书丙第2条)

《旧唐书·杨炎传》：“炎救时之弊，颇有嘉声。莅事数月，属崔

祐甫疾病，多不视事，乔琳罢免，炎遂独当国政。祐甫之所制作，炎隳之。初减薄护作元陵功优，人心始不悦。又专意报恩复仇。道州录事参军王沼有微恩于炎，举沼为监察御史。感元载恩，专务行载旧事以报之。"(118/3422)

2. 郭子仪第29条："旧令，一品坟高一丈八尺。惟郭子仪薨，特加十尺。《南部新书》乙。"(779页)(原书丙第3条，误注为乙)

《旧唐书·郭子仪传》："旧令一品坟高丈八，而诏特加十尺。"(120/3466)

3. 齐映第3条："贞元以来，禁中银瓶，不过高五尺。齐映在江西，因降诞日，献高八尺者，士君子非之。《南部新书》乙。"(866页)(原书丙第4条，误注为乙)

《旧唐书·齐映传》："又改洪州刺史、江西观察使。映常以顷为相辅，无大过而罢，冀其复入用，乃掊敛贡奉，及大为金银器以希旨。先是银瓶高者五尺馀，李兼为江西观察使，乃进六尺者。至是，因帝诞日端午，映为瓶高八尺者以献。"(136/3751)

4. 杨汝士第8条："咸通中，杨汝士与诸子位皆至正卿。所居靖恭里第，兄弟并列门戟。《南部新书》丙。"(1204页)(原书丙第13条)

《旧唐书·杨虞卿附从兄汝士传》："初汝士中第，有时名，遂历清贯。其后诸子皆至正卿，郁为昌族。所居静恭里，知温兄弟，并列门戟。咸通中，昆仲子孙，在朝行方镇者十馀人。"(176/4565)

5. 裴冕第6条："永泰初，乃诏左仆射裴冕等一十三人同于集贤院待制，特给飧钱，缮修廨宇，以优其礼。自后迁者非一。隋制桐木巾子，盖取便于事。武德初，使用丝麻为之，头初上平小。至则天时内宴，赐群臣高头巾子，号为武家样。后裴冕自创巾子，尤奇妙，长安谓之仆射样。《南部新书》丙。参见裴遵庆2。"(751页)(原

书丙第 18、第 19 两条,误合为 1 条。“隋制桐木巾”以下为另一条,“参见”亦针对此另一条,今不置论)

《旧唐书·代宗纪》:“[永泰元年]三月壬辰朔,诏左仆射裴冕、右仆射郭英乂、太子少傅裴遵庆、检校太子少保白志贞、太子詹事臧希让、左散骑常侍畅璀、检校刑部尚书王昂、高升、检校工部尚书崔涣、吏部侍郎李季卿、王延昌、礼部侍郎贾至、泾王傅吴令瑶等十三人,并集贤院待诏。上以勋臣罢节制者,京师无职事,乃合于禁门书院,间以文儒公卿,宠之也。仍特给飧本钱三千贯。”(11/278)

6. 李愬第 3 条:“裴度带相印入蔡,李愬具军容,度避之。愬曰:‘此方不识上下,今具戎服拜相国于堂下,使民吏生畏。’度然之。自后带宰相出镇,凡经州郡,皆具櫜鞬迎于道左,自此始也。《南部新书》丙。”(1030 页)(原书丙第 44 条)

《旧唐书·李晟附子愬传》:“乃屯兵鞠場以待裴度。翌日,度至,愬具櫜鞬候度马首。度将避之,愬曰:‘此方不识上下等威之分久矣,请公因以示之。’度以宰相礼受愬迎谒,众皆耸观。”(133/3681)按:唐李涪《刊误》卷上“宰相不合受节察防御团练等使拜礼”条:“今代节度使带平章者,凡经藩镇,节察使必具櫜鞬迎于道左,未知礼出何代?”李涪有他的答案,原书云云,则是钱易给出的答案。

7. 王龟第 1 条:“王龟,起之子,于永达坊选幽僻带林泉之处,构一亭,会文友于其间,名之曰‘半隐亭’。后太和初,从起于蒲,于中修葺书堂以居之,号曰‘郎君谷’。《南部新书》丙。”(1422 页)(原书丙第 67 条)

《旧唐书·王播附弟起之子龟传》:“京城光福里第,起兄弟同居,斯为宏敞。龟意在人外,倦接朋游,乃于永达里园林深僻处创书斋,吟啸其间,目为半隐亭。及从父起在河中,于中条山谷中起

草堂，与山人道士游，朔望一还府第，后人目为郎君谷。”（164/4281）（2011-10-18）

三、《柳氏叙训》文本溯源

网上所传《柳氏叙训》文本，似乎都出自同一个模子。也都对文本的来源或依据未作哪怕是最简单的说明。在这个文本以前，在很长一段时间内，实际上并无有称作《柳氏叙训》的书本存在。

明代的《文渊阁书目》卷二尚见著录有“《柳氏家训》一册”，但是否即柳玭《柳氏序训》是存有疑问的。至清乾隆开馆修《四库全书》，内府藏书和采进书目中，即已不再复见《柳氏序训》一书踪影，其遗佚当已多日矣。网上所传的《柳氏叙训》文本究竟从何而来呢？经一再查找，才获知，原来乃来自2000年泰山出版社出版的由车吉心总主编的《中华野史》第二册第697—699页陈尚君整理的《柳氏叙训》。既然有原创者在，上传者不予说明显然有失公允，也不符学术道德的要求。

陈尚君又是依据什么加以整理的呢？据他本人说：“此书向无传本，学者多以为早已亡逸。然南宋刘清之《戒子通录》卷二几乎全录之。今即据以录出。《新唐书》等书所引逸文，谨附于卷末。”

按刘清之的《戒子通录》，南宋至元尚颇受重视，当时曾出现过3个刊本。而入明以后，社会上似即已绝少流传。收入《四库全书》的《戒子通录》，系四库馆臣新从《永乐大典》中辑出者，几乎成了孤本。在1934—1935年《四库全书珍本》初集出版发行以前，在社会上绝少流传。其卷二录载的《柳氏序训》，知道者也就不多。周勋初《唐代笔记小说序录》就《柳氏叙训》说的：“此书早佚，仅《资治通鉴考异》中引文若干，类书中偶有征引而已。新、旧《唐书·柳玭传》后各附文数条,有可能即《叙训》中文。”(《周勋初文集》第五册430)几乎代表了20世纪80年代前后绝大多数人的看法。

到了90年代,有沈时蓉者,曾专门从事《戒子通录》研究,在阐述此书的辑佚校勘价值时,曾论及《柳氏序训》,并辑有《柳玭〈序训〉复原》,发表于一九九三年的《四川师范大学学报增刊》。载于《戒子通录》卷二的原文,业已将其全部囊括于《复原》中。而陈尚君在其说明中,压根不提在他之前已经有人作过类似的工作,不管有意无意,岂不是也有欠缺存焉。

陈尚君对《柳氏序训》的整理,做得相当粗疏。《柳氏序训》的内容,《戒子通录》卷二是否确实“几乎全录之”了?《戒子通录》以外的逸文,是否只有这里所附的辑自《新唐书》的二段,辑自《石林燕语》的一段?辑自《新唐书》的二段,又是否真的都是“逸文”?都值得怀疑。即如被认作佚文的二段《新唐书》,都凡138字,其中仅“董生有云:‘吊者在门,贺者在闾。’言忧则恐惧,恐惧则福至。又曰:‘贺者在门,吊者在闾。’言受福则骄奢,骄奢则祸至。”一小段共43字不见于《戒子通录》,其馀都不能算是逸文。不能因为《新传》所录者,经过改写,严格意义上已非原文之旧,就说它是逸文。(2011-2-14)

四、《唐会要》标校本对避讳字的径改小议——以裴次元之“元”为例

上海古籍出版社标校本《唐会要》卷七六《制科举》:“[贞元]四年四月,贤良方正能直言极谏科,崔元翰、裴次玄、李彝、崔农、史牟、陆震、柳公绰、赵参、徐宏毅、韦彭寿、邹儒立、王及、杜纶、元易、王真及第。”(1644页)其中“崔次玄”,标校本的底本江苏书局刊

本，以及主要对校本武英殿聚珍版本（中华书局版《唐会要》即据此本排印）原皆作“次元”，标校本为何要将其改作“次玄”呢？其前言作过如下说明：

> 殿本遇“玄烨”、“胤禛”、“弘历”等字，都避讳改字，如唐玄宗改作“唐元宗”，乌重胤改作“乌重裔”，唐代宗年号大历（大曆）改作“大历（大歷）”等，江苏书局本又避以后清帝的讳，现在都径改过来，不出校记。（13页）

原来标校者认为裴次元之“元”，系局本、殿本避康熙名讳所改，所以就径改了过来，也不出校记。

诚然，清人为避康熙名讳，多改“玄”为“元”，但“元”字之使用频率极高，见于清刻本的“元”字，绝非皆“玄”字所改也。即如裴次元，此人在《旧唐书》中也曾数次出现，如《宪宗纪》：元和六年二月丙子，“以太府卿裴次元为福建观察使”（14/434）。八年十一月“丙辰，以福建观察使裴次元为河南尹”（15/448）。《穆宗纪》：元和十五年八月乙亥，“前江西观察使裴次元卒”（16/480）。其名作“次元”，不作“次玄”。其任福建观察使时，曾作《球场山亭二十咏并序》，后人于大中十年曾予刻石，署“福州刺史裴次元”。死后葬于长安附近，立有《唐赠左仆射裴次元碑》。此两碑分见宋陈思《宝刻丛编》卷一九、卷七著录，其名亦皆作“次元”，不作“次玄”。标校本的标校者径改作“次玄”，显属错改。

在《唐会要》中，此人共出现四次。除上引者外，尚有：

卷六七《员外官》：“［开元］十九年正月十九日，京兆尹裴次元奏曰：……”（1395页）

卷六七《留守》：“［元和］九年十月敕……宜令河南尹裴次元

以本官充东都副留守。”(1401页)

卷七九《谥法》:“成(安人立政曰成。制义克服曰成):……赠工部尚书裴次元……”(1714页)

其中,除“京兆尹裴次元”外,其馀三处标校本亦皆改作了“裴次玄”。“京兆尹裴次元”为何未改呢?大概以为此裴次元与贞元四年应制举登科的裴次元不是同一个人。开元十九年任京兆尹的人,绝不可能于五十八年后去应制科举!标校者似乎根本未曾设想:此处出错者,可能不是人名,而是年代。

郁贤皓《唐刺史考》依据《会要》此条,系裴次元任京兆尹于贞元十八至十九年(34页),当是认为《唐会要》“十九年”上误脱了“贞元”年号。后经修订为《唐刺史考全编》,将其移至元和十二至十三年,并针对《唐会要》,写有如下按语:“裴次元不可能于开元年间官京兆尹,此必有误。裴次元元和六年为福建观察使,八年改河南尹,其任京兆当在此后。《旧书·宪宗纪下》,元和十二年九月‘辛丑,以御史中丞为京兆尹’,‘御史中丞’下缺名,当即裴次元。张荣芳《京兆尹研究》谓其于元和十二年九月十三日己亥自御史中丞迁京兆尹,至十三年正月迁江西观察使。从之。”(46页)

附带说明:此年制举登科的十五人中,有一人姓名“徐宏毅”,其“宏”字倒确系避乾隆弘历讳而改,标校本却又反而未予“径改”。(2012-10-13)

五、“弘农”·“洪农”·“常农”辨

《元丰九域志》卷三《陕西·永兴军路》:“雄,虢州,虢郡,军事。(唐弘农郡。皇朝建隆元年改常农,至道三年改弘农,寻改虢郡。治虢略县)”(3/115)“至道三年改弘农”下有校勘记:“弘农:‘弘’,

底本作‘洪’，卢本作‘弘’。《宋会要·方域》五之四一：‘虢州，唐弘农郡，至道三年弘农，寻改虢州。’此‘洪’乃‘弘’字之误，今据改。”（148页）

《志》接载：“县三。（建隆元年改弘农县为常农。乾德六年省朱阳县入常农。……至道三年改常农县为虢略。……）”（3/116）“建隆元年改弘农县”下有校勘记：“弘农县：‘弘’，底本作‘洪’，卢本作‘弘’。《宋史》卷八七《地理志》虢州虢略：‘唐弦农县。建隆初，改常农。’此‘洪’为‘弘’字之误，今据改。”（148页）

其实，两处“洪”字皆属避讳改字，本不误。古籍中的讳改字，看似简单，有些点校者往往申明“径予改回”，但在实际操作时，却并不那么简单。

赵匡胤父名弘殷。赵匡胤既已成了宋朝的开国皇帝，“弘”字、“殷”字都在必须讳避之列，不能触犯。“弘”字多改作“洪”，但地名“弘农郡”“弘农县”，朝廷于建隆元年却参照历史上的往例，改作了“恒农郡”“恒农县”，而非如《九域志》说的“常农郡”“常农县”。

至道三年十一月宋真宗继位，由于真宗名“恒”，“恒农”之“恒”又成了必须回避的犯讳字。于是如点校本之底本所载：“至道三年，改洪农，寻改虢郡。”县则改曰虢略。此处“洪”绝非“弘”之误。否则，就是以一个犯讳字取代另一个犯讳字，这可能吗？

可见，“弘农郡”“弘农县”这两个地名，朝廷的正式改称，在固定为“虢郡”“虢略”以前，只改称过“恒农”，改称“洪农”为时极其短暂。而“常农”，则从未正式改称过。只是后来的宋朝人，《九域志》的作者也不例外，在提到已成为历史的这两个地名时，往往将“恒”字追改作“常”，而对于“弘”字，则或以缺笔处理，或追改作“洪”。点校者断言其“误”的两个“洪”字，既然底本作“洪”，当是其所据之“宋刻摹本”原即作“洪”，实皆不误，无论是书的作者还是刊行者,作为宋人,都必须讳避追改的。

清乾隆皇帝名弘历,乾隆朝及其后的清人著书、刻书、抄书,于“洪”可以不问,于“弘”则多改“宏”。《九域志》中另有两个含有“弘”字的地名,一为卷一〇《化外州·广南路·瀼州》所领的“弘远”县(10/483),一为卷六《荆湖南路·道州》领“县三”所注沿革提到的“建隆三年改弘道县为营道县”(6/261)。“化外”,宋声教未到之地,对其犯讳地名当然无力更改。建隆三年,宋之声教也未到达湖南,“弘道”改“营道”,是出兵进略前夕预作的更改。这两个地名,点校本的底本光绪八年金陵书局刊冯集梧校注本皆讳改作“宏”,而笔者见到的雁里草堂本及与四库采进本浙本十分相近的丁丙原藏本皆作“弘”,点校本未予回改,也是一小小的疏忽。(2016-10-28)

六、《元丰九域志》点校本对底本的交代有点不明不白

《元丰九域志》点校本的底本是光绪八年金陵书局刊本。说交代得有点不明不白,不是指版本本身,而是指对这一有冯集梧“校注”“校记”的版本的原委,交代得有点不明不白。点校本“前言”是这样交代的;

> 冯集梧得《元丰九域志》宋刻摹本,取江南书局采进本及《新定九域志》清徐乾学所藏宋椠本、浙江书局采进本作了参校而成武英殿聚珍本:乾隆五十三年冯集梧从陈鳣处复得《元丰九域志》钱遵王所藏影宋刻抄本、查氏所藏抄本,进行重校一遍,而成德聚堂藏版。……冯集梧二次校正《元丰九域

志》，实出于吴兰庭之手。……《元丰九域志》经过冯集梧、吴兰庭的二次校勘，纠正了不少错误，并写成考证分别系于各卷之末，光绪八年由金陵书局重刊。这是该书现行较为完善的本子。（《前言》，4—5页）

不明不白之处有四：

1. 冯集梧校勘本的首次刊行：按“前言”所说，似乎即武英殿聚珍版本。然而武英殿聚珍版本《元丰九域志》既无冯集梧乾隆四十九年识语，每卷之末也无其“校记”，怎么会是他校勘成果的首次刊行？冯集梧说，他于“甲辰之岁，校元丰九域志刻之”（乾隆五十三年《又识》）。甲辰，乾隆四十九年。点校本附录卢文弨“乾隆五十有二年孟夏既望”《序》提到“复得桐乡冯太史（集梧）新雕本，用相参校”（728页）。其校勘本乃是冯氏自行刊行的。郑利锋《〈九域志〉版本流传考》列举丁日昌《持静斋书目》、孔广陶《三十有三万卷堂书目略》、徐乃昌《积学斋藏书目》、叶景葵《杭州叶氏卷盦藏书目录》均著录有乾隆四十九年桐乡冯集梧刻本，且曾亲自在南京图书馆查阅过此乾隆四十九年冯集梧刻本（《史学史研究》2014年第1期，96页）。笔者在网上也曾下载过哈佛燕京图书馆藏、目录后只有冯集梧乾隆四十九年题识、德聚堂藏板的《元丰九域志》。

另，“前言”谓冯以“清徐乾学所藏宋椠本”参校，未详何据。冯本人绝未言及，实也绝无此可能。冯校书在乾隆四十九年，而徐乾学传是楼雍正十二年已遭火劫，所藏《新定九域志》宋椠本早已不复存于世间，怎样取校？

2. 与武英殿聚珍版本的真实关系：“前言”说冯的校勘“……而成武英殿聚珍本”，也并非全属捕风捉影，冯本与聚珍本之间，确有一些瓜葛。聚珍本行文中时不时出现的“别本作□”的注文，实际上是对“冯注”的过录,只是将冯注分别标明的“江本”“浙本”等,全都改成了笼统的“别本”。如卷二《河北东路》“上澶州澶渊郡”,“上”下冯注:“江浙本俱作开德府”,聚珍本:“别本作开德府”。《沧州·地里》“东京一千二百里”,“二”下冯注:“江本作三”,聚珍本:“别本作三”:“东至海一百八十里”,“八”下冯注:“浙本无此字”,聚珍本:“别本无此字”。不仅如此,乃至聚珍本的正文,也是据冯本摆印的。如卷一《南京应天府·地里》:“东京二百八十五里。”冯校:“案‘东京’,各本俱作‘京东’,今据各府州军体例改。”卷六《江南东路·南康军·都昌县》:“有石钟山、钓矶山、大江。”“石钟山”,冯校“‘石’,诸本俱作‘上’”,据《太平寰宇记》改。卷八《利州路·阆州·西水县·晋安镇》,冯校:“案‘晋’各本俱作‘普’,今据《唐书·地理志》改。”这些冯本独具的依理校或他校校改的文字,聚珍本竟与之全同,岂非其正文亦据冯本摆印的铁证。可见,聚珍本只是吸收了冯校的主要成果,但它本身并不就是冯集梧的校勘本的全貌。

3. 乾隆五十三年德聚堂藏版,既非新雕,也非重刻,而是补刊。一次、二次校皆有德聚堂藏版刻本,一次已见上述,二次刊本目录后载有冯集梧“又识”,郑利锋在南京图书馆也曾查阅,认为“与冯氏乾隆四十九年校刻本版式相同”(郑文,97 页)。冯氏“又识”已说明,他从陈鳣处借得钱遵王影宋刻抄本后,“乃取刻本重校一过,得若干条,即以钱本标目,补系各卷之后,而讨论所及,颇有前所未及者,亦依次附列之”。如卷一之末有“襄州南漳、晁猪二镇,钱本晁作升”一类文字校多条,按照一次刊本体例,均应在正文中注于所校各字之下。可见其二次刻本,新加的无论是文字异同校,还是带有考证性质的校勘记,全都列于各卷之末。也就是,只对这些作了补刻,而全书则未重刻。

另，上揭郑利锋文又说："此次刊本的校勘，却并非出自冯集梧之手，据王国维……'此归安吴胥石先生所校也。……'"显然对"前言"所说"二次校正"有所误会。盖"前言"说的"二次"，犹"两次"，非"第二次"也。

4. 金陵书局刊本与德聚堂藏版本的关系。乾隆五十三年重校成果业已由德聚堂藏版的二次刊本刊行，光绪八年(1882)与乾隆五十三年(1738)相距近150年，显然不可能由冯、吴重加修订后再由金陵书局重刊。所谓重刊，实际上是翻刻。郑利锋既查阅过德聚堂的两个刊本，又查阅过金陵书局刊本，对三者版式的描述完全相同，都是："每半页十一行，每行大字二十字，小字双行，每行二十一字，上下单栏，左右双栏，单黑上鱼尾，鱼尾上记书名、下记卷数与页数。"如果版框大小、字体亦同，那就不止是翻刻，简直是据原版重刷了。

冯集梧生卒年不详，以精于刻书著称。清毛庆善《湖海诗人小传》卷三七："冯集梧，字轩圃，号惊庭，桐乡人。乾隆四十六年进士，官编修。有《贮云居文稿》《诗稿》。"又载："惊庭为养吾侍御三子。多藏书，精校刊。尝刻《元丰九域志》《樊川诗注》、惠定宇《后汉书补注》、盛庸三《仪礼集编》。又毕秋帆尚书《续资治通鉴》刻未及半，惊庭重校刻成之。"(707页)其中盛庸三即盛世佐，所著《仪礼集编》，《四库全书》已著录，四十卷，而据《增订四库简明目录标注》，嘉庆九年辛酉冯氏刻本，十七卷(85页)。未详异同何在。另据《续修四库全书》，其所著录的《樊川诗集》为嘉庆间德裕堂刻本，毕沅《续资治通鉴》为嘉庆六年冯集梧等递刻本，惠栋《后汉书补注》为嘉庆九年冯集梧刻本。足见其刻书多集中于嘉庆年间，也截止于嘉庆年间。而《元丰九域志》则是其所刻的第一部书。其父养吾侍御冯浩，是著名的李商隐诗文的注释家。(2016-11-18)

七、《元丰九域志》点校本校勘记有不足信处

《元丰九域志》冯集梧校刊本目录后题识指出:“今本之有古迹及元丰以后之以州升府而皆书某府者,正当日续定而未经呈进之本也。”其所谓“续定而未经呈进之本”,指的是《新定九域志》。则载有“元丰以后之以州升府而皆书某府者”,是《新定九域志》的重要标识。冯书揭示的元丰以后以州升府而直书其府名的,浙本共9府:京东西路东平府(郓州),京西北路淮宁府(陈州)、顺昌府(颍州),河北东路开德府(澶州)、河间府(瀛州),秦凤路延安府(延州),河东路隆德府(潞州),两浙路平江府(苏州)、镇江府(润州)。江本8府,除延安府外,与浙本同。每个州下有注,说明江本、浙本作甚。

对于这些元丰以后以州升府而直书其府名的州,点校本一般都先录冯注,再补充书证,藉以说明冯本正文的正确。如京东西路江本、浙本直书东平府的郓州:

紧,郓州,东平郡,天平军节度。“郓州东平郡”下,冯注:“江、浙本俱作‘东平府,旧郓州,东平郡’。”点校本校勘记按语:“影宋抄本、吴本、卢本、周本俱作‘郓州,东平郡’。《宋会要》方域五之一七:‘东平府,旧郓州,宣和元年升为东平府。’本《志》以元丰为准,则应作‘郓州,东平郡’。”(50页)

点校本取校的吴本、周本,据前言,亦是《新定九域志》。值得注意的,是冯书揭示的浙本直书府名的9个州中,吴本竟有5个州、周本竟有7个州,并未直书其府名。难道在《新定九域志》不同本子间,真的有这么大的差异吗?

据《中国古籍总目》,《新定九域志》只上图藏有吴骞校并跋、唐

翰题跋的吴氏拜经楼抄本，只国图藏有周梦棠校并跋的清抄本。此两书，当即点校本取校的吴本、周本。周本已由国家数字图书馆摄制影像，可在线检阅，今将上揭 9 个州冯本正文、冯校、点校本按语及周本实际所载择要分列于下：

紧，郓州，东平郡，天平军节度（19 页）。“郓州东平郡”下冯注：“江、浙本俱作‘东平府，旧郓州，东平郡’。”点校本按语谓吴本、周本作“郓州，东平郡”。周本实作：“东平府（旧郓州东平郡）天平军节度。”

上，陈州，淮阳郡，镇安军节度（35 页）。“上陈州”下冯注：“江浙本俱作‘淮宁府’。”点校本按语只说“影宋抄本、卢本俱作‘上，陈州’”，未言吴本、周本作甚。周本实作：“淮宁府（陈州淮阳郡）镇安军节度。”即与江浙本同。

上，颍州，汝阴郡，顺昌军节度（35 页）。“上颍州”下冯注：“江浙本俱作‘顺昌府’。”点校本按语未言吴本作甚，只谓周本“亦作‘颍州’”。周本实作：“顺昌府（颍州汝阴郡）顺昌军节度。”

上，澶州，澶渊郡，镇宁军节度（63 页）。“上澶州”下冯注：“江浙本俱作‘开德府’。”点校本按谓吴本、周本作“上澶州”。周本实作：“开德府（澶州澶渊郡）镇宁军节度。”

上，瀛州，河间郡，防御（66 页）。“上瀛州”下冯注：“江浙本俱作‘河间府’。”点校本按谓吴本作“上瀛州”，周本作“瀛州”。周本实作：“河间府（瀛州河间郡）防御。”

中都督府，延州，延安郡，彰武军节度（107 页）。“都督”下冯注：“浙本作‘延安’。”点校本按谓吴本、周本作“中都督府延州”，即与冯本同。周本确作：“中都督府延州延安郡彰武军节度。”

大都督府，潞州，上党郡，昭德军节度（163 页）。“大都督”下冯注：“江浙本俱作‘次隆德’。”点校本按谓吴本、周本作“大都督”。周本实作:“次龙德府潞州上党郡昭德军节度。”

望,苏州,吴郡,平江军节度(209页)。“望苏州”下冯注:“江浙本俱作‘平江府’。”点校本按语未言吴本作甚,只谓周本“作苏州”。周本实作:“平江府(望苏州吴郡)平江军节度。”

望,润州,丹阳郡,镇江军节度(210页)。“望润州”下冯注:“江浙本俱作‘中镇江府’。”点校本按谓吴本、周本作“望润州”。周本实作:“中镇江府(润州丹阳郡)镇江军节度。”

可见,浙本直书府名的9个州中,周本有8个州也是直书其府名的,仅延州未直书府名与江本同,周本作为《新定九域志》,与别的《新定九域志》并无那么大的差异。点校本校勘记提供的周本信息,9条中竟有7条是不足信的。

提供的吴本信息是否完全可信呢?拜经楼吴本后归唐翰题,据唐翰题跋,同治九年曾由“刘彦清太守借录副本”(《藏园群书经眼录》377)。刘彦清即刘履芬,其录本今藏国图,亦已摄制影像,可在线阅读。经检阅,校勘记提供的吴本信息,3个州未说,5个州与刘本有出入。刘本中直书府名的实有8州,与周本同。

又,卢文弨曾指出,各县之下是否“兼载山水”,也是《新定九域志》的显著标识。如浙本,这些山水已悉数删去。冯集梧校刊本对这些山水记载有所校改,并在卷末加有校记。点校本校勘记在迻录冯校的同时,也曾引吴本、周本说明“冯说是”。如:

卷六《江南东路·南康军·都昌县》:“军东七十五里。一十一乡。有石钟山、钓矶山、大江。”“石钟山”,冯校“‘石’,诸本俱作‘上’。”据《太平寰宇记》改。点校本按语:“影宋抄本、吴本、卢本、周本俱作‘石’,冯说是。”(282页)

卷六《荆湖北路·鄂州·武昌县》:“州东北一百八十里。九乡。金牛一镇。有西塞山、大江。”“西塞山”,冯校“‘塞’各本俱作

‘寨’”。据《元和郡县志》改。点校本按语:“影宋抄本、吴本、周本俱作‘塞’……冯氏所改是。”(297 页)

卷七《梓州路·资州·盘石县》:“一十六乡。丹山、南湍、月山、鼓楼、赖胥、赖盘、小石同、银山、栗林、铜鼓一十镇。一十八盐井。一铁冶。有盘石山、中江。”“盘石山”,冯校“‘山’各本俱作‘小’”。据《太平寰宇记》改。点校本按语:“影宋抄本、吴本、卢本、周本俱作‘盘石山’……冯说是。”(344 页)

卷八《利州路·剑州·阴平县》:“州西北一百六十里。七乡。全门、百顷、长平三镇。有马阁山、岐江。”“马阁山”,冯校“‘山’各本俱作‘止’。”据《太平寰宇记》改。点校本按语:“影宋抄本、吴本、卢本、周本亦作‘山’……冯说是。”(380 页)

难道在各县下是否“兼载山水”方面,吴本、周本与浙本真的有所不同吗? 经检阅,这 4 县下,周本、刘本实际上都无关于山水的记载,山水记载是被删掉了的。不仅山水,周本甚至将各县下所载镇也一并删去了。如:

卷七《梓州路·怀安军·金水县》:“一十三乡。唐化、三州、常乐、白芳、三节、柏茂六镇。有金台山、中江。”“白芳”,冯校“‘芳’各本俱作‘芬’。”据《通鉴》胡注改。点校本按语:“影宋抄本、卢本、周本俱作‘芳’,冯说是。”(350 页)

卷八《利州路·阆州·西水县》:“州西一百二十里。四乡。晋安、木奴、玉山、花林、永安、金仙六镇。有掌夫山、西水。”“晋安”,冯校“案‘晋’各本俱作‘普’,今据《唐书地理志》改。”点校本按语:“影宋抄本、吴本、卢本、周本俱作‘晋’……冯说是。”(379 页)

“白芳”“晋安”这 2 个镇名,周本虽删,刘本却未删,“芳”确误作“芬”,“晋”确正作“晋”。然而校勘记所提供的周本信息仍不足信。

国图所藏清初影宋抄本亦已制成影像。卷一《南京应天府·地里》:“东京二百八十五里。”冯校:“案‘东京’,各本俱作‘京东’,今据各府州军体例改。”点校本按语:“影宋抄本、吴本、周本俱作‘东京’,冯说是。”(430页)经检阅,仅周本确作“东京”,影宋抄本、刘本实亦误作“京东”。

上述诸例证表明,点校本校勘记提供的关于周本、吴本乃至影宋抄本的信息,确有不足信处。(2016-12-30)

八、黄校《唐摭言》底本不符40例

黄寿成点校、三秦出版社出版的《唐摭言》,据前言,是以《学津讨原》本为底本,校以其家藏清抄本和国图藏傅校本的。然而如以下各例,皆无校记说明曾作校改,却皆与底本《学津讨原》本文字有异,不相符同:

大凡顽石处上,巨鳌戴之,岂非“首冠”耶(2/29)?——“处上”,底本实作“处土”。

人享蛮榼一小盎,亦不啻数升(3/49)。——“蛮榼”,底本实作“蛮画”。

庐江何长师、赵郡李华、范阳卢东美,少与韩衢为友,江淮间号曰“四夔”(4/61)。——“庐江”,底本实误作“卢江”。

杰闻君子所贵者,道也;所好者,才也(4/64)。——“君子”,底本实无“子”字。

李北海年十七,携三百缣就纳国色,偶遇人启护,倒囊济之(4/69)。——“倒囊济之”,底本实作“倾囊救之”。

盖书“略”字以“田”加“各”首,久而成“日”配“咎”为“晷”(5/70)。——底本“‘各’首”之“各”字无,“日”前有“各”字。

二事并良，苟事立，汝择处焉（5/72）。——“焉”，底本实作“高”。

至于崔融、李峤、宋之问、沈佺期、富嘉谟（6/84）。——富嘉谟之“谟”，底本实作“谋”。

用而不能尽其材，如勿用而已矣（6/93）。——“材”，底本实作“才”。

故见贤而能知，知而能用，用而能尽其才（6/93）。——底本“知”“用”二字实不重，“才”实作“材”。

公因谋所居。二公沈吟良久，曰：“可于客户坊税一庙院。”（7/101）——“沈吟”，底本实作“沉默”。

第二、第三榜，谏议柳逊、起居舍人于竞佐之（8/112）。——“于竞”，底本实正作“于兢”。

一第何门不可致，奈轻负至交（8/119）？——“不可致”，底本实作“不致”，无“可”字。

标曰：“标寒畯也，未尝有庙院。”（8/120）——“标曰”，底本实无此2字。

时号“锦袄子上着莎衣”（8/135）。——“锦袄子”，底本实作“锦褑子”。

人生如云在须臾（10/149）。——“如云”，底本实作“如疟”。

有《无机集》三百篇，尤能咏物（10/149）。——“咏物”，底本实无“物”字。

鞠场亭宇初构，岩杰纪其事（10/149）。——底本无“亭”字。

殷浩之矜持太过，翻达空函（11/170）。——“矜持”，底本实作“兢持”。

复考进士文策，同就侍郎厅房，信宿重关，差池接席，掎摭之务，仰止弥高（11/174）。——“重关”，底本实作“重阙”。

常情尚有咨嗟，故旧能无叹息？非辞坎壈，但媿愧揄（11/174）。——“愧揄”，底本实作“邪揄”。

且君子成人之美，仆忝士君子之末，岂敢不成公之美事乎（11/179）？——“敢不”，底本实作“不敢”。

尔后即参尚何面目，遂得默默然而已哉（12/189）！——“默默然”，底本实作“默然”，“默”字不重。

少年从事夸门第（13/201）。——“门第”，底本实作“门地”。

骰子巡巡里手拈（13/201）。——“巡巡”，底本实作“逡巡”。

幸陪社宴接馀欢（13/201）。——“社宴”，底本实作“社会”。

不分前时忤主恩（13/201）。——“不分”，底本实作“不忿”。

裴廷裕，乾宁中在内廷，文书敏捷，号为“下水船”（13/202）。——“内廷”，底本实作“内庭”。

群玉因破题而授之，不记其词（13/207）。——“不记其词”，底本系小字注文。

既毁其发肤，又贬其官序，孝子亏全归之望，良臣绝没齿之怨（13/208）。——“官序”底本实作“官叙”。又，“孝子”前，底本有“使”字。

达天听而知在何时，备烦辞而并陈今日（14/216）。——“烦辞”，底本实作“繁辞”。

……薛扶秀才，云负文业，穷奇岭峤（14/217）。——“穷奇”，底本实作“穷寄”。

有明经及秀才、俊士明于礼体，为乡曲所称者（15/220）。——“礼体”，底本实作“理体”。

一度思卿一怆然（15/221）。——“思卿”，底本实作“思乡”。

俄传呼曰：“学士归院。”（15/222）——“传呼”，底本实作“传吟”。

长庆初,赵相宗儒为太常卿(15/222)。——“长庆初”,底本实作“长庆中”。

公曰:“边方小将,纵有军功……”(15/223)——底本“边方”前实有“此”字。

“……不知谁是谪仙才。”又,“白莲千朵照廊明……”(15/224)——下一首诗前,底本实无此“又”字。

会中元为鹤林之游,浙帅(不知姓名)窥之,遂为其人奄有(15/224)。——注文“姓名”,底本实作“名姓”。

清瘦儿郎犹是可(15/226)。——“是”,底本实作“自”。

笔者无此精力,似也无此必要,将点校本与底本《学津讨原》本逐字对照比勘。以上40例,不过是翻阅时偶尔发现,随手所记。值得注意的,是这些与底本不符的字例,有不少却与文渊阁《四库全书》本《唐摭言》相同。而我们知道,文渊阁《四库全书》是有电子版的,其文字可以方便地拷贝复制。为什么会有这些与底本不符的字例?是不是偷懒所致?责任究竟在点校者还是在出版社?局外人显然无从置喙。不过,既然作为文化遗产,作为精神食粮,已经推向社会,个中缘由,总得向读者有所交代吧。(2015-1-16)

九、“桂根宁诗在”?一错六十年
——新版古籍错排失校例

南宋曾慥的《类说》有类读书摘记,其卷三十四共节录五代王定保《摭言》124条,第105条为《月诗》:“吴玢《月诗》云:‘桂根宁有土,光外更无空。’”王汝涛等校注本据1957年古典文学出版社出版的《唐摭言》原书校正“吴玢”乃“胡玢”之误,又于“桂根宁有

土”下加校记:“古典本作‘轮中别有物’,下注:‘后改云桂根宁诗在’。”(1032 页)

经核,古典本确作“桂根宁诗在”。据“出版说明”,该出版社印行的这个本子,“系以雅雨堂精刻本为据,并照学津讨原本校正了若干文字”。复经核,《雅雨堂藏书》和《学津讨原》本的《唐摭言》,此处皆作“桂根宁有土”,并不作“桂根宁诗在”。旧署宋朱胜非撰之《绀珠集》性质与《类说》相似,其卷四节录此条,亦作“桂根宁有土”。表明原书不误,宋人的节录与原书一致,亦不误。作“桂根宁诗在”是点校本新增的错误,当是在当日条件下,此书在排印过程中,检字工人排版有误,校对工作又有疏忽所致。

古典文学出版社改称中华书局上海编辑所后,此书于 1959 年 9 月出版了新一版。新一版的“出版说明”,较初版新增了这样一段话:“蒋光煦《斠补隅录》有本书校勘记,勘正甚多,我们曾据以校补。”也就是,新一版只是据蒋校作过校补,底本并未误作“桂根宁诗在”的这一错误,蒋校当然不会出校记,因此也就不在校补之列,被沿袭了下来。

中华书局上海编辑所复改为上海古籍出版社,2000 年 3 月出版的《唐五代笔记小说大观》,其中所收的《唐摭言》,署名“阳羡生校点”,是“即以中华上编本为底本,据《太平广记》、周勋初《唐语林校证》有关条目改正错讹”。仍然未再与底本校核,源自 20 世纪 50 年代的排印错误,照样存在。2012 年,上古又将原先精装的《大观》,改出了新的平装单行本。

从 1957 年至 2012,时光过去了 56 年,这个小小的错误,竟然延续了近 60 年,岂非一错 60 年!秋天的落叶扫不尽扫,但总得去扫啊!旧的,新的,尤其是新的。若不扫,不是有人已以此为据,对原本正确的也表示怀疑了吗?(2014-4-1)

十、《类说校注》本《南部新书》注文中的常识性错误

宋曾慥辑撰之《类说》,福建人民出版社列为"八闽文献丛刊"之一,出版有王汝涛等的《校注》本。其卷四一从《南部新书》共节录78条,约占原书总条数十分之一弱。校注所加注文,除校勘性者外,其解释性的,如"蒺藜棒条"的"韦丹,唐人"(1229页)一类,注了等于没注,毫无意义者外,在不多的注文中,还存在不只一处的常识性错误。如:

"贡土水"条:"天下贡赋,惟长安县贡土,万年贡水。""万年"下注:"故城在今陕西省临潼县东北。"(1224页)即不知何所据而作此言。谭其骧《中国历史地图集》第五册隋唐五代时期,今临潼,唐时叫新昌县。而作为常识,唐长安城内,对着皇城正南门有朱雀门大街,万年、长安二县以此街为界,万年县领街东五十坊并东市,长安县领街西五十四坊并西市(《唐两京城坊考》,34页)。盖长安、万年两县地位特殊,其贡物也别具象征意义也。

"翠微寺僧"条:崔慎由生子,"字曰'衲僧',又云'缁郎'"。"缁郎"下注:"缁郎,即崔允。"(1225页)借助索引,遍两《唐书》不能检到崔允其人。崔慎由此子,实即唐末宰相崔胤,宋人避太祖赵匡胤名讳,胤多改裔,清人避雍正胤禛名讳,有改作崔允者。然清武英殿聚珍版新旧《唐书》亦仅作缺笔处理,并未径改字也。校注者非清室臣民,难道还要避其主子的名讳吗?

"《韵英》"条:"天宝时",元廷坚撰《韵英》,"未施行,而西京陷"。"西京陷"下注:"西京陷,指黄巢义军攻进唐都长安。"(1228页)本条开头明明有"天宝时"字。起于唐末僖宗年间的黄

巢义军，竟然在玄宗天宝时即已攻进唐都长安，校注者不觉得有点奇哉怪矣吗？

“布袋盛米放倒即慢”条：说此名言者“杜邠公”，校注者注曰：“杜邠公，即杜黄裳……封邠国公。”（1232页）又，“平生有三不称意”条：“杜豳公位极人臣，尝言平生不称意有三……”“杜豳公”下注：“杜豳公，疑是杜邠公之误，注见前。”（1236页）似乎只知杜黄裳封邠公，而不知封邠公者尚另有人在。前一条，未详原书源自何书，若后一条，则明显节录自《北梦琐言》卷三“杜邠公不恤亲戚”条。《北梦》此条开首即言：“杜邠公悰，位极人臣。”揭出此邠公名“悰”。（12页）周勋初主编《唐人轶事汇编》卷二三“杜悰”名下辑录其轶事凡17条，上揭前一条即是其中的第11条。第1条、7条、12条、15条、16条皆“杜邠公悰”连称，此外，还有“太傅邠国公杜悰”连称，见第9条（1290页）。（2011-10-15）

十一、这条月灯阁注告诉我们些什么？

元稹《酬翰林白学士代书一百韵》：“僧餐月灯阁，醵宴劫灰池。（原注：“予与乐天、杓直、拒非辈多于月灯阁闲游，又尝与秘省同官醵宴昆明池。”）”（《元稹集》卷一〇）原注以字号称之的三人，分别为白居易、李建、李复礼。贞元末，元稹、白居易等同为秘书省校书郎，官闲，诸人一起很过了一段堪称狂放的生活。白居易原诗和元稹之酬答诗均作于元和五年，两人在诗中都对那段生活作了相当详尽回忆，本联是其中的两句。

杨军《元稹集编年笺注》在“月灯阁”下注曰：“《西京杂记》卷一：‘汉掖庭有月影台、云光殿、九华殿、鸣銮殿、开襟阁、临池观，不在簿籍，皆繁华窈窕之所栖宿焉。’疑所谓月灯阁亦此类也。”（第

314 页注 21)“亦此类也”是什么意思呢？是否是说，唐代的月灯阁也与汉代的月影台等相似：一、位于掖庭；二、不在簿籍；三、皆繁华窈窕栖宿之处。而“不在簿籍”，似乎又被理解为与不见于载籍同义，不然，注唐朝事，为何却引六朝人写的说汉朝事之书来类比呢？

查宋敏求《长安志》和徐松《唐两京城坊考》，唐掖庭所在的宫城内，确实没有名为月灯阁的建筑。但月灯阁却并不是不再见于元稹此诗以外的其他唐代载籍。唐阙名《辇下岁时记》：“长安每岁诸陵当以寒食荐饧粥、鸡球等，又荐雷子车。至清明，尚食内园官小儿于殿前钻火，先得火者进上，赐绢三匹、金椀一口。都人并在延兴门看内人出城洒扫，车马喧闹。新进士则于月灯阁置打球之宴。或赐宰臣以下酴醾酒，即重酿酒也。”(《说郛》宛委山堂本 69/3218)五代王定保《唐摭言》卷三《宴名》有“月灯打球”宴，《慈恩寺题名游赏赋咏杂记》又有“乾符四年诸先辈月灯阁打球之会”和“咸通十三年三月新进士集于月灯阁为蹙鞠之会”两则记事。月灯阁既然是经常举办打球之会或打球之宴的公众场所，平时当然也可供游人赏玩的了。如果是掖庭内繁华窈窕栖宿之处，难道会允许野男子在其间闯荡吗？

掖庭是什么所在？是后宫妃嫔居住的地方。《后汉书·班固传上》：“后宫则有掖庭、椒房，后妃之室。”李贤注引《汉官仪》：“婕妤以下皆居掖庭。”周天游解释所引《西京杂记》此条，谓汉嫔妃分十四等，约千人。每年八月，掖庭令从良家选拔女子充实后宫，凡是入十四等者，置有簿籍，“不在簿籍，恐指尚未入籍而待诏掖庭者”。并说：“文中所提诸台殿阁观，当系尚未入籍采女栖身之处。”(《西京杂记》，45 页)既然如此，则“亦此类也”云云引《西京杂记》以注月灯阁，究竟告诉了我们些什么呢？(2012-2-11)

十二、从一句引诗略谈对今日古籍校勘的疑惑

《南部新书》己卷有一则记事:“贞观中,尚药奏求杜若,敕下度支。有省郎以谢朓诗云‘芳洲采杜若’,乃委坊州贡之。本州曹官判云:‘坊州不出杜若。应由读谢朓诗误。郎官作如此判事,岂不畏二十八宿笑人耶?’太宗闻之,大笑。改授雍州司法。”其中引了谢朓一句诗句。

这句引诗,《南部新书》5种点校本或整理本的底本《学津讨原》本作“芳洲采杜若”。其下,黄寿成点校本校勘记谓:“明本‘采’作‘生’。”明本指“钱遵王校明刻本”。虞云国、吴爱芬整理本则校改为“芳洲生杜若”,其校勘记谓:“‘生’原作‘采’,据[上图藏]明抄本改。”

《南部新书》多记唐五代事。其所记,作者钱易亲见者几无,亲闻者绝少,多系节录前人现成记载而成。令人疑惑不解的是:今点校者一不问源出之书作何?尤其是,二不问谢朓原诗作何?仅列《南部新书》不同版本中的异文,究竟有多大意义?进而又仅以不同版本的异文为据,不知凭什么作的判断,辄改原文,这样的校改可信吗?可取吗?

鄙人未免有点庸人自扰,痴性难移,竟妄想来个探根问底。结果又如何呢?

原来此条源自《太平广记》卷四九三《度支郎》,注:“出《国史》。”汪校谓:“明抄本、陈校本作出《国史纂异》。”《国史纂异》是《隋唐嘉话》的别名。此条见今本《隋唐嘉话》卷中(20页),然行文不同。所引诗句,《广记》此字作“采”,《嘉话》作“多”。

谢朓原诗见《谢宣城诗集》卷三,题曰《怀故人》,其首联即作:"芳洲有杜若,可以慰佳期。"除"慰"或作"赠"外,"芳洲""杜若"间之字作"有",不作"采",不作"生",也不作"多"。《四部丛刊》初编"景明依宋抄本"、文渊阁《四库全书》本、《丛书集成》初编据《拜经楼丛书》排印本,皆同。《汉魏六朝百三名家集》中的《谢宣城集》,文渊阁《四库全书》本、光绪信述堂重刻本,亦皆同。是改"采"为"生",于谢朓原诗绝无依据。

另,谢朓此句,实化用了屈原《九歌·湘君》中的如下辞句:"采芳洲兮杜若,将以遗兮下女。"(《楚辞补注》,63页)原来在屈原原辞中,谢朓诗中的"有",倒是作"采"的。

南宋葛立方对本条所载之事曾作过略带嘲讽的评议:"贞观中,尚药求杜若,敕下度支,省郎判送坊州贡之。本州曹官判云:'坊州不出杜若,应读谢朓诗误。郎官如此判事,岂不畏二十八宿笑人邪?'余观屈平《九歌》曰:'采芳洲兮杜若。'谢朓诗乃用《九歌》语。《晋书·天文志》'郎位十五星在帝坐东北,依乌郎府'是也。曹官徒知有谢朓诗而不知有《九歌》,徒知郎官上应列宿而不知非二十八宿也。"(《韵语阳秋》卷五)

陈援老总结校勘有本校、对校、他校、理校四法,在古籍整理点校中理应酌情综合运用。而反观今日所出之所谓古籍整理点校本,有些则有如以上所举,只是将几个不同版本互相对校一通,罗列其异字异文,时不时作出些证据不足的断语,或径予更改。这样的整理,对于古文献,对于祖宗遗产,对于文化事业,究竟能起到怎样的作用?实实令人疑惑不解。(2011-12-24)

语义商兑九题

一、“十载干明王，无由谒天阶”非“干谒”事辨

岑参《至大梁却寄匡城主人》：“一从弃渔钓，十载干明王。无由谒天阶，却欲归沧浪。仲秋至东郡，遂见天雨霜。昨日梦故山，蕙草色已黄。平明辞铁丘，薄暮游大梁。仲秋萧条景，拔剌飞鹅鸧。四郊阴气闭，万里无晶光。长风吹白茅，野火烧枯桑。故人南燕吏，籍籍名更香。聊以玉壶赠，置之君子堂。”（42页）

约天宝元年，作者从长安东行，经东郡（滑州）、匡城，复经铁丘，抵大梁（汴州，今开封）。这首诗就是抵达大梁后寄给匡城县尉周某的。诗中讲到自己为何要离开都城，以及一路上的所见和所感。

新出版的一部研究“干谒”的专著，认为此诗亦属干谒诗文，摘引了其中前四句，并说：“从那些倾诉久举不第的困厄与不幸的干谒诗文中，我们不难揣测众多干谒者曾经经历过的种种失败与痛苦，至于像岑参那样，因长期干谒无成，而萌生弃世归隐念头的文人，想必也是不少的。”（王佺《唐代干谒与文学》，26页）其实，诗中提到的“干”“谒”，与作者研究的“干谒”，远不是同一回事。

“十载干明王”，“干”的对象是“明王”，即当今皇帝，指的是向以皇帝为首的朝廷上书，以求取官职。唐制，献书拜官，“亦同制举”（《封氏闻见记》3/17）。或“上书，中书试，同进士及第”（《云麓漫钞》6/102）。至于“无由谒天阶”，则表明上书求官没有成功，不能在朝会的殿廷台阶上叩谒皇帝。

这四句诗的内容，与稍后在《感旧赋》中的描写可互相印证。《赋》序：“参，相门子。五岁读书，九岁属文，十五隐于嵩阳，二十献书阙下。尝自谓曰：云霄坐致，青紫俯拾。金尽裘弊，蹇而无成，岂命之过欤？”（437 页）赋：“嗟予生之不造，常恐堕其嘉猷。志学集其荼蓼，弱冠干于王侯。荷仁兄之教导，方励己以增修。无负郭之数亩，有嵩阳之一丘。幸逢时主之好文，不学沧浪之垂钩。我从东山，献书西周，出入二郡，蹉跎十秋。多遭脱辐，累遇焚舟，雪冻穿屦，尘缁弊裘。嗟世路之其阻，恐岁月之不留。睠城阙以怀归，将欲返云林之旧游。”（439 页）

闻一多《岑嘉州系年考证》：开元二十一年，“始至长安，献书阙下。此后十年，屡往返于京洛间”。其下考证曰：“《感旧赋》序曰‘二十献书阙下’，赋曰‘弱冠干于王侯’，又曰‘我从东山，献书西周’。按《登科记》有上书拜官及上书及第。《封氏闻见记》云：‘常举外，有进献文章，并上著述之辈，或付本司，或付中书考试，亦同制举。’《云麓漫钞》亦云：‘上书者中书试，同进士及第。’《权载之集》有元和元年吏部试上书人策问三道，是与制举对策无异。公献书后，盖亦尝对策而落第耳。”[①]看来，20 世纪 30 年代初闻一多的这一研究成果，仍有重温一下的必要。（2013-8-24）

---

① 闻一多《岑嘉州系年考证》，1933 年，后收入《唐诗杂论》，引文见第 110 页，古籍出版社，1957 年。

二、"名第"义

《唐摭言》卷三《谢恩》:"状元已下,到主司宅门下马,缀行而立,敛名纸通呈。入门,并叙立于阶下,北上东向。主司列席褥,东面西向。主事揖状元已下与主司对拜,拜讫,状元出行致词,又退着行。各拜主司,答拜,拜讫,主事云:'请诸郎君叙中外。'状元已下各各齿叙,便谢恩,馀人如状元礼。礼讫,主事云:'请状元曲谢,名第第几人谢衣钵。'"(3/3A)

在这段记述新及第进士向主司谢恩仪式的文字中,最后一句,新出点校本皆标作"请状元曲谢名第,第几人谢衣钵"。鄙意以为当作如上标点,"名第"宜属下读。关键是对"名第"一词该如何理解,也牵涉到"曲谢"一词的习惯用法。

在较大型辞书中,《辞源》尚无"曲谢""名第"词条,稍晚出的《汉语大词典》才为这两个词立了词条。其"曲谢"词条的释文是:"遍谢。五代王定保《唐摭言·谢恩》:'三日后,又曲谢。其日,主司方一一言及荐导之处,俾其各谢挈维之力;苟特达而取,亦要言之。'《续资治通鉴·宋哲宗元祐六年》:'辛亥,王岩叟奏事罢,留身曲谢。'"唐末五代笔记中,"曲谢"用例不少。如:

《唐摭言》卷四《与恩地旧交》:"孟棨年长于小魏公,放榜日,棨出行曲谢,沆泣曰:'先辈,吾师也。'沆泣,棨亦泣。棨出入场籍三十馀年。"

《北梦琐言》卷八《裴相国及第后进业》:"唐相国裴公垍,太和八年李汉侍郎下及第。自以举业未精,遽此叨忝,未尝曲谢座主,辞归鄠县别墅。三年肄业,不入城,岁时恩地唯启状而已。至于同年,邻于谢绝。掩关勤苦,文格乃变,然始到京,重献恩门文章,词采典丽,举朝称之。后至大拜,为时名相也。”

都只谢主司一人,未必即“遍谢”也。“曲谢”下,或句断,或缀以致谢的人物对象(如“曲谢座主”),再未见如“曲谢名第”一类的用法。《汉语大词典》引用的书例即本帖开首所引同条文字的下文,至“曲谢”句断,为何其前不能至“请状元曲谢”句断呢?这时的“请状元曲谢”,不是要他谢自己获得的状元名第,而是要他作为该榜及第进士的代表,在前一步谢恩“礼讫”再次致谢,然后再进行下一步,请名次在第几的人,即与座主当年及第时的名次相同的人,“谢衣钵”。南宋曾慥《类说》卷三四节录《摭言》此条,作“请衣钵”,或当以“请”为正。即请座主把衣钵传给本科及第的门生。

见于唐末五代笔记中的“名第”,多数都是在与“名次”相同的意义上使用的。如《云溪友议》卷下《因嫌进》:“吴君不附国庠,名第在于榜末。”《唐摭言》卷一《广文》:“始,其春官氏擢广文生者,名第无高下。……暨大中之末,咸通、乾符以来,率以为末第。”卷二《恚恨》:“试官谓之曰:‘某昨限以人数挤排,虽获申展,深惭名第奉浼,焉得翻有首冠蓬山之谓?’”卷八《听响卜》:“韦甄及第年,事势固万全矣,然未知名第高下,志在鼎甲,未免挠怀。”

以上为《汉语大词典》之第二义。其第一义为:“高第。唐范摅《云溪友议》卷三:‘[刘轲]后乃精于儒学,而肄文章,因策名第,历任史馆。”据此义,“曲谢”“名第”连读,似乎可以曲解为谢状元及第。然所举仅此一例,而仅据此例似不宜作此断言。刘轲元和十三年进士及第,并非该榜之第一名状元(《登科记考》18/674),其所引据的原文献《云溪友议》,“名第”与“高第”也未在相等的意义上互文使用。所谓“策名第”,无非是进士及第,即进士科发布的榜上列有名次之意。(2015-4-3)

三、这一"先辈"头衔该加给谁？

《唐摭言》卷一〇《海叙不遇》："温宪先辈，庭筠之子，光启中及第，寻为山南从事。词人李巨川草荐表，盛述宪先人之屈，略曰：'蛾眉先妒，明妃为去国之人；猿臂自伤，李广乃不侯之将。'"(10/3A)其中"温宪先辈，庭筠之子"，目前习见的两种点校本皆在宪字下加逗号，标作"温宪，先辈庭筠之子"。鄙意则以为应作如上标点。其间牵涉到"先辈"这一头衔究竟该加给谁，是加给温宪，还是加给温宪之父温庭筠？温庭筠不只是宪的父辈，而且名气也远较宪高，为什么说"先辈"这一头衔反而要加给宪呢？

先看这里的"先辈"一词究系何意？唐李肇《国史补》卷下"叙进士科举"条："进士为时所尚久矣……其都会谓之举场，通称谓之秀才，投刺谓之乡贡，得第谓之前进士，互相推敬谓之先辈，俱捷谓之同年，有司谓之座主。"(80页)《摭言》录载于《述进士下篇》。宋程大昌《演繁露》卷一"先辈前进士"条："唐世呼举人，呼已第者为先辈，其自目则曰前进士。案：魏文帝黄初五年立太学，初诣学者为门人，满一岁，试通一经者，补弟子，不通一经，罢遣。弟子满二岁，试通二经者，补文学掌故，不通经者，听须后试。故后世称先试而得第者为先辈，由此也。前进士者，云亦放此也。犹曰早第进士，而其辈行在先也。(《通典》五十三)。"(157页)可见，只有进士已及第者，才得以被称为"先辈"。

再来反观温庭筠、温宪父子。《摭言》本条已载明温宪是举进士及第了的，只是说"光启中及第"却有误。光启二年(886)，郑延遇知贡举，温宪亦曾赴试，然被郑"抑而不录"。及至龙纪元年

(889)赵崇知贡举,方才及第。见《唐诗纪事》卷七〇《温宪》(1042页)。温庭筠虽曾多次应举进过考场,但却一直未能博得一第,否则也就不会有如同本条所载,李巨川"盛述宪先人之屈"的事。附带说明,李巨川"盛述"的是"宪先人之屈",而《绀珠集》卷四、《类说》卷三四录载《摭言》此条,却都错成了述宪之屈,除录文外,其拟题亦分别错作"述温宪屈""温宪淹屈"。

最后,试对《摭言》全书的"先辈"用例再略加审视。如"小归尚书榜裴起部与邠之李抟先辈旧友"(3/8B)、"咸通十四年韦昭范先辈登第"(3/21)、"郑合敬先辈及第后宿平康里"(3/22A)、"浙西尚书差送新及第赵先辈娘子入京"(15/7B),都用以称呼已及第进士,先辈皆联缀于姓名之后,本条若标作"温宪先辈",与这些用例完全相符。如"乾符四年诸先辈月灯阁打球之会"(3/23B)、"元和十三年进士陈标献诸先辈诗曰……"(15/3A),针对的虽非个人而是群体,但也是对及第进士群体的称呼。后例且与《演繁露》说的落第"举人呼已第者为先辈"合。"孟棨年长于小魏公,放榜日,棨出行曲谢。沆泣曰:'先辈,吾师也。'沆泣,棨亦泣。棨出入场籍三十馀年。"(4/4A)此条载于《与恩地旧交》门,魏沆是主司,孟棨是门生,是主司可称门生为先辈;魏沆早已及第,孟棨才刚及第,是早及第者可称晚及第者为先辈。虽然孟棨"年长于"沆,若未曾及第,仍然不会对之以"先辈"相称。唯一的例外,是见于卷六《公荐》门记载、卷七《升沈后进》门复出的韩愈、皇甫湜对牛僧孺的称呼。牛"始举进士",谒韩、皇甫"卜进退"。二人故意乘牛不在时造访,"大署其门曰:'韩愈、皇甫湜同访几官先辈不遇。'"(6/2A),为之造势。牛"始举进士",当然未及第。此例是否表明,对未及第者也可以先辈称呼?只是韩、皇甫此举有类今日之虚假广告,并不足以推翻本题主旨:即《摭

言》本条之“先辈”，只宜加诸温宪，而不宜加之于其父温庭筠。（2014-5-9）

四、“富贵在里”和“李程在里”

《唐摭言》卷七《起自寒苦》：“郑朗相公初举，遇一僧善气色，谓公曰：‘郎君贵极人臣，然无进士及第之分，若及第，即一生厄塞。’既而状元及第，贺客盈门，唯此僧不至。及重试退黜，唁者甚众，而此僧独贺，曰：‘富贵在里。’既而竟如所卜。”（7/2B）

《唐摭言》卷一三《惜名》：“李缪公贞元中试《日有五色赋》及第，最中的者，赋头八字，曰：‘德动天鉴，祥开日华。’后出镇大梁，闻浩虚舟应宏词复赋此题，颇虑浩赋逾己，专驰一介取本。既至，启缄尚有忧色，及睹浩破题，云：‘日丽焜煌，中含瑞光。’程喜曰：‘李程在里。’”（13/6B）

分别提到“富贵在里”和“李程在里”，句式类似，都“在”“里”二字连用。“在里”究属何义？两处“在里”，含义是否相同？

王瑛《唐宋笔记语辞汇释》“在［二］”条释在：“《诗词曲语词汇释》卷三‘在’字条云：语助词，随文而有‘着’‘哉’‘啊’‘呢’等用法。今增缀数例于后。”按：共增五例，第三例为富贵在里。并说明：“‘在里’亦犹‘着哩’。”（198页）实谓下条所释“里”字之义也适用于“富贵在里”之“里”。“里”条释里：“里，即‘哩’，语气助词，读阴平。《辞源》新版2823页已收此义，举有辛弃疾词一例，今补时代较早之散文例证如下。”按：共补三例，第三例为李程在里。未附说明（99页）。上条所释“在”字之义是否也适用于“李程在里”之“在”？作者没有明确表态。

王瑛书出版于1990年。成果仅追溯至张相《汇释》（1953年）、

《辞源》新版(1983年)。此外,吕叔湘在1941年发表的《释〈景德传灯录〉中在、着二助词》[①]中,对"'在里'一词由处所副词变而为纯语助词"作过详尽论证,征引繁富。"富贵在里"和"李程在里"亦皆在被征引之列。

吕文谓:"唐宋俗语中,有于'在'字之后更缀一'里'字者。此一语中,'在''里'二字,原来当更具有几分实义('里'即'这里'、'那里'之'里'),此可于下例觇之。""富贵在里"即其所举众例证之一。接谓:"浸假而'里'之本义渐没,'在里'一词之用遂渐趋于空灵,不复有'于此'之本义矣。"(57页)王《释》"'在里'亦犹'着哩'",实谓已完全"空灵"化。

吕文又谓:"下列诸句中,'里'字虽与'在'等相继,而实不相属。""李程在里"即其所列诸例之第一例,并有说明:"例1之'在'谓未为人所掩,为一自足之动词。"(57页)王《释》对所释"在"字之义是否也适用于"李程在里"之"在"未明确表态,与之出入不大。此"在里"为一实一虚的两个单音词。

回过头来再看载有"富贵在里"的《唐摭言》全文。此条置于《起自寒苦》门,表明郑朗应进士举时尚"寒",并未富贵。只是善气色僧预卜其命,未来将"贵极人臣"。若真的状元及第,未来的富贵就不存在了,今既重试退黜,则未来的富贵仍然存在。"富贵在里","在"字"存在"之实义未泯呀,仅"里"字同于语气词"哩"耳。此"在里"似亦一实一虚的两个单音词。即使将它视作浑然一体的双音语气词,它也仍在演化过程中,其本有的"于此"实义并未完全消失。王释似可再酌。(2014-10-28)

---

① 吕叔湘《释〈景德传灯录〉中在、着二助词》,原载《华西协合大学中国文化研究所集刊》一卷三期,今又见《吕叔湘全集》第二卷《汉语语法论文集》。

五、“亲情”有无“亲家”“亲戚”外义?

王瑛《唐宋笔记语辞汇释》释“亲情”,谓“亲情,亲家、亲戚,名词”。共举指亲家者2例,指亲戚者4例(126页)。江蓝生等《唐五代语言词典》亦释作:1. 泛指亲戚;2. 特指亲家。所举唐五代例证无出王书以外者(302页)。

《唐摭言》中有2处提到“亲情”:卷四《气义》:“杨虞卿,及第后举三篇,为校书郎,来淮南就李鄘亲情。遇前进士陈商启护穷窘,公未相识,闻之,倾囊以济。”(4/12B)又卷一二《酒失》:“驯扰朱门四五年,毛香足净主人怜。无端咬着亲情客,不得红丝毯上眠。(犬离主)”(12/12B)

《唐宋笔记语辞汇释》引用书目无《唐摭言》,以上所录2例,当然不在所举之列。今试与其所释对照,且看是否都能符合。

《摭言》这二例“亲情”,都有异文。“无端咬着亲情客”中的“亲情”,《又玄集》作“亲知”(下/439)、《全唐诗》谓亲情“一作‘情亲’”(803/9043),姑且不去管它。就其作“亲情”者而言,释作“亲戚”显然无甚疑问,而“来淮南就李鄘亲情”中的“亲情”,则无论用“亲家”还是“亲戚”释之,似都不甚贴切。

《摭言》此条,《太平广记》卷一八〇“杨虞卿”条曾予录载,如下:“杨虞卿及第后,举宏词,为校书。来淮南就李墉婚姻,遇前进士陈商启护穷窘,虞卿未相识,闻之,倒囊以济。”(180/1342)《新唐书》也曾将其增补入卷一七五《杨虞卿传》,如下:“虞卿第进士、博学宏辞,为校书郎。抵淮南,委婚币焉,会陈商葬其先,贫不振,虞卿未尝与游,悉所赍助之。”(175/5247)《广记》文字有更改,《新唐书》则经改写,但从其改动或改写中,可以看到北宋前期人对来淮南“就李鄘亲情”这句话是如何理解的:《广记》认为即是就李鄘或李墉“婚姻”,《新唐书》认为系“委婚币焉”。看来,杨与李家确实存在婚姻关系,只是这一关系虽已言定,却尚未完成,杨虞卿及第登科后赴淮南,是去履行其中一道关键手续——委婚币的。在这种具体情况下《摭言》使用的“亲情”这一语词,与“亲家”“亲戚”无论在词义上,还是在词性上,似都还有一些距离。(2014-11-9)

六、“启护”简释

《唐摭言》两处提到“启护”。卷四《气义》第4条:“杨虞卿,及第后举三篇,为校书郎,来淮南就李鄘亲情。遇前进士陈商启护穷窘,公未相识,问之,倒囊以济。”又第5条:“李北海,年十七,携三百缣就纳国色。偶遇人启护,倒囊济之。”(皆4/12B)祝鸿杰《〈唐摭言〉语词札记》于“第二类,面目生疏,疑属唐语者”中,就此二例,对“启护”先有如下注释:“因贫困而求人救济。”并进而解释说:“‘启护’为动宾式合成词。‘启’有‘告’义,‘护’有‘帮’义,‘启护’犹今云‘告帮’。”①

江蓝生等《唐五代语言词典》也释作:“请求他人接济(财物)。”(293页)所举也仅只上举《唐摭言》二例。

如此解释,似可商榷。

敝意,《唐摭言》卷四《气义》第1条所载事例,虽无“启护”二字,实际上却体现了“启护”的准确含义。该事例如下:“郭代公,年十六入太学,与薛稷、赵彦昭为友。时有家信至,寄钱四十万以为学粮。忽有一缞服者扣门,云:‘五代未葬,各在一方,今欲同时举

① 祝鸿杰《〈唐摭言〉语词札记》,《语言研究》1993年第3期,第134页。

大事，乏于资财，闻公家信至，颇能相济否？'公即命以车一时载去，略无存者，亦不问姓氏，深为赵、薛所诮。元振怡然曰：'济彼大事，亦何诮焉。'其年为粮食断绝，竟不成举。"所谓"举大事""济彼大事"的"大事"，即是"启护"。也就是，"启护"者，乃迁葬也。

若谓非是，烦请再看如下三例：

《唐大诏令集》卷三九《听越王归葬诏》："越王事迹，国史著明，枉陷非辜，寻已洗雪。其子珍，他事配流，数代漂零，不还京国。玄真弱女，孝节卓然，启护四丧，绵历万里，况是近族，必可加恩。行路犹或嗟称，朝廷固须恤助……"（181页）

《文苑英华》卷九五九符载《犀浦县令杨府君墓志铭》："唐益州犀浦县令弘农杨府君，春秋三十九，以大历十四年冬十月卒于郫县之私第，且迫多故，权窆于是县之近郊。有才子衡，进士擢第，官曰左金吾卫仓曹参军，为桂阳部从事，以贞元十五年十月某日，启护于成都，以十六年春二月某日，归葬于凤翔之陈仓某乡某原，从先茔也。"（959/4B）

《太平广记》卷一五六《舒元舆》录《感定录》："李太尉在中书，舒元舆自侍御史辞归东都迁葬。太尉言：'近有僧自东来，云有一地，葬之必至极位，何妨取此？'元舆辞以家贫，不办别觅。遂归启护。他日，僧又经过，复谓太尉曰：'前时地，已有人用之矣。'询之，乃元舆也。元舆自刑部侍郎平章事。"（156/1121）（2014-10-1）

七、"车牛夜发"话"车牛"

《南部新书》有一则记事："开元十九年冬，驾东巡至陕，以厅为殿，郭门皆属城门局。薛王车牛夜发，及郭，西门不开，掌门者云：'钥匙进内。'家仆不之信，乃坏锁彻关而入。比明日，有司以闻，上以金吾警夜不谨,将军段崇简授代州督,坏锁奴杖杀之。”(己9)其中“薛王车牛夜发”句中的“牛”,《学津讨原》本本来作“牛”,近年新出诸点校本虽然皆以《学津讨原》本为底本,除徐敏霞点校的《中华野史》本外,几乎全都改为“半”。

校改的依据,黄寿成点校本,虞云国、吴爱芬整理本都有校刊记,皆云据《粤雅堂丛书》本改。黄本曾以国家图书馆所藏清钱遵王校明刻本、近人傅增湘校学津讨原本对校,虞、吴本曾以上海图书馆藏明抄本及录有黄丕烈校记的清抄本通校,而校勘记并未指出有那个本子此字作“半”或校改作“半”。此外还有文渊阁《四库全书》本,此字作“牛”与底本同。可见,在所列举的众多版本中,仅有一个本子作“半”,校改的版本依据是薄弱的。

在诸本中实最晚出的粤雅堂本,其改“牛”为“半”,未必另有什么版本依据。这条记事录自何书不明,其他典籍中也未能检到类似记载,其所作更改也未必有他校的依据。很可能是仅仅凭所谓“理校”的臆改。陈援老一再嘱咐“理校”要慎重,当是有鉴于类似现象而作的劝诫。

那么,是否“‘车牛’‘夜发’”不通,只有改为“‘车’‘半夜发’”才通呢?非也。古籍中,“车牛”一语习见。《汉语大词典》即列有“车牛”词条,谓:“即牛车。为旧时交通运载工具。”并从《书·酒诰》《晋书·王祥传》、韩愈《论变盐法事宜状》引了三条用例。今试从唐代史籍和唐文中再引数例如下:

《旧唐书·李义府传》:“义府寻请改葬其祖父,营墓于永康陵侧。三原令李孝节私课丁夫车牛,为其载土筑坟,昼夜不息。”(82/2768)

《旧唐书·李巨传》:“于城市桥梁税出入车牛等钱,以供国用,颇有干没,士庶怨嗟。”(112/3347)

陈子昂《为宗舍人谢赠物表·第三表》:“伏奉某月日恩敕,以臣亡母迁祔,特降敕给人夫及车牛服用物若干,以护送灵柩至京。”(《陈子昂集》卷三)

陆贽《论度支令京兆府折税市草事状》:“今忽并役车牛,雇车佣必腾贵;并征税草,买草价必倍高。”(《陆宣公集》卷二〇)

元稹《招讨镇州制》:“应缘军务所须,并不得干扰百姓。如要车牛、夫役及工匠之类,并宜和雇情愿,仍优给价钱。”《元稹集》卷四一)

足见将“牛”字改作“半”字,既无可靠的版本可依,又无充足的理由可说,实属轻率之举,古籍整理中不足法也。不过黄、虞、吴三位出校记申明改字缘由,相对来说,态度还是比较认真严肃的。另有所谓“择善而从,不出校记”,前些年一度几乎成了古籍校勘的通则,尚成点校的《宋元笔记小说大观》本即以此为凡例。这条“通则”,使读者对其所“择”是真“善”还是实不“善”?几乎无从判断,完全被剥夺了应有的独立思考权利,而对于那些轻率的粗制滥造者,反倒提供了保护其存在并促使其不断扩展的盾牌。(2011-12-3)

八、“庚伏”是庚年的伏天吗?

刘宰《漫塘文集》卷一〇《回李校勘(心传)》开首有“庚伏在中”的话,来可泓《李心传事迹著作编年》据之将此复函系于绍定三年夏(172页)。为什么是绍定三年呢?那是因为:李心传被差充秘阁校勘,自绍定元年正月至绍定三年年底在任(见《南宋馆阁续录》卷六《故实》、卷九《官联三》,227、355页),而在这三年之中,若以干支纪年,只有绍定三年恰为庚寅年。可是在实际上,作这样的系年和推断，却是错误的。

“庚伏”何义？《汉语大词典》的解释是：“庚伏即三伏。因三伏中的初伏、中伏分别自夏至后的第三、第四个庚日开始，而末伏自立秋后的第一个庚日开始。故三伏亦称‘庚伏’。”也就是每年，即任何一年的三伏天皆可称“庚伏”，未必定是庚年。既然如此，刘宰复函中的“庚伏”字样虽然表明它写于夏天，却未必即在绍定三年夏。

复函中提到：“果州令似，审已登科，足为门下贺。”“果州”指李道传，李道传死时官果州刺史。“似”通“嗣”。《宋史·李道传传》：“三子：达可、当可、献可。”(436/12947)此“果州令嗣”盖指李道传之子、李心传之侄达可。《光绪井研县志》卷一九《选举》谓达可“绍定中”举进士。宋代不似唐代每年科举(宋初例外)，特别是到了南宋，三年一开科早已成为定制。据《文献通考·选举考》所载“宋登科记总目”，绍定年间仅二年、五年曾两度发榜。绍定五年李心传业已升迁为国史院编修官、实录院检讨官，不再是秘阁校勘，则李达可举进士及第只可能在绍定二年。刘宰是“审已登科”即获知及第的确切信息辄致函祝贺的，此函当写于同一年，怎么会迟至三年夏才写呢？那不成了太过时的祝贺了吗？何况刘宰的住处金坛离临安又不远。

据《宋史·理宗纪》，绍定二年是五月十四日辛巳发榜的(41/791)。此年夏至后第三个庚日在六月二十四日，第四个庚日在七月五日，立秋后第一个庚日在七月二十五日(系据《二十史朔闰表》推算而得)。复函说“庚伏在中”，即在中伏，可知刘宰写此复函的确切日期当在绍定二年七月五日至二十四日这二十日间。离发榜已超过五十天以上，足以获知李达可及第的准确信息也。

九、“已抬至墓穴”者怎能“犹嘱其妻”这样一席话？

李斌城等《隋唐五代社会生活史》第三章第三节《丧葬风俗》，在言及“有些无先茔在洛阳北邙者，也愿卜墓于兹，才算窆得其所”时，举有这样一桩事例：“唐宣宗时，太原人王修来已抬至墓穴，犹嘱其妻鬻宅将其归葬洛师。”（295页）使人百思不得其解。“已抬至墓穴”，当是人已死，即将下葬，怎么还能“嘱其妻”如此这般一席话？其下没有注出处依据，经检核，当源出《唐代墓志汇编》“大中一四三”那通墓志。“王修来”乃“王修本”之误。原文如下：“俄罹昼哭之痛，属纩犹能言，顾谓夫人曰：鬻其第，将我归于洛师。”（2363页）“抬至墓穴”，原来是对“属纩”的语体翻译。关键在对“属纩”的“纩”字该怎样理解？其实，“纩”并无墓穴义，义为墓穴的字乃“圹”。看来，作者是将两字误混了。

“纩”何义？新的丝绵絮也。当年，判断人是否死亡的标准是有无呼吸，而检察人是否尚有呼吸的办法，则是将少量新绵放在病人口鼻前看其是否尚能飘动。《礼记·丧大记》：“属纩以俟绝气。”郑玄注：“纩，今之新绵，易动摇，置口鼻之上以为候。”（1571C）则属纩者，谓重病之人临终前弥留之际也。弥留之际嘱咐这样那样的后事，当然是完全可能的。（2014-11-14）

句读疑误六题

一、京房《易传》这段话该怎样断开？

《唐摭言》卷六《公荐》载王泠然《上相国燕公书》有这样一段话："仆闻位称燮理者，则道合阴阳，四时不愆，则百姓无怨。岂有冬初不雪，春尽不雨，麦苗继日而青死，桑叶未秋而黄落，蠢蠢迷愚，嗷嗷愁怨，而相公温眠甲第，饱食庙堂，仆则天地之一生人，亦同人而怨相公也。京房《易传》曰：'欲德不用兹谓张言人君欲贤者而不用徒张此意厥灾荒云大旱也阴阳不雨复曰师出过时兹谓旷其旱不生。'夫天道远，人道迩，仆多言者也，安知天道？请以人事言之。"

其中引了京房《易传》中的一段话。这段话：

当年(1936)《丛书集成》初编本是这样断句的：欲德不用兹谓张。言人君欲贤者而不用。徒张此意。厥灾荒。云大旱也。阴阳不雨。复曰。师出过时兹谓旷。其旱不生。(53页)

1957年古典文学出版社点校本是这样标点的：欲德不用，兹谓张言人君欲贤者而不用，徒张此意，厥灾荒，云大旱也，阴阳不雨，复曰师出过时，兹谓旷其旱不生。(65页)

约1999年《中华野史》王大宏点校本的标点类似："欲德不用，

兹谓张言人君欲贤者而不用，徒张此意；厥灾荒，云大旱也，阴阳不雨。”复曰：“师出过时，兹谓旷其旱不生。”（222页）

2000年上海古籍出版社《唐五代笔记小说大观》中的《唐摭言》，以古典文学出版社本为底本，标点略有更动：“欲德不用”，兹谓张言人君欲贤者而不用，徒张此意；厥灾荒，云大旱也，阴阳不雨。复曰“师出过时”，兹谓旷，其旱不生。（1628页）

2003年姜汉椿《唐摭言校注》以古典文学出版社本为工作本，标点实与《大观》本略同而稍有变更：“欲德不用”，兹谓张言人君欲贤者而不用，徒张此意；“厥灾荒”，云大旱也，“阴阳不雨”，复曰“师出过时”，兹谓旷其旱不生。（121页）

2011年黄寿成点校的《唐摭言》的标点与《丛书集成》本的断句相近：“欲德不用兹谓张”，言人君欲贤者而不用，徒张此意。厥灾荒，云大旱也，阴阳不雨。复曰“师出过时兹谓旷”，其旱不生。（84页）

究竟哪一家的标点比较准确呢？

按：文渊阁《四库全书》子部术数类占卜之属收有《京氏易传》，其中未能检到上揭这一段引文。这段引文实际上是从《汉书·五行志》中转引的，见卷二十七中之上，原文如下：“庶征之恒阳，刘向以为《春秋》大旱也。其夏旱雩祀，谓之大雩。不伤二穀，谓之不雨。京房《易传》曰：‘欲德不用兹谓张，厥灾荒。荒，旱也，其旱阴云不雨，变而赤，因而除。师出过时兹谓广，其旱不生。上下皆蔽兹谓隔，其旱天赤三月，时有雹杀飞禽。……’”（1385—1386页）“欲德不用兹谓张”下，颜师古注：“孟康曰：欲得贤者而不用，人君徒张此意。”“师出过时兹谓广”下，颜师古注：“李奇曰：广，音旷。韦昭曰：谓怨旷也。”

可见，在王泠然引用的京房《易传》这段话中，“欲德不用兹谓张”是《易传》原文，“言人君欲贤者而不用，徒张此意”，是王泠然依据颜注所作的解释。“厥灾荒”是原文，“云大旱也，阴阳不雨。”是王泠然依据原文以自己口吻出之的解释。“阴阳不雨”之“阳”乃“云”之误。“复曰”与上“京房《易传》曰”并行，意为再引其言。“师出过时兹谓旷，其旱不生”，全是原文，“旷”原作“广”，系据颜注径改。

回过头来再看各家的标点。《丛书集成》本的圈点者是知道这段话的实际出处的，并对照《汉志》作了正确无误的断句。上古系列的几个本子，点校者不仅未追溯这段话的确切出处，似乎也未曾读懂这段话的确切含义。乃至《校注》竟以“张言”为词而加以注释。（2013-9-14）

二、点校本《后汉书》两处标点的商榷

1.《后汉书》卷三〇下《郎顗传》言及顗上书荐黄琼、李固，其书中提到“元精所生，王之佐臣，天之生固，必为圣汉”。李贤注“元精”：“元为天精谓之精气。”点校本标点作：“元为天精，谓之精气。”（1070页）李白《崇明寺佛顶尊胜陁罗尼幢颂》：“韬大国之宝，钟元精之和。”王琦注：“《后汉书》：‘元精所生，王之佐臣。’章怀太子注：‘元为天，元精谓天之精气。’……”（《李太白全集》28/1311）按：王琦引李贤注，实以己意，即他本人的理解，作过改写。鄙人认为，他的理解是正确的。《后汉书》此注的标点，似应改作：“元为天；精，谓之精气。”

2.《后汉书》卷八六《西南夷传》：“云南县有神鹿两头能食毒草。”点校本标点作：“云南县有神鹿两头，能食毒草。”（2849页）李贤注：“见《华阳国志》也。”《华阳国志》卷四：云南郡，“有熊苍山，

上有神鹿,一身两头,食毒草”。则“两头”者,非谓有两只神鹿,而是谓神鹿长有两个头颅也。“神鹿”与“两头”间必须加一逗号,才能完全准确地表达作者的本意。

三、《册府元龟》何泽奏请昭雪罗贯事条的标点

《册府元龟》卷八七五《总录部·讼冤》何泽奏请昭雪罗贯事条,周勋初领衔校点的校点本所加标点,可疑之处甚多,今特提出讨论之如下。先看校点本是如何标点的:

> 晋何泽初仕后唐,同光中为河南尹时,洛阳令罗贯为乐人强占税户,谮于庄宗,下狱考掠,逼令招罪。见害。天成二年,泽为仓部郎中,因逢恩赦,上表昭雪,敕河南县,是神州赤县县令。乃明庭籍:“臣未审罪名,便当极法。不削不贬,不案不彰,困枯木于广衢,抱沉冤而至死。众人具见有耳。皆闻何泽,对宰洛阳,委其实状。今此伸屈直责,表章请雪,吞声以旌幽壤,遂其冥冥下土,非玄恩以不知。荡荡无私,俾舆情而共感,宜加昭雪,兼赐赠官。”其子彧,文行可称,便许录。(十、875/10181)

“敕”下自“河南县”至条末“许录”,皆昭雪诏敕语,《全唐文》卷一〇九辑于后唐明宗名下,拟题作《昭雪洛阳令罗贯敕》(109/6B)。

校点本“敕”下未加冒号,也未加引号,是不认为此以下为敕文。却于敕文内“明庭籍”下加冒号,自“臣未审”至“赐赠官”加引号,又错认为系何泽表奏中语。此外,类似将“河南县是神州赤县,

县令乃明庭籍臣,未审罪名……”标作“河南县,是神州赤县县令。乃明庭籍:‘臣未审罪名,……’”的点破句的现象,短短一条中竟近一十五处。

当然,全书校点成于众手,水平参差不齐,完全可以理解。而身为全书总领的周勋初,也难以完全推卸其应负的责任吧。

《全唐文》中华影印本有断句,今参照其断句试重加标点如下:

晋何泽,初仕后唐。同光中,为河南尹。时洛阳令罗贯,为乐人强占税户,谮于庄宗,下狱考掠,逼令招罪,见害。天成二年,泽为仓部郎中,因逢恩赦,上表昭雪。敕:“河南县是神州赤县,县令乃明庭籍臣,未审罪名,便当极法,不削不贬,不案不彰。困枯木于广衢,抱沉冤而至死,众人具见,有耳皆闻。何泽对宰洛阳,委其实状,今此伸屈,直贡表章,请雪吞声,以旌幽壤。遂其冥冥下士,非玄恩以不知,荡荡无私,俾舆情而共感。宜加昭雪,兼赐赠官,其子或文行可称,便许录。”(2015-2-27)

四、点校本《元丰九域志》附录“诸书题跋”标点有误

1.《直斋书录解题》卷八:知制诰丹阳王存正仲、集贤校理南丰曾肇子、开官制所检讨邯郸李德刍等删定(723页行8)。

按:曾肇,字子开。“子”“开”间顿号当移至“开”下。

2.《玉海》卷一五《元丰郡县志》:愿诏职方,取四方郡县、山川、民俗、物产、古迹之类辑为一书,补缀遗缺。(724页倒1行)(冯

集梧跋之一引《玉海》此语,标点同。页 726 行 1)

按:“郡县”下顿号当删。此处语意为:取四方郡县的山川、民俗、物产、古迹之类辑为一书。亦见《长编》卷四九一记载,点校本即正确地标点作:“愿诏职方取四方州郡山川、风俗、民事、地物、古迹之类,讲求其详,集为一书。”(491/11657)

3. 冯集梧跋之二:今夏晤海宁陈君鱣云曾得影宋刻抄本《九域志》(727 页行 1)陈君字仲鱼,多闻嗜古(727 页行 6)。

“陈君鱣”三字、“陈君”二字旁,皆标有专名号。按:“君”旁之专名号似不当加。

4. 冯集梧跋之二:谓蔡氏书《禹贡传》不当以黎阳县系今通利军(727 页行 7)。

按:“书”,“尚书”也。其旁当加书名号。

5. 朱彝尊跋:其进表上陈‘文直笔核’,洵不媿乎?其言者宋槧字小而密,斯则格纸轩朗,便于老眼览观(727 页倒 1 行)。

此处“洵不媿乎其言者”当连读,“乎”下问号当删,“者”下当加句号。

6. 程晋芳跋:其撰书之始,末详见竹垞题跋(728 页倒 2 行)。

按:“始末”这一双音词不应断破,“始”下之逗号当移至“末”下。

7. 陈鱣跋:秦上州非“奉上州”,与《唐书地理志》、《太平寰宇记》合(730 页行 8)。

秦上州,仅“秦”字旁标专名号。按:秦上州系羁縻州名,见卷一〇第 488 页。当如下文袭州、令州例,秦上州 3 个字旁皆标专名号。

8. 陈鱣跋:始知竹垞所称简而有要,为不可易万季。野征君云,撰一统志奚必及人物,人物自有史传诸书,阎百诗、征君评《困学纪闻》,尝称述其说(731 页行 7)。

此则标点,错得实在离谱。牵涉到两位清初学者:一位姓万,名斯同,字季野;一位姓阎,名若璩,字百诗。皆曾应康熙十七年博学鸿儒特科征召,一不就,一不第,故皆被尊称为征君。若如所标,岂非凭空出来一位姓野名征君的人物,竟与阎百诗一起对《困学纪闻》作评骘。

9. 王国维跋:严九能书《五代史记纂误补》后云(731 页倒 2 行)。

书名号当更改为《书五代史记纂误补后》或《书〈五代史记纂误补〉后》。

10. 王国维跋:朝贵岁致币物,乞代作诗文,初不少靳至,乞其校定之书,刻以行世,削先生姓名(732 页行 1)。

按:"少靳至"之"至"当属下读。"至"在此句中的词性和用法,有如杨树达所说:"转接连词。于说了一事别提一事时用之。"(《词铨》5/189)(2016-11-4)

五、"巨积庄",还是"巨积庄产"?

《南部新书》丁卷有一则陆龟蒙捉弄驿使,诡称鸭能人语轶事的记载,其开头数语为:"陆龟蒙居震泽之南巨积庄产有斗鸭一栏颇极驯养"。1936 年《丛书集成》据《学津讨原》排印本,将此数语作如下断句:"陆龟蒙居震泽之南巨积庄。产有斗鸭一栏。颇极驯养。"(34 页)二十多年后,1958 年中华上编出版此书,则标点如下:"陆龟蒙居震泽之南巨积庄,产有斗鸭一栏,颇极驯养。"(38 页)显然曾参照过《丛书集成》的断句。又过了四十多年,约 2000 年泰山出版社《中华野史》唐朝卷徐敏霞整理本(94 页),2001 年上海古籍出版社《宋元笔记小说大观》尚成点校本（319 页），2002 年中华书局《唐宋史料笔记丛刊》黄寿成点校本（50 页），2008 年大象出版社《全宋笔记》第一编虞云国、吴爱芬整理本（43 页），标点全同。其间，上海古籍出版社 1987 年新一版《唐诗纪事》（963 页）、1995 年周勋初主编的《唐人轶事汇编》（1558 页），都已将这条记载正确地标点或更正为："陆龟蒙居震泽之南，巨积庄产，有斗鸭一栏，颇极驯养。"似未引起《南部新书》后四书点校者或整理者的注意。

唐宋之际，有无类似"巨积庄"一类的庄名呢？从研究唐宋庄园的论著，如加藤繁《唐宋时代的庄园组织及其成为村落而发展的情况》等来看，开始一般称某人在某处或某地的庄墅别业，如辋川别业、城南庄，后来则对那些成为聚居点的村落多数以某家庄相称，如见于《水浒传》的史家庄、祝家庄。以庄产或庄中所积财富的巨细多少为庄的专名，在诸论著举例所及的庄名中，迄未检到。

近年来，点校古籍之风颇盛，出版的同一书的重复点校本也不少，后出者多数绝不提及曾参考过此前某某的点校成果，似乎都是独力完成的"首创"，实际上辗转相袭的却不在少数。以上这一小例证也表明，一处并不烦难的断句，一个稍加思索、略作推断即可发现的错误，竟然前后共计沿袭了 70 多年。"英雄所见略同"，"所见略同"的诸"英雄"就这样"镇（错）"到一处了吗？（2011-9-3）

六、且看这则掌故的断句或标点

《南部新书》戊卷有一则关于唐代尚书省掌故的记载："旧说吏部为省眼礼部为南省舍人考功度支为振行比部得廊下食以饭从者号比盘。"以上为未经断句或标点的原文。自 1936 年至 2008 年的七十多年间，共出版过 6 种《南部新书》的排印本，皆有旧式断句或

新式标点,其中有一处失误,也足足沿袭了70多年。今按出版年代先后列之于下:

《丛书集成》初编本:旧说吏部为省眼.礼部为南省.舍人考以度支为振行.比部得廊下食以饭从者.号比盘.(1936年,46页)

中华上编点校本:旧说,吏部为省眼;礼部为南省;舍人考功度支为振行;比部得廊下食,以饭从者,号比盘。(1958年,51页)

徐敏霞整理本:旧说,吏部为省眼,礼部为南省,舍人考以度支为振行;比部得廊下食,以饭从者,号比盘。(2000年,《中华野史》唐朝卷,97页)

尚成校点本:旧说吏部为省眼,礼部为南省,舍人考功度支为振行,比部得廊下食,以饭从者,号"比盘"。(2001年,《宋元笔记小说大观》第一册,330页)

黄寿成点校本:旧说,吏部为省眼,礼部为南省,舍人、考功、度支为振行,比部得廊下食,以饭从者号"比盘"。(2002年,68页)

虞云国、吴爱芬整理本:旧说:吏部为省眼,礼部为南省;舍人、考功、度支,为振行;比部得廊下食,以饭从者,号"比盘"。(2008年,55页)

这6种新排印本皆以《学津讨原》本为底本。其中"南省舍人考功度支","考功"底本误作"考以",文渊阁《四库全书》本、《粤雅堂丛书》本皆不误。6种排印本中,有未校改的,有改错了的,有径改的,也有出校记说明校改依据的。姑且不论。上面说的一处断句失误,虽也在这几个字中,但与这个错字并无太大关系。

《南部新书》这条记载源自李肇《国史补》卷下"叙诸曹题目"条(51页),文字几乎未加改动。当年中华上编的前身古典文学出版社出版的《唐国史补》点校本,在此处业已作出了正确的标点:"旧说吏部为省眼,礼部为南省舍人,考功度支为振行,比部得廊下食，以饭从者，号比盘。二十四曹呼左右司为都公。"本条断句的失误在于：将本应属上读的"舍人"，错误地与考功、度支并列了。

本条记的是尚书省的掌故。《国史补》说得尤为明白，其"诸曹"指的是"二十四曹"，亦即尚书省六部的二十四司。本条言及的吏部、礼部既是尚书六部之一，又是各该部的首司；考功、度支、比部则分别是吏部、户部、刑部的子司。而舍人，一般指中书舍人，属中书省，怎么就羼杂进来了呢？

中华上编的《南部新书》与《国史补》收于同一套丛书，"中国文学参考资料小丛书"。《唐国史补》出版于1957年4月，《南部新书》1958年11月才发行，后于前者一年有半。既然彼处业已作出了正确的标点，而后出之书，包括近些年《南部新书》的诸位点校者，竟不屑略加参考，也实在令人费解。（2011-11-15）

《简明宋史》质疑辨误五十例

周宝珠、陈振主编的《简明宋史》(人民出版社 1985 年出版),是中华人民共和国建国以来出版的关于宋朝的第一部断代史专著,在我国现代学术史上自有它的地位。笔者从中学到了不少东西,受到了不少启发,同时也发现了不少可议之处,萌生了不少疑问。现将属于史料运用方面的一些问题稍加筛选,整理成“质疑辨误五十例”,算是对本书的求全责备吧,是否有当,尚祈作者和史界前辈、同行不吝指教。

(1) 甘蔗的种植

> 随之而来的,农业中茶的栽培、桑的种植都有所扩大,甘蔗等也从印度引了进来,如此等等,说明农业中经济作物有了较快的发展,为手工业的发展开辟了前途。(《绪言》,2 页)

这里说的是唐代农业中经济作物的发展,其中说茶的栽培、桑的种植有所扩大,确是事实,但如说唐代从印度引进了甘蔗,却实属不然。

甘蔗在我国很早就见于文献记载。《楚辞 · 招魂》中就有“胹鳖炮羔,有柘浆些”的话,王逸注:“柘,藷蔗也。”《汉书·礼乐志》载元鼎五年得鼎汾阴作“郊祀歌·景星十二”,也有“百末旨酒布兰生,泰尊柘浆析朝酲”的话,颜师古注引应劭语:“柘浆,取甘柘汁以为饮也。”《说文解字》第一篇下《藷部》:藷,藷蔗也,从艹诸声。”段玉裁注:“或作诸蔗,或都蔗,藷蔗二字叠韵也;或作竿蔗,或干蔗,象其形也;或作甘蔗,谓其味也;或作邯賭。服虔《通俗文》曰:‘荆州竿蔗’。”按,段注所列甘蔗异名,多见宋初类书《太平御览》卷九七四《果部·甘蔗门》所录诸古代文献。《齐民要术》载甘蔗于卷十,归于“五谷、果蓏、菜茹非中国物产者”一类,但贾思勰所谓“非中国物产”,如许多学者正确指出的,“大概仅就黄河流域而言”,亦即“指不是中国北方(主要是后魏疆域)所生产”(袁翰青《我国制糖的历史》,《中国化学史论文集》,141页;缪启愉《齐民要术校释》,563页)。中国古代文献并未提到甘蔗来自印度,更没有说是唐代引进的。

(2)“关南平”

> 显德六年(959),他又率军北伐,准备收复燕云十六州,可惜只占领了瓦桥、益津、淤口三关后便得了重病,不得不回军开封。(3页)

周世宗这次北伐,燕云十六州虽未收复,但也不仅仅只占领了三关。据《旧五代史·周书·世宗纪》:“关南平,凡得州三,县十七,户一万八千三百六十。”决定回师的第二天,定州节度使孙行友又奏攻下易州。这些,后来都列入了宋朝的版图,并且屡屡成为宋辽交涉的内容。

(3) 南平

在宋与湖南之间,还有一个以江陵(湖北江陵)为中心的南平统治者高继冲,时为荆南节度使,所以又称南平为荆南。(10页)

南平又称荆南并不始于高继冲。确切地说,以江陵为中心的这一割据政权,称荆南在前,称南平在后。荆南本唐节镇名。唐末天祐三年(906)十月,朱全忠任命颍州防御使高季兴为荆南留后,后梁代唐,又于次年即开平元年五月,升任荆南节度使(《资治通鉴》卷二六五、二六六),高季兴自此遂据有其地。故其割据政权称"荆南"。后唐代梁,唐庄宗又于同光二年(924)三月"加高季兴兼尚书令,进封南平王"(同上卷二七三),故其割据政权又称"南平"。此后,其子孙袭位,亦都先被中原王朝任为荆南节度使,若干年后再加封南平王。所以史籍对之或称荆南,或称南平。

(4) 陈洪进纳土

陈洪进于太平兴国三年(978),亲自到开封朝贡。他从宋廷迫使吴越纳土的过程中,摸透了宋廷对他的意向,为了保持自身地位,主动献出漳泉二州十四县的土地户口……(14页)

据《续资治通鉴长编》卷一九,吴越归地在太平兴国三年五月乙酉朔,而陈洪进纳土则在此年四月二十五日己卯,可以肯定,陈洪进是不可能见到"宋廷迫使吴越纳土"的全过程的。关于陈洪进的纳土,《长编》在"己卯,平海节度使陈洪进用其幕僚南安刘昌言之计，上表献所管漳、泉二州”记事之下，有一条自注，云：“己卯，四月二十五日。用幕僚计，此据《大定录》，其详未闻。”可见纳土的具体情况，李焘当时已不得其详。而吴越的归地，《长编》倒明确记载，是由陈洪进纳土促成的，如下：“初，吴越王俶将入朝，尽辇其府实而行，分为五十进，犀象、锦彩、金银、珠贝、茶绵及服御器用之物逾巨万计。俶意求反国，故厚其贡奉以悦朝廷。宰相卢多逊劝上留俶不遣。凡三十馀进，不获命。会陈洪进纳土，俶恐惧，乃籍其国兵甲献之。是日（五月乙酉朔），复上表乞罢所封吴越国及解天下兵马大元帅之职，寝书诏不名之制，且求归本道，上不许。俶不知所为，崔仁冀曰：‘朝廷意可知矣，大王不速纳土，祸且至。’……”关于陈洪进，《长编》卷一七开宝九年七月尚有如下一条记载：“平海节度使陈洪进以江南、吴越入朝，不自安，戊寅，遣其子漳州刺史文颢来贡方物，且乞修觐礼，诏许之。”则陈洪进首次入朝请求的提出，确是由于吴越先已入朝而“不自安”。由于宋太祖不久身死，入朝中止了，也就谈不上纳土。

（5）宰相赵普

这次战争为宋太宗及枢密院决定，宰相赵普不得预闻，此时他自称“素亏壮志”，要求宋太宗追究北伐的责任，向宋太宗施加压力（《长编》卷27，雍熙三年五月）。（20页）

“这次战争”指雍熙三年（986）伐辽之战。这时赵普早已不再身居相位。《宋宰辅编年录》卷二：太平兴国八年（983）“十月己酉，赵普罢相”。原注：“自司徒兼侍中罢为检校太尉兼侍中、武胜军节度使，出镇邓州。”《长编》卷二七雍熙三年六月戊戌记事只言及:“初议兴兵,上独与枢密院计议,一日至六召,中书不预闻。”并未指明中书为谁。据《宋宰辅编年录》,自雍熙二年十二月至端拱元年(988)二月皆李昉独相,则“中书不预闻”者,实李昉也。所以端拱二年知制诰田锡在奏疏中即曾这样说道:“臣闻前年出师向北,命曹彬以下欲取幽州,是侯利用、贺令图之辈荧惑圣聪,陈谋画策,而宰相昉等不知。”(《长编》卷三〇)又,引文“素亏壮志”于上下文意皆不接,不知引此何谓?

(6) 提举常平司

> 宋初置常平仓,属转运使司,神宗初设提举常平司,长官称提举常平,主管地方常平仓、义仓及赈灾等事。(27 页)

提举常平司,《宋史·职官志》谓:“掌常平、义仓、免役、市易、坊场、河渡、水利之法……仍专举刺官吏之事。”不只是“主管地方常平仓、义仓及赈灾等事”。本书 285 页亦曾正确指出:“提举常平司,设于熙宁初,为地方推行新法的重要机构,为监司之一。”

(7) 通判

> 开始阶段,通判既非知州的副贰,又非属官,可以直接向皇帝奏事,权力很大。通判与知州忿争,常曰:“我监州也,朝廷使我来监汝!”知州的一举一动,多为通判所牵制。后来宋廷规定,通判要和知州联合署名,“文移方许行下”。(28 页)

此据《长编》卷七乾德四年十一月乙未记事改写。文中四处提及“知州”，除第一处为作者添加外，其馀三处，《长编》皆作“长吏”。《长编》此段记事，据自注，曾“以欧阳修《归田录》附益之”。《归田录》卷二相应记事中有一处提及“故尝与知州争权”，李焘亦改作“故多与长吏忿争”。谨按，设置通判的“开始阶段”，“权知军州事”之制尚未普遍，故通判的“监郡”作用特别突出，诸州长吏中，有知州，更多的仍是刺史或节度等使，李焘泛称“长吏”，实乃审慎之笔。

(8) 恩门师门

考生中举之后，感恩于考官，称之为恩师或门师，自称之为门生。(34 页)

“恩师”“门师”误。《长编》卷三建隆三年九月丙辰朔，“诏及第举人不得呼知举官为恩门、师门及自称门生”。

(9) 周弼、杨拔萃

开宝四年(971)兖州(山东兖州)有周弼领导的农民起义，活动在泰山一带。……雍熙四年(987)，关中有杨萃拔领导的起义，象穿梭一样，“往来关辅间”(《长编》卷 28，雍熙四年四月癸巳)。(38 页)

前一事，见《长编》卷一二开宝四年六月庚辰记事：“初，上征晋阳，命密州防御使马仁瑀率众巡边……已而车驾还京，令仁瑀归治所。明年群盗起兖州，贼首周弼尤凶悍，自号‘长脚龙’，监军率兵讨之,为所败。诏仁瑀掩击,仁瑀领帐下十馀人入泰山,擒弼,尽获其党,鲁郊以宁。庚辰,迁仁瑀为瀛州防御使。”则周弼事乃附见于此年迁瀛州前,非谓起事即在是年。宋太祖“征晋阳”在开宝二年二月,六月还京,则其“明年”乃开宝三年也。

后一事,《长编》载:“有贼首杨拔萃者,往来关辅间,为寇积年,朝廷遣内侍督数州兵讨之,不克,[张]平遣人说之,遂来降。”张平招降杨拔萃系监阳平都木务兼造船场任上事,因不得其时,故于雍熙四年四月癸巳朔任盐铁使时并书之,并非起事即在是年。《宋史·张平传》载:“太宗即位,召补右班殿直,监市木秦陇。……期岁之间,良材山积。太宗嘉其功,迁供奉官、监阳平都木务兼造船场。”又载张平于“雍熙初”召还前,领都木务“凡九年”。则始任约在太平兴国二年(977)。既然杨拔萃招降时业已“为寇积年”,那么其起事或者即在张平始监都木务前后。又,杨拔萃,《宋史·张平传》作阳拔华,本书误作杨萃拔。

(10)“官于蜀者多不挈家以行”

> 经过王小波、李顺起义的打击,宋在四川的统治久久不能稳固,其根本原因,就在于“人心未宁”,也就是说农民对宋的统治深为不满。正由于此,宋的官僚多不愿到四川上任,即使上任的,在一个长时间内不敢带家属同去。(46页)

“不敢带家属同去”云云,似据《东轩笔录》卷一〇:“自王均、李顺之乱后,凡官于蜀者,多不挈家以行。”无“不敢”意。《宋史·选举志·远州铨》在解释远州时提到:“川峡、广南及沿边不许挈家者为远,馀悉为近。”则“官于蜀者”之“多不挈家以行”,乃法令规定如此,若说“不敢”,亦是惧怕触犯法令,而与蜀中人心未宁无涉。此种规定,宋初以来即已存在,如《长编》卷六载:“[乾德三年二月庚申],令文武官任川、峡职事者,不得以族行,元从及仆使以自随者,具姓名报枢密院给券。”同书卷二二又载:“[太平兴国六年]十二月戊辰,诏岭南、四川、江南、两浙职官等,先不许亲属至治所,自今得以期功亲一人随行,仍不得参预政事。”李顺起义后则再次重申了这一规定。《宋史·选举志·远州铨》载:“至道初,申诏:‘剑南州县官,不得以族行,敢有妄称妻为女奴,携以之官,除名。’初,荣州司理判官郑蛟冒禁携妻之任,会蜀贼李顺构乱,其党田子宣攻陷城邑,而蛟捕得之,擢为推官。至是,知梓州张雍奏其事,上命戮蛟,而有是诏。”

(11) 淳河、蛮河水利

> 真宗时,修复襄阳淳河灌溉工程,灌民田三千顷,修治宜城蛮河水利,溉田七百顷(《长编》卷44,咸平二年四月丙子)。(64页)

《长编》是日记事本作:“先是,左正言耿望知襄州,建议:‘襄阳县有淳河,旧作堤截水入官河,溉民田三千顷。宜城县有蛮河,溉田七百顷。又有屯田三百馀顷。请于旧地,兼括荒田,置营田上、中、下三务,调夫五百筑堤,仍集邻州兵,每务二百,荆湖市牛七百头分给之。’……即以望为右司谏、直史馆、京西转运使,与副使朱台符并兼本路制置营田事。是岁,种稻三百馀顷。”则“三千顷”“七百顷”明系此等水利工程旧有的灌溉面积。此时耿望置营田,“调夫五百筑堤”,则仅“种稻三百馀顷”,且三年后即遭废罢,《长编》卷五一载:“[咸平五年三月]己亥,京西转运使张巽言襄州置营田务烦扰非当,诏罢之,纵民耕莳。”

(12) 三十八产茶州军

> 北宋农业中,茶的栽培遍及大半个中国,江南东西、两淮、荆湖南北及福建诸路,产茶的府、州、军共三十八个,加上四川、陕西、两广等地,产茶州军就更多了。(78页)

产茶诸路皆已提到,惟独漏列了两浙路。据《长编》卷一〇〇天圣元年正月丁亥记事,三十八产茶州军中,江南十州五军,两浙十二州,荆湖八州一军,福建二州。淮南六州官自置场,谓之十三山场,不在三十八州军之列。《宋史·食货志·茶》同,惟荆州作江陵府。

(13) 造船数

> 太宗至道末年,各地每年所造漕运官船达三千三百多艘,其中处州六〇五艘,吉州五二五艘,明州七十七艘,婺州一五〇艘,温州二五〇艘,台川一二六艘,楚州八十七艘,潭州二八〇艘,鼎州二四〇艘,凤翔斜谷六百艘。(89页)

此似据《宋会要辑稿》食货四六之一。处州原系虔州之误,应据《文献通考·国用考三》校改。《宋会要》谓:“诸州岁造运船,至道末三千三百三十七艘,天禧末岁减四百二十一。”虔州等各州之分计数,实天禧末而非至道末的数字。其中“明州七十七艘”是“一七七艘”之误,“婺州一五〇艘”是“一〇五艘”之误,“温州二五〇艘”是“一二五艘”之误。总数中还包括了“嘉州四十五艘”。分计数与总数原有一艘误差。

(14) 安邑解县两池

> 河东路的安邑、解池是官府直接经营,生产者称为畦户。(96页)

解州及其境内盐池宋代一直属永兴军路,从未属河东路。“安邑、解池”,《通考·征榷考二》作“安邑、解县两池”,表述似较准确。

(15) “工徒突入省署”

> 由于官府的压迫,官手工业工匠不断进行反抗斗争,建隆二年,成都役夫不堪压迫,突入官署。(100页)

若确是建隆二年事,则此年后蜀尚未被北宋统一,成都仍属后蜀。然未检到后蜀此年曾有此事。《长编》卷二建隆二年三月丙申有如下一则记事:“内酒坊火,坊与三司接,火作之夕,工徒突入省署。上登楼见之,以酒坊使左承规、副使田处岩纵其下为盗,并弃市。”后人注引《宋朝大事记》又有如下一段议论:“开宝六年差利州知州李铸通判成都府,川班妄诉,全班尽废,雄武肆掠,戮及百人,役夫突入省部,其主将亦置极法。”颇疑或系误读此节文字而致(注文今见《类编皇朝大事记讲义》卷二《太祖皇帝·去赃吏》。“开宝六年……成都府”原作小字注于隔三句之前的“授守臣以倅贰,而守臣无异意”

下;“川班……百人”句下,另有小字注“见阅禁兵门”)。

(16) 曲钱

据马端临《文献通考》记载,神宗熙宁十年(1077)以前……东京每年酒课在四十万贯以上……而曲钱尚不计在内。根据至道二年东京卖曲钱为四十八万馀贯,天禧末为八十七万馀贯的情况估计,三京卖曲钱在北宋中期以后当有一百数十万贯。”(113页)

《通考》此处实据今尚见《宋会要》食货一九之一至一九之材料整理而成。《会要》载:“东京,官造曲卖于酒户,每岁旧四十七万四千六百四十五贯,熙宁十年三十五万五千八百四贯(贯以下尾数略,下同)……西京,官造曲如东京之制,及永宁……二十三务,岁十一万四千一百九十五贯,绢三十五匹,熙宁十年祖额一十二万八百四十八贯,买扑二万七千六百九十八贯。南京,官造曲如东京之制,及楚丘……九务,岁七万八千七百一十八贯,熙宁十年在城卖曲三万六百九十九贯,宁陵县官监一万五千四百九十五贯,诸县买扑二万六千一百三十二贯。”据此,一、熙宁十年以前的酒课中,曲钱实已计算在内,如东京的四十万贯以上,即是卖曲钱。二、熙宁十年该是北宋中期以后了吧,此年东京曲钱三十五万馀贯,南京三万馀贯,西京酒曲合计一十五万馀贯中曲钱暂估八万贯,则三京卖曲钱实未超过五十万贯。

(17)“田者得其二”

如果租佃土地,也租用耕牛和农具的话,佃农只得十分之

> 二,地主则得十分之八。(陈舜俞:《都官集》卷2,《厚生》策中说,佃农租佃土地时"犁牛稼器,无所不赁于人"。收获物以五分之,地主"田取其二,牛者取其一,稼器者取其一,(佃农)而仅食其一"。)(133页)

陈舜俞文原作:"以乐岁之收五之,田者取其二,牛者取其一,稼器者取其一,而仅食其一。"其中"田者""牛者""稼器者"可以是同一个人,也可以是不同的人。今将"田者"删去"者"字,复在引号前冠以"地主"二字,不是有修改论据以适应论点需要之嫌吗?

(18)徽州税额

> 再如徽州(安徽歙县)六县,田分三等出税。其中五个县在南唐时折纳增税,上等每亩税钱二百文,苗米二斗二升。一个县原来没有折纳,每亩税钱四十文。这两个标准也一直延续到南宋初年没有改变(《宋会要·食货》70之35)。(139页)

《宋会要》载绍兴三年十月七日江南东西路宣谕刘大中言:"徽州山多地瘠,所产微薄,自伪唐陶雅将歙县、绩溪、休宁、祈(祁)门、黟县田园分作三等,增起税额,上等每亩至税钱二百文,苗米二斗二升。为输纳不前,却将䌷绢绵布虚增高价,纽折税钱,谓之元估八折。惟婺源一县不曾增添,每亩不过四十文。"则并非因折纳而增税,而是因陶雅在当地的割据统治才"增起税额"的,为了改变税额过高以致"输纳不前"的状况,采取了"将䌷绢绵布虚增高价、纽折税钱"的办法,则折纳在当时对税户且是一种优待。婺源当时尚为汪武割据,稍后才被陶雅吞并。婺源之税,较之邻境乐平、鄱阳,高亦数倍,“是雅已尝有所增矣”(详见《淳熙新安志》卷二《贡赋·税则》),只是不像歙县等五县那样重而已,并不是没有折纳才税钱轻。

(19) 至道末赋税总数

北宋王朝通过以上税收,在太宗至道末年,征收钱谷绢布等十五项物品,共八〇八九万石、贯、匹、两、围、斤、束、茎、只,其中粮食为三一七〇万石,钱为四六五万贯。十五项以外的杂物,其数目不到十万的尚未计算在内。(143 页)

《长编》卷四二和《通考·田赋考四》只列谷、钱、绢等分项数,未列合计数。今试予合计,两者虽略有出入,然皆远未达到此总数,《长编》仅七〇五七万,《通考》仅七〇九一万三千,与《宋史·食货志·赋税》所载“至道末总七千八十九万三千”十分接近。其中粮食一项,《长编》谓“岁收谷二千一百七十一万七千馀硕”,《玉海》卷一八同,《通考》比《长编》《玉海》少一万石,皆未及本书所录之数。颇疑总数之不合,乃粮食一项多计一千万石所致。

(20) 弓手

在农村里,由里正、乡书手、耆长、弓手组成了宋政府在农村的政治机构,负责征催赋税和镇压农民的反抗。(145 页)

“弓手”当是“壮丁”之误。《云麓漫钞》卷一二:“国初,里正、户长掌课输,乡书手隶里正。……耆长掌盗贼烟火之事,其属有壮丁。”若弓手,乃在县尉司服役者,“如有贼盗,县尉躬亲部领收捉”

（《宋会要》职官四八之六〇），平时则住县城弓手营舍。

（21）五龙滴泪等经

……王则利用宗教的形式，组织群众，他们的宣传材料有《五龙滴泪经》等……（《长编》卷161，庆历七年十一月戊戌）（162页）

《长编》本作"五龙滴泪等经"，明"五龙""滴泪"非一经，《宋史·明镐传》同。《宋朝事实》卷一六谓"所习妖书，有《五龙经》《滴泪经》"，《隆平集》卷二〇则谓"其妖书有《滴泪经》《五龙经》"。益知"五龙""滴泪"确是两经而非一经。

（22）王则所建年号

王则称东平郡王，国号安阳，年号得胜，以张峦为宰相，卜吉为枢密使，正式建立了政权机构。（163页）

王则所建年号，《资治通鉴长编纪事本末》卷四九、《皇朝编年纲目备要》卷一三、《太平治迹统类》卷一〇作"德圣"，《长编》卷一六一、《宋朝事实》卷一六、《宋史·明镐传》作"得圣"，《隆平集》卷二〇作"德胜"，似无如本书作"得胜"者。

（23）张峦卜吉

起义军经过激烈苦战，于庆历八年闰五月因众寡不敌而失败，历时六十六天。王则、张峦、卜吉被押往开封英勇就

义。(163 页)

《宋朝事实》卷一六《兵刑》:“王则、张峦、卜吉与其党突围走,至村舍,官军追围之。则犹戴花幞头,军士争趣之,部署王信恐其死无以辨,以身覆其上,遂生擒之,峦、吉皆死于兵,不知所在。”《涑水记闻》卷九亦谓“峦、吉死于乱兵,不如所在”。本书云云,不知何据? 又,“闰五月”当是“闰正月”之误。

(24) 韩琦范仲淹并为陕西经略安抚副使

三川口战斗失败以后,宋廷舆论大哗,仁宗乃派韩琦为陕西都转运使,范仲淹为陕西安抚副使知延州,共同负责对夏事务。(164—165 页)

韩琦从未出任过陕西都转运使,时韩琦和范仲淹的职任实分别为: 枢密直学士、陕西经略安抚副使、同管勾都部署司事;龙图阁直学士、陕西经略安抚副使、同管勾都部署司事。本书云云,疑或误读《长编》卷一二七如下记事所致:“〔康定元年五月〕己卯,以起居舍人、知制诰韩琦为枢密直学士,陕西都转运使、吏部员外郎、天章阁待制范仲淹为龙图阁直学士,并为陕西经略安抚副使、同管勾都部署司事。”范仲淹兼知延州在八月庚戌。

(25) 庆历新政失败经过

……范仲俺不自安,于庆历四年六月以防秋为名,宣抚陕西、河东。同年八月间,富弼宣抚河北。范、富出朝

后,反对派攻击愈力……庆历五年五月,杜衍、韩琦、欧阳修也先后被贬出朝。……庆历新政被他们全部推翻。(173—174页)

范、富前仅出使,尚未罢政。其罢政在庆历五年正月乙酉。《长编》卷一五四载,是日"右谏议大夫、参知政事范仲淹为资政殿学士、知邠州、兼陕西四路缘边安抚使,枢密副使、右谏议大夫富弼为资政殿学士、京东西路安抚使、知郓州"。这次罢政显是新政失败更重要的标志。又,杜衍罢相出知兖州在范、富罢政的次日,即庆历五年正月丙戌,韩琦罢枢密副使出知扬州在庆历五年三月辛酉(分见《长编》卷一五四、一五五)。谏官欧阳修出为河北都转运按察使在庆历四年八月癸卯,自河北都漕贬知滁州则在庆历五年八月甲戌(分见《长编》卷一五一、一五七)。杜衍、韩琦、欧阳修三人中,没有一人如本书所说是庆历五年五月被贬出朝的。

(26) 英宗、曹后"两宫不和"

宋英宗鉴于仁宗以来的弊政,"有性气,要改作"(朱熹:《朱子语类》卷130,《自熙宁至靖康用人》),提出了"积弊甚众,何以裁救"(《长编》卷201,治平元年五月辛亥)的问题,显示出要进行改革的意图。……

宋仁宗的曹皇后是个认为"祖宗法度不宜轻改"的守旧派(《宋史》卷242,《慈圣光献曹皇后传》),对宋英宗很不放心,她"权同处分军国事",垂帘听政,牵制宋英宗。宫廷内曹后的党羽们也纷纷告宋英宗的状,使得两宫(曹后、宋英宗)关系极为紧张。……后来经过韩琦、欧阳修等人的多方劝解,两宫矛

盾稍稍缓和,曹后还政于宋英宗。(182 页)

宋英宗确是“有性气,要改作”的,但显示出要进行改革的意图,却在曹太后还政以后,它并不成为曹太后垂帘听政的原因,垂帘听政也没有牵制宋英宗改革的背景。宋英宗是嘉祐八年四月一日壬申即位的,即位第四天(乙亥)的晚上,即“忽得疾,不知人,语言失序”。至八日己卯仁宗“大敛”那天,则“疾增剧,号呼狂走,不能成礼”。辅臣韩琦等“请太后权同处分”,曹太后遂于是月十一日壬午“垂帘听政”。英宗初当皇帝四天的表现,史仅载:“辅臣奏事,帝必详问本末,然后裁决,莫不当理,中外翕然,皆称明主。”(以上据《长编》卷一九八)英宗向执政大臣提出“积弊甚众,何以裁救”的问题,如出处注所示,在治平元年五月十六日辛亥,是曹太后于五月十三日戊申还政后的第四天。而曹太后“祖宗法度不宜轻改”的话,则是针对王安石变法而发的。《宋史·慈圣光献曹皇后传》载:“初,王安石当国,变乱旧章,后乘间语神宗,谓祖宗法度不宜轻改。”此次两宫不和只发生于垂帘听政期间,其中并不含有一要锐意改革,一要力加牵制的内容。

(27) 神宗手诏

宋神宗随即以手诏说明:“诏中二语,乃为文督迫之过,今详览之,甚愧面目。”(《长编纪事本末》卷68《青苗法》上)(198 页)

神宗手诏的文字,注云出《长编本末》,然《长编本末》后两句实作“而朕失于详阅,今览之,甚愧”。若如所引,则见《宋会要》食货四之二一。

(28)“元祐奸党碑”

> 他们把王安石变法时期以司马光为首的反对派,称为“奸党”,刻石于文德殿门,各地也树立“奸党碑”,又将宋神宗和宋哲宗当政时期的反对派范柔中等,列为“邪等”,凡三百多人,这些人的子弟不准在东京开封及附近地区做官。(216—217页)

关于“元祐、元符党人”和“元符上书邪等”籍定姓名和刻石的经过如下:先是崇宁元年九月“乙未,诏中书籍元符三年臣僚章疏姓名为正上、正中、正下三等,邪上、邪中、邪下三等”。接着是同年同月“己亥,籍元祐及元符末宰相文彦博等、侍从苏轼等、馀官秦观等、内臣张士良等、武臣王献可等凡百有二十人,御书刻石端礼门”。最后是崇宁三年六月“戊午,诏重定元祐,元符党人及上书邪等者,合为一籍,通三百九人,刻石朝堂。馀并出籍,自今毋得复弹奏”(皆据《宋史·徽宗记》)。末次所定党籍三百九人姓名,据蔡京同月壬戌奏中所说,曾由“皇帝书而刊之石,置于文德殿门之东壁,永为万世臣子之戒;又诏臣京书之,将以颁之天下”(《长编本末》卷一二二《禁元祐党人下》)。则本书所说刻石于文德殿门之“奸党”,当指崇宁三年六月所定者而言。其中包括三部分人,一是元祐党人,即主持或参与“元祐更化”的宰执、侍从等人;二是元符党人,即元符三年徽宗刚即位时因“调停”而复得立朝的旧党之人;三是元符上书邪等人,即“元符之末下诏求直言”时于所上章疏内“诬毁先帝政事”(《长编本末》卷一二三《编类元符章疏》)之人。而并不包括本书所说“王安石变法时期以司马光为首的反对派”。诚然,此次党籍的第一项“文臣曾任宰臣执政官”的第一名即是司马光,但他不是以熙宁年间变法的反对者,而是以元祐年间更化的主持人列入的。范柔中是上书“邪上尤甚”的第一名,上书的时间在徽宗初即位时,列为邪等的罪名是“附会奸慝,诬毁先帝政事”,也不能说是“宋神宗和宋哲宗当政时期的反对派”。上书邪等之人单独列籍时,据《长编本末》卷一二三《编类元符章疏》,凡邪上尤甚范柔中等三十九人,邪上梁宽等四十二人,邪中赵越等一百五十人,邪下王革等三百一十二人,与本书所说“三百多人”不合。三百多人乃“重定元祐、元符党人及上书邪等者,合为一籍”的数字。

(29) 燕山免夫钱

> 灭辽之后,宋王朝把征发的农夫改为出免夫钱,一次就搜括了六千二百万馀贯,相当于北宋盛时一年收入的税钱。宋王朝下令,不交免夫钱的以军法处罪,连违期的也要处以斩刑,使北方人民陷入了水深火热之中,一次新的农民起义正在酝酿之中。
>
> 宣和五年(1123),河北、山东的农民纷纷起义。……(237 页)

科免夫钱诏曰:“自燕云之复,两河、京东屡经调发,民力已疲,若不假诸路之力,其何以济? 可措置调夫。京西八万,淮南四万,两浙六万五千,江南九万七千,福建三万五千,荆湖八万八千,广南八万三千,四川十七万八千,并纳免夫钱,每夫三十贯。委漕臣限两月足,违依军法。”(《皇朝编年纲目备要》卷二九)则免夫钱的征收对象,“河北、山东”等“北方人民”恰恰没有包括在内。免夫钱的征收开始于宣和六年六月(见同上),也不可能使宣和五年即已纷纷起义的农民起义处于"酝酿之中"。

(30) 杀王黼

> 一月底,陈东第三次上书又指出:蔡京、童贯等六贼,"盘根错节,牢不可解"。……
>
> 宋钦宗为了保持自己的地位,遂以梁师成"朋附"王黼之罪赐死。钦宗还令开封知府聂昌派人将王黼斩首,李彦也被赐死。(252 页)

陈东此次上书,《长编本末》卷一四八《诛六贼》系于靖康元年正月二十八日甲午,《三朝北盟会编》卷三二系于三十日丙申,而杀王黼则是是月二十五日辛卯的事(此据《长编本末》,《宋史·钦宗记》则系于二十四日庚寅),在陈东上书前,据《宋史·王黼传》:"钦宗受禅……诏贬为崇信军节度副使,籍其家。吴敏、李纲请诛黼,事下开封府尹聂山,山方挟宿怨,遣武士蹑及于雍丘南辅固村,戕之民家,取其首以献。帝以初即位,难于诛大臣,托言为盗所杀。议者不以诛黼为过,而以天讨不正为失刑云。"大概陈东当时尚未获知王黼死讯。故在所上书中仍说:"虽闻王黼、李彦已曾施行,然罪大谪轻,未厌公论。"(《三朝北盟会编》卷三二)

(31) 粘罕、斡离不退兵

> 四月一日,粘罕、斡离不带着被俘的宋徽宗、钦宗和赵氏宗室、大臣三千馀人,以及掠夺的大量金银财宝、仪仗法物,北归金朝。(260—261 页)

粘罕、斡离不二帅退兵不同日，斡离不在三月二十七日丁巳，只粘罕才在四月一日庚申，见《长编本末》卷一四九《二圣北狩》："〔靖康二年三月丁巳〕，道君皇帝北狩，宁德皇后及诸亲王妃嫔以下皆行，斡离不军护送，由滑州路进发。……夏四月庚申朔，大风吹石折木，车驾北狩，皇后、皇太子偕行，粘罕军护送，由郑州路进发。"

（32）招受司

伪齐对内镇压抗金活动，对南宋展开诱降活动，绍兴元年（1131），刘豫置招讨司于宿州，引诱宋的叛逃分子。这年五月，宋的叛将李成，在被南宋官军打败以后，带领几万军马，从淮西投降伪齐，随后占有襄阳一带，给南宋以很大威胁。（276页）

《宋史·刘豫传》载："绍兴元年五月，张俊讨李成败之，成逃归豫。……六月，豫以麟为兵马大总管、尚书左丞相。置招受司于宿州，诱宋逋逃。"则置招受司实在李成投降伪齐之后。"招讨司"当是"招受司"之误。

（33）孔彦舟

建炎四年（1130）……二月，孔彦舟匪帮由荆南府（湖北江陵）长驱南下，直犯澧州（湖南澧县）和鼎州（湖南常德），并在鼎州大肆屠城，抢劫财物，强迫人民当兵，激起了人民的强烈反抗，钟相选择了这个有利时机，于二月十七日，号召农民举行武装起

义,鼎、澧、荆南的群众,群起响应,众号四十万。(293页)

……安抚使季允文又招孔彦舟为湖东副总管,使其屯兵汉阳。孔彦舟在那里大肆抢劫后,又到鼎州偷袭农民起义军,于绍兴二年六月,投降伪齐。(290页)

孔彦舟匪军虽是建炎四年二月内“长驱蓦澧州,直犯鼎州”(《金陀续编》卷二五《鼎澧逸民叙述杨幺事迹》)的,但在钟相起义之前却尚未进入鼎州。钟相“托言拒彦舟”聚众起兵的经过,见于《建炎以来系年要录》卷三一所载者,如下:“会孔彦舟入澧州,相乘人情惊扰,因托言拒彦舟以聚众,至是起兵。”起兵的日期是二月十七日庚寅,而孔彦舟进入鼎州则在三月一日癸卯,大肆屠城又在入城之后。《要录》卷三二:“(建炎四年)三月癸卯朔,孔彦舟入鼎州。钟相之反也,鼎州孤危,官吏军民计无所出,乃迎彦舟入城以拒相。……彦舟过澧州,而澧州之民有应相者,彦舟为所攻,丧甲而走,仅以身免。乃入鼎,虑复有应相者,遂屠其城,取其民,八九悉点为兵。”

孔彦舟从衡州北上,进犯鄂州途中,于绍兴元年五月二十五日过潭州(《要录》卷四四绍兴元年五月庚申记事自注),则屯兵汉阳当是夏末秋初,他此后的行踪,《要录》卷三五建炎四年七月戊申记事的自注有如下概括:“绍兴元年秋,除蕲黄镇抚使,实代李成;二年夏,权邦彦入枢府,彦舟闻之,乃叛去,降伪齐。”在此期间,史籍中未检到又曾“到鼎州偷袭农民起义军”的记录。

(34) 范汝为起义军

……宋政府在武力暂时解决不了的情况下,就派遣官僚谢向、陆棠、施逵等打入起义军内部进行招安,这些人在起义军内以“萧(何)、曹(参)、房(玄龄)、杜(如晦),自相标置”,又以“汉祖唐宗”称颂范汝为(朱熹:《朱子语类》卷133,《本朝·盗贼》),千方百计改变农民起义的性质。(308—309页)

《语类》原文:“……众遂拥戴汝为,势乃猖獗。建之士如欧阳颖士、施逵、吴琮者,善文章,多材艺,或已登科,皆望风往从之。置伪官,日以萧、曹、房、杜自相标置,以汉祖唐宗颂其功德,汝为愚人,偃然当之。……初,建人陆棠、谢尚有乡曲之誉,贼声言:‘使二人来招我,吾降矣。’朝廷遣之。既而贼有二心,乃拘系久之,欧阳辈又说之日益切,因循遂为贼用。”则施逵乃“望风往从之”者,不是宋政府派遣的。谢尚(他书多作“向”)、陆棠虽受宋政府派遣,却是在起义军拘系诱说之下才因循为起义军所用,不是主动打入起义军内部的。《语类》没有言及谢、陆在起义军中的表现。“日以萧、曹、房、杜自相标置”者,乃前此“望风往从”的欧阳颖士、施逵、吴琮等人,其中并无谢、陆是明确的。施逵等《语类》只说是“建之士”,其中虽有“已登科”者,但并非全是官僚,似也在意料之中。

(35)叶梦得奏议

据叶梦得报告,在1130年到1131年七月之间,福建路的起义军有吴阙四等二十馀起,活动在汀、漳、泉、剑四州十三个县内……(309页)

此所谓叶梦得报告,系指《石林奏议》卷一五所载他在福建路安抚使任上的《奏乞将残破州县今年税赋量行蠲减状》,题下原注标明系“亥七月八日”上,曾言及“本路自去年以来相继有盗贼吴阙四等二十馀火,侵犯汀、漳、泉、剑四州十三县管下”。1131 年,即绍兴元年辛亥,诚然是亥年,但奏状内却曾言及“绍兴十一年七月内权知汀州张宪(代)〔使〕札子”如何如何,绍兴元年怎么可能呢?另据《要录》卷一四七:“〔绍兴十二年十二月庚午〕,少傅新判福州信安郡王孟忠厚与观文殿学士江南东路安抚制置大使知建康府叶梦得两易。”同书卷一五二:“〔绍兴十四年十二月〕丁亥,观文殿学士左大中大夫知福州叶梦得特迁一官,提举临安府洞霄宫。”福州知州例带福建路安抚使。叶梦得任福建路安抚使既在此期间,而绍兴元年任福建路安抚使者又另有程迈或张守其人(《南宋制抚年表》卷下),则可肯定,此奏状当上于绍兴十三年癸亥,本书“1130 年到 1131 年”当是“1142 年到 1143 年”之误。

(36) 方腊起义“甲子一周”

在孝宗统治时,南方明教盛行的地区农民为纪念方腊起义六十周年,宣传六十年甲子一周一变的思想,准备再次发动大规模的起义斗争。严州城中的青少年已经积极行动起来,闹得官僚日夜不安,“人人忧惧”(《宋史》卷 385,《萧燧传》)。温州方质、八虎、陈庆等“扬声报仇”,“至谓方腊之变,闰在五月”(袁燮:《絜斋集》卷 11,《资政殿〔大〕学士赠少师楼公(钥)行状》),准备起义,因官府事先作了布置,受到残酷镇压。(311 页)

《宋史·萧燧传》:“出知严州。……先是,宣和庚子,方腊盗起,甲子一周,人人忧惧。会遂安令朘土兵廪给,群言汹汹,燧急易令,且呼卒长告戒,悉畏服。城中恶少群扰市,燧密籍姓名,涅补军额,人以按堵。”既是“人人忧惧”,则不安者似不限于官僚。又袁燮《楼钥行状》:“选知温州。……闻乐清主簿唐煜有能名,叩以邑中利害,具言‘有方质者,大为奸利’,公默不泄。久而得其实迹,并与其党号八虎辈黥窜之。是邑之左原,民多蔬食,而盗贩者众,牙侩有被重伤几死者,其党扬声报仇,将以上巳日举事。老而黠者,至谓‘方腊之变,闰在五月,县令姓秦,今二事皆同,变且复起!’邑人大恐,而倡之者主名不立。令微伺得之。单车至其所,指旧习魔教,而今祀神不预陈庆等数人,执以诣郡。公编隶其为首者,而逐其徒境外。”则方质、八虎辈实与陈庆事无关,且前此业已“黥窜”。又,被指为陈庆等倡言的“方腊之变,闰在五月,县令姓秦”云云,亦与六十年甲子一周一变思想无涉。自宣和三年辛丑闰五月以后,仅乾道六年庚寅、淳熙十六年己酉闰五月,闰在五月的现象绝不是六十年甲子一周的。引语下文接叙“光宗嗣位,赴行在奏事”,则陈庆之事实淳熙十六年也。方腊起义于宣和二年庚子,此云“方腊之变,闰在五月”,乃指乐清被响应方腊起义的吕师囊部攻下的时间是闰在五月之宣和三年。

(37) 榷场

绍兴二十九年(1159)正月,宋金贸易的“榷场”除泗州一处外,全部被金停止。(326 页)

如本书 369 页正确叙述的,宋金贸易的榷场,是由宋金双方各自在其沿边地带设立的。完颜亮此时只能废罢金方设立的榷场,至于宋方设立的榷场,则不可能同时“全部被金停止”,而只能作为对应措施,由宋方自行决定取舍。《要录》卷一八一载:“〔绍兴二十九年〕二月丙戌朔,宰执进呈盱眙军申缴北界泗洲牒:'奉尚书户部符付下圣旨,废罢密、寿等州榷场,只存留泗州一处。'诏:盱眙军榷场存留,馀并罢。"

(38) 苏师旦被贬

〔韩侂胄被杀〕,主和派得势,把韩侂胄一派赶出朝廷,韩的主要军事助手苏师旦被贬后遇害,叶适也被罢官。(342 页)

《建炎以来朝野杂记》乙集卷一八《丙寅淮汉蜀口用兵事目》:"[开禧二年六月]二十八日戊寅,苏师旦在外宫观。以(韩)侂胄奏劾也。寻谪柳州,移韶州。"《两朝纲目备要》卷九:"[开禧二年六月]戊寅,苏师旦罢。——以韩侂胄奏劾,与在外宫观。寻又夺三官,衡州居住,仍籍其家。又除名,韶州安置,以其家财赐三宣抚司为犒军费。"据《宋史·宁宗纪》,"夺三官"在此年七月辛巳,"除名"在同月庚子。则苏师旦早在下诏伐金的次月即已被贬,离韩侂胄被杀尚有一年另五个月,且是以韩侂胄奏劾而贬谪的。

(39) 刘锜镇荆南

荆南府的农业恢复比较缓慢,刘锜在绍兴和议后移镇荆南,率军民排除水患,获膏腴田数千亩,流民自占者几千户。范如圭通判荆南,放免百姓口钱,安集流亡,但归业的百无一二。(346 页)

刘锜曾二镇荆南。第一次在绍兴十一年七月甲寅至十七年七月壬申(《要录》卷一四一、一五六),前后凡六年。第二次在绍兴二十七年二月癸亥至三十年十月壬戌(《要录》卷一七六、一八六),前后近四年。“绍兴和议后移镇荆南”,当指第一次镇荆南而言,然“排除水患”等事,《要录》却系于第二次除帅之后,其自注谓:“此据明年八月壬辰都民望奏修入,当在此年,因附锜除帅之后。”而范如圭则“[绍兴]二十二年八月差通判荆南府”(《要录》卷一六七绍兴二十四年十一月甲寅记事自注),实在刘锜此次镇荆南前。“放免口钱”等等,亦非范如圭在通判任上的政绩。《要录》载其原委如下:“旧荆南户口数十万,寇乱以来几无人迹,诏蠲口赋以安集之,然十未还一二。先是,议者希朝廷意,谓流民已复,可使岁输十二,其后频岁复增,吏不能供,至是,积逋二十馀万缗,〔权户部侍郎曹〕泳责偿甚急。时秦桧晚年,怒不可测,而泳其亲党,凶焰炽然,守臣直秘阁孙汝翼惧,欲赋于民以予之。左承议郎通判府事范如圭力劝之,乃止。”(同上正文)

(40) 江西种麦

> 南宋时“天下百姓皆种麦”,江西十州,除临川县外,各地皆种(黄震:《慈溪黄氏日钞分类》卷78,《咸淳七年中秋劝种麦文》)。……在种麦问题上也是有斗争的,一是习惯势力的阻挠(如抚州长期不种麦,官府劝诱亦无结果)……(352页)

南宋时抚州共辖五县,临川不过是抚州五县中的一县。既然说抚州长期不种麦,那就不能说除临川县外江西十州皆种麦了,既然说江西十州中只有临川一县是例外,也就不能说抚州这个州长期不种麦了。其实,在黄震的原文中倒是并无这些矛盾的:“且说江西,其(地)[他]十州皆种麦,何故抚州独不可种?抚州外县间亦种小麦,何故临川界并小麦不可种?”南宋江南西路府一、州六、军四,共十一州,“其地”当是“其他”形近致误。

(41) 古县产佳铁

静江府(桂林)临桂县地产佳铁,“铁工善锻”(《岭外代答》卷7,《腰鼓》)。(357页)

静江府产佳铁之地为古县,此云临桂,当是误读原文所致。原文如下:“静江腰鼓,最有声腔,出于临桂县职由乡,其土特宜,乡人作窑烧腔。鼓面铁圈出于古县,其地产佳铁,铁工善煅,故圈劲不褊。”古县在今永福县西北。

(42) 经总制钱

经制钱原是北宋陈亨伯做经制使时,为镇压方腊起义筹措经费而临时增加的一种税名,南宋初年又恢复起来。总制钱是绍兴初年,孟庾掌管财赋时以总制司的名义,又增收的一种附加税。以上两种都是官府在榷茶、盐、酒及卖糟、田宅牙税、楼店务房钱等税收中,每千钱增收五十六文头子钱而得到的。绍兴十年(1140),各州委通判专管经总制钱,年入达一千七百二十五万贯(《宋会要·食货64之99》),占当时南宋全部税钱的四分之一强。(379页)

陈遘,字亨伯,死于靖康之难。南宋避高宗讳,奏札文牍多以字称之。然《宋史》却是以名立传的，即使是南宋人作的史书，如《皇朝编年纲目备要》，亦按史例称名不称字。

据《皇朝编年纲目备要》卷二九，任陈遘为经制使在宣和三年夏，而“初收经制钱”则在宣和四年七月。任陈遘为经制使的初衷也许是“为镇压方腊起义筹措经费”，但经制钱的初次征收，实已在方腊起义遭到镇压之后，此后经制钱不仅仍在继续征收，而且还由东南七路扩而大之，复行于京东西、河北，直至靖康初始罢。在有关经制钱事始的众多记载中，《朝野杂记》甲集卷一五《经制钱》的如下记载，虽系年微有不妥，却是比较确切的：“经制钱者，宣和末陈亨伯资政所创也。时方腊初平，用度百出，徽宗命亨伯以发运兼经制使，亨伯乃创比较酒务及头子钱。”

建炎三年十月恢复的经制钱共有五项窠名，即：权添酒钱，量添卖糟钱，人户典卖田宅增添牙税钱，官员等请俸头子钱，楼店务增添三分房钱（《宋会要》食货六四之八五，《要录》卷二八），绍兴元年四月无额钱物随经制起发，加上早在建炎二年业已恢复的钞旁定贴钱，遂为七项。其中酒钱和卖糟钱所添数字不详，若房钱，则明说“增添三分”，即此原额增加30%；若田宅牙税钱，则“嘉祐末始定令每千输四十钱，宣和经制增为六十，靖康初罢，建炎三年复之，绍兴总制遂增为百钱”（《朝野杂记》甲集卷一五《田契钱》）。其所添之数既非“五十六文”，所添亦非“头子钱”。经制窠名中的头子钱为“官员等请俸头子钱”，本书却未举出。总制钱的窠名，《宋会要》食货六四之九一共列举了一十六项，若据《庆元条法事类》卷三〇所录“提点刑狱司申起发收支总制钱物帐式”，计有三十七项，其中亦仅有“省司头子钱”“常平司头子钱”“秤茶增收头子钱”“茶头子钱”四项为头子钱。头子钱仅是经总制钱众多窠名中的几项，并非经总制钱都是头子钱。

据《宋会要》食货六四之九九，经总制钱专委通判拘收和岁入至一千七百二十五万缗，乃绍兴十六年(1146)事。

(43) 道州丁米和常州丁盐绢

> 由于身丁税的沉重剥削，农民逃亡、反抗的事情不断发生，官府不得已采取一些办法加以调整。绍兴三年(1133)，道州丁米一万七千馀斛，三分之二摊入田亩。……孝宗时，常州各县亦将丁盐绢均入田亩。……(383页)

道州丁米，《要录》卷六五虽有绍兴三年八月己酉，“命田亩敷三分之二”记载，然核诸同书卷八七绍兴五年三月戊戌记事，此诏命实未曾发布；而且即使发布并实行了，也不过将原已“于田亩上均敷”的丁米倒回去以三分之一敷于民丁而已。卷八七的那条记事如下：“诏道州丁米依旧于田亩上均敷，用本州请也。先是……道州岁输米二千馀斛，近岁为群盗所残，人丁益少，遂以田税取之。守臣右朝奉大夫赵坦乞以二分敷于田亩，一分敷于民丁。事下转运司，而坦已去。代者言：‘如此则每丁当输二斗有奇，贫户丁多之人犹为偏重。’故有是旨。”

常州丁盐绢，据《宋会要》食货六六之八记载，隆兴二年四月二十六日知常州宜兴县姜诏言：“本州管下晋陵、武进、无锡三县皆于众户田产上均纳，独是本县纽在下户带丁收纳。”他请求宜兴亦“依三县一例均纳”，得到朝廷同意。则孝宗时“将丁盐绢均入田亩”的，乃常州宜兴县，而不是“常州各县”，因为其他三县早已均入田亩了。

(44)“勒保伍增添新数”

……[经界时],金华县令朱中直亦“勒保伍增添新额”(王柏《鲁斋集》卷7,《赈济利害书》)。这些都是在奸相秦桧支持下干出来的……(387页)

“新额”乃“新数”之误。其上下文如下:“金华今日之贫与三十年前亦不可以并称,人无有知之者矣。夫均此郡县也,肥瘠顿异,必有其故。何者?昔之为民害者,版籍荒落而已,虽胥吏持亏盈之数,舞出入之权,而犹有遗利在民也。自经界以来,版籍具在,而有无虚实固不可隐,其奈经界之时,县令朱中直匿乡都之旧额,勒保伍增添新数,先为奸吏之地,民受其欺而不能辨,不特无遗利,而民已暗被苛取矣,其害岂不大哉!”王柏南宋末人,主要活动于理宗、度宗年间。文中既说“金华今日之贫与三十年前不可以并称”,又说“自经界以来”如何如何,则此经界非绍兴经界明甚,而朱中直的行为亦与秦桧无涉。

(45)鄜县沙甫峒

宋理宗即位后,湖南各峒由于贪官污吏的压迫,准备起义,湖南地方官为了加强对农民的镇压,在鄜县沙浦峒增添镇压机构,激起了当地农民的强烈愤怒。绍定二年(1229)桂东县高垓峒的农民“相挻而起”,攻下鄜县城。……(刘克庄:《后村先生大全集》卷145,《龙学余尚书神道碑》。)(402—403页)

《余嵘神道碑》载:“绍定己丑,除知潭州、荆南路安抚使。时诸峒反侧,事变方棘,公不敢辞,九月,开阃。衡之酃县沙甫峒、郴之桂东县高垓峒,相挺而起,已破酃县,犯茶陵。公察致寇之由,首罢黜贪雪吏,檄谕祸福,且奏调鄂兵,以张威声。”则“相挺而起”者,乃衡之酃县沙甫峒和郴之桂东县高垓峒两峒之民,下文“沙甫寇”“高垓寇”云云可证。至于“在酃县沙甫峒增添镇压机构”,实属乌有。碑文“开阃”句断,乃帅臣到任之意。又“沙浦”,“浦”当正作“甫”。

(46) 鼎、澧茶贩的武装反抗

> 绍兴二十四年(1154)五月,鼎州、澧州的茶贩武装起来,势力很大,杀伤潭、鼎巡检官。政府镇压无效,“且往招安”,妄图平息这场反抗斗争。潭、衡、郴州、桂阳军管下也有几起茶贩,杀死武陵县巡检,并转入湖北烧掉辰州溆浦县的官府,活跃在湖南、湖北两路交界的地方。(412 页)

“鼎、澧州茶贩……杀伤潭、鼎巡检官”云云,系据《要录》卷一六六绍兴二十四年五月丁卯记事;“潭、衡、郴州、桂阳军管下也有几起茶贩”云云,系据王之望《汉滨集》卷五《论潭、衡、郴州、桂阳军贼盗札子》。然《札子》述及的茶贩实无几起,而仅只潭州一起,且与《要录》所载亦非另一桩,而是同一桩事件。《要录》原文作:“时鼎、澧茶寇猖獗,杀伤潭、鼎巡检官,焚溆浦县。”《札子》则谓:“臣契勘本路自三月以后,潭、衡、郴州、桂阳军管下,有群盗数火,谨节录诸处关报在前:一项是贩私茶客商,杀鼎州武陵县巡检,转入潭州安(仁)[化]县杀巡检,却入湖北烧辰州溆浦县,在两路界首出没。一项是吉州贼胡邦宁,分作数队,攻劫衡、郴、桂阳三州之间,破安仁县及耒阳之新镇。”其中仅前一项是私茶贩武装,其活动与《要录》所述不是完全相符吗？何况李心传在这则记事的自注中业已指明：“茶寇事，以《通义志》及王之望所申修入。据之望申，乃今年三月以后事。”

(47) 史弥远之于周张二程和魏了翁

> ……以后又对北宋的理学开山祖师周敦颐、张载、程颢、程颐等封爵赐谥；而真德秀、魏了翁等等，也得以不次进用。史弥远的这些做法，确实收到了一定的效果，有利于巩固他的统治地位。(418页)

据《道命录》卷九，周敦颐赐谥元公，程颢纯公，程颐正公，皆嘉定十三年事，《宋史·道学传》同。然《宋史·道学传》云张载亦“嘉定十三年赐谥，曰明公”，则误。据《道命录》卷九，嘉定十四年魏了翁尚在“再为横渠先生请谥”，十六年正月一日才“有旨张某特赐谥”。时博士陈某拟谥曰达，礼部侍郎卫某议于明、诚、中三字内取一字用之，魏了翁拟用诚字，然“奉常迄今未定也”[“今”当指《道命录》编定之嘉熙三年(1239)五月]。其下有注云：“按《国史·本传》称谥曰明，熊氏去非《性理群书》称谥曰献，未知孰是?”(此注当是淳祐十一年《道命录》刻梓于九江郡斋时朱申所加)至于周敦颐封汝南伯、程颢封河南伯、程颐封伊阳伯、张载封郿伯，《道命录》卷一〇、《宋史·理宗纪》《宋史·道学传》，皆淳祐元年(1241)事，而史弥远之死于绍定六年(1233)，史传并无异词。据此，则史弥远专权期间，周、张、二程虽曾赐谥，但并未封爵，其中张载的谥号且似尚未议定。

魏了翁“得以不次进用”亦非事实。《宋史·魏了翁传》载：

“明年(吴)曦诛，蜀平，了翁奉亲还里。侂胄亦以误国诛。朝廷收召诸贤，了翁预焉。会史弥远入相专国事，了翁察其所为，力辞召命。”在此以前，了翁于开禧二年以亲老乞补外，已知嘉定府，此后，他只不过仍然历任知汉州，知眉州，提点潼川路刑狱兼提举常平，潼川路转运判官，知泸州、主管潼州路安抚司公事，知潼川府。直至嘉定十五年被召入朝，已“去国十七年矣”，其中十有五年即在史弥远专政期间，哪里谈得上是什么“不次进用”？

(48) 回买公田

……推行所谓“公田法”，名义上规定每户田地超过一定数量，将三分之一卖给官府作为“公田”，规定每亩最高官价为二百贯，最低也是一百六十贯，实际上即使是价值一千贯一亩的良田，一律只给四十贯，而且一半是无用的官诰、度牒，另一半又是日益贬值的纸币“会子”。(423 页)

回买公田的田价，《宋史全文》卷三六谓“视亩租之多寡，为支价之低昂”，黄震也说，“买田不以亩为价，而随租以为价”(《慈溪黄氏日钞分类》卷八四《与叶相公西涧书》)，当是可信的。具体地说，《至顺镇江志》卷六《赋税·秋租》所载是：“亩纳一石者，官会二百贯，九斗者，一百八十贯，以下者递减之。”《宋史·食货志·农田》也载：“亩起租满石者偿二百贯，九斗者偿一百八十贯，八斗者偿一百六十贯，七斗者偿一百四十贯，六斗者偿一百二十贯。”《齐东野语》卷十七《景定行公田》则谓：“立价以租一石者偿十八界四十楮，不及石者，价随以减。”本书说，“规定每亩最高官价为二百贯，最低也是一百六十贯”，不知何据？又说，“实际上即使是价值一千贯一亩的良田，一律只给四十贯"，则其依据似是《宋史·贾似道传》："浙西田亩有直千缗者，似道均以四十缗买之。"其"四十缗"与《齐东野语》同，当亦指十八界会子而言。十八界会子之价"五倍于前"（《宋史·食货志·会子》），四十缗即相当于十七界会子二百缗。《至顺镇江志》和《宋史·食货志》所载田价系就十七界会子而言，与《齐东野语》所载是一致的。同是《宋史》，《食货志》谓"亩起租满石者偿二百贯"，《贾似道传》谓"均以四十缗买之"，则所指有十七界会子或十八界会子之异。

(49) 四大书院

全国闻名的有石鼓、岳麓、白鹿洞、应天、嵩阳等书院。《通考》以前四者为四大书院，《玉海》则以后四者为四大书院。（476页）

《通考·学校考七》虽然以白鹿洞、石鼓、应天府、岳麓为"宋兴之初天下四书院"，但在《职官考一七》中却说："宋初有四书院：庐山白鹿洞，嵩阳书院，岳麓书院，应天府书院。"如全祖望早已在《答张石痴征士问四大书院帖子》中指出的："马端临《文献通考·职官考》与厚斋同，而其《学校考》则取石鼓而去嵩阳，一人之言，前后相舛。"（《鲒埼亭集》外编卷四五）

(50) "四灵"

四灵派的代表人物是徐照（号灵晖）、徐玑（号灵渊）、翁卷（号灵舒）、赵师秀（号灵秀），因为他们的名字都有一个灵

字,所以号为"四灵"(553 页)

上文既说"号灵晖""号灵渊""号灵舒""号灵秀",下文似不应说"因为他们的名字都有一个灵字,所以号为'四灵'"。然据叶适《徐道晖墓志铭》:"徐照,字道晖,永嘉人,自号山民。……同为唐诗者,徐玑字文渊,翁卷字灵舒,赵师秀字紫芝。"(《水心文集》卷一七)则灵舒是字不是号。又据《郡斋读书志·附志·总集类》:"四灵诗四卷:右赵师秀字灵秀、翁卷字灵舒、徐玑字灵囦(按即古渊字)、徐照字灵晖四人之诗也。"及《直斋书录解题》卷二〇《徐照集》解题下"随斋批注":"道晖又字灵晖,致中又字灵渊,紫芝又字灵秀,翁卷又字灵舒,是为四灵。"(《四库全书总目》此书《提要》谓载于《永乐大典》之"原本,间于解题之后附以随斋批注,随斋不知何许人")则并四"灵"皆是该人之"字"或"又字"。清人厉鹗《宋诗纪事》:徐照,"字道晖,一字灵晖,号山民";徐玑,"字文渊,一字致中,号灵渊";翁卷,"字续古,一字灵舒"(并见卷六三);赵师秀,"字紫芝,号灵秀"(卷八五)。《四库全书总目》中《芳兰轩集》《二薇亭集》《西岩集》《清苑斋集》等书的《提要》同。也只言及灵渊、灵秀是"号"。本书谓四"灵"皆是"号",不知何据?

(原载《宋史研究论文集(一九八七年年会编刊)》。石家庄:河北教育出版社,1989 年 5 月)

纪念回忆师友文5篇

回忆恩师汪先生
——为纪念汪篯先生百年诞辰而作

我是历史学系1953级学生,1958届本科毕业生。1954年上半年听中国古代史第二段的课(秦汉魏晋南北朝),与汪先生开始接触。从1956年上半年起,直至1958年9月,由于身在汪先生亲自负责的中国古代史专门化隋唐史组学习,与汪先生接触稍多。时间过去了六十年,汪先生的不少言行,特别是汪先生众多教诲,至今未能淡忘。

汪先生给我们班开中国古代史(二)课,有点近乎临危受命。这门课,原先是余逊教授讲授的,上个年级还是如此,但轮到给我们班开课前不久,余逊教授突然中风病倒了。当时汪先生正在人民教育出版社编写中学历史教科书,是初中中国历史的主要执笔人,工作本已相当紧张繁重。为了给我们班开课,两家商定,每个星期,汪先生一半时间在出版社,一半时间在北大。课程每周6学时,上3次。上课的前一个晚上,汪先生总是备课备到很晚很晚,课堂上经常看到他的两眼布满血丝。余逊教授是留给他讲义了的,但汪先生并未按讲义照本宣科,几乎每一讲都有他的独创见解。汪先生的辛劳,他对待课程和学术的认真严肃和一丝不苟,他讲授内容的引人入胜,很快就赢得了全班同学的尊敬,学习兴趣大增。

当年历史系是北大,实际上也是全国,学制由四年改为五年的三个试点系之一,系里诸位先生对学制改为五年后的学生的期望值很高,汪先生多次说要达到老清华 4 年本科加 3 年研究院的水平。于是在历史专业之下又设置了若干专门化分类,如中国古代史、中国近现代史、苏联史、亚非史等。而中国古代史专门化分类又更特别些,其下又分若干组,每组有教师负责指导,邓广铭先生负责宋史组,汪先生负责隋唐史组。邓先生邀请校内外诸名家开设专门化课程,供我们选修,有翦伯赞老《秦汉史研究》,吴晗《明清史研究》,李祖荫《中国法制史》,聂崇岐《中国古代官制史》等,汪先生也开了两门专门化课:《均田制研究》《唐代党争史》。

我分在隋唐史组,全组共 7 位同学。汪先生向我们介绍了隋唐史的基本资料,要我们每人都考虑选择一个课题,并约定时间,每次 2 人,分批到先生家中商讨确定。记得我是与吴宗国一起去的,时间在下午四五点钟。谈话中,师母李盐先生招待吃了晚饭。宗国报的是唐代江南社会经济发展,我报的是门阀士族制度,都得到先生认可,认为可以研究,值得研究,并让我们各做一项较大的资料工作:编制唐州县分合表,为《新唐书·宰相世系表》补出女系。并一再告诫,在阅读隋唐基本典籍时,切不要片面地只专找那些与自己研究课题有关的材料,而是要通盘理解、掌握其内容。学习进展的情况和遇到的问题,要经常汇报,随时汇报。我出生农村,无家学可继承,中小学受得是极一般的教育,根本不了解学术为何物,汪先生这席话才向我打开了学术的大门,初步见识到学术的博大和深邃。

在以后的接触中,汪先生的教诲和一些见解,一直深印在我的脑海中。他要我潜心学习,不要急于发表文章,急于求名,在这方面要经受得住压力和旁人的误会。他以陈寅老为例，说陈先生四十岁以前不发论文，当然，这也是汪先生自己的现身说法。我苦于在阅读中找不出问题，汪先生说，不妨学着作点小考证，并出了几个题目让我试着去作，我仍然一无所获，汪先生又以李勣世系为例，列举疑点，说明它为假托，用以示范。真是诲人不倦！学习中的具体困难，他也都耐心地尽量帮着解决。集中记载有婚姻关系的墓志，汪先生说老北大有不少墓志拓片，可能藏在考古专业，他写了介绍信，让我去找阎文儒先生，问能不能看。王伊同的《五朝门第》对东晋南朝门阀资料作过收集整理，书是抗战期间大后方出的，图书馆未入藏，只特藏库藏有作者手稿的晒蓝本（相当于今天的复印件），提取、阅读都极不方便。汪先生说，王是燕京出去的，让我去找周一良先生，他那里可能有作者的赠书，果然从周先生处借到了这部书。

"五朵金花"之一的古代史分期，汪先生没有正面发表过意见，只是偶尔曾提到，魏晋封建论的代表绝不是尚钺。汪先生对唐长孺先生很推崇，认为唐先生研究官府作场、官府工程劳动者身份的论文极其优秀，乃至说是写得最好的。可能他在《续编》出版前已读到这篇论文。而在唐门弟子中，这篇论文似乎并不怎么被看重，在他们选编的《唐长孺文存》中，这篇论文竟未能入"存"。对于陈寅老的研究成果，他流露过虽不能说唯物，但却辩证的观点。关于唐史，他说陈先生有三部专著，一部制度史，一部政治史，另一部是社会风习史。后者指的是《元白诗笺证稿》。关于《元白诗笺证稿》的性质，20 世纪 50 年代文学古籍刊行社、古典文学出版社重印时，都只把它看作单纯的整理文学典籍的作品，十年动乱后多数人从方法论上把它视作"以诗证史"的典范，似乎只有解放后听过陈先生这门课的姜伯勤，说过与汪先生的界定类似的话。书名掩盖了这部唐史研究专著的真实性质。试看收在《金明馆丛稿初编》中的那些重量级论文,三分之一以上论文的主题或真正性质,也是被"释证""旁证""书……后""读……"等掩盖着的。

汪先生对学术的忠贞,不仅表现在教学和科研上,也表现那些打杂的工作上。落在他身上的杂务是很不少的。那时高校基础课都有教学大纲,大纲由高教部召开的专门会议审定,会上提到的一些意见需作为参考意见附于大纲之后。中国史古代部分教学大纲的参考意见,就是由汪先生修改定稿的。中国古代史教研室就尚钺《中国历史纲要》举行过一次讨论会,讨论会记录发表于《历史研究》。讨论会的第二天,我在汪先生家见到他与周良霄正在对原始记录进行整理,当也是由汪先生最后定稿。《北京大学学报》创刊后,一些稿件也由汪先生审阅,甚至是不属于历史学方面的稿件。如学报发表的文学所两位青年学者写的批评红楼梦"市民文学说"的论文,文中论及嫡庶问题时引用《唐会要》的那段话,我一直怀疑是汪先生审稿时建议补充的。因为在那前后,汪先生在谈及唐初士族衰落时,正一再引用着《会要》这段话。20 世纪 60 年代初,中华书局出过一本《魏征》,内容是《唐书·魏征传》标点、注释及其语体意译,汪先生不仅对书稿提出了中肯意见,还特地为之编制了《魏征年表》附于书后。这类工作,多数例不列名署名,汪先生同样认认真真、一丝不苟地完成。在这方面,也为我们这些学生树立了良好的榜样。(2016-12-19)

邓门问学杂忆
——恭三先生九二冥诞纪念

1953 年 10 月,当我作为本科新生刚踏进北京大学校园的时候,在历史系众多知名教授中,邓师恭三先生绝不是最年轻者之一,但也只有46岁,正处于精力充沛的盛年。

恭三先生给我们讲授的课程是中国上古中古史(三),内容范围为隋唐五代宋辽金约七百年间的历史,安排在第二学年第一学期,每周六学时,是最最重头的课程之一。讲稿是先生亲自编写的,讲过课后就印发给我们供复习之用,累计起来,共有近30万字之巨的分量。当学生的未免有点怕考试,临到期末考试了,不少同学提出要求,请先生划定些"重点",先生回答说:我们这段历史,在二十四史中占了八史,如果不是找出其中重点之重点,怎能讲授?既然已是重点之重点,还再划什么重点?这实际上是在教育我们,读历史的不应该害怕资料的丰富,要善于从中抓住最有价值的部分,而对于前人既有的梳理和阐发,更要充分地吸收和消化。

恭三先生在讲课的同时,还指导全班同学写作学年论文,中心论题是王安石变法。记得当时曾印发了大量资料,主要从《宋史》的"志"中选出,字数当在5万以上。恭三先生用辅导时间作具体指导,让我们首先读懂并熟悉这些资料,然后要我们每人选定一个题目,进行写作。先生对每篇作业都作了极其认真的批改。在我班同学中原先志愿报考中文和哲学的相当多,写起作业来,有的可能文字过于花哨,有的可能对史实分析不足,而空泛的逻辑推理太多。这些,都受到先生的严厉训斥。先生的严厉训斥,至今仍像警钟一样时时在我耳边响起,史家作风(包括学风和文风)以平实为贵的观念则从此深深印于心底。

作为院系调整后通过全国统考入学的第一届学生,系里诸位教师对我们班的期望值都相当高。特别是作为北大也是全国的三个专业之一率先将四年学制改为五年以后,教师们的期望值就更高了。因为学制已改为五年,在专业之下遂分设了不同的专门化,如中国古代史、中国近现代史、苏联史、亚洲史、欧美史等。恭三先生当时是中国古代史教研室主任,理所当然地为中国古代史专门化的课程设置耗费了大量心血。他邀请校内外诸名家开设的高质量课程,在对我们进行扎实的专业训练上都起了良好作用。其中我选修过的课程,计有向达的中国古代史史料学、聂崇岐的中国政治制度史、李祖荫的中国法制史、翦伯赞的秦汉史研究、吴晗的明清史研究、汪篯的均田制研究和唐代党争史。大概是忙于著述和其他工作,恭三先生本人没有为我们开设专门化课程。

为了加强具体指导和个别辅导,中国古代史专门化的学生又被分成若干小组,宋史组由恭三先生亲自负责,我分在隋唐组下,因而失去了接受恭三先生个别指导的良机,也无形中失去了与先生接触、聆听先生教诲的不少机会。

在学生中间,对于每位教师,有时免不了要有所议论。关于恭三先生,当时有一句传自某教师的贬誉参半的话,说邓某某现在是作家了。这句话显然是针对如下情况而发的,即在全系教师中,恭三先生著述最勤,发表的论著也最多。除去报刊上的论文不计,光是成本的著作,我们在校求学期间出版的即有《王安石》(1953年,三联),《岳飞传》(1955年,三联),《辛弃疾(稼轩)传》(1956年,上海人民出版社),《辛稼轩年谱》,《稼轩词编年笺注》,《辛稼轩诗文钞存》(皆1957年,古典文学出版社)。先生写的传记,中国古代史学生未曾读过的几乎绝无仅有,而稼轩三书,由于早已名声远播,篇幅最巨的《编年笺注》又是首次印行,三书既为全璧,在学生中也流布甚广。当时的我,只是觉得先生的传记可读性强,稼轩三书为阅读欣赏辛稼轩作品提供了种种便利,搬走了不少拦路虎,而对先生的识见,对于先生求真求实的为学态度,则是很少甚至毫无认识的。

走上工作岗位以后,才深深感到像母校那样能随时接受名家指点的学术环境的可贵,然而却已不可再。经过几年摸索,经过对一些名家名著,其中包括恭三先生的传世名著的反复认真阅读,自以为对于治学的一些具体门径已经有所领悟。因此在1979年冬工作调动之日,由于今后可能即将以宋史为主攻方向,我拟订了一个进修提高的初步设想,趁路经首都之际,向恭三先生汇报并征求意见。当时我对社会经济,尤其是社会基础方面的问题比较感兴趣,在我读过的有关论著中,几乎没有一种不是大量征引《宋会要辑稿》的,而我又恰好在杨讷兄的帮助下刚购得这部当时相当难觅的大书,于是理所当然地把主要攻读此书列为设想的中心内容。恭三先生听过我的陈述以后,针对此点,淡淡地说了如下的意见:资料总得有个归处。若是北宋,总还得归至《长编》上。开始我有点不以为然。后来读书稍多,才逐渐体味到先生这一多年甘苦备尝的独具心得是怎样的有见地。靠自学暗中摸索的人,往往有一种莫名其妙的自信和固执,深陷泥淖而不知自拔,恭三先生的话促使我经常以此自警。此外,还曾不时向先生请教过一些具体问题,也都获得了满意的答复。

我是1958年离校的。离校以后,总有十七八年未再谒见先生,也未同先生通过信。可是我1976年春再次谒见先生时,先生竟还清楚地记得我的姓名,并主动讲起了当年的一些轶事。我在校绝无什么特殊表现足以给先生留下任何深刻印象,先生的如上反应表明,在他与学生的关系中,我不是特例而是通例。这就立刻增进了我对他的亲近感。1980年参加宋史研究会以后,时时处处受到先生奖掖提携,与先生的接触稍稍多了一些,对先生的品德和学术的理解也增进了一些。特别是他对待著述一丝不苟、精益求精的态度,给我们树立了永久的榜样。

大约是宋史研究会1984年杭州年会期间,恭三先生提到《建炎以来系年要录》通行本的一处重大脱误。即卷106绍兴六年十月丙申记事下有将近一页的内容,原文脱佚,而误羼入了前文卷21建炎三年三月辛丑的记事。他说,在北京能找到的本子都查过了,都同此脱误,要我抽空查阅一下文澜阁《四库全书》本。查阅结果是:今本系据通行本补抄者,羼入部分虽已抽去,而脱佚依然,且中间不再留有空白等痕迹。当时恭三先生在新出版的《岳飞传(增订本)》第190—191页,已经依据直接或间接出自《要录》的文献对此段史实作了准确的转述,可是仍在念念不忘地要找得确凿无疑的版本依据。后来才知道,文津阁本、影印文渊阁本,此处皆无脱误。

1994年春初,恭三先生在信中又提到浙江图书馆所藏《续资治通鉴长编纪事本末》有无缺卷的问题。当时先生正应约为上海古籍出版社拟将影印出版的此书写一序言。先生翻检过多种抄本,均缺6、7两卷,5、8两卷各缺一半,114—119卷共六卷亦全缺。而《全国善本书目》著录的《长编纪事本末》,则以浙图所藏者置于首位,其他各馆所藏皆注明缺卷,唯独浙图未注,似为全帙。先生认为此事甚为可怪。并断言:“杨仲良书之流传于今世者,必无一部完整者,且其所阙篇卷也全都相同,浙馆所藏不会独异。”何况光绪六年(1880)“浙江书局编纂《长编拾补》时,所用《长编纪事本末》乃自皕宋楼借来,可证浙馆入藏此书为时必较晚,因而不可能得到不阙卷的抄本。”但先生仍然认为,判断只是判断,还必须与原书直接验证,才能确定。要我去浙图查阅一下,情况到底如何。查阅结果是:除卷5亦全阙外,其他各卷缺佚情况与先生所说全同。入藏时间也确已甚晚,乃自嘉业堂转入浙图,而嘉业堂又得自结一庐旧藏者。书内尚夹有嘉业堂藏书签,上书:“旧黑丝抄本,六十四册。

原缺数卷。结一庐旧藏。”不知《全国善本书目》缘何有此疏误。

1996年春,恭三先生在信中又谈到近人书目所载鲜于绰《皇朝传信录》的真伪问题。《藏园群书经眼录》《藏园订补郘亭知见传本书目》等皆著录有鲜于绰《皇朝传信录》一书,且谓其内容所记为绍兴元年至二年事。先生认为:鲜于绰乃神宗、哲宗时人,怎能预记绍兴初年之事,且与《郡斋读书志》此书解题之言,“记国朝杂事,多言元丰后朝廷政事得失、人物贤否”,显然不合。因为据《全国善本书目》所载,此书今唯杭州大学图书馆有藏,先生要我就近查个究竟。查阅结果是:全书10卷,所载确是自绍兴元年正月至二年十二月间之事,然与《三朝北盟会编》卷144—154的内容几乎完全相同(前九卷每卷与《会编》一卷相当,卷10则与《会编》卷153、154相当)。当是鲜于绰原书早佚,后人节抄《会编》冒充者。显属假冒伪劣的赝品。

就近查阅《长编纪事本末》和《皇朝传信录》两书,有如先生用两桩实例对我进行的教育,使我切切实实感觉到,只有像先生这样,才是治学一丝不苟的严肃态度。

1980年,我曾在一篇习作中,作为两宋土地所有权转换加速的论据,从恭三先生的《稼轩祠编年笺注》(1957年第一版)中引用[最高楼(吾衰矣)]的“千年田换八百主”。此句之下,当时先生尚未加笺,可是在1993年的增订本中,则已引《景德传灯录》卷11《韶州灵树如敏禅师》作了详细的笺注。如敏死于南汉乾亨二年(928),《景德传灯录》成书于宋景德年间(1004—1007),则这一出于敏口,载于《灯录》的“千年田,八百主”的社会现象,显然不是宋代才有的,自可追溯至唐末五代乃至更前。[最高楼(吾衰矣)]初版共有5则笺注,增订本增至9则。其中删原注1则,新增实共5则,超过原注一倍以上。增订本用力最甚之处,主要表现在考订调整诸词的编年上,但于此亦可见先生对著述精益求精的大概。

恭三先生的《辛稼轩年谱》,在它编定之初,即已远远超越于此前的四种年谱之上,但先生仍然从未放弃过使年谱更臻完善的努力。辛启泰曾经见到的济南和铅山的两种《辛氏族谱》,先生一直"疑心"他并未充分加以利用,因此也一直存有想见到此两种族谱的期望。并在1957年《辛弃疾(稼轩)传》的后记中公开吁请读者帮助寻访。先生的期望没有完全落空。20世纪80年代中期,在铅山县档案馆友人的帮助下,先生终于见到了《铅山辛氏宗谱》的第一本。虽然其中所收资料,出于明清人伪造者十居七八,但有一篇《宋兵部侍郎赐紫金鱼袋稼轩历仕始末》,却确是出自南宋末年人手笔,是有极高史料价值的文字。它不仅证明先生当年的"疑心"是正确的,而且以此为主要依据,完成了对《辛谱》的全面修订。此外,对于辛稼轩词作以外诸诗文的搜辑及其真伪的鉴别,先生也是穷毕生之力孜孜以求、精益求精的。因此,先生终于在谢世之前,给世人留下了业已公开出版的稼轩三书的更完善本子:《辛稼轩年谱(增订本)》(1997年),《稼轩词编年笺注(增订本)》(1993年)和《辛稼轩诗文笺注》(1995年)。

在1990年暑期一次审稿会间隙的私下闲谈中,恭三先生曾提到,他有幸在傅斯年、陈寅恪、胡适三位硕学大师身边工作多年。除接受直接指导外,还在识见和具体方法上受到不少潜移默化的影响。学生不才,不足以透彻理解先生学术的底蕴,但如先生在《学术论著自选集自序》中说的:

> 我把宋辽金对立斗争时期的历史作为我进行研究的主攻对象,而在这一时期内的错综复杂的事物和问题之中,我的研

> 究取向则是倾斜于政治、军事、学术文化诸方面。就此诸方面的静态现象说，是一些典章制度之类的东西；就其动态现象说，则离不开从事于政治、军事、文化、教育等等事业的人。

确实是对他一生学术活动要点和重点的极妥帖归纳，既反映了先生的现代意识，又反映了先生对传统史学的继承和发扬。而先生毕生迄未中断研究的四个人物——王安石、岳飞、辛弃疾、陈亮，也确实是宋辽金对立斗争时期政治、军事、学术文化诸方面错综复杂关系中的关键人物。牵一发而动全身，通过这几个人物，辅之以重要的制度，把整整一代历史的研究都带动起来了。这在断代史研究中是极具个性特色的。

在这次闲谈中，恭三先生还谈到后来在《自序》第四节以沉重笔触写下的"所不解者"那段文字的内容。恭三先生自谓对岳飞生平及其事迹，"用力最多"，确是实情。先生对有关岳飞资料的审核、鉴别、考证的成果，具有拨开重重迷雾的澄本清源作用。先生提出的把岳飞研究提高到学术研究水平上来的基本要求："不能专从诛恶扬善的观点出发，而应当由此及彼、由表及里地〔对有关资料〕加以对证分析，使一些真伪杂糅、是非歧互的记事真能水落石出，真情大白。"也是完全合情合理的。值得先生地下欣慰的是，后人的岳飞研究，包括曾经受到先生批评的那部资料丰富翔实的传世力作《校注》，实际上都是在先生如上正确见解的指引下进行的。其间对一些具体问题的处理，虽然彼此互有歧异，但后人在将它与先生的成果一起都视作更进一步研究的起点时，一定会从中作出正确而公允的判断和抉择，先生的业绩和心血是绝不会被抹杀，也是抹杀不掉的。

（1999年2月）

痛悼徐规先生

2010年12月21日13时37分,宋史巨擘徐规先生仙逝。

徐先生名规,字絜民,一生洁身自重,尘垢不染。孜孜不倦,勤奋为学,是一位十分平实的纯粹学人。

1963年,学术界重量级刊物《文史》刚刚创刊,徐先生即在第二期上发表《李焘年表》这一重量级论著,从而奠定了他在宋史学界不再动摇的地位。1982年出版的《王禹偁事迹著作编年》,是他学术生涯中的第二座里程碑。晚年集中从事宋代史料笔记文献订误,成绩斐然。

徐先生不善于兜售自己,也从来不兜售自己。自信真正有价值的学术研究成果,终将被社会承认,成为后人继续研究的新的出发点。他的门弟子中,多数都极忠厚敦实,也绝少张扬师门成就,只是踏实地继承并拓展着导师的学术事业。以致在一般人的心目中,徐先生无力具备他理应具备的那种崇高"名望"。

日本宋史学界泰斗周藤吉之1988年访问杭州,徐先生有幸与之互作学术交流,并赠予《王禹偁事迹著作编年》。周藤先生回国后在权威刊物《东洋学报》上撰长文评介推荐(周藤先生谢世于1990年,此长文竟是他的绝笔)。徐先生的研究成果,在国内似乎还从来没有公开受到过如此严格的评议、热情的推荐和衷心的赞赏。

上海的裴汝诚,文献学界的权威,当年负责《宋史》的点校,如今又负责点校本《宋史》的修订,是点校本二十四史和清史稿修订工程中独一无二的唯一一人。他即曾不止一次地说过,在中国宋史学界两代四位卓有成就的大师中,他有幸都曾经常当面受教。

他说的“两代四位”,其中之一就是属于第二代的徐规先生。这显然是他亲身深有感受的肺腑之言,不虚说也。

不管有无师生名分,对于晚辈,徐先生总是诲人不倦,并且一视同仁。英年早逝的陈植锷原是中文系的学生,在投入邓门以前,在学术上业已崭露头角,他关于宋代文化史的一些新颖见解的酝酿,实得益于徐先生实际上的切实而有效的指导,但徐先生却很少向人提起。晚辈者中像这样深受教益者,逝者已矣,苟存者又怎能不永远铭刻于心,留作长久的记念和鞭策呢!

纯粹学人徐规先生永世长存!

(2010-12-23)

忆何志:斯人往矣,斯人犹在!

在内大生活了整整21年。在这里,植过树,种过菜,挖过湖,炼过铁,烧过锅炉,制过砖,砌过防空洞,虽然占据的岗位是教员。这里有我住过的宿舍,吃过的食堂,行过的道路,用过的家具,站过的讲台,读过的书籍,一切的一切,都能勾起无限的回忆。但最最不能忘怀的,还是在这里相处过的人——领导、同事、师长、学生、朋友,他们的音容笑貌深深印嵌在我的心底,缕缕思念之情时时浮现在我的心头。

尤其是何志。我要特别说说这位把生命贡献给了内大的内大人给我的印象。

当我刚踏进内大校门的时候,何志就是中国古代史教研室的主任,稍后又是历史系的副主任,一直是我的顶头上司,但是他从不以领导自居,对同事总是平等相待,对我这个见习助教也不例外,我则把他看作长辈和导师。相处久了,我们之间建立了介于师友之间的深厚情谊。

大概是1960年吧，何志领着中国古代史教研室的全体同仁在图书馆义务劳动，帮助将线装书编目上架。内大建校期间采购的大量线装书，当时多数虽已作了函套，却几乎全未编目，无法出纳，影响使用。我读的虽是与古书打交道的专业，但经常接触的只是有数的几种基本文献，对于图书分类更是一窍不通，一进线装书库，犹如全未掌握游泳本领的人，猛然掉入大海之中。劳动伊始，拿到的任何一部书，从内容、作者、版本和年代，到该分入何类，几乎都要向何志请教，而且都能得到满意的答复。有些书是成套的丛书，原先将它作单刻书对待了，他就动员我们从分散在用作书库的四个大教室中逐一找出，予以归拢。遇到刊印年代较早、版本价值较高的书，他就一再关照要把它们区别开来，在目录卡中标上善本书符号，并将书另行贮藏。遇到学术价值较高的书，他更是不厌其烦地详细说明其价值所在，在这次义务带动中，我从何志那里学到了关于古籍的各种基本知识，使我至今仍在受用。

我的兴趣在中国古代史。当时我深感不能从理论的高度准确把握中国封建社会历史的全貌及其发展的基本特征，很想啃一啃《资本论》，以马克思对资本主义社会的深刻解剖为最高范例，从中切实体会剖析中国封建社会的突破点和基本方法。但缺乏恒心，时读时辍，往往知难而退。这些情况被何志知道了，他不仅热情鼓励我，要我一定坚持读下去，而且具体解答我阅读中遇到的疑难。他质疑答疑的话多数不再记得了，而他一再强调的“要沉下心去读”的总纲却令我至今记忆犹新。据我当时和目前的体会，他说的是“沉”，而不是一般的“静”。所谓“要沉下心去读”，指的是要排除经常浮在心头的一切功利性考虑，完全随着经典名著的内在逻辑，随着它对各个问题论述的展开，去领会并掌握其丰富的内容及精神实质。也就是说,既要与拉大旗作虎皮的种种流行习气决裂,也要与贪多务速、囫囵吞枣、不求甚解的传统习惯不再沾边。要将经典名著在它固有的内容上予以细细的透彻的理解,不要为某种需要或受某种潮流影响,添加或引申它原本没有的论述,掩盖或回避它确实存在的观点。虽然学得仍然不怎么样,思想理论水平并无显著提高,但《资本论》第一卷倒是逐字逐句读完了的。而何志传授的"要沉下心去读"这一秘法,后来不仅在读其他经典著作中,而且也在阅读古代文献和近人的学术论著过程中一直使我受益匪浅。

何志选定"元代经济史"为研究课题,要我与他合作,共同完成。这给我提供了向他学习的难得机会,我当然非常乐意地答应了,这大约是1962年夏天的事。接着便开始了收集资料的紧张工作,当时商定,一些基本史籍,如《元史》《元典章》《元朝名臣事略》《元文类》等,是两人都要通读的,其他一般文献,如文集笔记、地方志等,则由两人分头去读,只将录出的有关材料互相传阅就可以了。读《元史》《元典章》,我开始得比何志早,杂事又少,不多几个月就读完了,抄了一些卡片,作了一些索引,自以为与经济史有关的资料都已注意到了。当何志开始读这两部书时,我把卡片和索引都给了他,有遗漏请他补充。他也读得很快,出乎我意外的是他补抄的卡片竟比我已录的多出了好几倍,而且与我只是单打一地收集资料完全不同,他是一边收集资料,一边发掘问题酝酿论点。我为此而深深感到羞愧,同时也感到受了一次很好的教育。从事严肃的科学研究,即使是社会科学的研究、历史学的研究,也一定要认真而又认真,粗枝大叶和马大哈是绝对不行的。而且方法要对头,事半功倍还是事倍功半,在很大程度上往往取决于方法是否得当。因为有这一共同研究的联系,我读书中遇到的疑难,思考的问题,拟定的假设,才得以经常与他交换,甚至有时感到情绪波动、思想空虚,也愿意主动找他交谈。大约每个星期,或两个星期,最多三个星期,我们之间总有一次长谈。主要谈学术,但不限于学术,也谈人生,也谈历史界、文学界和社会上的逸事。海阔天空,无拘无束,思想是完全敞开的。每次长谈回来,我都觉得精神充实了,思路开阔了,读书的劲头儿也增加了,对前途满怀乐观和自信。令人未免惋惜的是,这样的共同研究工作只持续了约一年,接着就是一批又一批地去农村牧区搞"四清"和两种教育制度的半农半读,何来坐冷板凳的时间?大动乱前夜的大气候,虚无弥漫,又哪有"古"的容足之地?我们共同研究的课题只能就此完全中止。

在相处中,作为个人的生活信条,何志屡引古语强调、也是我久久不能遗忘的,是他说的"有所为,有所不为"这两句短语。在任何时候,任何场合,人总不能见风使舵团团转,见名就争,见利就上,总得有所为,有所不为!即使在每个人的生活道路上大大小小都经人安排定的模式中,人也不会真的是驯服工具,没有了个人的思想和意志。在改革开放年代,社会发展加速了,生活丰富多彩了,主流健康,却也难免夹杂着沉滓的泛起,腐朽舶来品的侵入。人的自主性增强了,就更应该有鲜明的是非善恶观念和态度,有属于自己的主心骨。近年来,面对千奇百怪的社会万花筒,不时有何志所强调过的这句话在我耳边响起:"有所为,有所不为!"

学校的物质设施在时时更新,旧日的面貌也许不复认识了;学校的人员在一代代更替,熟悉的面孔也许不多了。仿佛只有某种精神的无形影响力才能较长久地留存。每当我回忆起在内大的成长和苦难,欢悦和辛酸时,总有一个又一个人的形象涌现在心头,想抹也抹不去。这些人中,有的仍在内大,有的早已调离内大,有的仍然健在,有的却已作古,但在我的心底,只有他们,才将我同内大紧紧联结在一起。尤其是何志。

斯人往矣,斯人犹在!

(1997年5月。为内蒙古大学40周年校庆而作)

怀念时鉴

我与时鉴,北京大学同学5年,内蒙古大学同事21年,同于1979年调入杭州大学,合并为浙大后在同校先后退休,他亡故前又同住一个小区相邻两幢房子6年。从1953年至2013年,整整60年,相当于人一生的四分之三岁月,一直学习、工作、生活在一处,再没有第二人。

一

我认识时鉴,不是在进入北大校门之后,而是在去北大报到的路上。那年,上海赴京新生组织为大队,包有专列,时鉴是大队的副总指挥,我们几个外地学生是大队的附庸。车到南京,须摆渡过江至浦口换乘,一些大件行李雇马车由车站运往渡口。十二小队有位姓马的生物系女生,行李凌乱,被马车振动得眼看即将散落下来,这时时鉴毫无犹疑地跳上车去,用两手和整个身子俯压住行李,并一直这样,才将行李安全押运至目的地。这一幕,是他给我的第一个印象,也是终身未能忘却的印象。

车到济南已是凌晨,在换乘的间隙,他在站台上做体操,我在漫步,交谈了几句,才彼此结识。当他问知我进的也是历史学系时,鼓励我说:"北大的文科在全国是最知名的。"可能他早就注意到我这个外地人,据他后来对我说,我给他的最初印象是:一个手持纸伞,脚穿布鞋的乡下佬。

进校报到后,最初我们俩住在同一个房间,同住者中有位蔡尔轨,也是上海人。系里学考古的师兄张森水,是我中学上一年级的同学,得知我已来报到,就来邀我去学校附近的圆明园遗址游逛,而我就一个人跟着他去了。回来,蔡尔轨埋怨我,说为什么不带上他们一起去。时鉴没有说,显然对我这个同屋也是失望的。他们的遗憾不久即获得弥补,向达、张政烺两位先生亲自带领全班同学前去作了一次学术品位更高的游览,而我的歉疚则一直深埋在心底。

二

在1958年9月初公布的历史系分配方案中,时鉴、王先恒、贾洲杰和我同被分派到内蒙古大学,但时鉴并未与我们三人一起立即赴内大报到,他先回上海去了。这时,他与李知非正处于热恋之中。他到内大后,有天我在他房中见他桌子上正放着一封尚未寄出的给李知非的信,大概露出了询问的神色,他立即向我作了解释,称赞“知非”一名取得怎么怎么好,充满了幸福感。言在意外,他称赞的当然远不仅限于取名。同事中有位上海人陈汉时,去过时鉴家,见过李知非。知非对时鉴的深情,举止的大方,风度的娴雅,应酬的得体,在同事间赞不绝口。不久,知非毅然离开繁华的上海,来到内蒙古,与时鉴结婚了。三年困难时期的最后一年,他们有了第一个孩子——莎莎。在时鉴、知非的三位子女中,只有莎莎的体质显得比较瘦弱,当是先天后天营养不足所致。

贾洲杰工作单位变动不居,没有一直待在内大。被人戏称为“四进士”的另一位,指的是稍后从北大调入的同窗朱承思。四人之中,只有时鉴是在内蒙古安了家的,其他三人一直是光棍或准光棍。日常生活,尤其逢年过节,免不了在时鉴家多有叨扰。王先恒挪用当时的流行用语,倡言光棍“吃派饭”,节日里排定序次,去各家坐吃,当然是平日交往较密切的那几家,而时鉴家总是被派在最关键的那一天。当时食品都凭票,节日有些额外供应,时鉴实际上是把平日节日供应的,乃至从老家寄来的稍好的食品,都留着款待我们这几个同窗了。前几年,在一本笔记上读到唐代过年有"传坐"的习俗:"唐长安市里风俗,每岁元日已后,递作饮食相邀,号为'传坐'。"感到与"派饭"有些类似,很想就此写篇回忆,表达当日只是单向受恩受惠,不是"传坐"的多方互动,终身铭记,不敢暂忘,藉志永久的感念。文未写成,时鉴竟先走了。

三

"文革"后期,时鉴和我都处于边缘,属于逍遥派。"天天读"之外的时间怎样打发?时鉴与我都暗暗回到了曾属"横扫""大破"对象的原所从事的专业。时鉴的专业方向在逐渐向上推移,由蒙古近现代转向明代、元代,还跟潘世宪先生学日文,与二三同好一起复习英语,尤其是英语口语。我则只是在读《通鉴》。评法批儒铺天盖地而来,柳宗元、王安石、张居正都成了大法家,法家著作的解读注释,成了各级革委会的政治任务。这时,由时鉴牵头,约了尚身处逆境的老师胡钟达先生以及高树林和我,承揽了张居正著作选注项目。有了这个项目,给了我们一个房间,允许我们从尚未完全开放的图书馆任意选调图书。我们也可以毫无顾忌地在光天化日、众目睽睽之下再手捧古书了。这原是我们结伴承揽这一项目的初衷。

著作选很快选定并刻印,又选择其中的两篇作了注译以为样品,时鉴、树林和我就以交流征求意见,和实地调查考察张居正故乡遗址遗物为由,结伴走了小半个中国。去的地方有北京、武汉、荆州、岳阳、长沙,然后绕道浙赣、京沪线返回。

注译的样品中原著有这样一句话:“两税,三限,则杨炎之赋税也。”其中“三限”不经见,我们分头检阅。《唐会要·租税》、两《唐书·食货志》中没有任何线索,仅在《宋史·食货志》的《布帛门》检到一句“随夏税初限督之”,又偶尔在《册府元龟·帝王部·革弊》见到“自前两税征赋,已立三限条流”的话,就以之为据写了注文。时鉴统稿,以为注文应简明,不必烦琐征引,就将引文及出处删掉,只留下结论。到了荆州,与地区的张居正注释组座谈,他们劈头就质问这个注的依据。回来后,为此注究竟该怎样修订,曾再三反复斟酌。表明我们的书呆子积习并未全泯。在外走访时,我往往异想天开,建议抄小道、穿僻巷,还常把“保证不错”“肯定能到”一类话挂在嘴边。时鉴嘲讽我主观,并说:“你这么主观,考察历史得的结论怎能让人信服?”他当然清楚,我平素在学习中,并不总是这样的。但这也表明,当时经常萦回于我们脑际的,仍是驱之不去的对于学术的痴心。

在武汉,我们参观了武汉大学。唐长孺先生是我们久所敬仰的学者,不敢冒昧造访,只走访了曾来内大参加过学术讨论的李涵先生。在言谈中,时鉴特别提到我,说我正在学隋唐史,苦于没有像唐长孺先生这样师长的指导。李涵后来与唐长孺联名在《文史》上发表了一篇论文,与时鉴联系,准备送我俩抽印本。时鉴表示,切望能收到她与唐先生共同签名的论文。不久,赠品寄来了,上面果然有唐先生的亲笔签名。

岳阳是我们从荆州赴长沙的水陆中转站。岳阳楼大门紧闭,未能有幸一登。岳阳楼因范仲淹的一篇《记》而声名远播,《记》中表达的“先天下之忧而忧,后天下之乐而乐”的博大胸怀虽未遭正面批判,他所享受的待遇却远在张居正之下。紧闭大门或许是变相的保护。去饭铺吃饭,服务员报的菜名中有一种叫“怪味肉”,勾引起我们的好奇心。问"怎么是'怪味肉'?"回答说:"咸甜酸苦辣,什么味都有。""能吃吗?""保你好吃。"就要了一份,吃着果然别有风味。我们正在应付着作着的张居正著作选注,也犹如眼前正在吃着的"怪味肉",五味杂陈,辨不出哪是咸,哪是甜,哪是酸、苦、辣。

四

两篇试注被一家大出版社选入活页文选正式出版后不久,选注全书的初稿也完成了。我们又以查阅资料、征求意见为由,去北京待了近两个月。这次只时鉴与我两人同去,住在文化部的和平里招待所,跑过的图书馆,除母校北大图书馆外,主要是北京图书馆善本室、中国科学院图书馆社会科学部。

招待所房间有三张床位,另一张床位的住宿者在不断变动。住过一位电影导演。他刚参观了太原晋祠,对其人物塑像表情和形态的生动,以艺术家的口吻,向我们作了绘声绘色的描述。时鉴艺术细胞丰富,同他有不少对话,我只是好奇地听着。又住过一位参与北京图书馆新馆电子系统设计的工程师。他向我们介绍新馆未来检索系列的概况,提到新馆各个系统采用的都是最新科技成果,并介绍了科学技术新进展的一些情况,使我们眼界大开。有一段时间,招待所内显得特别热闹,原来住进了一批东方歌舞团的演员。其中有一位是赵丹的女儿赵青。时鉴向我提起,赵青是他中学时代的同学,不同班,不同年级,一起参加过社团活动,有些接触。我就说:"何不去会她一会?"时鉴说:"现如今她已是当红的舞蹈演员,不必去高攀了罢。"

为配合运动,北图早就辟有法家著作专架。我们出示了介绍信,他们即想用那些书将我们应付打发了事。当我们说明这些书我们那里都有，我们要查阅的是善本图书，并递上我们所要查阅的书目后，管理善本的先生于惊讶之馀，似乎也露出几分欣慰的神色，比较热情，服务十分周到。大概他们很久没有接待过像我们这样的读者了。时鉴查阅了哪些书，记不得了，我查过的也只记得两种：一是《万历会稽录》，另一是何乔远《闽书》，都与清丈有关。《闽书》原书抗战期间已转移至美国，馆里只有美国国会图书馆提供的缩微胶卷。管理善本的先生将缩微胶卷取来后，亲自将它倒顺，安装至阅览机，又非常耐心地讲解了阅览机该怎样操作。

在科学院图书馆查阅的主要是过期日文期刊和地方志。这里提书快捷，阅览室陈列的工具书完备，还有几部丛书开架。有一位稍有名气的历史地理学者也在那里查书。翻着书，口中喃喃有词，发着议论，偶尔还咒骂几声，很惹人注目。时鉴见了直摇头，认为这太有失学者风度。一天，在目录间，突然遇见张广达先生，张先生冲口就喊出了我们两人的姓名。他是我们大一听胡仲达先生讲授世界古代史时的助教，那时他刚毕业留系。时鉴在班里比较活跃，我则极不显眼，时间已经过去了二十多年，张先生竟然连我这么个学生也还记得，令我们对他超强的记忆力惊叹不已。他邀我们到他在民族学院的家中作客，我们去了。他正争分夺秒地在作研究，课题当然是自定的。他向我们出示他收集的一些外文资料，资料都用照相机拍摄，然后洗印在相纸上。在复印机发明并传进国内以前，人们搞点研究，收集资料多靠手抄笔录。张先生认为那太浪费时间也太耗费精力，建议我们也像他那样使用相机、相纸为收集资料的工具。又向我们介绍了最实惠又最实用的相机品牌，以及北京经常发售质量尚可的处理相纸的商铺。张先生用行动向我们表明：非常时期总有一天会过去，正常的生活，正常的研究，总有一天会回来。

唐山大地震，北京的震感相当强烈，我们两人都在熟睡中被震醒。时鉴最先发觉，他立即跳下床，喊了两声："地震！地震！"就去开门，想要出去。但正在震动，门框变形，房门未能打开。我反应比较迟钝，等我回过神来，巨大震动已经过去。外面人声鼎沸，我们出去转了转，又回来躺下，据传招待所的墙体已出现裂缝。天亮以后，先去历史所看望老同学，人都安全无恙，但已搬至室外住宿。又去了趟火车站，看列车是否还正常运行。傍晚的馀震也相当强烈，滞留在京人员都急着要离去。第二天，我们就打点行囊回内大了。去车站的路上，不少人向我们投以羡慕的目光，羡慕我们哪来这么大的神通，居然能搞到车票。他们哪里知道，我们的票是地震之前早就预购了的。车过南口，出了居庸关，一颗悬着的心才慢慢完全放了下来。

在京期间，时尚健在而又允许见客的业师，我们两人都去一一谒见了，再次聆听了他们的教诲。留在北京的同班同学，除北大外，十分分散，有的远在郊区，我们两人也尽可能去一一作了拜访。有关的期刊、出版社、研究机构，或者恢复、增强了联系，或者新建了联系。

今日回头看，我们迎风承揽的这桩差使，总的来说是个"怪"，但在具体操作过程中，却也并非没有一点值得回"味"的"肉"。对于我们这些具体操作者，尤其是对于时鉴，凭借这桩差使的两次出差，以及出差期间的一系列活动，接触的诸社会层面，了解的信息，建立的联系，对于日后的研究工作，对于日后业务的开拓，应该说是颇有帮助的。就我与时鉴的关系而言，这段时期接触频繁，交流及时，合作融洽愉快，留下的全是美好的回忆。

（2015-11）

引用书目

纪传

史记 点校本 中华书局 1975 年

汉书 点校本 中华书局 1962 年

后汉书 点校本 中华书局 1965 年

后汉书 武英殿本

后汉书集解 清王先谦 王氏虚受堂刻本

宋书 点校本 中华书局 1974 年

魏书 点校本 中华书局 1974 年

北齐书 点校本 中华书局 1972 年

北史 点校本 中华书局 1974 年

隋书 点校本 中华书局 1973 年

旧唐书 点校本 中华书局 1975 年

唐书辑校 吴玉贵 中华书局 2008 年

新唐书 点校本 中华书局 1975 年

新唐书纠谬 宋吴缜 丛书集成初编据知不足斋丛书排印本

旧五代史 点校本 中华书局 1976 年

旧五代史新辑会证 陈尚君 复旦大学出版社 2005 年

新五代史 点校本 中华书局 1974 年

十国春秋 清吴任臣 徐敏霞、周莹点校本 中华书局 1983 年

宋史 点校本 中华书局 1977 年

宋史艺文志考证 陈乐素 广东人民出版社 2002 年

东都事略 宋王称 宋史资料萃编第一辑本

隆平集 宋曾巩 宋史资料萃编第一辑本

高丽史 郑麟趾 韩国奎章阁藏刊本

南汉书 清梁廷楠 林梓宗校点本 广东人民出版社 1981 年

廿二史考异 清钱大昕 丛书集成初编据史学丛书排印本

廿二史札记校证 清赵翼 王树民校证 中华书局 1984 年

编年

资治通鉴 点校本 中华书局 1982 年第 5 次印刷

资治通鉴考异 四部丛刊初编景宋本

续资治通鉴长编 宋李焘 上海师大、华东师大点校本 中华书局 1979-1993 年

典制

唐六典 李林甫等 陈仲夫点校本 中华书局 1982 年

职官分纪 宋孙逢吉 影印四库全书珍本初集本 中华书局 1988 年

天一阁藏明抄本天圣令校证 天一阁博物馆、社科院历史所校证 中华书局 2006 年

唐会要 标校本 上海古籍出社 1991 年

宋会要辑稿 清徐松辑 复制重印前北平图书馆影印本 中华书局 1957 年

通典 唐杜佑 王文锦等点校本 中华书局 1988 年

文献通考 宋马端临 清光绪十一年上海点石斋石印本

唐大诏令集 宋宋敏求 排印本 商务印书馆 1959 年

唐代诏敕目录 日池田温 三秦出版社 1991 年

翰苑群书 宋洪迈辑 知不足斋丛书本

翰林学士壁记注补 岑仲勉 载郎官石柱题名新考订(外三种)上海古籍出版社 1984 年

麟台故事校证 宋程俱 张富祥校证 中华书局 2000 年

南宋馆阁续录 文渊阁四库全书本

中国考试史文献集成 杨学为总主编 高等教育出版社 2003 年

文武金镜律例指南 清凌铭麟 四库全书存目丛书影印康熙二十七年刊本
二十史朔闰表 陈垣 中华书局 1982 年

人物

孟浩然年谱 刘文刚 人民文学出版社 1995 年
刘知几年谱 傅振伦 中华书局 1963 年
韩愈年谱 宋吕大防等 徐敏霞辑校 中华书局 1991 年
　　韩子年谱 洪兴祖 载韩愈年谱
　　韩文年表 方崧卿 载韩愈年谱
白居易年谱 朱金城 上海古籍出版社 1982 年
　　白氏文公年谱 南宋陈振孙 北京图书馆藏珍本年谱丛刊本
杜牧年谱 缪钺 河北教育出版社 1999 年
段成式年谱 方南生 点校本酉阳杂俎附
唐翰林学士传论(晚唐卷) 傅璇琮 辽海出版社 2011 年
唐才子传校笺(共五册)元辛文房 傅璇琮等校笺 中华书局 1987-1995 年
录鬼簿(外四种) 元钟嗣成 上海古籍出版社 1978 年
列朝诗集小传 点校本 明钱谦益 上海古籍出版社 1983 年
国朝耆献类征 清李醒辑 清代传记丛刊本
湖海诗人小传 清毛庆善 清代传记丛刊本
元和姓纂 唐林宝 光绪六年金陵书局刊本
　　元和姓纂四校记 岑仲勉 上海商务印书馆 1948 年
氏族大全 元佚名 文渊阁四库全书本
万姓统谱 明凌迪知 文渊阁四库全书本
北朝胡姓考 姚薇元 科学出版社 1958 年
唐仆尚丞郎表 严耕望 影印 1956 年初版本 中华书局 1986 年
唐尚书省郎官石柱题名考 清劳格、赵钺 徐敏霞、王桂珍点校本 中华书局 1992 年
　　郎官石柱题名新著录 岑仲勉 载金石论丛第 329-393 页 上海古籍出版社 1981 年
　　郎官石柱题名新考订 岑仲勉 上海古籍出版社 1984 年
登科记考 清徐松 赵守俨点校本 中华书局 1984 年
　　登科记考补正 孟二冬 北京燕山出版社 2003 年

唐九卿考 郁贤皓、胡可先 中国社会科学出版社 2003 年
唐方镇年表 吴廷燮 标点排印本 中华书局 1980 年
唐方镇文职僚佐考 戴伟华 广西师范大学出版社 2007 年
唐刺史考 郁贤皓 江苏古籍出版社 1987 年
唐刺史考全编 郁贤皓 安徽大学出版社 2000 年
唐人行第录 岑仲勉 中华书局上海编辑所 1962 年
唐五代人物传记资料综合索引 傅璇琮、张忱石、许逸民编 中华书局 1982 年
唐五代五十二种笔记小说人名索引 方积六、吴冬秀编 中华书局 1992 年
新旧唐书人名索引 张成起编 上海古籍出版社 1987 年
中国历史大辞典 郑天挺、谭其骧主编 上海辞书出版社 2010 年

地志

华阳国志校注 晋常璩 刘琳校注 巴蜀书社 1984 年
元和郡县图志 唐李吉甫 贺次君点校本 中华书局 1983 年
太平寰宇记 宋乐史 王文楚点校本 中华书局 2007 年
元丰九域志 宋王存 王文楚、魏嵩山点校本 中华书局 1984 年
　　元丰九域志 宋王存 冯集梧校 光绪八年金陵书局刊本
　　元丰九域志 四库全书文渊阁本
　　元丰九域志 武英殿聚珍珍版丛书本
　　九域志 国图藏影宋抄本
　　九域志 国图藏陈鳣校钱遵王影宋抄本
　　九域志 国图藏周梦棠校并跋抄本
　　九域志 国图藏刘履芬录吴骞校跋抄本
　　新定九域志 原国立北平图书馆甲库善本丛书影印明雁里草堂本
　　新定九域志 四库全书存目丛书影印丁丙原藏清抄本
明一统志 文渊阁四库全书本
嘉庆重修一统志 四部丛刊续编影印清史馆藏进呈写本
西京杂记 周天游校注本 三秦出版社 2006 年
两京新记辑校 唐韦述 辛德勇辑校 三秦出版社 2006 年
长安志 宋宋敏求 宋元方志丛刊影印经训楼丛书本 中华书局 1990 年

唐两京城坊考 清徐松 方严点校本 中华书局 1985 年
雍录 宋程大昌 黄永年点校本 中华书局 2002 年
类编长安志 元骆天骧 黄永年点校本 三秦出版社 2006 年
河南志 元佚名 宋元方志丛刊影印藕香零拾本 中华书局 1990 年
蜀中广记 明曹学佺 国图藏明刊本
嘉泰吴兴志 宋谈钥 宋元方志丛刊影印吴兴丛书本
淳熙三山志 宋梁克家 宋元方志丛刊影印明崇祯十一年刊本
水经注 郦道元 武英殿聚珍版本
诗地理考 宋王应麟 丛书集成初编影印津逮秘书本
通鉴地理通释 宋王应麟 丛书集成初编影印津逮秘书本
唐代长安词典 张永禄主编 陕西人民出版社 1990 年
中国历史地图集第五册 谭其骧 中国地图学社 1975 年

金石

金石萃编 清王昶 嘉庆十年刻本
八琼室金石补正 清陆增祥 缩影吴兴刘氏希古楼刊本 文物出版社 1985 年
集古录跋尾 欧阳修 中国书店影印 1936 年世界书局欧阳修全集本
宝刻丛编 宋陈思 十万卷楼丛书本
金石录校证 宋赵明诚 金文明校证 广西师范大学出版社 2005 年
舆地碑记目 宋王象之 丛书集成初编据粤雅堂丛书排印本
金石文字记 清顾炎武 亭林遗书本
唐代墓志汇编 周绍良 上海古籍出版社 1992 年
全唐文补遗(千唐志斋新藏专辑) 吴钢 三秦出版社 2006

书目

郡斋读书志 宋晁公武 四部丛刊三编影印宋淳祐袁州刊本
　　郡斋读书志 衢本
直斋书录解题 宋陈振孙 潘景郑点校本 上海古籍出版社 1987 年
崇文总目(辑本) 粤雅堂丛书本
文渊阁书目 文渊阁四库全书本

四库全书总目 缩影浙本 中华书局 1965 年
增订四库简明目录标注 清邵懿辰撰邵章续录 中华书局上海编辑所 1959 年
钦定四库全书考证 文渊阁四库全书本
四库提要辨证 余嘉锡 中华书局 1980 年
四库提要订误(增订本) 李裕民 中华书局 2005 年
四库全书总目提要补正 胡玉缙著王欣夫辑 中华书局上海编辑所 1964 年
四库全书总目辨误 杨武泉 上海古籍出版社 2001 年
纂修四库全书档案 第一历史档案馆编 上海古籍出版社 1997 年
四库采进书目 吴慰祖校订 商务印书馆 1960 年
浙江采进遗书总录 清沈初等撰 杜泽逊、何灿点校 上海古籍出版社 2010 年
汲古阁珍藏秘本书目 清毛扆 续修四库全书影印嘉庆五年黄氏士礼居刻本
汲古阁书跋 清毛晋 潘景郑校订 古典文学出版社 1958 年
钦定天禄琳琅书目 文渊阁四库全书本
士礼居藏书题跋记 清黄丕烈 光绪十年滂喜斋刻本
郑堂读书记 清周中孚 吴兴丛书本
仪顾堂续跋 清陆心源 清刻潜园总集本
藏园群书经眼录 傅增湘 中华书局 1983 年
中国善本书提要 王重民 上海古籍出版社 1981 年
中国古籍总目 中华书局、上海古籍出版社联合出版 2009-2013 年
黄永年古籍序跋述论集 中华书局 2007 年
京剧剧目辞典 曾白融主编 中国戏剧出版社 1989 年

类书

册府元龟 影印明崇祯刊本 中华书局 1982 年
　　册府元龟 周勋初等校点本
太平御览 影印宋刊本 中华书局 1985 年
玉海 宋王应麟 影印宋元刊本 中文出版社 1977 年
白孔六帖 唐白居易原本孔传续撰 文渊阁四库全书本
记纂渊海 宋潘自牧 文渊阁四库全书本
古今合璧事类备要 宋谢维新 文渊阁四库全书本

古今事文类聚 宋祝穆 附新集 元富大用 明万历甲辰金溪唐氏重利本
海录碎事 宋叶廷珪 李之亮点校本 中华书局 2002 年

字书 词典

尔雅注疏 晋郭璞注宋邢昺疏 十三经注疏缩影本 中华书局 1980 年
说文解字 汉许慎 影印番禺陈昌治同治十二年刊本 中华书局 1983 年
说文解字注 清段玉裁 影印经韵楼藏版本 上海古籍出版社 1981 年
龙龛手鉴 辽僧行均撰 四部丛刊续编影印宋刊本
五车韵瑞 明凌稚隆 四库全书存目丛书影印明叶瑶池记刻本
说文假借义证 清朱珔 续修四库全书影印清光绪嘉树山房刻本
切韵考 清李邺 续修四库全书影印清刻本
声韵考 清戴震 续修四库全书影印乾隆四十四年刻微波榭丛书本
古今字音对照手册 丁声树 中华书局 1981 年
康熙字典 标点整理本 汉语大辞典出版社 2002 年
辞源(修订本) 商务印书馆 1979-1983 年
辞源(正续编合订本) 长沙商务印书馆 1940 年
汉语大词典 汉语大辞典出版社 1986-1993 年
经传释词 王引之 附孙经世补及再补 中华书局 1956 年
古书虚字集释 裴如海 中华书局 1982 年
词诠 杨树达 中华书局 1979 年
唐五代语言词典 刘坚、江蓝生 上海教育出版社 1997 年
唐宋笔记语辞汇释 王瑛 中中华书局 1990 年

经部子部散书

周易正义 魏王弼注唐孔颖达疏 十三经注疏缩影本 中华书局 1980 年
礼记正义 汉郭玄注唐孔颖达疏 十三经注疏缩影本 中华书局 1980 年
乐书 宋陈旸 文渊阁四库全书本
庄子集解 王先廉 涵芬楼影印本
淮南子 汉刘安 清光绪间浙江书局二十二子本
齐民要术 北魏贾思勰 丛书集成初编据渐西村舍丛刊排印本

本草纲目 明李时珍 光绪十一年味古斋刊本
夏侯阳算经 唐韩延 郭书春等点校新世纪纪万有文库算经十书本 辽宁教育出版社 1998 年
南海寄归内法传校注 唐释义净 王邦维校注 中华书局 1995 年
宋高僧传 宋释赞宁 范祥雍点校本 中华书局 1987 年
五灯会元 宋释普济 苏渊奋点校本 中华书局 1984 年
法苑珠林校注 释道世 周叔迦、苏晋仁校注本 中华书局 2003 年
碧岩录 宋释重显等 大正藏第 48 册本
法藏碎金录 宋晁逈 文渊阁四库全书本
大宋僧史略 宋释赞宁 续修四库全书影印日本延宝八年刊本
中国佛教史籍概论 陈垣 科学出版社 1955 年
佛学大辞典 丁福保编 上海书店出版社 1991 年
佛光大辞典 慈怡法师主编 北京图书馆出版社 2005 年

笔记(唐代 含唐前及涉唐)

太平广记 据谈刻校订排印本 人民文学出版社 1959 年
儒学警悟 宋俞鼎孙俞经 影印 1922 年陶湘刊本
说郛(宛委山堂本) 见说郛三种 上海古籍出版社 1989 年
说郛(涵芬楼本) 见说郛三种 上海古籍出版社 1989 年
绀珠集 文渊阁四库全书本
类说 宋曾慥 影印明天启刊本 文学古籍刊行社 1955 年
类说校注 王汝涛等 福建人民出版社 1996 年
稗海 明商濬辑 清康熙振鹭堂重修本
玉芝堂谈荟 明徐应秋 文渊阁四库全书本
中华野史 车吉心总主编 泰山出版社 2000 年
古今注 晋崔豹 据景宋嘉定本排印本 商务印书馆 1956 年
荆楚岁时记 南朝梁宗懔 宋金龙校注本 山西人民出版社 1987 年
六朝事迹编类 宋张敦颐 丛书集成初编影印古今逸史本
冥报记 唐唐临 涵芬楼秘籍本
朝野佥载 唐张鷟 赵守俨点校本 中华书局 1979 年

隋唐嘉话 唐刘悚 程毅中点校本 中华书局 1979 年
大唐新语 唐刘肃 许德楠、李鼎霞点校本 中华书局 1984 年
封氏闻见记校注 唐封演 赵贞信校注 中华书局 1958 年
教坊记笺订 唐崔令钦 任半塘笺订 中华书局 2012 年
明皇杂录 唐郑处诲 田廷珪点校本 中华书局 1994 年
高力士外传 唐郭湜 开元天宝遗事十种本 上海古籍出版社 1995 年
刘宾客嘉话录 唐兰辑本 载文史第四辑
阙史 唐高彦休 丛书集成初编据知不足斋丛书排印本
因话录 唐赵璘 点校本 古典文学出版社 1957 年
幽闲鼓吹 唐张固 标点本 中华书局上海编辑所 1958 年
唐国史补 唐李肇 点校本 古典文学出版社 1957 年
玄怪录续玄怪录 唐牛僧孺、李复言 古体小说丛刊本程毅中点校 中华书局 1982 年
玄怪录续玄怪录 唐牛僧孺、李复言 古体小说丛刊本程毅中点校 中华书局 2006 年
酉阳杂俎 唐段成式 方南生点校本 中华书局 1981 年
大唐传载 唐阙名 标点本 中华书局上海编辑所 1958 年
杜阳杂编 唐苏鹗 标点本 中华书局上海编辑所 1958 年
云溪友议 唐范摅 点校本 古典文学出版社 1957 年
集异记 唐薛用弱 王达津点校本 中华书局 1982 年
牛羊日历 唐刘轲 载续谈助 丛书集成初编据十万卷楼丛书排印本
辇下岁时记 唐阙名 载说郛(宛委山堂本)弓六九
桂林风土记 唐莫休符 丛书集成初编据学海类编排印本
剧谈录 唐康骈 排印本 古典文学出版社 1958 年
北里志 唐孙棨 点校本 古典文学出版社 1957 年
乐府杂录 唐段安节 据守山阁丛书排印本 古典文学出版社 1957 年
唐摭言 五代王定保 摛藻堂四库全书荟要本
　　唐摭言 文渊阁四库全书本
　　唐摭言 雅雨堂藏书本
　　唐摭言 学津讨原本
　　唐摭言 啸园丛书本

唐摭言 丛书集成初编本
唐摭言 点校本 古典文学出版社 1957 年
唐摭言 点校本 中华书局上海编辑所 1959 年
唐摭言 阳羡生校点 唐五代笔记小说大观本 上海古籍出版社 2000 年
唐摭言 中华野史王大宏点校本
唐摭言 黄寿成点校本 三秦出版社 2011 年
唐摭言校注 姜汉椿校注 上海社会科学院出版社 2003 年
鉴诫录校注 五代何光远 邓景亮、邬宗玲、杨梅校注本 巴蜀书社,2011 年
北梦琐言 宋孙光宪 林艾园校点本 上海古籍出社 1981 年
北梦琐言 贾二强点校本 中华书局 2002 年
北梦琐言 文渊阁四库全书本
北梦琐言 孔凡礼选评本 学苑出版社 2000 年
贾氏谭录 南唐张洎 守山阁丛书本
唐语林校证 宋王谠 周勋初校证 中华书局 1987 年
南部新书溯源笺证 宋钱易 梁太济笺证 中西书局 2013 年
南部新书 丛书集成初编本
南部新书 点校本 中华上编 1958 年
南部新书 中华野史徐敏霞整理本
南部新书 唐五代笔记小说大观尚成校点本
南部新书 黄寿成点校本 中华书局 2002
南部新书 全宋笔记虞云国、吴爱芬整理本
唐人轶事汇编 周勋初主编 上海古籍出版社 1995

笔记(宋元)

稽神录 宋徐铉 白化文点校本 中华书局 1996 年
广卓异记 宋乐史 张剑光整理 全宋笔记本 大象出版社 2003 年
江南野史 宋龙衮 张剑光整理 全宋笔记本 大象出版社 2003 年
茅亭客话 宋黄休复 赵维国整理 全宋笔记本 大象出版社 2006 年
新编分门古今类事 宋委心子 金心点校本 中华书局 1987 年
宋朝事实类苑 宋江少虞 点校本 上海古籍出版社 1981 年

画墁录 宋张舜民 汤勤福整理 全宋笔记本 大象出版社 2006 年
新校正梦溪笔谈 宋沈括 胡道静校注本 中华书局 1957 年
邵氏闻见后录 宋邵博 刘德权、李剑雄点校本 中华书局 1983 年
宾退录 宋赵与旹 刘治平校点本 上海古籍出版社 1983 年
枫窗小牍 宋袁褧 俞钢、王彩燕整理 全宋笔记本 大象出版社 2008 年
曲洧旧闻 宋朱弁 孔凡礼点校本 中华书局 2002 年
梁溪漫志 宋费衮 金圆校点本 上海古籍出版社 1985 年
云麓漫钞 宋赵彦卫 傅根清点校本 中华书局 1996 年
玉照新志 宋王明清 汪新森、朱菊如校点本 上海古籍出版社 1991 年
戒子通录 宋刘清之 文渊阁四库全书本
宋人轶事汇编 丁传靖辑 中华书局 1981 年
靖康缃素杂记 宋黄朝英 吴企明校点本 上海古籍出版社 1986 年
能改斋漫录 宋吴曾 中华上编点校本 上海古籍出版社 1979 年
容斋随笔 宋洪迈 校点本 上海古籍出版社 1978 年
演繁露 宋程大昌 许沛藻、刘宇整理 全宋笔记本
野客丛书 南宋王楙 王文锦点校本 中华书局 1987 年
困学纪闻 南宋王应麟 孙通海校点 新世纪万有文库本 辽宁教育出版社 1998 年

笔记(明清)

尧山堂外纪 明蒋一葵 明万历三十四年刊本
丹铅续录 明杨慎 宝颜堂秘籍广集本
广志绎 明王士性 吕景琳点校本 中华书局 1981 年
耳谈类增 明王同轨 续修四库全书影印明万历三十一年刻本
帝京景物略 明刘侗、于奕正 排印本 北京古籍出版社 1983 年
冷庐杂识 清陆以湉 张凡芝点校本 中华书局 1984 年
筠廊偶笔 清宋荦 四库全书存目丛书影印康熙间刻本
燕在阁知新录 清王棠 四库全书存目丛书影印康熙五十六年刻本
不下带编 清金埴 王湜华点校本 中华书局 1982 年
通俗编 清翟灏 续修四库全书影印乾隆十六年翟氏无不宜斋刻本
香祖笔记 清王士禛 洪之点校本 上海古籍出版社 1982 年

十驾斋养新录 清钱大昕 国学基本丛书本
陔馀丛考 清赵翼 断句排印本 中华书局 2006 年
癸巳存稿 清俞正燮 丛书集成据连筠簃丛书排印本
茶香室丛钞 清俞樾 贞凡、顾馨、徐敏霞点校本 中华书局 1995 年
斠补隅录 清蒋光煦 清咸丰蒋氏宜年堂刊涉闻梓旧本
永丰乡人稿 罗振玉 上虞罗氏贻安堂凝清室刊本

总集

楚辞补注 宋洪兴祖补注 白化文点校 中华书局 1983 年
文选 萧统撰 李善注 影印清嘉庆十四年胡克家刊本 中华书局 1977 年
文选 萧统撰 六臣注 四部丛刊初编影印宋刊本
艺文类聚 唐欧阳询 汪绍楹校本 上海古籍出版社 1999 年
文苑英华 影印宋刊配明刊本 中华书局 1982 年
唐文粹 宋姚铉 四部丛刊初编景印元翻宋小字本
全上古秦汉三国两晋六朝文 严可均辑 影印本 中华书局
全唐文 清董诰等 影印嘉庆十九年内府刊本 中华书局 1983 年
　　全唐文补遗 第六辑 三秦出版社 1999 年
　　全唐文补编 陈尚君 中华书局 2005 年
唐文选 李浩等选注 人民文学出版社 2011 年
乐府诗集 宋郭茂倩 点校本 中华书局 1979 年
全唐诗录 徐倬编 文渊阁四库全书本
全唐诗 点校本 中华书局 1960 年
　　补全唐诗 王重民 载全唐诗外编 中华书局 1982 年
　　读全唐诗札记 岑仲勉 载唐人行第录(外三种)
　　全唐诗人名汇考 陶敏 辽海出版社 2006 年
　　全唐诗作者小传补正 陶敏 辽海出版社 2010 年
唐人选唐诗十种 上海古籍出版社 1978 年
　　唐写本唐人选唐诗 唐人选唐诗十种本
　　又玄集 唐人选唐诗十种本
才调集 唐韦縠 四部丛刊初编影印述古堂影宋本

才调集补注 清殷元勋注宋邦绥补注 乾隆五十八年刊本
花间集 后蜀赵崇祚 李一氓校本 人民文学出版社 1958 年
万首唐人绝句 宋洪迈选编 文渊阁四库全书本
古今岁时杂咏 宋蒲积中 徐敏霞校点 新世纪万有文库本 辽宁教育出版社 1998 年
唐僧弘秀集 宋李龚 文渊阁四库全书本
夹注名贤十抄诗 高丽释子山夹注 查屏球整理 上海古籍出版社 2005 年
鸣沙石室佚书 罗振玉辑 民国据唐写本景印
古谣谚 清杜文澜 周绍良校点 中华书局 1984 年

别集(唐 含唐前)
谢宣城诗集 校注 南朝齐谢朓 四部丛刊初编景明依宋抄本
王无功集 王绩 丛书集成初编影印岱南阁丛书本
卢照邻集校注 李云逸校注 中华书局 1998 年
陈子昂集 徐鹏校点本 中华上编 1960 年
张燕公集 张说 丛书集成初编据武英殿聚珍版丛书排印本
张九龄集校注 熊飞校注 中华书局 2008 年
李太白全集 清王琦注 中华书局 1977 年
杜诗详注 杜甫 仇兆鳌注 中华书局 1979 年
九家集注杜诗 南宋郭知达编
补注杜诗(补千家集注杜工部诗史) 宋黄希、黄鹤
集千家注杜工部诗集
王昌龄诗注 李云逸注 上海古籍出版社 1984 年
高适集校注 孙钦善校注 上海古籍出版社 1984 年
岑参集校注 陈铁民、侯忠义校注
孟浩然集 四部丛刊本
颜鲁公文集三十卷 颜真卿撰 清黄本骥骗订 三长物斋丛书本
陆宣公集 陆贽 点校本 浙江古籍出版社 1988 年
权德舆诗文集 郭广伟点校本 上海古籍出版社 2008 年
韩昌黎文集校注 马通伯校注 古典文学出版社 1957 年
五百家注昌黎文集 宋魏仲举 文渊阁四库全书本

别本韩文考异 王伯大重编 文渊阁四库全书本
东雅堂昌黎集注 南宋廖莹中 文渊阁四库全书本
吕和叔文集 吕温 四部丛刊初编影印述古堂精抄本
张司业集 张籍 四库全书文渊阁本
张籍集注 李冬生注 安徽古籍丛书本
李长吉歌诗汇解 清王琦汇解 李贺诗歌集注本 上海人民出版社 1977 年
王建诗集校注 尹占华校注 巴蜀书社 2006 年
李卫公会昌一品集 李德裕 国学基本丛书据畿辅丛书排印本
元稹集 冀勤点校本 中华书局 1982 年
元稹集校注 周相录校注 上海古籍出版社 2011 年
元稹集编年笺注 杨军笺注 三秦出版社 2002 年
白居易集 顾学颉点校本 中华书局 1979 年
白居易集笺校 朱金城笺校 上海古籍出版社 1988 年
樊川文集 杜牧 陈允吉点校本 上海古籍出版社 1984 年
樊川诗集注 冯集梧注
樊川文集夹注 佚名续修四库全书影印明正统五年朝鲜全罗道锦山刊本
杜牧集系年校注 吴在庆 中华书局 2008 年
玉溪生诗集笺注 冯浩笺注 上海古籍出版社 1979 年
樊南文集(含补编) 李商隐 冯浩等注 上海古籍出版社 1988 年
丁卯集笺证 许浑 罗时进笺证 中华书局 2012 年
李群玉诗集 四部丛刊初编影印宋本
甫里先生文集 陆龟蒙 四部丛刊初编影印黄荛圃校本
黄御史公集 黄滔 四部丛刊初编影印明刊本

别集(宋)

小畜集 王禹偁 四部丛刊初编本
武夷新集 杨亿 宋集珍本丛刊影印嘉庆刊本 线装书局 2004 年
范文正集 范仲淹 四部丛刊初编影印明翻元刊本
祠部集 宋强至 丛书集成初编据武英殿聚珍版丛书排印本
曾巩集 点校本 中华书局 1984 年

龙学文集 宋祖无择 宋人集丙编本
忠肃集 宋刘挚 丛书集成初编据武英殿聚珍版丛书排印本
王荆文公诗笺注 宋李壁笺注 中华书局上海编辑所 1958 年
苏轼诗集 孔凡礼点校本 中华书局 1982 年
张耒集 李逸安、孙通海、傅信点校本 中华书局 1990 年
渭南文集 宋陆游 中国书店影印 1936 年世界书局陆放翁全集本
攻媿集 楼钥 四部丛刊初编影印武英殿聚珍版丛书本
　　楼钥集 顾大鹏点校本 浙江古籍出版社 2005 年
漫塘文集 刘宰 嘉业堂丛书本
黄氏日钞分类 宋黄震 清耕馀楼刊本

别集(清)

汤子遗书 清汤斌 清代诗文集江编影印同治九年汤氏祠堂重刻本
曝书亭集 朱彝尊四部丛刊初编影印原刻本
简庄文钞 清陈鳣 清代诗文集汇编影印光绪十四年富文斋刻本
惜道味斋集·文编 清姚大荣 宣统三年刻本

戏曲和小说

元曲选 明臧晋叔编 排印本 中华收局 1989 年
宋元戏文辑佚 钱南扬 钱南扬文集本 中华书局 2009 年
梁祝戏剧辑存 钱南扬 钱南扬文集本 中华书局 2009 年
水浒传(一百回本)据容与堂刻本排印 人民文学出版社 1975 年
　　水浒传(一百二十回本)复排杨定见序本 上海人民出版社 1975 年
　　水浒全传校注 王利器校注 河北教育出版社 2009 年
　　水浒传原本 罗尔纲考订 贵州人民出版社 1989 年
　　水浒传原本和著者研究 罗尔纲 江苏古籍出版社 1992 年
醒世恒言 明冯梦龙 顾学颉校注 人民文学出版社 1979 年
小说考证 蒋瑞藻 上海古籍出版社 1984 年
三言两拍资料 谭正壁编 上海古籍出版社 1981 年

诗文书画评

本事诗 唐孟棨 点校本 古典文学出版社 1957 年

唐诗纪事 宋宋有功 点校本 上海古籍出版社 1987 年

唐诗纪事校笺 王仲镛 巴蜀书社 1989 年

唐音癸签 明胡震亨 点校本 古典文学出版社 1957 年

全唐诗话 宋宋衮 清何文焕辑历代话排印本 中华书局 1981 年

六一诗话 宋欧阳修 清何文焕辑历代话排印本

韵语阳秋 宋葛立方 清何文焕辑历代话排印本

诗话总龟 宋阮阅 周本淳点校本 人民文学出版社 1987 年

诗话总龟 宋阮阅 文渊阁四库全书本

草堂诗话 宋蔡梦弼 历代诗话续编本

诗林广记 宋蔡正孙编 常振国、降云点校本 中华书局 1982 年

南溪笔录群贤诗话 元佚名 中国诗话珍本丛书影印明刊本 北京图书馆出版社 2004 年

历代诗话 清吴景旭 文渊阁四库全书本

观林诗话 宋吴聿 历代诗话续编本

菊坡丛话 明单宇 续修四库全书影印明成化刻本

渔洋诗话 清王士祯 清诗话本 上海古籍出版社 1979 年

全唐文纪事 清陈鸿墀 上海古籍出版社 1987 年

唐集质疑 岑仲勉 载唐人行第录(外三种)

宋诗话考 郭绍虞 中华书局 1979 年

张惠言论词 载词话丛编第二册 中华书局 1986 年

墨薮 唐韦续 丛书集成初编据十万卷楼丛书排印本

历代名画记 唐张彦远 点校本 人民美术出版社 1983 年

历代名画记译注 [日]冈村繁译注 俞慰刚译 上海古籍出版社 2002 年

唐朝名画录 唐朱景玄 文渊阁四库全书本

图画见闻志 宋郭若虚 点校本 人民美术出版社 1983 年

宣和画谱 不著撰人名氏 文渊阁四库全书本

广川画跋 宋董逌 丛书集成初编据十万卷楼丛书排印本

近人著述

唐代政治史述论稿 陈寅恪 三联书店 1956 年
元白诗笺证稿 陈寅恪 古典文学出版社 1958 年
隋唐史 岑仲勉 中华书局 1982 年
唐史馀瀋 岑仲勉 中华书局上海编团所 1960 年
唐人行第录(外三种) 岑仲勉 中华书局上海编辑所 1962 年
求是集第二集 陈乐素 广东人民出版社 1984 年
唐代中央重要文官迁转途径研究 孙国栋 上海古籍出版社 2009 年
丝绸之路与西域文化艺术 常任侠 上海文化出版社 1981 年
文献家通考 郑伟章 中华书局 1999 年
李心传事迹著作编年 来可泓 巴蜀书社 1990 年
修辞学发凡 陈望道 上海教育出版社 1976 年
唐诗杂论(闻一多全集选刊之三) 古籍出版社 1957 年
朱自清古典文学论文集 上海古籍出版社 1981 年
汉语语法论文集 吕叔湘 吕叔湘全集第二卷
唐代科举与文学 傅璇琮 陕西人民出版社 1986 年
唐代使府与文学研究(修订本) 戴伟华 广西师范大学出版社 2007 年
唐代干谒与文学 王佺 中华书局 2011 年
敦煌的唐诗 黄永武 台北洪范书店 1987 年
唐代文史论丛 卞孝萱 山西人民出版社 1984 年
唐代笔记小说序录 周勋初 周勋初文集第五册
唐五代志怪传奇叙录 李剑国 南开大学出版社 1993 年
马隅卿小说戏曲论集 马廉 中华书局 2006 年
中国文学批评史·隋唐五代卷 王运熙、顾易生主编 上海古籍出版社 1994 年
隋唐五代社会生活史 李斌城等 中国社会科学出版社 1998 年
长安的春天——唐代科举与进士生活 杨波 中华书局 2007 年
唐戏弄 任半塘 上海古籍出版社 2006 年
谜史 钱南扬 钱南扬文集本 中华书局 2009 年
唐代酒令艺术 王昆吾 东方出版中心 1995 年
唐代体育 潘孝伟 西北大学出版社 1995 年

中国化学史论文集 袁翰青三联书店 1956 年

论文

岑仲勉《跋唐摭言》,《历史语言研究所集刊》第九本,1947 年。后收入《岑仲勉史学论文集》,中华书局,1990 年。
闫建飞《新、旧〈九域志〉考》,《中国典籍与文化》2011 年第 1 期。
丁延峰《〈汲古阁珍藏秘本书目〉的著录体例及其价值述论》,《图书馆理论与实践》2009 年第 6 期。
林思桐《唐代的月灯阁球会》,《体育文化导刊》1983 年第 2 期。
程毅中《玄怪录续玄怪录的版本和作者》,《甘肃社会科学》1983 年第 2 期。
祝鸿杰《〈唐摭言〉语词札记》,《语言研究》1993 年第 3 期。
沈时蓉《柳玭〈序训〉复原》,《四川师范大学学报增刊》,1993 年。